国家出版基金项目
NATIONAL PUBLICATION FOUNDATION

21
世纪以来
国外文化发展文献选编
丛书主编　沈壮海

湖北省学术著作出版专项资金
Hubei Special Funds for Academic Publications

21世纪以来
德　国
文化发展文献选编

帅颖　编译

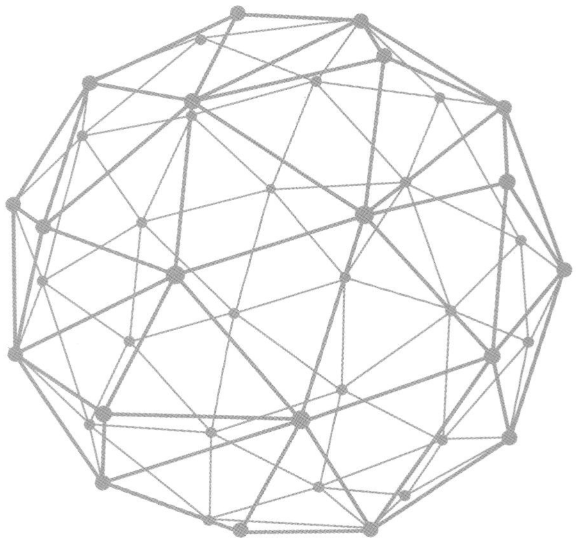

WUHAN UNIVERSITY PRESS
武汉大学出版社

图书在版编目(CIP)数据

21 世纪以来德国文化发展文献选编/帅颖编译.—武汉:武汉大学出版社,2021.12
21 世纪以来国外文化发展文献选编/沈壮海主编
国家出版基金项目　湖北省学术著作出版专项资金资助项目
ISBN 978-7-307-21622-8

Ⅰ.2…　Ⅱ.帅…　Ⅲ.文化发展—研究—德国　Ⅳ.G151.6

中国版本图书馆 CIP 数据核字(2020)第 117687 号

责任编辑:蒋培卓　王军风　　责任校对:汪欣怡　李孟潇　　整体设计:涂　驰

出版发行:**武汉大学出版社**　(430072　武昌　珞珈山)
(电子邮箱:cbs22@whu.edu.cn 网址:www.wdp.com.cn)
印刷:武汉精一佳印刷有限公司
开本:787×1092　1/8　印张:111　字数:1442 千字　插页:2
版次:2021 年 12 月第 1 版　　2021 年 12 月第 1 次印刷
ISBN 978-7-307-21622-8　　定价:874.00 元

《21世纪以来德国文化发展文献选编》

校译人员名单

陈春花　舒阳亭　杨　曼　刘莫尘　康晓瑜

齐伶圆　江雪薇　江剑琴　王斯达　王纯瑾

吴　莎　彭绮娴

序　言

沈壮海

建设社会主义文化强国，是新时代的中国共产党和中国人民奋力推进的创造性实践。自 2011 年 10 月党的十七届六中全会明确提出建设社会主义文化强国的战略目标起，创造中华文化新的辉煌、建成社会主义文化强国，便始终是中国共产党带领中国人民实现自己光荣和梦想的重要组成部分，感召、激励着中华民族奋力复兴的不懈探求。2012 年 11 月召开的党的十八大强调："全面建成小康社会，实现中华民族伟大复兴，必须推动社会主义文化大发展大繁荣，兴起社会主义文化建设新高潮，提高国家文化软实力，发挥文化引领风尚、教育人民、服务社会、推动发展的作用"，要"扎实推进社会主义文化强国建设"。2013 年 11 月，党的十八届三中全会通过的《中共中央关于全面深化改革若干重大问题的决定》对社会主义文化强国建设再作出部署，要求"紧紧围绕建设社会主义核心价值体系、社会主义文化强国深化文化体制改革，加快完善文化管理体制和文化生产经营机制，建立健全现代公共文化服务体系、现代文化市场体系，推动社会主义文化大发展大繁荣"。2017 年 10 月召开的党的十九大强调："文化是一个国家、一个民族的灵魂。文化兴国运兴，文化强民族强。没有高度的文化自信，没有文化的繁荣兴盛，就没有中华民族伟大复兴。要坚持中国特色社会主义文化发展道路，激发全民族文化创新创造活力，建设社会主义文化强国。"2020 年 10 月党的十九届五中全会提出了到 2035 年基本实现社会主义现代化远景目标，其中一个重要方面即建成文化强国。2021 年 11 月，党的十九届六中全会通过的《中共中央关于党的百年奋斗重大成就和历史经验的决议》回顾、再现了党和人民百年奋斗的光辉历程、所写就的恢宏史诗，同时也发出了为实现第二个百年奋斗目标、实现中华民族伟大复兴的中国梦而不懈奋斗的伟大号召。第二个百年奋斗目标，即到 21 世纪中叶把我国建成社会主义现代化强国。文化的强盛，既是我们实现这一宏伟奋斗目标的重要条件，也是这一宏伟奋斗目标的内在构成。到那时，我国物质文明、政治文明、精神文明、社会文明、生态文明将全面提升，实现国家治理体系和治理能力现代化，成为综合国力和国际影响力领先的国家，全体人民共同富裕基本实现，我国人民将享有更加幸福安康的生活，中华民族将以更加昂扬的姿态屹立于世界民族之林。

建成社会主义文化强国，需要我们锲而不舍地扎实奋斗，同时，也需要我们放眼当今世界，看清文化图强之路上的世界图景，辨大势，明潮流，从容自信，勇毅前行。

一、战略纷出：当今世界的文化图景

我们所处的时代，是一个文化战略纷出的时代。文化在综合国力竞争中地位与作用的愈益凸显，越来越成为这个时代的鲜明标识；以战略之举激发文化活力、构建文化优势，越来越成为这个时代各国的战略抉择。

在美国，文化问题始终是其《国家安全战略报告》中的重要战略关注。《国家安全战略报告2006》一如既往以自由的化身自居，声称为了保卫其国家和价值观，“美国寻求在全球推广自由”。《国家安全战略报告2010》，将实现“道德上的领导地位”与军事实力、经济竞争力方面的领导作用一并纳入“重振美国和领导世界”的战略。《国家安全战略报告2015》同样将美国价值观视为其力量和安全的源泉。除在国家安全战略等综合性的国家战略中关注、构划文化战略外，美国也多有专门性的文化战略行动计划。如，2006年，美国国务院发布的《国家安全语言计划》，提出加强青年对“关键语言”的学习，同时，也进一步推进美国文化的输出。同年，美国启动国家艺术政策圆桌会议，基于对艺术之于美国社会发展重要性的认识，着力推动增进公民参与各种艺术活动的机会。2010年，美国出台《国家战略传播构架》，着力谋求提升美国声誉，塑造“美国是值得尊重的搭档”等国家形象。2011年，美国总统艺术与人文委员会发布《对艺术教育的再投资——通过创造性学校来赢得美国的未来》，以求通过加强学生创意能力的培养从而增进其在21世纪竞争中的文化优势。自2012年起，美国国家艺术基金会和美国商务部经济分析局合作的“文化艺术生产卫星账户”定期发布文化艺术对国民经济促进作用的统计报告，为美国文化艺术产业的发展提供宏观数据支持。2016年，美国国家艺术基金会还发起“创意空间营造项目”，旨在以艺术进社区的形式“推动地方经济发展和社会进步”。

在英国，以创造性、创意产业为核心的文化战略接连推出。1993年，英国即发布《创造性的未来》战略文本，以“创造性”为引领，规划文化政策，发展创意产业，扩大文化影响。从1998年起，接连发布《创意产业纲领文件》，力推创意产业发展。21世纪以来，更是力度不减。2008年，发布《创意英国：新经济，新人才》战略文本，以期推动英国成为全球创意中心，为构筑创新型的繁荣经济体提供支撑，被誉为“欧洲意义最深远的计划”。2010年，发布《促进文化数字化发展》报告，以之为数字革命背景下引发文化领域相应变革的推动力和催化剂。2011年，推出“非凡英国”(Great Britain)国家形象品牌计划，以求通过一系列品牌的塑造及推广，扩大英国文化影响，传播其国家文化形象。2016年，在莎士比亚逝世400周年之际，发布《文化白皮书》，其战略用意即在阐明“在建设更加公平、繁荣的英国时，文化如何发挥积极作用，使英国成为国际舞台的引领者”。英国伦敦，也于2004年发布《伦敦文化都市：实现成为世界城市的雄心》、于2010年发布《文化都市：伦敦市长文化战略(2012年及未来展望)》，以期保持伦敦作为世界文化城市的地位。

在法国，文化一向被视为国家的光芒和财富。有评论将法国称为“世界上为支持创意产业发展准备最充分的国家(尤其是通过法规或税收刺激政策)”。2012年，法国发布《文化和媒体2030：文化政策前景展望》战略文本，分析法国文化和媒体领域面对的国际经济、社会、政治等方面的挑战并制定应对方案。半年之后，《文化和媒体2020：新一代文化与通信部》(2012年)随即推出。该报告被视为基于前者这张“地图”而制造的“指南针”，提出了近40项战略方针，“旨在为现在和未来的文化政策提供一个辅助工具：一张地图、一个指南针、一些航线”。2013年，发布《文化例外Ⅱ号法令：对数字时代文化政策的贡献》，强调“文化例外不是经济保护主义的工具，也不是文化防御计划。对于国家来说，文化例外使得对创作者的保护、推动文化多样性和文化供给(包括数字文化供给)的调控成为可能”，并提出80条建议，以期推进创作者和公众之间的对话，促成文化产业和数字产业之间的谈判和建立长久的稳定结构，“使法国文化例外的所有要素都能加快适应应用革命和数字经济的变革”。

在德国，推进文化发展，也同样被置于重要的战略地位。早在2007年，德国联邦政府就发布了《德国联邦政府文化/创意产业倡议》，该倡议将开发文化创意产业的增长潜力作为优先发展战略，把“文化产业作为发展的动力和当务之急”，要求制定更加统一协调、有效的文化产业政策，以图“通过提升文化/创意产业的竞争力及充分开发其创造就业岗位的潜能，为文化/创意产业开创未来良好局面”。2011年，德国外交部发布《全球化时代的对外文化教育政策——赢得伙伴，传递价值，维护利益》报告，指出德国对外政策的三大支柱，并就如何建强这一支柱提出诸多战略举措。2012年，德国联邦政府还发布《2012年联邦政府文化/创意产业倡议——现状及行动领域》和《文化/创意产业倡议——现状和前景》，要求进一步挖掘国内文化创意产业的潜力，以“充分利用文化/创意产业的创新力，推动德国经济复兴”，“扩大文化/创意产业潜能在国外的知名度，提高文化和创意服务出口量”。同年，德国联邦政府还发布了《2011—2012年度联邦政府关于对外文化和教育政策的报告》，就德国2011—2012年对外文化交流的政策行动进行总结，强调对外文化交流的目的是推进跨文化交流、促进德国价值观的传播、塑造现代德国形象。

在欧盟层面，文化问题也始终被视为重要战略议题。2007年，欧盟委员会发布《全球化世界中的欧盟文化行动议程》，探讨全球化世界中文化和欧洲的关系，提出新欧盟文化议程的目标是促进文化多样性和跨文化对话、加强文化推动创新的催化剂作用、促进文化成为欧盟国际关系中的重要组成部分。有评论称该报告“掀开了欧洲文化政策合作新的篇章”。2010年，又发布《释放文化创意产业的潜力》绿皮书，以期“引发一场关于真正能刺激欧盟文化创意产业的创新环境需求的辩论”，推动欧洲文化创意产业潜力的有效释放。2011年，再提出“创造性欧洲”的新计划提议，囊括欧盟诸多文化和传媒领域的资助计划。2012年，批准在2020—2033年启动“欧洲文化中心城市”项目，致力于强调欧洲文化的多元性以及共性，增强欧洲民众间的相互理解和交流。2014年4月，欧洲各国主管文化和欧洲事务的部长们齐聚巴黎参加以“文化的未来，欧洲的未来”为主题的夏乐论坛，发表《夏乐倡议：文化新欧洲》，希望“欧洲能够将吸引更多新的民众和实现文化民主化作为优先发展战略，成为将所有创作者和民众充分联系在一起的真正的欧洲创作和文化平台”。

在俄罗斯，为“巩固俄罗斯作为伟大的文化强国的地位”，进入21世纪以来，在此前《发展和保护俄罗斯联邦文化和艺术（1997—1999年）》的基础上，接连发布《2001—2005年俄罗斯文化联邦专项纲要》《2006—2011年俄罗斯文化联邦专项纲要》《2012—2018年俄罗斯文化联邦专项纲要》，以求推进文化领域的持续改革，图强止退。2014年12月24日，俄罗斯总统弗拉基米尔·普京（Vladimir Putin）签发第808号总统令，批准通过《国家文化政策基础》，明确俄罗斯国家文化政策的目标、战略任务及政策实施的核心原则，强调国家文化政策是国家安全战略不可分割的一部分，并首次将文化置于国家优先发展方向的框架之下。2016年，俄罗斯出台《2030年前俄罗斯联邦国家文化政策战略》。在该战略中，保障国家领土安全和文化安全，维护全俄罗斯文化的统一性；开发俄罗斯各地区的文化潜力，缩小区域文化差距；提高文化政策主体——各种民间社会机构的作用；提高家庭在传播俄罗斯传统文化价值观和规范教育过程中的社会地位等被明确定位为俄罗斯国家文化战略实施的优先领域和战略重点。

在日本，《文化艺术振兴基本法》于2001年12月公布。制定该法，主旨即在“明确文化艺术振兴的基本理念并确定其发展方向、全面推进文化复兴战略”。该法第七条规定，“为了全面推进振兴文化艺术的相关措施，政府必须制定与其相关的基本方针”。根据这一规定，日本政府于 2002 年 12 月、2007 年 2 月、2011 年 2 月接连推出《文化艺术振兴基本方针》第一次、第二次、第三次基本方针，以申明文化艺术振兴的基本理念、基本视点、重点战略、政策举措。第三次基本方针还更加明确地提出：“为了让国民拥有丰富多彩的精神文化生活，同时构建一个充满活力的社会，并增强我国的综合国力，应将文化艺术振兴作为我国一项基本国策，并以‘文化艺术立国’为全新目标。”此外，日本于 2004 年颁布《文化产品创造、保护及活用促进基本法》，于 2007 年颁布《日本文化产业战略》，于 2009 年颁布《日本品牌战略——让软实力产业成为经济增长的原动力》，着力壮大文化产业，推动日本品牌的创造和传播，提升其国家软实力。2010 年，日本又颁布《文化产业大国战略》。2012 年，日本还制定了被定位为“新成长战略”的“酷日本”计划，借以推动增加就业、增强地方活力、提高日本文化的国际影响力。

在韩国，《创意韩国》战略文本于 2004 年正式推出。这一文化蓝图强调要“更明确地设定国民共同追求的未来文化与向往的价值”，“使文化成为社会发展的基础和原动力，使所有国民都享有对新文化社会的希望”，并提出了“创意韩国”建设的三大推进目标，即有创意的文化市民、多元的文化社会、充满活力的文化国家，志在将韩国建设成“在全球社会中发挥与第 12 大经济强国相匹配的文化职能，不仅要面向亚洲，也要面向世界，成为和世界同呼吸的文化国家”。2005 年，韩国又发布《文化强国(C-KOREA)2010——以文化来建立富强幸福的大韩民国的未来战略》。这是一份以创造性与文化为基础，突出强调将文化、旅游、休闲体育的多样化资讯应用于产业发展，以求引领韩国国民向收入达到 3 万美元时代迈进的中长期战略，旨在通过文化建立强大、幸福的大韩民国。其提出的三大政策目标是：成为世界五大文化产业强国；成为亚洲旅游中枢；进入世界十大休闲体育发达国家的行列。2010 年 6 月，韩国完成《文化产业振兴基本法》的修订。该法第一条就开宗明义地指出：“本法以明确扶持和培育文化产业所必需的事项，奠定文化产业发展的基础并提高其竞争力，进而为提高国民文化生活的质量及国民经济的发展作出贡献为目的。”

二、文化发展：当今时代的关键概念

文化战略的纷出，建立在各国对文化重要性深刻认识的基础之上、对当代时代文化发展在综合国力竞争中战略意义凸显这一重要时代特征的把握之上。在各国推出的关于文化发展的诸多重要战略、重要文献中，内含着对文化意义与价值的丰富阐论。

文化连接民生幸福。文化是人创造的，也是人之为人的重要基础，是人之权益的重要构成，与人生质量和幸福紧密关联。在英国《文化白皮书》(2016 年)中，文化创造灵感、丰富人们的生活、改变人们的人生观、对个人幸福感产生积极影响等方面的价值被概括为文化的内在价值并予以专门阐述。基于这一认识，该报告强调：“无论背景如何，每个人都应该享有接触文化的权利”；“伟大的机会——受到鼓舞的机会、体验的机会、交流的机会和提升生活品质的机会，蕴涵在国家文化之中”，“唯有这些机会在广大民众之间得到普及，才是人尽其才”；“政府的作用就是成就伟大的文化，推动创造力的发展，并且确保每个人都能接触文化”。从这样的角度出发阐发文化的意义、强调建立文化与民众紧密联系的主张，贯穿在各国许多文化战略、法规等文本中。如，法国《文化和媒体 2020：新一代文化与通信部》(2012 年)强调以“新的参考框架来思考和引领文化民主化政策”，在文化领域建立“面向最广大公众的政策”。俄罗斯《国家文化政策基础》(2014 年)所列之第一条文化政策原则即“在享用文化财富、参与文化生活和使用文化组织的权利方面，公民遵循地域平等和社会平等的原则，其中也包括健康水平受限公民”。日本《文化艺术振兴基本法》(2001 年)强调“享有并创造文化艺术属于基本人权”，“文化艺术的复兴应充分体现国民的内心需求”，要“拉近文化艺术与国民的距离”。

文化事关民族认同、社会凝聚。无论一个民族、一个国家还是一个区域，民众的认同和凝聚都是其良性发展的重要基础，而认同与凝聚，都与文化紧紧地联系在一起。文化之广受关注，这也是要因之一。美国总统贝拉克·奥巴马(Barack Obama)曾言：“无论是启迪我们心灵的音乐或电影，还是让我们感动的文学，抑或我们每天依赖的科技，创造和创新都是我们继续发展经济的重要基础，也是构筑我们文化身份的基础。”《全球化世界中的欧盟文化行动议程》(2007 年)强调：“文化，通过开启对话交流，唤起热情渴望，增进团结，消除隔阂，使人类相聚相和。文化是一个社会和社会群体所特有的精神和物质特性”，“文化不但对实现欧盟繁荣、团结和安定战略性目标不可或缺，而且还能够确保欧盟在国际舞台上强大的影响力”。2004 年，欧洲文化基金会反思小组基于历时两年对“欧洲一体化和欧盟扩大进程的文化维度，深化对欧洲层面文化和文化政策的创新理解”的探索，提出《作为文化工程的欧洲》研究报告，认为“当今，文化是最卓越的安全因素”，文化纽带可以在“仇恨和偏见纵行之地培育出信任和对话”。该报告也基于此，主张实行本质更为强大的欧盟文化项目。俄罗斯联邦公众院报告《俄罗斯文化与未来：新观点》(2007 年)亦指出：“文化是促进社会精神统一的渗透性力量，是整个民族团结友爱和保持生命力的条件。哪里有创造、理解和发展，哪里的人就能感觉到自己是整个民族、国家以及世界历史的一部分，文化就在哪里存在。没有这种力量，社会就不会存在。相反，以文化为基础的社会，自身就是牢不可破的力量。”俄罗斯《国家文化政策基础》(2014 年)指出：“确定文化优先地位能够保证社会更高质量地发展，确保社会走向公民团结与统一，以及确立和实现社会发展的共同目标，培养具有高尚道德、责任意识、独立思考和创造力的个体，是实现社会发展共同目标的主要条件。”

文化推动经济繁荣。在新的时代背景下，文化与经济深层交融，已经越来越成为经济发展的有力推动力量。英国《文化白皮书》(2016 年)强调，文化不仅具有内在价值、社会价值，还具有经济价值，有利于经济的增长，能够创造更多就业机会，不仅能带来直接经济收益，还有可观的间接经济收益。该报告援引数据指出，2014 年，英国博物馆、美术馆、图书馆和艺术对英国经济的贡献达到 54 亿英镑，占英国经济总量的 0.3%。在美国，2014 年，被认定为知识产权密集型的 81 个行业直接创造了 2 790 万个就业岗位，并间接支持 1 760 万个工作岗位；知识密集型行业的总增加值占美国国内生产总值的 38.2%，知识密集型行业的周薪比其他行业高出 47%。此外，知识产权密集型产业的商品出口总额占美国商品出口总额的 52%。《2012—2018 年俄罗斯文化联邦专项纲要》称，俄罗斯联邦现阶段发展的特征是社会对文化的关注度日益提高，“文化在人类资本的形成中被赋予了主导作用；文化环境如今逐渐成为现代社会的关键概念”。日本知识产权战略总部等推出的《日本品牌战略——让软实力产业成为经济增长的原动力》(2009 年)强调：“现如今，无形资产和国家魅力正在全球化竞争中显示出巨大的影响力，而正是因为处于这样一个时代，所以更有必要将作为日本优势的软实力变成扩大海外市场、扩大内需的原动力，并以此作为国家战略认真落实。”韩国民间团体、学术界、文化界等组成的宪章制定委员会发布的《文化宪章》(2006年)指出："文化既是引领经济发展的强有力的原动力，也是经济发展的终极目标。经济的发展和繁荣在任何时候都必须指向实现人之为人及有品位的生活这一文化目标，从这一文化目标出发获得可持续发展的动力。"

文化支撑国家实力。文化作为一种软实力，与硬实力一样，都是国家实力不可或缺的组成部分。美国总统约翰·肯尼迪(John F. Kennedy)曾言道：对于我们的国家和我们的文明的未来，没有什么事情比充分承认艺术家的地位更为重要……；我对这样一个美国充满信心，它将赢得全世界的尊敬，不仅仅由于它的力量，还由于它的文明。2013年7月15日，法国外交部长洛朗·法比尤斯(Laurent Fabius)和文化与通信部部长奥雷莉·菲莉佩蒂(Aurélie Filippetti)联名发表《21世纪法国文化外交的雄心》，指出："对于法国而言，没有文化就不能成就任何大事。法国的外交与对外行动同样也要恪守这一原则。法国因为其独特的价值观、文化遗产和创造力，成就了法国的伟大，也获得了世界的尊崇。文化是法国最主要的王牌，是我们的瑰宝。"俄罗斯《国家文化政策基础》(2014年)指出："文化发展和人文发展是维护经济繁荣、国家主权和文明独特性的基础"，"文化在当今世界成了社会经济发展的重要资源，且可保障国家在世界的领先地位"。韩国《文化强国(C-KOREA) 2010——以文化来建立富强幸福的大韩民国的未来战略》(2005年)在论述文化重要性日益凸显之时，也强调"文化不仅作为独立的产业具有重要的地位，也是其他产业发展的原动力"，并将文化定位为"全球化时代左右竞争力的核心力量"。日本《文化艺术振兴基本方针》之第三次基本方针(2011年)亦在强调文化艺术是无可替代的心灵依托(形成民族自豪感与民族身份认同)、是全体国民的社会财产、是创造性经济活动的源泉的同时，强调文化艺术是软实力、是国际合作得以顺利开展的基础，能增强综合国力，强调"必须将文化艺术振兴摆在用以增强我国综合国力的战略位置上"，呼吁"举全社会之力进行文化振兴"。

文化引领未来。英国文化协会2013年发布《影响力与吸引力——21世纪文化和软实力的竞争》指出："文化既反映社会，也塑造社会，并且会一直如此，这是不言而喻的事实。但在当今时代，普通民众创造文化以及与他人进行文化沟通的能力正经历着一场革命性的变化。"在德国《2011—2012年度联邦政府关于对外文化和教育政策的报告》(2012年)中，文化被称为"引路者和对话工具""德国战略优势的关键因素"。法国外交部长洛朗·法比尤斯(Laurent Fabius)和文化与通信部部长奥雷莉·菲莉佩蒂(Aurélie Filippetti)联名发表的《21世纪法国文化外交的雄心》(2013年)则更直截了当地称文化"是法国未来的重要组成部分"，"对文化的投资同样也是对未来的投资"。欧盟委员会的《全球化世界中的欧盟文化行动议程》(2007年)也用诗意的语言描述了文化所具有的引领未来的力量："文化在人类发展和社会文明中居于核心地位。文化，可以激发人类对世界的感知，开拓认识世界的新视角，使人类有所希冀，有所梦想。"《创意韩国》(2004年)强调："国家的未来，取决于通过文化实现的可持续发展"，"文化是政治、经济发展的基础和目的。我们的文化不仅会成为政治改革和经济增长的基础，而且也会在实现我们最终向往的理想社会的过程中成为核心因素。不考虑文化的社会发展就像失去灵魂的人一样，即使再有更多的财富也无法追求到人生的终极目标——幸福。以这种思路来看，通过文化实现可持续发展是不可再拖延的国家发展新战略，也是新的发展模式"。2005年，韩国发布的《文化强国(C-KOREA)2010》，副标题即"以文化来建立富强幸福的大韩民国的未来战略"。该战略指出："文化是培育韩国所拥有的最伟大的资源——创意的孵化器，通过以创造性为基础的文化的产业化，实现可持续发展，将成为国家发展的新模式。"

三、创新创造：文化战略的核心论题

文化的本质在创新创造。离开创新创造，没有文化的产生；离开创新创造，也没有文化的前行。人类社会越是向前发展，创新创造的意义便越是凸显，文化的意义也便越是凸显。综观各国文化战略和相关重要文本，创新创造都是其中核心的论题。

当今时代，是创新创造空前活跃的时代，也是越来越倚重创新创造而前行的时代。美国商务部2019年9月发布的《知识产权和美国经济发展概况(2016年)》指出：创新和创意投入是推动经济增长和发展的要素，是维持美国经济产生强大竞争力的优势所在。在英国，不少人将创新视为“提高国家未来财富创造前景的关键”，是“经济成功的核心驱动力”。2009年，英国战略咨询公司伯恩斯·欧文斯咨询公司(Burns Owens partnership，BOP)和罗伯特·特拉法里尼(Roberto Travaglini)共同组成的研究团队完成欧洲委员会委托的研究任务《文化对创造力的影响》。该研究报告指出：“创造力是经济增长的主要因素，推动了社会和技术创新的前进”，“创造力是一个强大的标题。在西方社会，它象征着成功、现代、新奇和令人兴奋的趋势。不论与个人、企业还是城市或地区创造力联系在一起，创造都能引起人们的直接共鸣，并传达了一个具有活力的形象。创造力是社会上具有积极意义的字眼，不断激发创新和‘进步’”。德国《2012年联邦政府文化/创意产业倡议——现状及行动领域》(2012年)中写道：“创造力是经济发展的核心竞争力和创新的出发点。因此创新常常带来社会和经济的发展”，“创新是经济发展的核心竞争力。如果没有创意，就没有创新，没有创新也就没有经济发展”。《创意韩国》(2004年)以极为开阔的视野，描绘了当今时代创新创造重要性的凸显、各国对创新创造性的普遍关注，分析了创新创造之于经济社会发展等多方面的关键意义，将当今时代称为“创造性成为所有国家话题的时代”，指出：随着以知识为基础的社会的到来，创造性成了很多国家的政策话题。如英国在1998年提出建设“创意英国”、美国在2000年提出建设“创意美国”，许多国家在进入21世纪后，也纷纷发表了建构创意国家的蓝图。“发展的动力在于个人、区域、国家的创造性”，“创造性是以知识为基础的社会所要求的成长动力”，“为什么很多国家都把未来的生死存亡与创造性联系在一起呢?因为创造性不仅被我们社会认为是绝对价值的经济，也是社会的整体生产能力所必需的条件，同时也是引领经济和社会发展的增长动力”。该报告认为：“具有21世纪时代特征的‘以知识为基础的经济’是指知识并不是经济增长的局外变量，而是成为局内变量的一种经济体制。问题是，此时的知识不是与过去一样可以通过背诵和熟练获得，而是要通过创新性思维和革新来获取。所有国家之所以都如此重视创造性，不仅仅是因为要建设文化国家，更是因为新的经济体制要求创新性”，“创造性的价值并不仅仅体现在经济方面。创造性所具有的文化价值被最大化时产生的是人文科学和艺术，创造性所具有的技术价值被最大化时产生的是科学，创造性所具有的政治价值被最大化时产生的是参与民主主义。创造性所具有的经济价值是在21世纪以知识为基础的社会才全面爆发的这个时代独特的现象”。基于这些分析，该报告强调，“一个国家拥有的最伟大的资源是国民的创造性”。

与创新创造重要意义的时代性凸显紧密关联在一起的，是文化价值的被更深度发现、被更广泛关注。这是因为，在创新创造力的涵养、形成及作用发挥的过程中，文化是重要的源泉、重要的滋养、重要的环境。在诸多关于文化发展的国家战略或重要文本中，都内含着对文化与创新创造关系问题的深刻见解。前文述及的研究报告《文化对创造力的影响》(2009 年)，研究的目的便是为了更好地认识文化对创造力——经济和社会创新的发动机的影响。该报告将文化界定为“人类表达创造力的一般形式”，强调“文化与意义、知识、人才、产业、文明和价值观息息相关”。报告认为：尽管欧洲拥有非常丰富的产业财富，但人们仍未深刻认识到文化对创造力的贡献，在社会和经济发展中，文化仍被视作边缘产业。报告由此指出：“现在，是时候该冒一下创造性的风险，将想象力、诗学、象征、审美或精神性(基于文化的创造力特征)作为促进改革、社会进步和欧洲凝聚力的因素了。”该报告提出的总体建议目标便是“发展一个能刺激并鼓励创造力的欧洲”，“使个体、社会和公共机构及企业都有动力以文化为工具发展社会和经济”。该报告还提出了“提高将文化作为重要创造力之源的意识”“在政策上重视文化创造力以推动改革”等五项行动计划。《创意韩国》(2004 年)称文化为“培养创造性的孵化器”，并指出：“文化之所以能发挥这种功能，是因为文化本身就是创造过程的产物，同时作为精神、物质、情绪及身体活动的最高成就，是可以最直接地认识到创造性的领域。在这个意义上，文化是制造社会、政治、科学、经济创造性的产房。”在建设“创意韩国”的战略中，创造性、多样性、活力是三个紧密关联的核心关键词。从更广的范围看，20 世纪末期涌起、至今方兴未艾的创意产业热潮，其灵魂性内容所在，亦即创造性。最早推动创意产业发展的英国，将创意产业视为“来源于个人创造力、技能和天赋，而且可以通过世代的努力和知识产权的开发来获得财富以及创造就业”的产业，视原创力为“创意产业的生命线”。《遥遥领先：英国创意产业的经济效益》(2007 年)报告中写道：“创意文化领域的特点是，它的主要驱动力量是原创创意内容以及出售创意内容的能力”，“我们国家创造力核心越有创意和活力，创意产业与更广泛的经济和社会领域就越有创意和活力”。报告还指出：“没有任何单一的神奇举措能够推动创新和创意产业的发展”，决策者必须“汇聚”各方面的创造力，“国家如何实施教育以及创意产业如何迫切地拓宽自己的多样性，将成为变革的两大驱动力量。包容的、自信的、多样化的、自由表达的社会是这种创造力的孕育者。因此，创意经济和创意社会紧密地联系在一起”。欧盟委员会 2010 年 4 月 27 日发布的《释放文化创意产业的潜力》绿皮书强调：“如果欧洲想要在不断发展的全球环境中保持竞争力，它需要在一个新的企业文化中将创造力和创新繁荣发展的恰当条件落实到位”，“未来的繁荣在很大程度上取决于我们如何利用资源、知识和创新型人才来激励创新。基于我们丰富多样的文化，欧洲必须开拓创造附加值的新途径，并且还要开拓共同生活、共享资源和享受多样性的新途径”。早在 2008 年 10 月，时任参议员的贝拉克·奥巴马(Barack Obama)也曾专门发表关于支持文化艺术发展的“强有力的纲要”(Platform in Support of the Arts)，要求加大对美国文化艺术的投资，“重塑美国这个伟大国家的创造力和创新力”。

文化孵化创造，文化本身亦始终离不开创造。在各式各样的国家文化发展战略及重要文本中，根据时代提出的新课题，增强文化的创新创造活力，发展创造性文化、推进文化新发展，始终都是重要议题。法国《文化和媒体 2020：新一代文化与通信部》(2012 年)特别分析了数字技术的发展给文化发展带来的影响，强调要加强对文化和通信产业及其创新的支持，推进文物遗产数字化、文化研究和语言技术探索、艺术文化教育、公众政策中数字文化的实践和使用，将数字化的转变渗透到整个文化产业(视听、报刊和信息、图书、音乐唱片、电影、科技工业、电子游戏和广播)的每一个环节，让文化领域和数字工业的聚合体携手共进。在 2014 年新年记者会上，法国文化与通信部部长奥雷莉·菲莉佩蒂(Aurélie Filippetti)在演讲中强调：“文化创造力为法国提供了在世界舞台上崭露头角的能力——这是国家主权的关键所在，同时也为法国提供了对外展示其多样性和丰富性的能力。法国同样欢迎来自世界各地的艺术家并且希望他们能将法国视为好客之地，特别是创造力之地、思想迸发之地。”同时，她特别阐述数字革命背景下文化和艺术发展的思路：“数字技术改变了艺术和文化的传播和获取方式，也使它们的应用发生了巨大的变革。我的雄心就是让每个公民都能按照自己的方式，构建一个属于自己的‘数字资源库’。这是一个数字文化资源库，能让最大数量的人可以在浩如烟海的文化供给中不致迷失自我，熟练掌握各类创新工具，并能带着批判精神发掘所有可能的应用”，“我的目标是让数字革命使文化资本所固有的潜能得到释放，使其更具有现实意义。数字革命应该是创新的革命，全民的革命”。除了关注数字革命等新的时代条件下文化领域的创造性变革、发展之外，文化领域如何培养具有创新创造性的人才等亦是各国高度重视的课题。《创意英国：新经济，新人才》(2008年)关注的重点即如何“为年轻人提供更多在校外发展自身创造力的机会；为他们提供更多进入创意产业的结构化途径”，报告为此提出了一系列策略举措，并雄心勃勃地展望：“未来十年，创造力将驱动英国大都市经济的发展”，“创造力将成为城镇、城市以及各个地区经济发展的发动机”，该计划“将带来一系列连贯而全面的措施的出台和落实，将英国建设为全球创意中心”。俄罗斯《国家文化政策基础》(2014年)指出：“俄罗斯联邦面临着历史性的挑战，即要在短期之内实现国家经济和社会的现代化发展，并走向确保国家和社会可回应当今世界需求的集约化发展道路”，“为了战胜这一挑战，唯一的条件只有面向人以及个体为高质量的创新发展提供有计划的持续投资”。在该文本中，“为每一个人创造潜力的实现创造条件”被列为国家文化政策的重要目标之一。日本《文化艺术振兴基本法》(2001年) 指出：“在21世纪的当下，在继承、发展迄今为止所培育出的传统文化艺术的同时，推动具有独创性的新型文化艺术的发展，已经成为我们所面临的紧要课题。”该法将“推动文化艺术发展必须尊重其自主性”列为其提出的八项基本理念之首。其所强调的“自主性”，及该法中同样高度重视的“文化艺术的多样性”、著作权保护、相关的税收优惠政策等，都是与推动文化艺术的创新发展紧密关联在一起的。《日本品牌战略——让软实力产业成为经济增长的原动力》(2009年)在强调创造性的文化艺术人才培养之时，还特别指出：“更重要的是，日本品牌的中坚力量不必限于日本人，应该让来自亚洲甚至世界各国的多样性人才成为日本品牌各个领域的中坚力量。因此，要从海外积极引进人才，将他们作为未来的中坚力量进行培养。”

四、文化产业：构筑优势的战略支点

着力推动文化产业的发展，是当今时代各国文化战略中无一例外高度关注的战略重点。甚至在西方有关人士眼中，文化产业被视为“21世纪国家竞争的最后胜负手”，“文化和创意产业是极珍贵的王牌”，“是国家能进行的一项最佳投资”；它已然不是某一国家的专利，“已经成为全球的主题”。

文化产业之所以如此重要，与其作为文化与经济交融之体、作为文化创造力承载与展现之体等特点是紧密联系在一起的。有论者称，在美国经济中，最具活力的领域是创意产业，“从纽约到洛杉矶，在成百座城市里，依靠数以百计的视觉制作公司、互联网公司、有线电视、数码音乐制作公司、衍生品和软件制作的创业企业，美国经济为艺术家们提供了成千上万的就业机会”；“根据国际货币基金组织、世贸组织、联合国教科文组织以及世界银行的数据显示，美国向各地出口的内容产品约占世界出口总额的 50%”，且这种趋势还在不断强化，美国“文化产品与文化服务每年的出口增速约为 10%”。2021 年 3 月，美国商务部经济分析局发布的《文化艺术生产卫星账户报告——基于 2018 和 2019 年的数据》显示，2019 年美国有 520 万人从事文化和艺术产业，为美国经济贡献了 9 197 亿美元。在为《创意英国：新经济，新人才》(2008 年) 所作的序言中，英国首相戈登·布朗(Gordon Brown)写道：“创意产业不仅对国家繁荣具有重要意义，也将决定英国是否有能力把文化和创造力置于国民生活的中心。”在德国，文化产业被视为知识和内容型社会的一部分，视为向以知识为基础的经济过渡过程中具有主导作用的力量，是“发展的动力和当务之急”；以支持和扩大德国创新力为目的的创新经济政策必须使创意产业的发展与自己的经济政策成果相统一。欧洲议会通过《1999—2004 文化产业报告》(2003 年) 呼吁欧洲要“制定更积极的文化政策”，且这样的文化政策要充分考虑欧洲文化生产与美国和其他国家文化生产竞争的必要性、内部市场的发展和完善等问题。报告强调：“这些方案加上其他的提议都是为了通过发展欧洲文化产业来支持欧洲文化区的建立，增强欧洲的文化认同以及多样性。这样，欧洲文化中最令人鼓舞、最有创造力的力量就有机会向欧洲公民展示它们的创意。同时，他们还有机会向欧洲外的国家和人民传播欧洲文化认同，这具有特殊的文化和政治价值。”欧盟委员会提出的《全球化世界中的欧盟文化行动议程》(2007 年) 也指出：“文化产业和创新领域对提高欧洲国内生产总值和就业发挥着重要的作用”，“在全球化竞争中，欧盟文化产业及创造力是一笔宝贵的财富，它加快了欧洲经济发展和竞争力的提高。在支持和推进革新创造中，必须发掘和促进文化的作用。发挥创造力是社会和技术革新的基础，因此也是促进欧盟发展、提高竞争力和增加就业岗位的重要驱动力”。在韩国，第二届韩国文化产业振兴委员会于 2000 年 2 月审议通过的《文化产业振兴五年计划》中将韩国称为“已经为进入 21 世纪——‘文化的世纪’做好准备的民族”，并分析认为：“世界经济的发展已经由以资本劳动密集型为主向以知识为基础的经济结构转型，文化产业上升为知识经济的核心产业”，“特别是文化资讯产业的培育成为国家文化的身份象征和确保国家竞争力的核心课题”，“文化产业竞争力的缺乏意味着民族文化和国家竞争力的丧失”。基于这样的认识，该计划明确提出要将文化产业发展为 21 世纪新的“国家基干产业”。《日本文化产业战略》(2007 年) 也不仅阐述了文化产业的经济效应，同时也强调了文化产业的外交意义，认为文化产业可以增进海外受众对日本生活方式、价值观、审美意识的共鸣，加深其对日本文化、艺术和传统的理解，“这种受众对日本综合文化实力的‘憧憬’，能够为各种产业带来中长期正面效果”。

诸多的关于文化产业发展的国家战略文本、相关重要文献中不仅多维地表达了对文化产业发展重要性的丰富认识，也勾画了当今时代文化产业发展、竞争的世界图景。《遥遥领先：英国创意产业的经济效益》(2007 年) 中，便有专门篇幅分析“创意产业的全球图景”。该报告指出：“就全球层面来说，创意产业非常重要，并且在不断增长。联合国教科文组织对基于消费的数据分析表明，文化产品的贸易在过去 10 年间增长了 50%，从 1994 年的 393 亿美元增加到 2002 年的 592 亿美元。这些文化产品包括传统商品、书籍、报纸、杂志、其他印刷品、记录媒体、视觉艺术以及视听媒体。”报告还引述了诸多其他相关数据，以具体呈现创意产业发展的客观状况。如，根据联合国贸易与发展会议的数据，密切依赖创意文化投入的产业的全球市场价值估计达到了 13 000 亿美元，而经济合作与发展组织则指出创意文化产业的年增长率在 5%到 20%之间；随着高附加值、知识密集型行业的出现以及全球可支配收入的增加，市场对创意产业的产品和服务的需求有望进一步增长，继而推动这些创意产业的增长。

联合国教科文组织德国委员会于2007年发布的《德国文化/创意产业发展报告》同样不惜笔墨地描绘各国推动文化产业发展的状况，着力为德国文化产业同欧洲及国际文化产业发展状况之间的对比提供便利。该报告指出，在整个欧洲，文化/创意产业作为独立的经济部门已经被越来越多的人所接受。2005年，英国设立了“创意产业部”，法国特别制定了全面的创意产业框架方案；2006年，欧洲委员会发表了一份长达300页的关于文化产业经济重要性的研究报告，这表明欧洲已经形成了带有突出重点的已经成形的重要政策战略。中国、印度和澳大利亚的相关人员已经组织了全国和世界范围内的专家会议，就创意产业这个主题进行讨论，并针对创意产业成立了新的研究机构。最近，世界经济合作与发展组织、世界银行、世界知识产权组织、国际劳工组织以及联合国教科文组织等许多组织多次提到创意产业。2007年2月，欧洲各国文化部长及媒体汇聚柏林时，多数欧洲国家表示了对文化/创意产业这一主题的重视。数十年来，文化/创意产业第一次成为欧洲议程中优先讨论的主题。《日本品牌战略——让软实力产业成为经济增长的原动力》(2009年)也特别强调“在海外，一直推行着这样一些全国性经济政策——着眼于软实力给经济活动带来的效果，并将文化商品和品牌振兴置于核心地位”，并历数美、英、法、韩诸国文化产业发展的历程与态势，以之为确立日本“软实力产业”的重要参照。这些分析，无一例外地都是为了在文化产业发展、竞争的世界图景中审视自我、制定本国文化产业发展和应对竞争之策。如同2014年8月28日法国总统弗朗索瓦·奥朗德(François Hollande)在第22届使节会议上所讲的那样：“文化不仅仅是影响力的载体、分享的载体，同时也是经济发展的媒介。我们都知道，文化产业的竞争即将开始。从今年秋天开始，各大运营商都将来法推销它们的产品。我们可以一开始就在文化领域内设置壁垒，拉起警戒线，但是这样一来，我们首先就输了”，“如同高等学校和大学的国际化发展一样，文化产业应该成为我们的一张重要王牌”。

在具体推进文化产业发展方面，各国各有自己的敏锐战略、切实举措。如，在美国，“几百个基金会对文化的不懈支持、激励性的税收政策、工会的积极支持、非盈利机构的核心作用和更近时期的企业文化赞助”，形成推动文化产业发展、构筑美国文化霸权的重要机制。为使文化/创意产业在国际上保持领先地位，德国2008年专门启动德国复兴信贷银行启动资金项目，为文化/创意产业的创业者和自由职业者提供融资。德国2012年8月发布的《文化/创意产业倡议——现状和前景》明确指出，联邦政府文化/创意产业倡议的目标是：加强文化/创意产业的竞争力，充分挖掘该产业的就业潜能，除此之外还应给创新型小企业和自由艺术家提供更多的机遇。该报告提出的实施和扩大倡议的举措有：确保文化/创意产业作为一个独立的经济增长部门；继续推进对国民经济的监测，每年都要掌控文化/创意产业的发展状况；继续针对各子市场的结构、挑战、发展路线和需求开展对话；改善文化/创意产业行业内经济联系；为文化/创意产业企业建立联系网；提供关于融资机会的信息，尤其是对于初始认证阶段的创业者们；审查经济和技术项目的可行性，以更好地资助文化/创意企业的发展；促使自由职业者和文化/创意小企业获得贷款的途径更加便捷；完善准入外贸资助项目渠道，以使本土文化/创意产业的潜能能够更好地在国外显现；继续实行艺术家社会保险并确保其稳定；完善数字版权法律框架，维护创作者和使用者之间利益的平衡。《2001—2005年俄罗斯文化联邦专项纲要》(2000年通过决议，2002年修订)提出要“建设强大的俄罗斯电影产业，打造视听产品生产、租赁和放映的完整、平衡体系，在国家生产生活、俄罗斯联邦主体社会经济发展中切实发挥作用”。俄罗斯《国家文化政策基础》(2014年)提出要“支持国家电影业发展，其中包括制作动画片、纪录片、科普类电影、教学影片、针对儿童群体的电影等，为创意产业发展创造条件”。《日本品牌战略——让软实力产业成为经济增长的原动力》(2009年)提出要“将提升日本软实力的动画、漫画、电影、电视剧、音乐、游戏等内容产品以及饮食、时尚、设计这些与日本特有的品牌价值创造相关联的产业定位为‘软实力产业’，并且应当综合推进其产业振兴和海外发展”。《创意韩国》(2004年)不仅提出了韩国进入世界文化产业五大强国之列的目标，还更具体地提出：“随着文化全球化的加速，韩国文化产业通过韩流热潮不断扩大进军世界市场的机会，这要求超越现有的有限水平，制作出具有创造性、综合性、多样性、高质量的资讯。为了实现成为世界文化产业五大强国这一目标，要加强文化产业的竞争力基础，改善文化资讯的创作、流通结构，加强国内需求基础与进军海外的能力，扩充文化产业环境的基础设施，强化扶持机构的效率，促进区域文化产业的积极发展。”

五、遗产保护：文化新生的重要基石

任何文化的前行，都是在既有历史基础上的前行。在这一过程中，如何对待自己的历史与传统，如何对待自己的文化积淀与遗存，是每一个民族、每一个国家都共同面对的课题。注重对历史文化的开掘，注重对文化遗产的保护，是21世纪以来各国文化战略呈现出的又一个显著特征。

文化遗产作为过往文化创造的历史遗存，对于文化的发展、经济的繁荣，对于一个民族、国家的继续前行，都具有极为重要的意义。在英国《文化白皮书》(2016年)中，文化遗产不仅被视为“国家认同感的关键”，也被视为具有长期经济和社会收益的所在。该报告援引数据指出：英国“遗产旅游每年可以创造260亿英镑收益，占国民生产总值的2%”。法国外交部长洛朗·法比尤斯(Laurent Fabius)和文化与通信部部长奥雷莉·菲莉佩蒂(Aurélie Filippetti)联名发表的《21世纪法国文化外交的雄心》(2013年)一文中，称“法国文化与遗产是发展法国旅游的重要王牌。我们将支持博物馆走出国门，最大限度地展出它们的收藏品，让它们更好地被世界所认识。我们的非物质文化遗产是法国吸引力的重要组成部分，并为法国带来了积极的影响。美食、艺术生活、专业知识、品牌(尤其是奢侈品)是法国最充分的代表，它们吸引了来自世界各地的不同人群，他们将法国与这些卓越的品牌联系在一起”。2014年4月4日，欧洲各国主管文化和欧洲事务的部长们齐聚巴黎参加以“文化的未来，欧洲的未来”为主题的夏乐论坛。论坛发布的一份重要文件《欧洲、文化、数字化：2014—2019年战略前景》中也专门论及了文化遗产之于欧洲身份强化、欧洲创新发展的意义。报告强调：“丰富的文化遗产和创造活力铸就了欧洲在世界的影响力，并与欧洲身份紧密相关，欧洲文化的吸引力以及文化创造者和文化产业的影响力同样是欧洲经济的推动力”，对创造性、知识和文化遗产的重视应“成为欧洲未来发展的核心对策”。俄罗斯《国家文化政策基础》(2014年)指出：“俄罗斯——伟大的文化国度，拥有丰富的文化遗产、多世纪的文化传统和源源不断的创造潜力”，“俄罗斯的历史道路决定了俄罗斯文化的独特性、民族意识的特殊性，以及俄罗斯社会生活的价值基础”，“在国家绵延的历史长河中，民族精神体验正是通过文化被保护、累积和代际传承下来的，也正是通过文化确保了多民族俄罗斯的团结与统一，塑造了俄罗斯的爱国主义情感和民族自豪感，并在国际舞台上巩固了俄罗斯的国家权威”。日本《文化艺术振兴基本方针》第一次基本方针(2002年)指出：“在历史长河中产生、发展、传承至今的物质以及非物质文化遗产是全体国民的珍贵财产，它们对于了解我国的历史、传统、文化是必不可少的，同时也是未来文化进步和发展的基础”，“文化遗产是在我国的历史发展中形成并传承至今的，它反映我国的自然、风土人情、社会和生活，形成了人们丰富的情感和精神活动的轨迹，是我国现代文化的基石”。这些观点，在此后的历次基本方针中，都被反复述及。《创意韩国》(2004 年)指出：“语言、生活文化、文化遗产等传统文化是时代进行再解释和创造的资源，是产生时代独创性的母体”，并强调文化遗产是与文化认同感紧密相关的领域。该战略中提出的第 11 项“推进课题”，即“文化遗产的保存与传统的现代性继承”指出：“一个国家的文化遗产作为该国家历史的物质、精神的结晶，是形成民族成员在思想上的集体意识，确立每个人的民族认同感的基础。”2021 年，美国总统约瑟夫·拜登(Joseph Robinette Biden, Jr)在荒野月(National Wilderness Month)宣言中也特别指出：美国的公共土地和水资源、令人惊叹的风景和文化遗址反映了我们与自然遗产的深厚而持久的联系……在国家荒野月期间，让我们加强与美国荒野地区的联系，加强对荒野的保护，努力保存它们所蕴含的故事、它们所保留的记忆，它们是我们为子孙后代留下的宝贵遗产。

基于对文化遗产重要意义的认识和把握，在当今世界，文化遗产的保护工作，越来越被置于重要位置，各方面均纷纷确立法规、制定战略、传承保护。2011 年 11 月，欧洲议会和欧盟理事会通过第 1194 号决议，制定了欧洲文化遗产标识。保护和推广欧洲共同文化遗产，特别是向年轻一代开展这方面的工作，被视为欧洲文化合作中最具优先地位的目标。法国《文化和媒体 2020：新一代文化与通信部》(2012 年)称，文化遗产的“历史价值、象征价值和它激起的公众情怀都赋予了它在文化行动中无可争议的重要地位”，文化遗产保护“一直都是文化与通信部的中心基础性任务”。该报告坚持“为传承而保护”的理念，对文化遗产的传承保护提出了许多具体举措，如开展评估历史遗迹的工作，与遗产的参与者建立战略性的对话，提升地区遗产和建筑的重要性，将公众置于遗产政策的中心，迎接数字化的挑战和数字化遗产保护的挑战，将遗产政策拓展到国际层面等。在《2001—2005 年俄罗斯文化联邦专项纲要》(2000 年)中，为保护国家文化潜力和文化遗产创造条件，在支持文化生活多样化和文化创新多元化的同时，确保俄罗斯文化发展的继承性，保证国家统一文化空间，是纲要目标的重要内容。在《2012—2018 年俄罗斯文化联邦专项纲要》(2012 年)所列的“最重要的纲要指标和指数”中，排在首位的即“处于合格状态的联邦所属文化遗产的数量占联邦所属文化遗产总数的比重”。在俄罗斯《国家文化政策基础》(2014 年)中，摆在国家文化政策之任务第一条的便是关于俄罗斯联邦民族文化遗产领域的。具体内容包括：在社会意识中承认作为个体和社会发展必备条件的、祖辈积累至今的历史和文化体验的价值；支持发掘、保护、普及俄罗斯联邦民族文化遗产的社会倡议；在个人和法人财产利益之上，切实实现物质和非物质文化遗产保护的社会优先权；完善俄罗斯联邦民族文化遗产项目，以及博物馆、档案馆藏品和国家图书馆馆藏的国家保护体系；建设全俄非物质文化遗产保护体系；保护民族文化传统，支持基于民族文化传统的民族创作，保护民族文化的多样性，将其视为职业文化的重要源泉之一以及民族认同的重要组成部分；在教育进程中，扩大、完善并促进文化遗产项目的现有使用经验，博物馆藏品和档案馆馆藏的现有使用经验，以及俄罗斯博物馆和保护区博物馆科学和信息潜力现有使用经验的系统化发展；加强文化遗产项目的作用，保护城市和社区的历史环境，其中也包括小型城市，为文化认知类旅游的发展创造条件；支持和发展公民参与民族、地方志和考古考察，以及发掘、研究和保护文化遗产项目的工作。《创意韩国》(2004 年)制定的“文化遗产的保存与传统的现代性继承”推进课题提出：“此前的文物政策把重点放在原貌的保存上，导致人们以为文物是给国民带来不便的对象。今后，在提高文物原貌保存质量的同时，要向‘与国民在一起’的文物政策这一方向转变”，“为了保存文化遗产并现代性地继承传统，要加强系统地保存、管理文化遗产的能力，推进对古都及风纳土城的整理与保存工作，通过保存与开发的协调发展减轻国民的负担，提高文物原貌保存的质量水平，改进文化遗产与自然遗产的保存管理体系，通过对文化遗产的积极利用推进传统的现代性继承与再创造”。日本《文化艺术振兴基本方针》第一次基本方针(2002 年)指出：“面对近年来社会结构的急剧变化，应当立足于文化遗产保护和利用的现状，积极探讨有效保护和合理利用文化遗产的相关方案。与此同时，必须夯实文化遗产的修复以及保护、传承的基础，提供学习体验文化遗产的机会，积极推进相关推广和普及活动。”该方针针对当时日本社会结构以及国民意识的变化等，提出了保护、利用文化遗产的 11 条措施。《文化艺术振兴基本方针》第二次基本方针(2007 年)也列专条阐述“文化遗产的保护与灵活运用”问题，并在第一次基本方针有关要求的基础上进一步强调：“在做好国家和地方公共团体对文化遗产的保护和灵活运用之外，地方社会也应当将文化遗产视为国民共同的财产，悉心爱护，营造长期守护文化遗产的氛围。此外，若一定程度的文化遗产出现群聚，应开展研究，探讨综合掌握文化遗产情况的方法，以更有成效地发挥文化遗产的作用，构建文化氛围浓厚的空间。”“确保下一代继承文化艺术”被列入日本《文化艺术振兴基本方针》第三次基本方针(2011 年)所确定的重点战略，该方针强调“应综合性地对属于国民财产的文化遗产进行保护和利用，有计划地、系统地对将成为下一代文化艺术创造根基的文化艺术品和资料等进行收集与保护(建立档案)，以确保文化艺术被下一代继承”。

六、国际传播：展现魅力的普遍关注

文化在传播中展现其魅力、实现其影响力；文化也在对传播回馈信息的把握、消化中汲取强劲其生命活力的营养。与此同时，文化在传播过程中所形成的软实力，越来越成为新的历史条件下综合国力的重要构成部分。进入 21 世纪以来，尽管战略出发点不一，但各国对文化国际传播的重视均有增无减。

对文化国际传播的意义的阐发，遍见于各国相关文化战略和相关重要文献之中。英国文化协会的研究报告《影响力与吸引力——21 世纪文化和软实力的竞争》(2013 年)指出：“过去 10 年，各国人民之间文化交流的规模逐渐增大，大多数世界公民置身其他文化之中的事例也呈指数增长，国际交流的很多内容都与文化有关。由此产生的结果就是，当今世界，文化和国际政治存在相互依存的关系，文化在其中既发挥积极作用，也发挥消极作用。在新的全球环境下，民间文化交流为传统的国家外交奠定了基调，有时甚至决定了国家外交的议程，各个国家努力增进对彼此文化的理解，避免文化误解，致力于使本国软实力得到最大化发展。”英国国会议员、外交和联邦事务大臣威廉·海格(Lord William Hague)在为该研究报告撰写的前言中，也专门表达了英国应对这一时代大潮的努力：“英国仍旧是一个现代文化超级大国。但在未来几十年，要保持软实力的竞争力，就意味着要像对待军事、经济和各种外交优势一样，培植和重视文化资产。政府人员决心全力以赴，帮助并展现国民生活的智慧和才华，使之成为世界一流的力量。”英国《文化白皮书》(2016 年)同样浓墨重彩地展现了其在推动英国文化海外传播、提升英国软实力方面的决心和意志，如通过文化出口推广英国，提高英国的世界声誉和软实力，通过“大不列颠推广”计划，利用文化打造“英国品牌”等，以图巩固英国“软实力领导者”的地位。法国也一直不遗余力地推进法语文化的对外传播，保持其魅力攻势。德国外交部的《全球化时代的对外文化教育政策——赢得伙伴，传递价值，维护利益》(2011 年)，面对当今世界格局的发展变化、面对德国在世界上“自然”分量正在减少的挑战，强调对外文化教育政策对保证德国在世界上影响力的重要作用。该报告指出：“以教育、交流和对话为途径，建立以文化上的相互尊重为特征的伙伴关系，我们能直接接触到更多人，从而赢得他们的认同，认同我们的国家、我们的价值观和我们的理念。”报告强调，对外文化教育政策是外交政策的重要组成部分，并且也是为外交政策的目标服务的：巩固欧洲、保障和平、维护旧的友好关系。美国《国家战略传播架构》(2010 年)称：“通过所有的努力发现，有效的战略传播，对维持全球合法性和支持政策目标有重要意义”，“最高水平的政府，必须提倡和实施一个通过机制和程序得到加强的传播文化”。《创意韩国》(2004 年)指出：“一个国家的文化形象，会使人们信任和喜爱这个国家的所有商品，这是即使同样品质的商品也会使人支付更高价格的高附加值经济战略的核心要素。”“文化艺术振兴要以改善国内文化艺术环境为首要目的，进而推动国际文化环境的发展”被写入日本《文化艺术振兴基本法》(2001 年)关于文化艺术振兴的基本理念之中，并被一再重申，该法明确要求：国家应推动文化艺术的国际交流，致力于使日本文化艺术全面走向世界。

基于对文化国际传播重要意义的认识，21 世纪以来，各国纷纷推出战略举措，着力推进各自文化的国际传播，努力提升自己的文化软实力。2005 年，美国总统乔治·W·布什(George W. Bush)指出：“不得不承认，在讲述美国故事和传播真实美国形象方面，我们确实落后了。”在这一背景下，美国负责公共外交与公共事务的副国务卿卡伦·休斯(Karen Hughes)和她的继任者詹姆斯·格拉斯曼(James Glassman)提出“公共外交 2.0”计划，寻求利用社交网站和其他网络媒体来赢得“思想之战”。前文亦曾述及，美国于 2010 年发布《国家战略传播架构》，该战略进一步明确了美国战略传播的重点，并指出：“尽管美国政府实施全球范围内的审慎交流和洽谈，但工作重点应和总体国家安全的重点相一致。如同国家实力的其他元素那样，交流洽谈工作应该支持政策目标，并且达到相应的效果：(1)使外国受众认清与美国的共同利益；(2)使外国受众相信美国在国际事务中发挥的建设性作用；(3)使外国受众明白面对全球复杂挑战时，美国是值得尊重的搭档。”该战略还具体明确了国家安全参谋部、国务院、国防部、广播理事会、美国国际开发署、情报界、国家反恐中心等在美国战略传播中的角色、职责及行动策略。2002 年，美国面向全球尤其重点面向伊斯兰国家推出“向世界营销美国故事”的文化行动，旨在“消除针对美国文化和政策的消极、荒诞的观念，在伊斯兰世界倡导自治、宽容和多元主义的声音”。德国外交部不仅于 2011 年发布《全球化时代的对外文化教育政策——赢得伙伴，传递价值，维护利益》，将文化教育政策作为对外政策的支柱和核心，还为此专门任命了负责对外文化政策的外交部国务部长，明确提出对外文化政策的推行将在外交部得到最优先的财政支持；如资源有限，必要时将限制甚至暂停对国内项目的支持，优先保障对外文化教育政策的需要。《2006—2011 年俄罗斯文化联邦专项纲要》(2009 年)强调文化的国际传播是“国际关系体系中国家一体化战略的组成部分”，提出“要增强俄罗斯文化在国外的地位，形成俄罗斯形象——具有伟大传统文化的国家”。对于如何“发展国际合作，加强与世界文化的联系”，该纲要提出了诸多策略，如通过在国外推广和发展俄罗斯文化成果，拉近其与世界文化的目标与任务；在解决国家文化问题时借鉴外国文化组织的相关经验，积极扩大俄罗斯在世界文化进程中的参与范围；举办国际研讨会、学术会议、艺术节，在世界范围内推广俄罗斯表演艺术，在国外推广俄罗斯影片，加强电影业的国际合作，举办国际展会等。《日本品牌战略——让软实力产业成为经济增长的原动力》(2009 年)所确立的日本品牌战略，有两个支点，一个是创造，另一个即是传播。该战略强调，要制定策略，全面支持将海外推广纳入范围的内容产品和商品的制作和开发等；对外传播，不应是片段式的，而应是各个领域同时进行传播，要官民一体形成合力；要明确对外传播的目标和方法，有重点地强化对外传播力度，要多方努力“使‘日本迷’遍布世界各地”。“增强文化传播与国际文化交流”也被列入日本《文化艺术振兴基本方针》第三次基本方针(2011 年)所确定的重点战略之中。该战略强调通过积极地将包含从传统文化到现代文化艺术活动在内的日本文化艺术传播到海外，同时推进各领域文化艺术的国际文化交流，为提升日本的国际形象、增进各国间相互理解作出贡献；主张唤醒作为日本强项的动画、漫画、电影等媒体艺术，以及设计、时尚、饮食文化等“酷日本”的潜力，实现向海外的战略性拓展。

推进文化国际传播的路径是多种多样的。但其中，也有各国普遍关注、借重的关键路径。如，语言推广即是其中一个极为重要的方面。2018 年 3 月 20 日，法国总统埃马纽埃尔·马克龙(Emmanuel Macron)在法兰西学院发表关于法语战略的演讲。他认为，不仅要在法国的领土上进行法语推广，也要跨越国界，在别国的领土上继续进行法语推广以重新塑造法国的影响力和行动能力，“这是法国的责任所在”，“我们的雄心是要建立一个有益的法语、有效率的法语，并将不遗余力地承担起推广法语的责任”。为此，他要求法国文化中心和法语联盟开展积极合作，增进协同作用，共同推进法语的发展，他还寄希望于新一代法语教师的崛起，称法语教师是“伟大的英雄”，“我们国家的历史，是由这些英雄铸就的，是由我们驾驭法语的能力所决定的，是由我们在那些法语已经消退的地区驾驭法语的能力所决定的，通过我们的英雄，我们的法语教师，历史才被成功塑造”。德国《2011—2012 年度联邦政府关于对外文化和教育政策的报告》称“推广德语语言是对外文化和教育政策的重点和核心任务”，“语言推广是一项历史使命”，“说德语的人会对我们的国家感兴趣，比普通人更了解德国，更理解德国的立场”。德国外交部研究报告《全球化时代的对外文化教育政策——赢得伙伴，传递价值，维护利益》(2011 年)将 1 500 所伙伴学校、150 所歌德学院以及德意志学术交流中心、洪堡基金称为其对外文化教育政策的三大支柱。德国歌德学院院长克劳斯-迪特·莱曼(Prof. Dr. H. C. Klaus-Dieter Lehmann)讲道：“在 93 个国家的 150 所歌德学院是德国的宝贵财富”，“语言不仅仅是工具，更是一种文化的载体，使深入了解其他文化成为可能，并为就业和教育的流动性创造了先决条件”，“世界政治的风云变幻赋予了歌德学院新的任务：巩固民间社会，加强合作伙伴关系，民族团结及提供早期教育”。21 世纪以来，俄罗斯接连发布《俄罗斯联邦 2002—2005 年“俄语”专项规划》《俄罗斯联邦 2006—2010 年“俄语”专项规划》《俄罗斯联邦 2011—2015 年“俄语”专项规划》，用意即在维护俄语在俄罗斯境内外的地位和影响力。2007 年 6 月 21 日，弗拉基米尔·普京(Vladimir Putin)签署成立“俄罗斯世界”基金会。该基金会的重要任务之一，即推广俄语、支持境外的俄语学习计划。在文化国际传播的实践推进中，越来越多的国家开始努力更高质量地构建综合性的国际传播体系。如《创意韩国》(2004 年)所指出的那样：“为了通过文化宣传来提升国家形象，需要构建长期的、战略性的文化宣传体系，将文化宣传的核心功能整合、集成化，通过积极推进民间参与来加强文化宣传的力度，开发并扩充文化宣传资讯及其实施方式”；要“在积极应对全球化、本土化等国际环境变化的同时，为了形成开放的民族文化，要从国家主导的以发达国家为中心的单向文化交流中摆脱出来，向使地方自治团体和民间团体成为核心，在接受优秀的海外文化的同时，宣传我国的优秀文化的双向文化交流转换，为了增进我国文化的多样性及提高创造性，要使文化部门更多地参与国际机构的活动，推进国家间的战略性文化交流，加强对地方自治团体及民间部门进行国际交流的资助力度”。在推进文化国际传播的同时，世界各国也普遍注重对他国文化相关方面的吸收与借鉴。

综上，我们从六个方面，粗线条地勾勒了21世纪以来诸多国家文化图强、文化竞争的大致图景。尽管是粗线条勾勒，但从中我们仍不难感受到21世纪这一“文化世纪”生动、真切的世界文化图景，不难感受到各国围绕文化发展所倾注的热忱、所寄托的热望、所推进的热战。对当今世界文化图景、各国文化图强方略的深度认识和准确把握，是我国建设进而建成社会主义文化强国的重要基础性工作。为绘制一幅较为清晰的21世纪各国文化战略进路图、世界文化竞争全景图，从2010年起，我们着手辑、译相关文献，以近百人之力，历时十年，汇成了摆在读者诸君面前的这套《21世纪以来国外文化发展文献选编》，凡八卷，近千万言。付梓在即，感慨万千。既深感译事之不易，也更觉做好这一工作富有重要的基础性、战略性意义。同时，我们也深知，受眼界所囿、收集能力所限，以及翻译、出版周期等方面的影响，书中呈现的文献，肯定存在粗精不一等问题，一些新近的重要文献也尚未能够收录进来，译文离信、达、雅，还相距遥遥。但为了让这些带有鲜明时代特征的文献能够及时整体面世，让关注当代中国文化强国建设的人们能够及时从中有所悟、有所得，而不致其整体推出时成为纯粹的回顾性文献，我们决定以目前的形式推出这部译丛。在选文时，出于篇幅等多方面的考虑，我们对一些大家已相对比较熟悉或易得的一些文献，对一些单篇篇幅过大的文献，暂时忍痛割爱，未辑录入目前这部丛书中，待将来再择时机，以相宜形式推出。所收录文献中，一些观点、判断，带有其鲜明意识形态色彩、价值倾向，读者朋友们阅读时需仔细辨识、辩证取舍。我们也将继续做好这方面的辑、译工作，以使文献更丰富、全面，译文更精准、雅致，努力对社会主义文化强国建设有所贡献。

最后，真诚感谢国家出版基金项目、湖北省学术著作出版专项资金资助项目、马克思主义理论与中国实践湖北省协同创新中心的大力支持，感谢武汉大学出版社为这部丛书的编辑出版付出大量心血，感谢所有参与了这项辑、译、校浩大工程持久战的同事和朋友们！

2021年12月1日于珞珈山

前　　言

作为老牌的资本主义工业强国，德国一直以精良的“德国制造”享誉世界。但近年来世界形势正在经历巨大变革，西方各国之间的软实力竞争开展得如火如荼，德国为了维持在全球范围内的影响力和吸引力，将发展的重点转向了海外文化活动和文化/创意产业等相关领域，从联邦政府到各州为此制定了一系列行动倡议、调查报告、发展报告等政策性文件，并将其付诸实施且开展持续的监测和评估。

实践表明德国政府的这些努力取得了瞩目的成效。歌德学院作为德国在海外的语言文化大使，分支机构遍布全球 90 多个国家，它们以语言传播为契机，将“德国：创意国度”“德语：有思想的语言”这些理念播撒到世界各角落。DAAD 德国学术交流中心，成为世界规模最大的国际学术交流资助机构，成立以来资助过的学生超过 260 万人。PASCH 海外学校项目在 100 多个国家和当地政府共建了 2000 所德国海外学校。德国政府将这些文化教育项目视为其对外政策的主要支撑，目标聚焦于青年群体，以“塑造未来的伙伴”为核心宗旨，目的在于为德国日后的发展赢得更多的理解、认同与支持。

本书收录的文献共 13 篇，从这些文献中我们可以看到德国提出文化/创意产业发展倡议的动机、目标、行动领域和行动规划。通过文化创意产业发展报告确定了发展的起点和框架，为文化创意产业的未来绘制了蓝图。其后的文化/创意产业系列监测报告以翔实的数据展示了在行动倡议的指导下德国文化创意产业日益发展强大。联邦政府对外文化教育政策及其报告则呈现了在德国外交部的统筹领导下，歌德学院、德国学术交流中心等文化机构强强联合，成功地在全球范围内共同搭建了德国文化传播网络。其中，德国对外文化交流和文化产业发展的许多模式和举措值得我们参考和借鉴。但因篇幅和时间有限，还有更多更新的德国文献未能收入，甚为遗憾。

本书的文献篇幅均较长，工作量庞大，最终得以完成离不开所有参与者的共同努力。主编沈壮海教授从项目构思开始，对每一个入选国别、每一篇入选文献都精挑细选、反复斟酌，对翻译和校对过程中的书稿多次进行谨慎细微的审阅并提供修改意见。译稿的完成经历了较长的时间，期间多位译者为此书的翻译和反复校对修改付出了辛勤劳动，包括帅颖、陈春花、舒阳亭、杨曼、刘莫尘、康晓瑜、齐伶圆、江雪薇、江剑琴、王斯达、王纯瑾、吴莎、彭绮娴。武汉大学出版社的蒋培卓编辑亦为本书的定稿逐字逐句推敲，广泛查阅相关资料，付诸了大量的时间和心血，为本书的顺利出版做出了重要贡献。

希望本书的出版能够帮助我国学者一窥世界文化竞争的图景，为我国文化强国建设研究添砖加瓦。文献中涉及的国别、机构、事件众多，因编译团队水平所限，难免有错漏之处，恳请读者批评指正。

编译者

2021 年 12 月

目　　录

2007年德国联邦政府文化/创意产业倡议

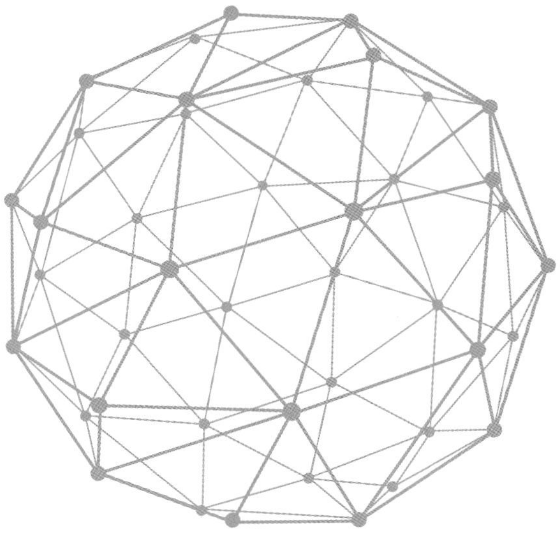

* 本文件由德国联邦经济与技术部发布于2007年。

目　　录

1. 目标

倡议目标：通过提升文化/创意产业的竞争力及充分开发其创造就业岗位的潜能，为文化/创意产业开创未来良好局面。

从技术政策角度来说，不得不承认新的数字技术是创新和增长的主要驱动力，这点对文化/创意产业也适用。

数字化技术还为文化/创意产业的新发展、新方案、新产品奠定了基础。从经济文化政策角度来看，改善文化/创意产业从业者的工作环境也是至关重要的。

第一阶段要出台统一协调的文化/创意产业相关政策。

第二阶段要为推广既定政策提供高效、稳定和可行的方案和建议。

首先必须明确文化/创意产业的结构和潜能。

此外，要提高文化产业公共信息的利用率，增强文化/创意产业的竞争力，优化文化/创意产业的产业结构。为此必须确认现行资助政策和工具能在多大程度上发挥作用。这一文化/创意产业倡议由联邦文化与传媒委员会(BKM)提出，以下部门，如联邦劳工和社会事务部(BMAS)、联邦财政部(BMF)、联邦教育及研究部(BMBF)、联邦司法部(BMJ)、联邦外交部(AA)共同参与了讨论。这是一个集思广益的倡议，所有参与的人都做出了贡献。就这点来说，联邦议院(Bundestag)的决议和议会任命的调查委员会“德国文化”的决议为此次倡议提供了重要的基础。这项倡议的成果将会在2009年的春天以报告的形式呈现。这一倡议由隶属联邦经济技术部的“文化产业”工作小组全程开展和协调。

2. 动机

文化/创意产业的重要经济意义已成为国内、国际政策的焦点，这一点越来越清晰。欧洲委员会委托咨询公司欧洲核心事务所(Kern European Affairs)所作的研究也是推动提出此项倡议的原因之一。欧盟文化部长理事会(EU-Kulturministerrat)证实文化/创意产业的意义越来越重要，特别是在促进欧洲经济的快速发展和创造就业岗位方面，文化/创意产业有着重大意义，同时它也是实现里斯本目标的重要途径。德国联邦议院全体会议(即 2007 年 4 月 26 日的辩论)和(联邦德国)议会调查委员会表示强烈支持文化/创意产业经济政策。联邦州也多次(如 2006 年 10 月和 2007 年 6 月的经济部长级会议)在联邦政府层面提出要加大对文化/创意产业经济政策的倾斜力度，以达到做强文化/创意产业的目的。特别值得一提的是，文化/创意产业的创业代表表达了对该产业政策倾斜的欢迎，并且强调了他们希望能有更加强大的监督体制。

3. 行动主题/主要挑战/战略领域

从联邦政府到各联邦州必须对“文化/创意产业”这一概念有明确的解释。文化/创意产业在国内和国际上定义都不统一，由于对文化/创意产业的认识不同，所以存在很多不同定义。

通过微型企业我们可以窥见德国文化/创意产业的经济情况。这些规模非常小的企业平均只有五名员工。很有必要透过这些小规模企业的结构，对经济政策进行分析、审查。如有必要，还可分析现行融资手段的匹配度。人们将会在接下来的几年里充分利用小企业的潜能，必须改善小企业的融资渠道和获取公共信息的方式。目前这些资助主题尤为重要，如启动(启动资金、小额贷款)，投资(税务援助、特别折旧费)，中型企业方案(德国复兴信贷银行企业家贷款)，担保，创新(赠款、贷款)，博览会，外贸政策和劳动力市场政策援助。

另一个任务是分析政府资助的公共文化产业与盈利性文化/创意产业间的相互依赖关系，或许还会提出相关建议。

对文化/创意产业的政策支持意味着为自由职业者在实现自立过程中提供咨询服务和援助，形成诸如“自由职业报酬”之类的企业经营理念。同样企业的保险问题，例如“艺术家社会保险”也应纳入考虑内容。

必须制定出有利于改善商业联系的政策，如改善客户、画廊老板、编辑、出版商、媒体和国外(或是欧盟范围内)商业伙伴之间的相互联系。

在数字网络化时代，知识产权的保护和版权的改革对艺术家、新闻工作者和文化传播产业来说是首要挑战。文化/创意产业尤其需要考虑这一问题。

文化/创意产业对于旅游业的意义将会在倡议框架内得到考量，倡议会就此提出可行性建议。在文化/创意产业中的一些领域，联邦政府已经采取了与现行倡议相关的一系列措施，同时也开展了一系列活动，如：

启动多媒体大赛；

启动中等企业竞赛；

设立设计奖；

设立商业影片奖；

举办促进贸易博览会(国际音乐博览会)；

设立乐器奖；

举办创新音乐大赛；

设立德国联邦电影基金。

4. 参与机构、个人和专家

联邦政府层面除了联邦经济技术部和联邦政府文化传媒专署外，参与此次倡议的还有：外交部（外交文化政策），劳工和社会事务部（艺术家社会保险），司法部（版权）和教育及研究部（教育、科研）。联邦统计局在数据收集和数据分析方面也提供了帮助。

与文化政策领先的联邦州加深联系是有必要的。特别是文化统计工作组和隶属经济部长级会议的文化产业工作组是我们很好的合作伙伴。一些联邦州的文化产业报告为此次倡议做出了很大贡献。在地区层面，文化/创意产业比较活跃的城市、乡镇、手工业作坊也被纳入了联邦政府的倡议中。

在欧盟层面，我们不仅咨询了欧盟委员会，还汲取了其他国家的经验，如英国，这些国家也正在启动这项倡议。

相关专业领域的高校专家和学者对此次倡议提供了专业知识上的协助。

德国工业协会（BDI）和德国工商业大会（DIHK）提供了跨行业专业协助。

文化/创意产业中这 11 个子行业是重要的商谈伙伴，它们是：

出版业（图书出版业、媒体业、音像出版业）；

电影产业（电影、影视产品、电影发行、电影销售、电影院）；

广播业；

音乐、视觉和表演艺术（自由职业艺术家、私人剧院、小型歌舞表演、剧院/音乐会导演、舞台技术运营）；

记者及新闻工作室；

博物馆商店、艺术展（非资助性博物馆举行的活动和艺术展）；

文化产品零售业（音乐商店、书店、艺术画廊、工艺美术贸易）；

建筑工作室（室内装修、园林、造型艺术、高层建筑、地下工程）；

设计业（工业设计、产品模型设计、纺织设计、传媒/广告设计，不包括摄影行业）；

广告（广告传媒等，不包括广告设计）；

软件/游戏业（软件和游戏开发及咨询，不包括硬件和 DV 服务）。

5. 实施步骤/附加实施办法

在经济技术部国务秘书达格玛·沃尔(Dagmar Wöhrl)女士的主持下，高层专家将参加启动仪式。接下来将会开展跨行业讨论，这一讨论对文化/创意产业具有重大意义。各行业的代表会获得机会阐述行业的挑战和他们的愿望。

第一个运行阶段是从 2007 年 11 月至 2008 年 4 月，在行业会议中将会对紧迫的经济政策问题和相应子行业中个人利益问题进行探讨。

作为常设监督机构，联邦经济与技术部文化产业工作组将会出席每一场行业讨论会议。

第二阶段从 2008 年 6 月到 2009 年 3 月。在行业会议结果的基础上，国内外文化/创意产业代表将开展专题研讨会、小组讨论会、圆桌会议、行业论坛、专家讨论和双边磋商等一系列活动。通过这些活动，他们将向联邦政府提出相关建议。接下来的步骤将会按照经济技术部正在进行的研究进行，该研究即在公共和私营文化产业部门协同作用下对文化/创意产业结构和潜能的研究。除此之外，这一阶段还要找出不同行业间的共同特征。

在 2009 年 4 月将举行另一个重要的部门会议。取得的所有阶段性成果和一些有益于制定高效文化政策的策略将在这次会议上总结和记录下来。

德国文化/创意产业发展报告

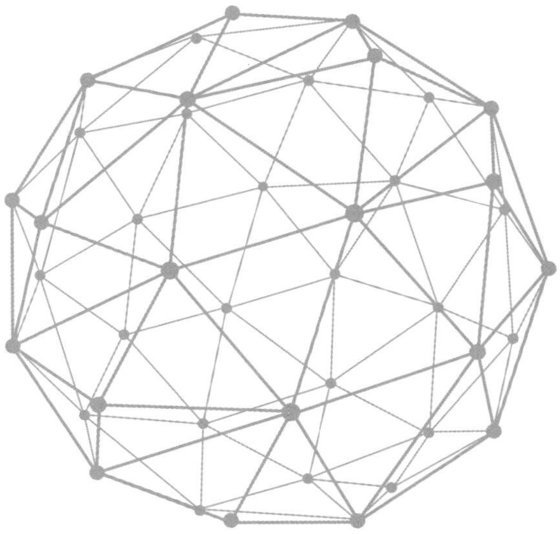

* 本文件由联合国教科文组织德国委员会发布于2007年。

编辑方：
联合国教科文组织德国委员会(German Commission for UNESCO)
伯恩市科曼特街15号，53115

赞助方：
德意志联邦共和国外交部(Foreign Office of the Federal Republic of Germany)

作者：
贝恩德·费赛尔(Bernd Fesel)，就职于文化政策与文化产业办公室(Office for Cultural Policy and Culture Industries)。年度国家文化产业会议(National Annual Culture Industries Conference)的组织者之一和文化产业年鉴的编辑。文化政策与文化产业办公室负责组织会议和研讨会，提供文化政策建议并撰写文化产业报告。贝恩德·费赛尔同时也是一名演讲家和政治评论家。电子邮件地址：info@ kulturpolitik-kulturwirtschaft. de。

迈克尔·松德尔曼(Michael Söndermann)，就职于文化产业研究办公室(Office for Culture Industries Research)，德国文化数据统计工作组组长，联合国教科文组织统计研究所顾问委员会(Advisory Board of the UNESCO Institute for Statistics)成员。迈克尔·松德尔曼是所在地级别、国家及欧洲级别对文化/创意产业进行研究的多个调查小组的成员。迈克尔·松德尔曼还为各个部和当地政府担任顾问。电子邮箱地址：soendermann@ kulturwirtschaft.de。

编辑：卡罗拉·科恩-弗里德伦尔德(Carola Cohen-Friedländer)
翻译：玛格丽特·米勒(Margrit Müller)，文化政策研究员、编辑、译者

Kopp兄弟图像出版印刷有限公司印刷
电话：：02 21/37 69 70

ISBN：3-927907-94-4

波恩，2007年2月

前　　言

过去几十年间，文化/创意产业已经成为经济发展的主要动力。创意产业是由 11 个子市场参与的复杂产业，创意产业由于极高的回报率和快速增长的数据在 2006 年引起人们的关注。因此，文化/创意产业在政治议程中也具有了新的重要性，例如里斯本旨在加快欧洲经济增长进程的目标以及《联合国教科文组织文化多样性公约》。后者于 2007 年 2 月被德国批准。2007 年，在德国担任欧盟轮值主席国之际，德国联邦政府就将文化/创意产业加入了在柏林举行的欧洲文化部长非正式会议的议程。

2004 年，创意产业在德国取得了 580 亿欧元的经济增长，占国内生产总值的 2.6%。2006 年 10 月年度文化产业大会上公布的数据显示，2004 年，创意产业总毛附加价值比上一年增长 4.4%，增长速度比德国其他所有经济领域的增长速度高三倍。

2006 年 11 月，受欧盟委员会委托撰写的《欧洲文化经济》报告公布。根据该报告，2003 年创意产业的总产值占到了欧盟 GDP 的 2.6%。2003 年，创意产业收入达到 6540 亿欧元。2002 年至 2004 年，在欧盟整体就业率出现下降的背景下，创意产业就业率仍然上升了 1.85%。因此，创意产业是欧盟经济发展的推动力之一，创意产业的发展能做出巨大贡献，早日实现里斯本议程(Lisbon Agenda)制订的目标：把欧洲建设成为“世界上最具竞争力和活力、经济持续发展、就业不断增加、社会更加团结的知识经济体”。

因此，本报告的出版十分及时，让公众了解德国文化/创意产业的发展以及德国对文化产业概念的讨论，而这些在 25 年之前就已经开始了。从这个意义上讲，本报告旨在为欧洲范围出现的讨论提供参考。这本英文版的回顾德国文化产业的报告书聚焦于两个问题：一方面，本报告旨在为德国国内讨论的“文化产业”概念下一个定义；另一方面，本报告为德国文化产业同欧洲及国际文化产业发展状况之间的对比提供了便利。

本报告从经验和理论层面向读者介绍了德国“创意产业”及其与欧洲其他地区文化产业的对比。尤其是将在单独一章中提到具有发展活力的工业设计部分。本报告还会列出 1992 年至 2007 年在联邦各省和城市发表的文化产业报告清单。此外，本报告也是文化产业领域展现德国文化多样性的实例——这也是联合国教科文组织德国委员会的主要目标之一。文化经济参与者——从个人艺术家到国际出版社——创造的不仅仅只是经济价值。他们为我们社会的文化多样性做出了宝贵贡献。2006 年 10 月，联邦外交部组织了“动员人民”(“Menschen bewegen”)——一次主题为德国文化关系和教育政策的会议，主要目的是促进文化/创意产业的发展。我们感谢联邦外交部对此次调查研究和出版提供的资助，这是德国为欧洲关于文化/创意产业讨论做出的贡献。

瓦尔特·希尔施(Walter Hirche)
联合国教科文组织德国委员会主席

目　　录

1. 简　　介

1.1　国际和欧洲近期发展(2007年)

在整个欧洲，文化/创意产业作为独立的经济部门已经被越来越多的人所接受。2005年，英国设立了“创意产业部”(Ministerfor Creative Industries)，法国特别制定了全面的创意产业框架方案。2006年，欧洲委员会发表了一份关于文化产业经济重要性的长达300页的研究报告。这表明欧洲已经形成了带有明确重点和特征的重要政策战略。中国、印度和澳大利亚的相关部门已经组织了全国和世界范围内的专家会议，就创意产业这个主题进行讨论，并针对创意产业成立了新的研究机构。最近，世界经济合作与发展组织(OECD)、世界银行(World Bank)、世界知识产权组织(WIPO)、国际劳工组织(ILO)以及联合国教科文组织(UNESCO)等许多组织多次提到创意产业。2007年2月，欧洲各国文化部长(European Ministers for Culture)及媒体汇聚柏林时，多数欧洲国家表示了对文化/创意产业这一主题的重视。数十年来，文化/创意产业第一次成为欧洲议程中优先讨论的主题——这是向感兴趣的欧洲公众展示德国文化/创意产业的绝佳机会。

德国的文化/创意产业①

德国创意产业集合了众多经济领域，依据其经济增加总额计算，其经济产出高于农业和能源业的事实直到2005年才开始被广泛接受。创意产业在经济和政治上具有如下特征：

(1)2004年，德国创意产业经济增加总额达到了580亿欧元，占德国国内生产总值(GDP)②的2.6%；

(2)2005年，创意产业进入德国联邦政府的工作议程；

(3)德国部分州已经发布了文化产业(不是创意产业)报告，并开始实施这些政策战略。与此同时，几乎所有联邦州都出台了文化产业报告，以适合本地区特色的方式挖掘文化产业的潜力；

(4)2005年，亚琛(Aachen)出台了第一部市文化产业报告，2007年，科隆也公布了市文化产业报告。

---

① 下文中，国际上广泛接受的“创意产业”一词被用来指广义上的文化产业。文化/创意产业的定义见下。

② 对比来看，能源业产出占德国GDP的1.5%。

联邦各州重视文化产业的原因很多。一些州认为文化产业正是一个能够解决经济结构改变带来问题的新兴主要产业，另一些人则仅仅是挖掘文化产业所带来的就业潜力。人们再也不认为文化产业仅仅和城市地区有关，文化产业在各种经济环境中都能得到发展。这不仅是德国联邦州的愿望，也是欧洲以外其他很多地区的愿望，从爱尔兰（Ireland）到西西里（Sicily），从葡萄牙（Portugal）到爱沙尼亚（Estonia）。

德国联邦政府和德国议会（German Parliament）——以及欧盟委员会——对创意产业抱有很大期望。因此，参与创意产业的政府机构覆盖范围很广，包括经济事务部（比如，支持电影业的发展），支持地区和结构发展的部门，或负责版权法、外国文化政策的部门。最近受到重视的文化产业让国内和全球越来越多的人/部门参与进来，各城市、区级、国家甚至整个欧洲都参与了进来。

本报告旨在为欧洲各个政策决策者和行政管理部门提供关于"德国创意产业"（"Creative Industries in Germany"）的基本信息。

1.2 德国文化/创意产业：定义以及经济重要性

文化产业和创意产业是不断扩大的结合多种经济部门的综合产业。2004年，德国创意产业总收入较2003年相比增加了2%。与此相比，汽车工业增长了0.3%，化学工业增长了3%。创意产业不仅仅在德国充满活力并不断发展，在其他欧洲国家也经历着相同的发展趋势。

因此，正如欧盟委员会文化专员简·菲格尔（Jan Figel）在柏林举行的欧洲部长文化会议结束后所说，欧盟希望支持创意产业，扩大其经济份额。总体上，文化方面，特别是针对文化产业的问题，需要在欧盟所有政策中多加考虑。基于独立研究的行动计划需要照此执行。也许因为文化/创意产业最近才引起重视，对文化/创意产业进行确切定义的讨论才刚刚开始。

在德国，被广泛认可的定义多年来已经成为国家以及国际上讨论的焦点。该定义包括三个方面：

（1）核心：9个文化产业领域

过去10年里，9个核心文化产业①被认定为德国的文化产业。这一认定方法被德国研究机构/人员及欧洲报告所采用，例如在法国或欧盟委员会中被采用。

由盎格鲁-撒克逊语言（Anglo-Saxon context）演变而来的创意产业概念不是从法国/德国文化产业核心领域变化而来的——尽管这一概念包括核心领域。例如，英国的研究总体上更多关注设计、新媒体和创新经济发展，如广告和游戏。这同这些领域在英国所受的关注程度相符。

根据1992年以来德国不断发展的定义，下文比较了文化产业以及创意产业在经济方面的重要性。"创意产业"一词已经被国际社会普遍接受。可以清楚地看到，文化产业占据创意产业核心的很大一部分。

德国的文化产业包括9个核心文化领域，2004年增加值总额达360亿欧元，占到了国内生产总值（GDP）的1.6%，比例高于能源行业（占GDP的1.5%）和农业（占GDP的1.1%）。

国际讨论中经常提到"创意产业"一词，该产业包括广告业、软件和游戏制造业以及和文化/创意

① 所有文化产业详细列表见下。

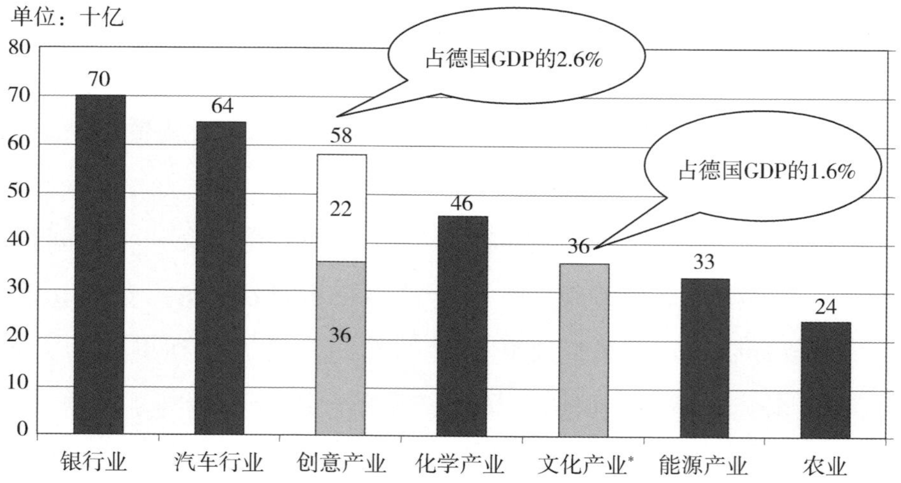

2004 年德国文化/创意产业增加值总额(按行业)

说明：* 不含公共文化机构(=60 亿欧元)。文化/创意产业统计数据来自于国家统计数据。

来源：德意志联邦统计局(Destatis)，统计人 M. 松德尔曼/文化数据统计工作组，2006 年修订。

融合的相关产业，企业总量在迅速增加。2006 年，创意产业的国际概念正式被用于德国文化领域的数据统计中。①使得德国创意产业增加值总额上升，就是说，增加值总额除去 9 个核心领域的增加值(360 亿欧元)外，还包括新增加的广告业和软件游戏制造业的增加值(220 亿欧元)，共 580 亿欧元。

创意产业增加值总额占 GDP 的 2.6%，其占德国 GDP 份额的比例处于化学产业(480 亿欧元，占 GDP 的 2.1%)和汽车产业(640 亿欧元，占 GDP 的 2.9%)之间。与 2003 年相比，化学产业增加值总额上涨了 3%，汽车工业则保持相对停滞状态，增加了 0.3%。

(2)确定跨产业性质

文化产业的特点是跨产业、跨领域性。文化产业与很多种经济领域都有交叉，包括制造业、服务和分配业。从这一角度讲，文化产业完全不同于传统的产业分支，如汽车或化学产业，这两者都可以归为制造业。

(3)与媒体和信息技术产业关系紧密

最后，文化产业和媒体与信息技术产业相关，它们都可以归为跨行业领域的经济复合产业。

1.3 在欧洲大环境中的经济重要性

将“创意产业”的国际概念引入德国有利于比较德国和国际上的创意产业。因而，在德国，对创意产业在国际上的作用的讨论才刚刚开始，至少对行业总体印象看法的讨论还处于起步阶段。2006 年 10 月，德意志联邦共和国外交部才将“创意产业”作为一个新的外国文化政策在外国文化与教育政策大会上进行讨论。德国作为文化/创意产业的交流国家，在未来应将其融入提升现代德国国际形象的方案之中。

① 2006 年第三届全国年会(3rd National Annual Conference)。来源：文化数据统计工作组，见 www.kulturpolitik-kulturwirtschaft.de，www.kulturwirtschaft.de。

创意产业的私营部分——电影、音乐、设计、文学和视觉艺术——几十年来一直活跃于国际舞台。此外，德国是举办国际大型文学、电影或视觉艺术交流活动如法兰克福图书展（the Frankfurt Book Fair）、柏林影展（the Berlinale）、科隆国际艺术博览会（Art Cologne）、艺术论坛（*art forum* or the Typo）、法兰克福音乐节（the Music Fair at Frankfurt）、莱比锡游戏展（the Games Convention at Leipzig）等的基地。

比较全欧洲的创意产业增加值总额数据会发现，创意产业不仅只促进了德国经济的发展。世界经济合作与发展组织数据显示，2003 年法国创意产业增加值达 480 亿欧元，英国达 630 亿欧元，和德国不相上下。据《奥地利创意产业报告》（Austrian Creative Industries Report）称，奥地利创意产业增加值达 66 亿欧元，瑞士苏黎世州（Switzerland the Canton of Zurich）提供的数据达到 80 亿欧元。

2003 年创意产业毛附加价值总额

国　家	毛附加价值总额（十亿欧元）
英国	630 亿欧元
德国	580 亿欧元
法国	480 亿欧元
瑞士	80 亿欧元
奥地利	66 亿欧元

来源：米夏埃尔·松德尔曼的独立核算。

2. 德国的文化/创意产业

本章叙述国家对文化产业和创意产业的多种定义，并解释不同文化/创意产业部门之间的不同点。

2.1 对文化产业/创意产业的认识

德国文化产业的最强之处就是其经济和文化的多样性。经济研究表明，文化部门中的小型、微型或单人公司数量已经超过其在各部门中的平均数量。文化产业采用高效技术设备和高效生产手段有利于这种趋势(成立小、微、单人公司)的发展。这种趋势发展的同时，大众对文化产业的认识也不断加深，随之而来的是独立文化职业者(艺术家/文化相关创作者)地位的提高。个人举办的以及独立事务所、工作室、艺术家机构举办的文化项目已经得到承认，是构成文化多样性重要的一部分，以及城市、地区吸引力的重要组成部分。它们形成了文化产业的经济核心。艺术家、文化相关创作单位和文化产业之间相互联系，创造了就业机会和毛附加价值。多种文化领域之间构成的多种网络促成了人们对文化/创意产业部门的新认识。

承认独立的文化相关从业人员在不同领域发挥的重要作用，促进了文化领域“三部门模式”的发展。

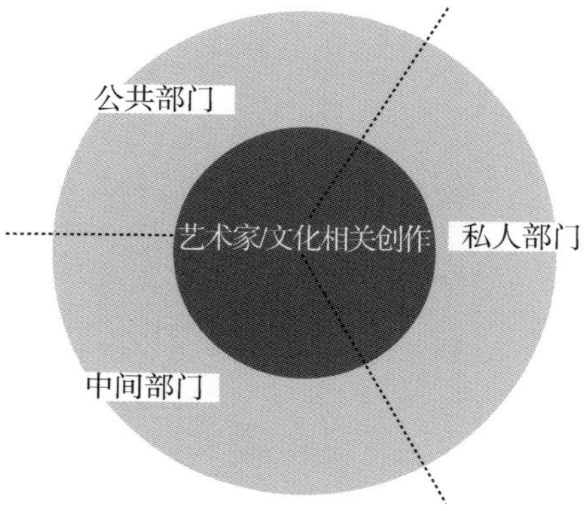

瑞士文化领域的三部门模式

来源：《文化产业报告》(瑞士第一份文化产业报告，2003 年)；编辑方：瑞士苏黎世设计学院。

根据瑞士三部门模式，文化部门被分成一个艺术家/文化创作核心区，和一个由公众下属部门、中间(非盈利性)下属部门和私人(市场性)下属部门组成的边缘围绕区域。前两个部门属于“非盈利性文化”领域，第三个下属部门则被视作“盈利性”或“商业性”文化领域，而这一部门就是所说的“文化产业”。这些下属部门像毛细血管一样被互换系统联系在一起。文化产业建立在公众潜在的创造性和非盈利性文化部门基础之上，并提供创新性反馈——至少在理想情况下是这样。文化产业部门的一个最重要特点就是开放性。自由工作者的特殊力量以及小企业跟随文化发展趋势和对市场变化快速反应的能力对文化产业来说具有至关重要的作用。这就是为什么文化产业中存在很多交叉部门并需要同其他邻近或较大部门进行沟通合作的原因，例如和“创意产业”(尤其是盎格鲁-撒克逊时期的定义)进行沟通合作。

因此，需要用政治和科学研究来分析文化功能领域的动态系统，来为欧洲各地区的发展和就业做出持续贡献。

“创意产业”模式需要将文化和创意作为经济因素在国际上比较，要求不断地对文化和创意市场发展状况进行研究和观察。从这个意义上说，创意产业在广义上可以归为文化产业。

国际上目前讨论的“新加坡模式”(“Singapore Model”)，发展步伐走得更远，它建立了一套复杂的行业版权系统，包括其他产业领域中的文化/创意产业。专家认为，“创意经济”(“creativeeconomy”)的概念在国际论述中也占有相当重要的位置。理查德·佛罗里达的观点大大超出了这些以行业领域为焦点的讨论，他提出了自己的概念：“创造阶级”(“Creative Class”)，并认为这一阶级已经成为整个北美的第三大劳动力。

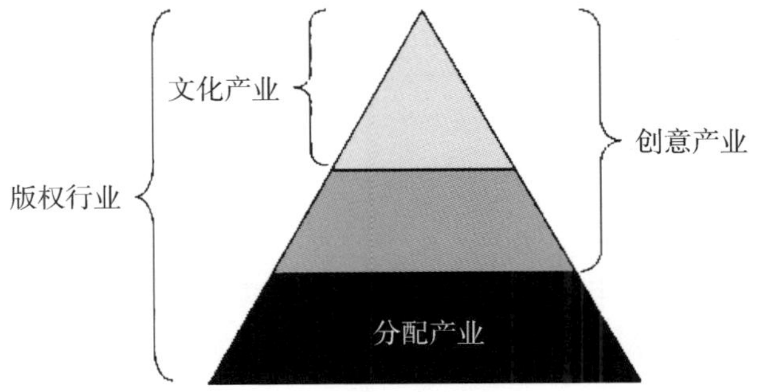

新加坡创意产业模式

来源：新加坡贸易产业部，2005年。

2.2　定义及区别

文化产业包括主要从事艺术和文化产品、文化服务的生产创作、传播、协调工作的所有企业和个人。换言之，所有下属部门及细分市场都和“广义文化”相关，比如音乐行业、出版行业、艺术、电影业等。这包含个人艺术观点或原创艺术作品、应用艺术产品、艺术品交易和流行文化产品，甚至包括通过大众媒体对文化产品进行传播和提供服务。

文化产业包括所有以市场为导向的经济企业，包括乐团、录音棚、图书和音乐销售员、艺术从业人员、画廊、音乐机构、电影演员、电影制片人、电影院、建筑设计院、设计工作室、艺术家工作室、作家和记者工作室、文化服务机构等。

在广义创意产业概念中，创意在产品和服务中是最重要的部分。艺术/文化理念和流行产品同技术、创新和科学创造性地结合在一起。文化产业的下属行业同其他商业部门，如广告业、多媒体行业、软件和游戏制造业，结合起来形成以市场为导向的更大的创造型综合产业。在这个意义上，文化产业构成了创意产业的核心。而创意产业又同更大的版权行业结合在一起。

基于德国联邦统计署(Destatis)和欧洲统计局(EUROSTAT)官方经济统计数据的评估，根据文化/创意产业基本统计数据作出如下摘要。

Ⅰ. 文化产业核心部门包括：

· 出版行业(图书出版社、新闻报纸出版社/出版人、唱机唱片和音乐出版社/出版人)；
· 电影行业(电影、电视、录像制作、传播、电影院)；
· 广播行业(私人广播/电视)；
· 音乐，视觉和表演艺术(个人艺术家、私营影院、酒店和各种剧院、剧院及音乐会、舞台技术公司)；
· 记者/新闻机构；
· 博物馆商店，艺术展览(博物馆商业活动和艺术展览)；
· 文化产品零售业(音乐商店、图书商店、画廊、艺术贸易)；
· 设计院(室内、花园、设计、房屋和土木工程设计)；
· 设计行业(工业、产品、时尚、纺织品及类似设计)。

Ⅱ. 新概念下包含的创意部门包括：

· 广告(广告公司等，不包括广告设计)；
· 软件/游戏制作(软件和游戏制作，包括顾问咨询，不包括硬件及数据处理服务)。

Ⅰ. +Ⅱ. 创意产业=11个经济部门

2.3 产业产值和企业数量(2000—2004年)

本篇将把创意产业和其他经济部门如化学产业或能源部门进行比较。由于经济收益和企业数量不同，下面将描述文化/创意产业中独有部分的经济发展趋势。

2.3.1 概述

2004年，德国文化产业中私营文化工作室和企业数量达到151 400个，经济总收益达到820亿欧元。文化企业总数量占到德国企业总数量的5.1%，其经济总收益占到整个经济收益的1.9%。

如果将软件和游戏制造业归入广义创意产业范围，相应数据就会大大提升：同年，德国创意产业中200 200名独立从业人员和纳税公司经济收入达到1 170亿欧元。创意产业企业数量占德国企业总数量的6.8%，其经济收入占德国经济总量的2.7%。

通过对已建立的产业部门进行比较可以看出，正如简介部分介绍的，考虑到创意产业创造的经济

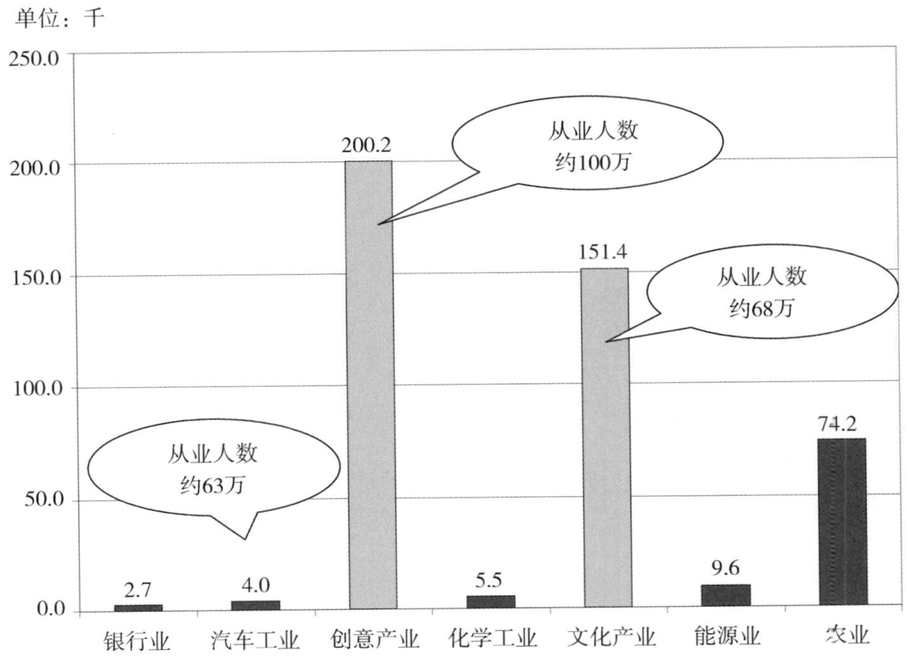

2004 年德国创意产业公司数量(按行业分)

来源：德意志联邦统计局，统计人 M. 松德尔曼/文化数据统计工作组，2006 年修订。

增长，我们无法否认创意产业已经成为国民经济的重要组成部分。

但是，创意产业同传统产业部门相比仍然存在根本性不同。传统产业表现出明显的单一结构和集中趋势，传统产业企业数量只有几千家——化学和汽车产业中只有 4 000 家到 5 500 家企业——而创意产业中则有大量单人、微型或小型企业。

据统计，创意产业中有 98%的企业属于微型企业(年产值最多 200 万欧元)，而 2004 年微型企业产值占到了创意产业总产值的近三分之一(29%)。中小企业(年产值在 200 万至 1 000 万欧元之间)数量占到创意产业企业总数的 1.5%，总产值占创意产业总产值的 26%。主要创意产业企业(年产值大于 1 000 万欧元)占创意产业企业总数的 1%以下，其总产值占创意产业总产值的 45%。

与此同时，创意产业经济发展和容纳就业的潜力同传统产业部门相当。越来越多的实证研究显示，创意产业的优势是其吸引就业的潜力和自雇型企业、自由办公的灵活组织结构，这样的企业和组织结构在文化市场中越来越多。如果 10%的微型公司每家能多雇用一个人，就能创造 20 000 个新岗位。

创意产业的劣势在于，小微企业未充分发展其经济潜力，很多小微企业没有能力雇用第二个企业家。这种情况在德国各地普遍存在。由于创意产业的附加价值较少，以及社会保险金额减少，依靠社会保险增加工作岗位的行动目前已经停止，但创造工作岗位仍然是经济和就业政策制定者们的最终目的。

2.3.2 产值增长

2004 年，创意产业年产值达到 1 170 亿欧元。经历了三年下降后，德国创意产业产值像 20 世纪 90 年代一样，重新开始增长。11 个创意产业经济部门总产值从 2003 年的 1 146 亿欧元增长到 2004 年的 1 171 亿欧元。

2000—2004年文化/创意产业产值

经济部门	公司产值			变化	
	2000年/(百万)	2003年/(百万)	2004年/(百万)	2004/00(%)	2004/03(%)
出版业、唱片业	40 918	36 974	36 851	-9.9	-0.3
电影业、电视制作	10 000	7 223	6 897	-31.0	-4.5
广播/电视公司	8 614	7 656	7 880	-8.5	2.9
表演/视觉艺术、文学、音乐	5 678	5 558	5 759	1.4	3.6
记者、新闻机构	1 667	1 865	1 808	8.5	-3.1
博物馆商店、艺术展览等	432	521	542	25.4	4.1
图书零售、报纸(50%)	3 980	3 791	3 815	-4.1	0.6
建筑公司	8 275	7 058	6 734	-18.6	-4.6
设计产业*	13 239	10 855	11 563	-12.7	6.5
Ⅰ. 文化产业	92 804	81 503	81 849	-11.8	0.4
创意产业(包括广告和软件/游戏)					
广告(仅74 402)	16 491	13 828	13 771	-16.5	-0.4
软件/游戏	17 675	19 288	21 485	21.6	11.4
Ⅱ. 增加的创意部门	34 166	33 115	35 255	3.2	6.5
Ⅰ. +Ⅱ. 创意产业	126 970	114 618	117 105	-7.8	2.2
所有经济部门(A.-O.)	4 152 927	4 248 074	4 347 506	4.7	2.3
文化产业产值占经济总量的百分比	2.2%	1.9%	1.9%	—	—
创意产业产值占经济总量的百分比	3.1%	2.7%	2.7%	—	—

说明：*设计产业包括工业、产品和交通设计

来源：德意志联邦统计局，统计人M. 松德尔曼/文化数据统计工作组，2006年修订。

这相当于2.2%的年增长率。设计产业产值增长率为6.5%，高于平均增长率，软件/游戏产业产值增长率为11.4%。负增长的有电影和电视制作业(-4.5%)，建筑业(-4.6%)，新闻业(-3.1%)和出版业(-0.3%)。

虽然文化产业中的“传统”部门截至2003年经历了11.8%的巨大损失，但在2004年至少保持稳定，设计和软件/游戏产业成为创意产业新的增长点。2003年至2004年，设计产业产值增长了6.5%，软件/游戏产业产值增长了11.4%，这两者将创意产业产值增长率提升至和德国经济总体增长率相当的水平——创意产业产值增长率为2.2%，德国经济总体增长率为2.3%。为使创意产业占经济总量比重恢复至2000年水平，创意产业仍需加快增长速度，再多增加170亿欧元产值。2000年，创意产业产值占德国总产值的3.1%，而2004年只占2.7%。

2.3.3 小型企业和公司的发展

2004年，据德国税务部门统计，文化产业共有151 000家企业或公司需要纳税。这一数据包括年收入达17 500欧元及以上的自由艺术家和记者。这些企业中大多数企业都由个人企业家或文化部门的自由专家负责运营。也有由2至5名员工组成的小公司和少数中等规模的公司，比如：图书出版社或

唱片公司。由于年收入低于 17 500 欧元而未被纳入缴税统计数据库的自由工作者人数为 21 万人。

2000—2004 年文化/创意产业企业数目

	企业数目			变　化	
经济部门	2000 年	2003 年	2004 年	2004/2000 年(%)	2004/2003 年(%)
出版业、唱片业	9 375	9 356	9 544	1.8	2.0
电影业、电视制作	7 535	8 134	8 225	9.2	1.1
广播/电视公司	751	826	839	11.7	1.6
表演/视觉艺术、文学、音乐	35 008	35 305	36 672	4.8	3.9
记者、新闻机构	12 441	13 931	14 910	19.8	7.0
博物馆商店、艺术展览等	1 096	1 187	1 242	13.3	4.6
图书零售、报纸(50%)	8 191	7 712	7 698	-6.0	-0.2
建筑公司	38 727	36 893	37 233	-3.9	1.2
设计产业*	30 897	32 893	35 029	13.4	6.5
Ⅰ. 文化产业	144 021	146 133	151 392	5.1	3.6
创意产业(包括广告和软件/游戏)					
广告(仅 74 402)	20 059	18 231	17 977	-10.4	-1.4
软件/游戏	21 482	27 633	30 783	43.3	11.4
Ⅱ. 增加的创意部门	41 541	45 864	48 760	17.4	6.3
Ⅰ. +Ⅱ. 创意产业	185 562	191 997	200 152	7.9	2.2
所有经济部门(A. -O.)	2 909 150	2 915 482	2 957 173	1.7	1.4
文化产业产值占经济总量的百分比	5.0%	5.0%	5.1%	—	—
创意产业产值占经济总量的百分比	6.4%	6.6%	6.8%	—	—

说明：* 设计产业包括工业，产品和交通设计

来源：德意志联邦统计局，统计人 M. 松德尔曼/文化数据统计工作组，2006 年修订。

建筑企业(37 200 家)和包括音乐在内的表演/视觉艺术工作室/办公室构成最大的文化企业群体，其次是设计公司(35 000 家)和软件/游戏开发企业(30 700 家)。企业数量从 2000 年到 2004 年增长近 8%，软件/游戏开发企业、记者办公室、设计院和博物馆商店/艺术展览数量增长 10%或以上。2000 年至 2004 年，(小型)广播企业数量增长近 12%。图书零售贸易和建筑企业数量持续减少，负增长率为 4%到 6%。广告业企业数量，包括广告机构，负增长率高达 10%。

总体上说，与 2003 年相比，文化/创意产业企业在 2004 年实现了扭亏为盈的发展。新进入文化市场的小型企业比例达到 3.6%；在软件/游戏开发领域，企业数量增长最快，其比例更高，为 4.2%。创意产业企业增加速度比其他企业增加速度(1.4%)快三倍，其数量创下新高，达到 20 万家。

2.3.4　未来趋势：结构指标和问题

2006 年至 2007 年，在文化/创意产业中出现了世界范围内激动人心的发展。图书、出版业、互联网、音乐行业、数字化、视觉艺术、多媒体技术、电影以及视听产业的发展都预示着未来的趋势——对那些希望规划自己未来的国家、地区和城市来说尤其如此。众多研究表明，创意产业是一种十分

“分散的行业”，它主要活跃于国内和地区市场。

文化/创意产业最主要的结构特点包括：

· 文化/创意产业是独立的经济领域，其与文化和创意内容的生产/提供挂钩；

· 与化学产业等单一产业不同，文化/创意产业包括众多下属部门和市场(音乐产业、图书市场、艺术市场、电影产业、软件产业)。文化/创意产业是由众多部门构成的复杂经济产业。

文化/创意产业关注内容和受产权保护的素材的生产制作，而信息技术和媒体行业则关注于信息和通讯技术(电讯服务、数据库、数据处理等)，其专注点在于技术和硬件。创意内容生产在信息技术行业中起到的作用很小，主要是以提供服务为主。

文化/创意产业企业结构规模极小，一般来说，企业雇员不超过 5 个人，而传统工业部门，如化学或汽车工业，企业平均雇员数量达到 128 人。虽然如此，与传统工业部门相比，创意产业总体吸引就业的潜力更大。

创意产业的企业结构——由大量市场部门、分支和众多小规模人员组成——为从业人员设定了下列框架条件：

(1)创意产业的从业人员主要是价格接受者，他们只能接受供求关系带来的结果。任何创意产业从业人员都没有足够的市场能力来“制定”价格出售给消费者(价格制定者)。实力强大到能制定价格的往往被称为“主要公司”。

(2)很难对由众多市场区块和大量从业人员构成的产业作出概述——对买家和卖家来说都是如此。收集有关信息的成本很高，获取市场上所有相关参与者的信息、了解他们的工作方式和活动比较困难。对个人从业者来说，进入市场跟上发展趋势比较困难且花费较大。①

文化/创意产业有三个不同层次。第一个层次主要由微型公司和自由工作室组成。在这里我们能找到文化和创意来源，员工带着创意进行试验。这一部分在英语中有时被称为“家庭小工业”，在德国有时被称为“腐殖质经济”。第二个层次由小中型企业组成，它们是文化/创意产业的中坚力量，对吸引就业和创造财富的贡献也最多。第三个层次包括所谓的主要公司(大公司)，它们通过全球产品市场和中小企业提供的服务获得市场权力。

文化/创意产业是一个与高度变化的市场机遇密切相关的高风险产业，对全球文化/电影制作公司是这样，对地区文化/创意部门和地区级中小企业来说也是如此。

文化/创意产业具有技术创新与非技术创新相融合的特点。一方面，文化/艺术产业极大依靠技术创新的推动；另一方面它们也是所谓非技术创新和促进高速发展分支行业(特别是互联网商务)急剧改变的“实验室和试验场”。

文化/创意产业对商业位置的需求是多种多样的，因此既可以在大都市发展，也可以在商业结构相对薄弱的地区发展。在这方面，文化/创意产业不同于信息技术和媒体产业，这两种产业往往分布在少数几个广播或通讯中心附近。

文化/创意产业几乎没有或只有极少数能放慢发展速度，因为它们代表的是社会、政治和管理的最新“重点产业”。在此，没有必要为前五大或前十大公司创造有利环境让其瓜分整个行业的利益。更重要的是为数以千计的创意工作室和文化企业提供充足条件，让它们提高增加产值的能力。这要求拥有

① 通俗来讲，这就是常说的“市场不透明性”且归咎于从业人员。但是这种判断是具有欺骗性的。从业人员不能创造或改变市场透明度，这种结构是市场所固有的，只能通过政策措施或多方联合行动改变。

一个全新的视角看待未来市场。

虽然文化产业报告的数量越来越多，很多关于文化/创意产业的问题依然没有得到很好解决：

· 面对媒体、信息技术、版权和技术发展，文化/创意产业面临哪些压力？
· 谁是主管文化/创意产业的政府部门？是文化部、贸易与工业部、主管城市发展的部门还是主管教育、技术或金融的部门？或者是每个部门都有责任？
· 面对文化机构平淡化、淡薄化的趋势，文化/创意产业是否不得不保护自己不走此路？另外，文化/创意产业是否在艺术和创意生产制作中具有同等地位？
· 创意产业中哪一部分是最重要的？中小企业是否是形成文化和创意部门的基石？目前的情况是否仍是大公司和媒体公司具有主导权？
· 这引发了关于资本的问题，资本对创意产业来说十分重要。谁需要更多“象征性”资本，“社会性”资本和“经济型”资本（布迪厄）？
· 与传统工业部门相比，文化/创意产业获得的资金支持很少，那为文化/创意产业提供充足资金支持的手段是什么？
· 大量非资金支持手段对文化/创意产业的支持能到什么程度？
· 文化/创意产业如何能从与之相联系的公共和中间文化部门获益？
· 文化/创意产业如何在公共和中间部门中开始新发展？
· 文化/创意产业的发展需要何种环境和基础设施？
· 采取什么方法能够降低在高度分散的市场中收集信息的花费，进而使文化/创意产业获得更大收益？
· 怎样才能提高文化/创意产业收入？虽然文化/创意公司规模结构较小，它们会成为价格制定者进而获取高额利润吗？
· 工作与休闲、商业、创新和创意这些有助于文化/创意产业发展的因素之间能够以新的形式互相作用吗？
· 文化/创意产业能创造出具有长久影响的原创、独特的文化产品和创意服务吗？

这些关于文化/创意产业发展以及行业个人参与者的问题来自不同方面，具有科学依据。因此，未来的文化/创意产业研究将会是跨学科性质的。

文化产业中的很多现象不受短期发展趋势的影响，最常见，但仍具说服力的例子就是一名艺术家经过数十年的艰苦奋斗挣扎后，终于大器晚成，被世人所发现。要了解这种过程——如收入的不断提高——就需要长期研究和进行独立项目研究。

2.4 焦点产业：蓬勃发展的设计产业

2004 年，德国设计行业总产值较 2003 年增长了 6.5%：这是德国所有文化产业中增速最快的行业。这也充分证明了对全国范围内设计行业的发展进行综述概括的必要性。

2004 年，德国设计行业的核心部门①共有大约 35 000 家企业，创造的总产值达 1 160 亿欧元。大

① 选取的核心部门包括：工业、产品和传播设计。

多数公司由个人企业家或自由设计办公室组成。每家设计院或公司年平均产值达 330 000 欧元（不包括增值税）。设计行业在当地的分布状况总体上和德国工业企业分布状况相同，中心区域位于北莱茵-威斯特伐利亚省（North Rhine-Westphalia），巴伐利亚（Bavaria）和巴登-符腾堡州（Baden-Württemberg）（公司数量占到 15%～23%）。

许多成功的设计公司（以产值为准）都分布在城市密集区，比如黑森（莱茵/美茵地区），汉堡（城市地区）或北莱茵-威斯特伐利亚（杜塞尔多夫）。这些公司需要靠近消费者（特别是传播设计）。但是，在产业结构发展欠缺的地区，例如萨克森-安哈尔特，石勒苏益格-荷尔斯泰因州，勃兰登堡或图林根，成功的设计公司之间公司聚集趋势十分明显。这些公司以设计工业产品见长，国内或国际市场中对接触消费者的依赖程度较小。

传播设计部门，2004年

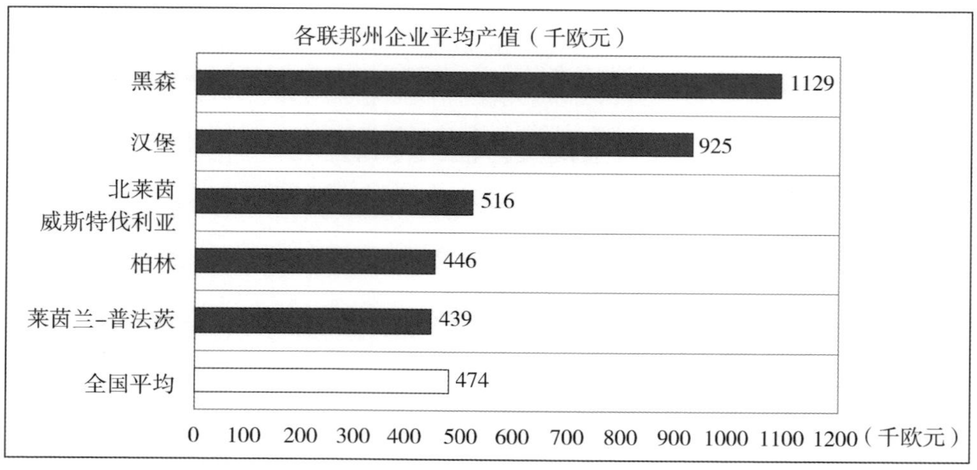

来源：德意志联邦统计局，统计人 M. 松德尔曼/文化数据统计工作组。

传播设计产业的职能是创造传播或图形艺术产品和服务。2004 年，至少有 20 000 家设计院进行注册登记，新增设计院年产值达 96 亿欧元。新增企业平均产值达到 474 000 欧元，从位于梅克伦堡-西波美拉尼亚邦（Mecklenburg West-Pomerania）企业的 125 000 欧元到位于黑森的企业的 110 万欧元不等。

工业设计行业主要进行机器设计和工业实施。工业设计行业是德国设计业中最小的群体，只有 2 800家企业，2004 年产值为 4 840 万欧元。每家企业平均年产值为 170 000 欧元，各企业产值差距明显小于传播设计企业。年产值从位于下萨克森邦（Lower Saxony）的企业的 107 000 欧元到位于萨克森-安哈特州企业的 332 000 欧元不等。

产品设计行业有多种职责，从纺织、珠宝、家具、时尚设计到照相、绘图设计，这些都属于产品设计行业负责的范畴，年产值为 150 万欧元。产品设计行业内还有 12 000 家设计院，年产值为 15 亿欧元。

国家把设计产业划入其他经济分支，除核心领域之外，设计产业还涉及其他与设计相关的活动。第一次数据显示，存在 25 500 家与设计相关的机构和企业，年产值达到 55 亿欧元。

总之，德国设计产业包括 60 500 家企业，2004 年总产值达 170 亿欧元。设计产业企业数量占商业相关服务部门企业数量的 7.4%。

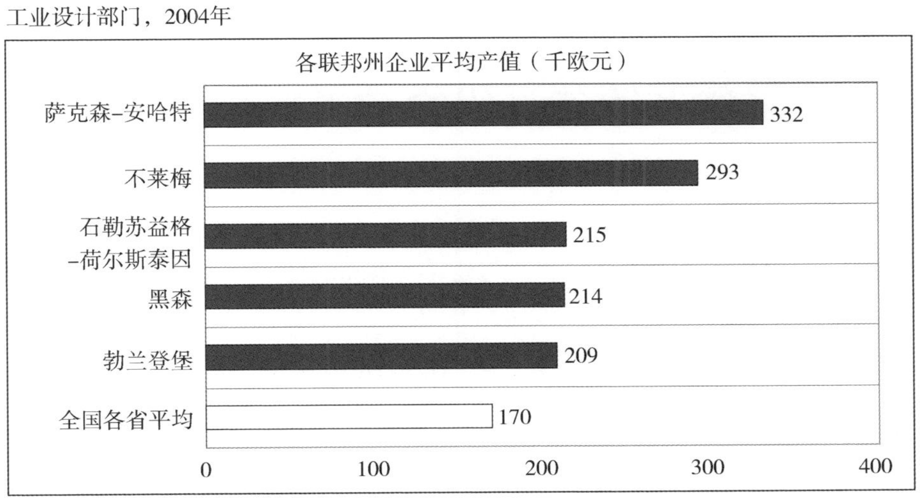

来源：德意志联邦统计局，统计人 M. 松德尔曼/文化数据统计工作组。

以下为德意志联邦共和国各联邦国家设计产业分布以及依据各公司产值绘制的2004年地区设计产业中心分布图。选取设计行业的核心领域包括：35 000家工业、产品和传播设计公司，年产值116亿欧元；各公司平均产值为330 000欧元。

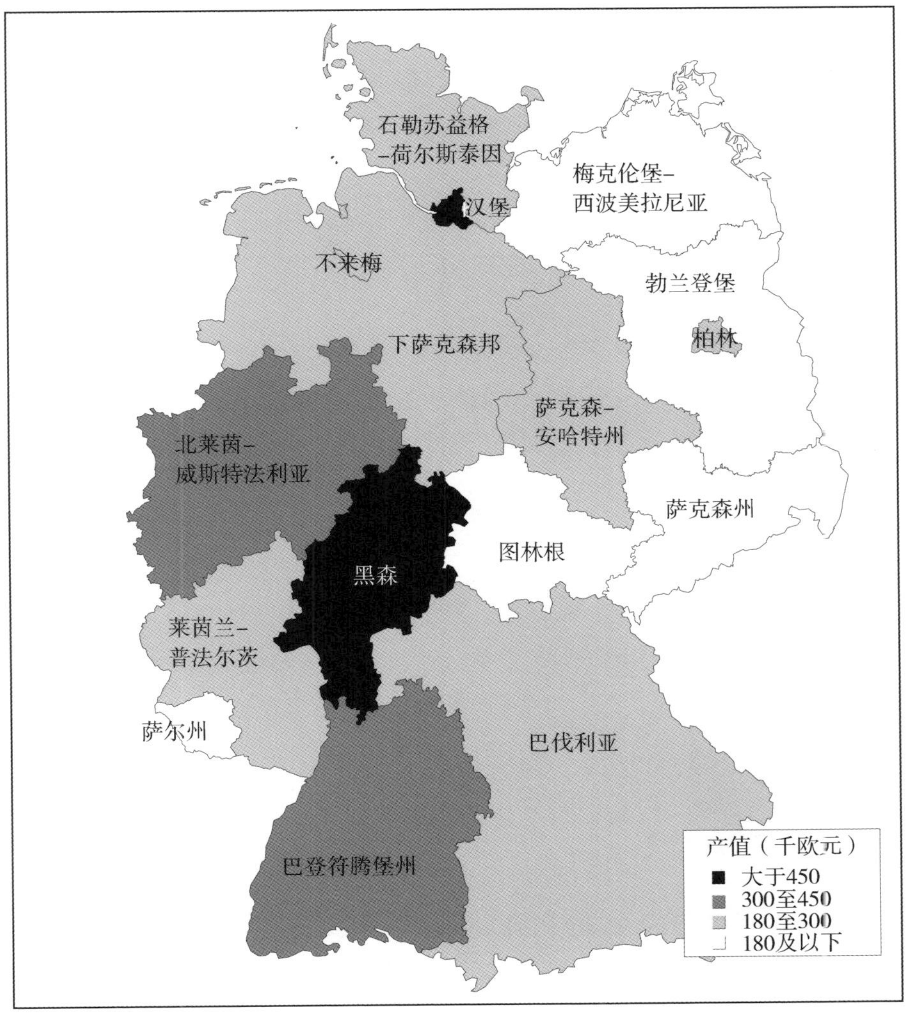

来源：德意志联邦统计局，统计人 M. 松德尔曼/文化数据统计工作组，2006年修订。

2.5 德意志联邦各州及城市文化产业报告

1992 年，北莱茵-威斯特法伦州最先提议将文化产业作为一项研究和政策问题看待。当时的经济事务部(Minister for EconomicAffairs)部长穆特·约吉森(ReimutJochimsen)将发展文化产业视为波鸿和鲁尔区走出产业结构危机的出路，并委托相关部门提供文化产业报告。德国其他各州很快于 2002 年开始效仿。编辑撰写每一份报告的原因各不相同，关注的问题也各不相同。

对联邦各州现有的报告进行比较不太可能，因为各州运用的经济部门分类体系不同，因而无法比较。2006 年，德国议会“德国文化”调查委员会(Enquete Committee)和经济事务部长会议的一个工作组开始着手创建适用于全国的分类体系。

北莱茵-威斯特法伦州的文化产业(始于 1992 年)

该报告由经济事务部和北莱茵-威斯特法伦州能源部出版，该州于 2007 年单独设立了主管文化/创意产业的部门。

撰写报告的原因/关注点：由传统产业向现代服务业转型。

1992 年以来，关于下列主题已经出版了四份文化产业报告：

《德国联邦部分州的文化产业》(巴伐利亚州，巴登—符腾堡州，黑森州)；《北莱茵-威斯特法伦州经济区的文化产业》；《文化劳动市场》；《文化产业及其网络分支》。第五份文化产业报告将于 2007 年春季出版，该报告将聚焦于文化产业和文化产业资质。

梅克伦堡－西波美拉尼亚州的文化产业(1997 年)

目前只有一份文化产业报告由梅克伦堡－西波美拉尼亚州经济事务部出版。

撰写报告的原因/关注点：确认梅克伦堡－西波美拉尼亚州文化产业在创造就业岗位方面所具有的潜力并设立卫生和文化经济部。

不来梅(Bremen)的文化产业(1999 年)

第一份关于文化、媒体和休闲产业的报告于 1999 年由 GPL(不来梅和下萨克森州共同计划组织)出版。最近的报告将于 2007 年由经济事务及文化上议院(the Senate for Economic Affairs and Culture)出版。

撰写报告的原因/关注点：不来梅是科学研究所和其他服务部门高度集中的城市。

巴伐利亚州的文化产业(2001 年)

2001 年，在巴伐利亚议会(the Bavarian Parliament)一项动议之后，巴伐利亚州科学研究和艺术部(Bavarian Ministry of Science, Research and the Arts)出版了一份报告，即所谓的质询报告。目前没有更多报告，如由经济事务部出版的报告。

下萨克森州的文化产业(2002年)

受经济事务部之托，第一份文化产业报告于2002年出版。下萨克森州有专门针对旅游业和文化产业的主管部门。

由经济事务部和文化部(Ministry of Culture)共同出版的第二份文化产业报告预计将于2007年秋出版。

撰写报告的原因/关注点：下萨克森州的音乐。

石勒苏益格-荷尔斯泰因州的文化产业(2005年)

第一份报告由州政府(文化部负责)于2005年出版，该报告关注石勒苏益格-荷尔斯泰因州的文化发展和文化产业地位。该报告由石勒苏益格-荷尔斯泰因州议会(Parliament of Schleswig-Holstein)委托授权。

撰写报告的原因/关注点：为文化旅游业寻找就业潜力和发展战略。

黑森州的文化产业(2005年)

前两份文化产业报告分别于2003年和2005年由经济事务部和文化部联合出版。

撰写报告的原因/关注点：市场导向和公共文化机构中，接受公司和个人文化赞助的文化产业。

柏林的文化产业(2005年)

第一份报告由经济事务上议院(Senate for Economic Affairs)于2005年出版，文化上议院(Senate for Culture)提供支持。经济事务上议院有专门的创意产业部和媒体部，它们的职责包括文化产业事务。

撰写报告的原因/关注点：文化产业作为柏林的经济增长点，其容纳就业以及创造产值的巨大潜力让其成为未来主要的行业部门。

汉堡的文化产业(2006年)

第一份文化产业报告由汉堡文化事务部(Department for Cultural Affairs Hamburg)出版。

撰写报告的原因/关注点：作为文化产业核心的文化事业和公共文化机构。

巴登-符腾堡州的文化/创意产业(2007年)

关于巴登-符腾堡州信息技术和媒体产业(被划入创意产业范围)的报告将于2007年出版。该报告由巴登-符腾堡州媒体与电影协会(MFG Medien-und Filmgesellschaft Baden-Württemberg)委托授权。

撰写报告的原因/关注点：将巴登-符腾堡州的经济和就业潜力与德意志联邦共和国总体情况以及巴伐利亚州和北莱茵-威斯特法伦州作比较。此外还有对巴登-符腾堡州个别经济区进行的额外分析。

萨克森-安哈特州的文化产业(2007年)

第一份报告在文化部和经济部的支持下发布，重点关注萨克森-安哈特州的就业潜力。第二份报告目前正在准备当中，由萨克森-安哈特州国家营销协会(Landesmarketing Gesellschaft Sachsen-Anhalt (lmg))委托授权。

撰写报告的原因/关注点：设计产业。

勃兰登堡州的文化产业(2007 年)

第一份文化产业报告正在准备当中，预计 2007 年夏出版。由经济事务部和文化部共同委托授权。

撰写报告的原因/关注点：小型文化产业吸引就业的潜力，对柏林-勃兰登堡城市地区进行的分析。

亚琛地区及亚琛城市的文化产业(2005 年)

德国第一份城市文化产业报告，由经济文化创办人中心(Kulturwirtschaftliches GründerZentrume. V.)，文化产业创业者中心(Culture Industries Founders' Centre)委托授权。

撰写报告的原因/关注点：亚琛市议会(the City Council of Aachen)提出计划，支持在文化产业领域创业并提供便利条件。

科隆市(the City of Cologne)的文化产业(2007 年)

科隆文化产业报告将于 2007 年出版(目前在准备中)。委托授权方为莱茵能源文化基金会(Rhein Energie Stiftung Kultur)，由科隆市文化部(the Department of Culture of the City of Cologne)和科隆工商联(Chamber of Commerce and Industry (IHK) Cologne)支持。

撰写报告的原因/关注点：科隆市及科隆地区经济和就业潜力，为文化产业在本地、区域及国际上的发展定位提供策略。

3. 欧盟25个成员国的创意产业

同传统产业相比，创意产业毛附加价值的不断增多仍然表现出明显弱点——但是在其他很多方面，创意产业如今已经遥遥领先。创意产业从业人员（640万）已高于汽车和化学产业从业人员（从业人数分别为220万和190万）。以上两个行业的从业人数只有创意产业从业人数的三分之一。

苏黎世艺术设计大学（University of Art and Design in Zurich）的创意产业研究小组（Creative Industries Research Unit）①和欧盟艺术总监（Directorate General for Culture of the EU）领导的"欧盟文化产业"研究小组合作，开展了一项比较欧盟25个成员国文化产业的工作。该研究显示，截至2002年欧洲创意产业已经有640万从业人员。包括小型公司企业和自由办公室的140万家公司企业创造了5 560亿欧元产值。欧盟统计局的结构商业统计数据（EUROSTAT's Structural Business Statistics）显示，毛附加价值大约为2 150亿欧元。

一方面，这些关于创意产业的关键数据表明，创意产业现在已经能同欧洲重要产业部门相媲美，因为如今传统产业的产值，如化学产业（6 010亿欧元）、汽车产业（7 210亿欧元）、机械及装备制造业（502亿欧元）、食品业（7 910亿欧元）同创意产业产值（5 560亿欧元）在同一水平线上。

另一方面，创意产业是高度分散的，由三种不同层次的商业形式组成。微型企业和自由办公室构成"腐殖质层"，它们产生、提供创意。中小企业是文化/创意产业的支柱，大企业和媒体公司在全球市场上占有重要地位。由于创意产业公司的规模较小，创意产业的企业平均雇用人数不超过5人，而传统产业，例如化学和汽车产业，每家企业平均雇用128人。

传统产业逐渐失去创造工作机会的能力，创意产业将成为驱动欧洲就业市场的主要动力。因此，创意产业早就应该被纳入里斯本战略议程（Lisbon Strategy）中。②

2002年欧洲的创意产业

欧盟25国创意产业与部分产业门类的比较

(ε)基本数据 NACE编码	产业	产值（十亿欧元）	毛附加价值（十亿欧元）	劳动力（千人）	企业总数
NACE 15	食品工业	791	178	4 422	281 824
NACE 34	汽车工业	721	118	2 163	16 834
NACE 24	化学工业	601	171	1 929	31 421
NACE xxx	创意产业	556	215	6 420	1 394 162

① 有国际专家参与的瑞士调查小组成立于2002年，专业是文化/创意产业系统和跨领域研究。网址：http://www.kulturwirtschaft.ch。
② 创意产业在里斯本战略中的作用见欧洲专家大会"欧洲创意产业：全球政策一致"，网址：www.european-creative-industries.eu。

续表

(a)基本数据 NACE 编码	产业	产值(十亿欧元)	毛附加价值(十亿欧元)	劳动力(千人)	企业总数
NACE 40	能源	534	144	1 181	14 880
NACE 29	机器与装备	502	165	3 527	162 257
NACE 17+18	纺织及纺织产品	206	60	2 531	224 184
NACE 36	家具	164	51	1 776	221 367
b)基本数据 NACE 编码	产业	雇员人均毛附加价值(千欧元)	雇员人均产值(千欧元)	单个企业雇员数量	
NACE 15	食品工业	40	179	16	—
NACE 34	汽车工业	55	333	128	—
NACE 24	化学工业	88	312	61	—
NACE xxx	创意产业	33	87	05	—
NACE 40	能源	122	452	79	—
NACE 29	机器与装备	47	142	22	—
NACE 17+18	纺织及纺织产品	24	82	11	—
NACE 36	家具	29	92	08	—

注释：(a)为 2001 年企业数据。创意产业的定义包括如下 NACE 编码：22.1，22.3，72，74.2+3，74.4，74.8，数据从 SBS 获得，未经调整。对于狭义的创意产业的定义，上述提到的 NACE 编码根据估计做过部分调整：出版(22.1)，再生产/复制(22.3)，软件/电脑游戏(72.2)，建筑/工业设计(74 201-03)不含工程活动，广告(74.4)，设计活动(74.87)，以及其他文化部门(92.1-5)。编码：按因素成本计算毛附加价值；雇员人均创造毛附加价值(可见生产力)。

来源：2002 年欧洲统计局结构性商业统计(SBS)，由 M. 松德尔曼/文化数据统计工作组计算统计，2006 年修订。

在过去的几十年中，文化/创意产业已经成为一股重要的经济力量。2004 年，德国文化/创意产业毛附加价值总额为 580 亿欧元。文化/创意产业因此在政治议程中占有了一席之地。本报告为及时告知公众德国文化/创意产业的发展情况作出了贡献。

联邦政府文化/创意产业倡议

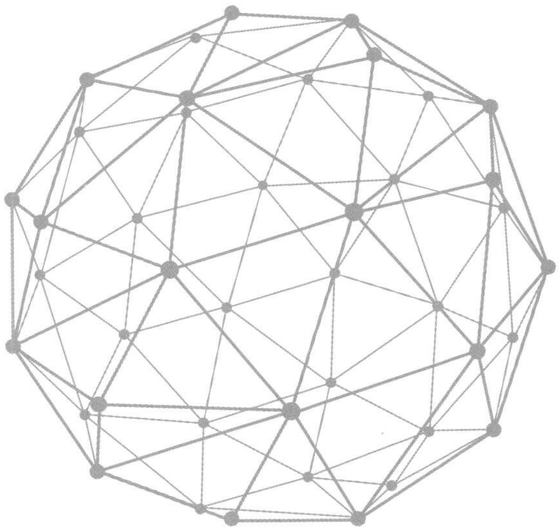

* 本文件由德国联邦经济与技术部、德国联邦政府文化和媒体专门委员会发布于2009年。

目　　录

1. 项目背景

文化/创意产业是一个经济领域的产业，不仅创造出丰富的文化/创意产品，而且有助于显著提高德国生产总值。这已被联邦德国议会任命的调查委员会明确记录在“德国文化”的调查报告中。据估计，这一产业在2008年创造了630亿欧元的总产值，位列化学工业之前。文化/创意产业的创收额约1 320亿欧元。这一行业有238 000家企业和100万名员工，自雇率高达28%。专家希望通过发展文化/创意产业进一步促进经济的积极发展。特别是在新的数字技术的推动下，文化产业将进一步促进经济发展和技术创新。文化产业不仅在国内受到关注，如联邦德国议会组织“德国文化”调查委员会，并于2007年10月24日的全体会议上针对这一产业展开了讨论。在国际上，法国或英国，文化/创意产业作为经济发展的潜在推动力也受到广泛关注。

在这种背景下，联邦政府开始关注这一主题，并在2007年秋季将文化/创意产业的概念作为一项倡议提出。这一主题涉及多个领域、多个参与行动的主体和机构，还涉及规划进一步行动的该倡议的执行框架。机构间合作的决定明确了每个部门应有的职责及相互之间的联系。联邦经济技术部和联邦政府文化传媒专署负责倡议行动的协调工作。权威性的参与部门还有外交部、联邦司法部、联邦财政部、联邦劳工和社会事务部以及联邦教育和研究部。

2. 倡议目标

联邦政府并不打算在这个问题上放弃公共资助，在倡议框架内讨论将文化/创业产业的潜力作为优先发展战略时，政府资助将提供重要的和实质性的基础支持。主要目标是通过增强竞争力，更好地开发文化/创意产业创造工作岗位的潜力。除此之外，联邦政府打算仿照联邦德国议会组织"德国文化"调查委员会的工作，进一步向公众强调文化产业的重要意义，承认文化产业在经济和就业中如同其他已经建立的经济部门一样作为独立经济部门的地位。其目的也是使德国的文化/创意产业在国际上的表现保持首屈一指。对此，有必要确定这个行业整体和其子行业的潜力、挑战和发展方针。进一步的目标是，在有必要和有用的情况下，以联邦政府的身份给文化/创意产业具体的援助。联邦政府将和其他经济部门一起，找出存在的障碍，并制订解决方案，以进一步优化框架条件。

3. 该倡议的内容和里程碑作用

特别是，联邦德国议会组织的调查委员会针对文化/创意产业形成的结论和建议，对于进一步开展工作具有重要的指导意义，且可以作为后期工作的出发点。联邦政府在倡议实施框架内的作用在于提出建议，把“文化产业作为发展的动力和当务之急”，这是德国联邦议会一致通过的，后续工作的指导原则。

在倡议的框架内已经实施了一系列措施，这些措施使文化/创意产业中的微型企业和中小型企业受益，同时也促进了公共文化事业的发展。如根据“德国文化”调查委员会的建议，联邦政府加大对面向国外市场的中小型企业的投资力度，改善初创企业和小企业的开工条件。例如 2008 年 1 月 1 日启动的“德国复兴信贷银行启动资金”项目。这是针对创业者、小型企业和自由职业者的融资项目，其总借贷需求高达 50 000 欧元。

文化/创意产业倡议的实施理念由不同的模块组成，这些模块彼此独立运行，同时又部分交织，部分融合。实施战略是一个开放的流程，甚至在以后的日子中，随着项目的进展和实际需要，模块之间会出现更多的融合。倡议实施要素包括：

联邦经济技术部研究专家对于文化/创意产业的意见

根据联邦德国议会任命的调查委员会的建议，联邦政府于 2008 年出台了研究专家意见，表明了发展文化/创意产业的目标和决心。该专家意见发表于 2009 年 2 月。该意见从德国宏观经济视角介绍了文化/创意产业，第一次全面描述了行业的形势，并将其作为德国产业的子行业并对其进行了定义。其中对新技术发展的影响作了特别考虑。该意见对现有框架进行了分析，特别关注中小型企业的需求和欧盟地区的需求，以及创意产业进军国内外新市场可能存在的障碍等问题。意见提出了联邦政府发展经济方案和可供选择的政策，这些政策既可以在国内用于国家和企业间的合作，也可以对外用于德国在欧洲和国际层面的定位。最终报告可在互联网上提供下载，网址：www.bmwi.de/go/kultur。

区域的行业听证会

除研究报告之外，联邦政府还有一个和各子行业从业者的深度对话记录。在行业听证会上与相关行业的代表一起，从受影响的子行业的角度讨论文化/创意经济的主题，并从行业的角度来看可能存在的改变和行动。该会议给予每个行业机会，在经济整体框架内，对文化/创意产业领域内的问题进行公开讨论。

行业听证会作为一个有重要影响力的活动，基本上每次都在一个全国性的和国际知名的产业集群所在地举行。应受影响的行业要求，行业听证会的日期也可以与其他有重要影响力的日期相关。

2008年开展了各子行业代表参加的五大产业听证会。至2009年5月初，共有11个子行业已经参加了产业的听证会，这11个子行业分别为：建筑市场、图书市场、设计产业、电影产业、艺术市场、表演艺术市场、音乐产业、出版市场、广播产业、软件/游戏产业和广告市场。

现有活动在联邦层面的整合

联邦政府早已通过多种手段和措施参与了多项文化/创意产业相关活动。其主要目标是将各项活动和措施进一步整合，如果有必要甚至可以更好地互相协调。联邦政府在这方面开展的活动包括德国联邦电影基金会、音乐倡议、多媒体大赛、德国设计和电脑游戏奖。

参与联邦政府在此背景下的讨论会以及开展的活动，可获得市场最新专业知识，迎接挑战并了解各子行业以及行业整体的发展图景。考虑到文化/创意产业对于德国的经济发展是极为重要的，更应该从行业发展的角度考察可采用的调整措施和进一步优化经济条件的手段。

在欧洲和国际层面的磋商

为进一步提高竞争力，以及更好地利用文化/创意产业潜力，联邦政府将在欧洲范围内举行双边磋商，如果有可能，会有文化/创意产业的代表参加。主要对话者不仅是欧盟委员会，还包括其他单个成员国，像英国和法国，他们也发起了类似的倡议。来自欧盟成员国的专家成立了文化/创意产业工作组，该工作组的首次会议于2008年4月17日在布鲁塞尔举行，加强了欧洲范围内这一领域活动的一致性。该工作组的任务是制订行动计划，促进欧盟成员国之间的合作，并提供进度报告。联邦政府将利用这个工作组介绍他们的理念和方案。

在国际层面上，强调联合国教科文组织《保护和促进文化表现形式多样性公约》对于推动创意产业有重要意义。欧盟已经履行义务，对内对外全面实施公约。创意产业由此扮演着重要角色。这为联邦政府实现自己的文化产业目标又一次提供了机会。

主题活动

为进一步实施工作，讨论行业听证会中特殊问题的解决方案，规划和组织了其他与特定主题相关的活动(研讨会、小组讨论、圆桌会议、研讨会、专家讨论)。

活动形式“文化/创意产业展示橱窗”

这一系列活动的目的是加强文化/创意产业作为独立的产业分支在公众心目中的印象，并显示它对德国经济发展的意义。希望通过这些活动使更多人接触并了解文化产业。目的在于通过具体、生动、难忘的项目(包括创新性项目和工业杰出成就项目)，使文化产业在文化、创新和经济上的重要性深入人心。在德国，总共四个活动正在规划中。活动应该会在德国北、南、东、西部各举行一次。

行业盛会“2009 年文化/创意经济—回顾和展望”

展示 2009 年暑假前举行的活动活动的进展和取得的成就，对所面临的挑战进行了展望，与文化/创意产业的代表以及其他主体讨论下一个立法会议期内的共同任务。

文化/创意产业：
明确“文化产业”多元分支的共性定义要素，
从国民经济视角对其进行发展展望

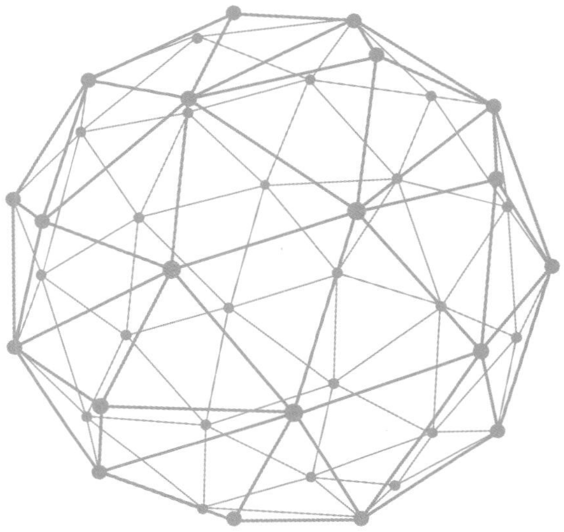

* 本文件由德国联邦经济与技术部发布于 2009 年。

目　　录

3.1.1 市场划分范围

3.1.2 统计分组范围

3.2 一般经济意义概览

3.2.1 德国文化/创意产业主要数据

3.2.2 毛附加价值份额

3.2.3 文化从业者

3.2.4 出口

3.2.5 企业类型

3.2.6 根据营业额规模划分的企业类型

3.2.7 公司行业类型的分布

3.2.8 文化/创意产业与汽车行业企业规模结构之比较

3.2.9 题外话：女性在文化/创意产业中的参与情况

3.3 11个子市场的结构和发展趋势

3.3.1 音乐产业

3.3.2 图书市场

3.3.3 艺术市场

3.3.4 电影产业

3.3.5 广播产业

3.3.6 表演艺术市场

3.3.7 设计产业

3.3.8 建筑市场

3.3.9 出版市场

3.3.10 广告市场

3.3.11 软件/游戏产业

3.4 文化/创意产业经济意义的最终评价

3.4.1 实证结果摘要

3.4.2 特别关注：独立艺术家

3.4.3 特殊关注：文化部门

3.4.4 文化/创意产业的国民经济视角展望

4. 联邦对文化/创意产业的资助政策分析

4.1 文化/创意产业发展框架的基本方面

4.2 经济发展计划

4.2.1 微型企业/自由职业者

4.2.2 中小企业

4.2.3 大型企业

4.3 文化/创意产业发展的自我定位和市场推广

4.3.1 发展需求

绪　　论
文化/创意产业的宏观视角

前　　提

关于德国文化/创意产业的争论已经引起了公众的高度关注。文化/创意产业不再只是一种形象的因素，它被认为是一个独立的经济领域，并能够将自己打造成为一个持久增长的行业。

文化/创意产业是知识和内容型社会的一部分，并成为德国的知识主导型经济的先驱角色。

面向未来的新型工作和商业模式，例如混合工作模式，从文化/创意行业产生之初就广泛存在。这是一个极富创造性的行业，同时也是原始创新思想的重要来源。该行业主要生产模型、定制作品、生产迷你系列产品和无形产品。生产和开发活动都是以项目为基础进行，文化/创意产业中几乎所有的公司都运用现代技术，特别是信息和通信技术。它们不仅是被动的技术用户，而且是技术制造商和开发商制造新技术的推动力。

制定德国经济政策的目标是推动创新和经济发展，因此经济政策的制定必须考虑文化/创意产业的发展。

研究中的创新

该研究将两项重要因素纳入讨论，这两项重要在早先关于文化产业的报告中从未出现过。

这是第一次让所谓的行业内部分类作为文化/创意产业研究的基本要素。这表明，该行业的复杂性是由根本不同的业务类型和它们的结构特征造成的。内部企业类型按照大企业、中小型企业和微型企业以及自由职业者划分。对每个参与者都根据实证数据和结构特征进行研究。

本研究为文化/创意产业的定义及分类提供了统一的基本模式。这个基本模式与各区域的经济事务部长会议，以及德国联邦议会任命的调查委员会"德国文化"的决定是一致的。这是首次为文化/创意产业的异构产业复合体提供可靠的经验——定量框架。

联邦政府、联邦议会和联邦各州最终就产业的核心内容和统一定义达成一致，结束了早先文化/创意产业定义模糊不清的状态。

定　　义

文化/创意产业由各类文化和创意企业组成，这些企业以市场为导向，创造、生产、销售和传播文化/创意商品与服务。

文化/创意产业的经济领域包括以下 11 个核心行业或子市场：音乐产业、图书市场、艺术市场、电影产业、广播产业、表演艺术市场、设计产业、建筑市场、出版市场、广告市场以及软件/游戏产业（详细行业分项，请参阅附录 C）。

每一项文化和创造性产业经济活动的核心就是所谓的创造性行为。这意味着所有的艺术、文学、文化、音乐、建筑和创意内容、作品、产品、生产或服务，是 11 个子市场与经济建立起联系的核心起点。

此外，德国对文化/创意产业的分类方法与欧盟委员会的定义，以及英国创意产业概念一致，已经成为世界范围内普遍接受的标准。

经济事实和趋势

毛附加价值份额

2006 年，德国文化/创意产业为德国经济做出了高达 610 亿欧元的贡献，这相当于国内生产总值 2.6%的份额。与传统经济部门，如汽车行业和化工行业相比，文化/创意产业占据了中间位置。2006 年汽车行业创造 710 亿欧元总价值，占 3.1%的份额；化工行业创收 490 亿欧元，占 2.1%的份额。基于文化/创意产业在 2006 年至 2008 年的积极发展，到 2008 年，保守估计文化/创意产业的毛附加价值总额会高达 630 亿欧元。

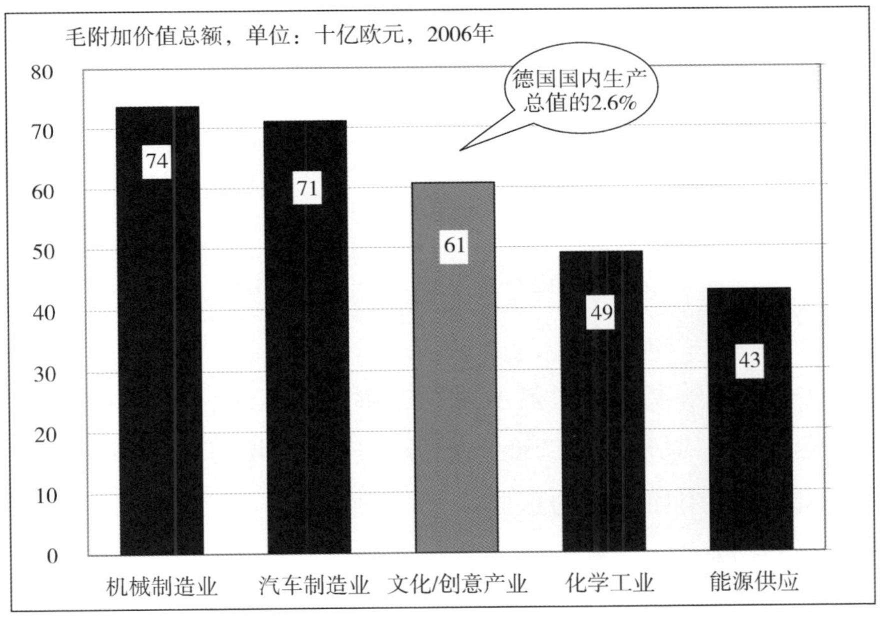

2006 年文化/创意产业在业界贡献的毛附加价值总额

说明：文化/创意产业的估算数字以国民经济总体以及目前的价格数据所提供的信息为基础。

来源：2009 年联邦政府的文化/创意产业研究鉴定。

就业

2006 年在文化/创意产业中就业的人数达到了 938 000 人(独立从业者和企业雇员)。2007 年人数由30 000多人增长了近 970 000 人，到 2008 年，再次以同样的速度，创造了增长人数超过一百万的新高。这意味着，整体经济中就业总人数的 3.3%在文化/创意产业。

通过直接比较受社会保险的工作数量，文化/创意产业正在接管一个出色的中间位置，拥有 719 000名员工，几乎与汽车行业持平，后者于 2006 年有 724 000 名员工。化学工业和能源供应的约 448 000名员工以及 234 000 名员工明显低于文化/创意产业的绝对值。

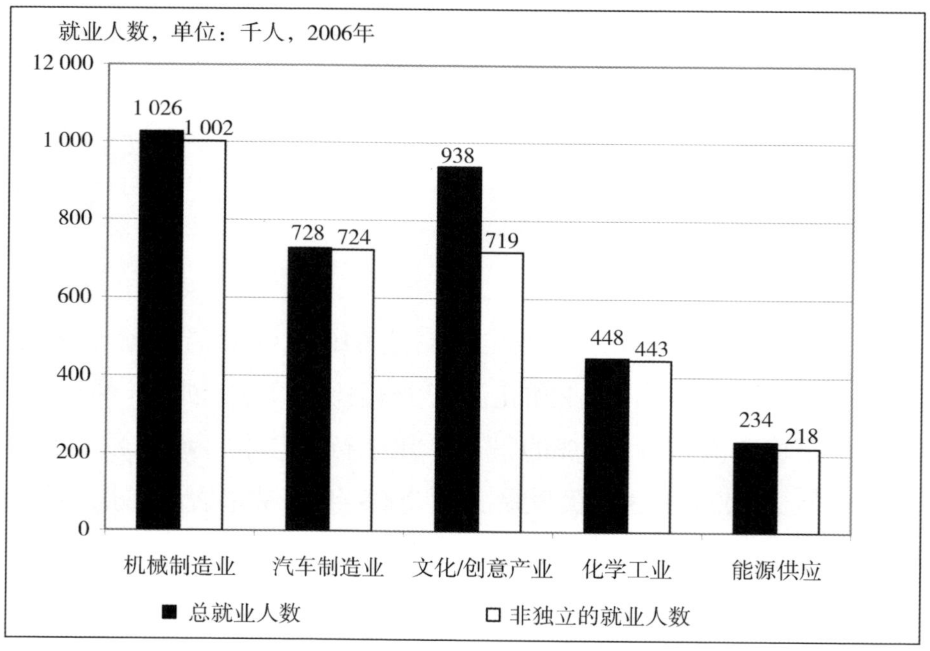

2006 年文化/创意产业从业人员与其他行业的比较

说明：就业人数根据营业额税收统计，包括独立从业者；根据就业统计数据，包括有社会保险的兼职员工。

来源：2009 年联邦政府的文化/创意产业研究鉴定。

独立的艺术家

如果没有作家、作曲家、音乐家、舞台艺术家、电影制作人及视觉艺术家的作品和服务，就没有文化/创意产业。他们是创作者，原来的生产商或服务供应商，没有他们就没有电影公司、音乐团体、图书出版社，也没有画廊能够利用和传播的东西。

艺术、文化和创意环境在形式上是复杂多样的。这种多样性表现为专业人员、半专业人员或业余人士在艰难地与彼此进行着激烈的竞争。

除此之外，新技术、数字化和互联网的使用使得生产形式的多样性进一步发展。因此，独立艺术家这一职业处于一个复杂的商业环境中，其未来的发展应当得到经济和文化政策更多关注。

女性比重

文化/创意产业的特点是女性从业者高于平均水平。这些女性在文化/创意产业几乎所有子市场中都比男性更加强势。不过软件/游戏产业迄今只有约四分之一的女性岗位。女性在独立从业者中的比例为40%~44%。如果与整体经济中女性独立从业者人数作比较的话，这个比例也已经非常高了——整体经济中仅7%的女性登记为独立从业者。

实证结果摘要

2008年，文化/创意产业约有238 300家一般企业和自雇型企业。它们创造了13 200亿欧元的总营业额，为大约763 400名受社会保险就业人员提供全职或兼职工作。在德国有大约100万名独立从业者在文化/创意产业中工作。总体而言，2008年文化/创意产业贡献的价值总额约630亿欧元。

文化/创意产业对国民经济的重要性——主要指标，2008年

	绝对信息 2008年	占经济总量的比重 2008年	与上一年相比的变化 2008/2007年
企业/个体经营者，单位：千家	238.3	7.4%	4.3%
营业额，单位：十亿欧元	131.7	2.5%	1.8%
就业，单位：千人	1001.7	3.3%	3.4%
受社会保险就业人员，单位：千人	763.4	2.8%	3.1%
增加值，单位：十亿欧元	63.4	2.5%	2.2%

说明：所有数字均根据营业税和就业统计以及国民经济总体核算的初步数据估算。

来源：2009年联邦政府的文化/创意产业研究鉴定。

广播产业以及图书和出版市场属于在这些具有强大的经济地位的大公司的细分市场。同时，在出版市场和广播产业中可以观察到小企业的相对重要性。

对微型企业来说，最重要的市场是艺术市场、表演艺术市场、设计产业以及建筑市场。这里有大量从事单人业务的小公司以及自由职业者，年营业额为100 000~200 000欧元，因此其市场份额有所提高。

软件/游戏产业和电影产业属于均衡的细分市场，其在所有大规模企业中或多或少占有一定份额。

过去的几年，市场中增长动力最强劲的是软件/游戏产业、设计产业、表演艺术市场和艺术市场。

11个子市场的详细内容，请见附录。

支撑条件分析及行动建议

联邦层面文化/创意产业的支撑条件分析

对联邦政府为文化/创意产业中参与者的发展提供资金以及现有的融资机会的关系分析显示出差异

化的结果。不同规模的文化/创意企业的需求结构以及受资助途径差异显著。

文化/创意产业的各个行业的现有资助项目种类繁多，而大量的资助项目以技术主导型行业为对象，所以文化/创意产业的非技术型行业的受资助情况并不理想。

因此，必须始终以针对特定目标群体的方式考虑文化/创意产业异性领域中出现的“资金缺口”。为了充分发挥文化/创意产业的经济潜力，必须制定针对现有资助结构和企业需求之间差距的发展战略，战略的制定应当以现有市、联邦州以及欧盟国家资助现状为基础。文化/创意产业的微型企业和自由职业者可以从资助中大大受益。由于这些公司的数目巨大，经济潜力尚未得到开发。现有的资助计划往往缺乏针对性，没有考虑行业具体特点，以及文化/创意产业面临的多种问题，因此不能提供参与者所需要的支持。参与者们由于遇到缺乏足够的信息，因此未能充分参加到这些支持计划中。

尽管有许多的资金支持，需要指明的是，现有联邦资助项目并不能完全满足文化/创意企业的需求。至今没有联邦层面的资助模式可以满足需求，或者提供针对文化/创意企业特定需要的资助措施。文化/创意产业的经济潜力的发展往往因缺乏资金而遇到障碍。主要原因往往是银行或者资金提供者无法对投资进行有效评估。在德国，许多经济投资机构还没有学会和文化/创意产业的企业家们打交道。商业创意评估以及充分援助机制的建立仍然存在许多问题，阻碍了现有资助途径效力的发挥。

现有支持计划方面的另一个障碍在于文化/创意产业对创新的定义。“隐性创新”在文化/创意产业中所占比例非常高，导致对文化/创意产业的企业创新行为及其效果评估困难。在许多情况下，许多资助项目中对创新的认定标准与文化/创意产业生产流行的模式并不一致。许多以内容为导向的无形产品或服务创新过程并不被看作创新。类似的情况也反映在对无形商品的资助上。根据现有资助项目的指导原则，非物质商品和开支并不能获得充分资助，而这在文化/创意产业中却很典型。

事实证明，缺乏归属感，作为跨行业产业缺乏对外充分展示，以及缺乏体系化这些因素都限制了参与者的发展。联邦政府的文化/创意产业倡议看到了参与者遇到的问题，提供了第一个行业改善发展的重要途径。

推动参与者在文化/创意产业发展中充分发挥作用的另一个方面是在不同主管机构层面之间建立起联系，在经济和文化政策支持方面促进州、市、镇以及小企业之间的沟通。考虑到文化/创意产业的价值增值潜能还未得到开发，发展微型企业的经济潜能日益受到重视。分析表明，微型企业的最佳发展模式及其特殊发展需求要求资助机构以特定方式提供资助并向微型企业提供更明确的指导。这样，一方面提高文化产业参与者的水平，一方面促进相对封闭的文化/创意产业系统内部的沟通，文化产业创新的经济潜能将充分发挥出来。

分析联邦政府的现有资助措施，可以发现三个主要的出发点：

基于文化/创意产业的具体需要，发展新的资助形式。

必须在创造性的参与者和各供资机构之间建立起交流，让现有资助形式中充足的资金为文化/创意产业提供有效支持。

现有联邦政府的资助项目必须向文化/创意产业开放，不论在内容上还是形式上。

从现有分析来看，对文化/创意产业的参与者而言，一般性框架条件是文化/创意产业获得最佳发展的关键。在本研究中，不可能对这些复杂因素的影响展开深入分析。以后将针对详细讨论、评估以及对策建议进行更深入的研究。教育问题，特别是与文化/创意产业、税法和版权法有关的培训与研究，应当作为进一步研究的中心主题。尤其是在商品日益数字化的背景下，著作权法的规定在文化/创意产业的许多领域，在创业活动和以市场为导向的参与者的薪酬制定上占据相当重要的地位。艺术家社会保险体系的重要性在调查中被参与者们反复强调。

战略行动的建议

文化/创意产业为服务提供者、自雇人士和为自由职业者提供了高于平均水平的就业机会。对艺术和创意内容的需求不断增加。以项目为基础的工作网络在文化/创意产业中是主要的工作形式，对其他经济领域也产生了越来越多的影响，显示了文化/创意产业对现代经济发展的示范作用。在此基础上，专家们建议采取以下措施支持文化/创意产业的发展：

向文化/创意产业企业开放现有资助项目

文化/创意产业对国民经济和具体的创新能力以及自主创新活动十分重要，这就要求企业更多地参与经济和技术政策项目。专家认为，联邦政府应满足现有的正式和实质性要求，调整联邦政府的资助计划，以逐步促进文化/创意产业公司的发展。

为文化/创意产业的参与者建立专家网络咨询

评估人员建议联邦政府建立一个专家网络。这个网络的任务是向文化/创意产业的参与者提供咨询服务。此外，网络充当中介在德国的各种机构中起作用。网络中的行业专家和顾问为文化/创意产业的微型企业提供专业的“工作训练”，为优化生产工艺或市场调查准备和制订营销策略。将业务咨询与现有的金融扶持手段相结合，将帮助微型企业进一步专业化发展。

文化/创意产业创新的定义

不仅是技术创新推动了文化/创意产业的经济发展，而且很明显，观念、创意内容甚至是非技术创新，亦会影响经济发展的速度。这里的创新战略采用的一切手段对未来来说都是重要的。资金运用局限于技术型创新，将导致很多增值的潜力未能得到开发。因此，欧盟委员会已经宣布“创造与创新一年”，以提高人们对创新的重要性的认识。这是“欧盟创新战略”的内容，已经在2006年12月15日的元首首脑会议上通过。联邦政府应该考虑这个计划，支持文化/创意产业的非技术性创新。

建设文化/创意产业的全国性的行业平台

专家认为，政府应该为现有的文化/创意产业建立产业平台。该平台应该成为行业信息中心，沟通行业代表、区域代表、援助机构和企业开发者。行业平台的任务是与利益相关方进行初步协商，提供信息以及定期进行行业对话和调查。行业平台应为自由职业者、商界和政界的代表提供文化/创意产业的情况和利益相关者初步磋商的地点，以获取有关联系人和资金咨询联系人的信息。为了达到这个目的，设置专门的办公室。

建立银行和企业开发人员评估标准

为了提高文化/创意产业的财政收入，减少行业与银行之间接触的恐惧，必须提出企业与银行合作的具体建议。专家建议联邦政府与咨询顾问、银行和商业发展机构一道，共同制订一本手册，这能够改善尚未在机构一级受到关注的参与者在文化/创意产业子行业中的状况。这本手册应针对文化/创意产业的具体特征提供活动建议和评估标准。

扩大联邦资助范围

建议联邦政府为以前忽略了的文化/创意产业的子行业提供资助。随着联邦赞助公司和市场营销的增多，联邦政府可以进一步提高对文化/创意产业参与者的支持力度。

增加对展会的资金投入

专家们还建议，为系统地提升国际化水平，作为一项补充措施，可根据文化/创意产业现状调整现有的对展会的支持力度。为了有效地支持文化/创意产业，对海外工商业会展以及新企业参与国际会展的资助标准应予以调整。例如，对艺术家参与海外会展的旅费应予以资助，同样，其他参展材料的运输费用也应当享受补贴。还应当核对检查现有资助项目中哪些与文化/创意产业有关。

进一步发展小额资金资助

评估人员建议联邦政府向现有的资助项目提供小额资助，如德国复兴信贷银行可启动资金项目，以满足文化/创意产业的需要。目前德国要求企业绑定一家主要银行，这样做妨碍企业充分参与文化/创意活动。专家建议联邦政府应开放这些原则。

另一个障碍是 5 000 欧元以内小额贷款不得使用“国内银行”的原则。如果直接通过互联网门户网站，该资助可通过简化程序完成，仅需要核查委托书、意向书或合作协议等即可。这种资助模式简化了行政程序，文化/创意产业中微型企业的融资状况将因此得到显著改善。

文化/创意产业的重要性的持续定量分析和监测

必须明确，该倡议的一个任务，就是不断记录文化/创意产业的进展和变化以及文化/创意产业的现有潜力。设置一个信息交换平台对于文化/创意产业来说必不可少。分析和统计评估国家和国际上该行业特征是理解认识该行业的重要指标。持续收集和公布文化/创意产业的特征和优势的有关数据，将吸引公众和传统经济部门关注文化/创意产业在德国当前以及将来的经济和社会意义。

进一步深入分析，以改善整体营商环境

在这项研究中，由于研究的局限性，影响因素的总体框架没有得到详细分析。研究分析的主题在于向联邦政府提供建议。然而由于总体框架的复杂性，对这些问题的评估还需要进行进一步研究。一般框架中还有待进一步调查的重要问题包括：教育培训、税收政策、立法和司法框架，尤其是知识产权法。

1. 文化/创意产业概述

1.1 文化/创意产业的重要性

在德国，关于文化/创意产业的争论已经受到公众的高度关注。因此，大多数联邦州都有自己的文化产业报告。在法国或英国，以及在加拿大，人们从数年前就已经在研究如“文化行业”“创意产业”“文化艺术产业”等概念。奥地利和瑞士已经在致力于文化/创意产业的发展。

对文化/创意产业的兴趣不断增加的原因是什么？

第一个线索是全球范围内文化产品和文化服务的快速发展。根据联合国贸易和发展会议(Konferenz der Vereinten Nationen für Handel und Entwicklung, United Nations Conference on Trade and Development，缩写 UNCTAD)的最新数据，在 1996 年和 2005 年之间，全球市场的文化/创意产业的商品和服务几乎增加了一倍。市场交易量从 2 274 亿美元增长到 4 244 亿美元。总计占了全球贸易额的 3.4%。

第二个线索是技术变革正在促进经济转型，这些变革正日益影响文化/创意产业的发展。计算机技术的使用，到产品数字化以及不断发展的在线经济的技术变革，对文化/创意产业产生了积极和消极的影响。技术变革是文化/创意内容生产的核心动力。

第三个线索展现了一种新的视角，文化/创意内容制作正逐渐被视为一个独立的经济领域。越来越明显的是，如果没有基于内容的产品和服务，技术产品和基础设施就不能实现最佳经济效果。内容生产为自己创造了生命力，它正发展成为一个独立的经济部门。甚至可以说，文化/创意内容制作是创新和成功的希望。

快速增长的文化/创意产品生产、技术驱动的文化/创意经济这些全球性趋势，在欧洲及其最大的国内文化市场德国当然也能观察得到。

· 在欧洲共同体共有 490 万工人在文化/创意产业工作。在德国有大约 100 万人，其次是英国的 87 万人及法国的 49 万人。2008 年德国文化/创意产业的员工创造的营业额约 1 320 亿欧元。

· 欧盟委员会确定，文化/创意产业创造的总增值额在共同体整体经济中约占 2.6%。德国目前估计的增值额比重约为 2.6%。

文化/创意产业这样的经济潜力提升了人们对它的关注。鉴于全球文化/创意市场的发展以及各国对这一产业的日益关注，将文化/创意产业作暂时的分类存在很多问题。

1.2 研究任务

根据联邦议会“文化德国”调查委员会的建议，联邦政府委托制订一份研究报告，对文化/创意产业各部门的典型和共性特征进行界定。

通过这一研究，将对当前复杂的文化/创意产业进行全面整体描述，做到既与国际和欧洲的研究情况相一致，又能充分把握当前德国国情。为了达到这样的目的，研究以欧盟经济部长会议中对文化产业所采纳的定义和范围为基础而展开。这为日后制定文化/创意产业支持政策奠定了具有普遍约束力的基础。

本研究报告将审查现有的框架，特别是对中小型企业的资助政策和欧盟范围内的资助政策进行审查，例如文化/创意产业在国内外开发新市场时可能存在哪些障碍。

在最后的研究模块中，将为联邦政府开拓经济场景并制订行动方案，这些方案对内可以用于各个行业部门与联邦州政府进行合作，对外可以用于确定德国在欧洲以及国际层面的定位。

具体来说，报告对以下主题进行了研究：

1. 对文化/创意产业各经济分支的典型总体特征进行分析和描述，这是在国家和国际层面进行比较分析以及对该行业进行整体经济分析的前提。

· 考虑到文化/创意产业结构和内容的异质性，将重点放在确定文化/创意产业的核心特征上。

· 确定综合定义中的可能变量，以便能够在此基础上制定可行的行动方案。

· 为了这个目的，提出备选的定义模型，突出强调国际和欧洲大陆使用的针对德国现状的共同概念，包括统计上的特征。

2. 从宏观经济角度描述德国文化/创意产业的状况，并特别关注新技术(尤其是数字化技术作为核心驱动力)。

· 宏观经济概览。

· 子行业的经济监测。

3. 分析现有的条件下，特别是中小企业发展和欧盟地区的区域需求，包括创意人才在国内和国外开拓新的市场可能遇到的障碍。

4. 为联邦政府制定经济方案和行动方案，这些方案可在内部用于工业界和州政府进行合作，也可在外部用于确定德国在欧洲和全球层面的定位。

在下一节中，将从三个基本方面集中讨论国际研究现状，并检验这些成果在当前的可行性。

1.3 国际和国内研究状况

1.3.1 国际研究状况

尽管国际社会的关注度和对文化/创意产业领域的重要性的认同不断加强，文化/创意产业仍然是一个复杂的课题。

在国际讨论中，文化/创意产业的概念并不清晰，从结构上和经验上都很难概括。这个导言部分尝试描绘出最基本的出发点，以使对这一多维度问题的策略性讨论成为可能。

评估表明，国内或国际层面所有的现有研究，基本上不具有或在极有限的情况下具有可比性。这是文化产业的性质决定的，因为文化/创意产业的边界和特征至今仍未被明确加以规定。甚至不同经济部门的划分都是一个棘手的问题，图书出版商和唱片录制当前划归制造业；画廊和艺术拍卖属于零售业中的传统文化市场；范围广阔的广播或电影行业，在传统经济分类中常常可以在服务行业列表的末尾见到。

这种异质性和划归国民经济不同产业部门的特征也导致文化/创意产业被看作一个跨行业的产业综合体。然而，这种跨行业的特征并不是文化/创意产业所特有现象，它也适用于其他部分相关的综合性经济部门，例如媒体行业，其也面临着类似的界定问题。

尽管文化/创意产业存在这种异质性结构，三类相关研究仍然试图通过相同的基本原则对不同领域进行分析。

第一类研究人员假设，文化/创意产业的产业结构应根据具有特定相关特征的部门来组织，并对其内部影响进行研究(例如 OECD8 研究)。行业方法是目前国际国内专家讨论中应用最广的，它将文化/创意产业划分为现有的子市场，例如音乐行业、图书行业以及近年来引人关注的设计行业。这种方法的优点是经济和文化视角可以在行业方法中结合起来，制定针对特定行业的结构性政策也成为可能。但是，受现有行业部门分类限制也是弊端，因为它忽略了选定行业部门之外的所有创造性经济活动。

第二类研究人员，如理查德·弗罗里达(Richard Florida)，则认为各主题领域应当按照工作方式组织。弗罗里达所描述的是传统的经济模式，以行业生产方式作为重点关注的对象。为了确定经济增长和国际竞争力提升的新决定因素，人们必须了解技术、创新和创造力之间的相互作用。因此，技术、人才和包容性这三个“T”不再相互结合而构成一个传统的经济部门，而是通过结合为所谓的“创意阶层”，最终合并为一个新的职业综合群体。理查德·弗罗里达表示，能够将这种创意阶层整合起来的地区，将在全球经济竞争中拥有决定性动力。

技术的驱动和人才培养(专利开发)在传统的经济研究领域的功能已是众所周知的。弗罗里达新引入了“包容性”的概念，超越了一般的经济观点。这意味着创造力的发展只能通过对少数民族实施更加开放的政策、提高人口的多元化程度或整体上以更加积极的方式来实现包容。只有将技术和人才这两个传统经济要素与新的要素，即社会和文化要素结合起来，才能创造经济繁荣。

弗罗里达的这些观点在国际上以及在德国国内都引发了许多令人振奋的思考。然而，由于他所使用的“职业团体”的概念远远超出了艺术、文化和创意职业团体的范畴，因此在本研究中不能使用他关于“创意阶层”的实证概念。例如，弗罗里达将数学家、自然科学家、教师、律师等都看作艺术家以外的狭义创意阶层。据此开展的实证研究表明，创意阶层占国家总体的30%。当前采用的方法与弗罗里达的不同，将重点关注艺术、文化和创意领域的核心活动。

第三类研究人员如约翰·霍金斯(John Howkins)等人认为既不能将经济部门的分类，也不能将职业相关分类作为文化/创意产业的基本机构。而认为“创意”是在整个复合性经济体中发挥作用的一种现象。特别是数字化和小规模生产结构正在成为推动价值创造的机制，而这种机制无法用传统的观点进行充分描述。因此，“创意经济”这一术语用于概括在整个国民经济中以创造性价值为基础的产品和服务。

这种对所有经济领域的创造性活动进行考察的开放视角是合理的。然而在所有经济部门内部对这种内在的创造力进行实证调查存在较大困难。

这三种研究方法在世界各地广为流传。出于实际原因，我们选择第一种行业结构的方法进行研究，因为它与欧洲现有研究的多个重要模型一致。一方面，欧盟委员会在欧盟文化统计中采用产业划分方法，法国政府模型也参考了这一框架。另一方面，2001 年英国政府制定的创意产业纲领文件也采用了这种方法。

1.3.2 国内研究状况

在联邦内部，几乎所有与文化产业相关的经济和/或文化问题都在各州的层面上处理。第一份文化产业报告由北莱茵-威斯特法伦州于 1989 年提交，1992 年出版。现有的最新报告是柏林于 2009 年 1 月出版的。

所有的文化产业报告内容都涉及本地区的文化产业部门的经济潜力问题。报告的基本功能是作为一种服务于各州文化相关部门的分析和决策工具。

经济政策的目标是，通过文化/创意产业的发展为经济增长和增加就业提供机会。文化政策的目标通常在于谨慎扩展文化领域的业务范围。最近出台的城市和区域发展规划对政策目标进行了补充(见上文 2009 年柏林报告)，希望为文化产业找到类似晶核一样特别适合文化发展的区域。通过区位政策，区域经济发展找到了开发这一新经济领域的新方式。

文化产业报告的基本功能是希望将文化/创意产业发展引入技术讨论阶段。而在其他经济领域，这通常由行业协会或部门组织实现，文化/创意产业目前还没有建立这样的综合性组织。因此，各部委和行政部门不得不在最近几年扮演这个角色。

为数众多的联邦州层面的文化产业报告，以及最近国际上的热烈讨论，引起了文化/创意产业的许多相关行业协会和组织，以及其他文化产业的相关参与者的注意。文化/创意产业对增加国民经济发展机会的重要性正在不断提升。

各州文化产业报告为文化产业的定义和范畴带来了丰富的内容，尽管实践中存在分歧，但报告却表现出惊人的相似性：

文化/创意产业以微型企业为主；它资本薄弱，因此是一个高风险领域；文化/创意产业可以非常迅速地吸收新的技术以及非技术创新，越来越多地采用“项目经济”的发展模式，这与传统工作结构相差甚远。

除了对文化/创意产业进行必要的“定义”之外，所有文化产业报告反复提出了大量的建议，作为政府部门的参考。令人惊讶的是，许多建议无法执行。因为文化/创意产业在各部委和行政部门的工作中通常被看作与其他行业竞争的领域。或者因为文化/创意产业自身缺乏适当的载体和参与者，这一特征表现为产业的组织化程度较弱。然而，当前的政策得不到执行也可能出于其他原因。

· 出人意料的是，所有联邦州的文化产业报告几乎没有对现有资助措施的分析。

· 同样，报告不包括联邦州目前为止采取的措施的评价。

这种分析上的不足应当在未来文化产业的报告中予以弥补。

总体来看，文化产业报告发挥了以下作用：使文化/创意产业不仅仅是一个时尚话题，而是将文化/创意产业看作持续发展的行业来建设。文化/创意产业不只是一个形象因素，而是我们整体经济进一步发展迫切需要的经济领域。

1.4 关于经济和文化政策的讨论

文化/创意产业这一主题从 20 世纪 90 年代开始就在经济和就业相关的视角下受到关注。因此，最初也是经济部门最先处理这一问题，而文化政策问题只在最近才被提及。

1.4.1 经济政策

从 20 世纪 70 年代开始，经济结构持续变化，在这样的背景下，北莱茵-威斯特法伦州是第一个在 90 年代初关注文化/创意产业的联邦州。当时希望通过新的就业结构，在一定程度上弥补传统产业减少的就业机会。

在联邦层面，则是在 21 世纪之初欧盟开展讨论之后，才将战略方向转向文化/创意产业。最近，国际上也已在各个层面上努力根据经济政策来定位文化/创意产业：

经济合作与发展组织(OECD)发现文化/创意产业的就业潜力

长期以来，经济合作与发展组织将文化部门归到所谓的非市场经济领域，只能在总增加值方面做出边际贡献。现在建议经合组织国家更多地考虑创意产业的就业潜力。文化/创意产业的产品和服务代表了整个地区的重要发展潜力。文化/创意产业需要特定的生产条件，可以通过培训、扩展销售网络或通过加强知识产权立法来提供特定的生产条件。

欧盟：里斯本战略(Lissabon-Strategie)需要文化/创意产业

同时，欧盟内部关于文化/创意产业的讨论围绕里斯本战略展开。该战略的目标是在欧盟实现“文化/创意产业作为世界上最具竞争力和活力的知识型经济，使经济能够可持续增长，并提供更多更好的就业机会和增强社会凝聚力”。知识和创新是可持续增长的引擎。欧盟的一项研究“欧洲的文化经济”通过实证经验证明，文化/创意产业能够在经济和就业方面做出贡献。这场讨论的结果是，欧盟各部门(商业、文化、竞争、内部市场等)高度关注文化/创意产业，以便利用现有潜力促进经济增长和增加就业机会。

欧盟议会：欧洲议会工业、研究和能源委员会建议在欧洲支持文化/创意产业

该委员会已提出了一些建议可供选择，以发展文化/创意产业：

· 由于创意人才发挥着特殊的作用，创新型终身学习应该通过创新人才得到进一步的发展。

· 由于文化/创意产业的创新能力具有特殊意义，各成员国应提供足够的资源。

· 从模拟信号过渡到数字电视为文化/创意产业创造了巨大的机会，有必要建立一个适当的监管框架。

· 由于有效地保护知识产权对于文化/创意产业的竞争力来说至关重要，应制定策略来确保政策有效实施。

· 由于微型企业是文化/创意产业最重要的构成，应探索欧洲投资银行的内部市场，为中小型和微型企业的开创和发展提供金融支持。

经济政策制定者(经合组织，欧盟委员会，欧洲议会)受到德国的高度重视。他们的建议和想法都已经纳入相关工作文件，由联邦政府(联邦政府和联邦)以及各州政府(经济和文化各部委，省议会)在不同层面实施。

联邦政府文化/创意产业倡议的目标：联邦政府计划将重点放在文化/创意产业的就业潜力上，同时也不能忽视公共文化部门，这为文化/创意产业的发展奠定了重要基础。主要目标是通过增强文化/创意产业的竞争力并更好地开发其就业潜力，为文化/创意产业创造光明的前景。与“德国文化”调查委员会的工作保持一致，联邦政府希望比以往更多地宣传该行业的重要性，并在经济和就业政策方面给予已建立的经济部门同样的认可。努力使德国文化/创意产业的表现在国际上更加受到认可。为此，首先必须明确各个领域及其子行业的潜力、挑战和发展方向。另一个目标是，从联邦政府的角度出发，在必要和明智的情况下为文化/创意产业提供具体帮助。因此，联邦政府将与整个行业一起，找出现有的障碍并制定解决方案，以进一步优化框架条件。

1.4.2 文化政策

文化政策最近才涉及文化/创意产业的主题，因此立即出现了待解决的问题。文化政策的作用是“解决困境”。根据通常的理解，到目前为止，可以在市场上很好地展示自己的文化产品，服务或其他活动并不是文化政策关注的主题。另一方面，经济上具有合理性的文化项目或有希望在经济上取得成功的项目，可能会被联邦政府、州政府和市政府排除在资助对象之外。

不过，至少有三个理由证明应当对文化/创意产业进行文化政策考察，这明确超出了通常的立法需求：

· 文化政策的通过促进了文化基础设施建设，为文化产品和服务的发展做出了显著贡献。

这些包括在文化/创意产业中，并进行商业销售。此外，通过文化教育机构以及公共和非营利文化机构这些中间组织，对文化接受者进行教育，这对于文化和创意产品的最终用户和文化消费者来说是必需的。因此，文化政策为文化产业提供了两个基础设施前提。

· 艺术家/创意工作者是原始的生产者。

艺术和文化的实质性和专业性发展是文化政策的中心任务，以特殊的方式形成了艺术家和文化从业者的责任。艺术家和创意者是艺术和文化的原始产生者。可以说，他们代表了“创造性的人力资本”。他们必须通过适当的文化政策拓宽整体视野。在 1975 年的艺术家的报告中，已经对艺术家在公共部门、非盈利机构和私营企业中混合就业的情况进行了描述。自由职业者增长迅速。艺术家及创意专家在自由市场中越来越常见，不再局限于公共文化部门。

· 文化政策为文化产业的整体发展创造条件。

只有当文化政策中明确，艺术和创意生产包含在所有文化部门中，并且表现为公共和非营利性以及私营部门的各种文化活动时，它才能够调整其活动领域。因此无论是从美学、社会还是经济的角度，文化政策都将文化生产视为一种“内在价值”，因此可以从各个角度(包括经济角度)考察文化的发展状况。

在当代的新文化政策视角中，不仅必须包括由公共资金资助的文化基础设施，而且还必须包括私营文化活动。文化产业是一个综合性体系，公共、非营利和私营部门的活动或互补，或竞争，或相互联系。文化政策可以在整体上对它进行把握。

1.4.3 最终评价

最后，应当强调的是，文化/创意产业无论从经济还是文化政策的角度来看都与制造业不一致。

发展文化/创意产业不再意味着不可避免地忽略了传统工业。相反，越来越多的人认识到，文化/创意产业正在走向成熟，是现代经济基础设施的必要补充。因此，合适的定位不仅应将文化/创意产业理解为一个完整的产业综合体，还应当将其描述为一个“思想和实验的市场”，可以充分展示整个经济发展的前景。因此，文化/创意产业被看作未来市场的发展方向。

文化/创意产业也表现为一种“特定的经济”，在传统的场所生产模式之外，催生了大量的自由职业者和自雇人士。这种新的生产模式是文化/创意产业的特性。因此，文化/创意产业是以大量微型企业为特征的产业综合体。

即使文化政策有望在整个文化领域发展出全球视野，但在实际的文化/创意产业实践中，它可能仍将是“大兄弟经济政策”的“小姐妹文化政策”——仅仅是由于可用资源有限。尽管如此，文化政策将能够做出极其宝贵的贡献，特别是对于艺术家和文化从业者而言。北莱茵-威斯特法伦州政府和文化部门对此承担了责任。他们首次采用多种方法扩大对艺术家个人的资助力度，这可以帮助艺术家和文化从业者真正从结构上改善经济状况。

最后，至关重要的是，如何才能在文化/创意产业中开发出原创和独具特色的产品和服务。这些产品最终将在竞争中脱颖而出。

2. 文化/创意产业的系统性确定因素

在下面的章节中描述了文化/创意产业的关键性特点和范围。这些描述以联邦议会“德国文化”委员会报告的前期工作为基础。各州的经济部长会议对文化/创意产业的判断形成了另外一个基础。

2.1 概　述

体系特征的构建和说明将从以下维度进行：

文化/创意产业的分类

出于监管原因，在较大的行业结构中对文化/创意产业进行分类非常重要，因为以市场为基础的文化产品和服务与公共文化产品和服务是根据不同的价值进行评估的，而且很大程度上是根据各自的政策原则进行的。如果统一根据市场经济标准评估，将失去了对私人、公共和非营利等不同形式产品的认识，这将对整个文化部门的未来造成极大的危险。任务、标准和问题在将来应尽可能清晰。通过对三部门模型进行定位会有所帮助。

定义性特征

对文化/创意产业的定义将从企业类型、行业部门、创造性行为、艺术家/创意工作者以及内部分类几个方面来描述。这些方面以其静态元素描绘了文化/创意产业的模型。

· 该定义性特征描述了文化/创意产业的核心，将商业企业作为文化/创意产业的参考核心。

· 文化/创意产业是包括11个子市场的复合体。这种行业结构基本上是对德国经济和文化部门划分方法的广泛认可(11个子市场表现为7至9个组)。

· 清单中对11个子市场进行了总结，引入“创造性行为”这一概念，并将其作为复杂的文化/创意产业的核心。这个词来源于调查委员会的建议。

· “创造性行为”是一个思维概念，在实践中或通过作品或经过由创作者得以具体化。基于经验和务实的原因，艺术家和创意工作者在这里作为创造性行为的载体。

由于文化/创意产业中的经济主体因其规模结构而具有独特性，无法通过统一的结构政策对其进行最佳控制，因此引入了根据三种公司类型进行的内部分类，从而允许针对每种类型的企业制定特定的经济和文化政策目标。

价值增值关系

文化/创意产业的每个子市场在价值创造关系方面都有其特定领域的结构。它们可以用价值链或简单、实用的价值关系来表示。旨在捕获文化/创意产业模型的动态元素。

· "文化价值链"将价值创造过程划分为不同阶段，从而可以更深入地了解不同的人和/或公司如何参与文化产品的创造

· 英国政府的5层模型根据经济活动的官方分类记录了文化/创意产业的经济活动，从而提供实证定量分析。

· 基本模型区分了作者/原生产者/表演者和用户/服务提供者，根据经济部长会议的要求，将实证内容限制于文化/创意产业的核心部门。

价值关系的图示模型提供了不同的视角，展示了文化/创意产业的复杂性。

2.2 研究委员会与经济部长会议的召开背景

· 该调查委员会已经在2007年最终报告中提出了对文化/创意产业的概念进行规范的建议。他们呼吁联邦政府和各州政府同意对文化/创意产业作一个统一的界定。除了阐明经济统计中哪些经济类别和子类别可以归入文化/创意产业，还要与欧洲观点保持一致。重要的是确保统计划界在很大程度上与欧洲方法兼容。第三个方面，整合民间社会和公共部门在经济方面的统计。

· 2008年1月经济部长会议提出另一项倡议，并在工作层面上，对文化/创意产业进行了初步定义。2008年6月，16个州的经济事务部长决定将文化/创意产业统一定义。

· 这是德国第一次通过经济部长会议就文化/创意产业的表述达成共识。这已经满足了联邦议院调查委员会提出的前两项要求。结合文化/创意产业的定义，经济部长会议确定了文化/创意产业核心领域的统计范围。除了游戏行业之外，当前采用的统计分类与欧洲现有文化产业分类基本是一致的。

· 联邦议院调查委员会提出的第三项建议是，除了文化产业部门之外，还应当将具有经济意义的民间团体以及公共部门包括进来，经济部长会议对该建议给予了考虑，并委托对此开展科学研究（2008年经济部长会议）。其内容将在接下来的三部门模型部分进行介绍。

2.3 文化产业分类

三部门的结构化分在欧洲几乎无处不适用。这个由三部分组成的部门结构对欧洲来说十分重要，并在文化/创意部门中创造了广阔、丰富多彩的景观。

三部门结构的特征在于如"毛细管系统"般运作。一个参与者可以同时作用于多个部门，或在这些部门之间进行切换。艺术家或创意者可以从所有三个部门中接受任务，并围绕一个非营利性协会工作。

因此，至关重要的是，"公共，私营和非正式服务，它们的不同的任务、标准和存在的问题在未来应当尽可能清晰可见，甚至要对其严格进行检查。如果这些做得不够充分，那么一些经销商可能很

快就处于缺乏‘差异化’的危险之中，并且进一步对多元化的公众文化造成损害”。

表 2-1　欧洲文化产业按产业部门划分

部门分组	公共和中间文化经营（非营利部门）	艺术家和文化职业（非营利和营利部门）	私人经济文化企业（营利部门）
1. 音乐部门	歌剧院、乐团、音乐学校(非营利性)、艺术节、合唱团、业余音乐、音乐现场	作曲家、音乐家、音乐教师、工程师、艺术家、合奏团	乐器制作、代理、音乐出版、录音制作、音乐商店、组织者、俱乐部、音乐、艺术节、场景、商业音乐学校、在线/电子音乐
2. 文学、书籍和出版部门	文学屋、书店、图书馆、档案馆、竞赛、文坛	作家、作者、记者、制片人	图书出版、中间图书贸易、图书贸易、代理、发布媒体、出版社贸易、新闻存档、在线/电子出版
3. 视觉艺术部门	艺术、艺术展、竞赛、艺术博物馆现场	视觉艺术家、艺术品修复师、美术老师	画廊、艺术品经销商、博物馆商店、商业艺术展览、艺术圈
4. 演艺界	剧场、影院教育、文化社会文化屋、歌舞表演、舞蹈场面	参与者、歌手、舞者、歌舞表演艺术家	商业戏剧、音乐剧、机构、剧场、歌舞表演、舞蹈学校、喜剧、歌舞表演、林荫大道剧院、剧场巡演
5. 电影/录像部门	电影资料馆、电影博物馆、竞赛、电影场景	编剧、参与者、电影制片人	电影/电视制作公司、电影院、EIH/销售、竞赛、在线数字电影制作
6. 设计部门	设计展、设计博物馆、应用艺术博物馆	设计师、应用艺术家、创作者	办公室工业设计、产品设计、服装设计、平面设计、视觉设计、网页设计、竞赛、设计场景
7. 建筑部门	建筑博物馆、竞赛	建筑师、景观设计师	大厦建筑办公室、室内设计、景观建筑/设计、竞赛
8. 文化遗产部门	文物保护和护理、博物馆、博物馆教育	博物馆、历史保护专业人士	博物馆商店、商业艺术展览等文化产品贸易
9. 广电部门	广播、电视公司(公共)	主持人、演讲者、生产者	商业广播电视公司、在线广播、数字广播
10. 广告部门	——	文案、广告代理	广告设计、调解、宣传、网络广告办公室
软件/游戏信息	电脑博物馆	软件、游戏开发	软件发布、咨询和开发、编程公司、机构、网络游戏

说明：划分依据欧盟委员会，联合国教科文组织/统计研究所，欧洲理事会/埃里卡特。

2.3.1　三部门模型

文化/创意产业与文化部门的其他职能领域或子部门相关联。作为一种模式，文化/创意产业可以分为公共部门、中间部门和私营部门。

文化/创意产业是文化部门市场经济的一部分。这里对所有企业和营利性主体进行了分配。剩下的非市场经济部门，即公共部门及中间部门，包括所有的非盈利机构和主体，这些机构和活动并不符合商业性目标。

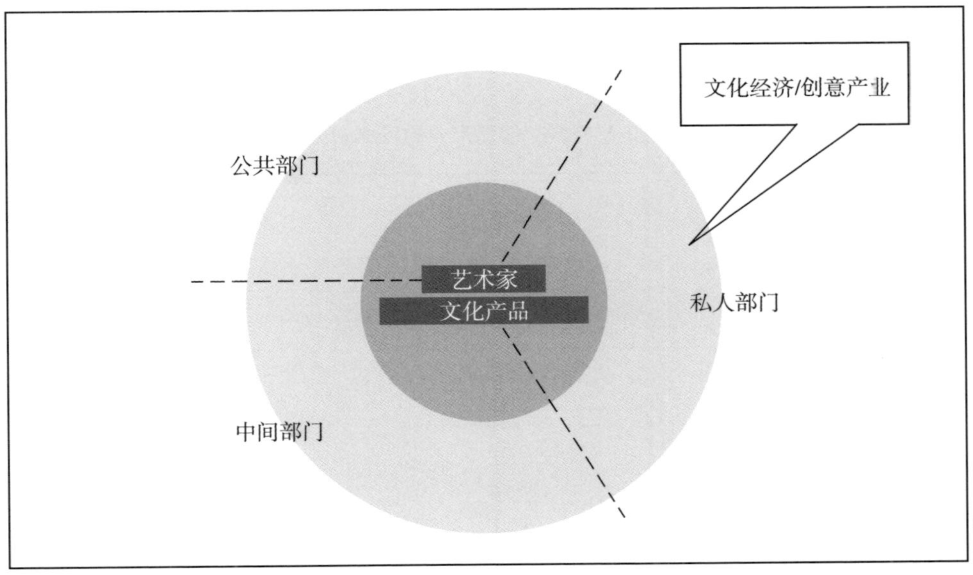

图 2-1　文化/创意产业的三部门模型

来源：瑞士第一文化产业报告，2003 年。

2.4　定义特征

2.4.1　核心定义

经济部长级会议对文化/创意产业下的定义如下：

文化/创意产业包括以商业方式运营，主要从事文化/创意产品和服务的创作、生产、销售以及/或媒体传播的企业。

定义的主要标准是企业的商业性质。因此这类企业包括所有以市场方式获取资金的企业，它们缴纳增值税，或者更简单地说，他们通过艺术、文化和创意来盈利。

这个类别不包括并非以市场资金为主，而是通过财政资金、缴纳会费、非盈利基金或个人捐赠为主要收入来源的企业、机构或其他社会团体。

定义对商业型或市场经济型企业与非市场主体型企业进行了区分，这对德国制定监管和税收政策具有特别重要的意义。

最后，需要再次指出，明确企业的商业性质对整体理解文化/创意产业至关重要。

2.4.2　行业定位

经济部长会议还确定了文化/创意产业中应考虑的核心领域：

在“文化产业”概念下总结出九个子市场——音乐产业、图书市场、艺术市场、电影产业、广播产业、表演艺术市场、设计产业、建筑市场和出版市场。此外，广告市场以及软件/游戏产业均纳入所谓的创意产业。

表 2-2　文化/创意产业的行业划分

文化/创意产业行业划分 11 个子市场
Ⅰ. 文化经济
1. 音乐产业 2. 图书市场 3. 艺术市场 4. 电影产业 5. 广播产业 6. 表演艺术市场 7. 设计产业 8. 建筑市场 9. 出版市场
Ⅱ. 创意行业
10. 广告市场 11. 软件/游戏产业
Ⅰ. +Ⅱ. 文化/创意产业

说明：在后面的统计结构中，还引入了“其他”类别，该类别用于特殊的统计目的或用于新的经济部门。

因此，经济部长会议提倡文化/创意产业采用子市场结构。子市场结构是文化/创意产业研究中最常见的记录形式①。

然而，还有其他替代方法来构建经济领域，如英国、澳大利亚的做法，他们根据职业群体而不是行业进行划分。其主要结构以艺术、文化和创意工作者的工作内容为基础进行区分，因为研究者们认为创意工作者的职业活动或行为比产业部门的经济活动更能表现“创意核心”。

另一个知名的方法是 2008 年贸发会议创意产业报告所提出的。在关于创意产业的讨论中，贸发会议报告的撰写者们指出子市场的分类方法存在明显的非同质性，因此主张以商品和服务的性质为基础划分经济领域。通过获取世界贸易统计数据，贸发会议实际上可以对大多数国家的经济潜力开展实证考察。

在文化/创意产业领域一直存在反对按子市场进行分类的意见，他们认为现在将这些性质完全不同的子市场聚合在一起，其中某些行业和其他行业的经济活动之间完全没有联系。例如艺术品市场和电

① 例如，以前所有德国文化产业报告均按细分行业或细分市场分类。

影市场之间有何共性？建筑师和书商之间有何联系？文化/创意产业作为一个产业综合体，它所包含的经济领域或子市场，既有相互关联的，也有完全独立毫无关联的。

这种概念结构的缺陷并非文化/创意产业所独有。在媒体产业中也包括一系列电子媒体和纸质媒体，彼此在经济活动上也没有严密的联系。

从ICT、IT和TIME到ICT市场，媒体产业中使用的各种术语表明，以统一的方式理解和概括产业综合体是多么困难。文化/创意产业也处于类似的地位，从“创意经济”到“创意阶层”，各种术语层出不穷。

总体而言，在本研究中使用了分支市场的概念结构，目标是对当前的市场结构进行务实的分析。

2.4.3 创造性行为

文化/创意产业的11个子市场明确之后，经济部长会议已经确定了这一经济领域的范围，但是还没能发现可以将整个产业综合体凝结为一个整体的联系要素。

调查委员会引入了“创造性行为”的概念。文化产业这一章的作者指出：“应当强调的是，文化产业的重点不在于其职业，而在于其实践，即艺术和创造性活动中的创造性行为。”将创造性行为作为文化/创意产业的核心重点予以关注，这是可以理解的，并可以得出以下结论：

所有文化和创意经济活动的核心要素是艺术、文学、文化、音乐、建筑或创造性内容、作品、产品、生产或服务中的创造性行为。

所有的创造性行为，无论是作为一次性的模拟、现场表演或系列作品、还是提供数字化生产或服务，都包括在其中。相应地，创造性行为在广义上受到知识产权的保护(专利、版权、商标、设计)。当然，也可能是没有知识产权的行为(如表演艺术家)。

只有那些具有美学价值或意义的内容或创意生产可以描述为创造性行为。离开这种美学意义，文化/创意产业就失去了核心价值，“创意阶层”或“创意经济”这些概念也一样。

反过来，文化/创意产业概念中的创造性行为也应当被理解为一个经济范畴。因为属于美学内容的创造必须与经济过程并重，或能够实现经济的增长。

理查德·佛罗里达(Richard Florida)在其“创意阶层”中使用了一般内容或思想创造的概念，将数学家，工程师和其他自然科学家包括在内，在文化/创意产业的概念下应当予以限制，坚持美学联系标准。

同样，“创意产业”作为北莱茵-威斯特法伦州州政府新经济政策的指导原则，是一个概念化公式，借助这一概念，汽车、化工、塑料或能源等产业部门有机会实现新的发展。毕竟，文化/创意产业也是北莱茵-威斯特法伦州的新支柱产业之一。

对具有美学意义的创造性行为，还应进一步加以限制。以技术为主的产品，尤其是IT或多媒体行业的产品，不应计入文化和创意产业的核心领域。但是，这并不意味着就文化/创意产业的实质和发展而言，技术部门完全没有意义。相反，要特别强调的是，技术发展一直并将继续是文化/创意产业中许多产品和服务的主要驱动力。

总之，要对“创造性行为”一词进行最终评价，必须承认这是一个复杂的术语。作为文化/创意产业的关键概念，它只是一个抽象的、理想型参考类别，很难使人产生具体的理解。它不具有物理存在形式，不像“汽车”作为关键术语代表汽车行业。相反，“创造性行为”是一个非触觉术语，是无形经济的一部分，尽管并不具有物理属性，却将要对总增加值做出更大贡献，此外，还能为汽车行业提供有价值的无形服务。

2.4.4 对艺术家的特别关注

尽管调查委员会将“创造性行为”的概念而不是艺术家作为文化/创意产业的核心，但是实证分析将仍然以艺术家、文化/创意产业从业者作为分析的具体起点。至少可以从 4 个层面来认识艺术家、文化/创意产业从业者，这对于了解文化/创意产业现状有特殊意义。

·如上文所述，艺术家、文化/创意工作者创造的创造性行为，是将文化/创意产业的各个子行业统一起来的核心。

·无论从社会学还是职业分类角度，都可以务实地将艺术家、文化/创意工作者界定为职业类别。

·艺术家、文化/创意工作者按照经济分类可以分为自由职业者、自雇人员、企业雇员。

·艺术家、文化/创意工作者通常是作品或创造性行为的原创者或作者，与用户之间形成基础关系。原创者与用户之间的关系大概是文化/创意产业整体发展的中心议题之一。

例如，设想一位艺术家综合了上述各方面要素：艺术家是他/她的作品的创作者，他/她以此作为职业，并以自雇形式经营着自己的艺术工作室。他/她将他/她的作品出售给作为销售方的画廊所有者或艺术品经销商，或者自己作为销售者在市场上销售。

“创造性行为”这一术语指的是智力创造过程，实践中既可以通过作品，也可以通过制作者/原创者而得以具体化。基于实际的考虑，当前的研究中，艺术家或创意工作者将作为创造性行为的承载者而被进行介绍。

2.4.5 内部分类

根据瑞士对创意产业的研究①，可以将文化/创意产业所有子行业中的企业主体按公司规模划分为不同类型。根据公司类型进行的内部细分区分了三种类型的理想模型：微型公司、中小型公司以及大型公司。

微型企业类型：微型企业包括采用自由职业或自雇型企业形式的艺术家、文化/创意工作者。事务所、工作室、代理处或小型企业通常采用一人公司、合伙或松散的网络化组织形式。他们的工作内容通常包括为文化/创意生产开展试验、开发模型。在文化/创意产业的经济模式下，微型企业不再像媒体行业中那样起辅助性作用。微型企业是文化/创意产业中第一种重要的企业类型，在文化/创意产业中与其他两种类型企业发挥同等重要的作用。

中小企业：中小企业是文化/创意产业的骨干力量。它们通常采用有限责任公司的商业形式组织，并以商会的形式联合起来。这些公司大多是文化/创意产业内的老牌公司，其生产和沟通过程主要以标

① 苏黎世艺术学院(ZHdK)文化/创意产业研究项目组(RUCI)。

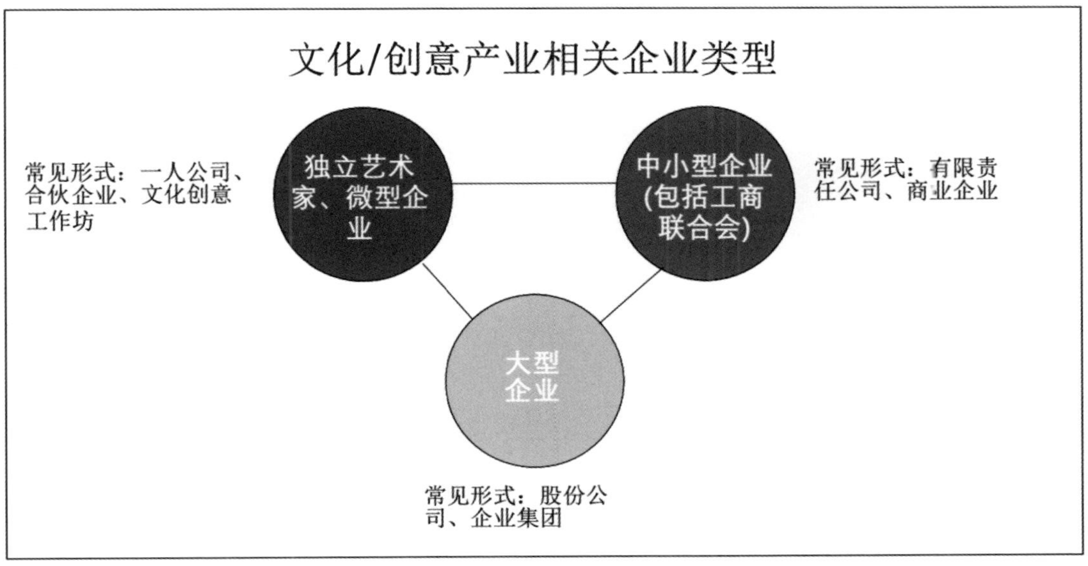

图 2-2　文化/创意产业的内部分类

准化结构进行。与第一种类型企业相比，中小企业更加看重稳定性、长期性或可持续性等经营原则。在文化/创意产业中，中小型公司通常是文化/创意产业中最重要的价值增值和就业岗位的来源。

大型企业类型：第三种类型，包括所谓大型企业(企业集团)，承担了文化产业的主要产能，在世界范围内进行营销活动，并积累购买和销售实力。它们是文化/创意产业中设立的大型或超大型企业，通过标准化生产以及人们所熟悉的商业模式在全球范围内开展经营活动。与前两类企业相比，再融资战略对这类企业发挥的作用更大。

总体来说，对所有三类参与主体而言，文化/创意产业都是一个高风险领域，市场成功波动极大。无论对于活跃在国际市场的大型文化/创意企业，还是区域性或当地的中小文化/创意公司以及工作室都是如此。因此了解三类企业各自的功能结构与发展条件是至关重要的。成功的经济政策只有在充分了解产业结构和流程的差异之后，才能促进新经济潜能的发展。

2.5　价值创造关系

2.5.1　文化创造价值链

调查委员会明确主张采用所谓的文化价值链作为文化/创意产业各部门价值增值过程的分类标准。文化价值链追溯了从创造性行为(或其上游活动)到公众或评论家的录制所产生的文化价值创造活动。①

① 参见第16届德国联邦议会16/7000号出版物，联邦议会调查委员会主编的《文化德国》，《文化/创意产业》章节第347页。

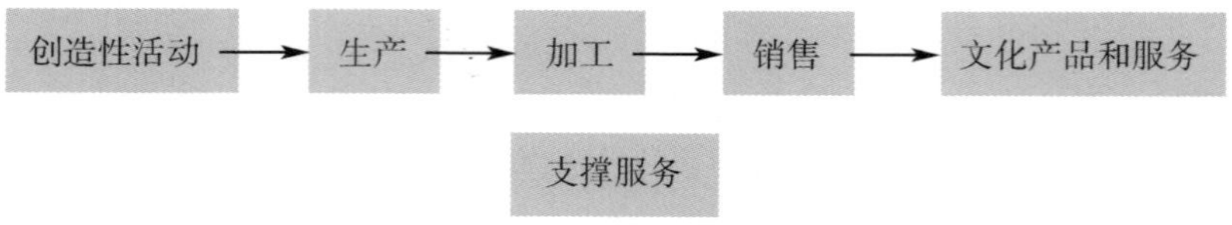

图 2-3　文化创造价值链

来源：调查委员会，2007 年。

调查委员会认为，价值创造模型将价值创造过程分解为不同阶段，使我们能够深入分析不同人员和企业参与文化商品创造的方式和类型并提供相应的建议。① 然而，用于在实践层面对不同主体进行差异化分析的理论模型与现有的经济活动分类并不吻合。现有的国家经济活动分类并未按照价值创造方式进行行业细分。以电影产业的价值创造过程为例，表演者、拍摄者、制片人、电影发行、影院服务在官方统计中都被归入服务产业。另一方面，图书制作却归入制造业，图书销售归入销售业，剧本写作归入服务业。

文化价值链模型在表现理想的线性经济流程中具有价值。而在实证定量分析中它的作用是有限的，因为世界范围内的经济活动分类采用了其他的标准。统计文化/创意产业时尤其如此，必须根据每个独立子市场的各自的产业结构进行整合。

2.5.2　5 层模型

出于现实的原因，官方的数据无法依照调查委员会要求的分类进行统计，这个问题必须以务实的方式来解决。英国政府委托研究机构前沿经济学咨询公司(Frontier Economics)构建了一个模型，该模型采用一种 5 层结构经济活动分类方式对经济活动进行统计。②

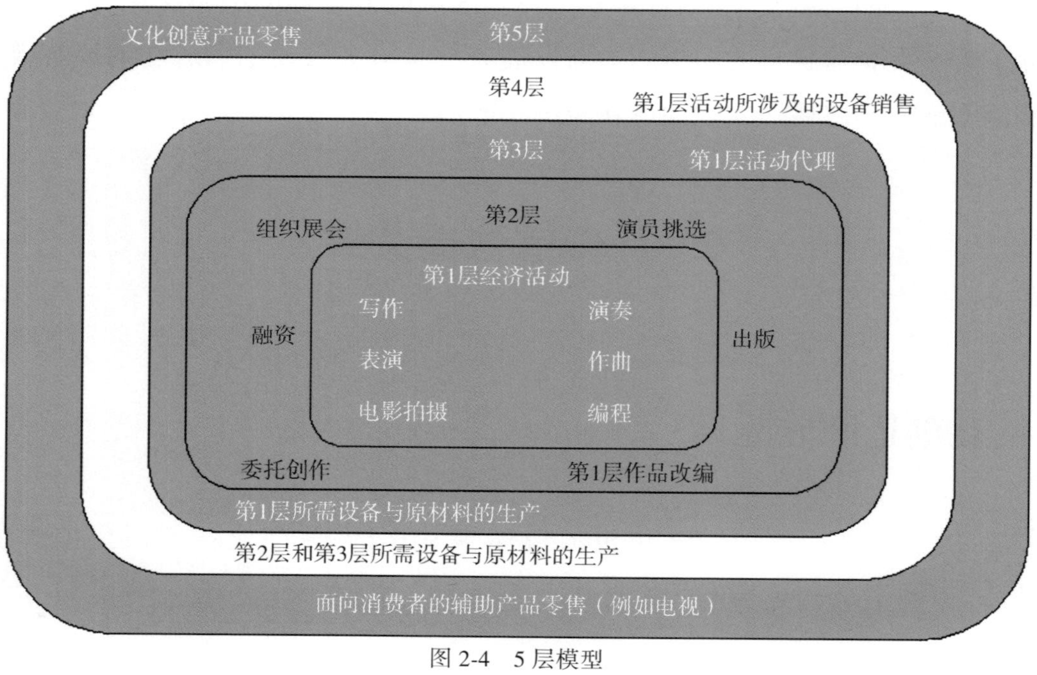

图 2-4　5 层模型

来源：前沿经济学咨询公司，2008 年。

① 参见第 16 届德国联邦议会 16/7000 号出版物，联邦议会调查委员会主编《文化德国》，《文化/创意产业》章节第 347 页。

② 参见前沿经济学咨询公司(2008 年)的《创意产业业绩：英国文化部统计分析》。

在 5 层模型中，根据文化/创意产业子市场中的创造性行为或创意核心的重要性对其各项经济活动进行了分类和评估。

在中心或在第一层，包括艺术、文化和创意活动。

在第 2 层中，加入了对第一层活动的商业化行为，以及产品或服务的市场推广。

第 3 层和第 4 层包括一些上游行为，尤其是与硬件相关的活动。

第 5 层即最后一层为零售行为，即向最终用户市场提供产品和服务。

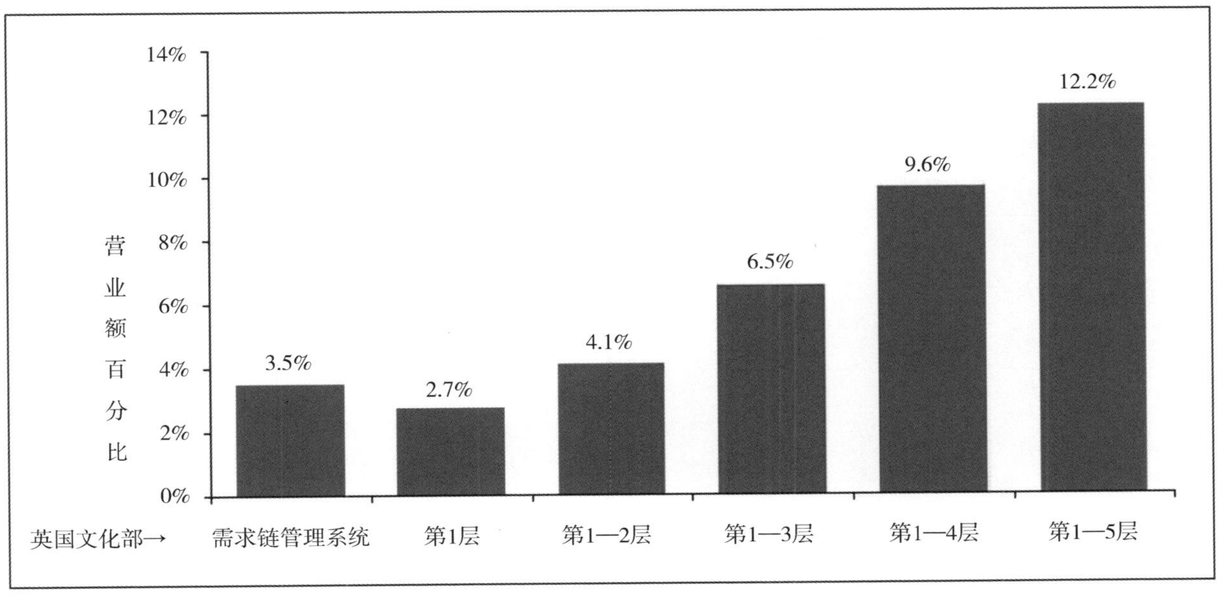

图 2-5　英国创意产业 2005 年的营业额在经济总额中的占比

说明：创意产业通常与上游和下游层面（总共五层）相关联。然而，在未来，只有第 1 层和第 2 层应该属于英国创意产业的实际核心，以便更好地展现核心价值创造过程。

来源：前沿经济学咨询公司，2008 年。

前沿经济学咨询公司的研究得出结论，只有第 1 层和第 2 层才是相关创造过程发生的环节，对创意产业的经济治理至关重要。这就是为什么前沿经济学咨询公司将其实证分析集中于根据英国模型选择的这两个层面的所有子市场中。

2.5.3　简单的价值关系基本模型

现有研究采用了与英国经济前沿类似的模式，这基于两个理由。首先，该模型与德国实证统计的数据模型联系密切。而且有必要简化价值创造关系以便对复杂的文化产业进行管理。文化/创意产业各子市场之间的价值创造关系根据对以下两个层次的分析归类：

创造性行为（作者、原创制作者、表演艺术家、艺术工作者、文化工作者、创意工作者）；

生产和销售（商业化行为、批量生产、销售和发行、文化/创意企业）。

各子市场在价值创造关系中的差异和特征产生了以下结构：

1. 音乐产业 作曲家、音乐家、音乐教师、音效师、演奏者、音乐团体 乐器制作、音乐出版、录音制作、代理机构、音乐销售、组织者、音乐剧、音乐节、商业性音乐学院
2. 图书市场 作家、作者 图书出版公司、图书中间商、图书销售商、代理机构
3. 艺术市场 画家、艺术家 画廊、艺术品经销商、博物馆商店、商业性画展
4. 电影产业 编剧、演员、导演、电影制片人 电影/电视制作公司、电影租赁/销售公司、电影院
5. 广播产业 主持人、播音员、制作人 商业广播电视公司
6. 表演艺术市场 剧作家、表演艺术家、杂技演员、舞蹈家、卡巴莱艺人 商业化剧院、音乐剧、代理机构、杂技团、舞台剧
7. 设计产业 设计师、造型师、应用艺术家 各种工业设计、产品设计、图形设计、视觉设计、网页设计事务所
8. 建筑市场 建筑师、景观设计师、园林设计师 各类民用建筑、室内设计、园林/景观设计事务所
9. 出版市场 记者、文字工作者 报刊出版社、报刊销售、报刊档案
经济分类编号 1—9 的子市场构成文化产业
10. 广告市场 文案工作者 广告设计、代理、销售事务所
11. 软件/游戏产业 游戏开发人员、网络开发人员 软件咨询/开发、发行商、软件公司、代理机构
经济分类编号 10—11 的子市场构成创意产业 经济分类编号 1—11 的子市场构成文化/创意产业

图 2-6　文化/创意产业按照 11 个子市场和 2 个价值创造层面的划分

这个简单基础的模型将两类价值创造主体区分开来，一方面是作者/原创者/表演者，另一方面是复制者/服务提供者，并且将实际范围缩小至文化/创意产业的核心经济部门，该模型得到了经济部长会议的确认。

2.6 对决定性因素的综合评估

文化/创意产业模式的主要决定因素可归纳如下：

德国对文化/创意产业的商业性定位属于强制性要求。他们不同于那些将公共预算或私人捐赠作为资金来源而非从市场获利的非盈利或公益性组织机构。从经济政策的视角来看，这种商业性定位是不容置疑的。从文化政策的角度来看，文化产业应该被看作更宏大的文化基础设施的组成部分。

因为对单独的文化/创意产业的子市场进行孤立观察缺乏必要的关注度，所以将结构复杂的文化/创意产业作为具有独立特征的整体来理解是一个巨大进步。将文化/创意产业划分为 11 个子市场能够使其和媒体行业乃至 IT 行业划清界限。这些相关跨领域行业 以“媒体”，或者“IT 技术”作为自身的核心概念。而文化/创意产业的分组围绕 “创造性行为”这一概念展开。这一概念在传媒或 IT 行业中只发挥辅助性作用或完全不起任何作用。

必须承认，“创造性行为”属于难理解的范畴。汽车、冰箱、IT 技术作为各自行业的物理核心显而易见，而“创造性行为”这样的无形或不可触摸的核心概念就不那么容易被认知。但我们仍需完成这项任务，以更具体的形式确定单独的子市场。任何人在分析文化/创意产业的经济机会或前景时，如果不以独立的方式将内容美学的基本形式作为分析的起点或驱动力，都可能不得不将“内容产业”领域留给其他国家。

文化/创意产业的跨领域分支表现出现代经济领域的所有特征。这些内部划分对微型企业、小型企业以及中大型企业来说并无差别。大型企业(“主要的”)对各子市场整体发展的重要性已经显著减弱。今天，在销售总额和就业上，微型和小型企业几乎发挥和大公司一样重要的作用。因此，为了最好地促进文化/创意产业的发展，应当明确关注不同类型的企业。任何人如果仅以企业开创者的视角思考经济政策，视野就会受到限制。同样地，如果只考虑大型企业的需求，也将是片面的，且将导致发展机会严重受损。

脱离了艺术家或创意工作者就无法理解文化/创意行业，因为他们构成了文化/创意产业的实质核心。艺术家、文化/创意工作者并不是供应商，他们被排除在经济领域之外。相反地，他们是创作者和实施者，离开他们的服务，整个行业及其市场运行都将不复存在。他们是经济活动的自主平等主体，尽管他们作为经济主体的现象和实质并不容易被理解。德国的艺术、文化和创意生产首先取决于行业中的艺术家以及文化/创意产业工作者。关注他们的机会和发展条件是未来文化和创意经济政策的核心任务之一。

文化/创意产品的开发者、传播者们与行业中的艺术家以及文化/创意工作者联系密切。这种价值创造关系应当是考虑的重点，在文化/创意产业政策中应当放在第一位。产品或作品涉及的一般流程中包含的其他价值创造关系应当作为有价值的理想模型。然而在独立的子市场中，产生了大量具有不同价值创造关系的新型商业模式。数字经济和互联网经济给商业模式和价值创造关系带来了快速且持久的变革。因此关注度应当集中在重要的市场主体上。他们就是作为作者/原创者/表演者的艺术工作者以及他们的直接传播者。

在对文化/创意产业的任何考量中，数字化、全球化以及互联网经济的快速发展都应该是关注的重点。而且对于国民经济的所有领域来说几乎都是如此。

总体而言，基于本节提到的各种决定因素，对文化/创意产业的考察将开启多种不同视角。然而这一经济领域并不是一个封闭和传统的领域，只要给予充分的发展机会，它将成为对整个国民经济都具有价值的领域。

3. 文化/创意产业的国民经济视角

接下来对文化/创意产业进行界定之后，再对部分文化/创意产业的结构和发展数据进行说明。

第一部分将根据11个子市场介绍文化/创意产业的结构。

第二部分将简要描述文化/创意产业在国民经济整体中的意义。将对如下内容进行说明：

· 文化/创意产业对国民经济总增加值有何贡献；

· 在不同劳动力市场中表现出来的文化/创意产业就业情况如何；

· 文化/创意产业是否能够产生显著的促进出口的效应；

· 不同类型企业在文化/创意产业中具有怎样的意义；

· 最后一节还将涉及妇女在文化/创意产业中的地位。

在第三部分中，分别聚焦11个子市场单独进行了考察，对以下内容进行了说明：

· 在该经济分类下根据企业规模、营业额、就业或雇佣情况对子市场结构的分析；

· 子市场2003年至2008年的发展趋势。

第四部分内容包括：

· 实证研究基础上的总体评估；

· 对自雇艺术工作者(包括文化/创意产业内新闻工作者)的状况进行描述；

· 对公众文化企业或中间企业的文化及其相关部门给予特别关注；

· 从经济角度对文化/创意产业的发展前景作简要展望，作为下一章的过渡。

3.1 统计范围

尽管与欧洲周边国家相比，德国在统计数据方面有着良好的基础，各相关经济领域在国家层面仍然存在明显的专业差别，对其实证定量分析尽管可以在地区甚至欧洲层面进行，但也受到特定条件的限制。

为了实现对实证数据的比较分析，这里参考借鉴了联邦议会“德国文化”调查委员会的成果以及经济部长会议上对文化产业的定义。以下描述与欧盟文化统计数据也保持一致(尤其是文化就业工作组)。

研究小组将来将继续关注欧盟层面在文化/创意产业统计方法上的发展，并将其应用到国家和地区层面。

本节的目的是给文化/创意产业进行全面统计提供一个统一方案，使得从地区微观层面到欧盟宏观层面的比较成为可能。

3.1.1 市场划分范围

在许多场合，德国文化/创意产业的结构通过子市场或子产业呈现出来，而这些子市场或子产业是通过一系列相应的经济活动来确定的。这些子市场或子产业的界定通常是没有争议的，而且在各州的文化产业报告中也得到应用。目前选择的 11 个子市场包括文化产业相关子市场(子市场编号 1—9)以及创意产业相关子市场(子市场编号 10—11)。

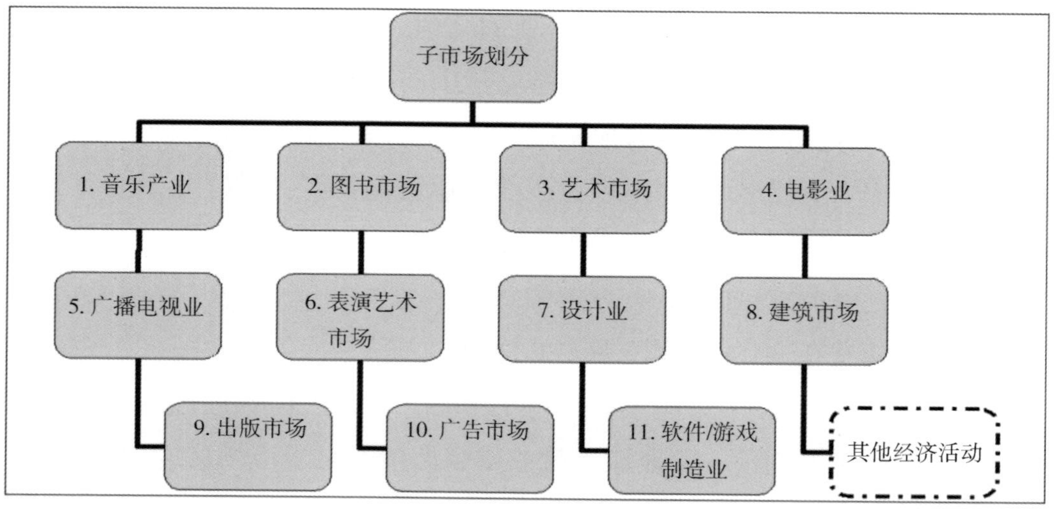

图 3-1 文化/创意产业的 11 个子市场的简介

因为文化/创意产业是不断发展变化的，所以有必要对产业的界定保持开放的态度，以便吸纳新的市场或经济活动。数字化的不断发展以及互联网在文化/创意产业中的应用，改变的不仅是现有的产业结构。可以预见，新的子市场或者混合型子市场将会出现，与传统文化市场并存甚至取代传统市场。为了这个目的，该结构模型必须保持灵活和开放。

在此背景下，从统计学分类中选取相关的经济分类是难以实现的。因此经济部长会议决定在各州层面将 11 种确定的经济活动分类作为统计分类标准。

这种统计范围的界定将作为文化/创意产业市场细分的起点。

3.1.2 统计分组范围

这些分类以经济活动分类为基础，按照所谓“经济组别”(3 位数字编号)进行了分组。例如出版市场的 3 位数字编号为 22.1，包括图书出版商、报刊出版商、音乐发行商和录音制品以及其他出版商。

由于历史原因，和其他大多数经济分组一样，独立的经济部门的划分是以产业为基础综合了其他原因共同决定的。在第 4 组即数字编号 92.3 的艺术分组尤其如此，这是涉及艺术家的重要组别，其中包含了从画家到表演艺术家再到作家、音乐家、作曲家等职业。

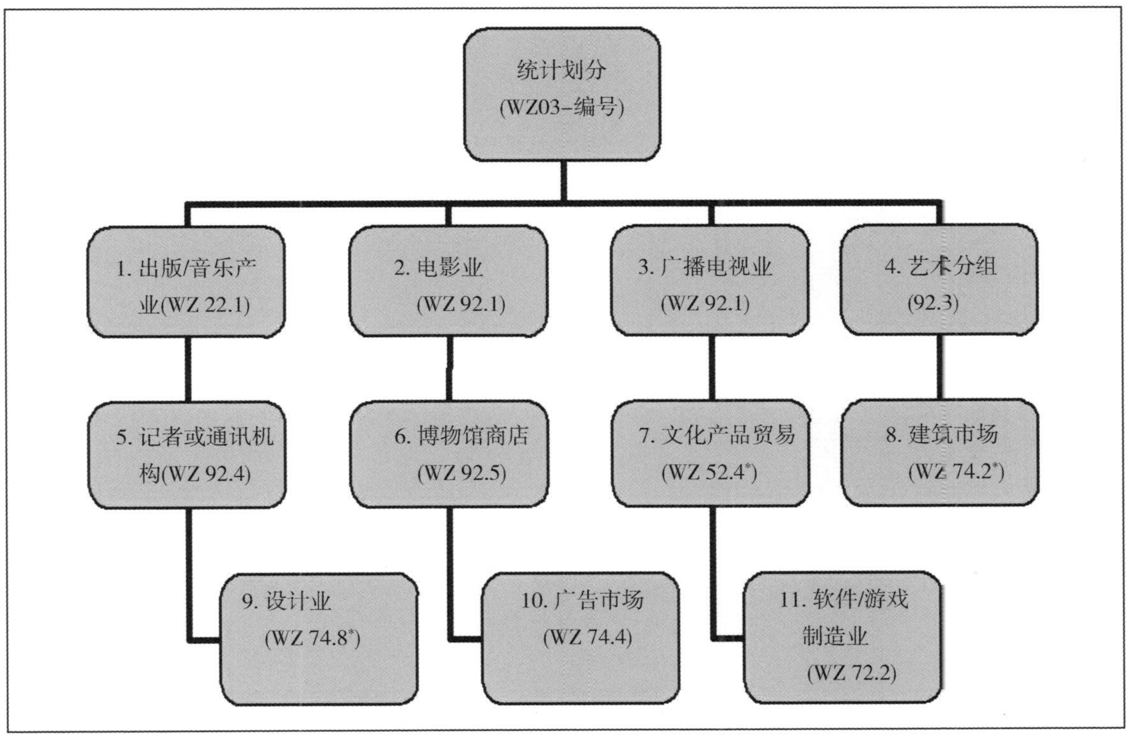

图 3-2　文化/创意产业统计分组大纲

因此，有必要对统计学的经济分组按产业部门进行分类，再将它们归入各自的子市场。这一重新分类或再分类的过程中创造了有意义的主题单元或子市场，从而使对特定行业的分析成为可能。

对于带有星号标识的经济分组，需要进行更加复杂的分析。在统计使用的分类方法中采用了 5 位数编码而非 3 位数编码作为经济部门的划分标准，是为了避免统计中包含大量非文化/创意产业的数据。例如，编号为 74. 2 的类别下除了建筑设计事务所之外，还包括工程类的所有经济活动。这里只选取了建筑行业的 3 个分支，编号分别为 74. 20. 1、74. 20. 2 和 74. 20. 3。在其他经济分组也存在类似的情况。统计分组的重新分类导致经济部门的重组，以尽可能保证子市场的完整性。

除了子市场的分类之外，在可能的情况下还用到了第 2 章提到的两层模型。因此，艺术家、文化/创意工作者这些专门群体优先于独立子市场。他们代表着原创者、作者、职业艺术家或者说是一个子市场的创造性源头。

在个别子市场中，例如设计行业或建筑市场，这些群体的原创性或创造性作用与产品的开发和生产无法完全分割开来，至少在按主题划分的经济部门结构中如此。

文化/创意产业的 11 个子市场

按价值创造层次划分：A）作者、原创者、表演者；B）销售商、发行商以及根据经济部长会议所定义的经济活动类别。

表 3-1　按照 11 个子市场以及经济活动分类所划分的文化/创意产业体系结构

文化/创意产业的行业分布
编号- WZ 2003 行业
1. 音乐产业

续表

A)作曲家、音乐家、音乐教师、录音师、演奏者、乐团 92.31.5　独立音乐家、作曲家 92.31.2　乐团和舞蹈团 B)音乐出版社、录音制作者、组织者、代理商 22.14.0　录音和音乐出版 92.32.1　* 戏剧/音乐会主办方 92.32.2　* 剧院、歌剧院、话剧院等 92.32.5　* 其他文化和娱乐支持服务 52.45.3　音乐和乐器零售商
2. 图书市场
A)作家、作者 92.31.6　独立作家 B)图书出版商、中间商、书店、代理商 22.11.1 书籍出版 52.47.2　书籍零售
3. 艺术市场
A)视觉艺术家、美术教师 92.31.3　独立视觉艺术家 B)画廊、艺术经纪人、博物馆商店、商业艺术展 52.48.2** 艺术贸易(估计) 92.52.1　博物馆商店和商业艺术展览
4. 电影产业
A)编剧、演员、电影拍摄者、电影制片人 92.31.7　* 独立表演艺术家 B)电影/电视制作公司、电影租赁/销售公司、电影院 92.11.0　电影/电视和视频制作 92.12.0　电影租赁和视频提供 92.13.0　电影院
5. 广播产业
92.20.0　广播电视节目的制作和播出
6. 表演艺术市场
A)剧作家、表演艺术家、表演艺人、舞蹈家、卡巴莱艺人 92.31.7　* 独立表演艺术家 92.31.8　独立表演艺人 b)商业戏剧、音乐剧、代理、综艺剧院、小型表演 92.31.1　剧团 92.32.1　* 戏剧/音乐会主办方 92.32.2　* 剧院、歌剧、话剧院等 92.32.3　综艺节目和卡巴莱演出 92.32.5　* 其他文化和娱乐支持服务 92.34.1　舞蹈学校 92.34.2　更多文化/娱乐设施(马戏、杂技、木偶戏等)

续表

7. 设计产业
74.20.6 工业设计
74.87.4 产品/模型/图形设计
74.40.1 *广告设计/通信设计
8. 建筑市场
74.20.1 房屋建筑和室内建筑设计事务所
74.20.2 乡镇、地区和区域规划设计事务所
74.20.3 园林和景观规划设计事务所
9. 出版市场
A)记者、文字工作者
92.40.2 独立记者
B)出版社出版、其他出版社
92.40.1 通讯和新闻机构
22.11.2 通讯录出版社
22.12.0 报社
22.13.0 杂志社
22.15.0 其他出版机构
10. 广告市场
74.40.1 *广告设计/通信设计
74.40.2 广告代理
11. 软件/游戏产业
72.21.0 软件/游戏安装
72.22.0 软件咨询与开发
(-)其他
92.31.4 独立艺术品修复师
92.51.0 图书馆/档案馆
92.52.2 历史遗迹的运营
92.33.0 游乐场和主题公园
92.53.0 植物园、动物园和自然保护区
文化/创意产业第1号—11号，再加上其他

说明：*以下5个行业同时分配到2个子市场：*戏剧/音乐会主办方(音乐与表演艺术)(92.32.1)；*剧院、歌剧院、话剧院等(音乐与表演艺术)(92.32.2)；*其他文化和娱乐支持服务(音乐与表演艺术)(92.32.5)；*独立表演艺术家(电影和表演艺术)(92.31.7)；*广告设计/通讯设计(设计及广告)(74.40.1)。** 艺术品交易按该经济部门的20%估算。

这种五位数的经济活动类别编码可适用于按主题分类的所有统计数据。在官方经济和就业统计中，这包括两种数据来源，即增值税和就业统计数据。其他来源，如在企业注册或微调查中，有最多只能提供三到四位数编码级别的结构深度。因此，这里仍然需要用到统计分组。此外，出于地区或地方层面数据保护的原因，并非总能获得所需结构深度的相应数据。必须求助于统计分组结构。

然而，这两种结构模型的组合使我们能够进行统一分析并发现其共同特征，因为实证评估数据的总和应该是基本相同的。

下面的章节中经过总体性介绍之后，首先用到的是统计学分类方法。接下来与各子市场相关的章节中，则根据上文图表中列明的子市场分类方法进行具体说明。

3.2 一般经济意义概览

3.2.1 德国文化/创意产业主要数据

对于文化/创意产业，可以从统计分析中得到以下数据：

绝对的参考值

2008 年文化/创意产业约有 238 000 笔交易，总计达到 1 320 亿欧元的总营业额，并能为约 763 000 名雇佣人士提供全职或兼职工作。连同自雇工作人员在内，德国文化/创意产业中总共有一百万名就业者。总体而言，文化/创意产业 2008 年新增总产值约 630 亿欧元。

百分比值

2008 年文化/创意产业的公司数量在整体经济方面占了近 7.4%，而营业额占 2.5%，雇佣工人占 2.8%，就业约 3.3%。总毛附加价值占国内生产总值(GDP)的比例在 2006 年和 2007 年均为 2.6%，2008 年为 2.5%。

数据来源于国民经济总体核算(SNA)和联邦统计局的营业税的统计数据，以及联邦就业办公室的就业统计信息。

2007 年和 2008 年的公司数量和营业额数据为估算值，因为营业税的统计数字截稿前只统计到 2006 年。雇佣数据来自于联邦劳动局 2007 年(截止 6 月 30 日)和 2008 年(截止 3 月 30 日)提供的数据。就业数据的计算以营业额和雇佣数据为基础，所以也具有临时性。总毛附加价值数据以国民经济核算为基础获得。

所有就业和雇佣数据包含所谓的核心劳动力，核心劳动力包括社会劳动保险保障的文化/创意产业从业者，或者作为自由职业、自雇型企业在税务部门登记为文化/创意产业类别的工作者。临时就业或兼职雇员在下文的数据中通常按单独的规则给出或以信息的方式提供。

近几年文化/创意产业在所有考察领域内的短期发展都是积极的。

- 2007 年至 2008 年这一年间自雇工作者以及公司的数目上升了约 4.3%。企业格局不断发展壮大，之前几年也是如此(2006 年：4.1%，2007 年：4.2%)。平均而言，文化/创意产业每年增加 4%左右的新企业及自雇人士。
- 文化/创意产业的经济发展同样也表现为营业额的增长：虽然估计增幅仅 2%，2008 年销量比 2007 年有所增长。然而，并没有达到以往 2.4%和 2.5%的增长速率。考虑到目前的宏观经济发展状况，文化/创意产业的增长速度将较为温和。
- 就业市场出现了与此相反的经济形势，一个令人惊讶的积极景象。就业人数 2006 年到 2007 年间增加了大约 3.3%，与之前 3 年相比，第一次出现不成比例的增长。2008 年度的增长是可以预估的，在初步数据的基础上，进一步上升了约3.4%。

就业市场积极发展的原因之一是个体企业或一人公司的数量增加，他们作为就业者保障了自己的岗位。此外，员工人数以3.1%的增长率再次增加。

这令人鼓舞的发现表明，越来越多的小型文化/创意企业已经在积极发展的文化/创意产业中找到了自信。同样，和早些年不同，小型和中型公司正越来越多地依赖稳定的员工并提供了更多有社会保险的职位。当前的宏观经济状况将如何影响这一趋势尚难以预期。

整体而言，文化/创意产业在就业市场的显著发展比国民经济整体形势更好，国民经济整体就业增长率在2007年和2008年分别为1.9%和1.5%，明显落后于文化/创意产业。

文化/创意产业的关键数字再次清楚表明，这个行业的特点是微型和小型企业所占的比例很高。在2008年，平均每家企业的营业额是553 000欧元，仅相当于国民经济整体中企业平均营业额的三分之一(1.619万欧元)。

类　　别	变化率(%)					
	2006年	2007年*	2008年*	2006/2005年	2007/2006年	2008/2007年
公司总数[1]						
文化/创意产业(KKW)	219 376	228 504	238 256	4.1%	4.2%	4.3%
文化/创意产业在总体经济中的比重	7.1%	7.2%	7.4%	—	—	—
营业额，单位：百万欧元						
文化/创意产业(KKW)	126.378	129.383	131.720	2.5%	2.4%	1.8%
文化/创意产业在总体经济中的比重	2.6%	2.5%	2.5%	—	—	—
雇员数量(svB)[2]						
文化/创意产业(KKW)	718.667	740.624	763.419	1.0%	3.1%	3.1%
文化/创意产业在总体经济中的比重	2.7%	2.8%	2.8%	—	—	—
从业人数[3]						
文化/创意产业(KKW)	938.043	969.128	1.001.674	1.7%	3.3%	3.4%
文化/创意产业在总体经济中的比重	3.2%	3.2%	3.3%	—	—	—
营业额，单位：十亿欧元						
毛附加价值[4]	60.7	62.0	63.4	—	2.2%	2.2%
文化/创意产业在总体经济中的比重	2.6%	2.6%	2.5%	—	—	—
文化/创意产业指标						
每家企业营业额，单位：一千欧元	576	566	553	-1.5%	-1.7%	-2.4%
每位雇员收入，单位：一千欧元	176	175	173	1.4%	-0.7%	-1.2%
每位从业者收入，单位：一千欧元	135	134	131	0.7%	-0.9%	-1.5%
每个公司雇员数	3.3	3.2	3.2	-2.9%	-1.1%	-1.1%
每个公司从业人数	4.3	4.2	4.2	-2.2%	-0.8%	-0.9%
就业者人均收入，单位：一千欧元	64.7	64.0	63.3	—	-1.1%	-1.1%

图3-3　德国2006—2008年文化/创意产业的基本数据

说明：*2007年和2008年公司数量和营业额数据为估算；2007年和2008年有社会保险的雇员数和从业人数来自联邦劳动局2008年提供的临时数据。[1]年营业额17 500欧元以上的应税企业。[2]缴纳社会保险的全职和半职雇员，不包括临时雇员或业余工作者。[3]从业人数包括：纳税和缴纳社会保险费的雇员。此外，数据显示至少有300 000名临时雇员在文化/创意产业从业。[4]2006年的总毛附加价值来源于国民经济总体核算(VGR)的信息，2007年和2008年的总毛附加价值数据根据2.2%增长率的保守估计计算，即国民生产总值增长率4.4%的一半。差异的产生是由于四舍五入。

资料来源：联邦统计局(2008)；联邦劳动局(2008)；米夏埃尔·松德尔曼事务所2008年对文化/创意产业进行的独立核算。

通过和前几年数据的比较可以看出，单个文化/创意企业的营业额持续下降。说明文化/创意产业企业小微化的趋势还在继续。这一趋势也从雇员人数和从业人员人数两个核心数据上得到确认。平均而言，一家文化/创意公司提供约3.2个缴纳社会保险的职位，而国民经济整体中每家公司提供的相关岗位数为4.2个。

3.2.2 毛附加价值份额

2006年文化/创意产业创造的总毛附加价值近610亿欧元。考虑到就业统计已经表现出上升趋势，预计在随后两年总毛附加价值还会继续增长，到2008年预计超过630亿欧元。在2006年和2007年，文化/创意产业已经达到了每年的国内生产总值2.6%的份额。

在国民经济总体核算中，文化/创意产业并未作为独立经济部门进行统计。而是作为一个跨行业部门，延伸到其他经济领域。

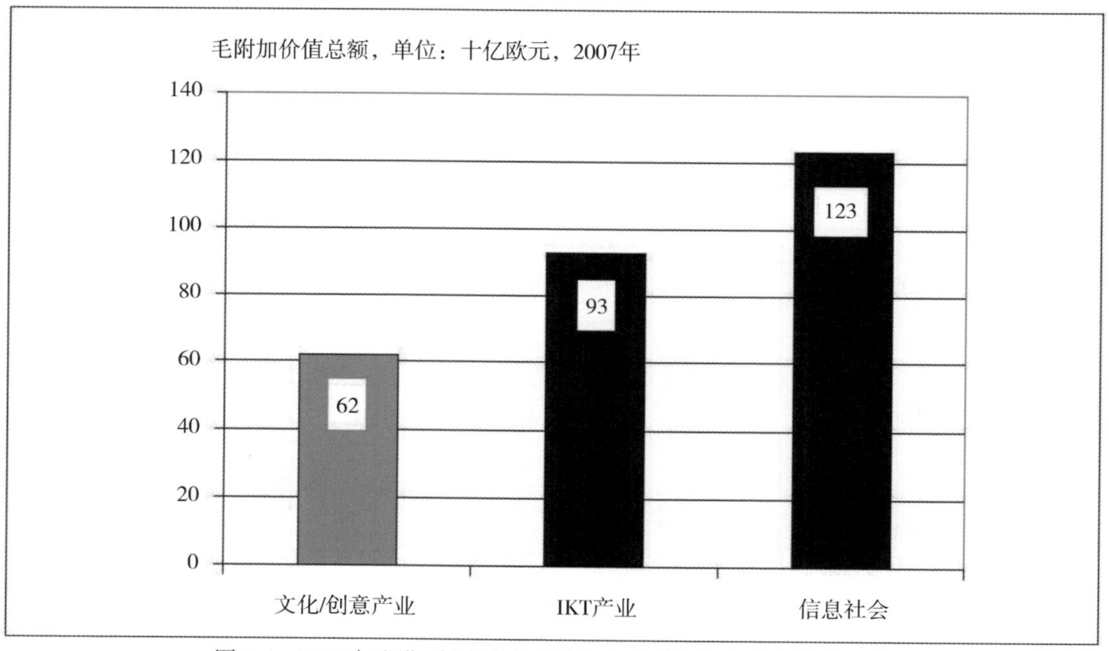

图3-4　2007年文化/创意产业毛附加价值总额与相关行业的比较

说明：信息和通信产业以及信息社会的描述与界定见联邦统计局2008年2月27日的媒体报道；另参见联邦统计局出版物《信息社会的发展：德国的信息与通信技术产业》，2007年版。

资料来源：联邦统计局2008年国民经济总体核算；米夏埃尔·松德尔曼事务所2008年对文化/创意产业的独立核算。

与文化/创意产业跨越大量相关领域不同，信息和通信技术产业主要集中于如电信服务、计算机生产、通信技术、音频和视频设备等商品与服务。据联邦统计局统计，信息与通信行业在2007年创造的毛附加价值约930亿欧元。

根据联邦统计局的描述，信息产业涵盖了信息与通信产业以及内容提供商，包括广播、电影、电视以及录音制品，整个产业2007年的毛附加价值总额约1230亿欧元。因此信息产业作为整体（根据联邦统计局观点）占德国国民经济整体毛附加价值总额的5.7%。

与德国主要的经济部门相比，文化/创意产业约占国民生产总值的2.6%，介于化工产业（490亿欧元，占国内生产总值的2.1%）和汽车产业（710亿欧元，占国内生产总值的3.1%）之间。

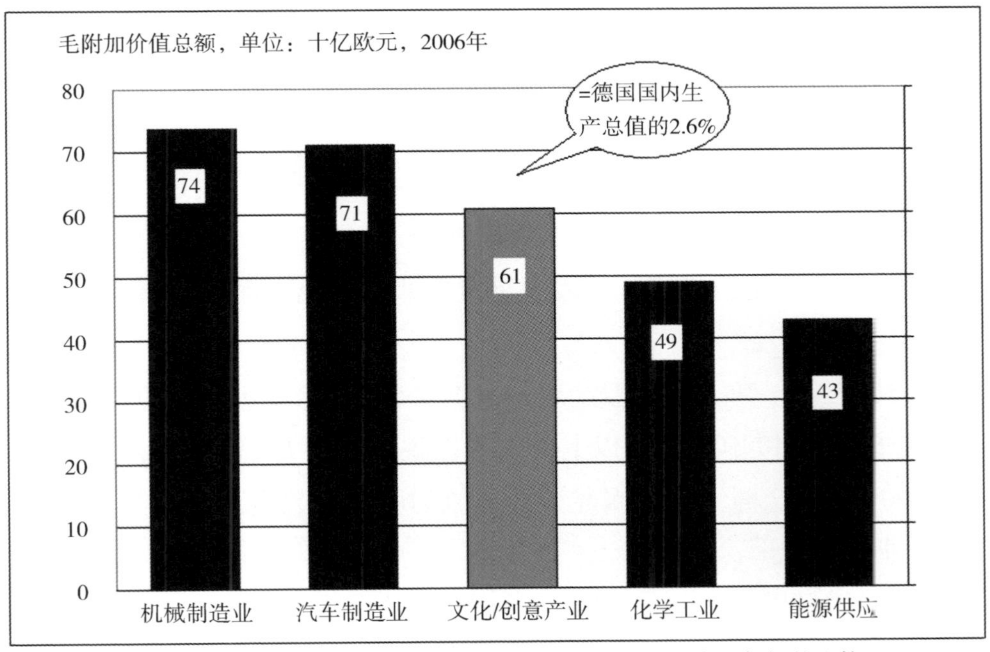

图 3-5　2006 年文化/创意产业毛附加价值总额与其他产业部门的比较

注：文化/创意产业的价值估算以国民经济核算为基础，根据当前价格计算。

资料来源：国民经济总体核算，2006 年统计结果来源于联邦统计局，2008 年 9 月 5 日更新；文化/创意产业数据来自于米夏埃尔·松德尔曼事务所 2008 年的独立核算。

文化/创意产业 2006 年相较 2004 年同比增长 4.7%。然而，其他对比行业表现出显著的增长。化工行业 2004 年至 2006 年期间同比增长 6.8%，而其他产业，从能源、汽车到机械制造，增长率居于 8.7%到 9.4%之间。因此，文化/创意产业尽管并非维持在一个停滞的水平，但重要经济部门均表现出增长的趋势时，文化/创意产业却不能与之同步。

英国政府①最近公布了有关创意产业在英国发展的最新数据。创意产业 2006 年创造了近 650 亿欧元(573 亿英镑)的毛附加价值总额。这相当于国民经济毛附加价值总额的 6.4%。对比 2004 年，两年间的增幅为 6.9%。

英国创意产业的毛附加价值总额比德国文化/创意产业毛附加价值总额高出约 40 亿欧元。文化/创意产业毛附加价值占国民经济总毛附加价值的比例在德国为 2.6%，英国为 6.4%，相比表现出较大的差异说明传统产业如汽车、机械制造、化工或其他制造行业在德国经济中占据的比例比英国更高。

3.2.3　文化从业者

由于近年来的经济表现良好，文化/创意产业能够再次在创造新的就业机会方面取得积极成果。就业人数比上年(2008 年)增加 3.4%，创 1 001 700 人的新高。因此文化/创意产业就业人数占总就业人数的份额增加了 3.3%。

这种积极增长的趋势源于自雇人员数量的持续增长，以及文化/创意产业内部就业市场的急速扩张。自雇人士的数目自几年前开始以每年 4%的速度稳步增长，而受雇于企业的人数在 2000 年至 2003

① 英国文化、传媒与体育部 DCMS(2009)：《创意产业经济预算》，2009 年 1 月统计。

年间显著下降，之后停滞持续到 2005 年，此后年增长率在 1%到 3. 1%之间。

企业雇员数量增加是一个让人惊讶的现象，因为这仅仅计算了缴纳社会保险费用的员工——包括所有全职和兼职雇员，但不包括临时工或其他各种类型的零工。多年来，缴纳社会保险费用的工作岗位在文化/创意产业中被视为稳定无忧的岗位，尽管这些岗位有可能是每周只需工作 20 小时以上的非全日制职位。然而，这类岗位数量近年来在持续下降，取而代之的是弹性工作岗位以及以项目为依托的岗位，或者数量不断增长的自由工作者。

文化/创意产业以项目为依托趋势的另一表现是自由职业者及自雇职业者的稳步增长，他们通常是一人企业。

总的来说，统计数据表明，约 100 万固定雇员占据文化/创意产业就业的核心领域。自雇人员以及自由职业者中每年营业额达到 17 500 欧元以上的人数在税务部门有登记记录。缴纳社会保险费用的人数则由联邦劳动局每季度进行全面统计。因此核心领域的就业人数适合用于与传统经济部门进行比较，以便确定文化/创意产业的定位。

与德国最主要的经济部门相比，文化/创意产业(2006 年数据)的就业人数于 2006 年以 938 000 人位于机械制造行业(就业人数 1 026 000)之后，在选定的行业的就业能力中排名第二位。在受雇于企业的员工人数(缴纳社会保险费的岗位)的直接比较上，文化/创意产业占据了极好的中间位置，以 719 000 名员工数(2006 年数据)和汽车行业基本持平，汽车行业在 2006 年的受雇员工数量为 728 000 人。化学工业和能源供应行业就业人数分别达到约 448 000 人和 234 000 人，明显低于文化/创意产业就业人数的绝对数值。

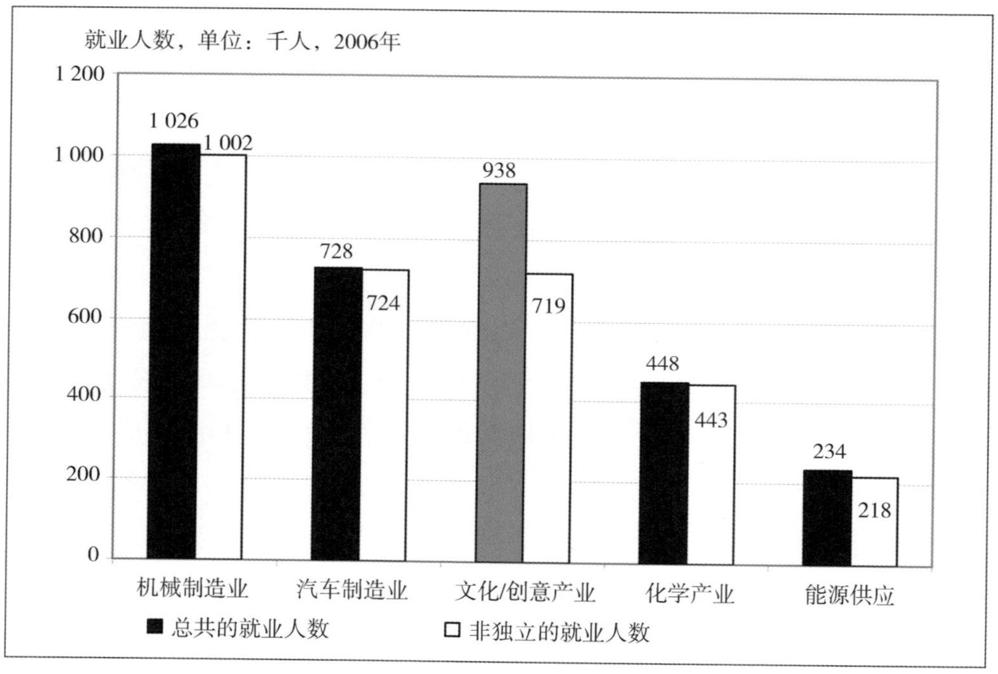

图 3-6　2006 年文化/创意产业就业情况

注：就业人数包括根据营业税统计的自雇人员数、来自就业统计的缴纳社会保险费用的岗位数，但不包括临时工。

资料来源：联邦统计局 2008 年营业额税统计；联邦劳动局就业统计；米夏埃尔・松德尔曼事务所/ AG 2008 年对文化/创意产业的独立核算。

总体而言，通过比较可以清楚看到，传统产业部门的就业人数主要表现为固定雇员的数量，通常他们在少数大型或中型企业工作。与此相反，文化/创意产业的雇佣和就业人数存在明显不同，其中自雇人员所占比例较高，在2006年大约有219 000人。文化/创意产业平均每家企业雇佣人数只有4.3人。文化/创意产业是深受微型企业影响的产业部门。

所谓核心劳动力也存在于文化/创意产业中，此外还有大量临时就业者或者说临时工。据联邦劳动局的统计和联邦统计局的小型普查，可以得到以下结论：

2006年在文化/创意产业企业中的所谓单纯临时就业者大约有223 000人。这里指无任何其他就业岗位的短期零工。此外，另有79 400人属于兼职性质的临时就业者。这些人在文化/创意产业之内或之外另有主要职业。

此外，还有大量的自由职业者或其他以项目为基础进行工作的人，其中只有小部分能够通过小型普查进行统计并归入文化/创意产业。在2006年文化/创意产业中兼职的自由职业者且年营业额低于17 500欧元的人数至少有162 000人。

根据不同数据统计机构统计的2006年整体就业人数，可知有140万人。

	文化/创意产业		总体经济	
	数量	比重(%)	数量	比重(%)
核心行业				
Ⅰ. 就业				
自由职业者和自雇人士(年营业额17 500欧以上)[(1)]	219 376	16	3 099 493	8
受雇于企业的雇员(社会保险[(2)])	718.667	51	26 354 336	71
不包含临时工的就业总数	938 043	67	29 453 829	79
另外				
Ⅱ. 临时就业人数[(3)]				
单纯临时工	222.970	16	4 853 596	13
兼职临时工	79 442	6	1 897 296	5
临时就业人员总数	302 413	22	6 750 892	18
Ⅲ 微普查[(4)]统计的额外临时工人数	**162.000**	**12**	**1 031 500**	**3**
I.-III. 总计	**1 402 456**	**100**	**37 236 221**	**100**

图3-7　2006年的文化/创意产业就业人数与整体经济中就业人数的比照

注：(1)来自于营业税统计数据。此外，另有数据表明2006年在艺术家社会保险基金登记注册为自由艺术家的约有151 400人。(2)来自就业统计数据。(3)来自临时就业统计数据。(4)微普查数据中自雇且年营业额低于17 500欧元的人数。根据微普查统计2006年整体就业人数为37 344 000人，因数据来源不同而有所偏差。

资料来源：2008年联邦统计局营业税统计、微普查数据；2008年联邦劳动局从业统计；2008年米夏埃尔·松德尔曼事务所对文化/创意产业的经济核算

总体而言，将文化/创意产业的就业结构与国民经济整体的就业结构进行比较，可以看到如下差异：

在文化/创意产业的核心就业人数中，约16%(219 376人)是自雇人士。根据微普查的统计，在临时就业的人数中，文化/创意产业自雇的比例至少约为12%(162 000人)。因此在文化/创意产业中，自雇的比例达到28%。

将国民经济整体的就业结构与之进行比较，得出以下数值：总就业人数的 8%（310 万人）属于类似核心就业人口中的自雇人员。此外，另有 3%（ 100 万人）为临时就业人口中的自雇人员。国民经济整体中自雇人员的比例总计为 11%。自雇人口的数量在文化/创意产业中几乎是整体经济的三倍。

受雇于企业的雇员中，缴纳社会保险员工的比例在文化/创意产业中的份额达到 51%（718 667 人），而同样类型的雇员在整体经济中占 71%（ 2 640 万人）。这里可以看到，所谓拥有稳定型工作职位的员工比例在整体经济中显著较高。

临时就业人数的比较结果则不太相同：文化/创意产业中有 16%（222 970 名）纯粹的临时工和 6%的兼职临时工。总计在文化/创意产业中达到 22%，而在国民经济整体中，有 18%（680 万人）为临时从业者。在文化/创意产业，临时就业人数比例略高于国民经济整体。

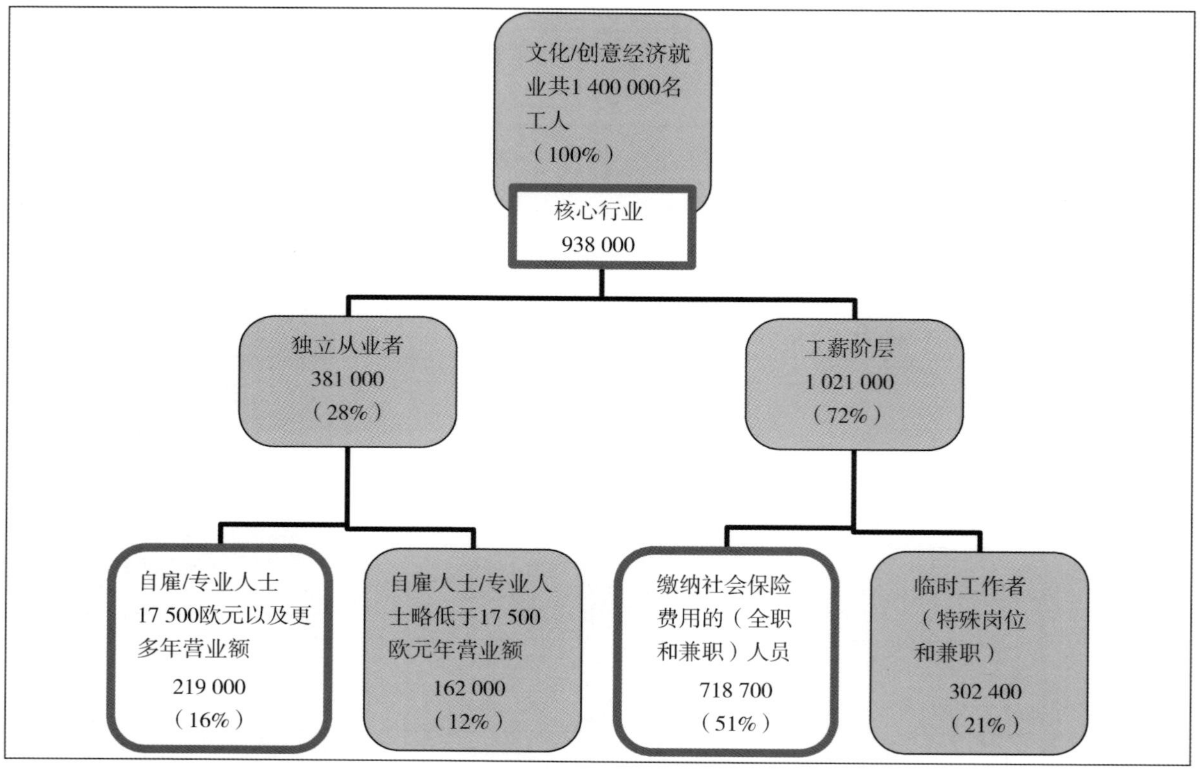

图 3-8　2006 年文化/创意产业就业结构

注：文化/创意产业就业情况分组统计概览。此外，政府部门和非盈利机构额外提供了约 125 000 个工作职位，包括固定职位以及临时职位。此外，存在大量以项目为依托的工作类型或者短期的自由职业者，目前无法统计数据。德国经济研究院（DIW）估算，一个缴纳社会保险的固定职位相当于 1. 5 个临时岗位。框线加粗的组别在现有研究中被视为文化/创意产业的核心领域，通过这些数据将对经济发展趋势作出重要预测。

资料来源：2008 年联邦统计局营业税统计、微普查数据；2008 年联邦劳动局从业统计；2008 年米夏埃尔·松德尔曼事务所对文化/创意产业的经济核算。

文化/创意产业就业整体形势，包括核心就业以及额外的临时就业，和国民经济总体相比，表现出意料之中的碎片化图景。除了这些可以通过统计验证的数据，还有其他形式的就业，但很难进行估算。

为了当前研究能顺利进行下去，在接下来对 11 个子市场的分析中将以文化/创意产业的核心就业数据为依据，以便在揭示经济与就业活动之间的关系时维持一致性。

3.2.4 出口

联邦经济部最新的行业报告显示，德国是2007年世界上最大的商品出口国。2007年在德国的货物输出价值总计9 847亿欧元。在德国总出口方面，工业的份额为87%，其中占比最大的有汽车行业、机械和设备制造或化工行业。

服务业占了德国总出口量的剩余13%的份额，远远落后于其他国家，如美国或英国，它们的比重为30%。这种比较显示出德国在国际服务贸易方面存在尚未开发的潜力，联邦经济部在其服务贸易报告中也表达了这一论断。

此意见在文化/创意产业的许多方面都可以适用，联邦统计局第一次在营业额税收统计的基础上进行了专门评估，提供了以下文化/创意产业2006年出口数据：

文化/创意产业在2006年创造了1 265亿欧元总营业额及52亿欧元的出口相关营业额。这相当于只有∠%的出口份额。此评估基于营业税的统计数字，但可能并不能充分涵盖所有的出口相关服务。毕竟跨国的服务贸易由于不涉及商品的交易，因此常常通过客户所在国的办事处代为进行。因此，相对而言，出口类型往往是商品贸易型出口。因此，下面的具体产业部门出口份额占总营业额比例高于平均水平：

唱片业(包括音乐出版)以22%的出口率居于首位。其次为艺术品贸易出口，比例为14%，工业设计也达到了14%的出口比例。图书出版商和音乐销售分别为10%，紧随其后。

排在末位的有建筑设计、广播市场和新闻机构，如果当前的营业税统计数据能反映其真实状况，他们面向海外市场的销售只能勉强达到1%。

总体而言，尽管基础数据有限，我们仍然可以猜测，出口份额在文化/创意产业中的许多经济部门中扮演着无足轻重的角色，因为文化/创意产业以微型企业为主，它们的活动范围局限于地方或地区，至多在德国境内跨地区开展营业活动。跨境服务贸易对这些公司而言需要付诸与其公司规模不相称的投入，因此众多微型企业不能或者不想要提供这样的服务。

经统计学群体和部门经济划分(包括项目(2))	总营业额(百万欧元)	免税营业额(百万欧元)	出口比例(1)
出版	37 472	2 433	6%
书籍出版	11 396	1 181	10%
杂志出版	10 172	525	5%
录音制品的出版和音乐材料	1 867	412	22%
文化产品零售	5 632	274	5%
乐器和音乐材料零售	1 051	110	10%
书籍杂志零售	3 993	80	2%
艺术商品零售	588	83	14%
软件/游戏制造业	24 103	1 315	5%
建筑市场	7 287	59	1%
设计业	12 224	331	3%

经统计学群体和部门经济划分(包括项目(2))	总营业额(百万欧元)	免税营业额(百万欧元)	出口比例(1)
工业设计公司	680	98	14%
广告	15 855	365	2%
电影业	6 855	144	2%
广播业	7 426	43	1%
艺术家团体	6 812	128	2%
新闻机构	2 001	15	1%
博物馆商店、展览	719	55	8%
文化/创意产业整体	126 385	5 161	4%

图 3-9　2006 年文化/创意产业出口、总营业额及出口比例的统计分组

注：(1)出口比例：扣除进项税的免税营业额占总营业额的百分比。有四舍五入的差异。(2)所列各项代表所选部分经济部门。

资料来源：2008 年联邦统计局营业税统计、微普查数据；2008 年联邦劳动局从业统计；2008 年米夏埃尔·松德尔曼事务所对文化/创意产业的经济核算。

2005 年德国文化/创意产品对外销售情况与经合组织国家对比：

文化/创意产业是以服务为主导的经济产业，德国的文化/创意产品出口在经济总量中所占比例与之形成鲜明对比。

根据联合国贸易和发展会议(UNCTAD)的评估结果，德国的文化产品出口在国际贸易中所处地位高得惊人。德国于 2005 年创造了约 245 亿美元的出口额，落后于意大利①和美国，在十大 OECD 国家的名单，取得了第三名的位置。凭借这样的出口量，德国在世界文化产品出口的贸易市场中占有 7. 4%的市场份额。根据贸发会议提供的数据，2000 年至 2005 年的增长速度在 14%左右。因此，德国在经合组织 10 国中成为文化产品出口最具活力的出口国。贸发会议的评估以联合国贸易统计为基础。

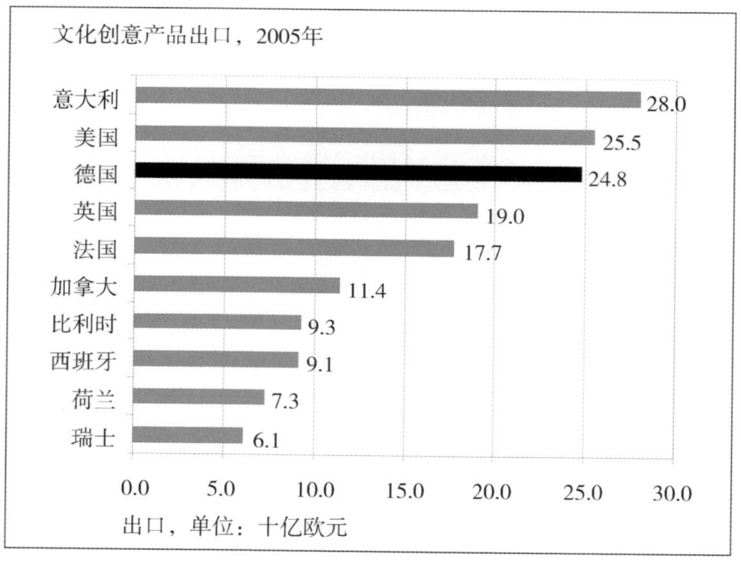

图 3-10　2005 年经合组织的主要国家的文化/创意商品在全球贸易中的出口额

注：在世界范围内进行比较，中国内地以 614 亿美元以及中国香港特别行政区以 277 亿美元的出口额继续保持领先地位。

资料来源：贸发会议，2008 年《创意产业报告》；2008 年《文化/创意产业企业报告》。

① 意大利贸发会议上，意大利设计产业表现得势头强劲，时装和室内设计所占比例高得惊人。

最后，应该指出的是，两种完全不同的统计服务贸易出口的视角，一种以营业税统计为基础，另一种以联合国统计为基础，这主要是由不同的定义方式决定的。文化/创意产业仅包括一个核心领域，贸发会议对文化/创意产品的界定范围也极其广泛。仅设计这一个产业部门就包括139个以设计为特征的子商品分类。从手袋、配饰、厨房用品、室内用品，到玩具、首饰等都被包括在内。艺术品类别则包括手工艺品与其他48个商品类别。

总体来看，出口活动的统计仍然存在严重的局限性。然而，营业税统计还是清楚地表明出口偏低，由此说明文化/创意产业存在大的发展潜力。

3.2.5 企业类型

如在第2章中所论述的，我们在分析文化/创意产业时对产业内部进行划分，以便能够识别不同的企业主体类型。产业内部划分基于3种不同的企业类型表现为不同的典型模式：

- 微型企业/自由职业者；
- 中小型企业；
- 大型企业。

通过实证定量研究可以对不同规模的企业进行分析。官方提供的文化/创意产业基础数据基于营业额规模划分了13种类别。最可行的分类方法依据了欧盟委员会采用的企业类型定义。

以下企业类型根据欧盟委员会所作的定义划分：

微型企业，员工少于10名，营业额200万欧元以下或总资产200万欧元以下
小型企业，员工少于50名，营业额1 000万欧元以下或总资产1 000万欧元以下
中型企业，员工少于250名，营业额5 000万欧元以下或总资产4 300万欧元以下
大型企业，员工多于250名，营业额5 000万欧元以上，或总资产大于4 300万欧元

图3-11 根据欧盟官方定义划分的公司类型

资料来源：欧洲委员会(2003)：《对中小企业定义的建议》(2003/361/EC)。

3.2.6 根据营业额规模划分的企业类型

从产业内部划分模式转向欧盟分类定义的过程中产生了4种企业类型，因此小型和中型企业将分别根据欧盟定义进一步细分。

根据2006年的文化/创意产业的总体结构，四种企业规模分布如下：

大约213 000家企业属于微型企业，占整个文化/创意产业的97%。小企业约4 800家。剩余的1%为中型和大型企业，数量总和约为1 300家。

从2006年年营业额来看，大型企业组占据文化/创意产业首位，占营业总额的40%，其次是微型企业组，占营业总额的27%。

大公司在销售领域的相对重要地位是通过仅仅2到4个特殊规模的子市场实现的。

企业类型	规模	企业	企业份额(%)	营业额(千欧)	营业额份额(%)	企业营业额(千欧)
微型企业	低于 200 万欧	213 225	97.2%	34 275	27.1%	161
小型企业	低于 1 000 万欧	4 839	2.2%	19 726	15.6%	4 077
中型企业	低于 5 000 万欧	1 041	0.5%	21 600	17.1%	20 753
大型企业	超过 5 000 万欧元	271	0.12%	50 776	40.2%	187 053
所有企业类型	总计	219 376	100%	126 378	100%	576

图 3-12　2006 年文化/创意产业营业额等级规模

注：企业年营业额为 17 500 欧元及以上。

资料来源：2008 年联邦统计局营业税统计；2008 年米夏埃尔·松德尔曼事务所对文化/创意产业的经济核算。

3.2.7　公司行业类型的分布

广播产业营业额的 80%来自大型企业，还有就是出版业，其高于平均水平的营业份额中 63%来自大公司。在电影界，以及在广告市场上，大公司以 36%和 39%的营业份额占据着重要的地位。

在所有其他 7 个子市场中，微型企业占有较高比例，营业额所占比例为 27%(软件/游戏产业)至 78%(建筑)。有意思的是，在软件/游戏子市场，营业额比例表现出出人意料的平均分布态势。四种类型的企业营业额各占四分之一。

总体而言，从 11 个子市场的营业额分布情况可以看出，文化/创意产业很大程度上以微型企业和自由职业者为特色。

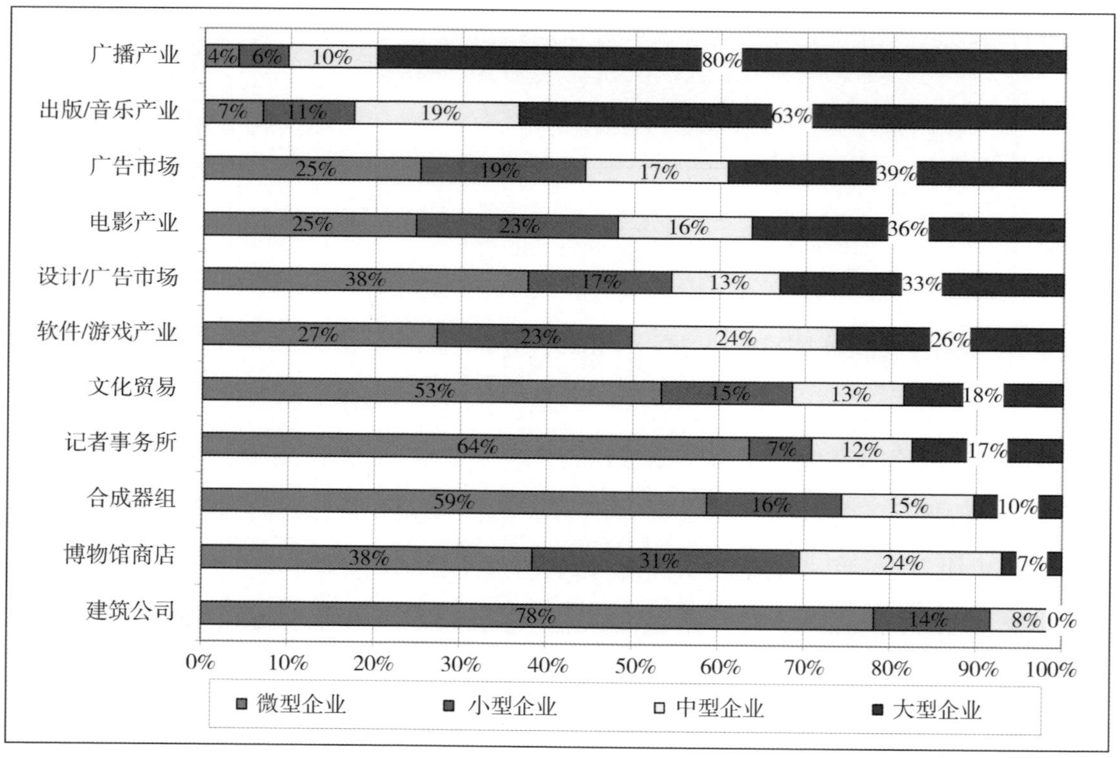

图 3-13　2006 年文化/创意产业 11 个子市场的企业规模

注：企业年营业额为 17 500 欧元及以上。

资料来源：2008 年联邦统计局营业税统计；2008 年米夏埃尔·松德尔曼事务所对文化/创意产业的经济核算。

3.2.8 文化/创意产业与汽车行业企业规模结构之比较

通过文化/创意产业与汽车产业之间的对比，可以看到不同的企业类型在各自产业部门的经济运行中发挥着不同的作用。

在文化/创意产业中，微型和小型企业共同创造了整体营业额的 42%。在汽车行业中，微型和小型企业营业额比例不到 1%，几乎发挥不了实际作用。在汽车行业中，中型企业的经济地位也是如此。他们只创造了行业营业总额的 2%。而在文化/创意产业，中型企业的营业额占比为 17%，具有明显较高地位。

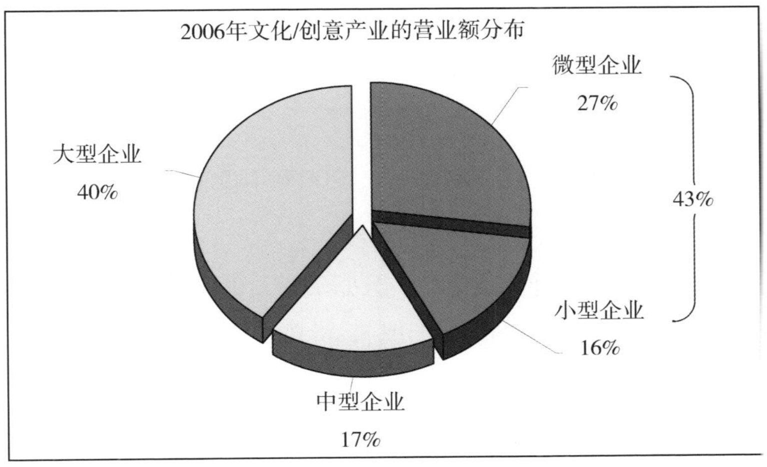

图 3-14　2006 年文化/创意产业总营业额按企业规模分类

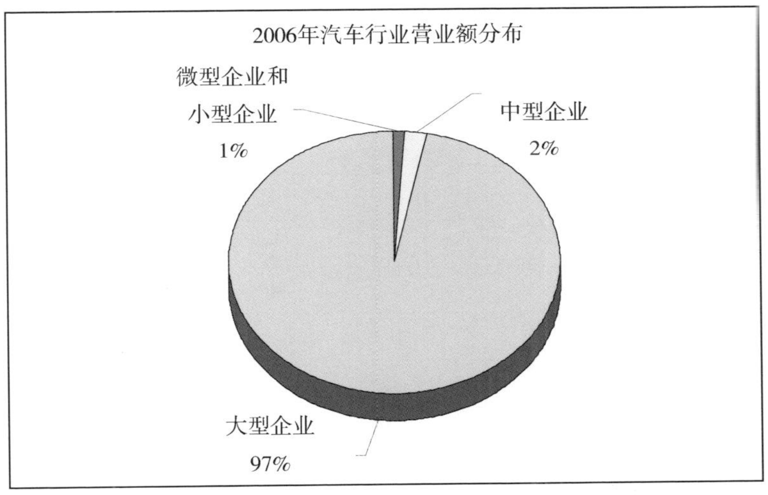

图 3-15　2006 年汽车行业的营业额按企业规模分类

注：企业年营业额至少为 17 500 欧元。

资料来源：2008 年联邦统计局营业税统计；2008 年米夏埃尔·松德尔曼事务所对文化/创意产业的经济核算。

汽车行业中大公司的营业额收入占 97%，具有压倒性优势。文化/创意产业中的大公司营业额只占到行业整体营业额的 40%，不到一半。

这种与传统产业的直接对比表明了微型企业结构在文化/创意产业和汽车产业中具有完全不同的权重。

大公司在制造业的传统行业中居于中心地位是一种普遍现象，但大公司的这种地位并不适用于文化/创意产业。

总而言之，对文化/创意产业的复杂结构进行充分评估至关重要，以便重点关注数量众多的小型企业，而不是知名企业。文化/创意产业经济繁荣依赖于实证定量方法确定的不同子市场结构，而目前这一工作刚起步。对文化/创意产业不同类型企业的经济结构观察得越细致入微，就越能激发“创造性活动”的价值增值效果。在后文中对文化/创意产业企业需求的分析将以这里所提到的产业内部市场划分为导向，因为，如前文所述，分支复杂的文化/创意产业的经济结构明显不同于所谓的传统经济部门的机制。

3.2.9 题外话：女性在文化/创意产业中的参与情况

即使调查委员会的研究目前为止并未涵盖女性在文化/创意产业中地位的分析，这里仍有必要提出这一视角，希望能在未来激发更深层次的思考。

女性在文化/创意产业中的就业率高于平均水平。2007 年女性在文化/创意产业内总就业人数中的比例是 53%，就业比例过半。

这些女性迄今为止主要是受雇于企业的雇员。正如 2007 年文化/创意产业中的女性比例所展现的，女性将在大部分文化/创意产业部门中更多地替代男性的角色。迄今只有软件/游戏产业提供约四分之一的女性工作职位。

自雇人员中女性的比例介于 40%和 44%之间。如果拿国民经济总体作比较的话，这个比例也是相当高的。整个国民经济中只有 7%的女性登记为自雇人士。

这里提出的所有数据和计算都是基于 2007 年微普查的结果。

统计分组	总计	自雇型企业	工薪阶层
出版市场	54%	44%	55%
文化商品贸易	62%	41%	68%
软件/游戏业	23%	—	26%
广告	52%	40%	59%
电影产业	42%	—	50%
广播产业	49%	—	53%
艺术团体	43%	40%	50%
新闻机构	47%	41%	52%
博物馆商店等	61%	—	67%
文化/创意产业	53%	—	58%

图 3-16　2007 年女性从业者在文化/创意产业中的比重

注：未统计建筑和设计这两个子市场。

资料来源：2008 年联邦统计局营业税统计；2008 年米夏埃尔·松德尔曼事务所对文化/创意产业的经济核算。

女性在文化/创意产业自雇人员中所占的高比例得到了艺术家职业发展数据的验证。根据艺术家社会发展基金提供的数据，2000 年至 2008 年间女性独立艺术家的人数增加了 68%，而同一时期男性人数只增加了35%。

从绝对值来看，2000年约43 800名女性作为艺术家从事工作，而男性为63 400人。2008年在文化/创意市场中活跃的女性约73 700人，男性约85 800人。合计总共约159 500人为独立艺术家。其中女性的比例为46%。

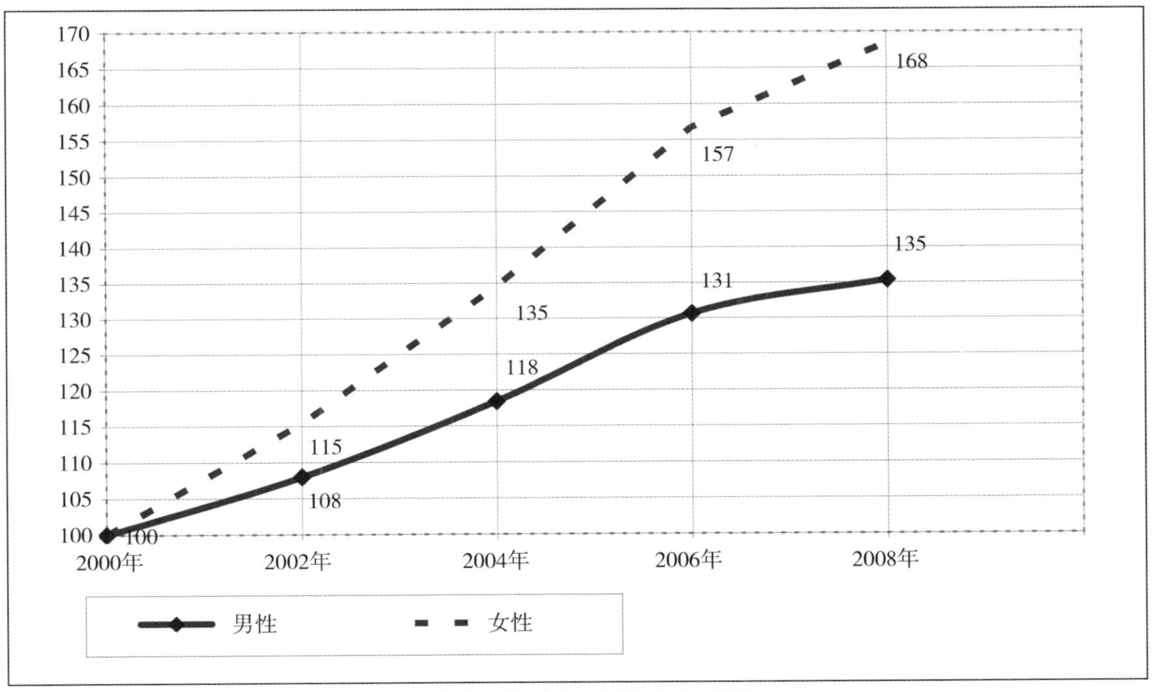

图3-17　独立艺术家中女性所占比例的变化（指数：2000=100%）

资料来源：艺术家社会发展基金2008年数据，2008年米夏埃尔·松德尔曼事务所对文化/创意产业的经济核算。

总体而言，从这些有限数据中可以清楚看到，女性在文化/创意产业就业市场中的规模和重要性将不断增加。

在下面的章节中，将对文化/创意产业的11个子市场进行详细说明。

3.3　11个子市场的结构和发展趋势

以下的章节以统计概览的形式对文化/创意产业的11个子市场进行描述，仅参考官方统计数据是为了确保经济结构、规模比例和发展趋势的分析建立在一个一致的、通过比较的、实证定量分析的基础之上，以官方的数据为基础有以下诸多益处：

- 每个子市场都必须按照经济分类来界定，否则就不能提取官方的经济和从业数据。即便经济部门系统学趋势上涉及的常常是对经济活动陈旧的定义，强制分类也使得对子市场的认识更为合理。
- 各个子市场的经济活动将在一个类似的实证的基础上进行研究，这样不同的部门，如建筑设计室、画廊、电影制片或设计室全部可通过相同的经济基数进行把握和描述。
- 由于使用的官方数据原则上是公开的而且至少每年公布一次，所有必需的主要特征都可以从相关的研究所获取并加以更新调整。

将来将针对各子市场制作行业报告，以实现市场分析的延续性，报告中将收入相关协会或组织的必要的信息和知识，以便使行业领域的必要扩展成为可能。这其中包括子市场上下游的经济部门，这些目前并未体现在研究中。

以下将把 11 个子市场作为核心部分，对它们的经济活动和 4 种不同规模企业的企业类型、营业额、就业和雇佣情况进行分析，每个子市场按其营业额规模分类介绍，最后将描绘出各个子市场的发展趋势。

3.3.1　音乐产业

前言：拥有自由职业的艺术家和从事文化工作的作曲家、歌词作者以及不同形式的商业音乐团体等都属于音乐产业从业者。除此之外存在大量的音乐相关职业，如舞台表演艺术家和音乐专业的教师。

音乐的制作和发行企业包括唱片公司，还包括音乐出版社、音乐专业贸易商、戏剧或音乐会主办者、音乐会编导和代理以及商业的音乐戏剧制作、音乐剧和音乐节。按规则这些分入听起来略显陈旧的经济部门：戏剧歌剧运营等。舞台技术工作和售票处归为经济部门“文化企业其他辅助工作等”之下。

音乐产业通过多种多样的方式与类似的表演艺术市场相关联，因此很多经济部门既属于音乐的类别也属于表演艺术的类别。音乐戏剧和音乐会运营在很大程度上与非商业性质的音乐运营、公费资助的歌剧院或与公共的合法广播电台的乐团存在互补的交流关系。在公众媒体中，音乐产业经常与唱片行业或音乐制品行业混同，这一领域又与视频产业、数码经济以及互联网经济有紧密的经济联系。

毫不夸张地说，音乐产业这一子市场是由各不相同的、错综复杂的、与音乐相关的经济活动组成的世界，它的多样性丝毫不亚于包罗万象的文化/创意产业。

为了理解上述对音乐相关的经济部门的表述，知道以下这点很重要，即乐器的生产制造和音乐手工业未被收入音乐产业之中，这是因为在欧洲文化产业核心划界中他们也没被收录在内。将音乐制造等排除在外仅仅是一个一致性的问题，在德国的理解中，乐器生产制造等仍然还是算作音乐产业的一个扩展领域，正如德国音乐委员会在他们的主题门户①中说明的一样。

表 3-2　音乐产业的核心经济部门

经济部门编码	经 济 部 门
92. 31. 5	独立音乐家等
92. 31. 2	音乐和舞蹈团体
22. 14. 0	声音存储介质和音乐出版社
92. 32. 1	* 戏剧和音乐会主办者
92. 32. 2	* 戏剧歌剧音乐会运营等
92. 32. 5	* 其他文化企业辅助工作等
52. 45. 3	乐器乐谱零售

说明：* 也属于其他子市场。不包括乐器制造和乐器手工业。

① 参见德国音乐委员会(2009)的音乐经济主题门户：http://www.themen.miz.org/static_de/themenportale/einfuehrungstexte_pdf/07_Musikwirtschaft/soendermann.pdf，2009 年 1 月 3 日。

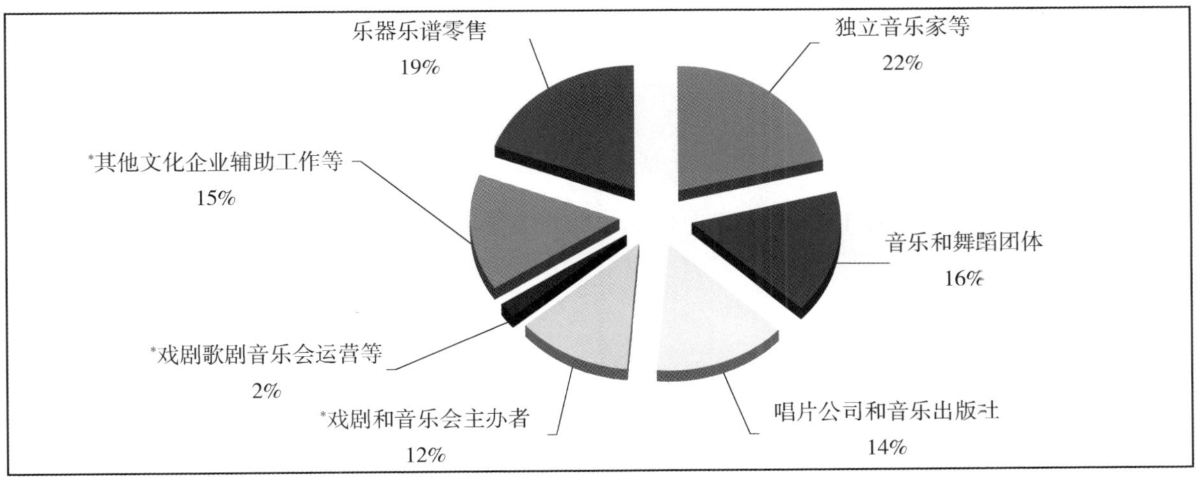

图 3-18　音乐产业中根据经济部门划分的自由职业者和企业的分布

说明：* 也属于其他子市场。

来源：2008 年联邦统计局营业税统计，米夏埃尔·松德尔曼事务所 2008 年对文化/创意产业的独立核算。

主要特征

根据目前的数据，2008 年音乐产业从业者共计 36 600 人，占文化/创意产业从业者总数的 3.2%，其中 25 200 人有社会保险。最重要的经济部门根据职业划分依次为音乐和舞蹈团体、戏剧和音乐会主办者、音乐零售和声音存储介质以及音乐出版社，其份额都达到了 15%至 20%。

2008 年音乐产业营业额据估计达 54 亿欧元，这占文化/创意产业总营业额的 3.7%。最重要的经济部门是营业额为 17 亿欧元，几乎达到了该产业总营业额三分之一的唱片公司和音乐出版社，音乐会主办者和音乐零售以音乐产业内 26%和 20%的市场份额占据其后的位置。

音乐产业中自雇型音乐工作者和纳税企业总计约 11 300 家，是文化/创意产业企业总数的 4.1%。其中 4 200 名自雇型音乐工作者(占比 37%)是构成音乐产业的最大群体。剩下的 7 100 家企业除了音乐剧院和商业性音乐剧制作公司之外，广泛分布在与音乐相关的各个经济部门中。而企业数为 213 的音乐剧院和商业性音乐剧制作公司只占音乐产业企业总数的 2%。

企业类型

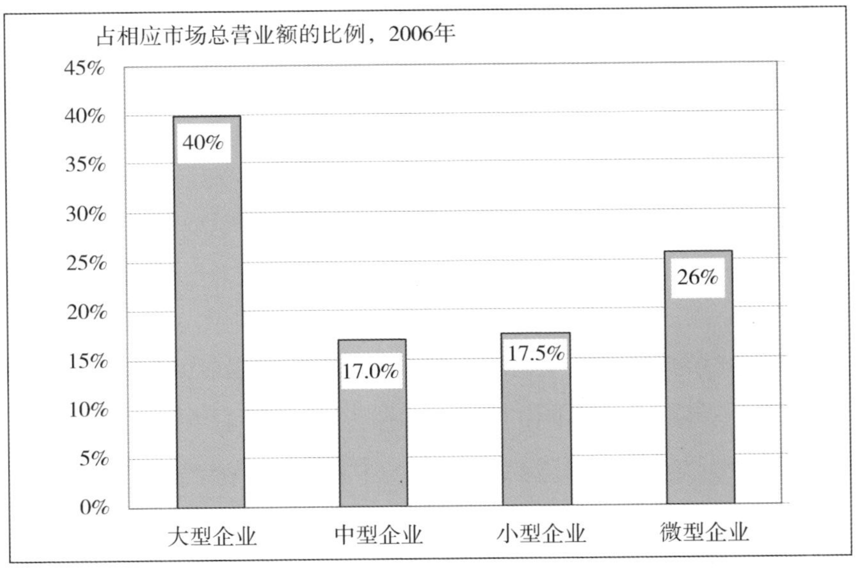

图 3-19　根据规模大小划分的 2006 年音乐产业中的企业类型

说明：选自声音存储介质和音乐出版社，音乐会主办者和音乐零售等。

来源：2008 年联邦统计局营业税统计，2008 年米夏埃尔·松德尔曼事务所对文化/创意产业的经济核算。

依据 2006 年的结构数据，不同类型的企业营业额分布如下：

· 近 37 00 家，占企业总数 95%的微型企业创造了占市场份额 26%的营业额。

· 约 280 家，占企业总数 5%的中小企业占了各 17%的市场份额，而仅有的 9 家的大型企业则占据了 40%的市场份额。

· 大型企业年平均营业额为 1 亿 5 500 万欧元，而微型企业年平均营业额为 243 000 欧元。

发展

图表展示了企业从 2003 年开始至 2008 年的一条持续增长的企业数曲线，共增长了 13%。这一行业的发展与其他文化/创意产业的子市场不同，很少受自雇型企业的影响，而是更多地受平均每年增长 5%的小型声唱片公司和小型音乐出版社的持续增长的影响。戏剧和音乐会主办者的数字也每年增长 5%到 6%。平均每年增长明显超过 10%的所谓的其他辅助工作(舞台技术工作、售票)以很大的增幅表现出势头最强劲的增长，在 2003 至 2008 这整个时间段中以 79%的增长展现出了相当可观的增长动力。

音乐零售和音乐舞蹈团体属于有轻微回缩的经济部门，它们的数字在 2003 年至 2008 年间各下降了 8%和 9%。

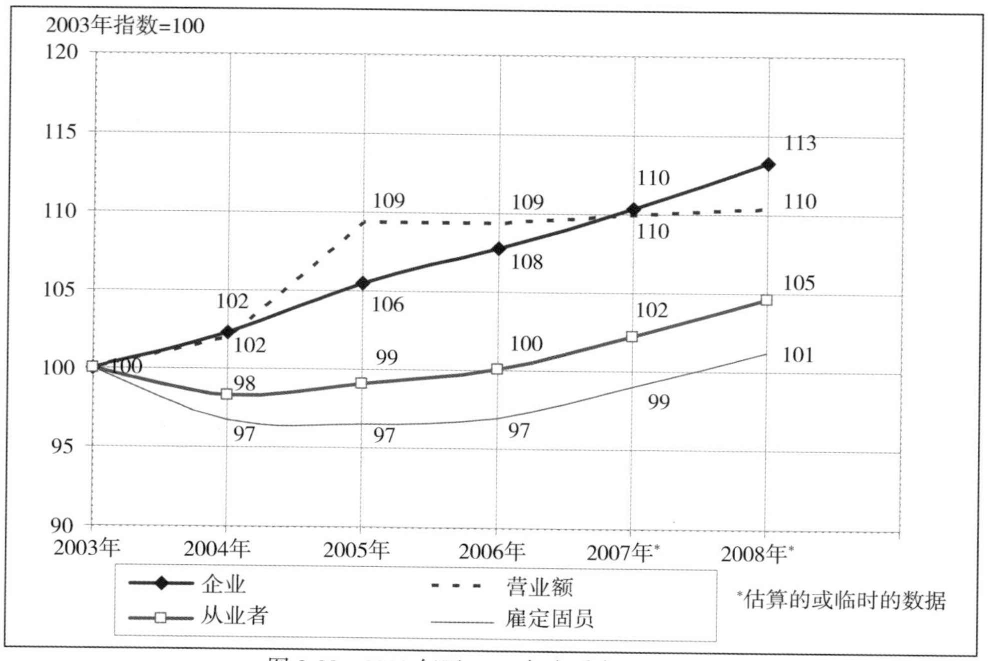

图 3-20　2003 年至 2008 年音乐产业的发展

说明：从业者(自由职业者和企业雇员)，固定雇员(只包括有社会保险的企业雇员)。

来源：2008 年联邦统计局营业税统计，2008 年联邦劳动局从业统计，米夏埃尔・松德尔曼事务所 2008 年对文化/创意产业进行的独立核算。

音乐产业营业额的发展曲线展现出在从 2003 年至 2005 年的 9%的增长之后的一段停滞的过程。这一总体的发展状态掩盖了各个经济部门不同的发展过程，在唱片公司营业额负增长的同时，戏剧和音乐会主办者，其他辅助工作和音乐零售保持稳定增长，因此这三个经济部门的增长能够弥补唱片公司持续的损失。

对音乐产业的从业者市场来说，最重要的经济部门是戏剧音乐会主办者，其 2008 年从业人数将达到近 7 000 人，但依然还没有达到 2003 年的最高水平——7 600 人。由于以 6000 人排在第二重要位置的经济部门音乐零售在经历了一段时间的人员缩减后，到 2005 年又重新增长，以及唱片公司和音乐出版社尽管在营业额损失的情况下仍然展现了从业人数的增长(2008年5 600人)态势，音乐产业的从业人数自2004年开始增长，到2008年相比2003年增长了5%。

总的来说，音乐产业受许多不同的经济部门，如唱片公司和音乐出版社、戏剧音乐会主办者以及音乐零售的影响，特别是像以往一样在联邦各个地区展现出强大实力的音乐零售，在其经济发展的过程中展示出强大的稳定性。

除此之外，数码技术和互联网经济的飞速发展将成为音乐产业未来整体结构的强大推动力。

最后的说明：将来独立的行业报告不仅应从官方的数据中，也应从协会和组织的数据中提取有用的资料，同时将上下游的经济部门加入进来，包括录音技术和音乐手工业方面的活动，同样也是值得推荐的。另外还要考虑公共音乐机构以及音乐中间业务的互补性作用，音乐产业作为将来互联网经济的一部分，其结构性整合也应得到关注。

3.3.2 图书市场

前言：自由工作的作家算作图书市场的一部分，除此之外越来越多的记者也开始自由工作，他们符合艺术家社会保险基金的定义，同样也被算作文字工作者，在这一研究中被归入出版市场。

参与制作和销售的企业包括图书出版社、中间商和零售贸易商以及文学机构。

图书市场的特殊之处在于，它可以不依赖于印刷和媒体市场而作为一个独立的子市场。图书出版社和图书贸易仍一直具有高度的独立市场身份，这也通过德国图书贸易证券协会①表现出来。出人意料的是，作家群体并非行业协会理所当然的成员。这将通过将作家群体列入图书市场理所当然的参与者的方式，在当前的子市场描述中补上。

表3-3 图书市场的核心经济部门

经济部门编码	经济部门
92.31.6	独立作家
22.11.1	图书出版社
52.47.2	图书零售贸易

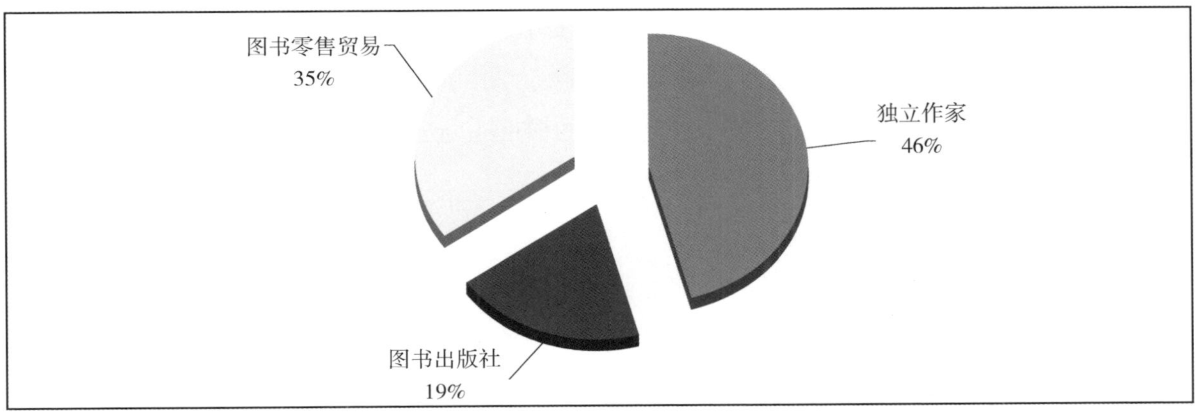

图3-21 图书市场中根据经济部门划分的自由职业者和企业的分布

来源：2008年联邦统计局营业税统计，2008年联邦劳动局从业统计，米夏埃尔·松德尔曼事务所2008年对文化/创意产业的独立核算。

① 证券协会（2008）：《通过数据看图书和图书贸易2008》，德国图书贸易证券协会出版，法兰克福。

主要特征

根据现有的数据，2008 年图书市场从业人员共计 78 900 人，占文化/创意产业的 7.0%，其中有社会保险的有 64 800 人，在图书市场中占有很高的比例。根据工作岗位多少，图书出版社有 39 900 名从业者（占比 51%），相较拥有从业者 32 300 人的图书零售贸易企业（占比 41%）显得更加重要。独立作家有 6 800 人（占比 8%）。

据估计，2008 年图书市场实现贸易总额约为 152 亿欧元，为文化/创意产业总贸易额的 10.3%。最重要的经济部门为创造了 108 亿欧元，超过了贸易总额的三分之一的图书出版社。图书零售贸易和独立作家创造了图书市场贸易额的 26%和 3%。

企业类型

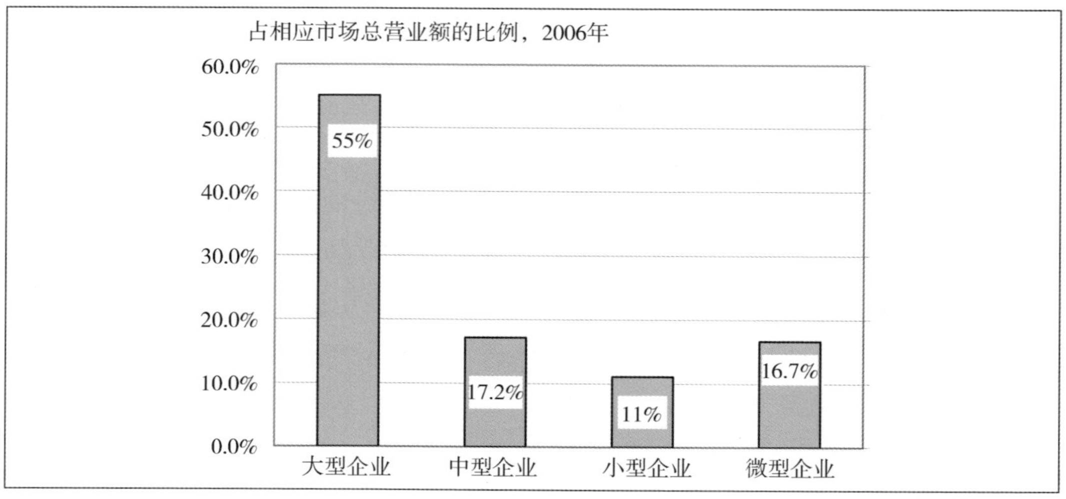

图 3-22　根据规模大小划分的 2006 年图书市场中的企业类型

说明：选自图书市场，不包括独立作家。

来源：2008 年联邦统计局营业税统计；米夏埃尔·松德尔曼事务所 2008 年对文化/创意产业的独立核算。

依据 2006 年的结构数据，不同类型企业营业额分布如下：

· 占比 95%、数量约为 7 200 家的微型企业占据了 16.7%的市场份额。

· 占比 7%的 520 家中小型企业创造了营业额的 28%，而同时 34 家大型企业占据了 55%的市场份额。

· 大型企业年平均营业额为 2 亿 3 100 万欧元，而微型企业年平均营业额为 332 000 欧元。

发展

插图展示了企业数持续增长的发展曲线，企业数自 2003 年持续增长，到 2008 年增长了 11%。这一发展尤其受独立作家的影响，他们每年增长约 5%。同样有新的图书出版社在 2003 年至 2008 年这一时间段内进入市场。与之相反，图书零售贸易企业的数字每年持续下降超过 1%。

图书市场营业总额发展曲线呈现出到 2004 年的一段下降之后又持续上升的过程，到 2008 年相比于 2003 年增长了 9%。这一增长主要是由在这一时段内实现了 12%增长的图书出版社实现的，独立作家的增长更快，这一最小群体在 2003 和 2008 年之间实现了 21%的增长，然而这里的增长只表现为数量上的增长，每个作家的平均营业额甚至从 76000 欧元下降到了 72000 欧元。图书零售贸易的营业额在 2003 年至 2008 年间的增长率停滞在 1%。

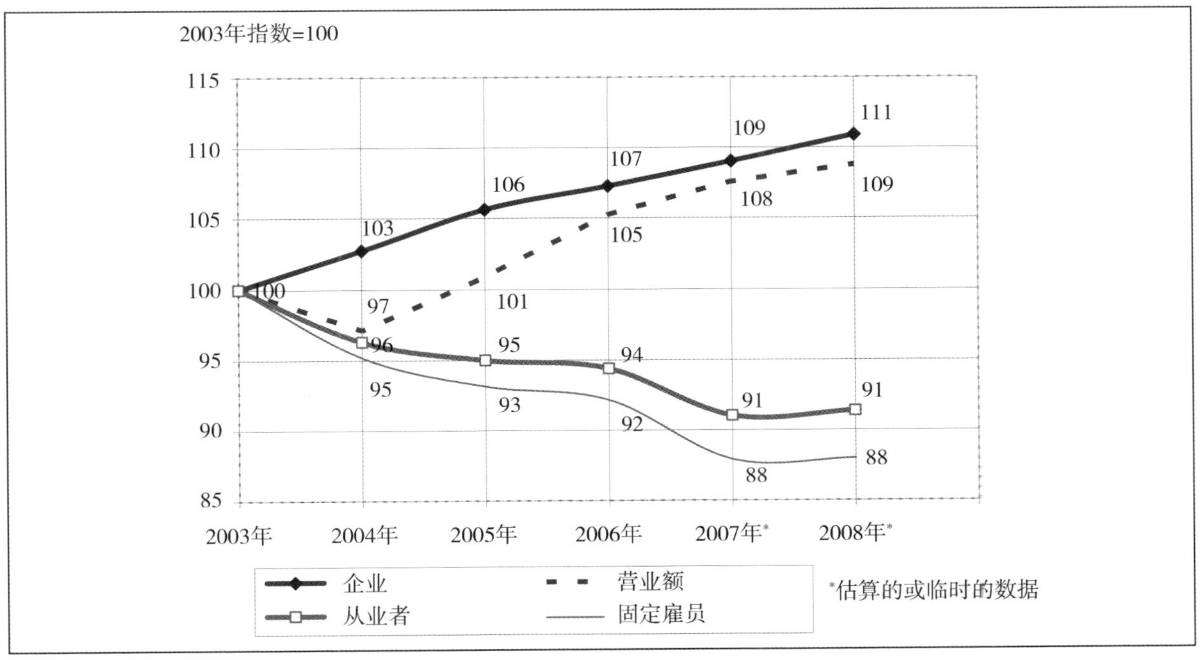

图 3-23　2003 年至 2008 年图书市场的发展

说明：从业者(自由职业者和企业雇员)，固定雇员(只包括有社会保险的企业雇员)。

来源：2008 年联邦统计局营业税统计；2008 年联邦劳动局从业统计；米夏埃尔·松德尔曼事务所 2008 年对文化/创意产业的独立核算。

当图书市场营业总额在图书出版社营业额的带动下呈现良好的发展态势时，这一增长却没有体现在就业上。同插图中的曲线所展示的一样，从业人员和雇员数量在时间段内持续减少，最终图书市场流失了 9%到 12%的工作岗位。产生这种趋势的原因主要在图书出版社这方面找。

尽管自 2004 年起它的营业额实现了持续增长，但职工的数量却一直缩减到 2008 年。2008 年相比于 2003 年工作岗位的损失为 17%。图书零售贸易的缩减不这样明显，但也损失了 5%的工作岗位。

图书市场与音乐和电影经济都算作文化/创意产业经典的文化市场，它无论如何都将经历由媒介的趋同和图书的数字化带来的重大变革。图书市场还是有可能保持其独立性，因为图书市场毕竟已经在几十年的经济起落中证明了自己强大的稳定抵抗性。

最后的说明：将来独立的行业报告不仅应从官方的数据中，也应从协会和组织的数据中提取有用的资料，同样将上下游的经济部门加入进来，包括图书技术和手工业方面的活动，也应该予以说明。另外报告中应该涉及图书行业的结构性改革，也就是从图书贸易向线上交易模式的转变以及数字化带来的影响。

3.3.3　艺术市场

前言：艺术市场包括从事视觉艺术的自由艺术家和文化工作者。画廊、拍卖公司和艺术品贸易商属于销售企业。作为特殊之处需要指出的是，艺术市场从数量上来看算是文化/创意产业中最小的子市场，因此搜集足够的这一子市场官方数据材料是很困难的。

除此之外，艺术品贸易在官方统计中同其他非艺术类的经济活动放在了一起，如礼品、鹿角、邮票的销售等。因此在德国经济分类中的“艺术品贸易”这一经济部门不能特指艺术市场。另外，该经济部门除独立视觉艺术家以外，还包括相关的艺术家和设计师。

表 3-4　艺术市场的核心经济部门

经济部门编码	经济部门
92. 31. 3	独立视觉艺术家
52. 48. 2**	艺术品贸易（不包括礼物等）
92. 52. 1	博物馆商店和艺术展

说明：**估测。

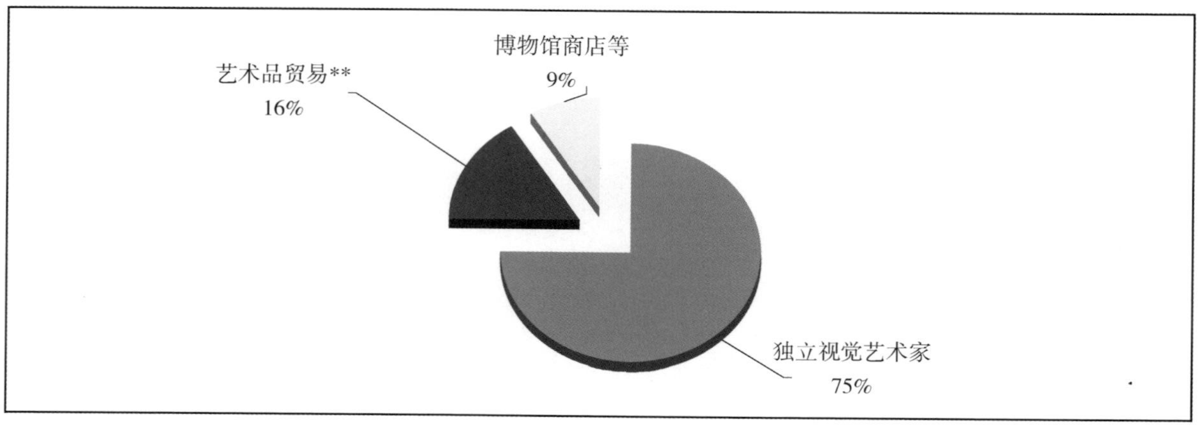

图 3-24　艺术市场中根据经济部门划分的自由职业者和企业的分布

说明：**估测。

来源：2008 年联邦统计局营业税统计；2008 年联邦劳动局从业统计；米夏埃尔·松德尔曼事务所 2008 年对文化/创意产业的独立核算。

主要特征

根据初步数据，2008 年艺术市场从业人员共计 15 800 人，占文化/创意产业的 1.4%，其中参加社会保险的有 4 200 人，在艺术市场中占比较低。

企业类型

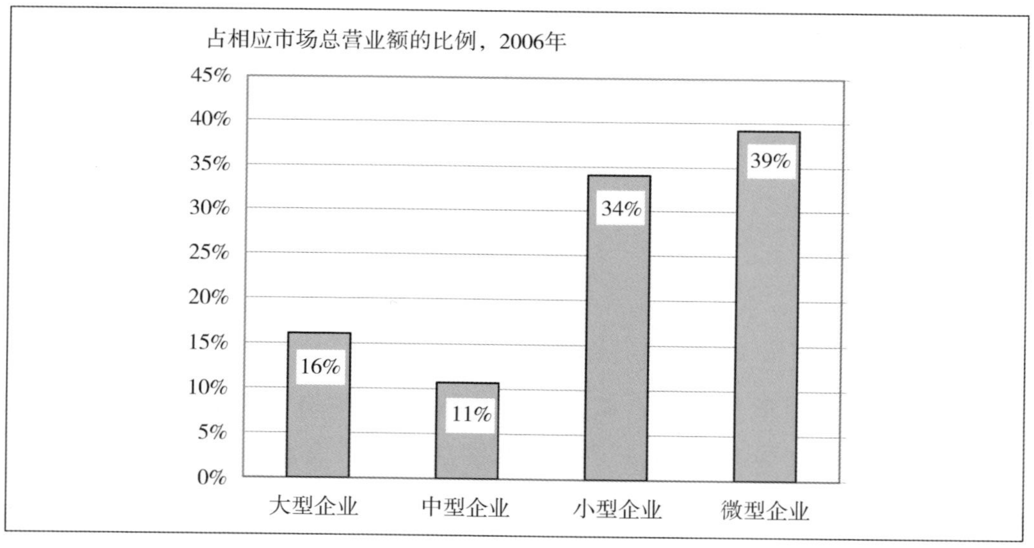

图 3-25　根据规模大小划分的 2006 年艺术市场中的企业类型

说明：只选自博物馆商店等，不包括独立视觉艺术家和艺术品贸易。

来源：2008 年联邦统计局营业税统计；米夏埃尔·松德尔曼事务所 2008 年对文化/创意产的独立核算。

根据从业者的数量，最重要的经济部门是独立视觉艺术家群体，约有 10 100 人(包括一小部分职工)，占艺术市场的 64%，除这个官方统计给出的数字以外，还有很多艺术家以自由职业者的身份在艺术市场里工作。例如，在艺术家社会基金会中登记在册的自由职业者中视觉艺术家有 75 300 名。

艺术品贸易企业(画廊、拍卖会、艺术品零售业)的数量只能估计，据推测约为 1 900 家，博物馆商店和艺术展商业主办方等约为 1 000 家，它们一起为 5 700 名从业者(占艺术市场比重 36%)提供了工作岗位。

据估计，2008 年艺术市场创造了约 19 亿欧元的营业额，是文化/创意产业营业总额的 1. 3%。艺术市场的营业额基本上平均分布在它的三个经济部门中，视觉艺术家群体创造了 7 亿 5200 万欧元的营业额，占比 39%，博物馆商店和艺术展约 6 亿 300 万欧元，占比 31%，艺术品贸易约 5 亿 7 000 万欧元，占德国艺术市场营业总额的 30%。由于大型的控制市场的画廊和艺术品商人的营业额的很大部分都是在国外实现并通过它们在外国的分支机构结算，所以艺术品贸易的营业额比例较小，与之相反，视觉艺术家们按规定在他们的德国居住地为他们的营业额缴纳税款。

由于上文提到的艺术品贸易的划界问题，未能将其纳入规模分类分析。

依据 2006 年的结构数据，不同类型企业营业额按以下方式分布(博物馆商店等)：

· 占比 95%的近 900 家微型企业创造的营业额占 39%的市场份额。
· 占企业比重 4%的约 44 家中小型企业占据了 45%的市场份额，而 1 家大型企业占据了市场份额的 16%。
· 大型企业的年平均营业额为 7 500 万欧元，微型企业年平均营业额为 203 000 欧元。

发展

图 3-26 展示了企业数量的稳定增长，自 2003 年起持续增长，到 2008 年增长了 13%。这一发展尤其受博物馆商店(增长 24%)和独立视觉艺术家(增长 20%)的影响，与之相对的，艺术品贸易商的数量据估计在 2003 年至 2008 年这一时间段内缩减了 15%。

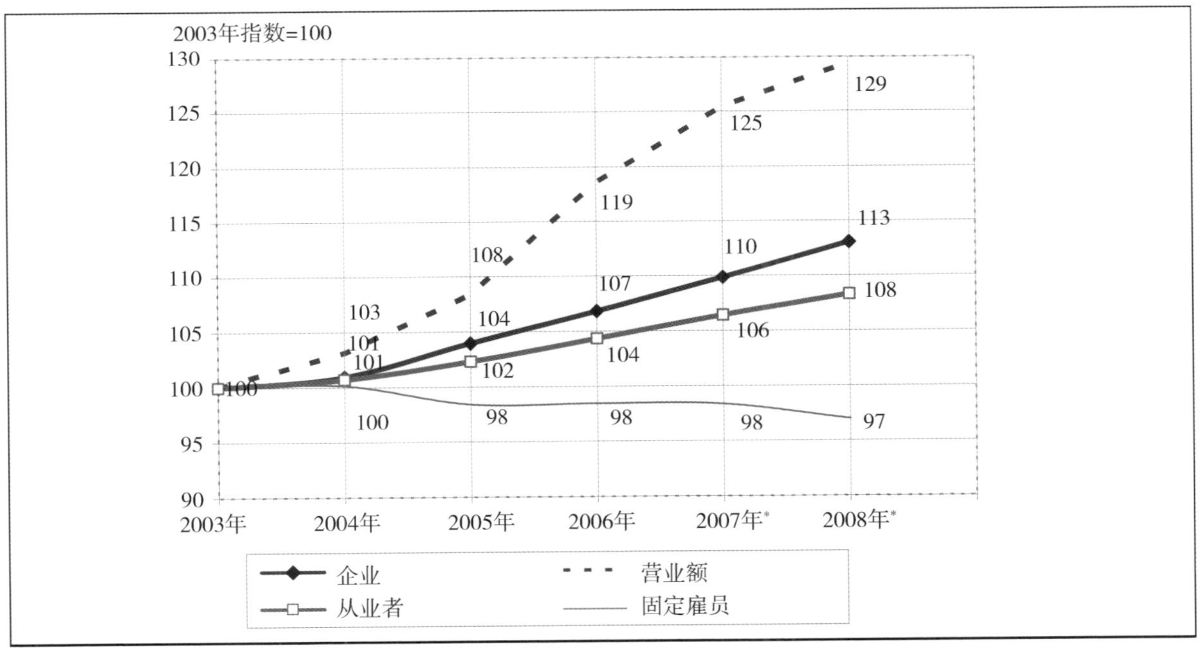

图 3-26　2003 年至 2008 年艺术市场的发展

说明：* 估算的或临时的数据　从业者(自由职业者和企业雇员)，固定雇员(只包括有社会保险的企业雇员)。

来源：2008 年联邦统计局营业税统计；2008 年联邦劳动局从业统计；米夏埃尔·松德尔曼事务所 2008 年对文化/创意产业的独立核算。

艺术市场营业总额的发展曲线起初平稳增长，随后显著向上提升，到 2008 年相比于 2003 年有了 29%的增长，主要原因是博物馆商店等在这一时间段内营业额翻了一番，独立视觉艺术家的营业额同期也增长了 22%。只有在艺术品贸易方面呈现出在 2003 年至 2008 年间 2%的下降。总的来说，艺术市场是一个棘手的子市场①，它的经济潜力不能简单通过实证分析得出。尽管如此，艺术市场仍然是一个在每次文化/创意产业分析中都会被提及的传统的文化产业子市场。

最后的说明：将来独立的行业报告不仅应从官方的数据中，也应从协会的数据中提取有用的资料，同时也建议将应用手工艺部门和影像媒体艺术(线上或线下)包括进来。

3.3.4 电影产业

前言：电影产业包括独立表演艺术家，他们在电影工作者中占据较大比例。

电影、电视和录像的制作，电影发行和视频节目提供方以及影院属于制作和传播企业，需要特别说明的是，电影制作也包括电视片的制作，它也不再算入广播业的范畴。电影产业与广播产业以及其他音视频行业联系紧密。

表 3-5 电影产业的核心经济部门

经济部门编码	经济部门
92.31.7	* 独立表演艺术家
92.11.0	电影、电视和录像制作
92.12.0	电影发行和视频节目提供方
92.13.0	影院

说明：* 也属于其他子市场。

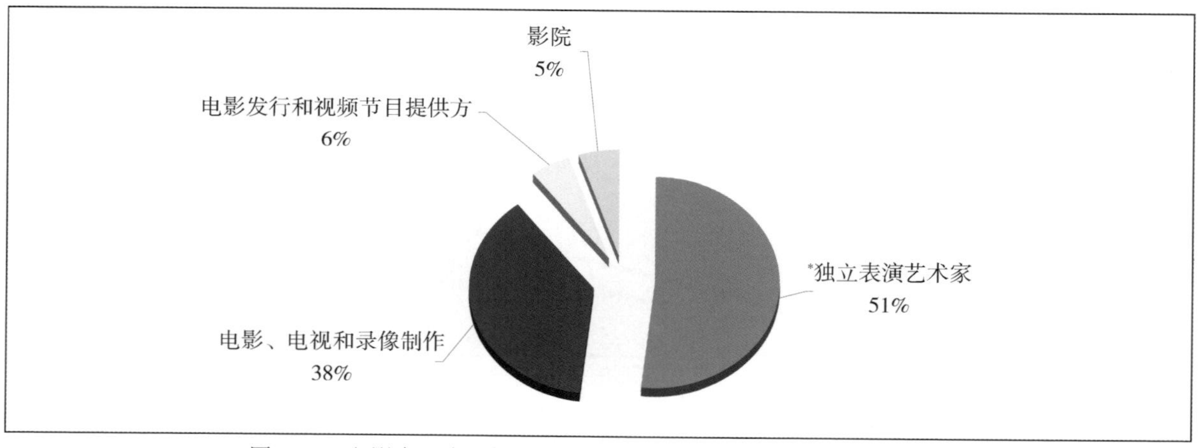

图 3-27 电影产业中根据经济部门划分的自由职业者和企业的分布

说明：* 也属于其他子市场。

来源：2008 年联邦统计局营业税统计；2008 年联邦劳动局从业统计；米夏埃尔·松德尔曼事务所 2008 年对文化/创意产业的独立核算。

① 德国文化委员会的艺术委员会合并了约 25 个德国艺术市场中重要的协会。

主要特征

根据现有的数据，2008 年电影业从业人员共计 56200 人，占文化/创意产业总从业人数的 5%，其中有社会保险的有 37 200 人，在电影产业中占据一个可观的份额。最重要的经济部门是电影、电视和录像的制作，它为该行业中超过一半的从业人员提供了就业岗位。

据估算，电影产业 2008 年创造的营业总额达 76 亿欧元，占文化/创意产业总营业额的 5.1%。最重要的经济部门是电影、电视和录像的制作，它创造了 35 亿欧元的营业额，几乎是行业营业总额的一半。电影发行和影院以 20%到 23%的市场份额位居剩下的位置。

自由职业者和纳税的企业近 19 000 家，占文化/创意产业企业总数的 6.9%，其中的 9 800 家(占比 51%)是独立的艺术家和文化工作者，他们构成了电影业中最大的群体，并与其他群体保持较大的差距。其他 9 200 家企业是电影公司，他们大多数从事电影、电视和录像的制作工作(占电影业 38%的份额)。

企业类型

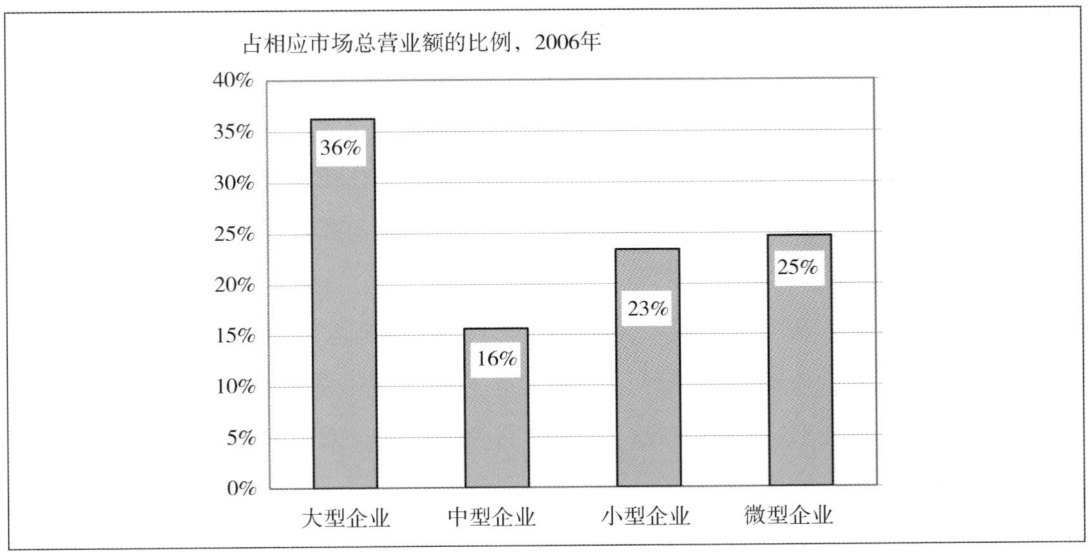

图 3-28 根据规模大小划分的 2006 年电影产业中的企业类型

说明：选自电影业，不包括独立表演艺术家。

来源：2008 年联邦统计局营业税统计；米夏埃尔·松德尔曼事务所 2008 年对文化/创意产业的独立核算。

依据 2006 年的结构数据，不同规模类型企业的营业额按以下方式分布：

· 将近 8 300 家，占比 95%的微型企业创造的营业额占 25%的市场份额。

· 占比 5%的约 430 家中小企业占据了 39%的市场份额，而 19 家大型企业占据了 36%的市场份额。

· 大型企业年平均营业额为 13 100 万欧元，小企业的年平均营业额为 204 000 欧元。

发展

插图展示了企业数量平稳的增长曲线，它从 2003 年起持续增长，到 2008 年实现了 21%的增长。这一发展深受独立表演艺术家的影响，他们每年为市场带来约 5%的增长。电影制作公司的数量在 2003 年至 2008 年间增加了 2%，而同期电影发行公司和视频节目提供方的数量缩减了四分之一。

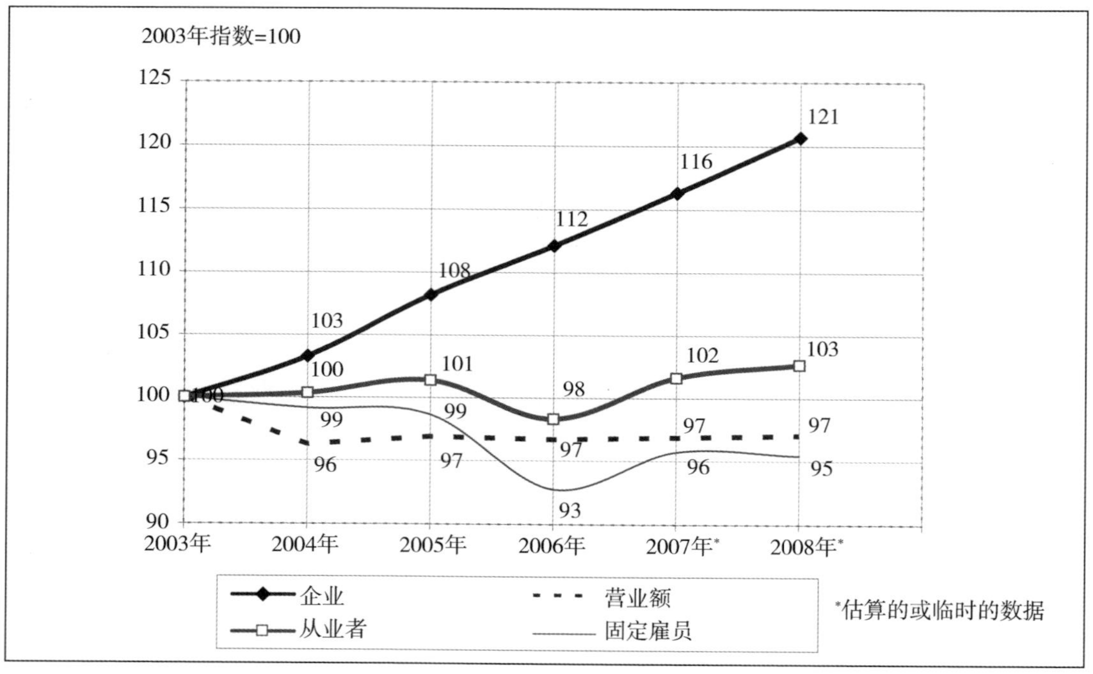

图 3-29　2003 年至 2008 年电影产业的发展

说明：从业者(自由职业者和企业雇员)，固定雇员(只包括有社会保险的企业雇员)。

来源：2008 年联邦统计局营业税统计；2008 年联邦劳动局从业统计；米夏埃尔·松德尔曼事务所 2008 年对文化/创意产业进行的独立核算。

电影产业营业总额的发展曲线在到 2004 年前的一段下降后呈现出一段停滞的过程，电影制作在整个时间段内营业额持续降低共 16%，而同时电影发行完成了 23%的增长，自由职业者的营业额持续增长，2003 年至 2008 年间增长了 22%。

尽管在单独的经济部门中有良好的发展势头，电影产业整体还是步入了一个经济上存在问题的阶段。由于营业额增长遇到困难，电影制作部门受到压缩，其对就业影响重大，就业方面没有明显增长。有社会保险的从业人员数量从 2003 年到 2006 年减少了 7%，之后就业情况虽有所好转，但一直也没能再达到 2003 年的水平。

电影产业与图书市场、音乐和广播产业一起算作文化/创意产业的传统文化市场。由于数字技术的深入发展和互联网经济的飞速扩张，电影业与其他媒介融合的程度将越来越深，并失去自己清晰的边界。

最后的说明：将来独立的电影业行业报告不仅应从官方的数据中，也应从协会和组织的数据①中提取有用的资料，也建议将包括电影技术和手工业活动在内的上下游经济部门收录进来。电影业的数字化将是即将到来的未来的中心主题，因此必须在电影业行业报告中占据重要的一部分。

3.3.5　广播产业

前言：德国的广播领域在 20 世纪 80 年代后受广播双轨制的影响，从那时开始除公开的合法的广播(包括电视和广播)外，还有私人广播，此外还有少数的非商业广播(地方广播、免费广播、高校校园电台等)。

① 电影业最高机构(2008)：《电影产业统计年鉴 2008》，巴登-巴登。

这里算作广播产业的私人广播，大多数通过市场上的广告筹措经费。私人广播承办者从事设计、实现和播送工作，广播和电视节目制作者则从事各类节目的制作。一般在电影摄制室制作的电影和电视片，按规则归为电影制作这一经济部门。当然这一分类也并不是很清晰，因为有一系列的电影公司被当成广播企业，其应税营业额便流入广播领域。

表 3-6 广播产业的核心经济部门

经济部门编码	经济部门
92.20.0	广播承办者和广播电视节目制作者

主要特征

根据现有的数据，2008 年电影业从业人员共计 22 500 人，占文化/创意产业从业人数的 2%，其中有社会保险的有 21 500 人，占广播业中的大多数。

数字统计中不包括工作时间很短的临时从业人员或其他自由短工，只涉及周工作时间至少为正常工作时间一半以上的、有社会保险的从业人员。此外从业人数不包括公共广播机构的从业人员，2008 年它们能够提供的就业岗位数量为 40 000 个(含公共企业)。

纳税企业的数量有近 960 家，占文化/创意产业企业的 0.3%。

据估计，2008 年私人广播业创造的营业总额约为 79 亿欧元，为文化/创意产业总营业额的 5.3%。营业额统计数据只包括纳税企业的营业额，作为比较，2007 年公共广播公司的营业额为 81 亿欧元(德国电视一台，德国电视二台)。

企业类型

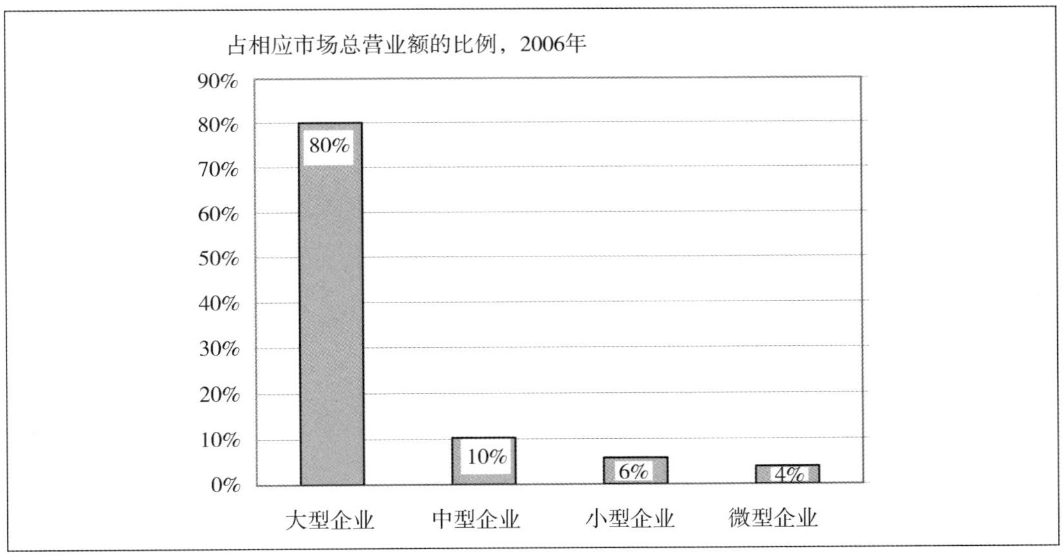

图 3-30 根据规模大小划分的 2006 年广播产业中的企业类型

说明：选自全部广播产业。

来源：2008 年联邦统计局营业税统计；米夏埃尔·松德尔曼事务所 2008 年对文化/创意产业的独立核算。

依据 2006 年的结构数据，不同规模企业的营业额按以下方式分布：

· 将近 736 家微型企业，占总企业数的 83%，创造的营业额占市场份额的 4%。

·占企业数比重15%的约130家中小企业占据了市场份额的16%，而20家大型企业的市场份额为80%。

·大企业的年平均营业额为2亿9 700万欧元，小企业年平均营业额为394 000欧元。

发展

图3-31展示了企业数的稳定增长曲线，从2003年至2008年持续增长了16%，增长深受微型广播企业的影响，它们在市场上从事节目的制作工作。

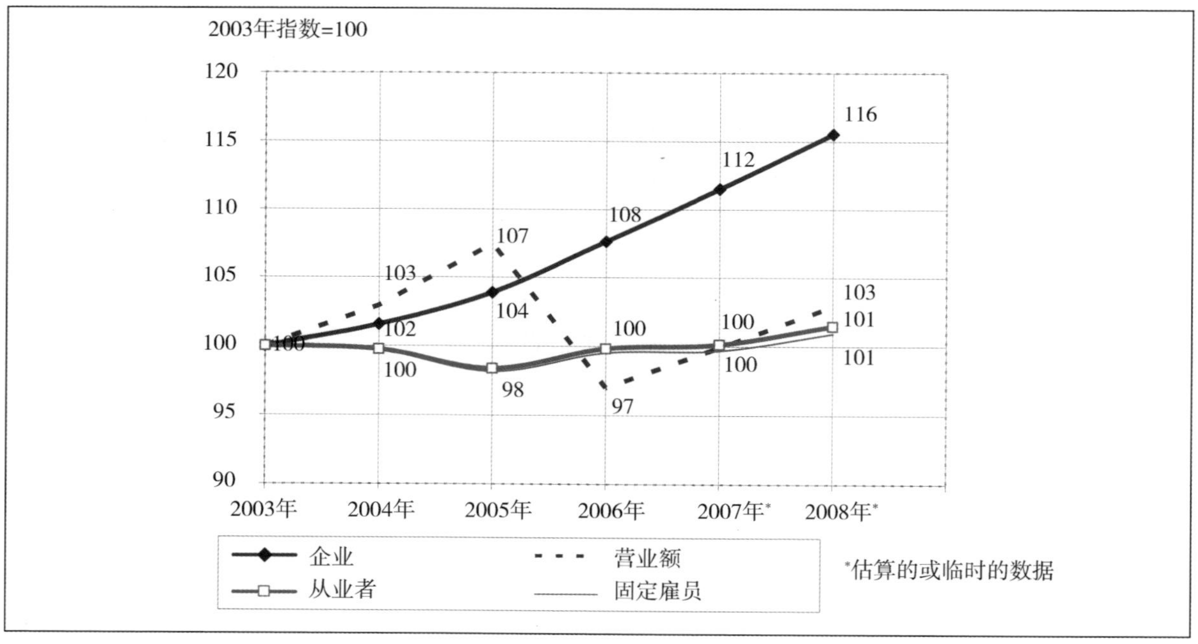

图3-31　2003年至2008年广播产业的发展

说明：从业者(自由职业者和企业雇员)，固定雇员(只包括有社会保险的企业雇员)。

来源：2008年联邦统计局营业税统计；2008年联邦劳动局从业统计；米夏埃尔·松德尔曼事务所2008年对文化/创意产业的独立核算。

广播产业营业总额的发展曲线在2005年之前上涨，之后有显著的下降，到2006年之后又表现出增长的态势，但表现出来的到2006年的这一发展过程只能在一定程度上反映市场现状，因为官方的统计资料多次将几个大型媒体和广播公司归入广播产业的范围，因此2006年以后的发展趋势才可以理解为市场相关发展。

最后的说明：将来独立的广播业行业报告不仅应从官方的数据中，也应从协会和研究的数据中提取有用的资料。

未来建议将公共广播机构收入行业报告的范畴，尽管它不是由市场，而是由公共事业收费，或是由财政提供经费的，但它们强大的制作实力可以影响整个广播产业，这种情况在文化/创意产业的其他子市场中是不存在的。

3.3.6　表演艺术市场

前言：“表演艺术市场”这个概念涉及所有从事戏剧、杂耍剧、小品、其他小型表演、音乐剧、舞蹈、马戏、木偶戏、文艺表演等的业务运营活动，除直接的表演和娱乐艺术的制作外，剧院业务处和主办方，以及舞台技术企业也算在内。独立戏剧参与者有着特殊的意义，他们与戏剧作家、马戏参与者形成了独立艺术家群体，他们是创作者和(或)原创者的代表，他们大多是戏剧原型或实验形式的开发者或当前艺术形式的表演者。

“表演艺术市场”这个听起来有些复杂的概念是刻意用来替代“戏剧业”和“戏剧市场”的。一方面，表演艺术形式的多样性是无法用戏剧的概念完全概括的；另一方面，德语的语用习惯中“戏剧”这个概念让人更容易联想到公共戏剧企业，这一领域在这里被明确地排除出去了，因为它们中的大部分是由国家资助或负担的。

这些私人经济组织的企业、公司和独立从业者或自由职业者是在上面说到的子市场中我们关注的中心，对于非市场经济企业领域的，我们将作为信息补充进来。

表 3-7　表演艺术市场的核心经济部门

经济部门编码	经 济 部 门
92. 31. 7	* 独立表演艺术家
92. 31. 8	独立马戏演员
92. 31. 1	剧团
92. 32. 1	* 戏剧和音乐会主办方
92. 32. 2	* 剧院、歌剧院、剧场运营等
92. 32. 3	杂耍剧和小型歌舞
92. 32. 5	* 其他文化娱乐活动辅助工作(舞台技术、运营等)
92. 34. 1	舞蹈学校
92. 34. 2	其他文化娱乐设施(马戏团、木偶剧等)

说明：* 也属于其他子市场。

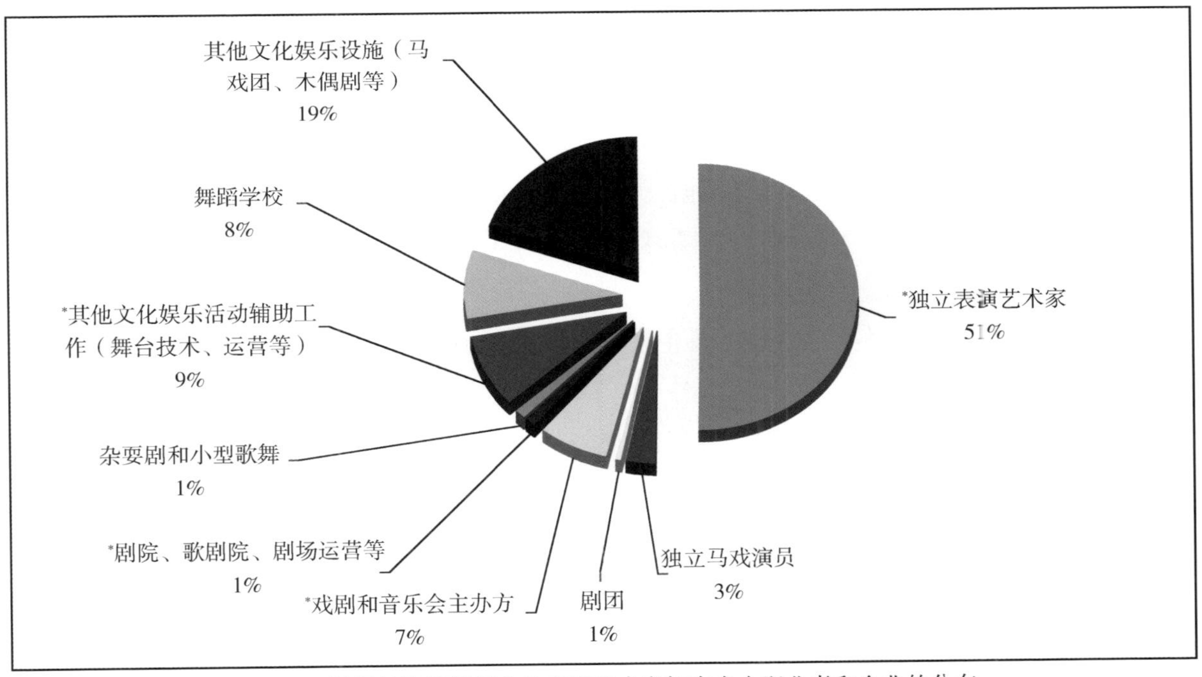

图 3-32　根据经济部门划分的表演艺术市场中自由职业者和企业的分布

说明：* 也属于其他子市场；只涉及商业运营的剧院等，不包括公费资助的剧院。

来源：2008 年联邦统计局营业税统计；2008 年联邦劳动局从业统计；米夏埃尔 · 松德尔曼事务所 2008 年对文化/创意产业的独立核算。

主要特征

根据现有的数据，2008 年表演艺术市场从业人员共计 40 300 人，占文化/创意产业从业人数的 3.6%，其中有社会保险的有 20 800 人，略多于表演艺术市场总人数的一半。最重要的经济部门是独立表演艺术家，占就业人数的 28%，所占比例最大，随后是其他文化娱乐活动(马戏、木偶戏等)和戏剧音乐会主办方，分别占 18%和 17%的比重。

据估计，2008 年表演艺术市场创造营业总额 45 亿欧元，是文化/创意产业总营业额的 3%。最重要的经济部门是戏剧和音乐会主办方，其营业额为 14 亿欧元，几乎是营业总额的三分之一，之后占第二位的其他文化娱乐活动创造了 12 亿欧元的营业额，其他的经济部门明显还未达到 10 亿的界限。

自由职业者和纳税企业的数量共计近 19 500 家，占文化/创意产业企业数的 7.1%，其中约 9 800 家(占比 50%)是独立表演艺术家，他们以明显的优势构成演艺市场中最大的群体。

企业类型

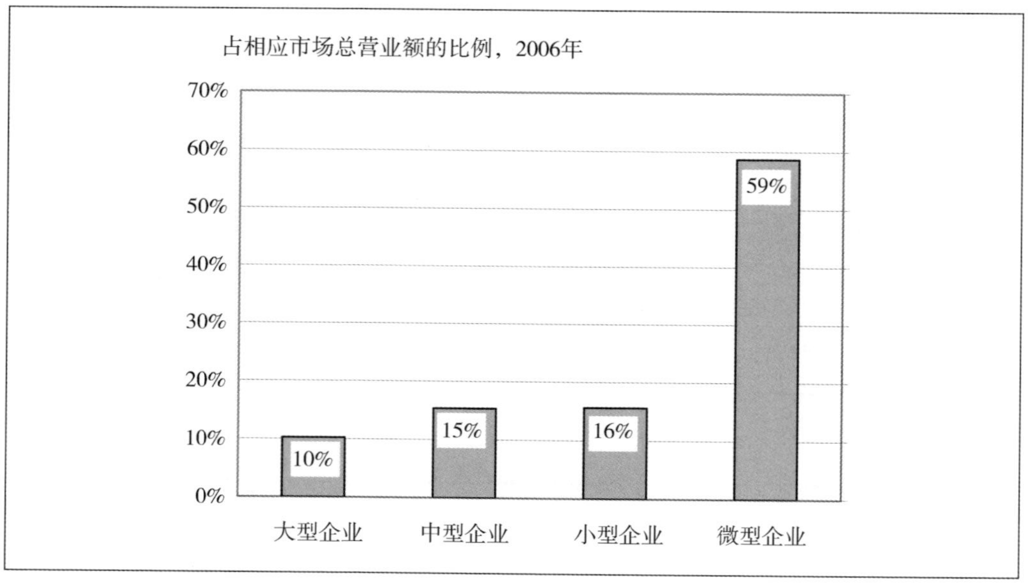

图 3-33　根据规模大小划分的 2006 年表演艺术市场中的企业类型

说明：选自经济部门编码为 92.3 的艺术和其他群体，也包括其他对演艺有影响的艺术群体和艺术类经济部门。

来源：2008 年联邦统计局营业税统计；米夏埃尔・松德尔曼事务所 2008 年对文化/创意产业的独立核算。

依据 2006 年的结构数据，不同规模类型企业的营业额分布如下(演艺艺术群体和其他经济部门，经济部门编码 92.3)：

- 占比 99%的近 39 800 家微型企业创造了营业额的 59%的份额。
- 占比 1%的约 320 家中小企业创造了市场份额的 31%，而 6 家大型企业创造了 10%的份额。
- 大型企业年平均营业额为 1 亿 1 600 万欧元，而微型企业年平均营业额为 104 000 欧元。

发展

插图展示了企业数的稳定增长，从 2003 年至 2008 年持续增长了 41%，增长主要来自于提供辅助服务的文化企业(舞台技术工作和售票处)，它每年有超过 12%的增长。其他文化企业也表现出相似的每年 9%的强劲发展势头，而其他演艺艺术企业也以每年 5%到 7%的增长率增长。

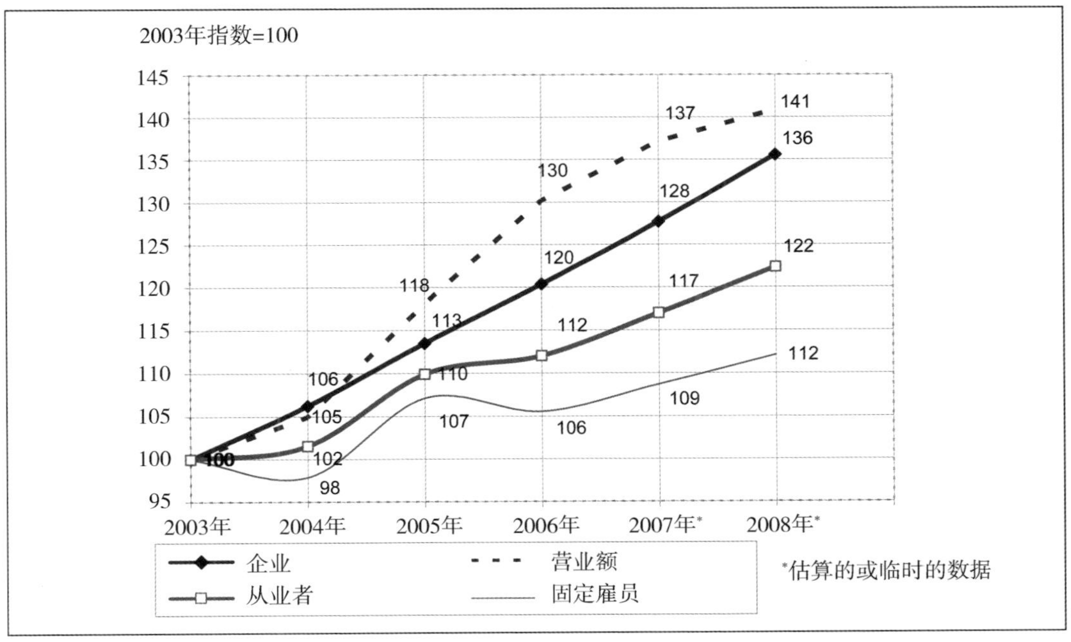

图 3-34　2003 年至 2008 年表演艺术市场的发展

说明：从业者（自由职业者和企业雇员），固定雇员（只包括有社会保险的企业雇员）。

来源：2008 年联邦统计局营业税统计；2008 年联邦劳动局从业统计；米夏埃尔·松德尔曼事务所 2008 年对文化/创意产业独立核算。

表演艺术市场的营业总额发展曲线表现为一个强劲的增长过程，2003 年至 2008 年间营业额共增长了 41%，这一子市场也由此成为了文化/创意产业中增长最为迅速的子市场。经济发展的最大推动者是高营业额的戏剧和音乐会主办方以及其他文化娱乐活动（马戏等）等经济部门，他们在调查的时间段内实现了 44%到 66%的增长。其他文化娱乐活动辅助工作（舞台技术工作等）的营业额甚至可以在 2003 年至 2008 年间翻番。营业额的增长也部分反映在从业人数的增长上，所以我们看到子市场中从业者的增长率为 22%。

总的来说，表演艺术市场虽然是文化/创意产业的传统文化市场，但它与广播产业一样，非商业机构以及中间机构和市场有着千丝万缕的联系。

最后的说明：将来独立的表演艺术市场行业报告不仅应从官方的数据中，也应从协会和组织的数据中提取有用的资料。三个分支领域①间的互补和竞争关系是如何运作的，至今几乎没有人研究。应当为表演艺术市场发展多样化的表演形式，并为表演艺术家们提供更好的机会。

3.3.7　设计产业

前言：工业设计、产品、时尚和图形设计以及通讯设计和广告制作企业属于设计产业的范畴。设计产业经济活动是通过市场中的企业来实现的，包括各种代理机构、事务所和公司等。因此应当受到关注的不是设计从业者或设计师，而是行业中的企业地位。但许多设计室或设计处是由设计师运营的，设计师对经济的考量也可以部分地在职业的视角中得以展现。

① 米夏埃尔·松德尔曼事务所（2002）：《北威州的表演艺术》，杜塞尔多夫。

设计产业的特殊之处在于设计的理念、模型和概念经常多样化地且间接地在其他经济部门得到应用。因此很难将设计产业作为一个独立的经济部门，并令人信服地确定哪些可以作为它的核心业务。从设计出来的产品这一角度出发，设计产业包括两个独立的部门分支。

一个是工业设计室(编码 74.20.6)，它致力于机械和工业设备的设计，常作为汽车制造业和机械制造业的服务提供商。另一个是纺织品、饰品、家具等设计室(编码 74.87.4)，这一分支之下包括各种形式广泛的设计活动：通讯设计和工业设计，图像设计和相片设计，纺织品、衣物、鞋子、饰品和家具等其他设计，这些设计活动通常可以简单归纳为产品、时尚、图像设计。

除此之外，广告设计(编码 74.40.1)这一经济部门也算作设计产业的组成部分，因为它涉及多数与设计相关的活动，通常也被分作通讯设计。

表 3-8　设计产业的核心经济部门

经济部门编码	经济部门
74.20.6	工业设计
74.87.4	产品、时尚、图像设计
74.40.1	*通讯、广告设计

说明：* 也属于其他子市场。

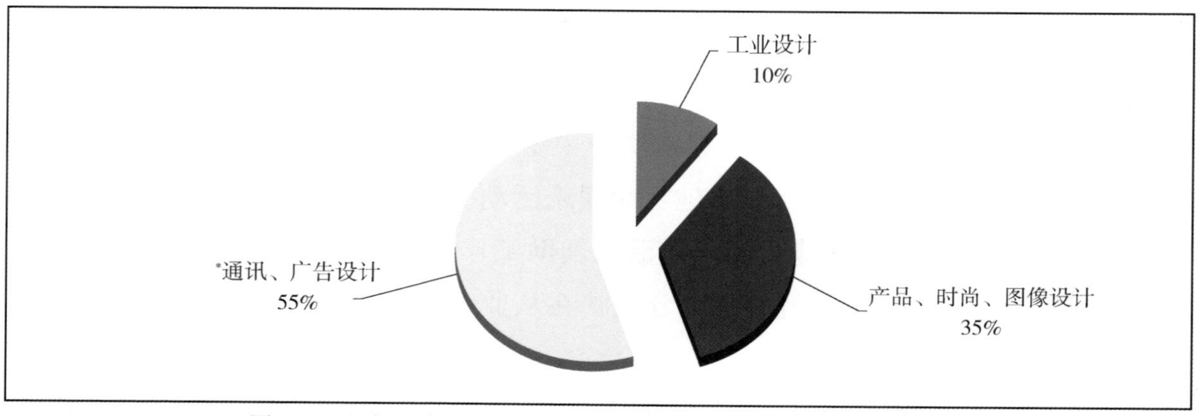

图 3-35　根据经济部门划分的设计产业中自由职业者和企业的分布

说明：* 也属于其他子市场。

来源：2008 年联邦统计局营业税统计；2008 年联邦劳动局从业统计；米夏埃尔·松德尔曼事务所 2008 年对文化/创意产业的独立核算。

主要特征

根据现有的数据，2008 年设计产业从业人员共计 132 400 人，占文化/创意产业从业人数的 11.7%，其中有社会保险的有 90 200 人，为设计产业从业人员的主要部分。最重要的经济部门是通讯、广告设计，因为它为超过四分之三的从业者提供了工作岗位。

据估计，2008 年设计产业营业总额为 162 亿欧元，是文化/创意产业总营业额的 10.9%。最重要的经济部门还是通讯、广告设计，其 138 亿欧元的营业额是设计业营业总额的 85%。其余的两个经济部门一同完成剩余的 15%的营业额。

设计产业中自由职业者和纳税企业的数量共计近 42 200 家，占文化/创意产业企业数的 15.4%。约 23 300(占比 55%)家企业属于通讯、广告设计经济部门，产品、时尚、图像设计部门中有 1 700 家企业(占比35%)，工业设计部门中有4 200家企业(占比10%)。

企业类型

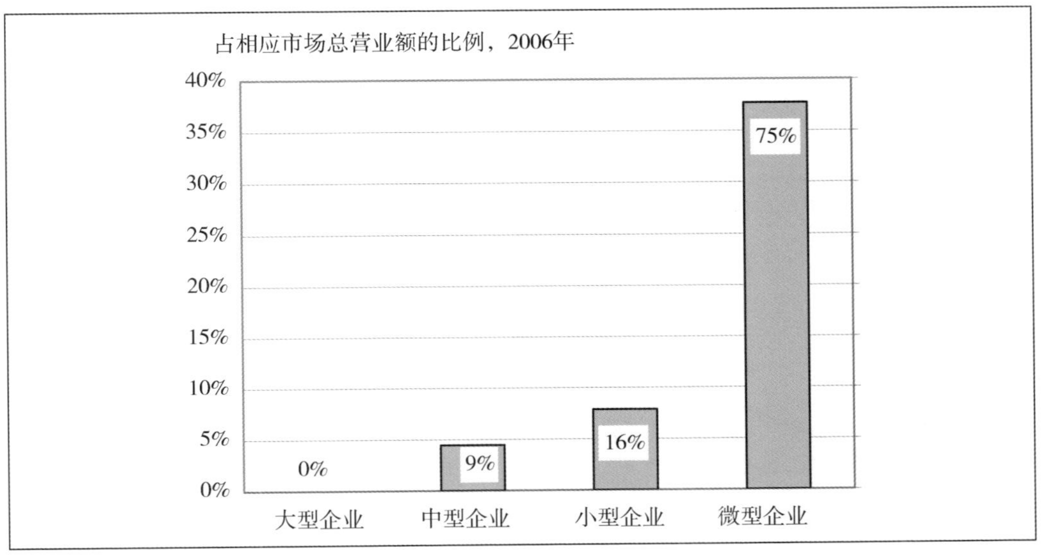

图3-36　根据规模大小划分的2006年设计产业中的企业类型

说明：选自设计产业，不包括通讯、广告设计。

来源：2008年联邦统计局营业税统计；米夏埃尔·松德尔曼事务所2008年对文化/创意产业进行的独立核算。

依据2006年的结构数据，不同规模类型企业的营业额按以下方式分布(工业设计和产品、时尚、图像设计，不包括通讯、广告设计)：

· 占比99%的近16 800家微型企业创造了占比75%的营业额。
· 占比1%的约110家中小企业创造了占比25%的营业额，两个经济部门中没有营业额5千万以上的大型企业。
· 中型企业年平均营业额为2千万欧元，而微型企业年平均营业额为102 000欧元。

通讯、广告设计经济部门的营业额规模结构分析放到了广告市场之中。

发展

插图展示了企业数的一条稳定的增长曲线，从2003年至2008年持续增长了28%，工业设计是企业数增长的最强大的推动力，它在该时间段内增长了63%，而产品、时尚、图像设计和通讯、广告设计增长了30%和22%。

设计产业营业总额的发展曲线在2003年至2008年间展现出强劲的增长，这里工业设计企业又出现了超过平均水平的增长，增幅达88%；通讯设计实现了53%的增长，位于第二位；产品、时尚、图像设计增长了14%。

由于强大的经济增长动力，我们在从业人员数量中也可以看到增长，从业者在2003至2008年的时段里增加了13%，而企业雇员的数量在至2006年的3%的减少之后再度增加，到2008年增加了7%，明显超过了2007年的水平。

总的来说，设计产业算得上是文化/创意产业中最重要的子市场，其重要性不仅表现在数量规模上，也表现在发展活力上。一方面行业的特征是拥有数量庞大的微型企业，这些微型企业因其平均营业额规模较小，经常陷入具有经济风险的境地之中；另一方面也具有发展潜力，尤其是通讯设计与广告业的紧密整合，大型广告企业离开设计服务无法生存。

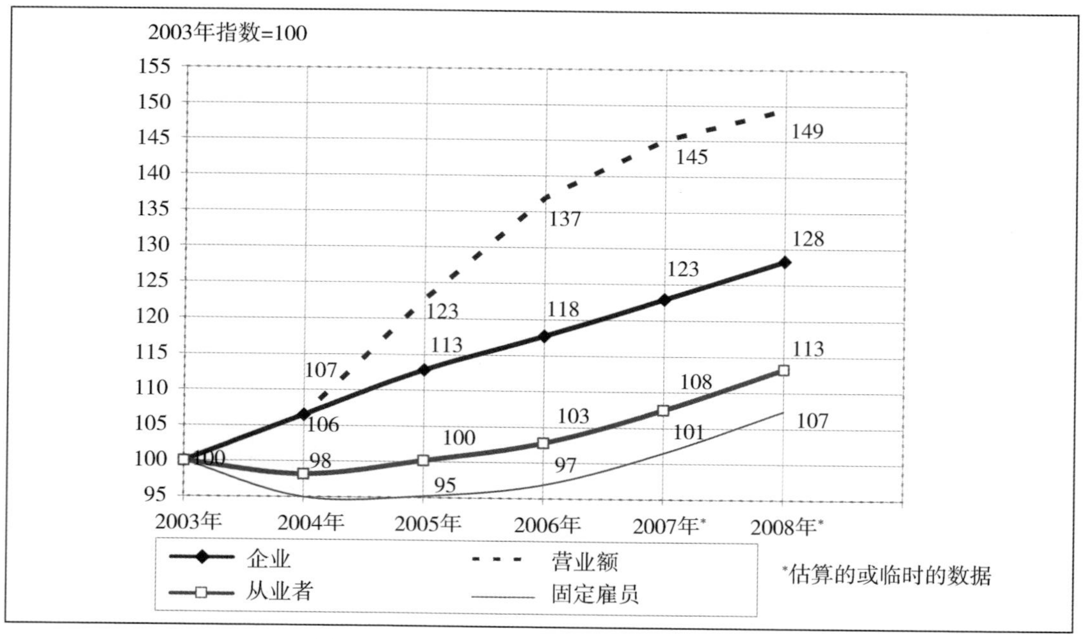

图 3-37　2003 年至 2008 年设计产业的发展

说明：从业者（自由职业者和企业雇员），固定雇员（只包括有社会保险的企业雇员）。

来源：2008 年联邦统计局营业税统计；2008 年联邦劳动局从业统计；米夏埃尔·松德尔曼事务所 2008 年对文化/创意产业进行的独立核算。

与此相关的，设计产业可以提供双重基础服务，一种是作为企业亲密型服务提供商，为其他经济行业，如广告、时尚行业、包装业、或传统制造业中的汽车制造业和机械制造业提供服务；另一种是作为与个人相关的服务提供商，在最终顾客市场中运用自己的产品和设计成果。

最后的说明：将来独立的设计业行业报告不仅应从官方的数据中，也应从协会和组织的数据①中提取有用的资料。除了这里涉及的核心经济部门，也建议将其他经济部门中与设计相关的经济部门收录进来。

3.3.8　建筑市场

前言：建筑市场是文化/创意产业中少有的可以通过相对清晰一致的对经济活动的分类来标明的子市场。建筑相关的成果涉及各个建筑经济部门中的设计和施工计划，分为房屋建筑和室内装潢，地方、地区和联邦州规划以及园林和风景设计。

在欧洲多次讨论过是否要把建筑事务所全部算作文化/创意产业的问题，有人建议只将所谓的“文化性的”建筑活动吸收进来，所有其他的活动，尤其是与工程师相关的成果都排除在外。② 研究小组不认同这种方法，因为德国的建筑部门已经明确从工程科学部门中分离了出来。

① 德国原创设计师协会是当前 7 家设计师协会组成的联盟，此外还有不断涌现的地方性设计师协会，如科隆设计协会等。

② 2001 年根据法国文化部的意见，如果将建筑业限制为文化相关的设计事务所，则仅有 13% 的设计机构被纳入该经济部门。见 2001 年 LEG 文化统计项目文化就业工作组统计方法说明。

表 3-9　建筑市场的核心经济部门

经济部门编码	经济部门
74.20.1	房屋建筑和室内装潢事务所
74.20.2	地方、地区和联邦州规划事务所
74.20.3	园林和风景设计事务所

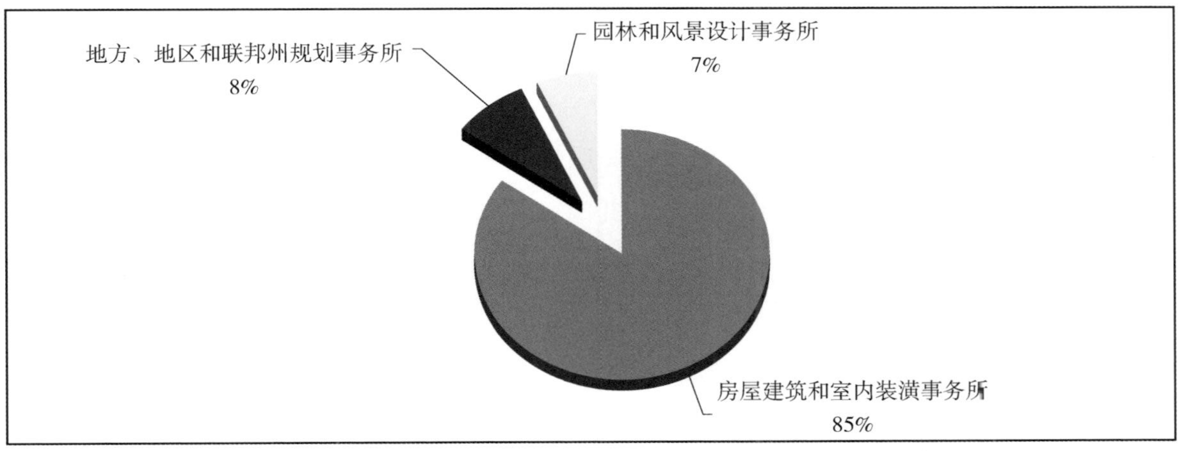

图 3-38　根据经济部门划分的建筑市场中自由职业者和企业的分布

来源：2008 年联邦统计局营业税统计；2008 年联邦劳动局从业统计；米夏埃尔·松德尔曼事务所 2008 年对文化/创意产业进行的独立核算。

主要特征

根据现有的数据，2008 年设计业从业人员共计 105 100 人，占文化/创意产业从业人数的 9.3%，其中有社会保险的有 61 800 人。最重要的经济部门是房屋建筑和室内装潢事务所，占建筑市场 80%的份额。

据估计，2008 年建筑市场创造的营业总额约 76 亿欧元，是文化/创意产业总营业额的 5.1%。最重要的经济部门还是房屋建筑和室内装潢事务所，它的营业额占建筑市场全部营业额的 85%。

建筑市场中自由职业者和纳税企业的数量共计约 43 300 家，占文化/创意产业企业数的 15.8%。

企业类型

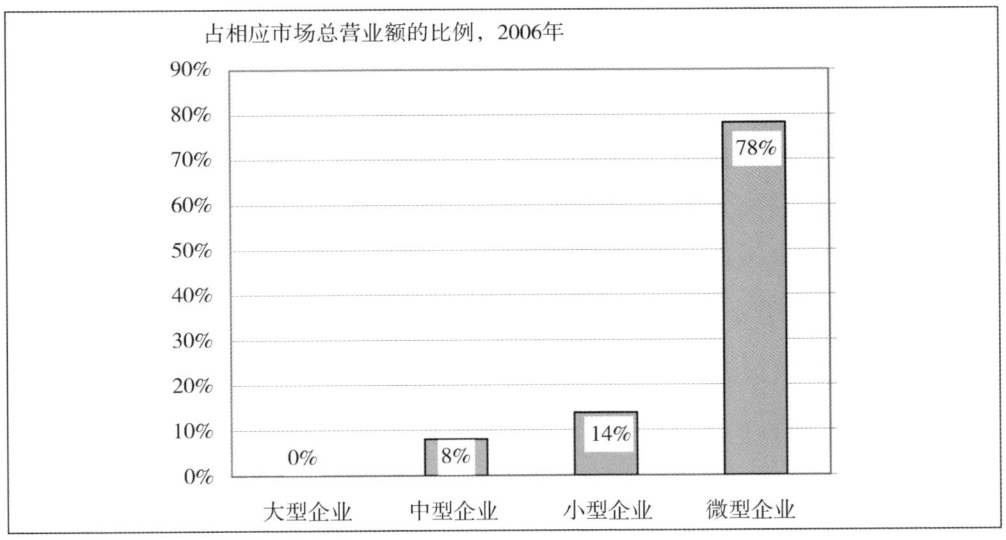

图 3-39　根据规模大小划分的 2006 年建筑市场中的企业类型

说明：选自建筑市场经济部门。

来源：2008 年联邦统计局营业税统计；米夏埃尔·松德尔曼事务所 2008 年对文化/创意产业进行的独立核算。

依据 2006 年的结构数据，不同规模类型企业的营业额按以下方式分布：

· 占比 99%的近 39 400 家微型企业创造了建筑市场营业额 78%的份额。

· 占比 1%的约 320 家中小企业各创造了市场营业额的 8%和 14%，官方统计中没有营业额 5 千万以上的大型企业的记录。

· 中型企业年平均营业额为 1 700 万欧元，而微型企业年平均营业额为 145 000 欧元。

发展

插图展示了企业数一直保持稳定的增长，从 2003 年至 2008 年持续增长了 18%，这一发展主要来自小型建筑机构，在这一时段中，地方、地区和联邦州规划事务所的数量增长了 35%。园林和风景设计事务所的数量增长了 28%，即便是最大的建筑机构，其数量也实现了 16%的增长。

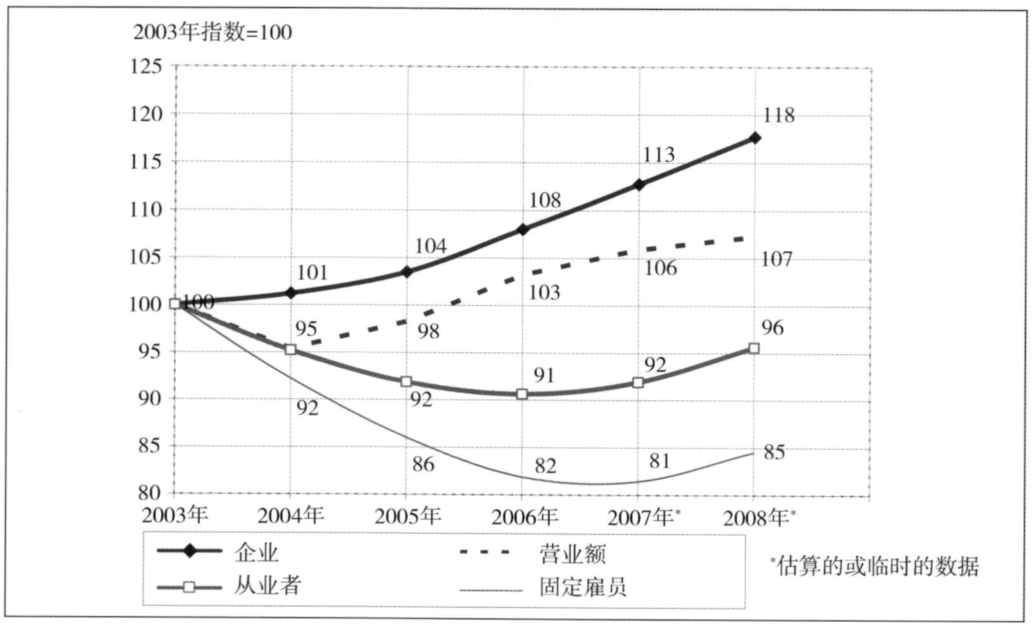

图 3-40　2003 年至 2008 年建筑市场的发展

说明：从业者(自由职业者和企业雇员)，固定雇员(只包括有社会保险的企业雇员)。

来源：2008 年联邦统计局营业税统计；2008 年联邦劳动局从业统计；米夏埃尔·松德尔曼事务所 2008 年对文化/创意产业进行的独立核算。

建筑市场营业总额的发展曲线在到 2004 年的衰退后又展现出积极发展的势头，到 2006 年营业额相比于 2003 年增长了 3%，接下来的时段内，由于有良好的经济发展形势，预计经济发展的趋势也将保持在积极的发展方向上，因此 2008 年相比于 2003 年营业额的增长预计将至少达到 7%。需要说明的是，建筑市场是文化/创意产业中少有的在 2003 年之前的几年持续处于经济困难阶段的子市场。

因此在就业市场上情况依然很严峻，如同就业曲线的发展过程一样，2007 年相关职工的数量相较于 2003 年下降了近 10%，直到最后到 2008 年的这一阶段才又有了上升的势头，因为相关职工数量急剧缩减，从业者的人数(包括自由职业者)也没有再达到过 2003 年的水平，这还是在新的建筑事务所有明显增长的情况下。

总的来说，建筑行业在多年的经济困难时期之后又可以进入新的发展阶段，随着现行的联邦政府第二期“经济一揽子”计划的实行，2009 年这一势头还将持续下去。

最后的说明：将来独立的建筑市场行业报告不仅应从官方的数据中，也应从协会和组织的数据①中提取有用的资料。

3.3.9 出版市场

前言：独立记者和通讯社归为出版市场，除报纸杂志出版社外，地图、印刷品等和通讯录出版社也算作出版这一经济领域。

表 3-10 出版市场的核心经济部门

经济部门编码	经济部门
92.40.2	独立记者
92.40.1	通讯社
22.11.2	通讯录出版社
22.12.0	报纸出版社
22.13.0	杂志出版社
22.15.0	其他出版社

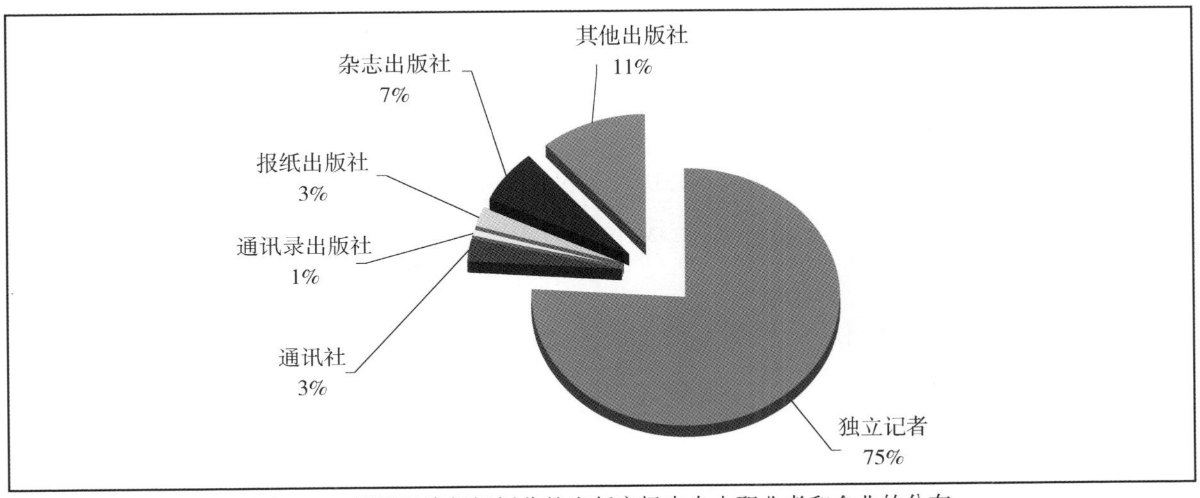

图 3-41 根据经济部门划分的出版市场中自由职业者和企业的分布

来源：2008 年联邦统计局营业税统计；从业统计，联邦工作处，2008；米夏埃尔·松德尔曼事务所 2008 年对文化/创意产业进行的独立核算。

主要特征

根据现有的数据，2008 年出版市场从业人员共计 128 600 人，占文化/创意产业从业人数的 11.4%，其中有社会保险的有 102 600 人，超过平均水平。最重要的经济部门是报纸出版社，其从业者占出版市场从业人数的 38%，之后的杂志出版社从业人数占了近 30%，排第三位的是记者，占从业人数的 17%。

据估计，2008 年出版市场创造的营业总额约 270 亿欧元，是文化/创意产业总营业额的 18.2%。最重要的经济部门还是报纸和杂志出版社，它们的营业额分别是全部营业额的 39%和 36%。

① 联邦建筑师协会(2007/2008)：《2007/2008 年度报告》，柏林。

出版市场中自由职业者和纳税企业的数量共计约26000家，占文化/创意产业企业数的9.5%。其中引人注意的是独立记者以76%的比重在出版市场中具有很大的规模。

企业类型

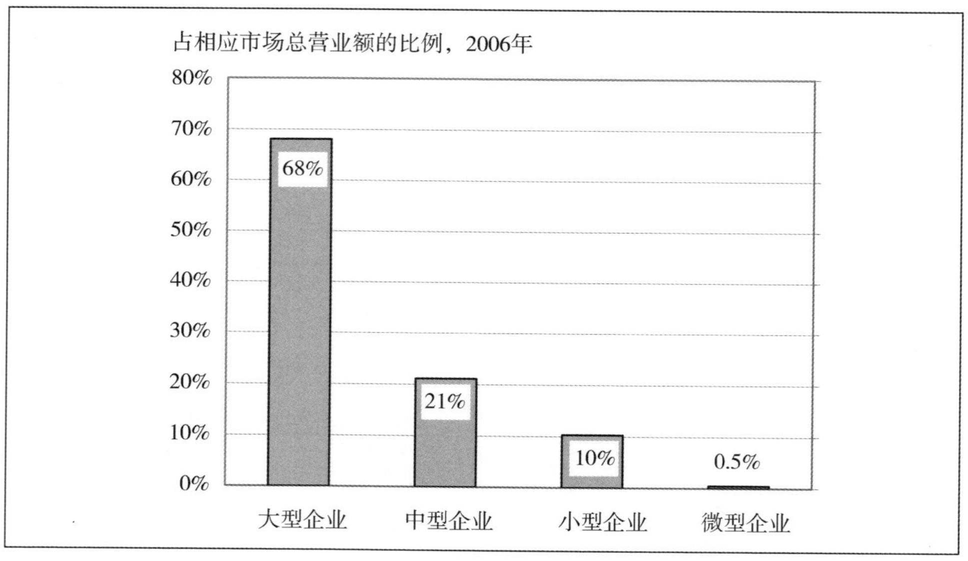

图3-42 根据规模大小划分的2006年出版市场中的企业类型

说明：选自出版市场经济部门，不包括独立记者和图书音像出版社。

来源：2008年联邦统计局营业税统计；米夏埃尔·松德尔曼事务所2008年对文化/创意产业进行的独立核算。

依据2006年的结构数据，不同规模企业营业额按以下方式分布：

· 占比52%的近830家微型企业创造占比0.5%的营业额。

· 占比43%的约690家中小企业各占据市场份额的10%和21%，83家年营业额5千万以上的大型企业占68%的市场份额。

· 大型企业年平均营业额为1亿8100万欧元，而微型企业年平均营业额为125 000欧元。

发展

图3-43展示了企业数的稳定增长，从2003年至2008年持续增长了34%，这一发展主要来自于记者和通讯录出版社的增长，他们分别在2003年至20008年的区间内为市场带来了17%到51% 的增长。而出版社没有新的成员加入，同期内甚至有减少的情况，如杂志出版社就有4%的缩减。

出版市场营业总额发展曲线展现出一个轻微但持久的消极下降趋势，到2008年营业额相比于2003年下降了3%。这一发展曲线掩盖了两个相反的发展态势，2003年到2008年报纸出版社的营业额增长了23%，但与此同时，杂志出版社的营业额则下降了23%。

同就业人数曲线变现出来的发展过程相同，2006年企业雇员的数量相比于2003年减少了10%，这之后到2008年前的两年才有微不足道的上升趋势，出版市场还是没有达到2003年的水平。总的来说，像营业额和从业人数发展曲线展示的那样，出版市场正处于经济困难的阶段。

最后的说明：将来独立的出版业报告不仅应从官方的数据中，也应从协会和组织的数据①中提取

① 德国联邦新闻出版机构协会(2008)：《德国新闻业现状2008》，柏林；德国联邦新闻出版机构协会(2008)：《德国新闻市场数据》，柏林。

有用的资料。

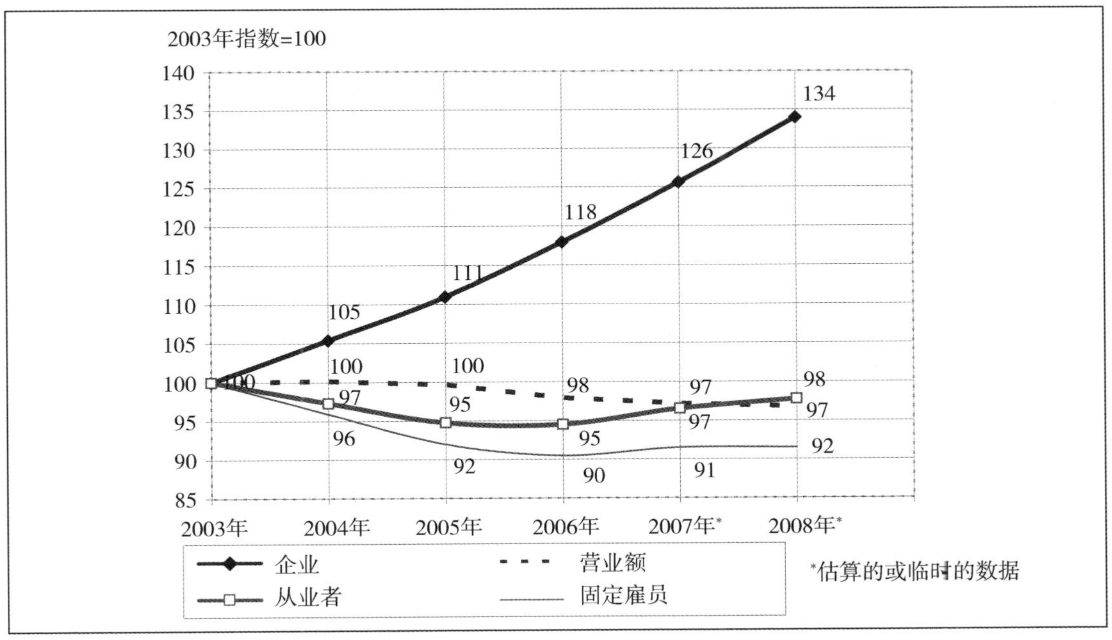

图 3-43　2003 年至 2008 年出版市场的发展

说明：从业者(自由职业者和企业雇员)，固定雇员(只包括有社会保险的企业雇员)。

来源：2008 年联邦统计局营业税统计；2008 年联邦劳动局从业统计；米夏埃尔·松德尔曼事务所 2008 年对文化/创意产业进行的独立核算。

3.3.10　广告市场

前言：广告市场包含两个经济部门：通讯设计和广告设计，以及广告发行。

表 3-11　广告市场的核心经济部门

经济部门编码	经济部门
74.40.1	*通讯设计和广告设计
74.40.2	广告发行

说明：* 也属于其他子市场。

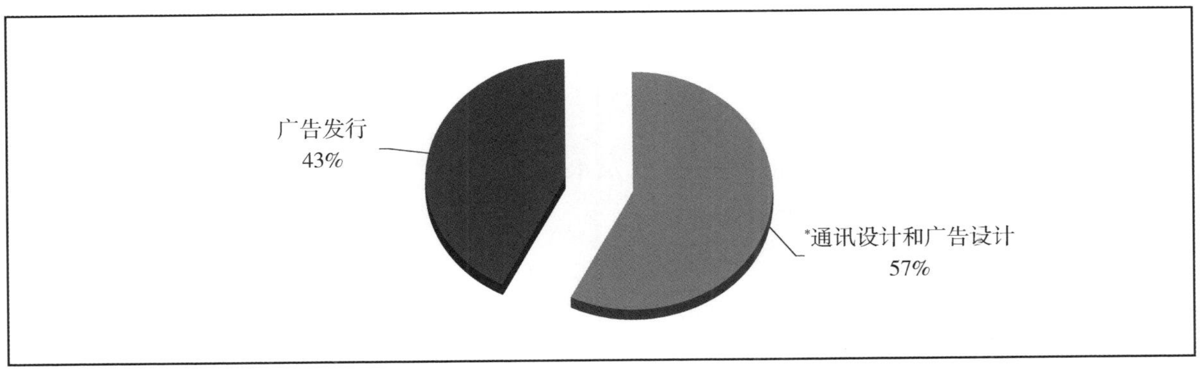

图 3-44　根据经济部门划分的广告市场中自由职业者和企业的分布

来源：2008 年联邦统计局营业税统计；2008 年联邦劳动局从业统计；米夏埃尔·松德尔曼事务所 2008 年对文化/创意产业进行的独立核算。

主要特征

根据现有的数据，2008 年广告市场从业人员共计 151 700 人，占文化/创意产业从业人数的 13.4%，其中有社会保险的有 111 200 人，超过平均水平。

据估计，2008 年广告市场创造的营业总额约 273 亿欧元，是文化/创意产业总营业额的 18.4%。

广告市场中自雇型企业和纳税企业的数量共计约 40 500 家，占文化/创意产业企业数的 14.8%。

企业类型

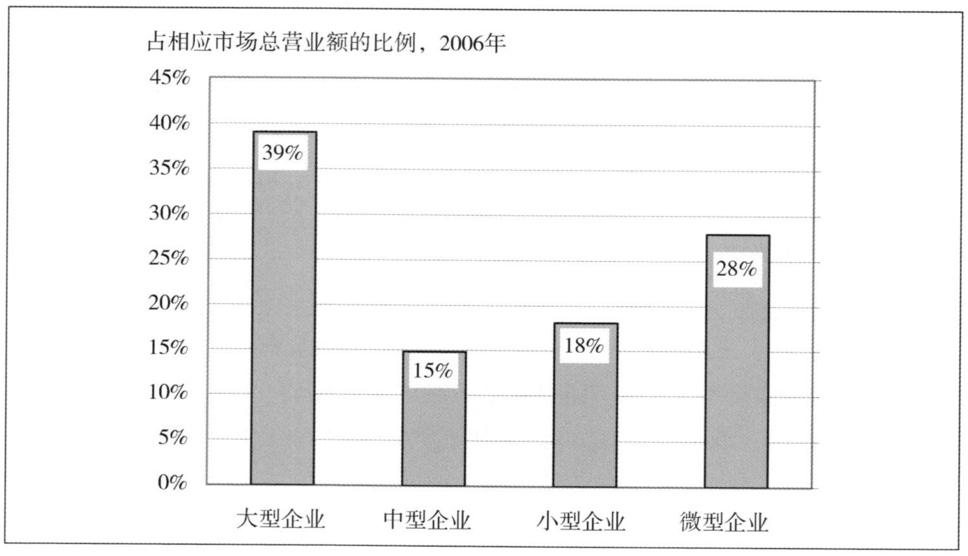

图 3-45　根据规模大小划分的 2006 年广告市场中的企业类型

说明：选自所有经济部门。

来源：2008 年联邦统计局营业税统计；米夏埃尔·松德尔曼事务所 2008 年对文化/创意产业进行的独立核算。

依据 2006 年的结构数据，不同规模类型企业的营业额按以下方式分布：

- 占比 96%的近 38 100 家微型企业创造了营业额 28%的份额。
- 共占比 3%的约 1 400 家中小企业各创造了市场份额的 18%和 15%，53 家年营业额 5 千万以上的大型企业占 39%的市场份额。
- 大型企业年平均营业额为 1 亿 9 千万欧元，而微型企业年平均营业额为 190 000 欧元。

发展

插图展示了企业数一直保持稳定的增长，从 2003 年至 2008 年持续增长了 9%。

广告市场营业总额的发展到 2005 年增速放缓，2005 年到 2008 年之前增长明显，并在 2003 年至 2008 年区间内实现了 19%的增长。

就业市场在到 2005 年的一段衰退后开始积极发展，在 2003 年至 2008 年间实现了 4%的增长。在就业情况起初明显缩减，后来几年发展良好的情况下，广告市场从经济的角度出发有好或有很好的市场发展。

最后的说明：将来独立的建筑市场行业报告不仅应从官方的数据中，也应从协会①和组织的数据中提取有用的资料。

① 德国联邦新闻出版机构协会(2008)：《德国新闻业现状 2008》，柏林；德国联邦新闻出版机构协会(2008)：《德国新闻市场数据》，柏林。

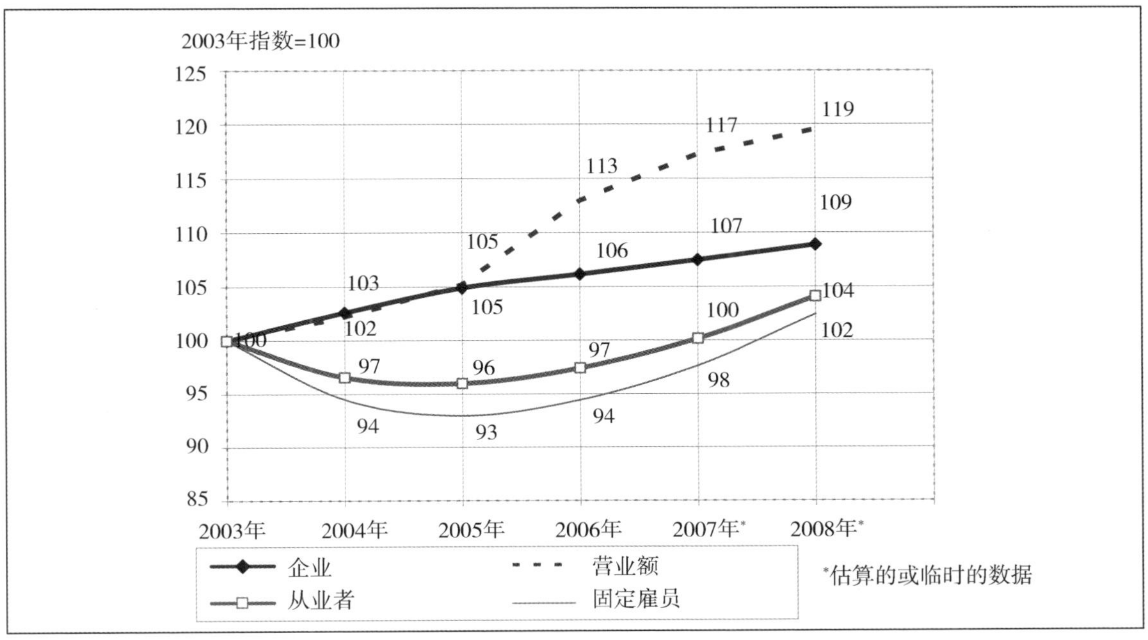

图 3-46　2003 年至 2008 年广告市场的发展

说明：从业者(自由职业者和企业雇员)，固定雇员(只包括有社会保险的企业雇员)。

来源：2008 年联邦统计局营业税统计；2008 年联邦劳动局从业统计；米夏埃尔·松德尔曼事务所 2C08 年对文化/创意产业进行的独立核算。

3.3.11　软件/游戏产业

前言：在德国，软件/游戏产业直到最近才被当作文化/创意产业的正式子市场而被收入这个整体中来，这一发展也让德国加入了国际辩论之中，关于游戏产业在文化/创意产业中的地位的争论一直以来都是该产业的重要特征。

各种类型的软件产品的开发和出版都属于软件/游戏产业的范畴，依照联邦协会 G. A. M. E. ① 的分类，如电脑游戏、电视游戏、视频游戏、手机游戏和广告游戏都属于游戏产业，该协会是如此定义游戏产业的：“电脑和视频游戏包括所有通过音视频再现，可以进行游戏或以学习为目的的游戏的交互性、非线性媒体。这一过程中传输介质、再现系统或传输路径都是次要的。”

必须承认，这种源自经验的总结和表述引发了方法上的困难，它的划界也不够明显。电脑游戏、视频游戏、在线游戏和手机游戏是用来消遣的软件，它们以实体形式或虚拟形式表现出来。它在统计中的分类还不明确，因此现在的分类将以经济合作与发展组织(以下简称经合组织)②的当前国际定义为导向，为我们提供了如下经济部门选择：

表 3-12　软件/游戏产业的国际统计分类

业务类型	国际标准产业分类(版本 3.1*)
软件发行	电脑及相关业务 722 软件发行、咨询以及供应 7221 软件发行

① 联邦德国电脑游戏开发者协会。
② 经合组织(2005)：《数字宽带内容：在线电脑游戏和视频游戏产业》，巴黎。

续表

业务类型	国际标准产业分类(版本 3.1*)
含有软件内容的计算机服务	电脑及相关业务 722 软件发行、咨询以及供应 7229 与 7221 软件发行业务存在潜在交叉的其他软件咨询与供应
视频游戏包括动画	未单独列出

说明：* 国际产业分类，经济合作与发展组织定义。

对经合组织的定义进行翻译，按德国的分类进行改编，得出如下划界。

表 3-13　软件/游戏产业的核心经济部门

经济部门编码	经济部门
72.20.1	软件发行
72.20.2	软件咨询和开发

说明：参考经合组织的定义。

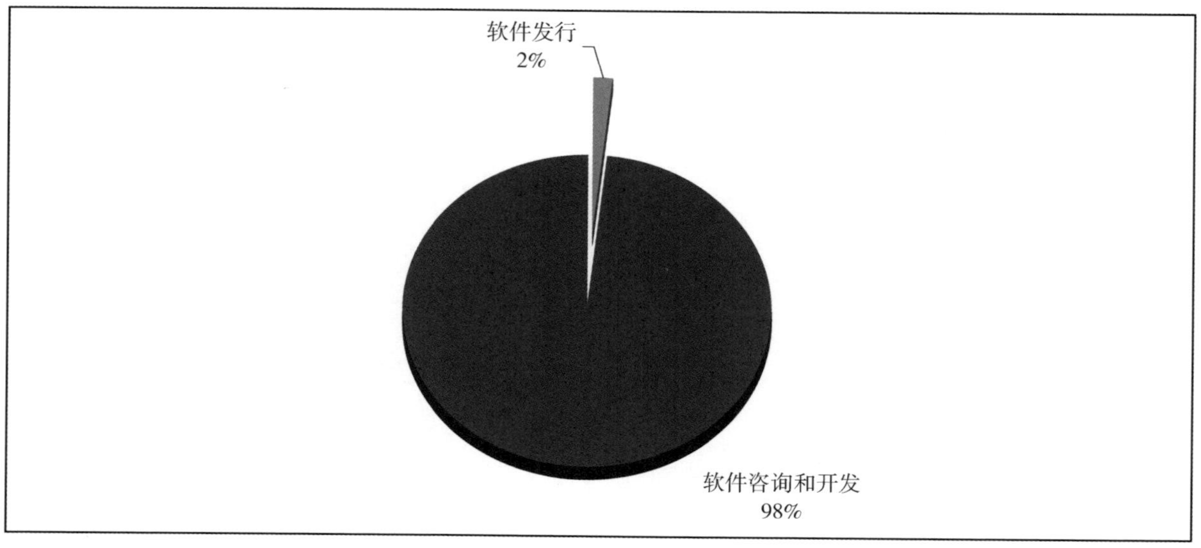

图 3-47　根据经济活动划分的软件/游戏产业中自由职业者和企业的分布

主要特征

当前报告显示，2008 年从事软件/游戏行业的人数达 345 100 人，这占整个文化/创意产业从业人数的 30.5%。其中有社会保险的人数达到 304 300 人。

2008 年，软件/游戏产业的营业额估计达 2 650 亿欧元。这相当于文化/创意产业总营业额的 17.8%。

文化/创意产业中有纳税义务的软件/游戏企业共有大约 40 800 家。这占整个文化/创意企业数目的 14.9%。

企业类型

根据 2006 年的结构数据分析，不同类型企业的营业额情况如下：

· 将近 34 100 家微型企业，占企业总量的 95 %，其营业额所占的比例为 27%。

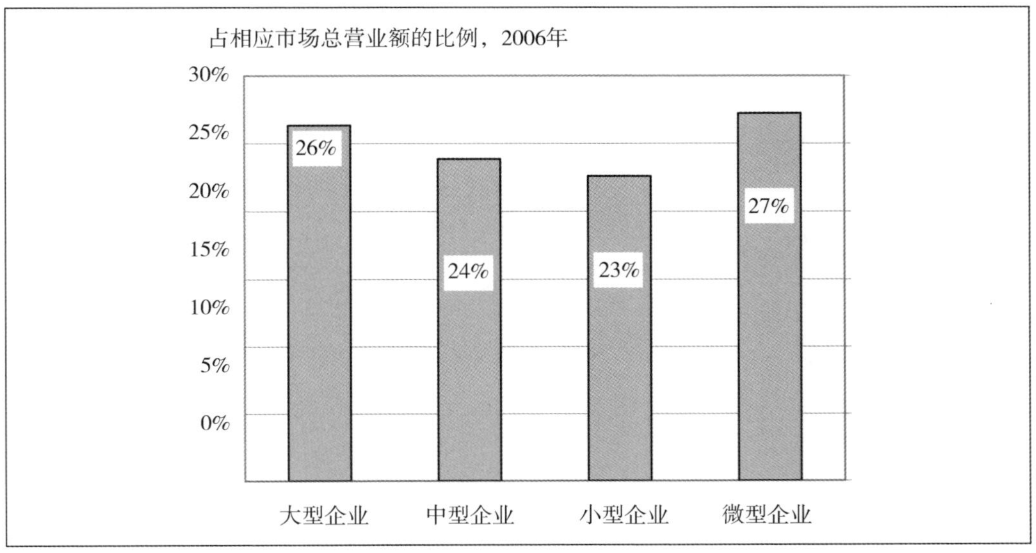

图 3-48　按规模划分的 2006 年游戏/软件产业中的企业类型

注：选自软件/游戏产业。

资料来源：2008 年联邦统计局营业税统计；米夏埃尔·松德尔曼事务所 2008 年对文化/创意产业进行的独立核算。

- 约 1 600 家中小企业，占企业总量的 5%，其营业额各占 23%和 24%的比例。为数极少的 43 家大公司，其营业额就占了 26%的比例。
- 大公司的年平均营业额可达 14.7 亿欧元，而小型企业的年营业额仅 193 000 欧元。

发展

下图显示了软件/游戏公司数量的增长趋势。从 2003 年到 2008 年，软件/游戏公司的数量在持续增长，其增幅达 48%。软件/游戏公司每年的增幅在 7%左右。因此软件/游戏业是文化/创意产业中发展最快的行业。

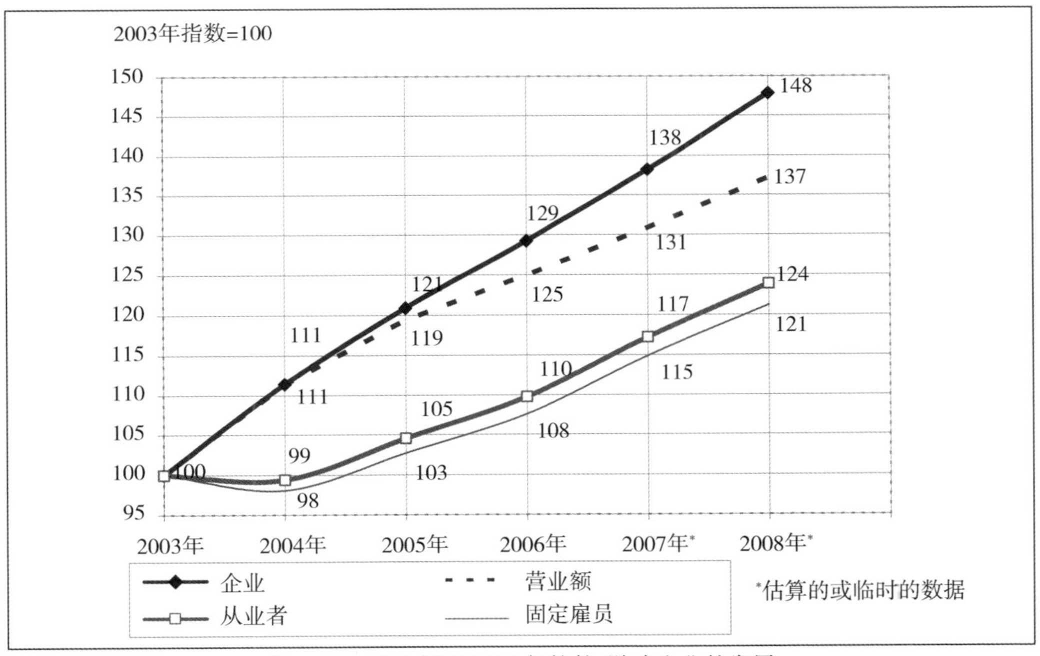

图 3-49　2003 年至 2008 年软件/游戏企业的发展

注：从业者（自由职业者和企业雇员），固定雇员（只包括有社会保险的企业雇员）。

资料来源：2008 年联邦统计局营业税统计；2008 年联邦劳动局从业统计；米夏埃尔·松德尔曼事务所 2008 年对文化/创意产业进行的独立核算。

与公司的增长相对应，营业额也得到了增长。从 2003 年到 2008 年，该行业的营业额增幅达 37%。每年的增幅为 5%左右。

同样，该行业的就业形势良好。2003 年该行业就业形势出现了短暂的不景气现象，2004 年就业率逐步增长，并且超过了平均水平。到了 2008 年，涨幅已由 2003 年的 21%增至 24%。

总而言之，软件/游戏行业是文化/创意产业最重要的领域。它的增长动力正带着整个产业往积极的方向发展。从量的角度来看，软件/游戏行业未来将会成为文化/创意产业的中流砥柱。从质的角度来看，软件/游戏行业会引发一场关于整个文化/创意产业价值的专业以及情感讨论。因此，德国文化协会最近承认了联邦游戏协会为文化机构。2009 年，文化部部长授予最具文化价值的游戏高级荣誉。

游戏开发过程中各种文化部门(如电影、视频、音乐、文字、动画等)的相互融合，将会加强这些部门内容的趋同性。这种趋同性并不仅仅指技术层面上的影响。这一过程同样也联系起了文化/创意产业里几乎所有的部门。游戏的开发肯定会对其他部门的美学观产生影响。议会联邦经济与技术部国务秘书认为游戏行业有着深远的影响："游戏行业是跨媒体循环链中不可或缺的部分。"游戏行业及其技术在许多媒体部门如软/硬件业、电影业、动画业起着先锋模范作用。数字游戏技术经过转换可以应用在其他部门，如医疗或者工程领域。互联网游戏已经成为一个重要的市场因素，至少在德国是这样的。理所当然，游戏行业和互联网已经成为一个传播创意和文化的平台。显而易见，这些都是游戏行业已成为文化/创意产业先锋的证明。

注：将来游戏/软件行业的独立行业报告除了使用官方数据外还会使用协会收集的数据，关于精确该行业界限的工作将会继续展开。国际上关于游戏行业界限的讨论已达成新的协议，这使得人们更好地了解游戏行业中的各部门成为可能。

表 3-14　未来游戏/软件产业的部门的划分

经济部门编码	部　门[*]
58. 21. 0	电脑游戏发行
58. 29. 0	其他软件发行(不含电脑游戏)
62. 01. 9	标准软件开发
62. 02. 0	软件咨询
62. 01. 1	互联网 u 编程开发
62. 01. 9	针对顾客的软件开发
62. 09. 0	软件安装

注：[*] 2008 年新部门划分。

未来对软件/游戏行业部门的划分使得关于该行业结构的精确研究有了可能。

3.4 文化/创意产业经济意义的最终评价

3.4.1 实证结果摘要

由部门分析结果得出以下摘要：

关于部门总的评价

就增长势头而言，设计产业、表演艺术市场、软件/游戏产业和艺术市场这四个部门显得格外耀眼。在平均增长率基础上，这些部门的营业额从2003年到2008年实现了持续增长，年平均增幅在5.3%和8.4%之间。同样，营业额增幅高于行业平均水平的广告业也很显眼，它的增幅达3.6%（平均营业额增幅为2.4%）。

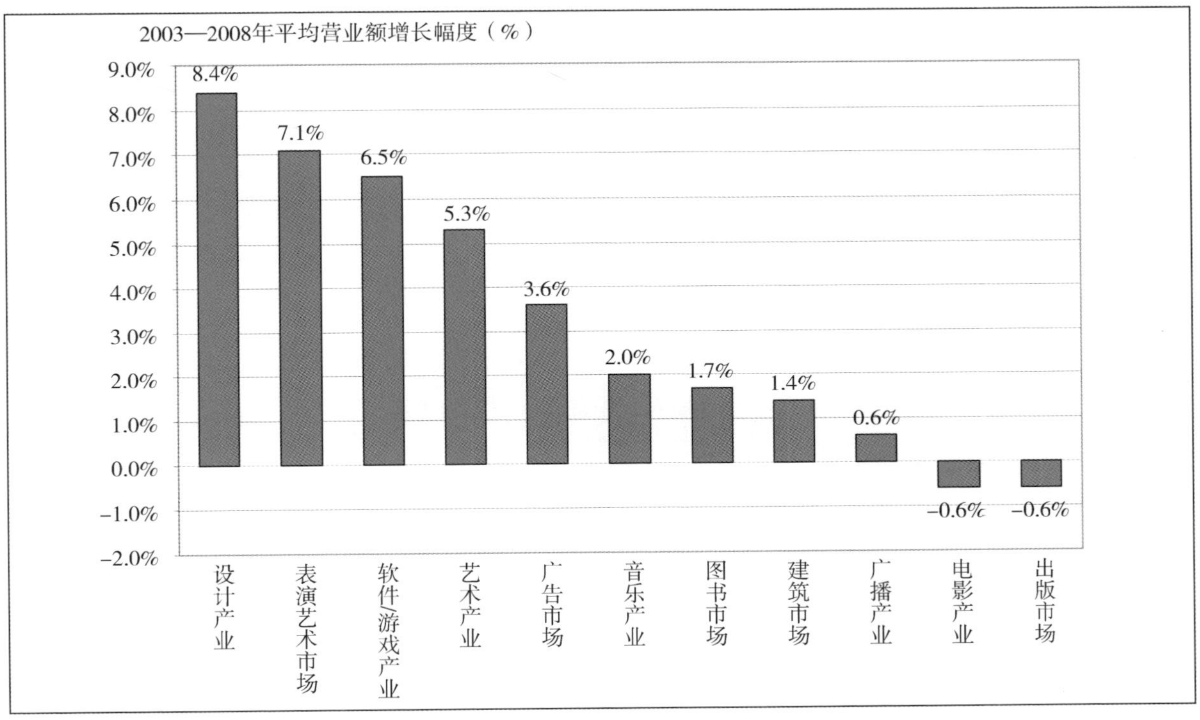

图 3-50 2003 年至 2008 年文化/创意产业各部门营业额的增幅

注：在 2003 年至 2006 年数据的基础上得出的平均营业额。

资料来源：2008 年联邦数据统计局的数据；米夏埃尔·松德尔曼 2008 年对文化/创意产业进行的独立核算。

音乐公司、图书公司和建筑公司发展势头良好，从2003年到2008年它们的营业额增长幅度在1%和2%之间。文化/创意产业中仅有出版业和电影业2003年至2008年处于经济困难时期，平均来看在这期间它们的营业额有轻微的下滑。

企业类型的重点

在营业额的基础上研究企业结构的目的在于得出小型和微型企业对文化/创意产业的意义。文化/

创意产业中小微型企业的意义远远大于传统产业中的小微型企业的意义。这一点在 3.2 章中已介绍过。通过对 11 个子市场的细致研究得出了文化/创意产业的企业格局图。

所有部门中的大企业营业额所占比例在两位数范围内浮动，这是一绝对数字。大企业的经济实力对该部门有决定性的作用。

比如广播产业，20 家大公司的营业额就占了整个部门营业额的大约 80%，图书和出版市场这一比例分别为 55%和 68%。与此相对应，出版市场和广播产业中的小型企业意义并不重要。广播产业中小型企业的营业额仅占行业营业总额的 4%。出版市场中小型企业的营业额很小，换算成百分比的话，微乎其微，接近于 0。但是这一企业 2006 的营业额也达到了 10.4 亿欧元。

小型企业比例较高的行业有：艺术市场（营业额比例 39%），表演艺术市场（营业额比例 59%），设计产业（营业额比例 75%，不包括广告设计业），以及建筑产业（营业额比例 78%）。这些行业，小企业的数量比较多，营业额所占比例也很高。这些行业中独立从业者和自由职业者居多，其年平均营业额为 100 000—200 000 欧元。

“平均行业”比如软件/游戏产业、广告市场和电影产业，这几个行业中，四种主要公司类型所占的营业额比例基本相同。这四种主要公司类型对于这几个行业的经济承载力有着重要意义。

总体而言，由于文化/创意产业巨大的就业潜能，它的意义越来越重要。它吸纳了将近一百万人就业（不包括临时工），这一数字对经济政策的制定越来越重要。文化/创意产业中不仅大企业是吸纳就业的重要承载者，小企业在吸纳就业方面也发挥了重要作用。小企业中独立从业者、自由职业者居多。这里不得不提的是独立艺术家，他的作用在下面将会介绍。

3.4.2 特别关注：独立艺术家

如果没有作家、作曲家、音乐家、舞台艺术家、电影制作人和视觉艺术家的作品和成就，就没有文化/创意产业。他们是创作者、原创者、表演（或演奏）艺术家和服务业从业者，离开了他们，任何电影公司、音乐公司、图书出版社以及画廊都无法开发和销售产品。

通过上面的陈述，从经济角度考量，我们不难得出艺术家群体是文化/创意产业价值链中的最小主体。除此之外，艺术家们常常没有自己的组织和协会（比如美国），这些组织和协会是帮助艺术家进行商业谈判的好伙伴。

特别值得一提的是，独立艺术家目前陷入了一个艺术家、文化或是创意怪圈。这一怪圈表现为成品过剩。专业艺术家、半专业艺术家和自学成才艺术家创作了很多作品，这导致了产品过剩。这种产品过剩使艺术家们处在激烈而又具有毁灭性的竞争中。除此之外，新技术和网络数字技术的运用进一步加剧了产品过剩。

独立艺术家处在复杂的经济处境中，因此，未来在经济、文化政策层面要加强对独立艺术家的关注。目前政策仅从社会维度关注艺术家，这远远不够。我们还应对独立艺术家的经济处境加强了解，这是全面发展德国艺术文化产品的重要前提。

主要特征

根据相似性可以把艺术家分为以下四个主要群体：

1. 音乐团体
· 独立音乐家(作曲家等)
· 音乐团/舞蹈团
2. 视觉艺术团体
· 独立视觉艺术家
· 独立(艺术、建筑)修复师
3. 表演艺术团体
· 独立舞台/电影表演家、广播艺术家
4. 文学/文字团体
· 独立作家
· 独立记者

无论自由艺术家还是全职艺术家都属于独立艺术家，不考虑他们是否有自己的工作室、办公室、代理处和员工。它涵盖了所有在税务机关登记为独立从业者的艺术家，他们通过自己的创作和成果盈利。

	独立从业者数量	营业额(百万欧)	独立从业者比例	营业额比例	独立从业者平均营业额(千欧)
音乐团体					
音乐家(作曲家等)	2 337	244	5%	7%	104
音乐团/舞蹈团	1 859	214	4%	6%	115
视觉艺术团体					
视觉艺术家	8 039	713	18%	19%	89
(艺术、建筑)修复师	1 266	136	3%	4%	108
表演艺术团体					
舞台表演家	8 924	754	20%	20%	85
文学/文字团体					
作家	5 915	456	13%	12%	77
记者	16 615	1 197	37%	32%	72
合计(S，Ⅰ)	44 955	3 715	100%	100%	83
艺术家/文化工作者年收入少于 17 500 欧元	84 300	—	—	—	—
合计(S，Ⅱ)	129 255	—	—	—	—

图 3-51　2006 年对独立艺术家、作家和记者的统计

注：艺术文学独立从业者年营业额等于或大于 17 500 欧元。

资料来源：营业额统计，微普查；2008 年联邦统计局的数据；米夏埃尔·松德尔曼事务所 2008 年对文化/创意产业进行的独立核算。

德国约 45 000 名独立艺术家 2006 年的营业额等于或大于 17 500 欧元。合计总营业额为 370 亿欧元。每个艺术家的年平均收入为 83 000 欧元。

此外，通过微普查调研，2006 年新增加 84 300 名独立艺术家，这一结果由微普查调查问卷得出。

共计有将近 130 000 名独立艺术家活跃在市场上。相关信息：2006 年有艺术家社会保险的独立艺术家达 151 000 人。由于不同的参考标准可能会产生偏差。参考营业税统计，核心领域共有 44 500 名艺术家。在这一核心领域中，文学/文字团体所占比例为 50%，是占份额最大的团体，接下来是视觉艺术团体，所占比例为 20%。占份额最小的是音乐团体，然而它却是最成功的团体。

音乐团体的年平均营业额在 104 000 欧元到 115 000 欧元之间。仅修复师的年营业额就相当于音乐团体的年营业额。其他艺术家群体中艺术家人均年收入少于 10 万欧元。记者群体是收入最少的群体，人均年收入小于 72 000 欧元。营业额的划分涉及所有艺术群体，接下来会有清晰的展示。

2006 年独立艺术家营业额分配情况

营业额(欧元)	作曲家(%)	音乐/舞蹈团(%)	视觉艺术家(%)	舞台艺术家(%)	作家(%)	记者(%)
17 500—50 000	55.8	61.9	57.5	59.3	58.8	59.6
50 000—100 000	22.5	19.7	24.6	23.5	24.0	26.4
100.000—250 000	15.1	12.0	12.8	12.2	13.1	10.8
250 000—500 000	4.2	3.3	3.3	3.2	3.0	2.2
500 000—1 000 000	1.5	1.5	1.1	1.2	0.7	0.7
高于 1 000 000	0.9	1.6	0.6	0.6	0.5	0.3
合计	100.0	100.0	100.0	100.0	100.0	100.0
营业额(欧元)	绝对值	绝对值	绝对值	绝对值	绝对值	绝对值
17 500—50 000	1 304	1 151	4 624	5 289	3 477	9 908
50 000—100 000	525	366	1 977	2 095	1 419	4 391
100 000—250 000	352	224	1 031	1 092	772	1 787
250 000—500 000	99	61	264	287	177	361
500 000—1 000 000	35	27	91	111	43	123
高于 1 000 000	22	30	52	50	27	45
合计	2 337	1 859	8 039	8 924	5 915	16 615

图 3-52　2006 年独立艺术家营业额分配情况

注：不包括独立(艺术、建筑)修复师。

资料来源：2008 年联邦统计局营业税统计；米夏埃尔·松德尔曼事务所 2008 年对文化/创意产业进行的独立核算。

最少的年营业额在 17 500 欧元和 50 000 欧元之间，绝大多数艺术家处于这一层次，它所占的比例大约在 55%和 62%之间。接下来的层次是 100 000 欧元到 250 000 欧元，处于这一层次的艺术家相当可观，超过了 30%。年收入超过 250 000 欧元的艺术家大约占 10%。

从营业额的划分可以看出，艺术家群体的收入存在差异，但是他们又是密切联系的经济体。

艺术家、文化/创意从业者是文化/创意产业的中心焦点，他们也构成了文化/创意产业独立的行业综合体。就经验而言，艺术家、文化/创意从业者在媒体和 IT 相关行业的行业综合体中仅仅起到供应商的作用，而在文化/创意产业中他们是独立的从业群体。

艺术家群体联合组成的经济体给文化/创意产业带来了复杂的情况和结构。就这点而言，把文化/

创意产业看作“特殊经济部门”是合理的。这一概念下还包含艺术家、文化/创意从业者实验性而又富有挑战性的活动。“特殊经济部门”这一概念为被称作例如“项目经济”“原型经济”的这些概念提供了新视野。在第四章将会探讨这一特殊经济部门中的重要基础条件和从业者的主要特征。

3.4.3 特殊关注：文化部门

这一章节将会对第一章提到的“三部门模式”作初步的介绍。为了更好地理解文化部门的界限，这里将参考文化政策。这些政策作为文化产业的补充视角应被给予重视。因此，这里所探讨的并不是文化/创意产业中的所有 11 个子市场，而是传统的文化部门：

· 音乐产业
· 图书市场
· 艺术市场
· 电影产业
· 广播产业
· 表演艺术市场

从文化政策角度而言，这些部门构成了文化产业的子市场，原则上作为文化企业的补充部门。

	从业人数 2006 年	从业人数所占比例(%) 2006 年
0. 艺术家		
独立艺术家(17 500 欧元及以上)(1)	44 955	—
独立艺术家(少于 17 500 欧元)(2)	84 300	—
总计 Ⅰ.	129 255	24
1. 公共文化企业		
剧院、乐团等(3)	38 383	—
自雇型文化乐团(4)	3 800	—
图书馆、博物馆、纪念馆、档案馆(3)	31 084	—
专业音乐教师(3)	18 400	—
总计 Ⅱ.	91 667	17
2. 文化中介企业		
公共广播机构(3)	39 453	—
文化企业临时工(5)	14 882	—
临时培训师(6)	17 000	—
总计 Ⅲ.	71 335	13
3. 私营文化企业(7)		
音乐产业	21 633	—
图书市场	75 318	—
艺术市场	5 760	—
电影产业	43 481	—

	从业人数 2006年	从业人数所占比例(%) 2006年
广播产业	22 133	—
表演艺术市场	15 346	—
以及临时就业(5)	57 583	—
总计Ⅳ.	241 254	45
合计 Ⅰ.-Ⅳ.	533 511	100

图3-53 “三部门模式”下的文化部门就业潜能

注：(1)营业税统计；(2)微普查；(3)就业统计和德国剧院协会；(4)德语剧院协会；(5)临时就业统计；(6)就业统计和德国音乐学院协会；(7)数据来源于目前的鉴定。

来源：数据来源见注；米夏埃尔·松德尔曼事务所2008年对文化/创意进行的独立核算。

根据文化部门的就业潜能，我们可以得出以下结论。

至少533 500家企业属于文化部门。艺术家独立从业者群体是“三部门模式”的核心。它的人数达129 000人，所占百分比为24%。

公共文化公司提供了将近92 000个岗位，为文化部门17%的人提供了社会保险。

除了公共文化机构，公共广播机构也属于中介文化公司。它们为文化部门创造了至少71 000个岗位，大约占整个部门岗位的13%。

私营文化企业或文化产业吸纳了421 000人就业，这包括临时工在内，相当于整个部门岗位的45%。

3.4.4 文化/创意产业的国民经济视角展望

文化/创意产业中的具有“非同质性”或“行业特定性”的企业如果没有经济政策的辅助是否能很好地发展，这是该产业的一个基础性问题。过去的十年，在没有特殊文化政策支持的情况下，文化/创意产业实现了自己的独立发展，正如第二个板块介绍的那样，这一点大家有目共睹。尽管如此，还需回答为什么资助项目一定要聚焦于、针对于，及考虑到是否切合文化/创意产业的特殊性，或是为什么资助项目能为文化/创意产业带来新契机这一问题。文化/创意产业中97%的小型企业在没有经济理性规划和国家资助项目扶持下现实了独立发展，这是对这一问题很好的回答。

人们一方面想要承认文化艺术企业有自己独特的原则和自我实现方式，另一方面想到传统企业追求利益的原则就会觉得这两方面陷入了冲突。目前人们还不能为这种冲突找到平衡点。正因为文化/创意产业进行的是生产创意性文化产品的活动，因此它的商业规划模式往往与传统的规划模式不同。这一点在资助项目中很普遍。因为小企业对文化产业的商业潜能认识不够和资助机构代表缺乏对文化产业文化潜能的了解，使得该产业的经济和文化潜能得不到最佳利用。

虽然文化产业已经取得了一些经济方面的成就，但目前还存在文化/创意产业不能打开传统市场的问题。这是因为文化/创意产业从业者还不能真正独立地发挥本行业的经济潜能。除此之外，在从业者和资助机构间还存在着信息不对等的问题。这些资助机构的设立是为了更好地发挥文化/创意产业现有的经济潜能。

在这样的背景下，人们要改善信息的传递途径，同时在制定经济规划的时候要考虑到文化因素的影响，反之亦然，在制定文化规划时要注重经济因素的影响。这都是为了更好地开发文化/创意产业现有的经济文化价值潜能。政策的制定者并没有为机构和从业者这一传递信息的双方提供足够的条件。因此以后在制定经济政策时，要考虑为他们提供足够的条件，以用来解决信息不对等的问题和更好地开发文化/创意产业的经济潜能。

虽然目前对新兴文化企业创造的劳动和就业岗位研究甚少，但是，这些企业在已有的经济部门和价值链的基础上还能为从业者不断创造出新的就业岗位，这一被忽视的巨大的潜能已经得到人们的认可。未来人们将会加强对文化/创意产业这一经济潜能的利用，以此来达到加强文化/创意企业对德国国民经济的意义，文化/创意企业对国民经济的意义在板块二已经简要地叙述过。

此外，文化/创意产业从业者作为一种生产要素越来越多地投入到其他行业。这一投入表明了文化/创意产业的创新“溢出效应”能激发传统行业的巨大潜能。创新能力在传统行业已成为被追捧的资源，比如在汽车制造业或者纺织业。与此同时，交叉创新过程中产生的潜能的价值已远远超过了现有设计师所能创造的价值。

文化/创意产业除了对德国国民经济新创造的价值有质的影响外，还对未来的工作和生存模式有着示范作用。文化/创意产业也是未来知识型社会的一部分。文化/创意产业具有一些重要的结构特征，这在其他的经济部门中也能找到，或者说这些结构特征在其他经济部门中也存在。

- 如今，文化和创意部门已采用面向未来的工作模式和生产模式。基于它的生产方式，例如混合型工作模式和内容导向型生产模式，可以认定文化/创意产业是德国未来知识型经济的领跑者。
- 文化/创意产业的某些部门仅有很短的创意周期。创新型商业模式在企业管理学中属于需要资金支持的范畴，同时也属于高风险范畴，因此创新型商业模式需要特殊的支持。辅助创新力的经济政策需要与之配套的资助措施。
- 文化/创意产业的基本产品类型有样板/模型产品、定制产品、超小型系列产品和精神文化产品。文化/创意产业的产品类型和产品的特点都具有知识经济的本质特征。
- 文化/创意产业中女性从业者所占的比例高于其他行业平均水平，这也是文化/创意产业的一个特征。在缺乏技术劳工的背景下，提高女性劳工的参与度是决定成败的重要因素。因此文化/创意产业可以作为如何提高劳动就业率的一个典范。
- 文化/创意产业中，就业结构变化很快，就业领域和职业类型也在不断地更新。文化/创意产业这一主要就业结构可以为未来传统行业的发展提供一个典范。例如未来，传统行业要加强自由职业者和独立从业者在本行业中的作用。
- 几乎所有文化/创意产业中的企业都使用现代化技术和所有最先进的信息通讯技术。但它们并不是被动的技术使用者，他们为技术厂商和开发商提供了更新技术的动力。

推进针对一定群体的资助项目，努力使现行资助项目适应文化/创意产业的示范性结构特征，这不仅能使文化/创意产业，而且还能使传统产业更好地应对未来的挑战。对文化/创意产业从文化政策层面进行辅助能为未来经济的发展提供新办法、新设施，这也能为其他产业部门做出贡献。

欧盟宣布了里斯本战略和未来发展目标。这一目标旨在把欧盟建成“世界上最具竞争力和活力的经济体。未来要实现经济的可持续发展，创造更多更好的岗位，同时还要加强欧盟地区的社会凝聚力”。无论从国民经济角度出发还是从未来工作模式特征来看，辅助文化/创意产业的经济政策有利于这一目标的实现。这一政策也能为文化/创意产业创新和经济潜能的开发做出贡献。

除了从国民经济角度对文化/创意产业进行展望，文化/创意产业中的传统部门如广告市场、出版市场和电影产业也不容忽视。这些传统部门的中的一些部门已经获得了经济政策的支持。在这些传统部门中投入新技术也能带来新的增长契机和获得很大的创新动力。为了从经济政策层面给予文化/创意产业更好的辅助，现行资助政策尤其考虑了是否契合小企业的需求，同时也会直面推行辅助政策时的困难。这一切都是为了充分开发文化/创意产业的经济潜能。

4. 联邦对文化/创意产业的资助政策分析

近些年来，许多研究、专家鉴定和文化产业报告都对文化/创意产业进行了研究。越来越多的专业会议、学术交流会议、民意调查和研讨会对文化/创意产业的当前形势、背景、经济前景和实践领域进行了分析。这些探讨性活动聚焦于找出行业从业者的需求，为文化/创意产业发展措施的制定提供建议。同时，这也是这些探讨性活动的本质特征。就目前来看，还需对文化/创意产业中不同行业的资助需求与不同机构现有资助项目之间的关系进行本质的分析。目前的讨论表明，许多小企业和微型企业并不能享受到现有的资助政策，一些需要资助的群体也未能得到帮助。

对文化/创意产业辅助性经济政策的发展进行基础性研究的意义迫切需要在最新的文化/创意产业研究中指出。“只有当文化/创意产业的内部视野(哪些需求是能够申请资助的)与资助机构的外部视野(在现有条件下哪些资助项目能够开展)实现完美的结合，才能完成迈向未来资助项目的第一步。”①

分析文化/创意产业资助政策是为了说明市场供需双方的关系，展示资助政策的成效，也为了指出文化/创意产业从业者对现行资助政策不满意的地方。综合参考各乡镇、各联邦州和欧盟其他成员国的资助项目例子，将会为联邦政府解决资助需求提供方案。

工作的第一步，我们将通过对比传统产业，对文化/创意产业中的从业者特征、商业模式和产品进行描述。为了更好地划分文化/创意产业从业者的资助需求，在分析过程中参考目前的研究成果和文化产业报告是有必要的。

工作的第二步会借助现有研究、项目和专家会谈得出的结果对文化/创意产业的需求进行探讨。为了更好地阐明文化/创意产业从业者的特殊需求，我们将会采用不同行业、文化/创意产业代表、文化/创意产业辅助机构和相关机构在专业研讨会、报告、讨论中所得出的见解。此外，还会采纳80位来自文化产业或本产业领先研究机构的代表的见解。

此外，分析中还包括文化/创意产业中不同部门代表提出的资助需求和主要困境。这些需求和困境是在创意产业计划启动活动中提交的书面评估中获得。这也使得不同部门间鲜明的差异得到了展示。

第三步，在分析的基础上预测公司和创意咨询公司将会一起合作。它们会根据不同资助目标，把现有的资助政策、资助项目进行系统化的整理，然后提交给联邦政府。与此同时，还会得出相关的行动领域，在这些领域，资助项目或政策的潜能将会得到施展。

- 第一步应该对企业的资金资助需求进行收集和分析，要确保资助网站上有能够满足公司资金资助需求的资助项目。这才能确保这些企业在进行创意投资时获得资助。
- 第二步，要加强资助机构和文化/创意产业中的微型企业的联系。与欧洲其他国家相比，德国的资助服务在满足自由职业者、小微型企业的需求方面还有很大的努力空间。

① 威克尔、格里格、松德尔曼：《瑞士创意产业　数据　模型　事件》，巴塞尔。

· 第三步的重点在于：对文化/创意产业的行业共识需求进行分析，对文化/创意产业外部宣传需求进行分析。

· 最后应收集在目前条件下能够满足的与文化/创意产业相关的所有需求。

接下来将会对 216 个资助项目、资助广告和联邦组织的竞赛进行分析。这些资助服务从资助信息网(www.foerderdatenbank.de)或者其他资料中选出。我们将会对这些资助服务进行分析，如果它和文化/创意产业资助服务没有联系，那么它将会被剔除。剔除标准如下：

· 没有指出对企业进行资助。

· 对文化/创意产业有限制的特殊行业资助服务。

· 缺乏对文化/创意产业的资助。

· 有区域限制的资助服务(如仅在德国东部推广)。

为了更好地划分数量庞大的资助项目，也为了使划分了的项目更好地契合已知需求，依据资助项目的主题，我们对其进行了细致的划分，共划分为五种类型：启动资助、发展资助、研发 & 培训资助、深造 & 进修资助、营销 & 入市资助。在各个行动领域中开展工作时，要采用四步工作方法，对需求和资助服务间的关系进行分析，为需求找出对应的资助服务，并且还要指出现行资助服务与已知需求的匹配程度。

还要对企业的规模进行仔细地分析。因为文化/创意产业中微型企业和独立从业者所占比例很大，同时还存在很多小企业，这就使得资助需求差别很大。为了解决这种情况，也为了听取相关群体的见解，对这三种公司分别进行研究是有必要的。

4.1 文化/创意产业发展框架的基本方面

对文化/创意企业资助需求的分析基本可以认为是对文化/创意产业机制的理解。通过模块 2 介绍的产业结构特征我们可以得出：文化/创意产业机制与其他产业的机制有着本质的区别。在改进文化/创意产业资助措施时，要考虑到文化/创意产业的以下特征：

人们对文化/创意产业基本没有归属感。目前为止，文化/创意产业中的从业者还很难意识到这是一个产业。造成这种状况的原因有两方面：一方面由于从业者的受教育水平和经验不同，另一方面由于行业中存在很多公司类型和商业模式。这种状况在产业交谈会中(例如资助项目支持的交流会)尤其值得注意。

· 文化/创意产业中，维权协会和组织发展的力度还不够。目前在文化产业中还不存在为所有部门服务的强大协会或利益组织。这使文化/创意产业的需求得不到充分表达，潜能也得不到很好展示。这也是目前人们对该产业的资助需求和主要挑战不了解的本质原因。

· 一些部门采用特别的工作模式和商业模式。与传统产业的生产方式相比，文化/创意产业中企业的生产方式确实很特别(如混合工作模式、以内容为导向的生产方式)，这也是资助结构不能有效地在文化/创意产业中运用的原因。创意周期短、产品开发周期长，这使得文化/创意产业中的一些部门处于风险中，这些部门值得我们格外重视。

· 注重生产过程。很多文化/创意产业从业者，特别是小微型企业把创新过程看作商业的核心。因此这些产品存在很大的市场潜能和利用价值，这对鼓舞一些特定群体有很大的作用。

- 样板/模型产品、定制产品、超小型系列产品和非实体产品是文化/创意产业的主要产品。文化/创意产业的产品类型或者说产品的性质确实很特别，它的完成需要使用特别的设备。与传统行业相比，文化/创意产品的生产过程一般比较缓慢并且创作者的即兴性对这一过程还有很大的影响。除此之外，花在构思上的时间也很多。
- 目前为止，文化/创意产业与科研机构的联系很少，也很少接触经济政策。文化/创意产业并不像传统产业那样与高校和研究机构开展合作。同时，文化/创意产业也几乎不参与经济政策的决定。
- 文化/创意产业中女性从业者数量高于其他产业平均水平，这是文化/创意产业的一个显著特征。这种结构特征使文化创业的发展具有巨大的潜能，同时也表明了该产业需要针对性的探讨和资助。
- 文化/创意产业中，就业结构变化很快，就业领域和职业类型也在不断更新。与相邻经济部门的大量互动、对创新和变革的高度敏锐，这都反映了文化/创意产业的灵活性和活力。同样，文化/创意产业的特殊结构也反映了这一特征。在推进资助项目时要时刻考虑到文化/创意产业的这一特征。
- 大型企业和微型企业之间的相互关系。文化/创意产业中企业的创新能力源自灵活性的实验项目。这些项目开始时多由微型创意企业承担。大企业为了增强自己的创新能力，会从微型企业手中接过项目。因此，大型企业和微型企业间有着密切联系。
- 投入和更新数字技术。文化/创意产业中的重要部门一直在运用新的数字技术。这一示范作用为数字技术赢得了广大用户。因此，今后的探讨活动和资助项目也要运用最新的数字技术。

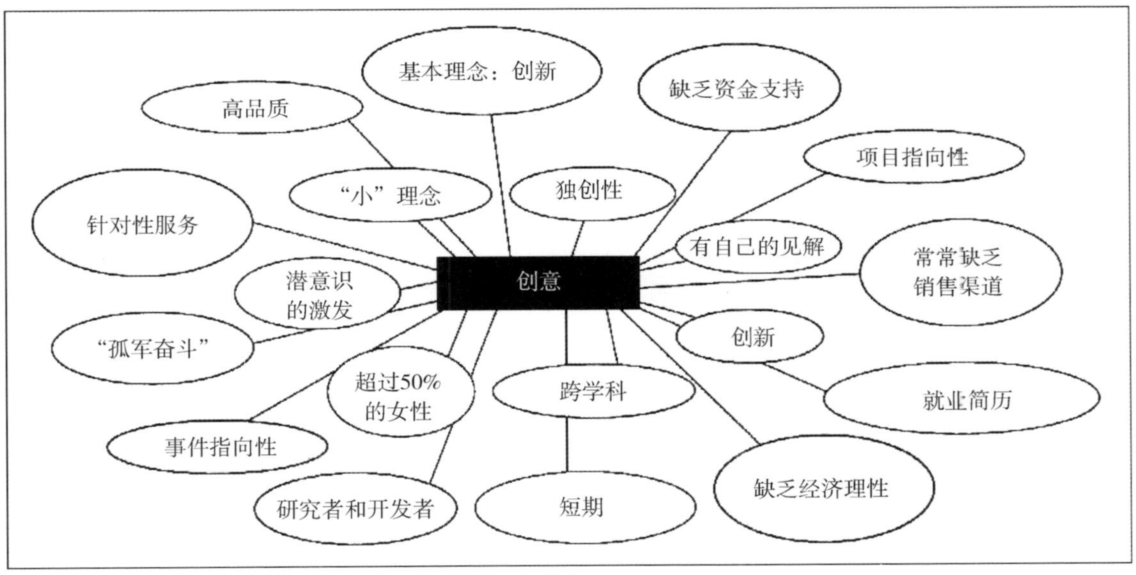

图 4-1　文化/创意产业中 400 家企业的特征

来源：创意咨询公司，2009 年。

上面所总结的文化/创意产业中一些部门的特征，或者可以说是整个产业的特征在下面分析资助条件时会用到，在一些问题中这些特征也会有所反映。

4.2 经济发展计划

4.2.1 微型企业/自由职业者

4.2.1.1 资助需求

为了增强产业的创新能力，也为了促进产业经济的发展，将会开展一系列的辅助措施。这些资助措施有的是针对企业家个人，有的是针对整个行业从业者的具体情况。

在个人层面存在着一个突出问题，即个人的充分专业化。在岗培训的机会在这里发挥了重要作用。除了微型企业家具有实际资历以外，其他个人需要获得文化/创意产业高素质人才这一身份的社会认同。许多在艺术和商业融合的领域中工作的高技术专业人士社会认可度很低，这表现为近乎半剥削形式的低收入。① 他们是创新的引领者、经济发展的驱动者，他们的作用还未得到市场的充分认识。这是通过创意产业不同领域代表获知的。

同样，在知识与资本转换间也存在问题。企业与科研机构间的合作越来越重要，然而，在文化/创意产业却很缺乏这种企业与科研机构间的合作。从业者间没有实现营销信息的共享，也没有意识到规划和宣传的作用，这些都是存在的问题。从业者已认识到加强与科研机构的合作，增强业内间的交流是解决目前困境的出路。

文化/创意产业从业者提出要建立文化/创意产业管理中心。在一些科技指向型部门，这一管理中心早已设立。文化/创意产业管理中心能为产业从业者扫清创意过程中的障碍，并且能为开展合作提供契机。

在推进资助服务时，要考虑到为文化/创意产业提供多样化的资助服务，同时也要想到开辟新的领域。文化/创意产业中小企业的情况复杂多样，这往往被人们忽视了。微型企业咨询管理机构表示，微型企业在产品营销、开辟新市场方面特别需要帮助。与此相关，它们在研修方面也需要帮助。此外，它们还着眼于改进产品结构和销售结构。

对于微型企业和自由职业者来说，融资难是另一个让人头疼的问题。微型企业常常抱怨，它们得不到外部资金的援助。这是因为它们的小额资金需求常常提不起银行的兴趣，或者它们提供不了担保。整个文化/创意产业都不重视市场的研发和企业的发展，这一问题在微型企业中显得尤为严重。这些企业的利润往往取决于项目的成功与否，这就使得微型企业的风险增加了。基于企业的高风险性和产品的特殊性，文化/创意领域的微型企业迫切需要多渠道的融资方式。

4.2.1.2 资助计划

联邦政府为文化/创意产业中的微型企业和自由职业者提供了许多资助服务。以下是 26 个相关的项目和竞赛：

① 文化/创意产业从业者除了从事文化/创意工作外，还要从事其他工作来维持生活，这大大地放慢了文化/创意产业商业模式和公司的发展。因此，出现了商业模式交叉补贴，但是这种补贴不利于商业模式的发展。

表 4-1　联邦政府针对微型企业的资助项目

启动资助
德国复兴银行企业家研修资助
复兴银行启动资金
BAFA—公司咨询资助
信息和培训活动资助
ERP—创业基金
创业补贴
启动基金
EXIS-SEED-创业基金*
多媒体创业竞赛*
发展基金
德国电影基金*
科研 & 开发
ERP—创意项目*
Web 2.0 技术资格认证*
多媒体—创意项目*
教育培训新媒体*
继续教育 & 研修
教育、研修补贴
高级技师联邦财政补助*
以技术为导向的访问和信息项目
营销 & 入市
AKA—出口融资贷款
举办国外会展
参与国际顶级会展
德国网络奖项*
独创音乐奖*
联邦政府设计奖*
德国经济影片奖*
德国乐器奖*

注：* 仅针对文化/创意产业的部分部门。

通过对这五个资助领域（启动资助、发展基金、科研 & 开发、继续教育 & 研修、营销 & 入市）的仔细观察，我们不难得出这些资助服务存在很大的差异。

在启动资助方面，针对微型企业和自由职业者的重要资助服务有：复兴银行启动资金（与原来的复兴银行小额贷款合并），创业补贴和复兴银行创业者培训资金。这些资助服务的目的是：为企业的创立提供资金支持，以规避创立过程中的风险；为企业主负责人提供研修机会，避免典型的企业管理错误。

此外，在销售 & 入市领域也有很多资助服务。这些资助服务的目的是：扩大微型企业和自由职业者的产品和服务在国内外的知名度。为此，一方面要多参与国外会展，另一方面也要通过联邦层面的嘉奖提高部门的知名度。

与此相反，在发展资助领域和它的科研 & 开发子领域里推行的资助服务较少。发展资助领域的目标是：以现有的资助项目促进企业的进一步发展。但是，这些资助服务只针对电影产业中的微型企业和自由职业者。推行相关科研 & 开发资助服务的目的是：通过应用指向型科研加强科技部门的创新能力，同时也为了使知识转化为资本。然而相关科研 & 开发的资助服务只针对极个别部门，主要针对科技指向型部门。

在继续教育 & 研修领域推行的资助项目很少。这一资助领域的目标是：为企业能力的提升提供帮助，为员工研修提供资助，这一切都是为了提高企业的竞争力。这一领域的资助服务有：针对手工业高级技师的高级技师联邦财政补助，为进行继续教育的员工提供停职补贴，科技指向型信息项目和访问项目。

分析表明，26 个所有资助项目中共有 12 个资助项目对微型企业和自由职业者没有特殊的行业限制。其余的 14 个项目和竞赛绝大部分针对科技指向型企业，非技术指向型行业被排除在外。这些资助服务有：针对科技指向型企业的 EXIST-SEED-创业者基金、多媒体—创意项目、ERP 创意项目。仅有很少行业能够获得这些资助服务。

具有部门针对性的资助项目共有 5 项，这些项目都不涉及科技指向型部门。这些项目有：独创音乐资助、德国经济影片基金、和许多联邦层面的大奖(如德国乐器奖、德国经济影片奖、联邦政府设计奖)。获奖者不仅能够得到奖金，而且还能为公司赢得很好的声誉。这对于获得客源、开辟新市场有很大的帮助。这些联邦奖项的另一个目的是向顾客(包括海外顾客)宣传这些获奖企业的独特理念和产品。

4.2.1.3 关于资助服务的供给与需求关系分析

简单来看，这 26 个资助项目似乎已经满足了文化/创意产业中所有微型企业和自由职业者的需求。但是仔细思考这些资助项目与被资助者的需求就能发现：这些项目没有足够或者根本没有考虑到被资助者的真正需求。

在文化/创意产业中，与私人资助相比，联邦资助显得微乎其微。通过这些私人资助，微型企业和自由职业者能够获得很大的收益。该产业中很多微型企业需要资金的援助，所以联邦资助项目在该产业中很有推广的必要。

尤其是 4.2.1 提到的通过对传统工作提供双重补贴的方式促进微型创意企业的专业化和发展这一问题，在这里并未得到体现。为此这些微型企业的经济潜能也得不到很好地发挥。因此，有必要为创意人才提供专门的培育项目。

从表面来看，文化/创意企业能够通过创业资助项目和咨询项目(旨在为产品营销提供帮助)得到帮助，但是这些项目却不能达到预期效果。这是因为这些项目的设置并没有针对 4.1 中提到的文化/创意产业的特点，也没有考虑到该产业中问题的复杂性。因此，很有必要为文化/创意产业设立一个具有特别针对性的创业资助项目。

另一方面，一些企业虽然符合资助条件，但是这些资助服务并不能满足企业的需要。① 企业和资

① 德国联邦议院调查委员会“德国文化”：《为独立艺术家提供创业资助和生存资助》，亚琛；贝彩尔 · 西格丽德(2006)：《灵活的自由职业》，不来梅。

助机构共同参与了关于创业资助项目的重要讨论，在讨论中指出了现存冲突和项目双方的误解。尤其在进行业务规划讨论时，从业者和机构方对规划的理解分歧很大。业务规划在制定创业资助项目时起到决定性作用。这种资助机构和从业者之间的沟通障碍在4.4中将会继续讨论。

在第4.2.2.1中提到的微型企业扩宽融资渠道的需求可以通过复兴银行启动基金和ERP—创业基金解决。然而这些项目并没有得到文化/创意产业从业者的欢迎。在资助机构、银行和微型企业共同参与的会谈中明确指出了资金资助项目存在着的问题与创业资助项目中存在的问题相似。在资金资助项目中，从业者和资助机构间也存在沟通障碍，这使得资助项目的效果适得其反。现有资助项目中，资助方未能意识到参与者的需求金额通常很小，现有的采购程序不能针对这些金额有效展开。行政费用大大超出了资助金额。

我们可以看出，目前为止联邦政府并没有仔细思考过文化/创意产业中微型企业的需求。因此很有必要为这些企业推出小额贷款，这些小额贷款应充分考虑到文化/创意产业的特点，并且要简化办理过程。

一些行业因为有针对性的资助项目，因而不存在上面提到的问题。这些有针对性资助项目的行业一般都集中于技术指向型领域。在这些领域，基于他的行业结构，资助项目与需求不匹配的情况要少一些。其他行业的微型企业仅仅对联邦奖项如电影资助基金感兴趣，这再次反映了资助项目对微型企业没有针对性，同样这也达不到资助微型企业的效果。

同样，现有的资助项目也不能为文化/创意产业从业者找出行业消息联通化的办法。因此，很有必要为从业者们创建一个全国性的行业平台。

通过供需关系分析我们得出：现有的资助项目一方面不能满足从业者的主要需求，另一方面在一些部门中也不能有效地发挥作用。因此，现有的资助项目在文化/创意产业发展的过程中并有充分发挥作用。

表4-2　微型企业资助项目供需关系分析

现有项目	适合项目
在职研修资助	——
业内消息联通“高瞻远瞩”	——
关于微型企业商业模式和价值创造的继续研究	——
发展以市场为导向的定价和营销结构	——
普及产品的研发=市场的开发	——
推进社会认可“高素质人才是创新的动力”	为个别部门设立的联邦奖项
融资渠道	现有项目不能照顾到所有从业者

来源：2009年预测，自行收集整理。

4.2.2　中小企业

4.2.2.1　资助需求

与上面提到的微型企业不同，中小企业对资金资助的需求要大很多。

来自文化/创意产业部分部门（如音乐产业，电影产业）的代表指出，他们的行业金融风险很高，因此常常需要借贷，同时也经常存在基金不足现象，这就使得充分开发行业的潜能遇到了阻碍。

文化/创意产业中的部分部门存在资金不足问题。这些部门生产的是无形产品或提供的是无形的服务。这些部门的中小企业也常常不能提供银行担保。资助机构代表和行业代表表示不需要国家担保和辅助的信贷有很大的限制，所以很有必要为相关企业改善融资渠道。

另一个融资方面的问题出现在项目指向型企业。致力于文化/创意产业的银行和融资机构能为企业提供临时融资帮助，所以这些机构在文化/创意产业中被看成重要的资助机构，但是它们的资助服务推广力度仍然不够。需要特别指出的是：目前为产品内涵指向型企业提供的灵活性融资渠道还不够。运用传统融资方式开展的项目，一旦项目失败，往往会导致整个企业破产。专家认为：避免这种高风险的发生能够改善文化/创意产业的经济处境，这也是从业者的迫切需要。

从业者和资助机构还指出了另外一些资助需求。因此，未来将会在文化/创意产业推广针对开发销售市场的资助项目。这一资助项目会以展示、会展或授予联邦奖项的方式展开。基于一些部门在销售和产品定位方面仍存在问题和这些部门的经济潜能，专家认为为这些部门提供资金资助服务是有必要的。

同微型企业一样，中小企业也需要设立文化/创意产业管理中心。除此之外，中小企业也需要实现行业间知识的转换。从创意角度来说，企业也需要实现知识的转换。这么看来，为中小企业提供统一从业水准是有必要的。与微型企业相比，中小型企业对高素质人才和后备力量的需求要大得多。文化/创意产业的中小企业在找寻合适人才的过程中花销很大，这是因为没有一个可比较的统一从业水准。因为没有一个统一的从业水准，企业在评估人才方面会花费很多时间。因此，联邦政府应想办法减少寻觅人才的花销。如果不减少寻觅人才的花销可能会导致企业人才的缺乏，而这很不利于中小企业的发展。

4.2.2.2 资助服务

通过分析联邦政府的资助项目，我们得出共有 29 个资助项目与中小企业相关。29 个资助项目中有 18 个资助项目是针对个别行业的。这 18 个项目涵盖了文化/创意产业中几乎所有的技术指向型行业，例如软件开发、多媒体、信息和通讯技术。

发展资助服务是针对中小企业开展资助项目的重点。这一资助服务的目标是：通过资金辅助促进中小企业产品和服务的开发，以此来提高企业的市场竞争力。通过这些服务项目还要加强企业在开发新产品、新服务和进行以市场为导向的科研时与研究机构的合作。德国复兴银行提供的融资项目就是这一资助服务的一个例子。可以断定，绝大多数资助项目都局限于文化/创意产业中的技术指向型行业。50 亿欧元的风险项目资金和最高 500 000 欧元针对高科技行业的创业基金都给了科技指向型企业。唯一不针对技术指向型行业的资助项目只有电影基金。

在科研 & 开发领域，为文化/创意产业提供资助服务的项目也很多。这些资助服务的目的是：通过知识转换和资金支持激发创意、促进创意产品和服务的开发。这一领域中的资助服务还有：研修资助和创意大赛。七分之三的资助项目致力于为信息通讯行业中技术指向型企业提供帮助。

针对中小企业的继续教育 & 研修资助服务的目的是：通过知识转换和为个人提供继续教育 & 研修资助来增强企业的竞争力。二分之一的这类资助项目都局限于技术指向型部门。

在开辟客源 & 入市方面针对中小企业的资助服务很少，只有 9 个资助项目。这些项目既资助中小企业打开国际市场，又资助它们在本土市场展示自己的产品和服务，例如为中小企业出口融资专门设立的借贷项目和前面已经提到过的联邦奖项。联邦奖项能为企业的产品和服务提升知名度。

表 4-3　联邦政府针对中小企业的资助项目

启动资助
* 高科技行业创业基金
发展资金
德国复兴银行风险融资项目
ERP—发展基金
KFW—中等规模银行圆桌会议
企业家基金—复兴银行创意基金
风险基金(EIF/EPR—基金)*
创意服务*
德国电影基金*
EPR—启动基金*
科研 & 开发
BAFA—企业咨询资助
信息和培训活动
在科学和研究方面的国际合作
新媒体教育*
Web2.0 技术资格认证*
KMU—创意(IKT)*
多媒体创意项目*
继续教育 & 研修*
研修补贴
高级技师补贴*
技术指向型访问和信息项目*
创意项目Ⅱ*
营销 & 入市
AKA—出口融资贷款
国外会展项目
参与外国顶级会展
德国网络奖项*
独创音乐奖*
联邦政府设计奖*
德国经济影片奖*
德国乐器奖*

注：* 仅仅针对文化/创意产业部分部门。

总的来说，创业资助和发展资助领域资助项目还是很多。其他资助领域的资助项目绝大部分针对技术指向型企业。在创业资助和发展资助领域，14 个资助项目都是针对技术指向型企业，这使其他行业的企业几乎不能或者根本不能得到这项资助。

在 18 个有针对性的资助项目中只有 4 个是针对非技术指向型行业，例如 3 个联邦奖项和德国电影基金。

4.2.2.3 中小企业资助供需关系分析

联邦政府为中小型企业提供了很多资助项目。尤其在资金资助领域提供了很多资助项目。然而文化/创意产业中的中小型企业有特殊的资金资助需求，因而联邦资助项目并没有完全满足中小型企业的资金资助需求。

目前联邦政府仍然没有为中小型企业推出针对企业项目的融资或临时融资服务。这一针对企业项目的融资或临时融资服务在 4.2.2.1 中已经提到过。为此，很有必要为企业提供有针对性的融资服务。并且这些有针对性的融资服务要考虑到文化/创意企业工作方式的特殊性。这些有针对性的融资服务有：小额贷款、项目期内的短期贷款等。

在金融资助领域没有统一的创意评判体系，这给银行和许多资助机构工作的开展带来了麻烦。在德国，很多资助机构并没有和文化/创意企业建立紧密联系。由于这些资助机构既不能很好地评价企业创意，也没能很好地宣传自己的资助服务，这使得资助资源被白白浪费。因此联邦政府既要加强对资助机构的宣传，也要加强对文化/创意产业特殊性的宣传。

文化/创意产业中存在的另一个问题是：未能给“创意”下一个定义。联邦政府在创新 & 发展资助领域推出的资助项目也没能解决这一问题。如服务业一样，在创意行业中也存在很多“隐形创意”。这使得评判文化/创意企业的创意行为和这一行为的意义更加困难。目前资助项目运用的创意评价理念很不符合文化/创意产业的工作和生产方式。因此现在的创意理念并不包括非物质产品和服务的创作过程。

在资助非物质产品推广领域同样也存在问题。现有的资助项目与企业的需求匹配度并不高。因此，很有必要弄清企业的需求。

因此，文化/创意产业从业者迫切需要对“创意”有一个明确的定义，也希望联邦政府对符合资助条件的企业有明确的界定。这一切都是为了促进文化/创意产业的创新和发展。

其他领域中为中小型企业设立的资助服务也多集中于科技指向型企业。发展资助领域中的资助服务多针对科技指向型企业，比如风险基金仅仅针对科技指向型企业。针对非科技指向型中小企业的资助服务只有电影基金和联邦奖项。在科研和创新资助领域情况也相似。这一领域中的资助服务也多针对科技指向型企业。因此文化/创意产业从业者的需求是：非技术指向型创意企业也能获得这项资助。同样，他们也需要以创意或者创意行为为主题的资助服务的帮助。

联邦奖项旨在为相关部门提供在市场营销、融资和入市方面的帮助。这些服务很好地满足了相关企业的本质需求。通过对获奖企业的行业分析得出，联邦奖项并没有顾忌及文化/创意产业中的所有部门。大部分中小型企业在市场营销、融资和入市方面需要帮助。

文化/创意产业代表提出在实现产业国际化的过程中需要帮助。针对这一需求联邦政府推出了 AKA—出口融资贷款和国外会展资助项目，旨在帮助文化/创意产业开辟新的国际市场。为什么现有的资助项目从业者不能接受？这一问题的答案可以从思考项目的可行性中得出。有些企业从事的是推销艺术家这一特殊工作，因而这些企业很难得到资助。因此很有必要在文化/创意产业代表的共同参与下共同审视会展项目的可行性，以便更好地推进文化/创意产业的国际化。

通过对中小型企业资助供需关系细致的分析，我们得出：除了已确定的资金缺口外，与微型企业和自由职业者相比，现有支持结构的需求覆盖面更大。但是中小型企业仍然需要帮助。它们的这一需求可以通过完善现有的资助服务或者推行新的资助服务来解决。

表 4-4　中小型企业资助供需关系分析

资助项目	适合项目
一般融资需求(这一需求不涉及生产无形产品的公司) 针对企业项目(或短期项目)推广的信贷担保项目	发展资助领域中的各种资助服务(如 ERP—发展基金、一些局限于科技指向型行业的资助项目)，然而，没有针对文化/创意产业特殊性的资助服务
科研 & 创新资助 设立全国管理中心 加强知识转换	科研 & 开发领域的各种资助服务(如企业咨询资助、国际合作资助)，但是很少针对文化/创意产业
举办会展	两个资助项目(国外会展项目、参与国外顶级会展项目)

4.2.3　大型企业

4.2.3.1　资助需求

大型企业在融资领域也需要帮助。由于文化/创意产业属于高风险部门，与中小型企业面临的挑战相似，大型企业在融资方面也存在困难。与中小型企业相反，人们往往忽视了融资服务对大型企业的意义。通过对大型企业融资机制的分析，我们得出：大型企业同样需要融资服务，并且现行的信贷额度往往不能满足其需求。文化/创意产业与传统产业在融资方面显著的区别在大型企业中未能体现。

文化/创意产业中市场的变化性很大，大型企业的另一个需求与此相关。大型企业常常定位于国际市场，因此市场的快速变化对于大型企业来说是一项巨大的挑战。为了加快企业国际化进程，应该在文化/创意产业中推广相应的资助服务。

此外，在文化/创意产业中也能发现：在创意的过程中大企业往往会投资微型企业。创意产业的生产过程可以用“创意行为”这一特征来概括。根据瑞士创意产业报告，企业的创新能力可以根据项目的实验性和灵活性来判断，而这些项目常常由小微型企业开展。大企业的创意常常源自于这些项目，所以大企业和这些小微型创意企业有很大的联系。① 大型企业的这一特殊的创意过程使得它对中小企业、微型企业和自由职业者有很大的依赖，因为它们是大型企业创新的动力。通过大型企业的创意过程，我们得出：大型企业需要一个创意和革新能力很强的部门。大型企业和微型企业及自由职业者一样，

① 威克尔、格里格、松德尔曼：《瑞士创意产业　数据　模型　事件》，巴塞尔。

在研修、资金和培训方面同样需要帮助。

4.2.3.2 资助服务

与针对中小企业、微型企业的资助服务相比针对大型企业的资助服务要多得多。联邦政府共为大型企业推出了 12 项资助服务，这些资助要求被资助企业规模为 249 人，年营业额为 5 亿。其中有八项资助服务有行业限制，因此只有个别行业的企业才能获得此项资助服务。

表 4-5 联邦政府针对大型企业的资助项目

发展基金
* 德国电影基金
科研 & 开发
* 新媒体运用培训
学术科研国际合作
* Web2.0 技术资格认证
* 多媒体—创意项目
继续教育 & 研修
教育、研修补贴
开辟客源 & 入市
AKA—出口融资贷款
国外会展项目
* 德国网络奖项
* 德国设计奖
* 德国经济电影奖
* 德国乐器奖

注：* 仅针对文化/创意产业的部分部门。

针对大型企业的资助服务多集中于科研和开发领域和开辟客源和入市领域。

科研 & 开发领域自助服务的目的是：帮助大型企业促进创意项目发展。这一资助服务还旨在加强科研机构与企业的合作。科研 & 发展领域中有四项资助服务是针对科技指向型行业的，这些服务绝大多数集中于信息通讯技术和多媒体领域。

总的来说，科研 & 开发领域的资助服务可以分为两类。一类资助服务主要针对极个别特殊领域（如新媒体运用培训、2.0 技术运用培训），这些资助服务旨在通过金融手段支持企业创意行为。另一类资助服务有多媒体创意项目，增强国际学术科研合作项目。这些项目一方面能加快知识和资本间的转换，另一方面也能督促企业加强与科研机构的合作，进而加强企业与科研机构的联系，同时也能加快知识转换。

在开辟客源 & 入市资助领域同样也有前面提到过的四项联邦奖项。大企业通过联邦奖项不仅能够获得好的声誉，而且还能树立良好的企业形象。此外，还有针对大型企业出口和国际化的金融资助项目，比如联邦政府推出的 AKA—出口融资、国外会展项目。开辟客源 & 入市资助领域的目标是：辅助大型企业拓展市场和帮助大型企业获得国际声誉。

4.2.3.3 大型企业资助供需关系分析

通过对大型企业资助供需关系的分析我们得出，大型企业也需要资助。要解决大企业的需求首先要做强中小企业和微型企业。文化/创意产业中，这些企业是大型企业的根基。大型企业在创意方面的需求可以通过足够多的微型企业来解决。资助微型企业，使其员工更专业化，增加微型企业从业者的企业管理知识也能使大型企业受益。这是因为这些资助一方面能使微型企业员工的专业技能提高，另一方面也能提高创意的质量，而大型企业常常是这些创意的买家。所以这些资助微型企业的措施同样能够满足大型企业的需求。

文化/创意产业的代表提出了在实现产业国际化过程中需要帮助，同样大型企业在实现企业国际化的过程中也需要帮助。对于大型企业的这一需求可以通过 AKA—出口融资贷款和外国会展项目满足。在开辟新的国际市场方面，针对大型企业的资助服务与中小型企业相似。一方面将会审视现有资助服务与大型企业的匹配度；另一方面将会扩大这些资助服务的知名度。同时，改善文化/创意企业获得资助服务的渠道也是解决问题的办法。

另一个需求是加强对非技术指向型企业的资助，这点在 4.2.3.1 中已经提到过。从现有的资助服务来看，大型企业的需求已经得到了很好的满足。

表 4-6 大型企业资助供需关系分析

资助项目	适合项目
创意方面资助	基于大型企业与小型企业在创意过程中的紧密联系，这一需求可以通过资助文化/创意小企业的创意开发来实现
开发新国际市场方面的资助 改善公司经济处境方面的资助	AKA—出口融资贷款和国外会展项目 各种各样的融资项目，但大多数集中于技术指向型部门

联邦政府层面通过资助供需关系分析得出的文化/创意产业的资助需求与文化/创意产业代表提出的资助需求和研究机构得出的文化/创意产业的资助需求有很大的区别。由于文化/创意产业中企业规模的不同，所以各类规模企业的资助需求和与之相对应的资助服务也不同。

现行资助服务对文化/创意产业各行业的匹配程度各有不同。在技术指向型行业，现行资助服务与各类规模的企业匹配度很高，然而在其他行业匹配度很低。

文化/创意产业中不同行业存在的资助服务漏洞值得人们有针对性地进行分析研究。为了解决资助服务漏洞和资助服务匹配程度不高的问题，应该在乡镇、联邦州和其他欧盟国家开展示范项目，以使文化/创意产业的国民经济潜能在这一良好的气氛下得到发展。

4.3 文化/创意产业发展的自我定位和市场推广

4.3.1 发展需求

一个产业的自我认知是资助政策凝聚整个产业的从业者，充分开发该产业的发展契机和潜能的前提。与传统产业不同，文化/创意产业中存在各种各样的行业，企业家和从业员工的受教育水平和工作经验也不同。文化/创意产业的这种特殊性使得产业从业者很难意识到他们共同从事文化/创意产业工作，仅仅部分行业意识到了这一问题。为了更好地开发文化/创意产业，很有必要在文化/创意产业的内外部普及文化/创意产业的产业意识。

专家访谈为提高产业的内外部形象和扩宽销售市场提供了很多建议。

为了普及文化/创意产业的产业意识，以下几项措施起到重要作用，如 PR-理念和加强对文化/创意产业的媒体宣传。为了使人们对文化/创意产业概念有一个统一而又全面的认识，将会继续推广前面章节所提到的联邦奖项。目前在一些行业已经开展了一些竞赛（比如多媒体创业大赛）。这些比赛中，创意理念和创意销售方案将会得到资金鼓励。与竞赛相对应，还应该设立文化/创意产业奖。

在产业意识和市场推广领域，另一个重要的主题是：促进行业间的相互理解和加强行业间的交流。在这一主题下，会开展针对行业现状和特点的研讨会。除此之外，资助行业机构和协会的成立也是为了促进文化/创意产业中各行业的交流，这也被看作满足行业需求的一项重要举措。政策上为文化/创意产业设立一些部门是为了增强文化/创意产业的归属感和促进文化/创意产业在国内外的推广，然而这仅仅是第一步。基于文化/创意产业问题的多样性和复杂性，设立跨行业机构是有必要的。因此，就需要实现当地或跨区域间企业的集群，这能充分利用行业差异优势，也能促进创意产品和服务的生产。另一个需求是实现多形式的跨行业交流。这就需要经常举行跨行业代表听证会，这些听证会极有成效，并且是加强人们产业意识的重要手段。

同样，也需要促进知识界、经济界和文化界的交流。据观察，一个以跨学科和跨行业工作方式运行的行业在资助政策（如跨行业合作资助政策）的帮扶下能够激发出巨大的创意潜能。新出现的跨行业联盟和跨学科活动反映了这些行业间和学科间的协同性。通过合作资助政策，这一协同性能够得到更好的发挥。

最后，应当指出的是，只有认可文化/创意产业从业者的身份，这些活动的开展才是有效的。对文化/创意产业从业者的认可，可以通过提高从业者的活动参与度和赋予他们更多的责任感来实现。促进行业内的沟通对强化行业自我认知是至关重要的。

4.3.2 融资服务

文化/创意产业倡议是联邦政府目前首要的资助服务，这一资助服务旨在增强文化/创意产业的产业意识和促进文化/创意产业的推广。为了加强文化/创意产业从业者的产业意识，各种各样的资助机构和交流机构将会提供服务。同时，我们也将致力于文化/创意产业产业意识的发展和更新。

文化/创意产业倡议的部分内容如下：

- 举行地区/城市行业听证会，全国性和国际性的优秀行业集群代表将会参加此项听证会。这项听证会每次都会以一个行业作为会议的重点，它的目的是对当前的挑战和各种主题进行讨论。同时，各行业代表也将得到机会展示自己行业在文化/创意产业中的意义。
- 此外，将会举办跨行业听证会，在跨行业听证会中将会讨论跨行业主题。举办跨行业听证会是为了得出文化/创意产业中的经济潜能和挑战，同时也为了在公众面前更好地展示文化/创意产业。
- 上面提到的活动，及其他一些特定行业的聚会，包括2009年春天的关键行业盛会都将会在新闻媒体上报道。行业代表也会通过这些活动和会议获得机会来展示文化/创意产业的经济成果和特殊性。
- 此外，为了配合文化/创意产业倡议，还推出了针对个别行业的联邦奖项(例如联邦政府设计奖，德国网络奖项)。联邦奖项将会给予那些生产创意产品和服务的企业资金鼓励，同时这也能增强那些企业在公众中的知名度。
- 这项创意特别注重为文化/创意产业在政治领域赢得支持。特别值得一提的是，在议会国务秘书达格玛·沃尔女士和联邦文化部长贝恩德·诺伊曼的帮助下，文化/创意产业在政治领域赢得了很大的支持。

4.3.3 资助服务供需关系分析

在增强产业意识和推广文化/创意产业方面实施的资助服务是联邦政府文化/创意产业倡议。

然而，实践证明，文化/创意产业中大多数的微型企业和自由职业者并不能得到4.3.1中提到的资助服务。行业间相互联系较少和微型企业独特的工作模式和生产模式使得微型企业参加资助活动和竞赛受到了限制。

为了加强微型企业和自由职业者对文化/创意产业的归属感，有必要继续开展有行业针对性的活动，比如“自由职业者/微型企业日”。通过“自由职业者/微型企业日”，微型企业的意义得以向行业同僚和公众展示。为了使微型企业和自由职业者切实参与到这些活动中来，有必要实行“自上而下”的措施。这项措施将鼓励文化/创意产业从业者自行组织活动。

文化/创意产业中加强产业意识和产业归属感的需要已初步得到解决。为解决文化/创意产业需求，在文化/创意产业倡议框架下定期举办行业讨论，实施相应的资助措施和资助机构的参与都是必要的。文化/创意产业倡议的持续实施使得文化/创意产业的需要得到了很好的满足。此外，还应该为文化/创意产业提供一个全国性的行业平台，然而目前联邦政府文化/创意产业倡议还没很好地做到这一点。

4.4 创意从业者和经济文化资助机构间的协调

另一项重要的举措就是要加强微型企业和资助机构之间的联系。这项措施将会很好地解文化/创意产业的燃眉之急。资助机构是指乡镇、城市、联邦州和联邦政府层面的资助机构，其中联邦政府层面的资助机构是最主要的。研究表明，为了进一步开发文化/创意产业的创造价值潜能，必须充分开发微型企业的经济潜能。为了开发微型企业的经济潜能，除了要解决 4.2.1 和 4.3 中提到的需求外，还要加强资助机构和微型企业的联系。①

文化/创意产业中创意的运用(如新服务、新产品、新技术或新流程)常常达不到预想的经济效果。因为文化/创意产业提供的这些产品具有罕见性、多样性和不以市场为向导，这使得创意的经济潜能得不到实现(如一些音乐教学、乐队表演、CD 发行和表演组织没有以顾客和不同的市场为导向)。

“促进文化/创意产业多样性发展”这一看似矛盾的要求也正是文化/创意产业资助服务的重要结构特点。从事文化/创意产业的工作者很有必要一直接受新的培训并且要能提出新的视角。而文化/创意产品的多样性却常常被忽视了。创意家虽然是文化产业成功和发展进步的关键，但是文化/创意产业经济潜能增值的实现却往往与创意产品的多样性紧密联系。

实现从业者的职业化，促进文化和经济的结合和利用这种结合带来的协同效果能够充分开发文化/创意产业的国民经济潜能。② 因此，很有必要帮助文化/创意产业从业者实现职业化并且也要引导微型企业参与现行的资助服务。

文化/创意产业中企业和市场调查公司间业务联系很少。市场调查公司会根据市场调查引导文化/创意产业中的企业生产相关的创意产品和服务。同样调查委员会的报告也指出：“一个行业的市场需求，也就是一个行业的销售市场，很大程度上依赖于顾客。”③文化/创意产业中市场始终在变化，顾客对创意产品和服务的需求也不同，这就需要跨行业间的合作。

微型企业负责人常常只注重产品生产，这就使得企业在销售层面存在问题(如企业家很少会思考：我怎样获得新的顾客，还有哪些销售市场我可以开发或者谁能给我提供融资)。这样看来，微型企业负责人的角色就类似于“孤独的竞争者”。因此应该采取措施加强微型企业与其他行业的贸易往来、跨行业交流和联系。这有助于微型企业的经济发展，也有利于加强小企业与资助机构间的联系。创建一个能被微型企业接受和利用的联络点势在必行。我们将会采取措施解决微型企业的迫切需求(即稳定销售市场或开辟新的市场方面的资助)。我们绝非仅仅只顾推出资助项目，而是要帮助微型企业推广产品和开辟市场。

此外，很有必要为那些常常互不联系的行业提供行业对话资助。通过行业对话，所有参与者在信息、交流和联系方面的需求就很容易得到确认。

4.2.1 的分析很明显指出，现有的资助项目对文化/创意产业中的微型企业帮助很小。为什么现有的资助项目与微型企业的匹配度不高，我们认为以下两个原因能够很好地解释一疑问。

一方面，可以断定，现有的资助机构没有为微型企业推出合适的资助方法和政策。因此，很有必要对资助机构工作人员进行专业培训。④ 以外，还要同时制定新的实施策略，当然也要推出灵活和有针对性的资助政策。

---

① 为了拟定促进微型企业和资助机构间交流的措施，很有必要参考创意咨询公司(CBC)所作的研究。由文化部委托的这一研究将在 2008 年年底刊出，这一研究参考了全球 80 多位文化专家的意见。

② 德国联邦议院调查委员会关于“德国文化产业”的总结报告指出：文化产业未来将是朝阳产业，它拥有巨大的经济潜能和就业潜力。特别是微型企业，未来它将会创造巨大的经济价值(《调查委员会关于“德国文化产业”的总结报告 16/7000》，2007 年，第 7 页)。

③ 《调查委员会关于“德国文化产业”的总结报告 16/7000》，2007 年，第 447 页。

④ 德国联邦议院(2007)：《德国政党联盟(CDU/CSU，SPD)申请》，2007 年 4 月 25 日印刷。

另一方面，由于在政治领域和经济资助领域缺乏针对微型企业的讨论，在资助领域几乎没有针对微型企业的沟通项目和特殊性资助项目。瑞士创意产业报告指出：“特殊性资助项目的讨论没有考虑到创意产业的活力。”现在政治资助领域和经济资助领域迫切需要考虑的是“现在要怎么做”。① 为了促进微型企业的发展，就已经掌握的情况来看，必须立刻在文化/创意产业中施行行之有效的政治措施并且还要设立强大的政治机构。

通过分析能够明显看出，在加强资助机构和微型企业联系方面需要满足的迫切需求有三个：

1. 树立成功从业者典范；
2. 得到社会认可；
3. 帮助从业者实现自我在文化和创意方面的价值。

联邦政府实行文化/创意产业资助项目时将会把这些微型企业的迫切需求考虑进去。

到目前为止，联邦政府还没有推行针对微型企业的特殊资助项目。文化资助政策会继续推广艺术家资助服务和致力于解决艺术家目前已知需求。这也是在为开发文化/创意产业的国民经济潜能做贡献。实现文化/创意产业从业者的职业化能够促进公共文化领域和私人文化领域间的相互交流。在承认微型企业的创意潜能方面，无论是从国内视角还是从国际视角来说，德国联邦政府都是先行者。

4.5 一般框架

为了增强文化/创意产业的竞争力和提高文化/创意产品的市场占有率，文化/创意产业除了需要在4.2和4.3中提到的特殊资助服务外，还需要一些普遍资助服务。这也是为了保证文化/创意产业继续良好发展势头。

在研究中，由于专家有针对性的目标，并没有对普遍资助服务有所分析。普遍资助服务对于文化/创意产业的发展有所影响。基于普遍资助服务的复杂性，我们提出对前面分析中得出的需求作专门的研究。

文化/创意产业一般条件的优化将重点在教育政策、税收政策和法律政策领域展开。这不仅能为资助现状提供具体改善措施，而且还能为文化/创意产业的长远发展提供条件。如果文化/创意产业中的所有从业者和企业都能够得到良好的发展，那么整个文化/创意产业的竞争力就会得到加强。

目前关于教育政策的讨论得出，理科与工科方面的教育培训具有重大意义。文化/创意产业的代表指出，由于文化/创意产业的巨大经济潜能，需要很多高质量的专业人才投入。这意味着，要为文化/创意产业提供相关的教育培训，此外，还要为现有的教育培训制订统一的标准。针对文化/创意产业的资助状况，应该考虑合并培训项目，比如可以把艺术培训和创业培训结合到一起。

此外，文化/创意产业从业者也要求在公共讨论中强调文化/创意产业对经济结构转变和城市可持续发展的意义。特别是在城市经济区，文化/创意产业对城市的发展起着重要作用。一些区域存在多种多样的文化活动，这成为提高该地区吸引力的一个重要因素。这种方式有助于提高文化/创意产业从业者的区域经济竞争力，有助于促进逆城市化进程，也有助于城市的可持续发展。在这样的背景下，地区政治政策和经济政策的执行者了解文化/创意产业的潜能并且能为文化/创意产业推行相应的资助服

① 威克尔、格里格、松德尔曼：《瑞士创意产业　数据　模型　事件》，巴塞尔。

务显得尤为重要。文化/创意产业从业者除了要求提供匹配度精确的资助服务和改善工作条件外，还要求为他们提供相关的社会政策和创建社会保险系统。

这里值得一提的是，艺术家保险(KSK)对于文化/创意产业中的社会保险始终具有重大意义。作为自由职业者的艺术家和传媒工作者仍然有机会参与相应的社会保险。文化/创意产业将发展成为盈利经济部门，这是毋庸置疑的。艺术家保险有助于持续地保障艺术家和传媒工作者自立，这种作用也涉及文化/创意产业中的其他职业群体。因此一些人也正考虑为其他行业的文化工作者(艺术家和传媒工作者除外)扩宽艺术家保险法(KSVG)的受益范围。

但是，如果扩宽艺术家保险法的权限范围就会导致权利的不明确。因为划分其他行业的自由职业者难度要大得多。而且扩宽艺术家保险法的受益范围也会造成新的巨大的财政支出。在巨大的财政支出压力下，所有产业(包括文化/创意产业)要承担更高的税负。基于艺术家和传媒工作者对发展文化产业的意义和他们不断增长的财政需求，才创立了艺术家保险。人们偶尔提出扩大艺术家保险至其他职业范围，这种提议会对现行行之有效的艺术家保险系统带来风险。艺术家保险安全运行的重要性毋庸置疑。

为了给文化/创意产业营造更好的环境，接下来我们将会促进文化/创意产品和服务的销售，这一点文化/创意产业从业者将有目共睹。我们将为业内高级技师设立最低工资标准。在营业税方面，我们将会对不同文化/创意产品的税率进行讨论，目前针对书籍、报纸和杂志的税率已经进行了调整。在这次讨论中还要分析降低增值税或者减免增值税对价值链有什么重要影响。同时也要计算得出，多大的市场营业额才能促进创意企业的发展壮大。

在市场调节机制下(这一机制中经销商的作用巨大)，文化/创意产业中的生产商常常得不到应有的报酬。经销商对文化/创意产业生产商的作用慢慢变小，这能够提高生产商的议价能力。这是因为新技术的出现既能使生产商和消费者的联系更加便利，也能使生产商更好地定位自己的产品。然而，这种局面还需要人们长期等待。如果国家强制规定文化/创意产品的价格或限制市场调节作用的发挥，那么前面所说的局面同样也不能实现。

同样，在立法层次上要进行关于“提高艺术家和文化工作者地位”的讨论，并且要关注版权转变这一焦点问题。特别是由于越来越多的文字产品实现了数字化，有可能出现各式各样的剽窃行为。这就使得我们需要在版权领域采取相应的措施。

版权的重要作用就是确保版权所有者(即作者、出版商和版权获准使用者)在作品或产品被使用时能够获得收益。版权法适用于类似媒体，过去实践已经证明版权法能够有效确保版权所有者的经济利益。同样，版权法也必须运用于数字产品领域。在进行关于版权的公正性讨论时，以下两种情况要区别开来看。一方面，在文化/创意产业中一直存在非法下载数据问题，并且这一问题仍未得到解决。随着数字化进程的加快，不仅音乐行业和软件/ 游戏行业遇到这一问题，越来越多的摄影师、设计师和作者也遇到相似问题。这就需要版权所有者运用法律武器维护自己的权益。人们要求联邦政府审查在版权所有者进行维权时存在的法庭不作为现象。举几个最近的例子：许多法庭都存在不作为现象，他们仅仅关注“重大案件”。文化/创意产业从业者能够为解决这一问题做出贡献。文化/创意产业从业者需要确认通过智能安全系统和创意销售渠道能够在何种程度上减少这种产品剽窃行为。

第二个方面涉及文化/创意产业价值链的运作。文化/创意产业中价值链的关联变得越来越复杂，这就需要一部清晰明了的版权法，同时这部版权法也要能维护所有文化/创意产业从业者的合法行为和收益。版权法同时也是保证市场调节和版权所有者收益的重要手段。由于文化/创意产业中存在各种各样的从业者和行业，因此利益差别很大，并且这种情况常常存在。如何定义版权才能有效地促进文化/创意产业国民经济潜能的开发，这一问题需要进行调查研究得出。重要的是，能够在保护知识产权和促进文化/创意产品进一步发展间找到平衡点。

总之，为了改善文化/创意产业资助条件，还需在政策领域采取行动。重要的是继续实施艺术家保险和采用特别经济资助模式。在教育政策领域还要推出能够增强文化/创意企业竞争力的合适项目。此外，还要为文化/创意产业制定相应的法律措施和税收政策。这些措施和政策的效果如何还需作进一步的研究。

5. 欧盟、联邦州和市层面文化/创意产业活动的案例分析

下面将会分析这些模范资助项目对解决德国文化/创意产业中的需求问题是否有效。这些模范资助项目还能为联邦政府在解决文化/创意产业需求问题时提供参考。这一分析的目的还在于找出这些模范资助项目的成功因素。接下来我们会把这些成功因素与第 4 章提到的行动领域结合，并会借助第 1 章提到的情景分析方法对这一结合的成效进行分析。

欧盟范围内有许多支持文化/创意产业的模范资助项目。特别值得一提的是，近十年在英国、荷兰和奥地利掀起了文化产业资助项目热潮。地方层次、地区层次和国家层次的文化产业资助项目层出不穷，并且带来引人注目的经济成果。下面将介绍一些国家的文化形象。英国被认为是创意的摇篮。由于良好的跨学科实验空间和众多的国际交流契机，荷兰网罗了欧盟区许多创意。在机构资助方面，奥地利被认为是先驱。① 在联邦德国也有很多富有成效的资助项目(主要是乡镇、区域层次的资助项目)。

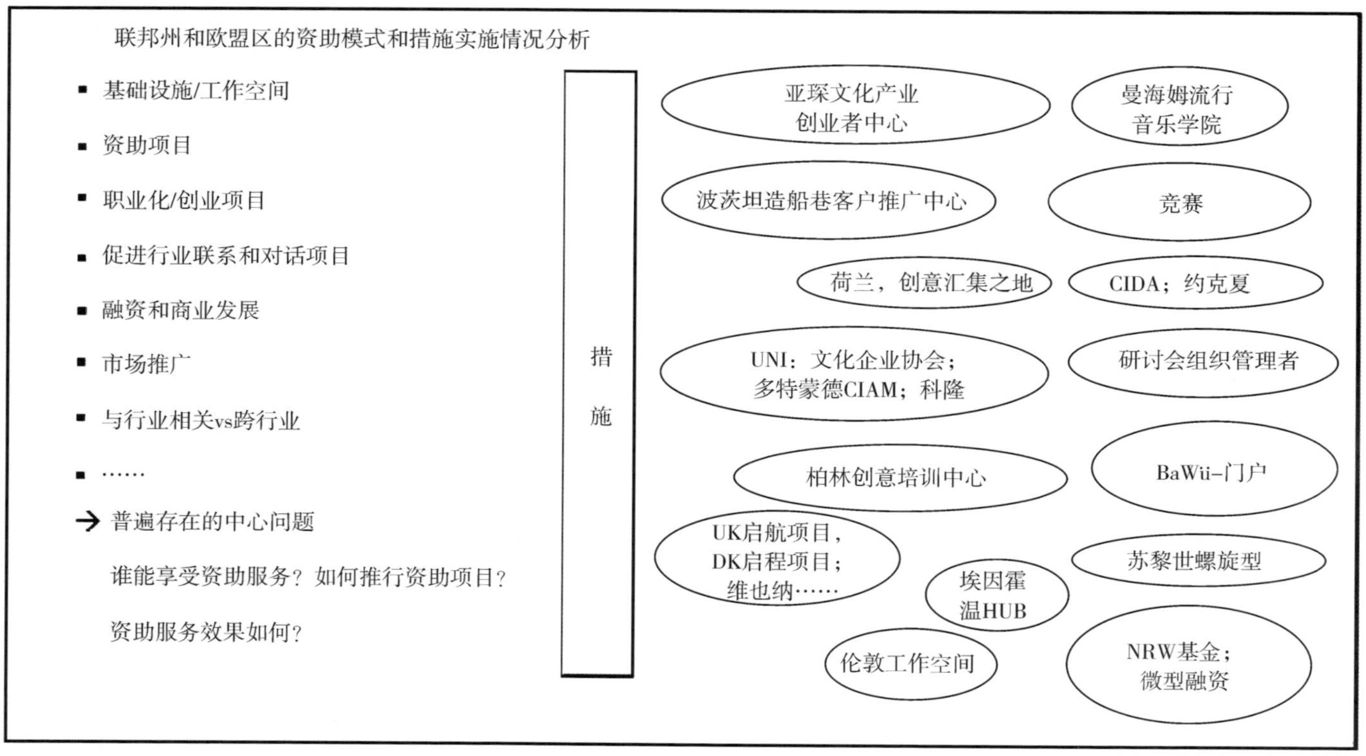

图 5-1　资助模式和措施实施情况分析图

① 这里也参考了题为“从国际合作角度分析德国创意产业结构”的荷兰研究。这一研究由荷兰驻德国外交部文化分管部负责，由德国建筑通信办公室完成。

然而，关于这些措施的评估和实践成效数据大多还没有公布。为此，亚琛(Aachen)文化产业创业中心举出了几个例子。

我们选择的实践案例既涉及乡镇、联邦州也涉及其他的欧洲国家，这很好地反映了行业的差异性。这些案例能为德国的文化/创意产业资助服务提供不同的思考模式和主题。从发展阶段、推广措施、从业者这三个角度出发，我们把上面的模范资助项目分成以下三种情况来进行讨论：

· 基础设施
· 教育 & 研修
· 经济评估①

第一条标准需要我们找出这些模范资助项目的目的，以便于在接下来的步骤中能够借助矩阵测试来评判这些目的。

矩阵测试包括五条标准，其中第一到第三条用来评估项目的价值。第一条用来评估项目的当前实施情况。但是人们常常很难对还在实施的项目进行效果评估。第一步中评估很低的项目我们将不再继续分析，这时候联邦政府就应该考虑是否还要实施该项目。

第二条标准是用来评估这些项目的受欢迎程度。这一评估既要考量这些项目已经惠及的人群，还要开展有针对性的群体调研。此外，还要对这一调研结果进行分析。4.2 中我们已经提到，资助服务领域存在匹配度不高问题。因此，第二条标准是检测项目的重要标准。

第三条标准是评估这些项目的实际成效。除了检测这些项目对其所针对群体的资助成效外，我们还会把这些项目与第四章节中查明的资助需求进行比对。

第四条标准是通过分析这些模范资助项目，为联邦政府接下来处理这些项目提供建议。接下来联邦政府要么会继续推行一些资助项目，要么会给予一些资助项目宣传方面的援助，比如在文化/创意产业倡议框架下介绍和推进这些项目。第四条评估标准中又包括三个评估标准。通过这三个评估标准能为联邦政府接下的行动提供有价值的参考。

第五条标准是从监管角度来检验“联邦政府的协同作用”，具体做法是：在现有辅助政策下，考量联邦政府是否有能力执行这一示范项目。如果测评结果是好的，那么这一示范项目将成为联邦政府、地区或地方重点实施项目。通过这项测评也能为以后联邦政府、联邦州及乡镇责任的划分提供很好的参考。

通过第四条和第五条标准间的差异我们可以清楚地得出：联邦政府接下来应该怎么做，或者也可以说地区项目实施者接下来应该怎么做。如果示范项目的第四条和第五条的测评结果是好的，我们将会推荐联邦政府实施这一项目。

5.1 基础设施

5.1.1 波茨坦造船巷文化产业区

波茨坦(Potsdam)造船巷文化产业区致力于实现产区的文化和商业一体化。这意味着要把艺术创作

① 应该注意的是，所选的项目中，有的项目这三种情况都有涉及。此外，划分项目时还参考了项目的侧重点。

活动与各种各样的商业因素结合。除此之外，该产区也致力于成为城市重要的旅游胜地。

为了吸引游客，政府决定在闲置的内城中心，也就是哈维尔河岸边新建一所剧院。这一区域已有的公共设施有原有的老剧院、活动中心、艺术家中心和洗衣房。在这些基础设施之上，人们还增加了新的基础设施。在新剧院建成以后，人们又建了音乐厅、画廊和各种文化协会办事处。这么做的结果是，不仅使原来闲置的内城区域成为了旅游胜地，而且也实现了文化艺术工作者在地域上的集中。

该产区成功的第二个因素是，欢迎知识导向型企业入驻。这些知识导向型企业尤其喜欢城市和能激发创意的地方。比如大众设计中心就坐落在这，目前大众设计中心共有 50 位设计师、计算机专家和建模专家。甲骨文软件公司波茨坦办事处也是这方面的例子，该办事处目前共有 110 名员工。同样，波茨坦造船巷文化产业区也欢迎小企业的入驻，比如事务代理处、高品质餐厅。这些做法使得以前的工业厂区转变为现在充满创意和文化气息的新城区。可以说这成功实现了区域的产业转变。

波茨坦造船巷产业区成功的第三个因素是，设立了一些配备专业人才的地方办公室。这些专业人才负责与文化工作者联系，并且会给文化工作者提供培训和研修机会，加强他们的专业和商业技能。INNOPUNKT 联邦州项目(欧洲社会基金资助)能为企业在文化产品销售时提供帮助。INNOPUNKT 项目的工作顾问主要从事以下三个方面工作：“文化艺术产品扶持”(为文化艺术产品销售提供帮助，帮助企业进行文化艺术产品融资和生产管理)，“文化企业扶持”(为文化企业提供进修培训机会以使企业更好地适应市场)，“牵线搭桥”(充当文化产业中的经纪人，为促进企业和艺术家之间的合作牵线搭桥)。

这三个因素的集中给波茨坦造船巷文化产业区带来了巨大的成功。作为新的旅游景区，势必会为在此落户的企业带来广告宣传效应。我们低估了文化艺术工作者对咨询服务的需求。自地方办公室成立以来，我们已为将近 150 位咨询者提供了服务。在 INNOPUNKT 项目顾问的帮助下超过 40 位文化艺术工作者已创办了自己的公司并且实现了公司的稳定。

此外，INNOPUNKT 项目还为文化艺术工作者提供很多非正式的会谈，在会谈中文化艺术家将了解如何使自己的商品更畅销。除此之外该项目还会为文化艺术工作者和企业间的合作牵线搭桥，例如为甲骨文软件公司员工日提供文化/创意，为酒店宣传提供艺术方面服务。这三个成果因素在地域上的集中使得人们萌生创立文化/创意产业管理中心的想法。

波茨坦造船巷产业区转型期间实现了周转资金的灵活结合，这包括 EFRE、联邦政府、联邦州和城市方面的资金，同时也包含私人投资。

产业升级和工业区转型应更多遵循的是一个城市的规划建设。波茨坦造船巷产业区的转型已经证明，在一定的条件下，文化/创意企业的集群能够取得成功。

表 5-1 波茨坦造船巷文化产业区项目评估

波茨坦造船巷文化产业区项目评估				
当前实施情况	受欢迎程度	实际成效	推荐联邦采纳度	联邦政府的协同作用
+++	++	++	++	+

对波茨坦造船巷产业区的资助措施已经实施了好几年，因此有很多经验值得我们评估借鉴。在受欢迎度方面，已有 150 位从业者受到了资助，并且已有将近 50 家企业对这一项目给出了积极的评价。这些已经通过评估的资助措施能够为联邦政府采取行动提供借鉴。由于在政府协同作用方面的评估值

较低，我们不推荐联邦采用这一资助措施。整个评估还表明，联邦政府应该更多地扶持这些地区项目。

成功因素：

· 项目推广者有着统一的理念及 INNPUNKT-办公室的协助。

· 大型企业与微型企业的相邻促使新的合作方式出现。

· 各种各样的资金来源和融资手段。

5.1.2 莱比锡棉纺织厂

“从棉花到文化”这一口号概括了一个棉花工厂的转型历程。这一昔日的棉纺织工厂大约占地 8 公顷，它从 1884 年一直运转到 1990 年。今天这个棉纺织工厂被改变为艺术大楼，它吸引了很多画廊、手工业者和画家入驻。这里的工作室很便宜并且离市区很近，对于艺术家而言这是施展创意的好地方。正是由于这些艺术家们的创意，莱比锡棉纺织厂逐步发展成为国际上著名的艺术创作圣地。今天在莱比锡棉纺织厂共有大约 80 个工作室和画廊，此外还有很多的办事处和小商店。

莱比锡棉纺织厂在国际艺术界很有名望，同时还吸引了很多艺术收藏家。这一切大部分应归功于“新莱比锡画派”。“新莱比锡画派”的艺术品品质很高，这得到了国际公认，这一画派最出名的画家是尼奥 · 罗施(Neo Rauch)。

这片宽敞的空地不仅仅只供艺术家使用。此外还有一些适合用做办公区和商业区的空地，这些空地一般都租给那些创意型中小企业。现今，这里除了有传统的手工业区和电脑销售区外，还有一些建筑和工程公司、设计工作室、印刷厂、仪器制造厂等。除了画廊和展览公司外，在莱比锡棉纺织厂共有 65 家中小型企业。自 2002 年以来，莱比锡棉纺织厂共创造了 110 个职位。截至 2007 年初，该厂区可用的 70 000 平方米的空地已租出约 35 000 平方米。

房地产管理公司是整个莱比锡棉纺织厂的管理者，它负责厂区的租赁和对外宣传。房地产管理人员是否从事过艺术创意工作这一点很重要，因为从事过艺术创意工作的管理人员能更好地了解艺术家和创意家的特殊需求。例如，管理人员不应该花大价钱用于楼房的翻新，只需把钱集中投入供水和污水处理系统维护中。这样不仅可以维持当地房租的低水平，还能够保持威廉风格的建筑氛围。实际上管理人员投入楼房翻新的钱要远远多于投入供水和污水处理系统维护的钱。

值得提出的是，这一示范项目几乎不需要任何资助措施。莱比锡棉纺织厂是文化艺术家们自己发现的，一开始他们向政府管理部门租赁这块地方。自 2001 年起由房地产管理公司管理这个地方，文化艺术家们改由向房地产管理公司租赁。目前投资方还没有将这块区域变成高档住宅和商业楼区的打算。

这里有世界级艺术大师和高水准的文化/创意企业，从这点考量，莱比锡棉纺织厂很成功，并且这里的租金还很低廉。国际著名画廊也在这里建立了分公司。在莱比锡棉纺织厂举办的展览在不断增多，同时在这里落户的艺术家也在不断增加。

莱比锡棉纺织厂的发展也带来了一些意想不到的效果。首先，莱比锡棉纺织厂给莱比锡这座城市带来了宣传效应，并为莱比锡吸引了很多游客。再次，在莱比锡棉纺织厂成立了一些艺术文化工作者联盟，这就带来了协同效应。同时，这一地方作为艺术品和手工艺品的集中地也吸引了很多顾客。

莱比锡棉纺织厂的例子表明，具有巨大市场潜能的文化/创意产业能靠自身的能力完成必要的基础设施建立。为了鼓励文化/创意产业从业者实现自己的创业理想，联邦政府的资金支持、一定的政策倾斜和咨询服务都是有帮助的。

表 5-2 莱比锡棉纺织厂项目评估

莱比锡棉纺织厂项目评估				
当前实施情况	受欢迎程度	实际成效	推荐联邦采纳度	联邦政府的协同作用
+++	+++	++	+++	+

莱比锡棉纺织厂自 2002 年开始实施资助措施。因此，有很多经验值得我们评估借鉴。国际艺术界对莱比锡棉纺织厂的认可很好地说明了莱比锡棉纺织厂项目的受欢迎程度。已有大约 65 家企业对该示范项目作出了积极的评价。在评价调研过程中，很多企业拒绝配合。因此，只有前面两点的评估是有效的。我们推荐，可以把莱比锡棉纺织厂作为示范项目在文化/创意产业中推广。在政府协同作用方面，评估值较低，因此不推荐联邦政府推行该项目。整个评估表明，政府应该给予这一项目的推广者帮助。

成功因素：

· 从业者参与整个项目的设计和实施。

· 在“自救”口号下，灵活利用各种投资。

· 产业发展和城市规划相结合，这使莱比锡给人们留下了“现代艺术之城”的印象。

· 政府干预少，高度自立。修复资本投入少使得厂区租金很低廉，再加上很多的企业在这里集中，使得莱比锡棉纺织厂具有很大吸引力。

5.1.3 巴尔尼姆艺术文化轨道

巴尔尼姆艺术文化轨道项目为艺术文化从业者提供闲置或几乎不怎能使用的火车站作为创作基地。此外，闲置的部分轨道也能提供给艺术文化者使用。

巴尔尼姆艺术文化轨道项目由巴尔尼姆县经济部和旅游管理部共同推出，该项目由欧洲社会基金会和勃兰登堡州政府资助。这一项目也是勃兰登堡州 14 个 INNOPUNKT 竞争项目之一。巴尔尼姆艺术文化轨道项目由当地企业、县政府代表、文化艺术工作者、旅游公司和轨道公司共同参与。

巴尔尼姆艺术文化轨道项目由 4 个子项目组成。这些子项目会共用旧的或是新的轨道交通基础设施。巴尔尼姆县轨道交通基础设施的健全，还应归功于自行车旅游和徒步旅游的发展。

其中的一个子项目就是以文化和艺术带动火车站的发展。因此人们把巴尔尼姆火车站的很多建筑改变为展厅、剧场或舞台。例如人们把帝王火车站的由阿金姆斯特大厅改变为音乐厅。帝王火车站在改造以前是县城保护文物。现在，这里这除了能进行广播剧表演外，还有很多艺术家和音乐家在这进行公演。

另一个项目就是火车站文化项目。比如当地艺术家为火车站文化日组织灯光秀活动，例如埃伯斯瓦尔德的灯光秀。又如艺术家为轨道公司提供火车内部和外观设计服务。

第四个子项目将会把火车站、轨道、文化历史这三者有机结合。在专家的建议下，人们在巴尔尼姆火车主要干线上修建了很多介绍文化历史的站点，人们可以通过火车进行一次文化历史旅行。

上面的这些子项目能够促进文化艺术工作者与火车站间的合作。火车站作为人流集中的地方能为文化艺术产品提供销售机会。开通文化列车(即把列车与文化产品和服务相结合)这种做法能加强区域旅游的吸引力。乘坐文化列车就如进行一次文化交流之旅，通过这种文化交流旅行，文化艺术从业者能向顾客展示自己的产品。此外，巴尔尼姆的轨道交通公司、艺术家、地区经济文化机构还组建了联盟。组建该联盟的目的是：实现巴尔尼姆艺术文化项目商业活动的专业化，促进企业潜能的开发，为把巴尔尼姆打造成旅游胜地做出贡献。至少 10 个企业的 35 名文化艺术工作者通过这个项目得到了工作机会。

这种把旅游活动、闲置交通设施、艺术家和创意相结合的方法能够很好地促进区域经济的发展。可以把巴尔尼姆项目的理念推广到相似的地区项目中，同时在建立文化/创意产业从业者间联系时也可以运用这一理念。

表 5-3　巴尔尼姆艺术文化轨道项目评估

巴尔尼姆艺术文化轨道项目评估				
当前实施情况	受欢迎程度	实际成效	推荐联邦采纳度	联邦政府的协同作用
+++	++	+	+	+

巴尔尼姆艺术文化轨道项目是和 INNOPUNKT 项目一起实行的，因此，有很多经验值得我们评估借鉴。从创意企业对该项目的赞许态度中我们可以看出该项目的受欢迎程度。该项目的资助领域集中于拓宽文化产品销路和加强文化产品的地区推广。

通过对该项目的资助需求分析，我们得出以下结论。该项目的资助措施可以作为范例运用到文化/创意产业中，但是由于该项目的特殊性，只能运用于地方项目。在政府协同作用方面，评估值较低，因此不推荐联邦政府推行该项目。整个评估表明，政府应该向这一项目的资助者提供公共关系方面的协助。

成功因素：

· 把位于城中心的火车站、轨道线路和旅游景点相结合。

· 重新利用内城闲置空地提升城市价值。

· 艺术家、政府和轨道交通公司间的密切合作。

· 多种目标相结合，比如把促进旅游发展和促进城市发展相结合等。

5.2　教育与技术培训

5.2.1　曼海姆流行音乐学院(成立于 2003 年)

为了使创意产业的潜力得到发挥，巴登-符腾堡州和曼海姆(Mannheim)决定实现音乐产业的集群，音乐产业的集群也反映出音乐产业是一条相互关联的产业链。

曼海姆流行音乐学院由巴登-符腾堡州和曼海姆市共同出资建立。它的口号是“曼海姆模式”，具体做法是把新建立的音乐学院和相邻的创业中心即音乐公园结合起来，这种结合可以说是首创。曼海姆音乐学院目前共有 178 位学生，在这里，学生将会学习流行音乐设计和商业知识。此外，该学校还为众多的艺术家和创意家提供研修课程。

创业中心即音乐公园离音乐学院很近，目前这里共有 47 家企业，这些企业共提供了 120 个工作岗位。这些企业涵盖了音乐产业中的主要部门。此外，人们还推出了有针对性的创业资助咨询、资助项目咨询服务和艺术家咨询服务。

在完成基础设施建设以后，后备人才问题成为曼海姆流行音乐学院项目的焦点问题。因此人们特别注重对音乐学院、文化机构和青年中心的资助，同时也加强了同高校间的联系。

该项目中与高校、商界和艺术界直接联系的是曼海姆流行音乐学院特派专员。特派专员将会和音乐产业链中的各个部门进行联系，特派专员的职责是加强各个部门间的相互联系和相互理解，维护曼海姆音乐产业的利益。由于特派专员任务艰巨，这就需要特派专员能吃苦耐劳，有说服力和具有一定的个人魅力。

建立流行音乐学院是为了使艺术家和艺术作品的经济潜能得到最大的发挥。产业中心是为了给学生提供创业机会而设立的。这种方式能够很好地实现学生和企业间的知识转换。通过实习、项目研讨会和招聘毕业生使得实现学生和企业间经常性知识转换有了可能。一旦企业能够从学校获利，那么它就会加强对学校的资助。所以除了联邦州和乡镇层面能够对学校进行资助外，私人企业也能给予学校资助。

“曼海姆模式”是成功的，它的理念值得我们运用到别的项目中去，比如汉堡的圣保罗音乐学院、多特蒙德音乐中心。除了曼海姆音乐学院外还没有哪个项目实现了音乐产业与高校的结合。

曼海姆音乐学院的成功和该区域的地理区位有很大的关系。该区域不仅有很多音乐人才，而且房租还很低廉，所以这里吸引了很多文化/创意产业从业者。音乐公园位于内卡河上，装修也很有品位，因而吸引了不少创业者。同样也有很多人想就读于曼海姆音乐学院。乌多教授认为曼海姆音乐学院和音乐公园的设立很好地把音乐产业联系了起来。

音乐公司入驻曼海姆的使得越来越多的毕业生选择留在本地。在曼海姆失业率较高的涌布施地区实现音乐产业的集群，这吸引了越来越多的音乐家和创意家来此落户。这能逐步提升该区的经济价值。由于这一区域还处于转型中，这一切所带来的经济效果还不能很好地显现，但是目前的势头是良好的。

表 5-4　曼海姆音乐学院项目评估

曼海姆音乐学院项目评估				
当前实施情况	受欢迎程度	实际成效	推荐联邦采纳度	联邦政府的协同作用
+++	++	+++	++	+

该项目中的措施已经实行过，因此该项目的丰富经验值得我们借鉴。总的来说，把学校和企业联系在一起开创了一种新的产业发展模式，同时也有助于城市的发展。从该项目的受欢迎度和对企业的

支持效果来看，该项目确实有助于文化/创意产业的发展。

然而，这类项目却很难在其他地区开展。因为不同区域的文化/创意产业有不同的发展模式，如耶拿主要发展网络服务行业，波茨坦主要发展电影电视行业。联邦政府应该给予曼海姆地区政府更大支持。我们不建议联邦政府推行该项目。通过对这一项目的分析我们还建议，联邦政府要想方设法加强对这一地区的宣传，提高它的知名度。

成功因素：

· 学校和企业紧密结合，有一定的辅助机构，并且三者地理位置上很近。

· 通过学校与企业和学生与企业的联系实现知识的转换。

· 联邦州大力的财政支持。

5.2.2 创业专家：维也纳文化/创意产业企业家咨询平台

专家协助和外部分析视野对于创业新手来说是必不可少的，这关系到企业是否能够实现可持续发展。这点对于文化/创意产业中的新兴企业来说尤其重要，因为这些企业往往变动性比较大，同时这些企业又必须为随时可能出现的机会做好准备。

因此，维也纳产业资助协会的专家开创了一个平台，通过这个平台，文化/创意产业从业者能够得到专家和培训师的指导。这些专家和培训师都有丰富的文化/创意产业从业经验。在该平台网络主页（http://expertenpool.departure.at）上，70 名专家正等着为创业者解答。既有商业和法律、市场营销、公关、广告和税收方面的专家，也有如时尚、音乐、设计、市场和建筑行业的专家。专家库的建立与地区的资助息息相关，但是它的访问量却很一般。

被聘入文化/创意产业创业咨询平台的专家都必须先通过协会自己组织的考试，聘期持续三年。在聘期内，协会还会对这些专家进行定期考核，并且还会不断更新专家。

维也纳专家辅助创业新手项目也需要专家库的支持。人们之所以会推出这一项目是因为：文化/创意产业中的企业在咨询和研修方面迫切需要支持。因此，人们推出了这一资助项目，希望通过专家在知识方面的援助促进小微型企业的发展。每次咨询专家，企业都能获得最高额度为 15 000 元的咨询资金，这些咨询资金是用来购买企业所需要的"外部知识"。专家辅助创业新手项目把重点放在知识交换与强化知识竞争力方面。

共有六项不同的咨询项目：商业理念评估，市场推广和营销策略改进，机构设置咨询，企业经营管理咨询和传统培训服务。

为了方便创业者约谈专家，我们在前段时间推出了专家快速约谈项目。在某个晚上限定的时间内，选定的专家会为这些创业新手的问题进行解答。以这样的方式，这些年轻的创业家不但能够获得第一手建议，而且还能认识一些专家，整个过程能不紧不慢地实现知识的交流。

咨询和知识转换对于文化/创意产品和服务的推出具有重要意义。因此实现专家和企业间的无障碍交流显得尤为重要。因此很有必要建立一个专家数据库，在这个数据库中人们能够看到其他文化/创意企业的评估。这样就以一种简单而又有效的方式为创业者提供了帮助。我们建议联邦政府建立统一的咨询平台，统一咨询平台的建立很需要联邦政府的协同作用。

表 5-5　专家辅助创业新手项目评估

专家辅助创业新手项目评估				
当前实施情况	受欢迎程度	实际成效	推荐联邦采纳度	联邦政府的协同作用
+++	++	+++	+++	+++

专家辅助创业新手项目早已开展，同样，专家咨询项目也已经开展了很长一段时间。因此这给我们评估和借鉴提供了丰富的资源。文化/创意产业从业者普遍欢迎该项目。由于专家的数量较多，因此前文提到的文化/创意企业的需求能够很好地得到满足。这一项目的实施效果很好。鉴于该项目的受欢迎度，可以把该项目作为示范项目在文化/创意产业中推广。联邦政府的协同作用在该项目中能够得到很大的发挥，因此我们推荐联邦政府实施该项目。

成功因素：

· 有很多来自不同领域的专家，并且定期对这些专家进行考核。

· 多数专家都来源于文化/创意产业。

· 为减少咨询障碍，推出了各种各样的活动。

5.2.3　亚琛文化产业创业者中心和文化企业项目

2004 年成立的亚琛文化产业创业者中心的宗旨是，为创业者在实现自立过程中提供帮助。该创业者中心除了为创业者提供创业前的咨询服务外，还会提供创业过程中相关服务。此外，该中心还致力于加强该地区文化工作者间的联系。

该中心的主推项目是文化企业项目。被该中心选出来的创业者有机会通过培训提高管理企业的技能。第一步，亚琛文化产业创业者中心的负责人将会和对该项目感兴趣的创业者进行一次交谈。如果交谈表明该创业者有成功的可能并且还需要更多的指导，那么该中心就会建议该创业者参加文化企业项目。

参与者从一开始就被作为能够独立承担责任的企业家，即使有的参与者本人并不这么认为。该项目的重要意图是：让参与者独立找出解决问题的策略和方法。通过这种方式能够很好地锻炼参与者的决策能力。脱离理论束缚、重视实践是该项目的一个重要特征。个人约谈是文化企业项目中的一个重要手段。通过这种方式能够建立双方间信任，同时也能启发新的思考。

表 5-6　亚琛文化产业创业者中心经济效益分析

亚琛文化产业创业者中心经济效益分析 该中心成立于 2004 年，该测评是在该中心成立一年后进行的(2004 年 6 月—2005 年 6 月)
185 次创业前咨询
53 次继续辅导咨询
创造了 21 个岗位
56%接受过咨询辅导的创业者年盈利能达 10 000-40 000 欧元
欧盟层面最成功的实验项目，注重发展多样性

此外，文化企业项目的设置中还包括个别辅导和研讨会。项目顾问会询问参与者企业管理方面的知识。由于参与者对企业管理知识的不了解，其在企业管理方面常常存在一些误区。通过该项目，参与者能够结合自己的亲身体验消除这些误区。

文化企业项目的另一个重点是每季度召开的研讨会。在该研讨会上，该项目的参与者将会展示自己的企业构想，阐述自己遇到的问题和挑战，同时也会听取其他参与者的意见。这里值得强调的是，该项目注重参与者通过独立解决问题增强自己的自立能力。同时，通过了解别人遇到的问题能够使参与者系统性了解自身存在的问题。由于参与者处在创业的不同阶段，这使得创业知识能够在创业者间得到很好的交流。在口号“亚琛模式”下，该项目作为欧盟层面杰出的实践项目已得到认可。目前南特和昂热这两个城市正在讨论要不要也推行该项目。亚琛文化产业创业者中心还加入了文化企业集群城市网，此外，它和欧盟层次也有合作。

亚琛文化产业创业者中心研修课程完全按照文化从业者的需求来开设。特别是它消除参与者原有企业管理知识误区的做法很值得赞赏。它的研修项目强调参与者靠自己的力量加强自己能力和建立信任的做法特别值得提倡。作为结论，联邦政府应为该项目继续推出其他资助项目。一方面该项目在资金方面并非没有顾虑；另一方面合格的项目不仅在于项目的内容，同时该项目以怎样的方式方法为文化/创意产业的参与者提供服务相当重要。联邦政府应该考虑在其他地区也推广该项目。

表 5-7　亚琛文化产业创业者中心项目评估

亚琛文化产业创业者中心项目评估				
当前实施情况	受欢迎程度	实际成效	推荐联邦采纳度	联邦政府的协同作用
+++	++	+++	++	++

亚琛文化产业创业者中心项目早已实施，这是首次对该项目作出评估。这一项目的资助措施得到了该地区文化从业者的普遍欢迎。由于该项目专家很多，小型企业的资助需求将会得到解决。该项目资助措施的效果也很好。鉴于该项目的受欢迎度很高，实施效果也很好，我们建议把该项目作为文化/创意产业的示范项目。由于政府的协同作用在该项目中不高，我们建议联邦政府应加强对该项目的辅助。

成功因素：

· 把从业者和资助机构相结合能够带来更好的辅助效果。

· 有针对性的交谈能消除文化/创意产业创业者创业过程中的阻碍。

· 提倡创业者靠自己的能力实现自立。

· 为创业者提供研修机会及消除原有的企业管理知识误区。

5.2.4　不来梅领航咨询项目

为了给文化/创意产业中的自由职业者和自雇型企业提供咨询服务，2007 年不来梅推出了领航咨询项目。该项目旨在给文化/创意产业从业者提供帮助，并且能够引导创业者实现自立。除此以外，该项目还致力于文化/创意产业中职位的创造和发展，同时也会致力于维护职位的稳定。

为了帮助文化/创意产业中微型企业的组织和管理，不来梅经济发展中心和不来梅经济规划和创新中心共同提出了领航咨询项目。这一项目同时还受到了欧洲区域基金的资助。

领航咨询项目为创业者和企业家提供研修课程和参与研讨会的机会。这是为了使创业者和企业家的商业理念得到改进，同时这也有利于企业今后的发展。

领航咨询项目涉及各种各样的群体。比如不同文化/创意产业的企业家及不同行业的潜在创业者。

因为很多文化/创意产业从业者对现有的咨询项目仍不感兴趣，因此，咨询项目很有必要让文化/创意产业从者明白这些咨询项目对于企业发展的经济意义。企业家和创业者很有可能因参与咨询项目而找到自己企业的发展道路。通过领航咨询项目中特殊的约谈咨询和研讨会，参与者能够学会独立分析公司发展过程，制订可行的创业计划、稳定计划和发展计划。

表 5-8　不来梅领航咨询项目经济效益分析

不来梅领航咨询项目经济效益分析 该项目于 2007 开始实施，该经济效益分析在该项目施行一年后进行(2007 年 4 月—2008 年 3 月)
207 次咨询调查
152 次创业前咨询
41 次继续辅导咨询
创造了 53 个岗位

该咨询项目为企业家定期提供研修机会，即一小时的个人专家咨询。领航咨询项目加入了文化/创意产业咨询网，这样就能为该项目的执行提供经验。企业家可以根据企业的不同发展阶段和不同需要和专家约谈。不断有新企业参加咨询项目。

该咨询项目除了提供个人专家咨询服务外，每一季度还会组织项目参与者召开研讨会。在研讨会上参与者将会展示自己公司的发展成果，参与者还会相互交流经验，探讨企业问题。

不来梅领航咨询项目成功的因素有两个，一个是为参与者提供个人专家约谈，第二个是通过专家约谈能够很好地实现知识转换。

表 5-9　不来梅领航咨询项目评估

不来梅领航咨询项目评估				
当前实施情况	受欢迎程度	实际成效	推荐联邦采纳度	联邦政府的协同作用
+++	++	+++	+++	+++

不来梅领航咨询项目早已实施，这是首次对该项目作出评估。该项目自推广以来受到了好评。因为该项目把咨询与企业专业化发展相结合，并且还会引导参与者参与已有的资助项目，所以该项目能够很好地满足微型企业的需求。这个项目的资助效果也很好。

由于该项目创意度较高并且实施效果也较好，我们建议把该项目作为示范项目进行推广。由于该项目中联邦政府的协同作用较大，我们建议联邦政府实施这一项目。

成功因素：

· 把研讨会和研修相结合。
· 严格的专家甄选机制。
· 推行个人专家约谈，帮助参与者消除原有企业管理知识误区，以达到开发创意产业潜能的目的。

5.2.5 伦敦文化/创意产业发展署(CIDA)[①]

成立于1999年的文化/创意产业发展署(CIDA)是为了开拓文化/创意产业市场和创造就业机会。该项目受到了英格兰委员会和欧洲结构基金会的资助。该项目主要活跃于伦敦地区。

伦敦文化/创意产业发展署为文化/创意产业从业者提供一系列的资助措施和服务，这些资助措施和服务包括：企业机构发展咨询、融资和资助咨询、创立信息平台、建立产业链、促进产业集群、加强企业间联系。除此之外该发展署还会举办研讨会、宣讲会和会议来实现知识的转换。在伦敦文化/创意产业发展署项目的名义下，地区还有很多旨在促进文化/创意产业发展的子项目，比如：

创意空间署

这是一个公私合作组织，它的目的是为文化/创意产业中的从业者、企业和机构传递会展和活动信息，同时也会传递彼此间的需求。

创意商务署

创意商务署会为文化/创意产业中的企业和自由职业者定期举办一些活动。这些活动能促进企业和自由职业者与专家和创意家的联系。

创意世博会

一年一度的创意世博会为自由职业者、中型企业、小型企业、微型企业提供了展示的机会。创意世博会一般会持续多天。在世博会上将会以电影、走秀的方式引出研讨会和一系列活动。此外，该世博会还建立了网络平台，在网络平台上会提供企业信息、企业产品和服务，这也是一种很好的直接交流方式。

伦敦文化/创意产业发展署项目多种多样的理念和辅助方法是其成功的关键。对于伦敦城区来说，有一个能够与文化/创意产业有着良好经济联系的资助机构具有重要意义。同时这个资助机构也能用来加强文化/创意产业从业者间的联系。对于德国一些以文化/创意产业为主导的地区，我们推荐建立相似机构，这样能加强该地区的发展活力和从业者间的联系。

表 5-10　伦敦文化产业发展署项目评估

伦敦文化产业发展署项目评估				
当前实施情况	受欢迎程度	实际成效	推荐联邦采纳度	联邦政府的协同作用
+++	+++	+++	+++	+++

① 参见网址：http://www.cida.co.uk。

伦敦文化/创意产业发展署项目早已实施，因而不论是机构管理层面还是机构从业者层面都有丰富的经验。这一项目也受到了该区域文化/创意产业从业者的欢迎。由于该项目多种多样的资助理念，因而前文提到的各行业从业者的需求都能得到相应满足。该项目的资助效果也很好。

就资助措施的创新度和积极效果而言该项目可以在文化/创意产业中作为示范项目进行推广。由于联邦政府在这一项目中的协同作用较重要，我们推荐联邦政府实施这一项目。

成功因素：

· 采用各种各样的资助理念和措施推进文化/创意产业的发展。
· 虽然有各种各样的资助措施，但是这些措施间都有一定的逻辑。
· 把文化/创意产业中的从业者很好地联系起来。
· 政府方与私人方共同合作开展活动能有效地把微型企业和自由职业者联系起来。

5.2.6 英国创意产业发展署(CIDA)

总部设在英国哈德斯菲尔(Huddersfield)的英国创意产业发展署如今已成为世界上最大的资助文化/创意产业组织。2000年成立时，该组织的项目总资金只有20万英镑（250000欧元），2005年已经增至1 000万英镑(130万欧元)。18名来自文化/创意产业的咨询工作人员随时准备着和咨询者分享他们的经验。该发展署的宗旨是：

· 帮助从业者扫清进入文化/创意产业的障碍。
· 为企业家提供研修课程。
· 通过咨询和牵线搭桥方式加强自由职业者和微型企业的联系。
· 支持文化/创意产业的发展。
· 鼓励文化/创意产业多样性的发展。

该发展署的资助和咨询服务有：

· 通过热线电话、通讯、网页和网络平台的方式为从业提供信息和个别辅助。
· 邀请地区、国内和国际专家定期举办各式各样活动。
· 举办各种各样竞赛活动。
· 提供个别辅导，比如为自由职业者、企业提供有针对性的咨询。
· 为促进文化/创意产业的发展与国内外相关机构进行合作，比如参与英国经济资助项目(促进当地企业发展倡议)和加入欧洲文化企业集群网。

表5-11 英国创意产业发展署经济效益分析

英国创意产业发展署经济效益分析 该项目于2000年开始实施，以下是对其2000年到2008年间经济效益的分析
共资助了2 893家企业
帮助348家企业成立
创造了643个岗位

表 5-12　英国创意产业发展署项目评估

英国创意产业发展署项目评估				
当前实施情况	受欢迎程度	实际成效	推荐联邦采纳度	联邦政府的协同作用
+++	++	+++	+++	+++

英国创意产业发展署自2000年开办以来已经积攒了丰富的经验，这些丰富的经验值得我们借鉴。该项目的资助措施受到了地区文化/创意产业从业者的欢迎。由于具有广泛的资助形式，前文提到的不同行业和不同规模的企业的需求都能够得到满足。该项目的资助效果也很好。该项目的资助措施可作为示范在文化/创意产业中施行。由于政府在该项目中的协同作用较重要，我们推荐联邦政府推行该项目。

成功因素：

· 有协调一致的倡议资助文化/创意产业的发展。

· 提供风险资本的同时提供咨询服务，这大大增加了企业的成功率。

· 也为从其他地方获得资金资助的文化/创意企业提供咨询服务。

5.3　经济评估

5.3.1　创意西米兰项目

创意西米兰项目以公私合作的方式于2003年开展，它的宗旨是促进地区文化/创意产业发展。该公司为文化/创意企业提供咨询服务和融资服务。该公司又化分为两个机构，即创意基金会和创意咨询服务处。

为了支持创意企业，2003年成立了创意基金会。该基金会由公共基金(欧洲地区发展基金、西米兰地区基金、英国艺术基金)支持，旨在帮助西米兰地区文化/创意产业和资助机构的发展。

通过判定企业或者个人的商业计划，创意基金会给申请者最高达25万英镑的创意基金。申请者可以是文化/创意产业中的新创业者，也可以是文化/创意产业中的已经成立的企业。创意基金会是公益性组织，该组织会把投资创意企业所获得的利润继续用来支持创意企业。

与创意基金会相平行的是创意咨询服务处，它的服务有：

· 指导商业计划

· 指导业务发展

· 收购和合并扶持

· 指导解决行业特有的问题

此外，在企业获得创意基金或其他投资后，该机构还会为企业提供咨询指导服务。

表5-13　创意西米兰项目经济效益分析

创意西米兰项目经济效益分析
该项目于2003年开始实施，以下是对其2003年到2008年间经济效益的分析
500万英镑投资基金
进行了70次投资，涉及52家企业
2008年参与EFRE基金会

表5-14　创意西米兰项目评估

创意西米兰项目评估				
当前实施情况	受欢迎程度	实际成效	推荐联邦采纳度	联邦政府的协同作用
+++	++	++	++	+++

创意西米兰项目2003年开始实施，2008年继续开展。评估结果显示该项目在西米兰区很受欢迎。前文提到的文化/创意产业从业者的需求也能够在此项目中得到很好地满足。该项目的资助效果也很好。因此，我们建议联邦政府把它作为示范项目推广。联邦政府在该项目中的协同作用也很重要，我们推荐联邦政府开展这一项目，同时联邦政府也应该为此建立全国性行业平台。

· 借鉴了银行经验，把投资企业获得的利润继续用于投资企业。
· 提供创意基金的同时提供咨询服务，为投资获得成功提供了保障。
· 项目中的咨询服务同样也提供给从其他机构获得资助的企业。
· 通过倡议加强了与企业的联系，消除了企业对资助机构的偏见。

5.3.2　小城威尔作品和艺术家项目

位于鲁尔区的东部的小城威尔(Werl)召集各行各业的代表举行了战略会议。在该会议的基础上该小城采取了很多措施来促进经济和城市的发展。其中就包括2007年春季推出的作品和艺术家项目。该项目由东部艺术文化协会及威尔商界共同开展。参与该项目的艺术家会向企业展示他们的作品，通过这种方式能够很好地建立艺术工作者和企业间的商业联系。共有16位艺术家和12家当地企业参与这项项目。该项目由威尔市政府出资支持。

同时，通过该项目，双方都能够在这里开展他们的具体活动，展示各自的技术和实力。参与此项目的艺术家在展现创造力方面享有绝对的自由，该项目没有任何的限制。通过这种方式，艺术家们可以呈现他们的作品，一方面展示了艺术工作者创造力的多样性，另一方面还能展示当地企业的实力。

这个同样也能带来各种各样的合作，比如一个摄影作品可能通过与烘焙原料生产商合作完成，一件雕塑作品可能是与当地钢管厂合作的成果，或者是与大理石商合作的成果。

作品和艺术家项目将会以公众艺术展览会的形式开展。这样，一方面艺术家可以展示自己的作品，另一方面企业也可以展示自己的产品和技术。艺术家的作品不仅仅会在展览会中展出，这些作品也会作为商品出现在威尔市的商店，这样为路人和顾客提供了欣赏艺术作品的机会。展览会闭幕时会拍卖20多件艺术作品，收益用于公益事业。

作品和艺术家项目开创了艺术家和企业间合作新模式，同时也是提升城市内外知名度的一种重要方法。威尔市推广艺术家作品的做法可谓别出心裁。

该项目也向我们展示了一个地区如何运用自己的力量建立艺术家和企业间的合作关系及推广艺术作品。该项目的参与者也能通过跨行业合作突破自身的瓶颈，创作出新的艺术产品。这一项目也需要联邦政府的协助，比如奖赏良好的合作艺术家和企业。

表 5-15　作品和艺术家项目评估

作品和艺术家项目评估				
当前实施情况	受欢迎程度	实际成效	推荐联邦采纳度	联邦政府的协同作用
++	++	++	+++	++

作品和艺术家项目 2007 年开始实施。第一年实施成效表明，针对艺术家的沟通很有效果，同时该项目也能很好地促进传统产业与文化/创意产业间的合作。因此，该项目很受欢迎。该项目使得文化艺术从业者能够自由发展和获得传统产业中的经验，因此该项目确实满足了文化艺术从业者的需求。这个项目可以作为传统产业和文化/创意产业合作的典范。联邦政府可以从国家层面推广该项目，因为联邦政府在该项目中的协同作用很大。

成功因素：

· 不同产业间的紧密合作。

· 通过会展给企业和艺术家今后更多的合作提供契机。

· 这一项目同时实现了对艺术家、企业和城市的宣传。

5.3.3　阿姆斯特丹青年设计师+企业项目

阿姆斯特丹的青年设计师+企业项目(YD+I)为年轻设计师和企业创造了合作机会。该项目把文化艺术从业者的创意运用在其他项目，使创意与经济、社会和文化因素相融合。

来自欧洲各国的年轻设计师将会得到机会参与一些知名企业的设计项目，如喜力、荷兰合作银行(荷兰最大的银行)和荷兰社会事务部的一些设计项目。不同领域的设计师组成一个团队负责一个设计项目。2007 年共有来自 8 个国家的 38 位设计师参与了这个项目。

活动内容包括：为不同文化背景的老人设计养老院，为新城区设计规划方案，为不发达的周边地区的青少年开展创意工作室。

通过选拔程序确保合作的企业与设计师能够满足各自的需求。

一个长期关注有才华的艺术家的工作方式，并为艺术家提供和企业合作机会的艺术家机构至今为止仍然很少。这个项目能成功的因素有两个：一是与企业和公共机构的紧密合作，二是由此而产生的对青年设计师的吸引力。这个项目既能实现跨行业间企业合作，也能实现跨领域间设计师的合作。因此我们应该以此来促进知识的转换和加强企业间和设计师间的联系。

表 5-16　青年设计师+企业项目评估

青年设计师+企业项目评估				
当前实施情况	受欢迎程度	实际成效	推荐联邦采纳度	联邦政府的协同作用
+++	+++	+	+	+++

青年设计师+企业项目 2007 年开始实施，一年后该项目的参与者表示，与艺术家的沟通很有效，同时也有促进传统产业与文化/创意产业间合作的需求。该项目得到了参与者的好评。该项目为设计师创造了设计机会，同时该项目也正在考虑前文提到的结构资助问题。这个项目的参与者往往是公共机构，因而与产业部门的合作是有限的。总的来说，该项目只能作为文化/创意产业艺术家与传统产业合作的范例。联邦政府可以向地区推广该项目，该项目中联邦政府的协同作用较重要。

成功因素：

· 它能为知名企业赢得与天才设计师合作的机会，反过来天才设计师也能吸引知名企业的注意。

· 企业合作项目与公共/社会项目并重，对未来艺术家特别具有吸引力。

5.3.4　电脑游戏会展

电脑游戏会展自 2002 年开始举行，该会展为互动娱乐、信息娱乐系统、硬件和电脑游戏提供了展示平台。该会展由联邦互动娱乐游戏软件协会承办，莱比锡会展协会为此次会展负责。2008 年，该会展共为 28 个国家提供了 500 个展位，超过 250 家游戏公司选择在莱比锡电脑游戏会展做游戏首发仪式。

2002 年，该会展刚举办时只有 30 000 平方米的展览空间，共有 166 家企业参展。在 6 年的时间里，该会展发展得很快，并且它在电脑游戏行业中的意义越来越重要。不同于文化/创意产业中的其他行业，如音乐业，电脑游戏行业不可能一下就获得很大的营业额。电脑游戏营业额的逐年增长足以让电脑游戏从业者感到开心。2007 年电脑游戏行业的营业额增长了 21%，有社会保险的电脑行业从业者也有所增长。

随着近些年电脑游戏行业的兴起，电脑游戏逐渐摆脱了给人们留下的“低级、暴力”这些不好的印象。这期间电脑游戏成为了一种具有吸引力的家庭娱乐方式。因此，电脑游戏在开发家庭游戏方面还有发展空间，比如开发把学习作为重点的家庭电脑游戏。

电脑游戏和控制游戏的开发需要很大的劳动量，这需要来自各个领域的工作人员如编剧、布景设计师、作曲师、音乐师、造型师和雕刻师的相互配合。在德国，大约有 200 个电脑游戏工作室，大约有 2 000 到 3 300 位从业者。那些素养很高的高手能够获得在电脑游戏工作室兼职的机会。

电脑游戏展被认为是德国文化/创意产业发展的指示器。很多艺术家对从事电脑游戏行业很感兴趣，为此，人们在 2008 年自行举办了题为“工作和事业”的会展。该会展的举办为求职者与电脑游戏公司人事部的交谈提供了契机。

2009 年开始，电脑游戏展将会在科隆举行。这是因为科隆有诸如 EA 和 Nintendo 那样的大型电脑游戏公司。并且科隆每年的访问量很高。再次，科隆拥有良好的文化和媒体地理区位。

这一电脑游戏会展能够促进电脑游戏行业间销售知识的交流，同时该会展也是一个高品质的顶级会展。此外，该会展还会吸引人们对电脑游戏行业的关注。与电影业相比，人们目前对电脑游戏行业的资助比较少。特别值得一提的是，人们对数字媒体行业会展的资助能够对娱乐软件行业的发展起到很大的促进作用。联邦政府可以把这一项目作为示范项目来推广。

表 5-17　电脑游戏会展项目评估

电脑游戏会展项目评估				
当前实施情况	受欢迎程度	实际成效	推荐联邦采纳度	联邦政府的协同作用
+++	+++	+++	++	+

自 2002 年以来，莱比锡电脑游戏会展取得了很大的成功。很高的公司参展率显示了该会展的成功。同时，该会展也是电脑行业的一次盛会，这能有效地加强软件/游戏行业企业及从业者间的联系。因此我们得出，该项目的受欢迎度很高，达到的效果也很好。联邦政府应该支持电脑游戏行业这类顶级会展的举办。但是联邦政府不可能直接参与到这一会展的举办中去。因此，联邦政府要加强对该会展举办方的支持。

成功因素：

· 得到认可的行业聚会，在这一聚会中，企业间能加深交流，同样也能加深自由职业者与企业间的交流。

· 通过与国外企业交流，能够开发新的合作方向。

· 大小会展能够为文化艺术从业者带来工作机会。

5.3.5　柏林创意行业风投基金

2008 年初，柏林国有投资银行(IBB)首次在全国范围内为文化/创意产业推出了风投基金。该风投基金总资本为 3 千万欧元，旨在获得利润增长(股票上市、市场销售)。柏林创意行业风投基金由柏林国有投资银行和欧洲地区发展基金会共同出资，由柏林政府管理。

柏林创意行业风投基金会对那些没上市的年轻企业感兴趣。这些企业由于处在起步期，因而存在很大的风险。柏林创意行业风投基金会竭尽所能帮助那些年轻企业，比如该基金为企业家提供企业经营管理方面的建议。

与其他风投基金相比，柏林创意行业风投基金不仅能帮助企业家促进企业的发展，提升企业的价值，而且还能提高企业家的个人能力，这点是最重要的。与其他传统风投基金相比，柏林创意行业风投基金不太重视盈利。

在该风投基金实施了四个月后，柏林国有投资银行发现，许多企业都需要此项基金。很多文化/创意企业都对柏林这一地理区位感兴趣。数据表明，不到一半(43%)对风投基金感兴趣的企业来自游戏软件行业，其次是电影、电视行业(24%)，音乐业(12%)，设计和时装业(9%)。在柏林创意风投基金开展 8 个月时，其已经资助了 4 家企业，它们是 3 家电视作品公司和为现役运动员开发的网络 web2.0 平台。

每一轮风投基金总额最高可达 150 万欧元，这意味着企业总共可以得到 300 万欧元风投基金。该风投基金的资助期为 3 到 5 年。此外风险基金会、天使投资公司也参与了柏林创意行业风投基金项目。

在建立柏林创意行业风投基金以前，为了能切合企业的需要，也为了能够有效地运行该基金，柏林国有投资银行对国外多个风投基金进行了分析。所以柏林国有投资银行借鉴了伦敦创意基金的经验，认识到为企业家提供企业管理咨询服务是非常重要的，这些方面在当前领域中是十分欠缺的。

创意行业风投基金反映文化/创意产业经济地位正在上升。至今仍然没有私人机构为文化/创意产业提供风投基金。柏林创意行业风投基金既为企业提供资金支持，也为企业提供相应企业管理和发展咨询服务。在联邦政府在全国范围内开展此项目前，还应该对该项目的受欢迎度和效果进行研究。

表 5-18　柏林创意行业风投基金评估

柏林创意行业风投基金评估				
当前实施情况	受欢迎程度	实际成效	推荐联邦采纳度	联邦政府的协同作用
+	?	?	?	+++

柏林创意行业风投基金自去年开始实施，因而没有足够的数据来参考分析。在评估该项目是否受欢迎时，也没有足够的数据，因此不可能对该项目进行进一步评估。鉴于柏林创意行业风投基金的资助结构，该风投基金应该能够很好地辅助文化/创意企业。联邦政府在该项目中能够发挥很大的协同作用。与在联邦州层面开展更多的基金项目相比在全国范围内开展一个中心风投基金项目更有效。然而在较小的州很难产生足够的资金需求。

成功因素：

· 迄今唯一一个把金融机构和资助机构相结合的文化/创意产业项目。

· 该项目除了给予企业资金支持外，还提供企业咨询服务，关心企业的进一步发展。

5.4　示范项目评估小结

广泛的例子证明，针对文化/创意产业有多种多样的资助措施。通过分析，这些示范项目能为联邦政府未来的行动提供参考。我们将以提出下列两个问题的形式对得出的结果进行总结：

· 我们可以从文化/创意产业成功的资助措施中汲取哪些经验来促进国民经济的发展？

· 联邦政府是否应该推行该示范项目，或者联邦政府应该如何帮助这些项目的地区推广者？

这些例子向我们展示了正确的政策决断和强大的执行能力是资助措施成功的关键。成功的资助措施建立在长期规划基础之上(通过持续不断的资助项目和措施)，只有在这样的基础之上，资助措施才能持续发挥效果。同时，当地机构间的通力合作和文化/创意产业从业者与专家间的相互联系也是这些项目成功的因素。所以需要事先对所采取的路径达成共识。这个过程凸显了透明度与真诚沟通的重要性，从而能建立从业者间的信任，同时也有益于促进他们之间的合作。前面展示的示范项目的资助理念，效果和受欢迎程度都不同。

在基础设施方面，我们将会举三个例子进行分析。我们会用这些例子来说明借助城市规划和机构规划能给文化/创意产业带来新发展契机。比如昔日的工厂和闲置的火车站被改变为展览室、活动室、创作室和戏剧音乐表演厅。莱比锡棉纺织厂的例子证明，给予文化/创意产业小小的资助就能激发文化/创意产业巨大的商业潜能。

通过评估可以得出联邦政府应该为这些项目做些什么，联邦政府接管地区项目的意义并不大。因为地区执行者能更好地开发这些项目的潜能，联邦政府应该在扩大这些项目的知名度方面给予帮助。除此之外，联邦政府还要鼓励和资助这些项目的开展。

在教育和培训领域，我们共分析了六个德国层面和欧盟层面的实践案例。从中我们可以看出，培育项目、个别咨询、以实践为导向的学习课程项目表现出对文化/创意产业的巨大推动作用。同时这些项目的受欢迎度和实施效果都很好。

这里需要强调一下维也纳专家辅助创业新手项目。该项目由维也纳经济资助协会推广。在这个项目中，行业专家对创业新手的咨询和培训是该项目成功的关键。在文化/创意产业中，企业家除了要拥有强大的决断能力外，还要能对市场有准确的把握。就这一点而言，维也纳专家辅助新手项目的专家能够很好地帮助这些企业家。除此之外，该项目还推出了专家咨询网络平台。

所有评估中的积极结果都表明，公开可获取的专家库能够促进年轻创业家的发展。联邦政府可以建立一个全国性的专家库，用来弥补地方专家库的不足。

我们还可以从亚琛文化产业创业者中心项目和不来梅领航咨询项目中借鉴一些经验。如这些项目以咨询和培训方式为文化/创意产业企业家传授必要的从业知识。特别值得一提的是，这些项目能够消除企业家原有的在经济管理方面的认知误区。专家会告知参与项目的企业家去利用专家库，这样能够加深专家和企业家间的理解，从而能够更好地帮助企业家成立企业。这些项目经验表明，在对文化艺术创业者进行辅助时，要注重考虑他们的实际情况。正如在 4.2 中提到的那样，有针对性的辅助才能对文化/创意产业中的自由职业者起到最大的帮助。

伦敦文化产业发展署是另一个值得借鉴的项目。伦敦文化产业发展署为伦敦地区所有文化/创意产业从业者提供资助。伦敦文化产业发展署项目的参与者将会体会到一站式服务。这里能为参与者提供培训机会和给出融资意见。此外，该发展署还致力于促进文化/创意产业从业者间的经验交流，加强文化/创意产业与传统产业的联系。这一项目把资助重点放在地区文化/创意产业。

伦敦文化产业发展署既有资助机构的功能，也有文化/创意产业管理中心的功能，这种结合方式值得我们借鉴。特别是在以文化/创意产业为主导的地区，建立类似的产业平台，对联邦政府来说是可取的。从政府的协同效应方面考虑，我们建议联邦政府为文化/创意产业推行风投基金项目。联邦政府的协同效应在这一项目中能够得到很好的发挥。这些例子还表明，项目中仅仅只有中型企业能够受益于来自地区层面的资助。应当在国家层面设立统一的准则，确保文化/创意产业能有效利用风投资金鉴于柏林风投基金项目实施时间较短，因而不能对该项目的成效作出评价。

电脑游戏会展项目值得作为示范项目在文化/创意产业中推广。这类会展能增进知识交流，也能加强业内联系。此外，这类会展还能吸引媒体目光。专家建议，可以在媒体关注度较低、业内联系较少的文化/创意产业部门推广该项目经验。联邦政府应该加强对这类项目的引导。

表 5-19 示范项目评估总表

示范项目	项目				
	当前实施情况	受欢迎程度	实际成效	推荐联邦采纳度	联邦政府的协同作用
基础设施					
波茨坦造船巷文化产业区	+++	++	++	++	+
莱比锡棉纺织厂	+++	+++	++	+++	+
巴尔尼姆艺术文化轨道	+++	++	+	+	+
教育 & 研修					
曼海姆流行音乐学院	+++	++	+++	++	+
专家辅助创业新手项目	+++	++	+++	+++	+++
亚琛文化产业创业者中心项目	+++	++	+++	++	++
不来梅领航咨询项目	+++	++	+++	+++	+++
伦敦文化/创意产业发展署	+++	++	++	+++	+++
英国创意产业发展署	++	++	+++	+++	+++
经济评估					
创意西米兰项目	+++	++	++	++	+++
小城威尔作品和艺术家项目	++	++	++	+++	++
青年设计师+企业项目	+++	+++	+++	+	+++
电脑游戏会展	+++	+++	+++	++	++
柏林创意行业风投基金	+	?	?	?	+++

6. 促进文化/创意产业发展的建议

在分析了德国文化/创意产业的资助情况后，我们为联邦政府提出了四点建议。这些建议能满足文化/创意产业中各行各业的需求。在这几条建议中，不同群体的需求都会得到体现。为了解决文化/创意产业中的这些需求，联邦政府推出了资助项目、资助倡议，设立了联邦奖项和公共服务项目。通过对资助项目供需关系的分析可以看出，目前的资助措施还是没能满足文化/创意产业中的一些需求。这阻碍了文化/创意产业的发展，也阻碍了文化/创意产业国民经济潜能的发挥。

前文对地区层面和国际层面示范项目的分析能为德国文化/创意产业现有的资助措施提供参考。这些示范项目的评估结果显示，这些项目既实现了良好的资助效果，也照顾到了文化/创意产业中特殊群体的需求。根据这些数据和前文提到的资助需求，我们将会提出几点建议，总的来说，这些建议针对的资助需求可以分为以下三个层次：

- 需要为文化/创意产业提供具体的新的资助机会和资助形式。
- 一些现有资助项目是只能通过文化/创意产业从业者与机构间的紧密联系才能达到效果的资助项目。
- 现有的联邦政府资助项目必须在形式和内容上向文化产业开放，以便能够用于文化/创意企业的发展。

6.1 需要具体的新途径和新形式支持

在对资助项目供需关系的分析中，我们已经注意到资助项目在微型企业领域存在缺口。这意味着现有资助项目对文化/创意产业中微型企业的发展起到的作用很小，而微型企业在文化/创意产业中占有很大比例。特别是在资金支持、企业发展咨询方面，微型企业的需求得不到满足。现有的资助项目也没有依据文化/创意产业的特殊需要来设置，而是根据传统产业中存在的问题来设置的。通过对示范项目的分析，我们得出，无论在德国的地区层面还是在欧洲层面都拥有处理文化/创意产业微型企业问题的经验。示范项目(如亚琛创业者中心项目、英国创意发展署和维也纳专家辅助创业新手项目)表明，通过专家建议和对微型企业家进行指导培训能够很好地解决微型企业中存在的问题。为文化/创意产业提供的奖学金、贷款、过渡性津贴和投资补助与个人支持相结合，能够有效地促进文化/创意产业的发展。为了填补目前存在的微型企业资助空白，应该专门为微型企业建立一个咨询网络，以此来帮助微型企业创业和帮助其实现专业化发展。

文化/创意产业仍然需要支持。与其他德国高风险行业一样，文化/创意产业也缺少发展资本。特别是对非实体产品和服务领域的创新发展以及创新型商业模式提供支持，因为从业者常常缺乏融资渠道。无论是私人方面的融资渠道还是政府层面的融资渠道都没有考虑到文化/创意产业的特殊需要。文化/创意产业中很多企业的增长潜力还没得到充分发挥。我们对柏林风投基金项目进行了分析。虽然目前无法对该项目进行评估，但是该项目很值得联邦政府以后去实施。但实施之前应该等具体的结果呈现出来，例如可以期待正在柏林实施的项目进展。因为了解决目前微型企业的融资需求，可以发展特殊的小额融资项目和临时融资项目。

6.2 文化/创意产业从业者与经济文化促进部门之间的协调

联邦政府针对文化/创意产业产业者的需求已经推出了很多资助项目。但是由于资助信息的缺乏和与从业者需求不匹配，这些资助项目几乎对从业者没有什么帮助。现有资助项目中很多有效的创意项目已被作为“关注生存”项目选了出来。

现有资助项目应该加强和文化/创意产业从业者的联系。在现有融资领域，微型企业在产业中的核心地位，即作为艺术家流程的价值并没有得到完全承认。许多创意企业将这个流程视为产品开发或工艺优化的关键前提。在这一环节，来自不同文化背景的“文化”和“经济”相互融合。在这个阶段中牵线搭桥将使现有项目更好地服务于文化/创意产业。

文化/创意企业的创新能力体现在创意方式和创意构想上。创意产品的生产结果常常与创意实验的资金投入和创意项目的变动有关。文化/创意产业的这种生产方式确实与传统产业的生产方式不同。通常微型企业会开展这类创意生产活动。大型企业和中型企业常常会向微型企业购买创意，因此，这些企业对微型企业的依赖很大。因此，资助微型企业能够很好地帮助大型企业发展。

通过对示范项目的分析，我们认为很多示范项目值得微型企业资助项目借鉴。例如不来梅经济发展协会推出的不来梅领航咨询项目，它能为微型企业提供有针对性的指导。参与该项目的微型企业负责人能够通过辅助和模拟场景提升自己的能力。通过参与该项目，微型企业负责人能够消除对资助机构原有的偏见，理解国家提供资助帮助微型企业发展的决心。对于联邦政府来说，应该建立专家咨询网络平台来支持文化/创意产业从业者。

在促进文化/创意产业的自我认知和市场推广方面，内部和外部的研究表明，联邦政府通过文化/创意产业倡议不仅很好地促进了文化/创意产业行业间的合作，而且还很好地宣传了该产业。由于文化/创意产业倡议还在实行中，该倡议的资助效果还不能得到很好地评估。但是，从过去的经验已经可以得出结论：加强文化/创意产业内的公司组织以及内部联系是一个重要方面，这一点尚未得到充分实现，应进一步推进。

同样，我们也应该采取措施促进知识界、商界和文化界间的对话交流。一些以跨学科和跨行业方式运转的企业，在资助政策的牵引下与其他行业开展活动，能激发自身很大的创意潜能。在模块1中提到的文化/创意产业的创意对传统行业的巨大影响只有增进文化/创意产业和传统产业间的合作对话才能实现。

此外，来自普通公众的积极态度也可以确定为重要需求。要培养文化/创意产业从业者自身以及普通民众的产业意识，只能通过国家与国际层面的公关策略为从业者提供支持来实现。

可以得到借鉴对现有亚琛以及英国案例的分析，思考联邦政府能够通过怎样的方式来满足现有需求。伦敦文化产业发展署作为一个一站式文化/创意产业机构，在文化产业中提供资格认证课程、资金建议，引导科学讨论，将不同子市场的代表聚集起来，并且积极促进这些代表与传统经济部门的代表进行互动沟通。从英国的经验来看，设立中心机构进行控制和管理，促进目标群体的沟通和发展，是可行而且有效的。

联邦政府可以通过一个整体的发展战略来推行现有的资助结构和方式，这样能够取得更好的效果。通过设立国家范围的产业平台，联邦政府能够发挥核心作用，保证在国家层面实现针对目标群体有效发展。

6.3 联邦政府应为文化/创意产业推出行之有效的资助措施

除了对现有资助计划和资助工具加强宣传和介绍以外，还需要进一步开放现有资助项目的内容和形式，以便从业者们有机会接触这些联邦政府为创意企业提供的广泛扶持服务。

通过对资助项目的供需关系分析，我们得出联邦政府有必要为创新下一个定义。因为目前资助机构对创新的定义与文化/创意产业的实际创新过程严重不符。资助机构往往从科技革新角度定义创新，这就使那些与科技无关的创新企业得不到资助机构的资助。资助机构往往按照传统产业中的硬性规定如专利等来判断申请是否有创新。这刚好和文化/创意产业中的创新相反。文化/创意产业中创意的开发和市场的推广都不同于传统产业，同时也没有为创意专设的专利。

由于人们以前没有注意到这种情况，这使得一些需要资助的文化/创意企业得不到资助，同时文化/创意产业也得不到良好发展。因此联邦政府应该针对文化/创意产业创新的特殊情况下一个特别的定义。这也是为了使现有的资助项目能够更好地帮助文化/创意企业。

有一些资助项目直接把文化/创意企业，特别是那些与科技无关的企业排除在外。往往很多资助项目都不给与科技无关的企业提供资助。因此联邦政府应该发挥作用，使现有的资助项目向文化/创意产业中的创新型企业开放，这样能有效促进文化/创意产业的发展。

此外，资助项目供需分析还显示，应该改进现有资助项目。现有文化/创意产业的资助项目显示，银行和资助机构不了解文化/创意产业的特殊性。由于缺乏对文化/创意产业商业模式和创意潜能评价的标准，文化/创意企业常常得不到银行和现有资助项目的资助。因此联邦政府应为银行和资助机构制订评判文化/创意产业的统一标准，以加强其与文化/创意产业从业者的联系。

此外，联邦政府应该帮助文化/创意产业推广产品，完善产品评价体系。在产品推广资助领域，联邦政府已经推出了很多资助项目。比如联邦政府通过举办竞赛为文化/创意产品开辟市场。这一竞赛不仅能使获奖者获得名气，也能很好地宣传获奖者所从事的行业，使这一行业获得市场。但是联邦政府并没有为文化/创意产业中的各行各业设立竞赛，因此，只有一些行业能因此受益。此外，只有获奖者才能得到资助，并不是整个行业都能得到资助。因此，很有必要改进现有的竞赛项目，让更多的行业能够受益。可以在地区范围内推广联邦奖项，这样能够扩大受资助企业的范围。可以采用金字塔形式的结构，可以多设置地区奖项，少设置联邦奖项，这对联邦政府而言是可行的选择。此外，联邦政府还要为更多的文化/创意行业举办竞赛，使文化/创意产业中的各行各业都能参与到竞赛中。此外，联邦政府也可以设立一个全产业的竞赛，这样不仅能加强文化/创意产业各行各业间的联系，而且能加强从业者的产业意识。

联邦政府另一种帮助文化/创意产业开辟市场的形式就是，资助文化/创意产业举办会展，如资助创新型年轻企业参加德国境内国际会展项目和外国会展资助项目。通过对该类资助项目的供需关系的分析，可以看到这两种促进德国企业参加贸易会展的项目在文化/创意产业中几乎没有得到应用。对于很多文化/创意产业的子市场来说，展览会和它们没有太大的联系，它们更需要政府支持展示和介绍他们的无形产品。

参加会展的企业不仅能够推广自己的产品，而且还能与业内人士进行经验交流。所以从开辟市场和加强经验交流角度来看，联邦政府应资助文化/创意企业参加国际会展。我们推荐联邦政府除了要对企业加强会展资助外，还要考虑到资助项目是否考虑到了文化/创意产业的特殊性。

基于这些结果，行动建议需要通过场景分析的方式对其效果和优先度进行考察：

· 建立文化/创意产业专家库

· 继续推广小额资助项目

· 为文化/创意产业建立一个全国性产业平台

· 设立更多联邦奖项

· 继续促进文化/创意企业展参与会

· 为文化/创意产业中的“创新”下定义

· 面向文化/创意产业中的创新企业开放现有资助项目

这一系列建议对文化/创意产业能起到很大的帮助，首先这些建议考虑到了文化/创意产业中特殊群体的需求。尤其是如果能在地方、地区、国家及跨区域层面推广有效且有针对性的资助项目，那么德国资助项目应该会到达到理想效果。

7. 通过综合分析探索可能的行动措施

前面一章通过对资助项目的供需关系和模范资助项目的分析已经得出了一些建议。因此在这一章就有必要考量执行这些建议的手段，不同资助机构执行这些建议的效果和改进这些建议的方法。

接下来我们需要对这些建议的资助效果进行综合分析。我们把这些资助建议看作一条完整的资助链，每一个资助建议都是整个资助链中的一环，[①] 每一环都是为了激发文化/创意产业的国民经济潜能。

运用资助链的形式来检测这些建议的资助效果是有必要的。因为我们尚不确定采纳这一系列资助建议所带来的副作用和相互作用会对整个文化/创意产业经济潜能的发挥带来什么效果。毕竟，明确的措施-效果关系是很难确定的。

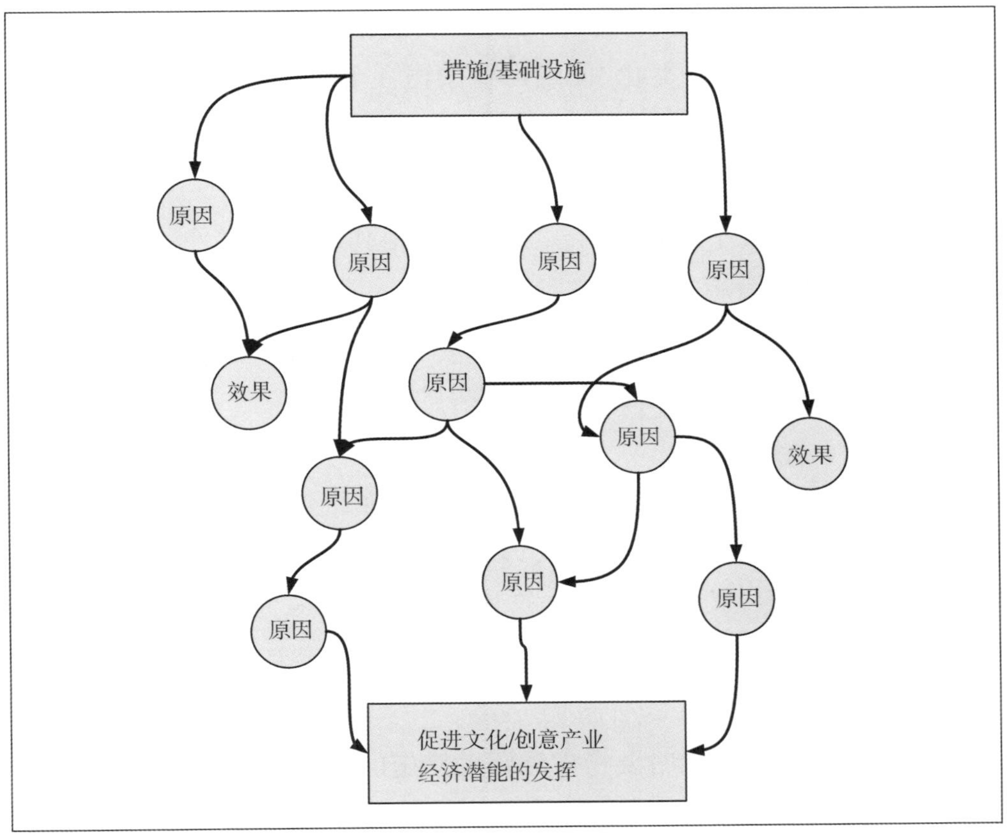

图 7-1　资助链

来源：预测公司。

① 为了更好地分析和评价这些建议，我们将会运用第 4 章提到的结论。

无可争辩的是，创业资助有利于避免创业的失败，但却无法证明这一资助对企业的成功贡献在哪。因为我们不能确定是创业资助还是其他平行的资助方式促成企业的成功。不可否认的是，创业资助有益于改善这些新创企业的经济处境。因此，我们从整个资助链的角度来检测这些建议的资助效果。我们并没有简单地找寻资助措施和资助效果间的因果联系，而是从整个资助链来综合考量。

一项资助措施往往会带来很多资助效果，一种资助效果常常是由很多资助措施带来的，一种资助效果又往往会带来别的效果，就是在这样的相互作用下，这些资助措施得以实现提高文化/创意产业国经济潜能更好发挥的目的。一种效果如果影响着许多其他因素和效果，则被称为描述符。因为它们是产生多种效果的因素，所以在文化/创意产业的发展中意义重大。他们是整个效果网中的结点，并且它们之间还相互作用，相互影响，这一切都是为了提高文化/创意产业的国民经济潜能。我们把原因和效果相互作用的过程看成一种措施或是手段。

在资助链运转之前(即在制定资助措施时)，我们要对资助措施可能达到的效果进行预测。这时候我们既要想到资助措施可能达到的最低目标，也要想到资助措施可能带来的意想不到的效果。通过这项分析，我们还要得出我们最需要关注的地方。最关键的是，我们要通过链式分析得出实现目标需要的前提和条件将遇到的干扰、阻碍，此外还要制定出为达到最高目标和最低目标需要的资助措施。此外，在链式分析中我们需要区分措施、行动步骤和干扰因素。

措施：

措施是整个链式结构中最主要的投入因素，也是整个链条中的重点。链式结构中的措施由政府投入，这也是为了达到最低目标(即激发文化/创意产业的国民经济潜能)。此外，措施也是各环节能够运转的动力。

行动步骤：

行动步骤相当于整个链式结构中的产出因素。除了措施和干扰因素外，行动步骤也能影响到整个链式结构的运转。与措施不同，措施必须由政府来完成，行动步骤可以由各式各样的从业者来完成。这些行动步骤是下一步行动的根源，最终又是总体预期目标的原因。行动步骤来自前文对支持框架条件的分析。假设行动步骤顺利执行的话，能够实现预期目标。

干扰因素：

干扰因素是指那些干扰既定效果出现的因素。它可以是那些有意或无意阻止行动步骤运行的因素。干扰因素可以通过增加额外的措施来避免或消除，以实现期待目标。这些额外措施相对于原有措施来说，对整个流程的意义更加重要，因为它们使许多小目标的实现成为可能。干扰因素在真实的流程中只有部分是清晰可见的，所以除了前文提到的结论以外，我们也会利用现有研究的成果来突出文化/创意产业的特点。

在链式结构中分析资助措施的效果时要考虑到资助措施的相互作用，这点很重要。

对资助措施进行交叉分析既可以对关键描述符进行审查，又可以识别干扰因素和额外措施，以提高或强化现有效果。目前考虑的资助方式都是通过内容上的逻辑联系关联起来的。基础层面的相互联系对文化/创意产业的发展意义重大，这一点已经明确。以这些分析为基础，建议联邦政府对资助措施进行适当、有效的整合，支持文化/创意产业的发展。

7.1 资助措施分析

综合分析1：增设联邦奖项

联邦政府应该增设奖项，覆盖以前未涉及的行业，并且为文化/创意产业设立一个总的奖项。增设联邦政府奖项能资助更多企业。为此联邦政府应该与各行各业进行商讨，为各地区制订出统一的奖励标准。这意味着首先在联邦州或是地区进行竞赛，优胜者再参加全国竞赛。

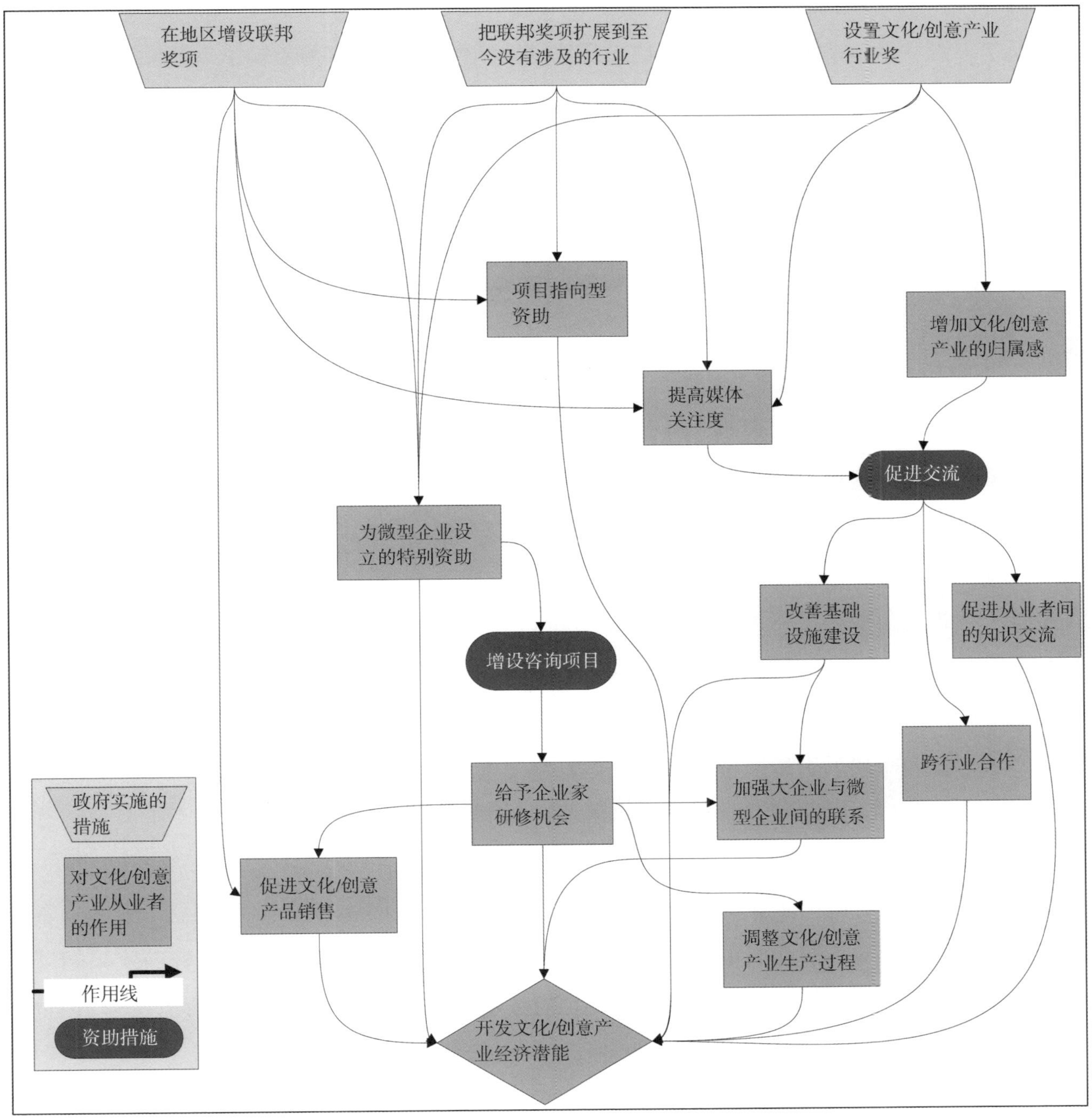

图 7-2　增设联邦奖项效果图

来源：预测公司。

为至今很少受关注的文化/创意行业（如视觉艺术、建筑及其他艺术行业）设立联邦奖项和设立一个文化/创意产业总奖有利于提高媒体对文化/创意产业的关注度。高的媒体关注度能刺激跨行业交流。但是这种跨行业交流建立在双方有联系和交流的基础上。如果目前行业间缺乏这种交流和联系的可能性，那么这很有可能是联邦奖项产生效果的干扰因素。设立文化/创意产业总奖能够激发产业从业者的归属感。文化/创意产业跨行业从业者的产业归属感对于产业组织结构，以及知识的转换有直接影响。如果现今各行业间的交流和联系很少，那么这一影响又会被大大地削弱。

设立联邦奖项是为了表彰从业者。通过设立联邦奖项，一方面可以向公众展示获奖者的公司和产品，另一方面联邦政府可以以奖金的形式给予获奖者公司支持。但是现在该奖项的作用还没有得到充分发挥。由于每个奖项参与的人数很少，这大大削弱了促进文化/创意产业发展，包括提高相当数量企业的市场占有率以及调整产品生产流程，这些都未能实现。所以我们应该把联邦奖项作为最高奖项，在最高奖项之下设立地区和联邦州奖项。这一做法能大大加强联邦奖项的作用，就像图 63 链式作用显示的那样。除此之外，还要为获奖者或是那些没有获奖的参与者提供咨询服务，这能增强联邦奖项的作用，同时也有利于开发文化/创意产业的国民经济潜能。

通过分析我们得出：仅仅设立联邦奖项对促进文化/创意产业经济潜能的发挥起到的作用很有限。但如果将增设奖项与其它措施相结合，例如增加受资助公司的数量，同时还要提供企业管理咨询服务，促进各行业间的相互联系和交流，这样将能使联邦奖项的作用得到最大发挥。

综合分析 2：扩大会展资助

联邦政府应该支持更多的会展推广项目。这意味着联邦政府将会更加支持外国会展项目和鼓励企业参加国际顶级会展。这也是考虑到文化/创意产业工作方式的特殊性而实行的资助措施。这项措施有助于艺术家通过参与国外会展弥补会展知识的不足。

联邦政府特别支持德国企业以团体形式参加国外会展。然而这些会展常常与文化/创意产业不相关，因此加大对此类会展的支持没有太大作用。如果政府增加对文化/创意产业会展的支持力度，那么就会有更多的文化/创意企业参与到这个项目中来。

只有那些年轻创新型企业才有机会参与国外会展项目，这些企业往往有很好的发展前景。非文化/创意产业企业、手工业和技术指向型服务商就没有机会参与这一资助项目。据统计，很大一部分文化/创意企业没有机会参与该资助项目。只有扩大这些项目的范围，面向全文化/创意产业开放，才能产生积极效果，让更多的文化/创意企业参与到德国顶级会展中。

我们应该格外加强对微型企业参与该会展项目的引导。现在仍有很多文化/创意产业从业者没有享受到资助。通过专家网的指引会有更多的企业参与到该资助项目中来。扩大会展资助效果图展示：让更多的文化/创意企业参与国内外会展有利于促进文化/创意产品的销售，有利于提升文化/创意产业的国际地位，有利于促进国内外文化/创意产业各行业间的交流。

投入更多资金支持会展项目的扩大和改进会展项目资助结构两者相结合，可以通过一些重要的描述符对促进文化/创意产业的发展起到积极作用，例如文化/创意企业的国际化。为了使微型企业和自由职业者也能参与到此项目中来，应该建立咨询网络。

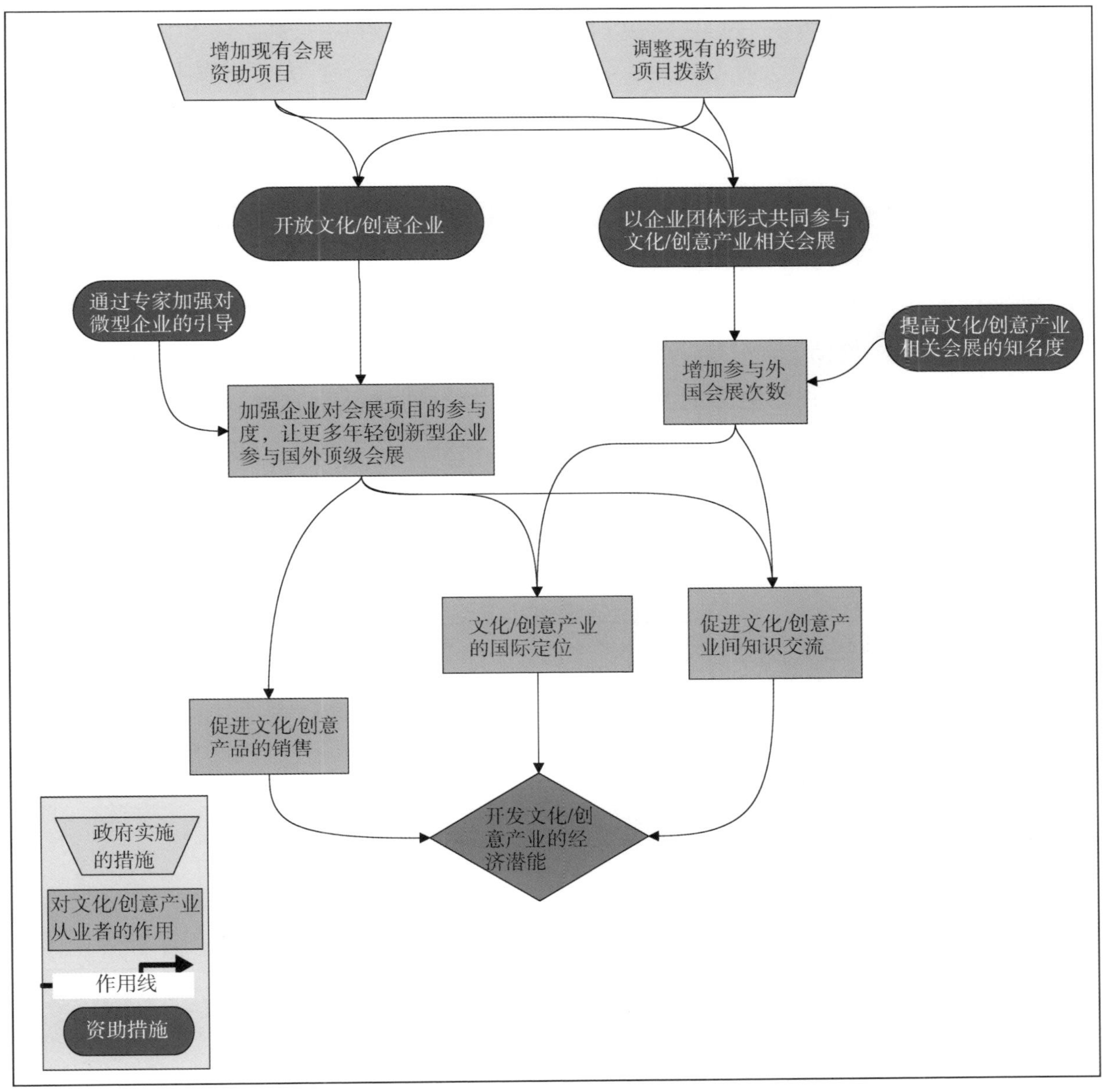

图 7-3 扩大会展资助效果图

来源：预测公司。

综合分析 3：给文化/创意产业中的“创新”统一定义

联邦政府与文化/创意产业从业者和专家共同致力于为文化/创意产业中的“创新”下统一定义。在为文化/创意产业的“创新”统一定义时，我们会参考欧盟在 2006 年 12 月已制定出的创新策略，这一策略以“十大创新计划”为基础，由九个优先策略构成。

1. 为保护知识产权制定出有效的保障框架：2007 年欧盟委员会草案。

2. 制定积极的标准化政策：2007 年 9 月欧盟委员会通过的《行动计划草案》。

3. 利用公共采购加强对创意行业的支持。

4. 发起联合科技倡议：（JTI）：《欧盟委员会“路线图”草案》。

5. 促进所谓主导市场中的创新和增长（为欧洲企业在特定经济领域的创新中发挥全球引领作用创造条件）：2007 年欧盟委员会行动计划草案。

6. 促进高校、科研机构和经济界间的紧密合作：敦促欧盟委员会就设立欧洲科技学院的相关问题作出确认，包括设立学院的经济影响敦促委员会就知识转化倡议提出草案。

7. 推动区域创新：敦促委员会在 2007 年 4 月前提交分析报告，扩大产业集群规模。

8. 创新、服务和非技术创新：敦促委员会 2007 年 4 月份之前对相关方面的政策做一个评估。

9. 风险投资：2007 年 11 月之前提出跨境风险投资领域阻碍因素的委员会报告。

总体而言，值得提出的是：欧盟委员会已经认识到目前对小企业和微型企业的重视还不够这一事实，同时对非科技创新的认可和利用程度也不高。

为文化/创意产业中的创新给出统一定义对文化/创意产业经济潜能的发挥有促进作用，这表现在两方面。一方面，通过给“创新”统一定义能帮助资助机构判断文化/创意产业中的商业模式、产品和服务是否具有创新性。这也有利于更多的文化/创意企业参与创新资助项目。开展联邦政府资助项目能使更多的企业参与到资助项目中。同时这也能促进文化/创意产品的销售。微型企业需要在专家的指导下参与资助项目，这能有效地消除微型企业所遇到的阻碍。除此之外，专家还会提供给这些微型企业家企业管理方面的辅导。

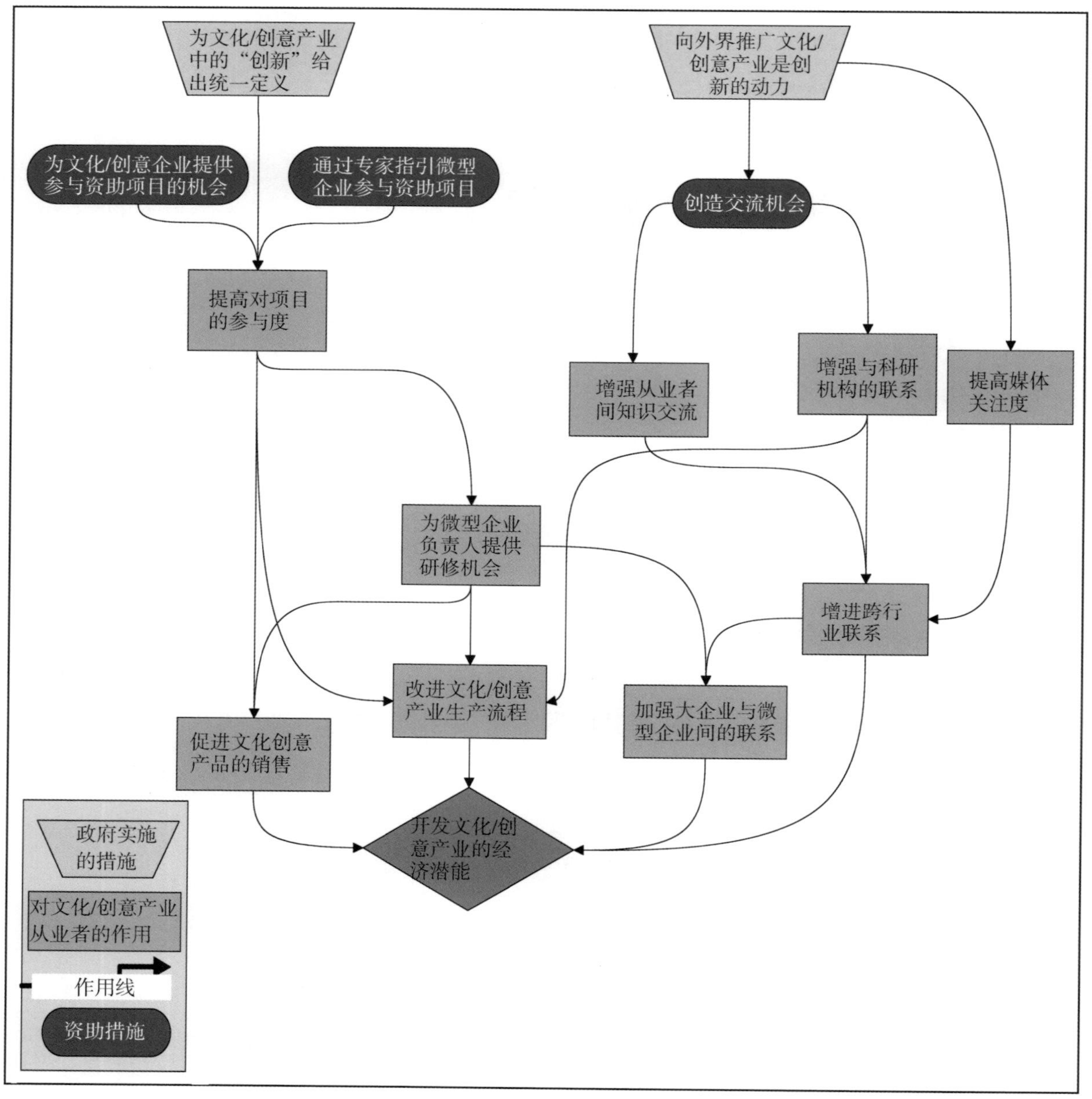

图 7-4 给文化/创意产业中的“创新”统一定义效果图

来源：预测公司。

另一方面，通过给“创新”一个统一的定义，有利于向公众推广“文化/创意产业是创新的动力”这一理念，同时统一定义也有助于文化/创意产业的发展。这样做能吸引媒体的关注，同时这也能加强跨行业间联系和交流，促进知识的转换。只有为行业间的合作扫清障碍(如举行行业活动)，这种效果才能出现。通过这两方面的作用和专家对微型企业的辅导能把整个文化/创意产业中的各类型企业联系起来。

为文化/创意产业中的“创新”作统一定义能有效地发挥文化/创意产业的经济潜能。通过链式结构图，我们能看出这一措施对文化/创意产业的发展有推进作用。然而，为了实现这一措施的预定效果，还需其他措施的辅助。为微型企业推出专家指导项目，能够增强这一措施的实施效果。此外，还需要提供一定“空间”，例如开展行业活动，通过塑造积极的公共形象强化效果。

综合分析 4：扩展微型企业资助项目

我们将给予现行微型企业资助项目更多财政资助，以使更多微型企业能够参与到资助项目中。我们将会加强引导微型企业参与科研 & 发展、销售 & 入市方面的资助项目。

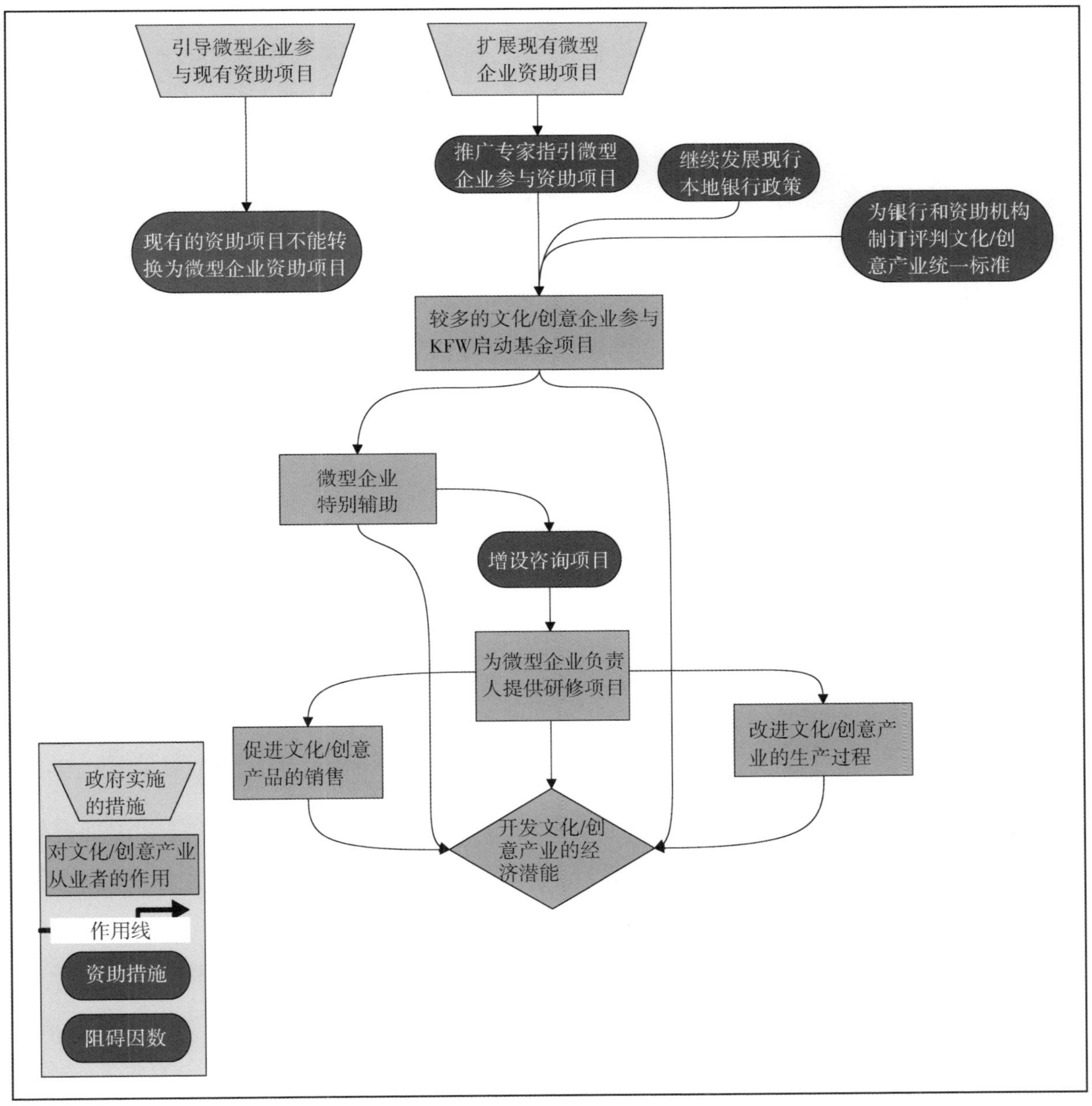

图 7-5　扩展微型企业资助项目效果图

来源：预测公司。

文化创意产业中营业额 25000 欧元以下微型企业的资金需求目前还未能得到满足，因此，推广小额资助项目能对微型企业起到积极的资助作用。德国复兴信贷银行提供的小额资助项目还未得到创意企业的充分利用。现行资助项目使用的本地银行原则阻碍了文化/创意企业参与资助项目。目前，银行在信贷方面也没考虑到文化/创意产业的特殊性。尤其是从成本和收入角度考虑，银行不愿意为文化/创意企业开展资助项目，也不愿意提供小额信贷。此外，银行和资助机构也缺乏对文化/创意产业商业模式的评价标准。

通过设立评判标准，银行就能给予文化/创意企业贷款，也就能改善文化/创意企业的融资环境。改善文化/创意企业的融资环境能帮助文化/创意企业开发出更多的创意产品和服务。

如 4. 2. 1 中提到的那样，许多文化/创意企业缺乏对资助项目信息的了解。提高微型企业对资助项目的参与度除了要使资助项目契合微型企业的需求外，还需为微型企业推出一些特别资助措施。专家指导微型企业参与资助项目是一有效的资助措施，这能增加参与 KfW 启动基金微型企业的数量。那些需要小额资助的企业家，往往没有资金来源去开发企业的经济潜能，也没有足够的企业经营管理知识。因此，这些微型企业在产品的开发和销售，以及生产流程的优化方面都受到限制。通过将资金需求与培育项目以及专家咨询服务对接起来，现有资助项目的效果将得到明显提升。

正如效果图展示的那样，在现有资助项目中引入小额资金资助，如 KMU-创意基金和高科技创业基金，从总体上提高了文化/创意产业中的微型企业参与现有资助计划的程度。然而现有项目的实施方式决定了这些措施很难对文化/创意产业的发展产生积极作用。因为和现有资助项目相关的行政费用较高，因此小额资助对项目参与方来说作用不大，所以没有得到充分实施。

总之，为了使微型企业获得小额资助，就必须为微型企业获得 KfW-启动基金提出切合的渠道。现行的本地银行原则在两方面干扰了银行给予微型企业资助。一方面基于银行运转高额的支出，银行不愿贷款给获利很少的微型企业。另一方面，由于没有文化/创意产业评判标准，银行很难对文化/创意商业理念进行评判。因此，为银行和资助机构制订统一的文化/创意产业评判标准能够有效地改善文化/创意企业的融资处境。

此外，通过咨询专家或是“领航”项目将文化/创意产业和这些资助项目联系起来也能够加深微型企业对资助项目的参与程度，从而提高这些项目对文化/创意产业发展的促进作用。相对来说，在现有资助项目中增加小额资助对支持文化/创意产业并没有多少作用。按照现有的资助项目结构，资助方很难有效地实施微型资助项目。

综合分析 5：为文化/创意产业中的创新企业提供参与现有资助项目的渠道

通过采用北莱茵-威斯特法伦州和德国其他联邦州的资助方针，联邦政府放宽了对现有资助项目的要求。这使科技型资助项目更加开放，通常不设行业限制。资助项目要求的放宽使得文化/创意产业中的自由职业者也能参与此类资助项目。此外，这一资助方针运用于文化/创意产业资助项目时也会考虑到文化/创意产业的需求，比如为文化/创意产业中的自由音乐家提供昂贵的音乐器材。

为文化/创意企业提供参与现有资助项目渠道是为了增加参与资助项目的文化/创意企业的数量。帮助文化/创意产业完善产品、提高产品销量、促进产品开发。这一举措也能加强文化/创意企业与知识界和科研界的联系。效果图已经展示，现有开放资助项目在早期阶段遇到了阻碍，这是由于第 4 章所提到的参与者的结构和特点决定的，这阻碍文化/创意企业对资助项目的参与，这也使得预期效果不能得到很好地实现。这里通过咨询顾问和专家来吸引参与者，可以切实加强于放资助项目的影响力，从而实际提高文化/创意产业企业参与资助项目的广泛程度。

放宽资助项目对于地区经济的发展起到信号作用。这一信号作用能够刺激地区经济的发展。放宽资助项目能吸引更多的文化/创意企业参与资助项目，因为资助方能够理解文化/创意产业的特殊性，并且根据文化/创意特殊群体的需求作出调整。这种信号作用还可以通过面向创业者的培育项目来实现，从而提高创业者的商业发展意识。重要的是：参与这些资助项目的企业家通过研讨会及训练项目能够为自己的企业制订出契合的计划，从而更好地促进企业的发展。放宽资助项目要求也能增加文化/创意产业从业者的归属感。联邦政府除了把技术指向型资助项目的经验用于文化/创意产业资助项目外，还为文化/创意产业推出了内容指向型资助项目，这能有效促进文化/创意产业的发展。

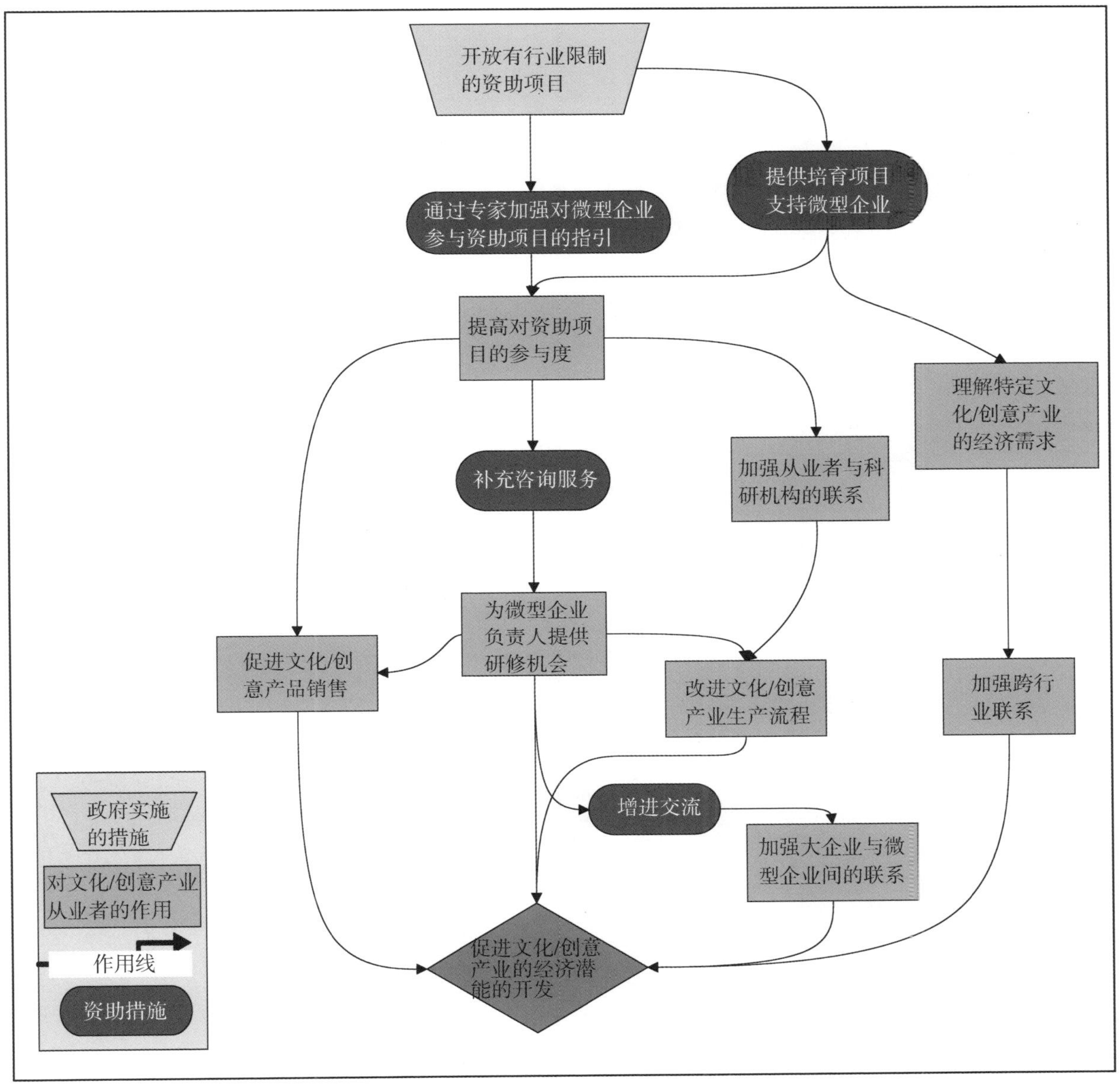

图 7-6　为文化/创意产业中的创新企业提供现有参与资助渠道效果图

来源：预测公司。

总的来说，仅仅按照资助方针来开展文化/创意产业资助项目只能收到有限的效果。与此同时，引导企业尤其是微型企业参与现有资助项目能够提高文化/创意企业参与资助项目的数量。联邦政府产业计划产生的信号效应对文化/创意产业的发展也有积极作用。此外，通过实施培育项目，地方经济发展机构的外向型推动作用也能得到明显加强。

综合分析 6：建立专家网为文化/创意产业从业者提供咨询机会

联邦政府提议建立一个专家网，这不仅能为文化/创意产业从业者提供咨询服务，还能加强各资助机构间的联系。联邦政府为专家网建立了一个专家数据库，人们在上面能够找到专家的信息，此外还有专家对文化/创意企业的评价，这一网络技术基于 2.0 技术。专家网上的专家将会以简单易懂的方式为企业家提供咨询服务。

建立专家网起到两方面作用。一方面，企业相关领域的专家为从业者提供咨询意见，可以实现从业者的专业化发展。另一方面，专家指导企业家参与资助项目，有利于促进行业间的合作。

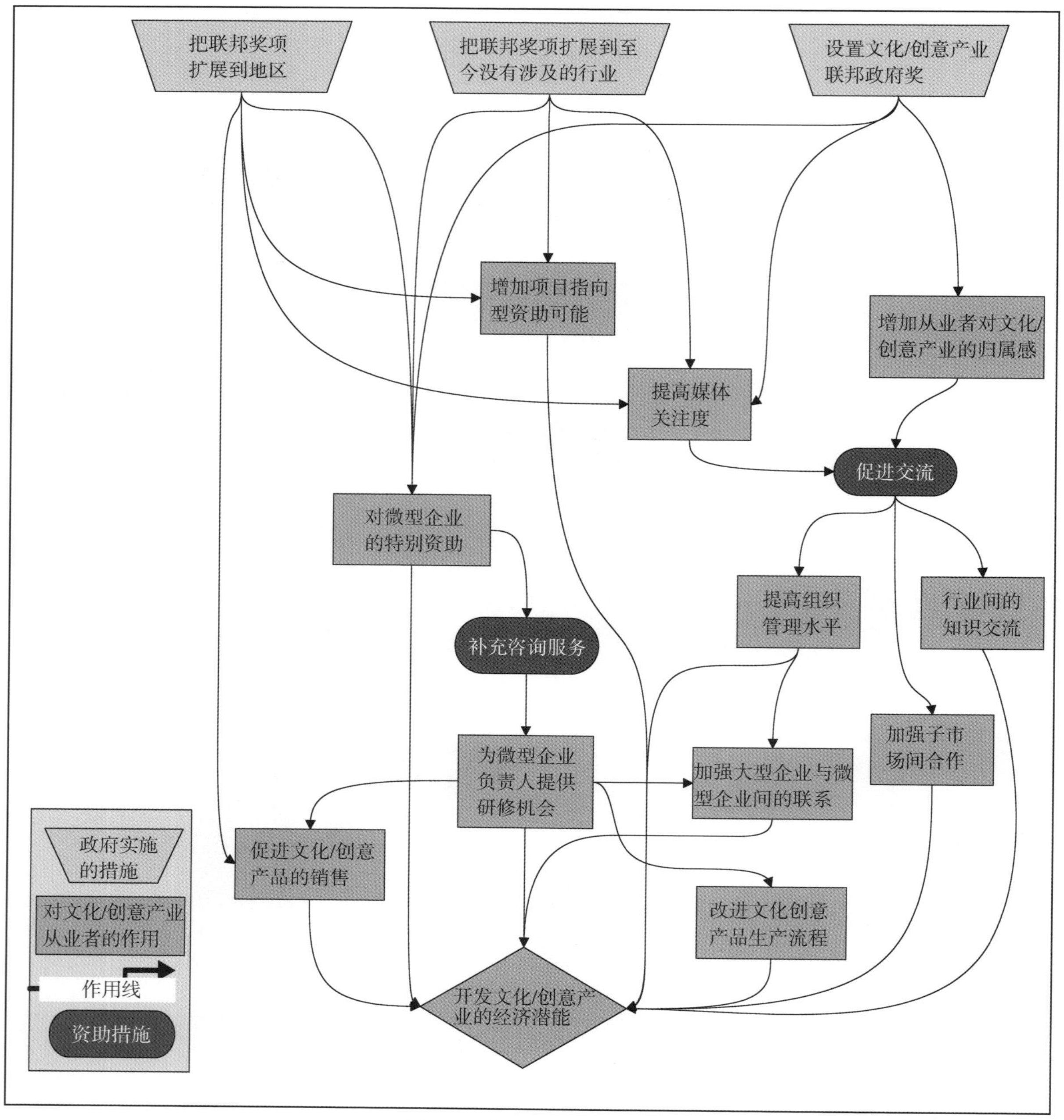

图 7-7　建立专家网效果图

来源：预测公司。

然而，效果链图表现为纯粹供给驱动型，如果不继续采取进一步支持措施，无法使从业者提高积极性。目前企业家还没有充分意识到需要专家咨询。因此，需要向从业者提供以需求为导向的支持，才能达到措施应有的效果。比如可以给企业家发放咨询券，可以使其先咨询而无需付费。通过媒体宣传介绍专家网络以及通过发放专家咨询券提供免费咨询的活动，这样，专家网的建立即能够促进文化/创意企业的发展。在上文已经提到，如果资助项目不符合文化/创意产业的资助需求，那么单纯的专家引导和咨询服务并不能发挥很好的效果。如果一切前提条件都具备，专家网的建立将会有利于文化/创意产业的发展。

为了达到通过专家网的建立增强产业意识的目的，还需提供相应的辅助手段(即足够多的行业交流)。在这些辅助手段的作用下能够增强产业意识，促进行业间的交流与合作。这些又对文化/创意产业的发展起到积极的作用。

总体而言，建立专家网络这一支持模式，作为措施引入现有资助项目之后，能够对很多描述符产生积极效果，从而对文化/创意产业经济潜力的发挥具有决定性作用。但是，要充分发挥这一措施的积极作用，只能通过和资助项目所提供的资助机会结合。对部分微型企业来说，要想实现专家网络对他们的帮助，发展小额资金资助项目是必要前提。

为了发挥专家网的咨询作用，还要实行相关的辅助措施。比如要鼓励文化/创意产业从业者咨询专家，只有这样，此项建议的作用才能得到充分发挥。为了鼓励从业者咨询专家，联邦政府应为从业者发放咨询券，这样从业者进行咨询时就不用付钱。

综合分析7：为文化/创意产业建立一个全国性的行业平台

为了增强文化/创意产业倡议的效果，联邦政府决定建立全国性产业平台。平台的运行和管理由联邦经济与技术部文化/创意产业署负责。这一平台能为行业代表、企业集群、资助机构和文化/创意企业提供咨询服务。

在这个行业平台，通过热线电话能联系到行业协会、资助机构、政府部门代表，他们提供具体的场景化的咨询意见。人们既能通过这个全国性的行业平台安排门户网站发布信息，也能定期组织行业会议和地区及国内外专家交流会议。在这些专家交流会议中，将与行业代表一起讨论有利于文化/创意产业发展的主题。

建立文化/创意产业全国性平台是为了运用媒体推广文化/创意产业。此外，全国性产业平台通过提供信息、沟通以及全国范围内的公示来提高地区项目的专业化水平。

通过效果图我们可以得出：建立文化/创意产业全国性产业平台主要有三个推动作用。通过为从业者提供咨询提高了资助者与政治机构的产业敏感度。与资助项目形式相结合之后，指导原则的应用效果得到了明显提升。这种结合极大提高了文化/创意企业有效参与资助项目的程度。尤其对微型企业而言，这样的影响有效提高了它们的专业化程度。这样能有效促进文化/创意产业的产品开发和销售。

为了加强资助机构对文化/创意产业特殊性的重视，已经采取更多措施组织日常行业活动以及听证会。为文化/创意产业开展定期性活动对增强从业者作为产业成员的自我认知有积极作用，随后又能促使企业提高组织管理水平。这一系列活动为行业间交流创造了空间，能够明显增进文化/创意企业之间的知识交流，而且伴随着组织管理水平的提高，地区产业联盟也将不断完善。通过建立文化产业平台帮助企业创造、提供以及交换信息，对于实现文化/创意产业发挥经济的潜力有明显作用。这些举措不仅能使文化/创意产业获得高的媒体关注度，还能在机构层面加强与学术界的联系。总而言之，能促进文化/创意产业行业之间的交流和文化/创意产业与传统产业间的联系。

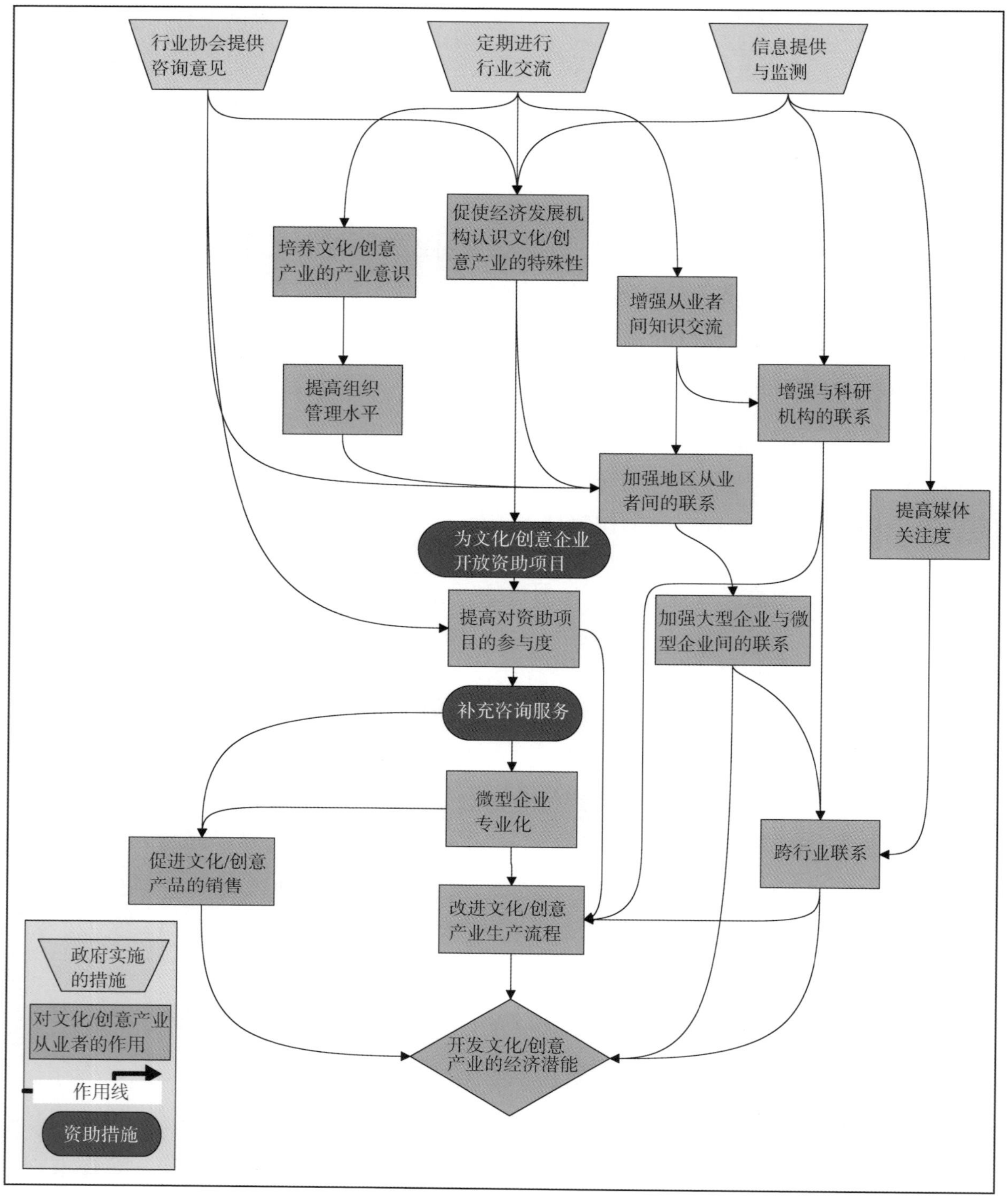

图 7-8　建立全国性文化产业平台效果图

来源：预测公司。

总体而言，通过对资助项目的场景分析可以看出，产业平台的三项措施综合起来能对 10 多项描述符产生积极作用，例如在当地从业者之间建立沟通网络和知识转移渠道。进一步发掘文化/创意产业经济发展潜力。通过产业平台向企业提供咨询意见，这项服务与现有资助项目在形式和内容上的开放结合起来，效果将更加显著。

7.2 资助措施总评

通过对资助措施的分析我们得出，这些措施能激活总共 20 个描述符，直接或间接促进文化/创意产业经济潜能的开发。接受场景分析的措施中，除了现有政府资助项目中实施小额补贴这一措施之外，对文化产业的发展都有积极的促进作用，因此适合作为支持文化/创意产业发展的行动建议向联邦政府提出。这是因为大部分现有资助项目的结构是根据政府采购程序制定的，因此在现有资助项目中给予小额补贴很难有效实施。

此外，未能满足的文化/创意产业的需求、文化/创意产品的完善、产品的开发和推广，通过这些措施都能得到一定满足。

	联邦奖项	展会促进	创新促进	微型企业资助	开放现有资助项目	专家网络	产业平台
加强文化/创意产业与科研机构的联系			×		×	×	×
提高会展参与度		×					×
增加现有资助项目文化/创意企业参与数量			×	×	×	×	×
提高媒体关注度	×		×				×
促进文化/创意产品开发与销售	×	×	×	×	×	×	×
增强文化/创意产业产业意识	×		×				×
促进行业组织管理水平提升	×					×	×
微型企业个别辅导	×			×			×
文化/创意产业的国际定位		×					
文化/创意产业与传统产业间的合作			×				×
加强地区文化/创意产业从业者间的联系						×	×
促进微型企业专业化发展	×		×	×	×		×
项目指向型资助项目	×						
行业内跨部门合作	×		×		×		×
改进文化/创意产品生产工艺	×		×	×	×	×	
加强大企业与微型企业间联系					×	×	×
加强公共机构与文化从业者间的理解			×			×	×
加强从业者间的知识交流	×	×	×			×	×

图 7-9 资助措施效果总图

来源：预测公司。

考虑到国家资源有限，为了最高效地对文化/创意产业提供支持，向联邦政府提出建议时需要优先考虑具有可行性的措施，以及寻找最可行的措施组合，以便最大化地达到期待效果。每一项措施的效果在场景分析中都得到了验证。我们的目标是找到最有可行性的强化措施组合，并且推荐实施。除了明确各措施具有的单项效果之外，发现不同支持措施之间的互动效果，并在建议中予以考虑也是十分重要的。这样能够发现整体发展系统中的关键因素，这些因素具有基础性作用，能够最大化地达到单项措施效果，这些因素应当重点优先考虑。

	联邦奖项	会展项目	创新项目	小额资助	开放资助项目	专家网络	行业平台
工作方向	→						
联邦资助金额		–	–	–	–	–	–
展会项目	–		–	–	–	–	–
创新项目	–	+++		+++	+++	+++	++
小额资助	–	–	++		++	+	–
开放资助项目	–	+++	+	++		+++	–
专家网络	++	+++	+++	+++	++		++
行业平台	+++	+	+++	++	+++	+	
–没有相互关系，+相互作用较小，++ 相互作用很强，+++相互作用非常强							

图 7-10　资助措施相互作用图

来源：预测公司。

这一资助措施相互作用图显示：第 3、第 6 和第 7 条措施明显对其他措施都有影响。为“创新”统一定义，建立专家网，将联邦政府的文化/创意产业倡议转变为产业平台，都是文化/创意产业发展的关键因素。这些措施的实施，如效果链所显示的，能为其他更多措施的生效创造条件，增强它们促进文化产业发展的效果。

此外，除了以上这几项措施之外，还有在形式和内容上进一步放开的现有资助项目。这一项和以上几项同时实施，可以增强其他措施尤其是第 3 项措施的效果。

我们强烈建议联邦政府建立全国性的专家网络平台和全国性的产业平台。这些措施相互联系起来，能够不断地自我强化，深入发掘文化/创意产业的经济潜力，因此应当在整体上将其视为一个战略行动领域。实施这些措施为联邦政府制定文化/创意产业发展规划奠定了基础。这样的文化/创意产业发展规划得到了来自各地区、各行业、各种类型的企业的共同支持。

除了这些战略行动领域之外，还需施行一些补充措施，这些补充措施辅助上文中的战略行动，促成某些具体小目标的实现，或强化战略行动方案的效果。如让文化/创意产业从业者参与国际会展，这有利于提升文化/创意产业的国际化水平，或者为银行或其他经济资助机构制订统一的文化/创意产业评判标准。

此外，资助措施相互作用图还显示：扩展会展项目，针对微型企业的资助项目和扩大联邦奖项项目尽管都是有效的支持手段，但是对其他资助措施的作用很小。因此，在向联邦政府提供发展建议时，这几项是补充建议。

8. 结论及建议

8.1 结　　论

任何对文化/创意产业进行的研究都必须尽可能准确地对文化/创意产业进行界定和定义。文化/创意内容的持续增长在世界范围内引起了一场关于“创意产业”的广泛讨论，众说纷纭。其结果是不仅生成了有关这一产业总体的多面图，使得其像ICT产业那样以各个截面的形式呈现出来，而且关于这一经济领域的概念定义，人们也看法不一。这些角度都必须加以研究考虑，但这并没有使政策讨论更简单。

当今，对如何理解德国文化/创意产业的讨论变得越发令人欣慰。联邦州经济部长级会议以及联邦议院任命的调查委员会“德国文化”已经就这一经济领域的基本核心理念及其统筹范围的划定提交了提案。现在，专业人士也将该提案视为对文化/创意产业进行清晰描述的有效解决方案。前面的调查也是以此为依据展开的。

以下几点定义性特征对文化/创意产业的特点进行了描述：

· 凡是主要以获取经济利益为目的，从事文化/创意产品和相关服务的创作、生产、发行及/或媒体传播的企业均被视为文化/创意企业。

· 文化/创意产业是一个行业总称，它包括的子市场有：音乐产业、图书市场、艺术市场、电影产业、广播产业、表演艺术市场、设计产业、建筑市场、出版市场、广告市场以及软件/游戏产业。

· 各子行业通过“创造性行为”这一文化/创意产业核心概念与产业总体联系起来。各文化/创意产业活动的核心就是艺术的、文学的、文化的、建筑方面的以及有创意的内容、作品、产品、生产或服务中所包含的创造性行为。

· 根据结构政策的不同，将文化/创意产业内的企业划分成三种类型：a)微型企业/自由职业者；b)中小型企业；c)大型企业。以便针对不同的企业类型制订具体的经济和文化政策目标。

· 文化/创意产业所有子行业的增值关系都在不断转型的过程中发展。为了确定增加值中的创意或文化核心，引入一个基本模型——该基础模型把增加值的两方参与者区分开来，一方是版权所有者/原创者，另一方是使用者/传播者/服务者。这样就减少了对文化/创意产业核心行业的经验性理解，就像经济部长会议通过规定使对这一行业的理解得以统一一样。

在所有高度发达的经济体中，文化/创意产业是未来的产业之一。其潜力通过“创造力”这一生产要素以及一流的服务得以体现。和传统的生产要素相比，“创造力”这一生产要素正变得越来越重要，而在人均收入较高的国家，人们对高品质服务的需求与日俱增，因为它可以满足个体的市场需求及喜好。

此外，文化/创意产业对新产品和服务的开发及其对其他传统经济领域的产品制造和市场营销具有创新推动作用，这使得国民经济增长率变得更高。

在德国，文化/创意产业的经济重要性超过了部分传统工业，在总营业额方面、企业数量和员工人数方面也是如此。

以下有关文化/创意产业的参考数据是从统计分析中得出的：

- 据估计，2008 年文化/创意产业中大约有 238 000 家企业。它们的营业额总计达 1 320 亿欧元，为大约 763 000 名企业雇员提供了全职或兼职的工作岗位。如此一来，再加上文化/创意产业的自雇工作者，德国文化/创意产业的从业人员人数大约为 100 万。估计文化/创意产业 2008 年总计将为毛附加价值总额做出高达约 630 亿的贡献。
- 2008 年，文化/创意产业的企业数量占整个经济体系中企业数量的近 7.4%，营业额占 2.5%，雇用的员工人数占 2.8%，从业人员人数占约 3.3%。
- 2006 年和 2007 年，毛附加价值总额在国内生产总值(GDP)中所占比重均为 2.6%。
- 2006 年，文化/创意产业与传统主要工业毛附加价值总额的对比情况：

— 文化/创意产业	610 亿欧元
— 机械制造工业	740 亿欧元
— 汽车工业	710 亿欧元
— 化学工业	490 亿欧元
— 能源供应工业	430 亿欧元

近几年文化/创意产业在经济和就业方面取得的成效显著增强。在过去两年中，企业数量涨幅超过 4%，从业人员人数涨幅超过 3%，营业额总计涨幅在 2%以上。

此外，文化/创意产业也是一个朝阳产业，具有未来的工作和生活形式的模型特点。它是知识和内容型社会的一部分，是德国向以科学为基础的经济迈进的道路上的先驱者。目前，该领域已经探索出面向未来的工作和业务模式，例如混合型工作模式。此外，该行业极具创新性，被证明是原创思想的重要来源。生产的主要是样机、定制产品、迷你系列产品和无形产品。几乎所有文化/创意产业的企业都运用现代技术，特别是信息和通信技术。他们不只是被动的技术用户，还为技术制造商和开发商提供新技术革新的重要推动力。

此外，增加女性就业率是劳动力市场及经济政策的共同目标，未来这将变得更加重要，而这一目标当前已经在文化/创意产业得以实现。该行业向人们展示了就业结构和职场情况如何才能适应经济活动的不断变化，并因此被视为其他经济行业的指向标。

因此，一个以支持和扩大德国的创新力为目的的创新经济政策必须使文化/创意产业的发展与自己的经济政策定位相统一。

由于上述发展状况，文化/创意产业也成为了传统经济部门的一种模式典范。经济政策的支持和进一步的发展，使文化/创意产业能够为未来的挑战做好准备，从而为促进多个经济行业的发展制定出面向未来的方针和措施。

然而，上述那些以未来为导向的工作方式使得文化/创意产业企业较许多传统行业对经济政策提出了部分新的或是不同的要求。此外，文化/创意产业不同于那些以大型或中型企业为主的产业，其规模结构意味着它需要不同导向的资助措施。因此，最根本的是正确理解文化/创意产业机制，它们往往与所谓的传统经济行业的机制完全不同。

在这种背景下进行的这项研究可以让人们对文化/创意产业支持措施的特点有一个基本认识。到目前为止，文化/创意产业内部还没有就如何理解这一产业达成共识。究其原因，一方面是教育和经验视野不同，另一方面是文化/创意产业中的企业类型和商业模式跨度较大。例如在提到该行业的资助方案的时候，这种情况尤其应该加以考虑。这也导致文化/创意产业的组织管理水平较低。到目前为止，不是所有子行业都拥有相应的对内对外沟通能力的代表性行业协会或利益代表。因此，迄今为止，文化/创意产业的需求及其可能蕴含的潜力只能通过公共机构得到有限表达，所以其中能促进经济发展的部分未被充分认识。

创新周期短，同时个别产品的研发阶段却很长，这使得文化/创意产业中很大一部分行业在企业家看来是高风险行业。然而，经济政策、经济扶助机构和德国的银行对文化/创意产业企业通常有另一种评估标准，与生物技术领域的企业不同。因此，鉴于可比对的创新潜力，风险资本的供给成为制定促进文化/创意产业发展的资助政策的重要基础。

大部分文化/创意产业企业，特别是微型和小型企业，将创造新型产品的过程视为其活动的主要重心。然而，与传统经济行业相比，此时产生的创造性成果却尚未得到充分开发。表明当前这股重要的经济潜力并未充分释放出来。

文化/创意产业独特的生产类型和产品特性使得特定工具的研发和使用变得必要。生产过程较之传统行业往往更加缓慢、更加随意，且经常处于持续的设计阶段。样机、定制产品、迷你系列产品和无形产品是文化/创意产业的商业模式中常见的工作成果。为文化/创意产业制定扶持措施的时候需要注意这一点。

文化/创意产业的灵活性和能动性一方面体现为其与相邻产业有众多的接口，另一方面体现为该行业固有的对环境的革新及变化的快速预测能力。不断变化的业务范围和工作场景也是文化/创意产业的特征。因此，可能的支持措施也必须是灵活的、能动的。

在文化/创意产业，新的数字技术得到运用及进一步开发。它影响着文化/创意产业内企业家的日常生活。企业之间的协商交流通常也能因为对最新技术的运用和对趋势的跟紧而变得特别高效。然而，只有创新水平最高的具有促进作用的技术应用才会被业内所接受。

对德国文化/创意产业的资助环境的分析清楚地表明，鉴于该产业对有效资助措施的上述要求，联邦政府的经济政策对这个产业的扶持尚有不足。分析表明，文化/创意产业经济潜力的发挥障碍重重，如何克服这些障碍，迄今为止，在联邦政府方面还未出台相关扶持政策。消除这些资助空白将大大促进文化/创意产业经济潜力的结构性发展。

分析得出，迄今文化/创意产业参与者没有得到满足的资助需求可分为四个方面：参与经济促进项目；文化/创意产业的产业意识；公共机构和微型企业之间的沟通；总体框架条件。对此，下文将有所表述。

参与经济促进项目

文化/创意产业不同规模的企业之间及各不相同的子行业之间存在根本不同，不仅是在各个从业者的支持需求方面，在联邦政府提供的扶助方面也是如此。

从分析中可以清楚地看到，企业的基本需求到目前为止还没有得到充分满足，现有的资助方案对很大一部分文化/创意产业企业来说也不是十分有效。现有资助方案对文化/创意产业内微型企业的发展方面的影响力仍然不是很理想。

文化/创意产业中的微型企业和自由职业者可以从个体及私人的资助中大大受益。但是当前无论是通过市场机制还是通过扶持项目，都未能实现充分专业化。由于这样的企业大量存在，所以还有巨大的经济潜力没有得到开发。

现有的能为企业资助及培训需求服务的资助项目和咨询服务虽然在形式上提到了文化/创意产业企业，但是，其促进文化/创意产业发展的目标却远未实现。现有的资助计划往往没有考虑到文化/创意产业独有的特点和问题，因此，没能给这些企业提供必要的支持。企业在将“文化”和“经济”这两个不同的文化领域连接起来的过程中遇到信息匮乏的问题，这降低了企业在资助项目中的参与度。

在德国，为了提高企业获得资助的可能性，联邦政府为企业提供了德国复兴信贷银行启动资金或ERP启动资金等项目。但这些方案对文化/创意产业的参与者来说还不够。分析表明，向文化/创意产业提供小额信贷服务对资助方来说缺乏足够吸引力。小额贷款的不足极大地阻碍了文化/创意产业企业的发展，小额信贷的发放应该针对文化/创意产业特点，而且没有官僚程序和费用。

文化/创意产业企业间的知识转移对企业的最优发展来说是必要的，怎样促进这一转移过程的发展，当前的资助措施还没有对此提出任何解决方案。

与微型企业和小型企业所面临的挑战不同，我们可以看到：和微型企业以及自由职业者相比，现有的资助体系能够更好地满足文化/创意产业中的中小型企业的资助需求。然而，即使是对这些中小型企业的资助也还远远不够。

尽管有许多的资金扶持项目，仍要注意的是，联邦扶持计划并没有完全满足文化/创意产业企业的特殊融资需求。到目前为止，联邦层面上还没有资助方案适合文化/创意产业的项目融资或过渡性融资。因此，文化/创意产业经济潜力的发展往往由于缺乏创新资金和增长资金而受到阻碍。此外，在资金支持方面，迄今为止，银行及经济资助机构在投资评估方面的困难仍未得到克服。在德国，对于许多经济资助机构来说，和文化/创意产业领域的企业打交道还不是日常事务。因此，在对经营理念的评估和对有效的支持方案的介绍方面仍然存在问题，一定程度上阻碍了现有的筹资手段对文化/创意产业可能产生的促进作用。

现有资助方案的另一个障碍在于对文化/创意产业“创新”这一概念的定义。与整个服务行业一样，创意产业中“隐性创新”的比例特别高，这就使得对文化/创意产业中的创新活动及其影响的评估变得很困难。资助计划中的创新概念在许多情况下都不符合文化/创意产业的工作方式和生产方式。对于无形产品或服务来说，许多以内容为导向的创新过程并不算创新。类似的情况也反映在对无形商品的推广中。根据现有资助方案中的指导原则，无法对无形产品和服务提供准确支持，而这对文化/创意产业来说是十分重要的。

类似的问题也存在于对中型企业的资助方案方面，其明确的资助重点是以技术为导向的企业。在促进企业发展方面，主要的资助方式，如风险投资基金，仅被用于技术导向型企业。在研究计划和创新计划的支持方面，情况也是如此。文化/创意产业中那些创新型、内容导向型企业被排除在外，现有的资助计划对这些企业的支持力度并不够。

在企业赢得客户、融资以及进入市场方面，文化/创意产业的企业受到联邦各种奖金的支持。然而，得到赞助的企业的数量相对较少，在行业内并没有受到全面的支持。因此，很多文化/创意产业企业的发展继续由于缺乏在赢得客户、融资以及进入市场方面的扶持而受到阻碍。

此外，联邦政府尝试着推动文化/创意产业企业的国际化过程。然而，通过上述的资助项目为大量企业提供资助几乎是不可能的。如艺术家就没有获取资助的资格。因此，这些支持措施并不能充分影响文化/创意产业中的企业。

整体而言，在文化/创意产业中，大型、小型和中型企业之间深入的交流或合作起着特殊的作用，甚至这是文化/创意产业的一个核心特征。文化/创意产业各大企业的发展在很大程度上依赖于有创意的微型企业和自由职业者的活力及发展。无论是在创新绩效方面，还是在其对价值创造的贡献方面，它们的经济潜力的发展，基本上都取决于与创新型微型企业接触的机会的多少。一方面，它们可以吸引足够多的高水平的专业人才；另一方面，由于大公司的采纳，创新活动的质量也可以得到提高。因此，促进大企业发展的主要力量是市场上数量众多的专业的微型企业和自由职业者。特别是通过促进专业化和提升微型企业管理质量的方式，也可以使双方尤其是大型企业获益颇多。

文化/创意产业的产业意识

事实证明，从业者缺乏归属感，对外缺乏充分的形象塑造，或是缺乏沟通交流的机会，行业发展就会受到限制。联邦政府倡议文化/创意产业对这些发现的问题进行研究，并据此提供了极其重要的改善行业发展的方案。

虽然期限很短，但是，也清楚地表明，制度化行业对话并未涉及大部分微型企业和自由职业者（至少）。可能是由于行业内的联系较少，以及该行业独特的工作模式和生产结构，目前来看，其在现有的活动及竞争中的参与度相当低。因此，这一目标群体的发展将继续由于缺乏企业间联系而受到限制。文化/创意产业企业的长久可持续发展是必需的，这需要以全国性行业平台的形式进一步发展文化/创意产业计划，在这一平台上定期举行制度化的行业对话，使产业形成自我认知并使其与市场化营销相互协调。

公共机构和微型企业之间的联系

促进文化/创意产业发展的另一个行动领域是在各区、市、联邦州和国家层面不同相关机构与微型企业之间进行引导和协调，促进文化和经济的发展。在当今文化/创意产业经济潜力未得到充分开发的背景下，特别需要将微型企业经济潜力的发展作为一个重要杠杆进行研究。分析表明，为了实现微型企业的最优发展，满足它们的特殊需求，需要设置专门的途径以及资助项目，加强公共机构与微型企业之间的联系。一方面通过企业专业化，另一方面通过加强文化和经济这两个常常密不可分的领域之间的联系，在文化/创意产业创新能力的带动下，开发其经济的潜能。提高微型企业毛附加价值的另一个出发点是，文化/创意产业中微型企业的企业家往往将重点放在生产上，几乎不关注产品的市场营销。因此，有针对性地促进文化产业的产品营销以及促进年轻的创新型微型企业的市场开发可以显著促进经济潜力的发挥。因此，与其他市场参与者建立关系网络对微型企业的发展以及加强它们与机构层面的联系来说是非常重要的。与此相对应的是，游说活动的缺乏使得对政策及经济发展方案的讨论和探索几乎无法实现。因此，找到能将供需联系起来的方法是改善微型企业资助情况，进而促进其发展的一个重要方法。

创建全国范围内的联系点和/或相应的辅导服务、提供专业的信息和培训，与促进建立沟通网络以及扩大市场机会一起，被视为重点举措。为了使双方都取得显著成效，一方面为文化和经济的促进者发起一个人员培训项目，该项目能灵活地为目标群体开发适合它们的新措施以及提供现有的措施。如特定目标群体进一步发展的门户，像 www. netjobbing. de，可以显著减少搜索和交易成本。另一方面，由于缺乏游说活动，建议文化/创意产业内的微型企业更加努力地建立微型企业间的联络点及网络，以进一步研发适合目标群体的扶持方案并根据未来发展动态进行调整。

总体框架条件

分析表明，在文化/创意产业的参与者看来，总体框架条件是实现文化/创意产业最优发展至关重要的因素。

由于框架条件的复杂性，在这个原则性研究中不可能就框架条件对文化/创意产业的影响进行深入分析。关于完善一般框架条件的详细讨论、评估和行动方案的制定，必须进行进一步深入的研究。

文化/创意产业的代表指出，框架因素具有十分重要的意义，比如教育，即与文化/创意产业相关的培训和课程。在社会政策领域，参与者强调艺术家社会保险基金的巨大重要性。然而，补充一点，以统一、非官僚的方式运行的资助措施也是十分必要的。

另一个重要的框架条件是建立健全与文化/创意产业相关的税收制度。这样从业者需要满足文化/创意产业的特定要求，从而保证产业的最优发展。

此外，版权也被作为文化/创意产业企业的重要框架条件被提出。特别是在商品日益数字化的情况下，版权法的制定对于文化/创意产业众多子行业内企业的经营活动意义重大。

为了给联邦政府提供可能的行动方案，实践分析中总结了从现有的项目中得出的经验，以确保提出适当的且适合目标群体的方案。此外，还分析了在基础设施、教育、资格认证、开发等领域的各种市政、区域和国家机构的实践实例。结果表明，联邦政府可以借鉴其他机构的各种现有经验。实践范例表明，从根本上说政治上的决心、竞争力、强有力的项目领导是项目成功的重要因素。卓有成效的措施取决于长期的发展规划，通过持续不断的资助以及行动能够实现可持续发展。此外，和当地的权能部门合作以及与不同的企业建立网络联系的重要性得到了重视。

此外，很明显，区域创造能力主要通过当地的项目得以提升，特别是在基础设施领域。在这方面，联邦政府应该做的是有针对性的宣传和增加支持示范项目的数量。然而，在教育和培训领域确实存在资助空白的背景下，很显然，联邦政府可以对成功的项目，例如创业专家项目，进行改造和移植。

总体而言，联邦政府可以为文化/创意产业提供三种类型的支持方案：

- 必须为文化/创意产业制定专门的新的资助机会和资助形式。
- 必须把创意型企业和公共机构联系起来，使现有的对文化/创意产业的支持项目达到最大的促进效果。
- 必须进一步放开联邦政府为文化/创意产业提供的现有资助方案的形式和内容。

最后，应该指出的是，文化/创意产业是现代知识型社会的重要组成部分。这个社会将不再仅由将原材料转化为商品的纯加工以及产品销售支配。这是一个伟大的变革。重要的是，这种变化并不再被看作干扰因素，而被看作一个经济和劳动的正常过程。这种变化无非是将创新能力的实施和创造能力的发展视为经济环节的必然组成部分。

文化/创意产业为服务者、个体经营者和女性提供高于平均水平的就业机会。对艺术和创意内容的需求增加。以项目为导向的运作方式、混合型工作模式这些特点不断渗透到其他经济领域，成为了现代经济的一个标志。

8.2 建　　议

通过对德国文化/创意产业企业的促进性框架条件进行分析，明确了基本的资助需求。对现有的地区、国家的资助范例进行研究，在此基础上能够为联邦政府提供可行的资助方案。借助于场景分析对现有的资助方案进行进一步的评定并检验其效果。基于这些结果，得出两种类型的方案建议，即战略性行动建议，此类建议的实施起到了基本的、系统性的促进作用，以及补充性行动建议，此类建议针对特定发展目标提出。在此基础上，专家们建议采取以下措施支持文化/创意产业的发展：

8.2.1 战略性行动建议

对文化/创意产业重要性的定量分析进行监测和更新

监测应按照以下战略层面对准文化/创意产业领域：

- 国家角度：在官方统计基础上对文化/创意产业的宏观经济监测（从而确保跨行业、跨部门分析的准确性）。
- 行业角度：在官方统计——包含扩充和增补的专门机构的数据和信息——的基础上对特定子市场的监测。将行业报告扩展为定期报告。
- 整个欧洲角度：要在特别考虑法国、英国、意大利和波兰的情况下，通过和各国的合作，对欧洲文化/创意产业、创意工业发展进行监测，编写有关文化/创意产业的国别报告以支持对外文化经济政策的制定。
- 特定经济视角：特别监测文化/创意产业工作者尤其是自由职业者/微型企业员工的现状和发展。
- 补充视角：监测文化/创意产业的补充性文化部门，包括公共机构、中间组织和私营企业。
- 方法论的角度：在无形经济迅速发展的背景下，进一步完善产业定义和分类的模型，尤其应适应经济活动、数字化经济和网络经济的发展。确保与整个欧洲经济活动分类的兼容性以及将来与国际分类的兼容性。
- 空间角度：借助一个长久用于区域经济发展的统计模型（少量但却统一的数字代码）监测局部区域文化/创意产业。延伸并拓展到联邦州和欧洲层面。
- 合作角度：保持定义和产业分类与国家经济部长会议及其他专业机构结论的协调一致。

此外，通过明确实际需求，能为这样一个具有多样性、灵活性、变化性的行业制定出框架条件。不断查明和记录文化/创意产业的进展、变化及其现有潜力必须成为文化/创意产业倡议的一个任务。

- 研发一个预测工具，该工具能够根据对企业的定期调查按照划分的各子行业预测文化/创意产业的发展。

· 研发合适的调查工具，用于调查文化/创意产业这一“特殊经济”。将企业参与者划分成三类：微型企业/自由职业者，中小企业和大型企业。

有关行业的专门知识对于文化/创意产业对话平台的建成来说是必不可少的。对该行业的国际与国内分析和统计为认识该行业提供了重要依据。此外，通过持续调查并公布有关文化/创意产业特有的特征及功能的数据，将成功地使传统经济部门和许多民众关注德国文化/创意产业的经济和社会意义。

为文化/创意产业中的创新型企业开放现有支持计划

文化/创意产业，特别是其创新能力对国民经济总体的重大意义及其自身的创造性活动，使得企业强烈需要经济和技术政策方面的扶持方案。从专家的角度来看，联邦政府应该使现有的资助方案与企业现在对资助方案形式和内容上的要求相适应，以促进更多的文化/创意产业企业的发展。

废除现有资助计划的行业限制，如 EXIST-SEED 资助计划、ERP 启动基金、中小企业创新或高科技创建基金，提高文化/创意产业参与者的参与度。此外，专业人士建议联邦政府使自由职业者也普遍有机会参与到现有的支持计划中来。除了对资助计划形式上的开放，联邦政府必须调整资助方案中的程序性支出。特别是对于那些自由职业艺术家、中小规模的企业来说，他们所依赖的昂贵仪器或设备应当作为促进创新的投资，以此获得资助的机会。

这项措施将引导和协调微型企业参与现有资助方案。虽然现有资助方案在形式和内容上开放，但微型企业参与现有资助方案的障碍不会因此减少。在专家网络(见下文)的引导下参与形式和内容已经开放的资助方案，能够更好地惠及这一目标群体。

总之，通过落实这些建议可以从根本上改善联邦政府现有的各种支持计划的参与状况。因此，联邦政府为文化/创意产业经济潜力的发挥提供了重要推动力。

建立专家网络为文化/创意产业的参与者提供咨询服务

专业人士建议联邦政府发起建立一个专家网络。该网络的任务是向文化/创意产业的参与者提供咨询服务。此外，该网络充当企业与德国各种机构之间的中介。网络中的行业专家顾问以“在岗辅导”的形式帮助文化/创意产业的微型企业实现专业化发展，从而优化有关生产流程或帮助他们开拓新的市场以及制订营销策略等。商业咨询与现有金融扶持手段的结合可以实现微型企业的进一步专业化。

要想将专家网络的咨询服务的全部影响发挥出来，需要额外的需求方面的推动。文化/创意产业的很多参与者都需要通过适当的方式来消除他们对专家的顾虑，进而使其接受专家建议。因此，专业人士建议联邦政府，由专家网络委任的专家向文化/创意产业的参与者发放免费的初次咨询的咨询券。

专家们的第二个重要任务是充当不同的机构和文化/创意产业中微型企业之间的中介。其目的是引导企业参与现有的资助项目，从而提高文化/创意产业企业在资助项目中的参与度。专家还建议，资助机构可以通过“培训师的培训”的形式形成沟通。该网络内的专家也应该能够针对企业的特定需求推荐资助机构。

专家网络的一个重要特点是通过审查网络内专家的资格确保咨询服务质量。因此，专业人士建议建立专家网络质量监控体系。独立委员会对专家资历进行评估，决定是否接收其作为专家网络成员。另一方面，联邦政府应该以方便使用的 Web 2.0 的形式建立专家网络数据库。这个数据库要允许企业自己对专家进行评价，并能够查阅到其他文化/创意产业企业的评价。这样合适的专家很容易和其感兴趣的文化/创意产业公司进行沟通。最新的数字技术的运用，如 Web 2.0，有助于制定出一个适合文化/创意产业企业目标群体的方案。

定义文化/创意产业的“创新”概念

文化/创意产业子市场的快速发展使得人们更多地从创新政策的角度关注该行业。不仅技术创新推动了文化/创意产业的发展，观念、创造性内容甚至是所谓的非技术创新也能促使经济迅速发展。文化/创意产业中的创新在很大程度上是提出新观念、开发新模型或进行实验性尝试。虽然许多模型仍处于测试阶段，但越来越多的原型可以通过新的营销方式和增值模式转化为实用的经济创新。

一个惊人的过程正在发生：发明者和应用者之间的划分不再重要。越来越多的原型开发者同时也是创新的应用者将创新带到市场上。这样一来，未来创新战略中的所有措施都将是重要的。当前主要局限于技术创新的创新发展计划会使许多增值潜力得不到发挥。

因此，欧盟委员会宣布了创造与创新年，用以宣传创新的重要性。委员会开始着手实施欧盟创新战略计划，该计划已经在 2006 年 12 月 15 日至 16 日召开的国家元首和政府首脑会议上讨论并通过。联邦政府尤其应该以促进文化/创意产业非技术创新为目的审查这一计划，并支持其实施。

作为创新定义的出发点，联邦政府必须以欧洲委员会国家援助指南为导向。

这些定义依照这一假设，即在原则上，创新行为应该是企业生存所必需的策略。但是，津贴援助却总是针对那些超越日常业务活动的特殊活动。因此，所有这种创新，即日常和定期有规律地在产品、生产流程、现有的服务和其他日常事务方面进行的变革，不在国家津贴援助考虑范围内，即使这样的变革带来了改进。创新总是以结果的不确定性为特点，因此对于企业来说，创新必定包含了超越普通业务活动的商业风险(实施、应用、市场营销)。

因此必须考虑将文化/创意产业纳入联邦政府的创新政策内。

建设全联邦范围的文化/创意产业的产业平台

从专家的角度来看，联邦政府应该将目前的文化/创意产业倡议转变为一个文化/创意产业的产业平台。

该平台本身应该是文化/创意产业的从业者、区域产业集群、资助机构以及企业的一个重要咨询处。产业平台的任务是：为企业提供初步指导、提供信息、定期组织行业对话和论坛。行业平台应为文化/创意产业参与者提供关于文化/创意产业发展形势和针对当地特点的具体建议。自由职业者、企业和政界代表可以通过热线获取对话伙伴信息或者获取资助建议。为此，将设置该平台的办事处。

通过互联网门户网站和新闻通讯提供信息是该产业平台的第二个重要任务。在这种情况下，建议联邦政府定期对文化/创意产业的发展进行监测。监测范围不仅应该包括对文化/创意产业经济重要性的定时定量掌握和进一步研究，还应该包括对根本框架条件以及影响因素的定性研究。这可以通过诸如引进德尔法研究的专家来实现。但是，也必须考虑基础调查，通过调查可以掌握行业的实际创新能力或解决文化/创意产业对传统产业和服务业产生怎样的影响这类问题。

此外，专家认为持续的行业对话十分重要。在所有子行业中组织年度会议是一项重要措施，可以提高跨行业从业者的自我行业意识。此外，建议与当地、全国及国际专家一起组织研讨会讨论文化/创意产业的发展等重要话题。例如关于如何实施统一银行评估标准的建议，就可以通过研讨会的形式进行。媒体策划文化/创意产业话题也应当是产业平台的重要内容。此外，产业平台能够通过提供信息、联络方式等以及全国范围的公告使区域项目专业化。为了避免机构冗余，专家建议将平台的运营和管理交给联邦经济技术部(BMWi)和联邦文化和媒体委员会(BKM)的文化/创意产业部门。

通过联邦政府，特别是通过产业平台、专家网络与现有资助方案的开放形式与内容的结合可以使这项措施的效果得到加强。尤其是向参与者提供的建议和产业平台的信息在这项措施的实施过程中起到极大作用。

8.2.2 补充性行动建议

为银行和经济资助机构制订评估标准

为了改善文化/创意产业的金融状况，消除行业与银行接触的顾虑，必须为合作提供有针对性的咨询指导。专业人士建议联邦政府和顾问、银行以及经济发展机构合力制订出一本手册，以便为那些迄今为止不了解文化/创意产业的机构提供一个更好的企业分类标准。文化/创意产业各个子行业的业务各有特点，这本手册应根据这些特点对其评估原则和评估建议进行描述。

迄今为止银行与商业资助机构只是偶尔与文化/创意产业的企业有经济联系，它们应当提供对新的商业模式或创新生产方式等进行评估的客观出发点。

这种共同协调的第一种形式是提供文化/创意产业的专业知识。受过专门培训的文化/创意产业顾问对企业的特定需求能够作出精准的回应。他们可以在法律事务以及申请资金的方法方面提供指导帮助，以及在创新经营理念的财务执行方面提供专业支持。全国范围实施的针对银行和经济资助机构的培训项目能够跨地区传播专业知识。这样银行和经济资助机构能够获得对整个产业的认识，同时也能获取对企业进行评估和资助的具体信息。由于两个参与者的重要的乘数效应，这个过程对激发文化/创意产业的经济潜力产生巨大的影响。在这个过程中也有必要对银行就框架条件的调整进行讨论。通过与专家的对话，可以验证在法律层面联邦政府有采取哪些行动的可能(例如确定无形资产核算方法)，以持续支持企业的财务状况和发展。

扩大联邦政府奖励范围

作为补充措施，建议联邦政府增加对从前忽视了的文化/创意产业子行业的奖励力度。除了大力推广联邦奖外，联邦政府还为文化/创意产业参与者开拓市场提供重要支持。

此外，应该为文化/创意产业设置一个行业奖项。全行业奖项除了能够有针对性的以项目为导向促进企业的发展，对形成文化/创意产业的产业意识也会产生信号效应，而这反过来又将对整个文化/创意产业的发展起重要的促进作用。建议在现有奖项基础上扩展，参照其他成功的全国竞赛，将全行业奖项设置为地区或各州竞赛的终极奖项。这项措施明显地增加了受资助和奖励的公司的数目，成倍地扩大了联邦奖励对文化/创意产业经济潜力发挥的影响。

此外，联邦奖励的促进效果也可以通过与战略行动建议相结合的方法进一步得到增强。产业平台提供的服务，加上专家网络的顾问提供的金融方面的资助作为补充，增强了联邦奖励的效果，使文化/

创意产业的企业进入市场变得更容易。

扩大展会促进项目

专家们还建议作为补充措施，扩大展会促进项目，从而有针对性地促进文化/创意产业的国际化。为了有效地支持文化/创意产业，应该对资助海外参展项目中的合格开支类型，以及资助年轻创新型企业参加顶尖会展的项目予以调整。例如为了促进产业发展，对艺术家需要到境外展会现场运送展示商品的行为也应当提供资助。另外，专家还建议，要让所有文化/创意产业中的年轻企业都有机会参与在德国举办的国际贸易展览会中联邦政府提供资助的项目。应该对项目进行审查，确定在这些项目中与文化/创意产业有关的展览会有多少。

为了使这些资助项目也能惠及微型企业和自由职业者这一目标群体，这些将微型企业和机构联系起来的方案应该通过专家网络的引导加以补充。

继续开发小额资助项目

专家建议联邦政府，要让现有的小额资助项目，如德国复兴信贷银行启动资金，适应文化/创意产业的需要。

目前的开户行原则以及资助项目内的相关要求往往妨碍了文化/创意产业企业的充分参与。因此，专业人士建议联邦政府开放这一原则。在开放这一原则的问题上有两种可能的方案：目前，只有80%的贷款金额由德国复兴信贷银行向贷款银行承担担保责任，其余的20%必须由企业以银行规定的标准抵押品的方式交存。联邦政府应该调整这项规则，因为文化/创意产业的微型企业往往没有银行规定的标准抵押品。另外，在银行贷款方面，为批准贷款而进行的证明文件审查，如租赁合同和批文审查，造成了不必要的开支，因而银行没有动力进行放贷。

另一种可能的方案是，不使用开户银行原则，以非官僚的方式发放5000欧元以下的小额贷款。例如，直接通过互联网门户网站进行信贷。信贷的发放可以按照一个简化了的程序进行：只对订单、意向书、合作确认书进行审查。通过这种方法，信贷发放程序将变得简单、高效、可行。文化/创意产业中以项目为导向的微型企业的资金状况将因此而得到显著改善。

专家还建议，资助项目要在更大程度上依赖于市场推广，而不是像迄今为止那样依赖媒体和官方的推动。出于这样的考虑，建议在文化/创意产业采用以目标群体为导向的方案，因为在需求方面，许多创意企业缺乏有关这些资助方案的信息。

此外，专家网络的咨询服务可以引导企业参与这些项目，从而能够提高企业在项目中的参与度，而这又对文化/创意产业的发展起到推动作用。

有关改善整体框架条件的进一步分析

在这项研究中，对被定义为一般框架条件的影响因素没有进行详细的分析。相反，上文分析中明确的几点被作为建议提出，考虑到总体框架条件的极端复杂性，对这些建议的评估需要单独进行调查。

从业者认为主要应在教育、税收政策领域，以及法律框架条件领域对文化/创意产业总体框架条件进行优化。

因此，文化/创意产业的代表指出，文化/创意产业非常需要统一的资格标准。这意味着，文化/创意产业相关的培训和课程应该进行部分更新，另一方面，在需要统一的资格标准的背景下，对现有的培训课程也应该进行复查。

此外还讨论了对社会政策和社会保险制度进行调整，使之适应文化/创意产业。特别是，根据文化/创意产业代表的叙述，目前的养老、失业和医疗保险制度对众多的自由职业者来说并不合适，不仅价格较高，还存在明显高额的附加费用。从业者一再强调艺术家社会保险(KSK)对文化/创意产业社会具有保障意义。

此外，为了在极不规则的营业额发展趋势中取得暂时的平衡，有哪些可行办法，这也是需要思考的。最理想的是建立与税收优惠相适应的储备金。在某年收益颇高的情况下，利用此储备金将利润转移到下一年，必要时可以用于资助企业新的经营理念的发展和完善。这种转移在一人公司中有可能实现。然而，这样的考虑，需要税法审查和深入的思考，这在现有基础性研究的框架中还不能实现。

在立法层面需要讨论提高艺术家和文化工作者地位的问题，有关著作权的问题变成为了焦点。随着商品的日益数字化以及随之而来的多样化的、简单的抄袭手段使得人们急需与之相关的处理方法，特别是在与版权相关的子行业中。如此一来，在知识产权保护和创造性商品的进一步开发之间找到一种健康的平衡是很重要的。

总之，为了长期改善文化/创意产业的框架条件，在各种政策领域都存在可能的行动方案。特别是在教育政策和社会保险体系方面可以进行调整，以改善文化/创意产业企业的竞争形势。此外，还可以优化法律和税收方面的框架条件。对于这个行动领域的详尽和全面的评估迫切需要更进一步的分析。

附　　录

表附-1　2006年和2008年文化/创意产业按子市场和经济状况的分类

子市场，2003年经济部门编号	行业分支	企业数量[1]		营业额[2]（百万欧元）		就业人数[3]	
		2006年	2008年	2006年	2008年	2006年	2008年
1. 音乐产业							
92.31.5	自由音乐家、作曲家	2 337	2 407	244	249	2 471	2 565
92.31.2	音乐和舞蹈团	1 859	1 785	214	214	7 368	7 166
22.14.0	录音和音乐出版社	1 478	1 645	1 867	1 724	5 155	5 574
92.32.1	*戏剧/音乐会主办者	1 268	1 416	1 301	1 388	7 046	6 998
92.32.2	*戏剧、戏曲、话剧剧院	207	213	334	327	3 347	3 436
92.32.5	*文化和娱乐系统等配套服务	1 358	1 711	381	460	3 677	4 835
52.45.3	零售乐器和音乐材料	2 291	2 170	1 051	1 079	5 920	6 022
	子市场总计	**10 798**	**11 346**	**5 392**	**5 442**	**34 984**	**36 595**
2. 图书市场							
92.31.6	*独立作家	5 915	6 474	456	464	6 179	6 783
22.11.1	书籍出版社	2 674	2 723	10 294	10 824	43 136	39 850
52.47.2	书籍零售	5 049	4 904	3 993	3 952	32 182	32 268
	子市场总计	**13 638**	**14 101**	**14 743**	**15 240**	**81 497**	**78 901**
3. 艺术市场							
92.31.3	独立视觉艺术家	8 039	8 733	713	752	9 489	10 095
52.48.2	**艺术品交易（估算）	2 003	1 864	588	573	3 670	3 549
92.52.1	博物馆商店（估算）和艺术展览	943	1 031	466	603	2 090	2 184
	子市场总计	**10 985**	**11 628**	**1 767**	**1 928**	**15 249**	**15 827**
4. 电影产业							
92.31.7	*独立舞台艺术家	8 924	9 793	754	786	10 369	11 355
92.11.0	电影/电视/图片和视频制作	6 600	7 175	3 788	3 585	30 682	31 978
92.12.0	电影发行及影碟发行	1 145	1 049	1 621	1 753	3 641	3 779
92.13.0	电影院	985	981	1 446	1 512	9 158	9 125
	子市场总计	**17 654**	**18 998**	**7 609**	**7 637**	**53 850**	**56 238**
5. 广播产业							
92.20.0	广播电台制作的广播、电视节目	889	954	7 426	7 879	22 133	22.49
	子市场总计	**889**	**954**	**7 426**	**7 879**	**22 133**	**22 487**

续表

子市场，2003 年经济部门编号	行业分支	企业数量[(1)]		营业额[(2)]（百万欧元）		就业人数[(3)]	
		2006 年	2008 年	2006 年	2008 年	2006 年	2008 年
6. 表演艺术市场							
92. 31. 7	* 独立舞台艺术家	8 924	9 793	754	786	10 369	11 355
92. 31. 8	独立艺术家	531	609	36	37	626	710
92. 31. 1	* 剧团	108	121	41	44	1 233	1 234
92. 32. 1	* 戏剧/音乐会主办者	1 268	1 416	1 301	1 388	7 046	6 998
92. 32. 2	* 戏剧、戏曲、话剧剧院	207	213	334	327	3 347	3 436
92. 32. 3	综艺节目和歌舞表演	203	209	74	75	807	937
92. 32. 5	* 文化和娱乐系统等配套服务	1 358	1 711	381	460	3 677	4 835
92. 34. 1	舞蹈学校	1 522	1 640	198	209	3 020	3 398
92. 34. 2	其他文化/娱乐项目（马戏、木偶戏等）	3 199	3 798	1 036	1 169	6 774	7 406
	子市场总计	**17 320**	**19 509**	**4 154**	**4 496**	**36 899**	**40 308**
7. 设计产业							
74. 20. 6	工业设计	3 455	4 248	680	821	8 683	10 032
74. 87. 4	产品/模型/图表设计	13 445	14 707	1 595	1 599	19 133	21 051
74. 40. 1	传播设计/广告	21 828	23 254	12 594	13 805	92 331	101 331
	子市场总计	**38 728**	**42 209**	**14 869**	**16 225**	**120 147**	**132 414**
8. 建筑市场							
74. 20. 1	楼宇建筑及室内设计建筑公司	34 124	36 842	6 246	6 438	84 251	88 624
74. 20. 2	地方、区域和乡村规划的建筑公司	3 132	3 621	626	698	9 425	10 111
74. 20. 3	园艺和园林绿化建筑公司	2 481	2 828	414	436	5 950	6 364
	子市场总计	**39 737**	**43 290**	**7 287**	**7 572**	**99 626**	**105 098**
9. 出版市场							
92. 40. 2	独立记者	16 615	19 792	1 197	1 309	18 174	21 372
92. 40. 1	报道/通讯社	801	759	804	797	7 201	7 860
22. 11. 2	通讯录出版社	169	184	1 102	1 129	3 701	4 533
22. 12. 0	报刊出版社	700	696	10 617	10 459	50 971	49 461
22. 13. 0	杂志出版社	1 732	1 708	10 172	9 832	36 759	37 718
22. 15. 0	其他出版活动	2 900	2 890	3 419	3 463	7 554	7 692
	子市场总计	**22 917**	**26 029**	**27 312**	**26 990**	**124 360**	**128 636**
10. 广告市场							
74. 40. 1	传播设计/广告	21 828	23 254	12 594	13 805	92 331	101 331
74. 40. 2	广告代理	17 679	17 266	13 203	13 487	49 690	50 382
	子市场总计	**39 507**	**40 521**	**25 797**	**27 292**	**142 021**	**151 714**
11. 软件/游戏产业							
72. 20. 1	软件发行	641	696	751	610	1 090	1 373
72. 20. 2	软件咨询/开发	35 078	40 144	23 352	25 851	304 715	343 725
	子市场总计	**35 719**	**40 840**	**24 103**	**26 461**	**305 805**	**345 098**
（-）其他							
92. 31. 4	个体餐馆老板	1 266	1 388	136	153	2 671	2 697

续表

子市场，2003 年经济部门编号	行业分支	企业数量[1]		营业额[2]（百万欧元）		就业人数[3]	
		2006 年	2008 年	2006 年	2008 年	2006 年	2008 年
92.51.0	图书馆/档案馆	74	85	20	22	1 037	1 007
92.52.2	文物古迹企业	65	76	24	27	188	173
92.53.0	植物园、动物园和自然保护区	300	349	209	201	770	820
92.33.0	娱乐场和游乐园	3 364	3 317	894	922	13 576	11 604
	子市场总计	**5 069**	**5 215**	**1 283**	**1 325**	**18 242**	**16 301**
* 所有的子市场都有重复计算		252 961	274 642	141 742	148 486	1054 813	1129 629
* 双重市场总额		33 585	36 386	15 364	16 767	116 770	127 954
文化/创意产业总计（没有重复计算）		**219 376**	**238 256**	**126 378**	**121 720**	**938 043**	**1001 674**
在整体经济中的比重		**7.1%**	**7.4%**	**2.6%**	**2.5%**	**3.2%**	**3.3%**

说明：* 属于几个子市场的相关经济活动。** 工业艺术品交易。[1] 纳税企业包括所有应税的自雇型企业；[2] 限于年营业额 17 500 欧元以上的企业；[3] 就业人数包括所有独立从业者及享受社会保险的雇员。

来源：营业税数据；联邦就业办公室的统计数据；自行核算。

表附-2　2006 年文化/创意产业统计分组归类

（适用于国际或本地区的比较，可能没有局部细分市场）

分类	企业[1]	营业额[2]	就业[3]	雇员[4]	临时雇员[5]	兼职雇员[6]
	数量	百万欧元	数量	数量	数量	数量
	2006 年	2006 年	2006 年	2006 年	2006 年	2006 年
1. 出版/传媒集团						
22.1 出版集团	9 653	37 4717	147 276	137 623	62 433	19 646
2. 电影集团						
92.1 电影视频制作、租赁、配送，电影院	8 730	8 8549	43 481	34 751	12 643	5 822
3. 广播集团						
92.1 广播电视节目	889	7 4264	22 133	21 244	586	353
4. 艺术和其他团体						
92.3 文化和其他服务	40 100	6 8118	78 653	38 553	14 698	6 924
5. 记者/报道						
92.4 通讯、新闻机构、独立记者	17 416	20 005	25 375	7 959	2 163	964
6. 博物馆和艺术展览						
92.5 图书馆、档案馆、植物园、动物园和自然保护区	1 382	719.1	4 085	2 703	378	93
7. 文化产品交易						
从 52.4 其他零售	9 343	56 349	41 772	32 429	12 323	3 005
8. 建筑市场						
从 74.2 建筑和工程办事处	39 737	7 2865	99 626	59 889	13 858	5 594
9. 设计业						
从 74.8 经济、服务制造业	38 728	14 869	120 147	81 419	29 141	12 124

续表

分类	企业[1]	营业额[2]	就业[3]	雇员[4]	临时雇员[5]	兼职雇员[6]
	数量	百万欧元	数量	数量	数量	数量
	2006年	2006年	2006年	2006年	2006年	2006年
10. 广告市场						
从74.4广告	39 507	25 797	142 021	102 514	80 907	25 003
11. 软件/游戏产业						
从72.2软件公司	35 719	24 1032	305 805	270 086	20 372	10 960
文化/创意产业(编号1-11)	**219 376**	**126 378**	**838 043**	**718 667**	**222 970**	**79 442**
在整体经济中的比重	**7.1%**	**2.6%**	**3.2%**	**2.7%**	**4.6%**	**4.2%**

说明：* 广告设计相关行业归类了两次，最终的总额只包含一次。按比例计算出的红色标记数据，内有公共或非营利公司或机构。(1) 有纳税义务的公司；(2) 年营业额超过 17 500 欧元；(3) 自雇人士及享受社会保险的雇员；(4) 享受社会保险的雇员；(5) 临时全职雇员；(6) 兼职雇员。

来源：2009年联邦政府的文化/创意产业研究报告。

A. 欧盟委员会的限定模型

欧洲对文化部门的统计划界。按照欧洲经济活动分类(NACE)第一次修订版划分。

NACE 2位数编号	NACE 3位数编号	是否包括在文化产业内
22-出版、印刷以及录音制品	22.1 -出版业	是
	22.2-印刷服务及其相关行业	否
	22.3-录音制品	否
92-休闲、文化和体育	92.1-电影和视频	是
	92.2-广播和电视	是
	92.3-其他娱乐	是
	92.4-新闻机构	是
	92.5-图书馆、档案馆、博物馆以及其他文化活动	是
	92.6-体育活动	否
	92.7-其他休闲娱乐	否
74-其他商业活动	74.1-法律、会计、审计、税收咨询、市场研究、民意调查、商业咨询服务	否
	74.2-建筑、工程及其他技术相关咨询	直接统计*
	74.3-技术测试和分析	否
	74.4-广告	是
	74.5-劳动力雇佣及其他人事活动	否
	74.6-调查与安保活动	否
	74.7-工业清洁	否
	74.8-未分类的商业活动	是

说明：NACE命名不允许将建筑活动、工程活动及相关技术咨询包含在内。欧洲对文化部门的定义，没有NACE码52.47零售销售书籍、报纸和文具，36.3的乐器制造，22.3的录音制品、视频、计算机介质记录。NACE第一次修订版=经济活动在欧洲共同体的统计分类。

来源：欧盟委员会，“文化在欧洲的经济”(研究，2006年10月)。根据：欧盟文化统计研究部/专责就业小组/欧统局和法国外交部DEPS。

B. 德国联邦议会任命的调查委员会“德国文化”边界模型

按统计子群和经济活动分类(NACE 第 1 版，WZ 2003)划分的文化/创意产业的基本模式。

NACE 2 位数编号	NACE/WZ WZ 3 位数编号	NACE/WZ WZ 4 位数编号，部分 5 位
22-出版，印刷及记录媒介的复制	22. 1-出版	22. 11-书籍出版 22. 12-报纸出版 22. 13-杂志出版 22. 14-音频及音乐出版 22. 15-其他出版
92-娱乐，文化和体育活动	92. 1-电影视频制作、出租、配送，电影院	92. 11-电影视频制作 92. 12-电影出租配送 92. 13-电影院
	92. 2-广播电视节目	92. 20-广播电视节目
	92. 3-其他文化和娱乐服务	92. 31-艺术家、作家活动及表演 92. 32-剧院及文化服务机构 92. 34-文化、娱乐服务
	92. 4-通讯、新闻机构、自由记者	92. 40-通讯、新闻机构、独立记者
	92. 5-图书馆、档案馆、动物园和自然保护区	92. 51-图书馆和档案馆 92. 52-博物馆和名胜古迹设施
52-零售业	52. 4-其他零售业	52. 47-书籍零售 52. 45. 3-乐器及音乐材料零售 52. 47. 2-书籍杂志零售 52. 48. 2-艺术品零售(不包括古董、地毯、邮票、钱币和礼品)
74-其他商业活动	74. 2-建筑和工程机构	74. 2x-建筑活动 74. 20. 1-楼宇建筑及室内设计建筑公司(不包括工程机构) 74. 20. 2-地方、区域和乡村规划建筑公司 74. 20. 3-园艺和园林绿化建筑公司
	74. 8-其他企业活动	74. 8x-设计活动 74. 20. 6-工业设计 74. 40. 1-传播设计/广告 74. 87. 4-模型、图标及其他设计
	74. 4-广告	74. 20. 2-广告传播(包括广告设计)
72-电脑及相关活动	72. 2-软件/游戏	72. 2-软件/游戏发展与开发

来源：调查委员会“德国文化”最终报告，2007 年，第 376 页。

C. 联邦政府和经济部长会议的研究报告中划分的文化/创意产业的边界模型——统计分组下的子市场(2003 WZ)

		份额比重
1. 音乐产业		
92.31.5	独立音乐家、作曲家	
92.31.2	音乐和舞蹈团	
22.14.0	录音和音乐出版社	
92.32.1	* 戏剧/音乐会主办者	
92.32.2	* 戏剧、戏曲、话剧剧院	10%(SVB)
92.32.5	* 其他文化和娱乐系统等配套服务	
52.45.3	零售乐器和音乐材料	
	子市场总计	
2. 图书市场		
92.31.6	独立作家	
22.11.1	书籍出版社	
52.47.2	书籍零售	
	子市场总计	
3. 艺术市场		
92.31.3	独立视觉艺术家	
52.48.2	** 艺术品交易(估算)	20%(UST, SVB)
92.52.1	博物馆商店(估算)和艺术展览会	8%(SVB)
	子市场总计	
4. 电影产业		
92.31.7	* 独立舞台艺术家	
92.11.0	电影电视视频制作	
92.12.0	电影出租和视频提供	
92.13.0	电影院	
	子市场总计	
5. 广播产业		
92.20.0	广播电视节目	35%(SVB)
	子市场总计	
6. 表演艺术市场		
92.31.7	* 独立舞台艺术家	
92.31.8	独立艺术家	
92.31.1	剧团	10%(SVB)
92.32.1	* 戏剧/音乐会主办者	
92.32.2	* 戏剧、戏曲、话剧剧院	10%(SVB)
92.32.3	综艺节目和歌舞表演	
92.32.5	* 其他文化和娱乐系统等配套服务	
92.34.1	舞蹈学校	

续表

		份额比重
92.34.2	更多文化/娱乐设施(马戏、杂技、木偶剧)	
	子市场总计	
7. 设计产业		
74.20.6	工业设计	
74.87.4	产品/模型/图表设计	
74.40.1	传播设计/广告	
	子市场总计	
8. 建筑市场		
74.20.1	楼宇建筑及室内设计建筑公司	
74.20.2	地方、区域和乡村规划建筑公司	
74.20.3	园艺和园林绿化建筑公司	
	子市场总计	
9. 出版市场		
92.40.2	独立记者	
92.40.1	通信和新闻机构	
22.11.2	通讯录出版社	
22.12.0	报纸出版	
22.13.0	杂志出版	
22.15.0	其他出版活动	
	子市场总计	
10. 广告市场		
74.40.1	*广告/广告活动	
74.40.2	广告代理	
	子市场总计	
11. 软件/游戏产业		
72.20.1	软件开发	
72.20.2	软件咨询与发展	
	子市场总计	
(-)其他		
92.31.4	个体餐馆老板	
92.51.0	图书馆/档案馆	8%(SVB)
92.52.2	文物古迹企业	8%(SVB)
92.53.0	植物园、动物园和自然保护区	8%(SVB)
92.33.0	娱乐场和游乐园	
	子市场总计	

说明：子市场的统计归纳不止一次。　%股份 SVB=就业统计数据，UST=营业税统计。

来源：2009年联邦政府的文化/创意产业研究鉴定。

D. 根据新的 WZ 2008(或欧洲 NACE 第 2 版)的统计重新划分的德国文化/创意产业

* 从 2009 年开始适用于所有的数据分析。
* 德国官方按照 WZ 2008 划定的文化统计的经济活动分类。

WZ 2 位数编号	WZ 3 位数编号	WZ 4 位数编号(部分 5 位数)
出版		
58-出版物	58.1-书籍、杂志及其他出版物(没有软件)	58.11-书籍出版 58.12-通讯录出版社 58.13-报纸出版 58.14-杂志出版 58.19-其他出版物(没有软件)
电影业		
59-电影业，录音棚和音乐出版活动	59.1-电影电视视频制作、出租和提供，电影院	59.11-电影电视视频制作 59.12-后期处理及其他电影艺术 59.13-电影出租和视频提供 59.14-电影院
唱片业/音乐出版		
	59.2-录音棚、制作电台、录音和音乐出版	59.20-录音棚、制作电台、录音和音乐出版 59.20.1-录音棚和制作电台广播 59.20.2-录音制品的出版 59.20.3-印刷乐谱的出版
广播业		
60-广播电台	60.1-电台广播 60.2-电视运营商	60.10-电台广播 60.20-电视运营商
文化产业		
90-艺术创作和娱乐活动	90.0-艺术创作和文娱活动	90.01-表演艺术 90.01.1-剧团 90.01.2-芭蕾舞团、管弦乐团、乐队和合唱团 90.01.3-独立艺术家、马戏团 90.01.4-独立戏剧、电影、广播或电视、艺术家及其他的表演艺术 90.02-提供服务的表演艺术 90.02.0-表演艺术提供的服务 90.03-文艺创作 90.03.1-独立作曲家、音乐家 90.03.2-独立作家 90.03.3-独立视觉艺术家 90.03.4-个体餐馆老板 90.03.5-独立记者、出版商和摄影师 90.04-艺术和娱乐企业 90.04.1-剧院和音乐会组织者 90.04.2-歌剧和戏剧剧院、音乐厅和类似设施 90.04.3-综艺节目和歌舞表演

续表

WZ 2 位数编号	WZ 3 位数编号	WZ 4 位数编号(部分 5 位数)
图书馆/博物馆		
91-图书馆、档案馆、博物馆、植物园和动物园	91.0-图书馆、档案馆、博物馆、植物园和动物园	91.01-图书馆和档案馆 91.02-博物馆 91.03-历史古迹建筑物及类似旅游景点
贸易文化产品		
47-零售(不包括汽车)	47.6-零售销售的出版产品、运动器材和玩具	47.59.3-零售乐器和音乐材料 47.61-零售书籍 47.62.1-零售杂志和报纸 47.63-录制的音频及图片零售 47.78.3-零售艺术品、影像、艺术产品(不包括邮票、钱币和礼物)
建筑		
71-建筑和工程公司，技术、历史、物理和化学	71.1-建筑和工程办事处	71.11-建筑公司 71.11.1-楼宇建筑公司 71.11.2-室内建筑公司 71.11.3-地方、区域和乡村规划建筑公司 71.11.4-园艺和园林绿化建筑公司
设计		
74-其他专业、 科学和技术活动	74.1-纺织、珠宝、图形设计工作室	74.10-纺织、珠宝、图形设计工作室 74.10.1-工业、产品、模型设计 74.10.2-图标、传播设计 74.10.3-室内设计 71.12.2-咨询工程师进行技术规划和工程设计(份额)
广告		
73-广告和市场研究	73.1-广告	73.11-广告代理 73.12-市场营销、广告时段和广告空间布局
软件/游戏		
	58.2-软件开发	58，21-电脑游戏开发 58.29-其他软件开发
	62.0-提供信息技术服务	62.01-编程活动 62.01.1-互联网演示开发/编程 62.01.9-其他软件开发

说明：WZ 2008 =经济活动的德国分类，以欧洲 NACE 第二版为基础=欧洲共同体统计分类，2008 年版。

来源：文化统计工作圈。

2009年文化/创意产业主要经济数据监测

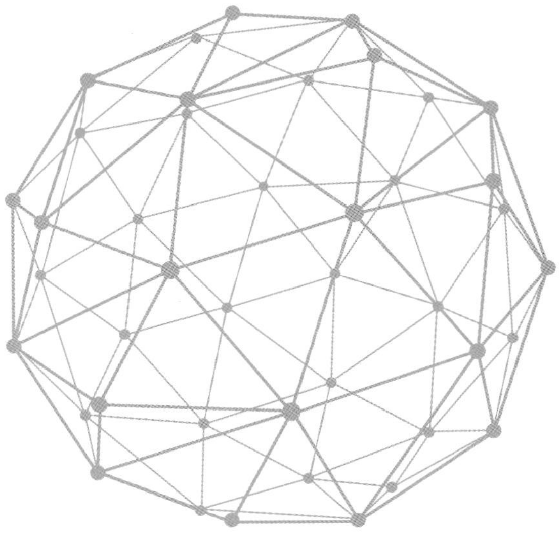

* 本文件由德国联邦经济与技术部发布于2009年。

文字和编辑

米夏埃尔·松德尔曼，文化经济研究办公室

设计和出品

PRpetuum公司，慕尼黑

印刷

银色印刷公司，尼斯特谷

出版商

联邦经济与技术部

公开发行

10115柏林

www.bmwi.de

版本

2010年12月

引　言

文化/创意产业作为独立的经济领域在近些年对经济发展的意义越发显著。除了引起本土、地方和国家的关注外，这个主题引起了整个欧洲的巨大关注。

欧盟委员会的各个机构越来越多地参与了公开讨论。2010年春，企业与工业总局提出了《支持欧洲文化/创意产业的泛欧洲倡议》作为其创新政策的一部分。2010年3月提出的阿姆斯特丹声明①(Amsterdamer Erklärung)把文化/创意产业描述为文化、创意和革新之间的特殊结合点。声明认为："创意产业对于欧洲社会的改变有巨大的潜力，因为它能够应对重大的社会、人口和环境挑战，从而在欧盟2020战略下带来可持续和稳固的经济发展。尽管如此，这个充满活力的经济部门的文化和经济潜力仍然被低估和未加利用。"因此委员会呼吁建立欧洲文化/创意产业联盟。对于欧洲创意产业要想在全球经济中取得成功，应当具备哪些条件，该联盟提供了战略构想，以此来克服产业分散性带来的弊端。

教育和文化总局撰写了一本欧盟文化/创意产业②的绿皮书，并且希望以此促进文化和创意领域经济的发展，并继续推进泛欧讨论。

由于国内对这个问题的持续热议，德国政府的文化/创意产业倡议(主要负责部门/人员：联邦经济与技术部；联邦政府文化传媒专员，缩写BKM)利用每年的实际经济数据形成对文化/创意产业的报告，对文化/创意产业进行监控。这份分析报告的主要目标是对文化/创意产业的发展能力进行调查。由于2009年这一年份艰难的发展情况，我们对文化/创意产业进行了特别的研究和思考。

定　义

文化/创意产业涵盖了那些主要以盈利为目的，从事文化/创意产品和服务的创作、生产、发行和(或)媒体传播的企业。

文化/创意产业包括了以下11个核心组成部分或者子市场：音乐产业、图书市场、艺术市场、电影产业、广播产业、表演艺术市场、设计产业、建筑市场、出版市场、广告市场以及软件/游戏产业(经济分支的细分参见附录)。

文化/创意产业中联系其经济活动的内核就是我们通常所说的创造性行为。因此，所有艺术、文

① 欧盟委员会企业与工业总局：《阿姆斯特丹宣言》。宣言面向区域的、国内的和欧洲的决策者们，在《支持欧洲文化/创意产业的泛欧洲倡议》讨论会上获得通过。此次讨论会是由欧盟委员会企业与工业总局与阿姆斯特丹市政府、欧洲设计中心、荷兰设计师协会以及信息技术创新平台于2010年3月联合组织的。

② 欧盟委员会：绿皮书《解码文化/创意产业潜力》，布鲁塞尔，COM(2010)183。

学、文化、音乐、建筑或者创意性的内容、作品、产品、生产和服务都是这 11 个子市场之间经济上相关联的关键内核。

德国的定义方式不仅和欧盟委员会的核心定义相一致，同时也和由英国提出的在全球范围内被认可的参考模型相一致。

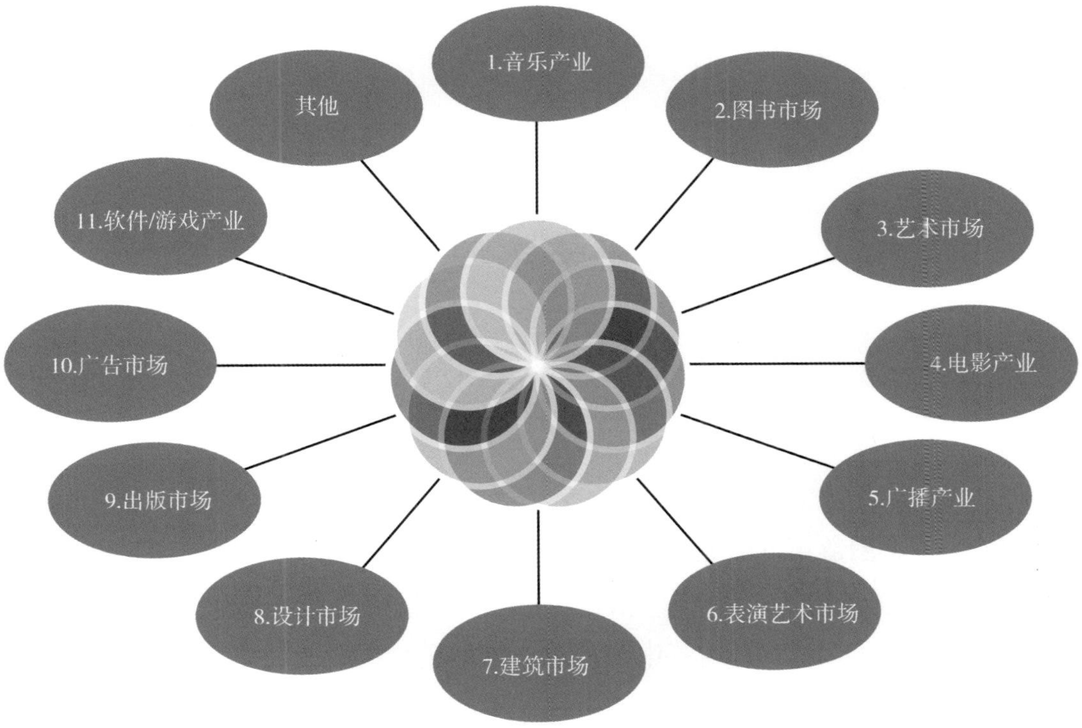

图引-1　文化/创意产业的 11 个子市场

来源：联邦政府 2009 年文化和创意经济调查意见。

这个模型涵盖了“其他”，此部分能够吸纳新的经济活动并且能够系统地与这个定义模型整合在一起。德国的专家界，以及欧洲文化统计网络、文化产业工作组等欧洲团体建议将乐器制造，艺术和文化工艺品以及摄影行业等经济部门包括进来。

前言　文化/创意产业的前景

宏观经济概览

产值的份额

2007 年文化/创意产业创造了 630 亿欧元的产值。这相当于当年国内生产总值的 2.6%。和传统经济行业，如汽车行业部分或者化工行业部分相比，文化/创意产业排在中间位置。2007 年汽车工业以 770 亿欧元占总产值的 3.2%，与此同时，化工行业以 520 亿欧元占 2.2%。和文化/创意产业相关联的信息与通信技术行业大约创造了 930 亿欧元产值，约占国内生产总值的 3.8%。

参照 2008 年和 2009 年两年总体经济的发展情况，文化/创意产业的产值在 2008 年以约 650 亿欧元达到了高峰。而在之后经济发展陷入低迷的 2009 年，文化/创意产业所占的份额也随之下降，只有不到 630 亿欧元。

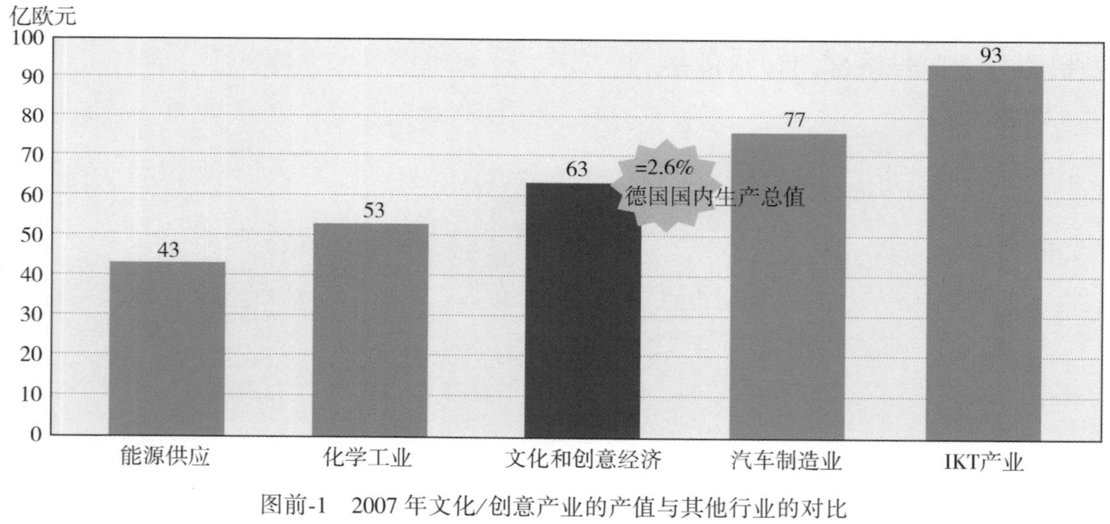

图前-1　2007 年文化/创意产业的产值与其他行业的对比

说明：基于联邦统计局国民经济总体核算对文化和创意经济的统计，当时价格的报告。

来源：德国联邦经济与技术部主编：《德国 2009 年文化和创意经济》《2010 年调查报告》。

主要数据

据统计，2009 年文化/创意产业中大约有 237 000 家企业。它们总共创造了 13 140 亿欧元营业额并且创造了大约 787 000 个相关的全职或者兼职职位。在文化/创意产业领域包括自由职业者在内有超过 100 万的从业者。据统计，2009 年文化/创意产业共创造了大约 626 亿欧元的毛附加价值。

尽管总体经济形势并不乐观，但在 2009 年，文化/创意产业的 4 项数据中有 3 项(企业数量、营业额、就业人数和职位数量)的短期发展呈现正面的增长。

表前-1　2009 年文化/创意产业的国民经济数据(相比于 2008 年的百分率变化)

文化/创意产业	实际数据	整体经济份额	相比前一年的变化
企业数量	237 000	7.4%	1.7%
营业额(每 10 亿欧元)	131.4	2.7%	-3.5%
就业人数	1 024 000	3.3%	1.8%
有社保的岗位数量	787 000	2.9%	1.8%

说明：所有数据基于联邦统计局和联邦就业介绍所目前对营业税和就业情况的估计。

来源：德国联邦经济与技术部主编：《2009 年德国文化/创意产业》《2010 年监控报告》。

企业数量

2008 年到 2009 年，企业数量大约增长了 1.7%。尽管并没有达到之前两年明显较好的变化指数(2007 年：2.9%，2008 年：3.1%)，但企业态势依旧呈现持续良性发展。虽然增速较缓，但文化/创意产业的企业在所有企业中所占的比重在不断提升，因为德国在过去的 3 年中，整体经济中的企业数平均每年只增长了 1%。

文化/创意产业的相对重要性进一步提高，2009 年在整体经济中的份额达到了 7.4%。

营业额

文化/创意产业的发展第一次出现了显著的后退：2009 的营业额同 2008 年相比减少了 3.5%。因此，显然无法到达头两年 4.4%和 2.3%的增长率。在 2009 年经济危机的背景下，文化/创意产业领域也显现出了不景气的状况。但在这种明显的负增长局势下仍有其他数据表现出让人惊喜的态势，比如文化/创意产业的就业人员数量在 2009 年依旧保持了显著的上升趋势。尽管营业额减少了 3.5%，文化/创意产业到目前为止还是比较好地渡过了经济危机。同期的整体经济以 8%的负增长率在营业额上表现出了双倍的衰退(这一估计基于联邦统计局的国民经济整体核算①，2009 年总体经济产值下降了 8.5%)。

整体经济这一明显的亏损主要是受到生产部门的影响，2009 年，核心产业比如汽车制造、机械制造、化工行业的营业额回落达到了约两位数的百分比。在服务业环节，其中主要是文化/创意产业，却

① 德国国家统计局：《2009 年国民经济整体核算》，专业系列 18，顺序 1.4，威斯巴登，2010 年。

只表现出一位数的负增长。个别的环节，比如电信行业，根据之前联邦统计局公布的数据，在 2009 年营业额甚至出现了 1.2%的增长。

在整体经济低迷的情况下，文化/创意产业的意义再次得到攀升。2009 年文化/创意产业在国民经济总产值中占了 2.7%，之前两年分别为 2.5%和 2.6%。

就业人数

与经济形势相比，文化/创意产业的就业市场呈现出了意想不到的积极情况。尽管 2009 年的经济危机使经济不景气，但文化/创意产业中从业人员数量相比于 2008 年上升了 1.8%。2007 年和 2008 年的增长率从 3%增至将近 4%，这对于文化/创意产业而言已是一个巨大的上升幅度。虽然 2009 年的数值不能和 2007 年以及 2008 年的增长率相比，然而文化/创意产业出现了一个值得注意的现象，那就是它具有在艰难的经济形势面前依然能够保持甚至增强吸引从业者的潜力。

就业市场出现积极发展的原因是独资企业或一人公司数量的增长，他们自己为自己提供就业岗位。更关键的因素是企业固定雇员保持了轻微的增长。如同前几年已经显示的情况一样，小型和中型企业有了更稳定的雇员并且能够提供更多享受社会保险的工作岗位。

我们可以说，从 2008 年到 2009 年，文化/创意产业的就业市场增长率为 1.8%，相较整体经济来说发展更积极。与此同时，整体的就业市场停滞不前，下降了 0.2%。文化/创意产业就业市场在 2009 年占了整体就业市场 3.3%的份额。相关的企业雇员数量(有社会保险的从业者)占了德国总劳动人数的 2.9%。

文化/创意产业与部分产业的比较

文化产业和部分产业

2008 年和 2009 年，文化/创意产业发展现状的核心数据与两个方面有关，一个是从业人数的变化，有 1.8%的正增长，另一个是经济的发展情况，从营业额来看下滑了 3.5%。

与相应的传统行业的核心数据相比就可以明显看到，文化/创意产业渡过了经济危机。除了食品工业，汽车制造业、机械制造业以及化工行业这三大行业的就业率都有 1%到 5%的下滑。只有食品工业在相应时间段内增长了 1.3%。

核心数据①展示了加工业更加巨大的变化。汽车制造业、机械制造业和化工行业的营业额下降了 18%到 23%。同样粮食产业的营业额也在今年的经济危机中下降了 1%到 6%。2009 年加工行业总共有 18%的营业额损失。

① 德国国家统计局:《2009 年企业年份报告》，威斯巴登，2010 年。

客观来说，2009 年服务行业有很大的可能性没有受到损失。联邦当前的经济状况统计数据①显示，服务行业主要环节的核心数据还是显出了颓势：从 2008 年到 2009 年，就业市场缩水了 1.2%，营业额减少了 7.2%。这里的行业包括交通、信息和通讯以及与之相近的行业。

服务行业发生这种“温和式”危机的原因很难简单解释。只要企业的服务受到制造业的影响，就可以预见到不良的效应。对于服务业的微弱变化，正面因素可能是个人消费支出(变换率：2009 年比 2008 增长了 0.1%)和国家消费支出(变换率：2009 年笔 2008 年上升了 4.8%)的上升做出的贡献。

这些不同的经济体也能在文化和创意经济的分支市场中得以体现。比如说，一些经济分支如工业设计，因为和生产领域紧密相关，所以在危机时期会亏损，但是其他的一些经济分支如产品、模型和图标设计，因为主要面向私人消费者，所以危机期间仍然保持稳定。

总的来说，2009 年的经验证明，生产环节一如既往地对整体经济形势起决定作用。同时也可以看到服务业能够对经济和就业相关形势起到了怎样的作用，其中文化/创意产业元疑做出了重要贡献。

表前-2　2009 年文化/创意产业与特定行业的比较

	就业人数	营业额
岗位总数	-4.5%	-18%
汽车制造业	-5.2%	-23%
机械制造业	-5.1%	-20%
化学工业	-1.0%	-18%
食品工业	1.3%	-6%
文化和创意经济	1.8%	-3.5%

说明：数据基于目前对文化/创意产业营业税和就业者统计的估计，制造业的主要数据基于 2009 年的企业年报和 2010 年德国联邦统计局数据。

来源：德国联邦经济和技术部主编：《2009 年德国文化/创意产业》《2010 年监测报告》。

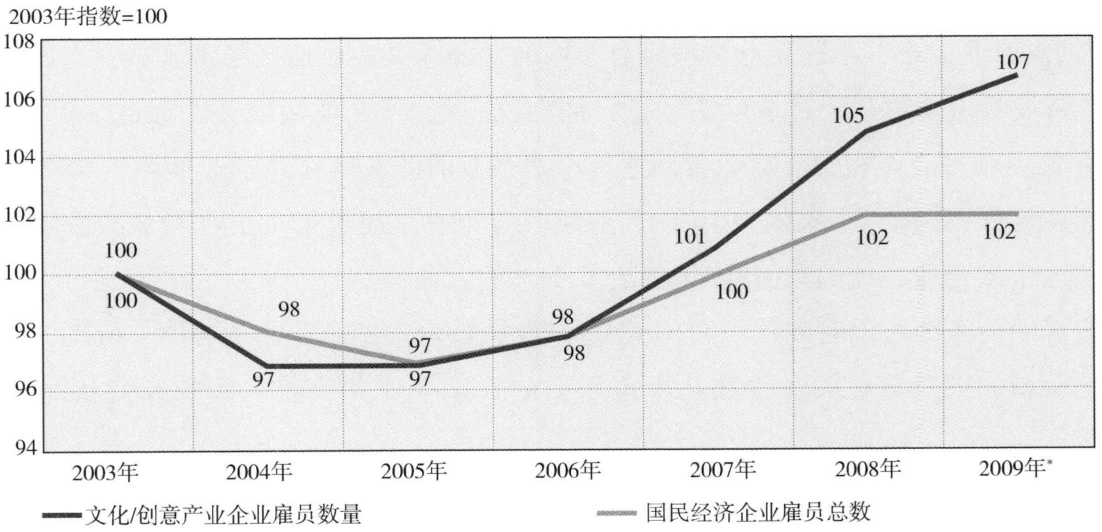

图前-2　2003—2009 年文化/创意产业相关从业者和整体经济的发展

说明：关键数据基于 2010 年联邦就业局的就业统计报告初步信息，* 临时估计值。

来源：德国联邦经济和技术部主编：《德国 2009 年文化和创意经济》《2010 年监测报告》。

① 德国国家统计局：《服务业特定服务部门的当前统计数据　营业额和就业人员数据 1　2010 年第一季度》，专业系列 9，顺序 3，威斯巴登，2010 年。

文化/创意产业的意外发现

固定就业状况良性发展

文化/创意产业上一次经济低谷发生在 2003 年，之后不论营业额还是企业和独立从业者数量都保持着持续增长，文化/创意产业逐渐发展成为以自由职业者和仅提供唯一工作岗位的微型企业为主的产业。与此相反，如数据显示，受雇于企业的雇员数量在继续下降，从 2003 到 2006 年，企业雇员数量一直维持负增长，和整体国民经济就业发展情况相比，文化/创意产业这一趋势表现得更为明显。

自 2006 年起，文化/创意产业的发展出现了明显的上升趋势。到 2009 年，从业人数与 2003 年相比上升了 7%。尤其值得注意的是，与整体经济相比，文化/创意产业近五年有更强的增长活力。今年(2009 年)整体经济的增长速度停滞不前，而文化和创意经济不断增长。这一点值得高度评价。因为这一增长来自提供社会保险的工作岗位，而非临时从业者或自由工作者。

如果有社会保险的职位继续增加，这对文化/创意产业来说将是一个令人意外的现象。因为目前独立从业者和自由工作者不断增长的长期趋势已被确立为文化/创意产业这个多元化产业结构调整的基本命题。

如果提供社会保险的岗位数量持续稳定，将表明文化/创意产业正转向稳定型企业结构类型。

2008 年的增长载体

对文化/创意产业而言，不同企业类型具有不同的重要意义。在传统经济领域，比如汽车制造业领域，97%的总营业额由少数几个企业巨头创造，而在文化/创意产业领域并非如此。例如 2008 年，大约 27%的营业额由微型企业和独立从业者创造。小型企业的营业额在总营业额中占 17%。把这两个营业额加在一起，这样，两个“小家伙”在总的营业额中占 43%，超过了大企业 41%的份额。在这个营业额柱形图上还差中型企业，他们在 2008 年创造了 16%的营业额。

从该营业额的分布图可以看到认识文化/创意产业中特定类型企业的重要性。所以，相对于其他行业而言，文化领域如果只重点关注少数几个市场上的大型企业并改善它们的经营状况是没有多大意义的。

然而，只关注微型企业意义也不是很大。小型企业是 2006 年到 2008 年经济增长的最主要推动者。它们的营业额在这一期间增长了将近 11%。大型企业占第二位，在同期增长了将近 10%。另外两个企业种类——微型企业和中型企业以大约 6%和 8%的增长率排在后面。

总的来说，联邦统计局的这份营业额统计数据告诉我们，只关注文化/创意产业中的“小家伙”正如同只关注其他行业中的“巨人”一样，是没有道理的。文化/创意产业特殊的经济形式以及内部结构，是我们在对其行业发展进行研究时应首要考虑的。

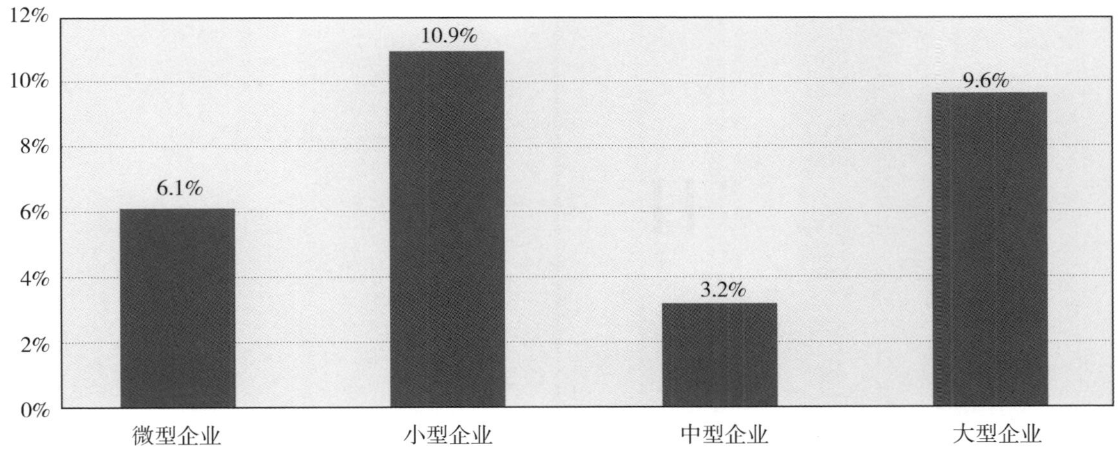

图前-3　2008 年大/小型企业是文化/创意产业的主导力量(与 2006 年相比营业额的百分比变化)

说明：数据基于联邦统计局 2010 年的营业额统计。

来源：德国联邦经济和技术部主编：《2009 年德国文化/创意产业》《2010 年调查报告》。

目　　录

1. 概　　要

1.1　任　　务

在文化/创意产业的发展中，每年监测主要数据是很有必要的。因此，联邦经济与技术部委托科隆的文化经济研究办公室，每年按照联邦统计局的数据对文化/创意产业进行评估，同时加以独立的核算。

2010 年的指导报告之后附有 2009 年的调查鉴定最终报告《从国民经济视角明确文化产业不同领域的通用定义元素以便从国民经济视角展开监测》(简称：《联邦政府对文化/创意产业的评估》，2009)。

这份调查报告的重点主要是以下几个核心问题：

1. 与传统经济行业相比，文化/创意产业在整体经济中有怎样的经济地位？
2. 文化/创意产业各子市场特别在哪里？
3. 文化/创意产业的优势和潜力在哪里？

1.2　定　　义

核心定义

经济部长会议是这样定义文化/创意产业的：在文化/创意产业之下包括了以下的文化/创意产业企业，它们主要以盈利为目的，涵盖了文化/创意产业产品与服务的制造、生产、分配和(或)媒体传播。

定义中文化/创意产业最重要特征是企业的盈利性特点。这个领域涵盖了市场经济的所有企业。它们通过市场为自己集资，需要缴纳增值税，或者只是想通过艺术、文化和创意来赚钱。

这里不包括那些并非由市场获得主要资金来源，而依靠政府拨款、行政收费、慈善基金或私人捐助而得以维持的企业、机构或其他组织。

出于监管和税收政策方面的考虑，将商业或市场经济型企业作为一类，非市场经济企业作为另一类，这种区分对德国的情况来说尤其重要。

最后需要再次强调的是，企业的商业性质对文化/创意产业至关重要。

部门划分

经济部长会议也提到了对文化/创意产业有重要意义的核心部门。音乐产业、图书市场、艺术市场、电影产业、广播产业、表演艺术市场、设计产业、建筑市场和出版市场这 9 个子市场属于文化产业的领域。此外，软件/游戏产业、广告市场这 2 个子市场被列入创意产业。这 11 个子市场属于文化/创意产业的范畴。

经济部长会议提出了文化/创意产业的产业区分和市场相关的分类。这个部门分类展示了文化/创意产业研究①所涉及的最广泛的经济领域。

表 1-1　2003—2009 年文化/创意产业的子市场

文化/创意产业 11 个子市场的划分
Ⅰ. 文化产业
1. 音乐产业
2. 图书市场
3. 艺术市场
4. 电影产业
5. 广播产业
6. 表现艺术市场
7. 设计产业
8. 建筑市场
9. 出版市场
Ⅱ. 创意产业
10. 广告市场
11. 软件/游戏市场
Ⅰ. +Ⅱ. 文化/创意产业

说明：在之后的划分中还有一个“其他”门类被引入，它们服务于特殊统计目的或者为了引入新的产业。

除此之外，还有其他划分的尝试，比如英国、澳大利亚的划分，不是以部门，而是以职业分组来区分。产业结构的关键是对艺术、文化和创造性职业进行区分，正如研究者们认为，抓住职业活动的“创意核心”，比按经济活动或经济产业来界定更合适。

另一个知名的出发点是由联合国贸易和发展会议②在 2008 年创意经济报告中提出的。联合国贸易和经济发展会议报告表明，国际社会对文化产业的多元化结构和子市场划分存在广泛争议，因此主张对商品和服务的经济领域进行基础性定位。通过接触世界贸易数据，联合国贸易和发展会议可以基于实践调查大多数国家的经济潜力。

与文化/创意产业根据市场成分划分不同部门相比，还有按领域进行的分类，它包含了不同的市场

① 比如到目前为止，所有的德国文化产业报告按子产业或子市场来区分。

② 联合国贸易和发展会议(2008)：《创意经济报告》，日内瓦。

成分，部分通过小型经济活动相联系。艺术和电影经济的相同点在哪里？一位建筑师和一位书店经营者是如何联系的？文化/创意产业的行业整体实际上支配了相互关联的和不相关联的经济和市场。

这一概念的结构不均衡将文化/创意产业和其他的行业分支区分开来。媒体行业还分列出了各种各样的电子媒体和印刷媒体，但它们之间没有严格的经济联系。

媒体经济拥有诸多不同的概念，从奢侈品市场到信息技术市场，再到时代周刊和信息与通讯技术市场，要完整地理解和概括这一行业整体是一件非常困难的事情。文化/创意产业必须承受类似的命运，承受从“创意经济”到“创意阶层”等繁多的概念种类。

以下的调查总体上会根据部门分类进行，因为前文已经给出了现有市场结构中的语用取向。

创造性行为

凭借11个文化/创意产业的部门分支，经济部长会议虽然能将不同的经济领域分门别类，但是仍然不能将各部门连接成为一个整体的元素进行定义。

调查委员会建议在此引入“创造性行为”这一概念。文化经济章节的作者阐发了如下观点：“这里需要强调的是，在文化产业中占主要地位的不是职业，而是履行职责的行动，艺术和创新的有创造力的行动……”强调将创造性行为作为文化/创意产业的中心，并且引用了如下的描述：

将所有文化/创意活动联系起来的核心是凝结于艺术、文学、文化、音乐、建筑或创意内容、作品、产品、生产或者服务中的创造性行为。

所有创造性行为，无论采取怎样的形式，无论是独创性模仿、现场表演，还是批量生产例如数字化生产或服务的提供，都包括在该定义中。同样地，对创造性行为可以通过知识产权（专利、著作权、商标、外观设计）的方式给予综合性保护。但是，也有部分行为并未受到知识产权保护（例如对于表演艺术家）。

通过这些描述，只有那些具有美学本质和意义的内容或创意生产能够和创造性行为建立起联系。离开了这样的美学联系，文化/创意产业也就失去了内在核心，变得毫无意义，如同“创意阶层”或“创意经济”这些概念一样。

相反的是，文化/创意产业中的创造性行为也属于经济行为。因为具有美学价值的产品的生产一定伴随着经济过程或者引发经济行为的过程。

理查德·弗罗里达在提出“创造性阶层”时使用了一般性内容或观点的生产这样的阐述，根据该定义，首先，数学家、工程师以及其他自然科学工作者就被排除在外，文化/创意产业的概念仍将局限于具有美学意义的活动。

同样，“创意经济”作为北莱茵-威斯特法伦州政府的新经济政策指导原则，也是一种抽象化概念，利用该概念可以推动汽车、化工、塑料或能源等工业部门取得新的发展。至少，文化/创意产业和这些行业一样属于北莱茵-威斯特法伦州新兴主导产业。

通过将创造性行为与美学价值联系起来，定义的范围也受到了进一步限制。纯粹以技术为主的生产，尤其是IT或多媒体行业的产品，不应计入文化/创意产业的核心领域。但是，这并不意味着就文化/创意产业的实质和发展而言，技术部门完全没有意义。相反，要特别强调的是，技术发展一直都是并将继续作为文化/创意产业中许多产品和服务的主要驱动力。

总而言之，“创造性行为”的概念是一个复杂的概念。它是文化/创意产业中一个抽象的理想的参考类别的关键概念，它很难被具体阐述，因为它并不描述表面的存在，比如关键词“汽车”描述的是汽车行业。创造性行为更多的是一个不可触及的概念，一种非物质经济的一部分，也没有物理性质，但它在毛附加价值总额中占的比例却越来越大。此外，汽车行业有价值的无形服务也是如此。

特别关注：艺术家

即使调查委员会从艺术家的角度出发，将“创造性行为”（强调工作概念）的概念而不是艺术家置于文化和创意经济的中心，但在具体的分析实践中依然侧重艺术家或文化，认为创造性职业是文化/创意产业的具体起点。因为艺术家的、文化的或者创造性职业这一门类至少可以根据四个不同的方面来阐述，这对于概括文化/创意产业有特殊意义。

艺术家、文化的或创意工作者如前面所述进行创造性行为，是将文化/创意产业所有行业连接起来的核心。

艺术家、文化的或者创意工作者不论从社会层面还是实务层面都可列为独立职业门类。

艺术家、文化/创意工作者在经济类别上包括自由职业者，独立从业者或企业家。

艺术家、文化或创意工作者作为作品，创造性行为的作者或原创者，构成其开发利用的基础性关系。创造者和开发者之间的关系可能是文化/创意产业整体发展的中心问题之一。

比如在提到的所有层面，画家和艺术家的设计图是一体的：设计艺术家是他们作品的创造者，并且是他们艺术工作室的独立经营者。他们要么把自己的作品放在画廊或者艺术品商店让其作为使用者，要么自己作为市场上的使用者。

“创造性艺术”这一概念是一个值得思考的问题，它要么通过“作品”要么通过“设计师/创造者”阐明。出于务实的原因，艺术家们和创新者所做的一些探索研究成为本书介绍创造性艺术的参考。

内部划分

文化/创意产业的各子市场有不同的公司类型。按业务类型可内部划分为三种理想的企业类型：微型企业、中小型企业以及大型企业。

微型企业：微型企业包括艺术家、文化和创意工作者中的自由职业者或自雇型企业。这些设计事务所、工作室、代理人或小型机构一般采用一人公司、合伙或者松散的组织形式。他们通常开展实验性工作或者从事文化/创意生产模型的开发。在文化/创意产业的模式下，他们不再像媒体产业中那样仅起辅助性作用。微型企业是文化/创意产业最重要的主体类型之一，与其他两种企业类型具有同等重要的价值。

中小型企业：中小型企业是文化/创意产业的中流砥柱，它们通常以有限责任公司的形式存在，并且包含在经济协会中。它们主要和文化/创意产业①中有一定社会地位的企业相关，它们的产品和沟通过程以一致性的结构呈现。和第一种活跃的企业类型相比，这种企业类型有稳定、持久和产品质量可靠的特点。通常不进行试验和开发原型，而是使用可管理的产品和服务。中小型企业是文化/创意产业

① 费舍尔、松德尔曼：《2007年文化产业报告》，科隆，2008年。

产值的最重要来源，提供了产业中最多的就业岗位。

大型企业：第三种类型是所谓的大型企业(康采恩)，它们承担了文化经济的产值，在世界范围内拥有市场并且以此实现采购和彰显企业的实力。它和文化/创意产业中有社会地位的大企业或者超大型企业有关，它们根据可靠的商业类型实现标准化生产和全球化拓展。和前两种子类型相比，它们的经营战略有巨大的作用。

总体来说，对于三种参与者类型而言，文化/创意产业是一个高风险的领域，市场成就具有局限性。世界知名的文化/创意企业如此，地方的文化/创意工作室或者区域性中小型企业也是如此。因此，起作用的三种企业类型的结构和发展状况有着关键作用。一个成功的经济政策能够激发经济潜力，只要它具备准确和不同的结构意识和过程意识。

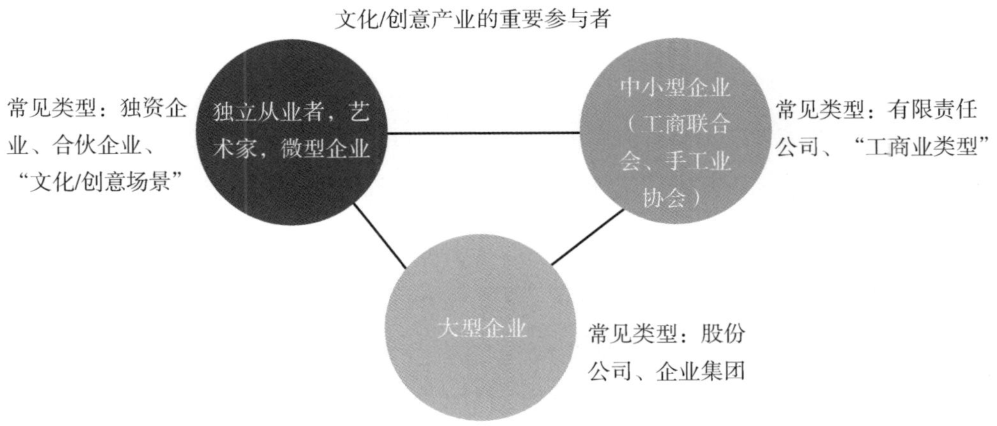

图 1-1　文化/创意产业内部划分

来源：科隆文化产业报告。

2. 国民经济意义概况

2.1 德国文化/创意产业的主要数据

下列基于实践的分析以官方调查数据为基础。联邦统计局和联邦就业办公室在普通数据之外分别提供了专门的数据。除此之外，还附上了艺术家社会保险基金会提供的数据作为补充。

对于结果的阐释，首先需要再次对数据进行有效性验证。2003 年到 2008 年的所有数据，只要被收入了营业税统计，原则上就是确定的数据。而 2009 年的企业和营业额数据都是估算的。

2003 年到 2006 年的数据是来自联邦就业办公室的就业统计的确定数据。2007 年到 2009 的数据是所谓的临时数据，因为联邦就业办公室以后可能对其进行修正。原则上来说它们仍然会被作为确定数据来使用。

就业数据和营业额与就业统计数据有关，因此也是临时数据。2007 年到 2009 年的经济总产值是基于国民经济总体核算(Volkswirtschaftliche Gesamtrechnung，缩写 VGR)进行估算的。

基准值

根据估算，2009 年文化/创意产业内大约有 237 000 家企业。它们总共创造了超过 1 310 亿欧元的营业额并且能够提供 787 000 个相关的全职或者兼职岗位。加上个体从业者，德国的文化/创意产业有超过 100 万的从业者。2009 年文化/创意产业一共可创造 626 亿欧元的毛附加价值。

所占份额

以国民经济为衡量标准，2009 年文化/创意产业的企业数占总量的 7.4%，营业额占 2.7%，相关的从业人员占 2.9%，就业人数占 3.3%。2007 年到 2009 年的毛附加价值在国内生产总值中所占的比重达 2.6%。

只要那些有社会保险的工作职位包含在内，或者作为自由职业者以及相关的独立企业在税收机关是作为文化/创意产业的活跃分子登记的，那么以上所有从业者数据和就业数据就能体现所谓的就业核心状态。兼职工作以及并非重要的活动和工作将在下面的报告中被另外提及或者仅作简要报告。

近几年所有数据类别均显示，文化/创意产业的短期发展态势是积极向上的。

2008年到2009年独立从业者和企业的数量大约增长了1.7%。从比例的变化来看，十分清楚的是，企业前景发展不如之前一年(2007年：2.9%，2008年：3.1%)。

文化/创意产业的发展首先体现在营业额的回落上：2009年的营业额总额和2008年相比缩水了3.5%。这样就无法达到2007的4.4%年和2008年的2.3%。虽在2009年剧烈下滑，但当下的文化/创意产业仍是国民经济发展的重要组成部分。

就业市场和经济形势相比呈现出了令人意外的积极态势。尽管2009年出现经济危机，2008年到2009年就业人数增长了1.8%。但是依然达不到之前年份的平均增长率：2007年为3.1%，2008年为3.8%。

分　类	2007年	2008年	2009年*	变化百分比		
				2007/2006年	2008/2007年	2009/2008年
企业数量						
文化/创意产业(KKW)	225 738	232 770	236 837	2.9%	3.1%	1.7%
KKW在整体经济中的比重	7.2%	7.3%	7.4%	—	—	—
营业额(百万欧)(1)						
文化/创意产业(KKW)	133 187	136 202	131 407	4.4%	2.3%	-3.5%
KKW在整体经济中的比重	2.6%	2.5%	2.7%	—	—	—
从业者人数(svB)(2)						
文化/创意产业(KKW)	743 056	772 762	786 699	3.2%	4.0%	1.8%
KKW在整体经济中的比重	2.8%	2.8%	2.9%	—	—	—
劳动者数量(3)						
文化/创意产业(KKW)	968 794	1 005 532	1 023 535	3.1%	3.8%	1.8%
KKW在整体经济中的比重	3.2%	3.3%	3.3%	—	—	—
净产值(亿欧)(4)						
文化/创意产业(KKW)	63.1	64.9	62.6	4.0%	2.8%	-3.5%
KKW在国内生产总值中的比重	2.6%	2.6%	2.6%	—	—	—
国内生产总值(BIP)	24 282	24 958	24 091	4.4%	2.8%	-3.5%
文化/创意产业的标志数据						
企业平均营业额(千欧)	590	585	555	1.5%	-0.8%	-5.2%
从业者平均营业额(千欧)	179	176	167	1.2%	-1.7%	-5.2%
劳动者平均营业额(千欧)	137	135	128	1.2%	-1.5%	-5.2%
企业平均从业者数量	3.3	3.3	3.3	0.3%	0.9%	0.1%
企业平均劳动者数量	4.3	4.3	4.3	0.2%	0.7%	0.0%
	65.1	64.5	61.2	0.8%	-1.0%	-5.2%

图2-1　德国2007—2009年文化/创意产业的主要数据

说明：2009年企业的营业额为预估值；有社保的从业者和劳动者数据参照了2007年联邦就业促进办公室的临时报告。

(1)年营业额17 500欧元以上的纳税企业。

(2)享受社会保险的全职或非全职固定岗位，但不包括临时就业或兼职。

(3)就业人数包括：纳税人和享受社会保险的雇员，此外，据统计，2009年在文化/创意产业至少还有28 000名临时从业者。

(4)2007年净产值估计值基于国民经济总体核算的报告，根据指定年份国内生产总值的各自变化率，更新2008年和2009年的净产值数据，四舍五入导致的差异。

来源：德国联邦统计局(2010)；联邦就业办公室(2010)；米夏埃尔·松德尔曼/文化产业研究办公室的独立核算。

就业市场良性发展的原因在于独资企业和一人公司数量一如既往地增长，它们自己为自己提供了就业岗位。此外相关从业者数量在 2007 年和 2008 年分别显著增长了 3. 1%和 3. 8%。2009 年只实现了 1. 8%的增长率。

这个结果表明，小型文化/创意企业对于文化/创意产业市场的艰难变化能够灵活地做出反应。而且中小型企业与前几年相比更重视稳定的人力资源组成，在困难的现状下留住参加社保的职位。

总的来说，可以肯定的是，文化/创意产业的就业市场比国民经济的要好。国民经济的就业市场呈现颓势，2009 年比 2008 年下降了 2. 8%。

文化/创意产业的主要数据再次证明，这个行业整体以微型和小型企业的高比重为标志。2009 年平均每个企业的营业额达 555 000 欧元，达到了国民经济的企业平均水平的三分之一。

与之前年份的产值相比，文化/创意产业的营业额还是下降了。文化/创意产业的微型企业依然停滞不前。这个趋势在从业者和就业两方面都有体现。文化/创意产业的企业平均占有约 3. 3 个有社会保险的岗位，这个数值在国民经济的企业中是 4. 3。

2. 2 占毛附加价值的比重

文化/创意产业在 2007 年创造了大约 631 亿欧元的净产值。2008 年增长到 649 亿欧元。2009 年再次创造了大约 626 亿欧元的毛附加价值。2007 年到 2009 年的毛附加价值占国内总毛附加价值的 2. 6%。

在国民经济核算中，文化/创意产业并未作为独立经济领域单独显示，而是广泛散布、延伸于多个产业或领域，以这种方式，文化/创意产业在很大程度上与信息技术以及媒体产业相交融。

与文化/创意产业不同的是，信息和通讯技术产业这个更大的产业分支专注于产品和服务，如同电讯行业，它的产品有电脑、新闻技术、媒体和电子设备。根据联邦统计局的报告，信息和通讯科技产业在 2007 年创造了大约 930 亿欧元的毛附加价值。

总体来看，信息和通讯科技产业及其内容产品，比如放送、电影和电视、载声体行业等，改写了联邦统计局关于“信息社会”的概念，2007 年在国民经济中大约有 1 230 亿欧元的毛附加价值。因此根据联邦统计局的数据，信息和通讯科技产业在德国的国民经济总值中占 5. 7%。

和德国最重要的经济行业相比，文化/创意产业以 2. 6%的比重排在化学工业(530 亿欧元，占国内生产总值的 2. 2%)和汽车行业(770 亿欧元，占国内生产总值的 3. 2%)之间。

和 2006 年相比，2007 年文化/创意产业增长了 4%。相较于其他行业，则有更明显的增长。当化学行业 2006 年达到了 5. 7%的增长时，同一时段汽车行业增长率为 7. 6%。只有能源供应在 2006 年到 2007 年有 2. 5%的倒退。文化/创意产业虽然没有保持颓势，但是最重要的产业的增长率它是无法达到的。

英国政府①公布了英国创意产业发展情况的最新数据。创意产业在 2007 年贡献了 599 亿英镑的毛附加价值。这相当于英国整体毛附加价值的 6. 2%。2006 年的增长率是 11. 8%。

① DCMS：《创意产业经济估计》，布林顿统计，2010 年。

因此，英国创意产业的毛附加价值比德国文化/创意产业的毛附加价值贡献要高。德国2.6%，英国6.2%，这个相对大一些的差别可能基于这样一个事实：传统产业比如汽车、机械制造、化学工业或者其他的制造行业在德国的国民经济中的占比比其在英国国民经济的比重高。

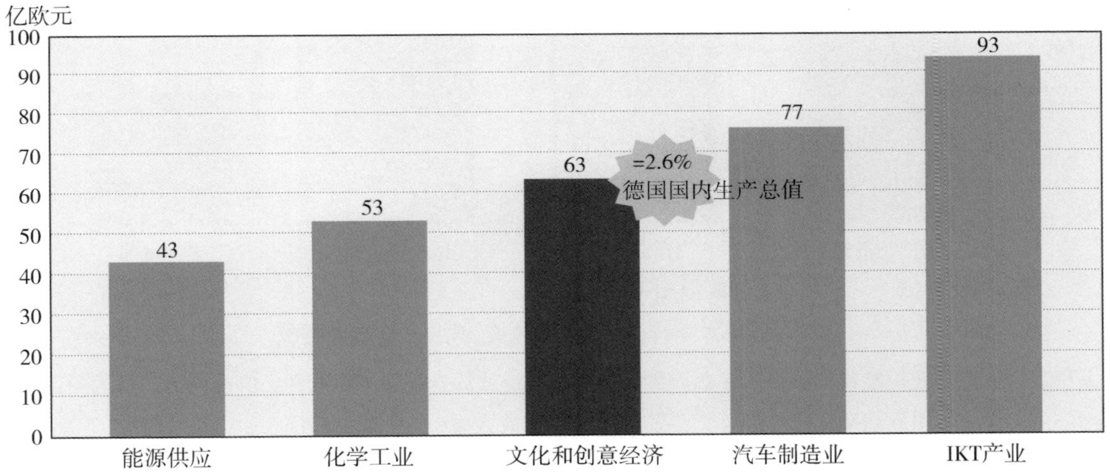

图2-2　2007年在毛附加价值方面，文化/创意产业与其他行业的对比

说明：基于联邦统计局国民经济总体核算对于文化和创意经济的统计。

来源：《德国2009年文化和创意经济》。

2.3　就　　业

前些年到2008年相对良好的经济成果表明，文化/创意产业能够创造新的就业岗位。2009年就业人数增长的并不是很多，但是与上一年相比还是增长了1.8%，达到了102 350人的新高。文化/创意产业从业者在所有的就业人数中占了3.3%。

这个良性趋势既是通过独立数量稳定的增长实现的，也是通过文化/创意产业内就业市场惊人的拓展达到的。独立数量从几年前开始平均持续增长2%到3%，固定雇员在2000年到2003年有明显减少，到2005年一直停滞不前，从那时起每年都有1%到3%的增长。

固定雇员数量的增长是让人意外的，因为这里仅统计了享受社会保险的雇员数量，包括全职和非全职雇员，但不包括临时就业或其他类型的兼职。有社会保险的工作岗位在文化/创意产业中常年被当做稳定存在的岗位，即使非全职一周也需要工作20小时甚至更多。总的来说，这种工作类型从多年前开始持续减少，并且被灵活岗位和以项目为导向的工作岗位，或者是被增长的自由职业给取代了。

文化/创意产业就业增长的一个表现是自由职业者的数量稳定增长，这主要和单人企业有关。

总的来说，文化/创意产业中超过100万的从业者来自可通过统计数据验证的核心部门。独立从业者和自由工作者中年营业额达到17 500欧元以上者在税务部门也有统计记录。根据联邦就业办公室的统计，对于享受社会保险的固定从业者，联邦就业局每季度会进行全面统计。就这点而言，为使文化/创意产业和传统行业相比能再次占有一席之地，就业是一个核心要素。

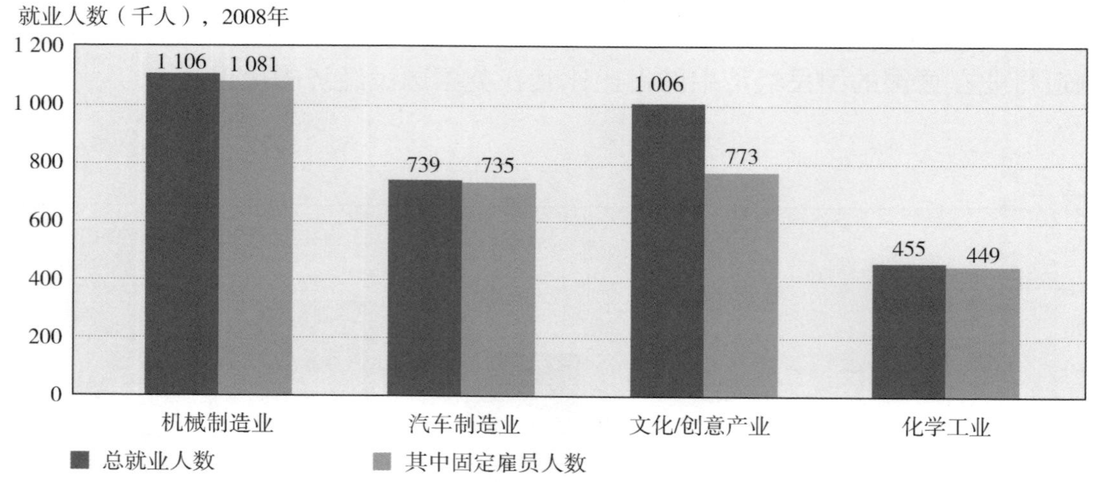

图 2-3　2008 年行业对比中的文化/创意产业就业情况

说明：就业人数包括根据营业税统计的独立从业者人数和根据就业统计的有社保的从业者，但不包括临时从业者。

来源：营业额纳税统计，德国联邦统计局(2010)；就业统计，联邦就业促进办公室(2010)。

和重要的德国经济部门相比，2008 年文化/创意产业有 1 006 000 个从业者(2008 年数据)，排在机械制造业(1 106 000 个从业者)之后，在被调查的行业中排第二。在直接的企业固定雇员(有社会保险的工作岗位)的数据对比中，文化/创意产业占据中间位置并且有 773 000 个相关从业者(2008 年数据)。几乎和汽车制造业一样，汽车制造业在 2008 年有 735 000 个企业固定雇员者。化学工业有大约 449 000 名企业固定雇员，实际数目比文化/创意产业少很多。

总的来说，通过这个对比很明显能看到，传统行业的就业市场几乎受到企业固定雇员数量的影响——他们通常在少数大中型企业工作。相反，文化/创意产业中的差距证实了独立从业者在产业中的高比重，在 2008 年大约有 233 000 人。因此，在统计数据中，每个文化/创意产业公司平均只有 4.3 个雇员。文化/创意产业主要通过微型企业影响经济领域。

从文化/创意产业的核心部门看，存在大量临时就业或临时劳务情况。根据联邦就业办公室的统计数据和联邦统计局的微型人口调查能够得到以下的数据：

2008 年文化/创意产业中大约有 299 000 个所谓的临时从业者。这里仅包括临时就业或兼职工作者。

另外存在大量的自由职业者和其他以项目为依托的工作者，他们在微型人口调查中占很小的比重并且包含在文化/创意产业里面。据此，在 2008 年，文化/创意产业中至少有大约 160 000 个自由职位或者工作者以副业形式从事相关的工作，且年营业额不到 17 500 欧元。

	文化/创意产业		整体经济	
	数量	比重	数量	比重
核心部门				
Ⅰ. 就业人数				
自由职业和独立从业者[1](年营业额 17 500 欧元以上)	232 770	16	3 186 878	8
企业固定雇员(有社会保险)	772 762	53	27 457 715	71
不包括临时就业的就业人数[2]	1 005 532	69	30 644 593	79

续表

	文化/创意产业		整体经济	
	数量	比重	数量	比重
补充				
Ⅱ. 临时从业者[3]	299 686	20	7 062 236	18
附加				
Ⅲ. 微普查统计的临时工作者[4]	160 000	11	1 027 171	3
Ⅰ. Ⅲ. 合计	1 465 219	100	38 734 000	100

图 2-4　2008 年在劳动者结构方面，文化/创意产业和整体经济的对比

说明：[1] 来自营业税统计的报告。此外 2008 年大约 159 500 名独立艺术家在艺术家社会保险机构进行了登记。

[2] 来自从业者统计的报告。

[3] 来自临时从业者和兼职者的报告。

[4] 来自微观人口普查的报告，年营业额低于 17 500 欧元的独立从业者。

来源：营业税统计，微观人口普查，德国统计局(2010)，米夏埃尔·松德尔曼/文化产业研究办公室的独立核算。

总体而言，从不同来源的统计数据可以确定 2008 年整个行业的总体就业人数为 147 万人。

将文化/创意产业从业人员和国民经济整体从业人员结构进行比较，发现如下差异：

在文化/创意产业的核心领域中，约 16%(232 770 人)为固定独立从业者。如果再算上临时独立工作者，根据微普查统计文化/创意产业中这类人数至少约 12%(160 000 人)，总计文化/创意产业中的独立从业者比例达到 27%。

作为对比，国民经济整体的结构比例如下：在具有可比性的核心领域中，约 8%(3 190 000 人)为固定独立从业者。此外根据微普查统计，另有 3%(1 030 000 人)从事临时独立工作。总计在国民经济整体中约 11%为独立从业者。文化/创意产业中独立从业者比例几乎为国民经济整体的 3 倍。

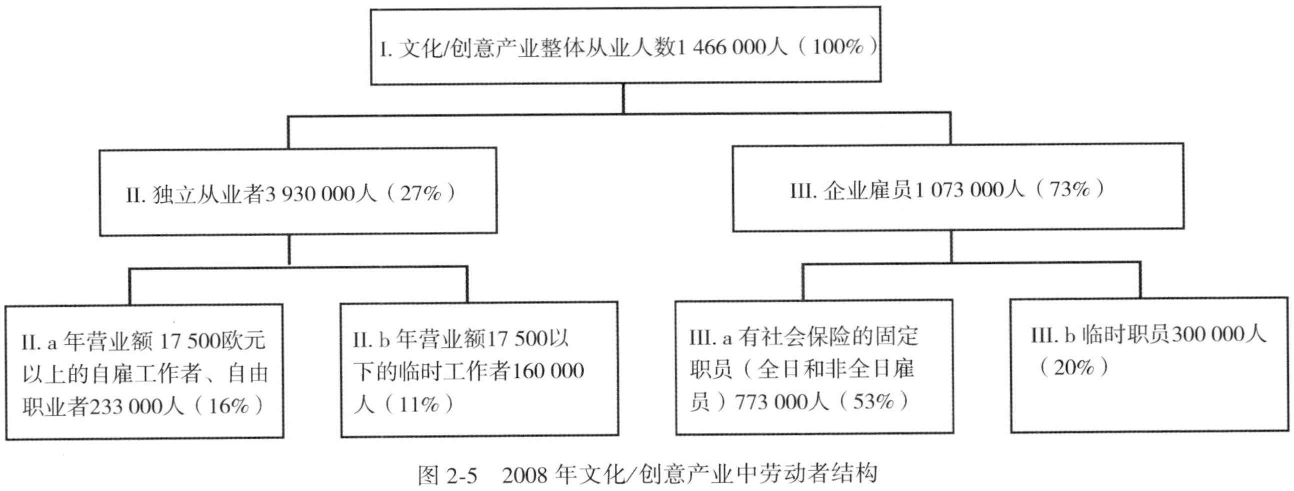

图 2-5　2008 年文化/创意产业中劳动者结构

在企业雇员方面，文化/创意产业中享有社会保险的雇员比例约占 53%(772 762 人)，而相应地在国民经济整体中的比例为 71%(27 460 000 人)。因此拥有所谓稳定工作岗位的就业人数在国民经济整体中明显比例更高。

临时雇员群体的比较情况则相反：在文化/创意产业中约 20%(299 686 人)为临时雇员，相比之下此类群体在国民经济整体中的比例为 18%(7 060 000 人)。因此在临时雇员比例上，文化/创意产业略

高于国民经济整体。

文化/创意产业的总体就业情况，包括核心领域的固定就业和临时性的岗位与工作，相对于国民经济整体而言，表现出预料中的碎片化特征。在目前通过统计得以确认的数据之外，还存在其他不同种类的就业形式，然而这些部分还无法进行统计估算。

当前研究过程中，为了对文化/创意产业的11个子市场的经济活动和就业情况形成整体的认识和比较，分析以文化/创意产业的核心领域为基础展开。其中既包括II. a组中年收入17 500欧元以上的独立从业者，也包括III. a组中享有社会保险的固定职员(全日和非全日雇员)。

2.4 出　　口

前言：用于确定文化/创意产业出口数据的统计记录仍然仅基于极其有限的一项记录。因此迫切需要将文化/创意产业作为独立的经济部门对待。

尽管信息数据有限，这里仍然以营业税统计数据为基础展示了文化/创意产业的出口状况。

之后，文化/创意产业在2008年创造了1 327亿欧元的总营业额和与出口相关的52亿欧元的营业额。这在出口份额中占4%。

那些有高比重物理产品的经济部门和环节都有较高的出口比重。在有两位数出口份额的顶尖乐器产品行业中，出口份额占43%，之后是音像产业，包括音乐出版，出口份额占24%。

排在第三和第四的是工业设计行业(12%的出口份额)，同样还有书籍出版以及音乐商行，各占10%。

在这个排名的末端是杂志出版、建筑机构、放送市场和新闻机构，它们每一个都只有1%的份额，只要营业税入统计数据能够展示真实的情况，即可表明他们在海外市场能够吸引客户。

总体的数据基础有限，文化/创意产业的出口份额在很多经济环节中只有微不足道的作用，因为文化/创意产业在很大程度上受到微型企业的影响，它们通常在地方范围或者最多跨区域，只在德国境内有效。跨区域的服务业对于企业来说意味着过多的开支，很多微型企业到目前为止不能或者不愿盈利。

德国文化/创意产业的对外贸易——与经济合作与发展组织(OECD)国家的比较

联合国贸易和发展会议(UNCTAD)2008年创意经济研究的比较当下还不能实现，因为2010年的报告到截稿为止还没有出版。它将在2010年11月与联合国贸易和发展会议2010年创意经济带的当前新发现的出版一起被考量。

产业部门和分支	总营业额(百万欧)	提前扣除税收的营业额(百万欧)	出口份额[1]
图书出口	11 211	1 068	10%
报纸出口	8 873	47	1%
杂志出口	12 271	600	5%
载声体和音乐资料的出口	1 806	425	24%

续表

产业部门和分支	总营业额(百万欧)	提前扣除税收的营业额(百万欧)	出口份额(1)
乐器生产	701	304	43%
乐器和音乐资料零售	1 044	100	10%
图书和专业杂志零售	3 962	89	2%
软件园区	29 545	1 451	5%
房屋建筑和内部建筑的建筑公司	6 736	94	1%
地方规划的运输公司	762	21	3%
花园和地方造型建筑公司	504	5	1%
工业设计公司	761	93	12%
广告	27 188	423	2%
布料、家具、首饰和设计	1 732	78	5%
电视和视频制作、出租、销售，电影院	6 436	121	2%
广播、主办、电视节目	8 778	45	1%
其他文化和娱乐业	7 533	198	3%
通讯社、报社、私人记者	2 066	12	1%
图书馆档案、动植物园	771	65	8%
文化/创意产业	132 680	5 238	4%

图 2-6　2008 年文化/创意产业的出口总营业额和出口比例根据统计数据分组

说明：(1) 出口比重：带税营业额在总产业中的比重，不包含艺术贸易。

来源：营业税统计，德国统计局(2010)，米夏埃尔·松德尔曼/文化产业研究办公室的独立核算。

2.5　企业类型

文化/创意产业通过一个内部划分法来区分不同类型的企业。这个内部划分按照理想的方式分为三个不同的企业类型：

· 微型企业/自由职业者

· 中小型企业

· 大型企业

在实际质量分析中，有不同大小的企业作为研究对象。官方根据文化/创意产业提供的基础数据能够以营业额多少划分 13 个不同的类别。这个最大可能的类别结构适用于欧盟委员会制定的企业类型概念。

四个企业类型根据欧盟定义被区别开来(见图 2-7)。

微型企业：10 人以下，营业额最多 200 万欧元或者结算总额最多 200 万欧元

小型企业：50 人以下，营业额最多 1 000 万欧元或者结算总额最多 1 000 万欧元

中型企业：250 人以下，营业额最多 5 000 万欧元或者结算总额最多 4 300 万欧元

大型企业：250 人以上，营业额大于 5 400 万欧元或者结算总额大于 4 300 万欧元

图 2-7　欧盟官方定义的企业类型

来源：欧盟委员会(2003)：《中小型企业定义参考意见》(2003/361/欧洲共同体)。

以营业额规模为标准划分的企业类型

欧盟定义的内部划分模型中有 4 个不同的企业类型，欧盟分类中未涉及中小型企业。2008 年文化/创意产业整体结构主要有 4 个大类别，如图 2-8 所示。

企业类型	企业数量	企业数所占比重	营业额(百万欧)	营业额所占比重	企业平均营业额(千欧)
微型企业	225 868	97%	36 382	26.7%	161
小型企业	5 336	2%	21 878	16.1%	4 100
中型企业	1 083	0.5%	22 293	16.4%	20 581
大型企业	292	0.1%	55 649	40.9%	190 777
所有企业类型	232 578	100%	136 201	100.0%	586

图 2-8　2008 年根据营业额大小划分的文化/创意产业

来源：营业税统计，德国统计局(2010)，米夏埃尔·松德尔曼/文化产业研究办公室的独立核算。

大约有 225 000 家企业是微型企业并且占整体经济的 97%。小型企业大约 5 300 个。大中型企业占 1%，它们总共有 1 375 家。

2008 年大型企业的营业额总数以 41% 的比重在文化/创意产业中排第一，之后是微型企业，以 27% 的比重排第二。中小型企业分别占总体营业额的 16%。

以行业类别为标准的企业类型分布

除了广播产业(其中 82% 的营业额是由大型企业创造的)这个子市场以外，只有出版市场营业额的 64% 是由大型企业创造的，高于平均水平。在电影产业以及广告市场中，大型企业以 38% 和 39% 的比重扮演相对重要的角色。

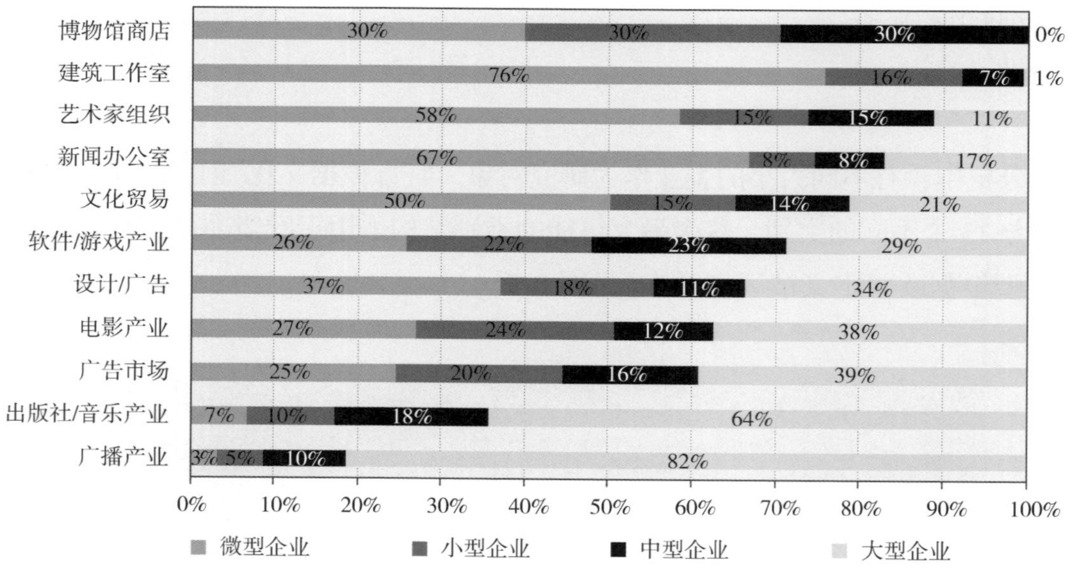

图 2-9　2008 年文化/创意产业 11 个子市场的企业分类

说明：年均营业额大于等于 17 500 欧元的企业。

来源：德国统计局(2010)，米夏埃尔·松德尔曼/文化产业研究办公室的独立核算。

在所有剩下的 7 个子市场中，微型企业的比重从 26%(软件/游戏产业)到 76%(建筑业)，在营业额中占最大的比重。有趣的是，部分软件/游戏产业在营业额比重上展现出了惊人的一致，每四分之一的营业额由四个不同的企业类型承担。

总的来说，从 11 个子市场的企业营业额结构分布来看，文化/创意产业在更广泛的组成部分上受到微型企业和自由职业者经济的影响。

2.6 文化/创意产业与汽车制造业的对比

文化/创意产业与汽车制造业的对比表明，不同的企业类型对于相同的经济环节起到不同的作用。

在文化/创意产业中，微型和小型企业一起承担了 43%的营业额。在汽车制造业，微型和小型企业的营业额仅占 1%，几乎不起任何实际作用。从经济角度看，中型企业在汽车制造业中起到一个相似的微不足道的作用。它只占总体营业额的 2%。在文化/创意产业中可以看到，中型企业以 16%的营业额起到一个相对重要的作用。

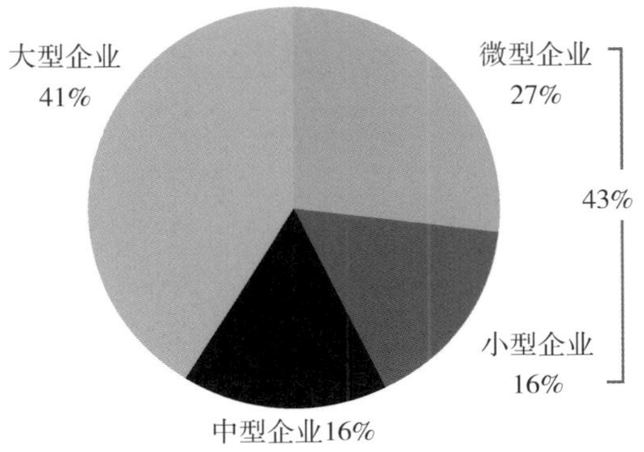

图 2-10 2008 年文化/创意产业营业额划分

说明：年均营业额大于等于 17 500 欧元的企业。

来源：德国统计局(2010)，米夏埃尔·松德尔曼/文化产业研究办公室的独立核算。

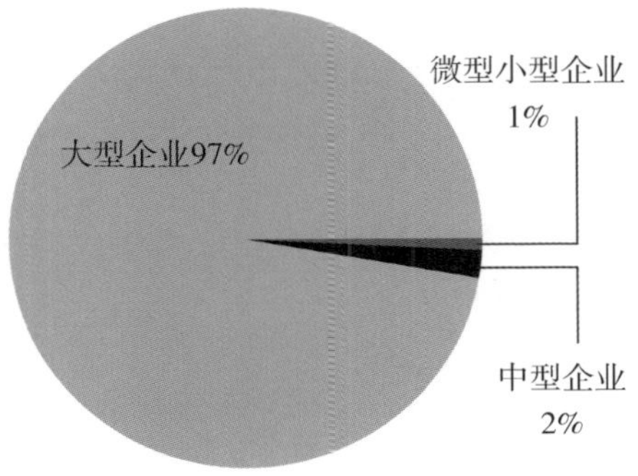

图 2-11 2008 年汽车制造业营业额划分

说明：年均营业额大于等于 17 500 欧元的企业。

来源：年德国统计局(2010)，米夏埃尔·松德尔曼/文化产业研究办公室的独立核算。

大型企业在汽车制造业中重要的意义通过其 97%的比重显而易见。文化/创意产业的大型企业占 41%的份额，不到一半。

这种直接和传统行业的对比展现了微型企业在文化/创意产业与汽车制造业中重要性的不同。

大型企业在传统制造业环节中具有举足轻重的地位，而文化/创意产业中的大型企业并不具有这样的地位。

总体而言，把目光从有社会责任的企业放到许多小企业上，对于文化/创意产业整体的发展来说是绝对有必要的。经济繁荣在文化/创意产业的不同子市场中发生，到目前为止，靠定量实践方法只能基本明确是哪个子市场。对文化/创意产业不同企业类型的认识越精确，那么“创造性行为”的价值制造效应就越强。

2.7 题外话：文化/创意产业中的女性比重

尽管文化/创意产业的研究任务到目前为止没有涉及女性在文化/创意产业中的地位，但在这个问题上应该有一个粗浅的了解并且以此指向更深入的评价。

女性对于文化/创意产业就业的贡献超出了一般水平。在2008年整体就业市场中，文化/创意产业内的女性从业者占53%。在整体经济中女性的比重是43%。

	女性比重	
	独立从业者中女性的比例	企业雇员中女性的比例
出版社行业	43%	56%
文化产品贸易	41%	69%
软件/游戏产业	—	24%
广告市场	34%	56%
电影产业	—	50%
广播产业	—	51%
艺术和其他产业	41%	45%
新闻办公室等	40%	50%
博物馆商店等	—	68%
文化/创意产业	—	57%
和整体经济对比	31%	56%

图 2-12　2008 年文化/创意产业中根据统计组划分的各子市场中的女性比重

说明：不包含建筑和设计产业，没有现成的报告。

来源：营业税统计，德国统计局(2010)，米夏埃尔·松德尔曼/文化产业研究办公室的独立核算。

到目前为止，自由职业者所占份额超出了平均水平。通过文化/创意产业中女性比重的插图可以看到，女性从业者在文化/创意产业中超过男性成为多数。只有软件/游戏产业到目前为止只有四分之一的从业者是女性。通过和国民经济的比较可以明显看到，女性的比重在国民经济中低于在文化/创意产业中的比重，甚至连一半还不到。

在文化/创意产业中，独立从业者部门中的女性占40%到44%。这个比重是相对较高的。因为和国民经济相比，那里独立从业者中的女性只有31%。

这里所有出现的数据和计算以2008年微观人口普查的结果为基础。

女性独立从业者在文化/创意产业中的比重通过艺术职业的发展被证实。根据艺术社会阶层的报告，从事自由职业的女性艺术家在2000年到2010年上升了78%，与此同时男性在同期的比重只增长了39%。

根据报告，2010年大约有43 800个女性艺术家，而男艺术家的数量是63 400。2010年有77 800名女性和87 900名男性活跃在文化/创意产业中。一共有大约165 600名艺术家以文化/创意产业为业。这代表了女性的比重是47%。

总的来说，可以从不多的数据中看到，文化/创意产业是女性的一个越来越重要的就业市场。在下一章中有文化/创意产业 11 个子市场的细节表述。

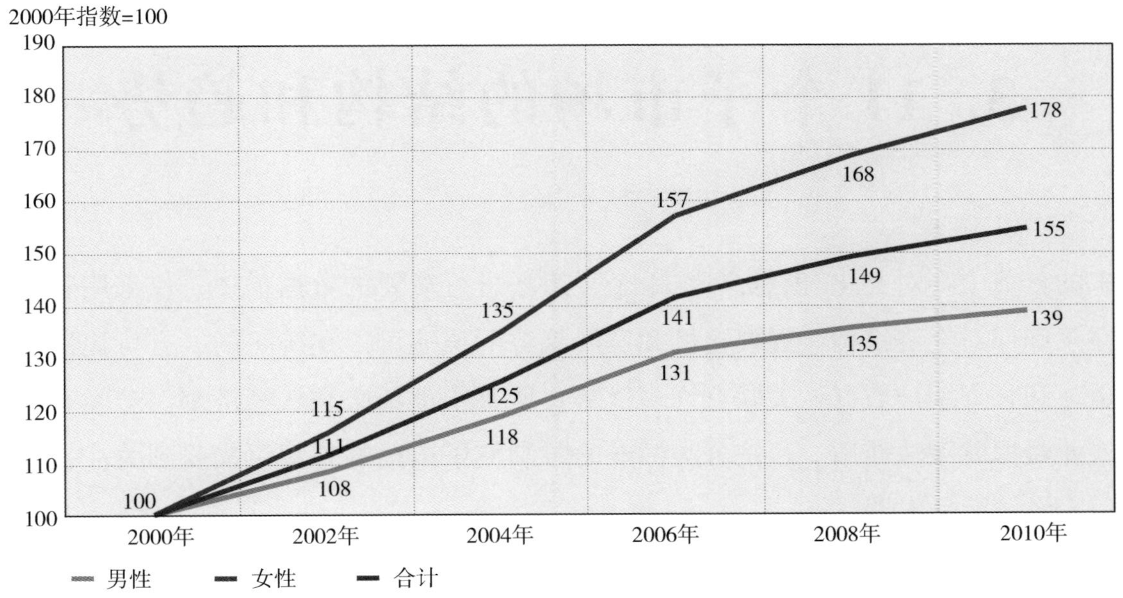

图 2-13　2000—2010 年自由职业艺术家的发展

来源：2010 年艺术家社会保险报告，米夏埃尔·松德尔曼/文化产业研究办公室的独立核算。

3. 11 个子市场的结构和趋势

在接下来的章节中将对文化/创意产业 11 个子市场进行简要的数据描述。仅采用官方统计的相关数据的目的在于确保对经济结构、规模比例和发展趋势的描述可以在统一的、有可比性的基础上进行定证定量分析。和官方统计数据相关联有许多优势：所有子市场必须按经济部门分类来界定，否则官方的经济和就业数据就无法使用。经济分类标准的限制使子市场的理解更加受到关注，即使经济分类体系长期滞后于经济活动发展。

所有子市场的经济活动都在相似的实证数据基础上进行跨行业研究，不同经济活动，例如建筑事务所、画廊、电影工作室或设计工作室的活动都将按相同的经济参考值进行记录和描述。

因为官方数据原则上是可以公开获取的并且至少每年更新，任何研究机构都可以获取并处理这些数据。

接下来将通过各自的经济部门以及 4 个规模类型企业、营业额、就业人数来概括 11 个子市场。每一个子市场的特征通过营业额数量来描述。最后对每一个子市场的发展趋势进行展示。

3.1 音乐产业

音乐产业中包含个体作为首创者的艺术家/文化职业(作曲家、文本作家、制作人/音乐导演)和其他音乐家(表演者)，以及各类盈利性质的歌舞团体。此外，还存在大量其他音乐职业，比如舞台艺术家或者音乐老师。

音像制品出版社被归入制作和传播音乐的企业，一般还有音乐出版、音乐领域交易、戏剧/音乐会举办人、音乐会导演和工作室、商业音乐剧制作、音乐布景和音乐节。这些通常属于听起来有些过时的“戏剧或歌剧企业”经济环节。“其他文化企业的辅助工作”这一经济环节涵盖了舞台技术的工作和预售服务。

音乐产业在很多情况下和表演艺术联系在一起。这样许多经济环节既有音乐类别也有表演艺术类别。此外，音乐剧和音乐会企业在很大程度上和非盈利性的音乐企业联系在一起，比如公开集资的歌剧院或者公开核算的、有互补的紧密交流关系的无线电台。然而，最开始在媒体和公众眼中，音乐经济被等同于唱片行业或者音乐行业部门。这个部门和音像视觉产业、数码经济或者互联网经济有密切的经济联系。

表 3-1　音乐产业的核心经济部门

经济部门编号	经济部门
92. 31. 5	独立音乐家等
92. 31. 2	音乐和舞蹈剧团
22. 14. 0	载声体/音乐出版社
92. 32. 1	* 剧院/音乐会举办者
92. 32. 2	* 戏剧、歌剧、音乐厅企业
92. 32. 5	* 艺术企业的其他辅助产业
52. 45. 3	乐器和音乐资料零售业

说明：* 也属于其他子市场。

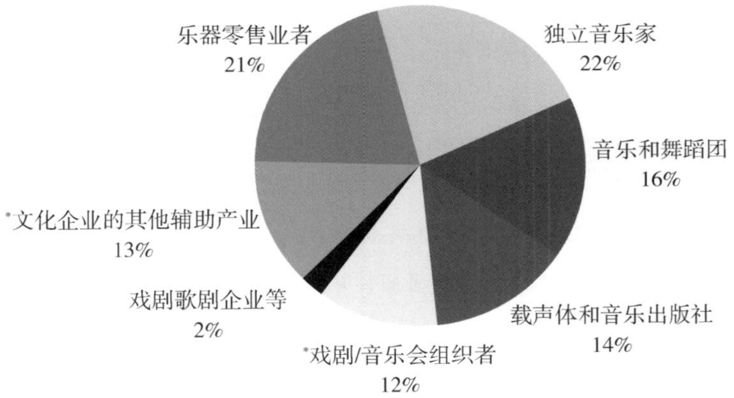

图 3-1　2008 年音乐产业中根据经济部门划分的自雇型企业和一般企业

说明：* 也属于其他子市场。

来源：德国统计局(2010)，米夏埃尔 · 松德尔曼/文化产业研究办公室的独立核算。

主要数据

根据先前的报告，音乐产业在 2009 年总共有 36 300 名从业者，占文化/创意产业雇员的 3. 1%。音乐产业中有社会保险的岗位有 25 200 个。最重要的经济部门是音乐和舞蹈剧团、戏剧/音乐会组织者、音乐零售和音像制品/音乐出版社，从吸引就业能力来衡量，每个环节占 15%到 20%。

2009 年音乐产业创造了约 55 亿欧元的营业额。这相当于文化/创意产业总体营业额的 3. 7%。最重要的经济环节是音像制品/音乐出版社，大约以 18 亿欧元占整体营业额的三分之一。音乐会组织者和音乐零售以占文化/创意产业市场份额的 19%和 25%排在之后。

在音乐产业中，自雇型企业和应税企业在 2009 年一共有 11 000 家，占文化/创意产业所有企业数的 3. 8%。其中大约有 4 200 家(占 38%)是独立音乐工作者，在音乐产业中所占比重最多。剩下的 6 900 家企业为音乐公司，它们广泛地分布在音乐部门中，音乐布景、商业音乐剧制作公司除外，这类公司以 271 家企业的数量在音乐产业中占 2%。

企业类型

涉及 2008 年的结构数据，根据企业类型划分的营业额规模如下。

大约 3 700 家企业即 95%的微型企业创造了总营业额的 25%。

大约 275 家中小型企业凭借 5%的比重在总营业额中占 15%到 16%，与此同时少数大型企业，12 家占总营业额比重的 43%。

大型企业的年平均营业额为 12 700 万欧元，与此同时微型企业年平均营业额可以达到 240 000 欧元。

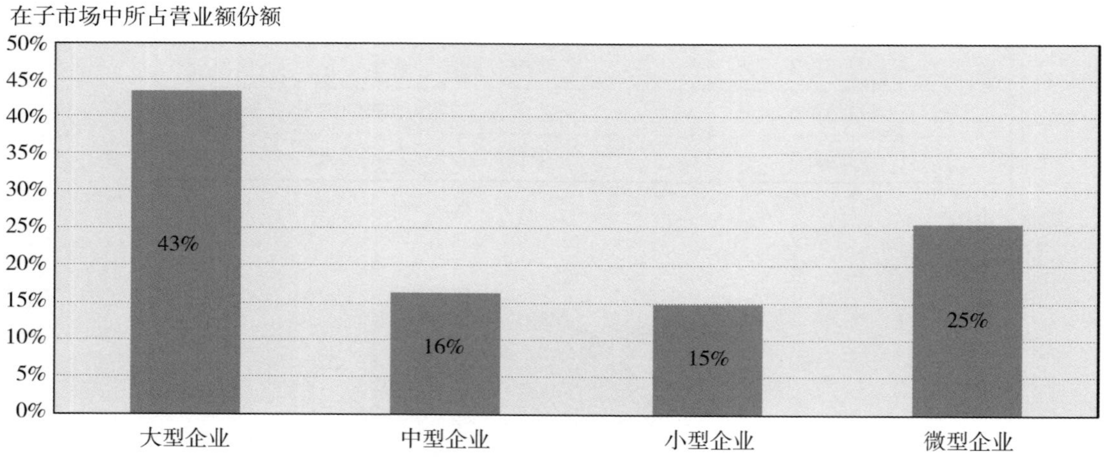

图 3-2　2008 年音乐产业中根据企业类型划分的营业额规模

说明：选择载声体出版社、戏剧/音乐全组织者、音乐资料零售等。

来源：德国统计局(2010)，米夏埃尔·松德尔曼/文化产业研究办公室的独立核算。

发展

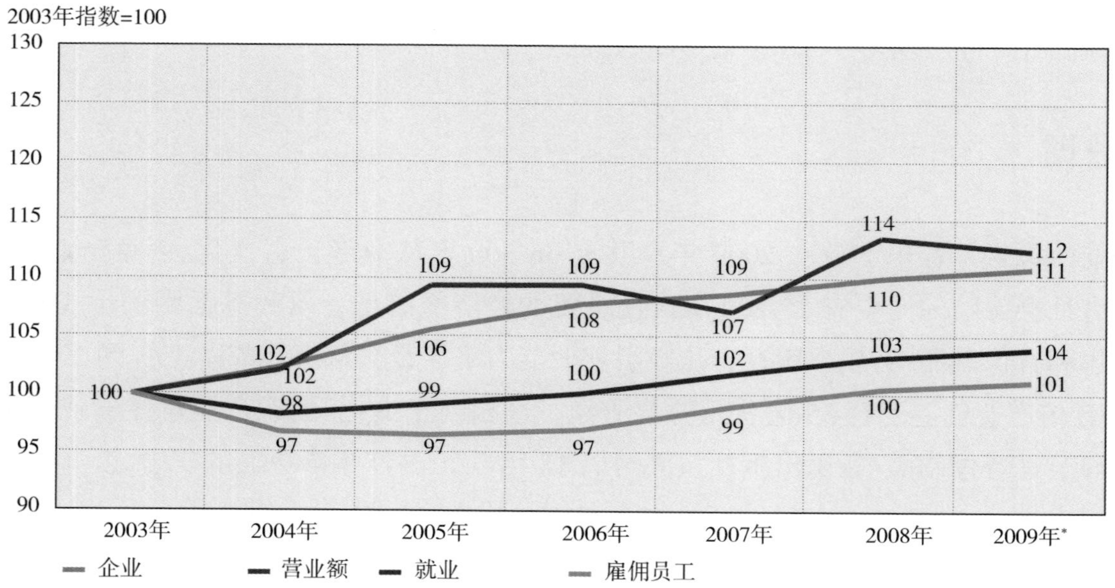

图 3-3　2003—2009 年音乐产业的发展

*估算值。

说明：就业(独立从业者和企业雇员)，雇佣员工(只含有社保的企业雇员)。

来源：德国统计局(2010)，米夏埃尔·松德尔曼/文化产业研究办公室的独立核算，联邦就业促进办公室(2010)。

图 3-3 展示了企业稳定的增长曲线，从 2003 年起到 2009 年持续增长了 11%。这个发展不包括文化/创意产业特殊的市场部分，很少受到个体音乐职业的影响，而是更多受到日益增长的小型音

像制品公司和小型音乐出版社的影响。小型音乐出版社平均每年增长 3%到 5%。同样，戏剧/音乐会组织者的数量每年增长 3%。最大增长来自所谓的特殊辅助工作(舞台技术工作、售票)，它们平均每年有超过 7%的增长。在 2003 年到 2009 年的时间里，这些特殊辅助工作企业实现了惊人的 52%的增长率。

在少数缩水的经济环节中，有音乐零售业比如音乐/舞蹈剧团，它们的数量在 2003 年下降了 5%到 9%。

这个音乐产业营业额数量的发展曲线表明，2003 年到 2005 年这段转变的进程中实现了 9%的上升。该发展趋势掩盖了不同经济领域各自的发展情况。在营业额发展过程中，音像制品和音乐出版社营业额持续变化(也有可能是贸易机关的统计变化导致的)，戏剧/音乐会组织者、特殊的辅助工作企业，以及音乐零售业在 2008 年的营业额持续增加。在经济危机年 2009 年，戏剧/音乐会组织者的营业额首次下降了。这是因为音像制品和音乐出版营业额在整体子市场中占了大约 60%，尽管其他音乐部门都有正面发展，京剧音乐的整体营业额依然不景气。2009 年的营业额和 2008 年相北下降了 1%。

对音乐产业就业市场最重要的经济环节是音乐和舞蹈剧团。2009 年，仅这个经济环节的从业者能够超过 7 200 人。然而音乐和舞蹈剧团还远远没有达到 2003 年的最高值。戏剧和音乐会组织者的6 600 人和音乐零售业的 6 100 人(2009 年)在 2005 年期间的缩减之后再次增长，音乐产业中的就业总数从 2004 年起恢复增长，2009 年数据与 2003 年水平相比增长了 4%。

总的来说，音乐产业受到多个不同的经济部门比如音像制品/音乐出版社戏剧/音乐会组织者或者音乐零售业的影响。尤其是音乐零售业，它作为乐器和音乐作品的专业销售者，在全国各地区广泛存在，保持着经济发展的强劲势头。此外，数码科技和互联网经济的快速传播是未来音乐产业整体结构的重要支撑力量。另外也要考虑到公开和交互媒体的音乐企业。

最后的说明：有关子市场的经济和就业状况的进一步研究，请参考以下协会和其他来源(可供选择)。

表 3-2　音乐产业的联合会和其他来源

德国作曲家联合会：www. komponistenverband. de
媒体音乐联合会：www. mediamusic-ev. de
CC 作曲家俱乐部联合会：www. composers-club. de
德国摇滚和流行音乐联合会：www. drmv. de
德国音乐出版社联合会：www. dmv-online. com
德国音乐产业联合会：www. musikindustrie. de
独立音乐产业联合会：www. vut-online. de/cms/
德国音乐会导演联合会：www. vdkd. de
联邦活动产业联合会：www. idkv. com
德国音乐专业商业联合会：gdm-online. com/
德国音乐家联合会：www. musikrat. de
德国音乐信息中心，音乐产业主题入口：www. miz. org/artikel_themenportale_vorbemerkungen_tpmwmusikwirtschaft. html

题外话——音乐乐器生产

作为对于核心经济环节音乐产业的补充，在这个小节中引入经济环节音乐乐器生产。根据 2008 年经济环节的划分，在 2011 年的报告中，音乐乐器将被划为音乐产业的核心部门。

音乐乐器制作这个概念，包括了不同种类的乐器生产。主要有以下种类：小提琴制作者、手工琴弦制作者、木管乐器制作者、钢琴和羽管钢琴制作者、铜管乐器制作者、管风琴和竖琴制作者、弓制作者和弹拨乐器制作者。在“乐器制造”这一经济环节中既包含了手工企业也包含了乐器制造企业。因此电子乐器的制作和/或者部分乐器的耳机制造业也包含在这个经济领域中。

结构数据

根据 2009 年临时报告，德国一共有 6 734 人从事乐器制造。其中包含了有社会保险的岗位，此岗位人数为 5 500 人，在乐器制造业中占很大的份额。此外，在该经济领域至少有 1 250 名临时从业者或兼职工作者。乐器制造者、手工业和产业企业的数量在 2009 年大约达到了 1 300 家。根据加工行业的每月报告(联邦统计局)，有 50 家独立企业，每家有超过 50 名雇员。

2009 年乐器制造业创造了大约 6. 03 亿欧元的营业额。基于 2008 年的数据，93%的微型企业以 2. 35 亿欧元的营业额在整体乐器制造业中占 31%。6%的小企业总共创造了总体营业额的 26%。13 家大中型企业(1%)创造了 3. 26 亿欧元的最大营业额，占总营业额的 43%。

表 3-3　2003—2009 年乐器生产情况

年份	自雇型企业和一般企业	营业额(百万欧)	就业	雇佣员工
2003	1 177	556. 6	8 016	6 839
2006	1 195	703. 8	7 620	6 425
2007	1 208	674. 4	7 567	6 359
2008	1 267	701. 2	7 414	6 147
2009	1 267*	603. 0*	6 734	5 467

说明：就业(独立从业者和企业雇员)，雇佣员工(只含有社保的企业雇员)，结算基于 2010 年编辑的行业每月报告。

来源：营业税统计，德国统计局(2010)；联邦就业办公室(2010)；米夏埃尔·松德尔曼/文化产业研究办公室的独立核算。

与经济和就业有关的乐器制造业在经济危机年 2009 年承受了巨大的损失。营业额和 2000 年相比估计减少了 14%，就业市场同样也要承担超过 9%的缩水。这个首先是由就业市场的裁员引起的，它在同一时间下降了约 11%。2003 年到 2009 年这段时间，尽管中间年份有所变动，但营业额仍保持了 8. 3%的增长。但是这个不能用于就业市场。如表中的比较数据所示，这些数字多年来一直在稳步下降，2006 年到 2009 年期间下降了 16%到 20%。

3.2 图书市场

图书市场内包括了独立作家。此外还有数量不断增长的独立工作的记者，根据艺术家社会保险机构的定义，他们同样也属于所谓的文字工作者。图书出版社、中间商、个体零售和文学工作室被包含在制作和发行企业内。

图书市场的特别之处在于，它一直同印刷和媒体市场无关，而是作为一个独立的市场部分存在。图书出版社和书店甚至还有一个很大的市场特征，这也在行业独立专业联合会德国书店注册协会的证券联合会上被强调了。此外，下面关于子市场的表述中，作家作为独立的图书市场活动者被提到，因为没有他们的付出，不可能有图书市场存在。

表3-4　图书市场的核心经济部门

经济部门编号	经济部门
92.31.6	独立作家
22.11.1	图书出版社
52.47.2	图书零售业

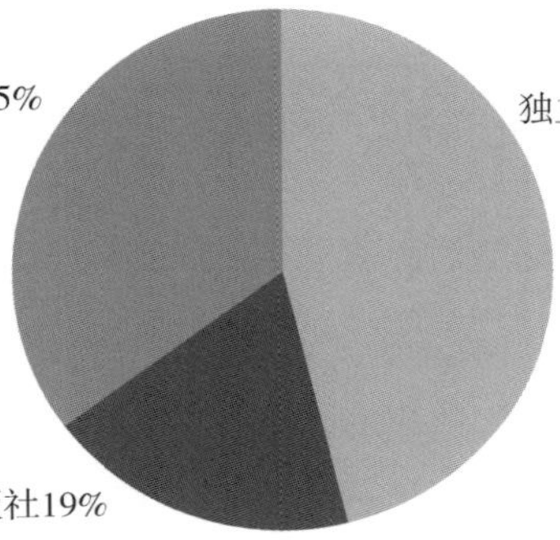

图3-4　2008年图书市场中根据经济部门划分的自雇型企业和一般企业

来源：德国统计局(2010)，米夏埃尔·松德尔曼/文化产业研究办公室的独立核算。

主要数据

根据临时报告，2009年文化/创意产业中有74 600人活跃在图书市场，有占全产业人数6.4%的从业者。其中包含了有社会保险的职位，它凭借60 600人的数量在图书市场中占一个很高的比重。从工作职位上衡量图书出版社，它有37 500名从业者(占50%)，比有30 200人(占41%)的图书零售业重要一些。独立作家大约有6 900人(占9%)。

2009年图书市场创造了大约148亿欧元的营业总额。这相当于文化/创意产业整体营业额的10%。最重要的经济领域是图书出版，它以104亿欧元占了总营业额的三分之二。图书零售业创造了26%，独立作家创造了3%的图书市场营业额。

企业类型

涉及 2008 年的结构数据，根据企业类型划分的营业额行业规模如下所示。

将近 7 500 人即占比 93%的微型企业创造了行业营业额总额的 16%。

大约 500 家中小型企业以 7%的企业数量创造了行业营业总额的 28%，与此同时少数的 34 家大型企业创造了行业营业总额的 56%。

大型企业的平均营业额每年达 2. 28 亿欧元，与此同时微型企业每年创造 32 万欧元的营业额。

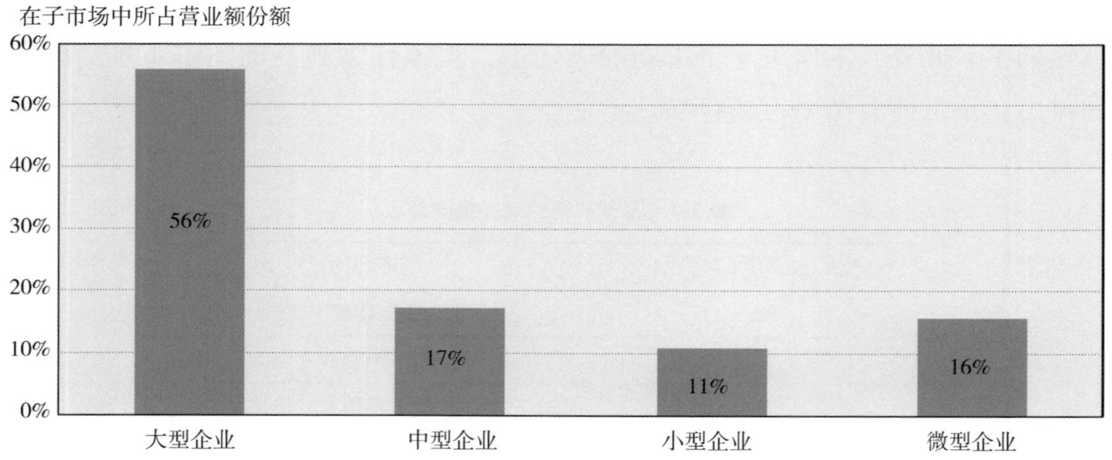

图 3-5　2008 年图书市场根据企业类型划分的营业额规模

说明：有选择的图书市场，不包含独立作家。

来源：德国统计局(2010)，联邦就业促进局(2010)，米夏埃尔・松德尔曼/文化产业研究办公室的独立核算。

发展

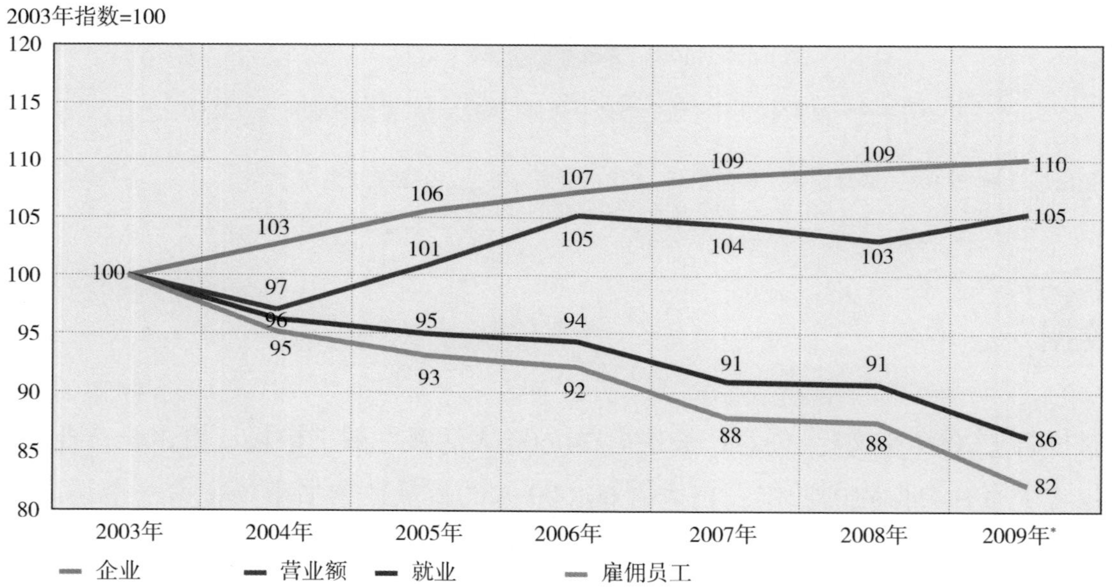

图 3-6　2003—2009 年图书市场的发展

* 估算值。

说明：就业(独立从业者和企业雇员)，雇佣员工(只含有社保的企业雇员)，结算基于 2010 年编辑的行业每月报告。

来源：德国统计局(2010)，联邦就业促进局(2010)，米夏埃尔・松德尔曼/文化产业研究办公室的独立核算。

图 3-6 展示了企业稳定的增长曲线，从 2003 年起持续增长并且到 2009 年增长了 10%。这个发展尤其受到独立作家的影响，他们以每年约 4.5%的增长率涌向市场。经历了 2006 年之前的略微增长后，图书出版商的数量增长再次停滞不前。从 2006 年起要么是零增长值，要么是在接下来的几年 2%的负增长率。同样，图书零售业的情况也不容乐观。书店数量平均每年大约减少 1%。

图书市场营业额总量的发展曲线在到 2004 年的下降之后开始持续上升，到 2006 年增长了 5%，接下来直到 2009 年保持了 5%的营业额增长或者不到一点。令人失望的是，图书市场是上一个经济危机年到 2008 年整个文化/创意产业内唯一一个子市场，它在经济危机年 2009 年也在营业额上有小幅度的增长。这个增长主要是由于图书出版社的营业额造成的，它在 2009 年实现了 4%的增长。其他两个部门，独立作家以及图书零售业停滞不前，为了在 2009 年不出现营业额亏损而努力。

图书市场的整体营业额主要由图书出版社贡献，至少能呈现出积极的发展，这个增长却不能在雇佣员工中表现出来，因为同期的雇佣员工数量在不断下降。出现这种发展状况的原因主要在于图书出版社。尽管它最终还是能实现积极的营业额增长，雇佣员工数量却持续缩水。2009 年的工作岗位和 2003 年相比减少了 21%。图书零售业的岗位数量虽然没有明显缩水，但还是有 11%的工作岗位在 2003 年到 2009 年之间消失了。

总的来说，图书市场和音乐产业、电影经济一起，属于文化/创意产业的传统文化市场。它无时无刻都会因为增长的媒体和图书数码化产生剧烈的变动。但是也要看到，图书市场也能保持自身作为独立的市场，因为通过十几年的经验，它不断地在经济的上升和衰退中证明了自己强大的生命力。

最后的说明：有关子市场的经济和就业状况的进一步研究，请参考以下协会和其他来源(可供选择)。

表 3-5　图书市场的联合会和其他来源

德国作家联合会：http：//vs. verdi. de
德国自由作家联合会、德国作家保护协会：bundesverband@ fda. de
剧作家联盟：www. dramatikerunion. de
自由编辑联合会：www. vfll. de
德国书店证券联合会：www. boersenverein. de
德国旧书商联合会：www. antiquare. de

3.3　艺术市场

艺术市场包含了从事视觉艺术的独立艺术家/艺术工作者。广义上来讲包含画廊、拍卖行/艺术拍卖和艺术商行。作为特例需要强调的是，艺术市场从企业数量角度来看属于文化/创意产业中最小的子市场。因此在以官方统计为基础的数据材料中对这个子市场进行解读十分困难。

所以在官方统计中把艺术贸易和其他类型的经济活动混在一起，比如礼物、鹿角和邮票的买卖活动等。因此德国现有的经济分类中“艺术制品零售业”并不是特别用于艺术品市场的，只能根据具体情况进行估算。此外，在分类中“独立创作艺术家”这一经济分类中既有自由的也有应用型的艺术家职业。

表 3-6 艺术市场核心经济部门

经济部门编号	经济部门
92. 31. 3	独立创作艺术家
52. 48/. 2	艺术品贸易(无礼品等)
92. 52. 1	博物馆商店和艺术展览

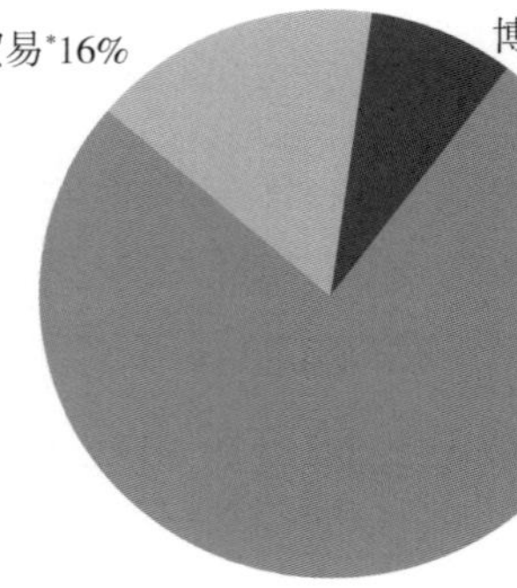

图 3-7 2008 年艺术市场中根据经济部门划分的自雇型企业和一般企业

说明：* 估算值。

来源：德国统计局(2010)，米夏埃尔·松德尔曼/文化产业研究办公室的独立核算。

主要数据

根据临时报告，2009 年文化/创意产业中艺术市场提供了总共 16 600 个即 1. 4%的岗位，其中包含了提供社会保险的岗位，在此岗位工作的约 4 300 人，在艺术市场中占很小的部分。

以从业者数量来衡量，最重要的经济领域是独立创作艺术家群体，此群体大约有 10 700 人(包括少量雇员)，占艺术市场的从业人数的 65%。除了这些来自官方的统计数据，在艺术市场中有很大数量的自由职业的独立创作艺术家。因此艺术从业者在 2010 年初以 58 700 人的数量记录在创作艺术市场中。

对广泛的艺术贸易企业(画廊、拍卖行、商行)的数量进行估算，大约有 1 900 家，博物馆商店和从事艺术品展览贸易活动的企业大约有 980 家。它们一共为 5 900 个从业者提供了岗位(占艺术品市场的 35%)。

2009 年艺术市场创造了大约 18 亿欧元的营业额。这相当于文化/创意产业总营业额的 1. 2%。艺术市场营业额一般来自于创作艺术家这个群体，另一部分来自于艺术商行和博物馆商店这两个经济环节。创作艺术家这个群体创造了 9 亿欧元即 49%的营业额，艺术品商行创造大约 4. 9 亿欧元即 27%的营业额，博物馆商店以及艺术展览创造了大约 4. 5 亿欧元的营业额即德国艺术市场总营业额的 24%。艺术品商行的营业额比重越来越少，因为引导市场的大型画廊和艺术商行营业额的很大部分由海外市场创造并且通过海外的分支机构来平衡。与此相反的是，创作艺术家通常在他们在德国的居住地缴税。

企业类型

因为艺术品商行这个经济环节受到之前提到的界定问题影响，所以它不能在大型类别分析中出现。

涉及2008年的结构数据，根据企业类型划分的营业额规模如下。

930个即96%的微型企业创造了艺术市场42%的营业额。

42个中小型企业以其4%的企业比重创造了58%的市场营业额，而在2008年还没有大型企业被收入官方统计。

中型企业的平均营业额每年为2 500万，而微型企业每年大约有20 300欧元的营业额。

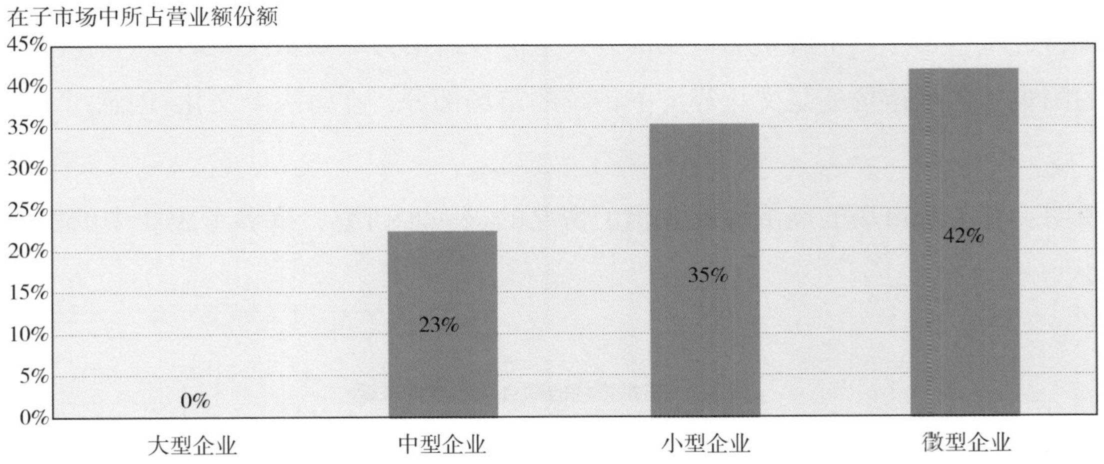

图3-8　2008年艺术市场中根据企业类型划分的营业额规模

说明：只选择了博物馆商店等，不包含创作艺术家和艺术品贸易。

来源：德国统计局(2010)，米夏埃尔·松德尔曼/文化产业研究办公室的独立核算。

发展

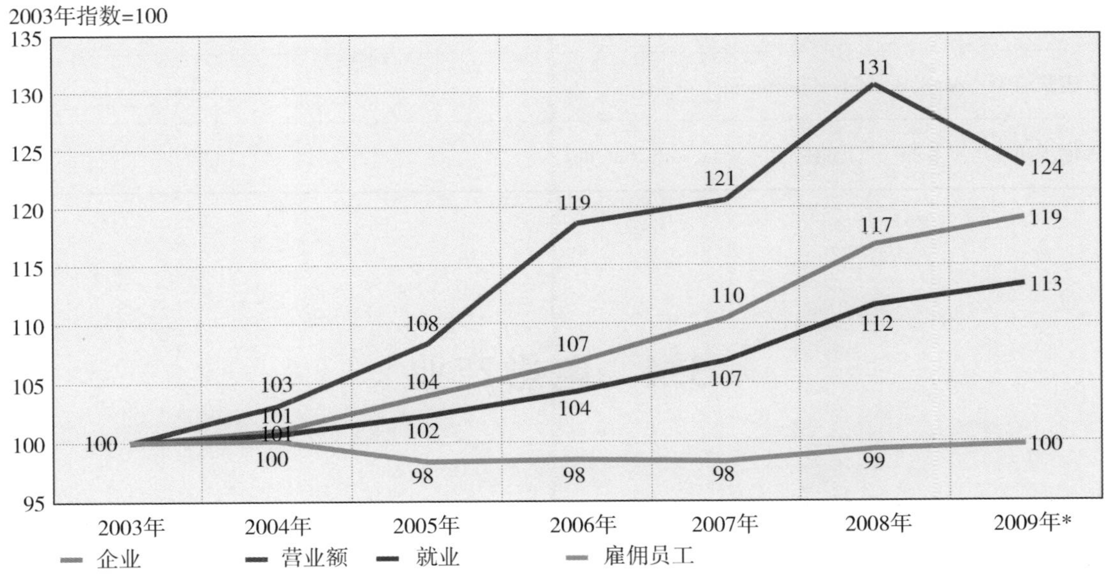

图3-9　2008—2009年艺术市场的发展

*估算值。

说明：就业(独立从业者和企业雇员)，雇佣员工(只含有社保的企业雇员)，结算基于2010年编辑的行业每月报告。

来源：德国统计局(2010)，联邦就业促进局(2010)，米夏埃尔·松德尔曼/文化产业研究办公室的独立核算。

图 3-9 展示了企业的稳定增长曲线，它从 2003 年起持续上升并且在 2009 年增长了 19%。这个发展情况尤其受到博物馆商店（增长了 18%）和独立创作型艺术家（增长了 29%）的影响。艺术家的数量在 2003 年到 2009 年大约缩水了 13%。

艺术市场营业额总量的发展曲线从最初的适度增长到之后 2008 年超出平均增长值的 31%。经过 2009 年的经济危机，艺术市场还是蒙受了损失并且承受了巨大的营业额回落，和 2008 年相比减少了 5%，是文化/创意产业最大的损失。

总的来说，艺术市场是一个棘手的市场部分，它的经济潜力靠定量实践的分析并不容易得出结论。尽管有这样的困难，艺术市场还是文化经济中传统的市场部分，在每一个文化/创意产业的分析中都会涉及。

最后的说明：有关子市场的经济和就业相关情况的进一步研究，请参考表 8 中的协会和其他来源（可供选择）。

表 3-7　艺术市场的联合会和其他来源

德国创造艺术家联合会：www. bbk-bundesverband. de
女艺术家联合会：www. gedok. de
德国艺术商店联合会：http：//arbeitskreis-kunsthandel. de
德国画廊和出版社联合会：www. bvdg. de
德国艺术和古代艺术品商店联合会：www. bdka. de
德国艺术拍卖行联合会：www. kunstversteigerer. de
德国艺术商店联合会：www. deutscherkunsthandel. org
其他德国文化理事会“艺术部门”下的协会：www. kulturrat. de/

3.4　电影产业

电影产业包含了从事舞台艺术的独立艺术家/艺术工作者，他们是众多电影工作者的代表。

电影制作和发行企业包括电影/电视和视频节目制作企业，电影租赁公司、视频节目供应商，以及电影院。需要特别说明的是，电影制作包括电视电影的制作，它们并不属于广播产业。除此之外，电影制作包含了从电影院、电视、产业、经济和广告电影到其他电影制作的所有形式。电影产业和广播产业以及其他视听产业紧密相关。

表 3-8 电影产业的核心经济部门

经济部门编号	经济部门
92.31.7	* 独立舞台艺术家
92.11.0	电影/电视和视频制作
92.12.0	电影出租/视频节目提供者
92.13.0	电影院

说明：* 也属于其他子市场。

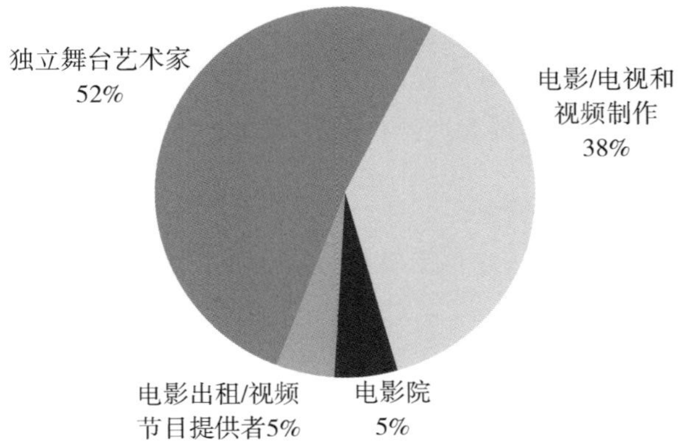

图 3-10 2008 年电影产业中根据经济部门划分的自雇型企业和一般企业

说明：* 也属于其他子市场。

来源：德国统计局(2010)，米夏埃尔·松德尔曼/文化产业研究办公室的独立核算。

主要数据

根据临时报告，2009 年电影产业总共有 57 900 名从业者，占文化/创意产业从业者的 5%。其中包含了有社会保险的岗位，该岗位有 38 600 人，在电影产业中占较高的比重。最重要的经济环节是电影/电视/视频制作，它可以为该子市场中超过一半的从业者提供就业机会。

2009 年电影产业创造了大约 72 亿欧元的营业额。这相当于文化/创意产业总营业额的 4.8%。最重要的经济环节还是电影/电视/视频制作，它以 34 亿欧元的营业额占到了总营业额的一半。电影出租者和电影院以 19%和 21%的市场份额紧随其后。

2009 年自雇型企业和应税企业超过 19 300 家，占文化/创意产业所有企业的 6.6%。其中大约 10 000家(52%的比重)属于独立舞台艺术家，其在电影产业中是最大的组织。其他剩下的 9 300 家企业和电影公司有关，是电影/电视视频制作(总共占电影产业的 38%)中最重要的活跃环节。

企业类型

涉及 2008 年的结构数据，根据企业类型划分的营业额规模如下所示。

超过 8 700 家即 95%的微型企业创造了营业额市场份额的 27%。

大约 420 家中小型企业以企业份额的 4%创造了营业额市场份额的 36%，与此同时少数几家大型企业(21 家)在营业额市场份额中占 38%。

大型企业的年平均营业额为 1.15 亿欧元，微型企业每年有 19 800 欧元的营业额。

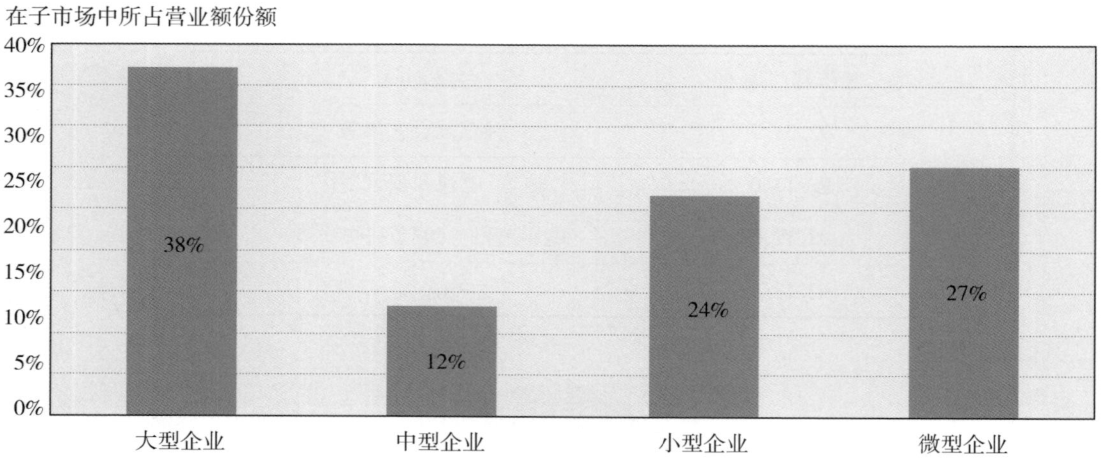

图 3-11　2008 年电影产业中根据企业类型划分的营业额规模

说明：选择的电影产业中不包括独立舞台艺术家。

来源：微观人口普查，德国统计局(2010)，米夏埃尔·松德尔曼/文化产业研究办公室的独立核算。

发展

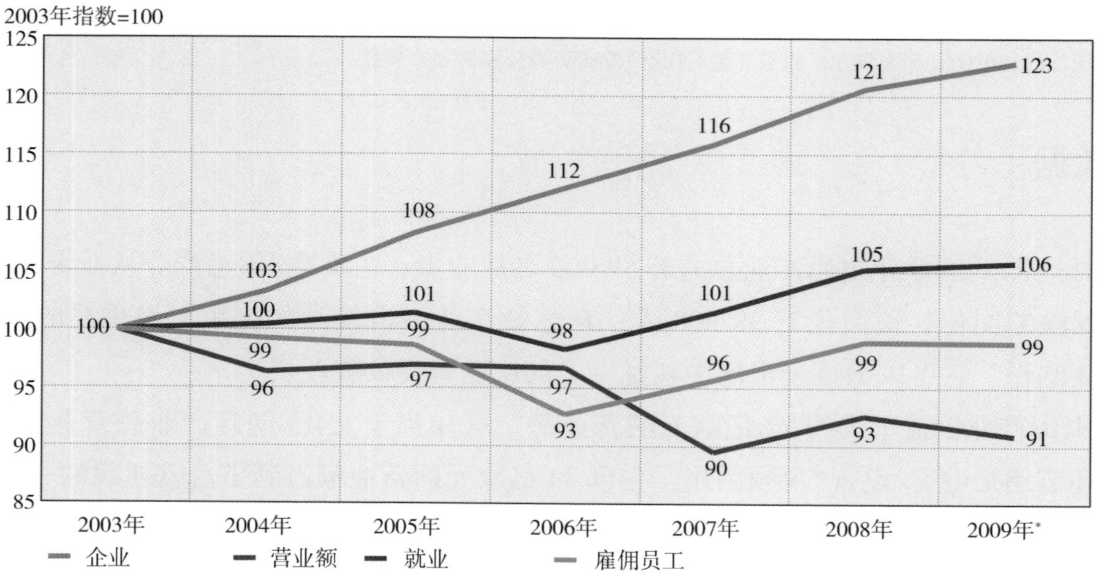

图 3-12　2003—2009 年电影产业的发展

*估算值。

说明：就业(独立从业者和企业雇员)，雇佣员工(只含有社保的企业雇员)。

来源：德国统计局(2010)，联邦就业促进局(2010)，米夏埃尔·松德尔曼/文化产业研究办公室的独立核算。

图 3-12 展示了企业稳定的增长曲线，它自 2003 年起稳定增长并在 2009 年达到了 23%。这个发展情况尤其受到独立舞台艺术家的影响，其数量在这段时间内增长了 32%。电影/电视视频制作公司的数量在 2003 年到 2008 年中增长了 27%。而电影出租和视频项目提供者在同期却缩水了 25%。同样，电影院的数量在 2003 年到 2009 年缩水了 7%。

电影产业的营业额总量的发展曲线展示了从 2003 年开始倒退，2004 年到 2006 年一直停滞不前的情况。在之后的年份中，电影产业彻底坍塌，几乎不再有任何营业额增长，因此它在 2003 年到 2009

年丧失了整体营业额总量的近 10%。

这一发展情况主要受到大型经济环节电影/电视视频制作的影响，它承受了巨大的营业额亏损。因为另外两个经济环节——电影出租和电影院同样也在这一时段表现出了亏损，整体的电影产业在过去的年份中进入了更加艰难的阶段。

从上面描述的经济发展情况中可以看到，就业市场在 2003 年到 2009 年展现出了较好的情况。总的来说，独立舞台艺术家在这里积极发展，比实际情况要好。因为当我们观察雇佣员工的发展情况时，在这里完全不是正面的发展，而是停滞不前。因此在 2003 年到 2006 年，雇佣员工的数量下降了 7%并且在之后的年份略微上升。最后雇佣员工在 2009 年几乎回到了 2003 年的水平。这对于不景气的市场情况来说是值得庆贺的。

电影产业和图书产业、音乐和广播产业一起属于文化/创意产业的传统市场。通过数码科技的深入和信息产业的拓展，电影产业不断地在媒体交互中向前发展并且失去了自身独特的轮廓。

最后的说明：有关子市场的经济和就业相关情况的进一步研究，请参考以下联合会和其他来源(可供选择)。

表 3-9　电影产业联合会和其他来源

电影产业顶尖组织联合会:www.spio.de
独立电影出租者联合会:http://www.ag-verleih.de
德国电影电视制作人联合会:http://www.produzentenallianz.de
联邦视听媒体联合会:http://www.bw-medien.de
电影广告联合会 FDW:http://www.fdw.de
HDP 电影院联合会:http://www.hdf-kino.de
电影出租人联合会:http://www.vdfkino.de
德国电影出口商联合会:http://www.vdfe.de
德国电影制片人联合会:http://www.filmproduzentenverband.de
电影电视科技公司联合会:http://www.vtff.de
电影股份有限公司—德国电影艺术剧院同业公会:http://www.agkino.de
德国电影和视听媒体制片人联合会:http://www.bundesverband-av.de
德国电影:http://www.german-cinema.de
德国演员权益联合会:http://www.ids-ev.eu
德国演员经济公司联合会:http://www.schauspieler-agenturen.de

3.5　广播产业

广播产业从 20 世纪 80 年代起受到双轨广播的影响。除了公共广播公司，从那时起出现了私营经济广播。此外还有小型的非盈利性广播(地方广播、自由广播、高校电视台等)。

私营经济广播，这里归入广播产业，主要是通过在市场投放广告来筹资。其他的盈利通过订阅费和电话购物获得。除了广播公司和节目制作人外，还有独立记者和新闻办公室包含在广播市场中，因为它们主要为广播行业提供服务。

私营广播主办者从事广播和电视节目的组织、实现和播送工作。广播和电视节目的制作者提供不同规格的节目。电影院电影和电视电影通常是在电影工作室制作的，一般包含在电影制作这个产业门类里。但是这种分类并不明确，因为整个电影公司都属于广播公司的范畴，因此其营业额被包含在广播公司的应纳税营业额中。

表 3-10　广播产业的核心经济部门

经济部门编号	经济部门
92. 40. 2	* 独立记者
92. 20. 0	广播和电视节目主办方和制作者

* 也属于其他子市场。

说明：相对 2009 年的调查意见，经济部门 92. 40. 2 为新收入的内容。

图 3-13　2008 年广播产业中按经济部门划分的自雇型企业和一般企业

提示：* 也属于其他子市场。

来源：德国统计局(2010)，米夏埃尔・松德尔曼/文化产业研究办公室的独立核算。

主要数据

根据初步统计，2009 年的广播产业总共有 46 400 名从业者，占文化/创意产业的 4%。两个经济部门中独立记者有约 20 300 名，其中 1 500 名有社会保险，而广播电视节目主办方和制作者中有 26 000 名从业者，其中大约 25 200 名从业者有社会保险。

广播产业中的 26 700 名有社会保险的从业者不包含临时从业者或者其他自由职业者，而包含工作时间占一周常规工作时间一半以上的非全职工作者。除此之外，总数不包括公共广播公司，它另外有大约 40 000 个从业者(包括上市公司)。

有纳税义务的企业在 2009 年的广播产业中将近有 19 700 个，占文化/创意产业的 6. 7%。其中有 95%即 18 800 家属于独立记者。只有 5%即大约 930 家企业属于广播电视节目主办方和制作者。

2009 年私营广播产业创造了大约 93 亿欧元的营业总额。这相当于文化/创意产业总营业额的 6. 3%。这个营业额数字只包含了独立记者的营业额(13 亿欧元)和有缴税义务的企业的营业额(大约 80 亿欧元)。作为参照，公共广播公司(德国国家电视一台、德国国家电视二台、德国广播)有超过 81 亿欧元的营业额。

企业类型

涉及 2008 年的结构数据，根据企业类型划分的营业额规模如下。

将近 770 家即 82%的微型企业创造了市场份额的 3%。

大约 145 家中小型企业以 15%的数量创造了市场份额的 15%，而大型企业以 22%的数量创造了市场份额的 82%。

大型企业的年平均营业额为 3. 25 亿欧元，而微型企业的年营业额约为 373 000 欧元。

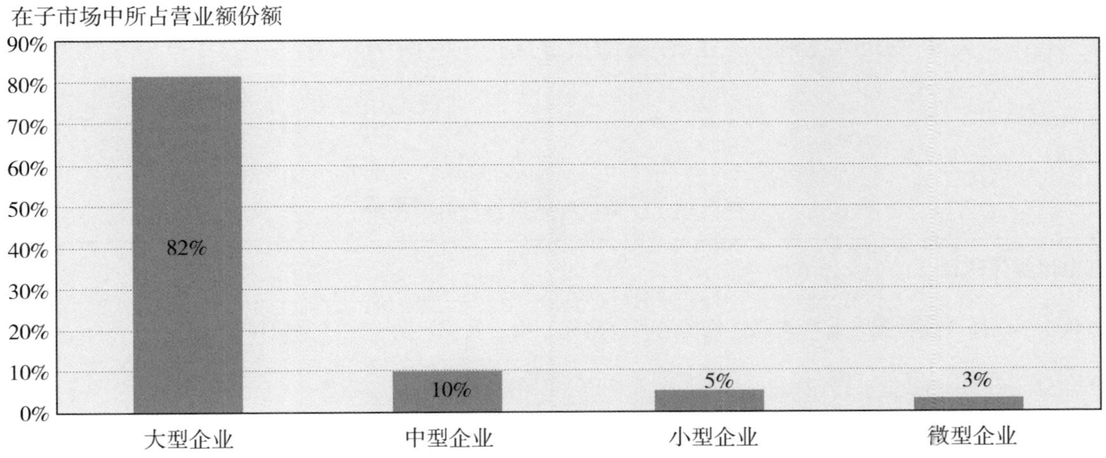

图 3-14　2008 年广播产业中根据企业类型划分的营业额规模

说明：选择的广播产业中不包括独立记者。

来源：德国统计局(2010)，米夏埃尔·松德尔曼/文化产业研究办公室的独立核算。

发展

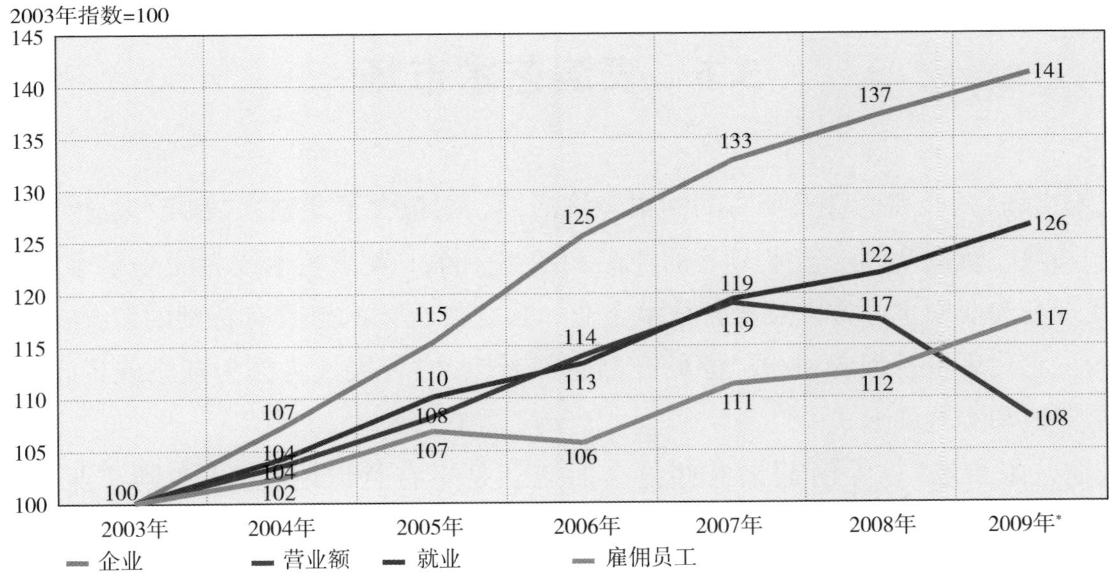

图 3-15　2003—2009 年广播产业的发展

* 估算值。

提示：就业(独立从业者和企业雇员)，雇佣员工(只含有社保的企业雇员)。

来源：德国统计局(2010)，联邦就业促进局(2010)，米夏埃尔·松德尔曼/文化产业研究办公室的独立核算。

图3-15展示了企业的增长曲线，它从2003年到2009年增长了41%，超过了平均增长率。这个变化情况主要受到独立记者和小型广播公司的影响，它们通常以节目制作人的身份活跃在市场上。2003年到2009年独立从业者的数量增长了43%。

广播产业营业额的发展曲线反映了2003年到2007年的增长和2008年至2009年的剧烈倒退。在发展高峰的2007年和前一年相比增长了19%，之后营业额缩水，2009年与2003年相比只增长了8%。

广播产业就业市场的发展进程在微弱的开始后于2004年起稳定增长并在2009年达到了25%的增长率。在这里，两个行业分支机构(记者和组织者)的发展相辅相成，形成一个共同的趋势，这在很大程度上导致了整个广播行业的积极发展。这个趋势同时反映了相关从业者的发展情况，2003年到2009年，其增长率达到19%。

最后的说明：有关市场的经济和就业相关情况的进一步研究，请参考以下联合会和其他来源(可供选择)。

表3-11　广播产业联合会和其他来源

私人广播和电讯媒体联合会：www.vprt.de
德国2008/2009年广播产业状况，八个州媒体机构的系统研究，报告发展：黄金媒体，柏林2000
德国记者联合会：www.djv.de
德国专业记者联合会：wwww.DFJV.de
自由记者职业联合会：www.freischreiber.de
德国记者联合会：www.djv.de
德国专业记者联合会股份公司：www.DFJV.de

3.6　表演艺术市场

“表演艺术市场”这个概念涉及所有的购买经济活动，它包含了戏剧、杂耍、其他小型舞台剧、音乐剧、舞蹈、马戏、玩偶戏剧、艺术节等的产品和演出。除了表演艺术或者娱乐艺术的直接产品外，还涉及戏剧代理商和戏剧主办方以及舞台技术企业。独立舞台艺术家具有特别的意义，它包括在独立艺术家组织内。它代表了首创者和/或“原始产品生产者”，它发展成为作为戏剧或者娱乐艺术的当代演出的第一个典范和实验的形式。

使用“表演艺术市场”这个听起来有些复杂的概念是想有意识地引入“戏剧产业”或者“戏剧市场”概念。一方面表演艺术的多种形式不能完全包含在简单的戏剧概念中；另一方面在德语中，人们通常把剧院和公共剧院联系在一起。这个子市场在这里却明确不被考虑，因为它主要由国家出资或承担。

在这个子市场中，主要有私营经济组织、企业和独立从业者或自由职业者，他们全部或者大部分通过市场来筹资。

表 3-12 表演艺术市场的核心经济部门

经济部门编号	经济部门
92.31.7	* 独立舞台艺术家
92.31.8	独立艺术家
92.31.1	剧团
92.32.1	* 戏剧/音乐会主办者
92.32.2	* 戏剧、歌剧、话剧企业等
92.32.3	杂技团和小型舞台剧
92.32.5	* 文化和娱乐业(舞台技术、企业等)的其他辅助产业
92.34.1	舞蹈杂技
92.34.2	其他文化/娱乐设施(马戏团、杂技团、玩偶戏剧等)

说明：* 也属于其他子市场。

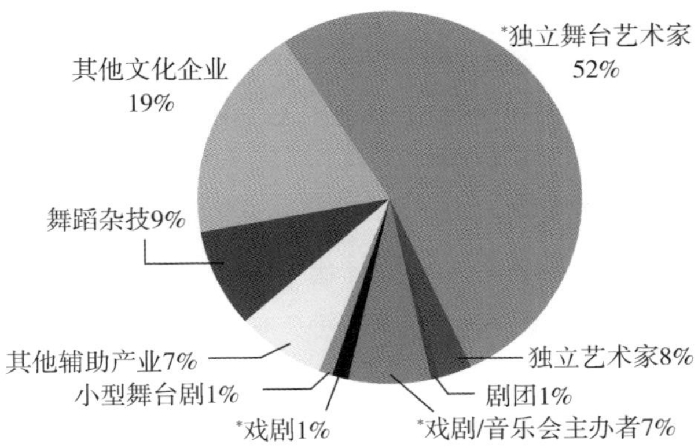

图 3-16 2008 年表演艺术市场中按经济部门划分的自雇型企业和一般企业

说明：* 也属于其他子市场；只有戏剧、歌剧等盈利企业，没有公开筹资的剧团。

来源：微观人口普查，德国统计局(2010)，米夏埃尔·松德尔曼/文化产业研究办公室的独立核算。

主要数据

根据临时报告，2009 年表演艺术市场的从业者约 41 300 人，占文化/创意产业劳动者数量的 3.5%。其中包含了 22 000 名有社会保险的从业者，大约占表演艺术市场从业者的一半多。最重要的经济部门是独立舞台艺术家，它以 28%的比重占从业者的最大部分，之后是所谓的其他文化企业(马戏团、玩偶剧院等)和戏剧/音乐会主办者，比重分别是 19%和 16%。

在 2009 年，表演艺术市场创造了约 45 亿欧元的营业额。这相当于文化/创意产业营业总额的 3%。最重要的经济部门是戏剧/音乐会主办者，它以 14 亿欧元占总营业额的三分之一左右。另一方面是新增的文化企业，它以 10 亿欧元排第二位。其他的经济部门显然达不到 10 亿的门槛。

自雇型企业和应税企业总数超过 19 200 家，即占文化/创意产业企业数量的 6.6%。其中大约 10 000家(52%)属于独立舞台艺术家，它是表演艺术市场最大的组成部分。

企业类型

涉及 2008 年的结构数据，按企业类型(表演艺术部门和新增的产业部门(产业部门第 92-3 号)划分的营业额规模如下所示。

不到 42 900 家即占比 99%的微型企业创造了市场总营业额的 58%。

大约 360 家中小型企业以 1%的企业数量占市场总营业额的 30%，而仅有的 7 家大型企业创造了市场总营业额的 11%。

大型企业的平均营业额每年为 1. 2 亿欧元，而微型企业的年营业额只有 103 000 欧元。

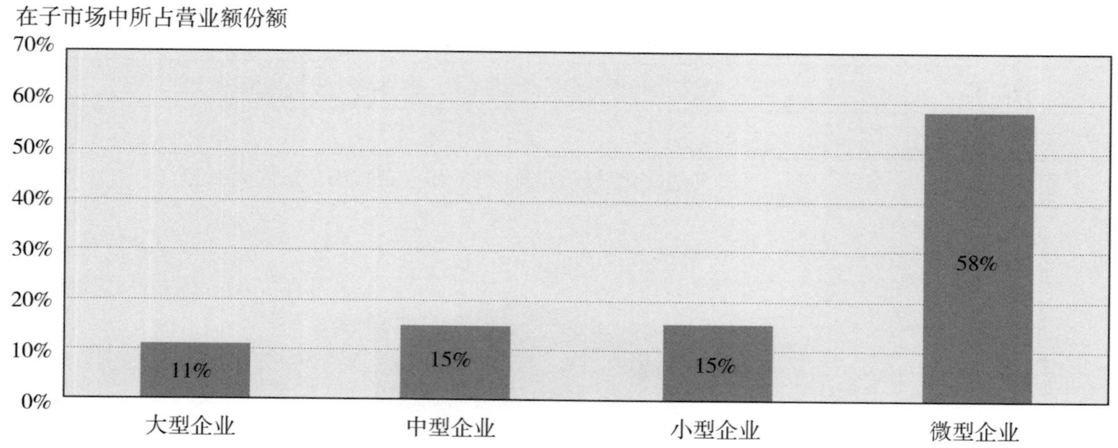

图 3-17 2008 年表演艺术市场中根据企业类型划分的营业额规模

说明：选择经济部门编号 9. 23 的艺术团体和其他部门，包括其他艺术部门和特殊艺术部门，但是是为了表演艺术设立的。

来源：德国统计局(2010)，米夏埃尔·松德尔曼/文化产业研究办公室的独立核算。

发展

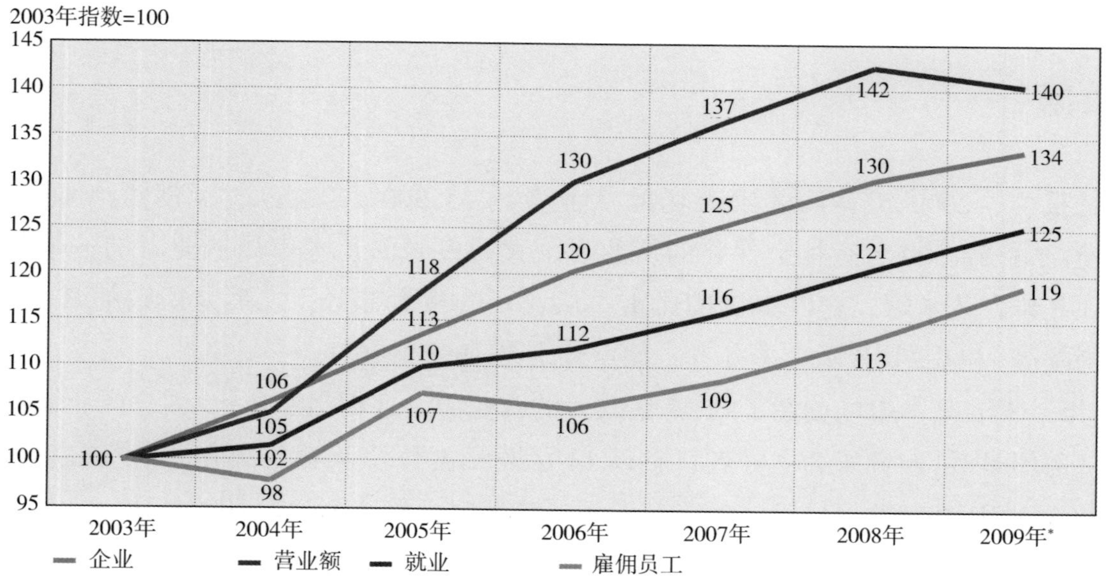

图 3-18 2003—2009 年表演艺术市场的发展

* 估算值。

说明：就业(独立从业者和企业雇员)，雇佣员工(只含有社保的企业雇员)。

来源：德国统计局(2010)，联邦就业促进局(2010)，米夏埃尔·松德尔曼/文化产业研究办公室的独立核算。

图3-18展示了企业稳定的增长曲线，它从2003年起持续增长并在2009年增长了34%。这个发展情况尤其受到其他文化企业的辅助产业(舞台技术企业和预售票务处)的影响，它每年以超过7%的增长影响市场。新增的文化企业以7%的年增长率有相似的巨大的发展。企业总数和独立舞台艺术家在2003年到2009年平均每年增长5%。

表演艺术市场营业额的发展曲线展示了直到2008年的巨大上升。同2003年相比，营业额到2008年总共增长了42%。由此可见这个子市场在文化/创意产业中属于增长势头最强劲的。当我们对危机年2009年进行思考时，这个看法也同样成立。但是市场也必须为表演艺术市场承担营业额的亏损。这个发展情况在2009年以40%的增长率与对比年2003年相较达到了一个令人印象深刻的高度。

经济发展的最重要推动者是营业额最高的经济部门戏剧/音乐会的主办者，同样还有其他的文化企业(马戏等)，它在对比时间段内从42%增长到了44%。与销售有关的较小行业，提供辅助服务的其他文化公司(舞台技术企业等)的营业额在2003年到2009年甚至翻了一番多，实现了113%的增长率。

总的来说，表演艺术市场虽然是文化/创意产业的传统部门，但是它和广播产业相比，非商业公共机构以及中间机构之间有深入交流关系。

最后的说明：对子市场经济和就业相关情况的进一步研究，请参考以下联合会和其他来源(可供选择)。

表3-13　表演艺术市场的联合会和其他来源

德国舞台成员合作社：http：//buehnengenossenschaft. de
德国舞蹈理事会/德国芭蕾舞理事会：www. yelp. de/biz/deutscher-tanzrat-deutscher-ballettrat
德国普遍舞蹈联合会：www. tanzen. de
德国舞蹈教师职业联合会：www. bdt-ev. de
德国演员经济公司联合会：www. schauspieler-agenturen. de
德国演员权益联合会：www. ids-ev. eu
德国木偶剧团联合会：www. vdp-ev. de
德国北莱茵-威斯特法伦州经济、中产、能源和交通部(出版)：北威州表现艺术出版，杜塞尔多夫(2002)

3.7　设计产业

设计产业内包含了工业设计、产品/时装/版画设计以及传播设计/广告设计。设计产业经济活动的主体包括市场中的代理商、事务所或公司等，涉及充当市场代理、办公室或公司的企业。这里考虑的核心并不是设计职业或者设计师的职业，而是他们与企业相关的经济地位。

设计产业的特别之处在于设计理念、模型和概念在其他产业分支中的多样化和隐含运用。为了使设计产业成为一个独立的经济部门，选择一个明确有说服力的经济分类来进行界定，并不是一件容易的事，从设计生产的角度看，经济部门的定义提供了两个独立的设计分支。

其中一个是“工业设计”(编号74.20.6)。活动涉及机器和工业厂房设计，经常作为汽车产业、机械制造或其他产业的服务提供者。另一个包含了“布料、首饰、家具和设计工作室”(编号74.87.4)。

这个经济部门分类整合了不同的设计活动：传播设计和工业设计、平面设计和照片设计、纺织品的模型设计以及服装、鞋、首饰、家具以及其他设计。

此外还有“广告设计”(编号 74.40.1)这一经济部门，来自于广告组，分配给设计行业，因为它主要和设计相关的活动挂钩，大部分属于传播设计。

表 3-14　设计产业核心经济部门

经济部门编号	经济部门
74.20.6	工业设计
74.87.4	产品/时装/版画设计
74.40.1	* 传播设计/广告设计

说明：* 也属于其他子市场。

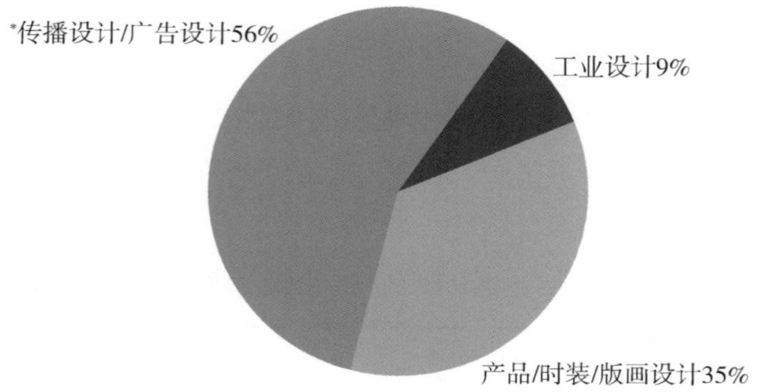

图 3-19　2008 年设计产业中按经济部门划分的自雇型企业和一般企业

说明：* 也属于其他子市场。

来源：德国统计局(2010)，米夏埃尔·松德尔曼/文化产业研究办公室的独立核算。

主要数据

根据临时性报告，2009 年设计产业的从业者为 129 800 人，占文化/创意产业劳动者的 11.1%。其中包含了有社会保险的从业者，它以 87 700 人的数量在设计产业从业者中占很大的份额。传播设计/广告设计是最重要的经济部门，因为它提供了此产业四分之三的岗位。

2009 年设计产业创造了大约 152 亿欧元的营业总额。这相当于整体文化/创意产业营业额的 10.2%。最重要的产业部门是传播设计/广告设计，它以 127 亿欧元的营业额在设计产业整体营业额中占 83%。其他两个设计部门一共实现了余下的 17%的营业额。

设计产业中自雇型企业和应税企业总数为 42 100 家，占文化/创意产业企业总数的 14.4%。不到 23 400 家(占 55%)企业从事传播设计/广告设计。从事产品/时装/版画设计的有超过 14 800 家企业(占 35%)，而工业设计部门中企业的数量只有不到 3 900 家(占 10%)。

企业类型

涉及 2008 年的结构数据，按企业类型(工业设计和产品/时装/版画设计，不包含传播设计/广告设计)划分的营业额规模如下所示。

将近 18 200 家即 99%的微型企业创造了市场总营业额的 76%。

111 家中小型企业以 11%的企业份额在市场总营业额中占 22%。工业设计中的大型企业占总营业额的 2%。

大型企业的平均营业额为每年 5 500 万欧元，而微型企业平均每年只有 104 000 欧元的营业额。

经济部门传播设计/广告设计的营业额规模级别包含在广告中。

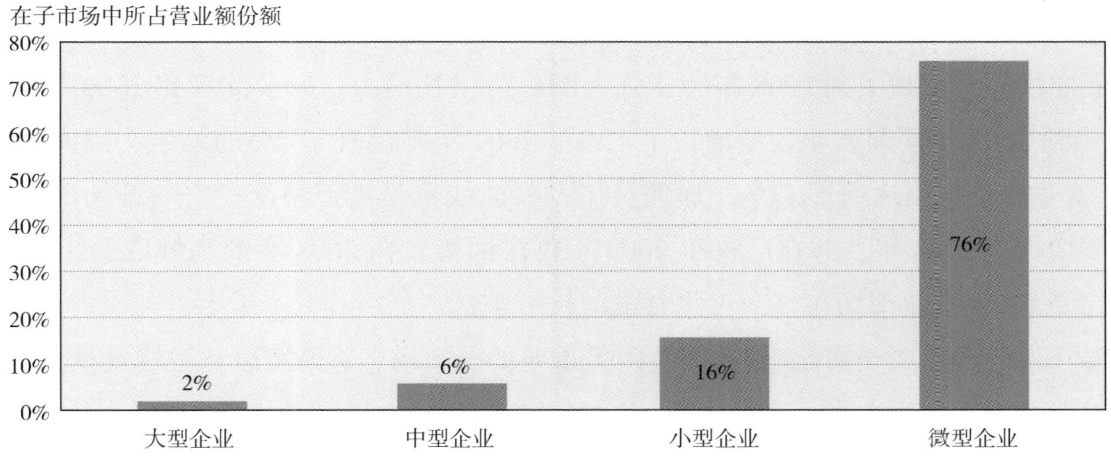

图 3-20　2008 年设计产业中根据企业类型划分的营业额规模

说明：不包括传播设计/广告设计。

来源：德国统计局(2010)，米夏埃尔·松德尔曼/文化产业研究办公室的独立核算。

发展

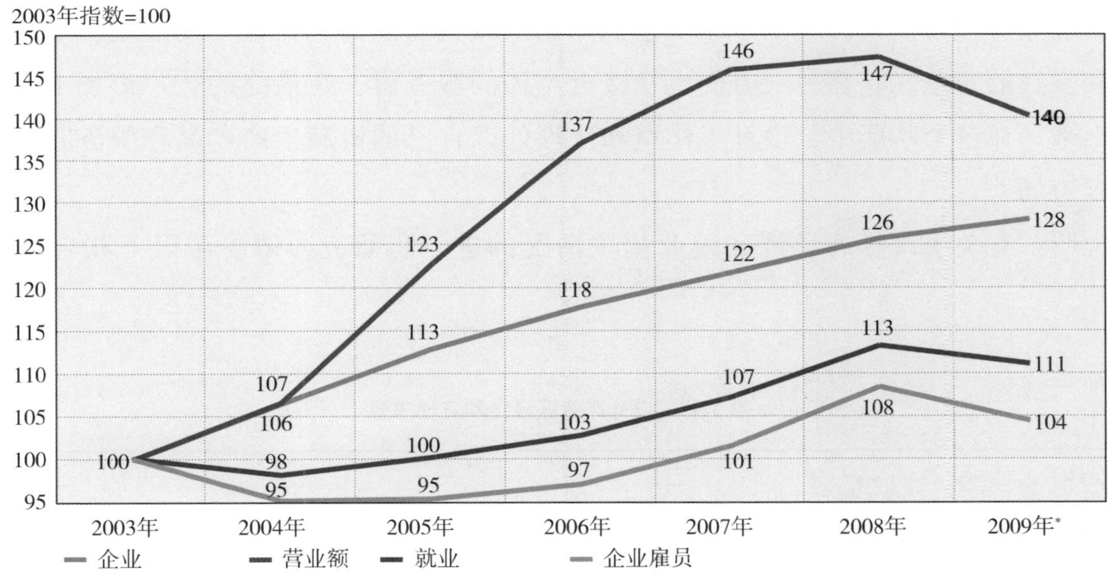

图 3-21　2003 年设计产业的发展

* 估算值。

说明：就业(独立从业者和企业雇员)，雇佣员工(只含有社保的企业雇员)。

来源：德国统计局(2010)，联邦就业促进局(2010)，米夏埃尔·松德尔曼/文化产业研究办公室的独立核算。

图 3-21 展示了企业的稳定增长曲线，它从 2003 年起持续增长，截止到 2009 年增长了 28%。企业发展最显著的增长变化是在工业设计领域，它在同期增长了 50%，而产品/时装/平面设计部门增长了 31%，传播设计/广告设计部门增长了 23%。

设计产业的营业额发展展示了 2003 年到 2008 年间显著的营业额增长(47%)。在之后的 2009 年，设计产业遭遇了巨大的挫折，因而 2003 年到 2009 年的营业额增长率只有 40%。对于三个产业部门中的两个而言，危机年是损失巨大的一年。工业设计师的营业额在多年的两位数增长之后首次于 2009 年对比前一年减少了 5%的增长率。传播设计/广告设计部门展现出了更巨大的营业额损失，同期下降了 6%。只有产品/时装/平面设计部门能够在 2008 年到 2009 年增长 4%。

就业发展曲线同样反映了到 2008 年为止强大的经济增长动力，以及此后到 2009 年明显的营业额回落。2003 年到 2008 年同期就业数量增长了 13%，2009 年却出现了 2%的缩水，因此在对比年 2003 年到 2009 年就业数量差额达到了 11%。雇佣员工发展曲线也是类似情况，它一开始的增长期到 2005 年，之后持续增长到 2008 年，并在危机年 2009 年再次回落。在 2008 年的高峰之后，相对于 2003 年 8%的增长率，2009 年从业市场在整个对比时段增长了 4%。

总的来说，设计产业属于文化/创意产业内最重要的子市场。这既可以从数量规模上也可以从每一个经济部门发展的速度上看出来。设计产业不论在增长期还是在经济危机年，整个文化/创意产业的核心驱动力在设计行业中都显而易见。产业设计工作室在很大程度上受到加工行业产业发展的影响，产品/时装/平面设计在很大程度上受到个体消费支出的影响，传播设计/广告设计通过它和广告市场紧密的联系很大程度上受到每一个持续增长点的影响。

此外，因为微型企业数量超过平均水平，设计产业很大程度受其影响，一方面由于营业额水平低，企业经常陷入危机。另一方面它的潜力也不断发展，特别是在传播设计产业，它和广告产业紧密联系，广告产业的大型企业没有设计成果不可能生存。

如此看来，这个子市场承担了双倍的服务功能。它一方面作为接近企业的服务者服务其他行业，如广告业、服装业、包装业或传统的产品工艺汽车制造或机械制造。在这个功能里，子市场是其他产业部门发展和投资的对象。它在另一方面也是接近个体的服务者，在最终的客户市场上通过使用产品和服务展现出来。在这个功能中，设计工作室和代理处以自己的机制生产产品和服务并且同时直接投入到最终客户市场上。

最后的说明：有关子市场的经济和就业相关情况的进一步研究，请参考以下联合会和其他来源(可供选择)。

表 3-15　设计产业联合会和其他来源

德国创意设计联合会：www.i-dd.org/
德国设计师联盟：www.agd.de
德国设计师联合会：http://germandesign.de
德国工业设计师联合会：www.vdid.de
德国时装和布料设计师联合会：www.fashiondesign.de
德国 BDG 交流设计师联合会：www.bdg-designer.de

3.8 建筑市场

建筑市场属于文化/创意产业为数不多的子市场之一，它通过一个相对明确和一致的编排在经济活动中凸显出来。建筑相关的服务涉及对应的建筑产业部门的设计与施工计划，在房屋建筑和室内设计，地方、区域和州规划以及花园和景观设计这些分类中都是不同的。

在文化产业的考量中，室内设计扮演了一个特殊的角色。根据当时的经济部门分类(2003 年经济部门分类)，首次将室内设计作为独立的经济部门来研究。2009 年的产业统计是从 2011 年开始实行的，它提供了一个关于建筑市场的新视角。

在欧洲范围内的讨论中不停地出现这样一个问题：建筑工作室是否整体都属于文化/创意产业？有人提议仅包括所谓的“文化的”建筑活动，其他所有的活动，尤其是与工程相关的服务，均应排除在外。在这份调查报告中不采取这个解决办法，因为德国的建筑部门能够与工程科学性质的部门清晰地划分开来。

表 3-16　建筑市场核心经济部门

经济部门编号	经济部门
74. 20. 1	房屋建筑和室内设计工作室
74. 20. 2	地方、区域和州规划工作室
74. 20. 3	花园和景观设计工作室

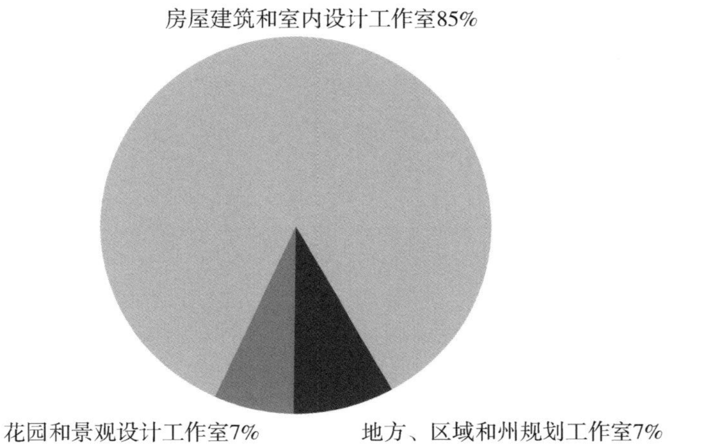

图 3-22　2008 年建筑市场中按经济部门划分的自雇型企业和一般企业

来源：德国统计局(2010)，米夏埃尔·松德尔曼/文化产业研究办公室的独立核算。

主要数据

根据临时性报告，2009 年建筑市场总共有 103900 名即文化/创意产业 8.9%的从业者。其中有社会保险的从业者超过 62800 人。最重要的产业部门是房屋建筑和室内设计工作室，它占了整体建筑市场份额的 85%。

2009 年建筑市场创造了大约 80 亿欧元的营业额。这相当于文化/创意产业整体营业额的 5.4%。同时有 84%是由房屋建筑和室内设计贡献的。

建筑市场里自雇型企业和应税企业大约有 41100 个，大约占文化/创意产业总企业数的 14.1%。

企业类型

涉及 2008 年的结构数据，按企业类型划分的营业额规模如下所示。

超过 40600 家即 99%的微型企业创造了市场销售总额的 76%。

大约 390 家小型和中型业以 1%的企业份额分别创造了市场营业额的 16%和 7%。1 家大型企业创造了营业额的 1%。

大型企业的年平均营业额为 5 000 万欧，而微型企业平均每年只有 151 000 欧的营业额。

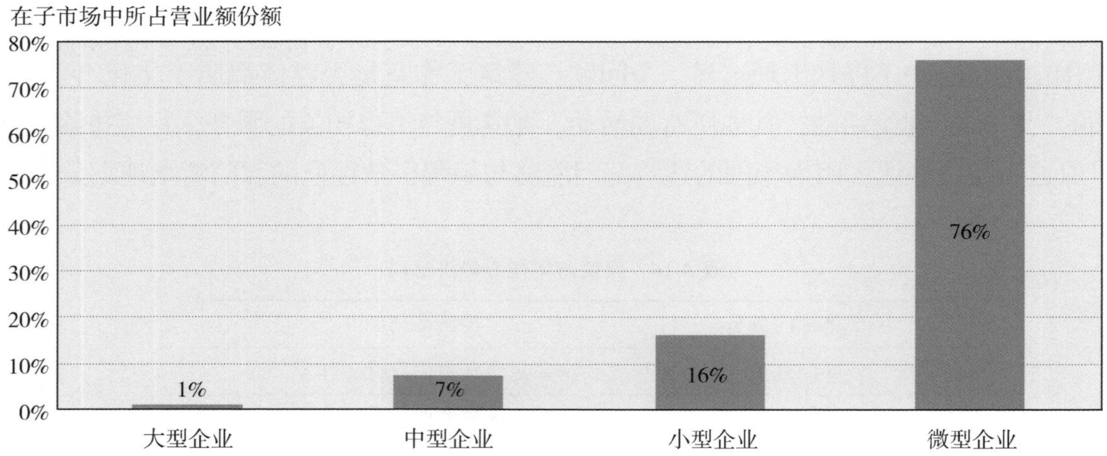

图 3-23　2008 年建筑市场中根据企业类型划分的营业额规模

来源：德国统计局(2010)，米夏埃尔·松德尔曼/文化产业研究办公室的独立核算。

发展

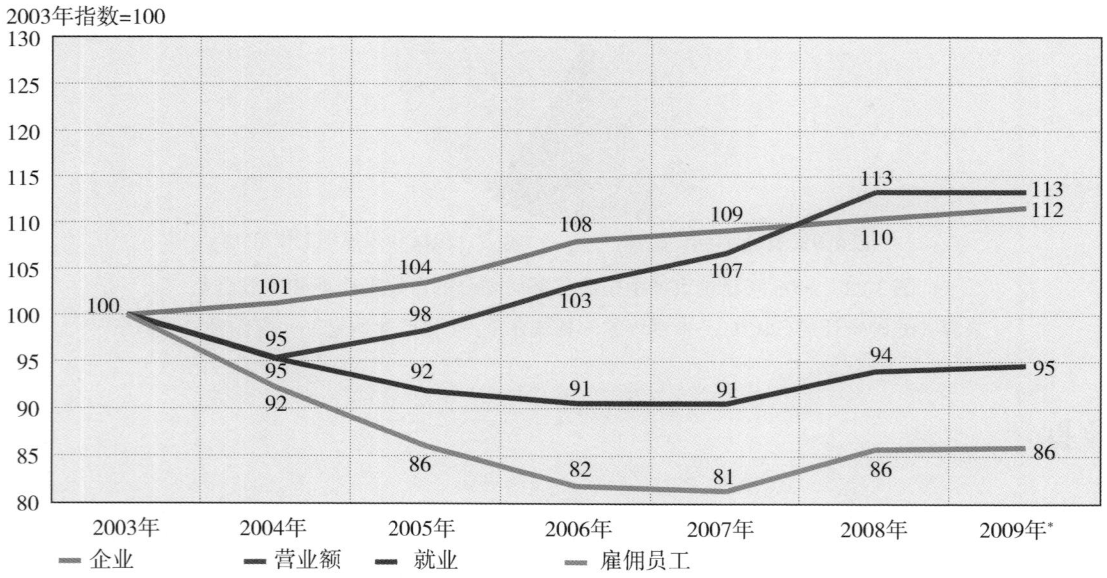

图 3-24　2003—2009 年建筑市场的发展

* 估算值。

说明：就业(独立从业者和企业雇员)，雇佣员工(只含有社保的企业雇员)。

来源：德国统计局(2010)，联邦就业促进局(2010)，米夏埃尔·松德尔曼/文化产业研究办公室的独立核算。

图 3-24 展示了微弱上升的企业增长曲线，它从 2003 年起到 2009 年持续增长了 12%。这个发展情况主要受到小型建筑部门的影响。地方、区域和州规划工作室在同期增长了 30%，花园和地方设计工作室增长了 24%。而最大的建筑部门增长了 9%。

建筑市场营业额的发展曲线展示了倒退至 2004 年之后的良性发展。到 2006 年，营业额和 2003 年相比增长了 3%。此后到 2008 年，持续的积极发展经济趋势一直在积极推进。在 2008 年，建筑市场实现了和 2003 年相比 13%的增长率。在之后的经济危机年 2009 年，产业不但没有继续增长，反而停滞不前。但建筑市场总体上没有出现营业额倒退的现象，就像其他一系列的文化/创意产业子市场一样。

就业市场的形势在微小的上升趋势后依然问题多多。如同就业曲线展示的发展趋势那样，就业者数量直到 2007 年比 2003 年下降了将近 10%。在此后的 2008 年和 2009 年再次有微小的上升趋势。就业的发展受到雇佣员工数量急剧下降的影响。2007 年与 2003 年同期相比，就业市场缩水了将近 20%。在经历了轻微的恢复阶段之后，就业市场仍然比 2003 年的水平低 14%。

最后的说明：有关子市场的经济和就业相关情况的进一步研究，请参考下面的联合会和其他来源（可供选择）。

表 3-17　建筑市场联合会和其他来源

德国建筑师联合会：www.bda-bund.de
联邦工程师和建筑师联合会：www.biav.de
联邦建筑师和工程师联合会：www.baumeister-online.de
德国室内建筑师联合会：www.bdia.de
德国花园、地方和运动者建筑设计师联合会：www.galabau.de
城市、区域和地方规划联合会：www.srl.de
联邦建筑师联盟：www.bak.de

3.9　出版市场

出版市场包括独立记者、通讯社和新闻社。除了报社和杂志社之外，还包含其他的出版社，如地图、艺术印刷品出版社，以及通讯录出版社等。

表 3-18　出版市场核心经济部门

经济部门编号	经济部门
92. 40. 2	* 独立记者
92. 40. 1	信件和新闻办公室
22. 11. 2	通讯录出版社
22. 12. 0	报社
22. 13. 0	杂志社
22. 15. 0	其他出版社

说明：* 也属于其他子市场。

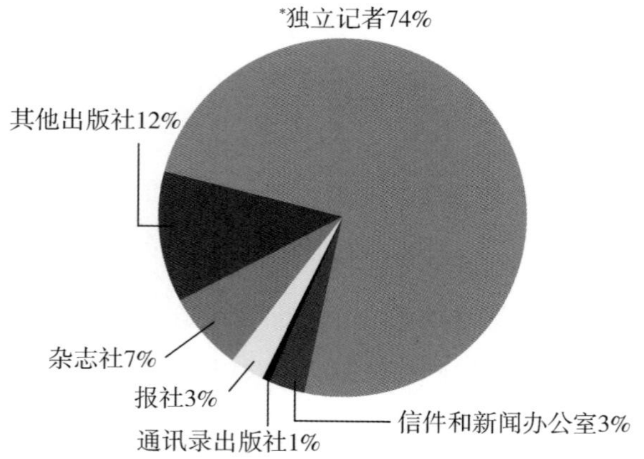

图 3-25　2008 年出版市场中按经济部门划分的自雇型企业和一般企业

说明：* 也属于其他子市场

来源：德国统计局(2010)，米夏埃尔·松德尔曼/文化产业研究办公室的独立核算。

主要数据

按照临时性报告，出版市场 2009 年总共有 126 500 名从业者，占文化/创意产业从业者总数的 10.4%。其中包含有社会保险的从业者 101 400 人，超过了产业平均水平。最重要的产业部门是报社，它占了整体就业市场的 39%，之后是杂志社，占 29%。再次是记者，占就业市场的 16%。

2009 年出版行业创造了不到 272 亿欧元的营业额。这相当于文化/创意产业整体营业额的 18.3%。这里报社和杂志社分别占了出版行业营业额的 31%和 43%。

2009 年在出版市场中共有约 25 100 家自雇型企业和应税型企业，约占文化/创意产业的 9.5%。独立记者在整体的出版市场中占 75%。

企业类型

涉及 2008 年的结构数据，按企业类型划分的营业额规模如下所示。

将近 8 300 家即占比 86%的微型企业贡献了市场营业额的 7%。

大约 1 240 家小型和中型企业以总共 12%的企业份额贡献了市场营业额的 10%和 18%。121 家大型企业以超过 5 000 万欧元的营业额占市场营业额的 64%。

大型企业的年平均营业额为 2.01 亿欧元，而微型企业平均每年的营业额为 305 000 欧元。

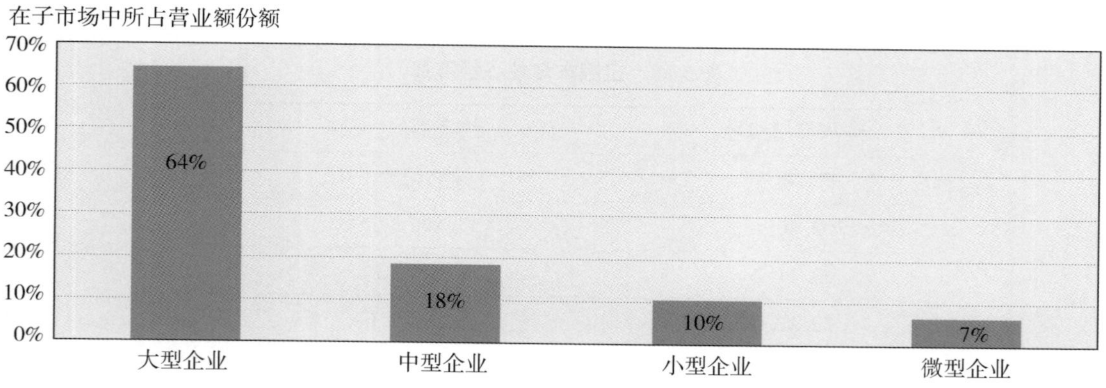

图 3-26　2008 年出版市场中根据企业类型划分的营业额规模

说明：选择的出版行业不包含独立记者，但包含图书/载声体出版社。

来源：德国统计局(2010)，米夏埃尔·松德尔曼/文化产业研究办公室的独立核算。

发展

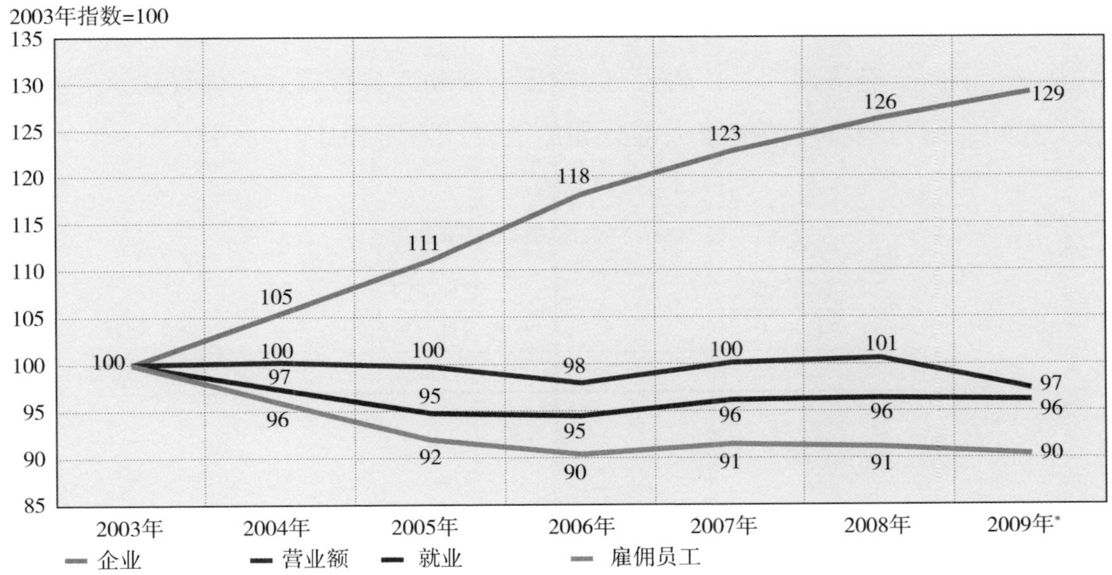

图 3-27　2003—2009 年出版市场的发展

*估算值。

说明：就业(独立从业者和企业雇员)，雇佣员工(只含有社保的企业雇员)。

来源：德国统计局(2010)，联邦就业促进局(2010)，米夏埃尔·松德尔曼/文化产业研究办公室的独立核算。

图 3-27 展示了企业的稳定增长曲线，它从 2003 年起持续上升，到 2009 年增长了 29%。这个发展情况主要受到独立记者的影响，它以 43%的增长率在对比年份 2003 年到 2005 年影响市场。出版社的影响力较小，在同期甚至缩水，如报社下降了 4%。

出版市场营业额的发展曲线到了 2008 年开始停滞不前，之后在 2009 年营业额回落了 3%。包括通讯录出版社和其他出版社在内的所有其他出版行业在 2009 年均呈现负增长或者停滞不前的态势。

就业市场的形式在对比年份 2003 年到 2009 年不再朝积极的方向发展。直到 2006 年，在缩水了 5%后，雇佣员工数量一直停滞不前。这个发展情况主要受到就业市场的影响。2006 年就业者的数量与 2003 年同期相比下降了 10%。从这之后，出版市场就没有或者几乎没有新的雇佣员工进入。总体来说，出版市场进入了一个艰难的阶段，如同营业额和就业市场展示的那样。

最后的说明：有关子市场的经济和就业相关情况的进一步研究，请参考下面的联合会和其他来源(可供选择)。

表 3-19　出版市场联合会和其他来源

德国记者联合会:www.djv.de
德国专业记者联合会:www.DFJV.de
自由作家-自由记者职业联合会:www.freischreiber.de
德国出版社记者联合会:www.dvpj.org
德国报社联合会:www.bdzv.de
德国杂志社联合会:www.vdz.de

3.10 广告市场

广告市场中包含了两个经济部门：广告设计/传播设计和广告推广。广告设计这一经济部门已经在设计产业章节中提到，因为经济环节的很大部分和传播设计紧密相连。

表 3-20 广告市场核心经济部门

经济部门编号	经济部门
74.40.1	*传播设计/广告设计
74.40.2	广告推广

说明：*也属于其他子市场。

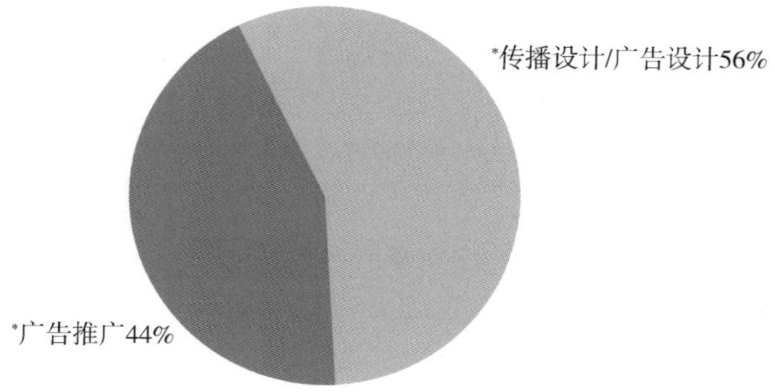

图 3-28 2008年出版市场中根据经济部门划分的自雇型企业和一般企业

说明：*也属于其他子市场。

来源：德国统计局(2010)，米夏埃尔·松德尔曼/文化产业研究办公室的独立核算。

主要数据

根据临时性报告，2009年广告市场总共有149 200名从业者。占文化/创意产业从业者总人数的12.8%。其中有社会保险的从业者超过行业平均数的108 100人。

在2009年，广告市场创造了不到256亿欧元的营业额。这相当于文化/创意产业整体营业额的17.2%。

2009年广告市场里自雇型企业和应税企业有大约41 100家，占文化/创意产业企业数量的14.1%。

企业类型

涉及2008年的结构数据，按企业类型划分的营业额规模如下所示。

大约39 200家即占比96%的微型企业创造了市场营业额的27%。

大约1 520家小型和中型企业以总共3%的企业份额占市场营业额的19%和14%。53家大型企业以超过5 000万欧元的年营业额创造了市场营业额的39%。

大型企业的年平均营业额为2.03亿欧元，而微型企业的年平均营业额只有188 000欧元。

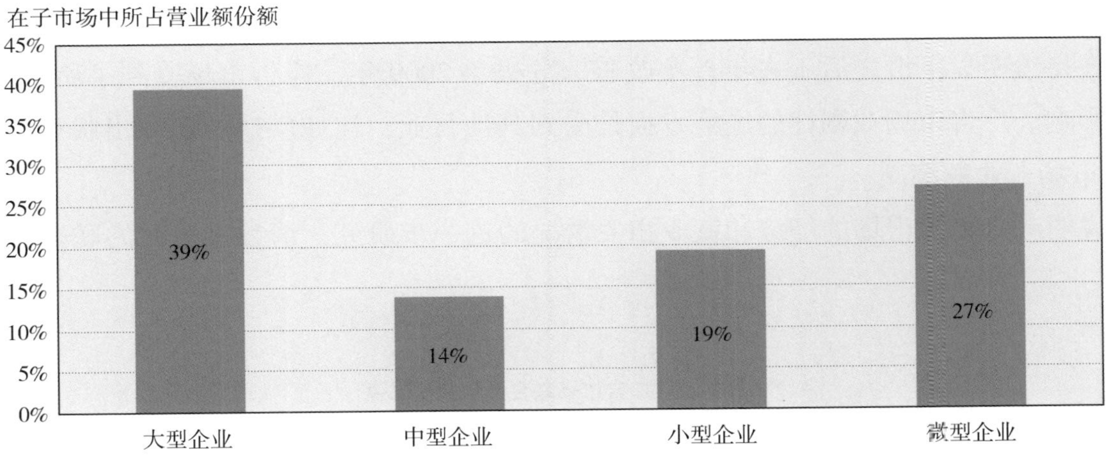

图 3-29　2008 年广告市场中根据企业类型划分的营业额规模

来源：德国统计局(2010)，米夏埃尔·松德尔曼/文化产业研究办公室的独立核算。

发展

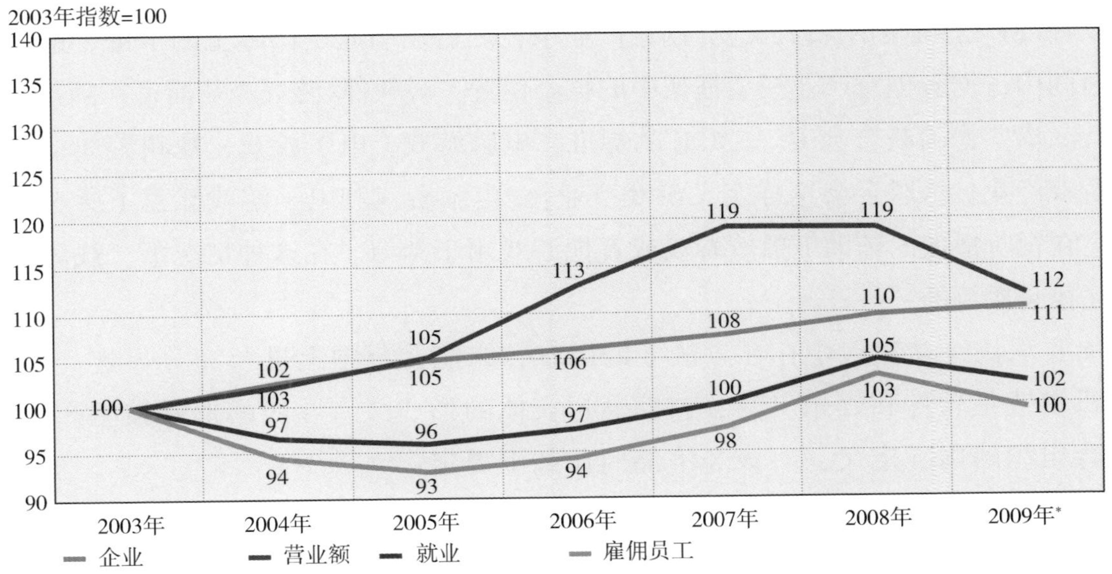

图 3-30　2003—2009 年广告市场的发展

*估算值。

说明：就业(独立从业者和企业雇员)，雇佣员工(只含有社保的企业雇员)。

来源：德国统计局(2010)，联邦就业办公室(2010)，米夏埃尔·松德尔曼/文化产业研究办公室的独立核算。

图 3-30 展示了企业适度的增长，它从 2003 年起持续上升，到 2009 年增长了 11%。

广告市场的营业额增长在 2005 年放缓了，然后在 2008 年显著上升且在 2008 年与 2003 年相比达到了 19%的增长。在之后的 2009 年，广告市场的营业额下降了超过 6%。从对比时段 2003 年到 2009 年来看，广告市场还是实现了 12%的增长。

就业市场在到 2005 年的下降之后再次积极发展，在 2003 年到 2008 年上升了 5%。然而紧接着在

2009 年营业额持续下降，就业人数以同样的速度下降，如同雇佣员工一样。两者都下降了 3%。

从经济角度来看，广告市场整体在对比时段 2003 年到 2008 年实现了良好甚至极好的市场发展，而就业市场在持续明显下滑之后于去年首次改善。危机年 2009 年，广告市场受到了所有文化/创意产业子市场的影响。广告市场戏剧性的经济亏损是受到其他行业，比如广播产业和出版社的影响，这使 2009 年广告市场营业额缩减。

最后的说明：有关子市场的经济和就业相关情况的进一步研究，请参考下面的联合会和其他来源（可供选择）。

表 3-21　广告市场联合会和其他来源

德国交流设计师联合会：www.bdg-designer.de
德国广告产业中心联合会：www.zaw.de
交流经纪公司总联合会：www.gwa.de

3.11　软件/游戏产业

德国的软件/游戏产业刚刚归入文化/创意产业中，之后便引起了国际上的争论。这个产业部门已经在很长的时间内占据着创意产业模型框架中的核心位置。对软件/游戏产业而言，涵盖各种软件产品的开发和发行。借鉴德国联合会 G. A. M. E 的标准，电脑游戏、电子游戏、视频游戏、手机游戏和网络游戏属于游戏产业。该联合会这样定义游戏产业："电脑游戏和电子游戏涵盖了所有交互型、非线性的媒体，它在视听播放的辅助下播放游戏或者把游戏用于学习。在这种情况下，载体介质、播放系统或者传输途径是次要的。"

然而必须要承认，在实践中存在方法上的困难，未能在范围上进行充分界定。电脑游戏、电子游戏和手机游戏是软件和娱乐工具，它们通过实体的形式或者在线的形式被生产和销售。因此这里结合经合组织的国际定义，对该经济部门作如下界定：

表 3-22　软件/游戏产业国际统计定义

行业	国际行业标准分类 3.1*
软件出版	722 软件出版、咨询和供应 7221 软件发型
电脑和软件相关的电脑服务	722 软件出版、咨询和供应 7229 其他软件咨询和供应可能和软件发行重叠
电子游戏，包括漫画	7221 不单独定义

说明：* 国际产业部门划分，经济合作组织定义。

表 3-23　软件/游戏产业核心经济部门

经济部门编号	经济部门
72. 20. 1	软件业出版社
72. 20. 2	软件资讯和研发

经济合作与发展组织的定义向德国传统分类的转化呈现在表 24 的界定里。

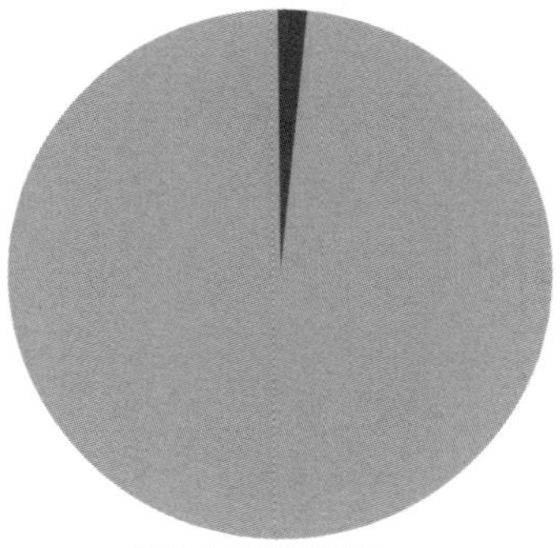

图 3-31　2008 年软件/游戏产业中根据经济部门划分的自雇型企业和一般企业

来源：德国统计局(2010)；米夏埃尔・松德尔曼/文化产业研究办公室的独立核算。

主要数据

根据临时性报告，2009 年软件/游戏产业总共有 367 900 名从业者，占文化/创意产业者总数的 31. 5%。其中有社会保险的从业者将近 326 100 人。

2009 年软件/游戏产业创造了大约 281 亿欧元的营业额。这相当于文化/创意产业整体营业额的 18. 9%。

在软件/游戏产业中，2009 年应税企业一共有大约 41 800 家，占文化/创意产业企业总数的 14. 3%。

企业类型

涉及 2008 年的结构数据，按企业类型划分的营业额规模如下所示。

将近 38 600 家即占比 95%的微型企业创造了市场销售总额的 26%。

大约 1 900 家小型和中型企业以 4%的企业份额总共创造了 22%和 23%的市场营业额份额，而 55 家大型企业的营业额占市场营业额的 29%。

每个大型企业的年平均营业额为 1. 54 亿欧元，而微型企业平均每年有 197 000 欧元的营业额。

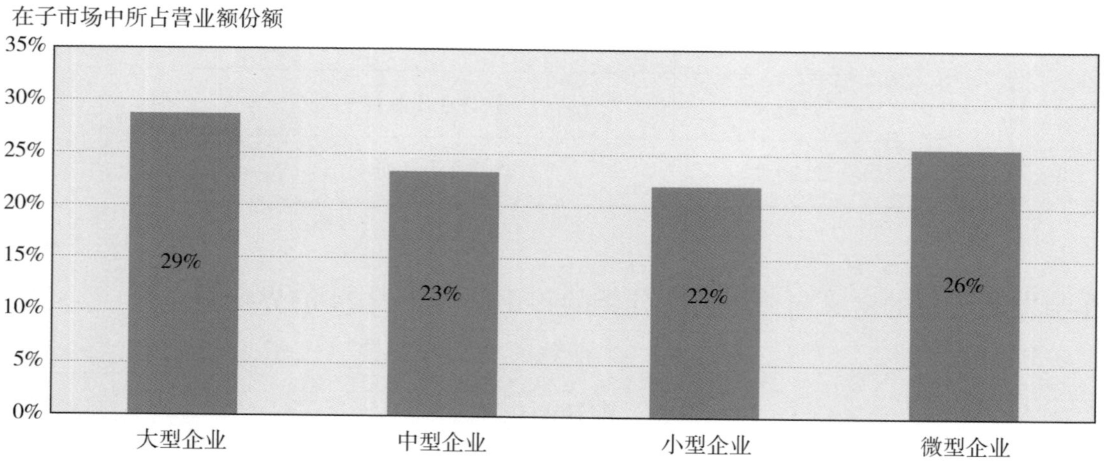

图 3-32　2008 年软件/游戏产业中根据企业类型划分的营业额规模

来源：德国统计局(2010)，米夏埃尔・松德尔曼/文化产业研究办公室的独立核算。

发展

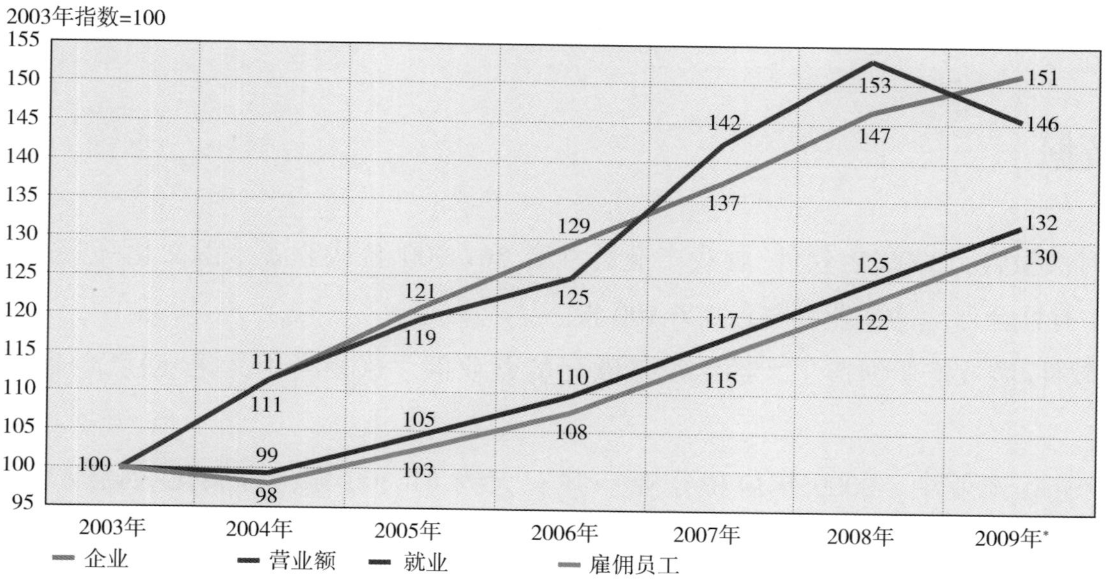

图 3-33　2003—2009 年软件/游戏产业的发展

*估算值。

说明：就业(独立从业者和企业雇员)，雇佣员工(只含有社保的企业雇员)。

来源：德国统计局(2010)，联邦就业促进局(2010)，米夏埃尔・松德尔曼/文化产业研究办公室的独立核算。

图 3-33 展示了企业稳定的增长曲线，它从 2003 年起持续增长，到 2009 年上升了 51%。软件/游戏企业的年增长率大约为 7%。其中软件/游戏产业属于文化/创意产业增长最快的子市场。

企业发展和营业额发展呈现积极趋势。在 2003 年到 2008 年之间，子市场实现了营业额的显著增长。之后的 2009 年，软件/游戏产业却经受了巨大的挫折，受到整体经济发展的影响。营业额从 2008 年高峰期的 53%开始下降，2009 年与对比年 2003 年相比下降到了 46%。

就业市场的图表呈现了截然不同的情况。原因是尽管营业额增长率在倒退，但工作岗位却没有减少。2003 年起到 2004 年短暂的负面发展中，职位数量和就业人数的增长率仍上升并超过平均水平，在 2009 年持续地达到 32%和 31%。

总体来说，软件/游戏产业属于文化/创意产业最重要的子市场。它的发展速度和整体行业向好的方向也向不好的方向发展。软件/游戏产业在未来不仅受到数量规模的影响，而且应被当作文化/创意产业内的核心主题来对待。不同的文化娱乐，如电影、视频、音乐、文章、动漫等，在游戏的发展中相互融合，不断强化内容上的趋同性，不再只是单纯地涉及它们在技术形态层面的统一概念，从而直接和几乎所有的其他文化/创意产业领域联系。游戏的发展明显受到其他领域美学原则的影响。

最后的说明：有关子市场的经济和就业相关情况的进一步研究，请参考下面的联合会和其他来源（可供选择）。

表 3-24　软件/游戏产业联合会和其他来源

电脑游戏开发者联合者：www.game-bundesverband.de
联邦交互娱乐软件业联合会：www.biu-online.de
德国网络产业联合会：www.eco.de
德国数码产业联合会：www.bvdw,org/
德国信息产业，电讯和新媒体联合会：www.bitkom.org/

表 3-25　对于软件/游戏产业未来界定的建议

经济部门编号	经济部门
58. 21	电脑游戏出版社
58. 29	其他软件出版社（不包括电脑游戏）
62. 01	标准软件和互联网展示的发展
63. 12	便携式网络

说明：2008 年的新产业部门划分。

通过这个研究，将实现对软件/游戏产业未来的界定，实现对软件/游戏产业进行的结构清晰和有区分度的总结。

4 总结评价

4.1 对经验调查结果的总结

对子市场的调查结论有以下几点：

子市场的普遍性评价

从成长动力方面进行比较，软件/游戏业、表演艺术和设计产业等三大市场表现得最为强劲。根据 2003 年至 2009 年的平均增长率，这些子市场都在持续地扩张，而且营业额的年增长率都在 5.8%到 6.5%之间。

和去年(2008 年)相比，这些平均值却都低于预期，因为 2008 年的年均增长率在 6.5%到 8.4%之间。可以说，几乎所有的子市场由于 2009 年的经济危机都蒙受了巨大的损失，就算是处于龙头位置的三大子市场也难以幸免。

2008 年同样增长强劲的艺术市场在 2009 年的增长率也仅止步于 3.6%。这个市场在 2009 年深陷金融危机的泥沼，以至于其未能重现前些年的增长率辉煌。至于其余子市场，如建筑业、广告业、音乐、广播和图书市场都达到了 1%到 2%的平均增长率。

电影业和出版业这两个子市场在排名中又排在了末席。早在 2008 年，平均值和 2003 年至 2008 年相比就已经处在了负增长的区域。这样的情况在 2009 年持续发展，年均增长率分别只有-0.4%(电影业)和-1.6%(出版业)。

企业类型的要点

根据营业额大小对企业结构影响的调查旨在明确小微企业对文化/创意产业的重要性。

调查表明，文化/创意产业中小微企业的经济意义不同程度地大于传统行业。然而根据对 11 个子市场的细节研究，文化/创意产业中的企业又各自呈现了不同的景象。

所有子市场中大企业的绝对数值虽说只有两位数的变化，但是只有明显受到大企业经济成分影响的子市场才容易被辨识。

广播产业就是一个很好的例子，该行业中 82%的业绩是由 20 家大企业所取得的。此外，出版市场

64%的业绩是属于大型企业的。同时，出版市场和广播产业小企业的贡献几乎无足轻重。广播产业的小企业的营业额只占全行业的 3%，而出版市场占 7%。

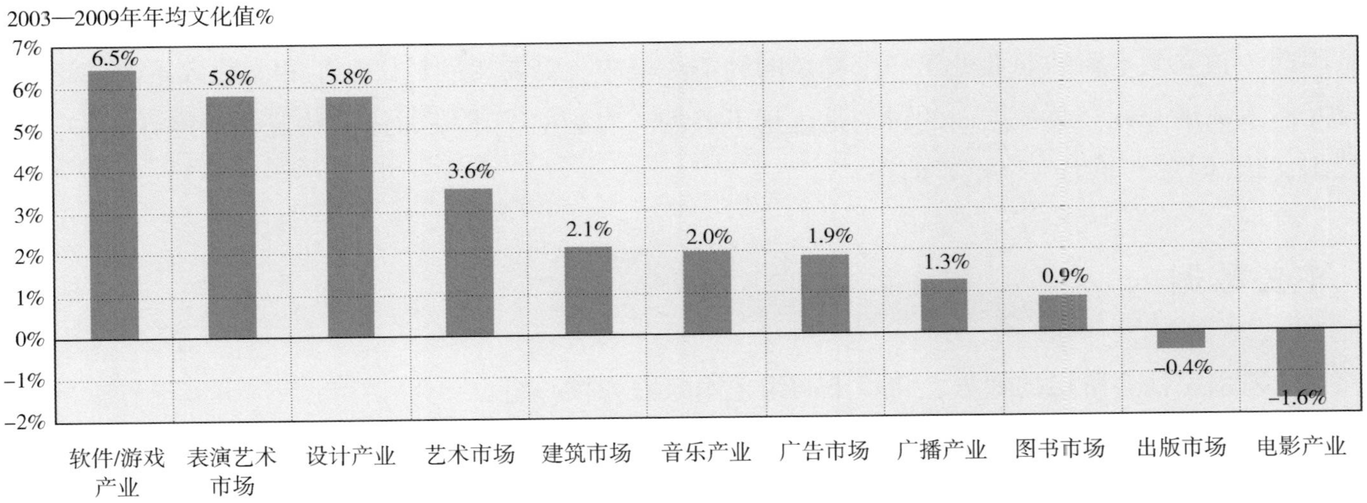

图 4-1　2003—2009 年文化/创意产业市场的增长

说明：平均营业额基于 2003—2009 年基准发布。

来源：德国统计局(2010)，米夏埃尔·松德尔曼/文化产业研究办公室的独立核算。

对小微企业最重要的市场则是建筑市场(76%的营业额)、新闻业(67%)、艺术团体(包括独立艺术家，58%)和博物馆商店(40%)。这里包括由于小微企业数量大而造成的高营业额市场占比，它们很多都是自雇型企业或者自由职业者，平均年营业额在 100 000 到 200 000 欧元之间。

软件/游戏产业(四种企业类型的总营业额大致相同)、广告市场和电影产业属于那些四种规模的企业的营业额占比大致相同的均衡市场。在这些市场中，四种企业类型对各自市场的经济承受力都是至关重要的。

总体来说，从文化/创意产业的巨大就业潜力可看出，它对实现国民经济繁荣的重要性日渐增强。拥有超过一百万的在职人员(不包括临时从业者)的文化/创意产业已经达到了一个对经济发展举足轻重的规模。文化/创意产业已经发展为无论是大企业还是数以千计的作为自雇型企业的小微企业都不可或缺的行业领域。

这里，独立艺术家尤其重要，这会在以下章节中介绍。

4.2　特别关注：独立艺术家

如果没有作家、作曲家、音乐家、演员、电影人、视觉艺术家，就不会有文化/创意产业。他们是原创者、原创制作人、表演艺术家或者是服务提供商。如果没有他们，就没有电影公司，没有音乐会，没有出版社，同样没有画廊对灵感进行利用与加工。

上述道理却时常被人们所忽视，这是因为根据经济标准，处于文化/创意产业的价值创造链上的艺术家团体属于该行业最小的个体。此外，艺术家通常没有自己的组织或行业协会作为谈判伙伴协助他们应对行业中的剥削者。

特别地，在独立艺术家所生存的艺术、文化或创意的场景中往往以生产过剩为特征。来自专业的、半专业或自学成才者的不同形式创作作品之间形成激烈甚至是恶性竞争。此外，通过新技术的使用、数字化和网络技术所产生的多样性也不断带来新挑战。

因此，独立艺术家的职业处于一个复杂的经济环境中，需要得到经济政策和文化政策的广泛关注。仅仅对艺术家展开社会政策层面的讨论是远远不够的。对独立艺术家的经济状况的深度认识是充分激发德国文化/创意产业的一个重要前提。

主要数据

类比艺术家社会阶层的划分，将以下四组艺术家归为核心组。

1. 音乐组

   独立音乐家(作曲家)

   乐团/舞团

2. 视觉艺术组

   独立视觉艺术家

   独立艺术品修复师

3. 表演艺术组

   独立舞台艺术家、电影艺术家、广播艺术家

4. 文学/文字组

   独立作家

   独立记者

独立艺术家包括自由职业者和工商业艺术家，不管是否有工作室、办公室、代办处，没有别的员工，抑或是有雇员的企业主。所有申报为自雇型艺术工作者，并以自己的经济活动和服务在税务部门纳税的艺术工作者都属于独立艺术家。

	独立艺术家和文字工作者		营业额		独立从业者平均营业额	
	数量	比重	百万欧元	比重	千欧	变化率
音乐组						
作曲家	2 461	5%	244	6%	99	-4.9%
乐团/舞团	1 792	4%	241	6%	134	16.6%
视觉艺术组						
独立视觉艺术家	9 106	18%	898	21%	99	11.2%
独立艺术品修复师	1 304	3%	133	3%	102	-5.2%
表演艺术组						
独立舞台艺术家	9 805	20%	847	20%	86	2.3%
电影、广播艺术家	538	1%	38	1%	71	-15.7%

	独立艺术家和文字工作者		营业额		独立从业者平均营业额	
	数量	比重	百万欧元	比重	千欧	变化率
文学/文学组						
独立作家	6 422	13%	505	12%	79	1.9%
独立记者	18 199	37%	1 307	31%	72	-0.3%
总计	49 627	100%	4 213	100%	85	2.7%
补充						
年营业额低于17 500欧的艺术家/艺术职业	109 895	—	—	—	—	—
总计	159 522	—	—	—	—	—

图4-2　2008年独立艺术家和文字工作者的收入

来源：微观人口普查，德国统计局(2010)，米夏埃尔·松德尔曼/文化产业研究办公室的独立核算。

2008年，德国大约有49 600个独立艺术家能挣17 500欧元或更多。总额达到了42亿欧元。平均每个艺术家每年可以挣到85 000欧元。

除此之外，还有10.99万名自由艺术家在艺术家社会保险机构进行了登记。所以估计将近有16万名独立艺术家活跃在艺术市场上。

在上述的49 600个艺术家里，文学/文字组占据了50%。其次是表演艺术家和视觉艺术家，各占大约20%。虽然从事音乐的艺术家人数最少，但从经济的角度来看是最成功的。他们每年平均能够挣得99 000欧元至115 000欧元，只有艺术品修复师可与之匹敌——他们每人每年能挣100 000欧元。其他各组艺术家每人每年仅能挣不到100 000欧元。记者和艺术家组每人只能获得71 000元到72 000欧元的年收益，是表现最不佳的。根据年收益等级进行的划分宽泛地涉及了各组艺术家，这可以从下文的分析中清晰地看出。

根据2008年年收益对独立艺术家进行分类

在收益的最小阶层(17 500欧元至50 000欧元)涵盖了大多数独立艺术家(53%~61%)。接下来的两个收益阶层(低于100 000欧元，低于250 000欧元)占据了相当大的比例，两个阶层加起来占到了所有独立艺术家的30%以上。最后的几个收益阶层(即大于250 000欧元的部分)各自的比例都不到10%。

对年收益多少的分层为我们呈现了一幅各组艺术家分化程度的图景。据此，他们作为重要的经济活跃分子的一面被揭露了出来。

艺术家和文化/创意人的特殊身份奠定了其经济能力方面的行业复杂性。与传播产业以及IT产业有关的经验已然显示出，艺术家、文化和创意工作者往往只被看作产业中的供应商——如果他们的独立性地位得到认可的话。

将艺术家团体整合成经济相关主体，为文化/创意产生创造了崭新又复杂的条件和结构，从这个意义来说，似乎有理由将文化/创意产业称为“特定经济”产业，这一术语尤其适合文化/创意产业的艺术、文化、创意工作者们所进行的实验性风险性活动，“特定经济”概念还能够为文化/创意产业中常被称为“项目经济”或“原型经济”的部分开拓新视角。

实际数值	作曲家 数量 2008年	乐团/舞团 数量 2008年	创作艺术家 数量 2008年	舞台艺术家 数量 2008年	独立作家 数量 2008年	独立记者 数量 2008年
收益						
17 500—50 000欧元	1 312	1 087	5 095	5 649	3 644	10 611
50 000—100 000欧元	628	368	2 264	2 347	1 647	4 974
100 000—250 000欧元	364	203	1 232	1 318	846	2 056
250 000—500 000欧元	99	73	336	316	196	387
500 000—1 000 000欧元	39	27	114	114	60	137
大于1 000 000欧元	19	34	65	61	29	34
合计	2 461	1 792	9 106	9 805	6 422	18 199
	作曲家	乐团/舞团	创作艺术家	舞台艺术家	独立作家	独立记者
份额百分比	(%)2008年	(%)2008年	(%)2008年	(%)2008年	(%)2008年	(%)2008年
收益						
17 500—50 000欧元	53.3	60.7	56.0	57.6	56.7	58.3
50 000—100 000欧元	25.5	20.5	24.9	23.9	25.6	27.3
100 000—250 000欧元	14.8	11.3	13.5	13.4	13.2	11.3
250 000—500 000欧元	4.0	4.1	3.7	3.2	3.1	2.1
500 000—1 000 000欧元	1.6	1.5	1.3	1.2	0.9	0.8
大于1 000 000欧元	0.8	1.9	0.7	0.6	0.5	0.2
合计	100.0	100.0	100.0	100.0	100.0	100.0

图4-3　2008年按年收益的多少对独立艺术家进行分类

说明：不包括独立艺术品修复师。

来源：微观人口普查，德国统计局(2010)，米夏埃尔·松德尔曼/文化产业研究办公室的独立核算。

4.3　特别的关注焦点：文化领域

在这一节中，会对文化领域的所谓的三领域模型做一些基本的描述。

为了理解文化界限这个概念，我们会从文化政治的角度来提及。这应该强调文化企业相互之间的研究。所以不是所有的11个文化/创意产业的分支都包括在内，只包括所谓的古典文化行业：

音乐、书籍、艺术、电影、广播和表演艺术。

它们构成了那些在文化政治的考虑中原则上属于文化企业的互为补充的领域。

基于可用的官方和相关协会的统计数据，可以用初步的参考值展现一个初步印象。

文化领域中总计有至少596 000名从业者，私人经济文化企业(文化产业)中约有包括有社保的从业者在内的186 700名独立工作者。此外，在这一文化领域中还有58 600名临时从业人员。这两个群体占到整个文化领域41%的份额。

艺术家和文化工作者的群组(音乐家、音乐教师等)可以分为三个子群组。包括有社保的从业者在内的独立工作者达62 700人。之后是6 000名临时从业者和125 300名年营业额不到17 500欧元的临时从业者。这一群组总计占整个文化领域33%的比重。

在公共和跨媒介文化企业中的有社保的从业者和临时从业者数量分别为11 700人和39 500人，一共占文化领域27%的份额。

为了正确理解“人”这一概念，这里应指出，严格来说，我们在统计所谓就业岗位时，一个人可以分配到多个就业岗位，这就可能使得这里给出的绝对数值偏高。另一方面这里也只表现了那些通过数据统计记录下来的岗位和人数。由于文化领域很大程度上正是以其异质性的就业和活动结构为特征的，因此这里更可能是对该产业的不充分统计。

4.4 文化/创意产业未来展望

文化/创意产业除了在数量上对德国净产值的创造有意义，同时它也是未来工作生活模式的重要模板。它向我们展示出未来以知识和内容为导向的社会的一部分。我们在文化/创意产业中观察到的一些显著的结构在其他产业中也能够，或者即将能够看到。

今天的文化/创意产业中已经出现了未来导向的工作和商业模式。由于在文化/创意产业中存在例如混合工作模式的生产方式，以及许多企业以内容为导向的产品，文化/创意产业是德国知识经济的先导。

在文化/创意产业的子市场中，单个产品的创新周期极短。在企业财政中属于高风险类别的以创新为导向的商业模式，需要得到专门的财政支持。在这方面需要以资助创新力为目标的经济政策提供相应的资助措施。

文化/创意产业最显著的产品类型是原型产品、定制产品、微型批次产品和非物质产品。文化/创意产业产品的类型和性质有典型的知识经济特色。

文化/创意产业中女性从业者的比例高于平均值。文化/创意产业深受其超过平均水平的女性从业人员份额的影响。在专业人才缺失的背景下，女性从业者数量的增加是一个明显的有利因素。文化/创意产业可以作为提高就业率的良好模板。

快速转变的从业结构和持续变化的就业领域及职业图景是文化/创意产业的显著标志。如果将来在传统行业中，自由职业者和个体企业家有更加重要的地位，那么文化/创意产业就可以因其中占主导地位的就业结构在这方面提供模板。

几乎所有的文化/创意产业企业都使用现代科技，特别是信息与通讯技术。他们不仅是被动的技术使用者，而同时也是技术制造商和开发商开发新技术的推动力。

对文化/创意产业的经济政策支持可以发展为面向未来的经济促进方法和手段，并尽可能地转化，为其他行业所用。

欧盟的里斯本战略提出了如下目标：将欧洲经济区发展为“世界上最具竞争力和活力的知识经济体，实现经济可持续发展，提供更多更好的就业岗位和更强的社会凝聚力”。因此，一个能支持文化/创意产业创新和经济潜力的经济政策，既可以从国民经济的角度，也可以从对未来工作模式的模板效应的角度，为实现这一目标做出重大的贡献。

附　　录

方法说明

参考值：企业数量、营业额和就业人数

企业数量

企业的概念在营业税统计以及企业索引中作为一个法律上独立的个体来定义。这样，所有的企业类型包括自由职业者和他们的办公室，以及所有的个体从业者，但是不包含相关从业者和所有购买性企业。“企业”的概念在口语的语境中能充分展示出来，其包含所有的独立企业、个体企业，从微型企业到小型和中型企业直到大型企业。对不同企业类型的理解正好对于文化/创意产业而言有特别的意义，因为这里有一个并非不重要的产业部门和与从业者相关的产业活动正好落在小型和微型企业上。

营业额

营业额的概念包含在了营业额统计的一个部分中，它包含了企业缴税的货物和成绩。在一些联邦州外还可以看到一些所谓的集体内的职业，但并不是在全国范围内。因此，在所有领域对于营业额的一个一致性的比较必须考虑到应纳税额，应纳税额只包含交货和贡献值。

从在营业税统计中显示出来的营业额(＝数量×买卖货物和服务的价格)可以得出净生产值。它基于多样化的产品统计，在其中包含了产品价值、预支的税收扣除。营业额和净产值相比总是大一些，甚至是越来越大，如果在工作分工的进程中关系越紧密的话(预付)。例如德国 2006 年的产值(所有的产业部门)有 20.94 亿欧元，而纳税的营业额在同一年达到了 49.30 亿欧元。因为官方统计没有披露在整体经济中及产业部门中净产值的分配，因而文化/创意产业的这个指示器必须估算。

因为营业税统计同样实现了每个产业部门按营业额规模级别划分(8 个级别年营业额从 17 500 欧元开始到 500 万欧元结束)，文化/创意产业也可以按大小结构来研究。对此引入了“内部划分”这个概念，通过它可以对不同企业进行描述。在 KMU 企业对欧盟定义的借鉴上划分了 4 个企业类型：微型企业、小型企业、中型企业以及大型企业。

就业人数

该参考值表明，考虑到文化/创意产业中高比例的独立从业者和自雇型企业，文化/创意产业能为

就业市场做多大贡献。就业人数这个概念一方面包含了独立从业者，另一方面包含了企业雇员。独立从业者可进一步划分为有其他工作和无其他工作的从业者。此外还要算上帮忙的家庭成员。在企业雇员这个部分包括雇员、工人和培训学员以及公务员。

对于文化/创意产业来说，就业统计受到以下限制：营业税统计只包含了有缴税义务的独立从业者和自雇型企业，但不包含企业雇员。而从业人数统计数据又只涵盖了企业雇员且仅包含有社会保险的从业者，包括临时从业者，而不包含公务员。

数据来源

营业额统计

营业税统计包含了整个国民经济部门，如同它通过产业分类定义的那样。此外还有与税收相关的企业数据和五位数的营业额数据，通过最详细的深度专业化划分来区分总结。另外从联邦层面到地方层面的营业税数据都是基于相同的调查理论。

营业税统计的优点在于它几乎完全覆盖了整个国民经济的发展。然而，因为它在小型企业的统计上有所谓的界限范围——它不会统计到那些年营业额低于 17 500 欧元的企业和独立经营者——在统计中，微型企业和微型独立经营者的微不足道的那部分也就会被隐藏。这对于文化/创意产业整体潜力的表述来说是一个缺陷，它很有可能通过对源自艺术家社会阶层或者其他辅助建设的数据来得到。

就业人数统计

就业人数统计同样涵盖了与整体经济部门相对应的产业部门分类，并且提供了五位数的深度专业分类，以及最小的地方统一数据乃至全国性的数据。因此某些优势就会受到局限，因为这里只包含有社会保险的从业者，而没有个体从业者和公务员。此外，它还有些不利的影响，因为最终只有那些拥有社会保险的职位的企业被包括在内。就业者统计的主要优势首先在于它的现实性。

临时从业者统计

这个数据来源可以作为常规就业者统计的补充，由于其专业性的深度分类和能反映时代的出版，已经作为辅助性数据使用多年，并且，它作为辅助性数据对于迷你工作领域的评估也是十分有价值的。

微观人口普查

微观人口普查并不是全面统计，而是一个 1%的抽样调查。因此它主要在产业的三位领域内发表。无论对于市场区分还是对于市场组织区分来说，这种界定有一个主要的缺点，因为在该市场里，唯一的市场组织只能以五位数的专业深度才能被识别出来。尽管有这些不足，微观人口普查还是有意义的，因为当在整个国家范围内进行研究的时候，微观人口普查是唯一的来源，它被编入了欧洲范围的劳动力统计资料。德国的微观人口普查不仅建立了统计上的界限，同时也是文化/创意产业领域对整个欧洲进行研究的桥梁。

独立艺术家统计

艺术家社会阶层指向了对于自由职业的艺术家组织的统计。由于采用了艺术家自愿自我评估的调查方法，这些数据可以作为补充的数据来源来使用。

统计界限

2010 年发布的 2009 年德国文化/创意产业监控报告对文化/创意产业进行了有效界定。

表附-1　2003 年按产业部门界定的文化/创意产业

2003 年经济部门编号	经济部门	价值份额	
		UST	SVB
1. 音乐产业			
92. 21. 5	独立音乐家、作曲家		
92. 21. 2	音乐和舞蹈剧团		
22. 14. 0	可播放的载声体和音乐出版出版社		
92. 32. 1	*戏剧/音乐会主办方		
92. 32. 2	戏剧/歌剧、准剧院企业		10%
92. 32. 5	*文化/娱乐业和其他辅助产业		
52. 45. 3	乐器和音乐资料零售		
	总市场份额		
2. 图书市场			
92. 31. 6	独立作家		
22. 11. 1	图书出版社		
52. 47. 2	图书零售业		
	总市场份额		
3. 艺术市场			
92. 31. 3	独立创造艺术家		
52. 48. 2**	艺术商店(估计值)	20%	20%
92. 52. 1	博物馆商店(含个体经济企业部分，估计值)和艺术品展览		8%
	总市场份额		
4. 电影产业			
92. 31. 7	*独立舞蹈艺术家(电影)		
92. 11. 0	电影/电视和视频制作		
92. 12. 0	电影出租和视频节目提供者		
92. 13. 0	电影院		
	总市场份额		
5. 广播产业			
92. 40. 2	*独立记者		
92. 20. 0	广播主办者、广播和电视节目制作人、制作人		其他提示
	总市场份额		
6. 表演艺术市场			
92. 31. 7	独立舞台艺术家		

续表

2003年经济部门编号	经济部门	价值份额	
		UST	SVB
92.31.8	独立艺术家		
92.31.1	戏剧团		10%
92.32.1	*戏剧/音乐会举办者		
92.32.2	*戏剧、歌剧、演剧团等		10%
92.32.3	杂耍剧团和小型舞台剧团		
92.32.5	*其他文化和娱乐业辅助产业		
92.34.1	舞蹈学校/2009年起文化课程		
92.34.2	其他文化/娱乐设施(马戏、杂技、玩偶剧)		
	总市场份额		
7. 设计产业			
74.20.6	工业设计		
74.87.4	产品/时装/版画设计		
74.40.1	*传播设计/广告设计		
	总市场份额		
8. 建筑市场			
74.20.1	房屋建筑和室内设计工作室		
74.20.2	地方、区域和州规划建筑工作室		
74.20.3	花园和地方设计建筑工作室		
	总市场份额		
9. 出版市场			
92.40.2	独立记者		
92.40.1	通讯社和新闻社		
22.11.2	通信录出版社		
22.12.0	报社		
22.13.0	杂志社		
22.15.0	其他出版社		
	总市场份额		
10. 广告市场			
74.40.1	*交流设计/广告设计		
74.40.2	广告/广告介绍		
	总市场份额		
11. 软件/游戏产业			
72.20.1	软件出版社		
72.20.2	软件咨询和研发		
	总市场份额		
(一)其他			
92.31.4	独立艺术品修复师		
92.51.0	图书馆/档案馆		8%
92.52.2	纪念碑地点企业		8%

续表

2003年经济部门编号	经济部门	价值份额	
		UST	SVB
92.53.0	植物和动物园以及自然公园		8%
92.33.0	流动艺术行业和游乐园		
	总市场份额		
有双倍税(所有产业部门数量包含双借税在内)			
双倍产业部门的数额			
文化/创意产业编号1-12(不包含双倍税)			

说明：* 也属于其他经济部门；UST=营业税统计，SVB=从业者统计。

来源：德国联邦统计局，产业部门分类(2003)；文化统计工作联合会。

统计数据

表附-2　2007—2009年文化/创意产业重点数据

分　类	2007年	2008年	2009年*	变化率(%)		
				2007/2006年	2008/2007年	2009/2008年
企业数量[1]						
文化/创意产业	225 738	232 770	236 837	2.9%	2.1%	1.7%
文化/创意产业在国民经济整体中所占比例	7.2%	7.3%	7.4%	—	—	—
营业额(百万欧元)						
文化/创意产业	133 187	136 202	131 407	4.4%	2.3%	-3.5%
文化/创意产业在国民经济整体中所占比例	2.6%	2.5%	2.7%	—	—	—
固定职员数量[2]						
文化/创意产业	743 056	772 762	786 699	3.2%	4.0%	1.8%
文化/创意产业在国民经济整体中所占比例	2.8%	2.8%	2.9%	—	—	—
固定从业人员数量[3]						
文化/创意产业	968 794	1.005 532	1.023 535	3.1%	3.8%	1.8%
文化/创意产业占总产业份额	3.2%	3.3%	3.3%	—	—	—
毛附加价值(十亿欧元)[4]						
文化/创意产业	63.1	64.9	62.6	4.0%	2.8%	-3.5%
文化/创意产业在国内生产总值中所占比例	2.6%	2.6%	2.6%	—	—	—
国内生产总值	2 428.2	2 495.8	2 409.1	4.4%	2.8%	-3.5%
文化/创意产业核心数据						
每家企业平均创造的营业额(千欧)	590	585	555	1.5%	-0.8%	-5.2%
每名职工平均创造的营业额(千欧)	179	176	167	1.2%	-1.7%	-5.2%
每名从业人员平均创造的营业额(千欧)	137	135	128	1.2%	-1.5%	-5.2%
每家企业平均拥有职员数量	3.3	3.3	3.3	0.3%	0.9%	0.1%

续表

分　类	2007 年	2008 年	2009 年*	变化率(%)		
				2007/2006 年	2008/2007 年	2009/2008 年
每家企业平均拥有从业人员数量	4.3	4.3	4.3	0.2%	0.7%	0.0%
独立从业者在固定从业人员中的份额	23.3	23.1	23.1	-0.2%	-0.7%	0.0%
固定从业人员平均创造的毛附加价值(千欧)	65.1	64.5	61.2	0.8%	-1.0%	-5.2%

说明：* 2009 年企业和营业额估算值；2009 年联邦就业促进办公室临时报告的有社会保险的固定职员(svb)和固定从业人员。(1) 有缴税义务的企业且年营业额大于等于 17 500 欧。(2) 有齐全保险的固定职员(全职和兼职)，但不包括临时工作者和独立从业者。(3) 涵盖固定从业人员。有缴税义务的企业和有社保的从业者。此外基于 2009 年文化/创意产业统计数据主要包含有 280 000 名临时工作者。(4) 2007 年毛附加价值估计值基于国民经济总量估计(2010 年 5 月)，2008 年和 2009 年的毛附加价值推算基于之前年份国内生产总值的变化率。

来源：营业税统计，德国统计局(2010)；联邦就业办公室(2010)；米夏埃尔·松德尔曼/文化产业研究办公室的独立核算。

表附-3　文化/创意产业 2003—2009 年按 11 个市场部门的分类

市场部门	分类	2003 年	2004 年	2005 年	2006 年	2007 年	2008 年	2009 年*
音乐产业	企业	10 017	10 245	10 569	10 798	10 882	11 019	11 104
图书市场	企业	12 715	13 063	13 427	13 638	13 817	13 906	13 999
艺术市场	企业	10 285	10 381	10 692	10 985	11 362	12 003	12 250
电影产业	企业	15 741	16 258	17 032	17 654	18 234	18 982	19 344
广播产业	企业	13 956	14 964	16 081	17 504	18 519	19 133	19 691
表演艺术市场	企业	14 392	15 288	16 333	17 320	18 047	18 770	19 217
设计产业	企业	32 893	35 029	37 119	38 728	40 032	41 341	42 101
建筑市场	企业	36 789	37 233	38 078	39 737	40 154	40 624	41 073
出版市场	企业	19 432	20 478	21 559	22 917	23 824	24 506	25 073
广告市场	企业	37 220	38 191	39 037	39 507	40 041	40 827	41 144
软件/游戏产业	企业	27 633	30 783	33 405	35 719	37 959	40 503	41 847
文化/创意产业	企业	193 967	202 049	210 832	219 376	225 738	232 770	236 837
音乐产业	营业额(百万欧)	4 930	5 025	5 391	5 392	5 282	5 596	5 538
图书市场	营业额(百万欧)	14 010	13 605	14 133	14 743	14 623	14 446	14 766
艺术市场	营业额(百万欧)	1 490	1 536	1 614	1 767	1 798	1 946	1 840
电影产业	营业额(百万欧)	7 869	7 576	7 625	7 609	7 044	7 283	7 150
广播产业	营业额(百万欧)	8 597	8 898	9 290	9 797	10 232	10 085	9 277
表演艺术市场	营业额(百万欧)	3 192	3 350	3 769	4 154	4 360	4 548	4 481
设计产业	营业额(百万欧)	10 855	11 563	13 316	14 869	15 807	15 981	15 218
建筑市场	营业额(百万欧)	7 058	6 734	6 934	7 287	7 532	8 002	8 002
出版市场	营业额(百万欧)	27 882	27 930	27 792	27 312	27 916	28 065	27 160
广告市场	营业额(百万欧)	22 839	23 347	24 025	25 797	27 214	27 188	25 557
软件/游戏产业	营业额(百万欧)	19 288	21 485	23 028	24 103	27 465	29 545	28 067
文化/创意产业	营业额(百万欧)	117 047	119 314	123 344	127 552	133 187	136 202	131 407
音乐产业	企业雇员	34 968	34 371	34 652	34 984	35 580	36 081	36 342
图书市场	企业雇员	86 341	83 147	82 018	81 497	78 563	78 351	74 607

续表

市场部门	分类	2003 年	2004 年	2005 年	2006 年	2007 年	2008 年	2009 年*
艺术市场	企业雇员	14 617	14 719	14 953	15 249	15 621	16 303	16 570
电影产业	企业雇员	54 766	54 954	55 529	53 850	55 584	57 608	57 927
广播产业	企业雇员	36 705	38 238	40 353	41 521	43 803	44 702	46 413
表演艺术市场	企业雇员	32 943	33 447	36 205	36 899	38 271	39 780	41 256
设计产业	企业雇员	116 896	114 805	117 089	120 147	125 280	132 480	129 827
建筑市场	企业雇员	109 927	104 673	100 985	99 626	99 700	103 330	103 921
出版市场	企业雇员	131 558	128 028	124 683	124 360	126 418	126 733	126 475
广告市场	企业雇员	145 779	140 770	139 937	142 021	146 045	152 834	149 216
软件/游戏产业	企业雇员	278 644	277 029	291 306	305 805	326 362	346 923	367 913
文化/创意产业	企业雇员	931 435	914 362	923 883	939 257	968 794	1 005 532	1 023 546
音乐产业	独立从业者	24 951	24 126	24 083	24 186	24 698	25 062	25 238
图书市场	独立从业者	73 626	70 084	68 591	67 859	64 746	64 445	60 609
艺术市场	独立从业者	4 332	4 337	4 262	4 264	4 259	4 300	4 320
电影产业	独立从业者	39 025	38 696	38 497	36 196	37 350	38 626	38 583
广播产业	独立从业者	22 749	23 274	24 272	24 017	25 284	25 569	26 722
表演艺术市场	独立从业者	18 551	18 159	19 872	19 579	20 164	21 010	22 038
设计产业	独立从业者	84 003	79 776	79 970	81 419	85 248	91 139	87 726
建筑市场	独立从业者	73 138	67 440	62 907	59 889	59 546	62 706	62 848
出版市场	独立从业者	112 126	107 550	103 124	101 443	102 594	102 227	101 392
广告市场	独立从业者	108 559	102 579	100 900	102 514	106 004	112 007	108 072
软件/游戏产业	独立从业者	251 011	246 246	257 901	270 086	288 403	306 420	326 066
文化/创意产业	独立从业者	737 468	712 313	713 052	719 880	743 056	772 762	786 699

说明：* 临时估计值。

来源：营业税统计，德国统计局(2010)，米夏埃尔·松德尔曼/文化产业研究办公室的独立核算。

表附-4　2003—2009 年文化/创意产业按市场部门和产业部门划分的企业

2003 年产业部门	产业部门	企业						
		数量 2003 年	数量 2004 年	数量 2005 年	数量 2006 年	数量 2007 年	数量 2008 年	数量 2009 年**
1. 音乐产业								
92. 31. 5	独立音乐家、作曲家	2 148	2 213	2 303	2 337	2 392	2 461	2 489
92. 31. 2	音乐和舞蹈剧团	1 957	1 909	1 897	1 859	1 817	1 792	1 775
22. 14. 0	播放载声体和音乐出版社	1 302	1 370	1 401	1 478	1 494	1 536	1 560
92. 32. 1	戏剧/音乐会主办者	1 088	1 151	1 200	1 268	1 290	1 305	1 324
92. 32. 2	* 戏剧、歌剧、演剧团企业	204	200	204	207	216	260	271
92. 32. 5	* 文化/娱乐业其他辅助产业	954	1 060	1 210	1 358	1 404	1 411	1 448
52. 45. 3	乐器和音乐资料	2 364	2 342	2 354	2 291	2 269	2 254	2 238
	市场部门合计	10 017	10 245	10 569	10 798	10 882	11 019	11 104

续表

2003年产业部门	产业部门	企业						
		数量 2003年	数量 2004年	数量 2005年	数量 2006年	数量 2007年	数量 2008年	数量 2009年**
2. 图书市场								
92.31.6	独立作家	5 035	5 336	5 654	5 915	6 118	6 422	6 561
22.11.1	图书出版社	2 553	2 606	2 650	2 674	2 671	2 623	2 619
52.47.2	图书零售业	5 127	5 121	5 123	5 049	5 028	4 861	4 819
	市场部门合计	12 715	13 063	13 427	13 638	13 817	13 906	13 999
3. 艺术市场								
92.31.3	独立创作艺术家	7 265	7 380	7 713	8 039	8 485	9 106	9 365
52.48.2***	艺术商店(估计值)	2 191	2 132	2 077	2 003	1 941	1 928	1 904
92.52.1	博物馆商店和艺术展览	829	869	902	943	936	969	981
	市场部门合计	10 285	10 381	10 692	10 985	11 362	12 003	12 250
4. 电影产业								
92.31.7	*独立舞台艺术家	7 607	8 033	8 519	8 924	9 377	9 805	10 040
92.11.0	电影/电视和视频制作	5 806	6 002	6 330	6 600	6 810	7 211	7 371
92.12.0	电影出租和视频节目提供者	1 321	1 233	1 196	1 145	1 067	1 022	996
92.13.0	电影院	1 007	990	987	985	960	944	937
	市场部门合计	15 741	16 258	17 032	17 654	18 234	18 982	19 344
5. 广播产业								
94.40.2	*独立记者	13 130	14 125	15 223	16 615	17 594	18 199	18 757
92.20.0	广播主办者、广播和电视节目制造者	826	839	858	889	925	934	934
	市场部门合计	13 956	14 964	16 081	17 504	18 519	19 132	19 691
6. 表演艺术市场								
92.31.7	*独立舞台艺术家	7 607	8 033	8 519	8 924	9 377	9 805	10 040
92.31.8	独立艺术家	479	483	496	531	534	538	545
92.31.1	戏剧剧团	87	95	102	108	112	115	117
92.32.1	*戏剧/音乐会主办者	1 088	1 151	1 200	1 268	1 290	1 305	1 324
92.32.2	*戏剧、歌剧、演剧团企业	204	200	204	207	216	260	271
92.32.3	杂耍剧团和小型舞台剧团	198	194	200	203	214	212	214
92.32.5	*文化/娱乐业其他辅助产业	954	1 060	1 210	1 358	1 404	1 411	1 448
92.34.1	舞蹈学校/2009年起文化课程	1 381	1 441	1 466	1 522	1 568	1 618	1 645
92.34.2	其他文化/娱乐设施(马戏团、杂技团、玩偶戏剧)	2 394	2 631	2 936	3 199	3 332	3 506	3 613
	市场部门合计	14 392	15 288	16 333	17 320	18 047	18 770	19 217
7. 设计产业								
74.20.6	工业设计	2 598	2 841	3 116	3 455	3 820	3 768	3 891
74.84.4	产品/时装/版画设计	11 306	11 974	12 855	13 445	13 804	14 544	14 849
74.40.1	*传播设计/广告设计	18 989	20 214	21 148	21 828	22 408	23 029	23 361
	市场部门合计	32 893	35 029	37 119	38 728	40 032	41 341	42 101

续表

2003年产业部门	产业部门	企业						
		数量 2003年	数量 2004年	数量 2005年	数量 2006年	数量 2007年	数量 2008年	数量 2009年**
8. 建筑市场								
74.20.1	房屋建筑和室内设计工作室	31 890	32 191	32 841	34 124	34 308	34 542	34 835
74.20.2	地方、区域和州规划建筑工作室	2 683	2 786	2 913	3 132	3 252	3 398	3 487
74.20.3	花园和地方设计建筑工作室	2 216	2 256	2 324	2 481	2 594	2 684	2 750
	市场部门合计	36 789	37 233	38 078	39 737	40 154	40 624	41 073
9. 出版市场								
92.40.2	*独立记者	13 130	14 125	15 223	16 615	17 594	18 199	18 757
92.40.1	通讯社和新闻社	801	785	823	801	753	789	783
22.11.2	通讯录出版社	157	165	162	169	165	164	164
22.12.0	报社	688	711	702	700	698	741	748
22.13.0	杂志社	1 784	1 790	1 744	1 732	1 696	1 713	1 708
22.15.0	其他出版社	2 872	2 902	2 905	2 900	2 918	2 900	2 912
	市场部门合计	19 432	20 478	21 559	22 917	23 824	24 506	25 073
10. 广告市场								
74.40.1	*广告/广告设计	18 989	20 214	21 148	21 828	22 408	23 029	23 361
74.40.2	*广告/广告推广	18 231	17 977	17 889	17 679	17 633	17 798	17 783
	市场部门合计	37 220	38 191	39 037	39 507	40 041	40 827	41 144
11. 软件/游戏产业								
72.20.1	软件出版社	571	592	615	641	704	706	723
72.20.2	软件咨询和开发	27 062	30 190	32 790	35 078	37 255	39 797	41 124
	市场部门合计	27 633	30 783	33 405	35 719	37 959	40 503	41 847
(一)其他								
92.31.4	独立艺术品修复师	1 070	1 115	1 209	1 266	1 288	1 304	1 321
92.51.0	图书馆/档案馆	66	70	69	74	90	92	97
92.52.2	纪念碑地点企业	63	51	60	65	79	83	88
92.53.0	植物和动物园以及自然公园	229	252	278	300	325	313	319
92.33.0	流动艺术行业和游乐场	3 438	3 431	3 388	3 364	3 374	3 373	3 371
	市场部门合计	4 866	4 919	5 004	5 069	5 156	5 165	5 195
	有双倍税收	235 939	246 832	258 336	269 576	278 027	286 779	292 037
	双倍的产业部门	41 972	44 783	47 504	50 200	52 289	54 009	55 201
文化/创意产业1-12号		193 967	202 049	210 832	219 376	225 738	232 770	236 837
占总产业的份额		6.7%	6.8%	6.9%	7.1%	7.2%	7.3%	7.4%

说明：*产业部门包含多个市场部门，**临时性估计值报告，***整体产业部门估计值，包括广播产业的记者(2009年文化的界定)。

来源：营业税统计，德国统计局(2010)，米夏埃尔·松德尔曼/文化产业研究办公室的独立核算。

表附-5　2003—2009 年文化/创意产业按市场部门和产业部门划分的营业额

2003 年产业部门	产业部门	销售额						
		百万欧 2003 年	百万欧 2004 年	百万欧 2005 年	百万欧 2006 年	百万欧 2007 年	百万欧 2008 年	百万欧 2009 年 **
1. 音乐产业								
92.31.5	独立音乐家、作曲家	241	235	238	244	236	244	244
92.31.2	音乐和舞蹈剧团	201	222	215	214	216	241	241
22.14.0	播放载声体和音乐出版社	2 001	2 002	2 082	1 867	1 762	1 806	1 754
92.32.1	戏剧/音乐会主办者	963	1 011	1 196	1 301	1 325	1 420	1 370
92.32.2	* 戏剧、歌剧、演剧团企业	329	303	343	334	333	382	387
92.32.5	* 文化/娱乐业其他辅助产业	225	285	302	381	406	457	479
52.45.3	乐器和音乐资料	969	967	1 015	1 051	1 004	1 044	1 063
	市场部门合计	4 930	5 025	5 391	5 392	5 282	5 596	5 538
2. 图书市场								
92.31.6	独立作家	284	409	446	456	481	505	505
22.11.1	图书出版社	9 697	9 228	9 639	10 294	10 213	9 980	10 359
52.47.2	图书零售业	3 929	3 968	4 048	3 993	3 929	3 962	3 903
	市场部门合计	14 010	13 605	14 133	14 743	14 623	14 446	14 766
3. 艺术市场								
92.31.3	独立创作艺术家	907	623	665	713	768	898	898
52.48.2 ***	艺术商店(估计值)	583	590	608	588	589	600	492
92.52.1	博物馆商店和艺术展览	300	324	341	466	440	448	451
	市场部门合计	1 490	1 536	1 614	1 767	1 798	1 946	1 840
4. 电影产业								
92.31.7	* 独立舞台艺术家	646	678	714	754	807	847	847
92.11.0	电影/电视和视频制作	4 291	3 964	4 083	3 788	3 534	3 668	3 441
92.12.0	电影出租和视频节目提供者	1 428	1 317	1 465	1 621	1 372	1 451	1 361
92.13.0	电影院	1 504	1 616	1 363	1 446	1 331	1 316	1 501
	市场部门合计	7 869	7 576	7 625	7 609	7 044	7 283	7 150
5. 广播产业								
92.40.2	* 独立记者	941	1 018	1 066	1 197	1 255	1 307	1 307
92.20.0	广播主办者、广播和电视节目制造者	7 656	7 880	8 225	8 600	8 976	8 778	7 971
	市场部门合计	8 597	8 898	9 290	9 797	10 232	10 085	9 277
6. 表演艺术市场								
92.31.7	* 独立舞台艺术家	646	678	714	754	807	847	847
92.31.8	独立艺术家	36	35	34	36	37	38	38
92.31.1	戏剧剧团	36	38	37	41	50	50	50
92.32.1	* 戏剧/音乐会主办者	963	1 011	1 196	1 301	1 325	1 420	1 370
92.32.2	* 戏剧、歌剧、演剧团企业	329	303	343	334	333	382	387
92.32.3	杂耍剧团和小型舞台剧团	89	74	72	74	88	83	78
92.32.5	* 文化/娱乐业其他辅助产业	225	285	302	381	406	457	479
92.34.1	舞蹈学校/2009 年起文化课程	166	173	183	198	205	209	219
92.34.2	其他文化/娱乐设施(马戏团、杂技团、玩偶戏剧)	702	752	887	1 036	1 111	1 060	1 012

续表

2003 年产业部门	产业部门	销售额						
		百万欧 2003 年	百万欧 2004 年	百万欧 2005 年	百万欧 2006 年	百万欧 2007 年	百万欧 2008 年	百万欧 2009 年**
	市场部门合计	3 192	3 350	3 769	4 154	4 360	4 548	4 481
7. 设计产业								
74. 20. 6	工业设计	437	484	538	680	793	761	730
74. 87. 4	产品/时装/版画设计	1 406	1 503	1 590	1 595	1 659	1 732	1 808
74. 40. 1	*传播设计/广告设计	9 012	9 576	11 188	12 594	13 355	13 489	12 679
	市场部门合计	10 855	11 563	13 316	14 869	15 807	15 981	15 218
8. 建筑市场								
74. 20. 1	房屋建筑和室内设计工作室	6 013	5 839	6 003	6 246	6 404	6 736	6 736
74. 20. 2	地方、区域和州规划建筑工作室	660	525	544	626	699	762	762
74. 20. 3	花园和地方设计建筑工作室	385	370	387	414	429	504	504
	市场部门合计	7 058	6 734	6 934	7 287	7 532	8 002	8 002
9. 出版市场								
92. 40. 2	*独立记者	941	1 018	1 066	1 197	1 255	1 307	1 307
92. 40. 1	通讯社和新闻社	925	790	813	804	882	759	751
22. 11. 2	通讯录出版社	1 107	1 074	1 068	1 102	1 113	1 232	1 262
22. 12. 0	报社	8 505	8 634	10 833	10 617	10 896	8 873	8 465
22. 13. 0	杂志社	12 785	12 652	10 651	10 172	10 165	12 271	11 707
22. 15. 0	其他出版社	3 618	3 762	3 362	3 419	3 605	3 623	3 669
	市场部门合计	27 882	27 930	27 792	27 312	27 916	28 065	27 160
10. 广告市场								
74. 40. 1	*广告/广告设计	9 012	9 576	11 188	12 594	13 355	13 489	12 679
74. 40. 2	*广告/广告推广	13 828	13 771	12 838	13 203	13 859	13 699	12 877
	市场部门合计	22 839	23 347	24 025	25 797	27 214	27 188	25 557
11. 软件/游戏产业								
72. 20. 1	软件出版社	476	732	834	751	901	988	938
72. 20. 2	软件咨询与开发	18 812	20 753	22 194	23 352	26 564	28 557	27 129
	市场部门合计	19 288	21 485	23 028	24 103	27 465	29 545	28 067
(一)其他								
92. 31. 4	独立艺术品修复师	106	106	118	136	133	133	133
92. 51. 0	图书馆/档案馆	22	18	19	20	23	29	28
92. 52. 2	纪念碑地点企业	26	17	20	24	27	27	27
92. 53. 0	植物和动物园以及自然公园	173	183	220	209	261	267	269
92. 33. 0	流动艺术行业和游乐园	827	814	858	894	952	964	964
	市场部门合计	1 154	1 138	1 234	1 283	1 396	1 420	1 420
	有双倍税收	129 163	132 186	138 152	144 112	150 669	154 105	148 477
	双倍的产业部门	12 115	12 872	14 808	16 561	17 481	17 903	17 070
文化/创意产业 1-12 号		117 047	119 314	123 344	127 552	133 187	136 202	131 407
占总产业的份额		2. 8%	2. 7%	2. 7%	2. 6%	2. 6%	2. 5%	2. 7%

说明：*产业部门包含多个子市场；**临时性估计值报告；***对整体产业部门的估计值；包含记者和广播电台；根据统计变化报告确定的 2006 年广播产业营业额。

来源：营业税统计，德国统计局(2010)，米夏埃尔·松德尔曼/文化产业研究办公室的独立核算。

表附-6　2003—2009年文化/创意产业按市场部门和产业部门划分的劳动者

2003年产业部门	产业部门	从业者						
		数量 2003年	数量 2004年	数量 2005年	数量 2006年	数量 2007年	数量 2008年	数量 2009年**
1. 音乐产业								
92.31.5	独立音乐家、作曲家	2 280	2 338	2 438	2 471	2 532	2 623	2 665
92.31.2	音乐和舞蹈剧团	7 410	7 338	7 320	7 368	7 184	7 208	7 226
22.14.0	播放载声体和音乐出版社	4 734	4 699	5 049	5 155	5 315	5 408	5 330
92.32.1	戏剧/音乐会主办者	7 648	7 173	7 104	7 046	6 778	6 720	6 551
92.32.2	*戏剧、歌剧、演剧团企业	3 531	3 388	3 330	3 347	3 376	3 423	3 498
92.32.5	*文化/娱乐业其他辅助产业	2 116	3 392	3 576	3 677	4 379	4 620	4 964
52.45.3	乐器和音乐资料	6 248	6 043	5 835	5 920	6 016	6 079	6 109
	市场部门合计	34 968	34 371	34 652	34 984	35 580	36 081	36 342
2. 图书市场								
92.31.6	独立作家	5 270	5 598	5 898	6 179	6 388	6 746	6 903
22.11.1	图书出版社	47 133	44 190	43 357	43 136	40 197	39 739	37 466
52.47.2	图书零售业	33 938	33 359	32 763	32 182	31 978	31 866	30 238
	市场部门合计	86 341	83 147	82 018	81 497	78 563	78 351	74 607
3. 艺术市场								
92.31.3	独立创作艺术家	8 730	8 844	9 158	9 489	9 869	10 514	10 707
52.48.2***	艺术商店(估计值)	3 893	3 826	3 757	3 670	3 604	3 642	3 693
92.52.1	博物馆商店和艺术展览	1 994	2 049	2 039	2 090	2 148	2 147	2 170
	市场部门合计	14 617	14 719	14 953	15 249	15 621	16 303	16 570
4. 电影产业								
92.31.7	*独立舞台艺术家	8 708	9 202	10 393	10 369	10 873	11 331	11 558
92.11.0	电影/电视和视频制作	29 963	31 215	31 664	30 682	31 779	33 472	33 682
92.12.0	电影出租和视频节目提供者	4 054	4 001	3 697	3 641	3 643	3 745	3 410
92.13.0	电影院	12 041	10 536	9 775	9 158	9 289	9 060	9 278
	市场部门合计	54 766	54 954	55 529	53 850	55 584	57 608	57 927
5. 广播产业								
92.40.2	*独立记者	14 534	15 511	16 744	18 174	19 165	19 742	20 307
92.20.0	广播主办者、广播和电视节目制作者	22 171	22 727	23 609	23 347	24 638	24 960	26 107
	市场部门合计	36 705	38 238	40 353	41 521	43 803	44 702	46 413
6. 表演艺术市场								
92.31.7	*独立舞台艺术家	8 708	9 202	10 393	10 369	10 873	11 331	11 558
92.31.8	独立艺术家	559	573	590	626	628	637	621
92.31.1	戏剧剧团	1 334	1 305	1 284	1 233	1 218	1 210	1 231
92.32.1	*戏剧/音乐会主办者	7 648	7 173	7 104	7 046	6 778	6 720	6 551

续表

2003年产业部门	产业部门	从业者						
		数量 2003年	数量 2004年	数量 2005年	数量 2006年	数量 2007年	数量 2008年	数量 2009年**
92.32.2	*戏剧、歌剧、演剧团企业	3 531	3 388	3 330	3 347	3 376	3 423	3 498
92.32.3	杂耍剧团和小型舞台剧团	838	782	806	807	847	867	917
92.32.5	*文化/娱乐业其他辅助产业	3 116	3 392	3 576	3 677	4 379	4 620	4 964
92.34.1	舞蹈学校/2009年起文化课程	2 808	2 827	2 851	3 020	3 156	3 351	4 188
92.34.2	其他文化/娱乐设施(马戏团杂技团,玩偶戏剧)	4 401	4 806	6 271	6 774	6 956	7 621	7 728
	市场部门合计	32 943	33 4477	36 205	36 899	38 211	39 780	41 256
7. 设计产业								
74.20.6	工业设计	7 359	7 691	8 202	8 683	9 302	9 639	9 519
74.87.4	产品/时装/版画设计	16 578	17 193	18 011	19 133	19 681	20 894	22 075
74.40.1	*传播设计/广告设计	92 959	89 921	90 876	92 331	96 297	101 947	98 233
	市场部门合计	11 896	114 805	117 089	120 147	125 280	132 480	129 827
8. 建筑市场								
74.20.1	房屋建筑和室内设计工作室	93 101	88 494	85 609	84 251	84 339	87 010	86 950
74.20.2	地方、区域和州规划建筑工作室	10 409	10 086	9 510	9 425	9 310	9 961	10 482
74.20.3	花园和地方设计建筑工作室	6 417	6 093	5 866	5 950	6 051	6 359	6 489
	市场部门合计	109 927	104 673	100 985	99 626	99 7001	103 330	103 921
9. 出版市场								
92.40.2	*独立记者	14 534	15 511	16 744	18 174	19 165	19 742	20 307
92.40.1	通讯社和新闻社	8 543	8 294	7 428	7 201	7 390	7 779	7 773
22.11.2	通讯录出版社	3 783	3 604	3 620	3 701	4 394	4 550	4 429
22.12.0	报社	60 087	56 663	52 542	50 971	52 231	49 846	49 707
22.13.0	杂志社	37 861	36 794	37 108	36 759	37 429	37 116	36 356
22.15.0	其他出版社	6 750	7 162	7 240	7 554	7 809	7 700	7 903
	市场部门合计	131.558	128.028	124 683	124 360	126 418	126 733	126 475
10. 广告市场								
74.40.1	*广告/广告设计	92 959	89 921	90 876	92 331	96 297	101 947	—
74.40.2	*广告/广告推广	52 820	50 849	49 061	49 690	49 748	50 887	—
	市场部门合计	145 779	140 770	139 937	142 021	146 045	152 834	149 216
11. 软件/游戏产业								
72.201	软件出版社	585	654	693	1.090	1 324	1 395	—
72.20.2	软件咨询与开发	278 059	276 375	290 613	304 715	325 038	345 528	—
	市场部门合计	278 644	277 029	291 306	305 805	326 362	346 923	367 913
(一)其他								
92.31.4	独立艺术品修复师	2 776	2 591	2 602	2 671	2 689	2 695	2 695

续表

2003年产业部门	产业部门	从业者						
		数量 2003年	数量 2004年	数量 2005年	数量 2006年	数量 2007年	数量 2008年	数量 2009年**
92.51.0	图书馆/档案馆	1 127	1 084	1 034	1 037	1 004	1 006	1 006
92.52.2	纪念碑地点企业	230	228	219	188	180	187	187
92.53.0	植物和动物园以及自然公园	733	748	731	770	811	807	807
92.33.0	流动艺术行业和游乐园	13 921	14 117	13 610	13 576	13 811	13 496	13 496
	市场部门合计	18 787	18 768	18 196	18 242	18 494	18 191	18 189
	有双倍税收	1 061 932	1 042 949	1 055 906	1 074 201	1 109 662	1 153 315	1 168 656
	双倍的产业部门	130 496	128 587	132 023	134 944	140 868	147 783	145 110
文化/创意产业1-12号		931 435	914 362	923 883	939 257	968 794	1 005.532	1 023 546
占总产业的份额		3.1%	3.1%	3.2%	3.2%	3.2%	3.3%	3.3%

说明：* 产业部门包含多个子市场；** 临时性估计值报告；*** 对整体产业部门的估计值。

来源：营业税统计，德国统计局(2010)，联邦就业办公室(2010)，米夏埃尔·松德尔曼/文化产业研究办公室的独立核算。

表附-7　2006—2008年文化/创意产业营业额规模级别

企业类型	规模级别	企业数量	企业百分比	营业额(百万欧)	营业额百分比	平均企业营业额(千欧)
		2008年	2008年	2008年	2008年	2008年
微型企业	低于2 000 000欧元	225 868	97%	36 382	26.7%	161
小型企业	低于10 000 000欧元	5 336	2%	21 878	16.1%	4 100
中型企业	低于50 000 000欧元	1 083	0%	22 293	16.4%	20 581
大型企业	高于50 000 000欧元	292	2%	55 649	40.9%	190 777
所有企业类型	合计	232 578	100%	136 201	100%	586
微型企业	低于2 000 000欧元	6%	—	6%	—	0%
小型企业	低于10 000 000欧元	10%	—	11%	—	1%
中型企业	低于50 000 000欧元	4%	—	3%	—	-1%
大型企业	高于50 000 000欧元	7%	—	10%	—	2%
所有企业类型	合计	6%	—	8%	—	2%
微型企业	低于2 000 000欧元	213 225	97%	34 275	27.1%	161
小型企业	低于10 000 000欧元	4 839	2%	19 726	15.6%	4 077
中型企业	低于50 000 000欧元	1 041	0%	21 600	17.1%	20 753
大型企业	高于50 000 000欧元	271%	0%	50 776	40.2%	187 053
所有企业类型	合计	219 376	100%	126 378	100%	576

说明：分组对应以下统计组：编号22.1，92.1-5，72.2，74.20.1-3和6，744，74.87.4以及52.47。

表附-8　2008年文化/创意产业按子市场和产业部门划分的营业额规模级别(选择)

市场部门选择	企业类型	规模级别	企业数量	企业百分比	营业额（百万欧）	营业额百分比	平均企业营业额（千欧）
			2008年	2008年	2008年	2008年	2008年
音乐 22141 52453 92321	微型企业	低于2 000 000欧元	3 734	95%	897	25%	240
	小型企业	低于10 000 000欧元	139	4%	519	15%	3 731
	中型企业	低于50 000 000欧元	36	1%	574	16%	15 944
	大型企业	高于50 000 000欧元	12	0. 3%	1 528	43%	127 333
	所有类型企业	合计	3 921	100%	3 517	100%	897
图书 22111 52472	微型企业	低于2 000 000欧元	6 948	93%	2 220	16%	320
	小型企业	低于10 000 000欧元	382	5%	1 524	11%	3 990
	中型企业	低于50 000 000欧元	120	2%	2 416	17%	20 131
	大型企业	高于50 000 000欧元	34	0. 5%	7 782	56%	228 894
	所有类型企业	合计	7 484	100%	13 942	100%	1 863
艺术 92521 无 52482	微型企业	低于2 000 000欧元	927	90%	189	42%	203
	小型企业	低于10 000 000欧元	38	4%	159	35%	4 184
	中型企业	低于50 000 000欧元	4	0. 4%	101	23%	25 285
	大型企业	高于50 000 000欧元	—	—	—	—	—
	所有类型企业	合计	969	100%	449	100%	463
电影 921	微型企业	低于2 000 000欧元	8 736	95%	1 732	27%	198
	小型企业	低于10 000 000欧元	381	4%	1 530	24%	4 016
	中型企业	低于50 000 000欧元	39	0. 4%	759	12%	19 467
	大型企业	高于50 000 000欧元	21	0. 2%	2 415	38%	114 978
	所有类型企业	合计	9 177	100%	6 436	100%	701
广播 922	微型企业	低于2 000 000欧元	767	82%	286	3%	373
	小型企业	低于10 000 000欧元	106	11%	478	5%	4 507
	中型企业	低于50 000 000欧元	39	4%	860	10%	22 045
	大型企业	高于50 000 000欧元	22	2%	7 155	82%	325 218
	所有类型企业	合计	934	100%	8 778	100%	9 398
表现艺术 923	微型企业	低于2 000 000欧元	42 863	99%	4 396	58%	103
	小型企业	低于10 000 000欧元	298	1%	1 165	15%	3 911
	中型企业	低于50 000 000欧元	60	0. 1%	1 131	15%	18 855
	大型企业	高于50 000 000欧元	7	0 02%	840	11%	120 032
	所有类型企业	合计	43 228	100%	7 533	100%	174
设计 74206 74874 无 74401	微型企业	低于2 000 000欧元	18 200	99%	1 892	76%	104
	小型企业	低于10 000 000欧元	103	1%	398	16%	3 869
	中型企业	低于50 000 000欧元	8	0. 04%	147	6%	18 375
	大型企业	高于50 000 000欧元	1	0. 01%	55	2%	55 209
	所有企业类型	合计	18 312	100%	2 493	100%	136
建筑 74201 74202 74203	微型企业	低于2 000 000欧元	40 234	99%	6 063	76%	151
	小型企业	低于10 000 000欧元	354	1%	1 304	16%	3 683
	中型企业	低于50 000 000欧元	35	0. 1%	585	7%	16 708
	大型企业	高于50 000 000欧元	1	0. 002%	50	1%	50 000
	所有企业类型	合计	40 624	100%	8 002	100%	197

续表

市场部门选择	企业类型	规模级别	企业数量	企业百分比	营业额（百万欧）	营业额百分比	平均企业营业额（千欧）
			2008年	2008年	2008年	2008年	2008年
出版 221	微型企业	低于2 000 000欧元	8 321	86%	2 534	7%	305
	小型企业	低于10 000 000欧元	914	9%	3 959	10%	4 332
	中型企业	低于50 000 000欧元	321	3.3%	6 935	18%	21 604
	大型企业	高于50 000 000欧元	121	1.3%	24 357	64%	201 296
	所有企业类型	合计	9 677	100%	37 785	100%	3 905
广告 744	微型企业	低于2 000 000欧元	39 247	96%	7 384	27%	188
	小型企业	低于10 000 000欧元	1 333	3%	5 268	19%	3 952
	中型企业	低于50 000 000欧元	194	0.5%	3 800	14%	19 586
	大型企业	高于50 000 000欧元	53	0.1%	10 736	39%	202 566
	所有企业类型	合计	40 827	100%	27 188	100%	666
软件/游戏 722	微型企业	低于2 000 000欧元	38 551	95%	7 605	26%	197
	小型企业	低于10 000 000欧元	1 561	4%	6 540	22%	4 190
	中型企业	低于50 000 000欧元	336	0.8%	6 904	23%	20 549
	大型企业	高于50 000 000欧元	55	0.1%	8 495	29%	154 454
	所有企业类型	合计	40 503	100%	29 545	100%	729

说明：有纳税义务的企业和独立从业者年营业额超过17 500欧元。出版时与子市场界定有出入，产业部门编号221合计。

来源：营业税统计，德国统计局(2010)；米夏埃尔·松德尔曼/文化产业研究办公室的独立核算。

表附-9　2003—2009年文化/创意产业企业的发展

类业类型	平均变化率(2003—2009年*)	变化率(2009年*对2003年)	年变化率(2003—2008年)	变化率(2008年对2003年)
音乐产业	1.7%	10.9%	1.9%	10.0%
图书市场	1.6%	10.1%	1.8%	9.4%
艺术市场	3.0%	19.1%	3.1%	16.7%
电影产业	3.5%	22.9%	3.8%	20.6%
广播产业	5.9%	41.1%	6.5%	37.1%
表演艺术市场	4.9%	33.5%	5.5%	30.4%
设计产业	4.2%	28.0%	4.7%	25.7%
建筑市场	1.9%	11.6%	2.0%	10.4%
出版市场	4.3%	29.0%	4.7%	26.1%
广告市场	1.7%	10.5%	1.9%	9.7%
软件/游戏市场	7.2%	51.4%	7.9%	46.6%
文化/创意产业	3.4%	22.1%	3.7%	20.0%
整体经济	1.6%	10.2%	1.8%	9.3%

说明：2009年* =估算或初始数据。

来源：营业税统计，德国统计局(2010)；米夏埃尔·松德尔曼/文化产业研究办公室的独立核算。

表附-10　2003—2009 年文化/创意产业营业额变化

产业类型	平均变化率(2003—2009 年*)	变化率(2009 年*对 2003 年)	年变化率(2003—2008 年)	变化率(2008 年对 2003 年)
音乐产业	2.0%	12.3%	2.6%	13.5%
图书市场	0.9%	5.4%	0.6%	3.1%
艺术市场	3.6%	23.5%	5.5%	30.6%
电影产业	-1.6%	-9.1%	-1.5%	-7.4%
广播产业	1.3%	7.9%	3.2%	17.3%
表演艺术市场	5.8%	40.4%	7.3%	42.5%
设计产业	5.8%	40.2%	8.0%	47.2%
建筑市场	2.1%	13.4%	2.5%	13.4%
出版市场	-0.4%	-2.6%	0.1%	0.7%
广告市场	1.9%	11.9%	3.5%	19.0%
软件/游戏市场	6.5%	45.5%	8.9%	53.2%
文化/创意产业	1.9%	12.3%	3.1%	16.4%
整体经济	2.6%	16.6%	5.0%	27.4%

说明：2009 年*=估算或初始数据。

来源：营业税统计，德国统计局(2010)；米夏埃尔·松德尔曼/文化产业研究办公室的独立核算。

表附-11　文化/创意产业 2003—2009 年独立从业者发展状况

产业类型	平均变化率(2003—2009 年*)	变化率(2009 年*对 2003 年)	年变化率(2003—2008 年)	变化率(2008 年对 2003 年)
音乐产业	0.6%	3.9%	0.6%	3.2%
图书市场	-2.4%	-13.6%	-1.9%	-9.3%
艺术市场	2.1%	13.4%	2.2%	11.5%
电影产业	0.9%	5.8%	1.0%	5.2%
广播产业	4.0%	26.4%	4.0%	21.8%
表演艺术市场	3.8%	25.2%	3.8%	20.8%
设计产业	1.8%	11.1%	2.5%	13.3%
建筑市场	-0.9%	-5.5%	-1.2%	-6.0%
出版市场	-0.7%	-3.9%	-0.7%	-3.7%
广告市场	0.4%	2.4%	0.9%	4.8%
软件/游戏市场	4.7%	32.0%	4.5%	24.5%
文化/创意产业	1.6%	9.9%	1.5%	8.0%
整体经济	0.4%	2.4%	0.5%	2.6%

说明：2009 年*=估算或初始数据。

来源：营业税统计，德国统计局(2010)；就业统计，联邦职业介绍所(2010)；米夏埃尔·松德尔曼/文化产业研究办公室的独立核算。

表附-12　2003—2009年文化/创意产业相关从业者发展情况

产业类型	平均变化率(2003—2009年*)	变化率(2009年*对2003年)	年变化率(2003—2008年)	变化率(2008年对2003年)
音乐产业	0.2%	1.2%	0.1%	0.4%
图书市场	-3.2%	-17.7%	-2.6%	-12.5%
艺术市场	0.0%	-0.3%	-0.1%	-0.7%
电影产业	-0.2%	-1.1%	-0.2%	-1.0%
广播产业	2.7%	17.5%	2.4%	12.4%
表演艺术市场	2.9%	18.8%	2.5%	13.3%
设计产业	0.7%	4.4%	1.6%	8.5%
建筑市场	-2.5%	-14.1%	-3.0%	-14.3%
出版市场	-1.7%	-9.6%	-1.8%	-8.8%
广告市场	-0.1%	-0.4%	0.6%	3.2%
软件/游戏市场	4.5%	29.9%	4.1%	22.1%
文化/创意产业	1.1%	6.7%	0.9%	4.8%
宏观经济	0.3%	1.6%	0.4%	1.9%

来源：就业统计，联邦职业介绍所(2010)；米夏埃尔·松德尔曼/文化产业研究办公室的独立核算。

表附-13　2008年按营业额规模级别的职业分组划分的独立艺术家

实际值	作曲家数量	音乐/舞蹈团数量	创作艺术家数量	舞台艺术家数量	作家数量	记者数量
	2008年	2008年	2008年	2008年	2008年	2008年
营业额规模级别						
17 500—50 000欧元	1 312	1 087	5 095	5 649	3 644	10 611
50 000—100 000欧元	628	368	2 264	2 347	1 647	4 974
100 000—250 000欧元	364	203	1 232	1 318	846	2 056
250 000—500 000欧元	99	73	336	316	196	387
500 000—1 000 000欧元	39	27	114	114	60	137
高于1 000 000欧元	19	34	65	61	29	34
合计	2 461	1 792	9 106	9 805	6 422	18 199
百分比	作曲家(%)	音乐/舞蹈团(%)	创作艺术家(%)	舞台艺术家(%)	作家(%)	记者(%)
	2008年	2008年	2008年	2008年	2008年	2008年
营业额规模级别						
17 500—50 000欧元	53.3	60.7	56.0	57.6	56.7	58.3
50 000—100 000欧元	25.5	20.5	24.9	23.9	25.6	27.3
100 000—250 000欧元	14.8	11.3	13.5	13.4	13.2	11.3
250 000—500 000欧元	4.0	4.1	3.7	3.2	3.1	2.1
500 000—1 000 000欧元	1.6	1.5	1.3	1.2	0.9	0.8
高于1 000 000欧元	0.8	1.9	0.7	0.6	0.5	0.2
合计	100.0	100.0	100.0	100.0	100.0	100.0

续表

实际值	作曲家数量	音乐/舞蹈团数量	创作艺术家数量	舞台艺术家数量	作家数量	记者数量
2008 年实际值与 2006 年相比的变化率	作曲家(%)	音乐/舞蹈团(%)	创作艺术家(%)	舞台艺术家(%)	作家(%)	记者(%)
	2008 年	2008 年	2008 年	2008 年	2008 年	2008 年
营业额规模级别						
17 500—50 000 欧元	0.6%	-5.6%	10.2%	6.8%	4.8%	7.1%
50 000—100 000 欧元	19.6%	0.5%	14.5%	12.0%	16.1%	13.3%
100 000—250 000 欧元	3.4%	-9.4%	19.5%	20.7%	9.6%	15.1%
250 000—500 000 欧元	0.0%	19.7%	27.3%	10.1%	10.7%	7.2%
500 000—1 000 000 欧元	11.4%	0.0%	25.3%	2.7%	39.5%	11.4%
高于 1 000 000 欧元	-13.6%	13.3%	25.0%	22.0%	7.4%	-24.4%
合计	5.3%	-3.6%	13.3%	9.9%	8.6%	9.5%

来源：营业税统计，德国统计局(2010)；米夏埃尔·松德尔曼/文化产业研究办公室的独立核算。

表附-14 2000—2010 年艺术家数据统计

	数量(2000 年)	数量(2002 年)	数量(2004 年)	数量(2006 年)	数量(2008 年)	数量(2010 年)
男性	63 418	68 493	75 121	82 849	85 831	87 889
女性	43 751	50 476	58 849	68 555	73 691	77 757
合计	107 169	118 969	133 970	151 404	159 522	165 646

当前德国文化/创意产业报告

(时间：2010 年 10 月)

国家和联邦州报告

德国联邦议院

《德国的文化。联邦德国议会任命调查委员会(2007)最终报告》，出版：德国联邦议院，柏林。

《德国加工艺术家个体从业者和自由职业者存在建立和存在保障(2007)》，委托者：联邦德国议会任命调查委员会。

《德国文化产业——基本情况，问题，视角(2006)》，委托者：联邦德国议会任命调查委员会。

联邦政府

《2009 年特定文化/创意产业主要数据的指导》，研究报告编号 589，出版：联邦经济与技术部，柏林，2010 年。

《德国文化/创意产业整体经济视角》，研究报告编号 577，出版：联邦经济与技术部，柏林，2009 年。

联邦州经济部会议

《对文化产业和涵盖州的文化产业数据评估的入门介绍(2009)》，委托者：经济部门会议通过州的文化产业工作组织：巴登符腾堡州，柏林，勃兰登堡，梅克伦堡-前波莫瑞州，下萨克森州，北莱茵-威斯特法伦州和石勒苏益格-荷尔斯泰因州。

巴登符腾堡州

《2010年对巴登符腾堡州文化/创意产业的数据报告》，委托者：巴登符腾堡州经济部。

巴伐利亚州：

《巴伐利亚州文化/创意产业(2011年夏)》，委托者：巴伐利亚州经济、基础建设、交通和科技部。

柏林：

《第二份文化产业报告(2009)》，出版：州政府议会经济、科技和妇女管理部门，柏林；州政府议会-文化事务，州政府城市发展管理处，柏林。

勃兰登堡：

《勃兰登堡州文化/创意产业-立场定义和2008/2009前瞻》，出版：勃兰登堡波茨坦经济部和科学、研究和文化部。

不来梅：

《不来梅文化产业报告(2010)》，来源：不来梅州议会通知(州议会)。

汉堡：

《2011年汉萨自由城市汉堡的文化产业报告》，委托者：汉堡创意协会企业(2011年的尚在筹备中)。

黑森州：

《黑森文化产业-重要产业主要数据补充统计》，出版：黑森州手工业者协会67号报告，威斯巴登，2010年。

《第三份文化产业报告(2010)》，出版：黑森经济、交通和州地方发展及科学和艺术部，威斯巴登。

梅克伦堡-前波莫瑞州

《第一份文化产业报告(1997)》，出版：梅克伦堡-前波莫瑞州经济部，什未林。

下萨克森州

《第二份文化报告(2007)》，出版：下萨克森州经济、就业和交通以及科学和文化部，汉诺威。

《下萨克森州文化产业》《对经济政治讨论数量上的检查结果和结论(2002)》，出版：下萨克森州经济研究所，汉诺威。

北莱茵-威斯特法伦州

《文化/创意产业，北莱茵-威斯特法伦州经济动力(2009)》，出版：NRW. BANK，杜塞尔多夫。

《第五份文化产业报告(2007)》，出版：北威州经济、中产者和能源部，杜塞尔多夫。

莱茵兰-法耳次州

《莱茵兰-法耳次州艺术、文化/创意产业(2010)》，出版：莱茵兰-法耳次州未来倡议团体，美因茨。

萨尔州

《文化产业报告(2011 年尚在准备中)》，委托者：经济和科学部。

萨克森州

《自由州萨克森的第一份文化产业报告(2008)》，出版：萨克森经济和就业以及科技和艺术部，德雷斯顿。

萨克森-安哈特州

《第二份文化产业报告(2007)》，出版：萨克森-安哈特州经济和就业以及文化部，马格德堡。

石勒苏益格-荷尔斯泰因州

《第一份文化报告(2004)年》，出版：州办公厅(文化部)，石勒苏益格-荷尔斯泰因州州政府，基尔。

图林根州

《图林根州文化/创意产业潜力分析(2011 年初)》，出版：经济、就业和科技部，埃尔福特。

《图林根州第一份文化产业报告(2008)　文化产业和公开文化部门：交杂和发展潜力》，出版：图林根州文化部，埃尔福特。

亚琛

《亚琛文化产业》《城市第一份文化特征报告(2005)》，委托者：亚琛文化产业建立中心。

《亚琛文化产业》《城市潜力(2007)》，委托者：亚琛文化产业建立中心。

山地城市三角(雷姆沙伊德，索林根，武珀塔尔)

《山地城市三角文化/创意产业(2011)》，委托者：山地发展经理处公司，索林根市。

波鸿

《波鸿创意产业-总结和企业特征报告(2008)》，委托者：波鸿市，经济促进委员会。

布伦瑞克

《布伦瑞克文化/创意产业(2011)》，委托者：布伦瑞克 NORD/LB 公开基金。

不来梅

《基准报告(2008)》，委托者：不来梅贸易部门，产业和贸易部，不来梅市场影响公司。

多特蒙德

《多特蒙德文化/创意产业报告(2007)》，委托者：多特蒙德市。

德雷斯顿

《文化/创意产业(2011)》，委托者：州首府德雷斯顿市。

杜塞尔多夫

《杜塞尔多夫文化产业　发展和潜力(2010)》，委托者：州首府杜塞尔多夫市。

埃森

《埃森位置》《创意产业(2009)》，出版者：埃森经济促进协会。

美因茨畔法兰克福

《对2020美因茨畔法兰克福创意产业的观点(2009)》，出版：法兰克福产业和贸易协会。
《法兰克福创意产业报告(2008)》，委托者：法兰克福经济促进公司。

汉堡

《汉堡文化/创意产业报告》《汉萨同盟自由城市汉堡的艺术家创意成就经济和社会意义(2006)》，委托者：汉堡，文化机关。

海德堡

《海德堡创意经济(2010)》，委托者：海德堡城市。

卡尔斯鲁厄

《卡尔斯鲁厄：城市和区域的文化/创意产业，文化产业报告II(2007)》，委托者：卡尔斯鲁厄市。

《卡尔斯鲁厄创意园区的潜力分析》，委托者：卡尔斯鲁厄市。

卡塞尔

《基准报告，文化/创意产业促进倡议》《卡塞尔地区文化/创意产业经济相关项目：区域发展潜力定义和促进(2010)》，出版：卡塞尔大学。

科隆

《科隆文化产业报告(2007)》，委托者：莱茵能源基金文化。
《科隆文化产业报告补充(2011)》，委托者：莱茵能源基金文化。

莱比锡

(计划将现存状态纳入创意产业)

慕尼黑

《慕尼黑——创意立场要素(2007)》，委托者：州首府慕尼黑，就业和经济部门。

明斯特

《创意产业空间》《以明斯特为例的一个立场分析(2010)》，撰写者：约翰·瓦尔斯穆勒，出版：VDM 出版社。

纽伦堡

《欧洲大都会城市纽伦堡的文化/创意产业(2010)》，委托者：纽伦堡市。

奥芬巴赫

《奥芬巴赫的创意产业》《受美茵河畔奥芬巴赫委托的鉴定(2007)》，委托者：奥芬巴赫市。

鲁尔区

《鲁尔区的文化/创意产业：按城市类型划分的对比分析，简短研究(2009)》，委托者：鲁尔区地方联合会。
《大都市鲁尔的文化/创意产业(2010)》，委托者：产业促进鲁尔都市公司。

斯图加特

《欧洲西北部创意产业：投资机会地图(2009)》，委托者：ECCE 改革伙伴亚琛、伯明翰、加的夫、唐卡斯特、都柏林、埃因霍恩、南特、斯图加特等城市。

特里尔

《特里尔文化/创意产业潜力(2010)》，委托者：特里尔市。

威斯巴登和莱茵-美茵地区

《威斯巴登和莱茵-美茵地区创意群》《地区文化产业和对广告与设计产业，电影产业和图书市场的三个市场研究的竞争优势分析(2010)》，委托者：州首府威斯巴登，经济促进委员会。

对文化/创意产业未来的新界定

以下的界定标准以新的产业分类(2008 年产业部门)与欧洲和国际性的 NACE 分类标准第二版和国际行业分类标准第四版为依据。

表附-15　2008 年经济部门——按产业部门的系统分类

经济活动国际行业标准分类第四版	NACE 分类标准第二版	2008 年经济部门分类第五版	NACE/经济部门描述
文化/创意产业的核心活动(CIC)			
5811	58. 11	58. 11. 0	图书出版
5812	58. 12	58. 12. 0	目录和邮政出版
5813*	58. 13	58. 13. 0	新闻出版
5813*	58. 14	58. 14. 0	期刊杂志出版
5819	58. 19	58. 19. 0	其他出版活动
5820*	58. 21	58. 21. 0	电脑游戏出版
5820*	58. 29	58. 29. 0	其他软件出版
5911	59. 11	59. 11. 0	电影、视频和电视节目制作活动
5912	59. 12	59. 12. 0	电影、视频和电视节目后期制作活动
5913	59. 13	59. 13. 0	电影、视频和电视节目分类活动
5914	59. 14	59. 14. 0	电影项目活动
5920	59. 20	59. 20. 1	录音工作室活动和录音带节目制作
		59. 20. 2	录音带出版
		59. 20. 3	印刷乐谱出版
6010	60. 10	60. 10. 0	收音机广播
6020	60. 20	60. 20. 0	电视节目和广播活动
6201	62. 01	62. 01. 1	网页设计和编程
		62. 01. 9	其他软件制作
	62. 02	62. 02. 0	电脑咨询活动
6312	63. 12	63. 12. 0	门户网站
6391	63. 91	63. 91. 0	新闻事务活动
7110*	71. 11	71. 11. 1	建筑中的建筑活动咨询
		71. 11. 2	室内设计的建筑活动咨询

续表

经济活动国际行业标准分类第四版	NACE 分类标准第二版	2008 年经济部门分类第五版	NACE/经济部门描述
		71. 11. 3	地方、城市和区域规划的建筑活动咨询
		71. 11. 4	地标建筑的建筑活动咨询
7310*	73. 11	73. 11. 0	广告事务
7110*	73. 12	73. 12. 0	音像代表
7410	74. 10	74. 10. 1	工业、产品和时尚设计师
		74. 10. 2	图像和传播设计者
		74. 10. 3	内部装饰行业者
7420	74. 20	74. 20. 1	摄影师活动
		74. 20. 2	摄影实验者活动
7490*	74. 30	74. 30. 1	翻译
		74. 30. 2	解释
7722	77. 22	77. 22. 0	录影带和碟片租赁
8542	85. 52	85. 52. 0	文化教育
9 000*	90. 01	90. 01. 1	剧院剧团活动
		90. 01. 2	芭蕾舞公司、合唱团、乐队和唱诗班
		90. 01. 3	独立表演者和马戏团
		90. 01. 4	独立舞台、电影、收音和电视艺术家以及其他表演艺术
9 000*	90. 02	90. 02. 0	表演艺术支持活动
9 000*	90. 03	90. 03. 1	独立作词人、编曲家
		90. 03. 2	独立作家
		90. 03. 3	独立视觉艺术家
		90. 03. 4	独立修复师
		90. 03. 5	独立记者和摄影出版者
9 000*	90. 04	90. 04. 1	剧院表演和演唱会组织
		90. 04. 2	歌剧院、剧场和音乐会厅现场以及相关设施的运作
		90. 04. 3	多样剧院和卡巴莱歌舞运作
9101	91. 01	91. 01. 0	图书馆和档案馆
9102*	91. 02	91. 02. 0	博物馆
9102*	91. 03	91. 03. 0	历史遗迹建筑以及相似的游客设施的运作
9103	91. 04	91. 04. 0	植物园和动物园以及自然保护区
文化/创意产业的零售活动			
4759*	47. 59	47. 59. 3	专业商店的乐器和乐谱零售
4761*	47. 61	47. 61. 0	专业商店的图书零售
4761*	47. 62	47. 62. 1	专业商店的新闻、期刊和杂志零售
		47. 62. 2	专业商店的驻军、学校及办公室用品零售
4762	47. 63	47. 63. 0	专业商店的音乐和视频录制零售

续表

经济活动国际行业标准分类第四版	NACE 分类标准第二版	2008 年经济部门分类第五版	NACE/经济部门描述
4773*	47.78	47.78.3	专业商店的艺术、画作、工艺品、邮票、纪念币和礼物零售
文化/创意产业中的制造活动及其相关活动			
2310	23.13	23.13.0	中空玻璃制造
2393*	23.41	23.41.0	陶瓷家具和装饰品的制造
2393*	23.49	23.49.0	其他陶瓷制品
3211*	32.12	32.12.0	珠宝和相关物品制造
3220	32.20	32.20.0	乐器制造
???	???	???	未来的制造活动

表附-16　2008 年经济部门——按市场部门和产业部门的分类

2008 年德国经济部门编号	经济部门描述	美国农蚀工程师协会标准分类第二版	经济活动国际行业标准分类第四版
1. 音乐产业			
90.03.1	独立作词家、作曲家	90.03*	9 000*
90.01.2	芭蕾舞公司、交响乐团、乐队和唱诗班	90.01*	9 000*
32.20.0	乐器制造	32.20	3 220
59.20.1	** 录音工作室、录音带制作和制造	59.20*	5 920*
59.20.2	有声作品出版	59.20*	5 920*
59.20.3	音乐出版	59.20*	5 920*
90.04.1	** 剧院表演和音乐会组织	90.04*	9 000*
90.04.2	** 剧院、剧场和音乐会厅及类似设施的运作	90.04*	9 000*
90.02.0	** 表演艺术的辅助	90.02	9 000*
47.59.3	乐器与乐谱的专业零售	47.59	4 759*
47.63.0	音乐及视频记录的专业零售	47.63	4 762
2. 图书市场			
90.03.2	独立作家	90.03*	9 000*
58.11.0	图书出版	58.11	5 811
47.61.0	图书专业零售	47.61	4 761*
91.01.0	图书馆和档案馆(仅市场方向)	91.01	9 101
3. 艺术市场			
90.03.3	独立视觉艺术家	90.03*	9 000*
74.20.1	摄影家	74.20*	7 420*
47.78.3	** 艺术、画作、工艺品(不包含邮票、硬币和礼物的专门商店)的零售	47.78*	4 773*
	博物馆(市场方向)	91.02	9 102*
4. 电影产业			
90.01.4	独立舞台、电影、广播和电视艺术家及其他表演艺术	90.01*	9 000*
59.11.0	电影、视频和电视节目制作	59.11	5 911

续表

2008 年德国经济部门编号	经济部门描述	美国农蚀工程师协会标准分类第二版	经济活动国际行业标准分类第四版
59.12.0	电影、视频和电视节目后期制作	59.12	5 912
59.13.0	电影、视频和电视节目分类	59.13	5 913
77.22.0	录音带和碟片租赁	77.22	7 722
59.14.0	电影企划	59.14	5 914
5. 广播产业			
90.03.5	** 独立记者和摄影出版者	90.03 *	9 000 *
59.20.1	** 录音工作室和录音带节目的制作	59.20 *	5 920 *
60.10.0	收音机广播(仅市场方向)	60.10	6 010
60.20.0	电视节目和广播(仅市场方向)	60.20	6 020
6. 表现艺术市场			
90.01.4	** 独立舞台、电影、收音和电视艺术家及其他表现艺术	90.00 *	9 000 *
90.01.1	剧院剧团(仅市场导向)	90.01 *	9 000 *
90.01.3	独立表演者和马戏团	90.01 *	9 000 *
90.02.0	** 表演艺术辅助活动	90.02 *	9 000 *
90.04.1	** 剧院表演和音乐会组织	90.04 *	9 000 *
90.04.2	** 剧院、剧场和音乐厅及类似设施的运作(仅市场导向)	90.04 *	9 000 *
90.04.3	多样戏剧和卡巴莱舞运作	90.04 *	9 000 *
85.52.0	文化教育(仅市场导向)	85.52	8 542
7. 设计产业			
74.10.1	工业、产品和时尚设计师	74.10 *	7 410 *
74.10.2	图像和传播设计师	74.10 *	7 410 *
74.10.3	内部装潢设计师	74.10 *	7 410 *
71.11.2	** 内部装饰建筑咨询	71.11 *	7 110 *
73.11.0	** 广告事务所	73.11	7 310 *
8. 建筑市场			
71.11.1	建造业的建筑咨询	71.11 *	7 110 *
71.11.2	** 内饰设计的建筑咨询	71.11 *	7 110 *
71.11.3	地方、城市和地区规划的建筑咨询	71.11 *	7 110 *
71.11.4	地标建筑的建筑咨询	71.11 *	7 110 *
9. 出版市场			
90.03.5	** 独立记者和图片出版者	90.03 *	9 000 *
63.91.0	新闻事务所	63.91	6 391
74.30.1	翻译	74.30 *	7 490 *
74.30.2	解释	74.30 *	7 490 *
58.13.0	报纸出版	58.13	5 813 *
58.14.0	期刊杂志出版	58.14	5 813 *
47.62.1	报纸、期刊和杂志零售	47.62 *	4 761 *
10. 广告市场			
73.11.0	* 广告事务所	73.11	7 310 *

续表

2008年德国经济部门编号	经济部门描述	美国农蚀工程师协会标准分类第二版	经济活动国际行业标准分类第四版
73.12.0	媒体代表	73.12	7 310*
11. 游戏/软件产业			
58.21.0	电脑游戏出版	58.21	5 820*
63.12.0	门户网站	63.12	6 312
62.01.1	网页设计和编程	62.01*	6 201*
62.01.9	其他软件开发	62.01*	6 201*
58.29.0	其他软件出版	58.29	5 820*
62.02.0	电脑咨询	62.02	62.02*
(一)其他			
58.12.0	目录和邮件出版	58.12	5 812
58.19.0	其他出版活动	58.19	5 819
74.20.2	摄影实验室	74.20*	7 420*
47.62.2	驻军、学校和办公产品零售	47.62*	4 761*
91.04.0	植物园和动物园以及自然保护区	91.04	9 103
90.03.4	独立修复师	90.03*	9 000*
91.03.0	历史遗迹建筑和类似景点的运作	91.03	9 102*
23.13.0	中空玻璃制造	23.13	2 310
23.41.0	陶瓷家具和装饰物品的制造	23.41	2 393*
23.49.0	其他陶瓷制品	23.49	2 393*
32.12.0	珠宝和相关产品制造	32.12	3 211*
???	未来制造产业	???	???

该印刷品在联邦经济和科技局的公开报告中出版发行。免费发放，严禁买卖。不允许政党、选举人或选举同盟出于宣传选举的目的在竞选中使用这个报告。选举机构在政党的信息站点分发、插入、加印和粘贴政治性信息或者选举素材皆为对该印刷品的滥用行为。出于选举宣传的目的向第三方转递该报告同样也是不允许的。此外，通过某种途径将某些数量的该印刷品转送给接收者时，也不允许他们为了选举毫无节制地对该印刷品加以利用，将它作为拥护联邦政府某个政治团体的政治旗帜。

宏观经济视角下的德国文化/创意产业

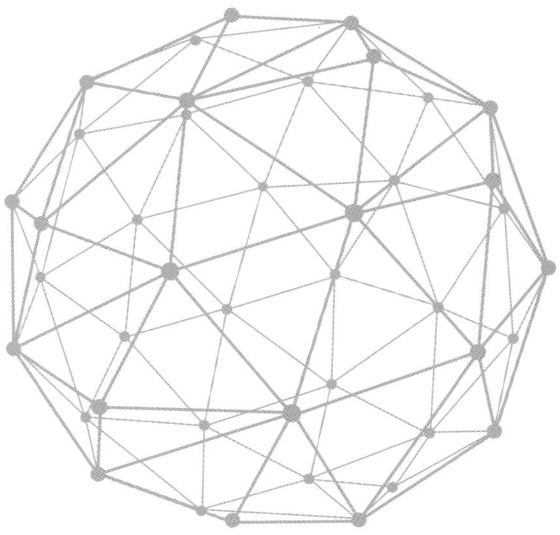

* 本文件由德国联邦经济与技术部发布于2009年。

作者

米夏埃尔·松德尔曼，文化产业研究办公室(简称 KWF)

克里斯托夫·巴克斯，创意业务咨询(简称 CBC)

奥拉六·阿恩特博士，丹尼尔·布吕尼克，普罗格诺斯股份公司

设计和制作

PRpetuum 有限责任公司

印刷

哈尔茨印刷厂

出版者/编者

联邦经济技术部(简称 BMWi)

出版

2009 年 2 月

目　录

1　宏观经济视角下的文化/创意产业

1.1　引　　言

关于德国文化/创意产业的讨论引起了公众的高度关注。文化/创意产业不再只是一个形象因素，而被看作一个独立的经济领域，被作为持续增长的行业而建立起来。

文化/创意产业是知识和内容型社会的一部分，在德国，文化/创意产业在向以知识为基础的经济过渡的过程中发挥主导作用。

当前，在文化/创意产业领域已经制定出面向未来的工作和业务模式，例如混合型工作模式。此外，这一行业极具创新性。它被证明是原来创新思想的重要来源。总体来看，其产品主要由原型产品定制产品、迷你系列产品和无形产品组成。它往往是具体项目的生产和开发。几乎所有文化/创意产业公司都运用现代技术，特别是信息和通信技术。它们不只是被动的技术用户，还是技术制造商和开发商进行新技术变革的重要推动力。

因此，一个以支持和扩大德国的创新力为目的的创新经济政策必须使文化/创意产业的发展与自己的经济政策成果相统一。

该研究中的创新点

该研究向关于文化/创意产业的讨论中引入了两个重要的新焦点，而这两个焦点到目前为止还没有在以前的文化经济报告中成为过研究对象。

首先，所谓的内部分割首次作为文化/创意产业研究的基本要素被引入。这意味着，产业综合体首先受到不同的企业类型及其各自的结构特点影响。内部分割把企业类型划分为大型企业、中小型企业、微型企业和自由职业者。以上所有企业类型都将被从经验方面及结构特点方面进行研究。

其次，一个对于文化/创意产业进行定义和划分的一致的基本模型被首次提出。这个基本模型与各州经济部长会议的结论及由(联邦德国)议会任命的调查委员会"德国文化"的调查结果一致。这为到目前为止处于异构状态的文化/创意产业综合体提供了可靠的经验和定量框架。联邦政府、联邦议院和各联邦州这三个层面就一个统一的核心和一个统一的行业划分(用一个单义的名称给各经济分支命名)达成一致可以克服目前文化/创意产业定义出现歧义的问题。

1.2 定　　义

那些主要是以经济收益为目标并致力于文化及创意产品的创造、制作、发行及/或通过媒体对其进行传播和提供服务的文化及创意企业被纳入文化/创意产业的范围。

文化/创意产业这一经济领域包括以下11个核心分支或子市场：音乐产业、图书市场、艺术市场、电影产业、广播产业、表演艺术市场、设计产业、建筑市场、出版市场、广告市场以及软件/游戏产业。

每一个文化/创意产业活动中与经济相关的核心部分就是所谓的创造性行为。这里指所有人造的、文学的、文化的、艺术的、建筑的或有创意的内容、作品、产品、生产或服务，11个子市场就是以此作为其重要经济出发点的。

此外，德国的这一界定与欧盟委员会提出的欧洲的核心界定以及全球参考模型即英国创意产业概念相一致。

1.3 经济现状及其发展趋势

在毛附加价值中所占份额

2006年，德国经济总毛附加价值中文化/创意产业创造的毛附加价值高达610亿欧元，占国内生产总值的2.6%。与选出的传统经济行业，如汽车工业、化学工业相比，文化/创意产业占据中间位置。2006年汽车工业总毛附加价值为710亿欧元，占国内生产总值的3.1%，化学工业为490亿欧元，占2.1%。鉴于文化/创意产业2006年至2008年促进就业的作用以及发展的良好态势，保守估计，2008年该行业增加值将达630亿欧元。

就业

2006年文化/创意产业就业人数达93.8万(包括个体经营者和受雇人员)，2007年人数增加了超过3万，达到近97万，2008年又以同样的速度增长到了超过100万，再创新高。至此，文化/创意产业就业人数占就业总人数的3.3%。以提供社保的工作岗位数量为例，文化/创意产业以雇佣71.9万人的骄人成绩占据中间位置，与提供72万个岗位的汽车行业比肩。反观化学工业和能源供应工业，提供岗位分别约为44.8万、23.4万，与文化/创意产业不可同日而语。

独立艺术家

如果没有作家、作曲家、音乐家、演员、电影制片人、造型艺术家的作品和成果，就没有文化/创意产业。他们是创作者、原生产者或者是服务者，没有他们，电影公司、音乐企业集团、图书出版社、绘画收藏家、艺术商品展览会的发起人、艺术品商人就无法进行传播工作。

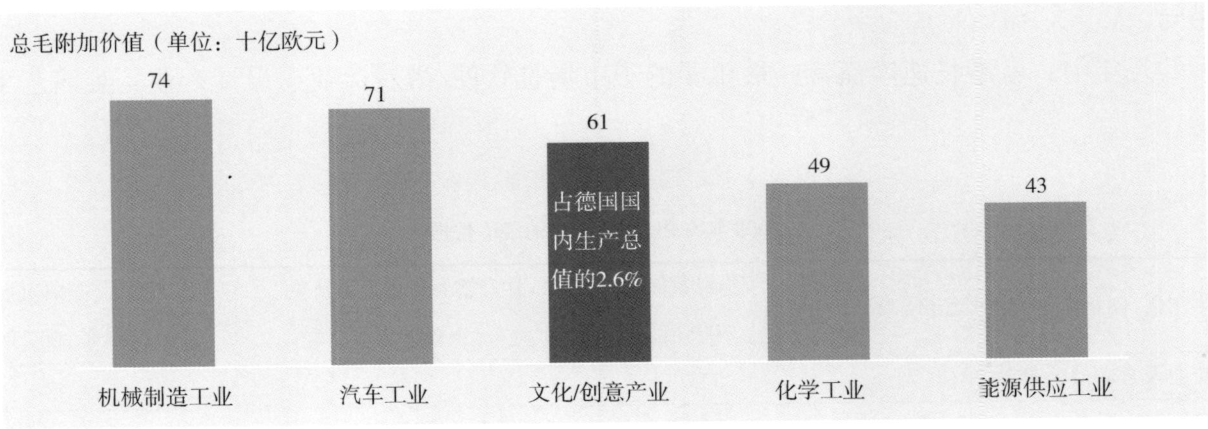

2006 年在业界文化/创意产业对总增加值所做的贡献

说明：对文化/创意产业的估算基于国民经济总体核算数据及当时的价格数据。

来源：联邦政府关于文化/创意产业的研究意见，2009 年。

比外，独立艺术家活跃于以生产多样化著称的艺术、文化或创意场所。这种各式各样、种类繁多的生产形式是由专业人员、半专业人员或自学者创造的，这些人处于激烈的竞争中，部分甚至处于毁灭性的竞争中。

比外，新技术的使用，数字化以及互联网的发展也使得生产变得多样化。如此一来，独立的艺术工作就处于一个复杂的经济环境中，将来，这一经济环境需要经济和文化政策的关注。

女性的比重

文化/创意产业中女性劳动者的比例高于平均水平。在几乎所有文化/创意产业子市场中，女性都比男性更具代表性。迄今为止，仅软件/游戏产业就提供了四分之一的女性工作岗位。

个体经营者中，女性的比例为 40%到 44%，如果将之与女性在整个经济体中的所占比重进行对比，这一比例也已经是非常之高了。后者中注册的个体经营者仅有 7%是女性。

实证结果摘要

2008 年，在文化/创意产业领域中有约 23. 83 万个一般企业和自雇型企业。它们的总体营业额达到了1 320亿欧元，能够为大约 76. 34 万享有社保的工作者提供全职或兼职岗位。德国的文化/创意产业中除了自雇型企业还有大约 100 万的受雇人员。估计 2008 年文化/创意产业创造的毛附加价值将高达约 630 亿欧元。

在各子市场中，广播产业和图书市场及出版产业属于具有强大的经济地位的大企业。同时，可以看到，微型企业在出版产业和广播产业中相对来说无关紧要。

对微型企业来说，最重要的市场是艺术市场、表演艺术市场、设计产业，以及建筑市场。在这里，高市场营业额是由大量微型企业创造的，它们以独资经营者或是自由职业者的身份存在，年均营业额在10万到20万欧元之间。

软件/游戏行业以及电影产业属于较为均衡的子市场，企业规模无论大小，在这一市场中的营业额都大致相同。

过去的几年中，就增长速度而言，最重要的子市场是软件/游戏产业、设计产业、表演艺术市场和艺术市场。

2008年文化/创意产业的经济数据

2008年文化/创意产业的重要经济参数	绝对数额 2008年	在经济总体中所占比例 2008年	跟前一年相比的变化 2008/2007年
一般企业及自雇型企业者(单位：千)	238.3	7.4%	4.3%
营业额(单位：十亿欧元)	131.7	2.5%	1.8%
从业者(单位：千)	1 001.7	3.3%	3.4%
有社保的员工(单位：千)	763.4	2.8%	3.1%
总毛附加价值(单位：十亿欧元)	63.4	2.5%	2.2%

说明：所有参数均根据营业税、就业统计以及国民经济总体核算的初步数据估算。

来源：联邦政府关于文化/创意产业的研究意见，2009年。

2. 促进性的框架条件和行动建议分析

2.1 联邦层面促进文化/创意产业发展的框架条件分析

对文化/创意产业中联邦政府现有的供应和企业实际需求的关系进行分析，发现二者存在分歧。文化/创意产业中不同等级的企业之间存在着本质上的不同，这种不同不仅体现在各个企业的需求结构方面，而且体现在实际的供应方面。

迄今为止，现有的对文化/创意产业各个子行业的资助计划存在很大分歧。整个技术导向型子行业都需要一种有针对性的特定的资助计划，而这在非技术导向型行业中是不够的。

因此，对于文化/创意产业中不同子行业里特定的目标群体而言，始终存在资助空白。现在在各乡镇、各州以及其他欧洲国家都有资助案例，在这种背景下，对于这种资助空白以及没有得到满足的资助需求要采取一些行动。其目的是制造一个高效的资助环境，用以发掘和发展德国文化/创意产业中的国民经济潜力。

文化/创意产业中的微型企业和自由职业者可以从个体及私人的资助中大大受益。目前，足够的专业化并不能通过市场机制和资助项目来实现。这样的企业大量存在，巨大的经济潜力因此而没有得到充分开发。现有的资助计划往往没有考虑到文化/创意产业独有的特点和问题，因此，没能给这些企业提供所需的支持。这些计划对信息的缺失和障碍的存在往往缺乏考虑。

尽管有许多的资金支持，仍需要指出的是，联邦的资助计划并没有完全满足文化/创意产业中各企业的特殊资助需求。到目前为止，联邦层面还没有哪个资助模式能够提供适合文化/创意产业的项目融资或过渡性融资。因此，文化/创意产业的发展往往由于缺乏革新资金和增长资金而受到阻碍。而这通常是由于银行及经济资助机构很难对投资进行评估造成的。在德国，对于许多经济资助机构来说，和文化/创意产业领域的企业打交道还不是日常事务。因此，对经营理念的评估和对有效的支持的介绍仍然存在问题，一定程度上阻碍了现有的筹资手段对文化/创意产业可能产生的有效促进。

现有资助方案的另一个障碍在于对文化/创意产业“创新”这一概念的定义。创意产业中“隐性创新”的份额和在服务行业普遍存在的现象一样——特别高，这就使得对文化/创意产业中的创新活动及其影响的评估本身变得很困难。资助计划中的创新想法在许多情况下都不符合文化/创意产业的工作方式和生产方式。对于无形产品或服务来说，许多以内容为导向的创新过程并不算是创新。类似的情况也反映在对无形资产的促进中。按现有资助方案中的资助方针为文化/创意产业所必不可少的无形资产和费用提供量身定制的资助方案是不可能的。

事实证明，一个缺乏归属感的企业，一个外部形象不够完美的行业或是缺乏网状发散可能性的企业，其发展会受到限制。联邦政府对发现的这些问题进行了研究，并提供了极其重要的改善行业发展的途径。

促进文化/创意产业发展的另一个作用领域是对城市、区域、联邦州和微型企业层面主管经济和文化推广方面的不同机构之间的相互引入和介绍。在当今文化/创意产业增加值基本没有发展的背景下，特别将微型企业经济潜力的发展作为一个重要杠杆进行研究。分析表明，微型企业的最优发展尤其离不开企业家加强与具有长效发展机制以及完善的投资管理制度的投资机构的联系。文化经济革新中的国民经济潜力可以一方面通过企业专业化，另一方面通过把文化领域和经济领域之间往往互不相干的结构联系起来的方式得到更好的发挥。

整体而言，对联邦政府发起的资助进行分析，其结果显示为三个根本出发点：

对文化/创意产业必须开发新的、专门的扶持方案及形式。

必须实现创造性企业和各供资机构之间的联系，使得现有的对文化/创意产业的扶持形式取得良好成效。

此外，联邦政府有必要对文化/创意产业现有资助项目的形式和内容予以公开。

分析显示，关于一般的框架条件，从文化/创意产业的参与者的角度来看，以上几点对于德国文化/创意产业的最优发展是关键因素。然而，由于框架条件的复杂性，在这个原则性研究中不可能就框架条件对文化/创意产业的影响进行深入分析。关于完善一般框架条件的详细讨论、评估和行动方案的制定，必须通过进一步深入的研究。需要进一步研究的中心主题中最首要的就是教育，如与文化/创意产业相关的培训和课程、税法和版权。特别是在商品日益数字化的情况下，版权法的制定对于企业家的经营活动和文化/创意产业众多子行业中的参与者取得符合市场需求的报酬来说意义重大。在社会政策方面，从业者们强调了艺术家社会保险的重要意义。

2.2 战略性行动建议

文化/创意产业为服务者、独立从业者和自由职业者提供高于平均水平的就业机会。对艺术和创意内容的需求增加。文化/创意产业的工作经常以项目为基础，且以一种网络化的形式日益蔓延到其他经济领域，为现代经济明确了文化/创意产业的模式特征。在此基础上，专家们建议采取以下措施支持文化/创意产业的发展。

为文化/创意产业领域的创新型企业公开现有的支持计划

文化/创意产业对国民经济总体，特别是对创新能力的重大意义，以及文化/创意产业自身的创新活动，要求给企业更多的经济和技术政策支持。专家认为，联邦政府应该使现有的对资助方案形式和内容上的要求适合于现存的资助方案，以便能促进更多文化/创意产业领域的企业的发展。

为文化/创意产业领域的企业建立专家网络，给其提供指导

专业人士建议联邦政府组建一个专家网络，其任务是为文化/创意产业参与者提供指导。此外，该

网络充当企业与德国各个层面资助机构之间的中介。该网络中各行业的专家顾问以“工作教练”的形式为文化/创意产业领域的微型企业提供专业化服务，以便优化生产流程，为开拓市场做准备，制定营销策略等。企业管理指导与现有金融支持手段的结合将使企业，尤其是微型企业，进一步专业化。

文化/创意产业领域创新概念的定义

人们可以清晰地看到，不仅技术创新能推动文化/创意产业经济的发展，一些有想法、有创意的内容或是非技术创新也能对经济的快速发展产生影响。将来，所有这些创新战略手段的重要性都将凸显。如果仅限于技术创新支持会使许多增值潜力得不到开发。因此，欧盟委员会提出“创造性和改革的一年”，以提高对创新重要性的敏感度。与此同时，欧盟委员会着手制订一个“欧盟创新战略”计划，该计划已经在2006年12月15日召开的国家元首和政府首脑会议上讨论并通过。联邦政府应该特别从促进文化/创意产业发展的非技术性创新的角度检验并支持这一计划的实施。

建设全国性的文化/创意产业的产业平台

专家认为，联邦政府应该把现有的具有首创精神的文化/创意产业扩建为文化/创意产业的产业平台。该平台本身应该是文化/创意产业的行业代表、区域代表、经济发展促进者以及企业的一个重要咨询处。产业平台的任务是：为企业提供初步指导、提供信息、定期组织行业谈话和小组问答。行业平台应为文化/创意产业参与者提供专门的形势和地点的初步指导。在这里，自由职业者、企业和政界的代表可以询问商谈伙伴的相关信息，可以联系资助机构。为此，设置了该平台的办事处功能。

确定对银行和经济发展机构的评估标准

为了改善文化/创意产业的金融状况，消除行业与银行之间的壁垒，必须为合作提供有针对性的咨询指导。专业人士建议联邦政府和顾问、银行以及经济发展机构合力制订出一本手册，以便为那些在机构层面上迄今为止不敏感的文化/创意产业参与者提供一个更好的企业分类标准。文化/创意产业各个子行业的业务各有特点，这本手册应对其评估原则和评估建议进行描述。

扩大联邦奖励

作为配套措施，建议联邦政府扩大对从前忽视了的文化/创意产业子行业的奖励。随着联邦奖励的迅速推广和扩大，联邦政府可以在现有的为企业开拓市场提供的重要支持的基础上，进一步加大对文化/创意产业参与者的支持力度。

推广有促进作用的贸易展览会

专家们还建议，作为配套措施，有针对性地促进文化/创意产业的国际化，以适应现有的贸易推广。为了有效地支持文化/创意产业，资助项目中的资助资金尤其应该投入到国外贸易展览项目和参加国际重要商品交易会的年轻、创新型企业中。此外，依靠艺术家在国外贸易展览会上的演出来促进展品的交流也可能是支持文化/创意产业参与者的途径。专家还建议，要让所有文化/创意产业中的年轻企业都有机会参与资助项目及在德国举办的国际贸易展览会。此外，应检验一下在这些项目中对文化/创意产业来说关系重大的展览会有多少。

继续开发小额资助项目

专家建议联邦政府，要让现有的小额资助项目，如德国复兴信贷银行启动资金，适应文化/创意产业的需要。目前的内部银行原则以及随之而来的资助项目内的相关要求往往妨碍了文化/创意产业企业的充分参与。因此，专业人士建议联邦政府开放这一原则。

另一种可能的方案是，不使用内部银行原则，而是采用非行政方式发放5 000欧元以下的小额贷款。例如，直接通过互联网门户网站进行信贷。信贷的发放可以按照一个简化了的程序进行：只对定贷、信贷目的声明或者合作事项进行询问和检验。通过这种方法，信贷发放将变得简单、高效、可行。文化/创意产业中以项目为导向的微型企业的资金状况将因此而得到显著改善。

根据监测和统计结果对文化/创意产业重要性进行的定量分析

在这项研究中，对这里被定义为一般框架条件的影响因素没有进行详细的分析。更确切地说，它是对上文分析中联邦政府倡议的主题进行的记录。由于总体框架条件的极端复杂性，对这一课题的评估需要自行进行调查。

在文化/创意产业的一般框架条件这一领域内需要继续加以研究的重要课题存在于教育和税收政策领域以及法律框架条件领域，尤其是版权领域。

附　　录

划分模型

欧盟委员会的划分模型
德国联邦议院调查委员会“德国文化”的划分模型
经济部长会议根据统计分组的划分模型
按照子市场进行的统计分组(WZ2003)

统计数据

文化/创意产业统计分组(2006年)
文化/创意产业企业按照子市场进行的统计分组(2003—2008年)
文化/创意产业各子市场的营业额(2003—2008年)
文化/创意产业各子市场的从业人数(2003—2008年)
文化/创意产业营业额的高低(2006年)
2006年独立艺术家营业额类别
2000—2008年间有艺术家社会保险的自由职业艺术家

文献来源

参考文献
文化/创意产业地区报告概览

2009年以来对文化/创意产业的重新划分

按照2008年新的WZ文件对德国文化/创意产业进行的重新统计划分

划分模型

欧盟委员会的划分模型

欧洲文化部门进行了统计划分。欧盟委员会按照欧洲官方的经济分支机构等级划分标准 NACE Rev. 1 亦进行了划分。

Nace 的两位数代码	Nace 的三位数代码	是否包含在文化领域内
22-出版、印刷及记录媒体的再生产	22. 1-出版	是
	22. 2-印刷及与印刷相关的服务	否
	22. 3-记录媒体的再生产	否
92-娱乐活动、文体活动	92. 1-电影和视频	是
	92. 2-广播和电视	是
	92. 3-其他娱乐活动	是
	92. 4-新闻机构的活动	是
	92. 5-图书馆、档案馆、博物馆和其他文化活动	是
	92. 6-体育活动	否
	92. 7-其他娱乐活动	否
74-其他商业活动	74. 1-法律、会计、记账和审计活动；税务咨询公司；市场调查和民意调查；商业和管理咨询公司，控股有限公司	否
	74. 2-建筑和工程活动及相关技术咨询	直接评估
	74. 3-技术测试和分析	否
	74. 4-广告	是
	74. 5-劳务招聘和人事部门的规定	否
	74. 6-调查和安全活动	否
	74. 7-工业清洗	否
	74. 8-没分类的杂项商业活动	是

说明：Nace 的命名不允许将建筑活动从工程设计活动和相关技术咨询中隔离出来。评估者使用 DEPS 从专业来源角度进行估算。欧洲对文化产业的定义不包括 NACE 代码 52. 47 书籍、报纸和文具零售，代码 36. 3 乐器制造，代码 22. 3 音频、视频、计算机记录媒体的再生产。NACE Rev. 1 ="欧洲共同体经济活动命名法"-欧洲共同体经济活动的统计分类。

来源：欧盟委员会，"欧洲经济文化"（研究，2006 年 10 月）：欧盟文化统计/特别雇佣小组/欧盟统计局及法国文化部/研究部门 DEPS。

德国联邦议院调查委员会"德国文化"的划分模型

按子团体和经济分支机构分项统计的文化/创意产业基本模型（NACE Rev. 1，WZ 2003）。

文化产业核心行业的统计划分

NACE 两位数代码	NACE/WZWZ 三位数代码	NACE/WZ WZ 四位数代码(部分为五位数代码)
22-出版、印刷、记录媒介的再生产	22.1-出版产业	22.11-书籍出版 22.12-报纸出版 22.13-杂志出版 22.14-录音媒体和音乐资料出版 22.15-其他出版产业
92-娱乐及文体活动	92.1-电影及录像制作、出租、销售;电影院	92.11-电影及录像制作 92.12-电影和视频供应 92.13-电影院
	92.2-广播公司、广播制作、电视节目录制	92.20-广播公司、广播制作、电观节目录制
	92.3-提供其他文化和娱乐服务	92.31-艺术家、写作活动或表演 92.32-戏剧、歌剧、音乐剧的生产、文化及类似领域的社会服务 92.34-提供文化和娱乐服务
	92.4-通信及新闻办、独立记者	92.40-通信及新闻办、独立记者
	92.5-图书馆、档案馆、博物馆、植物园和动物园	92.51-图书馆和档案馆 92.52-博物馆和古迹保护机构
52-零售业	52.4-其他零售行业	52.47-书籍等的零售 52.45.3-乐器、音乐资料零售 52.47.2-书籍和专业期刊零售 52.48.2-艺术品零售(不含古董、地毯、邮票、钱币、礼品)
74-其他商业活动	74.2-建筑及工程师工作室	74.2x-建筑活动 74.20.1-房屋建筑和室内设计工作室(不含工程师工作室) 74.20.2-地方、区域和州规划建筑工作室 74.20.3-园林及景观造型建筑工作室
	74.8-其他企业活动	74.8x-设计活动 74.20.6-工业设计 74.40.1-传播设计/广告设计 74.87.4-时尚设计、平面设计、其他设计
	74.4-广告	74.20.2-广告代理(包括广告咨询设计)
72-72 - 电脑及相关活动	72.2-软件/游戏	72.2-软件/游戏的开发和出版

说明：德国文化部的划分没有 WZ-36.3 号乐器制造，WZ-22.3 号音乐、视频和数据媒体的复制，WZ 2003 =德国经济活动的分类，按欧洲 NACE Rev. 1 =“欧洲共同体经济活动命名法”-欧洲共同体经济活动的统计分类。

* 文化统计协会根据官方经济活动划分标准 WZ 对工作圈进行的分类。

来源：德国联邦议院调查委员会“德国文化”：《总结报告(2007)》，第 376 页。

经济部长会议根据统计分组的划分模型

经济部长会议通过的对文化/创意产业核心领域有约束力的框架(2008 年 6 月决议)。

按照统计组和 WZ 号划分的文化/创意产业基本模型(2003 WZ)

文化经济	
Ⅰ. 出版市场	WZ-Nr. 22. 1
Ⅱ. 电影产业	WZ-Nr. 92. 1
Ⅲ. 广播产业	WZ-Nr. 92. 2
Ⅳ. 艺术团体和其他团体	WZ-Nr. 92. 3
Ⅴ. 记者办和新闻办	WZ-Nr. 92. 4
Ⅵ 博物馆/艺术展	WZ-Nr. 92. 5
Ⅶ. 文化商品贸易*	WZ-Nr. 52. 4* 或者 52. 45. 3，52. 47. 2，52. 48. 2 **
Ⅷ. 建筑市场	WZ-Nr. 74. 2* 或者 74. 20. 1，74. 20. 2，74. 20. 3
Ⅸ. 设计产业	WZ-Nr. 74. 8* 或者 74. 20. 6，74. 40. 1***，74. 87. 4
创意行业	
Ⅹ. 广告市场	WZ-Nr. 74. 4 einschließlich 74. 40. 1***
Ⅺ. 软件/游戏产业	WZ-Nr. 72. 2
创意经济 ＝ (文化经济 ＋ 创意行业)	

说明：*3 位数代码经济分支被选定的 5 位数代码经济分支取代(如果可用便用，否则就按各组价值比例划分)。** 预计价值的 20%来自工艺美术品贸易，因为产业分支 5. 2. 48. 2 中非文化活动的比例高。*** 经济分支将被多次划分，只对总额进行简单计算。

按照子市场进行的统计分组(WZ2003)

		份额价值
1. 音乐产业		
92. 31. 5	独立音乐家、作曲家	
92. 31. 2	乐队和舞蹈团	
22. 14. 0	录音媒体出版和音乐出版	
92. 32. 1	*剧院、音乐会主办方	
92. 32. 2	*戏剧、歌剧、舞台剧等的生产经营	10% (SVB)
92. 32. 5	*文娱产业的其他社会服务	
52. 45. 3	乐器及音乐资料零售	
	子市场总和	
2. 图书市场		
92. 31. 6	独立作家	
22. 11. 1	书籍出版	

续表

		份额价值
52.47.2	书籍零售	
	子市场总和	
3. 艺术品市场		
92.31.3	独立艺术家	
52.48.2	** 工艺美术品贸易（估价）	20%（UST，SVB）
92.52.1	博物馆商店（估价）及艺术展	8%（SVB）
	子市场总和	
4. 电影产业		
92.31.7	* 独立戏剧演员	
92.11.0	电影/电视节目/视频制作	
92.12.0	电影出租及视频节目供应	
92.13.0	电影院	
	子市场总和	
5. 广播产业		
92.20.0	广播室、广播、电视节目制作	35%（SVB）
	子市场总和	
6. 演艺市场		
92.31.7	* 独立戏剧演员	
92.31.8	独立杂技演员	
92.31.1	剧团	10%（SVB）
92.32.1	* 剧院/音乐会主办方	
92.32.2	* 戏剧院、歌剧院、舞台剧院等的经营	10%（SVB）
92.32.3	综艺节目和歌舞表演	
92.32.5	* 文娱产业的其他社会服务	
92.34.1	舞蹈学校	
92.34.2	其他文娱活动(马戏、杂技、木偶剧)	
	子市场总和	
7. 设计行业		
74.20.6	工业设计	
74.87.4	生产设计/时尚设计/平面设计	
74.40.1	* 传播设计/广告设计	
	子市场总和	
8. 建筑市场		
74.20.1	房屋建筑和室内设计工作室	
74.20.2	地方、区域和州规划建筑工作室	
74.20.3	园林及景观造型建筑工作室	
	子市场总和	
9. 出版市场		
92.40.2	独立记者	
92.40.1	通信和新闻机构	

续表

		份额价值
22.11.2	通讯录出版	
22.12.0	报纸出版	
22.13.0	杂志出版	
22.15.0	其他出版产业	
	子市场总和	
10. 广告市场		
74.40.1	*广告/广告设计	
74.40.2	广告/广告代理	
	子市场总和	
11. 软件/游戏产业		
72.20.1	软件发布	
72.20.2	软件咨询和研发	
	子市场总和	
(-) 其他		
92.31.4	独立艺术品修复师	
92.51.0	图书馆/档案馆	8%（SVB）
92.52.2	文物古迹企业	8%（SVB）
92.53.0	植物园、动物园及自然公园	8%（SVB）
92.33.0	流动艺人职业和游乐园	
	子市场总和	

说明：子市场由众多分类组成，份额按百分比计算，SVB＝就业统计，UST＝营业税统计。

统计数据

文化/创意产业统计分组(2006年)

	企业数量[1] 2006年	营业额[2] 单位：百万欧元 2006年	总就业人数[3] 2006年	雇员人数[4] 2006年	独立从业者人数 2006年	兼职员工人数 2006年
1. 出版产业/传媒业						
2. 22.1 出版产业	9 653	37 471.1	147 276	137 623	62 433	19 646
2. 电影产业						
92.1 电影及视频录制、出租、销售；电影院	8 730	6 854.9	43 481	34 751	12 643	5 822
3. 广播产业						
92.1 广播室、广播及电视节目	889	7 426.4	22 133	21 244	586	353
4. 艺术和其他团体						
92.3 其他文娱服务供应	40 100	6811.8	78 653	38 653	14 698	6 924
5. 记者办/新闻办						

续表

	企业数量[(1)] 2006 年	营业额[(2)] 单位：百万欧元 2006 年	总就业人数[(3)] 2006 年	雇员人数[(4)] 2006 年	独立从业者人数 2006 年	兼职员工人数 2006 年
92.4 通讯办、新闻办、个体记者	17 416	2 000.5	25 375	7 959	2 163	964
6. 博物馆商店、艺术展览						
92.5 图书馆、档案馆、博物馆、植物园、动物园	1 382	719.1	4 085	2 703	378	93
7. 文化商品贸易						
来自 52.4 其他零售行业	9 343	5 631.9	41 772	32 429	12 323	3 005
8. 建筑市场						
来自 74.2 建筑及工程师工作室	39 737	7 286.5	99 626	59 889	13 858	5 594
9. 设计产业						
来自 74.8 其他经济及设计服务行业	38 728	14 869	120 147	81 419	29 141	12 124
10. 广告市场*						
来自 74.4 广告商	39 507	25 797	142 021	102 514	80 907	25 003
11. 软件/游戏产业						
72.2 软件公司	35 719	24 103.2	305 805	270 086	20 372	10 960
文化/创意产业(代号：1-11)	219 376	126 378	938 043	718 667	222 970	79 442
在经济总量中所占百分比	7.1%	2.6%	3.2%	2.7%	4.6%	4.2%

说明：行业双倍分类，只简单计算总额。[(1)] 指纳税企业；[(2)] 年营业额 17 500 欧元以上；[(3)] 独立从业者和有社会保险的雇员；[(4)] 有社会保险的雇员。

来源：营业税统计，联邦统计局；就业统计，联邦就业局；2008 年米夏埃尔·松德尔曼和(或)文化/创意产业工作组的独立核算。

文化/创意产业企业[(1)]按照子市场进行的统计分组(2003—2008 年)

		数量 2003 年	数量 2004 年	数量 2005 年	数量 2005 年	数量 2007 年***	数量 2008 年***
1. 音乐产业							
92.31.5	独立音乐家、作曲家	2 148	2 213	2 303	2 337	2 372	2 407
92.31.2	乐队和舞蹈团	1 957	1 909	1 897	1 859	1 822	1 785
22.14.0	录音媒体出版和音乐出版	1 302	1 370	1 401	1 478	1 559	1 645
92.32.1	*剧院、音乐会主办方	1 088	1 151	1 200	1 268	1 340	1 416
92.32.2	*戏剧院、歌剧院、舞台剧院等的经营	204	200	204	207	210	213
92.32.5	*文娱产业的其他社会服务	954	1 060	1 210	1 358	1 524	1 711
52.45.3	乐器及音乐资料零售	2 364	2 342	2 354	2 291	2 230	2 170
	子市场总和	10 017	10 245	10 569	10 798	11 056	11 346
2. 图书市场							
92.31.6	独立作家	5 035	5 336	5 654	5 915	6 188	6 474
22.11.1	书籍出版	2 553	2 606	2 650	2 674	2 698	2 723
52.47.2	书籍零售	5 127	5 121	5 123	5 049	4 976	4 904
	子市场总和	12 715	13 063	13 427	13 538	13 862	14 101

续表

		数量 2003年	数量 2004年	数量 2005年	数量 2006年	数量 2007年***	数量 2008年***
3. 艺术市场							
92.31.3	独立艺术家	7 265	7 380	7 713	8 039	8 379	8 733
52.48.2	** 工艺美术品贸易(估价)	2 191	2 132	2 077	2 003	1 932	1 864
92.52.1	博物馆商店(估价)及艺术展	829	869	902	943	986	1 031
	子市场总和	10 285	10 381	10 692	10 985	11 297	11 628
4. 电影产业							
92.31.7	* 独立戏剧演员	7 607	8 033	8 519	8 924	9 348	9 793
92.11.0	电影/电视节目/视频制作	5 806	6 002	6 330	6 600	6 882	7 175
92.12.0	电影出租及视频节目供应	1 321	1 233	1 196	1 145	1 096	1 049
92.13.0	电影院	1 007	990	987	985	983	981
	子市场总和	15 741	16 258	17 032	17 654	18 309	18 998
5. 广播产业							
92.20.0	广播室、广播、电视节目制作	826	839	858	889	921	954
	子市场总和	826	839	858	889	921	954
6. 表演艺术市场							
92.31.7	* 独立戏剧演员	7 607	8 033	8 519	8 924	9 348	9 793
92.31.8	独立杂技演员	479	483	496	531	568	609
92.31.1	剧团	87	95	102	108	114	121
92.32.1	* 剧院/音乐会主办方	1 088	1 151	1 200	1 268	1 340	1 416
92.32.2	* 戏剧院、歌剧院、舞台剧院等的经营	204	200	204	207	210	213
92.32.3	综艺节目和歌舞表演	198	194	200	203	206	209
92.32.5	* 文娱产业的其他社会服务	954	1 060	1 210	1 358	1 524	1 711
92.34.1	舞蹈学校	1 381	1 441	1 466	1 522	1 580	1 640
92.34.2	其他文娱活动(马戏、杂技、木偶剧)	2 394	2 631	2 936	3 199	3 486	3 798
	子市场总和	14 392	15 288	16 333	17 320	18 377	19 509
7. 设计产业							
74.20.6	工业设计	2 598	2 841	3 116	3 455	3 831	4 248
74.87.4	生产设计/时尚设计/平面设计	11 306	11 974	12 855	13 445	14 062	14 707
74.40.1	* 传播设计/广告设计	18 989	20 214	21 148	21 828	22 530	23 254
	子市场总和	32 893	35 029	37 119	38 728	40 423	42 209
8. 建筑市场							
74.20.1	房屋建筑和室内设计工作室	31 890	32 191	32 841	34 124	35 457	36 842
74.20.2	地方、区域和州规划建筑工作室	2 683	2 786	2 913	3 132	3 367	3 621
74.20.3	园林及景观造型建筑工作室	2 216	2 256	2 324	2 481	2 649	2 828
	子市场总和	36 789	37 233	38 078	39 737	41 473	43 290
9. 出版市场							
92.40.2	独立记者	13 130	14 125	15 223	16 615	18 134	19 792
92.40.1	通信和新闻机构	801	785	823	801	780	759
22.11.2	通讯录出版	157	165	162	169	176	184

续表

		数量 2003 年	数量 2004 年	数量 2005 年	数量 2006 年	数量 2007 年***	数量 2008 年***
22.12.0	报纸出版	688	711	702	700	698	696
22.13.0	杂志出版	1 784	1 790	1 744	1 732	1 720	1 708
22.15.0	其他出版产业	2 872	2 902	2 905	2 900	2 895	2 890
	子市场总和	19 432	20 478	21 559	22 917	24 403	26 029
10. 广告市场							
74.40.1	*广告/广告设计	18 989	20 214	21 148	21 828	22 530	23 254
74.40.2	广告/广告代理	18 231	17 977	17 889	17 679	17 471	17 266
	子市场总和	37 220	38 191	39 037	39 507	40 001	40 521
11. 软件/游戏产业							
72.20.1	软件发布	571	593	615	641	668	696
72.20.2	软件咨询和研发	27 062	30 190	32 790	35 078	37 526	40 144
	子市场总和	27 633	30 783	33 405	35 719	38 194	40 840
(一) 其他							
92.31.4	独立艺术品修复师	1 070	1 115	1 209	1 266	1 326	1 388
92.51.0	图书馆/档案馆	66	70	69	74	79	85
92.52.2	文物古迹企业	63	51	60	65	70	76
92.53.0	植物园、动物园及自然公园	229	252	278	300	324	349
92.33.0	流动艺人职业和游乐园	3 438	3 431	3 388	3 364	3 340	3 317
	子市场总和	4 866	4 919	5 004	5 069	5 139	5 215
	双倍计算	222 809	232 707	243 113	252 961	263 456	274 642
	双倍经济行业	28 842	30 658	32 281	33 585	34 952	36 386
	文化/创意产业	193 967	202 049	210 832	219 376	228 504	238 256
	在经济总量中所占百分比	6.7%	6.8%	6.9%	7.1%	7.2%	7.4%

说明：* 只简单计算总额。** 工艺美术品贸易按比例估算。*** 暂时的或是估算的。红色数据是按比例计算的。(1) 指纳税企业中年营业额达 17 500 欧元及以上的企业。

来源：营业税统计，联邦统计局；2008 年米夏埃尔·松德尔曼和(或)文化/创意产业工作组的独立核算。

文化/创意产业各子市场的营业额(1)(2003—2008 年)

		百万(欧元) 2003 年	百万(欧元) 2004 年	百万(欧元) 2005 年	百万(欧元) 2006 年	百万(欧元) 2007 年***	百万(欧元) 2008 年***
1. 音乐产业							
92.31.5	独立音乐家、作曲家	241	235	238	244	247	249
92.31.2	乐队和舞蹈团	201	222	215	214	214	214
22.14.0	录音媒体出版和音乐出版(2)	2 001	2 002	2 083	1 867	1 770	1 724
92.32.1	*剧院、音乐会主办方	963	1 011	1 196	1 301	1 358	1 388
92.32.2	*戏剧院、歌剧院、舞台剧院等的经营	329	303	343	334	330	327

续表

		百万（欧元）2003年	百万（欧元）2004年	百万（欧元）2005年	百万（欧元）2006年	百万（欧元）2007年***	百万（欧元）2008年***
92.32.5	*文娱产业的其他社会服务	225	285	302	381	432	460
52.45.3	乐器及音乐资料零售	969	967	1 015	1 051	1 069	1 079
	子市场总和	4 930	5 025	5 391	5 392	5 420	5 442
2. 图书市场							
92.31.6	独立作家	384	409	446	456	461	464
22.11.1	书籍出版	9 697	9 228	9 639	10 294	10 643	10 824
52.47.2	书籍零售	3 929	3 968	4 048	3 993	3 966	3 952
	子市场总和	14 010	13 605	14 133	14 743	15 070	15 240
3. 艺术市场							
92.31.3	独立艺术家	607	623	665	713	738	752
52.48.2	**工艺美术品贸易（估价）	583	590	608	588	578	573
92.52.1	博物馆商店（估价）及艺术展	300	324	341	466	552	603
	子市场总和	1 490	1 536	1 614	1 767	1 868	1 928
4. 电影产业							
92.31.7	*独立戏剧演员	646	678	714	754	775	786
92.11.0	电影/电视节目/视频制作	4 291	3 964	4 083	3 788	3 651	3 585
92.12.0	电影出租及视频节目供应	1 428	1 317	1 465	1 621	1 708	1 753
92.13.0	电影院	1 504	1 616	1 363	1 446	1 489	1 512
	子市场总和	7 869	7 576	7 625	7 609	7 624	7 637
5. 广播产业							
92.20.0	广播室、广播、电视节目制作	7 656	7 880	8 225	7 426	7 649	7 879
	子市场总和	7 656	7 880	8 225	7 426	7 649	7 879
6. 表演艺术市场							
92.31.7	*独立戏剧演员	646	678	714	754	775	786
92.31.8	独立杂技演员	36	35	34	36	37	37
92.31.1	剧团	36	38	37	41	43	44
92.32.1	*剧院/音乐会主办方	963	1 011	1 196	1 301	1 358	1 388
92.32.2	*戏剧院、歌剧院、舞台剧院等的经营	329	303	343	334	330	327
92.32.3	综艺节目和歌舞表演	89	74	72	74	75	75
92.32.5	*文娱产业的其他社会服务	225	285	302	381	432	460
92.34.1	舞蹈学校	166	173	183	198	205	209
92.34.2	其他文娱活动（马戏、杂技、木偶剧）	703	752	887	1 036	1 122	1 169
	子市场总和	3 192	3 350	3 769	4 154	4 377	4 496
7. 设计产业							
74.20.6	工业设计	437	484	538	680	770	821
74.87.4	生产设计/时尚设计/平面设计	1 406	1 503	1 590	1 595	1 597	1 599
74.40.1	*传播设计/广告设计	9 012	9 576	11 188	12 594	13 385	13 805
	子市场总和	10 855	11 563	13 316	14 869	15 752	16 225

续表

		百万（欧元）2003 年	百万（欧元）2004 年	百万（欧元）2005 年	百万（欧元）2006 年	百万（欧元）2007 年***	百万（欧元）2008 年***
8. 建筑市场							
74.20.1	房屋建筑和室内设计工作室	6 013	5 839	6 003	6 246	6 373	6 438
74.20.2	地方、区域和州规划建筑工作室	660	525	544	626	673	698
74.20.3	园林及景观造型建筑工作室	385	370	387	414	429	436
	子市场总和	7 058	6 734	6 934	7 287	7 475	7 572
9. 出版市场							
92.40.2	独立记者	941	1 018	1 066	1 197	1 270	1 309
92.40.1	通信和新闻机构	925	790	813	804	799	797
22.11.2	通讯录出版社	1 107	1 074	1 068	1 102	1 120	1 129
22.12.0	报纸出版	8 505	8 634	10 833	10 617	10 512	10 459
22.13.0	杂志出版	12 785	12 652	10 651	10 172	9 944	9 832
22.15.0	其他出版产业	3 618	3 762	3 362	3 419	3 449	3 463
	子市场总和	27 882	27 930	27 792	27 312	27 094	26 990
10. 广告市场							
74.40.1	*广告/广告设计	9 012	9 576	11 188	12 594	13 385	13 805
74.40.2	广告/广告代理	13 828	13 771	12 838	13 203	13 391	13 487
	子市场总和	22 839	23 347	24 025	25 797	26 776	27 292
11. 软件/游戏产业							
72.20.1	软件发布	476	732	834	751	677	610
72.20.2	软件咨询和研发	18 812	20 753	22 194	23 352	24 570	25 851
	子市场总和	19 288	21 485	23 028	24 103	25 247	26 461
(一)其他							
92.31.4	独立艺术品修复师	106	106	118	136	147	153
92.51.0	图书馆/档案馆	22	18	19	20	21	22
92.52.2	文物古迹企业	26	17	20	24	26	27
92.53.0	植物园、动物园及自然公园	173	183	220	209	204	201
92.33.0	流动艺人职业和游乐园	827	814	858	894	912	922
	子市场总和	1 154	1 138	1 234	1 283	1 310	1 325
	*双倍计算	128 222	131 168	137 086	141 742	145 663	148 486
	双倍经济行业	11 175	11 854	13 742	15 364	16 279	16 767
	文化/创意产业代码 1. -12)	117 047	119 314	123 344	126 378	129 383	131 720
	在经济总量中所占百分比	2.8%	2.7%	2.7%	2.6%	2.5%	2.5%

说明：(1)应税营业额=销售货物或提供纳税劳务收取的全部价款，但不包括收取的销项税额；(2)2003 年和 2004 年的估值。* 只简单计算总额。** 工艺美术品贸易按比例估算。*** 暂时的或是估算的。

来源：营业税统计，联邦统计局；2008 年米夏埃尔·松德尔曼和(或)文化/创意产业工作组的独立核算。

文化/创意产业各子市场的从业人数[1]（2003—2008 年）

		数量 2003 年	数量 2004 年	数量 2005 年	数量 2006 年	数量 2007 年***	数量 2008 年***
1. 音乐产业							
92.31.5	独立音乐家、作曲家	2 280	2 338	2 438	2 471	2 512	2 565
92.31.2	乐队和舞蹈团	7 410	7 338	7 320	7 368	7 189	7 166
22.14.0	录音媒体出版和音乐出版	4 734	4 699	5 049	5 155	5 380	5 574
92.32.1	*剧院、音乐会主办方	7 648	7 173	7 104	7 046	6 828	6 998
92.32.2	*戏剧院、歌剧院、舞台剧院等的经营	3 531	3 388	3 330	3 347	3 370	3 436
92.32.5	*文娱产业的其他社会服务	3 116	3 392	3 576	3 677	4 499	4 835
52.45.3	乐器及音乐资料零售	6 249	6 043	5 835	5 920	5 977	6 022
	子市场总和	34 968	34 371	34 652	34 984	35 754	36 595
2. 图书市场							
92.31.6	独立作家	5 270	5 598	5 898	6 179	6 458	6 783
22.11.1	书籍出版	47 133	44 190	43 357	43 136	40 224	39 850
52.47.2	书籍零售	33 938	33 359	32 763	32 182	31 926	32 268
	子市场总和	86 341	83 147	82 018	81 497	78 608	78 901
3. 艺术市场							
92.31.3	独立艺术家	8 730	8 844	9 158	9 489	9 763	10 095
52.48.2**	工艺美术品贸易（估价）	3 893	3 826	3 757	3 670	3 595	3 549
92.52.1	博物馆商店（估价）及艺术展	1 994	2 049	2 039	2 090	2 198	2 184
	子市场总和	14 617	14 719	14 953	15 249	15 556	15 827
4. 电影产业							
92.31.7	*独立戏剧演员	8 708	9 202	10 393	10 369	10 844	11 355
92.11.0	电影/电视节目/视频制作	29 963	31 215	31 664	30 682	31 831	31 978
92.12.0	电影出租及视频节目供应	4 054	4 001	3 697	3 641	3 672	3 779
92.13.0	电影院	12 041	10 536	9 775	9 158	9 312	9 126
	子市场总和	54 766	54 954	55 529	53 850	55 659	56 238
5. 广播产业							
92.20.0	广播室、广播、电视节目制作	22 171	22 119	21 813	22 133	22 202	22 497
	子市场总和	22 171	22 119	21 813	22 133	22 202	22 497
6. 表演艺术市场							
92.31.7	*独立戏剧演员	8 708	9 202	10 393	10 369	10 844	11 355
92.31.8	独立杂技演员	559	573	590	626	662	710
92.31.1	剧团	1 334	1 305	1 284	1 233	1 221	1 234
92.32.1	*剧院/音乐会主办方	7 648	7 173	7 104	7 046	6 828	6 998
92.32.2	*戏剧院、歌剧院、舞台剧院等的经营	3 531	3 388	3 330	3 347	3 370	3 436
92.32.3	综艺节目和歌舞表演	838	782	806	807	839	937
92.32.5	*文娱产业的其他社会服务	3 116	3 392	3 576	3 677	4 499	4 835
92.34.1	舞蹈学校	2 808	2 827	2 851	3 020	3 168	3 398
92.34.2	其他文娱活动（马戏、杂技、木偶剧）	4 401	4 806	6 271	6 774	7 110	7 406

续表

		数量 2003 年	数量 2004 年	数量 2005 年	数量 2006 年	数量 2007 年***	数量 2008 年***
	子市场总和	32 943	33 447	36 205	36 899	38 541	40 308
7. 设计产业							
74. 20. 6	工业设计	7 359	7 691	8 202	8 683	9 313	10 032
74. 87. 4	生产设计/时尚设计/平面设计	16 578	17 193	18 011	19 133	19 939	21 051
74. 40. 1	* 传播设计/广告设计	92 959	89 921	90 876	92 331	96 419	101 331
	子市场总和	116 896	114 805	117 089	120 147	125 671	132 414
8. 建筑市场							
74. 20. 1	房屋建筑和室内设计工作室	93 101	88 494	85 609	84 251	85 488	88 624
74. 20. 2	地方、区域和州规划建筑工作室	10 409	10 086	9 510	9 425	9 425	10 111
74. 20. 3	园林及景观造型建筑工作室	6 417	6 093	5 866	5 950	6 106	6 364
	子市场总和	109 927	104 673	100 985	99 626	101 019	105 098
9. 出版市场							
92. 40. 2	独立记者	14 534	15 511	16 744	18 174	19 705	21 372
92. 40. 1	通信和新闻机构	8 543	8 294	7 428	7 201	7 417	7 860
22. 11. 2	通讯录出版	3 783	3 604	3 620	3 701	4 405	4 533
22. 12. 0	报纸出版	60 087	56 663	52 543	50 971	50 231	49 461
22. 13. 0	杂志出版	37 861	36 794	37 108	36 759	37 453	37 718
22. 15. 0	其他出版产业	6 750	7 162	7 240	7 554	7 786	7 692
	子市场总和	131 558	128 028	124 683	124 360	126 997	128 636
10. 广告市场							
74. 40. 1	* 广告/广告设计	92 959	89 921	90 876	92 331	96 419	101 331
74. 40. 2	广告/广告代理	52 820	50 849	49 061	49 690	49 586	50 382
	子市场总和	145 779	140 770	139 937	142 021	146 005	151 714
11. 软件/游戏产业							
72. 20. 1	软件发布	585	654	693	1 090	1 288	1 373
72. 20. 2	软件咨询和研发	278 059	276 375	290 613	304 715	325 309	343 725
	子市场总和	278 644	277 029	291 306	305 805	326 597	345 098
(一)其他							
92. 31. 4	独立艺术品修复师	2 776	2 591	2 602	2 671	2 727	2 697
92. 51. 0	图书馆/档案馆	1 127	1 084	1 034	1 037	993	1 007
92. 52. 2	文物古迹企业	230	228	219	188	171	173
92. 53. 0	植物园、动物园及自然公园	733	748	731	770	810	820
92. 33. 0	流动艺人职业和游乐园	13 921	14 117	13 610	13 576	13 777	11 604
	子市场总和	18 787	18 768	18 196	18 242	18 478	16 301
	双倍计算	1 047 398	1 026 830	1 037 366	1 054 813	1 091 088	1 129 629
	双倍 WZ	115 962	113 076	115 279	116 770	121 960	127 954
	文化/创意产业	931 435	913 754	922 087	938 043	969 128	1 001 674
	在经济总量中所占百分比	3. 1%	3. 1%	3. 2%	3. 2%	3. 2%	3. 3%

说明：(1) 从业人员 = 独立从业者以及享有社保的员工；* 只简单计算总额。** 工艺美术品贸易按比例估算。*** 暂时的或是估算的。

来源：营业税统计，联邦统计局；就业统计，联邦就业局；2008 年米夏埃尔·松德尔曼和(或)文化/创意产业工作组的独立核算。

文化/创意产业营业额的高低(2006年)

所选子市场经济编号	企业类型	规模类别	2006年企业数量	2006年营业额（单位：百万欧）	2006年平均每家企业营业额（单位：千欧）	2006年企业数百分比	200年营业额百分比
音乐产业							
22.14.1 52.45.3	微型企业	200万欧元以下	3.694	896	243	95%	26
	小型企业	1 000万欧元以下	150	609	4.061	4%	17.5%
	中型企业	5 000万欧元以下	31	592	19.103	1%	17.0%
	大型企业	5 000万欧元以上	9	1.391	154.544	0%	40%
	所有企业类型	总计	3.884	3.488	898	100%	100%
图书市场							
22.11.1 52.47.2	微型企业	200万欧元以下	7 168	2 382	332	93%	16.7%
	小型企业	1 000万欧元以下	402	1 587	3 947	5%	11%
	中型企业	5 000万欧元以下	119	2 456	20 635	2%	17.2%
	大型企业	5 000万欧元以上	34	7 863	231 259	0%	55%
	所有企业类型	总计	7 723	14 287	1 850	100%	100%
艺术市场							
92.52.1 无 52.48.2	微型企业	200万欧元以下	898	183	203	95%	39%
	小型企业	1 000万欧元以下	42	159	3 783	4%	34%
	中型企业	5 000万欧元以下	2	50	25 000	0%	11%
	大型企业	5 000万欧元以上	1	75	75 000	0%	16%
	所有企业类型	总计	943	467	495	100%	100%
电影产业							
92.1	微型企业	200万欧元以下	8 281	1 693	204	95%	25%
	小型企业	1 000万欧元以下	381	1 604	4 209	4%	23%
	中型企业	5 000万欧元以下	49	1 072	21 868	1%	16%
	大型企业	5 000万欧元以上	19	2 487	130 872	0%	36%
	所有企业类型	总计	8 730	6 855	785	100%	100%
广播产业							
92.2	微型企业	200万欧元以下	736	290	394	83%	4%
	小型企业	1 000万欧元以下	97	432	4 458	11%	6%
	中型企业	5 000万欧元以下	36	764	21 214	4%	10%
	大型企业	5 000万欧元以上	20	5 941	297 027	2%	80%
	所有企业类型	总计	889	7 426	8 354	100%	100%
表演艺术市场							
92.3	微型企业	200万欧元以下	39 770	3 997	100	99%	59%
	小型企业	1 000万欧元以下	267	1 068	4 000	1%	16%
	中型企业	5 000万欧元以下	57	1 049	18 409	0%	15%
	大型企业	5 000万欧以上	6	698	116 283	0%	10%
	所有企业类型	总计	40 100	6 812	170	100%	100%
设计产业							

续表

所选子市场经济编号	企业类型	规模类别	2006年企业数量	2006年营业额（单位：百万欧）	2006年平均每家企业营业额（单位：千欧）	2006年企业数百分比	200年营业额百分比
74.20.6 74.87.4 无 74.40.1	微型企业	200万欧元以下	16 791	1 714	102	99%	75%
	小型企业	1 000万欧元以下	99	359	3 622	1%	16%
	中型企业	5 000万欧元以下	10	203	20 265	0%	9%
	大型企业	5 000万欧以上	—	—	—	—	—
	所有企业类型	总计	16 900	2 275	135	100%	100%
建筑市场							
74.20.1 74.20.2 74.20.3	微型企业	200万欧元以下	39 420	5 697	145	99%	78%
	小型企业	1 000万欧元以下	283	1 005	3 551	1%	14%
	中型企业	5 000万欧元以下	34	585	17 202	0%	8%
	大型企业	5 000万欧以上	—	—	—	—	
	所有企业类型	总计	39 737	7 287	183	100%	100%
出版市场							
22.1 无 22.11.1 22.14	微型企业	200万欧元以下	830	104	125	52%	0.5%
	小型企业	1 000万欧元以下	489	2 277	4 657	30%	10%
	中型企业	5 000万欧元以下	203	4 657	22 940	13%	21%
	大型企业	5 000万欧以上	83	15 011	180 853	5%	68%
	所有企业类型	总计	1 605	22 049	13 737	100%	100%
广告市场							
74.4	微型企业	200万欧元以下	38 072	7 222	190	96%	28%
	小型企业	1 000万欧元以下	1 189	4 675	3 932	3%	18%
	中型企业	5 000万欧元以下	193	3 827	19 831	0%	15%
	大型企业	5 000万欧以上	53	10 073	190 053	0%	39%
	所有企业类型	总计	39 507	25 797	653	100%	100%
软件/游戏产业							
72.2	微型企业	200万欧元以下	34 071	6 562	193	95%	27%
	小型企业	1 000万欧元以下	1 325	5 446	4 110	4%	23%
	中型企业	5 000万欧元以下	280	5 750	20 536	1%	24%
	大型企业	5 000万欧以上	43	6 346	147 573	0%	26%
	所有企业类型	总计	35 719	24 103	675	100%	100%

说明：包括纳税企业和年收入17 500欧元以上的自雇型企业。

数据来源：联邦统计局营业税统计；米夏埃尔·松德尔曼事务所2008年对文化/创意产业进行的独立核算。

2006年独立艺术家营业额类别

营业额规模（单位：欧元）	作曲家（百分比）	音乐/舞蹈团体（百分比）	视觉艺术家（百分比）	戏剧艺术家（百分比）	作家（百分比）	记者（百分比）
	2006	2006	2006	2006	2006	2006
17 500—50 000	55.8	61.9	57.5	59.3	58.8	59.6

续表

营业额规模（单位：欧元）	作曲家（百分比）	音乐/舞蹈团体（百分比）	视觉艺术家（百分比）	戏剧艺术家（百分比）	作家（百分比）	记者（百分比）
50 000—100 000	22. 5	19. 7	24. 6	23. 5	24. 0	26. 4
100 000—250 000	15. 1	12. 0	12. 8	12. 2	13. 1	10. 8
250 000—500 000	4. 2	3. 3	3. 3	3. 2	3. 0	2. 2
500 000—1 000 000	1. 5	1. 5	1. 1	1. 2	0. 7	0. 7
1 000 000 以上	0. 9	1. 6	0. 6	0. 6	0. 5	0. 3
总计	100. 0	100. 0	100. 0	100. 0	100. 0	100. 0
营业额规模（单位：欧元）	绝对数值	绝对数值	绝对数值	绝对数值	绝对数值	绝对数值
17 500—50 000	1 304	1 151	4 624	5 289	3 477	9 908
50 000—100 000	525	366	1 977	2 095	1 419	4 391
100 000—250 000	352	224	1 031	1 092	772	1 787
250 000—500 000	99	61	264	287	177	361
500 000—1 000 000	35	27	91	111	43	123
1 000 000 以上	22	30	52	50	27	45
总计	2 337	1 859	8 039	8 924	5 915	16 615

说明：仅统计年收入 17 500 欧元以上的独立艺术家。

数据来源：联邦统计局营业税统计；米夏埃尔·松德尔曼事务所 2008 年对文化/创意产业进行的独立核算。

2000—2008 年间有艺术家社会保险的自由职业艺术家

	2000 年数据	2002 年数据	2004 年数据	2006 年数据	2008 年数据
男性	63 418	68 493	75 121	82 849	85 831
女性	43 751	50 476	58 849	68 555	73 691
总计	107 169	118 969	133 970	151 404	159 522

数据来源：2008 年艺术家社会保险机构。

文献来源

参考文献

➢ Anderson C.（2007）：《长尾理论：小商品取代大市场　未来经济》，慕尼黑。

➢ Betzelt S.（2006）：《弹性知识工作：特权与优先权之间的服务提供商》，不来梅。

➢ Börsenverein（2008）：《2008 年图书及书店数据》，德国图书贸易协会，法兰克福。

➢ 联邦建筑师协会（2007/2008）：《2007/2008 年度报告》，柏林。

➢ 联邦经济与技术部（2008）：《出口强势行业》，参见 http://lexikon.bmwi.de/BMWi/Navigation/Wirtschaft/Industrie/exportstarke-industrie.html [27.12.2008]。

➢ 联邦经济技术部和文化与媒体委员会于2008年11月13日在文化/创意产业倡议框架内举行的第三次听证会联合新闻稿。

➢ 联邦政府(2008):《联邦政府文化/创意产业倡议》,柏林。

➢ 德国新闻出版机构联盟(2008):《2008年德国新闻业现状》,柏林。

➢ 联邦议会(2006):《文化产业:政治与当代历史视角》,发行编号:Nr. 34-35。

➢ 英国文化、媒体与体育部(DCMS)(2009):《创意产业经济预测》,2009年1月统计公告。

➢ 英国文化、媒体与体育部(DCMS)(1998):《创意产业纲领文件》,伦敦,2001年修订第2版。

➢ 德国联邦议会(2007):《基民盟/基社盟、社会民主党等党团提案》,印刷品编号16/5110。

➢ 德国音乐协会(2009):音乐市场主题门户 http://www.themen.miz.org/ static_de/themenportle/einfuehrungstexte_pdf/07_Musikwirtschaft/soendermann.pdf [03.01.2009]。

➢ 调查委员会(2007):《联邦议会"德国文化"调查委员会》,《文化/创意产业》主题章节,印刷品编号16/7000,第333-376页。

➢ Ertel R.、Gaulhofer M、Haselbach D. (2007):《2007年下萨克森州文化产业报告:经济视角下的文化和音乐市场》,柏林/汉诺威。

➢ 欧洲委员会(1998):《文化、文化产业和就业》,就业和文化委员会,布鲁塞尔。

➢ 欧洲委员会(2001):《在数字时代开发和发展文化产业的就业潜力》,欧盟就业委员会,布鲁塞尔。

➢ 欧洲委员会(2006):《欧洲文化产业》,布鲁塞尔,欧盟文化委员会。

➢ 欧洲议会(2008):《文化产业报告》,布鲁塞尔(A6-0063/2008)。

➢ 欧盟统计局(2007):《LEG专家小组文化统计数据》,文化就业工作组,卢森堡。

➢ 欧盟统计局(2007):《2007年文化统计》,卢森堡。

➢ 欧盟统计局(2007):《欧盟27国的文化产业和文化活动》,新闻稿146/2007。

➢ Fesel B.、Söndermann M. (2008):《2007年科隆文化产业报告》,RheinEnergie基金会,科隆。

➢ Florida R. (2002):《创造性阶层的崛起》,纽约。

➢ Fohrbeck K.、Wiesand J. A. (1975):《艺术家报告》,慕尼黑。

➢ 前沿经济有限公司(2008):《创意产业成就:英国文化、媒体与体育部(DCMS)统计分析》,伦敦,受英国政府文化、媒体与体育部委托。

➢ G. A. M. E. 德国联邦电脑游戏开发者协会,柏林。

➢ Girard A. (1978):《文化产业,未来》,巴黎。

➢ 德国联邦议会"德国文化"调查委员会(2007):《文化/创意产业独立从业者和自由职业艺术家的创业与保障》,亚琛。

➢ Higgs P.、Cunningham S.、Bakhshi H. (2008):《超越创意产业:创意经济纲要》,伦敦。

➢ Howkins J. (2001):《创意经济:如何通过创意获利》,纽约。

➢ 文化政策研究所主编2008年文化政策年报《主题:文化产业与创意城市》,波恩。

➢ 经济、中小企业与能源部:《创意北威斯特法伦州研究:最佳文化/创意产业理念》,杜塞尔多夫。

➢ 经合组织OECD(2005):《文化和地区发展》,巴黎。

➢ 经合组织 OECD(2005)：《数字宽带内容：在线电脑和视频游戏产业》，巴黎。

➢ 经合组织 OECD(2006)：《对文化的经济与社会作用的国际测量》，巴黎。

➢ 经合组织 OECD(2008)：《信息技术展望(2008)》。

➢ Seufert、Wolfgang (2008)：《德国广播业经济现状(2006/2007)》，国家媒体机构，柏林。

➢ Söndermann、Michael (2002)：《北威斯特法伦州的表演艺术》，北威州经济、中小企业与能源部主编，杜塞尔多夫。

➢ 电影产业最高组织(2008)：《电影业统计年报(2008)》，巴登。

➢ 联合国贸发会议 UNCTAD(2008)：《创意经济报告(2008)》，日内瓦。

➢ 德国新闻出版机构联合会(2008)：《德国新闻市场数据》，柏林。

➢ Weckerle C.、Gerig M.、Söndermann M. (2008)：《瑞士创意经济　数据　模型　场景》，巴塞尔。

➢ Weckerle C.、Söndermann M. (2003)：《瑞士首次文化产业报告》，苏黎世。

➢ Wiesand A. J. (2008)：《文化政策是"诸神的黄昏"？对创意产业职业的思考》，文化政策研究所主编《文化政策年报(2008)》，埃森。

➢ 世界知识产权组织 WIPO(2003)：《知识产权核心产业经济贡献调查指南》，日内瓦。

➢ 经济部长会议(2008)：《联邦经济部长会议决议：为创意产业经济增长改善框架条件的五大措施》，雷根斯堡。

➢ 经济部长会议(2008)：《关于由柏林州参议院经济、技术和女性部组织为文化/创意产业提供统计指南的报告》。

➢ Zimmermann O.、Schulz G.、Ernst S. (2009)：《未来的文化产业：在艺术与创意产业之间》，埃森。

文化/创意产业地区报告概览

➢ 巴登符腾堡：创意经济(2007 年)，巴登符腾堡州媒体与电影产业协会主编。

➢ 巴伐利亚：巴伐利亚州文化产业质询报告(2001 年)，巴伐利亚州经济、研究与艺术部主编。

➢ 柏林：第 2 次文化产业报告(2009 年)，柏林州主编。

➢ 勃兰登堡：第一次文化/创意产业报告(2009 年编撰中)，勃兰登堡州经济部以及科学、研究与文化部主编。

➢ 不来梅：第 2 次文化产业报告(2009 年编撰中)，汉萨同盟城市不来梅州政府文化委员主编。

➢ 汉堡：第 1 次文化产业报告(2006 年)，汉萨同盟城市汉堡文化局。

➢ 黑森：第 3 次文化产业报告(2008 年)，黑森州经济、交通和区域发展部以及科学与艺术部主编。

➢ 梅克伦堡-前波美拉尼亚：第 1 次文化产业报告(1997 年)，梅克伦堡-前波美拉尼亚州经济部主编。

➢ 下萨克森：第 2 次文化产业报告(2007 年)，下萨克森经济、劳动和交通部以及科学与文化部主编。

➢ 北威斯特法伦：第 5 次文化产业报告(2007 年)，北威州经济、中小企业和能源部主编。

➢ 莱茵兰普法尔茨：文化产业报告(2009 年编撰中)，莱茵兰普法尔茨州未来行动倡议。

➢ 萨克森：第 1 次文化产业报告(2009 年编撰中)，萨克森州经济与劳动部以及科学与艺术部主编。

➢ 萨克森安哈尔特：第 2 次文化产业报告(2007 年)，萨克森安哈尔特州经济与劳动部以及文化部主编。

➢ 石勒苏益格-荷尔斯泰因：第 1 次文化产业报告(2004 年)，石勒苏益格-荷尔斯泰因州政府办公厅(文化事务处)主编。

➢ 图灵根：第 1 次文化产业报告 2008 年(2009 年编撰中)，文化部以及经济、技术与劳动部主编。

➢ 萨尔州：目前尚无计划。

➢ 以下城市和地区出台了文化产业报告(完整性未验证)：亚琛、波鸿、多特蒙德、法兰克福、卡尔斯鲁厄、科隆、奥芬巴赫、斯图加特。

2009 年以来对文化/创意产业的重新划分

按照 2008 年新的 WZ 文件对德国文化/创意产业进行的重新统计划分

(所有数据均于 2009 年起生效)

文化统计协会根据官方经济活动划分标准 WZ　2008 对工作圈进行的分类

WZ 两位数代码	WZ 三位数代码	WZ 四位数代码(部分为五位数代码)
出版市场		
58-出版业	58. 1-书籍、杂志出版及其他出版业(不包括软件)	58. 11-书籍出版 58. 12-通讯录出版 58. 13-报纸出版 58. 14-杂志出版 58. 19-其他出版业(不包括软件)
电影产业		
59-电影产业：录音棚以及音乐出版	59. 1-电影、视频录制、出租及销售；电影院	59. 11-电影、视频、电视节目录制 59. 12-后处理及其他电影技术 59. 13-电影出租及销售(不包括影片收藏) 59. 14-电影院
录音媒体工业/音乐出版		
59-录音媒体工业/音乐出版	59. 2-录音棚；广播；已录制的录音媒体及音乐资料出版	59. 20-录音棚、广播、已录制的录音媒体及音乐资料出版 59. 20. 1-录音棚和电台广播制作 59. 20. 2-已录制的录音媒体出版 59. 20. 3-音乐资料出版

续表

WZ 两位数代码	WZ 三位数代码	WZ 四位数代码(部分为五位数代码)
广播业		
60-广播活动	60. 1-广播运营商 60. 2-电视运营商	60. 10-广播运营商 60. 20-电视运营商
文化产业		
90-创造性活动、艺术活动及娱乐活动	90. 0-创造性活动、艺术活动及娱乐活动	90. 01-表演艺术 90. 01. 1-剧团 90. 01. 2-芭蕾舞团，管弦乐团，乐队和合唱团 90. 01. 3-独立艺术家，马戏团 90. 01. 4-独立舞台、电影、广播及电视艺术家，其他表演艺术 90. 02-为表演艺术提供的服务 90. 02. 0-为表演艺术提供的服务 90. 03-艺术和写作创作 90. 03. 1-独立作曲家、音乐制作人 90. 03. 2-独立作家 90. 03. 3-独立受教育的艺术家 90. 03. 4-独立文物修复师 90. 03. 5-独立记者，摄影记者 90. 04-文娱机构运营 90. 04. 1-剧院及音乐会主办方 90. 04. 2-歌剧和戏剧剧院、音乐厅和类似设施 90. 04. 3-杂耍剧院及小舞台
图书馆/博物馆		
图书馆、档案馆、博物馆、植物园及动物园	91. 0-图书馆、档案馆、博物馆、植物园及动物园	91. 01-图书馆和档案馆 91. 02-博物馆 91. 03-历史古迹和建筑物及类似旅游景点的运营
文化商品贸易		
47-零售(不包含汽车贸易)	47. 6-出版物、体育器材以及玩具零售	47. 59. 3-乐器及音乐资料零售 47. 61-书籍零售 47. 62. 1-杂志及报纸零售 47. 63-音像产品零售 47. 78. 3-艺术品、图画以及艺术广告成品零售(不包含邮票、货币及礼品)
建筑市场		

续表

WZ 两位数代码	WZ 三位数代码	WZ 四位数代码(部分为五位数代码)
71-建筑及工程师事务所；技术、物理及化学研究	71. 1-建筑及工程师事务所	71. 11-建筑工作室 71. 11. 1-房屋建筑工作室 71. 11. 2-室内设计工作室 71. 11. 3-地方、区域和州规划建筑工作室 71. 11. 4-园林及景观造型建筑工作室
设计产业		
74-其他自由职业、科学及技术活动	74. 1-纺织品、珠宝首饰、平面设计工作室及类似设计工作室	74. 10-纺织品、珠宝首饰、平面设计工作室及类似设计工作室 74. 10. 1-工业、生产及时尚设计 74. 10. 2-平面及通信设计 74. 10. 3-室内设计及空间设计 71. 12. 2-技术规划和工程设计工程师工作室(份额)
广告市场		
73-广告及市场研究	73. 1-广告	73. 11-广告公司 73. 12-广告时段和广告平面的市场营销及介绍
软件/游戏产业		
	58. 2-软件发布 62. 0-信息技术服务	58. 21-电脑游戏发布 58. 29-其他软件发布 62. 01-编程 62. 01. 1-互联网演示的研发和编程 62. 01. 9-其他软件研发

说明：WZ 2008＝德国的经济活动分类。以欧洲 NACE Rev. 2 为基础，NACE Rev. 2 ＝“欧洲共同体经济活动命名法”- 欧洲共同体经济活动的统计分类。2008 年发布。

来源：文化统计协会。

本文档在联邦经济与技术部公关工作框架下出版发行。免费发放，严禁买卖。不允许政党、候选人或选举助理在选举期间使用该文档进行竞选宣传。在竞选活动中以及在政党信息服务台分发该文档，或是在该文档中插入、套印或粘贴党派的政治信息，将其作为宣传工具的情况将尤其被视为对文档的滥用。出于选举宣传的目的向第三方转递该文档也是不允许的。本文档无论何时，以何种方式，以何种数量被送达接收人手中，不管和选举有无时间上的关联，都不允许他们将该文档作为拥护联邦政府某个政治团体的政治旗帜。

2010年文化/创意产业主要经济数据监测

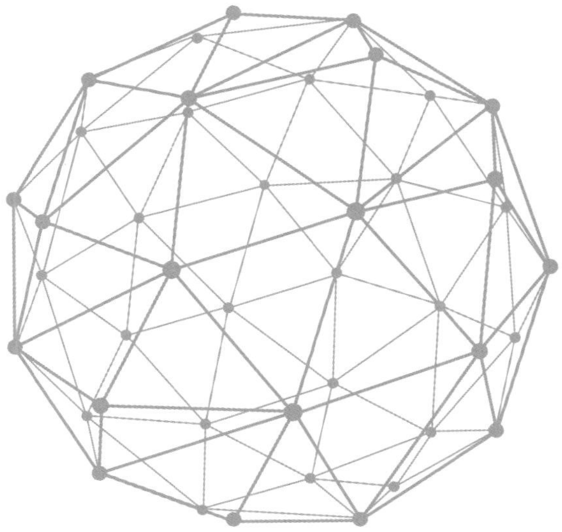

* 本文件由德国联邦经济与技术部发布于2010年。

目　　录

1. 概　　要

1.1　任　　务

在文化/创意产业倡议的框架内，每年都会报告当前文化/创意产业的主要经济数据。因此德国联邦经济与技术部委托科隆的文化产业研究办公室通过自己的核算更新每年的文化/创意产业的核心经济数据，还要在联邦统计局的数据基础上评估它们的价值。

2010 年的最新监测报告是对 2009 年监测报告的更新。这两份监测报告都基于研究鉴定《从国民经济视角明确文化产业不同领域的通用定义元素以便从国民经济视角展开监测》(简称：《联邦政府对文化/创意产业的评估，2009》)。

这份报告的重点主要是以下几个核心问题：

1. 与传统经济行业相比，文化/创意产业在整体经济中有怎样的经济地位？
2. 文化/创意产业各子市场特别在哪里？
3. 文化/创意产业的优势和潜力在哪里？

1.2　定　　义

核心定义

经济部长会议是这样定义文化/创意产业的：在文化/创意产业之下包括了以下的文化/创意产业企业，它们主要以盈利为目的，涵盖了文化/创意产业产品与服务的制造、生产、分配和(或)媒体传播。

定义中文化/创意产业最重要特征是企业的盈利性特点。这个领域涵盖了市场经济的所有企业。它们通过市场为自己集资，需要缴纳增值税，或者只是想通过艺术、文化和创意来赚钱。

这里不包括那些并非由市场获得主要资金来源，而依靠政府拨款、行政收费、慈善基金或私人捐助而得以维持的企业、机构或其他组织。

出于监管和税收政策方面的考虑，将商业或市场经济型企业作为一类，非市场经济企业作为另一类，这种区分对德国的情况来说尤其重要。

最后需要再次强调的是，企业的商业性质对文化/创意产业至关重要。

部门划分

经济部长会议也提到了对文化/创意产业有重要意义的核心部门。音乐产业、图书市场、艺术市场、电影产业、广播产业、表演艺术市场、设计产业、建筑市场和出版市场这 9 个子市场属于文化产业的领域。此外，软件/游戏产业、广告市场这 2 个子市场被列入创意产业。这 11 个子市场属于文化/创意产业的范围。

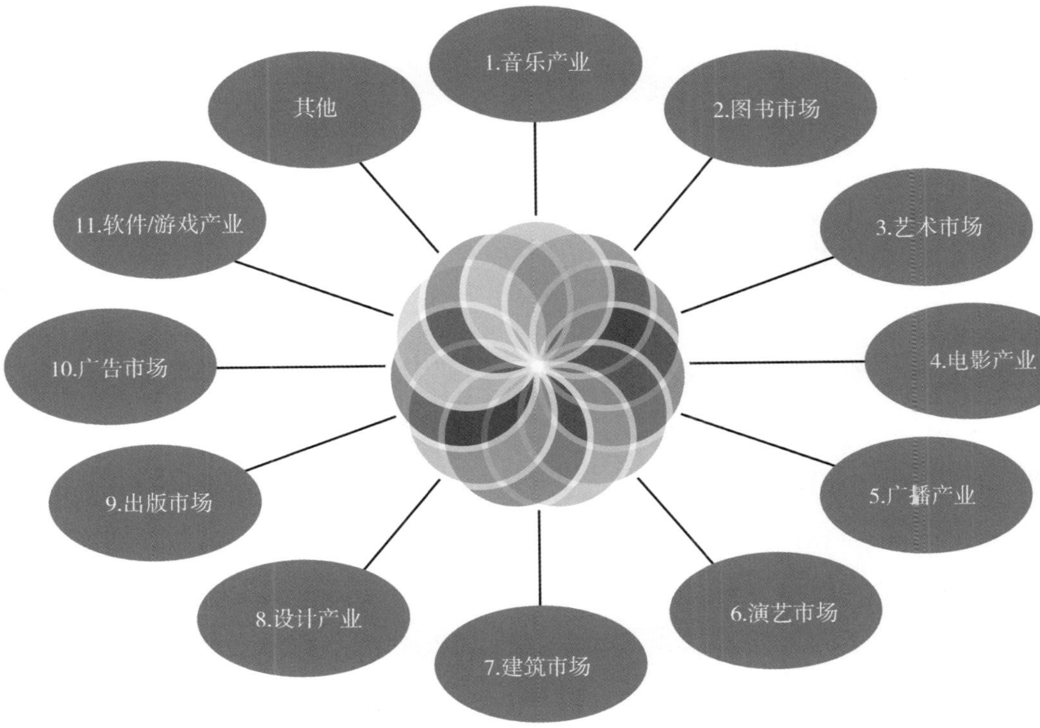

图 1-1　文化/创意产业的 11 个子市场

来源：2009 年联邦政府文化/创意产业研究鉴定。

联邦经济部长会议赞成这个对文化/创意产业子市场的划分。这个行业划分是文化/创意行业研究①中传播最广的划分形式。

除此之外，还有其他划分的尝试，比如英国、澳大利亚的划分，不是以部门，而是以职业分组来区分。产业结构的关键是对艺术、文化和创造性职业进行区分，正如研究者们认为，抓住职业活动的“创意核心”，比按经济活动或经济产业来界定更合适。

另一个知名的出发点是由联合国贸易和发展会议②在 2008 年创意经济报告中提出的。联合国贸易和经济发展会议报告表明，国际社会对文化产业的多元化结构和子市场划分存在广泛争议，因此主张对商品和服务的经济领域进行基础性定位。通过接触世界贸易数据，联合国贸易和发展会议可以基于实践调查大多数国家的经济潜力。

① 比如以前所有的德国文化产业报告是以子产业或子市场的标准将文化/创意产业划分的。

② 联合国贸易和发展会议(2008)：《创意经济报告》，日内瓦。

与文化/创意产业根据市场成分划分不同部门相比，还有按领域进行的分类，它包含了不同的市场成分，部分通过小型经济活动相联系。艺术和电影经济的相同点在哪里？一位建筑师和一位书店经营者是如何联系的？文化/创意产业的行业整体实际上支配了相互关联的和不相关联的经济和市场。另外，软件/游戏行业偶尔也要辩证地看，因为它可能主要由软件决定，而不是由游戏活动决定。

这一概念的结构不均衡将文化/创意产业和其他的行业分支区分开来。媒体行业还分列出了各种各样的电子媒体和印刷媒体，但它们之间没有严格的经济联系。

媒体经济拥有诸多不同的概念，从奢侈品市场到信息技术市场，再到时代周刊和信息与通讯技术市场，要完整地理解和概括这一行业整体是一件非常困难的事情。文化/创意产业必须承受类似的命运，承受从“创意经济”到“创意阶层”等繁多的概念种类。

以下的调查总体上会根据部门分类进行，因为前文已经给出了现有市场结构中的语用取向。

创造性行为

凭借 11 个文化/创意产业的部门分支，经济部长会议虽然能将不同的经济领域分门别类，但是仍然不能将各部门连接成为一个整体的元素进行定义。

调查委员会建议在此引入“创造性行为”这一概念。文化经济章节的作者阐发了如下观点：“这里需要强调的是，在文化产业中占主要地位的不是职业，而是履行职责的行动，艺术和创新的有创造力的行动……”强调将创造性行为作为文化/创意产业的中心，并且引用了如下的描述：

将所有文化/创意活动联系起来的核心是凝结于艺术、文学、文化、音乐、建筑或创意内容、作品、产品、生产或者服务中的创造性行为。

所有创造性行为，无论采取怎样的形式，无论是独创性模仿、现场表演，还是批量生产例如数字化生产或服务的提供，都包括在该定义中。同样地，对创造性行为可以通过知识产权(专利、著作权、商标、外观设计)的方式给予综合性保护。但是，也有部分行为并未受到知识产权保护(例如对于表演艺术家)。

通过这些描述，只有那些具有美学本质和意义的内容或创意生产能够和创造性行为建立起联系。离开了这样的美学联系，文化/创意产业也就失去了内在核心，变得毫无意义，如同“创意阶层”或“创意经济”这些概念一样。

理查德·弗罗里达在提出“创造性阶层”时使用了“一般性内容或观点的生产”这样的阐述，根据该定义，首先，数学家、工程师以及其他自然科学工作者就被排除在外，文化/创意产业的概念仍将局限于具有美学意义的活动。

同样，“创意经济”作为北莱茵-威斯特法伦州政府的新经济政策指导原则，也是一种抽象化概念，利用该概念可以推动汽车、化工、塑料或能源等工业部门取得新的发展。至少，文化/创意产业和这些行业一样属于北莱茵-威斯特法伦州新兴主导产业。

通过将创造性行为与美学价值联系起来，定义的范围也受到了进一步限制。纯粹以技术为主的生产，尤其是 IT 或多媒体行业的产品，不应计入文化/创意产业的核心领域。但是，这并不意味着就文化/创意产业的实质和发展而言，技术部门完全没有意义。相反，要特别强调的是，技术发展一直都是并将继续作为文化/创意产业中许多产品和服务的主要驱动力。因此“创造性行为”的概念在现实辩论中也被轻微批评(海因策，2012，7)①。

总而言之，“创造性行为”的概念是一个复杂的概念。它是文化/创意产业中一个抽象的、理想的参考类别的关键概念，它很难被具体阐述，因为它并不描述表面的存在，比如关键词“汽车”描述的是汽车行业。“创造性行为”更多的是一个不可触及的概念，一种非物质经济的一部分，也没有物理性质，但它在毛附加价值总额中占的比例却越来越大。此外，汽车行业有价值的无形服务也是如此。

特别关注：艺术家

即使调查委员会从艺术家的角度出发，将“创造性行为”(强调工作概念)的概念而不是艺术家置于文化和创意经济的中心，但在具体的分析实践中依然侧重艺术家或文化，认为创造性职业是文化/创意产业的具体起点。因为艺术家的、文化的或者创造性职业这一门类至少可以根据四个不同的方面来阐述，这对于概括文化/创意产业有特殊意义。

艺术家、文化的或创意工作者如前面所述进行创造性行为，是将文化/创意产业所有行业连接起来的核心。

艺术家、文化的或者创意工作者不论从社会层面还是实务层面都可列为独立职业门类。

艺术家、文化/创意工作者在经济类别上包括自由职业者，独立从业者或企业家。

艺术家、文化或创意工作者作为作品，创造性行为的作者或原创者，构成其开发利用的基础性关系。创造者和开发者之间的关系可能是文化/创意产业整体发展的中心问题之一。

比如在提到的所有层面，画家和艺术家的设计图是一体的：设计艺术家是他们作品的创造者，并且是他们艺术工作室的独立经营者。他们要么把自己的作品放在画廊或者艺术品商店让其作为使用者，要么自己作为市场上的使用者。

“创造性艺术”这一概念是一个值得思考的问题，它要么通过“作品”要么通过“设计师/创造者”阐明。出于务实的原因，艺术家们和创新者所做的一些探索研究成为本书介绍创造性艺术的参考。

内部划分

文化/创意产业的各子市场有不同的公司类型。按业务类型可内部划分为三种理想的企业类型：微型企业、中小企业和大型企业。

微型企业：微型企业包括艺术家、文化和创意工作者中的自由职业者或自雇型企业。这些设计事务所、工作室、代理人或小型机构一般采用一人公司、合伙或者松散的组织形式。他们通常开展实验性工作或者从事文化/创意生产模型的开发。在文化/创意产业的模式下，他们不再像媒体产业中那样仅起辅助性作用。微型企业是文化/创意产业最重要的主体类型之一，与其他两种企业类型具有同等重要的价值。

中小型企业：中小型企业形成了文化/创意产业的中坚力量。它们通常被组织成有限责任公司的形式，被包含在经济协会中。它往往是文化/创意产业里在标准结构下运行、生产和沟通的企业。和第一

① 海因策 R.、霍泽 F.(2012)：《对文化/创意产业的经济发展展望(手稿)》。

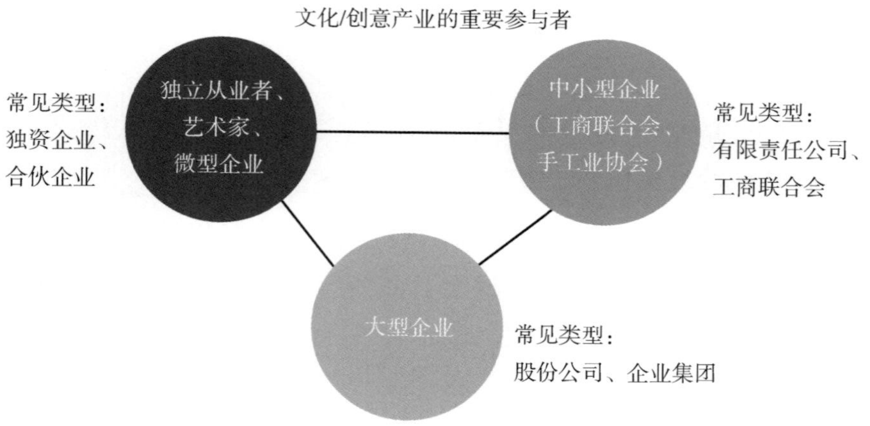

图 1-2　文化/创意产业的内部划分

来源：科隆文化产业报告。

种活跃的企业类型相比，这种企业类型有稳定、持久和产品质量可靠的特点。通常不进行试验和开发原型，而是使用可管理的产品和服务。中小型企业是文化/创意产业产值和就业岗位的最重要来源。

大型企业：第三种类型是所谓的大型企业（康采恩），它们承担了文化经济的产值，在世界范围内拥有市场并且以此实现采购和彰显企业的实力。它和文化/创意产业中有社会地位的大企业或者超大型企业有关，它们根据可靠的商业类型实现标准化生产和全球化拓展。和前两种子类型相比，它们的经营战略有巨大的作用。

总体来说，对于三种参与者类型而言，文化/创意产业是一个高风险的领域，市场成就具有局限性。世界知名的文化/创意企业如此，地方的文化/创意工作室或者区域性中小型企业也是如此。因此，起作用的三种企业类型的结构和发展状况有着关键作用。一个成功的经济政策能够激发经济潜力，只要它具备准确和不同的结构意识和过程意识。

2. 整体经济意义概况

前言：在几个基本方面，本报告的统计数据基础与以往的监测报告①和2009 年文化/创意产业研究鉴定有所不同：

新的 WZ-2008 分类法替换了旧的 WZ-2003 分类法，使得各个经济部门的分类产生了偏移和新的归类。在国际化数据比较的过程中，国内的经济活动归入国际活动之中。这样，出版行业就不再属于加工行业中的“纸张和印刷”，而属于“信息和通讯”。同样，软件和游戏出版也从原来的“软件制造”中分出来，归入与国际实际相符的经济部门“出版行业”中。

同时，新的经济活动分类方法也被官方用于考察每个企业是否归入“正确的”经济部门之中。因此在某些环节，企业数目和创收数量发生了巨大变化。例如，电影电视制作公司的数量由 7200 家(2008年)降至约 5800 家(2009 年)。在其他经济部门中，如广播产业和出版市场中，新的分类也造成了部分基础数据的巨大变化。

这两种方式的变化导致 2008 年和 2009 年之间强烈的对比反差。而营业税统计则没有根据新的 WZ-2008 标准对 2008 年重新进行统计。与之相反，就业统计从 2007—2008 年以来改用新的WZ-2008来进行统计。由于企业、营业额和就业三个指标都与新的统计标准不符，因此在这份报告中，我们基本上放弃对之前 2003—2008 年这段时间标准的延续，取而代之的是以 2009 年为基准，使用新的定义和数据。因此本报告只提供 2009 年和 2010 年的对比。

2.1 德国文化/创意产业主要数据

下列基于实践的分析以官方调查数据为基础。联邦统计局和联邦就业办公室在普通数据之外分别提供了专门的数据。除此之外，还附上了艺术家社会保险基金会提供的数据作为补充。

对于结果的解释，首先需要再次对数据进行有效性验证。2009—2010 年的所有数据，只要被收入了营业税统计，原则上就是确定的数据。

联邦就业办公室的 2009 年和 2010 年的就业统计数据被看作是临时性数据。如有必要的话，它们在以后可能会被变更。

就业报告以营业额与就业统计数据为基础写成，因此也具有临时性。

2009 年和 2010 年的经济总产值是在国民经济总体核算(缩写 VGR)的基础上计算出来的。

① 联邦经济与技术部(2010 年)：《2009 年文化/创意产业主要经济数据监测》，研究报告第 594 号，柏林。

基准值

2010 年在文化/创意产业中有约 240 000 家企业。它们的整体营业额预计超过 13 700 亿欧元，并向约 720 000 名雇佣企业员工提供全职或兼职岗位。加上独立从业者，德国文化/创意产业中有近百万从业人员。2010 年文化/创意产业预计为经济总产值做出 637 亿欧元的贡献。

所占份额

宏观上来看，2010 年文化/创意产业企业数量占问题的 7.6%，营业额占 2.6%，从业人员占 2.6%，就业人数占 3.1%。2009—2010 年在经济总产值和国内生产总值中所占的份额预计为 2.6%。

只要那些有社会保险的工作职位包含在内，或者作为自由职业者以及相关的独立企业在税收机关是作为文化/ 创意产业的活跃分子登记的，那么以上所有从业者数据和就业数据就能体现所谓的就业核心状态。兼职工作以及并非重要的活动和工作将在下面的报告中被另外提及或者仅作简要报告。

近几年所有数据类别均显示，文化/ 创意产业的短期发展态势是积极向上的。

将 2009 年度与 2010 年度比较，独立从业者和公司的数量提高了约 0.4 个百分点。企业发展与 2003—2008 年度相比有显著偏差。

2010 年文化/创意产业的营业额相比 2009 年增长 2.2%，文化/创意产业的营业额增长与整体经济的恢复有关，后者在 2010 年实现了 7%的增长，明显高于文化/创意产业的增长。

就业市场的状况与经济发展相反，出现了停滞现象。2010 年，就业人员的数量与 2009 年相比出现了 0.2%的萎缩。

就业市场萎缩的一部分原因在于企业数量增长放缓。另一方面，相关就职人员在 2009—2010 年缩减了至少 0.4%，这一新趋势通过影响文化/创意产业的就业破坏了 2009 年危机年以来的积极景象。

这一结果标志着 2009 年经济危机以后期待着文化/创意产业整体有更强经济发展动力的企业和自由职业者落后的或者说减弱的增长动力。从就业的角度看，这种萎缩也可以被评价为趋于稳定的要素。2011 年的最新数据表明，文化/创意产业的就业市场预计将迎来强劲的增长。

文化/创意产业的标志性数据表明，这个行业整体以微型和小型企业的高比重为标志。2010 年企业的年均营业额为 573 000 欧元并且达到了整体经济企业平均水平的三分之一。

2009 年文化/创意企业的年均营业额为 563 000 欧元，2010 年年均营业额增加了，但创意企业数量在这一时间段没有对应地增长。

总的来说，在文化/创意产业中仍然存在微型企业结构。就业和从业人员参考数据也证明了这一点。一家文化/创意企业平均拥有超过 3 个提供社会保险的职位，而整体经济中平均每个企业中有社保的职位为 4 个。

类别	2009年	2010年	变化率% 2010/2009年
企业数量(千家)[1]			
文化/创意产业	238	240	0.4%
文化/创意产业在国民经济整体中所占比例	7.6%	7.6%	—
营业额(十亿欧元)			
文化/创意产业	134.3	137.3	2.2%
文化/创意产业在国民经济整体中所占比例	2.7%	2.6%	—
固定职员数量(千人)(有社会保险的人数)[2]			
文化/创意产业	723	720*	-0.4
文化/创意产业在国民经济整体中所占比例	2.6%	2.6%	—
固定从业人员数量(千人)[3]			
文化/创意产业	962	960*	-0.2%
文化/创意产业在国民经济整体中所占比例	3.2%	3.1%	—
临时工作者数量(千人)[4]			
文化/创意产业	194	205*	5.6%
文化/创意产业在国民经济整体中所占比例	4.6%	4.8%	—
兼职人员数量(千人)[5]			
文化/创意产业	510	505*	-1.0%
文化/创意产业在国民经济整体中所占比例	7.1%	6.9%	—
行业从业人员总数(千人)[6]			
文化/创意产业	1 666	1 675*	0.5%
文化/创意产业在国民经济整体中所占比例	4.3%	4.3%	—
毛附加价值(十亿欧元)[7]			
文化/创意产业	62.7	63.7*	1.7%
文化/创意产业在国内生产总值中所占比例	2.6%	2.6%	—
国内生产总值	2 374.5	2 476.8	4.3%
文化/创意产业核心数据			
每家企业平均创造的营业额(千欧)	563	573	1.8%
每名职员平均创造的营业额(千欧)	186	191	2.6%
每名从业人员平均创造的营业额(千欧)	140	143	2.4%
每家企业平均拥有职员数量	3.0	3.0	-0.8%
每家企业平均拥有从业人员数量	4.0	4.0	-0.6%

图2-1　2009—2010年德国文化/创意产业重点数据

说明：*初步资料或预估数据。[1]年营业额17500欧元以上的纳税企业。[2]有社会保险记录的全日或非全日工作职员，不包括临时职员。[3]从业人员包括纳税型企业和有社会保险记录的职员总和。[4]额外的临时工作者(根据微普查统计，年营业额在17500欧元以下的自由职业者、自雇工作者)。[5]根据微普查统计，有统计数据支持的其他临时职员数量。[6]从业人员总数涵盖自雇工作者、企业职员，包括微普查所统计的临时职员和临时工作者。[7]毛附加价值以2009年国民经济核算基础数据为依据(国民经济核算2011年10月，统计科目58-60，90-92，不包括62，71，74)；毛附加价值总额为2010年预估数据。数据来源：联邦统计局(2012)；联邦就业办公室(2011)，米夏埃尔·松德尔曼文化/创意研究工作室独立核算。

2.2 占毛附加价值的比重

前言：在联邦统计局国民经济总体核算中，文化/创意产业不被独立报告。作为一个跨行业产业，它根据传统的统计分为多个经济部门。文化/创意产业在这种意义上和大的行业整体如信息和通讯技术或者和媒体经济类似。

随着经济活动的新分类 WZ-2008 的引入，从 VGR 中计算出重要的文化/创意产业组合也是有可能的。所以，在此期间已有的毛附加价值报告有针对出版业的(WZ-Nr. 58)，音乐、电影和广播业的(WZ-Nr. 59-60)，广告市场的(带有市场调查，WZ-NR. 73)和针对艺术和文化组合的(WZ-Nr. 90-92)。后者主要包含表演艺术和独立的艺术家记录，当然也有赌博。接下来将第一次核算组合为 2008 年和 2009 年联邦范围内文化/创意产业的临时核算。

与之前说明的以 2009 年为基准年不同的是，这里另外增加了 2008 年的数据。这是因为 2008 年和 2009 年的联邦统计局的国民经济总体核算数据都采用了新的经济部门分类方法。

据估计，2008 年根据这一新的分类，文化/创意产业创造了超过 610 亿欧元的毛附加价值①。之后的 2009 年增长到近 630 亿欧元，增长了 1.9%。2009 年占国内生产总值的 2.6%。

2009 年危机年中，文化/创意产业的积极结果令人吃惊，因为 2009 年的监测报告还是以显著的衰退为预期的。以下所选小组的内部结果可能是这一增长的原因：

根据新的国民核算数据，出版业在 2009 年创造的毛附加价值为 183 亿欧元，因此相比于 2008 年实现了 13%(!)的增长。

音乐、电影和广播产业增长势头更强，它们整体增长近 14%。

艺术和文化组在 2010 年包括所分管的赌博部创造了 201 亿欧元的毛附加价值，相比于 2008 年增长了 1.1%。其中纯艺术文化企业创造了近 70 亿欧元的毛附加价值。

与之相反的是，广告市场和市场研究衰退了 18%。目前这一领域因其整体的敏锐性成为了文化/创意产业重要的指示器。人们认为，它是其他文化/创意产业子市场发展的先导，或者至少影响它们的发展(特别是出版市场、广播产业和电影产业)。这里列出的数据表明了子市场间明显有较大的差距。

部分文化/创意产业的子市场(包括 IT 和信息服务，建筑、工程和设计室)也被考虑在上述从出版市场到广告市场的集团中。

如果在上述价值创造定义下比较全国文化/创意产业和德国主要经济部门的贡献，结果是令人吃惊的。化学工业②为 320 亿欧，机械制造为 640 亿欧，金融业为 760 亿欧。尤其特殊的是同交通工具制造业的比较，它从 2008 年的 720 亿欧元缩减为现在的 550 亿欧元。但联邦统计局预测其 2010 年将增长至近 680 亿欧元，2011 年则会达到 750 亿欧元。

---

① 根据联邦统计局依据新的经济部门分类方法 WZ-2008 制定的国民经济总体核算划分，此处为临时数据。这一限制也一定程度上适用于为进行对比引入的如汽车和机械制造、金融和化工行业等传统行业。

② 根据新的分类方法，不包含制药行业，因此毛附加价值明显减少。

2009 年危机年的经验显示，直接与传统经济行业相比，文化/创意产业波动更小，这与它涉及面更广有关：它的消费者既包括生产和贸易部门，也包括公私服务需求。因此整体经济的危机走向像装了弹簧一样被控制在了有限的范围内，这时常受批评的低出口指向性变成了优势。

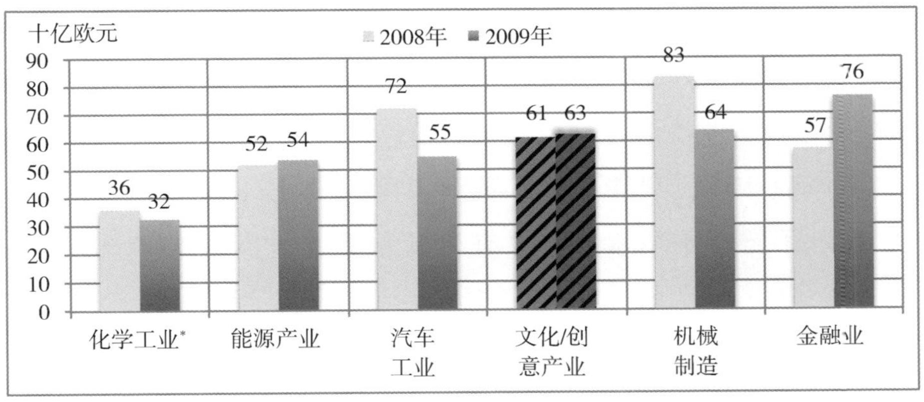

图 2-2　2008—2009 年文化/创意产业与其他行业毛附加价值贡献的对比

说明：对文化/创意产业的估算基于联邦统计局国民经济总体核算报告，按当时的价格计算。

来源：国民经济总体核算；2011 年 9 月的《2010 年细节报告》；联邦统计局；米夏埃尔·松德尔曼/文化产业研究办公室的独立核算。

新的分类在欧洲范围内也使得文化/创意产业有了明显更好的基础数据。一份以欧洲统计局的统计材料为基础的评价将德国列为了 10 个欧盟最大成员国中文化/创意企业数量位居首位的一个。德国文化/创意产业以超过 600 亿欧元的毛附加价值位于英国的 510 亿之前，之后是邻国法国的 430 亿欧元，这三个国家共创造了 2 770 亿欧元的毛附加价值，已明显超过整个欧盟文化/创意产业总毛附加价值的一半。

如果考察文化/创意产业在整体经济中的比重的话，那么这三个成员国的前后关系就将产生变动。荷兰的文化/创意产业以占国内生产总值 3.4%的份额位居所有成员国之首，之后是瑞典和英国的 3.3%，德国的 2.6%的份额位于中间地带(欧盟 2.4%)。其他的结果参见欧洲文化/创意产业(4.2 章节)。

2.3　就　　业

文化/创意产业中就业人数在 2009 年①达到 962 000 人，其中 25%为独立从业者，其他的 75%，共计 723 000 人组成依赖性员工集体。由此文化/创意产业就业人数占总体经济就业人数的 3.2%。

这些主要数据只包括了文化/创意产业的核心数据。其余的边缘企业(年营业额少于 17 500 欧元的自雇型企业)和非固定雇员(共约 714 000 名独立从业者及其他就业者)被排除在外，因为这仅是关于文化/创意产业与传统经济部门的比较。

① 本节中涉及的就业人数专指 2009 年就业人数，因为传统经济部门如机械制造等的数据截至截稿时还未给出。

传统经济部门，如机械制造、汽车工业或化学工业中，都表现出全职工作岗位的比例很高的特点。因而只有那些全职和兼职(通常 19 小时/周或更长时间)的文化/创意产业雇用的工人被包括在内。

文化/创意产业就业市场上有约 723 000 名雇员，与拥有 781 000 名雇员的汽车工业差不多，而其他经济部门中，拥有 966 000 名雇员的机械制造业比文化/创意产业高出了四分之一，而化学工业则与之相反，少了四分之一。

关于独立从业者的数量，文化/创意产业凭借占就业人口总数的 25%的份额在行业比较中凸显出来。在这方面，传统行业在数量上扮演了一个次要的角色，汽车制造业的 4 000 名和化工业的 5 000 名独立从业者与文化/创意产业相比，只能是极小部分，因为文化/创意产业中独立从业人员的数量达 238 000 ~239 000 人，超过了行业平均水平。只有机械制造业凭借 20 000 多名独立从业者占有一定额度。

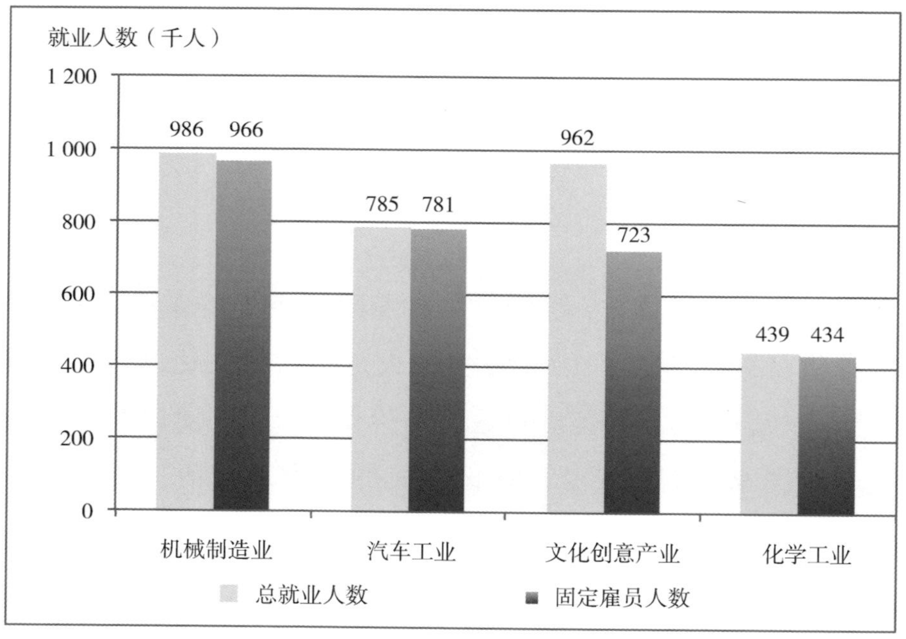

图 2-3　2009 年行业对比中的文化/创意产业就业情况

说明：从业人员包括独立从业者(根据营业税统计)和享有社保的雇佣人员(根据就业统计)，但不包括临时工作者。

来源：营业税统计，德国联邦统计局(2011)；就业统计，联邦就业办公室(2011)；米夏埃尔·松德尔曼/文化产业研究办公室的独立核算。

如已知的，传统产业的大型国内和国际公司拥有上千名员工，是重要的雇主。因此，2009 年经济危机对这些行业的许多从业人员都造成严重打击。因此，根据新计数(WZ-2008 分类)，汽车工业 2008 年有 813 000 名雇佣员工。在 2009 年，这个数字下降到 781 000。汽车工业也在此期间失去了超过 30 000名从业人员。文化/创意产业必须根据新计数(WZ-2008)接受就业损失。因此，在 2008 年和 2009 年间 8 000 名雇佣员工丢失了他们在文化/创意产业中的工作岗位。在与汽车行业的直接比较中，文化/创意产业显然失去了较少的员工。

总体来说，在行业比较中，文化/创意产业的相对重要性显而易见，这个行业整体必须一如既往地争夺社会对其的关注度。

从业者	文化/创意产业		总体经济	
	数量	份额百分比	数量	份额百分比
	2009年		2009年	
核心部门				
Ⅰ. 临时工作者以外的从业者 包括：	961 768	57.7	30 515 638	78.9
独立从业者/企业家(年营业额17 500欧元以上)[1]	238 479	14.3	3 135.54	8.1
企业雇员(参加社保)[2]	723 289	43.4	27 380.09	70.8
补充				
Ⅱ微观人口普查统计的临时工作者[4]	194 339	11.7	1 079 458	2.8
Ⅲ联邦就业办公室统计的临时工作者[3]	296 800	17.8	7 066 904	18.2
加上微观人口普查统计的临时工作者	213 040	12.8		
Ⅰ.-Ⅲ. 总计	1 665 948	100.0	38 662 000	100.0

图2-4　2009年与整体经济相比文化/创意产业的就业结构

说明：[1]营业税统计；[2]就业统计；[3]临时工作者和兼职从业者统计；[4]微观人口普查，年营业额少于17 500欧元的独立从业者。

来源：营业税统计、微观人口普查，联邦统计局(2011)；就业统计，联邦就业办公室(2010)；米夏埃尔·松德尔曼/文化产业研究办公室的独立核算。

除了核心就业人员，在文化/创意产业还存在大量的临时工作者。联邦就业办公室的统计和联邦统计局的微观普查表明：

根据新的人口普查(WZ-2008)发现了另一个就业群体，他们由约194 000名临时工作者组成。该组根据本人的估算，符合微普查的审查纲领，属于文化/创意产业的子市场。因此，该数目只能被视为一个大致的参考数据。

此外还有大量的自由职业者或其他与项目相关的工作人员，他们作为较小的部分也被收入在微型普查中并属于文化/创意产业。因此，在2009年至少有194 000名年营业额小于17 500欧元的自由职业者或兼职人员活跃在文化/创意产业。

根据各种统计来源，2009年就业人员数量一共有167万余人。这一数据因加入了微观人口普查引入的群体而与上一期监测报告有出入。

文化/创意产业就业人员和整体经济就业人员的结构相比较，有以下区别：

在文化/创意产业的核心部门里工作的有14%(238 500人)的就业人员为固定独立从业者，如果再加上微观人口普查中占文化/创意产业至少12%份额(194 000人)的临时独立工作者，总计文化/创意产业中的独立从业者比例达到26%。

作为对比，国民经济整体的结构比例如下：在具有可比性的核心领域中，约8%(3 140 000人)为固定独立从业者。此外根据微普查统计，另有3%(1 080 000人)从事临时独立工作。总计在国民经济整体中约11%为独立从业者。文化/创意产业中独立从业者比例几乎为国民经济整体的2.5倍。

在企业雇员方面，文化/创意产业中享有社会保险的雇员比例约占43%(723 300人)，而相应地在国民经济整体中的比例为71%(27 380 000人)。因此拥有所谓稳定工作岗位的就业人数在国民经济整体中明显比例更高。

临时雇员群体的比较情况则相反：在文化/创意产业中约 30%(510 000 人)为临时雇员，相比之下此类群体在国民经济整体中的比例为 18%(7 070 000 人)。因此在临时雇员比例上，文化/创意产业略高于国民经济整体。

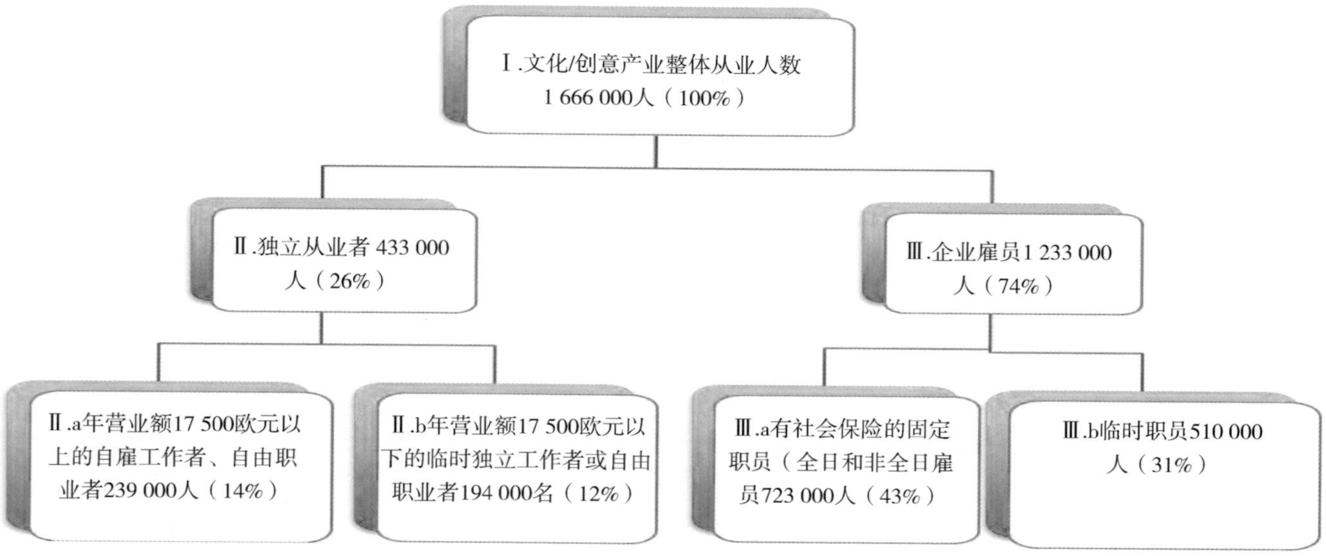

图 2-5　2009 年文化/创意产业就业结构

说明：文化/创意产业中可通过统计证明的就业分组概览。此外还存在大量与项目相关的就业和临时工作者，他们的相关数据尚不了解。群体 II. a 和 II. b 在本报告中将作为文化/创意产业的核心领域，因为通过这两个群体可以得出最显著的经济趋势结论。

来源：营业税统计，微观人口普查，联邦统计局(2011)；就业统计，联邦就业办公室(2011)；米夏埃尔·松德尔曼/文化产业研究办公室的独立核算。

当前研究过程中，为了对文化/创意产业的 11 个子市场的经济活动和就业情况形成整体的认识和比较，分析以文化/创意产业的核心领域为基础展开。其中既包括 II. a 组中年收入 17 500 欧元以上的独立从业者，也包括 III. a 组中享有社会保险的固定职员(全日和非全日雇员)。

2.4　出　　口

前言：用于确定文化/创意产业出口数据的统计记录仍然仅基于极其有限的一项记录。因此迫切需要将文化/创意产业作为独立的经济部门对待。

尽管信息数据有限，这里仍然以营业税统计数据为基础展示了文化/创意产业的出口状况。

文化/创意产业在 2009 年①创造了 1 379 亿欧元的总营业额和与出口相关的 90 亿欧元的营业额。这在出口份额中占 7%。

与以前的报告不同，根据新的 WZ 划分方法，游戏/软件发行第一次具有最高出口份额，有 65%的收入主要由国外交易所得。非实物或数字生产部门占据了最高位置，将以前以实物为主的经济群体推向其他地方，如乐器制造占有 41%，其次是占有 25%的珠宝生产和占有 23%的包括音乐出版商的唱

① 截稿时 2010 年的数据尚未给出。

片业。

目前为止根据评估，许多的实物商品趋向占有更高的出口份额，这一评估根据新的评估可能受到限制。因为游戏和软件出版商的上位可能不仅是由于统计数据基础的改进。它也可能被解释为游戏和软件出版的实际出口的增长，例如网络游戏在这个市场中的重要性日益增加。

在其他出口份额的位置排名上还有摄影(8%的出口率)，图书和印刷出版社、软件开发商、设计工作室和博物馆商店的出口份额为 5%。

在排名的末尾是广告公司、翻译、广播公司和门户网站。如果营业额税务统计的数据对此是真实的报道，它们每个行业仅能从国外顾客手中获得 1%或更少的收入。

根据经济群组和部门分类的营业总额和出口额统计。

经济群组和部门	总营业额(百万欧)	扣除税收的免税营业额(百万欧)	出口比重(百分比)
游戏和软件出版	4 408	2 854	65%
乐器制造	532	217	41%
珠宝生产	2 453	606	25%
录音媒体和音乐出版	1 895	433	23%
摄影和摄影工作室	1 669	126	8%
图书和报刊出版	35 804	1 797	5%
软件开发	19 564	961	5%
设计工作室	1 744	82	5%
博物馆商店	759	35	5%
广告	25 508	904	4%
出版贸易等	14 208	598	4%
电影产业	7 553	158	2%
艺术团体	6 178	107	2%
通讯/新闻社	516	8	2%
建筑工作室	7 816	110	1%
笔译和口译	699	10	1%
广播	6 237	21	0%
门户网站	324	0	0%
文化/创意产业	**137 867**	**9 027**	**7%**

图 2-6　2009 年文化/创意产业的出口

说明：选取了统计部门、组、级：Nr. 32. 1, 32. 2, 47. 6*, 58-60, 62. 01, 63. 12, 63. 91, 71. 11, 73. 1, 74. 1-3, 90, 91。*文化/创意产业的营业额总值由于加入了 Nr. 47. 6 提高了 2. 6%(相比于 2009 年的 1 343 亿欧元)。

来源：营业税统计，德国统计局(2011)；米夏埃尔·松德尔曼/文化产业研究办公室的独立核算。

由于总体数据基础有限，文化/创意产业的出口份额在很多经济环节中只有微不足道的作用，因为文化/创意产业在很大程度上受到微型企业的影响，它们通常在德国境内地方或者最多跨区域的范围内有效。跨区域的服务业对于企业来说和超额的开支相联系，很多微型企业到目前为止不能或者不愿盈利。

2.5 企业类型

文化/创意产业通过一个内部划分法来区分不同类型的企业。这个内部划分按照理想的方式分为三个不同的企业类型：

· 微型企业/自由职业者

· 中小型企业

· 大型企业

在实际质量分析中，有不同大小的企业作为研究对象。官方根据文化/创意产业提供的基础数据能够以营业额多少划分13个不同的类别。这个最大可能的类别结构适用于欧盟委员会制定的企业类型概念。

四个企业类型根据欧盟定义被区别开来(见图2-7)。

微型企业：10人以下，营业额最多200万欧元或者结算总额最多200欧元

小型企业：50人以下，营业额最多1000万欧元或者结算总额最多10 000万欧元

中型企业：250人以下，营业额最多5 000万欧元或者结算总额最多4 300万欧元

大型企业：250人以下，营业额大于5 000万欧元或者结算总额大于4 300万欧元

图2-7 欧盟官方定义的企业类型

来源：欧盟委员会(2003)：《中小型企业定义参考意见》(2003/361/欧洲共同体)。

以营业额规模为标准划分的企业类型

欧盟定义的内部划分模型中有4个不同的企业类型，欧盟分类中未涉及中小型企业。

2009年文化/创意产业整体结构①主要有4个大类别，如图2-8所示。

大约有235 000家企业是微型企业并且占整体经济的97%。小型企业大约有5 200家。剩余1%的企业是大中型企业，它们总共有1400家。

2009年的营业额数据显示，大型企业以41%的比重在文化/创意产业排第一，之后是微型企业，以近28%的比重排第二。中小型企业分别占总体营业额的15%~16%。

① 截至发稿时，2010年暂无数据可用。

企业类型	企业数量	营业额(百万欧)	企业数所占比重	营业额所占比重	企业平均营业(千欧)
微型企业	235 011	38 398	97. 3%	27. 9%	163
小型企业	5 215	20 953	2. 2%	15. 2%	4 018
中型企业	1 060	22 067	0. 4%	16. 0%	20 818
大型企业	349	56 449	0. 1%	40. 9%	161 744
所有企业类型	241 635	137 867	100. 0%	100. 0%	571

图 2-8　2009 年根据营业额规模大小划分的文化/创意产业

说明：年营业额大于 17 500 欧元的企业，选自经济部门、组、级：Nr. 32. 1，32. 2，47. 6*，58-6C，62. 01，63. 12，63. 91，71. 11，73. 1，74. 1-3，90，91。

来源：营业税统计，德国统计局(2011)；米夏埃尔·松德尔曼/文化产业研究办公室的独立核算。

以行业类别为标准的企业类型分布

除了广播产业(其中 86%的营业额是由大型企业创造的)这个子市场以外，只有出版业营业额的 66%是由大型企业创造的，高于平均水平。在电影产业以及广告市场中，大型企业以 41%和 43%的营业额比重扮演相对重要的角色。

在所有剩下的 7 个子市场中，微型企业的比重从 26%(软件/游戏产业)到 75%(建筑业)在营业额中占最大的比例。有趣的是，组成部分软件/游戏产业在营业额比重上展现出了惊人的一致，每四分之一的营业额由 4 个不同的企业类型承担。

总的来说，从 11 个子市场的企业营业额结构分布来看，① 文化/创意产业在更广泛的组成部分上受到微型企业和自由职业者经济的影响。

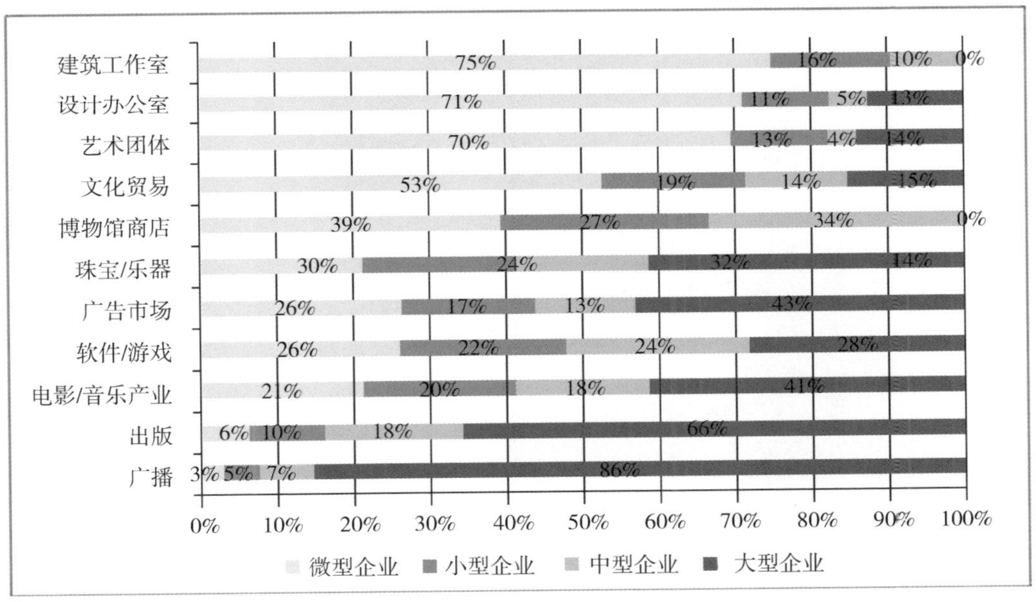

图 2-9　2009 年文化/创意产业 11 个子市场的企业分类

说明：年营业额 17 500 欧元以上的企业。

来源：营业税统计，德国统计局(2011)；米夏埃尔·松德尔曼/文化产业研究办公室的独立核算。

① 统计小组需要根据数据来源将 11 个“子市场”分组，因为根据“细分市场”划分是不可能的。

2.6 文化/创意产业与汽车制造业的对比

文化/创意产业与汽车制造业的对比表明，不同的企业类型对于相同的经济环节起到不同的作用。

在文化/创意产业中，微型和小型企业一起承担了43%的营业额。在汽车制造业中，微型和小型企业以1%的比重几乎不起任何实际作用。从经济角度看，中型企业在汽车制造业中起到一个相似的微不足道的作用。它只占总体营业额的3%。同样在文化/创意产业中可以看到，中型企业以16%的营业额起到一个相对重要的作用。

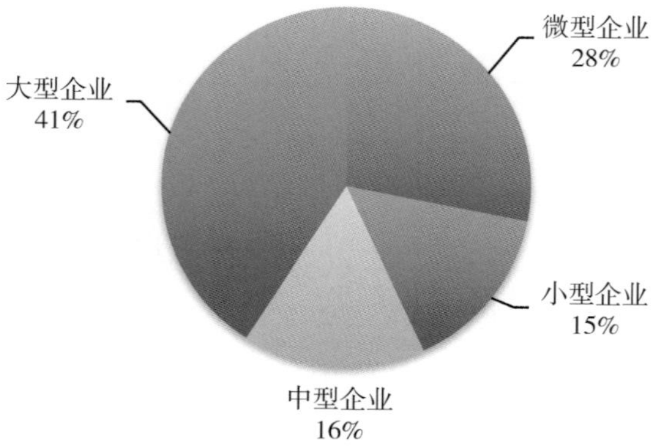

图 2-10　2009 年文化/创意产业中根据营业额规模划分的企业类型

说明：年营业额 17 500 欧元以上的企业。

来源：营业税统计，德国统计局(2011)；米夏埃尔·松德尔曼/文化产业研究办公室的独立核算。

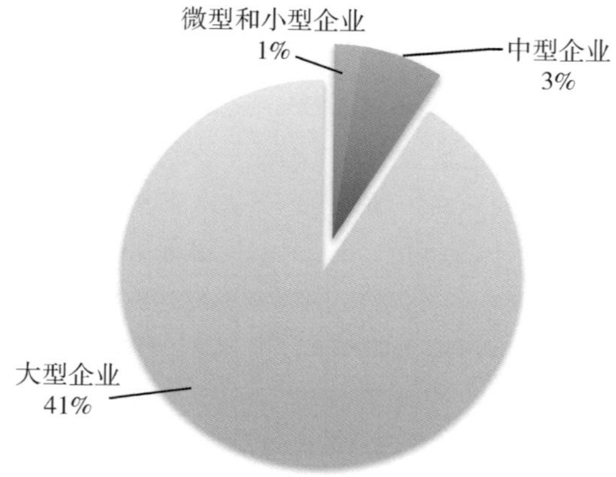

图 2-11　2009 年汽车制造业中根据营业额规模划分的企业类型

说明：年营业额 17 500 欧元以上的企业。

来源：营业税统计，德国统计局(2011)；米夏埃尔·松德尔曼/文化产业研究办公室的独立核算。

大型企业在汽车制造业中占比96%，其在此行业中的重要意义显然易见。文化/创意产业的大型企业占41%的份额，不到一半。

这种直接和传统行业的对比展现了微型企业在文化/创意产业与汽车制造业中重要性的不同。

大型企业在传统制造业环节中具有举足轻重的地位，而文化/创意产业中的大型企业并不具有这样的地位。

总体而言，把目光从有社会责任的企业放到许多小企业上，对于文化/创意产业整体的发展来说是绝对有必要的。经济繁荣在文化/创意产业的不同子市场中发生，到目前为止，靠定量实践方法只能基本明确是哪个子市场。对文化/创意产业不同企业类型的认识越精确，那么“创造性行为”的价值制造效应就越强。

2.7 题外话：文化/创意产业中的女性比重

本节将简要说明女性在文化/创意产业中的情况。

以往女性从业者在文化/创意产业中通常占50%或更多，而现在却达不到。对此，一个原因显然是受新的统计分组影响。随着引进工业分类WZ-2008，加入了之前没有计算在内的经济群体。对于这些经济群体，以前没有关于性别的特殊数据报告。这些新被记录在内的经济群体包括摄影、珠宝生产、音乐产业等。

图2.12显示女性在文化/创意产业总就业人数中的比重为48%。一方面那些女性比重低于平均水平的经济群体有更强的代表性，另一方面女性独立从业者只有36%。女性在文化/创意产业从业者中的份额因此降至50%这一分水岭之下。在企业雇员中，女性占到了54%(如果排除经济群体)。

经济群体	总计	女性份额	
		独立从业者中女性的比例	企业雇员中女性的比例
饰品制造等	54%	—	—
出版物零售等	62%	42%	66%
出版	54%	42%	56%
游戏/软件发行	24%	—	—
电影业	40%	29%	44%
声音载体/音乐出版	31%	—	—
广播台	52%	—	—
电视台	44%	—	—
广告	49%	35%	55%
设计活动	49%	45%	58%
摄影和摄影工作室	47%	36%	64%
笔译和口译	67%	62%	83%
创意、艺术活动等	41%	38%	45%
图书馆、档案馆、博物馆等	66%	—	—
文化/创意产业	**48%**	**36%**	**54%**

图2-12　2010年文化/创意产业中的女性从业者比重

说明：不包括建筑和乐器制造。

来源：微观人口普查，联邦统计局(2011)；米夏埃尔·松德尔曼/文化产业研究办公室的独立核算。

与女性在整体经济中的比重相比，文化/创意产业稍微好一点。整体经济中46%的从业人员是女性，其中女性独立从业者在整个经济中的比例为32%，在企业雇员中为48%。

根据艺术家社会保险机构的报告，女性自由职业艺术家在 2000—2010 年增加了 78%，而男性人数在同一时期只增加了 39%。

根据报告，2000 年大约有 43 800 名女性艺术家，而男艺术家的数量是 63 400 人。2010 年有 77 800名女性和 87 900 名男性活跃在文化/创意产业中。一共有大约 165 600 名艺术家以文化/创意产业为业。这代表了女性的比重是 47%。

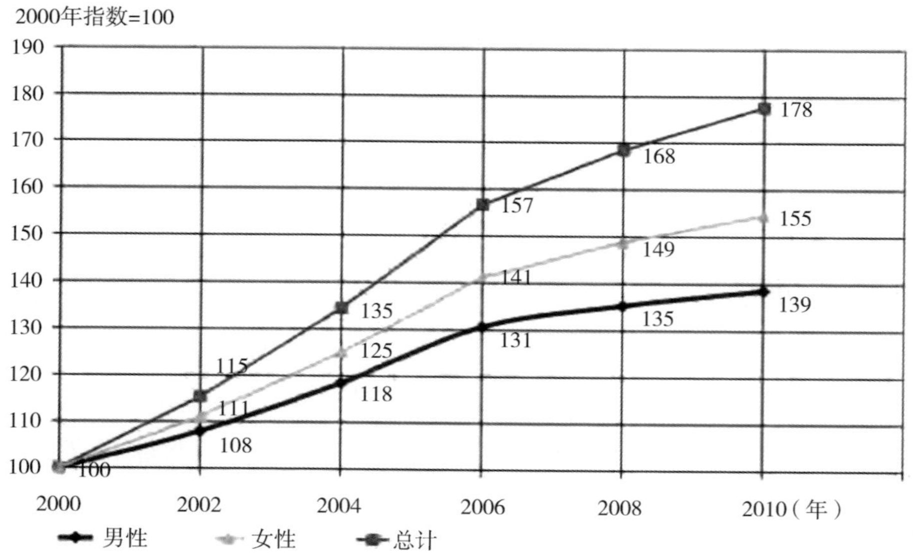

图 2-13　2000—2010 年艺术家社会保险报告中自由职业艺术家的发展趋势

来源：2011 年艺术家社会保险报告，米夏埃尔·松德尔曼/文化产业研究办公室的独立核算。

总的来说，可以从不多的数据中看到，文化/创意产业对于女性来说是一个越来越重要的就业市场。最后应当指出的是，女性在文化/创意产业中状况的实质性分析早就应当进行。

在下一章中有文化/创意产业 11 个子市场的细节表述。

3. 11 个子市场的结构和趋势

在接下来的章节中将对文化/创意产业 11 个子市场进行简要的数据描述。仅采用官方统计的相关数据的目的在于确保对经济结构、规模比例和发展趋势的描述可以在统一的、有可比性的基础上进行定证定量分析。和官方统计数据相关联有许多优势：所有子市场必须按经济部门分类来界定，否则官方的经济和就业数据就无法使用。经济分类标准的限制使子市场的理解更加受到关注，即使经济分类体系长期滞后于经济活动发展。

所有子市场的经济活动都在相似的实证数据基础上进行跨行业研究，不同经济活动，例如建筑事务所、画廊、电影工作室或设计工作室的活动都将按相同的经济参考值进行记录和描述。

因为官方数据原则上是可以公开获取的并且至少每年更新，任何研究机构都可以获取并处理这些数据。

接下来将通过各自的经济部门以及 4 个规模类型企业、营业额、就业人数来概括 11 个子市场。每一个子市场的特征通过营业额数量来描述。最后对每一个子市场的发展趋势进行展示。

3.1　音乐产业

音乐产业中包含个体作为首创者的艺术家/ 文化职业(作曲家、文本作家、制作人/ 音乐导演)和其他音乐家(表演者)，以及各类盈利性质的歌舞团体。此外，还存在大量其他音乐职业，比如舞台艺术家或者音乐老师。

音像制品出版社被归入制作和传播音乐的企业，一般还有音乐出版、音乐领域交易、戏剧/ 音乐会举办人、音乐会导演和工作室、商业音乐剧制作、音乐布景和音乐节。这些通常属于听起来有些过时的“戏剧或歌剧企业”经济环节。“其他文化企业的辅助工作”这一经济环节涵盖了舞台技术的工作和预售服务。与过去 2009 年监测报告不同，“录音零售贸易”与“乐器制造”被归入音乐产业中。

音乐产业在很多情况下和表演艺术联系在一起。这样许多经济环节既有音乐类别也有表演艺术类别。此外，音乐剧和音乐会企业在很大程度上和非盈利性的音乐企业联系在一起，比如公开集资的歌剧院或者公开核算的有互补的紧密交流关系的无线电台。然而，最开始在媒体和公众眼中，音乐经济被等同于唱片行业或者音乐行业部门。这个部门和音像视觉产业、数码经济或者互联网经济有密切的经济联系。

表 3-1　音乐产业的核心经济部门

经济部门编号	经济部门
90. 03. 1	独立音乐家等
90. 01. 2	乐团
59. 20. 1	声乐工作室
59. 20. 2	载声体出版社
59. 20. 3	音乐出版社
90. 04. 1	* 戏剧/歌剧
90. 04. 2	* 独立音乐/戏剧室等
90. 02	* 提供表演艺术服务
47. 59. 3	乐器零售贸易等
47. 63	* 载声体零售贸易
32. 20	乐器生产

说明：* 也属于其他子市场。

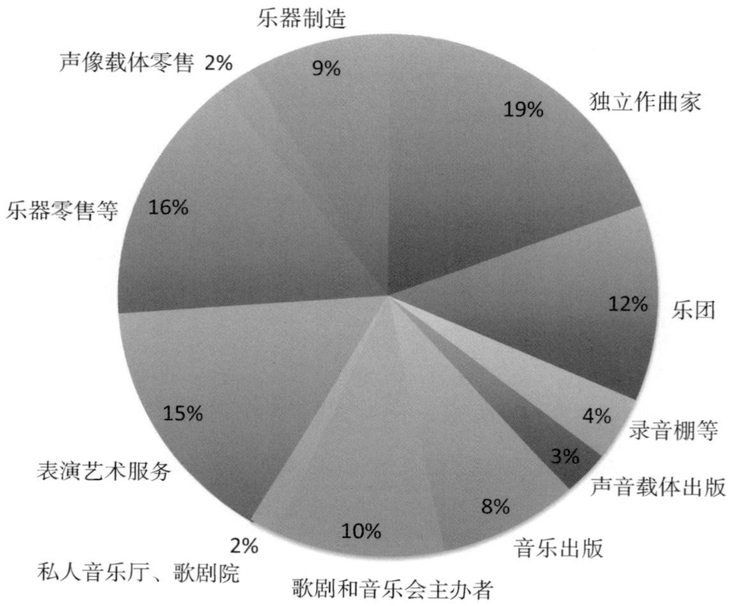

图 3-1　2010 年音乐产业中根据经济部门划分的自雇型企业和一般企业

说明：* 也属于其他子市场。

来源：营业税统计，德国统计局(2012)，米夏埃尔 · 松德尔曼/文化产业研究办公室的独立核算。

主要数据

根据先前的报告，音乐产业在 2010 年总共有 46 800 名从业者或者说文化/创意产业 4. 4%的雇员。其中包括提供社会保险的岗位 33 000 个。最重要的经济环节是音乐和舞蹈剧团、歌剧/音乐会组织者、乐器制作、音乐零售和音像制品/音乐出版社，从吸引就业的能力来衡量，每个环节占 12%和 15%。

2010 年音乐产业创造了约 63 亿欧元的营业额。这相当于文化/创意产业总体营业额的 4.1%。最重要的经济环节是歌剧/音乐会组织者，大约以 15 亿欧元的营业额占整体营业额的四分之一。音乐会组织者和音乐零售以占文化/创意产业 23%和 18%的市场份额排在之后。

在音乐产业中，自雇型企业和应税企业在 2010 年一共有 13 700 家，占文化/创意产业需缴税企业的 4.7%。其中有大约 4 300(占 31%)家是个体音乐职业(独立音乐家和乐团)，在音乐经济中占最多。剩下的 6 900 家企业和音乐公司有关，它们广泛地分布在和音乐舞台、商业音乐剧有关的音乐部门中，它们从 220 家增至 282 家，在音乐经济中占 2%。

企业类型

涉及 2009 年的结构数据①，按企业类型划分的企业营业额规模如下：

大约 4 200 家即数量占比 97%的微型企业创造了市场营业额的 29%。

大约 136 家小型企业凭借占 3%的企业占比创造了市场营业额的 24%，与此同时共计 9 家大型企业占市场营业额比重的 47%。

大型企业的平均营业额每年有 1 570 万欧元，与此同时微型企业每年的营业额可以达到 208 000 欧元。

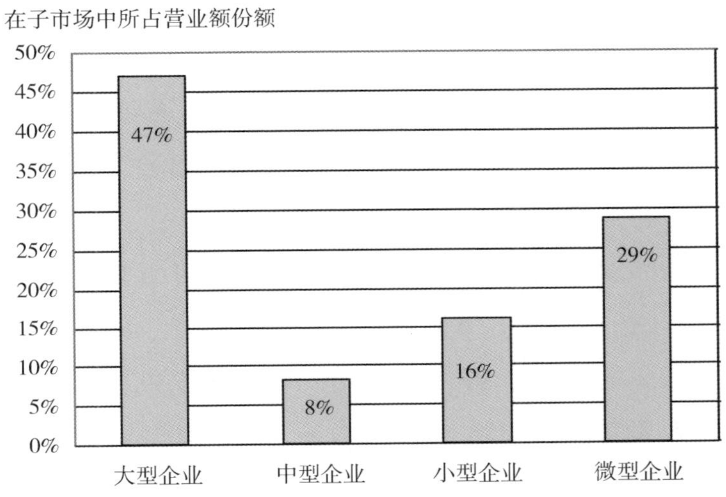

图 3-2　2009 年音乐产业中根据规模大小划分的企业类型

说明：选取了声音载体/音乐出版、音乐零售等经济部门。

来源：营业税统计，德国统计局(2011)，米夏埃尔·松德尔曼/文化产业研究办公室的独立核算。

发展

前言：由于统计的工业分类标准从 WZ-2003 转换为 WZ-2008②，目前无法显示所有市场部门的长年发展趋势。因此，该分析局限于 2009 年与 2010 年的年度比较。

① 截至发稿时，2010 年暂无数据可用。

② 参阅载于附录的方法说明。

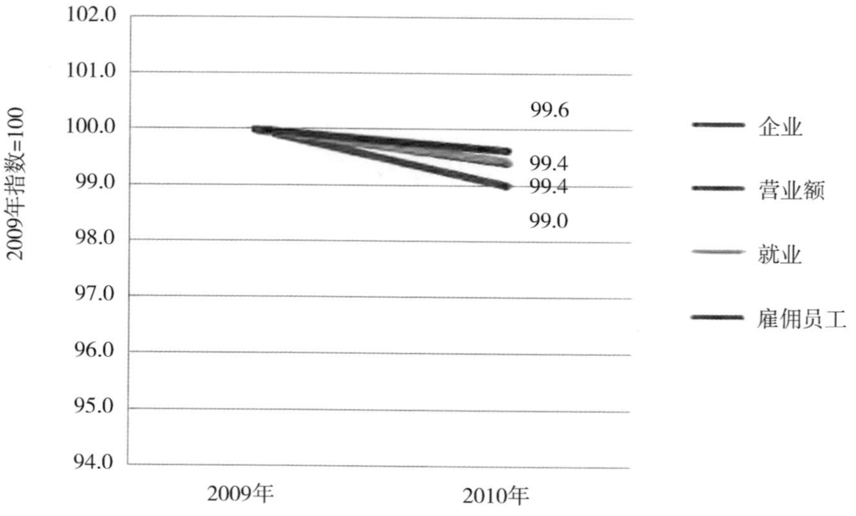

图 3-3　2009—2010 年音乐产业的发展

说明：就业(独立从业者和企业雇员)，雇佣员工(只含享有社保的企业雇员)。

来源：营业税统计，联邦统计局(2012)；就业统计，联邦就业办公室(2012)；米夏埃尔·松德尔曼/文化产业研究办公室的独立核算。

如图 3-3 所示，音乐产业在 2009 年经济危机之后在企业、营业额、就业和雇佣员工四个类别方面都没有开始任何积极的发展。它在 2010 年几乎是停滞或出现高达 1%的跌幅。

与期待不符，音乐产业企业数没有继续以往几年的趋势，出现了下滑。乐团损失了 9%，音乐出版和音乐零售各损失了 4%的企业。这些损失的一部分几乎可以通过录音棚的 12.5%、声音载体零售的 18.5%或者演艺服务的 4.2%的出人意料的强劲增长来弥补。但由于音乐产业中大多数部门都展现出消极的发展态势，音乐产业的整体发展也是消极的。

音乐产业营业额只有 0.6%的负增长掩盖了音乐产业内两个相反的发展姿态。在音乐载体和音乐出版强烈萎缩的同时(-18.5%和-6.6%)，音乐会主办者、音乐厅、演艺服务、音乐和声音载体零售分别实现了 5%~12%的增长。即便是 2009 年经济危机中需要与巨大损失搏斗的乐器制造，在 2010 年也实现了营业额 3.6%的增长。但由于乐团经济的损失(2009 年至 2010 年增长为 -6.7%)和深受损失影响的声音载体和音乐出版的萎缩，总的来说音乐产业的发展从经济角度来说仍有轻微衰退。

就业市场也呈现出发散式的发展。在大经济部门乐团(6 700)、乐器制造(6 300)有 5%~7%的衰退的同时，音乐会主办者(6 300)和音乐零售(6 200)保持了就业市场规模，或有小幅度扩展。声音载体出版损失了近 6%的就业者，相反音乐出版却增长了 18%。但对于就业市场，上面的结论依然有效：音乐产业的一半正从危机中走出，积极发展，另一半仍处于负发展的趋势之中。

总体而言，音乐行业在 2009 年经济危机之后也处在一个困难的阶段，主要对就业市场产生影响。如果作为最大营业额承担者之一的声音载体和音乐出版在来年能重新更好地发展，或者减轻萎缩态势，音乐产业整体就可能重新积极发展。因为音乐会主办者和音乐零售已经达成了良好的发展趋势，预计其可以保持这种发展。

补充说明：对子市场经济和就业相关情况的进一步研究，请参考以下协会和其他来源(可供选择）。

表3-2　音乐产业协会和其他来源

德国音乐作家联盟：www.komponistenverband.de
德国乐器制造手工业协会：http://www.das-starke-handwerk.de
德国乐器制造商协会：www.musikinstrumente.org
德国演出经济协会：www.idkv.com
德国音乐产业协会：www.musikindustrie.de
作曲家俱乐部：www.composers-club.de
德国作曲家协会：www.komponistenverband.de
德国音乐协会：www.musikrat.de
德国摇滚乐协会：www.drmv.de
德国音乐出版协会：www.dmv-online.com
德国音乐贸易总会：gdm-online.com/
媒体音乐：www.mediamusic-ev.de
德国歌剧院经理协会：www.vdkd.de
独立音乐企业协会：www.vut-online.de/cms/
德国音乐信息中心，音乐产业专题门户：www.miz.org/artikel_themenportale_vorbemerkungen_tpmwmusikwirtschaft.html

3.2　图书市场

图书市场内包括了独立作家。此外还有数量不断增长的独立记者，根据艺术家社会保险机构的定义，他们同样也属于所谓的文字工作者。在制作和发行企业方面，图书出版社、专卖和零售业以及文学工作室也被包含在内。不同于上一份2009年监测报告，新数据加入了“独立译者”“旧书店”以及“图书装订”这3个经济部门。

图书市场的特别之处在于，它一直同印刷和媒体市场无关，而是作为一个独立的市场部分存在。图书出版社和书店甚至还有一个很大的市场特征，这也在行业独立专业联合会德国书店注册协会的证券联合会上被强调了。此外，下面关于子市场的表述中，作家作为独立的图书市场活动者被提到，因为没有他们的付出，不可能有图书市场存在。

表3-3　图书市场的核心经济部门

经济部门编号	经济部门
90.03.2	独立作家
74.30.1	独立译者
58.11	图书出版社
47.61	图书零售贸易
47.79.2	旧书业
18.14	图书装订等

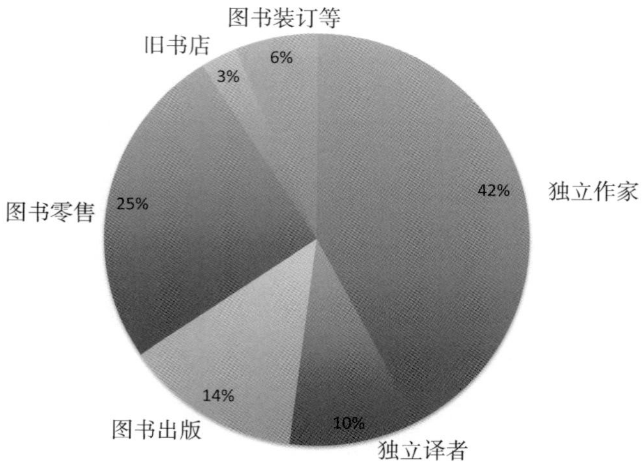

图 3-4　2010 年图书市场中按经济部门划分的自雇型企业和一般企业

来源：营业税统计，德国统计局(2012)，米夏埃尔·松德尔曼/文化产业研究办公室的独立核算。

主要数据

根据 2010 年临时报告，在文化/创意产业中，图书市场总共有 77 400 人或者 7.2%的从业者。其中包含了提供社会保险的职位，它以 60 900 人的数量在图书市场中占一个很高的比重。从工作职位上衡量，根据新的划分方法①，图书零售业有 28 300 名就业人员(占 37%)，比有 25 000 人(占 32%)的图书出版社重要一些。独立作家大约有 7 300 名(占 9%)，独立译者有约 4700 名(占 6%)。在新被归入分类的经济部门“装订业”中，大约有 11 400 名就业者(占 15%)，排在图书市场就业市场中的第三位。

2010 年图书市场创造了大约 142 亿欧元的营业总额。这相当于文化/创意产业整体营业额的 9%。最重要的经济环节是图书出版社，它以 88 亿欧元的营业额占了总营业额的三分之二。图书零售创造了 36 亿欧元的营业额，约占 25%。图书装订等有 8.36 亿欧元的营业额，约占 6%。独立作家和翻译的营业额达 8.26 亿，占图书市场营业额的 6%。

图书市场自雇型企业和应税企业的数量在 2010 年约有 16 500 家，占文化/创意产业企业数量的 5.7%。其中，约 8 600 名(52%的份额)家属于独立作家和翻译者，形成了图书市场的最大群体。在其他的图书公司，书商凭借约 4 200 家公司而闻名，其次是 2 200 家图书出版商和具有 1 200 家公司的装订业等。旧书业有约 460 家公司，是图书市场内最小的群体。

企业类型

涉及 2009 年的结构数据②，根据企业类型划分的营业额规模如下所示：

约 6 000 家即数量占比 93%的微型企业创造了市场营业总额的 15%。

① 相比之前的 WZ-2003，据官方统计，“图书出版”行业通过引入 WZ-2008，享有社保的员工显著减少，然而，这种减少并不是真正的市场变化，而仅仅是由于统计变换所出现的。

② 截至发稿时，2011 年暂无数据可用。

大约 440 家中小型企业以 7%的数量占比创造了市场营业额的 27%，与此同时 30 家大型企业创造了市场营业额的 58%。

大型企业的营业额平均每年达 25 800 万欧元，与此同时微型企业平均每年创造了 32. 3 万欧元的市场营业额。

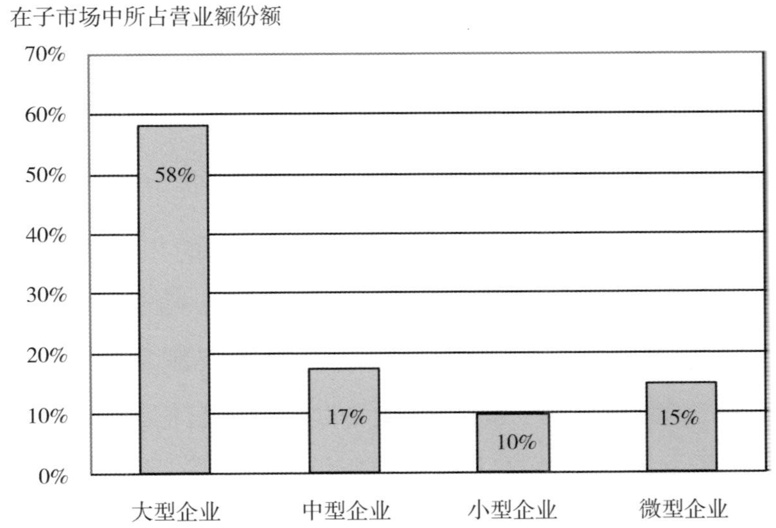

图 3-5　2009 年图书市场中根据企业类型划分的营业额规模

说明：选取了图书出版和图书零售等经济部门，不包括独立作家和译者以及图书装订。

来源：营业税统计，德国统计局(2011)，米夏埃尔・松德尔曼/文化产业研究办公室的独立核算。

发展

前言：由于统计的工业分类标准从 WZ-2003 转换为 WZ-2008①，目前无法显示所有市场部门的长年发展趋势。因此，该分析局限于 2009 年和 2010 年的年度比较。

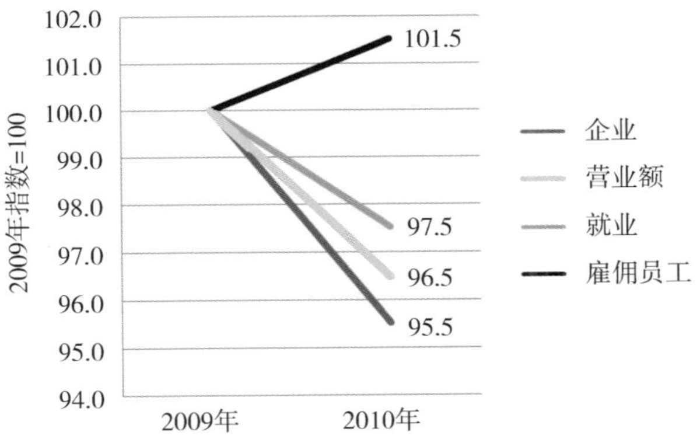

图 3-6　2009—2010 年图书市场的发展

说明：就业(独立从业者和企业雇员)，雇佣员工(只含享有社保的企业雇员)。

来源：营业税统计，联邦统计局(2012)；就业统计，联邦就业办公室(2012)；米夏埃尔・松德尔曼/文化产业研究办公室的独立核算。

① 参阅载于附录的方法说明。

图 3-6 展示了企业数量 1.5%的增长，其他各项指标：营业额、就业和相关从业者都出现了 2.5%至 4.5%的负增长。

与音乐产业就业不同的是，独立作家和译者的数量在 2009 年经济危机后继续增长，2010 年就业市场中出现了近 5%的新作家。图书出版也有新成员加入，增长了 2.6%。这里主要涉及营业额较小的小出版商。其余的经济部门如图书零售、旧书店以及图书装订等都有企业损失。由于独立作家这一群体在数量上的优势，图书市场在企业数量方面有积极发展。

尽管在 2009 年经济危机后，图书市场是少数几个仍能保持积极的营业额①发展态势的子市场，2010 年图书市场的发展趋势却走向了消极的方向。图书市场必须承受 4.5%的明显回落。这一损失的主要责任首先由占统治地位的图书出版部门承担，仅它一个部门在 2010 年就衰退了近 8%，同期图书贸易的衰退只有 1.8%。图书市场的其余部门分别实现了营业额的积极增长，其中有超过平均水平的图书装订业等(14.3%)和旧书店的 10%，即便是独立作家也有 5.6%的增长。

如同营业额增长总体上是消极的一样，就业市场也没能实现积极发展。这一市场总共萎缩了 2.5%。这一趋势又是受图书出版和图书零售两大部门的影响，它们分别流失了 2%～4%的就业人数。这一衰退趋势已经存在了几年，尤其深受提供社保的职位流失的影响。

总的来说，几年以来图书市场都存在结构性变动，主要体现在就业市场上的人员流失方面。图书市场的企业在经济繁荣与萧条的转变之间移动着。到目前为止，图书市场凭借其从微型和小型企业到少数大型企业的广泛的企业结构在文化/创意产业中维持自己的地位。图书市场作为一个文化产业的重要市场，会因为增长的媒体和图书数码化产生变动，这一变动也是值得期待的。

补充说明：对子市场经济和就业相关情况的进一步研究，请参考以下联合会和其他来源(可供选择)。

表 3-4　图书市场的联合会和其他来源

德国书店证券联合会：www.boersenverein.de
剧作家联盟：www.dramatikerunion.de
德国自由作家联合会，德国作家保护协会：bundesverband@ fda.de
自由编辑联合会：www.vfll.de
德国旧书商联合会：www.antiquare.de
德国作家联合会：http://vs.verdi.de

3.3　艺术市场

艺术市场包含了从事创作艺术的独立艺术家/艺术从业者。广义上来讲包含画廊，拍卖行/艺术拍卖和艺术商行。作为特例需要强调的是，艺术市场从企业数量角度来看属于文化/创意产业最小的子市

① 参见联邦经济与技术部(2010)：2009 年文化/创意产业监测报告。

场。因此在以官方统计为基础的数据材料中对这个子市场进行解读十分困难。

所以在官方统计中把艺术贸易和其他类型的经济活动混在一起，比如礼物、鹿角和邮票的买卖活动等。因此德国现有的经济分类中“艺术制品零售业”并不是特别用于艺术品市场的，只能根据具体情况进行估算。此外，在分类中“独立创作艺术家”这一经济分类中既有自由的也有应用型的艺术家职业。

表 3-5　艺术品市场核心经济部门

经济部门编号	经济部门
90. 03. 3	独立创作家
47. 78. 3	艺术品贸易等
91. 02	博物馆商店等
47. 79. 1	古董贸易

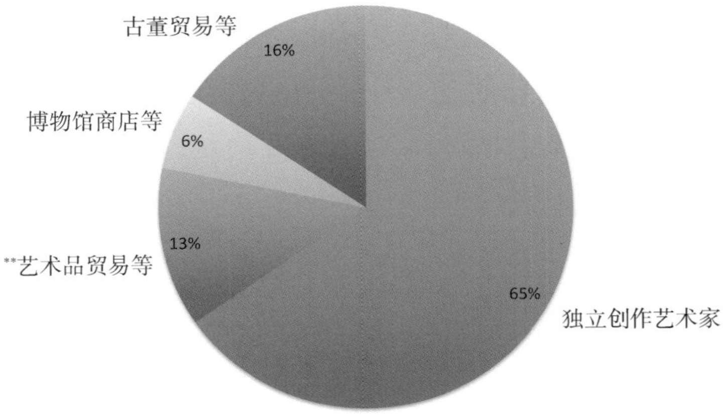

图 3-7　2010 年艺术市场中按经济部门划分的独立工作者和企业

说明：** 估算值。

来源：营业税统计，德国统计局(2011)，米夏埃尔·松德尔曼/文化产业研究办公室的独立核算。

主要数据

根据临时报告，艺术市场 2010 年在文化/创意产业中提供了总共 19 200 个或者 1.8%的岗位，其中包含提供社会保险的岗位，此位中大约有 5 800 人，在艺术市场中占很小的部分。

以从业者数量来衡量，最重要的经济环节是独立创作艺术家的群体，该群体大约有 13400 人(包括小部分的相关从业者)，占艺术市场从业人数的 65%。除了这些来自官方统计的数据，在艺术市场中还有大量从事自由职业的独立创作艺术家。因此艺术社会阶层在 2010 年初以 58 700 人的数量被单独记录在创作艺术市场中。

广泛的艺术贸易企业(画廊、拍卖行、商行)的数量只能估算，大约有 1 700 家，博物馆商店和从事艺术品展览贸易活动的大约有 820 家。此外，古董贸易在国际划分①后新增了近 2 100 家零售商。扩大的艺术品交易为 9 000 人(在艺术市场中所占比重为 47%)提供了工作。

2010 年艺术市场创造了大约 23 亿欧元的营业额。这相当于文化/创意产业总营业额的 1.5%。艺术市场营业额的三分之一来自独立创作艺术家这个群体(32%)，其余来自于艺术商行(28%)、博物馆商店(22%)以及古董贸易(17%)这三个经济环节。创作艺术家这个群体创造了近 7.5 亿欧元或者说 32%的营业额，艺术品贸易创造了大约 6.6 亿欧元或者说 28%的营业额，博物馆商店以及艺术展览创造了大约 5.2 亿欧元的营业额或者德国艺术市场营业总额的 22%。艺术品商行的营业额比重因此越来越少，因为特别是引导市场的大型画廊和艺术商行营业额的很大部分在由海外市场创造并且通过海外的分支机构来平衡。与此相反的是，创作艺术家通常在他们在德国的居住地缴税。

企业类型

由于经济部门艺术品交易有上述提到的区分问题，因而和古董贸易一样不将它包括在营业额规模分析中，在古董贸易中由于数据保护而不计大小。

涉及 2009 年的结构数据②，根据企业类型划分的营业额规模(博物馆商店等)如下：

约 850 家即数量占比 96%的微型企业创造了艺术市场 43%的营业额。

36 个中小型企业以其 4%的数量占比创造了 57%的市场营业额，而官方统计中没有出现大型企业。

中型企业的平均营业额(包括大型企业)每年为 650 万欧元，而微型企业每年大约有 208 000 欧元的营业额。

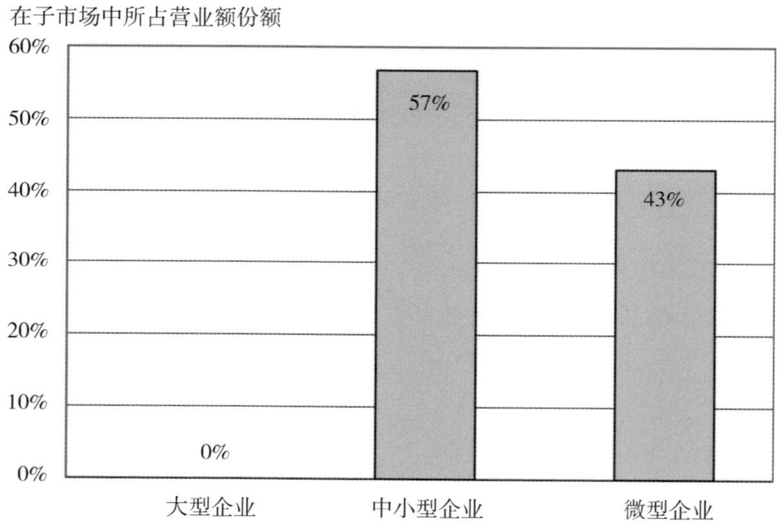

图 3-8　2009 年艺术市场中根据企业类型划分的营业额规模

说明：选取了博物馆商店等经济部门，不包括创作艺术家、艺术品贸易和古董贸易。

来源：营业税统计，德国统计局(2011)，米夏埃尔·松德尔曼/文化产业研究办公室的独立核算。

① 参见 2009 年联合国教科文组织文化统计框架，2011 年 Essnet 文化统计。

② 截至发稿时，2010 年暂无数据可用。

发展

前言：由于统计的工业分类标准从 WZ-2003 转换为 WZ-2008，目前无法显示所有市场部门的长年发展趋势。因此，该分析局限于 2009 年和 2010 年的年度比较。

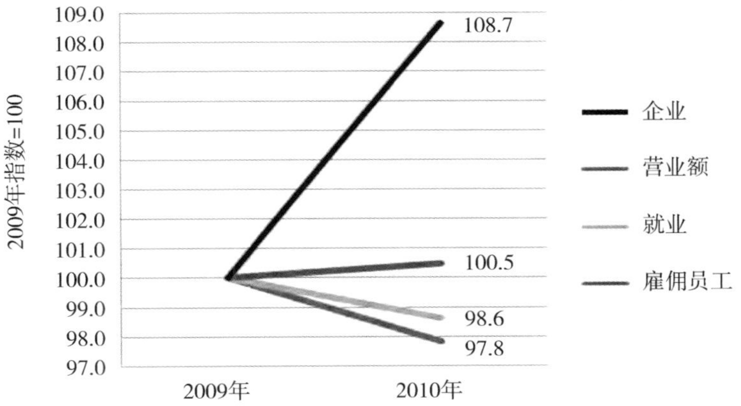

图 3-9　2009—2010 年艺术市场的发展

说明：就业（独立从业者和企业雇员），雇佣员工（只含享有社保的企业雇员）。

来源：营业税统计，联邦统计局（2012）；就业统计，联邦就业办公室（2012）；米夏埃尔·松德尔曼/文化产业研究办公室的独立核算。

由图 3-9 可知，2009—2010 年间，艺术市场营业额有高于平均水平的近 9%的增长，与之相对的，艺术品贸易企业的数量缩减了超过 2%，同时就业市场较为稳定。

在这一发散性的发展背后可能隐藏着艺术市场不良的发展转变。除了独立艺术家外，还涉及在这段时间内衰退了的艺术品贸易企业。2009 年经济和金融危机之后展开了一场市场清理活动，这对文化/创意产业中的贸易企业冲击尤其大。不仅仅是艺术品贸易、博物馆商店和古董贸易损失了为数众多的企业，在其他子市场中亦然。在音乐产业中、在图书和出版市场中，贸易企业的数量都在下降。

部分贸易企业营业额增长超过平均水平，这里必须提到那些在一年之中将自己的营业额提高了超过 11%的甚至是 26%的贸易企业，借助经济力量强大的艺术品贸易企业，营业额增长良好。这也使得文化贸易从业人数进一步增加，同古董贸易和博物馆商店中就业人数的流失相平衡。总的来说，就业市场在经济发展积极的 2010 年保持了稳定。

总体经济形势对艺术市场有显著影响。高物价的艺术市场相较于中低物价的艺术市场来说受影响相对较小，当然 2009 年的金融危机也从一个不易观察的角度影响了全球高价艺术品市场。这一阶段的困难看起来已经被克服，但独立艺术家的数量在这一年内还是下降了近一个百分点，同时营业额却增长了 2.7%，造成了艺术家平均营业额上升的结果。

补充说明：对子市场经济和就业相关情况的进一步研究，请参考以下联合会和其他来源（可供选择）。

表 3-6　艺术市场的联合会和其他来源

德国艺术贸易联合会：http://arbeitskreis-kunsthandel.de
德国视觉艺术家联合会：www.bbk-bundesverband.de
德国艺术和古董贸易联合会：www.bdka.de
德国画廊和艺术商联合会：www.bvdg.de
德国艺术拍卖商联合会：www.kunstversteigerer.de
德国艺术贸易联合会：www.deutscherkunsthandel.org
艺术家联合会：www.gedok.de
其他德国文化理事会“艺术部门”下的协会：www.kulturrat.de

3.4　电影产业

电影产业包含了从事舞台艺术的独立艺术家/艺术工作者，他们是众多电影工作者的代表。

电影制作和发行企业包括电影/电视和视频节目制作企业，电影租赁公司、视频节目供应商，以及电影院。根据新的划分①，新收入电影产业的经济部门有录音和图像载体零售贸易以及录像出租公司。要特别说明的是，电影制作包括电视电影的制作，它们并不属于广播产业。除此之外，电影制作包含了从电影院、电视、产业、经济和广告电影到其他电台制作的所有形式。电影产业与广播产业以及其他视听产业紧密相关。

表 3-7　电影产业的核心经济部门

经济部门编号	经济部门
90.01.4	* 独立舞台艺术家
59.11	电影/TV 制作
59.12	后期制作和其他电影技术
59.13	电影出租
59.14	影院
47.63	* 音像制品零售
77.22	录像出租

说明：* 也属于其他子市场。

① 参见 2009 年联合国教科文组织文化统计框架，2011 年 Essnet 文化统计。

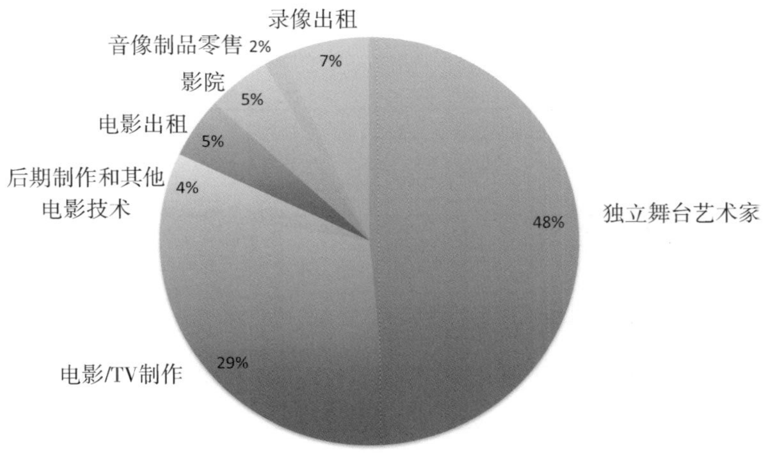

图 3-10　2010 年电影产业中根据经济部门划分的自雇型企业和一般企业

说明：* 也属于其他子市场。

来源：营业税统计，德国统计局(2012)，米夏埃尔·松德尔曼/文化产业研究办公室的独立核算。

主要数据

根据临时报告，2010 年电影产业总共有 60 400 名从业人员，占文化/创意产业从业者总数的 5.6%。其中提供社会保险的岗位以 42 400 人的数量在电影产业中占较高的比重。最重要的经济环节是电影/电视/视频制作，它可以为该子市场中超过一半的从业者提供就业机会。

2010 年电影产业创造了大约 89 亿欧元的营业额。这相当于文化/创意产业总营业额的 5.8%。最重要的经济环节还是电影/电视/视频制作，它以 45 亿欧元的营业额占到了总营业额的一半。电影出租者和电影院以 20%和 14%的市场份额紧随其后。

自雇型企业的数量在 2010 年一共有 17 900 多家，或者说有文化/创意产业所有企业的 6.2%的数量。其中大约 8 700(49%的比重)家属于独立舞台艺术家，他们在电影产业中是最大的组织。其他剩下的 9 200 家企业和电影公司有关，是电影/电视视频制作(总共占电影产业的 29%)中最活跃的环节。

企业类型

涉及 2009 年的结构数据，根据企业类型划分的营业额规模如下所示。

超过 7 800 家即数量占比 94%的微型企业创造了市场营业额的 22%。

大约 450 家中小型企业以 5.5%的数量占比创造了市场营业额的 41%，与此同时 23 家大型企业在市场营业额中占 38%。

大型企业的年平均营业额为 12 300 万，而微型企业平均每年有 21 200 欧元的营业额。

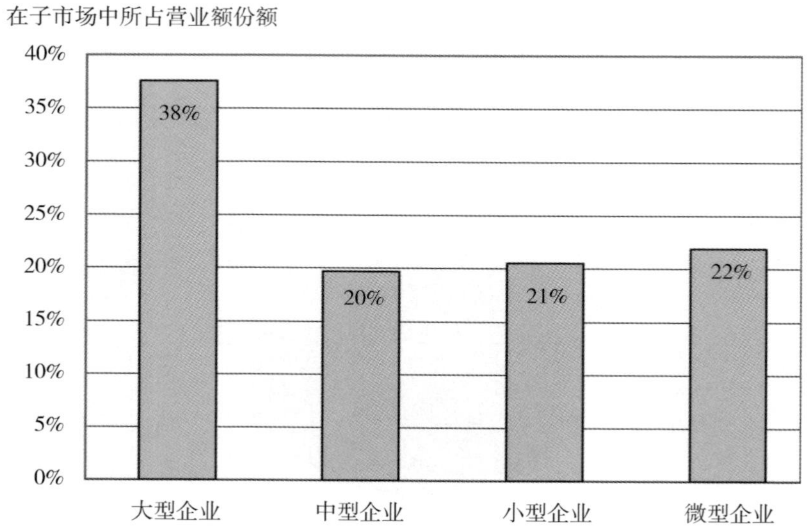

图 3-11　2009 年电影产业中根据企业类型划分的营业额规模

说明：选择的电影产业中不包括独立舞台艺术家。

来源：营业税统计，德国统计局(2011)，米夏埃尔・松德尔曼/文化产业研究办公室的独立核算。

发展

前言：由于统计的工业分类标准由 WZ-2003 转换为 WZ-2008①，目前无法显示针对所有市场部门的长年发展趋势。因此，该分析局限于 2009 年和 2010 年的年度比较。

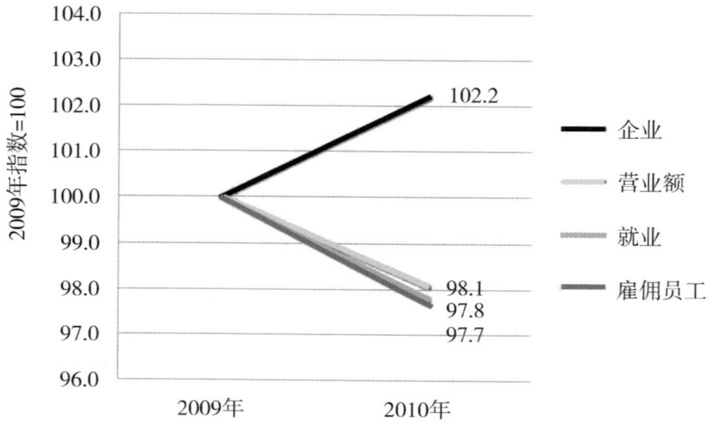

图 3-12　2009—2010 年电影产业的发展

说明：就业(独立从业者和企业雇员)，雇佣员工(只含享有社保的企业雇员)。

来源：营业税统计，联邦统计局(2012)；就业统计，联邦就业办公室(2012)；米夏埃尔・松德尔曼/文化产业研究办公室的独立核算。

由图 3-12 可知，电影业的发展在这期间在营业额方面有 2.2%的积极增长，相反在其他类别——企业、就业和雇佣员工方面都有 2%左右的负增长或者处于停滞状态。

从经济的角度出发，电影电视制作是电影产业中最重要的经济部门，它创造了电影产业中约一半

① 参阅载于附录的方法说明。

的营业额。但在发展动力上，这一部门只有1个百分点的增长，因此只是一个边缘角色。后期制作和电影出租凭借其约24%和近9%的增长率，成为2010年电影产业真正的推动力量。

影院和录像出租需承受-3%和-9%的经济损失。由于较差的经济形势，也没能创造更多新的就业岗位，在影院中有1个百分点，在录像出租中有9个百分点的企业从市场上消失了，因此这两个经济部门还没有完成2009年危机以后的转折。

在独立舞台艺术家方面有令人惊奇的积极发展，2010年独立舞台艺术家增加了3%，他们的营业额也增长了4.5%，他们甚至还创造了新的就业岗位(雇员数量增长4.7%)。由于电影制作只实现了很少的经济增长，独立舞台艺术家主要是通过广播业盈利的。这一子市场一年内实现了5%的营业额增长。

总的来看，预计电影产业在下一年中仍将持续之前的摇摆状态的经济增长，与之相对的就业市场也继续摇摆不定。

电影产业和图书产业、音乐和广播产业一起属于文化/创意产业的传统市场。通过数码科技的深入和信息产业的拓展，电影产业不断地在媒体交互中向前发展并且失去了自身独特的轮廓。

补充说明：对子市场经济和就业相关情况的进一步研究，请参考以下联合会和其他来源(可供选择)。

表3-8　电影产业协会和其他来源

独立影片出租联合会:http://www.ag-verleih.de
德国制作人同盟:http://www.produzentenallianz.de
德国视听媒体联合会(BW):http://www.bw-medien.de
德国电影电视制作人联合会(BAV):www.bundesverband-av.de
电影广告联合会:http://www.fdw.de
德国演员权益联合会(IDS):http://www.ids-ev.eu
电影产业峰会:www.spio.de
电影出租联合会(VdF):http://www.vdfkino.de
德国电影出口联合会(VDFE):http://www.vdfe.de
德国电影制作人联合会:http://www.filmproduzentenverband.de
德国演员经纪公司联合会:http://www.schauspleler-agenturen.de
电影电视技术企业联合会(VTFF):http://www.vtff.de

3.5　广播产业

广播产业从20世纪80年代末起受到双重广播的影响。除了公共广播，从那时起出现了私营经济的广播。此外还有小型的非盈利性广播(地方广播、自由广播、高校电视台等)。

私营经济广播，这里归入广播产业，主要是通过在市场投放广告来筹资。其他的盈利通过订阅费和电话购物获得。除了广播公司和节目制作人外，还有独立记者和新闻办公室包含在广播市场中，因为它们主要为广播行业提供服务。

私营广播主办者从事广播和电视节目的组织、实现和播送工作。广播和电视节目的制作者提供不同规格的节目。电影院电影和电视电影通常是在电影工作室制作的，一般包含在电影制作这个经济部门里。但是这种分类并不明确，因为整个电影公司都属于广播公司的范畴，因此其营业额被包含在广播公司的应纳税营业额中。

表 3-9　广播产业的核心经济部门

经济部门编号	经济部门
90.03.5	*独立记者和媒体摄影师
60.10	广播电台
60.20	电视台

说明：*也属于其他子市场。

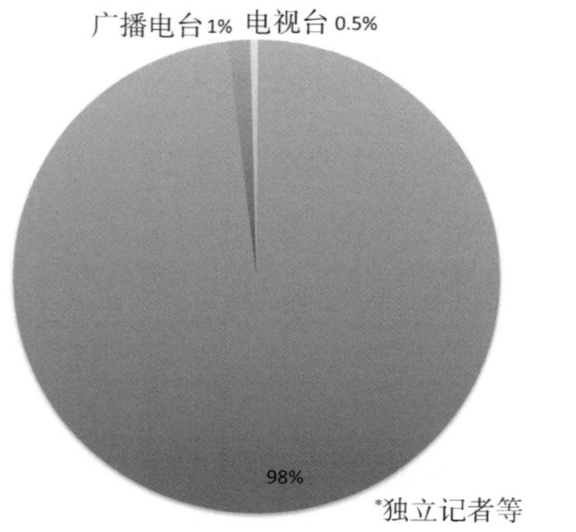

图 3-13　2010 年广播产业中根据经济部门划分的自雇型企业和一般企业

说明：*也属于其他子市场。

来源：营业税统计，德国统计局(2011)，米夏埃尔·松德尔曼/文化产业研究办公室的独立核算。

主要数据

根据初步统计，2010 年的广播产业总共有 39 400 名就业者，占文化/创意产业就业总人数的 3.7%。按三个产业部门的划分，有大约 18 300 名独立记者以及 870 名有社会保险的从业者，而广播组织者和节目制作者这两个产业部门有大约 21 200 名就业者，包括 20 800 名有社会保险的企业员工。

在广播产业中 21 700 名有社会保险的企业员工总数里不包含临时工作者或者其他自由职业者，但包括每周工作时间占常规时间一半以上的非全日专职员工。除此之外总数还不包括公共广播台，它另外有大约 31 000 名员工(包含公共企业)。

2010 年，在广播产业中，有缴税义务的企业将近 17 800 家，占文化/创意产业的 6.1%。其中有 98%或者说 17 400 家属于独立记者。只有 2%或者大约 350 家企业属于广播主办者和节目制作者。

在 2010 年，私营广播产业创造了大约 77 亿欧元的营业额。这相当于文化/创意产业总营业额的 5%。这个营业额数字只包含了独立记者的营业额(12 亿欧元)和有缴税义务的企业(大约 65 亿欧元)。作为参照，公共广播公司(德国国家电视一台、德国国家电视二台、德国广播)创造了超过 85 亿欧元的营业额。

企业类型

涉及2010年的结构数据①，根据企业类型划分的营业额规模如下。

大约250家即数量占比71%的微型企业创造了市场营业额的3%。

大约90家中小型企业以26%的数量占比创造了市场营业额的12%，而12家大型企业创造了市场营业额的86%。

大型企业的年平均营业额为44 500万欧元，而微型企业的年平均营业额约达到了67.3万欧元。

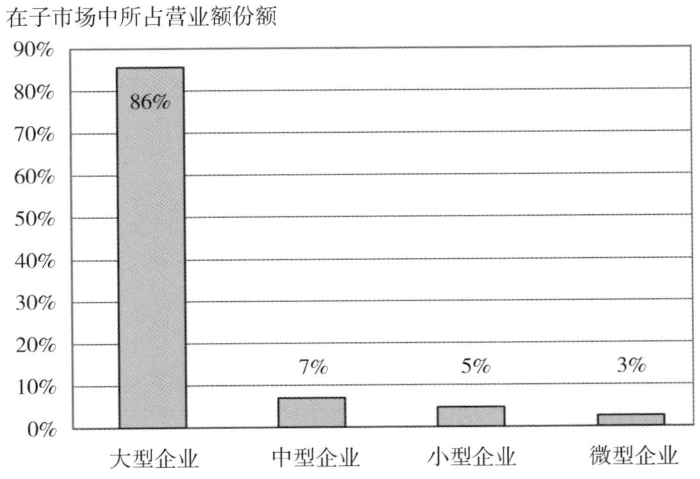

图3-14　2009年广播产业根据企业类型划分的营业额规模

说明：选择的广播产业中不包括独立记者。

来源：营业税统计，德国统计局(2011)，米夏埃尔·松德尔曼/文化产业研究办公室的独立核算。

发展

前言：由于统计的工业分类标准由WZ-2003转换为WZ-2008②，目前无法显示针对所有市场部门的长年发展趋势。因此，该分析局限于2009年和2010年的年度比较。

广播产业受广播和电视企业的影响，共实现了3%的经济增长，这主要是由电视企业(增长4.9%)带来的。相反，广播企业有3.9%的经济损失。独立记者的数据依然表现得很积极，他们完成了近一个百分点的增长。

独立记者和广播企业的数量有轻微的减少，而电视企业则有少量的增长，这就使得就业市场展现出停滞或者说稳定的态势。

总的来说，自从2007年的下行趋势以来，到2009年的崩溃局面，广播企业第一次展示出积极发展的信号。这是否能让广播产业在下一年中取得稳步的经济增长还未可知。如果经济积极发展的话，就业市场也会带来就业岗位的增加。而独立记者又能获得多少盈利，也是值得商榷的。

① 截至发稿时，2010年暂无数据可用。

② 参阅载于附录的方法说明。

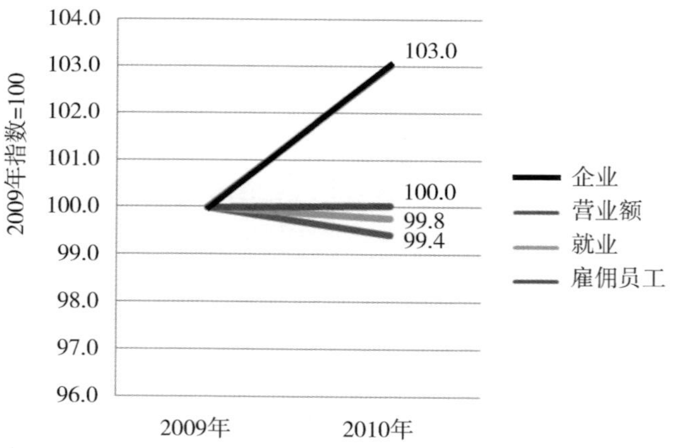

图 3-15　2009—2010 年广播产业的发展

说明：就业(独立从业者和企业雇员)，雇佣员工(只含享有社保的企业雇员)。

来源：营业税统计，联邦统计局(2012)；就业统计，联邦就业办公室(2012)；米夏埃尔·松德尔曼/文化产业研究办公室的独立核算。

补充说明：对子市场经济和就业相关情况的进一步研究，请参考以下联合会和其他来源(可供选择)。

表 3-10　广播产业的联合会和其他来源

德国记者联合会：www.djv.de
德国专业记者联合会有限公司：www.DFJV.de
自由撰稿人-自由记者职业联合会：www.freischreiber.de
私营广播和电台联合会(VRRT)：www.vprt.de
金色传媒有限公司(2011)：德国广播经济状况 2010/2011.

3.6　表演艺术市场

“表演艺术市场”这个概念涉及所有的商业活动，它包含了戏剧、杂耍、其他小型舞台剧、音乐剧、舞蹈、马戏、玩偶戏、艺术节等产品和演出。除了表演艺术或者娱乐艺术的直接产品外，还涉及戏剧代理商和戏剧主办方以及舞台技术企业。独立舞台艺术家具有特别的意义，它被包括在独立艺术家组织内。它代表了首创者和/或“原始产品生产者”，它发展成为戏剧或者娱乐艺术的当代演出的第一个典范和实验的形式。

使用“表演艺术市场”这个听起来有些复杂的概念是想有意识地引入“戏剧产业”或者“戏剧市场”概念。一方面表演艺术的多种形式不能完全包含在简单的戏剧概念中；另一方面在德语中，人们通常把剧院和公共剧院联系在一起。这个子市场在这里却明确不被考虑，因为它主要由国家出资或承担。

在这个子市场中，主要有私营经济组织、企业和独立从业者或自由职业者，他们全部或者大部分通过市场来筹资。

表 3-11　表现艺术市场的核心经济部门

经济部门编号	经济部门
90.01.4	*独立舞台、电影、TV 艺术家
90.01.3	独立马戏演员、马戏团
90.01.1	剧团
90.04.1	*戏剧/音乐会主办者
90.04.2	*私营音乐厅/剧院，音乐会社
90.04.3	杂耍和小品剧
90.02	*表演艺术服务
85.52	文化课程/舞蹈学校

说明：*还属于其他子市场。

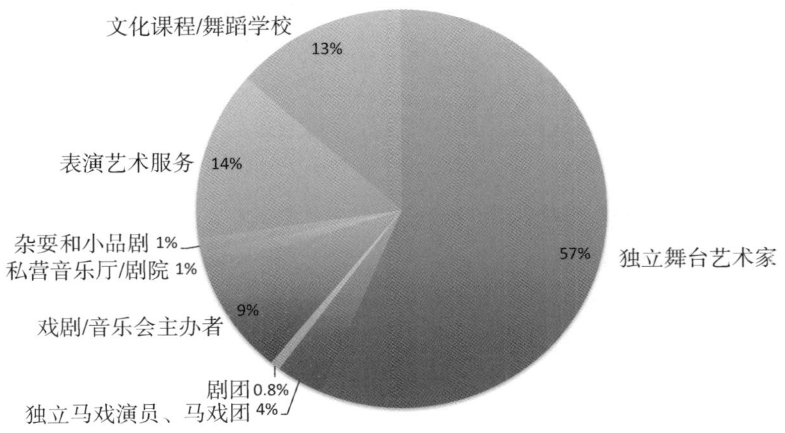

图 3-16　2010 年表演艺术市场中根据经济部门划分的自雇型企业和一般企业

说明：*也属于其他子市场。
来源：营业税统计，德国统计局(2011)，米夏埃尔·松德尔曼/文化产业研究办公室的独立核算。

主要数据

根据临时报告，2010 年表演艺术市场有约 33 300 人，占文化/创意产业劳动者的 3.1%。其中有社会保险的从业者大约为 17 900 人，占表演艺术市场的一半多。最重要的经济部门是独立舞台艺术家组，它以 28%的比例占劳动者的最大部分，之后是占比重 19%的戏剧/音乐会主办者和占比重 17%的表演艺术服务企业。

2010 年表演艺术市场预计实现了超过 35 亿欧元的营业额。这相当于文化/创意产业营业总额的 2.3%。最重要的产业部门是戏剧/音乐会主办者，它以 15 亿欧元占总营业额的 40%。其他的产业部门都达不到 10 亿的门槛。

自雇型企业和应税企业共计超过 15 400 家，占文化/创意产业企业数量的 5.3%。其中大约 8 700 (56%)家属于独立舞台艺术家，它是表演艺术市场最大的组成部分。

企业类型

涉及 2009 年的结构数据①，按企业类型(WZ-Nr. 90.01 和 90.4)划分的营业额规模如下所示。

① 截至发稿时，2010 年暂无数据可用。

约 12 600 个即数量占比 99%的微型企业创造了 46%的市场营业额。

大约 150 个中小型企业以 1%的数量占比创造了市场份额的 29%，而 7 家大型企业创造了市场营业额的 25%。

大型企业每年的平均营业额为 1. 02 亿欧元，而微型企业的年平均营业额只有 107 000 万欧元。

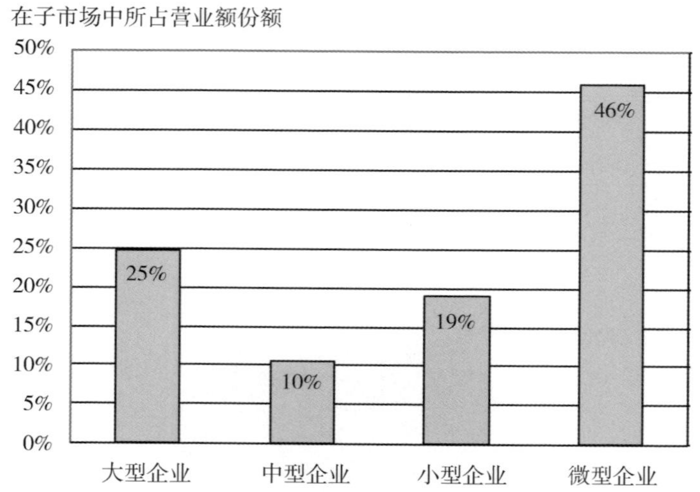

图 3-17　2009 年表演艺术市场中根据企业类型划分的营业额规模

说明：选取经济部门 90. 01 和 90. 04。

来源：营业税统计，德国统计局(2011)，米夏埃尔·松德尔曼/文化产业研究办公室的独立核算。

发展

前言：由于统计的工业分类标准由 WZ-2003 转换为 WZ-2008①，目前无法显示针对所有市场部门的长年发展趋势。因此，该分析局限于 2009 年和 2010 年的年度比较。

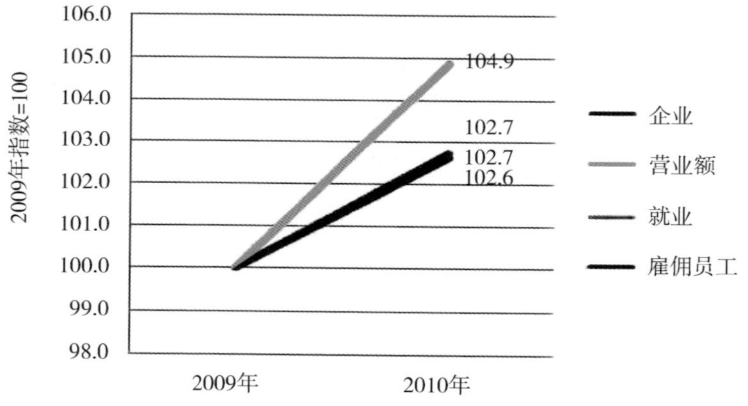

图 3-18　2009—2010 年表演艺术市场的发展

说明：就业(独立从业者和企业雇员)，雇佣员工(只含享有社保的企业雇员)。

来源：营业税统计，联邦统计局(2012)；就业统计，联邦就业办公室(2012)；米夏埃尔·松德尔曼/文化产业研究办公室的独立核算。

① 参阅载于附录的方法说明。

表演艺术市场是文化/创意产业中发展势头最为迅猛的子市场之一，2009—2010年实现了4.9%的增长，取得了继软件/游戏产业和艺术市场之后第三好的经济成绩。几乎所有8个经济部门通过不同方式为这一增长做出了自己的贡献。只有杂耍和小品剧这一经济部门需承受3.6%的衰退。这里也明显存在企业方面的市场清理现象，因为2010年杂耍和小品剧部门损失了不少企业(-9.2%)。

经济上的增长也使得就业人数得以增加，雇佣员工和就业方面都增长了2.6%。

总体来看，表演艺术市场在2009年危机前属于增长最快的文化/创意产业分支市场。如果当前总体良好的信号是正确的，市场将在未来几年继续积极发展。

补充说明：对子市场经济和就业相关情况的进一步研究，请参考以下联合会和其他来源(可供选择)。

表3-12　表演艺术市场的联合会和其他来源

德国普通舞蹈协会(ADTV)：www.tanzen.de
德国舞蹈教师职业联合会(BDT)：www.bdt-ev.de
联邦卡巴莱联盟：www.Bundesvereinigung-Kabarett.de
德国舞蹈理事会/德国芭蕾理事会：www.yelp.de/biz/deutscher-tanzrat-deutscher-ballettrat
德国舞台成员合作社(GDBA)：http://buehnengenossenschaft.de
德国演员权益联合会(IDS)：www.ids-ev.eu
德国木偶剧团联合会(VDP)：www.vdp-ev.de
德国演员经纪公司联合会：www.schauspieler-agenturen.de
德国北威州经纪和中产、能源和交通部(出版)；北威州表现艺术，杜塞尔多夫(2002)

3.7　设计产业

设计产业内包含了工业设计、产品/时装/版画设计以及传播设计/广告设计。设计产业经济活动的主体包括市场中的代理商、事务所或公司等，涉及充当市场代理、办公室或公司的企业。这里考虑的核心并不是设计职业或者设计师的职业，而是他们与企业相关的经济地位。

设计产业的特别之处在于设计理念、模型和概念在其他产业分支中的多样化和隐含运用。为了使设计产业成为一个独立的经济部门，选择一个明确有说服力的经济分类来进行界定，并不是一件容易的事。

根据新的划分，工业、生产和外观设计工作室、图形和通信设计、室内设计以及广告设计成为了设计业的核心领域。此外还与新的国际划分①相适应，吸纳了珠宝制作以及独立摄影师工作室等。

① 参见2009年联合国教科文组织文化统计框架，2011年Essnet文化统计。

表 3-13　设计产业的核心经济部门

经济部门编号	经济部门
74. 10. 1	工业、产品和时尚设计
74. 10. 2	图标和传播设计
74. 10. 3	室内设计和装潢
71. 11. 2	*室内设计工作室
73. 11	*广告设计(50%)
32. 12	珠宝、金银首饰制作
74. 20. 1	独立摄影师

说明：*也属于其他子市场。

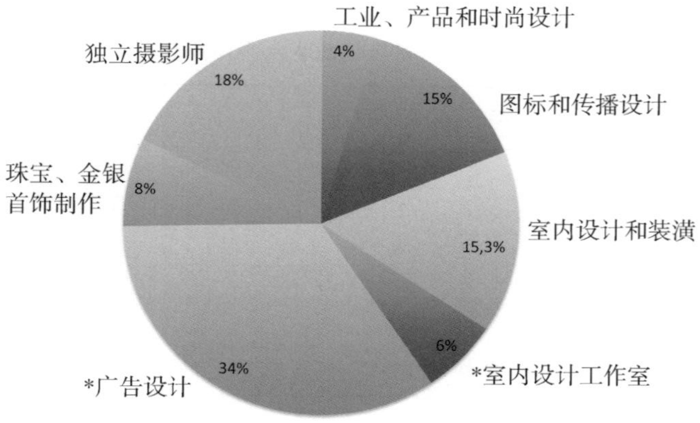

图 3-19　2010 年设计产业中根据经济部门划分的自雇型企业和一般企业

说明：*也属于其他子市场。

来源：营业税统计，德国统计局(2011)，米夏埃尔·松德尔曼/文化产业研究办公室的独立核算。

主要数据

根据临时性报告，2010 年设计产业总共有 126 300 名从业者，占文化/创意产业从业者总数的 11. 8%。其中包含了有社会保险的企业员工，它以 76 200 人的数量在设计产业中占很大的份额。广告设计是最重要的经济部门，因为它能为三分之二的从业者提供就业岗位。

2010 年设计产业实现了大约 182 亿欧元的营业总额。这相当于整个文化/创意产业营业额的 11. 8%。最重要的经济部门是广告设计，它以 121 亿欧元的营业额在设计产业整体营业额中占 66%。其他设计部门一共创造了余下的 34%的营业额。

设计产业中自雇型企业和应税企业有 50 100 家，占文化/创意产业企业总数的 17. 3%。约 17 100(占 34%)家企业在广告设计这一经济部门中工作。摄影有约 9000 家工作室(占 18%)，随后是图标/沟通设计和室内设计的各超过 7 000 家工作室(占 15%)。属于小型经济部门的饰品制造商有 3 700 家工作室(占 7%)，室内设计有 3 200 家工作室(占 6%)，工业、产品和时尚设计有 2 200 家工作室(占 4%)。

在工业、产品和时尚设计中有 14 800 家企业(占 35%的份额)，同时工业设计中的企业数约 3 900 家(占 10%份额)。

企业类型

涉及2009年的结构数据①，按企业类型（工业、产品/时装/版画设计和室内设计，不包含广告设计、珠宝生产、摄影）划分的营业额规模如下所示。

约15 100家即数量占比99.5%的微型企业创造了市场营业额的79%。

58家小型企业以0.4%的数量占比创造了11%的市场营业额。17家中型企业创造了市场营业额的10%。

中型企业的平均营业额为每年1 000万欧，而微型企业平均每年只有9.7万欧的营业额。

广告设计这一经济部门的营业额结构被包含在子市场广告业中。

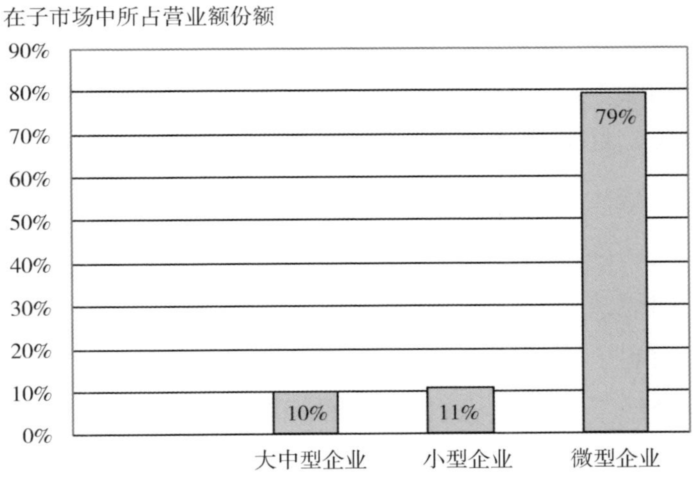

图3-20　2009年设计产业中根据企业类型划分的营业额规模

说明：选取设计工作室74.10.1-3。

来源：营业税统计，德国统计局（2011），米夏埃尔·松德尔曼/文化产业研究办公室的独立核算。

发展

前言：由于统计的工业分类标准由WZ-2003转换为WZ-2008②，目前无法显示针对所有市场部门的长年发展趋势。因此，该分析局限于2009年和2010年的年度比较。

设计产业受两个不同的增长速度影响。总营业额和设计企业的数量在2009—2010年间分别实现了3.7%的积极增长，相反，就业市场却出现了萎缩。

这些数字背后隐藏着各个设计部门内极强的发散性趋势。工业设计等以及图标和传播设计分别以远超平均水平的38%和27%的增长速度摆脱了2009年的经济危机，同样，室内建筑和饰品制造的营业额也增长了21%和14%。另外上述最先提到的三个经济部门一年之内在就业市场上也实现了高达15%~25%的就业率增长。与之相反的是，饰品制造没有将资金投入到增加就业中，而是如同2009年危机时一样，进一步减少就业，2010年它总计损失了8.5%的从业人员。

① 截至发稿时，2011年暂无数据可用。

② 参阅载于附录的方法说明。

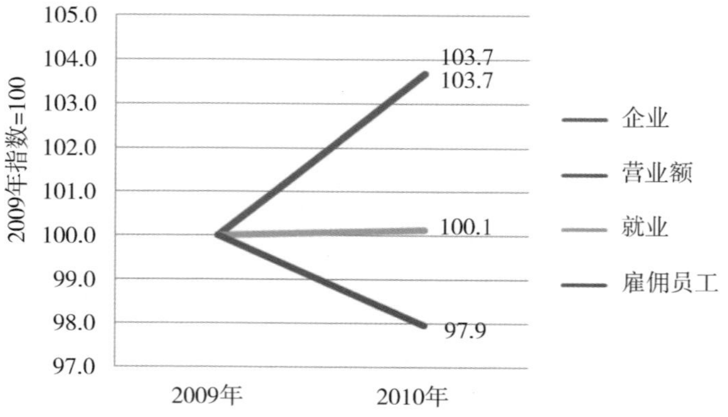

图 3-21　2009—2010 年设计产业的发展

说明：就业(独立从业者和企业雇员)，雇佣员工(只含享有社保的企业雇员)。

来源：营业税统计，联邦统计局(2012)；就业统计，联邦就业办公室(2012)；米夏埃尔·松德尔曼/文化产业研究办公室的独立核算。

独立摄影师以 7%的速度再次实现了良好的营业额增长，它的就业人数没有增加，也没有减少。

这一子市场当然也受整体经济消极发展的影响，所有与广告设计或广告市场联系紧密的设计活动都要承受损失。广告设计人员减少了 5%，营业额萎缩了 0.2%，就业人数减少了超过 4%。室内设计和装潢在企业数和营业额方面同样都要承受 3%~4%的损失。

总的来说，设计产业不同经济部门间的矛盾，反映了在 2009 年经济危机后第一阶段影响文化/创意产业的张力：一方面危机唤起了强烈的追补需求，使得工业设计和图标设计从中获利；另一方面从事与广告相关的设计者，至今仍不能在危机之后开始盈利。

补充说明：对子市场经济和就业相关情况的进一步研究，请参考以下协会和其他来源(可供选择)。

表 3-14　设计产业协会和其他来源

德国设计师联盟：www.agd.de
德国沟通设计者职业协会：www.bdg-designer.de
德国设计师协会(DDV)：http://germandesign.de
德国设计协会倡议(IDD)：www.i-dd.org/
德国工业设计师协会(VDID)：www.vdid.de
德国时装和纺织品设计师协会(VDMD)：www.fashiondesign.de

3.8　建筑市场

建筑市场属于文化/创意产业为数不多的子市场之一，它通过一个相对明确和一致的编排在经济活动中凸显出来。建筑相关的服务涉及对应的建筑产业部门的设计与施工计划，在房屋建筑和室内设计，地方、区域和州规划以及花园和景观设计这些分类中都是不同的。根据新的划分①，第一次将室内设

① 参见 2009 年联合国教科文组织文化统计框架，2011 年 Essnet 文化统计。

计师作为一个独立的群体包括在内，独立修复师也被划入在内。

表 3-15　建筑市场的核心经济部门

经济部门编号	经济部门
71.11.1	高层建筑工作室
71.11.2	* 室内设计工作室
71.11.3	位置性、地方性和国家性建设建筑工作室
71.11.4	庭院和风景区建筑工作室
90.03.4	独立修复师

说明：* 还属于其他市场。

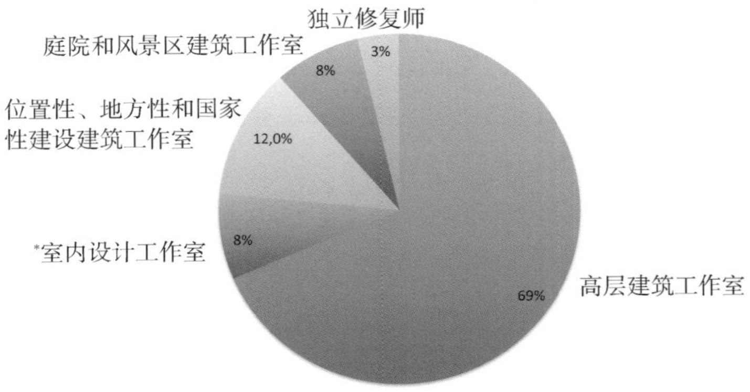

图 3-22　2010 年建筑市场中根据经济部门划分的自雇型企业和一般企业

说明：* 也属于其他子市场。

来源：营业税统计，德国统计局(2011)，米夏埃尔·松德尔曼/文化产业研究办公室的独立核算。

主要数据

根据临时性报告，2010 年建筑市场总共有 102 200 名从业者，占文化/创意产业劳动者的 9.5%。其中有社会保险的从业者超过 62 100 人。最重要的经济部门是高层建筑和室内设计工作室，它占了整体建筑市场份额的 74%。

2010 年建筑市场创造了大约 80 亿欧元的营业额。这相当于文化/创意产业整体营业额的 5.2%。这里面有 72%是由高层建筑承担的。

建筑市场里自雇型企业和应税企业大约有 40 200 家，约占文化/创意产业中企业总数的 13.9%。

企业类型

涉及 2009 年的结构数据①，按企业类型划分的营业额规模如下所示。

超过 38 100 家即数量占比 99%的微型企业创造了市场营业总额的 75%。

大约 370 家小型和中型业以 1%的数量占比分别创造了市场营业总额的 16%和 10%。大型企业在

① 截至发稿时，2011 年暂无数据可用。

2010 年没有被税务机关纳入统计。

中型企业的平均营业额每年为 1 800 万欧，而微型企业每年只有 153 000 欧的营业额。

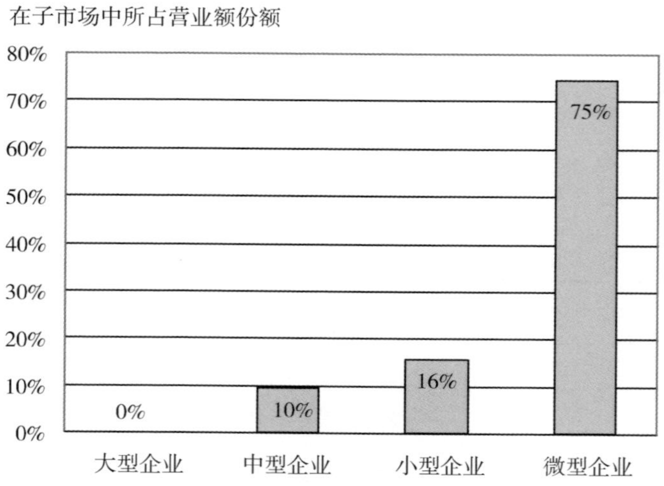

图 3-23　2009 年建筑市场中根据企业类型划分的营业额规模

说明：只选取了建筑部门。

来源：营业税统计，德国统计局(2011)，米夏埃尔・松德尔曼/文化产业研究办公室的独立核算。

发展

前言：由于统计的工业分类标准由 WZ-2003 转换为 WZ-2008①，目前无法显示针对所有市场部门的长年发展趋势。因此，该分析局限于 2009 年和 2010 年的年度比较。

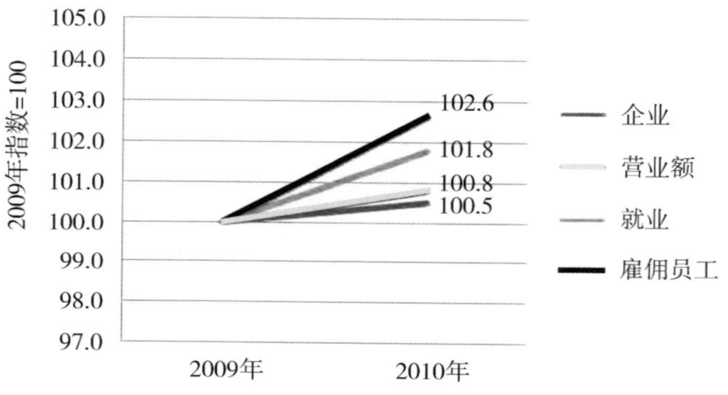

图 3-24　2009—2010 年建筑市场的发展

说明：就业(独立工作者和企业雇员)，雇佣员工(只含享有社保的企业雇员)。

来源：营业税统计，联邦统计局(2012)；就业统计，联邦就业办公室(2012)；米夏埃尔・松德尔曼/文化产业研究办公室的独立核算。

总体来说，即使发展有萎缩或停滞的现象出现，建筑市场在 2009 年经济危机以后仍发展良好。这一结果已经可以获得积极的评价，因为经济危机之前的几年建筑市场一直处于结构性负增长的趋势之中。

① 参阅载于附录的方法说明。

设计工作室的数量和其营业额分别以0.5%和0.8%的增速向积极的方向发展。当高层建筑有1%~2%的轻微衰退时，较小的经济部门却在2010年有较好甚至极好的发展。已经在设计产业中提到过的室内设计，在企业数和营业额上都有约20%的增长。独立修复师增加了将近5%，并实现了近14%的营业额增长。庭院建筑工作室等在数量上可以保持它们在市场中的地位，而经济上它们则要承受近5%的营业额损失。

总体而言，建筑市场属于文化/创意产业中的稳定经济领域。如果官方的和私人业主未来更加重视"文化"建筑方式，建筑市场就能继续增长。邻国荷兰的水平可以作为德国建筑市场的标杆。

补充说明：对子市场经济和就业相关情况的进一步研究引自以下联合会和其他来源(可供选择)。

表3-16　建筑市场联合会和其他来源

BDB 联邦建筑工程师联合会:www.baumeister-online.de
德国建筑师联合会 BDA:www.bda-bund.de
德国风景建筑师联盟(BDLA):www.bdla.de
德国自由建筑师联盟(VFA):www.vfa-architekten.de
德国室内建筑师联盟:www.bdia.de
联邦工程师和建筑师联合会:www.biav.de
联邦庭院,风景和体育场建设联合会:www.galabau.de
SRL 城市、地区和国家建设联盟:www.srl.de
联邦建筑师协会:www.bak.de

3.9　出版市场

出版市场包括独立记者、通讯社和新闻社。除了报社和杂志社之外，还包含其他的出版社，如地图、艺术印刷品出版社，以及通讯录出版社等。根据新的划分，杂志和报纸零售业被纳入在内。①

表3-17　出版产业核心经济部门

经济部门编号	经济部门
90.03.5	* 独立记者和出版摄影师
63.91	通讯社和新闻办公室
58.12	通讯录出版
58.13	报纸出版
58.14	杂志出版
58.19	其他出版业(软件)
47.62	杂志和报纸零售贸易

说明:* 也属于其他子市场。

① 参见2009年联合国教科文组织文化统计框架，2011年Essnet文化统计。

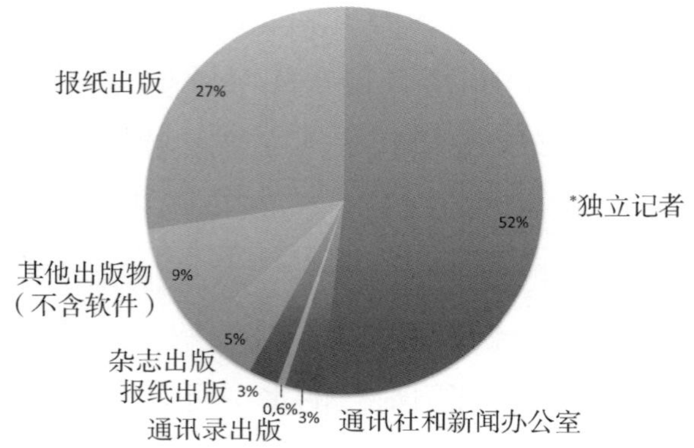

图3-25　2010年出版市场中按经济部门划分的自雇型企业和一般企业

说明：* 也属于其他子市场。

来源：营业税统计，德国统计局(2011)，米夏埃尔·松德尔曼/文化产业研究办公室的独立核算。

主要数据

根据临时性报告，出版市场2010年总共有164 600名从业者，占文化/创意产业从业者总人数的15.3%。其中包含了有社会保险的从业者131 100人，超过了产业平均水平。最重要的经济部门是报纸出版，它占了整体就业市场的31%，之后是杂志出版，占25%。排第三位的是出版物零售贸易(18%)以及占就业市场11%的独立记者。

2010年出版行业创造了大约314亿欧元的营业额。这相当于文化/创意产业整体的20.3%。这里面报社和杂志社分别占了36%和32%。

2009年在出版市场中自雇型企业和应税企业约33 600家，占文化/创意产业的11.6%。独立记者在整体的出版市场中占52%。

企业类型

涉及2009年的结构数据①，根据企业类型划分的营业额规模如下所示。

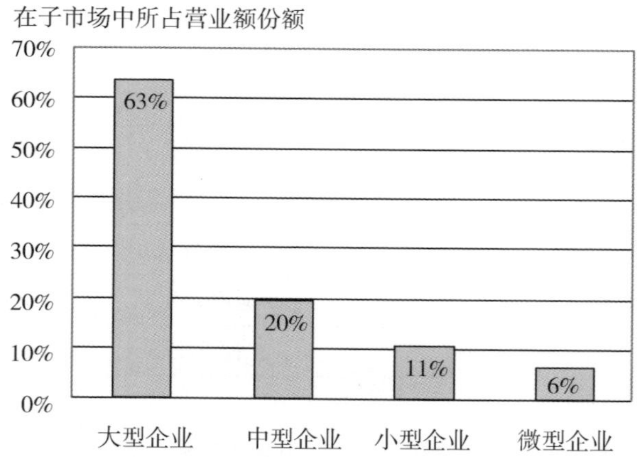

图3-26　2009年出版市场中根据企业类型划分的营业额规模

说明：选取包括图书出版在内的出版社。

来源：营业税统计，德国统计局(2011)，米夏埃尔·松德尔曼/文化产业研究办公室的独立核算。

① 截至发稿时，2011年暂无数据可用。

约 7 200 家即数量占比 85%的微型企业创造了市场营业额的 6%。

大约 1 200 家小型和中型企业以 14%的数量占比创造了市场营业额的 11%和 20%。115 家大型企业以超过 5 000 万欧元的营业额占市场份额的 63%。

大型企业的年平均营业额为 19 800 万欧元，而微型企业平均每年的营业额为 320 000 欧元。

发展

前言：由于统计的工业分类标准从 WZ-2003 转换为 WZ-2008①，目前无法显示针对所有市场部门的长年发展趋势。因此，该分析局限于 2009 年和 2010 年的年度比较。

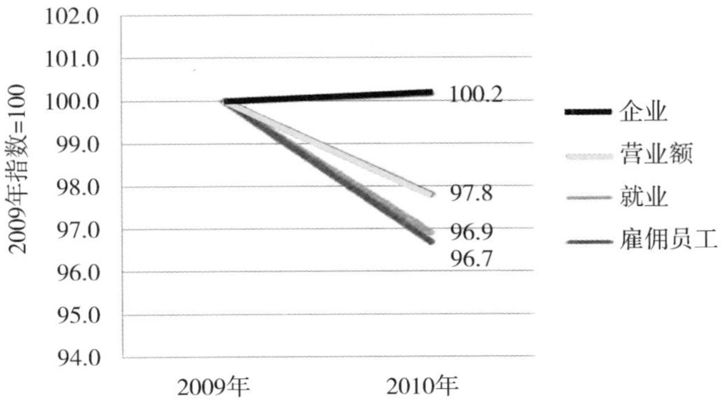

图 3-27　2009—2010 年出版产业的发展

说明：就业(独立从业者和企业雇员)，雇佣员工(只含享有社保的企业雇员)。

来源：营业税统计，联邦统计局(2012)；就业统计，联邦就业办公室(2012)；米夏埃尔·松德尔曼/文化产业研究办公室的独立核算。

出版市场是文化/创意产业中最大的子市场之一，以重要的方式影响着整个文化/创意产业。图 3-27 表明，四个指标中的三个指向消极的方向，企业数、就业数和雇员数在 2010 年都以 2%~3%的速度萎缩，只有营业额依然保持稳定或者说停滞。

与其他文化/创意产业子市场相比，引人注意的是，在出版市场的所有 7 个经济部门之中都有企业从市场上消失。因此几乎在所有经济部门中都存在 1%~9%的工作岗位的流失，只有报纸出版在 2010 年保持就业稳定并增长了 1%。

从就业的角度观察，出版市场肯定要算作衰退的市场。从经济的角度看，明年的重点将是完成结构转型。出版企业向相符的传媒企业发展的道路是一个令人兴奋的过程，对文化/创意产业总体来说具有重要意义。

补充说明：对子市场经济和就业相关情况的进一步研究，请参考以下联合会和其他来源(可供选择)。

① 参阅载于附录的方法说明。

表 3-18　出版市场联合会和其他来源

德国报社联合会:www.bdzv.de
德国记者联合会:www.djv.de
德国出版记者联合会(DVPJ):www.dvpj.org
德国专业记者联合会:www.DFJV.de
自由记者职业联合会:www.freischreiber.de
德国报纸出版者联合会:www.vdz.de

3.10　广告市场

广告市场中包含了两个经济部门：广告设计和广告推广。广告设计这一经济部门已经在设计产业章节中提到，因为经济环节的很大部分和传播设计紧密相连。

表 3-19　广告市场核心经济部门

经济部门编号	经济部门
73.11	*广告代理处、广告设计
73.12	广告时间/面积销售和推广

说明:* 也属于其他子市场。

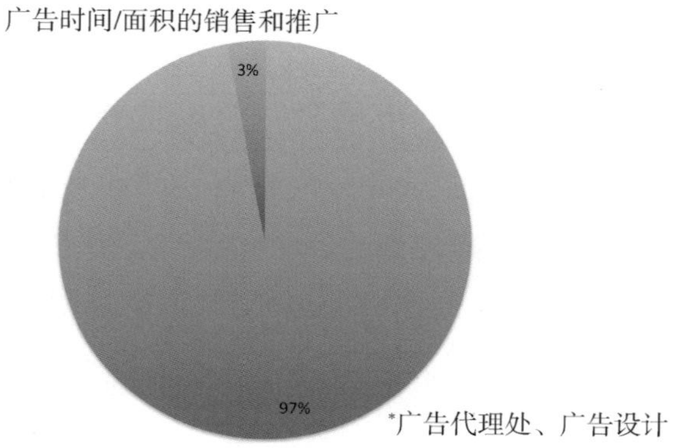

图 3-28　2010 年广告市场中根据经济部门划分的自雇型企业和一般企业

说明:* 也属于其他子市场。

来源：营业税统计，德国统计局(2011)，米夏埃尔·松德尔曼/文化产业研究办公室的独立核算。

主要数据

根据临时性报告，2010 年广告市场拥有 137 700 名从业者，占文化/创意产业劳动者总数的 12.8%。其中有社会保险的从业者超过文化/创意产业平均数量的 102 400 人。

2010 年广告市场创造了大约 257 亿欧元的营业额。这相当于文化/创意产业整体营业额的 16. 7%。

2010 年广告市场里自雇型企业和应税企业约有 35 300 个，占文化/创意产业企业数量的 12. 2%。

企业类型

涉及 2009 年的结构数据①，按企业类型划分的营业额规模如下所示。

大约 35 800 家即数量占比 96%的微型企业创造了市场营业额的 26%。

大约 1 300 家小型和中型企业以 3%的数量占比创造了市场营业额的 17%和 13%。54 家大型企业以超过 5 000 万欧元的年营业额创造了市场份额的 43%。

大型企业的年平均营业额为 2 030 万欧元，而微型企业的年平均营业额只有 188 000 欧元。

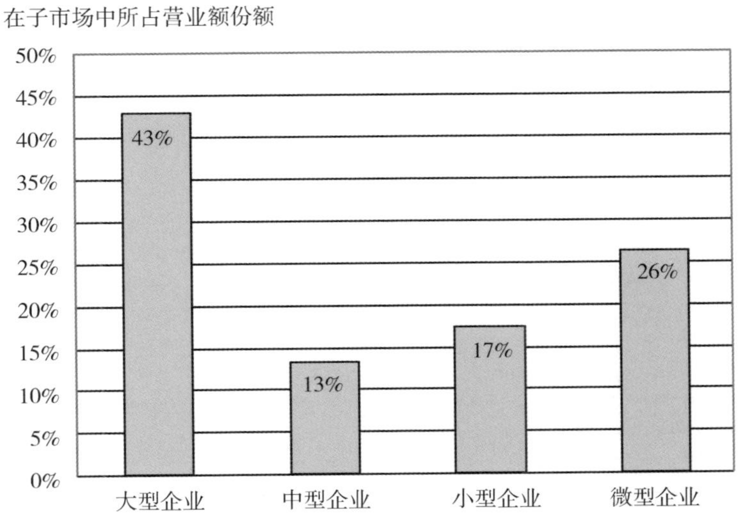

图 3-29　2009 年广告市场中根据企业类型划分的营业额规模

来源：营业税统计，德国统计局(2011)，米夏埃尔·松德尔曼/文化产业研究办公室的独立核算。

发展

前言：由于统计的工业分类标准由 WZ-2003 转换为 WZ-2008②，目前无法显示针对所有市场部门的长年发展趋势。因此，该分析局限于 2009 年、2010 年、2011 年的年度比较。

2009 年经济危机的经验告诉我们，广告市场是文化/创意产业经济发展的先行指示器。之后营业额有少量的速度为 0. 8%的增长，在危机后第一年表现出稳定的发展情况。就业和企业的发展仍是消极的：2. 5%的就业损失和将近 5%的企业缩减与市场清理有关，它要么可以解释为艰难的危机年对广告市场的后续影响，要么就是广告市场面临困难阶段的最先预兆，并可能因此需要提醒文化/创意产业的其他部分。营业额的数值并没有崩溃，所以企业和就业的消极发展也更可能指向结构转型。2011 年的整体数据将展现出怎样的趋势还需观望。

① 截至发稿时，2011 年暂无数据可用。

② 参阅载于附录的方法说明。

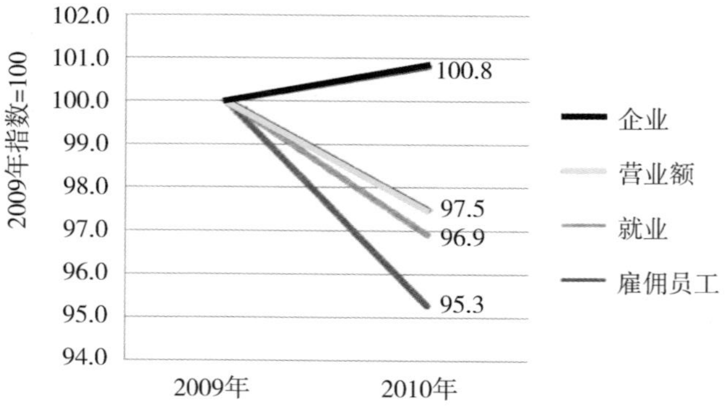

图 3-30　2009—2010 年广告市场的发展

说明：就业(独立从业者和企业雇员)，雇佣员工(只含享有社保的企业雇员)。

来源：营业税统计，联邦统计局(2012)；就业统计，联邦就业办公室(2012)；米夏埃尔·松德尔曼/文化产业研究办公室的独立核算。

补充说明：对于市场经济和就业相关情况的进一步研究，请参考以下联合会和其他来源(可供选择)。

表 3-20　广告市场联合会和其他来源

所有者领导的交流代理商联合会(AIKA)：www.aika.de
德国交流设计师联合会(BDG)：www.bdg-designer.de
自由广告人专业联合会(FFW)：www.textrverband.de
交流经济公司总联合会：www.gwa.de
德国广告产业中心联合会(ZAW)：www.zaw.de

3.11　软件/游戏产业

德国的软件/游戏产业刚刚归入文化/创意产业中，之后便引起了国际上的争论。这个产业部门已经在很长的时间内占据着创意产业模型框架中的核心位置。对软件/游戏产业而言，涵盖各种软件产品的开发和发行。由于网络和网页游戏市场不断扩张，网页平台的重要性也增加了。G. A. M. E. 行业协会这样定义游戏产业：“电脑游戏和电子游戏涵盖了所有交互型、非线性的媒体，它在视听播放的辅助下播放游戏或者把游戏用于学习。在这种情况下，载体介质、播放系统或传输途径是次要的。”因此，电脑游戏、视频游戏、在线游戏、网页和手机游戏以物理形态并以在线的形式被生产出来，被门户网站积极推广。

不过，业内人士和他们的企业以及商业模式正在高速转变。因此，与之相伴的经济和文化政策分析受到一定限制，特别是这一速度使系统调查更加困难。根据经济活动的新分类标准 WZ-2008 进行的产业划分也不能令人满意。因此，下文参照欧洲峰会划分的行业包括：电脑游戏和其他软件出版，门户网站、网络简报以及其他软件的开发和编程。

表 3-21　软件/游戏产业核心经济部门

经济部门编号	经济部门
58.21	电脑游戏出版
63.12	网页门户
62.01.1	网络简报开发和编程
62.01.9	其他软件开发
58.29	其他软件出版

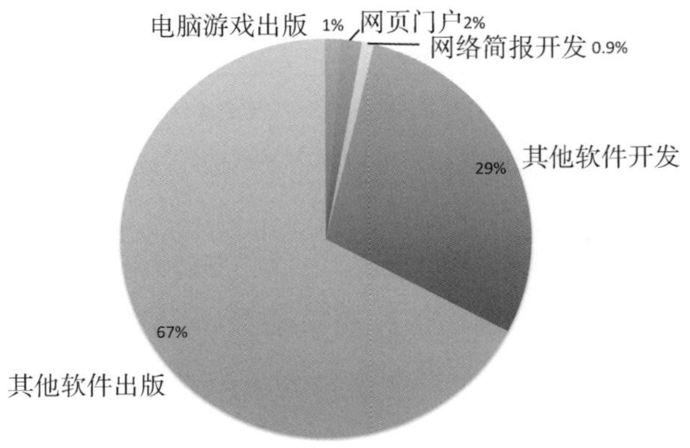

图 3-31　2010 年软件/游戏产业中根据经济部门划分的自雇型企业和一般企业

来源：营业税统计，德国统计局(2011)，米夏埃尔·松德尔曼/文化产业研究办公室的独立核算。

主要数据

根据临时性的估计值，2010 年软件/游戏产业拥有 252 400 名从业者，占文化/创意产业从业者总数的 23.5%。其中有社会保险的从业者不到 233 900 人。

2010 年软件/游戏产业创造了大约 265 亿欧元的营业额。这相当于文化/创意产业整体营业额的 17.2%。

在软件/游戏产业中，2010 年应税企业共约 28 500 家，占文化/创意产业企业总数的 9.8%。

企业类型

涉及 2009 年的结构数据①，按企业类型划分的营业规模如下所示。

约 25 500 家即数量占比 95%的微型企业创造了市场营业总额的 22%。

大约 1 300 家小型和中型企业以 5%的数量占比总共实现了 18%和 22%的市场份额，而 35 家大型企业创造了市场份额的 38%。

每个大型企业的年平均营业额为 26 000 万欧元，而微型企业每年有 207 000 欧元的营业额。

① 截至发稿时，2011 年暂无数据可用。

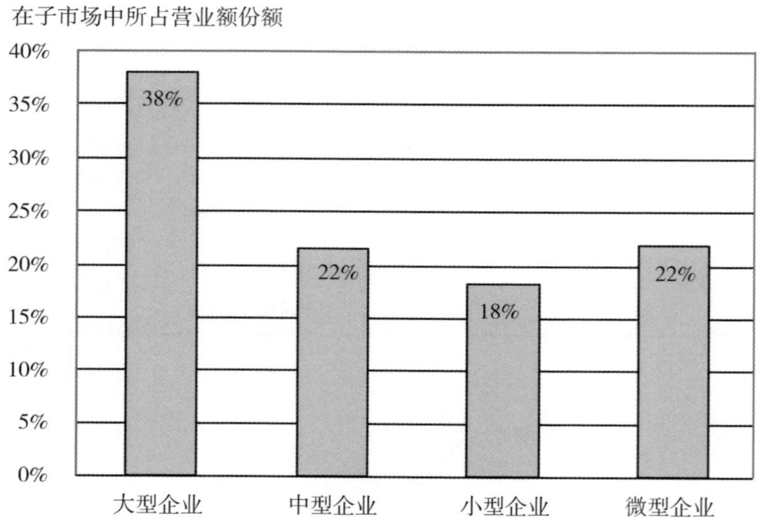

图 3-32　2009 年软件/游戏产业中根据企业类型划分的营业额规模

来源：营业税统计，德国统计局(2011)，米夏埃尔·松德尔曼/文化产业研究办公室的独立核算。

发展

前言：由于统计的工业分类标准由 WZ-2003 转换为 WZ-2008，目前无法显示针对所有市场部门的长年发展趋势。因此，该分析局限于 2009 年和 2010 年的年度比较。

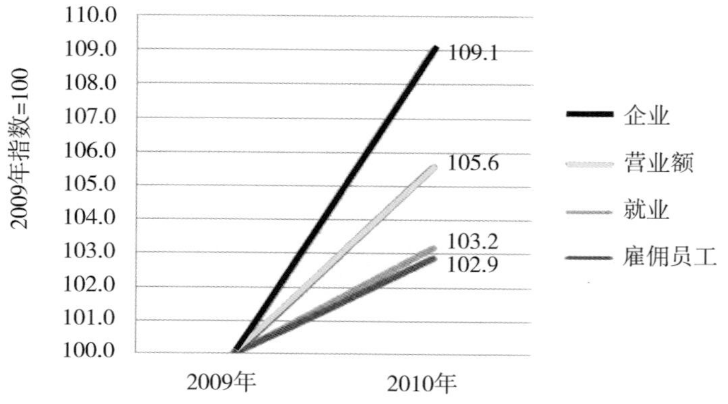

图 3-33　2009—2010 年软件游戏产业的发展

说明：就业(独立从业者和企业雇员)，雇佣员工(只含参加社保的企业雇员)。

来源：营业税统计，联邦统计局(2012)；就业统计，联邦就业办公室(2012)；米夏埃尔·松德尔曼/文化产业研究办公室的独立核算。

正如图表中表明的一样，软件/游戏产业可以看作文化/创意产业中心增长的推动力。所有 4 个指标都展示出明确的，或是超过平均水平的增长趋势。2010 年这一子市场的营业总额以 9.1%的增长成为文化/创意产业所有子市场中增长最快的一个，多了 5.6%的企业加入这一行业，同样，增加了 3%的就业岗位。

但在游戏/软件公司分类的过程中，新的数据基础以不可预料的方式带来了新的问题。根据统计数据，游戏出版缩减了 5.2%，而雇佣员工则在同一时段内增加了 45.4%。这并不是一个可信的结果，它指向税收部门的分类问题和不同软件/游戏产业企业类型的分类问题。比如，什么时候能将一个软件游戏公司归入在线游戏开发者、出版者和内容供应商？正如前面提到过的一样，由于这一子市场商业模式和产品发展的速度极快，将一个公司归类到某一个经济部门很明显是十分困难的。

总体来说，这一子市场非常重要。最近才在国内外网络游戏市场设立德国游戏软件公司的新的活动和业务不仅对子市场是重要的，对整个文化/创意产业也将产生战略影响。

补充说明：对子市场经济和就业相关情况的进一步研究，可参考以下联合会和其他来源(可供选择)。

表 3-22　软件/游戏产业联合会和其他来源

联邦互动交流软件联合会:www.blu-onune.de
德国数码产品联合会:www.bvdw.org
德国信息产业、电讯和新媒体联合会:www.bitkom.org
德国网络产业联合会:www.eco.de
电脑游戏开发商联合会:www.game-bundesverband.de

4. 特别专题

4.1 文化手工业

负责剧院电影布景的舞台布景设计师，制作新乐器的羽管键琴师，提出新设计的女金匠或是木雕师，他们与一个典型的文化/创意产业活动家有什么不同？

即便如此，文化手工业在关于文化/创意产业的讨论中长时间被忽略。这一问题应该从现在开始被解决，与文化相关的手工业都应该被收录进定期的文化/创意产业报告中。为了能够与国际发展接轨，这是不可或缺的。东亚、非洲国家以及美国对文化/创意产业经济活动的兴趣在快速增长。

在新的经济活动的分类中，每一个子市场都有与手工业活动相关联的经济部门被划分进去，而这些手工业活动在子市场的标准草案中被集中了起来。

为了在第一次汇报中清楚展示手工业活动，新的和“老的”手工业部门将不在这一特别章节阐释。因为对文化/创意产业此分部的方法论认识还需要解释和琢磨。这个报告开启了对文化/创意产业中的手工业的深入研究。

根据新的经济部门分类方法对文化/创意产业的新划分使得一些包含较多手工活动的经济部门可以被列入分类。其中包括图书装订、珠宝生产、有零售业渠道的乐器制造商、艺术贸易、广告设计师、摄影师、舞台设计师，以及舞台的手工制造业和木雕师。

这些与手工相关的经济部门代表文化/创意产业的核心部分。这一次对文化/创意产业中的手工业的研究也是第一次对德国整体的手工业做相关研究。

主要数据

2010 年，手工业企业大概达到了 15 700 家，占整个文化/创意产业的 6.6%。创造了约 34 亿欧元的营业额，占 2010 年文化/创意经济产业的总营业额的 2.5%。这个领域的就业人数超过 4.76 万人（占文化/创意产业的 5%）。

以上数值表明，文化手工业属于文化/创意产业产业中的小型企业。每个手工企业中平均有 3 个人工作。在文化手工业中数量最多的是有 6 100 家企业的摄影行业，与其有显著差距排在第二的是约有 3 300家公司的珠宝制造业，随后是拥有近 2 100 家企业的乐器制造业及近 2 000 家企业的图片及灯光广告业。

图书装订业(711家企业)与金属制造(376家企业)在文化手工业中属于中等规模。而相较于平均每家企业有5至6名员工的情况，它们在手工业领域已经属于“大企业”了。

除了上述文化产业的经济部门的核心部分以外，在不断扩大的广义文化手工业的定义下(即除了文化穿衣产业之外)介绍了作为文化产业的手工业方面的其他活动。根据工艺研究，在整个手工业范围内有至少55 200家文化/创意产业手工业企业，年营业额约200亿欧元，有239 000名工人在此市场中工作。

经济部门	行业分支	企业数量	营业额(百万欧元)	雇员数量
印刷品装订及相关服务	图书装订	711	233.7	4 313
金银饰品制作(不包括高级珠宝)	金属雕刻	376	186.3	2 138
	宝石研磨和雕刻	91	10.6	208
	金银锻造	3 265	873.4	8 349
乐器制造和零售	琴弓制作	56	6.1	137
	小提琴制造	444	47.8	738
	手持小乐器制作	43	4.9	84
	木质乐器制作	188	44.5	579
	钢琴大提琴制作	541	114.4	1 246
	金属管乐器制作	209	68.4	696
	管风琴制作	381	89.8	1 603
	拨弦乐器制作	201	17.1	326
	打击乐器制作	31	15.9	123
艺术品、手工艺品零售	镀金工艺	210	30.8	550
广告业	标牌和灯光广告制作	1 978	802.6	10 555
摄影	摄影	6 087	853.1	14 536
独立舞台艺术和其他表演艺术	面具制作	220	1.5	260
	戏剧雕塑	28	2.7	55
表演艺术相关服务	剧院服装	172	4.3	251
	剧院布景绘画	172	4.4	330
	道具	81	1.4	104
艺术和文学创作	木雕等	259	17.1	452
文化/创意产业中的手工业合计*		15 743	3 430.8	47 633
手工业占文化/创意产业的份额*		6.6%	2.5%	5.0%
2010年文化/创意产业总计		239 534	137 333.3	956 936

图4-1 2010年文化/创意产业中的手工业概况

说明：所有数据来源于穆勒、松德尔曼、马克沃斯：《文化/创意产业中的手工艺行业》。所有统计仅包括可归入上述类别的企业，此外某些手工艺企业被记入文化/创意产业之外的其他经济部门，因此此处数据为最小数据。

* 手工艺行业的统计包括了对年营业额低于17500欧元企业的估算数据。

数据来源：手工艺行业营业税收统计，联邦统计局(2011年)；米夏埃尔·松德尔曼/文化产业研究所的独立统计与估算；哥廷根大学中小企业与手工艺行业经济研究所。

文化手工业是不同的

文化/创意产业的市场在很大程度上是异类的市场。这也适用于手工业市场，它越来越多地与其他市场合并。这种趋势在珠宝制作或着乐器生产商中就很明显，这些经济部门几个世纪以来到现在都受手工业的影响，而现在越来越多地由工业生产进行完善。因而实行区域市场变化，将其早期的可靠的空间结构进行改变。不久前在艺术和文化生产中通过数字化和互联网经济发展新利基市场，它是超越地区或者是国际的存在。这种发展同时也发生在文化/创意产业的手工业中。

文化手工业是国际化的

手工业作为文化/创意产业的自有组成部分，目前也考虑在欧洲和国际范围内发展。因此，欧盟委员会在 ESSnet 文化统计项目框架内建立了一个针对文化的统计框架，

在该框架下，“工艺美术”领域第一次作为欧洲文化部门的独立部分被收入在内。该手工业作为文化经济政策的范畴被认知和认真对待。未来的欧洲文化/创意产业政策因此也将把工艺包含在内并特别说明，这将为推动这一市场未来的发展做出贡献。

联合国教科文组织在本领域关注的目标是发展中国家所谓的重要的非官方经济领域，主要是文化/创意产业的手工业领域。对于联合国教科文组织而言，手工业领域属于许多发展中国家的战略上重要的经济领域。这一重要性日益蔓延到重要的亚洲国家，如中国、日本、韩国，它们视文化和艺术手工业为每一个国家文化/创意产业部门原有的经济部分。

总体而言，文化/创意产业的工艺品的战略重要性十分突出。传统手工业具有通过个别定制、个别草案和高手工含量的特点，可以通过文化/创意产业的工匠成为文化/创意产业中一个有辨识度的活动环节。

4.2 欧洲的文化/创意产业

2010 年欧盟委员会提交的《欧洲竞争力》报告①首次专门设置了“文化/创意产业”这一主题，明确了文化/创意产业对未来经济发展的重要作用。在报告中包括至少 3 种不同形式的行动倡议。

政治举措：在竞争力报告中，欧盟委员会教育和文化总司②、企业和工业总司③、欧洲理事会④或欧洲议会⑤制定了各种行动措施。新的欧洲创意产业联盟(ECIA)可能是最具战略意义的重要措施之一。

欧洲创意产业联盟(ECIA)⑥是企业和工业总局的建议，该联盟可以看作委员会促进欧洲文化/创意产业发展的战略“核心”。该举措旨在为决策者以及利益相关者提供一个合作平台，他们可以借此平

① 欧盟委员会(2011)《2010 年欧洲竞争力报告》。
② 欧盟委员会(2011)《释放文化/创意产业的潜力》绿皮书。
③ 企业和工业总司(2012)《欧洲创意产业联盟成立决定》。
④ 欧洲理事会(2011)《2020 年欧洲战略关于文化的决议》。
⑤ 参见《欧洲议会关于文化/创意产业的决议(INI/2010/2156)》。
⑥ 参见 https://www.howtogrow.eu/ecia/。

台共同努力，为文化/创意产业开发合适和有效的工具。该措施还希望能够弥补产业过于分散带来的弊端，激发新型的研究和创新资助项目。

理论方法倡议：其他重要倡议包括各个国家政府和科研机构的方法论工作，这些工作在达成对文化/创意产业的共识方面取得了进展。经过大多数欧盟成员国和欧洲统计局 Eurostat 两年的共同努力，文化统计项目"ESSnet 文化统计 2011"能够为欧洲文化部门提供新的定义框架。欧洲集群观察机构委托欧盟委员会企业与工业总司对欧洲创意产业集群进行了深入的研究，该研究广受关注。

统计行动倡议：通过引入对所有欧盟成员国都适用的欧洲经济分类 NACE 第2版，相比早前 NACE 分类第1版，这一版本能帮助更好地理解文化/创意产业的概念。在此基础上，欧洲统计局首次大幅扩充了其数据库，现在提供的经济数据可以供所有成员国用来开展文化/创意产业领域的研究。

ESSnet 文化统计工作组呼吁所有成员国采用新的统计定义框架，在其推动下，"欧洲文化政策与趋势"①平台进行了一项试验研究，对欧盟委员会采用的定义、统计范围和数据库进行检验。本监测报告中使用了这些统计数据，其结果有助于促进对本国文化产业的分析讨论。

基本数据

根据欧盟委员会的估计，大约有630万人在文化/创意产业工作。德国拥有近100万名从业人员，位居榜首，其中包括约24万名自雇形式的自由职业者和企业家。

根据以企业结构类型为基础开展的统计（SBS，欧盟统计局），目前可以确定2009年欧洲文化/创意产业的总毛附加价值约为2770亿欧元，②这相当于欧盟总 GDP 的2.4%。这一总毛附加价值的计算数据来源于27个成员国中的23个所提交的官方报告。③

根据当前对文化/创意产业的定义，图书/出版行业包括游戏/软件行业在内，创造了580亿欧元毛附加价值，占欧洲文化/创意产业总毛附加价值的21%。电影和音乐行业创造了200亿欧元的毛附加价值，占总额的7%。与之相关的广播行业毛附加价值略高，达到270亿欧元，占总额的10%。

建筑行业毛附加价值为220亿欧元，占总额的8%。特别要注意的是，这里的建筑行业不包含任何工程类活动，仅包括欧洲建筑师事务所的经济表现。设计行业，以及在很大程度上受其影响的广告行业共同创造了460亿欧元的毛附加价值，占欧洲文化/创意产业总额的17%。

艺术、文化和创意活动部门估计将创造了220亿欧元的毛附加价值，占8%。此处应注意，由于某些欧盟成员国将博彩业纳入统计，这里并未计算在内。书籍、新闻出版物、音乐、艺术品和手工艺品的文化贸易创造了额外的180亿欧元毛附加价值，占总额的6%。

软件行业，包括门户网站和游戏编程，创造了640亿欧元的毛附加价值，贡献最大，占欧洲文化/创意产业总毛附加价值的23%。该行业的问题是在狭义的文化政策定义框架下，并未包含在文化/创意产业的范围中。如果扣除大约620亿欧元的纯软件业务，2009年欧洲文化/创意产业的总毛附加价值为2150亿欧元。

总体而言，文化/创意产业为欧洲国内生产总值做出了巨大贡献，这一点尤为重要，因为欧洲文

① 欧洲文化政策与趋势概览，参见 http://www.culturalpolicies.net/web/index.php。

② 在试验研究中，核心数据如企业、营业额以及就业情况将按照行业部门和国别分别进行分析。

③ 有4个国家未向欧洲统计局提交2009年年度统计数据。

化/创意产业并不能说是发展状态最佳的产业分支。文化/创意产业及其子市场的明显分散是结构性的弱点，使欧洲与其他地区相比在产业发展方面明显滞后。迄今为止，大多数欧盟成员国的文化/创意产业发展主要集中在各自的国内市场上，提供跨境甚至国际服务的数量极为有限。但是，美国和越来越多的亚洲公司正在准备开发欧洲的文化/创意产业市场。

欧洲区域市场

考虑到欧洲大约有 5 亿人可以被视为文化/创意产业的潜在客户和用户，从数量规模来看，德国、英国和法国是欧洲的文化/创意产业 3 个最大的市场。德国以 620 亿欧元的增加值排在首位，其次是英国(510 亿欧元)和法国(430 亿欧元)。这三个国家的总毛附加价值已占欧洲文化/创意产业的近 60%。

意大利、西班牙和荷兰的毛附加价值约为 200—270 亿欧元，是欧洲文化/创意产业发展中的中间国家。荷兰的强势地位在这里已经很引人注目，与规模大得多的西班牙(以人口计算)在毛附加价值方面几乎处于相同水平。这表明了荷兰的特殊地位，这种差异在后面的比较中将更加明显。

在文化/创意产业方面，小国集团包括瑞典，丹麦、波兰、比利时、奥地利和芬兰，它们通过文化/创意产业创造了 50 至近 100 亿欧元的毛附加价值。其他未单独列出的国家，文化/创意产业的毛附加价值约为 20 亿欧元或更少。

国家	排名	毛附加价值(单位：十亿欧元)	在欧洲整体经济中的占比
德国	1	62.3	22%
英国	2	51.3	19%
法国	3	43.4	16%
意大利	4	27.1	10%
西班牙	5	21.9	8%
荷兰	6	19.2	7%
瑞典	7	9.6	3%
丹麦	8	7.2	3%
波兰	9	7.0	3%
比利时	10	6.4	2%
奥地利	11	5.9	2%
芬兰	12	5.0	2%
其他国家*	-	10.6	4%
欧盟*	—	277.1	100%

图 4-2　2009 年欧洲国家文化/创意产业毛附加价值的排名

说明：根据 2009 年联合国教科文组织文化统计框架，2001 年 ESSnet 文化统计数据，欧洲集群观测站《2009 年创意产业报告》所采用的行业划分标准。* 2009 年没有针对爱尔兰、希腊、捷克共和国和马耳他的欧盟数据。所有数据均为临时数据，部分数据为估算。

数据来源：企业结构统计数据，欧盟统计局，国家统计局；米夏埃尔·松德尔曼/文化产业研究办公室的独立核算。

根据绝对值进行的比较可以为非欧洲公司选择投资地点提供参考，但对经济结构的政策评估而言，文化/创意产业在各自国家整体经济中所占的比重更具重要意义。

文化/创意产业相对权重

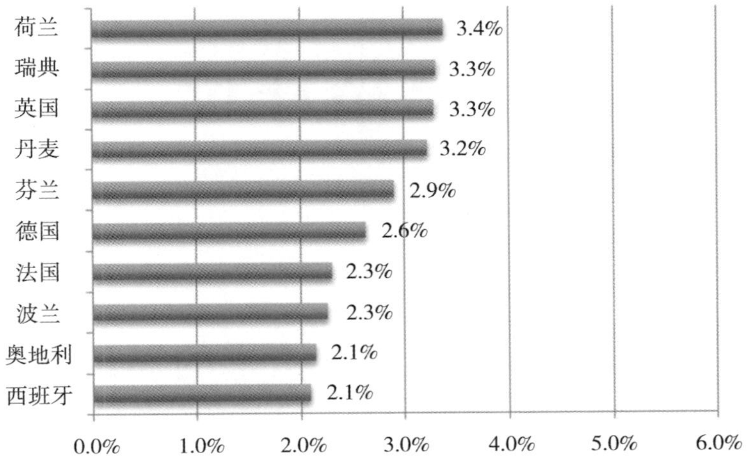

图 4-3　2009 年文化/创意产业在各国国内生产总值中所占的百分比

说明：根据 2009 年联合国教科文组织文化统计框架，2001 年 ESSnet 文化统计数据，欧洲集群观测站《2009 年创意产业报告》所采用的行业划分标准。2009 年没有针对爱尔兰、希腊、捷克共和国和马耳他的欧盟数据。所有数据均为临时数据，部分数据为估算。

数据来源：企业结构统计数据，欧盟统计局，国家统计局；米夏埃尔·松德尔曼/文化产业研究办公室。

就各个国家的文化/创意产业的比重而言，荷兰、英国和斯堪的纳维亚国家处于领先地位。荷兰的文化/创意产业占国内生产总值的 3.4%，位居首位。其次是瑞典，英国和丹麦分以 3.3%和 3.2%紧随其后。当人们意识到这些国家已经大力发展服务业时，这一结果并不出人意料，因为这些国家的服务产业已经发展得很强大。此外，荷兰的欧洲出口战略已经成为它的文化/创意产业的发展特色。英国也一样，长期以来一直将其战略重点放在全球市场上。整个斯堪的纳维亚国家在文化/创意产业中拥有众多规模较小但创造高毛附加价值的公司，这些公司的综合排名均高于平均水平。

德国文化产业拥有 2.6%的毛附加价值比重，和法国 2.3%的比重一起，处于欧洲平均值 2.4%的附近，到目前为止，这已经奠定了良好的基础。但是，如果德国希望达到英国的 3.3%的当前水平，就必须将其毛附加价值提高至少 150 亿欧元。这个潜在的增长量相当于超过整个德国出版业的毛附加价值，根据统计，目前图书行业的毛附加价值约为 120 亿欧元。

德国经济以制造业和高科技产业为主导，现已成为欧洲领先的行业中心。因此，服务部门不如北欧国家或荷兰那样受到同样重视。尽管如此，2009 年的经济危机清楚地表明，如果全球经济形势发生变化，我们的经济可能会产生极大的波动。所以，有必要通过结构性政策加强对服务业以及文化/创意产业的潜力开发，而且即使对于像德国这样的强大工业化国家，也越来越有必要将服务业以及文化/创意产业的创新能力纳入经济政策的任务范围。

总体而言，对欧洲文化/创意产业进行跨国统计比较，首次为该产业集群的发展潜力提供了参考指标。因此，为了扩展高毛附加价值的文化/创意产业，向所有成员国提供可靠的基础数据至关重要。

5. 总结评价

5.1 对经验调查结果的总结

出人意料的是，企业数量不再增长

在 2009 年危机中，文化/创意产业明显较少受极端经济衰退的影响，作为一个加工产业，这一行业复合体在危机之后的第一年将如何发展显得十分有趣。

最让人吃惊的现象是文化/创意产业中企业的发展：与几年来微小企业持续增加的期望相反，2010 年企业的数量并没有增长，而是停滞了。增长没有达到预期的平均 2%~3%的增长，而是只有 0.4%。

如果观察不同的经济部门就会发现，萎缩的不是独立艺术家或微型企业的数量，从市场上消失的更多的明显是较小的商业企业或者合伙企业。小型音乐、图书出版公司、小型文化商品零售商、小型电影制作和发行公司、小型广告代理公司和游戏开发商，在市场上几乎看不到它们的数量还有多少，而是在各个经济部门中以 1%~9%的速度从市场上消失。

这一企业消失现象与设计工作室、独立作家、舞台艺术家、翻译、室内设计和录音棚相反，后者在 2010 年实现了平均 3%~5%的增长。个别企业群组如工业设计办公室、图标设计和室内设计超过平均水平增长了 20%~35%。设计行业的积极趋势与广告行业的消极态势形成对比，在同一时间段内广告行业衰退了超过 5%。

总的来说，不同子市场中的增长和衰退造成了文化/创意产业企业数量不再增长。这一趋势在 2011 年是否持续有待观望。

预料中的经济增长

文化/创意产业的经济发展与整体经济的发展相符，取得了与预料中一致的积极发展。2010 年文化/创意产业营业总额增长了 2.2%。

然而文化/创意产业中几个较大的子市场，如出版市场和广告市场，由于它们的发展机遇问题不能对其进行准确评价。出版市场预计应经受营业额负增长的同时，根据整体统计预测，广告市场应在 2010 年实现显著的营业额增长。这两个趋势都没有命中，这两个文化/创意产业的大型子市场都出现了停滞，只实现了不到一个百分点的增长。

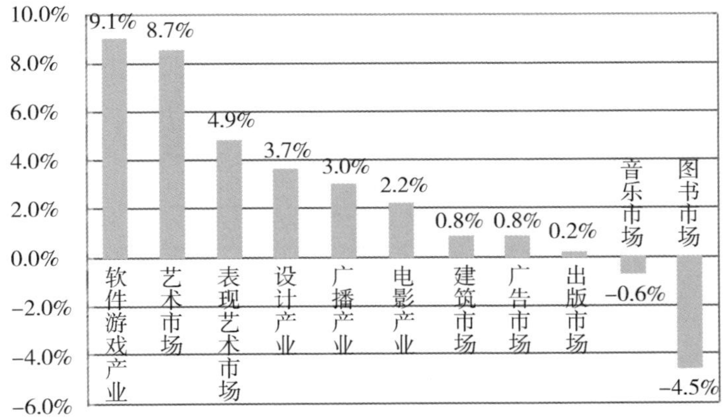

图 5-1　2010 年文化/创意产业子市场营业额的发展变化(%)

来源：营业税统计，联邦统计局(2012)；米夏埃尔・松德尔曼/文化产业研究办公室的独立核算。

设计产业以 3.7%的增长展现出强劲的增长动力，表演艺术市场增长了 4.9%，艺术市场增长了 8.7%，软件/游戏产业增长了 9.1%。

文化/创意产业整体经济动力最受出版市场、软件/游戏产业、广告市场和设计产业 4 个子市场影响，它们覆盖了约三分之二的营业额。软件/游戏产业和设计产业是 2010 年重要的经济增长市场，而出版市场和广告市场则是处于停滞状态的市场。图书市场是 11 个子市场中唯一一个需要承受营业额负增长的市场，它衰退了 4.5%。而音乐市场只有 0.6%的萎缩，基本维持了它的营业额水平。

就业市场第一次停滞

文化/创意产业的就业市场在危机后的 2010 年第一次进入停滞状态。之前几年就业市场的增长主要受持续增长的独立从业者的影响。由于这一发展趋势在 2010 年第一次停滞，也影响到了就业市场，就业市场没能产生新的增长(−0.4%)，因此就业市场以−0.2 的增长保持了静止。

11 个子市场中的 7 个表现出 0.2%～3.1%的负增长，其中就包括大型子市场出版市场和广告市场，它们在 2010 年损失了约 3%的从业者。就业市场上的积极发展要数软件/游戏产业的 3.2%，表演艺术市场的 2.7%以及建筑市场令人惊奇的 1.8%。设计产业通过独立从业者的增长和雇员的减少达到了一个稳定的水平(增长 0.1%)。

对 2011 年的积极展望

在 2009 年危机年之后，2010 年的发展指向两个不同方向。文化/创意产业的营业额与总体经济相关联，呈现出积极发展，而企业和就业市场则不能实现新的发展。一些子市场中损失了企业，在另一些市场上又有新的企业到来，整体来看数字保持稳定。营业额的增长主要是通过中大型企业的活动得来的，它们在危机后更快地找到了增长的路径。

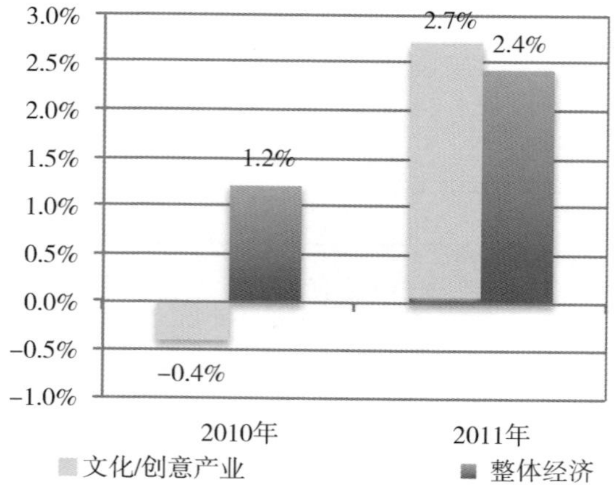

图 5-2　2011 年文化/创意产业就业发展(对比 2010 年)与整体经济的对比

说明：就业=有社保的全职或兼职就业人员，不包括临时工作者。

来源：就业统计，联邦就业办公室(2012)；米夏埃尔·松德尔曼/文化产业研究办公室的独立核算。

2011 年的第一个数据表明，文化/创意产业的就业率也再次增长。有社保的岗位应相较于 2010 年增长 2.7%。如果这一趋势属实的话，这将是文化/创意产业的一个强烈信号。这是因为，第一，文化/创意产业的发展将高于整体经济的发展，据预测，整体经济 2011 年增速为 2.4%；第二，这意味着文化/创意产业企业的经济情况进一步稳固，这是因为社保职位相比于非社保岗位成本更高；第三，这一趋势证明文化/创意产业的积极发展。

5.2　特别关注：独立艺术家

如果没有作家、作曲家、音乐家、演员、电影人、视觉艺术家，就不会有文化/创意产业。他们是原创者、原创制作人、表演艺术家或者是服务提供商。如果没有他们，就没有电影公司，没有音乐会，没有出版社，同样没有画廊对灵感进行利用与加工。

上述道理却时常被人们所忽视，这是因为根据经济尺度，处于文化/创意产业的价值创造链上的艺术家团体属于该行业中最小的个体。此外，艺术家通常没有自己的组织或行业协会作为谈判伙伴协助他们应对行业中的剥削者。

特别地，在独立艺术家所生存的艺术、文化或创意的场景中往往以生产过剩为特征。来自专业的、半专业或自学成才者的不同形式创作作品之间形成激烈甚至是恶性竞争。此外，通过新技术的使用、数字化和网络技术所产生的多样性也不断带来新挑战。

因此，独立艺术家的职业处于一个复杂的经济环境中，需要得到经济政策和文化政策的广泛关注。仅仅对艺术家展开社会政策层面的讨论是远远不够的。对独立艺术家的经济状况的深度认识是充分激发德国文化/创意产业的一个重要前提。

主要数据

类比艺术家社会阶层的划分，将以下四组艺术家归为核心组。

1. 音乐组

独立音乐家(作曲家)

乐团/舞团

2. 视觉艺术组

独立视觉艺术家

独立艺术品修复师

3. 表演艺术家

独立舞台艺术家、电影艺术家、广播艺术家

4. 文学/文字组

独立作家

独立记者

独立艺术家包括自由职业者和工商业艺术家，不管是否有工作室、办公室、代办处，没有别的员工，抑或是有雇员的企业主，所有申报为自雇型艺术工作者，并以自己的经济活动和服务在税务部门纳税的艺术工作者都属于独立艺术家。

	独立艺术家和文字工作者		收入		平均收入
	数量	比重	百万欧元	比重	千欧元
音乐组					
作曲家	2 656	6%	261	7%	98
乐团/舞团	1 828	4%	225	6%	123
视觉艺术组					
独立视觉艺术家	8 883	19%	730	19%	82
独立艺术品修复师	1 405	3%	151	4%	107
表演艺术家					
独立舞台艺术家	8 455	18%	720	19%	85
文学/文字组					
独立作家	6 618	14%	522	14%	79
独立记者	17 500	37%	1 208	32%	69
总计(S. 1)	**47 343**	**100%**	**3 817**	**100%**	**81**
补充					
年营业额低于 17 500 欧的艺术家/艺术职业	115 391	—	—	—	—
总计(S. 11)	**162 734**	**—**	**—**	**—**	**—**

图 5-3　2009 年的独立艺术家和文字工作者的收入

说明：年营业额高于 17 500 欧元的独立艺术家和文字工作者。

来源：营业税统计，联邦统计局(2011)；米夏埃尔·松德尔曼/文化产业研究办公室的独立核算。

2009 年，德国大约有 47 300 个独立艺术家每年能挣 17 500 欧元甚至更多。总额达到了 38 亿欧元。平均每个艺术家每年可以挣到 81 000 欧元。

除此之外，还有 115 400 名年收入少于 17 500 欧元的自由艺术家在艺术家社会保险机构进行了登记。所以估计有 162 700 名独立艺术家活跃在艺术市场上。

在上述的 47 300 名艺术家里，文学/文字组占据了 51%。其次是表演艺术家和视觉艺术家，分别占约 18%和 22%。虽然从事音乐的艺术家人数最少(10%)，但从经济的角度来看是最成功的。他们平均每年能够挣 98 000 欧元至 123 000 欧元。只有艺术品修复师可与之匹敌——他们每人能挣 107 000 欧元。所有其他各组艺术家每人每年仅能挣不到 100 000 欧元。独立记者和独立作家每人只能获得 69 000 欧元到 79 000 欧元的年收益，是表现最差的。根据年收益等级进行的划分宽泛地涉及了各组艺术家，这可以从下文的分析中清晰地看出。

根据 2009 年年收益对独立艺术家进行分类

在最小的收益阶层(17 500—50 000 欧元)中包含了大多数独立艺术家(54%~61%)。接下来的两个收益阶层(100 000—250 000 欧元)占据了相当大的比例，两个阶层加起来占到了所有独立艺术家的 30%以上。最后的几个收益阶层(即大于 250 000 欧元的部分)各自的比例都不到 10%。

对年收益的分层为我们呈现了一幅各组艺术家分化程度的图景。据此，他们作为重要的经济活跃分子的一面被揭露了出来。

实际数值	作曲家(2009 年)	乐团/舞团(2009 年)	视觉艺术家(2009 年)	舞台艺术家(2009 年)	独立作家(2009 年)	独立记者(2009 年)
收益规模						
17 500—50 000 欧元	1 444	1 111	5 143	4 947	3 800	10 202
50 000—100 000 欧元	653	398	2 202	2 027	1 713	4 913
100 000—250 000 欧元	391	204	1 138	1 070	826	1 870
250 000—500 000 欧元	103	52	267	251	191	382
500 000—1 000 000 欧元	45	34	89	104	51	101
高于 1 000 000 欧元	20	29	44	56	35	32
总计	2 656	1 828	8 883	8 455	6 616	17 500
份额百分比	作曲家占比(2009 年)	乐团/舞团占比(2009 年)	视觉艺术家占比(2009 年)	舞台艺术家占比(2009 年)	作家占比(2009 年)	记者占比(2009 年)
收益规模						
17 500—50 000 欧元	54.4%	60.8%	57.9%	58.5%	57.4%	58.3%
50 000—100 000 欧元	24.6%	21.8%	24.8%	24.0%	25.9%	28.1%
100 000—250 000 欧元	14.7%	11.2%	12.8%	12.7%	12.5%	10.7%
250 000—500 000 欧元	3.9%	2.8%	3.0%	3.0%	2.9%	2.2%
500 000—1 000 000 欧元	1.7%	1.9%	1.0%	1.2%	0.8%	0.6%
高于 1 000 000 欧元	0.8%	1.6%	0.5%	0.7%	0.5%	0.2%
总计	100.0%	100.0%	100.0%	100.0%	100.0%	100.0%

图 5-4　2009 年根据年收益的多少对独立艺术家进行分类

说明：不包括独立艺术品修复师。

来源：营业税统计，联邦统计局(2011)；米夏埃尔·松德尔曼/文化产业研究办公室的独立核算。

艺术家和文化/创意人的特殊身份奠定了其经济能力方面的行业复杂性。与传播产业以及IT产业有关的经验已然显示出，艺术家、文化和创意工作者往往只被看作产业中的供应商——如果他们的独立性地位得到认可的话。

将艺术家团体整合成经济相关主体，为文化/创意产生创造了崭新又复杂的条件和结构，从这个意义来说，似乎有理由将文化/创意产业称为"特定经济"产业，这一术语尤其适合文化/创意产业的艺术、文化、创意工作者们所进行的实验性风险性活动，"特定经济"概念还能够为文化/创意产业中常被称为"项目经济"或"原型经济"的部分开拓新视角。

5.3 特别的关注焦点：文化领域

与以往的文化领域的三分法不同，在本节中使用了2009年联合国教科文组织文化政策相关的新模式框架模型（FCS）。FCS模型的优点是它基于的一个文化政策决定性的文化理念并将它根据文化特殊的区域划分成所谓的领域。这里描述的短期成果是受德国教科文组织全国委员会委托进行开发的，并第一次在联合国教科文组织定义的划分下展示德国整个文化领域。

根据联合国教科文组织文化统计框架定义的文化领域（FCS）

联合国教科文组织将文化视为一个社会或一个社会群体表现的唯一的精神的、物质的、跨文化的和情感的方面。这不仅包括艺术和文学，还包括所有的生活形式、人类共同生活的形式、价值体系、传统和信仰。

FCS定义的文化领域包含一系列的经济和社会活动。经济活动在这里是指产品生产和服务。社会活动就是参与被纳入"文化的"一词的活动。其他相关领域包括其他经济和社会活动，它们被作为"部分文化的"，例如那些属于"文化"领域的"休息和娱乐"方面。

FCS定义的文化部门包括下列范围：

A. 文化遗产和自然遗产

B. 表演艺术

C. 视觉艺术和艺术工艺品

D. 书籍和出版

E. 视听和互动媒体

F. 设计和创意服务

这是核心领域的最小单位，针对这些单位，每个国家根据教科文组织的要求更改比较数据。此外还有3个横域，它们由于对文化周期有关键作用而被包含在内：

1. 教育和培训
2. 存档和遗产保护
3. 设备及辅助材料

文化部门的介绍以就业市场为例。这包括官方的、跨媒体的和私营的部分，它们可以借助统计数据被检测到。

范　围	就　业	
	数字	比例
A. 文化遗产和自然遗产	44 701	3%
B. 表演艺术	155 225	10%
C. 视觉艺术和艺术工艺品	124 002	8%
D. 书籍和出版	484 195	31%
E. 视听和交互媒体	301 572	19%
F. 设计和创意服务	442 944	28%
横向领域	9 909	1%
重复计算的文化领域	1 562 548	100%
重复计算	48 425	—
FCS 文化领域	1 514 123	—
文化领域在整体经济中的份额	3. 8%	—

图 5-5　根据范围划分的文化领域就业人员

说明：* 就业人员数量(=独立从业者和雇佣员工，包括临时工作者和企业员工)根据营业税和就业者草案统计。

来源：营业税统计，联邦统计局；联邦就业办公室统计，米夏埃尔·松德尔曼/文化产业研究办公室的独立核算。

2009 年德国文化领域的就业人数为 150 万人。文化领域的从业者因此占总就业人员的 3. 8%。其中，大约有 480 000 名独立从业者和大约 100 万名企业雇佣员工。

文化领域中最大的一个群体是文化部门“图书和出版”，其次是文化部门“设计和创意服务”。它们有 484 000 名员工并凭借 443 000 名就业人员分别占文化领域就业机会的 31%和 28%。文化部门“视听/互动媒体”有 301 000 余名从业者，占 19%，文化部门“表演艺术和节庆”有近 155 000 人，占 10%。文化部门“视觉艺术和工艺”“世界文化和自然遗产”和横域一起构成小型部门，比重小于 10%。

文化领域中通常独立从业者比例较高，大约为 480 000 人，在文化领域的比重约为 32%，占整个文化领域就业人员的近三分之一。独立从业者群体可以分为“临时”独立从业者和“固定”独立从业者。临时独立从业者的数量是初步估算的，日后的研究中将对其进行进一步考察。从事文化职业或文化领域相关职业的人中，年营业额少于 17 500 欧元的临时独立从业者约 238 000 名，他们通常将此工作作为兼职或者小规模经营的工作。年营业额高于 17 500 欧元的独立从业者有约 242 000 人，他们通常将这个职业作为自己的主要工作并希望继续维持下去。

受雇于企业的员工 2009 年在就业市场达到约百万人的规模，因而占整体就业中企业员工人数的 3. 0%。该员工群体包括由社会保险覆盖的企业员工和临时企业员工。文化领域中全职或非全职的享有社会保险的企业雇员通常拥有稳定的工作岗位，大约为 702 000 人。临时企业雇员即包括两种情形，专门从事这一工作的临时雇员，以及每周工作少于一半工作时间、月收入不足 400 欧元的兼职员工。临时雇员在 2009 年约有 332 000 人。

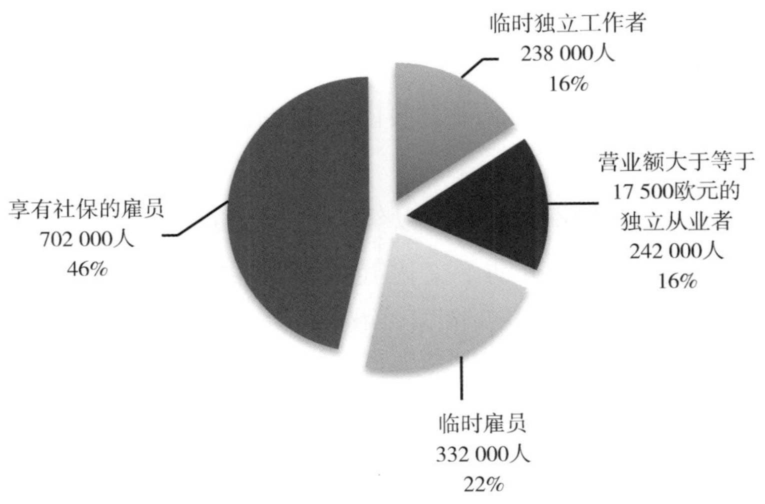

图5-6 2009年根据职业位置划分的文化领域就业人员结构

来源：营业税统计，联邦统计局(2011)；联邦就业办公室统计，联邦就业办公室(2011)，独立核算文化统计工作组。

在雇佣企业员工数量方面，最重要的是“图书和出版”部门，远远领先于紧随其后的“设计和创意服务”部门。文化行业超过三分之一有社会保险的企业员工在“图书和出版”部门工作，占整体比重的36%。在临时雇员市场上，“图书和出版”部门人数占整个文化行业的46%，因而有几乎一半的临时员工在“图书和出版”部门工作。排在就业人数第二位的“设计和创意服务”部门中，约四分之一的文化行业工作者在此部门工作，或者是作为享有社会保险的企业雇员，或者作为临时就业的企业雇员。

最后应该指出的是，为了向对文化政策感兴趣的公众提供有用的基础信息，在联合国教科文组织文化统计框架的帮助下，尝试对文化部门进行划分是一种务实的做法。

5.4 文化/创意产业的未来展望

文化/创意产业除了在数量上对德国净产值的创造有意义，同时它也是未来工作生活模式的重要模板。它向我们展示出未来以知识和内容为导向的社会的一部分。我们在文化/创意产业中观察到的一些显著的结构在其他产业中也能够，或者即将能够看到。

今天的文化/创意产业中已经出现了未来导向的工作和商业模式。由于在文化/创意产业中存在例如混合工作模式的生产方式，以及许多企业以内容为导向的产品，文化/创意产业是德国知识经济的先导。

在文化/创意产业的子市场中，单个产品的创新周期极短。在企业财政中属于高风险类别的以创新为导向的商业模式，需要得到专门的财政支持。在这方面需要以资助创新力为目标的经济政策提供相应的资助措施。

文化/创意产业最显著的产品类型是原型产品、定制产品、微型批次产品和非物质产品。文化/创意产业产品的类型和性质有典型的知识经济特色。

快速转变的从业结构和持续变化的就业领域及职业图景是文化/创意产业的显著标志。如果将来在传统行业中，自由职业者和个体企业家有更加重要的地位，那么文化/创意产业就可以因其中占主导地位的就业结构在这方面提供模板。

几乎所有的文化/创意产业企业都使用现代科技，特别是信息与通讯技术。他们不仅是被动的技术使用者，而同时也是技术制造商和开发商开发新技术的推动力。

对文化/创意产业的经济政策支持可以发展为面向未来的经济促进方法和手段，并尽可能地转化，为其他行业所用。

欧盟已在最新版的“欧洲 2020”战略中表明，以努力实现“智慧的、可持续的和包容性的增长为目标。对文化/创意产业经济政策上的支持有助于文化/创意产业的创新和经济潜力的开发，由于文化/创意产业经济上的重要性以及对未来的工作形式的示范作用，可以为实现这一目标做出巨大贡献。

2011年文化/创意产业主要经济数据监测

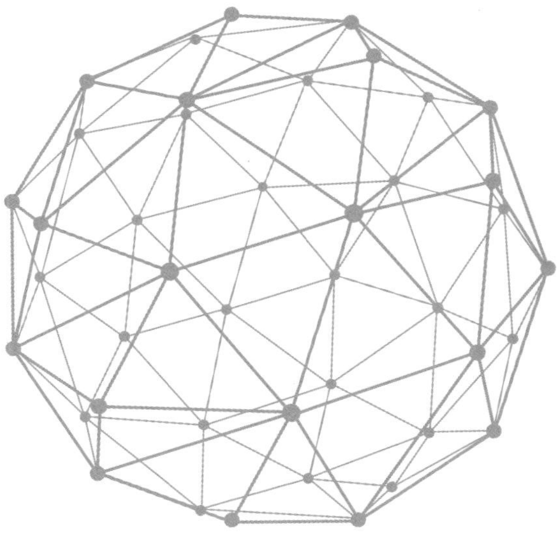

* 本文件由德国联邦经济与技术部、德国联邦政府文化和媒体专门委员会发布于2011年。

出版商

联邦经济与技术部(BMWi)

公关处

11019 柏林

www. bmwi. de

版本

2012年12月

排版和制作

PRpetuum有限责任公司，慕尼黑

编辑

米夏埃尔·松德尔曼

文化产业研究办公室，科隆

目　录

1. 概　　要

1.1　任　　务

在文化/创意产业的发展中，每年监测主要数据是很有必要的。因此，联邦经济与技术部委托科隆的文化经济研究办公室，每年按照联邦统计局的数据对文化/创意产业进行评估，同时加以独立的核算。

2011 年的最新监测报告是对 2010 年监测报告的更新。这两份监测报告都基于研究鉴定《从国民经济视角明确文化产业不同领域的通用定义元素以便从国民经济视角展开监测》(简称:《联邦政府对文化/创意产业的评估，2010》)。

研究主要集中在以下关键问题:

1. 与传统经济行业相比，文化/创意产业在整体经济中有怎样的经济地位?
2. 文化/创意产业各子市场特别在哪里?
3. 文化/创意产业的优势和潜力在哪里?

1.2　定　　义

核心定义

经济部长会议是这样定义文化/创意产业的:在文化/创意产业之下包括了以下的文化/创意产业企业，它们主要以盈利为目的，涵盖了文化/创意产业产品与服务的制造、生产、分配和(或)媒体传播。

定义中文化/创意产业最重要特征是企业的盈利性特点。这个领域涵盖了市场经济的所有企业。它们通过市场为自己集资，需要缴纳增值税，或者只是想通过艺术、文化和创意来赚钱。

这里不包括那些并非由市场获得主要资金来源，而依靠政府拨款、行政收费、慈善基金或私人捐助而得以维持的企业、机构或其他组织。

出于监管和税收政策方面的考虑，将商业或市场经济型企业作为一类，非市场经济企业作为另一类，这种区分对德国的情况来说尤其重要。

最后需要再次强调的是，企业的商业性质对文化/创意产业至关重要。

部门划分

经济部长会议也提到了对文化/创意产业有重要意义的核心部门。

音乐产业、图书市场、艺术市场、电影产业、广播产业、表演艺术市场、设计产业、建筑市场和出版市场这 9 个子市场属于文化产业的领域。此外，软件/游戏产业、广告市场这 2 个子市场被列入创意产业。这 11 个子市场属于文化/创意产业的范围。

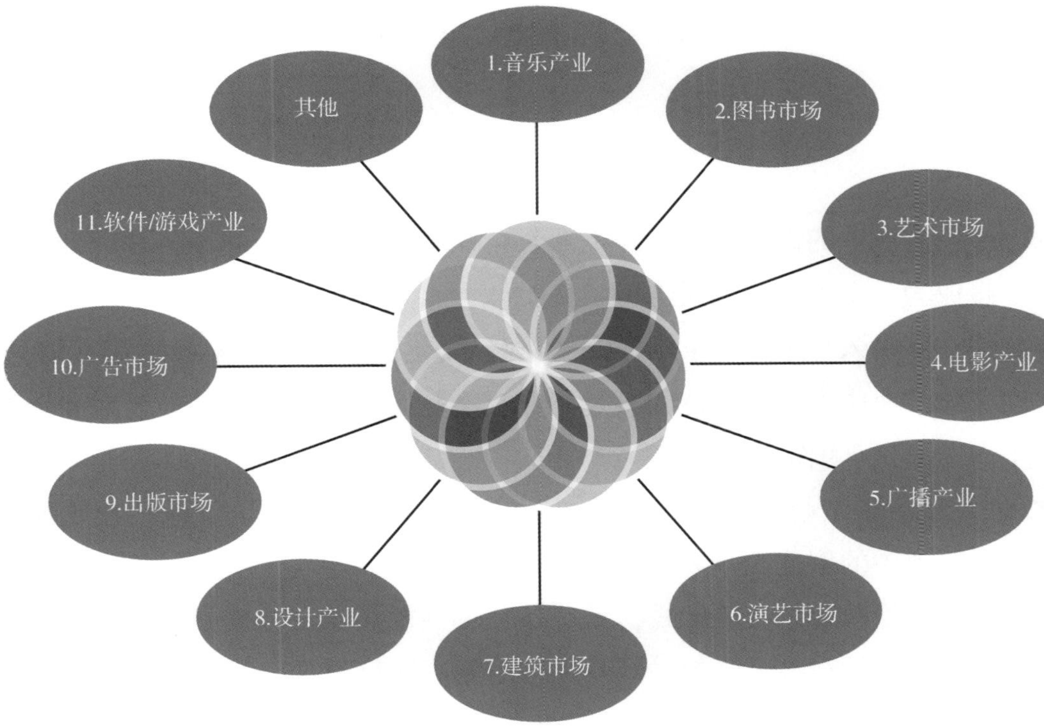

图 1-1　文化/创意产业的 11 个子市场

来源：2009 年联邦政府文化/创意产业研究报告。

联邦经济部长会议赞成这个对文化/创意产业子市场的划分。这个行业划分是文化/创意行业研究①中传播最广的划分形式。

除此之外，还有其他划分的尝试，比如英国、澳大利亚的划分，不是以部门，而是以职业分组来区分。产业结构的关键是对艺术、文化和和创造性职业进行区分，正如研究者们认为，抓住职业活动的“创意核心”，比按经济活动或经济产业来界定更合适。

另一个知名的出发点是由联合国贸易和发展会议②在 2008 年创意经济报告中提出的。联合国贸易和经济发展会议报告表明，国际社会对文化产业的多元化结构和子市场划分存在广泛争议，因此主张对商品和服务的经济领域进行基础性定位。通过接触世界贸易数据，联合国贸易和发展会议可以基于实践调查大多数国家的经济潜力。

① 比如以前所有的德国文化产业报告是以子产业或子市场的标准将文化/创意产业划分的。

② 联合国贸易和发展会议(2008)：《创意经济报告》，日内瓦。

与文化/创意产业根据市场成分划分不同部门相比，还有按领域进行的分类，它包含了不同的市场成分，部分通过小型经济活动相联系。艺术和电影经济的相同点在哪里？一位建筑师和一位书店经营者是如何联系的？文化/创意产业的行业整体实际上支配了相互关联的和不相关联的经济和市场。另外，软件/游戏行业偶尔也要辩证地看，因为它可能主要由软件决定，而不是由游戏活动决定。

这一概念的结构不均衡将文化/创意产业和其他的行业分支区分开来。媒体行业还分列出了各种各样的电子媒体和印刷媒体，但它们之间没有严格的经济联系。

媒体经济拥有诸多不同的概念，从奢侈品市场到信息技术市场，再到时代周刊和信息与通讯技术市场，要完整地理解和概括这一行业整体是一件非常困难的事情。文化/创意产业必须承受类似的命运，承受从“创意经济”到“创意阶层”等繁多的概念种类。

以下的调查总体上会根据部门分类进行，因为前文已经给出了现有市场结构中的语用取向。

创造性行为

凭借 11 个文化/创意产业的部门分支，经济部长会议虽然能将不同的经济领域分门别类，但是仍然不能将各部门连接成为一个整体的元素进行定义。

调查委员会建议在此引入“创造性行为”这一概念。文化经济章节的作者阐发了如下观点：“这里需要强调的是，在文化产业中占主要地位的不是职业，而是履行职责的行动，艺术和创新的有创造力的行动……”强调将创造性行为作为文化/创意产业的中心，并且引用了如下的描述：

将所有文化/创意活动联系起来的核心是凝结于艺术、文学、文化、音乐、建筑或创意内容、作品、产品、生产或者服务中的创造性行为。

所有创造性行为，无论采取怎样的形式，无论是独创性模仿、现场表演，还是批量生产例如数字化生产或服务的提供，都包括在该定义中。同样地，对创造性行为可以通过知识产权(专利、著作权、商标、外观设计)的方式给予综合性保护。但是，也有部分行为并未受到知识产权保护(例如对于表演艺术家)。

通过这些描述，只有那些具有美学本质和意义的内容或创意生产能够和创造性行为建立起联系。离开了这样的美学联系，文化/创意产业也就失去了内在核心，变得毫无意义，如同“创意阶层”或“创意经济”这些概念一样。

与之相反的是，文化/创意产业中的创造性行为也属于经济行为。因为具有美学价值的产品的生产一定伴随着经济过程或者引发经济行为的过程。

理查德·弗罗里达在提出“创造性阶层”时使用了“一般性内容或观点的生产”这样的阐述，根据该定义，首先，数学家、工程师以及其他自然科学工作者就被排除在外，文化/创意产业的概念仍将局限于具有美学意义的活动。

同样，“创意经济”作为北莱茵-威斯特法伦州政府的新经济政策指导原则，也是一种抽象化概念，利用该概念可以推动汽车、化工、塑料或能源等工业部门取得新的发展。至少，文化/创意产业和这些行业一样属于北莱茵-威斯特法伦州新兴主导产业。

通过将创造性行为与美学价值联系起来，定义的范围也受到了进一步限制。纯粹以技术为主的生产，尤其是 IT 或多媒体行业的产品，不应计入文化/创意产业的核心领域。但是，这并不意味着就文化/创意产业的实质和发展而言，技术部门完全没有意义。相反，要特别强调的是，技术发展一直都是并将继续作为文化/创意产业中许多产品和服务的主要驱动力。因此在此期间，创造性行为的概念在现实辩论中也被轻微批评。

总而言之，“创造性行为”的概念是一个复杂的概念。它是文化/创意产业中一个抽象的理想的参考类别的关键概念，它很难被具体阐述，因为它并不描述表面的存在，比如关键词“汽车”描述的是汽车行业。创造性行为更多的是一个不可触及的概念，一种非物质经济的一部分，也没有物理性质，但它在毛附加价值总额中占的比例却越来越大。此外，汽车行业有价值的无形服务也是如此。

特别关注：艺术家

即使调查委员会从艺术家的角度出发，将“创造性行为”(强调工作概念)的概念而不是艺术家置于文化和创意经济的中心，但在具体的分析实践中依然侧重艺术家或文化，认为创造性职业是文化/创意产业的具体起点。因为艺术家的、文化的或者创造性职业这一门类至少可以根据四个不同的方面来阐述，这对于概括文化/创意产业有特殊意义。

艺术家、文化的或创意工作者如前面所述进行创造性行为，是将文化/创意产业所有行业连接起来的核心。

艺术家、文化的或者创意工作者不论从社会层面还是实务层面都可列为独立职业门类。

艺术家、文化/创意工作者在经济类别上包括自由职业者，独立从业者或企业家。

艺术家、文化或创意工作者作为作品，创造性行为的作者或原创者，构成其开发利用的基础性关系。创造者和开发者之间的关系可能是文化/创意产业整体发展的中心问题之一。

比如在提到的所有层面，画家和艺术家的设计图是一体的：设计艺术家是他们作品的创造者，并且是他们艺术工作室的独立经营者。他们要么把自己的作品放在画廊或者艺术品商店让其作为使用者，要么自己作为市场上的使用者。

“创造性艺术”这一概念是一个值得思考的问题，它要么通过“作品”要么通过“设计师/创造者”阐明。出于务实的原因，艺术家们和创新者所做的一些探索研究成为本书介绍创造性艺术的参考。

内部划分

文化/创意产业的各子市场有不同的公司类型。按业务类型可内部划分为三种理想的企业类型：微型企业、中小企业和大型企业。

微型企业：微型企业包括艺术家、文化和创意工作者中的自由职业者或自雇型企业。这些设计事务所、工作室、代理人或小型机构一般采用一人公司、合伙或者松散的组织形式。他们通常开展实验性工作或者从事文化/创意生产模型的开发。在文化/创意产业的模式下，他们不再像媒体产业中那样仅起辅助性作用。微型企业是文化/创意产业最重要的主体类型之一，与其他两种企业类型具有同等重要的价值。

中小型企业：中小型企业形成了文化/创意产业的中坚力量。它们通常被组织成有限责任公司的形式，被包含在经济协会中。它往往是文化/创意产业里在标准结构下运行、生产和沟通的企业。和第一

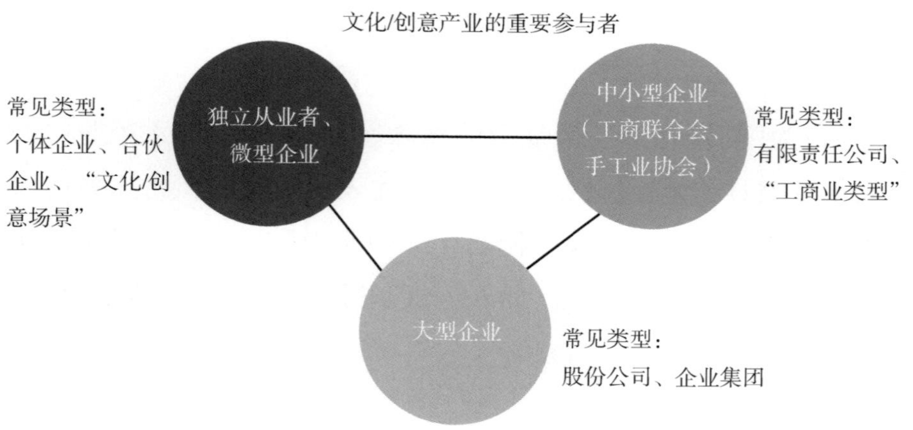

图 1-2　文化/创意产业内部划分

来源：科隆文化产业报告。

种活跃的企业类型相比，这种企业类型有稳定、持久和产品质量可靠的特点。通常不进行试验和开发原型，而是使用可管理的产品和服务。中小型企业是文化/创意产业产值和就业岗位的最重要来源。

大型企业：第三种类型是所谓的大型企业(康采恩)，它们承担了文化经济的产值，在世界范围内拥有市场并且以此实现采购和彰显企业的实力。它和文化/ 创意产业中有社会地位的大企业或者超大型企业有关，它们根据可靠的商业类型实现标准化生产和全球化拓展。和前两种子类型相比，它们的经营战略有巨大的作用。

总体来说，对于三种参与者类型而言，文化/ 创意产业是一个高风险的领域，市场成就具有局限性。世界知名的文化/创意企业如此，地方的文化/创意工作室或者区域性中小型企业也是如此。因此，起作用的三种企业类型的结构和发展状况有着关键作用。一个成功的经济政策能够激发经济潜力，只要它具备准确和不同的结构意识和过程意识。

2. 整体经济意义概况

2.1 德国文化/创意产业数据

下列基于实践的分析以官方调查数据为基础。联邦统计局和联邦就业办公室在普通数据之外分别提供了专门的数据。除此之外，还附上了艺术家社会保险基金会提供的数据作为补充。

对于结果的解释再次指向数据的有效性。如果排除营业税统计的话，2009—2010 年的全部数据披露通常情况下是期末有效的统计数据。这就涉及企业数量和它们的营业额。2011 年的数据是预估的，因为 2011 年的营业税统计直到截止日期 2013 年春季之后才被上交。这次预估来源于 2011 年的经济情况统计。

联邦就业办公室 2009 年、2010 年和 2011 年的就业统计数据被看作临时数据。如有必要的话，它们在以后可能会被变更。

就业数据和营业额与就业统计数据有关，因而也是临时数据。

2009 年到 2012 年的经济总产值是基于国民经济总体核算(缩写 VGR)进行估算。

基准值

预计 2011 年文化/创意产业中有约 244 000 家企业。它们的整体营业额预计超过 1 430 亿欧元，并向约 740 000 名雇佣企业员工提供全职或兼职岗位。加上独立从业者，德国文化/创意产业中有近百万就职人员。2011 年文化/创意产业预计为经济总产值做出 627 亿欧元的贡献。

所占份额

宏观上来看，2011 年文化/创意产业企业数量占总量的 7.5%，营业额占 2.6%，从业人员占 2.6%，就业人数占 3.1%。2011 年在经济总产值和国内生产总值(BIP)中的份额预计为 2.4%。

只要那些有社会保险的工作岗位包含在内，或者作为自由职业者以及相关的独立企业在税收机关是作为文化/ 创意产业的活跃分子登记的，那么以上所有从业者数据和就业数据就能体现所谓的就业核心状态。兼职工作以及并非重要的活动和工作将在下面的报告中被另外提及或者仅作简要报告。

近几年所有数据类别均显示，文化/ 创意产业的短期发展态势是积极向上的。

将 2010 年度与 2011 年度比较，独立从业者和公司的数量估计提高了约 2 个百分点。企业前景与 2009—2010 年度相比显著改善。当时，文化/创意产业仅有 0. 4%的微弱上涨。

2011 年文化/创意产业的营业额的增长预计为 4. 4%，超过上一年同期平均水平。文化/创意产业这一创意经济营业额的良性增长是基于短期统计确定的。它反映了越来越好的经济上涨趋势，在 2009/2010 年度也有 2. 2%的营业额增长。文化/创意产业在 2009 年经济危机之后作为整体经济发展的结果重建并扩展了其经济能力。

就业市场不断反映出来强劲的经济发展势头。2011 年，就业人员的数量在危机后出现第一次增长，实现了 2. 5%的增长，而 2009/2010 年同期表现为 0. 2%的萎缩。

就业市场良性发展的一部分原因在于雇佣企业员工的增多。因此，2011 年有社会保险的员工数量与 2010 年相比增长了 2. 7%。另一方面，企业的数量也增加了，从而使就业市场在文化/创意产业中成为一个稳定的因素。文化/创意产业从而可以与整体经济增长趋势再次连接起来。

文化/创意产业的标志数据再次证明，这个行业整体以微型和小型企业的高比重为标志，企业在 2010 年的年均营业额达到 587 000 欧元并且达到了整体经济企业平均水平的 1/3。

去年文化/创意企业的年均营业额为 573 000 欧元，2011 年年均营业额增加了，因为文化/创意产业总营业额在同一时期比企业的数量增加得快。因此，文化/创意产业的收益增长可能在 2011 年超过 2010 年。

总的来说，在文化/创意产业中仍然存在微型企业结构。就业和就职人员的数据也证明了这个。一家文化/创意企业平均拥有超过 3 个提供社会保险的岗位，而整体经济中平均每个企业中提供社保的职位为 4 个。所有从业者中的独立从业者所占的份额在文化/创意产业内为 25%。

类别	2009 年	2010 年	2011 年*	变化率% 2011*/2010 年
统计核心数据(千家)(企业数量)(1)				
文化/创意产业	238	240	244	2. 0%
文化/创意产业在国民经济整体中所占比例	7. 6%	7. 6%	7. 5%	—
营业额(十亿欧元)				
文化/创意产业	134. 3	137. 3	143. 4	4. 4%
文化/创意产业在国民经济整体中所占比例	2. 7%	2. 6%	2. 6%	—
固定职员数量(千人)(有社会保险的人数)(2)				
文化/创意产业	723	720	740	2. 7%
文化/创意产业在国民经济整体中所占比例	2. 6%	2. 6%	2. 6%	—
固定从业人员数量(千人)(3)				
文化/创意产业	962	960	984	2. 5%
文化/创意产业在国民经济整体中所占比例	3. 2%	3. 1%	3. 1%	—
统计估算数据				
临时工作者数量(千人)(4)				

类别	2009 年	2010 年	2011 年*	变化率% 2011*/2010 年
文化/创意产业	194	209	225	7.4%
文化/创意产业在国民经济整体中所占比例	18.0%	19.1%	19.9%	—
临时职员数量(千人)(5)				
文化/创意产业	510	504.6	486.1	-3.7%
文化/创意产业在国民经济整体中所占比例	7.1%	6.9%	4.0%	—
临时从业人员数量(千人)(5)				
文化/创意产业	704	714	711	-0.4%
文化/创意产业在国民经济整体中所占比例	6.2%	6.2%	6.0%	—
统计核心数据与估算数据合计				
行业从业人员总数(千人)(6)				
文化/创意产业	1 666	1 674	1 695	1.3%
文化/创意产业在国民经济整体中所占比例	4.3%	4.3%	4.3%	—
毛附加价值(十亿欧元)(7)				
文化/创意产业	61.5	61.4	62.7	2.2%
文化/创意产业在国内生产总值中所占比例	2.6%	2.5%	2.4%	—
国内生产总值	2 374.5	2 496.2	2 592.6	3.9%
文化/创意产业核心数据				
每家企业平均创造的营业额(千欧)	563	573	587	2.4%
每名职员平均创造的营业额(千欧)	186	191	194	1.7%
每名从业人员平均创造的营业额(千欧)	140	143	146	1.8%
每家企业平均拥有职员数量	3.0	3.0	3.0	0.7%
每家企业平均拥有从业人员数量	4.0	4.0	4.0	0.5%
每名从业人员平均创造毛附加价值(千欧)	63.9	63.9	63.7	-0.3%
自雇工作者在从业人员中所占比例(核心数据)	25	25	25	—

图 2-1　2009—2011 德国文化/创意产业重点数据

说明：*初步资料或预估数据。2011 年预估数据基于前几年的发展速度、2012 年发展数据以及 2012 年就业数据。(1) 年营业额 17500 欧元以上的纳税企业。(2) 有社会保险记录的全日或非全日工作职员，不包括临时职员。(3) 从业人员包括纳税型企业和有社会保险记录的职员总和。(4) 额外的临时工作者(根据微普查统计，年营业额在 17500 欧元以下的自由职业者、自雇工作者)由于 2010 年监测数据修正，估算结果中的占比从 5%提高到 19%。(5) 根据微普查统计，有统计数据支持的其他临时职员数量。(6) 从业人员总数涵盖自雇工作者、企业职员，包括微普查所统计的临时职员和临时工作者。(7) 毛附加价值以 2009 年和 2010 年国民经济核算实际数据为依据(国民经济核算 2012 年 10 月，统计科目 58-60，90-92，不包括 62，71，74)；文化/创意产业毛附加价值总额为 2011 年预估数据。数据来源：联邦统计局(2012)；联邦劳动局(2012)，米夏埃尔·松德尔曼文化/创意研究工作室独立核算。

2.2 占毛附加价值的比重

前言：在联邦统计局国民经济总体核算中，文化/创意产业不被独立报告。作为一个跨行业产业，它根据传统的统计分为多个经济部门。文化/创意产业在这种意义上和大的行业整体如信息和通讯技术或者和媒体经济类似。

随着经济活动的新分类 WZ-2008 的引入，从 VGR 中计算出重要的文化/创意产业组合也是有可能的。所以，在此期间已有的毛附加价值报告有针对出版业的(WZ-Nr. 58)，音乐、电影和广播业的(WZ-Nr. 59-60)，广告市场的(带有市场调查，WZ-NR. 73)和针对艺术和文化组合的(WZ-Nr. 90-92)。后者主要包含表演艺术和独立的艺术家，当然也有赌博。

2009 年，根据这一新的分类，文化/创意产业创造了约 615 亿欧元的毛附加价值。[①] 2010 年没有增长，而是停滞，甚至有极小的跌幅。毛附加价值总额目前为 614 亿欧元。2010 年国内生产总值与 2009 年相比增长了 5. 1%的同时，文化/创意产业的毛附加价值总额却没有增长，其比重也因此持续减少。因此，文化/创意产业 2010 年在全国毛附加价值中仅占 2. 5%(去年为 2. 6%)。

综观所选小组的内部结果，可以窥探出现停滞的原因：

根据新的国民核算数据，出版业在 2010 年获得了 175 亿欧元毛附加价值，相比 2009 年度的 180 亿减少了 3. 0%。在出版社出现亏损的时候，软件和游戏发行商从这种消极趋势中突围并迅速发展。

音乐、电影和广播产业在 2010 年共同实现 117 亿欧元毛附加价值。与 2009 年相比少了 1 亿欧元，下降了 0. 8%。单独的分支也发展自身，在电影经济和广播经济取得良好成绩的同时，音乐产业必须应付负面效益。

广告(包括市场调查)经历了 2009 年的低迷后在 2010 年第一次出现增长，创造了 123 亿欧元的毛附加价值。比去年同期增长 2 亿欧元或者说 1. 5%。

艺术和文化组合(包括博彩业)在 2010 年创造了 199 亿欧元毛附加价值，与 2009 年比增长 3 亿欧元或者说 1. 7%。[②]

文化/创意产业的子市场(包括 IT 和信息服务，建筑、工程和设计办公室)也被考虑在上述从出版业到广告业的集团中。

总体而言，2010 年文化/创意产业内进行的是发散发展。说到底，这也引导各领域成为一个稳固的整体。和其他大型传统工业相比，文化/创意产业凭借其毛附加价值比重仍然是一个等价的产业综合体，尤其是在联邦层面。

如果在上述价值创造定义下比较全国文化/创意产业和德国主要经济部门的贡献，文化/创意产业的强势地位显而易见。化学工业的毛附加价值目前停留在 385 亿欧元，在国内生产总值(BIP)中占 1. 5%，位于能源产业之后。[③] 能源产业毛附加价值为 539 亿欧元，占国内生产总值的 2. 2%。文化/创意产业总毛附加价值为 614 亿欧元，占有国内生产总值的 2. 5%。金融部门、机械工程和汽车行业这三

① 2010 年监察报告相比，2009 年的 627 亿欧元的增值根据新的国民核算数据减少了 12 亿欧元。
② 联邦统计局将艺术和文化群体 2009 年的毛附加价值从 201 亿欧元修正为 196 亿欧元。
③ 根据新分类方法，不包含制药行业，因此毛附加价值明显减少。

个经济部门在 2010 年为毛附加价值做出超过平均值的显著贡献，从 731 亿欧元增长至 810 亿欧元。它们在国内生产总值中的比重约为 3%或更多。尤其是汽车行业凭借较强的增长势头克服了经济危机。仅在 2010 年，汽车行业的毛附加价值与 2009 年相比增加了远高于平均水平的 48.2%。这主要是由于大幅增加了对亚洲市场的出口。此外，汽车行业在 2009 年危机后的第一年就可以实现经济“正常化”发展。

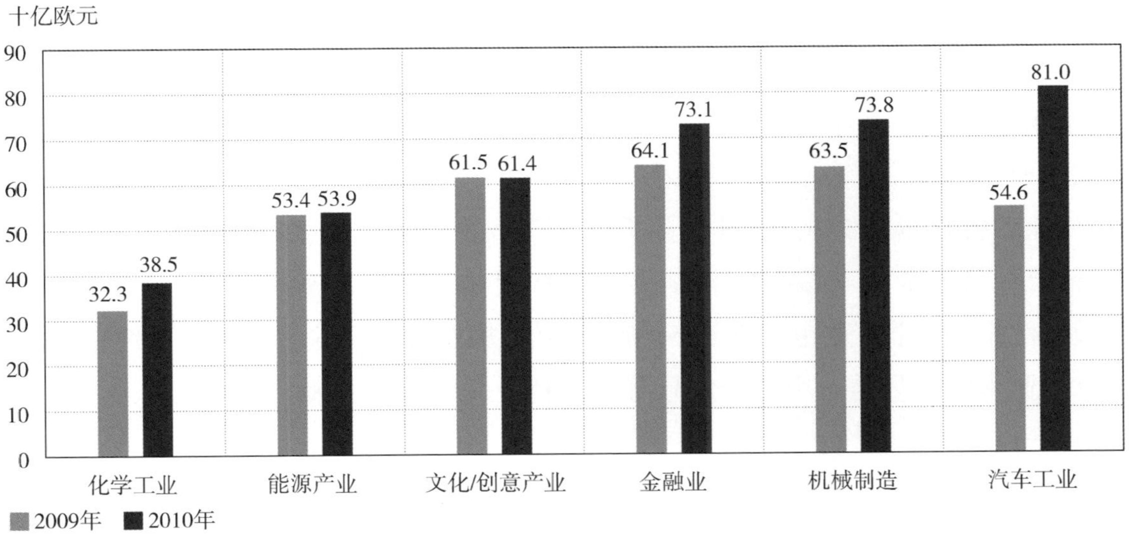

图 2-2　2009—2010 年文化/创意产业与其他行业毛附加价值贡献的对比

说明：基于联邦统计局国民经济总体核算对于文化/创意经济的统计；汽车工业包括其他交通工具制造；2009 年的报告根据 VGR 报告进行修正。

来源：德国联邦统计局；2012 年 9 月的《2011 年细节报告》；米夏埃尔·松德尔曼/文化产业研究办公室的独立核算。

2009 年经济危机之后，文化/创意产业与工业相比没有特别强烈的波动。但它也比不上工业具有的强大增长动力。小幅波动从另一方面来看也被看作文化/创意产业相对稳定的标志。

总体而言，文化/创意产业在这种缓慢的节奏下对整体的经济发展做出反应。以销量来预计，2011 年就业率会再次迅猛增长，文化/创意产业的毛附加价值预计也会出现增长。

2.3　就　　业

文化/创意产业的就业人数在 2010 年①达到 96 万人。大约 25% 的就职人员属于独立从业者，而其余 75%的人(也就是约 72 万人)组成依赖性员工集体。因而文化/创意产业合计占有整体经济中 3.1%的就业岗位。

这些主要数据只包括了文化/创意产业的核心数据。其余的企业(年营业额少于 17 500 欧元的企业)及其员工(共约 714 000 名)被排除在外，因为这仅是关于文化/创意产业与传统经济部门的行业比较。

① 在本节中，就业人员的数据是关于 2010 年的，因为 2011 年传统经济行业如机械制造等的对比数据直至编辑结束也尚未公布。

文化/创意产业的从业者在行业比较中

关键的经济领域，如工程、汽车工业或化学工业，都表现出全职工作的比例很高的特点。因而只有那些不论是全职或兼职(通常 19 周小时或更长时间)的文化/创意产业雇用的工人被包括在内。

文化/创意产业就业市场上有约 720 000 名雇佣企业员工，与拥有 770 000 名雇佣员工的汽车工业差不多。不同于以往的表述，约 133 000 名从事其他运输工具建造的员工第一次被归入汽车行业。下图中显示的 903 000 名雇员是汽车行业以及其他运输工具建造行业中从业者的总人数。

其他行业市场，机械工程有 939 000 名雇员，比文化/创意产业多 1/4。但是，化学工业中的从业者比文化/创意产业少 1/4。

关于独立从业者的数量，文化/创意产业凭借在就业人口总数中 25%的份额在行业比较中被凸显出来。本组在传统经济行业中在数量上扮演了一个次要的角色。汽车行业(包括其他运输设备)拥有 5 000多名独立从业者，化学工业也拥有近 5 000 名独立从业者，但这对于拥有 239 000 多名独立从业者的文化/创意产业来说，只是一小部分。只有机器制造商凭借 20 000 多名独立从业者占有一定额度。

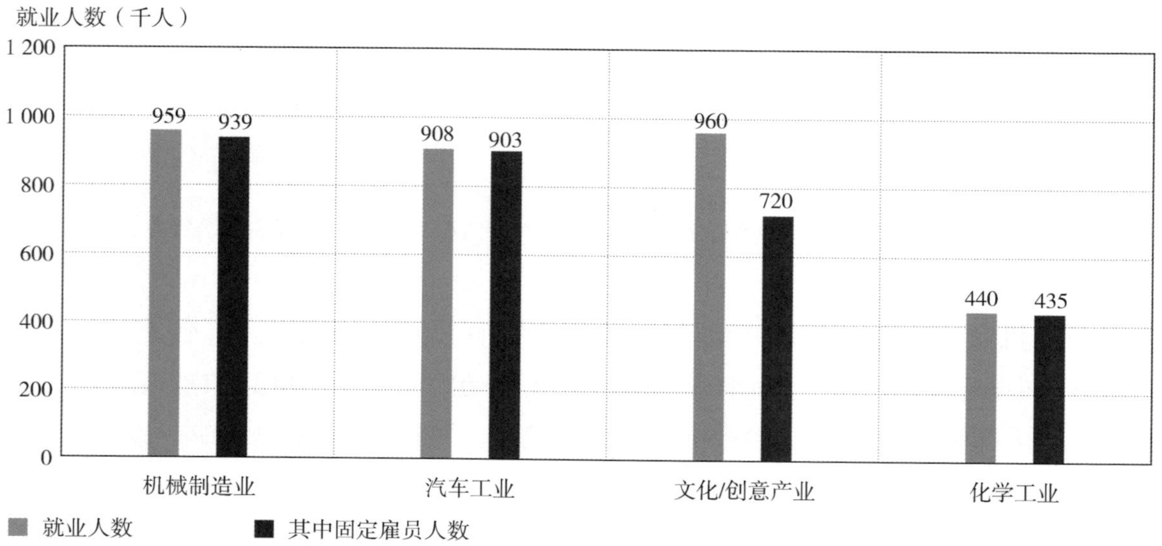

图 2-3 2010 年行业对比中的文化/创意产业就业情况

来源：增值税统计数据，德国联邦统计局(2012)，就业者统计，联邦就业办公室(2012)；米夏埃尔・松德尔曼/文化产业研究办公室的独立核算。

如已知的，传统产业的大型国内和国际公司拥有上千名员工。因此，2009 年经济危机对这些行业的许多从业人员都造成严重打击。因此，根据新计数(WZ-2008 分类)汽车工业 2008 年有 813 000 名雇佣企业员工，2010 年这个数字下降到 770 000 名。汽车工业也因此在此期间失去了超过 40 000 名工作人员。文化/创意产业必须根据新统计结果(WZ-2008)应对就业损失。因此，在 2008 年和 2010 年间 11 000名雇佣员工丢失了他们在文化/创意产业中的工作岗位。在与汽车行业直接比较中，文化/创意产业显然失去了较少的员工。

总体来说，在行业比较中，文化/创意产业的相对重要性显而易见，这个行业整体必须一如既往地争夺社会对其的关注。

指标	文化/创意产业			
	数量 2010 年	百分比 2010 年	数量 2011 年*	百分比 2011 年*
固定从业人员				
I 自由职业者和自雇型企业(年营业额 17500 欧元以上)(1)	239 534	14.3	244.324	14.4
II 企业职员(社会保险人数(2))	720 402	43.0	739 841	43.6
不包含临时职员的从业者人员总数	959 936	57.4	984 166	58.1
补充临时从业人员数据				
III 临时工作者(3)	209 176	12.5	224 676	13.3
IV 临时职员(4)	504 618	30.1	486 110	28.7
临时从业人员总数	713 794	42.6	710 785	41.9
I. – IV. 总计	1 673 730	100.0	1 694 951	100.0

图 2-4　2010—2011 年文化/创意产业的就业者结构

说明：* 预估和初步数据

(1) 来自营业额统计数据。

(2) 来自就业统计数据。

(3) 根据微普查估算。

(4) 数据基于临时职员包括兼职员工的统计数据，以及微普查的估算数据。

来源：增值税统计数据，微观人口普查，德国联邦统计局(2012)；就业人员统计，联邦就业办公室(2012)；米夏埃尔·松德尔曼/文化产业研究办公室的独立核算。

文化/创意产业就业市场的核心领域在 2011 年继续增长，并拥有 984 200 名就业人员，比 2010 年多 25 000 人。有社会保险的职员的数量出现较大增幅，而独立从业者显著增加，5 000 名自由职业者和企业家加入文化/创意产业中。

除了核心领域的就业人数以外，文化/创意产业中还有大量的临时职员或者临时工作者。根据联邦劳动局的统计数据和联邦统计局开展的微普查，可以确定以下数据：

根据 2011 年联邦劳动局的统计，文化/创意产业有 292 000 人作为所谓临时职员从事工作。这里仅包括临时职员和兼职员工。此外另根据新开展的(WZ-2008)就业群体微普查统计，还有额外的 194 000 人从事临时工作。根据这些被调查群体的自我定位，在调查问卷类别中他们将自已确定为文化/创意产业子市场的从业者。因此这里的数据只能用作粗略的参考。总之，根据估算，约有 486 000 人在文化/创意产业从事临时性工作。

此外还有大量的自由职业者或其他项目相关的工作人员，他们也被收入微型普查的统计中并属于文化/创意产业。因此，2011 年至少 225 000 名自由职业者或副业年营业额小于 17 500 欧元的人活跃于文化/创意产业。

总体而言，从不同来源的统计数据可以确定 2008 年整个行业的总体就业人数为 167 万多人。

将文化/创意产业从业人员和国民经济整体从业人员结构进行比较，发现如下差异：

2011 年在文化/创意产业的核心领域中，约 14%(244 300 人)为固定独立从业者。如果再算上临时独立工作者，根据微普查统计文化/创意产业中这类人数至少约 13%(225 000 人)，总计文化/创意产业中的独立从业者比例约达到 28%。

作为对比，国民经济整体的结构比例如下：在具有可比性的核心领域中，约 8%(3 160 000 人)为固定独立从业者。此外根据微普查统计，另有 3%(1 090 000 人)从事临时独立工作。总计在国民经济整体中约 11%为独立从业者。文化/创意产业中独立从业者比例几乎为国民经济整体的 3 倍。

在企业雇员方面，文化/创意产业中享有社会保险的雇员比例约占 44%(740 000 人)，而相应地在国民经济整体中的比例为 71%(27 700 000 人)。因此拥有所谓稳定工作岗位的就业人数在国民经济整体中明显比例更高。

临时雇员群体的比较情况则相反：在文化/创意产业中约 28.7%(486 000 人)为临时雇员，相比之下此类群体在国民经济整体中的比例为 18%(7 000 000 人)。因此在临时雇员比例上，文化/创意产业略高于国民经济整体。

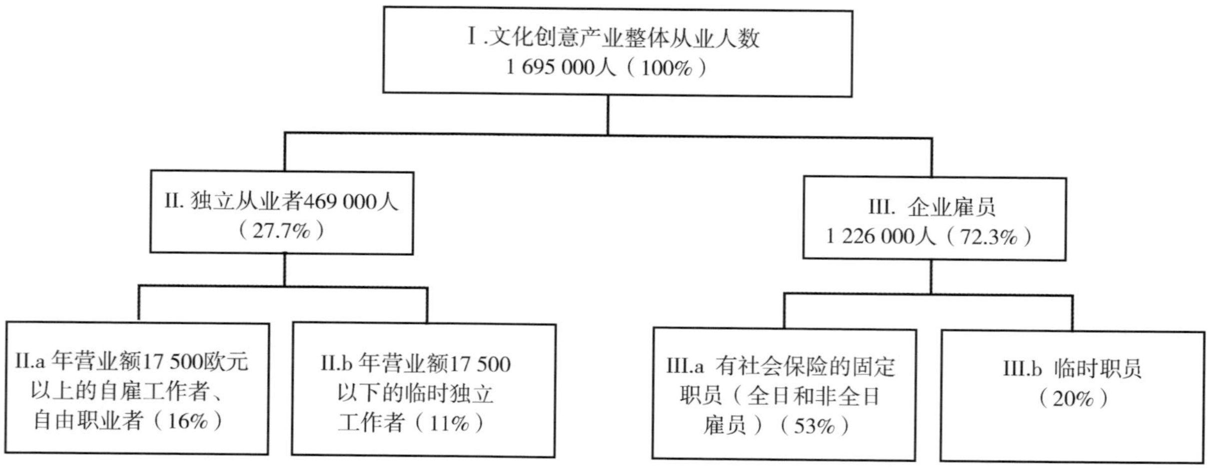

图 2-5　2011 年文化/创意产业的就业结构*

说明：* 所有数据为估算或者说是预计的。另外还有大量的项目相关的工作和临时性自由工作，但未包含在统计中。Ⅱa 和Ⅱb 组在以下研究中被作为文化/创意产业核心部分。

来源：增值税统计数据，微观人口普查，德国联邦统计局(2012)；就业人员统计，联邦就业办公室(2012)；米夏埃尔·松德尔曼/文化产业研究办公室的独立核算。

当前研究过程中，为了对文化/创意产业的 11 个子市场的经济活动和就业情况形成整体的认识和比较，分析以文化/创意产业的核心领域为基础展开。其中既包括 II. a 组中年收入 17500 欧元以上的独立从业者，也包括 III. a 组中享有社会保险的固定职员(全日和非全日雇员)。

2.4　出　　口

前言：用于确定文化/创意产业出口数据的统计记录仍然仅基于极其有限的一项记录。因此迫切需要将文化/创意产业作为独立的经济部门对待。

尽管信息数据有限，这里仍然以营业税统计数据为基础展示了文化/创意产业的出口状况。

文化/创意产业在 2010 年①创造了 1411 亿欧元的总营业额和与出口相关的 77 亿欧元的营业额。这

① 截至发稿时，2011 年暂无数据可用。

在出口份额中占5%。

与以前的报告不同，根据新的WZ划分方法，游戏/软件发行具有最高出口份额并再次处于经济活动的最前沿，有57%的收入主要由国外交易所得。非实物或数字生产部门占据了最高位置，将以前以实物为主的经济群体推向其他地方，如乐器制造占有43%，其次是占有24%的珠宝生产和占有22%的包括音乐出版商的唱片业。

目前为止根据评估，许多的实物商品趋向占有更高的出口份额，这一评估根据新的评估可能受到限制。因为游戏和软件出版商的上位可能不仅是由于统计数据基础的改进。它也可能被解释为游戏和软件出版的实际出口的增长，例如网络游戏在这个市场中的重要性日益增加。

在其他出口份额的位置排名上还有摄影(8%的出口率)，图书和印刷出版社、软件开发商、设计工作室和博物馆商店的出口配额为5%~6%。

在排名的末尾是广告公司、广播公司和门户网站。如果营业额税统计数据的数据对此是真实的报道，它们每个行业仅能从国外顾客手中获得1%或更少的收入。

经济群组和部门	营业总额(百万欧元)	扣除税收的免税营业额(百万欧元)	出口比重(百分比)
游戏和软件出版	3 469	1 987	57%
乐器制造	551	236	43%
珠宝生产	2 774	659	24%
录音媒体和音乐出版	1 647	355	22%
摄影和摄影工作室	1 697	131	8%
博物馆商店	883	53	6%
出版贸易	14 681	731	5%
程序设计	22 549	1 099	5%
设计工作室	1 935	91	5%
图书和杂志出版社	35 164	1 649	5%
艺术团体	6 401	145	2%
通讯/新闻社	513	10	2%
翻译业	736	13	2%
建筑工作室	7 860	131	2%
电影产业	7 732	120	2%
广告	25 714	324	1%
门户网站	477	2	0.4%
广播	6 452	11	0.2%
文化/创意产业	141 237	7 747	5%

图2-6　2010年文化/创意产业出口

说明：选取了统计部门、组、级：Nr. 32.1，32.2，47.6*，58-60，62.01，63.12，63.91，71.11，73.1，74.1-3，90，91。文化/创意经济的总价值由于经济组Nr. 47.6(出版贸易)在营业额上(参照2010年数据：1 373亿欧元)有1 412亿欧元。

来源：营业税统计，德国联邦统计局(2012)；米夏埃尔·松德尔曼/文化产业研究办公室的独立核算。

尽管总体数据基础有限，文化/创意产业的出口份额在很多经济环节中还是只有微不足道的作用，因为文化/创意产业在很大程度上受到微型企业的影响，它们通常在德国境内地方或者最多跨区域的范围内有效。跨区域的服务业对于企业来说和超额的开支相联系，很多微型企业到目前为止不能或者不愿盈利。

2.5　企业类型

文化/创意产业通过一个内部划分法来区分不同类型的企业。这个内部划分按照理想的方式分为三个不同的企业类型：

· 微型企业/自由职业者

· 中小型企业

· 大型企业

在实际质量分析中，有不同大小的企业作为研究对象。官方根据文化/创意产业提供的基础数据能够以营业额多少划分 13 个不同的类别。这个最大可能的类别结构适用于欧盟委员会制定的企业类型概念。

四个企业类型根据欧盟定义被区别开来(见图 2-7)：

微型企业：10 人以下，营业额最多 200 万欧元或者结算总额最多 200 万欧元
小型企业：50 人以下，营业额最多 1 000 万欧元或者结算总额最多 1 000 万欧元
中型企业：250 人以下，营业额最多 5 000 万欧元或者结算总额最多 4 300 万欧元
大型企业：250 人以上，营业额大于 5 400 万欧元或者结算总额大于 4 300 万欧元

图 2-7　欧盟官方定义的企业类型

来源：欧盟委员会(2003)：中小型企业定义推荐。

以营业额规模为标准划分的企业类型

欧盟定义的内部划分模型中有 4 个不同的企业类型，欧盟分类中未涉及。

2010 年文化/创意产业整体结构①主要有 4 个大类别，如图 2-8 所示。

大约有 236 000 家企业是微型企业并且占整体经济的 97%。小型企业大约有 5 500 家。剩余 1%的企业是大中型企业，它们总共有 1400 家。

2010 年的营业额总数显示，大型企业以 40%的比重在文化/创意产业中排第一，之后是微型企业，以 28%的比重排第二。中小型企业分别占总体营业额的 16%。

① 截至发稿时，2011 年暂无数据可用。

企业类型	企业		营业额		平均营业额（千欧元）
	数量	比重	百万欧元	比重	
微型企业	236 091	97.2%	38 772	27.5%	164
小型企业	5 473	2.3%	22 136	15.7%	4 045
中型企业	1 144	0.5%	23 259	16.5%	20 331
大型企业	290	0.1%	57 070	40.4%	196 795
所有企业类型*	242 998	100%	141 237	100%	581

图 2-8　2010 年根据营业额规模大小划分的文化/创意产业

说明：年营业额大于 17 500 欧元的企业，选自统计部门、组、级：Nr. 32.1，32.2，47.6*，58-60，62.01，63.12，63.91，71.11，73.1，74.1-3，90，91。

来源：营业税统计，德国联邦统计局(2012)；米夏埃尔・松德尔曼/文化产业研究办公室的独立核算。

以行业类别为标准的企业类型分布

除了广播产业（它营业额的 85%由大型企业创造）这个组成部分以外，只有出版业营业额的 65%是由大型企业创造的，高于平均水平。在电影经济以及广告市场中，大型企业以 41%和 44%的营业额比重扮演相对重要的角色。

在所有剩下的 7 个子市场中，微型企业的比重从 24%（软件/游戏产业）到 76%（建筑业），在营业额中占最大的比例。有趣的是，软件/游戏产业在营业额比重上展现出了惊人的一致，每四分之一的营业额由 4 个不同的企业类型承担，大型企业的比重与去年相比上升了，目前为 34%（去年为 28%）。

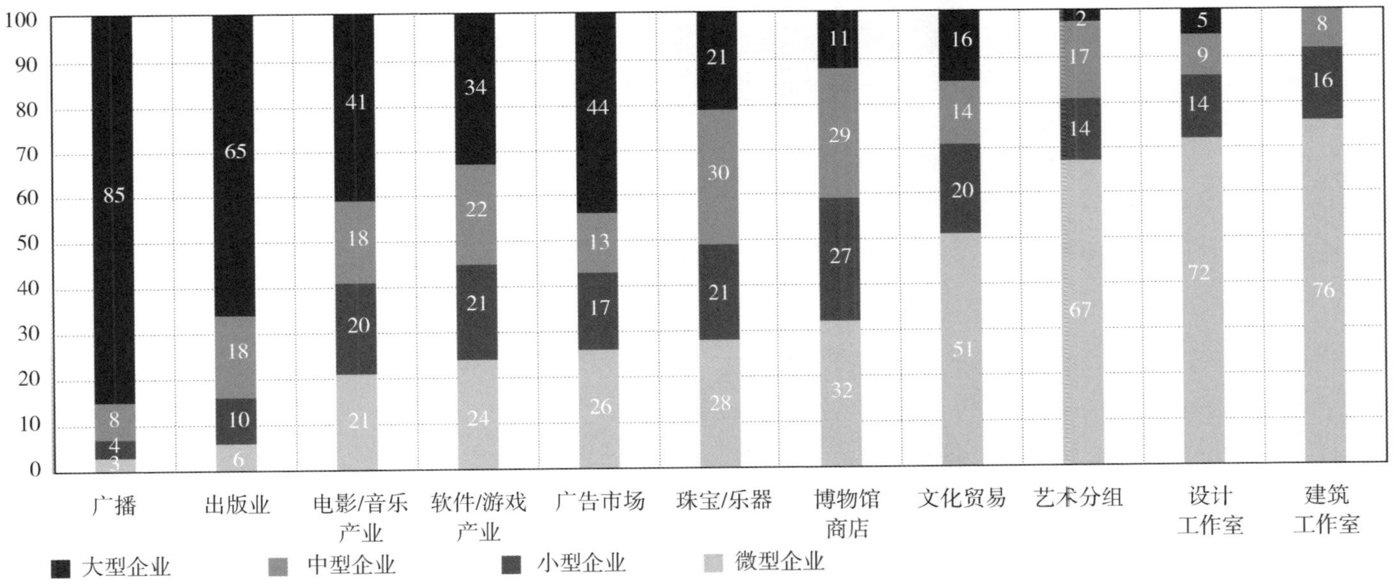

图 2-9　2010 年文化/创意产业 11 个子市场的企业分类

说明：年营业额最低 17 500 欧元的企业。

来源：营业税统计，德国联邦统计局(2012)；米夏埃尔・松德尔曼/文化产业研究办公室的独立核算。

总的来说，从 11 个组成部分的企业营业额结构分布来看①，文化/创意产业在更广泛的组成部分

① 统计小组需要根据数据来源将 11 个“子市场”分组，因为根据“细分市场”划分是不可能的。

上受到微型企业和自由职业者的影响。

2.6 文化/创意产业与汽车制造业的对比

文化/创意产业与汽车制造业的对比表明，不同的企业类型在各自经济部门中具有不同的重要性。

在文化/创意产业中，微型和小型企业一起承担了43%(27%和16%)的营业额。在汽车制造业中，微型和小型企业以1%的比重几乎不起任何实际作用。从经济角度看，中型企业在汽车制造业中起到一个相似的微不足道的作用。它只占总体营业额的2%。同样在文化/创意产业中可以看到，中型企业以17%的营业额起到一个相对重要的作用。

大型企业在汽车制造业中占比97%，其在此行业中的重要意义显而易见。文化/创意产业的大型企业占40%的份额，不到一半。

这一和传统行业的直观对比展现了微型企业结构在文化/创意产业与汽车制造业中的不同。

大型企业在传统制造业环节中具有举足轻重的地位，然而文化/创意产业中的大型企业并不具有这样的地位。

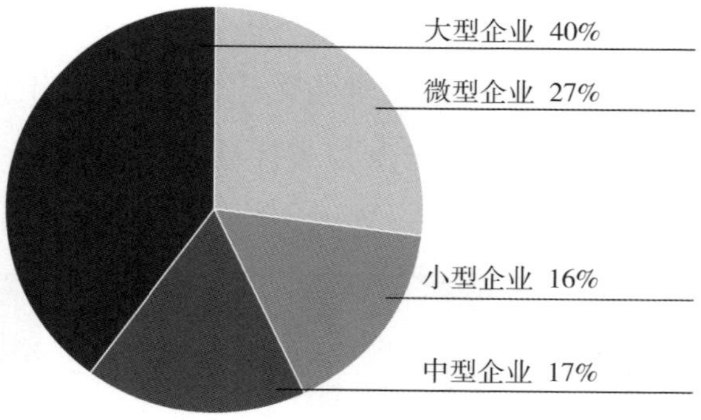

图2-10　2010年文化/创意产业中根据营业额规模划分的企业类型

说明：年营业额高于17 500欧元的企业。

来源：营业税统计，德国联邦统计局(2012)；米夏埃尔·松德尔曼/文化产业研究办公室的独立核算。

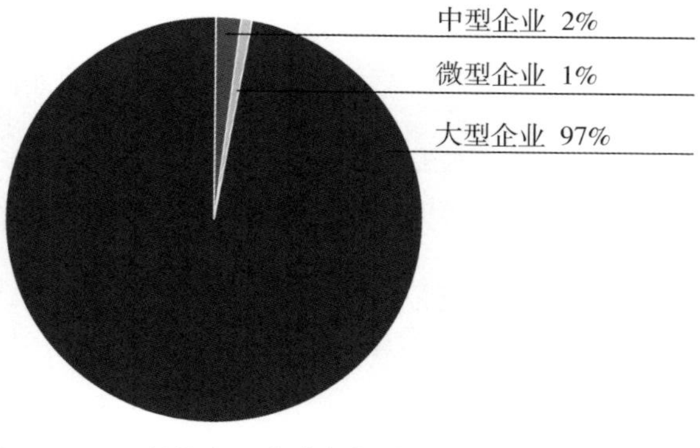

图2-11　2010年汽车工业中根据营业额规模划分的企业类型

说明：年营业额高于17 500欧元的企业。

来源：营业税统计，德国联邦统计局(2012)；米夏埃尔·松德尔曼/文化产业研究办公室的独立核算。

总体而言，对于文化/创意产业行业整体的恰当的评价是绝对必要的，须把目光从有社会地位的企业转移到许多小企业上。经济繁荣在文化/创意产业的不同市场中发生，到目前为止，靠定量实践方法只能基本明确是哪个子市场。对文化/创意产业不同企业类型的认识越精确，那么“创造性行为”的价值制造效应就越强。

2.7 题外话：文化/创意产业中的女性比重

尽管进行了一些研究，但“文化/创意产业中的女性从业者”这一主题仍有待研究。针对不同性别之间的关系的各种常规问题在社会上受到广泛讨论，但却没什么进展，因而需要一个广泛的调查(例如，相同的薪酬下担任最高职位等)。

本节将简要说明女性在文化/创意产业中的比重。

我们会明显地发现女性在文化/创意产业中的比重似乎有所下降。以往通常占有 50%或更多，而现在却达不到。其中一个原因显然是新的统计分组所致。引进的工业分类 WZ-2008 加入了之前由于统计原因没有计算在内的经济群体。对于这些经济群体，以前没有关于性别的特殊数据报告。这些新被记录在内的经济群体包括摄影、珠宝生产、音乐产业等。

图 2-12 显示，女性在文化/创意产业总就业人数中的比重为 49%。女性比重降至 50%以下有两个原因，从该图可知主要为：首先，随着新的经济群体的增加，女性比例低于平均水平的经济部门数量更多；其次，女性在自雇职业中仅创造 38%的价值。

女性在文化/创意产业中的比重因此降至 50%这个分水岭之下。在企业雇员中，女性占到了 50%(如果排除经济群体)。

经济分组	总计	独立从业者中女性的比例	企业雇员中女性的比例
图书馆、档案馆、博物馆等	66%	—	61%
翻译	66%	64%	63%
出版物零售贸易	63%	43%	61%
珠宝生产等	61%	—	38%
出版业	55%	41%	56%
设计活动	53%	49%	67%
电视台	52%	60%	52%
广告	47%	31%	50%
摄影和照相馆	46%	33%	60%
广播	42%	40%	45%
创意、艺术活动	41%	39%	41%
电影产业	41%	30%	47%
录音/音乐出版社	38%	—	—
游戏/软件出版社	22%	17%	24%
文化/创意产业	49%	38%	50%
与整体经济相比	46%	32%	48%

图 2-12　2011 年文化/创意产业中的女性从业者比重

说明：不包含建筑行业、乐器生产、装订业。

来源：微普查，德国联邦统计局(2012)；米夏埃尔·松德尔曼/文化产业研究办公室的独立核算。

与女性在整体经济中的比重相比，文化/创意产业稍微好一点。整体经济中 46%的从业人员是女性，其中女性独立从业者在整个经济中的比例为 32%，在企业雇员中为 48%。

根据艺术家社会保险报告，女性自由职业艺术家在 2000—2011 年增加了 83%，而男性人数在同一时期只增加了 41%。

根据 2010 年的完整报告，大约有 43 800 名女性艺术家，而男性艺术家的数量是 63 400 人。2011 年有 80 200 名女性和 89 400 名男性活跃在文化/创意产业中。一共有大约 169 600 名艺术家以文化/创意产业为业。这代表了女性的比重是 47%。

总的来说，可以从不多的数据中看到，文化/创意产业对于女性来说是一个越来越重要的就业市场。

最后应当指出的是，对女性在文化/创意产业中状况的实质性分析一直都是过期了的。

下一章中有对文化/创意产业 11 个子市场的细节表述。

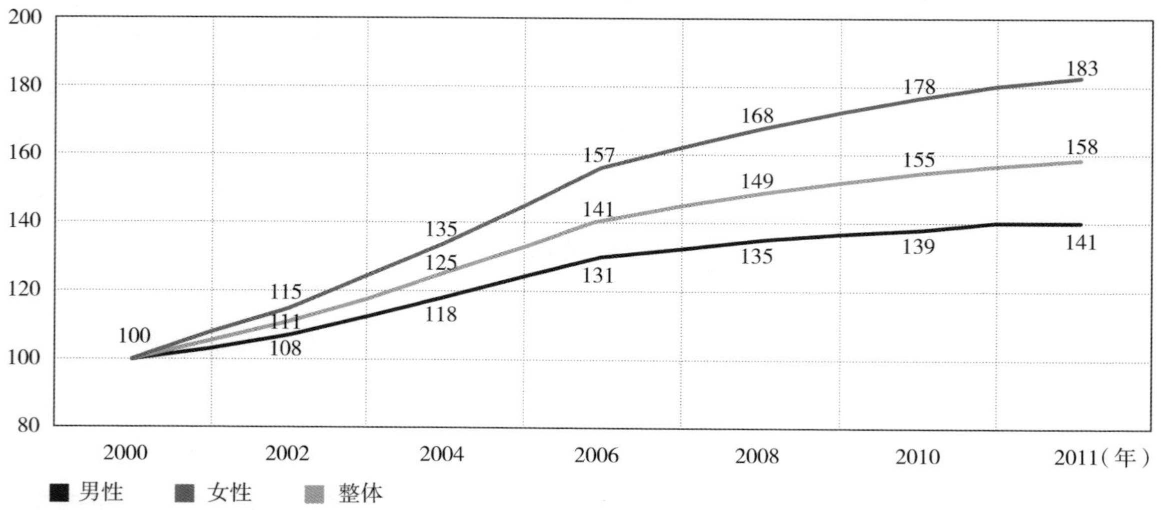

图 2-13 2000—2011 年在艺术家社会保险报告中自由职业艺术家的发展趋势

来源：2012 年艺术家社会保险报告；米夏埃尔·松德尔曼/文化产业研究办公室的独立核算。

3. 11 个子市场的结构和趋势

在接下来的章节中将对文化/创意产业 11 个子市场进行简要的数据描述。仅采用官方统计的相关数据的目的在于确保对经济结构、规模比例和发展趋势的描述可以在统一的、有可比性的基础上进行定证定量分析。和官方统计数据相关联有许多优势：所有子市场必须按经济部门分类来界定，否则官方的经济和就业数据就无法使用。经济分类标准的限制使子市场的理解更加受到关注，即使经济分类体系长期滞后于经济活动发展。

所有子市场的经济活动都在相似的实证数据基础上进行跨行业研究，不同经济活动，例如建筑事务所、画廊、电影工作室或设计工作室的活动都将按相同的经济参考值进行记录和描述。

因为官方数据原则上是可以公开获取的并且至少每年更新，任何研究机构都可以获取并处理这些数据。

接下来将通过各自的经济部门以及 4 个规模类型企业、营业额、就业人数来概括 11 个子市场。每一个子市场的特征通过营业额数量来描述。最后对每一个子市场的发展趋势进行展示。

3.1 音乐产业

音乐产业中包含个体作为首创者的艺术家/文化职业(作曲家、文本作家、制作人/音乐导演)和其他音乐家(表演者)，以及各类盈利性质的歌舞团体。此外，还存在大量其他音乐职业，比如舞台艺术家或考音乐老师。

音像制品出版社被归入制作和传播音乐的企业，一般还有音乐出版、音乐领域交易、戏剧/音乐会举办人、音乐会导演和工作室、商业音乐剧制作、音乐布景和音乐节。这些通常属于听起来有些过时的“戏剧或歌剧企业”经济环节。“其他文化企业的辅助工作”这一经济环节涵盖了舞台技术的工作和预售服务。与过去 2009 年监测报告不同，“录音零售贸易”与“乐器制造”被归入音乐产业中。

音乐产业在很多情况下和表演艺术联系在一起。这样许多经济环节既有音乐类别也有表演艺术类别。此外，音乐剧和音乐会企业在很大程度上和非盈利性的音乐企业联系在一起，比如公开集资的歌剧院或者公开核算的有互补的紧密交流关系的无线电台。然而，最开始在媒体和公众眼中，音乐经济被等同于唱片行业或者音乐行业部门。这个部门和音像视觉产业、数码经济或者互联网经济有密切的经济联系。

表 3-1　音乐产业的核心经济部门

经济部门编号	经济部门
90. 03. 1	独立演奏家等
90. 01. 2	乐团
59. 20. 1	声乐工作室
59. 20. 2	载声体出版社
59. 20. 3	音乐出版社
90. 04. 1	戏剧和音乐会举办者*
90. 04. 2	私人音乐/戏剧室等*
90. 02	提供表演艺术服务*
47. 59. 3	乐器零售贸易等
47. 63	录音/图像载声体零售贸易*
32. 20	乐器生产

说明：* 也属于其他子市场

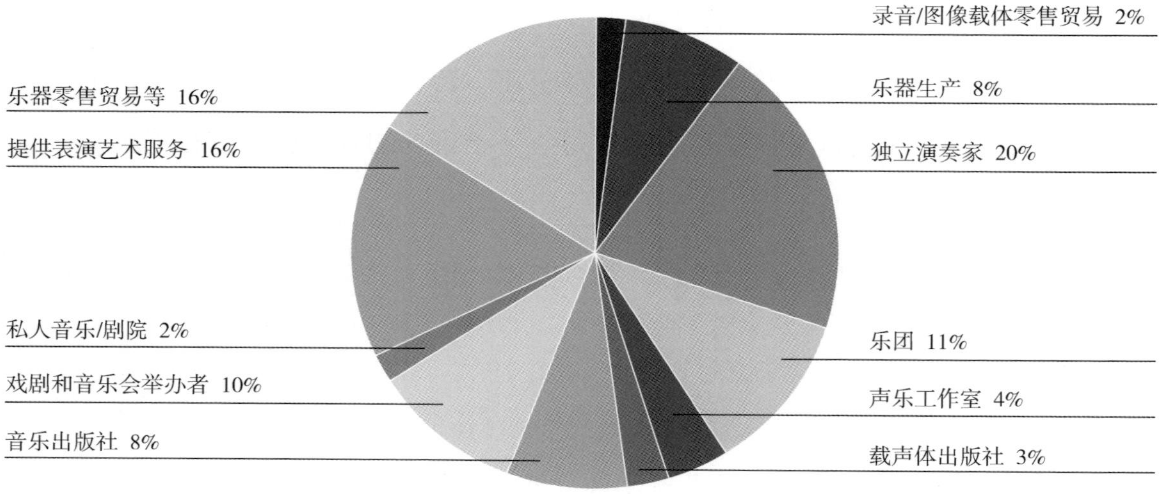

图 3-1　2011 年音乐产业中根据经济部门划分独立从业者和企业

说明：年营业额超过 17 500 欧元的企业。

来源：营业税税计，德国联邦统计局(2012)；米夏埃尔・松德尔曼/文化产业研究办公室的独立核算。

主要数据

根据先前的报告，音乐产业在 2011 年总共有 46 800 名从业者或者说文化/创意产业 4. 2%的雇员。其中包括提供社会保险的岗位 33 000 个。最重要的经济环节是音乐和舞蹈剧团、戏剧/音乐会组织者、音乐零售和音像制品/音乐出版社，从吸纳就业的能力来衡量，每个环节占 13%和 14%。

2011 年音乐产业创造了约 65 亿欧元的营业额。这相当于文化/创意产业总体营业额的 4%。最重要的经济环节是印象制品/音乐出版社，大约以 16 亿欧元的营业额占整体营业额的 1/3。音乐零售和音像制品/音乐出版社和音乐零售以在文化/创意产业中 23%和 19%的市场份额排在之后。

在音乐产业中，自雇型企业和应税企业在 2011 年一共有 13 900 家，占所有文化/创意产业企业的 3. 8%。其中有大约 4 300(占 30%)家是独立音乐职业(独立音乐家和乐团)，在音乐经济中占最多。剩下的 6 900 家企业和音乐公司有关，它们广泛地分布在和音乐舞台、商业音乐剧有关的音乐部门中，它们由 230 家增至 270 家，在音乐产业中占 2%。

企业类型

涉及 2010 年的结构数据①，按企业类型划分的企业营业额规模如下。

大约 4 100 家企业即数量占比 97%的微型企业创造了市场营业额的 31%。

大约 122 家小型企业凭借 3%的企业占比创造了市场营业额的 15%到 16%，与此同时，共计 12 家中型和大型企业占市场营业额的 43%。

大中型企业的平均营业额每年有 5 900 万欧元，与此同时微型企业平均每年的营业额可以达到 212 000欧元。

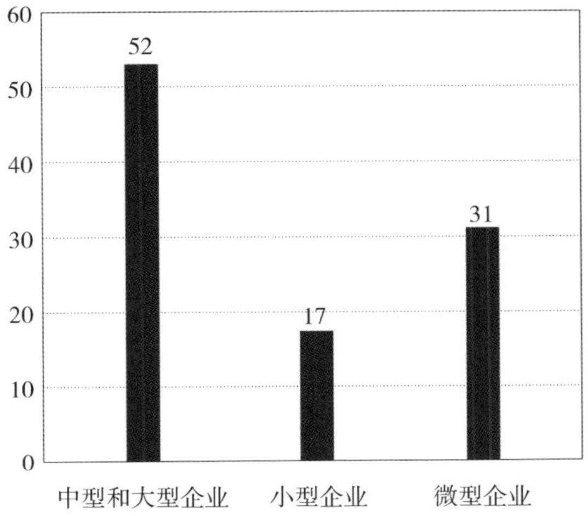

图 3-2　2010 年音乐产业中根据企业类型划分的营业额规模

说明：选自经济部门载声体/音乐出版社、音乐资料零售贸易等。

来源：营业税统计，德国联邦统计局(2012)，米夏埃尔・松德尔曼/文化产业研究办公室的独立核算。

发展

前言：由于统计的工业分类标准从 WZ-2003 转换为 WZ-2008②，目前无法显示所有市场部门的长年发展趋势。因此，该分析局限于 2009 年、2010 年、2011 年的年度比较。

如图 3-3 所示，音乐产业在 2009 年危机之后在企业、营业额、就业和雇佣员工四个方面都没有任何积极的发展。它在 2010 年几乎是停滞或出现高达 1%的跌幅。经济状况改善的第一个标志直至 2011 年才出现。因此，音乐产业的营业额增加并比 2010 年同期预计增长 3%。此外，在业务方面出现了回

① 截至发稿时，2011 年暂无数据可用。

② 参阅载于附录的方法说明。

头：在减少之后到 2010 年，公司数量增长了近 1 倍，从而回到 2009 年的水平。就业市场上依然没有积极表现。就业数字在 2011 年停留在前一年的水平。这种停滞主要表现在集团雇员群体上，他们的总人数没有增加，反而继续减少。2011 年雇员数相比于 2010 年下降 0.3%的同时，独立从业者的增长被平衡了。因此，就业市场总体上还没有发生变化。

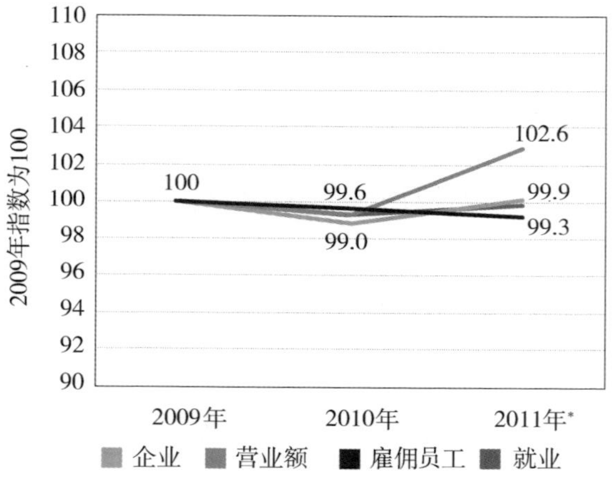

图 3-3　2009—2011 年音乐产业的发展*

说明：*估算的数据或临时数据。就业(独立从业者和企业雇员)，雇佣员工(只含有社保的企业雇员)。

来源：营业税统计，德国联邦统计局(2012)；就业人员统计，联邦就业办公室(2012)；米夏埃尔·松德尔曼/文化产业研究办公室的独立核算。

总体而言，音乐行业在 2009 年危机之后在 2011 年也处在一个困难的阶段，主要对就业市场产生影响。如果经济发展持续向好，期待各经济部门营业额的积极发展可使就业市场能够得到改善。

补充说明：对于市场上经济和就业相关情况的进一步研究，请参考以下联合会和其他来源(可供选择)。

表 3-2　音乐产业的联合会和其他来源

德国作曲家协会联合会 www.komponistenverband.de
联邦乐器手工业联合会 www.das-starke-handwerk.de
德意志联邦乐器制造商联合会 www.musikinstrumente.org
联邦演出活动组织者联合会 www.idkv.com
联邦音乐产业联合会 www.musikindustrie.de
德国作曲家联合会 www.komponistenverband.de
德国音乐委员会 www.musikrat.de
德国摇滚与流行音乐家联合会 www.drmv.de
德国音乐出版商联合会 www.dmv-online.com
德国音乐经销商联合会 gdm-online.com
德国音乐经纪人与顾问联盟 www.imuc.de
媒体音乐联合会 www.mediamusic-ev.de

续表

德国音乐会导演联合会 www.vdkd.de
独立音乐公司联合会 www.vut-online.de
艺术家社会保险基金会 www.kuenstlersozialkasse.de
MIZ 德国音乐信息中心，音乐产业门户网站 www.miz.org/artikel_themenportale_vorbemerkungen_tpmw-musikwirtschaft.html

3.2 图书市场

图书市场内包括了独立作家。此外还有数量不断增长的独立记者，根据艺术家社会保险机构的定义他们同样也属于所谓的文字工作者。在制作和发行企业方面，图书出版社、专卖和零售业以及文学工作室也被包含在内。

图书市场的特别之处在于，它一直同印刷和媒体市场无关，而是作为一个独立的市场部分存在。下面关于子市场的表述中，作家作为独立的图书市场活动者被提到，因为没有他们的付出，不可能有图书市场存在。

表 3-3　图书市场的核心经济部门

经济部门编号	经济部门
90. 03. 2	独立作家
74. 30. 1	独立译者
58. 11	图书出版社
47. 61	图书零售贸易
47. 79. 2	旧书业
18. 14	图书装订等

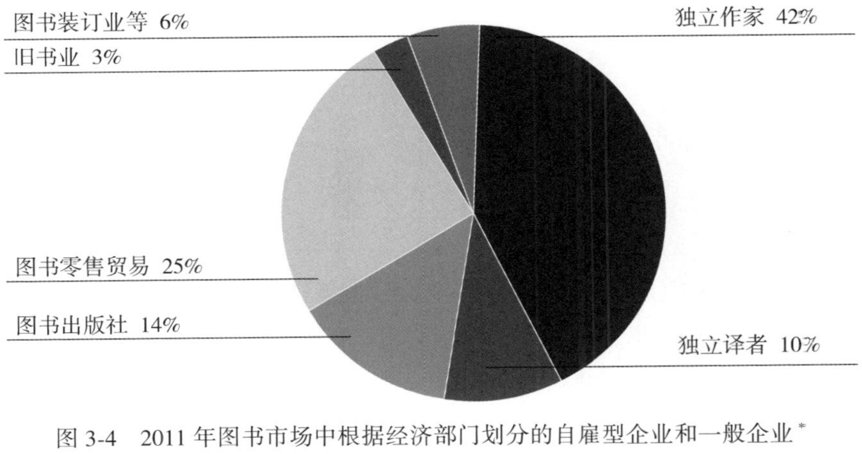

图 3-4　2011 年图书市场中根据经济部门划分的自雇型企业和一般企业*

说明：* 估算的数据。

来源：营业税统计，联邦就业办公室(2012)；米夏埃尔·松德尔曼/文化产业研究办公室的独立核算。

主要数据

根据 2011 年图书市场临时报告，在文化/创意产业中，图书市场有 80 100 人或者 7.3%的从业者。其中包含了提供社会保险的职位，它以 63 300 人的数量在图书市场中占一个很高的比重。从工作职位上衡量，根据新的划分方法①，图书出版业有 30 500 名就业人员(占 38%)，比有 25 500 人(占 32%)的图书零售业重要一些。独立作家大约有 7 500 名(占 9%)，独立译者有约 5 000 名(占 6%)。在新被归入分类的经济行业“装订业”中，大约有 10 800 名就业者(占 13%)，在图书市场就业市场中处于第三位。

2011 年图书市场创造了大约 136 亿欧元的营业总额。这相当于文化/创意产业整体营业额的 8.4%。最重要的经济环节是图书出版社，它以 85 亿欧元的营业额占了总营业额的 2/3。图书零售创造了 36 亿欧元营业额，约占 26%；图书装订等有 5.86 亿欧元的营业额，约占 4%，而独立作家和译者的营业额达 8.73 亿欧元，占图书市场营业额的 6%。

图书市场自雇型企业和应税公司的数量在 2011 年有 16 900 家左右，占文化/创意产业企业数量的 5.7%。其中，约 8 900 家(52%的份额)属于独立作家和翻译者，形成了图书市场的最大群体。在其他的图书公司，书商凭借约 4300 家公司而闻名，其次是 2 300 家图书出版商和具有 990 家公司的装订业等。旧书业有约 460 家公司，是图书市场内最小的群体。

企业类型

涉及 2010 年的结构数据②，根据企业类型划分的营业额规模如下所示。

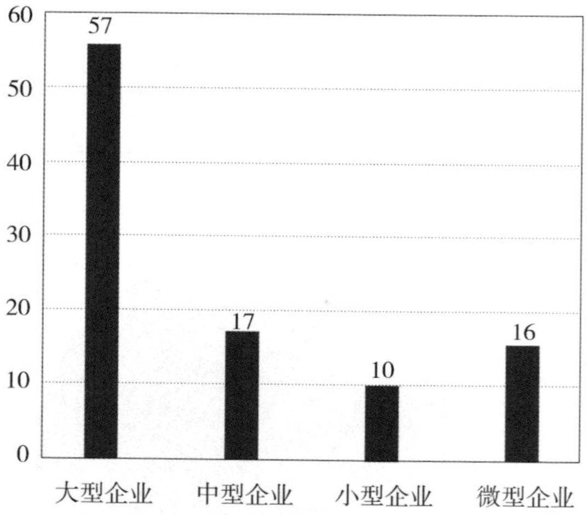

图 3-5　2010 年图书市场中根据企业类型划分的营业额规模

说明：选自经济部门图书出版商金额图书零售贸易等，不包括独立作家和翻译者以及图书装订业等。

来源：营业税统计，德国联邦统计局(2012)，米夏埃尔·松德尔曼/文化产业研究办公室的独立核算。

① 相比之前的 WZ-2003，据来自官方统计，“图书出版”行业通过引入 WZ-2008，享有社保的员工显著减少。然而，这种减少并不是真正的市场变化，而仅仅是由于统计变换出现的。

② 截至发稿时，2011 年暂无数据可用。

约 6 000 家即数量占比 93%的微型企业创造了市场营业额总额的 16%。

大约 410 家中小型企业以 6%的数量占比创造了市场营业额的 27%，与此同时 28 家大型企业创造了市场营业额的 57%。

大型企业的平均年营业额每年达 25 300 万欧元，与此同时微型企业平均每年创造了 32.3 万欧元的市场营业额。

发展

前言：由于统计的工业分类标准从 WZ-2003 转换为 WZ-2008①，目前无法显示所有市场部门的长年发展趋势。因此，该分析局限于 2009 年、2010 年、2011 年的年度比较。

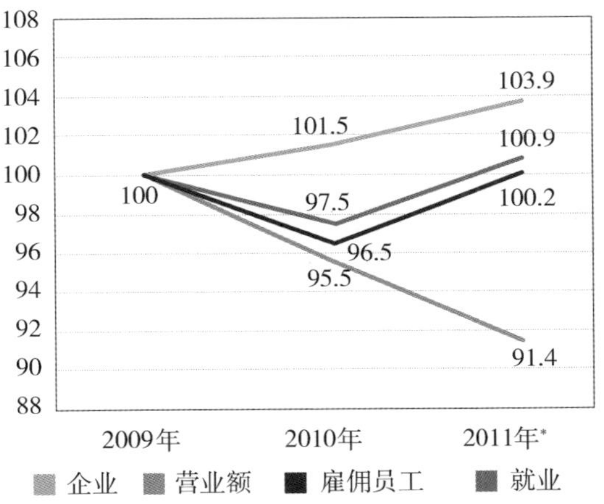

图 3-6　2009—2011 年图书市场的发展

说明：* 估算的数据或临时数据。就业(独立从业者和企业雇员)，雇佣员工(只含享有社保的企业雇员)。

来源：营业税统计，德国联邦统计局(2012)；就业统计，联邦就业办公室(2012)；米夏埃尔·松德尔曼/文化产业研究办公室的独立核算。

图 3-6 显示了 2009 年和 2011 年间企业数量 3.9%的增长，其他各类指标：营业额、就业和雇佣员工到 2010 年都出现了-2.5%至-4.5%的消极增长。可以预见，2011 年将在就业和雇佣员工市场上出现令人吃惊的发展。因此，在这两类上与 2010 年相比增幅均超过 3%。这种积极的趋势与营业额的下降趋势是一个奇特的对立。它在图书市场 2010 年的不景气后下降持续超过 4%。如若图书市场的经济能力继续下降，这也必然对就业市场产生负面影响。

总的来说，几年以来图书市场都存在结构性变动，主要体现在就业市场上的人员流失方面。图书市场的企业在经济繁荣与萧条的转变之间移动着。到目前为止，图书市场凭借其从微型和小型企业到少数大型企业的广泛的企业结构在文化/创意产业中维持自己的地位。图书市场作为一个文化产业的重要市场，会因为增长的媒体和图书数码化产生变动，这一变动也是值得期待的。

补充说明：对于市场上经济和就业相关情况的进一步研究，可参考以下联合会和其他来源(可供选择)。

① 参阅载于附录的方法说明。

表 3-4 图书市场的联合会和其他来源

德国书店证券联合会：www.boersenverein.de
剧作家联盟：www.dramatikerunion.de
德国自由作家联合会,德国作家保护协会：bundesverband@ fda.de
自由编辑联合会：www.vfll.de
德国旧书商联合会：www.antiquare.de
自由编辑联合会
德国作家联合会：http://vs.verdi.de

3.3 艺术市场

艺术市场包含了从事创作艺术的个体艺术家/艺术从业者。广义上来讲包含画廊、拍卖行/艺术拍卖和艺术商行。作为特例需要强调的是，艺术市场从企业数量角度来看属于文化/创意产业最小的子市场。因此在以官方统计为基础的数据材料中对这个子市场进行拓展十分困难。

所以在官方统计中把艺术贸易和其他类型的经济活动混在一起，比如礼物、鹿角和邮票的买卖活动等。因此德国现有的经济分类中"艺术制品零售业"并不是特别用于艺术品市场的，只能根据具体情况进行估算。此外，在分类中"独立创作艺术家"这一经济分类中既有自由的也有应用型的艺术家职业。

表 3-5 艺术市场的核心经济部门

经济部门编号	经济部门
90.03.3	独立艺术家
47.78.3	艺术品零售贸易
91.02	博物馆商店等
47.79.1	古董零售贸易

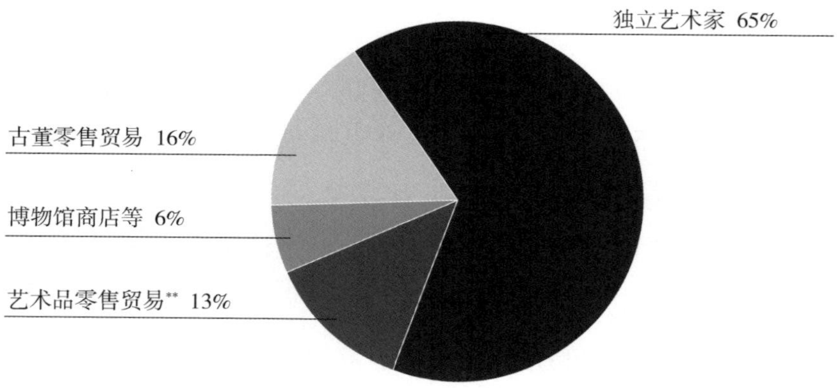

图 3-7 2011 年艺术市场中根据经济部门划分的自雇型企业和一般企业

说明：** 估计值。

来源：营业税统计，德国联邦统计局(2012)；米夏埃尔·松德尔曼/文化产业研究办公室的独立核算。

主要数据

根据临时报告，艺术市场 2011 年在文化/创意产业中提供了总共 19 200 个或者 1.7%的岗位，其中包含提供社会保险的岗位，此岗位中大约有 5 600 人，在艺术市场中占很小的部分。

以从业者数量来衡量，最重要的经济环节是独立创作艺术家的群体，该群体大约有 10 200 人(包括小部分的相关从业者)，占艺术市场从业人数的 53%。除了这些来自官方统计的数据，在艺术市场中还有大量从事自由职业的独立创作艺术家。因此艺术从业者在 2011 年初以 59 700 人的数量单独被记录在创作艺术市场中。

广泛的艺术贸易企业(画廊、拍卖行、商行)的数量只能估算，大约有 1700 家，博物馆商店和从事艺术品展览贸易活动的大约有 820 家。此外，古董贸易在国际划分①后新增了近 2200 家零售商。扩大的艺术品交易为 9 000 人(在艺术品市场中所占的比重为 47%)提供了工作。

2011 年艺术市场创造了大约 24 亿欧元的营业总额。这相当于文化/创意产业总营业额的 1.5%。艺术市场营业额的一般来自独立创作艺术家这个群体，另一部分来自于艺术商行和博物馆商店这两个经济环节。独立创作艺术家这个群体创造了 77 000 万欧元或者说 32%的营业额，艺术品贸易创造了大约76 000万欧元或者说 32%的营业额，博物馆商店以及艺术展览创造了大约 52 000 万欧元或者德国艺术市场总营业额的 21%。艺术品商行的营业额所占比重因此越来越少，因为特别是引导市场的大型画廊和艺术商行营业额的很大部分在由海外市场创造并且通过海外的分支机构来平衡。与此相反的是，创作艺术家通常在他们在德国的居住地缴税。

企业类型

由于经济部门艺术品交易有上述提到的区分问题，因而和古董贸易一样不将它包括在营业额规模分析中，在古董贸易中由于数据保护而不计大小。

涉及 2010 年的结构数据②，根据企业类型划分的营业额规模(博物馆商店等)如下。

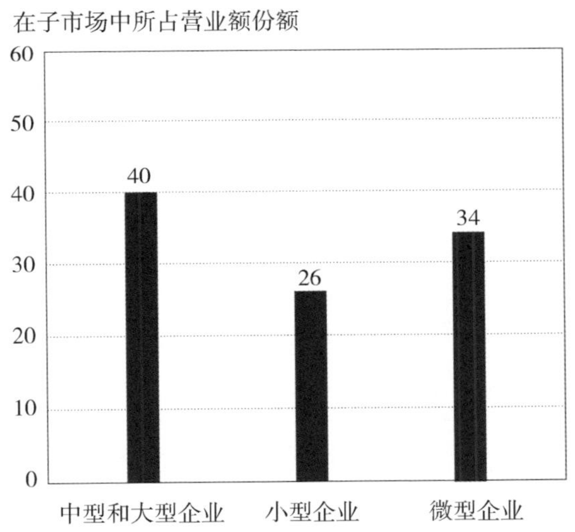

图 3-8　2010 年艺术市场中根据企业类型划分的营业额规模

说明：选取了博物馆商店等经济部门，不包括创作艺术家、艺术品贸易和古董贸易。

来源：营业税统计，德国统计局(2011)，米夏埃尔·松德尔曼/文化产业研究办公室的独立核算。

① 参见 2009 年联合国教科文组织文化统计框架，2011 年 Essnet 文化统计。

② 截至发稿时，2011 年暂无数据可用。

约 790 家即数量占比 96%的微型企业创造了市场 34%的营业额。

31 个小型企业以其 4%的数量占比创造了 26%的市场营业额，而中大型企业创造的营业额占比为 40%。

中型企业的年平均营业额(包括大型企业)每年为 4 170 万欧元，而微型企业每年大约有 225 000 欧元的营业额。

发展

前言：由于统计的工业分类标准从 WZ-2003 转换为 WZ-2008①，目前无法显示所有市场部门的长年发展趋势。因此，该分析局限于 2009 年、2010 年、2011 年的年度比较。

2009—2011 年的艺术市场的营业额高于平均水平的增长，幅度超过 12%。与此相反，在 2010 年的低迷之后，艺术贸易公司的数量在 2011 年没有增加，而雇佣员工最开始处于一个相对稳定的水平(2010 年)，随后大幅下滑。

在这些相悖的发展的后面可能是一个全面转型的艺术市场。在营业额同期继续上升的同时，艺术市场中的工作人员急剧减少。有社保的员工很有可能被短期或被临时工代替。如果要使艺术市场的经济趋势继续积极发展，可能需要重新预估新的有社保的工作岗位。

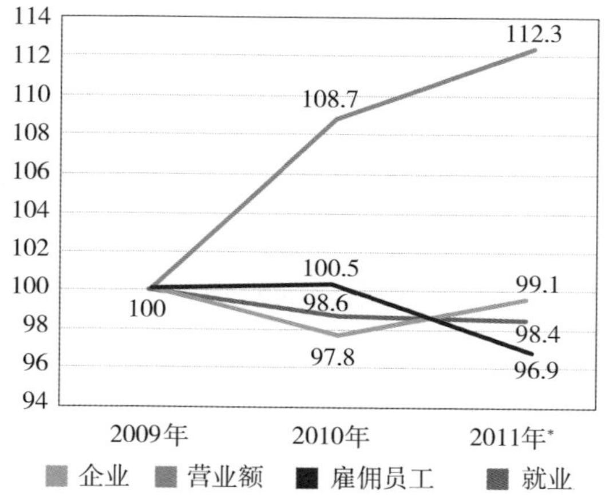

图 3-9　2009—2011 年艺术市场的发展

说明：* 估算的数据或临时数据。就业(独立从业者和企业雇员)，雇佣员工(只含享有社保的企业雇员)。

来源：营业税统计，德国联邦统计局(2012)；就业统计，联邦就业办公室(2012)；米夏埃尔·松德尔曼/文化产业研究办公室的独立核算。

总体而言，艺术市场作为文化/创意产业内最小的子市场对整个行业的形象和身份来说十分重要，因为它一直被视为原始的艺术作品生产部门，并可以实现艺术和画廊经营者或者经销商之间在市场里的转换。

补充说明：对子市场经济和就业相关情况的进一步研究，可参考以下联合会和其他来源(可供选择)。

表 3-6　艺术市场的联合会和其他来源

德国艺术贸易联合会：www.arbeitskreis-kunsthandel.de
德国视觉艺术家联合会：www.bbk-bundesverband.de

① 参阅载于附录的方法说明。

续表

德国艺术贸易联合会：www.arbeitskreis-kunsthandel.de
德国艺术和古董贸易联合会：www.bdka.de
德国艺术拍卖商联合会：www.kunstversteigerer.de
德国艺术贸易联合会：www.deutscherkunsthandel.org
艺术家联合会(GEDOK)：vwww.gedok.de
其他德国文化理事会“艺术部门”下的协会：www.kulturrat.de

3.4 电影产业

电影产业包含了从事舞台艺术的独立艺术家/艺术工作者，他们是众多电影工作者的代表。

电影制作和发行企业包括电影/电视和视频节目制作企业，电影租赁公司、视频节目供应商，以及电影院。根据新的划分方法①而新收入电影产业的经济部门有录音图像载体的零售贸易以及录像出租公司。要特别说明的是，电影制作包括电视电影的制作，它们并不属于广播产业。除此之外，电影制作包含了从电影院、电视、产业、经济和广告电影到其他电台制作的所有形式。电影产业以及广播产业与其他视听产业紧密相关。

表 3-7 电影产业的核心经济部门

经济部门编号	经济部门
90.01.4	独立舞台、电影、TV 艺术家*
59.11	电影/TV 制作
59.12	后期制作和其他电影技术
59.13	电影出租
59.14	影院
47.63	录音和图像载体零售贸易*
77.22	录像出租

说明：* 也属于其他子市场。

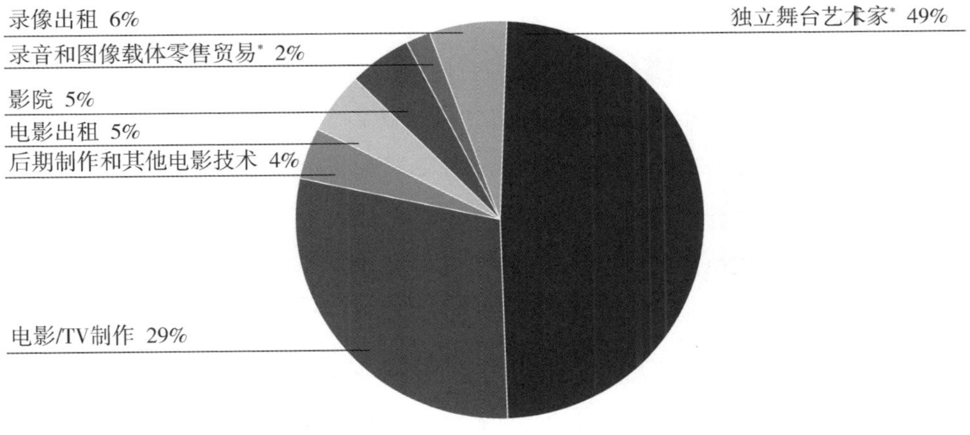

图 3-10 2011 年电影产业中根据经济部门划分的自雇型企业和一般企业**(百分比)

说明：* 也属于其他子市场，** 估算的数据。

来源：营业税统计，德国联邦统计局(2012)，米夏埃尔·松德尔曼/文化产业研究办公室的独立核算。

① 参见 2009 年联合国教科文组织文化统计框架，2011 年 Essnet 文化统计。

主要数据

根据临时报告，2011年电影产业总共有60 800名从业人员，占文化/创意产业从业者的5.5%。其中提供社保的岗位以42 600人的数量在电影产业中占较高的比重。最重要的经济环节是电影/电视/视频制作，它可以为超过一半的从业者提供就业机会。

2011年电影产业创造了大约95亿欧元的营业额。这相当于文化/创意产业总营业额的5.9%。最重要的经济环节还是电影/电视/视频制作，它以48亿欧元的营业额占到了总营业额的一半。电影出租者和电影院以20%和14%的市场份额紧随其后。

独立企业的数量在2011年一共有18 200多家或者说有文化/创意产业所有企业的6.2%的数量。其中大约9 000家(49%的比重)属于独立舞台艺术家，他们在电影产业中是最大的组织。其他剩下的9 200家企业和电影公司有关，是电影/电视视频制作(总共占电影产业的29%)中最重要的活跃环节。

企业类型

涉及2010年的结构数据①，根据企业类型划分的营业额规模如下所示。

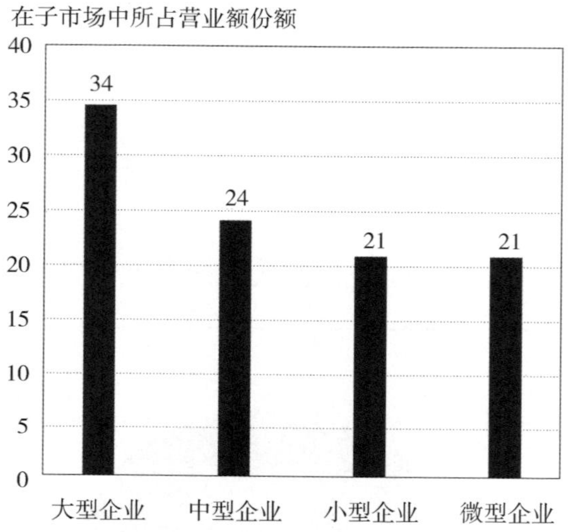

图3-11　2010年电影产业中根据企业类型划分的营业额规模

说明：选择的电影产业中不包括独立舞台艺术家。

来源：营业税统计，德国联邦统计局(2012)，米夏埃尔·松德尔曼/文化产业研究办公室的独立核算。

超过7300家即数量占比94%的微型企业创造了市场营业额的21%。

大约480家中小型企业以6%的数量占比创造了市场份额的45%，与此同时，21家大型企业在市场营业额中占34%。

大型企业的年平均营业额为19 100万，而微型企业平均每年有22 000欧元的营业额。

① 截至发稿时，2011年暂无数据可用。

发展

前言：由于统计的工业分类标准从 WZ-2003 转换为 WZ-2008①，目前无法显示针对所有市场部门的长年发展趋势。因此，该分析局限于 2009 年、2010 年、2011 年的年度比较。

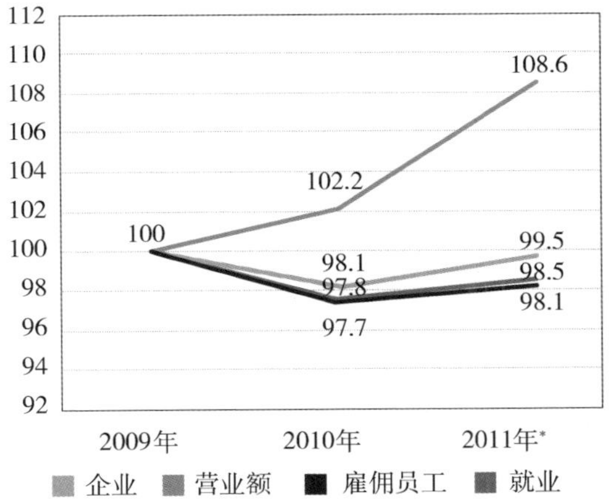

图 3-12　2009—2011 电影产业的发展

说明：* 估算的数据或临时数据，就业（独立从业者和企业雇员），雇佣员工（只含享有社保的企业雇员）。

来源：营业税统计，德国联邦统计局（2012）；就业统计，联邦就业办公室（2012）；米夏埃尔 · 松德尔曼/文化产业研究办公室的独立核算。

电影业的发展在 2009—2011 年期间在营业方面有 8.6%的高于平均水平的积极增长，与之相反，2011 年在企业、就业和雇佣员工方面有 2%左右的负增长或者处于停滞状态。

在经济方面，电影和 TV 制作是电影产业中目前最重要的经济部门。它估计到 2011 年会有一个 6%以上的强劲的经济增长，因此对电影业产生积极影响。如果经济趋势继续积极地发展，就业数字就会再次上升。

电影业与图书市场以及音乐和广播产业一起属于文化/创意产业的经典文化市场。随着数字技术的进步以及互联网经济的迅速扩张，电影业献身于媒体崛起，并因而在自己清晰的轮廓中迷失。

补充说明：对子市场经济和就业相关情况的进一步研究，可参考以下联合会和其他来源（可供选择）。

表 3-8　艺术市场的联合会和其他来源

电影股份有限公司-德国电影艺术剧场同业公会：www.agkino.de
电影出租协会：www.ag-vertein.de
德国制片人同盟：www.produzentenallianz.de
德国电影电视制作人联合会：www.produzentenallianz.de
联邦视听媒体联合会（BVV）：www.bvv-medien.de

① 参阅载于附录的方法说明。

续表

电影股份有限公司-德国电影艺术剧场同业公会：www.agkino.de
德国电影和视听媒体制片人联合会(BAV)：vwww.bundesverband-av.de
联邦影视导演联合会(BVR)
联邦影视演员联合会(BFFS)
联邦德国电影作家联合会(BDFA)
联邦摄像人员联合会(bvk)
电影广告联合会(FDW)：vwww.fdw.de
德国电影：www.german-cinema.de
HDF 电影联合会(HDF)：www.hdf-kino.de
德国演员权益联合会(IDS)：www.ids-ev.eu
电影产业顶尖组织联合会：www.spio.de
电影租赁联合会(VdF)：www.vdfkino.de
德国电影出口商联合会(VDFE)：www.vdfe.de
德国电影制片人联合会：www.filmproduzentenverband.de
德国演员经纪公司联合会：www.schauspieler-agenturen.de
德国影视科技公司联合会：www.vtff.de

3.5 广播产业

广播产业从 20 世纪 80 年代末起受到双轨广播的影响。除了公共广播公司，从那时起出现了私营经济的广播。此外还有小型的非盈利性广播(地方广播、自由广播、高校电视台等)。

私营经济广播，这里归入广播产业，主要是通过在市场投放广告来筹资。其他的盈利通过订阅费和电话购物获得。除了广播公司和节目制作人外，还有独立记者和新闻办公室包含在广播市场中，因为它们主要为广播行业提供服务。

私营广播主办者从事广播和电视节目的组织、实现和播送工作。广播和电视节目的制作者提供不同规格的节目。电影院电影和电视电影通常是在电影工作室制作的，一般包含在电影制作这个经济部门里。但是这种分类并不明确，因为整个电影公司都属于广播公司的范畴，因此其营业额被包含在广播公司的就纳税营业额中。

表 3-9　广播产业的核心经济部门

经济部门编号	经济部门
90. 03. 5	独立记者和印刷摄影师*
60. 10	电台举办人
60. 20	电视举办人

说明：* 也属于其他子市场。

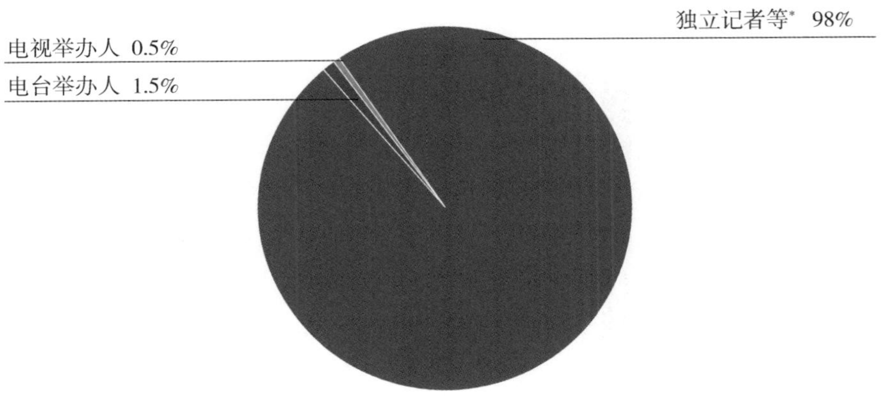

图 3-13　2011 年广播产业中根据经济部门划分的自雇型企业和一般企业**

说明：* 也属于其他子市场，** 估算的数据。

来源：营业税统计，德国联邦统计局(2012)；米夏埃尔·松德尔曼/文化产业研究办公室的独立核算。

主要数据

根据初步统计，2011 年的广播产业总共有 40 100 名就业者，占文化/创意产业就业总人数的 3.6%。按两个产业部门的划分有大约 18 400 名独立记者以及 860 名享有社保的从业者，而广播组织者和节目制作者这两个经济部门有大约 21 600 名从业者，包括 21 200 名有社保的企业员工。

在广播产业中 22 600 名有社保的企业员工总数里不包含临时工或者其他自由职业者，但包含每周工作时间占常规时间一半以上的非全日专职员工。除此之外，总数还不包括公共广播公司，它另外有大约 32 000 名员工(包含公共企业)。

2011 年，在广播产业中，有缴税义务的企业将近 17 900 家，占文化/创意产业的 6.7%。其中有 98%或者说 17 600 家属于独立记者。只有 5%或者说大约 360 家企业属于广播主办者和节目制作者。

在 2011 年，私营经济广播产业创造了大约 85 亿欧元的营业额。这相当于文化/创意产业总营业额的 5.2%。这个营业额数字只包含了独立记者的营业额(12 亿欧元)和有缴税义务的企业(大约 72 亿欧元)。作为参照，公共广播公司(德国国家电视一台、德国国家电视二台)创造了超过 85 亿欧元的营业额。

企业类型

涉及 2011 年的结构数据①，根据企业类型划分的营业额规模如下。

大约 240 家即数量占比 82%的微型企业创造了市场营业额的 3%。

大约 100 家中小型企业以 28%的数量占比创造了市场营业额的 12%，而大型企业以 10%的数量创造了市场营业额的 85%。

大型企业的年平均营业额为 54 600 万欧元，而微型企业的年营业额约达到了 67 万欧元。

① 截至发稿时，2011 年暂无数据可用。

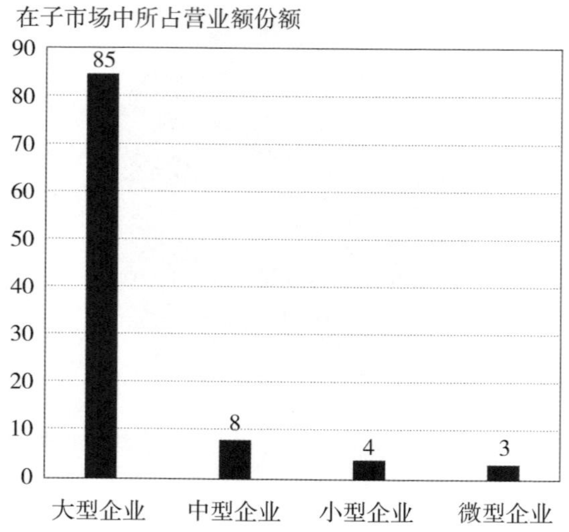

图 3-14　2010 年广播产业中根据企业类型划分的营业额规模

说明：不包括独立记者。

来源：营业税统计，德国联邦统计局(2012)；米夏埃尔·松德尔曼/文化产业研究办公室的独立核算。

发展

前言：由于统计的工业分类标准从 WZ-2003 转换为 WZ-2008①，目前无法显示针对所有市场部门的长年发展趋势。因此，该分析局限于 2009 年、2010 年、2011 年的年度比较。

广播产业是一般来说受广播电视公司在经济上的影响。总体而言，它们据估计可实现远高于平均营业额的增长水平，达到 13%，这在 2011 年也和 2010 年一样由电视企业产生。与此相反，无线电业务的营业额增长在 2011 年停止了，独立记者可以使自己的利润变得更多，与 2010 年相比增长约 1%。

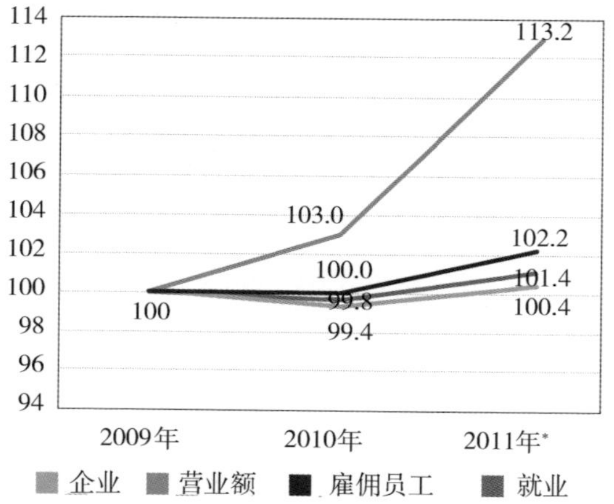

图 3-15　2009—2011 年广播产业的发展

说明：* 估算的数据或临时数据。就业(独立从业者和企业雇员)，雇佣员工(只含有社保的企业雇员)。

来源：营业税统计，德国联邦统计局(2012)；就业统计，联邦就业办公室(2012)；米夏埃尔·松德尔曼/文化产业研究办公室的独立核算。

① 参阅载于附录的方法说明。

总的来说，广播公司的经济发展在 2007 开始出现下降趋势，到 2009 年危机之后开始了积极的发展。这也影响了就业市场，2011 年与 2010 年相比增长了 2%。它是否能成为广播业在未来几年一个稳定的上升部门还有待观察。

补充说明：对子市场经济和就业相关情况的进一步研究，可参考以下联合会和其他来源(可供选择)。

表 3-10　广播产业的联合会和其他来源

德国记者联合会：www.djv.de
DFJV 德国专业记者联合会有限公司：www.DFJV.de
自由纂稿人-自由记者职业联合会：www.freischreiber.de
私营广播和电台联合会(VRRT)：www.vprt.de
金色传媒有限公司(2011)：德国广播经济状况 2010/2011.

3.6　表演艺术市场

“表演艺术市场”这个概念涉及所有的购买经济活动，它包含了戏剧、杂耍、其他小型舞台剧、音乐剧、舞蹈、马戏、玩偶戏、艺术节等产品和演出。除了表演艺术或者娱乐艺术的直接产品外，还涉及戏剧代理商和戏剧主办方以及舞台技术企业。独立舞台艺术家具有特别的意义，它被包括在独立艺术家组织内。它代表了首创者和/或“原始产品生产者”，它发展成为戏剧或者娱乐艺术的当代演出的第一个典范和实验的形式。

使用“表演艺术市场”这个听起来有些复杂的概念是想有意识地引入“戏剧产业”或者“戏剧市场”概念。一方面表演艺术的多种形式不能完全包含在简单的戏剧概念中；另一方面在德语中，人们通常把剧院和公共剧院联系在一起。这个子市场在这里却明确不被考虑，因为它主要由国家出资或承担。

在这个子市场中，主要有私营经济组织、企业和独立从业者或自由职业者，他们全部或者大部分通过市场来筹资。

表 3-11　表演艺术市场的核心经济部门

经济部门编号	经济部门
90. 01. 4	*独立舞台、电影、TV 艺术家
90. 01. 3	独立杂技演员、马戏团
90. 01. 1	剧团
90. 01. 1	*戏剧和音乐会主办者
90. 04. 2	*私营音乐/戏剧社、音乐会社
90. 04. 3	杂耍和小品剧
90. 02	*表演艺术服务
85. 52	文化课程/舞蹈学校

说明：*还属于其他子市场。

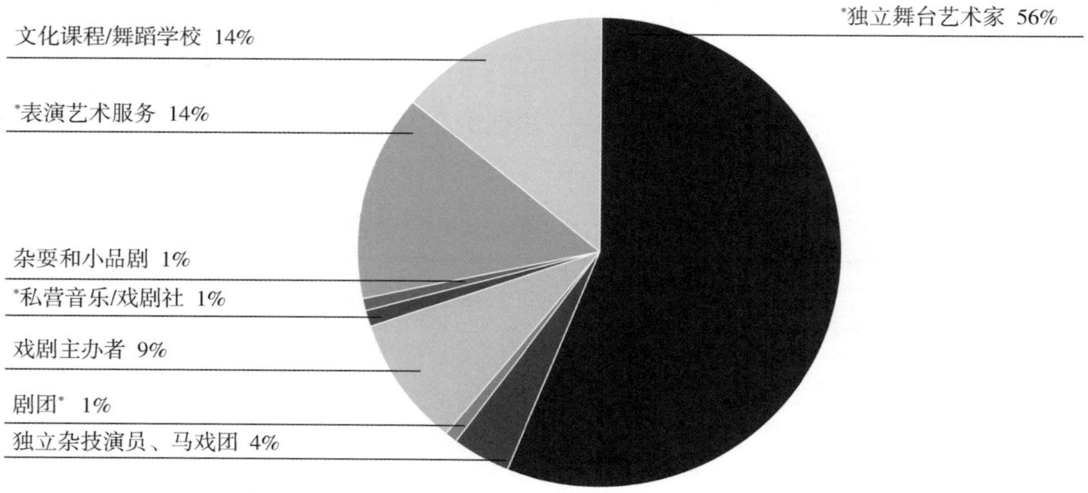

图 3-16　2011 年表演艺术市场中根据经济部门划分的自雇型企业和一般企业**

说明：*也属于其他市场；**估算的数据。

来源：营业税统计，德国联邦统计局(2012)，米夏埃尔·松德尔曼/文化产业研究办公室的独立核算。

主要数据

根据临时报告，2011 年表演艺术市场有约 34 100 人，占文化/创意产业劳动者的 3.5%。其中有社保的企业员工大约为 18 200 人，占表演艺术市场的一半多。最重要的经济部门是独立舞台艺术家，它以 28%的比例占劳动者的最大部分，之后是占比重 19%的戏剧/音乐会主办者和占比重 16%的服务企业。

2011 年表演艺术市场预计创造了超过 36 亿欧元的营业额。这相当于文化/创意产业营业总额的 2.3%。最重要的产业部门是戏剧/音乐会主办者，它以 16 亿欧元占总营业额的 44%。其他的产业部门都达不到 10 亿的门槛。

自雇型企业和应税企业共计超过 15 900 家，占文化/创意产业企业数量的 6.6%。其中大约 9 000 (56%)家属于独立舞台艺术家，它是表演艺术市场最大的组成部分。

企业类型

涉及 2010 年的结构数据①，按企业类型(WZ-Nr. 90.01 和 90.4)划分的营业额规模如下所示。

约 12 700 家即数量占比 98%的微型企业创造了 44%的市场营业额。

大约 170 家中小型企业以 1%的数量占比创造了市场份额的 21%，而 49 家大中型企业创造了市场营业额的 35%。

中型企业的平均营业额每年为 2 200 万欧元，而微型企业的年营业额只有 10.6 万欧元。

① 截至发稿时，2011 年暂无数据可用。

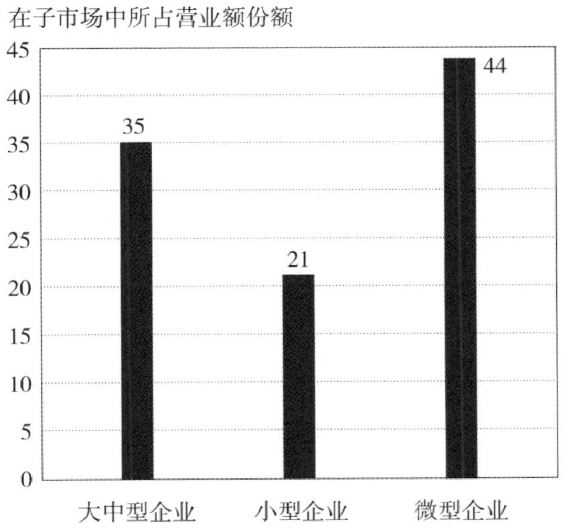

图 3-17　2010 年表演艺术市场中根据企业类型划分的营业额规模

说明：选择经济部门 WZ-Nr. 90.01 和 90.04。

来源：营业税统计，德国联邦统计局(2012)；米夏埃尔·松德尔曼/文化产业研究办公室的独立核算。

发展

前言：由于统计的工业分类标准从 WZ-2003 转换为 WZ-2008①，目前无法显示针对所有市场部门的长年发展趋势。因此，该分析局限于 2009 年、2010 年、2011 年的年度比较。

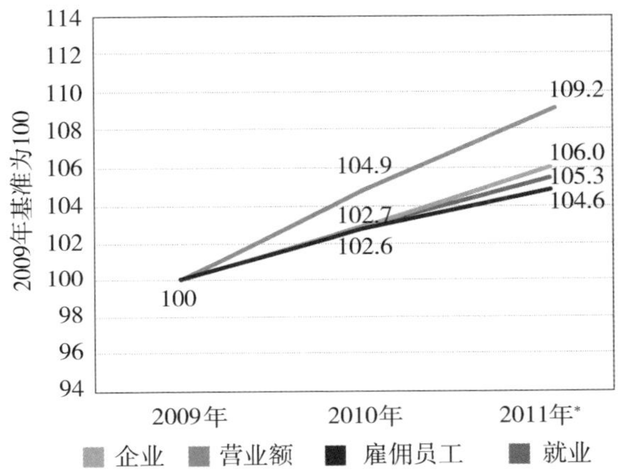

图 3-18　2009—2011 年表演艺术市场的发展

说明：* 估算的数据或临时数据。就业(独立从业者和企业雇员)，雇佣员工(只含有社保的企业雇员)。

来源：营业税统计，德国联邦统计局(2012)；就业统计，联邦就业办公室(2012)；米夏埃尔·松德尔曼/文化产业研究办公室的独立核算。

表演艺术市场是发展速度最快的子市场之一。凭借 2011 年相比 2009 年 9.2%的营业额增长，该市场在文化/创意产业之内再次达到了良好的经济效果。随着该市场经济的良性发展，就业率也提升了。就业市场的增长速度稍快，约为 5%，在 2009 至 2011 年之间仅为 4.6%。

总体来看，表演艺术市场在 2009 年危机前属于增长最快的文化/创意产业分支市场。如果当前总

① 参阅载于附录的方法说明。

体良好的信号是正确的，市场将在未来几年继续积极发展。

补充说明：对子市场经济和就业相关情况的进一步研究，可参考以下联合会和其他来源(可供选择)。

表 3-12　表演艺术市场的联合会和其他来源

德国普通舞蹈协会(ADTV)：www.tanzen.de
德国舞蹈教师职业联合会(BDT)：www.bdt-ev.de
联邦自由戏剧联合会
联邦卡巴莱联盟：www.Bundesvereinigung-Kabarett.de
德国舞蹈理事会/德国芭蕾理事会：www.yelp.de/biz/deutscher-tanzrat-deutscher-ballettrat
德国舞台成员合作社(GDBA)：http://buehnengenossenschaft.de
德国演员权益联合会(IDS)：www.ids-ev.eu
德国木偶剧团联合会(VDP)：www.vdp-ev.de
德国演员经纪公司联合会：www.schauspieler-agenturen.de
艺术家社会基金：www.kuenstlersozialkasse.de
德国北威州经纪和中产、能源和交通部(出版)；北威州表现艺术，杜塞尔多夫 2002

3.7　设计产业

设计产业内包含了工业设计、产品/时装/版画设计以及传播设计/广告设计。设计产业经济活动的主体包括市场中的代理商、事务所或公司等，涉及充当市场代理、办公室或公司的企业。这里考虑的核心并不是设计职业或者设计师的职业，而是他们与企业相关的经济地位。

设计产业的特别之处在于设计理念、模型和概念在其他产业分支中的多样化和隐含运用。为了使设计产业成为一个独立的经济部门，选择一个明确有说服力的经济分类来进行界定，并不是一件容易的事。

根据新的划分，工业、生产和模型设计工作室，图标和通信设计，室内设计，以及广告设计成为了设计业的核心领域。此外还与新的国际划分①相适应，纳入室外设计、珠宝制作以及独立摄影师工作室等。

表 3-13　设计产业的核心经济部门

经济部门编号	经济部门
74. 10. 1	工业、产品和模型设计
74. 10. 2	图标和通信设计
41. 10. 3	室内和室外设计
71. 11. 2	*室内建筑工作室
73. 11	*广告设计(50%)
32. 12	珠宝/金银首饰制作
74. 20. 1	独立摄影师

说明：*也属于其他子市场。

① 参见 2009 年联合国教科文组织文化统计框架，2011 年 Essnet 文化统计。

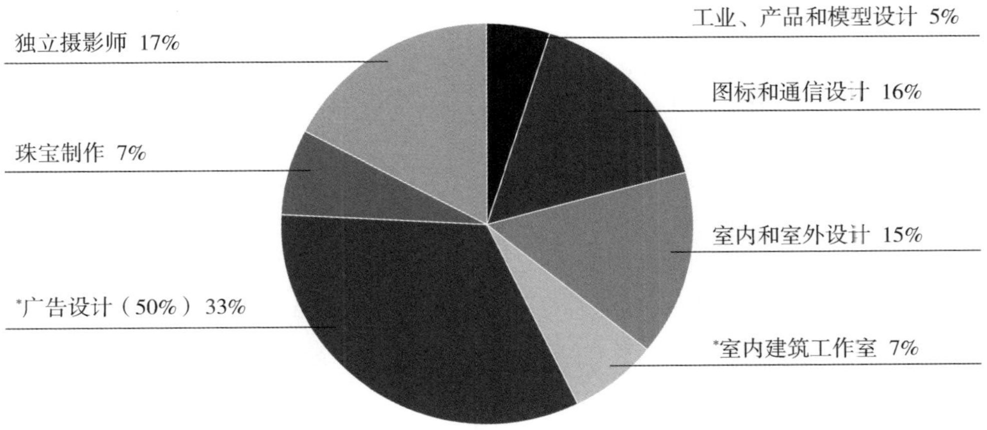

图 3-19　2011 年设计产业中根据经济部门划分的自雇型企业和一般企业**

说明：* 也属于其他子市场；** 估算的数据。

来源：营业税统计，德国联邦统计局(2012)，米夏埃尔·松德尔曼/文化产业研究办公室的独立核算。

主要数据

根据临时性报告，2011 年设计产业总共有 129 000 名从业者，占文化/创意产业从业者的 11.7%。其中包含了有社保的企业员工，它以 76 400 人的数量在设计产业中占很大的份额。传播设计/广告设计是最重要的经济部门，因为它能为 2/3 的劳动者提供就业岗位。

2011 年设计产业创造了大约 194 亿欧元的营业总额。这相当于整个文化/创意产业营业额的 12.1%。最重要的经济部门是广告设计，它以 123 亿欧元的营业额在设计产业整体营业额中占 63%。其他设计部门一共创造了余下的 37%的营业额。

设计产业中自雇型企业和应税企业有 52 600 家，占文化/创意产业企业数量的 17.8%。约 17 600(占 33%)家企业在广告设计这一经济部门中工作。摄影有约 9 000 家工作室(占 17%)，随后是图标和通信设计的 8 300 家工作室(占 16%)和室内设计 7 800 多家工作室(占 15%)。属于小型经济部门的珠宝制作有 3 900 家工作室(占 7%)，室内建筑有 3 200 家工作室(占 6%)，工业、产品和模型设计有 2 400 家工作室(占 5%)。

企业类型

涉及 2010 年的结构数据①，按企业类型划分(工业、产品和模型设计和室内设计，不包含广告设计、珠宝制作、独立摄影师)划分的营业额规模如下所示。

约 17 100 家即数量占比 99.5%的微型企业创造了市场营业额的 80%。

73 家小型企业以 0.4%的数量占比创造了 15%的市场营业额。5 所中型企业占市场营业额的 3%。大型企业在 2010 年没有被税务机关统计在内。

① 截至发稿时，2011 年暂无数据可用。

中型企业的平均营业额为每年 2 100 万欧元，而微型企业平均每年只有 9. 1 万欧元的营业额。

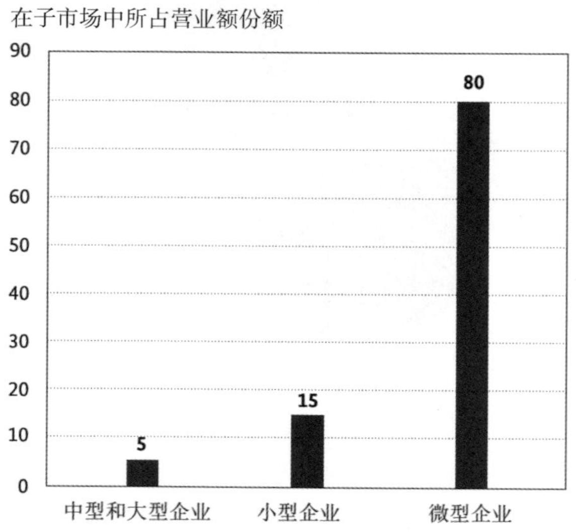

图 3-20　2010 年设计行业中根据企业类型划分的营业额规模

说明：选取了经济产业编号 WZ-Nr. 74. 1 项下的设计事务所，不包括广告设计、珠宝制作以及独立摄影师和室内设计。

数据来源：联邦统计局营业税统计(2012)，米夏埃尔·松德尔曼事务所文化产业研究室自行核算。

发展

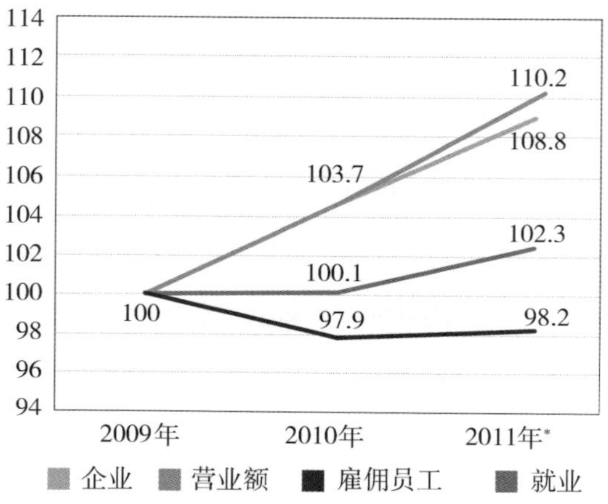

图 3-21　2009—2011 年设计产业的发展*

说明：*估算的数据或临时数据。就业(独立从业者和企业雇员)，雇佣员工(只含有社保的企业雇员)。

来源：营业税统计，德国联邦统计局(2012)；就业统计，联邦就业办公室(2012)；米夏埃尔·松德尔曼/文化产业研究办公室的独立核算。

前言：由于统计的工业分类标准从 WZ-2003 转换为 WZ-2008①，目前无法显示所有市场部门的长年发展趋势。因此，该分析局限于 2009 年、2010 年、2011 年的年度比较。

公司数量与 2009 年相比凭借 10. 2%和 8. 8%发展超过平均水平，与此同时，就业市场仍然处于停滞阶段。这种停滞是珠宝制作造成的，尽管它有良好的经济发展(2011 年与 2010 年相比营业额增加

① 参阅载于附录的方法说明。

26%），但就业却急剧减少（就业减少 21%）。设计行业中所有其他经济分支在 2011 年都在就业方面有良好的发展。

总体而言，2011 年设计行业所有经济部门（珠宝制作的就业市场受限制）在企业、营业额、雇佣员工和就业这四个方面都有很好的增长。就这方面而言，设计行业是 2011 年文化/创意产业最成功的分支市场之一。

补充说明：对市场上经济和就业相关情况的进一步研究，可参考以下联合会和其他来源（可供选择）。

表 3-14　设计产业联合会和其他来源

德国设计师联盟（AGD）e. V：www.agd.de
独立工业设计师工作联合会
德国 BDG 交流设计师联合会：www.bdg-designer.de
自由照片设计师联盟（BFF）
德国设计师大会（DT）
德国设计师联合会（DDV）：http://germandesign.de
自由摄影师联合会
德国创意设计联合会（IDD）：www.i-dd.org
德国工业设计师联合会（VDID）：www.vdid.de
德国时装和布料设计师联合会（VDMD）：www.fashiondesign.de

3.8　建筑市场

建筑市场属于文化/创意产业为数不多的子市场之一，它通过一个相对明确和一致的编排在经济活动中凸显出来。建筑相关的服务涉及对应的建筑产业部门的设计与施工计划，在高层建筑和室内建筑，地方、区域和州规划以及庭院和风景区建筑这些分类中都是不同的。根据新的划分①，第一次将室内设计师作为一个独立的群体包括在内，独立的修复师也被划入在内。

表 3-15　建筑市场的核心经济部门

经济部门编号	经济部门
71.11.1	高层建筑工作室
71.11.2	*室内建筑工作室
71.11.3	地方、区域和州建设建筑工作室
71.11.4	庭院和风景区建筑工作室
90.03.4	独立修复师

说明：*也属于其他子市场。

① 参见 2009 年联合国教科文组织文化统计框架，2011 年 Essnet 文化统计。

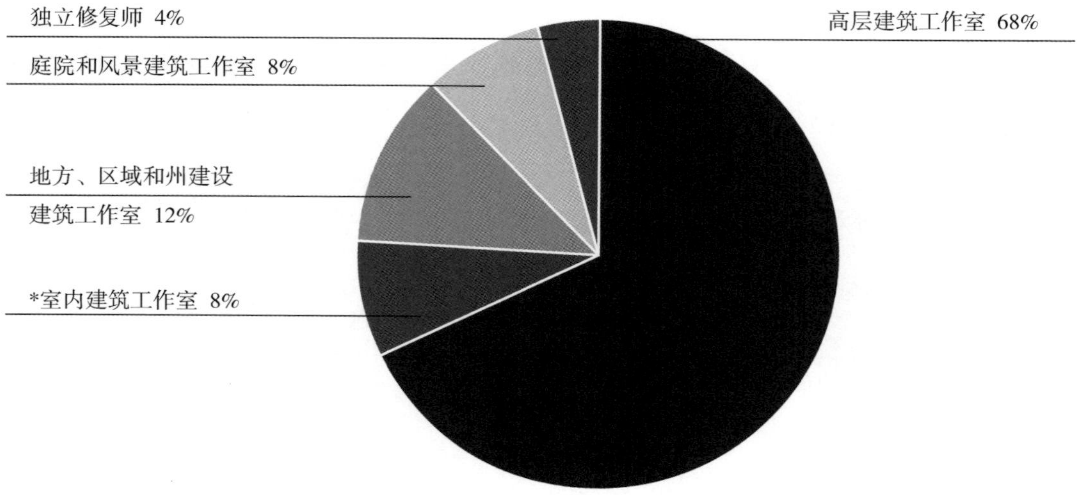

图 3-22　2011 年建筑市场中根据经济部门划分的自雇型企业和一般企业**

说明：* 也属于其他子市场，** 估算的数据。

来源：营业税统计，德国联邦统计局(2012)，米夏埃尔·松德尔曼/文化产业研究办公室的独立核算。

主要数据

根据临时性报告，2011 年建筑市场总共有 105 600 名从业者，占文化/创意产业从业者的 9.6%。其中享有社保的从业者超过 64 600 人。最重要的产业部门是高层建筑和室内建筑工作室，它占了整体建筑市场份额的 74%。

2011 年建筑市场创造了大约 84 亿欧元的营业额。这相当于文化/创意产业整体营业额的 5.2%。这里面有 72%是由高层建筑承担的。

建筑市场里自雇型企业和应税企业大约有 41 000 家，约占文化/创意产业中企业总数的 13.8%。

企业类型

涉及 2010 年的结构数据①，根据企业类型划分的营业额规模如下所示。

超过 38 300 家即数量占比 99%的微型企业创造了市场营业总额的 76%。

大约 380 家小型和中型企业以 1%的数量占比分别创造了市场营业总额的 16%和 8%。大型企业在 2010 年没有被税务机关纳入统计。

中型企业的平均营业额每年为 1 600 万欧元，而微型企业每年只有 156 000 欧元的营业额。

① 截至发稿时，2011 年暂无数据可用。

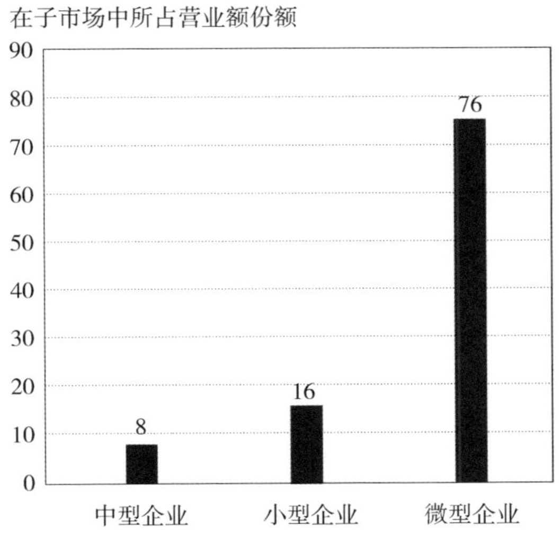

图 3-23　2010 年建筑市场中根据企业类型划分的营业额规模

说明：仅选择建筑经济部门，不包括独立修复师。

来源：营业税统计，德国联邦统计局(2012)，米夏埃尔・松德尔曼/文化产业研究办公室的独立核算。

发展

前言：由于统计的工业分类标准从 WZ-2003 转换为 WZ-2008①，目前无法显示所有市场部门的长年发展趋势。因此，该分析必须局限于 2009 年、2010 年、2011 年的年度比较。

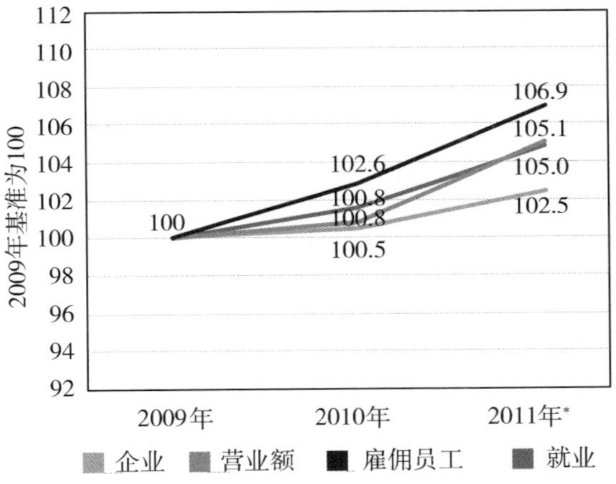

图 3-24　2009—2011 年建筑市场的发展*

说明：* 估算的数据或临时数据。就业(独立工作者和企业雇员)，雇佣员工(只含有社保的企业雇员)。

来源：营业税统计，德国联邦统计局(2012)；就业统计，联邦就业办公室(2012)；米夏埃尔・松德尔曼/文化产业研究办公室的独立核算。

建筑市场在 2009 年经济危机后在所有四个指标上发展良好。这个总结对建筑市场进行了高度评价，因为建筑市场在危机前趋于陷入结构性负增长。

与大多数的经济发展处于增长活力顶端的分支市场不同，建筑市场的就业市场的发展处于领先地

① 参阅载于附录的方法说明。

位。2009 年和 2011 年间的就业市场增长了 7%，因而在此期间就业市场增长了 5%。建筑市场企业数量增长速度较慢，为 2%。

总体而言，建筑市场属于文化/创意产业的稳定经济领域。如果官方和私人业主未来更加重视“文化”建筑方式，建筑市场就能继续增长。

补充说明：对子市场经济和就业相关情况的进一步研究，可参考以下联合会和其他来源(可供选择)。

表 3-16　建筑市场联合会和其他来源

BDB 联邦建筑工程师联合会：www.baumeister-online.de
德国建筑师联合会 BDA：www.bda-bund.de
德国风景建筑师联盟(BDLA)：www.bdla.de
德国自由建筑师联盟(VFA)：www.vfa-architekten.de
德国室内建筑师联盟：www.bdia.de
联邦工程师和建筑师联合会：www.biav.de
联邦庭院,风景和体育场建设联合会：www.galabau.de
SRL 城市、地区和国家建设联盟：www.srl.de
联邦建筑师协会：www.bak.de

3.9　出版市场

出版市场包括独立记者、通讯社和新闻社。除了报社和杂志社之外，还包含其他的出版社，如地图、艺术印刷品出版社，以及通讯录出版社等。根据新的划分，杂志和报纸零售业被纳入在内。①

表 3-17　出版产业核心经济部门

经济部门编号	经济部门
90. 03. 5	独立记者和出版摄影师*
63. 91	通讯社和新闻办公室
58. 12	通讯录出版社
58. 13	报纸出版
58. 14	杂志出版
58. 19	其他出版业
47. 62	杂志和报纸零售贸易

说明：* 也属于其他子市场。

① 参见 2009 年联合国教科文组织文化统计框架，2011 年 Essnet 文化统计。

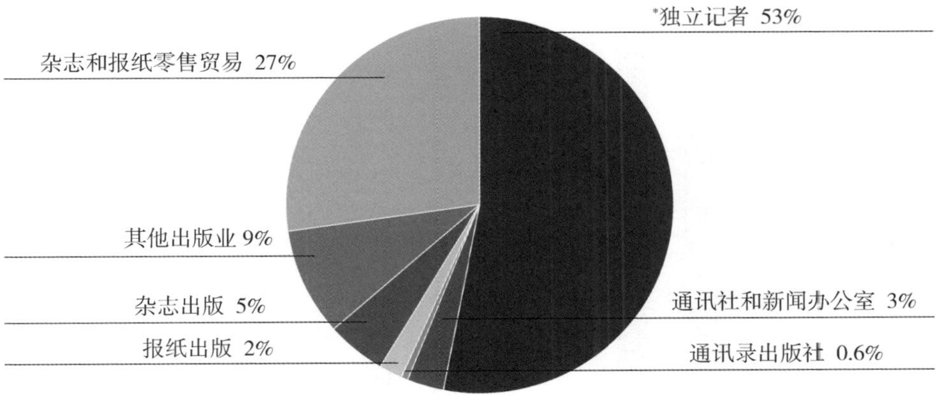

图 3-25 2011年出版市场中根据经济部门划分的自雇型企业和一般企业**(%)

说明：*也属于其他子市场，**估算的数据。

来源：营业税统计，德国联邦统计局(2012)，米夏埃尔·松德尔曼/文化产业研究办公室的独立核算。

主要数据

根据临时性报告，出版市场2011年总共有161 900名从业者，占文化/创意产业从业者总人数的14.7%。其中包含了有社保的企业员工126 800人，超过平均水平。最重要的产业部门是报社，它占了整体就业市场的30%，之后是杂志社，占25%。排第三位的是出版物零售贸易(28%)以及占就业市场16%的独立记者。

2011年出版行业创造了大约310亿欧元的营业额。这相当于文化/创意产业整体的19.3%。这里面报社和杂志社分别占了35%和32%。

2011年出版市场中自雇型企业和应税企业约33 100家，占文化/创意产业的11.2%。独立记者在整体的出版市场中占53%。

企业类型

涉及2010年的结构数据①，根据企业类型划分的营业额规模如下所示。

约6 900家即数量占比84%的微型企业实现了市场营业额的6%。

大约1200家小型和中型企业以14%的数量占比创造了市场营业额的11%和19%。113家大型企业以超过5 000万欧元的营业额占市场份额的64%。

大型企业的年平均营业额为19 900万欧元，而微型企业每年平均营业额为322 000欧元。

① 截至发稿时，2011年暂无数据可用。

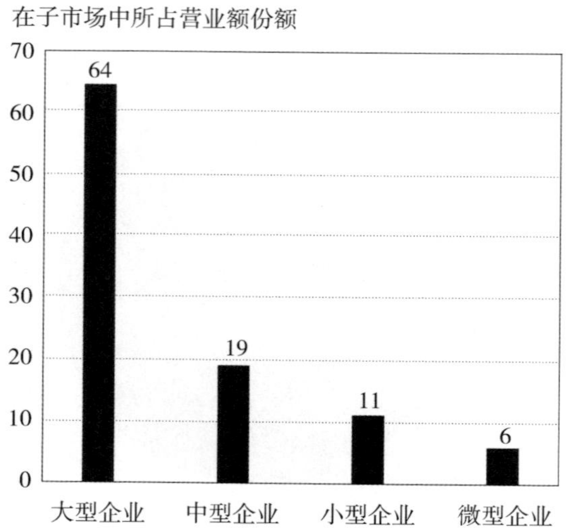

图 3-26　2010 年出版市场中根据企业类型划分的营业额规模

说明：选取包含图书出版在内的出版社（WZ-Nr. 58. 2）。

来源：营业税统计，德国联邦统计局（2012）；米夏埃尔・松德尔曼/文化产业研究办公室的独立核算。

发展

前言：由于统计的工业分类标准从 WZ-2003 转换为 WZ-2008①，目前无法显示针对所有市场部门的长年发展趋势。因此，该分析局限于 2009 年、2010 年、2011 年的年度比较。

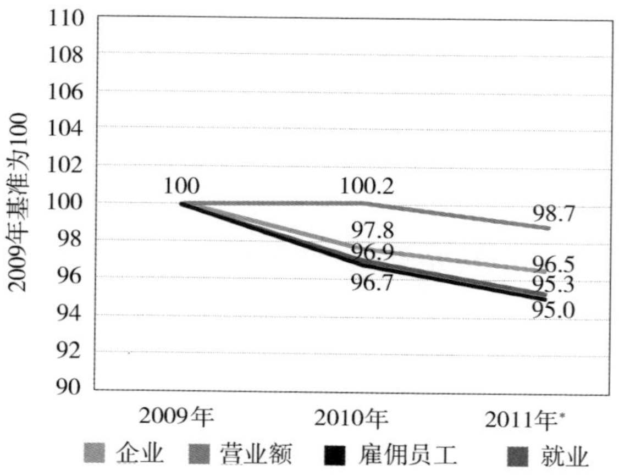

图 3-27　2009—2011 年出版市场的发展*

说明：*估算的数据或临时数据。就业（独立从业者和企业雇员），雇佣员工（只含有社保的企业雇员）。

来源：营业税统计，德国联邦统计局（2012）；就业统计，联邦就业办公室（2012）；米夏埃尔・松德尔曼/文化产业研究办公室的独立核算。

出版市场是文化/创意产业最大的子市场之一，从而从各方面影响该产业的全景。如图所示，所有四个指标都在向消极方向发展。营业额下降了一个百分点，2011 年企业、就业和雇佣员工与 2009 年相比收缩了 3%到 5%。

与文化/创意产业的其他子市场相反，在七个出版产业的经济部门里的六个部门中，有企业从市场

① 参阅载于附录的方法说明。

上消失了，最主要的经济部门报纸出版和杂志出版的工作岗位减少，所有出版商经济情况出现问题。

最新的发展显示，出版市场预计将进一步收缩。在经济方面，实施结构改变是未来几年的重点。出版企业向相对应的传媒企业发展的道路是一个令人兴奋的过程，对文化/创意产业总体来说具有重要意义。

补充说明：对市场上经济和就业相关情况的进一步研究，可参考以下联合会和其他来源(可供选择)。

表 3-18　出版市场联合会和其他来源

德国图书、报纸和杂志批发商联合会
德国报社联合会：www.bdzv.de
德国专业记者联合会(DFJV)
德国记者联合会：www.djv.de
德国出版社记者联合会(DVPJ)：www.dvpj.org
自由作家和自由记者职业联合会：www.freischreiber.de
德国舞台和传媒公司联盟(VDB)
德国杂志社联合会(VDZ)：www.vdz.de

3.10　广告市场

广告市场中包含了两个经济部门：广告设计和广告推广。广告设计这一经济部门已经在设计产业章节中提到，因为经济环节的很大部分和传播设计紧密相联。

表 3-19　广告市场核心经济部门

经济部门编号	经济部门
73.11	*广告代理处、广告设计
73.12	广告时间/面积销售和推广

说明：*也属于其他子市场。

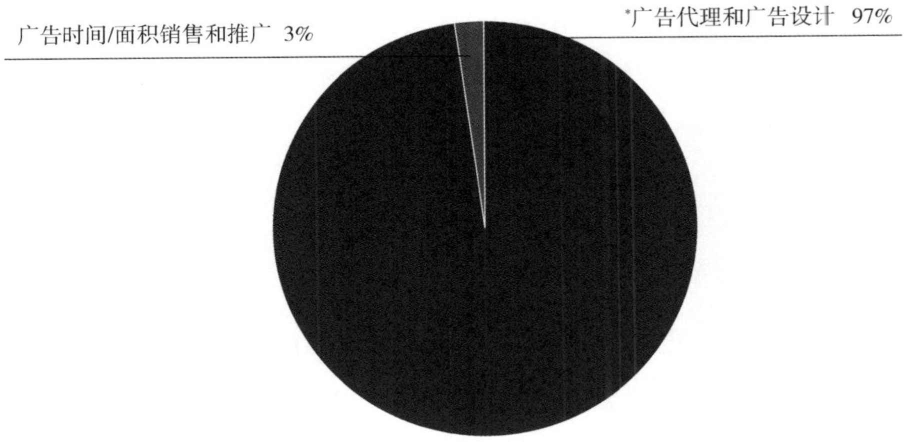

图 3-28　2011 年广告市场中根据经济部门划分的独立从业者和企业**(%)

说明：*也属于其他市场，**估算的数据。

来源：营业税统计，德国联邦统计局(2012)；米夏埃尔·松德尔曼/文化产业研究办公室的独立核算。

主要数据

根据临时性报告，2011 年广告市场总共有 140 700 名从业者，占文化/创意产业从业者总数的 12.8%。其中有社保的从业者超过文化/创意产业平均数量的 105 000 人。2011 年广告市场创造了大约 260 亿欧元的营业额。这相当于文化/创意产业整体营业额的 16.2%。

2011 年广告市场里自雇型企业和应税企业约有 35 700 个，占文化/创意产业企业数量的 12.1%。

企业类型

涉及 2010 年的结构数据①，按企业类型划分的营业额规模如下所示。

大约 34 000 家即数量占比 96%的微型企业创造了市场营业额的 26%。

大约 1 300 家小型和中型企业以 4%的数量占比创造了市场营业额的 17%和 13%。62 家大型企业以超过 5 000 万欧元的年营业额创造了市场份额的 44%。

大型企业的年平均营业额为 182 万欧元，而微型企业的年平均营业额只有 195 000 欧元。

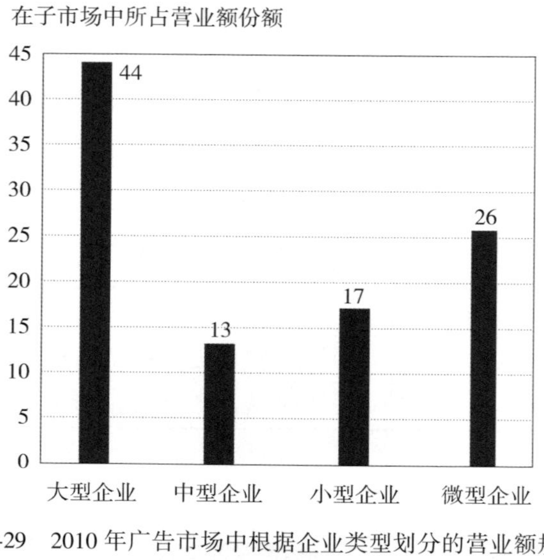

图 3-29 2010 年广告市场中根据企业类型划分的营业额规模

说明：营业税统计，德国联邦统计局(2012)，米夏埃尔·松德尔曼/文化产业研究办公室的独立核算。

发展

前言：由于统计的工业分类标准从 WZ-2003 转换为 WZ-2008②，目前无法显示所有市场部门的长年发展趋势。因此，该分析必须局限于 2009 年、2010 年、2011 年的年度比较。

① 截至发稿时，2011 年暂无数据可用。

② 参阅载于附录的方法说明。

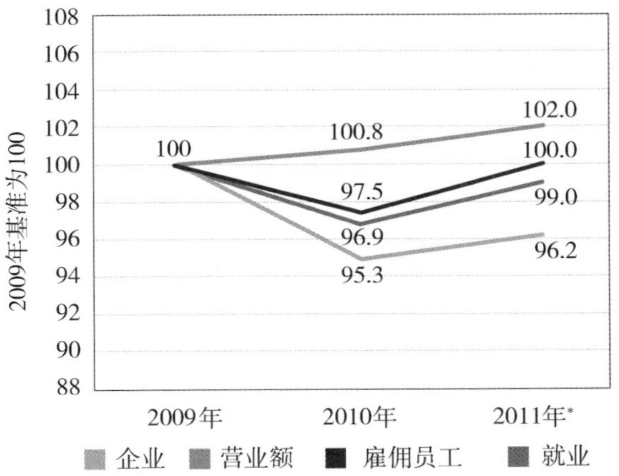

图 3-30　2009—2011 年广告市场发展趋势*

说明：*估算的数据或临时数据。就业(独立从业者和企业雇员)，雇佣员工(只含有社保的企业雇员)。

来源：营业税统计，德国联邦统计局(2012)；就业统计，联邦就业办公室(2012)；米夏埃尔·松德尔曼/文化产业研究办公室的独立核算。

如图 3-30 所示，广告市场可以凭借 2%的小幅增长将危机年的经济负发展抛在脑后。同样地，其他三个指标在 2010 年的暴跌之后再次向积极的方向发展。因此，就业市场第一次又达到 2009 年危机时的水平。这是在 2009 年的危机前的低迷的背景下的一线希望。然而，企业发展仍然明显地处于 2009 年的水平之下。这可以被视为缺少对子市场的良性发展的信任的标志，广告代理商显然还在观望。

补充说明：对于市场经济和就业相关情况的进一步研究，可参考以下联合会和其他来源(可供选择)。

表 3-20　广告市场联合会和其他来源

所有者领导的广告代理商联合会(AIKA)：www.aika.de
德国广告设计师联合会(BDG)：www.bdg-designer.de
自由广告人专业联合会(FFW)：www.texterverband.de
广告经济公司总联合会：www.gwa.de
交际联合会：www.kommunikationsverband.de
德国广告产业中心联合会(ZAW)：www.zaw.de

3.11　软件/游戏产业

德国的软件/游戏产业刚刚归入文化/创意产业中，之后便引起了国际上的争论。这个产业部门已经在很长的时间内占据着创意产业模型框架中的核心位置。对软件/游戏产业而言，涵盖各种软件产品的开发和发行。由于网络和网页游戏市场不断扩张，网页平台的重要性也增长了。G. A. M. E. 行业协会这样定义游戏产业："电脑游戏和电子游戏涵盖了所有交互型、非线性的媒体，它在视听播放的辅助下播放游戏或把游戏用于学习。在这种情况下，载体介质、播放系统或传输途径是次要的。"因此，电脑游戏、视频游戏、在线游戏、网页和手机游戏以物理形态并以在线的形式被生产出来，并受到门户网站的积极推广。

不过，业内人士和他们的企业以及商业模式正在高速转变。因此，与之相伴的经济和文化和政治分析受到一定限制，特别是这一速度使系统调查更加困难。根据经济活动的新分类方法 WZ-2008 进行的产业划分也不能令人满意。因此，在下文中参照欧洲峰会划分的行业包括：电脑游戏和其他软件出版，门户网站、网络简报以及其他软件的开发和编程。

表 3-21　软件/游戏产业核心经济部门

经济部门编号	经济部门
58. 21	电脑游戏出版
63. 12	网页门户
62. 01. 1	网络简报开发和编程
62. 01. 9	其他软件开发
58. 29	其他软件出版

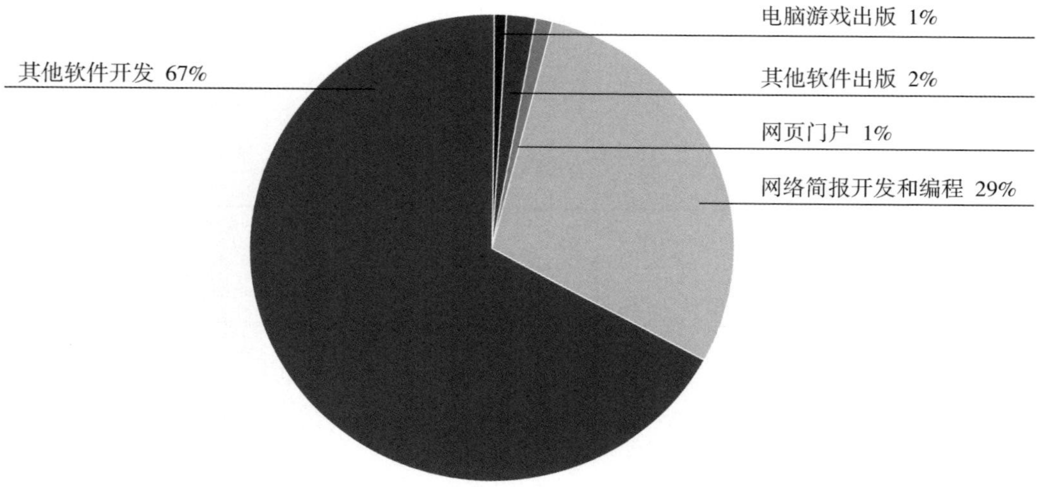

图 3-31　2011 年软件/游戏产业中根据经济部门划分的自雇型企业和一般企业**（%）

说明：** 估算的数据。

来源：营业税统计，德国联邦统计局（2012），米夏埃尔·松德尔曼/文化产业研究办公室的独立核算。

主要数据

根据临时性的估计值，2011 年软件/游戏产业拥有 268 700 名从业者，占文化/创意产业从业者总数的24.4%。其中有社会保险的从业者不到238 900人。

2011年软件/游戏产业创造了大约303亿欧元的营业额。这相当于文化/创意产业整体营业额的18.9%。

在软件/游戏产业中，2011年应税企业共约29 800家，占文化/创意产业企业总数的10.1%。

企业类型

涉及2010年的结构数据①，按企业类型划分的营业额规模如下所示：

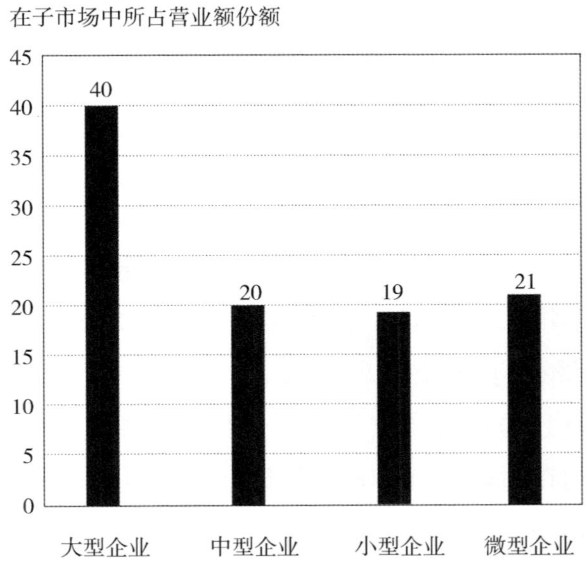

图3-32　2010年根据软件/游戏产业中企业类型划分的营业额规模

说明：选取游戏/软件出版(WZ-Nr. 58.2)和软件互联网活动(WZ-Nr. 62.01)。

来源：营业税统计，德国联邦统计局(2012)，独立核算米夏埃尔·松德尔曼/文化产业研究办公室

约26 800家即数量占比95%的微型企业创造了市场营业总额的21%。

大约1 300家小型和中型企业以5%的数量占比总共创造了19%和20%的市场份额，而41家大型企业创造了市场份额的40%。

每个大型企业的年平均营业额为25 200万欧元，而微型企业每年有206 000欧元的营业额。

发展

前言：由于统计的工业分类标准从WZ-2003转换为WZ-2008，目前无法显示所有市场部门的长年发展趋势。因此，该分析局限于2009年、2010年、2011年的年度比较。

① 截至发稿时，2011年暂无数据可用。

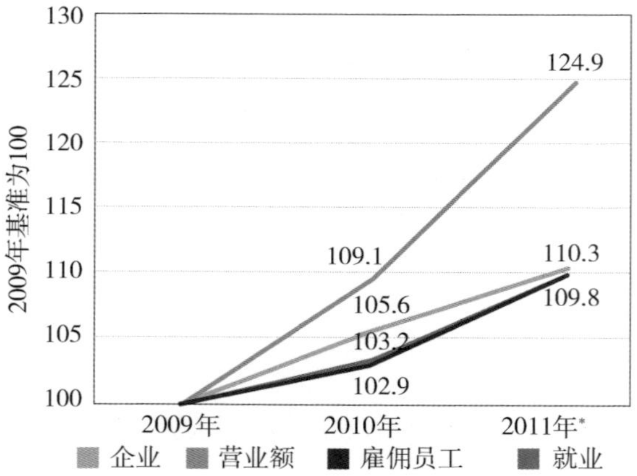

图 3-33　2009—2011 年软件/游戏市场发展*

说明：*估算的数据或临时数据。就业(独立从业者和企业雇员)，雇佣员工(只含享有社保的)。

来源：营业税统计，德国联邦统计局(2012)；就业统计，联邦就业办公室(2012)；米夏埃尔·松德尔曼/文化产业研究办公室的独立核算。

如图 3-33 所示，软件/游戏产业是文化/创意产业主要增长动力。所有四个指标都展现出明确的高于平均水平的增长趋势。在 2011 年，它的营业额与 2009 年相比实现了 25%的增长，是所有的文化/创意产业子市场中增长最高的子市场，超过 10%的公司在 2011 年新进入市场。同样上升的还有雇佣员工和就业市场，2011 年与 2009 年相比有近 10%的增长。

总体来说，针对子市场的新数据基础导致游戏和软件公司归入时产生新问题。各个子市场的统计结果是基于税务机关及其他机构在对软件/游戏产业不同类型的公司分类时的当前划分问题。如果说，什么时候将游戏或者软件企业划分为开发商、发行商或内容提供商？如上所述，子市场的商业模型和产品在高速发展，这也导致了划分每一个子市场的企业时会产生专业性的困难。

总体来说，这一子市场非常重要。那些最近才在国内外网络游戏市场设立德国游戏软件公司的新的活动和业务不仅对子市场是重要的，对整个文化/创意产业产生战略影响。

补充说明：对子市场经济和就业相关情况的进一步研究，可参考以下联合会和其他来源(可供选择)。

表 3-22　软件/游戏产业联合会和其他来源

联邦互动交流软件联合会：www.biu-online.de
德国数码产品联合会：www.bvdw.vrg
德国信息产业、电讯和新媒体联合会：www.bitkom.org
德国网络产业联合会：www.eco.de
电脑游戏开发商联合会：www.game-bundesverband.de

4. 特别专题：文化手工业

前言：以下关于文化手工业的数据是基于文化/创意产业中的手工业的研究。这项研究在 2011 年由德国联邦经济科技部开设，数据基于 2010 年的数据。由于 2010 年手工业的基本数据及 2011 年的数据大多数为估算，所以数据的更新被搁置了。在 2011 年营业税统计草案之后，数据会继续更新。

负责剧院电影布景的舞台布景设计师、制作新乐器的羽管键琴师、提出新设计的女金匠或是木雕师，他们与一个典型的文化/创意产业活动家有什么不同？

即便如此，文化手工业在关于文化/创意产业的讨论中长时间被忽略。这一问题应该从现在开始被解决，与文化相关的手工业都应该被收录进定期的文化/创意产业报告中。为了能够与国际发展接轨，这是不可或缺的。东亚、非洲国家以及美国对文化/创意产业活动的兴趣在快速增长。

在新的经济活动的分类中，每一个子市场都有与手工业活动相关联的经济部门被划分进去，而这些手工业活动在子市场的标准草案中被集中了起来。

为了在第一次汇报中清楚展示手工业活动，这一特别章节将不阐释新的和“老的”手工业部门。因为对文化/创意产业此部分的方法论认识还需要解释和琢磨。这个报告开启了对文化/创意产业中的手工业的深入研究。

根据新的经济部门分类方法对文化/创意产业的新划分使得一些包含较多手工的活动的经济部门可以被列入分类。其中包括图书装订、珠宝生产、有零售业渠道的乐器制造商、艺术贸易、广告设计师、摄影师、舞台设计师，以及舞台的手工制造业和木雕师。

这些与手工相关的经济部门代表文化/创意产业的核心部分。这一次对文化/创意产业中的手工业的研究中也是第一次对德国整体的手工业做的相关研究。

2010 年，手工业企业大概达到了 15 700 家，占整个文化/创意产业企业数的 6.6%。创造了约 34 亿欧元的营业额，占 2010 年文化/创意经济产业的总营业额的 2.5%。这个领域的就业人数超过 4.76 万人（占文化/创意产业的 5%）。

以上数据表明文化手工业属于文化/创意产业中的小型企业。每个手工企业中平均有 3 个人工作。在文化手工业中数量最多的是有 6 100 家企业的摄影行业，与其有显著差距排在第二的是约有 3 300 家公司的珠宝制造业，随后是拥有近 2 100 家企业的乐器制造业及近 2 000 家企业的图片及灯光广告宣传业。

图书装订业（711 家企业）与金属制造（376 家企业）在文化手工业中属于中等规模。而相较于平均每家企业有 5 至 6 名员工的情况，它们在手工业领域已经属于“大企业”了。

除了上述文化产业的经济部门的核心部分以外，在不断扩大的广义文化手工业的定义下（即除了文化穿衣产业之外）介绍了作为文化产业的手工业方面的其他活动。根据工艺研究，在整个手工业范围有至少55 200家文化/创意产业手工业企业，年营业额约200亿欧元，有239 000名工人在此市场中工作。

经济分类	行业分支	企业数量	营业额(百万欧元)	雇员数量
印刷品装订及相关服务	图书装订	711	233.7	4.313
金银饰品制作(不包括高级珠宝)	金属雕刻	376	186.3	2.138
	宝石研磨和雕刻	91	10.6	208
	金银锻造	3 265	873.4	8.349
乐器制作和零售	琴弓制作	55	6.1	137
	小提琴制作	444	47.8	738
	手持小乐器制作	43	4.9	84
	木质乐器制作	188	44.5	579
	钢琴大提琴制作	541	114.4	1.246
	金属管乐器制作	209	68.4	696
	管风琴制作	381	89.8	1.603
	拨弦乐器制作	201	17.1	326
	打击乐器制作	31	15.9	123
艺术品、手工艺品零售	镀金工艺	210	30.8	550
广告业	标牌和灯光广告制作	1 978	802.6	10.555
摄影	摄影	6 087	853.1	14.536
独立舞台艺术和其他表演艺术	面具制作	220	1.5	260
	戏剧雕塑	28	2.7	55
表演艺术相关服务	剧院服装	172	4.3	251
	剧院布景绘画	172	4.4	330
	道具	81	1.4	104
艺术和文学创作	木雕等	259	17.1	452
文化/创意产业中的手工业合计*		15.473	3 430.8	47.633
手工业占文化/创意产业的份额*		6.6%	2.5%	5.0%
2010年文化/创意产业总计		239.534	137 333.3	956.936

图4-1　2010年文化/创意产业中的手工业概况

说明：所有数据来源于穆勒、松德尔曼、马克沃斯：《文化/创意产业中的手工艺行业》。所有统计仅包括可归入上述类别的企业，此外某些手工艺企业被记入文化/创意产业之外的其他经济部门，因此此处数据为最小数据。

*手工艺行业的统计包括了对年营业额低于17500欧元企业的估算数据。

数据来源：手工艺行业营业税收统计，联邦统计局(2011年)；米夏埃尔·松德尔曼/文化产业研究所的独立统计与估算；哥廷根大学中小企业与手工艺行业经济研究所。

文化手工业是不同的

文化/创意产业的市场在很大程度上是异类的市场。这也适用于手工业市场，它越来越多地与其他市场合并。这种趋势在珠宝制作或者乐器生产商中就很明显，这些经济部门几个世纪以来到现在都受手工业的影响，而现在越来越多地由工业生产进行完善。因而实行区域市场变化，将其早期的可靠的空间结构进行改变。不久前在艺术和文化生产中通过数字化和互联网经济发展新利基市场，它是超越地区或者是国际的存在。这种发展同时也发生在文化/创意产业的手工业中。

文化手工业是国际化的

手工业作为文化/创意产业的自有组成部分，目前也考虑在欧洲和国际范围内发展。因此，欧盟委员会在ESSnet文化统计项目框架内建立了一个针对文化的统计框架。

在该框架下，“工艺美术”领域第一次作为欧洲文化部门的独立部分被收入在内。该手工业作为文化和经济政策的范畴被认知和认真对待。未来的欧洲文化/创意产业政策因此也将把工艺包含在内并特别说明，这将为推动这一市场未来的发展做出贡献。

联合国教科文组织在本领域关注的目标是发展中国家所谓的重要的非官方经济领域，主要是文化/创意产业的手工业领域。对于联合国教科文组织而言，手工业领域属于许多发展中国家的战略上重要的经济领域。这一重要性日益蔓延到重要的亚洲国家，如中国、日本、韩国，它们视文化和艺术手工业为每一个国家文化/创意产业部门原有的经济部分。

总体而言，文化/创意产业的工艺品的战略重要性十分突出。传统手工业具有通过个别定制、个别草案和高手工含量的特点，可以通过文化/创意产业的工匠成为文化/创意产业中一个有辨识度的活动环节。

5. 总结评价

5.1 对经验调查结果的总结

期待良好的结果

文化/创意产业在 2010 年总体来说与整体经济发展相呼应，有一个良好的发展，它在 2011 年也是如此，预计增长率增加了 1 倍。与 2010 年相比，在 2011 年营业额估计增长至少 4.4%。

2009 年至 2011 年，文化/创意产业平均每年整体增长 3.3%，如图 5.1 所示。

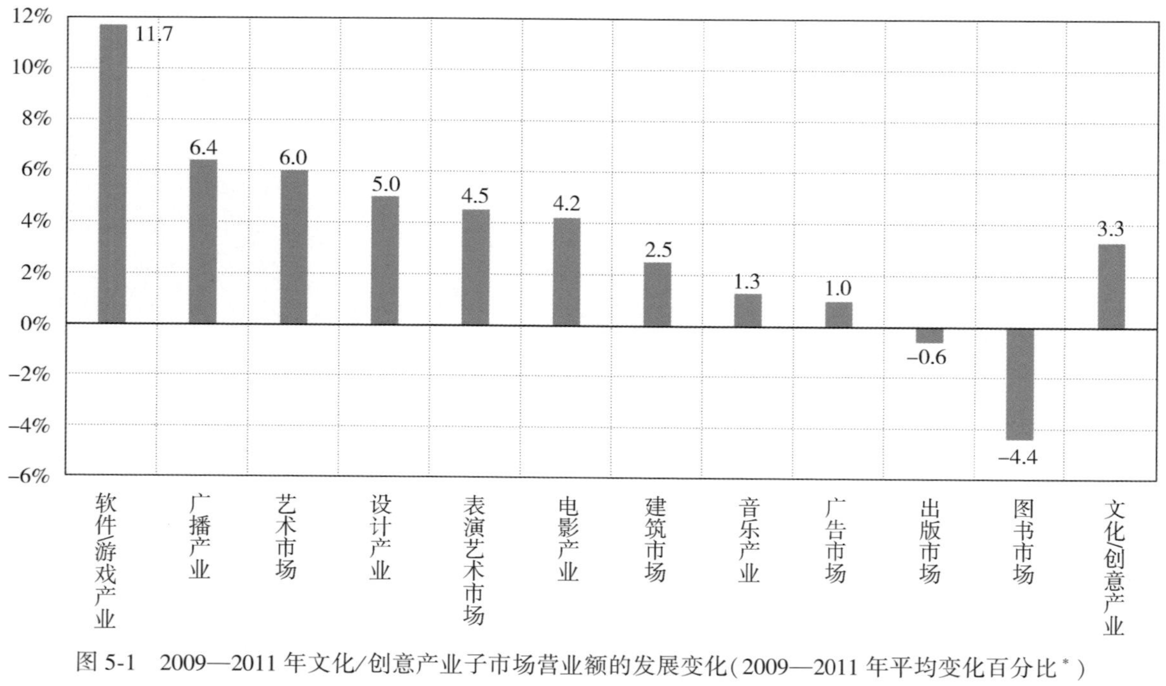

图 5-1 2009—2011 年文化/创意产业子市场营业额的发展变化(2009—2011 年平均变化百分比*)

说明：*估算的或临时的 2011 年基本数据。

来源：营业税统计，德国联邦统计局(2012)；米夏埃尔·松德尔曼/文化产业研究办公室的独立核算。

与往年一样，软件/游戏业凭借平均年收入增长 11.7%处于领先位置。文化/创意产业的增长动力并不完全基于这个子市场。高于平均水平的营业额增长势头也体现在了广播产业(6.4%)、艺术市场(6.0%)、设计产业(5.0%)和表演艺术市场(4%)及电影产业(4%)。

2009 年至 2011 年之间有良好收入的其他子市场还有建筑市场(2.5%)和音乐产业(1%)以及广告市场(1%)。出版和图书市场是仅有的 2 个负增长子市场，营业额同比下降 0 6 %和 4.4%。

根据子市场的经济规模，文化/创意产业最受以下 4 大市场影响：出版市场(31 亿欧元)、软件/游戏产业(300 亿欧元)、广告市场(260 亿欧元)和设计行业(190 亿欧元)。软件/游戏业和设计业被称作最重要的增长动力，而广告市场由于其低增长速度受到很大的限制。出版市场作为文化/创意产业最大的子市场可能由于强烈的结构变化导致目前的市场萎缩。

就业市场在危机后开始复苏

文化/创意产业就业市场在 2009 年的危机之后第一次在 2011 年再次实现正增长。在 2009 年至 2011 年期间，就业市场年平均增加 1.2%。

6 个子市场的平均增长率为 0.5%到 4.8%。软件/游戏产业再次以 4.8%的增长速度领跑，其次是表演艺术市场和建筑市场，每个大约有 2.5%的增长。设计行业(1.1%)和广播产业(0.7%)排在其后。令人惊讶的是，图书市场只有 0.5%的小幅增长。这是令人惊讶的，因为图书市场的营业额有 4.4%的跌幅，这加剧了经济衰退。该就业增长主要是基于图书市场的增长，但这也是可以接受的，这一增长主要是基于实时就业统计，并不太能代表真正的市场结果。

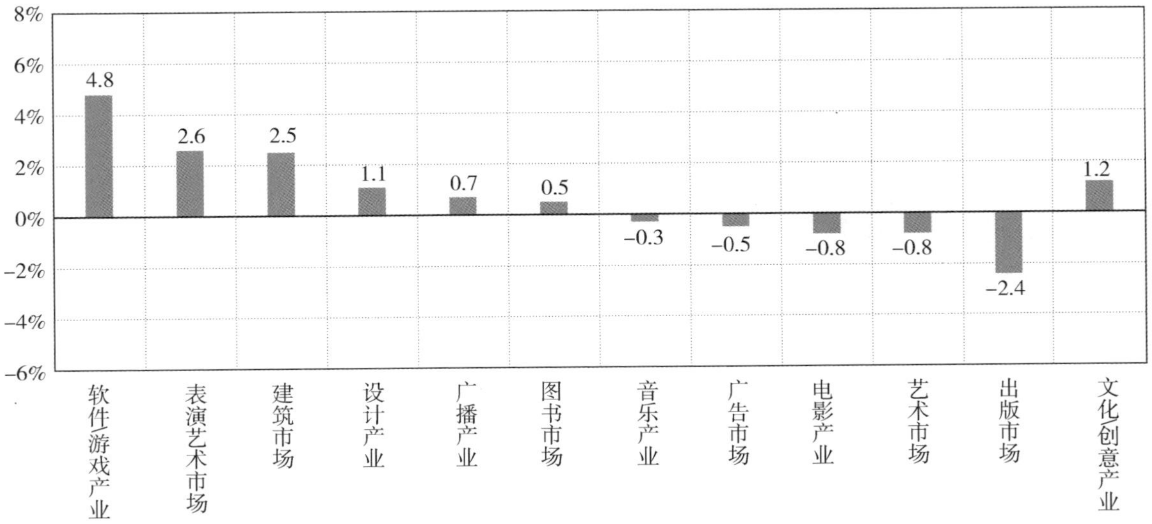

图 5-2 2009—2011 年文化/创意产业子市场就业的发展变化(平均变化百分比*)

说明：*估算的或临时的 2011 年基本数据。

来源：营业税统计，德国联邦统计局(2012)；就业统计，联邦就业办公室(2012)；米夏埃尔·松德尔曼/文化产业研究办公室的独立核算。

子市场就业的负面发展包括音乐行业、广告市场、电影业和艺术市场，每个最小平均损失为 0.3%到 0.8%。出版市场再次由于其消极的经济发展而导致就业市场平均下降了 2.4 个百分点。

企业的数目再次增加

在 2010 年 6 个子市场的企业数目出现萎缩之后，发展趋势在次年 2011 年得到显著改善。总体而言，企业的发展在 2009 年至 2011 年间每年平均增长 1.2%。

软件/游戏产业平均每年增长 5.0%，其次是设计行业的 4.3%和表演艺术市场的 3.0%。这些增长市场的个别经济部门中突出的是软件开发人员和程序员，在 2011 年有两位数的增长率。相同的增长还有设计产业。在该市场上，工业/产品设计者、图形/交流设计者或者室内建筑师在一年中增长超过 10%。和 2010 年一样，独立艺术家的数量在 2011 年也增加了。音乐家、作家、翻译家、造型艺术家、演员和记者增加了 2%。

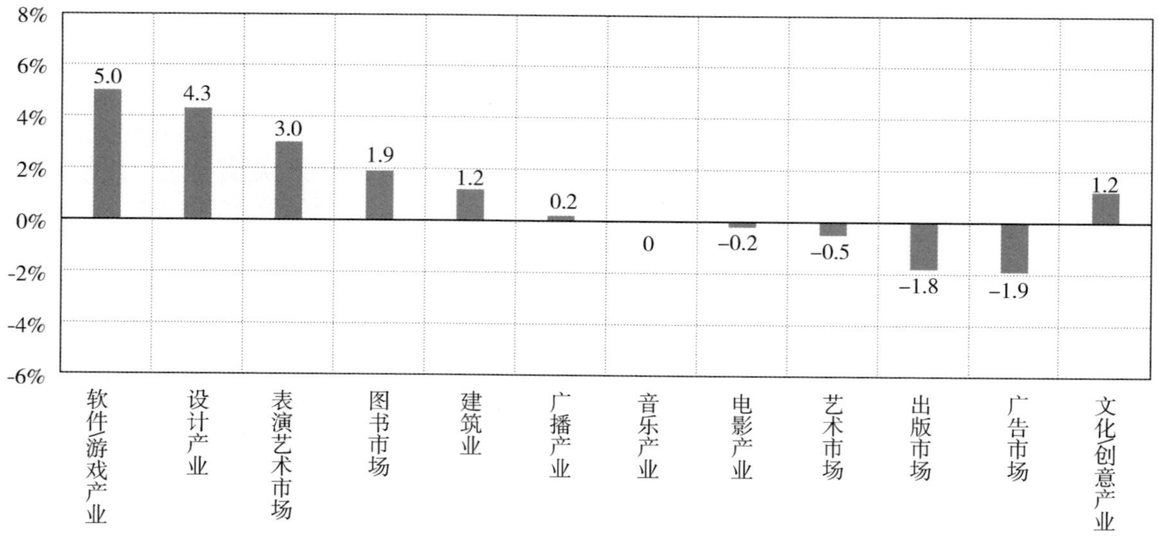

图 5-3　2009—2011 年文化/创意产业子市场的企业发展变化(平均变化百分比*)

说明：*估算的或临时的 2011 年基本数据。

来源：营业税统计，德国联邦统计局(2012)；就业统计，联邦就业办公室(2012)；米夏埃尔·松德尔曼/文化产业研究办公室的独立核算。

负增长的子市场主要有出版和广告市场，它在 2009—2011 年期间年平均减少 2%。特别艰难的有通讯社、报刊出版商和报刊零售。因此仅在 2011 年间就有 1%到 7%的自雇型企业和一般企业在该市场消失。

总体而言，2011 年的趋势是积极的。然而，为了使独立从业者的数量能再次持续增长，它必须进一步地促进经济增长。

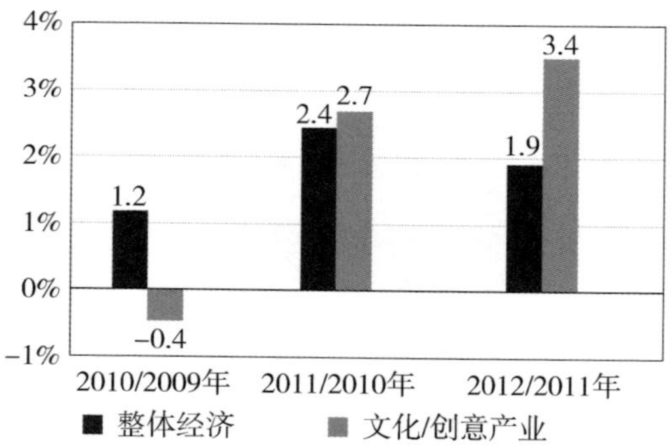

图 5-4　与整体经济相比的文化/创意产业就业的发展(与前年相比的变化百分比)

说明：就业=有社保的全职或兼职就业人员，不包括临时工作者。

来源：就业统计，联邦就业办公室(2012)；米夏埃尔·松德尔曼/文化产业研究办公室的独立核算。

对 2012 年的积极展望

文化/创意产业预计在 2011 年实现积极的经济发展，这样，自 2009 年危机低迷后的第二年便能出现积极的趋势，这将通过就业市场得到证实。

根据 2012 年联邦机构就业统计的第一个可用数据，有社保的企业员工预计与 2011 年相比最少增加 3.4%。整体经济仅增加 1.9%。如果初步数据在 2013 年春天被证实，文化/创意产业和整体经济一样在 2012 年几乎以 2 倍的速度增长。这样的增长活力在文化/创意产业内部最后出现的时间是 20 世纪 90 年代。

如果目前的趋势继续发展，这将是来自文化/创意产业的一个不寻常的强烈的信号。因为这将意味着文化/创意产业公司的经济状况持续回稳，因为有社保的工作岗位一般来说比自由职业或工作服务者成本更高。

值得期待的是，设计行业、建筑市场、广告市场和软件/游戏产业将属于文化/创意产业就业动力的关键驱动因素。这些子市场同时被作为具有较高的企业数量的强大市场。因为它们主要服务于制造业或贸易中的其他部门，因此文化/创意产业的进一步发展尤其取决于整体经济的发展。根据 2010 年 4.2%和 2011 年 3.0%的国内生产总值强势的增长预期，联邦经济与技术部在 2012 年预计增长不到 1%。这个积极发展的后果使文化/创意产业发展在差异化的经济情况中有一个积极的趋势。

5.2 特别关注：独立艺术家

如果没有作家、作曲家、音乐家、演员、电影人、视觉艺术家，就不会有文化/创意产业。他们是原创者、原创制作人、表演艺术家或者是服务提供商。如果没有他们，就没有电影公司，没有音乐会，没有出版社，同样没有画廊对灵感进行利用与加工。

上述道理却时常被人们所忽视，这是因为根据经济尺度，处于文化/创意产业的价值创造链上的艺术家团体属于该行业中最小的个体。此外，艺术家通常没有自己的组织或行业协会作为谈判伙伴协助他们应对行业中的剥削者。

特别地，在独立艺术家所生存的艺术、文化或创意的场景中往往以生产过剩为特征。来自专业的、半专业或自学成才者的不同形式创作作品之间形成激烈甚至是恶性竞争。此外，通过新技术的使用、数字化和网络技术所产生的多样性也不断带来新挑战。

因此，独立艺术家的职业处于一个复杂的经济环境中，需要得到经济政策和文化政策的广泛关注。仅仅对艺术家展开社会政策层面的讨论是远远不够的。对独立艺术家的经济状况的深度认识是充分激发德国文化/创意产业的一个重要前提。

主要数据

类比艺术家社会阶层的划分，将以下四组艺术家归为核心组。

1. 音乐组

独立音乐家（作曲家）

乐团/舞团

2. 视觉艺术组

独立视觉艺术家

独立艺术品修复师

3. 表演艺术家

独立舞台艺术家、电影艺术家、广播艺术家

4. 文学/文字组

独立作家

独立记者

独立艺术家包括自由职业者和工商业艺术家，不管是否有工作室、办公室、代办处，没有别的员工，抑或是有雇员的企业主。所有申报为自雇型艺术工作者，并以自己的经济活动和服务在税务部门纳税的艺术工作者都属于独立艺术家。

2010 年，德国大约有 47 600 个独立艺术家每年能挣 17 500 欧元甚至更多。总额达到了 39 亿欧元。平均每个艺术家每年可以挣到 82 000 欧元。

除此之外，还有 118 000 名年收入少于 17 500 欧元的自由艺术家在艺术家社会保险机构进行了登记。所以估计有 165 600 名独立艺术家活跃在艺术市场上。

在上述的 47 600 名艺术家里，文学/文字组占据了 52%。其次是表演艺术家和视觉艺术家，分别占约 18%和 22%。虽然从事音乐的艺术家人数最少(9%)，但从经济的角度来看是最成功的。他们平均每年能够挣 99 000 欧元至 126 000 欧元。只有艺术品修复师可与之匹敌——他们每人能挣 116 000 欧元。所有其他各组艺术家每人每年挣不到 100 000 欧元。独立记者和作家每人只能获得 70 000 欧元到 79 000 欧元的年收益，是表现最差的。根据年收益等级进行的划分宽泛地涉及了各组艺术家，这可以从下文的分析中清晰地看出。

	独立艺术家和文字工作		收入		平均收入
	数量	比重	百万欧元	比重	千欧元
音乐组					
独立音乐家(作曲家)	2 643	6%	261	7%	99
乐团/舞团	1 661	3%	210	5%	126
视觉艺术组					
独立视觉艺术家	8 814	19%	750	19%	85
独立艺术品修复师	1 471	3%	171	4%	116
表演艺术家					
独立舞台艺术家	8 710	18%	752	19%	86
文学/文字组					
独立作家	6 941	15%	552	14%	79
独立记者	17 401	37%	1 219	31%	70
总计	**47 641**	**100%**	**3 915**	**100%**	**82**
补充					
总计(1)	**165 646**	—	—	—	—

图 5-5　2010 年独立艺术家和文字工作者的收入

说明：年收入高于 17 500 欧元的独立艺术家和文字工作者。

(1) 关于艺术家社会基金的总结，2010 年。

来源：营业税统计，德国联邦统计局(2012)；艺术家社会基金(2011)，米夏埃尔·松德尔曼/文化产业研究办公室的独立核算。

根据 2010 年年收益对独立艺术家进行分类

在最小的收益阶层(17 500—50 000 欧元)中包含了大多数独立艺术家(55%~61%)。接下来的两个收益阶层(100 000—250 000 欧元)占据了相当大的比例，两个阶层加起来占到了所有独立艺术家的40%以上。最后的几个收益阶层(即大于 250 000 欧元的部分)各自的比例都不到 10%。

对年收益的分层为我们呈现了一幅各组艺术家分化程度的图景。据此，他们作为重要的经济活跃分子的一面被揭露了出来。

艺术家和文化/创意人的特殊身份奠定了其经济能力方面的行业复杂性。与传播产业以及 IT 产业有关的经验已然显示出，艺术家、文化和创意工作者往往只被看作产业中的供应商——如果他们的独立性地位得到认可的话。

将艺术家团体整合成经济相关主体，为文化/创意产生创造了崭新又复杂的条件和结构，从这个意义来说，似乎有理由将文化/创意产业称为“特定经济”产业，这一术语尤其适合文化/创意产业的艺术、文化、创意工作者们所进行的实验性风险性活动，“特定经济”概念还能够为文化/创意产业中常被称为“项目经济”或“原型经济”的部分开拓新视角。

实际数值	作曲家 数量	乐团/舞团 数量	视觉艺术家 数量	舞台艺术家 数量	独立作家 数量	独立记者 数量
收益规模						
17 500—50 000 欧元	1 450	1 014	5 014	4 984	3 943	10 093
50 000—100 000 欧元	630	342	2 238	2 130	1 818	4 920
100 000—250 000 欧元	398	189	1 147	1 167	902	1 872
250 000—500 000 欧元	99	59	279	280	187	375
500 000—1000 000 欧元	46	29	92	95	58	103
高于 1000 000 欧元	20	28	44	54	33	38
共计	2 643	1 661	8 814	8 710	6 941	17 401
			百分比			
收益规模						
17 500—50 000 欧元	54. 9%	61. 0%	56. 9%	57. 2%	56. 8%	58. 0%
50 000—100 000 欧元	23. 8%	20. 6%	25. 4%	24. 5%	26. 2%	28. 3%
100 000—250 000 欧元	15. 1%	11. 4%	13. 0%	13. 4%	13. 0%	10. 8%
250 000—500 000 欧元	3. 7%	3. 6%	3. 2%	3. 2%	2. 7%	2. 2%
500 000—1000 000 欧元	1. 7%	1. 7%	1. 0%	1. 1%	0. 8%	0. 6%
高于 1000 000 欧元	0. 8%	1. 7%	0. 5%	0. 6%	0. 5%	0. 2%
共计	100. 0%	100. 0%	100. 0%	100. 0%	100. 0%	100. 0%

图 5-6　2010 年根据收益的多少对独立艺术家进行分类

说明：不包括独立艺术品修复师。

来源：营业税统计，德国联邦统计局(2012)；米夏埃尔·松德尔曼/文化产业研究办公室的独立核算。

5.3 特别的关注焦点：文化领域

与以往的文化领域的三分法不同，在本节中使用了 2009 年联合国教科文组织文化政策相关的新模式框架模型（FCS）。FCS 模型的优点是它基于的一个文化政策决定性的文化理念并将它根据文化特殊的区域划分成所谓的领域。这里描述的短期成果是受德国教科文组织全国委员会委托进行开发的并第一次在联合国教科文组织定义的划分下展示德国整个文化领域。

根据联合国教科文组织文化统计框架定义的文化领域（FCS）

联合国教科文组织将文化视为一个社会或一个社会群体表现的唯一的精神的、物质的、跨文化的和情感的方面。这不仅包括艺术和文学，还包括所有的生活形式、人类共同生活的形式、价值体系、传统和信仰。

FCS 定义的文化领域包含一系列的经济和社会活动。经济活动在这里是指产品生产和服务。社会活动就是参与被纳入“文化的”一词的活动。其他相关领域包括其他经济和社会活动，它们被作为“部分文化的”，例如那些属于“文化”领域的“休息和娱乐”方面。

FCS 定义的文化部门包括下列范围：

A. 文化遗产和自然遗产

B. 表演艺术

C. 视觉艺术和艺术工艺品

D. 书籍和出版

E. 视听和互动媒体

F. 设计和创意服务

这是核心领域的最小单位，针对这些单位，每个国家根据教科文组织的要求更改比较数据。此外还有 3 个横域，它们由于对文化周期有关键作用而被包含在内：

1. 教育和培训
2. 存档和遗产保护
3. 设备及辅助材料

文化部门的介绍以就业市场为例。这包括官方的、跨媒体的和私营的部分，它们可以借助统计数据被检测到。

2010 年德国文化领域的就业人数为 150 万人。文化领域的从业者因此占总就业人员的 3.7%。其中，大约有 478 000 名独立从业者和大约 100 万名企业雇佣员工。

文化领域中最大的一个群体是文化部门“图书和出版”，其次是文化部门“设计和创意服务”。它们有 472 000 名员工并凭借 443 000 名就业人员分别占文化领域就业机会的 30%或者 28%。文化部门“视听/互动媒体”有 304 000 余名从业者，占 19%，文化部门“表演艺术和节庆”有近 158 000 人，占 10%。在文化部门“视觉艺术和工艺”，“世界文化和自然遗产”和横域一起构成小型部门，比重小于 10%。

文化领域通常具有高比例的独立从业者。2010 年独立从业者约有 478 000 名，在文化领域中的比重约为 32%，并占整个文化领域就业人员的近 1/3。独立从业者群体可以分为临时独立从业者和固定独立从业者。约 238 000 名年营业额少于 17 500 欧元的独立从业者。临时独立从业者是指从事文化职业或文化领域其他职业的人，他们通常将这个职业作为副业。年营业额大于 17 500 欧元的独立从业者有约 240 000 人，他们通常将这个职业作为自己的主要工作并确保它的存在。

范　围	就业	
	数量	百分比
A　文化遗产和自然遗产	44 200	3%
B　表演艺术	157 747	10%
C　视觉艺术和艺术工艺品	134 501	9%
D　书籍和出版	471 821	30%
E　视听和互动媒体	304 471	19%
F　设计和创意服务	442 604	28%
横向领域	10 158	1%
重复计算的文化领域	1 565 502	100%
重复计算	59 559	—
FCS-文化领域	1 505 943	—
文化领域在整体经济中的比重	3.7%	—

图 5-7　2010 年根据范围划分文化领域的就业人员*

说明：就业人员数量*(=独立从业者和雇佣员工，包括临时独立从业者和企业员工)根据营业和就业者草案定义。

来源：营业税统计，德国联邦统计局(2012)；联邦就业办公室(2012)；文化统计工作组。

2010 年，受企业雇佣的就业人数达到约 100 万人，占所有就业人数的 2.9%。企业雇员分为有社会保险的固定雇员以及临时雇员。有社会保险的文化产业兼职或全职员工通常拥有稳定的工作岗位，约为 70 万人。临时雇员包括专职的临时雇员或兼职的临时雇员，兼职的临时雇员工作时间少于每周工作时间的一半，每月收入低于 400 欧元。这一人数 2010 年低于 329 000 人。

目前文化产业最重要的就业市场是“图书和出版”部门，其次是“设计和创意服务”部门。“图书和出版”部门中有社会保险的员工人数占整个文化产业的 38%，超过 1/3。在临时就业人数中，该部门的比例增加到文化产业整体的 44%。这意味着几乎一半的临时从业人员在“图书与出版”部门工作。就业人数排第二位的“设计和创意服务”部门中，大约 1/4 的文化工作者在该部门工作，或者作为有社会保险的固定雇员，或者作为临时就业雇员。

最后应当指出，依据教科文组织文化统计框架对文化产业进行分类是一种务实的方法，可以向对文化政策感兴趣的专业公众提供有用的基本信息。

5.4　文化/创意产业的未来展望

文化/创意产业除了在数量上对德国净产值的创造有意义，同时它也是未来工作生活模式的重要模板。它向我们展示出未来以知识和内容为导向的社会的一部分。我们在文化/创意产业中观察到的一些显著的结构在其他产业中也能够，或者即将能够看到。

今天的文化/创意产业中已经出现了未来导向的工作和商业模式。由于在文化/创意产业中存在例如混合工作模式的生产方式，以及许多企业以内容为导向的产品，文化/创意产业是德国知识经济的先导。

在文化/创意产业的子市场中，单个产品的创新周期极短。在企业财政中属于高风险类别的以创新为导向的商业模式，需要得到专门的财政支持。在这方面需要以资助创新力为目标的经济政策提供相应的资助措施。

文化/创意产业最显著的产品类型是原型产品、定制产品、微型批次产品和非物质产品。文化/创意产业产品的类型和性质有典型的知识经济特色。

快速转变的从业结构和持续变化的就业领域及职业图景是文化/创意产业的显著标志。如果将来在传统行业中，自由职业者和个体企业家有更加重要的地位，那么文化/创意产业就可以因其中占主导地位的就业结构在这方面提供模板。

几乎所有的文化/创意产业企业都使用现代科技，特别是信息与通讯技术。他们不仅是被动的技术使用者，而同时也是技术制造商和开发商开发新技术的推动力。

对文化/创意产业的经济政策支持可以发展为面向未来的经济促进方法和手段，并尽可能地转化，为其他行业所用。

欧盟已在最新版的“欧洲 2020”战略中表明，以努力实现“智慧的、可持续的和包容性的增长为目标。对文化/创意产业经济政策上的支持有助于文化/创意产业的创新和经济潜力的发展，由于文化/创意产业经济上的重要性以及对未来的工作形式的示范作用，可以为实现这一目标做出巨大贡献。

附录一　方法说明

企业、营业额、毛附加价值和就业

企业

企业的概念界定为在营业额税统计中，以及企业登记中具有独立法律地位的单位。该定义涵盖各种类型的企业，包括拥有独立办公室的自由职业者，已雇佣或未雇佣他人的自雇型企业，以及所有商业运营的公司。这里所指企业的概念超越了日常用语中的含义，包含了各种形式的独资企业，一人公司，从微型企业、小型和中型企业直到大型企业。理解企业概念所包含的不同公司类型范围，对于文化/创意产业而言有特别的意义，因为小微型企业所承担的经济和就业活动在行业中起到举足轻重的作用。

营业额

在营业税统计之中，营业额包含一家公司应缴税的销售和服务。在一些联邦州，所谓的欧盟内部采购也计入营业额统计，而联邦政府的统计并未采用这样的做法。为了实现各层面统一比较，必须以应缴税营业额为标准，即仅包含销售和服务。

总毛附加价值必须与营业税统计数据中显示的营业额(=数量×所售商品和服务的价格)有所区别。总毛附加价值以各种生产统计为基础，对产品价值进行确定，扣除相关预付费用。因此，相比较而言，营业额一般高于总毛附加价值，生产过程劳动分工的集成化程度越高，这种差距就越大。例如德国2010 年的产值(所有产业部门)为 22.17 亿欧元，而纳税的营业额在同一年达到了 52.41 亿欧元。根据新的 WZ2008 经济分类办法，可以第一次通过官方统计数据，比如 WZ-Nr. 58-60 或者 Nr. 90-92，来确定单个文化/创意产业部门的情况。

因为营业税统计同样可以对经济活动按营业额规模统计(从 17 500 欧元开始到 500 000 000 欧元分为 8 个不同级别年营业额)，因此对文化/创意产业也能按大小规模来研究。为此引入了“内部细分”这个概念，可以用来对不同类型的企业进行描述。根据欧盟对中小企业的定义，报告中划分了 4 种企业类型：微型企业、小型企业、中型企业以及大型企业。

就业

这一参考指标表明文化/创意产业对就业市场的贡献，特别应当考虑到其中高比例的独立经营者和一人公司。这里的就业概念既包括独立经营者，也包括受雇于企业的职员。独立经营者又可以分为有其他员工的独立经营者，以及无其他员工的独立经营者。在企业雇佣员工中包括雇员、工人和培训学员以及公务员。

针对文化/创意产业，对就业概念做了以下限定：营业税统计只包含了有缴税义务的独立经营者和独立经营企业，但不包含企业雇佣员工。相反，就业统计只涵盖了受雇于企业的员工，包括有社保的企业员工以及临时就业者，但不包含公务员。

统计来源

营业额统计：

营业税统计涵盖了经济部门分类所定义的整个产业部门，此外，税收和销售相关统计信息都精确到 5 位数的部门编号，即按照最细的分类标准进行。在营业税方面，对同一调查对象从中央到地方的各级数据都进行了统计。

营业税统计的优点是几乎完全记录了整个经济部门。但是，由于在记录微型企业时有所谓的最低限额，统计中不包括年营业额低于 17 500 欧元的企业和独立经营者。因此统计记录中忽略了大量微型企业和自营者。这对于展现文化/创意产业的整体潜力方面存在不足，这可以通过另外的数据来弥补，包括艺术家社会保险基金或其他辅助机构的数据。

就业者统计：

就业者统计同样涵盖了整体经济部门，采用了 5 位数级别的专业深度分类，这样通过最小数据单位反映了全国范围的统计结果。但其优势也因此受到局限，因为这里只包含有社保的企业员工，而并不包含独立经营者和公务员。另一项不足在于，这里只记录了提供有社保的职位的公司。就业者统计数据最大的优势首先在于它能保持同步更新。

临时就业者统计：

这个数据源多年来已经可以作为常规就业者统计信息的补充，并且因为采用了深度的专业分类并且及时对外发布，对于临时就业情况的评估是有价值的补充信息。

微普查：

微普查并不是完整的调查，而是一个 1% 的抽样调查。因此它主要在产业的 3 位数编号的专业分类领域进行。这一技术条件的限制导致调查结果存在先天不足，因为各级子行业和部门的结构都只能在 5 位数编号的专业分类进行考察。尽管有这些不足，当对整个国家范围进行研究的时候，微普查还是有意义的。因为微普查是唯一纳入了欧洲就业人员统计的数据资料，因此微普查不仅为德国建立了统计框架，同时也为整个欧洲范围内对文化/创意产业领域的研究构建了桥梁。

自由职业艺术家统计：

艺术家社会基金保存了在其平台上注册的自由艺术家群体的数据。由于采用了艺术家自愿自我评估的统计方法，这些数据可以作为补充性数据使用。

附录二　德国文化/创意产业统计分类

2011 年德国文化/创意产业报告的有效划分模型

根据新 WZ-2008 划分文化/创意产业

细分市场 WZ-2008	经济部门	比重	
		UST	SVB
1. 音乐产业			
90.03.1	独立音乐人等		
90.01.2	乐团/舞团		
59.20.1	录音室		
59.20.2	录音载体出版社		
59.20.3	音乐出版社		
90.04.1	戏剧/音乐会主办者		
90.04.2	私人音乐/戏剧社，音乐会社等*		
90.02	表演艺术服务*		
47.59.3	乐器零售		
47.63	录音载体零售等*		
32.20	乐器生产		
2. 图书市场			
90.03.2	独立作家		
74.30.1	独立译者		
58.11	图书出版社		
47.61	图书零售		
47.79.2	旧书店		
18.14	图书装订		
3. 艺术市场			
90.03.3	独立视觉艺术家		
47.78.3	艺术品零售**	20%	20%
91.02	博物馆商店等		8%
47.79.1	古董零售		
4. 电影产业			

续表

细分市场 WZ-2008	经济部门	比　重	
		UST	SVB
90.01.4	独立舞台、电影、TV 艺术家		
59.11	电影/TV 制作人		
59.12	后期/其他电影技术		
59.13	电影出租		
59.14	影院		
47.63	录音载体零售		
77.22	录像出租		
5. 广播产业			
90.01.5	独立记者和报刊摄影		
60.10	广播人		
60.20	电视人		
6. 表演艺术市场			
90.01.4	独立舞台，电影，TV 艺术家*		
90.01.3	独立杂技演员、马戏团		
90.01.1	剧团		10%
90.04.1	戏剧/音乐会主办者*		
90.04.2	私人音乐/戏剧社，音乐会社等*		10%
90.04.3	杂耍和小品剧		
90.02	表演艺术服务		
85.52	艺术课程/舞蹈学校		
7. 设计产业			
74.10.1	工业、产品和模型设计		
74.10.2	图标和通信设计		
74.10.3	室内和室外设计		
71.11.2	室内建筑工作室*		
73.11	广告设计(50%)*	50%	50%
32.12	珠宝，金银首饰制作		
74.20.1	独立摄影师		
8. 建筑市场			
71.11.1	高层建筑工作室		
71.11.2	室内建筑工作室*		
71.11.3	地方、区域和州建设的建筑工作室		
71.11.4	庭院和景区建筑工作室		
90.03.4	独立修复师		
9. 出版市场			
90.03.5	独立记者和报刊摄影*		
63.91	通讯社和新闻办公室		
58.12	通讯录出版		
58.13	报纸出版		

续表

细分市场 WZ-2008	经济部门	比　重	
		UST	SVB
58. 14	杂志出版		
58. 19	其他出版物(不包括软件)		
47. 62	报纸和杂志零售		
10. 广告市场			
73. 11	广告代理/广告设计*		
73. 12	广告时间/面积销售和推广		
11. 软件/游戏产业			
58. 21	电脑游戏出版		
63. 12	网页门户		
62. 01. 1	网络简报开发和编程		
62. 01. 9	其他软件开发		
58. 29	其他软件出版		
12. 其他			
91. 01	图书馆和档案室		8%
91. 03	经营历史景点和建筑及相似的受欢迎的地方		8%
91. 04	植物和动物园以及自然公园		8%
74. 30. 2	独立翻译		
74. 20. 2	照相馆		
32. 11+13	硬币和仿制首饰生产		
加上重复计算			
(包含重复计算的所有经济部门的总和)			
重复计算的经济部门的总和			
文化/创意产业 Nr. 1-12(不含重复计算)			

说明：* 属于多个子市场的经济部门；UST=营业税统计，SVB=就业统计；比重=经济部门所占百分比。

来源：德国联邦统计局，WZ-2008 经济部门划分办法；文化统计工作组。

附录三　统计数据

表附 3-1　2009—2011 年德国文化/创意产业参考数据

类　　别	2009 年	2010 年	2011 年*	变化百分比 2011*/2010 年
统计核心数据				
企业数量(千家)[1]				
文化/创意产业	238	240	244	2.0%
文化/创意产业在国民经济整体中所占比例	7.6%	7.6%	7.5%	—
营业额(十亿欧元)				
文化/创意产业	134.3	137.3	143.4	4.4%
文化/创意产业在国民经济整体中所占比例	2.7%	2.6%	2.6%	—
固定职员数量(千人)(社会保险人数)[2]				
文化/创意产业	723	720	740	2.7%
文化/创意产业在国民经济整体中所占比例	2.6%	2.6%	2.6%	—
固定从业人员数量(千人)[3]				
文化/创意产业	962	960	984	2.5%
文化/创意产业在国民经济整体中所占比例	7.2%	3.1%	3.1%	—
统计估算数据				
临时工作者数量(千人)[4]				
文化/创意产业	194	209	225	7.4%
文化/创意产业在国民经济整体中所占比例	28.0%	29.2%	19.9%	—
临时职员数量(千人)[5]				
文化/创意产业	520	504.5	486.1	-3.7%
文化/创意产业在国民经济整体中所占比例	7.1%	6.9%	4.0%	
临时从业人员数量(千人)[5]				
文化/创意产业	704	714	711	-0.4%
文化/创意产业在国民经济整体中所占比例	6.2%	6.2%	6.0%	
统计核心数据与估算数据合计				
行业从业人员总数(千人)[6]				
文化/创意产业	1 666	1 674	1 695	1.3%
文化/创意产业在国民经济整体中所占比例	4.3%	4.3%	4.3%	—
毛附加价值(十亿欧元)[7]				
文化/创意产业	61.5	61.4	62.7	2.2%
文化/创意产业在国内生产总值中所占比例	2.6%	2.5%	2.4%	—
国内生产总值	2 374.5	2 496.2	2 592.6	3.9%

续表

类　　别	2009 年	2010 年	2011 年*	变化百分比 2011*/2010 年
文化/创意产业核心数据				
每家企业平均创造营业额(千欧)	563	573	587	2.4%
每名职员平均创造营业额(千欧)	186	191	194	1.7%
每名从业人员平均创造营业额(千欧)	140	143	146	1.8%
每家企业平均拥有职员数量	3.0	3.0	3.0	0.7%
每家企业平均拥有从业人员数量	4.0	4.0	4.0	0.5%
每名从业人员平均创造毛附加价值(千欧)	63.9	63.9	63.7	-0.3%
自雇工作者在从业人员中所占比例(核心数据)	25	25	25	—

说明：* 初步资料或预估数据。2011 年预估数据基于前几年的发展速度、2012 年发展数据以及 2012 年就业数据。

(1) 年营业额 17500 欧元以上的纳税企业。

(2) 有社保记录的全日或非全日工作职员，不包括临时职员。

(3) 应税企业员工和有社保记录的职员总和。

(4) 额外的临时工作者(根据微普查统计，年营业额在 17500 欧元以下的自由职业者、自雇工作者)由于 2010 年监测数据修正，估算结果中的占比从 5%提高到 19%。

(5) 根据微普查统计，有统计数据支持的其它临时职员数量。

(6) 从业人员总数涵盖自雇工作者、企业职员，包括微普查所统计的临时职员和临时工作者。

(7) 毛附加价值以 2009 年和 2010 年国民经济核算实际数据为依据(国民经济核算 2012 年 10 月，统计科目 58-60，90-92，不包括 62，71，74)；文化/创意产业毛附加价值总额为 2011 年预估数据。

数据来源：联邦统计局(2012)；联邦就业办公室(2012)，米夏埃尔·松德尔曼文化/创意研究工作室独立核算。

表附 3-2　根据 11 个细分市场划分文化/创意产业

(2009—2011 年企业、营业额、从业人员和雇佣企业员工数据)

细分市场	项目	数量		
		2009 年	2010 年	2011 年*
1. 音乐产业	企业	13 852	13 723	13 851
2. 图书市场	企业	16 232	16 481	16 859
3. 艺术市场	企业	13 763	13 464	13 634
4. 电影产业	企业	18 312	17 956	18 223
5. 广播产业	企业	17 853	17 751	17 932
6. 表演艺术市场	企业	14 993	15 402	15 895
7. 设计产业	企业	48 332	50 111	52 570
8. 建筑市场	企业	39 956	40 159	40 956
9. 出版市场	企业	34 317	33 564	33 117
10. 广告市场	企业	37 082	35 330	35 683
11. 软件/游戏产业	企业	27 018	28 527	29 802
12. 其他	企业	7 353	7 506	7 523
含重复计算	企业	289 073	289 974	296 045
重复计算的 WZ	企业	50 594	50 440	51 720
文化/创意产业 Nr 1-12	**企业**	**238 479**	**239 534**	**244 325**

续表

细分市场	项目	数量		
		2009 年	2010 年	2011 年*
整体经济	企业	3 135 542	3 165 286	3 272 906
1. 音乐产业	营业额(百万欧元)	6 307	6 270	6 472
2. 图书市场	营业额(百万欧元)	14 848	14 182	13 574
3. 艺术市场	营业额(百万欧元)	2 146	2 332	2 410
4. 电影产业	营业额(百万欧元)	8 734	8 925	9 481
5. 广播产业	营业额(百万欧元)	7 445	7 671	8 425
6. 表演艺术市场	营业额(百万欧元)	3 316	3 478	3 622
7. 设计产业	营业额(百万欧元)	17 595	18 243	19 388
8. 建筑市场	营业额(百万欧元)	7 967	8 031	8 365
9. 出版市场	营业额(百万欧元)	31 341	31 398	30 936
10. 广告市场	营业额(百万欧元)	25 508	25 714	26 023
11. 软件/游戏产业	营业额(百万欧元)	24 296	26 496	30 339
12. 其他	营业额(百万欧元)	1 579	1 588	1 669
含重复计算	营业额(百万欧元)	151 082	154 328	160 704
重复计算的 WZ	营业额(百万欧元)	16 751	16 993	17 329
文化/创意产业 Nr 1-12	**营业额(百万欧元)**	**238 479**	**137 335**	**143 375**
整体经济	营业额(百万欧元)	4 897 938	5 240 997	5 445 396
1. 音乐产业	从业人员	47 036	46 771	46 798
2. 图书市场	从业人员	79 379	77 405	80 123
3. 艺术市场	从业人员	19 515	19 243	19 206
4. 电影产业	从业人员	61 753	60 392	60 828
5. 广播产业	从业人员	39 537	39 444	40 092
6. 表演艺术市场	从业人员	32 416	33 282	34 122
7. 设计产业	从业人员	126 101	126 285	128 965
8. 建筑市场	从业人员	100 425	102 213	105 578
9. 出版市场	从业人员	169 841	164 615	161 903
10. 广告市场	从业人员	142 077	137 700	140 693
11. 软件/游戏产业	从业人员	244 615	252 382	268 683
12. 其他	从业人员	15 370	15 023	14 983
含重复计算	从业人员	1 078 065	1 074 755	1 101 974
重复计算的 WZ	从业人员	116 297	114 819	117 807
文化/创意产业 Nr 1-12	**从业人员**	**961 768**	**959 936**	**984 166**
整体经济	从业人员	30 515 638	30 875 773	31 654 249
1. 音乐产业	雇佣企业员工(svB)	33 174	33 048	32 947
2. 图书市场	雇佣企业员工(svB)	63 147	60 924	63 264
3. 艺术市场	雇佣企业员工(svB)	5 752	5 779	5 572
4. 电影产业	雇佣企业员工(svB)	43 441	42 436	42 605

续表

细分市场	项目	数量		
		2009 年	2010 年	2011 年*
5. 广播产业	雇佣企业员工(svB)	21 684	21 693	22 160
6. 表演艺术市场	雇佣企业员工(svB)	17 423	17 880	18 228
7. 设计产业	雇佣企业员工(svB)	77 769	76 174	76 395
8. 建筑市场	雇佣企业员工(svB)	60 469	62 054	64 622
9. 出版市场	雇佣企业员工(svB)	135 524	131 051	128 786
10. 广告市场	雇佣企业员工(svB)	104 995	102 370	105 010
11. 软件/游戏产业	雇佣企业员工(svB)	217 597	223 855	238 881
12. 其他	雇佣企业员工(svB)	8 017	7 517	7 460
含重复计算	雇佣企业员工(svB)	788 992	784 781	802 928
重复计算的 WZ	雇佣企业员工(svB)	65 703	64 379	66 087
文化/创意产业 Nr 1-12	**雇佣企业员工(svB)**	**723 289**	**720 402**	**739 841**
整体经济	雇佣企业员工(svB)	27 380 096	27 710 487	28 381 343
1. 音乐产业	临时企业员工(gfB)	11 160	11 061	11 200
2. 图书市场	临时企业员工(gfB)	21 051	20 915	20 454
3. 艺术市场	临时企业员工(gfB)	4 578	4 479	4 341
4. 电影产业	临时企业员工(gfB)	28 892	27 862	26 481
5. 广播产业	临时企业员工(gfB)	2 067	1 985	1 726
6. 表演艺术市场	临时企业员工(gfB)	11 968	12 117	12 635
7. 设计产业	临时企业员工(gfB)	42 052	41 037	42 308
8. 建筑市场	临时企业员工(gfB)	18 181	18 099	18 311
9. 出版市场	临时企业员工(gfB)	106 339	104 314	103 322
10. 广告市场	临时企业员工(gfB)	67 809	66 308	67 139
11. 软件/游戏产业	临时企业员工(gfB)	21 657	22 046	23 287
12. 其他	临时企业员工(gfB)	1 826	1 730	1 787
含重复计算	临时企业员工(gfB)	337 580	331 953	332 991
重复计算的 WZ	临时企业员工(gfB)	40 778	39 538	40 881
文化/创意产业 Nr 1-12	**临时企业员工(gfB)**	**296 802**	**292 415**	**292 110**
整体经济	临时企业员工(gfB)	7 191 748	7 274 398	7 386 881

说明：* 估算的数据或临时数据。其他说明见表 1 对临时企业员工的报告，基于 BA 统计上可查的企业员工。

来源：营业税统计，德国联邦统计局(2012)；就业统计，联邦就业办公室(2012)；米夏埃尔·松德尔曼/文化产业研究办公室的独立核算。

表附 3-3　2009—2011 年文化/创意产业各经济部门中企业数量

细分市场 WZ-2008	经济部门	企业数量		
		2009 年	2010 年	2011 年**
1. 音乐产业				
90. 03. 01	独立音乐家	2 656	2 643	2 696

续表

细分市场 WZ-2008	经济部门	企业数量		
		2009 年	2010 年	2011 年**
90.01.2	乐团/舞团	1 828	1 661	1 578
59.20.1	录音室等	479	539	548
59.20.2	录影载体出版社	395	390	414
59.20.3	音乐出版社	1 200	1 149	1 096
90.04.1	戏剧/音乐会主办者*	1 414	1 400	1 415
90.04.2	私人音乐/戏剧社、音乐会社等*	228	228	232
90.02	表演艺术服务*	2 024	2 109	2 224
47.59.3	乐器零售	2 235	2 142	2 209
47.63	录音载体零售*	238	282	269
32.20	乐器生产	1 165	1 180	1 171
	细分市场共计	13 862	13 723	13 851
2. 图书市场				
90.03.2	独立作家	6 616	6 941	7 149
74.30.1	独立译者	1 584	1 625	1 717
58.11	图书出版社	2 193	2 220	2 275
47.61	图书零售	4 290	4 195	4 279
47.79.2	旧书店	479	459	455
18.14	图书装订	1 070	1 041	985
	细分市场共计	16 232	16 481	16 859
3. 艺术市场				
90.03.3	独立视觉艺术家	8 883	8 814	8 902
47.78.3	艺术品零售**	1 797	1 712	1 746
91.02	博物馆商店等	890	823	823
47.79.1	古董零售等	2 193	2 115	2 162
	细分市场共计	13 763	13 464	13 634
4. 电影产业				
90.01.4	独立舞台、电影、TV 艺术家*	8 455	8 710	8 971
59.11	电影/TV 制作人	5 785	5 253	5 304
59.12	后期/其他电影技术	696	767	788
59.13	电影出租	929	865	846
59.14	影院	888	878	881
47.63	录音载体零售*	238	282	269
77.22	录像出租	1 321	1 201	1 164
	细分市场共计	18 312	17 956	18 223
5. 广播产业				
90.03.5	独立记者和报刊摄影*	17 500	17 401	17 575
60.10	广播人	266	262	265
60.20	电视人	87	88	92
	细分市场共计	17 853	17 751	17 932

续表

细分市场 WZ-2008	经济部门	企业数量		
		2009年	2010年	2011年**
6. 表演艺术市场				
90.01.4	独立舞台、电影、TV艺术家*	8 455	8 710	8 971
90.01.3	独立杂技演员、马戏团	564	573	585
90.01.1	剧团	126	124	112
90.04.1	戏剧/音乐会主办者*	1 414	1 400	1 386
90.04.2	私人音乐/戏剧社、音乐会社*	228	228	232
90.04.3	杂耍和小品剧	196	178	177
90.02	表演艺术服务	2 024	2 109	2 224
85.52	艺术课程/舞蹈学校	1 986	2 080	2 208
	细分市场共计	14 993	15 402	15 895
7. 设计产业				
74.10.2	工业、产品和模型设计	1 606	2 164	2 388
74.10.2	图标和通信设计	5 506	7 269	8 347
74.10.3	室内和室外设计	8 017	7 679	7 833
71.11.2	室内建筑工作室*	2 675	3 185	3 504
73.11	广告设计(50%)*	18 060	17 125	17 560
32.12	珠宝、金银首饰制作	3 777	3 706	3 891
74.20.2	独立摄影	8 691	8 983	9 047
	细分市场共计	48 332	50 111	52 570
8. 建筑市场				
71.11.1	高层建筑工作室	28 140	27 587	27 863
71.11.2	室内建筑工作室*	2 675	3 185	3 504
71.11.3	地方、区域和州建设的建筑工作室	4 664	4 828	5 000
71.11.4	庭院和景区建筑工作室	3 072	3 088	3 121
90.03.4	独立修复师	1 405	1 471	1 468
	细分市场共计	39 956	40 159	40 956
9. 出版市场				
90.03.5	独立记者和报刊摄影*	17 500	17 401	17 575
63.91	通讯社和新闻办公室	995	989	979
58.12	通讯录出版	211	200	190
58.13	报纸出版	831	829	796
58.14	杂志出版	1 848	1 782	1 711
58.19	其他出版物(不含软件)	3 396	3 144	2 924
47.62	报纸和杂志零售	9 536	9 219	8 942
	细分市场共计	34 317	33 564	33 117
10. 广告市场				
73.11	广告代理/广告设计*	36 120	34 250	34 593
73.12	广告时间/面积销售和推广	962	1 080	1 091
	细分市场共计	37 082	35 330	35 683

续表

细分市场 WZ-2008	经济部门	企业数量		
		2009 年	2010 年	2011 年**
11. 软件/游戏产业				
58. 21	电脑游戏出版	392	354	336
58. 29	其他软件出版	354	474	498
63. 12	网页门户	190	271	360
62. 01. 1	网络简报开发和编程	7 457	8 256	8 669
62. 01. 9	其他软件开发	18 625	19 172	19 939
	细分市场共计	27 018	28 527	29 802
12. 其他				
91. 01	图书馆和档案室	111	100	90
91. 03	运营历史景点和建筑及相似的受欢迎的地方	104	95	86
91. 04	植物和动物园以及自然公园	262	265	268
74. 30. 2	独立翻译	6 006	6 237	6 299
74. 20. 2	照相馆	518	466	419
32. 11+13	硬币和仿制首饰生产	352	343	360
	其他共计	7 353	7 506	7 523
	加上重复计算	289 073	289 974	296 045
	重复的经济部门	50 594	50 440	51 720
文化/创意产业 Nr. 1-12.		238 479	239 534	244 325
文化/创意产业细分市场的比重		7. 6%	7. 6%	7. 5%

说明：* 属于很多子市场的经济部门；** 估算的数据或临时数据；2011 年的估算基于前一年的数据，2012 年经济情况统计和 2012 年就业统计。

来源：营业税统计，德国联邦统计局(2012)；米夏埃尔·松德尔曼/文化产业研究办公室的独立核算。

表附 3-4　2009—2011 年根据细分市场和经济部门划分文化/创意产业营业额

细分市场 WZ-2008	经济部门	营业额(百万欧元)		
		2009 年	2010 年	2011 年**
1. 音乐产业				
90. 03. 1	独立音乐家	261	261	268
90. 01. 2	乐团/舞团	225	210	195
59. 20. 1	录音室等	93	109	114
59. 20. 2	录影载体出版社	1 215	989	1 032
59. 20. 3	音乐出版社	587	549	572
90. 04. 1	戏剧/音乐会主办者*	1 437	1 509	1 584
90. 04. 2	私人音乐/戏剧社、音乐会社等*	361	389	396
90. 02	表演艺术服务*	379	402	423
47. 59. 3	乐器零售	1 105	1 175	1 173
47. 63	录音载体零售*	113	126	127
32. 20	乐器生产	532	551	586
	细分市场共计	6 307	6 270	6 472

续表

细分市场 WZ-2008	经济部门	营业额(百万欧元)		
		2009 年	2010 年	2011 年**
2. 图书市场				
90.03.2	独立作家	522	552	585
74.30.1	独立译者	271	274	288
58.11	图书出版社	9 590	8 848	8 512
47.61	图书零售	3 667	3 600	3 528
47.79.2	旧书店	66	72	76
18.14	图书装订	732	836	586
	细分市场共计	14 848	14 182	13 574
3. 艺术市场				
90.03.3	独立视觉艺术家	730	750	772
47.78.3	艺术品零售**	594	660	761
91.02	博物馆商店等	412	518	518
47.79.1	古董零售等	409	404	358
	细分市场共计	2 146	2 332	2 410
4. 电影市场				
90.01.4	独立舞台、电影、TV 艺术家*	720	752	783
59.11	电影/TV 制作人	4 447	4 489	4 798
59.12	后期/其他电影技术	124	153	163
59.13	电影出租	1 667	1 815	1 940
59.14	影院	1 315	1 276	1 364
47.63	录音载体零售*	113	126	127
77.22	录像出租	348	315	305
	细分市场共计	8 734	8 925	9 481
5. 广播产业				
90.03.5	独立记者和报刊摄影	1 208	1 219	1 231
60.10	广播人	1 004	965	971
60.20	电视人	5 233	5 487	6 223
	细分市场共计	7 445	7 671	8 425
6. 表演艺术市场				
90.01.4	独立舞台、电影、TV 艺术家*	720	752	783
90.01.3	独立杂技演员、马戏团	51	55	56
90.01.1	剧团	53	54	48
90.04.1	戏剧音乐会主办者*	1 437	1 509	1 584
90.04.2	私人音乐/戏剧社、音乐会社*	361	389	396
90.04.3	杂技和小品剧	81	78	77
90.02	表演艺术服务	379	402	423
85.52	艺术课程/舞蹈学校	235	239	254
	细分市场共计	3 316	3 478	3 622
7. 设计产业				

续表

细分市场 WZ-2008	经济部门	营业额(百万欧元)		
		2009 年	2010 年	2011 年**
74. 10. 1	工业、产品和模型设计	237	327	369
74. 10. 2	图标和通信设计	495	627	707
74. 10. 3	室内和室外设计	1 012	981	1 107
71. 11. 2	室内建筑工作室*	401	485	528
73. 11	广告设计(50%)*	12 132	12 112	12 257
32. 12	珠宝、金银首饰制作	2 216	2 531	3 182
74. 20. 1	独立摄影	1 102	1 179	1 238
	细分市场共计	17 595	18 243	19 388
8. 建筑市场				
71. 11. 1	高层建筑工作室	5 821	5 765	6 008
71. 11. 2	室内建筑工作室*	401	485	528
71. 11. 3	地方、区域和州建设的建筑工作室	1 022	1 066	1 104
71. 11. 4	庭院和景区建筑工作室	571	543	549
90. 03. 4	独立修复师	151	171	176
	细分市场共计	7 967	8 031	8 365
9. 出版市场				
90. 03. 5	独立记者和报刊摄影*	1 208	1 219	1 231
63. 91	通讯社和新闻办公室	516	513	548
58. 12	通讯录出版	1 369	1 415	1 362
58. 13	报纸出版	10 930	11 183	10 847
58. 14	杂志出版	9 918	9 933	9 933
58. 19	其他出版物(不含软件)	3 996	3 785	3 641
47. 62	报纸和杂志零售	3 403	3 351	3 374
	细分市场共计	31 341	31 398	30 936
10. 广告市场				
73. 11	广告代理/广告设计*	24 264	24 223	24 514
73. 12	广告时间/面积销售和推广	1 244	1 491	1 509
	细分市场共计	25 508	25 714	26 023
11. 软件/游戏产业				
58. 21	电脑游戏出版	4 135	3 040	2 809
58. 29	其他软件出版	272	429	396
63. 12	网页门户	324	477	526
62. 01. 1	网络简报开发和编程	2 530	2 732	3 224
62. 01. 9	其他软件开发	17 034	19 818	23 385
	细分市场共计	24 296	26 496	30 339
12. 其他				
91. 01	图书馆和档案室	63	66	68
91. 03	运营历史景点和建筑以及相似的受欢迎的地方	39	32	35

续表

细分市场 WZ-2008	经济部门	营业额(百万欧元)		
		2009 年	2010 年	2011 年**
91.04	植物和动物园以及自然公园	244	267	279
74.30.2	独立翻译	428	462	486
74.20.2	照相馆	567	518	518
32.11+13	硬币、仿制首饰生产	238	243	283
	其他共计	1 579	1 588	1 669
	加上重复计算	151 081	154 327	160 704
	重复的经济部门	16 751	16 993	17 329
文化/创意产业 Nr. 1-12.		134 330	137 333	143 375
文化/创意产业细分市场比重		2.7%	2.6%	2.6%

说明:* 属于多个市场的经济部门;** 估算的数据或临时数据;2011 年估算基于前一年的数据,2012 年经济情况统计和 2012 年就业统计。

来源:营业税统计,德国联邦统计局(2012);米夏埃尔·松德尔曼/文化产业研究办公室的独立核算。

表附 3-5　2009—2011 年根据细分市场和经济部门划分文化/创意产业就业人员

细分市场 WZ-2008	经济部门	就业人员数量		
		2009 年	2010 年	2011 年**
1. 音乐产业				
90.03.1	独立音乐家	2 839	2 818	2 876
90.01.2	乐团/舞团	7 352	3 869	6 291
59.20.1	录音室等	1 392	1 408	1 431
59.20.2	录影载体出版社	2 680	2 543	2 701
59.20.3	音乐出版社	2 937	3 202	3 055
90.04.1	戏剧/音乐会主办者*	6 388	6 392	6 459
90.04.2	私人音乐/戏剧社、音乐会社等*	3 499	3 546	3 609
90.02	表演艺术服务*	5 543	5 824	6 141
47.59.3	乐器零售	6 127	6 168	6 361
47.63	录音载体零售*	1 647	1 678	1 599
32.20	乐器生产	6 632	6 323	6 276
	细分市场共计	47 036	46 771	46 798
2. 图书市场				
90.03.2	独立作家	6 967	7 296	7 522
74.30.1	独立译者	4 704	4 711	4 977
58.11	图书出版社	26.017	24.951	25.565
47.61	图书零售	28.822	28.264	30.495
47.79.2	旧书店	817	780	773
18.14	图书装订	12 052	11 403	10 792
	细分市场共计	79 379	77 405	80 123
3. 艺术市场				
90.03.3	独立视觉艺术家	10 214	10 158	10 226

续表

细分市场 WZ-2008	经济部门	就业人员数量		
		2009年	2010年	2011年**
47.78.3	艺术品零售**	3 609	3 599	3 416
91.02	博物馆商店等	2 100	2 029	2 029
47.79.1	古董零售等	3 592	3 457	3 534
	细分市场共计	19 515	19 243	19 206
4. 电影市场				
90.01.4	独立舞台、电影、TV艺术家*	8 988	9 268	9 512
59.11	电影/TV制作人	28 571	27 783	28 054
59.12	后期/其他电影技术	5 951	5 708	5 863
59.13	电影出租	3 439	3 316	3 243
59.14	影院	9 174	8 961	8 993
47.63	录音载体零售*	1 647	1 678	1 599
77.22	录像出租	3 983	3 678	3 564
	细分市场共计	61 753	60 392	60 828
5. 广播产业				
90.03.5	独立记者和报刊摄影*	18 455	18 273	18 439
60.10	广播人	13 776	13 782	13 947
60.20	电视人	7 307	7 388	7 705
	细分市场共计	39 537	39 444	40 092
6. 表演艺术市场				
90.01.4	独立舞台、电影、TV艺术家*	8 988	9 268	9 512
90.01.3	独立杂技演员、马戏团	1 294	1 283	1 310
90.01.1	剧团	1 243	1 331	1 201
90.04.1	戏剧/音乐会主办者*	6 388	6 392	6 430
90.04.2	私人音乐/戏剧社、音乐会社*	3 499	3 546	3 609
90.04.3	杂技和小品剧	932	943	936
90.02	表演艺术服务	5 543	5 824	6 141
85.52	艺术课程/舞蹈学校	4 529	4 695	4 984
	细分市场共计	32 416	33 282	34 122
7. 设计产业				
74.10.1	工业、产品和模型设计	3 341	4 248	4 688
74.10.2	图标和通信设计	8 360	10 355	11 892
74.10.3	室内和室外设计	10 599	10 476	10 757
71.11.2	室内建筑工作室*	4 154	4 754	5 341
73.11	广告设计(50%)*	67 623	65 084	66 738
32.12	珠宝、金银首饰制作	14 858	13 849	11 906
74.20.1	独立摄影	17 166	17 518	17 643
	细分市场共计	126 101	126 285	128 965
8. 建筑市场				
71.11.1	高层建筑工作室	74 905	75 523	77 813
71.11.2	室内设计工作室*	4 154	4 754	5 341

续表

细分市场 WZ-2008	经济部门	就业人员数量		
		2009年	2010年	2011年**
71.11.3	地方、区域和州建设的建筑工作室	11 405	11 653	12 068
71.11.4	庭院和景区建筑工作室	7 056	7 338	7 417
90.03.4	独立修复师	2 905	2 945	2 939
	细分市场共计	100 425	102 213	105 578
9. 出版市场				
90.03.5	独立记者和报刊摄影*	18 455	18 273	18 439
63.91	通讯社和新闻办公室	9 131	8 917	9 459
58.12	通讯录出版	5 102	5 071	4 332
58.13	报纸出版	52 485	50 322	48 358
58.14	杂志出版	43 704	41 483	40 805
58.19	其他出版物(不含软件)	11 619	11 319	11 489
47.62	报纸和杂志零售	29 345	29 230	29 021
	细分市场共计	169 841	164 615	161 903
10. 广告市场				
73.11	广告代理/广告设计*	135 245	130 168	132 948
73.12	广告时间/面积销售和推广	6 832	7 532	7 746
	细分市场共计	142 077	137 700	140 693
11. 软件/游戏产业				
58.21	电脑游戏出版	1 194	1 520	1 838
58.29	其他软件出版	12 527	15 413	17 916
63.12	网页门户	2 309	3 578	5 195
62.01.1	网络简报开发和编程	25 588	29 573	34 296
62.01.9	其他软件开发	202 997	202 298	209 438
	细分市场共计	244 615	252 382	268 683
12. 其他				
91.01	图书馆和档案室	1 032	995	982
91.03	运营历史景点和建筑以及相似的受欢迎的地方	221	210	214
91.04	植物和动物园以及自然公园	773	775	800
74.30.2	独立翻译	6 421	6 651	6 776
74.20.2	照相馆	5 622	5 070	4 833
32.11+13	硬币、仿制首饰生产	1 301	1 323	1 377
	其他共计	15 370	15 023	14 983
	加上重复计算	1 078 065	1 074 755	1 101 974
	重复的经济部门	116 297	114 819	117 807
文化/创意产业 Nr. 1-12.		961 768	959 936	984 166
文化/创意产业细分市场比重		3.2%	3.1%	3.1%

说明:*属于很多子市场的经济部门;**估算的数据或临时数据;2011年估算基于前一年的数据,2012年经济情况统计和2012年就业统计。

来源:营业税统计,德国联邦统计局(2012);就业统计,联邦就业办公室(2012);米夏埃尔·松德尔曼/文化产业研究办公室的独立核算。

表附 3-6　2010 年文化/创意产业营业额规模分级

企业类型	规模	企业		营业额		企业平均营业额
	欧元	数量	百分比	百万欧元	百分比	千欧元
小型企业	小于 1 000 万欧元	5 473	2. 3%	22 136	15. 7%	4 045
中型企业	小于 5 000 万欧元	1 144	0. 5%	23 259	16. 5%	20 331
大型企业	大于 5 000 万欧元	290	0. 1%	57 070	40. 4%	196 795
所有企业类型*	共计	242 998	100%	141 237	100%	581

说明：年营业额超过 17 500 欧元的企业，统计部门、组和级的选择：Nr. 32. 1，32. 2，47. 6*. 58-60，62. 04，63. 12，63. 91，71. 11，73. 1，74. 1-3，90. 91。

来源：营业税统计，德国联邦统计局(2012)；米夏埃尔·松德尔曼/文化产业研究办公室的独立核算。

表附 3-7　2010 年根据细分市场和经济部门(选择)划分文化/创意产业营业额规模

细分市场 WZ-选择	企业类型	规模	企业数量 2010 年	营业额(百万欧元) 2010 年	企业比重 2010 年	营业额比重 2010 年	企业平均营业额 (千欧元)2010 年
音乐产业 59. 2 47. 59. 3	微型企业	小于 200 万欧元	4 073	862	96. 5%	30. 6%	212
	小型企业	小于 1 000 万欧元	122	478	2. 9%	16. 9%	3 920
	中型企业	小于 5 000 万欧元	25	1 482	0. 6%	52. 5%	59 291
	大型企业	大于 5 000 万欧元	—	—	—	—	—
	所有企业类型	共计	4 220	2 823	100. 0%	100. 0%	669
图书市场 58. 11 47. 61	微型企业	小于 200 万欧元	5 976	1 930	93. 2%	15. 5%	323
	小型企业	小于 1 000 万欧元	306	1 274	4. 8%	10. 2%	4 162
	中型企业	小于 5 000 万欧元	105	2 163	1 6%	17. 4%	20 605
	大型企业	大于 5 000 万欧元	28	7 080	0. 4%	56. 9%	252 872
	所有企业类型	共计	6 415	12 448	100. 0%	100. 0%	1 940
艺术市场 91. 02 ohne 47. 78. 3	微型企业	小于 200 万欧元	787	177	95. 6%	34. 1%	225
	小型企业	小于 1 000 万欧元	31	133	3. 8%	25. 6%	4 278
	中型企业	小于 5 000 万欧元	5	209	0. 6%	40. 3%	41 718
	大型企业	大于 5 000 万欧元	—	—	—	—	—
	所有企业类型	共计	823	518	100. 0%	100. 0%	630
电影市场 59. 1	微型企业	小于 200 万欧元	7 273	1 597	93. 7%	20. 7%	220
	小型企业	小于 1 000 万欧元	387	1 605	5. 0%	20. 8%	4 147
	中型企业	小于 5 000 万欧元	89	1 860	1. 1%	24. 1%	20 895
	大型企业	大于 5 000 万欧元	14	2 670	0. 2%	34. 5%	190 739
	所有企业类型	共计	7 763	7 732	100. 0%	100. 0%	996
广播产业 60. 1+2	微型企业	小于 200 万欧元	243	163	69. 4%	2. 5%	670
	小型企业	小于 1 000 万欧元	70	275	20. 0%	4. 3%	3 922
	中型企业	小于 5 000 万欧元	27	548	7. 7%	8. 5%	20 288
	大型企业	大于 5 000 万欧元	10	5 467	2. 9%	84. 7%	546 699
	所有企业类型	共计	350	6 452	100. 0%	100. 0%	18 434

续表

细分市场 WZ-选择	企业类型	规模	企业数量 2010年	营业额(百万欧元) 2010年	企业比重 2010年	营业额比重 2010年	企业平均营业额(千欧元)2010年
表演艺术市场 90.01 90.04	微型企业	小于200万欧元	12.656	1 337	98.3%	43.9%	106
	小型企业	小于1 000万欧元	169	653	1.3%	21.4%	3 866
	中型企业	小于5 000万欧元	49	1 056	0.4%	34.7%	21 599
	大型企业	大于5 000万欧元	—	—	—	—	—
	所有企业类型	共计	12 874	3 047	100.0%	100.0%	237
设计产业 74.1 不含 73.11	微型企业	小于200万欧元	17 034	1 549	99.5%	80.0%	91
	小型企业	小于1 000万欧元	73	282	0.4%	14.6%	3 866
	中型企业	小于5 000万欧元	5	104	0.0%	2.8%	20 852
	大型企业	大于5 000万欧元	—	—	—	—	—
	所有企业类型	共计	17 112	1 935	100.0%	100.0%	113
建筑市场 71.11	微型企业	小于200万欧元	38 306	5 973	99.0%	76.0%	156
	小型企业	小于1 000万欧元	344	1 263	0.9%	16.1%	3 672
	中型企业	小于5 000万欧元	38	624	0.1%	7.9%	16 424
	大型企业	大于5 000万欧元	0	0	0.0%	0.0%	—
	所有企业类型	共计	38 688	7 860	100.0%	100.0%	203
出版市场 包含 58.11	微型企业	小于200万欧元	6 897	2 218	84.4%	6 3%	322
	小型企业	小于1 000万欧元	865	3 804	10.6%	10.8%	4 397
	中型企业	小于5 000万欧元	300	6 710	3.7%	19.1%	22 368
	大型企业	大于5 000万欧元	113	22 432	1.4%	63.8%	198 515
	所有企业类型	共计	8 175	35 164	100.0%	100.0%	4 301
广告市场 73.1	微型企业	小于200万欧元	33 982	6 630	96.2%	25.8%	195
	小型企业	小于1 000万欧元	1 118	4 477	3.2%	17.4%	4 005
	中型企业	小于5 000万欧元	168	3 327	0.5%	12.9%	19 801
	大型企业	大于5 000万欧元	62	11 280	0.2%	43.9%	181 941
	所有企业类型	共计	35 330	25 714	100.0%	100.0%	728
软件/游戏产业 58.2 62.01	微型企业	小于200万欧元	26 780	5 520	94.8%	21.2%	206
	小型企业	小于1 000万欧元	1 169	4 874	4.1%	18.7%	4 170
	中型企业	小于5 000万欧元	266	5 291	0.9%	20.3%	19 889
	大型企业	大于5 000万欧元	41	10 334	0.1%	39.7%	252 038
	所有企业类型	共计	28 256	26 018	100.0%	100.0%	921

说明：应税企业和年营业额超过17 500欧元的独立从业者。

来源：营业税统计，德国联邦统计局(2012)；米夏埃尔·松德尔曼/文化产业研究办公室的独立核算。

表附3-8　2010年根据营业规模和职业群体划分独立艺术家

总体	作曲家数量 2010年	乐团/舞团数量 2010年	视觉艺术家数量 2010年	舞台艺术家数量 2010年	作家数量 2010年	记者数量 2010年
营业规模						
17 500—50 000欧元	1 450	1 014	5 014	4 984	3 943	10 093
50 000—100 000欧元	630	342	2 238	2 130	1 818	4 920

续表

总体	作曲家数量 2010 年	乐团/舞团数量 2010 年	视觉艺术家数量 2010 年	舞台艺术家数量 2010 年	作家数量 2010 年	记者数量 2010 年
100 000—250 000 欧元	398	189	1 147	1 167	902	1 872
250 000—500 000 欧元	99	59	279	280	187	375
500 000—1 000 000 欧元	46	29	92	95	58	103
高于 1 000 000 欧元	20	28	44	54	33	38
共计	2 643	1 661	8 814	8 710	6 941	17 401
百分比	2010	2010	2010	2010	2010	2010
营业规模						
17 500—50 000 欧元	54. 9%	61. 0%	56. 9%	57. 2%	56. 8%	58. 0%
50 000—100 000 欧元	23. 8%	20. 6%	25. 4%	24. 5%	26. 2%	28. 3%
100 000—250 000 欧元	15. 1%	11. 4%	13. 0%	13. 4%	13. 0%	10. 8%
250 000—500 000 欧元	3. 7%	3. 6%	3. 2%	3. 2%	2. 7%	2. 2%
500 000—1 000 000 欧元	1. 7%	1. 7%	1. 0%	1. 1%	0. 8%	0. 6%
高于 1 000 000 欧元	0. 8%	1. 7%	0. 5%	0. 6%	0. 5%	0. 2%
共计	100. 0%	100. 0%	100. 0%	100. 0%	100. 0%	100. 0%

说明：不含独立修复师。

来源：营业税统计，德国联邦统计局(2012)；米夏埃尔・松德尔曼/文化产业研究办公室的独立核算。

表附 3-9　2000—2011 年自由职业的艺术家(艺术家社会基金的数据)

	数量 2000 年	数量 2002 年	数量 2004 年	数量 2006 年	数量 2008 年	数量 2010 年	数量 2011 年
男性	63 418	68 493	75 121	82 849	85 831	87 889	89 449
女性	43 751	50 476	58 849	68 555	73 691	77 757	80 213
共计	107 169	118 969	133 970	151 404	159 522	165 646	169 662

附录四　当前德国文化/创意产业报告

国家层面的报告

（时间：2012年12月）

德国联邦议院

《联邦德国议会任命调查委员会(2007年)最终报告》，出版：德国联邦议院，柏林。

《德国加工艺术家个体从业者和自由职业者存在建立和存在保障(2007年)》，委托者：联邦德国议会任命调查委员会。

《德国文化产业——基本情况，问题，视角(2006年)》，委托者：联邦德国议会任命调查委员会。

联邦政府

《2010年特定文化/创意产业主要数据的指导》，出版：联邦经济和科技部，柏林。

《2009年特定文化/创意产业主要数据的指导》，研究报告编号589，出版：联邦经济和科技部，柏林，2010年。

《文化/创意产业最终报告》，出版：德国联邦经济与技术部，柏林。

《德国文化/创意产业的整体经济观点》，研究报告编号577，编辑：德国联邦经济与技术部，柏林。

《在联合国教科文组织模型FCS基础上对德国文化就业市场和艺术家市场的简要分析报告摘要(2012年)》，委托者：德国教科文组织全国委员会，波恩(外交部)。

《文化就业市场和艺术家劳动市场(2012年)》，联合国教科文组织委员会，波恩(外交部)。

联邦州经济部长会议

《德国文化/创意产业的统计调整(2011年)》，委托者：经济部长会议特设文化产业工作小组代表的下列州：巴登-符腾堡，柏林，勃兰登堡，梅克伦堡-前波美拉尼亚州，下萨克森州，北莱茵-威斯特法伦州和石勒苏益格-荷尔斯泰因州。

《针对文化产业和涵盖联邦州的文化产业数据评估的数据基础的入门介绍(2009年)》，委托者：经济部长会议特设文化产业工作小组代表的下列州：巴登-符腾堡州，柏林，勃兰登堡，梅克伦堡-前波莫恩州，下萨克森州，北莱茵-威斯特法伦州和石勒苏益格-荷尔斯泰因州。

联邦州层面的报告

巴登-符腾堡州

《2012 年对巴登-符腾堡州文化/创意产业的数据报告》，委托者：巴登-符腾堡州经济部，斯图加特。

《2010 年对巴登-符腾堡州文化/创意产业的数据报告》，委托者：巴登-符腾堡州经济部，斯图加特。

巴伐利亚州

《巴伐利亚州文化/创意产业（2012 年）》，委托者：巴伐利亚州经济、基础建设、交通和科技部，慕尼黑。

柏林

《柏林文化产业-柏林文化产业的发展和潜力》，出版：州政府议会经济、科技和妇女管理部门，柏林州政府议会-文化事务，州政府城市发展管理处，柏林。

《文化/创意产业指数（2011 年）》，出版：柏林和勃兰登堡州连同柏林商会，商务部波茨坦商会及柏林-勃兰登堡媒体委员会。

勃兰登堡

《勃兰登堡州文化/创意产业——立场定义和 2008/2009 前瞻》，出版：勃兰登堡经济部和科学、研究和文化部。

不来梅

《不来梅文化产业报告（2010 年）》，来源：不来梅州议会通知（州议会）。

汉堡

《2012 年汉萨自由城市汉堡的文化产业报告》，委托者：汉堡创意协会企业（2012 年）。

《汉堡文化产业报告》《艺术创作成就在汉萨城汉堡的经济和社会意义（2006 年）》，委托者：汉堡市。

黑森州

《2012 年数据报告》《黑森的创意产业/文化/创意产业（2012）》，委托者：黑森州经济，交通及区域发展部，威斯巴登。

《黑森文化产业——重要产业标志数据补充统计（2010）》，出版：黑森州手工业者协会，威斯巴登。

《第三份文化产业报告（2008 年）》，出版：黑森经济、交通和区域发展部及科学和艺术部，威斯巴登。

梅克伦堡-前波莫瑞州

《第一份文化产业报告(1997年)》，出版：梅克伦堡-前波莫瑞州经济部，什未林。

下萨克森州

《第二份文化报告(2007年)》，出版：下萨克森州经济、就业和交通部以及科学和文化部，汉诺威。

《下萨克森州文化产业。针对经济政治讨论数量的检查结果和结论(2002年)》，出版：下萨克森州经济研究所，汉诺威。

北莱茵-威斯特法伦州

《北威州创意报告》《文化/创意产业在北威州的经济重要性和潜力(2012年)》，出版：北莱茵-威斯特法伦州经济、中产和能源部，杜塞尔多夫。

《文化/创意产业，北莱茵-威斯特法伦州经济动力(2009年)》，出版：NRW. BANK，杜塞尔多夫。

《第五份文化产业报告(2007年)》，出版：北威州经济、中产者和能源部，杜塞尔多夫。

莱茵兰-法耳次州

《充满机会的州》《莱茵兰-法耳次州艺术、文化/创意产业(2010年)》，出版：莱茵兰-法耳次州未来倡议团体，美因茨。

萨尔州

《文化产业报告(2011年)》，委托者：经济和科学部，萨尔布吕肯。

萨克森州

《2008年自由州萨克森的第一份文化产业报告》，出版：萨克森经济和就业部以及科技和艺术部，德雷斯顿。

萨克森-安哈特州

《第二份文化产业报告(2007年)》，出版：萨克森-安哈特州经济和就业部以及文化部，马格德堡。

石勒苏益格-荷尔斯泰因州

《文化产业的发展和现状报告(2010年)》《石勒苏益格-荷尔斯泰因州政府报告》，议会印刷品17/434，基尔。

《第一份文化报告(2004)年》，出版：州办公厅(文化部)，石勒苏益格-荷尔斯泰因州政府，基尔。

图林根州

《图林根州文化/创意产业潜力分析(2011年)》，出版：经济、就业和科技部，埃尔福特。

《图林根州第一份文化产业报告(2008 年)》《文化产业和公开的文化部门：一体化和发展潜力》，出版：图林根州文化部，埃尔福特。

当前特定区域/地区层面的报告

时间：2010 年 10 月

亚琛

《亚琛文化产业》《城市潜力(2007 年)》，委托者：亚琛文化建立者中心。
《亚琛文化产业》《城市第一份文化产业特征报告(2005 年)》，委托者：亚琛文化产业建立者中心。

山地城市三角(雷姆沙伊德，索林根，武珀塔尔)。

《山地城市三角文化/创意产业(2011 年)》，委托者：山地发展机构有限责任公司，索林根。

波鸿

《波鸿创意产业——总结和企业特征报告(2008 年)》，委托者：波鸿城市，经济促进委员会。

布伦瑞克

《布伦瑞克文化/创意产业(2011 年)》，委托者：布伦瑞克 NORD/LB ÖFFENTLICHE 基金。

不来梅

《标准市场的报告(2008 年)》，委托者：不来梅商会，工商会，不来梅市场营销有限公司。

科特布斯

《科特布斯文化/创意产业分析和评估(2012 年)》，委托者：EGC 开发公司科特布斯 mbH 公司。

多特蒙德

《创意多特蒙德的总体规划 (2012 年)》，委托者：多特蒙德城市，多特蒙德经济促进会。

德雷斯顿

《文化/创意产业(2011 年)》，委托者：州首府德雷斯顿。

杜塞尔多夫

《杜塞尔多夫文化产业——发展和潜力(2010 年)》，委托者：州首府杜塞尔多夫。

埃森

《埃森位置》《创意产业(2009 年)》，委托者：埃森经济促进协会。

法兰克福 / 美因茨

《文化/创意产业行业报告(2011 年)》，出版：法兰克福莱茵美因茨区域协会。
《对 2020 年美因茨畔法兰克福创意产业的想法(2009 年)》，委托者：法兰克福产业和贸易协会。
《法兰克福创意产业报告(2008 年)》，委托者：法兰克福经济促进有限责任公司。

哥廷根

《哥廷根文化产业(2011 年)》，委托者：哥廷根市。

哈勒/萨勒

《媒体，文化/创意产业的研究》《针对网络和统一发展行动计划的定位，战略和执行活动(2012 年)》，委托者：萨勒市。

海德堡

《海德堡创意经济(2010 年)》，委托者：海德堡城市。

卡尔斯鲁厄

《卡尔斯鲁厄：城市和区域的文化/创意产业》《文化产业报告Ⅱ(2007 年)》，委托者：卡尔斯鲁厄市。
《卡尔斯鲁厄创意园区的潜力分析》，委托者：卡尔斯鲁厄市。

科隆

《科隆文化产业报告补充(2012 年)》，委托者：莱茵能源基金文化。
《科隆文化产业报告(2007 年)》，委托者：莱茵能源基金文化。

莱比锡

《莱比锡媒体和创意》《2010 年(2011 年)对莱比锡传媒及创意产业的研究》，委托者：莱比锡城市经济发展办公室，萨克森州商会以及 DREFA 媒体 Holding 有限责任公司。

马格德堡

《马格德堡文化/创意产业》《马格德堡文化/创意产业的经济潜力(2012 年)》，委托者：马格德堡市，经济、旅游及区域合作部。

慕尼黑

《对欧洲都市圈慕尼黑文化/创意产业数据报告(2012 年)》，委托者：FimFernsehFonds 巴伐利亚有限公司、慕尼黑市(文化厅和劳动与工业部)以及慕尼黑和上巴伐利亚行政区商会。
《慕尼黑——创意立场要素(2007 年)》，委托者：州首府慕尼黑，就业和经济部门。

明斯特

《创意产业空间》《以明斯特为例的一个立场分析(2010 年)》。撰写者：约翰·瓦尔斯穆勒，出版：VDM 出版社。

下莱茵(杜伊斯堡，韦塞尔，克莱沃)

《下莱茵的文化/创意产业(2012 年)》，出版：下莱茵的杜伊斯堡-韦塞尔-克莱沃杜伊斯堡工商商会。

奥芬巴赫

《奥芬巴赫的创意产业》《受美茵河畔奥芬巴赫委托的鉴定(2007 年)》，委托者：奥芬巴赫市。

鲁尔区

《鲁尔区的文化/创意产业：按城市类型划分的对比分析》，委托者：鲁尔区地方联合会。
《大都市鲁尔的文化/创意产业(2010 年)》，委托者：产业促进鲁尔都市公司。

斯图加特

《欧洲西北部创意产业：测绘的创新机遇(2009 年)》，委托者：ECCE 改革伙伴亚琛、伯明翰、加的夫、唐卡斯特、都柏林、埃因霍恩、南特、斯图加特。

特里尔

《特里尔文化/创意产业潜力(2010 年)》，委托者：特里尔市。

威斯巴登和莱茵-美茵地区

《威斯巴登和莱茵-美茵地区创意群》《地区文化产业和对广告与设计产业、电影产业和图书市场的三个市场研究的竞争优势分析(2010 年)》，委托者：州首府威斯巴登，经济促进委员会。

全球化时代的对外文化教育政策
——赢得伙伴，传递价值，维护利益

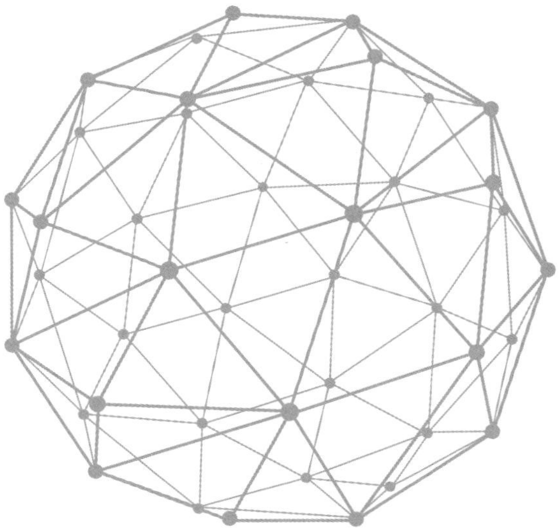

* 本文件由德国外交部发布于 2011 年。

目　　录

1. 挑　　战

当今世界飞速发展，形势变得不明朗。旧的格局已经打破，国际形势正在发生改变。新兴经济体要求更多的政治发言权。中间阶层在大国中涌现，他们的行为将会对未来几十年产生深刻的影响。我们见证了很多阿拉伯国家的历史转折和革命性重大变革。在当今全球化的背景下，世界范围内的交流日益密切。

同时，德国在世界上的"自然"分量正在减少。1950 年我们还是世界人口第七的大国，如今我们仅排第十五位，到 2050 年，还将退居至第二十六位。在接下来的几十年里，德国的居民数量将至少减少 1 000 万人，65 岁以上的人口占总人口的比例将上升到 30%。据可靠推测，到 2050 年，德国将失去它作为经济大国一直以来的领先地位，不仅会被中国，而且还会被印度、巴西、俄罗斯等国家超越。

对于德国来说，重要的是要保证其在世界上的影响力，并且负责任地参与到全球化的进程中来。对外文化教育政策(缩写 AKBP)作为一项"文化外交"手段会对此做出重要贡献。以教育、交流和对话为途径，建立以文化上的相互尊重为特征的伙伴关系，我们能直接接触到更多人，从而赢得他们的认同，认同我们的国家、我们的价值观和我们的理念。当然，这其中也涉及宗教自由和包容的问题。

联邦政府在联合协议中称，对外文化教育政策是德国外交政策的支柱，应该得到最优的财政支持。随着科尔内利娅·皮珀尔女士的就职，在间隔很长时间之后，德国又有了一位重点负责对外文化教育政策的德国外交部国务部长。

2. 目　　标

对外文化教育政策是外交政策的重要组成部分，并且也是为以下外交政箦的目标服务的：

巩固欧洲。

保障和平。

维护旧的友好关系，建立新的伙伴关系。

对外文化教育政策通过如下方式为这些目标的实现做出贡献：

促进人民，文化间的对话、交流及合作：在其他国家赢得伙伴和朋友，为那些对德国以及我们的价值观和理念感兴趣的人，在政治、经济、科学、艺术或传媒领域作为我们在各国的长期伙伴的人建立和加强相互之间沟通的网络；

在国外传递一个积极、真实的德国形象，为德国作为经济、科学及创新区位做宣传；

为解决区域和地区冲突做贡献，尤其是为解决那些由文化、宗教和观念的不同引起的冲突；

吸引更多的人到德国来，无论是短期停留还是有意长期居住的。

凭借对外文化教育政策的三大支柱，即 1 500 所伙伴学校，150 所歌德学院(缩写 GI)以及德意志学术交流中心(缩写 DAAD)和洪堡基金(缩写 AvH)每年资助的 40 000 名学生及学者，我们能接触到全世界数十万人，其中大多数为年轻人。

但是，从根本上讲，目前的任务安排、区域的重点设置、财政和人力资源的分配还是反映的二战后所形成的世界格局。而这样的格局如今已经不能作为对外文化教育政策的唯一依据了。对外文化教育政策想要继续取得成功，需要根据 21 世纪的实际情况对其结构和手段进行调整。

巩固欧洲

欧盟是一个有多元文化、特点鲜明的价值共同体。欧洲一体化对于欧洲大陆上的所有人都是有益的，它给我们带来了 65 年的和平。在历史上，德国第一次四周都是盟友。欧盟给它的公民带来了很多好处：日常生活的便捷，经济的富裕，以及尤其是以前从未有过的自由和迁徒自由。60 年前，随着欧洲煤钢共同体的成立，欧洲统一进程开始，而如今它面临着从未有过的严峻考验。经济危机动摇了一体化的基础，欧洲就像正躺在检验台上接受检验的仪器。我们不能满足于对它进行简单的管理，即便我们对欧洲存在怀疑和倦怠情绪，但也不应否定已经取得的成果。

联邦政府在欧盟内外全力发展和中欧、东欧及东南欧国家的合作。铁幕结束 20 多年后，对外文化教育政策的资源和活动在西欧和东欧的分配依然很不均匀，这里我们需要再做一些补充工作。例如，在法国和意大利各有 7 所歌德学院，工作人员数量分别为 82 人和 64 人，而波兰只有 2 所歌德学院(工作人员 47 名)，在捷克甚至只有 1 所(工作人员 27 名)。在西南欧有 250 名官方派遣的老师在德国海外学校任教，但在中东欧和东欧却只有 57 名。因此，现存的不平衡必须消除，不正常状态应当得到纠正，这是毋庸置疑的。

欧洲的文化多样性也意味着语言的多样性。

在欧洲，德语是使用最多的语言，在全世界，德语是近 1 亿人的母语。另外全世界还有七八千万的人说德语这门外语，其中大约 5 500 万人来自欧盟。因此，在欧盟德语是除英语之外最多人使用的外语。目前有将近 1 500 万人在学习德语，但是这个数字正在减少。因此，德语的推广始终是我们对外文化教育政策的一个重点。学习德语是了解德国文化最重要的渠道。我们希望能激起年轻人对德语的兴趣，以此向他们开放科学、经济和文化的大门。自 2009 年启程以来，已经有 7 万多人参与到了波兰的“德语大篷车巡回之旅”当中，英国的“像德国人一样思考”运动和俄罗斯的“学德语！”宣传活动都顺利启动了。在法国，“流动德语”活动和私有企业的合作组织得很好，成为了榜样。但是我们还需确保这些通过语言学习激起的对德国的兴趣，后期通过相应的居留许可或工作机会得到巩固。这当中也包括签证政策，让那些通过我们的对外文化教育政策对德国产生兴趣的人能够来到德国。

保障和平

如今，和平政策并不仅仅局限于裁减军备。由于气候变化引起的一系列环境变化、伴随世界人口增长而出现的自然资源持续减少、食品价格上涨、淡水资源紧张以及流行病等问题很可能会发展成为影响和平的问题，或者是暴力冲突。

阿拉伯世界的剧烈变化对于这个地区的和平和繁荣来说是一个历史性的转折。这些变革的目的是争取自由和参与权。我们愿意帮助有关国家，在公民社会基础上实现可持续的民主。尽管如此，民主政权不会在一夜之间诞生。为了达到民主这个目标，我们得要有耐心。

在 2012 年和 2013 年两个财政年度，外交部每年额外拥有 5 000 万欧元的资金用于建立同北非及近东地区的转型伙伴关系，其中每年各有 2 000 万欧元提供给对外文化教育政策的实施工作。

在阿富汗，我们将会在“负责任的移交”这一战略框架下，通过一项教育计划，帮助他们走向未来的正确道路，为持久稳定做出重要贡献。2010 年，在教育和文化领域已有超过 2 000 万欧元的投资。利用这一批资金，30 所新的学校得以建成，原先的学校也得以配备更好的设施，超过 25 000 名学生从中获益。我们给教育机构提供了咨询指导，给教师提供了进修课程。德意志学术交流中心为多所大学提供资助。“德国之声”为广大听众播送专门的广播节目，以一种易于理解的形式介绍教育和民主方面的内容。

为了和平地应对所提到的全球化挑战，成功地进行必要的调整，继续传播知识和教育是至关重要的。气候保护奖金就是对外文化教育政策在这一领域一个很好的例子。这个奖金颁发给发展中国家和新兴工业化国家中从事气候和能源保护工作的杰出青年。

维护旧的友好关系，建立新的伙伴关系

全球化使这个世界变小了。在这个“地球村”里，尤其是在电子通信设施覆盖整个地球之后，距离和时间都缩短了。西方社会正在经历人口老龄化的阶段，但世界人口总的来说却是较为年轻的：一半的人口不超过 29 岁。许多新兴工业化国家不仅仅是在经济方面焕发出巨大的活力。我们必须继续维护旧的友好关系，尤其是和欧洲国家的关系以及和美国的跨大西洋关系，但同时我们现在也需要建立和扩大新的伙伴关系。在这个过程中，我们会继续致力于推动法治建设和保障人权，因为全球化也意味

着价值观的全球化。

到现在，很多国家在解决国际性、全球性问题，比如说在联合国(缩写 VN)的合作或是在国际谈判中，已经是不可缺少的了。

印度就是一个例子。对外文化教育政策在印度取得了很大的成功：我们的伙伴学校项目目前资助了 56 所印度学校。这项合作很被看好，印度的一个学校联合会计划将来在它的 1 000 所学校中引进德语，这将会涉及大约 100 万名学生。前不久在印度开幕的“德国年”活动为期 15 个月，其间将会在印度的 7 个大都市展示德国的方方面面。这样的方式，对双方来说都创造了新机会。今后我们还会继续举办“德国年”活动，特别是在 G20 国家。

2010 年，我们在越南举办了“德国年”活动，这是我们新的伙伴关系中又一个很好的例子。越南有着巨大的经济活力，并且正在飞速发展。2010 年，越南和德国的贸易额增加了 30%；在越南，大约有 10 万人说德语；2008 年，越德大学得以建成。

我们不仅要和中国建立战略伙伴关系，而且还要扩大和加深这个关系。目前两国之间有近 400 项高校合作，同济大学建立了德语校区，而 2011 年 4 月开幕的“启蒙的艺术”展览也将进一步加强和中国社会的对话。

拉丁美洲也在迅速发展。在全球化进程中，拉美当然也是我们的伙伴之一。比如说，我们的对外文化教育政策在阿根廷就十分活跃：我们在全国范围内资助了 20 所德语学校，这些学校共有学生 16000 名。去年，德阿高校中心开始动工。而另一方面，2010 年阿根廷代表也作为贵宾参加了法兰克福图书博览会。就巴西而言，我们希望能共同负担起全球化的责任，比如说加强在联合国中的合作。圣保罗德国科学创新中心的建立更加拉近了两国高校和研究机构间的距离。定于 2013—2014 年举办的巴西“德国年”活动正在筹备当中。

土耳其对其所在地区的稳定有着至关重要的作用，在外交和安全政策问题上对我们来说也是重要盟友。土耳其的经济发展得到了广泛的认可。为了继续加强两国间的交流，2011 年 10 月我们将会在伊斯坦布尔的塔拉布亚湾开设文化研究所，将有不同领域的艺术家在此进行为期半年的工作，并且该研究所会为他们提供奖金。

俄罗斯对德国和欧盟来说是一个战略伙伴。我们要的不是封锁隔离，而是相互联系——尤其是在东欧伙伴关系的框架内。在“彼得堡对话”和“现代化伙伴关系”这两个论坛中，两国共同讨论未来发展中重要问题的解决方案。定于 2012 年举办的“德国年”活动正在筹备当中。

具体措施：

调整和改进对外文化教育政策的具体措施：

通过对外文化教育政策的资源和多种手段，促进那些反映 21 世纪挑战的区域目标或主题目标的实现。

巩固德国在解决全球性问题中作为政治和经济伙伴的地位。

保障和扩大对外文化教育政策的财政基础，特别要吸引商业、基金会和国外的合作伙伴。

有效地利用资金。

以下这些工作作为对外文化教育政策的重点将会进一步得到加强：

(1)加强教育合作

想要在全球化的世界中取得长期成功，知识和教育是最重要的资源——不仅对每个社会来说是这样，对个人来说也是这样。另外，好的教育政策同时也是和平政策。所以，对外文化教育政策将来也会十分重视教育，将在双边或者多边（主要是联合国教科文组织）的框架下，采取涉及从小学到科研等各个领域的教育措施。另外，今后教育项目还会更加注重根据特定国家的情况进行安排。

加强职业教育

在教育领域，德国从它独一无二的双轨制教育体制中获得了许多宝贵的经验，也可以将这些经验传递给其他国家。文化政策和发展方面的合作之间有很多的连接点，我们希望能进一步开发其中的潜力。

在德国海外学校开展创新性学习的卓越计划

这个计划旨在改善课堂中新型媒体的使用情况。所选学校被扩建成创新型多媒体学习中心，它们和其他学校及机构之间通过互联网紧密地联系起来。在这个过程中，我们希望能和不同的协会以及私营企业的负责人取得合作。我们也希望能从文化传播方面的专家以及其他多媒体学习领域的机构中获得专业意见。

(2) 继续发展对外科学政策

德国作为高校区位的框架条件正在发生改变：虽然在接下来的三到四年中，会有更多的本国学生希望在德国的高校就读（高校中外国学生的配额会因此下降到5%），但是之后，由于人口因素，可预见到德国本国的大学生的数量将会急剧减少。我们只有扩大招生，加大扶持力度，扩大交流，提高外国学生对德国的兴趣，才能使更多的外国学生到德国高校来，以平衡本国和外国大学生的比例。

这主要通过奖学金来实现，但是奖学金也不是唯一渠道。由于公共资金有限，我们将努力从合作伙伴那里争取更多的资金。另外，目前很多海外合作伙伴需要的并不是财政支持，而是技术知识。所以需求方应该参与进来，为我们的项目提供资助（例如以配套补助金的形式）。为了完成对外科学政策的任务，我们希望能和外方伙伴建立更多的“教育联盟”。

(3) 对外文化教育政策的三大支柱的结构改革

对外文化教育政策产生于战后时期，它的结构很大程度上仍受到当时情况的制约。我们应该通过下列措施对其重新进行安排：

a) 调整海外文化活动网

想要成功地为我们的计划在全世界招揽人才，以应对21世纪多样化的挑战，我们尤其要在未来几十年发展的焦点地区做工作。在那些已经建立了紧密文化交流的地方，国家资助的模式可以转换为由地方、民间团体或私营企业承担资助的模式。其他的调整内容包括：更灵活地运用资源，更多地和其他德国海外代理和机构联系起来，重新安排歌德学院的地区布局。

b) 海外学校事业

由于开销急剧增长（用于强化师资力量），我们必须进行调整。目前，我们资助的学校的地区分布有了历史性增长，将来我们要更多地以对外文化政策的利益为导向。另外，我们希望在继续发展海外学校建设的过程中做如下调整：引入私营经济实体；学校在聘用教师和资金使用上更加自主，明确统一毕业的标准；给教师提供更多的进修机会；让学校所在的国家更多地参与进来，因为我们高水平的学校能够丰富当地的学校体制，减轻当地学校的负担；深化德国经济界和各联邦州的参与程度。

c) 奖学金项目

未来我们将从现在广泛的全额资助逐渐转向面向有需求的参与者。新的项目通常只会得到一笔启动资金，初始阶段过后，它们必须有能力独自运作。为此我们也争取能让企业参与进来。另外，我们希望奖学金获得者的母国能共同提供资金(如签订政府协定)。除此之外，我们还会扩大和加深同回到祖国的奖学金获得者的联系，以建立持久的关系网。

(4)危机预防/危机区域的稳定/转型伙伴关系的提议

文化对话和教育项目对政治和社会稳定来说是至关重要的。在受冲突威胁的国家和地区，我们希望能通过文化和教育项目对突发危机进行预防。文化对话、高校伙伴关系、奖学金以及在体育领域的合作可能会给区域稳定、民主发展和公民社会的开放以重要启发。对于解决冲突及冲突的后期处理问题，我们想提供“对外文化教育政策工具包”，重点是要促进对话和提供培训(例如记者培训和其他的职业培训)。对于正在经历重大政治转折的国家，我们想对政府和法制、新闻传媒、分权制度等领域的机构建设提供对外文化教育政策的特殊帮助(例如教育合作、奖学金项目、交流项目)。

(5)德国地位/德国年的规模

一个像德国这样依赖出口的国民经济体，想要保持其竞争力，必须要有很高的创新水平。当前调查数据表明，德国是欧盟创新水平最高的国家之一。但是，数据也表明，德国与美国、日本之间的差距依然存在，并且新兴国民经济体(尤其是金砖国家)正在以惊人的速度追赶上来。

“德国年”在选定的伙伴国家、重点国家中全面展示德国的文化、经济、科学和民间组织。我们希望在战略优先地区(金砖国家和G20)拓展与特定合作伙伴的公私合作关系。另外，我们想看看那些针对特定地区(如波罗的海地区、地中海地区)的项目是否可行。在这个过程中，我们争取让商业机构和研究机构更多地参与进来。

(6)艺术和外交政策

除了对外文化教育政策传统的工作重点之外，确保个别项目和活动的“可见度”是十分重要的。2011年4月，在中国开幕的“启蒙的艺术”展览展出了德国三大博物馆的藏品，是这个领域的代表项目。我们想从更广阔的范围和内容层面上推进“外交和艺术”这个主题，继续针对特定主题举办大型展览(尤其是针对思想史上的重要阶段，例如在2017年，宗教改革500年之际举办一些相关活动)。其中，相应的框架计划和民间主体的积极参与起着重要作用。

(7)欧洲的对外文化教育政策

欧洲共同计划和整体结构的协同作用是值得期待的。因此我们想看看能不能在海外建立更多的欧洲文化机构，对现存的、各国的文化传播网络通过一个共同的因素加以补充。此外，我们还将和欧洲的伙伴在欧盟文化中心合作组织等框架下更好地合作。在全球思想和文化竞争以及跨文化对话中，欧洲文化的一致性和多样性都应该很清楚地显示出来。

(8)更多地运用现代通信技术/增加德国媒体在海外的活动

近年来，社会性的观念建立过程发生了很大的改变。以前，只有少数人拥有能广泛地影响人们观念的手段，而如今，通信技术给了人们直接表达观点的机会。地理限制已经几乎不存在了。通过网络，全球的个体之间都可以进行交流。

作为“文化外交”以及“公共外交”手段的对外文化教育政策也需要进行调整，以适应这些新的交流方式的特点。直接和全球的人进行对话，建立和经营国际化的网络的可能性大大提高了。我们的“德国交流”应该更好地利用这方面的机会。我们应当在全球范围内，根据年轻的目标人群使用媒体的习惯来部署工作，因此也要增加在社交媒体中的活动。

媒体计划可能会成为对外文化教育政策的第四大支柱（计划的内容可能包括和转型国家的媒体对话，新闻记者的培训和进修，就言论自由展开的访问活动和媒体活动，对民主媒体建设的支持），其中以“德国之声”和文化媒体作为主要合作伙伴以项目为基础开展合作。德国应扩大在广播电视方面的国际影响力（因为一些在全球活跃的外国电视台带来的竞争越来越激烈；措施包括加强培训项目，发展和公私机构的合作）。

(9)财政问题/发展(对外文化教育政策的)财政

宪法的债务限制规定使我们不得不对预算进行整合。因此有必要考察现存的结构机制和项目规划是否合理，根据资金重新安排优先领域，并且广泛提高资金使用效率。对外文化教育政策框架下的国内活动应受到限制，如有必要，应停止国内活动。

我们想争取创意产业和我们一起对电影事业、艺术展览、图书博览会等提供经济支持。

对外文化教育政策的基本原则

未来对外文化教育政策的实施仍受下列基本原则的指导：

广义的文化概念

70年代以来，德国的对外文化教育政策一直以一个广义的文化概念为基础，这个文化概念远远超出了艺术的范畴，并且不认为本国的文化优于别国的文化。德国以一个开放、多元、法治、民主、自由、宽容的形象出现在海外文化工作中。我们的文化带有欧洲启蒙运动理智正直的理想和价值观，拥有批评和自我批评的能力，善于创新，追求进步。

非政府性的海外文化工作

对外文化教育政策的指导、协调由外交部负责。海外文化工作的各项措施由有着不同工作重点和目标的中间机构实施。他们的任务由框架协议和目标协定确定。海外活动的组织和安排由这些中间机构独立完成。

国家在海外有需要的地方进行资助

对外文化教育政策并不是单靠政府力量促进德国文化在海外的发展，而是在依靠文化自身的力量开展交流，并在遭遇到特殊困难的环境下发挥作用。在文化交流和民间组织交流的规模允许的情况下，国家资助力度可以收缩。总的来说，我们希望私有企业大量参与进来（如以公私合资或者赞助的形式）。

2011—2012 年度联邦政府
关于对外文化和教育政策的报告

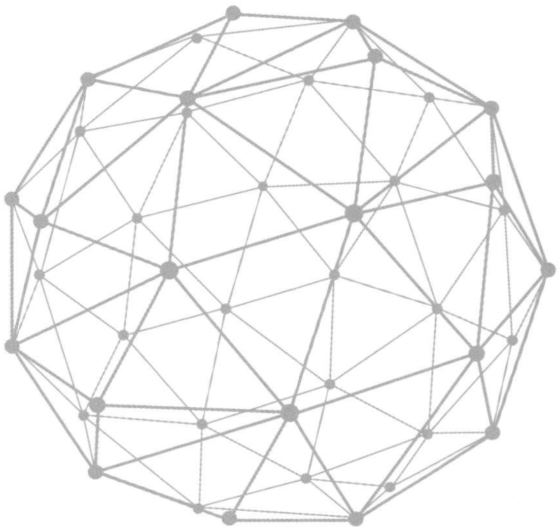

* 本文件由德国外交部发布于 2012 年。

前　　言

德国是一个值得信赖的可靠伙伴，也是一个先进的现代国家。作为教育、科学和研究圣地，德国吸引着来自世界各地的学生、科学家和研究人员。人们对德国语言和文化以及国内外教育机会依旧持有极大的兴趣。

德国在国外拥有积极正面的形象和国家魅力，对外文化和教育政策功不可没。日前，对外文化和教育政策第 16 号年度报告通过 2011—2012 年度世界不同地区的项目案例详细展示了德国政府及其合作伙伴的多方面的各类活动。除此之外，该报告还指出了政治指导方针，并向读者简要概述了文化、教育和科学领域的合作伙伴。

对外文化和教育政策作为联邦政府外交政策的一大支柱，在国际关系中担当了一个尤为特殊的角色。它们的原则和行动领域不仅推进欧洲一体化的进程，更是我国和平政策中不可缺少的一部分，为解决争端和危机预防做出实质性贡献。

我们借助对外文化和教育政策中的项目和手段推进跨文化交流，建立和维护持续的长期合作关系。通过现有的形式和场合，我们在平等的基础上交换思想和观点，我们希望即时和直接地与当地民众进行交流，我们促进的不仅是彼此信任，更是受民主、市民社会和人权所影响的价值观。

我们也希望通过对外文化和教育政策，在未来继续塑造德国在国外的积极形象，以及加强德国作为教育、科学和研究基地的品牌和地位。

外交部国务部长

科妮莉亚·皮珀

目　　录

5. 文化项目

文化项目的参与机构

造型艺术和展览

音乐、戏剧和舞蹈

6. 印刷和视听媒体

书籍和文学资助

电影

德国之声

7. 青年和体育

青年

体育

8. “文化无国界”——外交部志愿者服务

9. 跨文化对话

10. 扶持中欧、东欧和 GUS 国家的少数民族

11. 文化保护

12. 国际文物保护和文物归还

国际文物保护

归还纳粹掠夺文物

战争移置文物的回归

13. 多边文化和教育合作

欧盟

联合国教科文组织(UNESCO)

欧洲理事会

经济合作与发展组织(OECD)

Ⅲ 地区

1. 欧洲和土耳其

2. 俄罗斯、乌克兰、白俄罗斯、南高加索地区和中亚

3. 非洲

4. 马格里布、近东和中东

5. 北美

6. 拉丁美洲

7. 南亚、东亚和东南亚

8. 澳大利亚、新西兰和大洋洲

Ⅳ 文化传播机构和实施对外文化教育政策的其他机构

1. 歌德学院(GI)

2. 德意志学术交流中心(DAAD)

3. 亚历山大·洪堡基金会(AvH)
4. 对外关系研究院(ifa)
5. 德国联邦管理局-海外学校教育司(ZfA)
6. 教育交流中心(PAD)
7. 联合国教科文组织德国委员会(DUK)
8. 德国考古研究所(DAI)
9. 联邦职业教育研究所(BIBB)
10. 马克斯·韦伯基金会：德国人文科学国外研究院(MWS)
11. 联邦文化基金会(KSB)
12. 世界文化宫(HKW)
13. 德国海外文化协会
14. 德美“福布莱特”委员会
15. 奥罗拉别墅
16. 维格尼别墅
17. 教会

I　概　　述

1. 摘　　要

德国议会请求德国政府依照 1994 年 6 月 15 日通过的决议，每年提交一份关于对外文化政策的实施报告。[①] 本篇所提及的 2011—2012 年度联邦政府对外文化和教育政策第 16 号报告着重讲述了 2011 年 6 月至 2012 年 9 月这一期间的政府活动。

外交政策的基础条件在过去几年发生了巨大的变化。交流日趋网络化，全球实力在经历调整，亚洲再次复兴，创新能力以及社会变革带来的影响日益重要——特别是在北非和近东地区——这些只是政治环境变化中的一些关键因素。对外文化和教育政策（缩写 AKBP）作为德国外交政策的支柱，必须与 21 世纪的挑战的需求相适应。

联邦政府 2011 年 9 月提出“全球化时代的外交文化和教育政策”的概念，以应对 21 世纪前 10 年的发展趋势。这一设想确定了对外文化教育政策未来几年的方针政策，却并非旨在实现根本上的转变。体现了对之前原则的延续。如今，跨文化交流、建立和维护连续性的网络联系以及长期合作关系都属于德国对外文化和教育政策的重要元素。重要的是，这些行动领域在全球性变化的时代里是稳定国际关系的必要基础。

2011 年底，联邦政府在其众多合作伙伴的帮助下完成了对对外文化和教育政策的调整。为此，它还与促进这一转变文化传播机构和德国议会中的相关委员会进行了具有建设性和合作性的对话。

德国对外文化和教育政策为交流和各种形式的对话提供空间，以此来促进双方的理解和信任。特别是在面对危机和争端时，艺术和文化可以抑制分裂，重新建立沟通的途径。对外文化和教育政策帮助人们避免危机和解决危机，是德国和平政策的一个完整组成部分。

除此之外，对外文化和教育政策向外国展现了一幅正面的真实的德国图景，并宣传了被称作教育文化圣地和艺术经济强国的德国。2011 年 10 月 13 日，德国外交部长基多·威斯特威勒协同土耳其外交部长艾哈迈德·达武特奥卢和德国议会成员共同出席了塔拉比亚文化协会的开幕庆典。文化协会位于伊斯坦布尔市塔拉比亚地区具有历史气息的夏宫之中，其项目出自一项德国议会的动议。2012 年 9 月，文化协会向第一批奖学金获得者提供了为期 10 个月的跨文化生活和学习的交流机会。

2012 年 6 月 20 日，2012—2013 年度俄国“德国年”宣布开始。其宣传标语为：德俄共创未来。该活动通过展示德国政治、文化、经济、教育和科学描绘了一张多样的现代德国图景。与此同时，俄罗

① 联邦议会印刷品 12/7890。

斯在德国也开始举办相同主题的活动年。其中最具意义的一场活动是名为“德俄人民的交往——1000年的历史和文化”的合作性展会。该展会 2012 年夏季在俄国莫斯科举办，2012 年 10 月 4 日在柏林新建博物馆举办。

同一时间，“2011 年至 2012 年度德俄教育、科学和创新年”在联邦教育及研究部和俄国教育和科学部的共同努力下举办。在“思想的合作伙伴”这一主题下，“科学年”举办了 200 多场活动，以此展示双方教育和研究合作的多元性和质量。

和印度的关系完全是受 2011 年 5 月德国总理默克尔宣布的“德国年”的影响。在“2011—2012 德国和印度，无限的可能性”的宣传标语下，特别针对印度青年才俊开展了精彩纷呈的多种活动，他们对德国的兴趣得到了强化。

阿拉伯地区的变革是一个历史性事件。联邦政府对社会民主改革予以支持。作为转型期伙伴关系计划的一部分，联邦政府还在 2012 年和 2013 年两年间提供了 1 亿欧元支持阿拉伯地区的改革国家。其中包含每年用于文化、教育和媒体项目的 2 000 万欧元和用于支撑民主转型和经济发展的 3 000 万欧元。

2011 年，用于对外文化和教育政策的经济费用共计 14.78 亿欧元，相当于全年财政的 0.49%。2012 年，这一数额提高至 15.91 亿欧元，其中 78 479 万来自外交部(缩写 AA)。2013 年财政预期可达到15.97 亿欧元，其中 78 711 万欧元用于支持外交部的对外文化和教育政策。① 至此，2013 年用于对外文化和教育的支出在总额和外交部费用占有率两项数值中都达到了最高值，2012 年的数值仅次于它。

2. 目　　的

对外文化和教育政策促进德国外交核心目的的实现：推进欧洲一体化进程，通过跨文化交流预防危机、解决争端和实现和平。

对外文化和教育政策的目的有：

对外普及德语；

促进全球性教育和知识流通，增强德国在科学领域的地位；

文化交流和对外宣传德国艺术和文化；

增加国外对德国的好感度，树立现代德国的形象。

3. 基础条件

联邦外交部长基多·威斯特威勒于 2011 年 9 月提出的理念“全球化时代的对外文化和教育政策——赢得伙伴、传递价值、维护利益”已进入第一步实施阶段。新兴大国的崛起(如金砖五国：巴西、俄罗斯、印度、中国和南非)使德国有必要调整对外文化交往政策，这需要通过与传播机构的合作来实现。在全球一体化的时代里，文化交流越来越受到重视，并承担着重要的桥梁作用。

阿拉伯地区的改革实施说明了对外文化和教育政策的工具通过何种方式促进社会开放和民主化以

① 参见联邦财政部 2013 年财务报表图表 19。

及与伊斯兰地区沟通的重要性。在所谓转型期伙伴关系战略框架下，联邦政府还为支持阿拉伯地区的改革国家在 2012 年和 2013 年两年间提供了 1 亿欧元。其中包含每年用于文化、教育和媒体项目的 2 000 万欧元和用于支持民主转型和经济发展的 3 000 万欧元。联邦外交部长基多・威斯特威勒与埃及外交部长穆罕默德・卡迈勒・阿姆鲁在 2011 年 8 月“柏林声明”中达成共识，进一步强化共同合作。2012 年 1 月，与突尼斯签署有关 2012 年和 2013 年度合作实施的“共同声明”。

文化不仅是引路者和对话工具，也是德国战略优势的关键因素。文化产业是德国最有发展潜力的领域。约有 24 万企业和 100 万人从事相关工作。除此以外，联邦政府希望通过“文化/创意产业”倡议更好地展现德国文化企业和外国艺术家的潜力。

教育是未来最重要的资源。它是经济增长的前提和社会开放进程的决定性因素。在中学和大学进行的国际教育合作是对外文化和教育政策的核心部分。同时，在职教育和继续教育也越来越受到重视。而复合型教育系统巧妙地将在职教育和学校教育以及包含职业培训的课程结合到一起，引起国外的极大兴趣。教育合作利用多种方式被不同的目标人群所信任。从校际合作到大学分立，教育工作的传统部分和革新部分紧密相连。外交部特别关注扩展“学校，塑造未来的同伴”的动议以及推进“对外科学政策”倡议的实施。

4. 策　　略

建立沟通

对外文化和教育工作与人们直接接触。通过该项工作，我们可以向世界传达我们的价值观和思想有助于形成对德国立场的正面理解。这种接触在平行的基础上进行，文化工作不应该是单向的，因为它不仅可以帮助解决争端，也可能激化争端。我们的动议和项目必须反映这一理解。因此，平等的交流在通过跨文化沟通，促进和平解决争端的对外文化和教育政策中扮演了一个核心角色。

价值观的联结

对外文化和教育政策中我们始终关注自由、民主和人权的价值观的传递。这些价值观不受地域和文化的限制。对这些价值观的尊重才是自由发挥创造力的前提。我们通过对外文化和教育政策促进创造力的发展，向世界人民提供自由参与的空间，以此强化社会和经济实力。

以目标群体为行动导向

文化和教育政策成功实施的前提是有针对特定目标群体的项目和规划。对外文化和教育政策的目的则是唤起以学习为目标的年轻人群对德国的兴趣。除了介绍德国文化和教育领域的传统内容以外，还进行了关于风尚和设计的“德国制造”的展示。外交部举办的“文化无国界”志愿者活动针对有志于参与海外社会文化工作的德国青年，开展在海外服务 6—12 个月的志愿活动。

网络组织

对外文化和教育政策的可持续实施只能通过长期的网络组织达到。尤其在教育领域，德国已建立长期稳定的联系网络，这些联系也需要发展和维护。除了教育，在其他项目如“学校：塑造未来的伙伴”，志愿者活动“文化无国界”，德意志学术交流中心（缩写 DAAD）和亚历山大洪堡基金会和提供的不同奖学金项目（缩写 AvH）的框架之中也成功建立起了广泛的联系网络。其核心内容是保持持久的联系以及向学生和科学家们提供交流机会。然而，网络也必须做到与时俱进并随时作出相应调整。人际网络和虚拟网络之间必须建立联系。同样，专业兴趣和情感联系之间也要找到一个平衡点。一个活跃的联系网所具有的重要因素有：清楚的目标，明确的目标人群、可识别的附加价值和稳定的现实意义。

公私合作伙伴关系

为建立多样化和持续性的对外文化和教育政策，联邦政府不仅借助传播机构的力量，还与私人基金会和企业进行正式合作。

这种所谓的公私合作伙伴关系已经证明了与企业合作的价值。它有助于实现共同理想和目标，是长期合作中的一种。通过公私合作这种方式实现那些没有私营企业资助就无法运行的项目，同时为维持政策稳定做出了贡献。

“德国年”是外交部、文化传播机构，以及德国产业界的合作，是一个成功的公私合作关系的例证。在伙伴国举办一系列相关活动时，德国从多方面广泛地展示了自己，并介绍了自身的政治、经济、科学和文化。

除了与企业的合作之外，与私人基金会的合作也很重要。罗伯特博世基金会和宝马赫伯特科万特基金会与德国对外政策协会（缩写 DGAP）以及德国外交部共同组织了关于外国外交官进修的专题讲座。

5. 结　　构

对外文化和教育政策的结构反映了社会的多元性和独立性。联邦政府以战略为引线构建文化和教育工作的框架，并委托民间文化传播机构实施。这是根据文化机构各自的工作特点和目标群体的要求而作出的安排。文化机构在设计项目和方案时有很高程度的自由度。

在东道国设立的文化机构开展的文化教育工作由德国驻外使领馆负责统筹协调，以加强各类活动的统一性，保证对外文化教育政策在实施上保持一致，在海外承担文化教育工作的机构数量和种类不断增加的背景下，外交部门的这种协调能力越来越重要。

国外的德国文化和教育工作结构：

在 92 个国家设立的 136 所歌德学院和 10 家联络办公室；

1 530 所伙伴学校(140 所德国海外学校，870 所德语语言证书(缩写 DSD)学校以及 520 所青少年德语学校)；

86 名国外学校教育中心(缩写 ZfA)和歌德学院派遣的专业顾问；

位于国外的 15 个德意志学术交流中心(DAAD)对外办公室和 53 个 DAAD 信息中心，大约 500 名 DAAD 教师；

170 个由德国政府资助的两国文化社团；

10 所德国海外人文机构；

20 个德国考古研究所的办事机构，分支机构和研究中心。

6. 资　　源

2011 年联邦政府的对外文化和教育政策的财务费用共计 14.78 亿欧元，约为德国财政预算的 0.49%。其中 7 139 亿欧元来源于外交部的文化预算。其余部分由联邦政府文化传媒专员(缩写 BKM)，联邦教育及研究部(缩写 BMBF)，联邦经济合作及发展部(缩写 BMZ)，联邦家庭事务、老年、妇女及青年部(缩写 BMFSFJ)和联邦内政部(缩写 BMI)分摊。

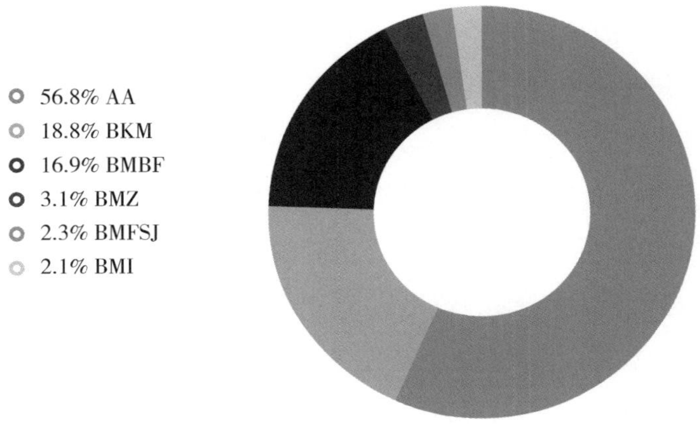

根据职能分配的AKBP财政预算（百分比）

如下图为外交部 0504 号资金流动分配示意图。

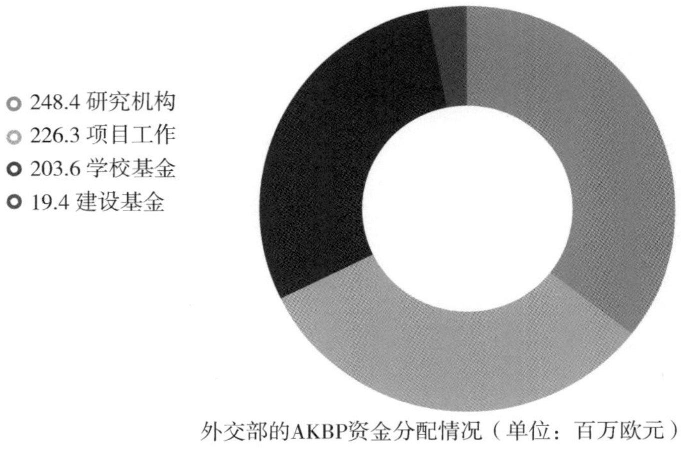

外交部的AKBP资金分配情况（单位：百万欧元）

为实施对外文化和教育政策，外交部与文化传播机构、艺术机构和其他伙伴建立了庞大联系网。10 家机构直接从外交部获得经费资助。2011 年这些机构从外交部获得 2. 403 亿欧元拨款(34. 5%)，用于其人员、设备和运营开支。其中歌德学院就获得了 2. 001 亿欧元，外交部用于各类项目的拨款为 2. 263 亿欧元(32. 44%)。除了文化项目以外，科学以及高校的奖学金和交流项目也得到了 1. 903 亿欧元的支持。2011 年用于国外学校事业的费用共计 2. 036 亿欧元(29. 1%)。用于基础建设的费用不包含在内。总的来说，2011 年的对外文化和教育政策预算的分摊情况如下(建筑费用属于“其他费用”)。

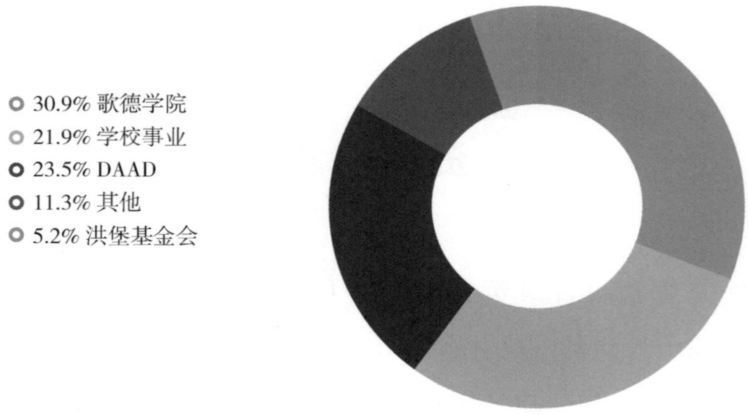

AKBP 资金在文化中介和领域中的分配(百分比)

德国考古研究所作为联邦机构从属于外交部。2011 年，它的人员费用、材料费用以及用于考古和相关科学的研究费用由外交部预算提供，共计 2 600 万欧元。

外交部在多边领域的文化投入——2011 年共计 2 372 万欧元——主要包含了对不同联合国(缩写 VN)组织缴纳的费用，包括联合国教科文组织(缩写联合国教科文组织)，国际文化财产保护与修复研究中心(缩写 ICCROM)和联合国教科文组织的世界遗产基金。对位于萨尔布吕肯的德法高校联合会秘书处以及位于布鲁日和纳托林的欧洲学院的资助也属于该类型。

2012 年德国财政预算明显增加，用于对外文化和教育政策的预算达到 15. 91 亿欧元，给予外交部的资金达到 7. 848 亿欧元，比 2011 年多 9. 9%。2013 年将有 7. 8711 亿欧元用于外交部对外文化和教育政策。

Ⅱ　行动领域

1. 学术和高校交流

全球性的知识型社会和世界范围内的教育研究合作是 21 世纪的永恒主题。教育是个人和社会发展的重要资源，也是对抗贫穷的武器。

此外，知识和改革对经济实力和价值创造越来越具有影响力。因此，学习知识和运用知识能更好地指导我们的日常生活。大学生早期在国外积累经验是为了在未来能在全球化的就业市场中明确自己的定位。全球争夺科学和研究顶尖力量的竞争愈演愈多。与此同时，国际化的科研团队正在开展各类开创性研究。通过支持国外有才华的学生和科学家(比如利用奖学金项目)，我们可以在当地为德国获得长期的伙伴。

联邦政府、州还有德国高校在过去几年里推行改革，以此提高德国在科学领域的研究水平和竞争力。其中一个核心内容是提高德国高校的国际化程度和交流层次。

德国不断努力提高自己作为国际学术交流重要伙伴的地位。为了达到这一目的，联邦政府于 2008 年通过了“科学和研究国际化战略”。从中期来看，该战略旨在提升德国整个教育研究领域中国际化行动的统一性，从而提高国际合作的知名度和影响力。

欧洲框架条件

在政府间“博洛尼亚进程”指引下，欧洲高校结成网络，使其对国际学生有极高的吸引力。德国 85%的大学课程都是为学士和硕士学位而设立的。除此之外，德国有大约 1/3 的高校学位获得者在国外有过学习或实习的经历。引入“认证系统”和“资格框架”提高了德国科研机构的竞争力。“博洛尼亚进程”增强了大学生的流动性，在国际上构建了可理解、可对比的学习结构，提高透明度，促进了学位和学分的互认。

2012 年 4 月，47 个“博洛尼亚进程”签署国在布加勒斯特公报和 2020 年行动战略中确定继续实行欧洲高等教育区域的方针，以此强化大学生的流动性和毕业生的就业能力。除此之外，该战略还提高了学习和见教学的质量，扩大了高校入学的开放性和透明度。

德国——一个充满吸引力的高校之国

2011 年德国高校拥有 250 000 名外国学生，其中 185 000 人在国外申请的高校入学许可。在德国科研机构中有大约 30 000 名受资助的国际研究人员。至此，“高校之国”德国属于全世界最具魅力的国家之一。德国高校与来自 140 多个国家的超过 4 100 个外国机构保持密切的交往和深入的伙伴关系。

因此，在教育和科研领域，德国正面临严峻的国际竞争，因为该领域中，世界各地不断涌现新的创造研究中心。德国各部委 2011 年至 2012 年度继续履行它们的使命。2011 年，外交部投资 22 400 万欧元用于持续扩大科学交流活动范围，并提高其质量。

联邦教育及研究部支持高校交流、合作和国际化发展，2011 年 DAAD 的项目资助了共计 9 170 万欧元，2012 年洪堡基金会资助了共计 6 160 万欧元。联邦经济合作及发展部 2011 年向 DAAD 提供交流项目的使用资金共计 3 480 万欧元。

◎外交部的对外学术交流计划

国际化的科学和研究联系为实现对外政策目的做出贡献。外交部长期以来通过对外科学政策支持学术交流。在 2009 年联邦议会的财政决议的基础上出台的“对外学术政策倡议”卓有成效。因此，对来自冲突国家(比如阿富汗和伊拉克)的大学生开设了新的奖学金项目。在这个项目中，大学生和研究人员能切身受到将来能运用在他们祖国的政治、法律和行政技术中的职业能力培训。2011 年，联邦政府继续实行和扩展对外学术政策的措施。

“德意志科学与创新之家”(缩写 DWIH)的建立和发展是德国作为“创新之国”的宣传中的一个环节。外交部和教育及研究部、德国研究和传播机构以及产业代表们的合作目的在于加强和拓展国际合作的范围。在 5 个选中城市(新德里、纽约、莫斯科、圣保罗和东京)，科学和创新之家是动态展示德国在科学研究领域发展现状的窗口。科学创新之家的当前活动都可以在网页 www. research-in-germany. de 上看到。

世界范围内为德国争取最优秀的大学生和研究人员——个人资助

“卓越人才”个人资助项目是联邦政府国际化战略的重点。外交部、教育及研究部、经济合作与发展部以及伙伴机构 DAAD、洪堡基金会，还有一些人才资助机构和德美富布莱特委员会正在执行这项战略。

DAAD 对外国大学生和科学家设置的奖学金由外交部、经济合作与发展部和国外伙伴的项目资助。2011 年共计 17 400 万欧元(外交部 11 800 万欧元，经济合作与发展部 3 500 万欧元，国外伙伴的项目 2 100 万欧元)。2011 年 42 500 名外国人以此维系他们在德国学习、研究、见习、实习或参加语言和专业培训班的生活。

洪堡基金会奖励的是国际上举足轻重的外国科学家。洪堡教授只由教育及研究部资助，该基金帮助所有领域的顶尖科学家们在德国完成高校和研究所里长期的有前景的项目。自2011年以来，洪堡基金每年向人文和社会科学领域的杰出研究人员颁发多达8项安丽内泽·迈尔研究奖，同样来自于教育部资助。

德国考古研究所凭借其奖学金、博士研究生合作项目以及发展和进行国内外学校课程，为年轻科学家们提供不同地区的暑期课程和见习机会，帮助其完成进修，以此为全球范围内培养科学后辈做出贡献。因此，考古研究所与在伊斯坦布尔的土耳其—德国大学以及科特布斯(Cottbus)大学合作，在开罗的赫尔万(Helwan)大学中开设考古学课程。有目标性地继续开设德国考古研究所寒暑假培训班，这些课程重点在埃及、埃塞俄比亚、突尼斯和伊拉克开设。

德国考古研究所针对大学生和年轻科学家的挖掘现场培训项目实施得颇有成效。为了培育德国的国际科学后备力量，德国考古研究所参加了“柏林考古研究院”以及由精英大赛支资助的“景观中的人类发展”研究院项目。

在阿富汗教育倡议框架下，2011年共计拨款280万欧元用于大学交流。DAAD的资助项目覆盖了所有研究生的研究奖学金，日耳曼文学的学期奖学金，高校暑期班、科学工作者的用于研究访问以及学习和见习的旅费。

在“非洲行动”的背景下，外交部在非洲高校中加强实施资助政策。2011年至2012年的其他重点还有外交部的宣传活动“学校，塑造未来的伙伴”。通过此次宣传，全球超过50个国家的PASCH学校优秀毕业生的奖学金获得者的数量明显提高。自2010年以来，每年有120名奖学金获得者得到资助，前往德国高校学习，至2012年底有大约580名曾在PASCH学校学习过的学生被资助过。

在除了非洲以外的选中的高校里，高校教师后备人员由经济合作及发展部资助的“Sur Place”和由DAAD资助的“第三国奖学金项目”培养并进行深造。该项目在2011年的资助总额达到570万欧元。在德国高校中，2011年与发展中国家有关的教育课程设置获得大约1 000万欧元的资助。

经济合作及发展部项目“先进发展中国家青年科学家国别奖学金”面向拉丁美洲、南非和亚洲的青年工程师提供。外国的资助机构或参加的高校为在德国最长13个月的学习和实习人员提供奖学金，DAAD提供语言班资助并管理奖学金获得者。2011年的资助额共计约250万欧元。洪堡基金会的“格奥尔格-福斯特-研究奖学金项目”资助那些来自发展中国家的高水平科学工作者在德国的科学计划。这项工作聚焦于有重要发展意义的课题。2011年用于此的预算有530万欧元。

经济合作及发展部和教育及研究部使科学技术合作和发展合作领域的计划相互协调配合。它们在新兴国家的项目中展开合作。比如，2008年在三方(经济合作及发展部、教育及研究部和墨西哥科学委员会“CONACYT”)合作下开设的德国和墨西哥的环境科学学习课程。2011年在埃及开设德国和埃及的有关可持续性城市建设的研究生学习课程，其合作伙伴为开罗的艾因夏姆斯大学和斯图加特大学。

培养德国科学和艺术新生力量

国际交流和德国新科学及艺术生力量的培养通过奖学金项目展开，由教育及研究部资助。2011年，此项资助共计9 150万欧元。超过26 000名大学生、学位获得者和科学工作者参加DAAD的项目，项目特别包括给予大学生和研究生的年度奖学金和给予在国外进行研究访问的学者的奖学金。此外，

DAAD 还提供实习奖学金、科学工作者国际会议和演讲出差的资助以及在国外大学讲课的资助，并支持国外的德国科学家回国。

为了提高德国学生流动性，一个资助短期国外驻留的项目 PROMOS（大约为期 6 个月）在博洛尼亚改革的基础之上发展起来。在教育及研究部资助的项目下，德国高校应当将学生的对外流动作为自己的优先发展战略，并为此促进高校自身的国际化战略的实施。洪堡基金会在“费奥吕南研究奖学金项目”的框架下目前资助了 129 位博士后和科学工作者的国外研究访问。国外研究机构里的洪堡大学校友们就是他们的邀请人。借此，德国在教育领域的领先地位将继续向国际化、网络化方向发展。

德国高校的指导

除了经济资助，在高校驻留期间对外国来客的个人指导增强了德国区位的吸引力。外交部和教育及研究部的项目——奖学金和指导计划（缩写 STIBET）以及促进外国学生的国际化计划（缩写 PROFIN）的目的在于：通过个人支持和集体活动增强双方的理解，推动语言和专业学习的进步，促进外国人融入社会。而且德国高校可以加入“外国学生国家标准”（最低标准的指导规范）。

有组织性的和国际标准的博士授予计划大大提高了德国博士研究生教育的国际化程度，也使德国的大学对优秀的国外学生更具吸引力。DAAD 在“来德国攻读博士学位”的口号下实施了由教育及研究部资助的相关计划。在 39 所大学实施后至今，共培养了 1 200 位博士研究生，其中 550 位来自国外。

校友工作

文化传播机构参与的项目数量持续增加。他们希望帮忙维系与外国校友的联络以及建立离开德国的校友与德国之间持久的联系。为了提高有重要国家意义的后续照管的效率，外交部的“校友+计划”和经济合作及发展部的校友计划同时进行。2011 年，DAAD 用于“校友+计划”和其他校友计划的支出共计 480 万欧元。DAAD 通过外交部对外科学动议使校友措施在新兴国家也有极大的实施可能性。2011 年通过格奥尔格福斯特研究奖学金项目，经济合作及发展部支出 100 万欧元用于洪堡大学后续联络工作，30 万欧元用于歌德学院的后续工作 。

由联邦政府资助的“德国校友门户”（www. alumiportal-deutschland. org）是与德国国际合作协会（缩写 GIZ）、DAAD、歌德学院、洪堡基金会和国际移民和发展中心（缩写 CIM）共同建立，由国际合作协会管理的门户网站。它完善了现有的措施和门户，并由众多文化传播机构、教育机构、基金会和企业资助。该网站不仅为德国校友而设立，也是为那些在外国的德国机构学习或进修，没有得到资助也没有被任何资助组织登记记录的人们而设立。门户网站由一个受管理的信息中心和一个受保护的次级网络社区组成，在网络社区里可以建立校友群和加入现有群组（大约有 53 000 名会员，8 000 个群组和 1 369个帖子）。长远来看，应当根据他们的学科、专业、个人情况建立与德国紧紧相连的校友网络。外交部 2011 年耗资 296 000 欧元，将“德国校友门户”网站投入选定国家使用。

在本报告期间，洪堡基金会与 25 474 名来自超过 130 个国家和各个专业领域的洪堡大学学生保持着联系，其中包含 49 位诺贝尔奖获得者。并在德国国内外进行过超过 70 场访问、旅行和会议。在校友的创新网络动议奖的帮助下，2011 年基金会重新资助了三个强化德国和洪堡校友祖国之间大学和文化联系的项目。这些资助向每个项目提供 25 000 欧元资金将由联邦总理默克尔颁给来自日本、俄罗斯和美国的网络建设项目。

在由教育及研究部出资的国际研究推广示范项目的框架下，创意大赛“德国大学研究校友”项目为促进高校与国外研究者(同时也是他们的校友)之间积极持久的合作起到了示范效用。对此，洪堡基金会分别奖励 130 000 欧元给亚琛工业大学、拜罗伊特大学和海德堡大学的提案。哥廷根大学和科隆大学获得优秀奖，没有奖金。2012 年，洪堡基金会再次举办新一届创意大赛。

另外，向 60 多名洪堡基金合作科学家提供了在德国的研究机会和资助项目信息。

合作结构

德国高校与国外研究所的伙伴关系和对青年科学家的个人支持是增强德国区位的两大支柱。与国外建立伙伴关系造就了影响广泛和持久性的合作基础。为推动德国高校参与国外项目，政府为他们提供了启动资金，例如教育及研究部资助的 DAAD“德国高校的国外学习项目”等。

到目前为止，资助项目的覆盖范围涉及每一个大学课程的设立、院系和研究所的组建，甚至整个学校的建立，比如开罗德国大学(缩写 GUC)，安曼的德国约旦大学(缩写 GJU)和阿曼的马斯喀特德国科技大学(缩写 GUTech)。作为一个大项目，教育及研究部和外交部还推动了位于伊斯坦布尔的土耳其-德国大学(缩写 TDU)的建立。该项目在德国前总统克里斯蒂安・武尔夫和土耳其总统阿卜杜拉・居尔于 2010 年 10 月 22 日见证奠基之后开始实施。制造技术专业研究生第一年的课程在 2011—2012 年度冬季学期开始。其余课程在 2013—2014 年冬季学期开始。教育及研究部每年用于资助伊斯坦布尔的德语学校的资金约 400 万欧元。考虑到欧盟的中亚战略，2008 年后对阿拉木图的德国-哈萨克大学(缩写 DKU)的资助进一步扩大。直至 2011 年，DAAD 共预备 620 万欧元用于扩大和完善工程技术科学和工程技术学科的设置。另外，环境相关专业(能源和水资源)的强化教学对实行联邦政府的水资源动议以及二氧化碳动议做出重大贡献。2011 年在柏林自由大学的实际指导下开设了一门跨学科的课程“水资源统一化管理”，吸引了不少中亚周边国家的求学者。

为巩固德国的国际形象，DAAD 通过教育及研究部资助的“战略伙伴关系和主题网络”项目对德国高校提供协助。这一项目推动了德国高校和一所或多所国外高校之间的合作，该合作涉及一个或多个专业领域和/或包含不同的层次和行动领域。另一方面对与特定高校开展技术或主题层面的交流提供资助。这也推动了与几个知名海外伙伴之间的研究相关的多边网络。在四年里，预计每年每个项目大约需要 25 万欧元。教育及研究部的 30 个项目相关人员交换计划(缩写 PPP)在双边研究合作的框架下资助科学家们的交流活动。

自 1990 年以来，外交部通过 DAAD 资助了 15 个德国和欧洲的学习中心，分布在北美、欧洲以及亚洲的 10 个国家和以色列的跨学科项目，在东欧高校里，当时有 31 个德语学习课程和学院。

为了使当地的顶尖精英接受良好教育，外交部的“非洲行动”在撒哈拉以南非洲的 5 所高校中设立了德国学科中心和网络：发展研究和刑事司法(南非)，发展和健康研究(加纳)，法学(坦桑尼亚)，微观财政金融(刚果共和国)和逻辑学(纳米比亚)。在教育及研究部的资助下，洪堡基金会 2012 年在塞内加尔新建的非洲数学科学研究所(缩写 AIMS)设立教席。德国和塞内加尔项目由两个部分组成：一方面由洪堡基金会设立编内教授职位，然后资助一个与此相关的洪堡合作中心。除此以外，DAAD

还通过提供奖学金促进与德国高校的合作以及与 AIMS 中心的联系与交流。该提案来源于 2010 年加拿大的八国首脑峰会“下一个爱因斯坦倡议”。

自 2009 年通过对外科学倡议，外交部在俄罗斯、泰国、智利和哥伦比亚建立和扩大了四所研究和教学中心。DAAD 的“支持乌克兰的民主主义”计划旨在强化与乌克兰在政治和社会科学学科中的合作。

◎德国海外学校和伙伴学校支持计划(缩写 BIDS)

通过 BIDS，德国国外学校和语言证书学校(DSD 学校)以及德国的高校之间建立了网络和合作。在该举措推动下，针对德国国外学校和 DSD 学校优秀毕业生的 DAAD 奖学金计划得以在更大范围内实施。BIDS(有时联合大学预科)激起共计约 15 000 位毕业生强烈的学习热情。学生群体受到邀请参加比如暑期课程，“试学计划”等，获得两个学期的“激励奖学金”作为学习初始资助，且奖学金获得者将受到高校所在地的殷切帮助。为了维持联系，另外还为国外学校的德国高校学员和师资力量提供外派津贴。BIDS 旨在通过选定的补习学校、高等专科学校、工业大学和普通大学，保证从中学到大学教育的无缝过渡。

2008 年开始在国外 PASCH 学校和德国高校间构建的网络在第二轮德国海外学校和伙伴学校支持计划(BIDS Ⅱ)中继续实行，第二轮计划从 2011 年春季持续到 2011 年 12 月，还包括 2012 年 2 月，共对 20 个项目提供了资助。从 2008 年至 2012 年初，共有大约 2000 名临近毕业的学生参加暑期课程和“试学计划”。超过 200 名毕业生得到激励奖学金。共计两年的运行期后，“BIDS 2012—2013”的资助阶段于 2012 年春季开始。2012—2013 年度的计划包含了由 27 所高等专科学校、普通大学、工业大学以及补习学校参与的 22 个项目。

德国高校与在发展中国家的国外学校相关专业的伙伴关系应当可以改善他们的合作结构。2011 年，通过 DAAD 发放的经济合作及发展部的资助共计 360 万欧元。DAAD 协同高校校长会议(缩写 HRK)为国内外伙伴提供了一个名为“创新高等教育战略对话”(缩写 DIES)的高校管理措施的概述。至此，为了使发展中国家的教育能更好地考虑到工作市场的需求，促进经济发展以及防止人才流失，一项由经济合作及发展部资助的计划“实践合作伙伴关系”应运而生，并以改善发展中国家的大学教育为目的。它通过高校合作项目的资助，在德国及地方企业(公司、协会和联合会)的参与下有目的性地推动结合实际的学习，促进发展中国家高校提高商业导向性。2009 年，经济合作及发展部联合 DAAD 共同举办了一场全国范围内的竞赛“超越：发展合作中的高校精英”，所有与发展中国家的伙伴高校合作的德国高校可以申请参加该项竞赛。5 个精心选出的管理中心在 2011 年依旧圆满地完成了它们的工作。在其中四个德国高校所在地分别设置了一名客座教授。每年或每学期由一位来自发展中国家的有威望的科学家担任该职位。

2011 年 5 月，DAAD 协同外交部长基多・威斯特威勒在柏林举办了一次以“高等教育合作——发展的关键因素”为主题的会议。大约 200 位来自世界各地的与会者讨论了关于与发展中国家开展高校合作的意义和不同愿景。同年 9 月在经济合作及发展部的教育战略“加强教育的十大目的”的基础上，波恩的经济合作及发展部举办了一场关于“发展合作中的高等教育”的对话活动。所有相关的国家和非政府组织及伙伴参与并讨论了德国在高校领域的发展合作的核心问题。

德国大学课程国际化

教育及研究部通过一系列结构性战略措施推动德国高校国际化。因此，德国的学生们可以通过“国际学习和教育合作关系”计划(缩写 ISAP)在欧洲以外的伙伴高校完成部分学业。2011 至 2012 学年里该计划资助了 173 个项目，相比前一年高出 12%。重要的目的国为美国，此外，中国、韩国、加拿大和阿根廷也受到学生的喜爱。

跨国的大学课程吸引力极高。因此，教育及研究部通过 DAAD“双学位国际学位课程”计划支持该课程设置。两所大学间通过协调教学大纲和共同制定学习和考试规范授予双学位或跨国联合学位。在 2011 年至 2012 年期间共有 127 个项目获得资助。最受欢迎的目的国为俄罗斯、中国、西班牙，美国、意大利、荷兰和波兰紧随其后。由于这一成功范例，该项目应当被推广，特别应当着眼于欧洲高校区域。

DAAD 的客座教师计划也能大大地强化德国高校的竞争力。DAAD 与各高校共同资助个人客座教师和长期客座教席。教授法国人文和社会科学课程的法国大学教师将额外得到资助，该项目是与法国驻柏林大使馆合作完成的。DAAD 联同“强化和推广区域科学”计划，资助区域科学研究所的客座教师，其目的在于将诸如高加索学或波罗的海学等学科推向国际化并帮助他们获取专业知识。

在博洛尼亚改革的推动下，学生在三年以后就能取得首个专业文凭。这就可以看出，与传统的大学课程规划相比，进行海外学习规划和实施花费时间更少。因此，DAAD 利用教育及研究部的资源，于 2009 年开始实施一项 4 年制本科项目的资助计划(B+计划)。在该计划中，学生在不延长毕业时间的前提下可以完成一年的海外访学。在 2011 至 2012 年冬季学期，有 65 个项目受到资助。

在联邦教育和研究部资助下，DAAD 协助了“德国国际博士学位”计划中博士学位课程国际化的开发和推广。IPID 旨在吸引高素质的外国毕业生来德国攻读博士学位，推动国际高校合作以及提高德国高校博士学位课程的质量和多样性。在 2010 年至 2014 年的运行期间，该项目总额达到 1 200 万欧元。共计 39 个博士授予计划得到资助。

高校推广：提升德国的优势地位

德国的科学和研究地位除了如上所说的资助计划外，还通过宽泛的营销理念获得。“高校联盟”GATE-Germany”是高校校长会议和 DAAD 发起的倡议，它从 2011 年起资助德国高校实现市场化和国际化。因此在教育及研究部的资助下，2011 年 DAAD 组织德国高校和研究机构参加了在 17 个国家举办的大型国家高校展览。除此之外，为了宣传德国的学习和研究优势，DAAD 自身还参加了超过 80 个国家举办的 200 多场展会。2011 年共计 300 所德国高校通过 GATE-Germany 注册和参加了国际招聘和交流会。

世界范围的成功的形象宣传活动“学在德国—创意之国”继续进行。它在国际教育展、广告宣传页、装饰画、影像、经验报告以及多种媒体上宣传德国的学习优势。这一附加的措施通过一个覆盖全球的网络得到巩固加强，该网络涵盖位于 51 个地区的分支机构、信息中心以及 500 名 DAAD 教师。2011 年，仅在波恩的信息中心和咨询中心进行咨询的学习和研究爱好者就有大约 15 900 名。伊拉克的埃尔比勒在这一年也建立了一个全新的 DAAD 信息中心。

在 DAAD 研究推广计划框架下，“德国博士学位”项目帮助德国高校和研究机构免费在 www. phdgermany. de 的网站上刊登他们招收博士学位的广告，并借此在国际上进行宣传。国外申请者可以通过 PhDGermany 的数据库寻找适合的博士研究生学位(有或没有资助)，并直接通过 DAAD 门户进行网络申请。

此外，科学组织联盟(洪堡基金会、DAAD、德国科学基金会和弗劳恩霍夫应用研究促进协会)自 2010 年起致力于教育及研究部资助的国际研究推广试点项目。该战略合作还吸收了其他科研机构，将各自的专家、资源连同科研和资助机构的国际关系网一起整合起来。在“研究在德国”的口号下，促使国外关注德国作为科学研究基地的机会和可能性。

2. 海外学校

海外学校是对外文化和教育政策的核心元素，尤其 2008 年通过“学校：塑造未来的伙伴”倡议之后(PASCH)，海外学校建设经历了一次持续的强化和深化过程。海外学校建设的指导方针是与东道国社会和文化的碰撞，保障和提高国外的德国儿童的学习质量以及促进国外学校的德语教学。联邦总统阿希姆在 2012 年中接管海外学校事务时特别强调了海外学校建设在德国对外文化教育政策中的重要意义。

德国国外学校共包含 1530 所学校，其中有 140 所海外德国学校，879 所提供文化部长会议(缩写 KMK)德语证书的学校(DSD 学校)以及 520 所刚刚设立或推广德语课程的学校(“Fit 学校”)。该类学校约有 50 万名学生，学生数量正在持续增加。

特别是在德国人口状况和专业人才短缺的背景下，国外学校建设和接受跨文化教育的毕业生尤为重要。联邦政府移民咨询委员会在 2012 年 4 月 27 日的报告中对此进行了阐述和强调。许多曾经的德国的国外学校和 DSD 学校的学生在德国上大学和就业。为了继续发展这一潜力，国外的优秀毕业生将从 2010 年起通过 DAAD 获得在德国高校学习的全额奖学金。初次实行后证明，这些年轻的学生是他们专业最优秀的学生。

“Fit 学校”同样也面向表现优异的学生，并通过德语唤起他们对德国长久的兴趣。因而建立了能在未来支撑对外政策、出口经济和文化的网络。由于海外学校对德国的重要性日益增长，以及国外持续不断的需求，计划在对外文化教育政策重点国家推广 PASCH 网络。

◎国际教育节

政治、经济、文化和教育的国际代表在外交部的邀请下，于 2011 年 9 月 8 日在联盟基金会论坛上因第一届国际教育节而聚首。

教育节的目的在于评估对外教育资助政策的多样化潜力，其核心是 140 所德国国外学校和众多高水准的 DAAD 奖学金获得者，以及建立与国外的经济、政治和青年专业人才的紧密联系。在活动中将阐述促进对外教育的革新想法，表彰数字化学习的模范项目以及介绍国外的青年专业人才对德国企业和高校而言具有的潜力。2012 年 9 月，第二届国际教育节举办，获得不错的反响。

德国海外学校

2009 年 10 月的联盟协议强调了德国海外学校在具有价值导向的对外政策中的桥梁纽带地位。受德国国外学校教育司资助的学校数量在 2011 年中期上升至 71 个国家的 140 所，约有79 000名学生在这些学校上课。

海外学校建设是面向未来的公私合作伙伴关系的一个例子。私人资助机构自行负责德国国外学校的运营。学费和捐赠是学校运营经费的最主要来源(平均占学校财政 71%)。2011 年来自学费和捐赠的经济物资共计 39 990 万欧元(见图)。2011 年外交部提供的国外学校的学校基金为 15 220 万欧元，建设基金为 300 万欧元。

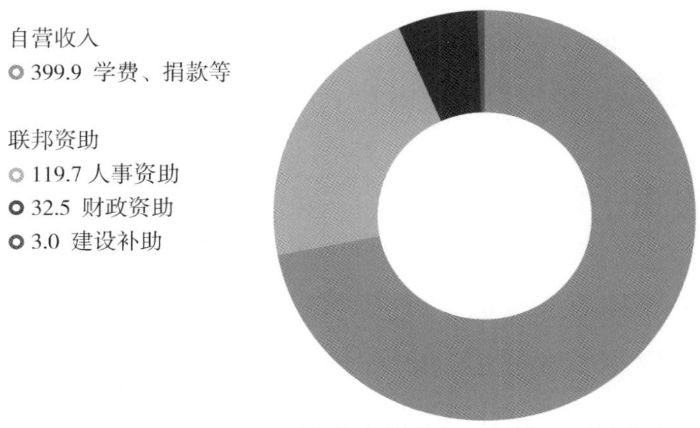

德国海外学校收入（单位：百万欧元）

德国海外学校一般在东道国学校机构里占有比较突出和卓越的地位。它们大大强化了德国的经济和科学地位。

2011/2012 年，由德国国外学校教育司(ZFA)主管、各州文化部协调的“教学质量管理”(PQM)项目得到进一步实施。联邦和各州定期对学校进行视察；与校方就关键数据签订目标协议；同时还向学校董事会、校长以及管理团队成员提供建议和支持，帮助他们建立系统化的教学质量管理体系，并最终获得认证。“教学质量管理”项目的可持续性效果体现在教学质量的不断提升上，学校的管理也得到了加强。德国国外学校在国际教育市场中的教学能力、吸引力以及经济效益都因此得到提高。

撰写本报告期间，联邦外交部与学校围绕德国国外学校的发展与改革展开了深入对话，就改革的目标，包括规划的落实、质量保证以及增强竞争力等问题达成了共识。

2011 年联邦外交部国务部长科尔内利娅 · 皮珀尔启动了“创新学习卓越计划”，该计划进一步强化了德国国外学校，使其具有面向未来的发展能力。该计划的目标是推动德国国外学校的数字化教育，激发学生对科技以及自然科学的兴趣，培养创业思维以及增强跨文化交流能力。2011 年在东京、马拉加、基多、布宜诺斯艾利斯和利马等地的德国国外学校中开展了一项创意竞赛，希望通过这种方式选出示范项目，对胜出的项目在实施上予以支持。入选的有一项教学危机管理项目，该项目在数字化媒体的帮助下开展沟通与教学。另一项入选的项目采用了数字化的教学方法和内容，包括在课堂上使用在线教学平台“Moodle”。同样获得资助的还有通过安装视频会议系统与其他学校建立联系和开展沟通的项目，以及一项名为“控制论实验室中的科学技术学习”的项目。

2011 至 2012 年期间“全球学校“项目仍在继续实施，新加坡德国欧洲学校(GESS)与清迈基督教德国学校(CDSC)自 2008 年起参与该项目，通过使用数字化媒体和视频会议技术，清迈的学校团队能够参与新加坡 GESS 学校的德语课程，甚至可以通过这样的方式参加德国高中学业考试。位于波士顿的 DIS 和位于硅谷的 GIS 两所国外学校也同时实施了类似的项目。

· 德国海外学校具有竞争力

德国海外学校在德国以及各类国际竞赛中获得的无数奖项足以证明，这些学校开展的教与学具有高水平。学校在自然科学、政治、经济或艺术等学科都居于领先地位。瓦伦西亚和斯德哥尔摩的德国学校与其他 79 所最佳德国学校一起获得了 2012 年“青年研究学校奖”称号。

德国联邦银行协会组织的“学校/银行家”竞赛中，要求对虚拟银行进行成功和负责任的管理，并最终赢得最佳团队奖。巴塞罗那德国学校击败了 850 支来自德国和其它国家学校的参赛队伍，前往柏林参加总决赛。同样地，都柏林德国学校在联邦政治教育中心组织、联邦总统资助的竞赛中获得两项大奖。由德国文化基金会组织的拥有较高知名度的“儿童奥林匹克”竞赛中，来自上海的德国学校成为第一家获得“最具吸引力文化形象”称号的德国国外学校。

伙伴国国民教育体系中的学校

1 380 所地处国外的学校受外交部资助，以开展德语课程和提高课程质量。其中 960 所在“学校，塑造未来的伙伴”倡议下接受资助。连同 140 所德国国外学校一起，它们构建了一个包含 1 530 所伙伴学校的世界范围内的网络。其中 870 所学校提供文化部长会议认可的德语证书(DSD)。在这些学校里，2011 年共有 268 000 名学生接受深入的德语学习。

2011 年全世界共有 58 000 人通过 DSD 考试。大约 12 600 名学生参加 DSD-Ⅱ考试，该考试是证明拥有在德国学习的必要语言知识的必要条件。

自 2012 年始，怀着保证和提高质量的目的，DSD 学校的德语计划也要根据质量标准“德福鉴定”进行系统性的评估。“德福鉴定”是差异化和标准化的审核和指导工具，该工具便于 DSD 学校的专业顾问或协调人对学校进行管理。当地教育人员进行深造还有利于确保和继续提高 DSD 学校和德国国外学校的德语课程质量，教育交流服务中心代表外交部和联邦各州组织了为期一年的当地教师培训。每年有 30 名当地教师在教育部和海外德国学校的合作下接受学校管理和教学方面的培训，这些课程的毕业生在回到祖国后往往会发挥多方面功能。

◎DSD-Ⅰ考试获得国际认可

越来越多的国家，特别是欧洲国家，信任 DSD 考试的质量，引入 DSD-Ⅰ考试作为本国的检测工具，如毕业考试或者本国水平考试。因此，这些国家希望引入一个符合欧洲共同参考系要求的新式德语考试。伙伴国们自己承担起责任，准备、实行和评价这项考试。ZfA 此外还负责维护国际普遍承认的质量标准。法国在 2007 年先拉开序幕：仅 2011 年就有 26 500 名学生参加 DSD-Ⅰ考试。紧接着，匈牙利给它的学生们颁发了 B1 等级的 DSD-Ⅰ考试证书。这项国家计划意义重大，它使普遍下降的在校德语学习者的数量有了反弹。并且，这一数量有望获得突破：匈牙利在 2010 年至 2011 年度项目试点之后，后一年参加考试的学生数量增长了一倍。这项计划将在明年扩展至 150 所学校。塞尔维亚、克罗地亚和意大利都表示将在本国教育体系中实行 DSD-Ⅰ考试。

歌德学院自 2008 年起在“学校，塑造未来的伙伴”的倡议下，对国民教育体系中开设 A1/A2 水平德语课程的学校提供帮助（也就是“Fit 学校”）。2011 年在 114 个国家的这些学校学习德语的学生约有 154 000 名。在其中 50%的学校里，德语是作为第二外语教学的，35%作为母语，15%作为第三或第四外语。

歌德学院在本报告期间以奖学金的方式重点为教师开展培训，通过专家对课程和团队教学模型的指导提高德语课程的质量以及利用宣传措施和教学计划提高学生和家长对德国及德语的兴趣和学习动力。通过国际合作项目来整合工作网络（德国和伙伴国的国际青少年课程、在线学生报和国际学校校长会议）是歌德学院为壮大和巩固“Fit 学校”而实施的措施之一。利用歌德学院实施的 PASCH 计划可以提高德语学习者的数量，这也为在“Fit 学校”以外的地方的德语的地位和德语课程带来持久的良好的影响。

◎PASCH-Global：世界范围内的学生报

在世界上许多地区的学生都在用德语办学生报。PASCH-Global 是 PASCH 动议旗下的在线学生报，在该报纸上，世界各地的学生都可以发表文章。

约旦的学校生活是怎样的？葡萄牙的学生们怎样庆祝情人节？在 PASCH-Global 上，青少年们可以借助文章、照片、视频和录音文件了解他们的生活和国家，并谈论他们理解下的德国文化和社会。学生报项目是 PASCH 倡议的网络化的产物。学生们通过博客跨越国境进行虚拟会话。通过 PASCH-Global 进行的跨文化学习和虚拟交流激起了学生们对德国的兴趣，借此，学生们可以阅读关于在他国学习德语的文章，然后思考和评论。

2012 年 8 月，德国举办了一个主题为“在线学生报纸”的特殊的 PASCH 青年课程，来自印度、摩洛哥、法国、俄罗斯和土耳其等 29 个国家，55 名 PASCH 学生经培训成为 PASCH 在线学生报纸编辑，并互相结识。

3. 职业培训和进修

促进以学习为目的的流动性是面向未来的职业培训政策的核心要素。以学习和进修为目的国外生活有助于留学生深化职业能力和提高留学生社会能力、语言能力及文化素养。因而让年轻人尽早体验跨国交流是很重要的。

“莱昂纳多·达·芬奇”是最大规模的促进留学生参与职业培训的计划。联邦职业培训所(缩写BIBB)的欧洲国家教育署受委托在德国执行该项目。欧盟的这项计划成功地让培训生和职业院校学生在33个项目参与国当中积累国外就业经验。除此之外,在职者、求职者及进修人员、人事部门经理和职业学校教师将受到资助。由于高需求量,教育及研究部预计2011年再投入140万欧元国家资助。如此一来,1 900多名培训生在国外访学将受到资助。“莱昂纳多·达·芬奇”计划颁发的奖学金共计超过16 000份。联邦职业培训研究所(BIBB)的欧洲国家教育署进行的研究考虑通过国外职业培训培养社会弱势青年的能力。通过研究我们可以看出,5%流动参加者接受的是企业外部的职业培训。“莱昂纳多·达·芬奇变动”行动因此在很大范围上覆盖了社会弱势青少年群体。为了扩大这一比例,2013年起将在全国优先考虑这一群体。

德国国外学校当时仅提供两种职业进修方式:传统商业双轨培训和职业技术学院培训。两种进修目前有大约590名学生,大多在拉丁美洲进行。与前年比较,现在出现微弱的缩减趋势(马德里Madrid的学校里的学生数量减少),其原因有许多,如目前西班牙的紧张局势。

传统商业双轨培训(大多为2年)向学生提供德语结业证明(德国工商业协会(缩写DIHK)证书,DSD-Ⅱ)。提供这种培训的学校有巴列斯特尔镇(布宜诺斯艾利斯)、危地马拉、拉巴斯、利马、圣地亚哥、基多和圣保罗的德国学校,香港德中学校,马德里和巴塞罗那ASET学校。特别是巴塞罗那的学校成功地在西班牙的市场上开设了职业双轨培训。这些职业学校培训的法律依据是德国职业学校教学框架计划和培训框架计划。在职业学校的培训发展与德国双体系越来越相似。企业负责实践部分,学校负责理论教学。职业培训中的学校课程用德语开展,企业培训以本国语言开展。除此之外,在学校的教学大纲里还包含至少一种其他外语。结业考试向国外商会报告,德国工商业协会视结业考试与德国国内的协会审核为同等分量的测试。

另外,目前仅3所德国学校提供前文提到的职业院校(经济和管理专业)培训:布鲁塞尔德国学校,东京德国学校和鲍罗麦欧琳娜亚历山大德国学校。培训除了正常学校教学以外还给800名学生提供在企业接受指导实习的机会。两年后从职业学校毕业就有机会进入德国职业学校学习。

在双边职业培训交流计划下,教育及研究部联合法国、荷兰和挪威的伙伴们共同促进流动活动。这一交流措施以互惠原则为基础,并通过细致的准备和补充以及当地扶持展现它的作用。由于经济产业的广泛参与,这项交流项目与实践高度结合,有助于提高培训生能力。自1980年起,位于萨尔布吕肯的德法秘书处被委托运行德法交换计划。与德国国际合作协会(GIZ)合作,共同推进与荷兰和挪威的双边交换计划。与这些国家建立持久的合作的目标是在国际交流中通过合适的资助项目实现职业教育的优先发展战略。

教育及研究部在国际上与重要国家——中国、印度、俄罗斯和土耳其等进行了一次关于职业培训的高级别政治对话。在联邦职业教育院(缩写BIBB)和协会(德国外贸协会(缩写AHK),德国工商业协会)及教育及研究部国际办事处的帮助下,双边工作小组交流职业培训内容。2012年夏天德国和西班牙之间职业培训合作获得一个成功的开始之后,教育及研究部拓展了与其他国家之间的对话。教育及研究部促进德国教育和培训机构的国际化。德国航空太空中心开展的“职业培训输出”项目可体现其成效。此外,教育及研究部的营销活动“iMOVE”还促进了在职业培训和进修方面与国外的合作。

德以职业培训合作计划由教育及研究部和以色列工业、贸易和职业部门共同承担,由GIZ实行,其目标是在两国继续发展职业培训。在政府就双方在行业主导的研究开发、及职业培训和进修方面的合作达成协定后，为双方 40 年的合作奠定新的基础。2012 年前期顺利实施为双边培训生交换做准备工作的试点项目。

在欧洲委员会的倡议基础上组建的欧洲文物保护相关职业中心位于特耶内(意大利)，提供 4 种语言(德语、英语、法语和意大利语)开展的理论性和实践性培训，并促进欧洲文物保护领域关于纲领和挑战的对话。2011 年，教育及研究部资助了 18 个来自德国的优秀文物保护工匠和学徒，给予他们在特耶内为期 3 个月的磨炼工艺和进修的奖学金。

为了促进以学习为目的的流动，有许多奖学金项目和资助措施。因为准备工作和信息是项目顺利进行的重要因素，国外实习经历信息和咨询处(缩写 IBS)自 1987 年起就是德国的国外职业培训的主要服务机构(www. ibs. inwent. org)。在教育及研究部的要求下，它作为不同机构之间的衔接口提供不同形式的服务，其目的是在行业和社会上加强和介绍海外职业培训和进修的机会。

职业培训和德国双轨制模式越来越受国际青睐。因此，教育及研究部利用“iMOVE”倡议(职业培训国际营销，缩写 iMOVE)资助德国教育和进修服务，推动它们的国际化发展。这意味着德国培训机构和国外利益相关方有了共同的联系点。“iMOVE”促使企业扩展以及国际活动向专化发展。在“培训-德国制造”的口号下，“iMOVE”在国外宣传德国在职业培训和进修方面的实力。2010 年和 2011 年的年度报告及门户网站 www. imove-germany. de 也概括报道了“iMOVE”各种各样的活动。

经济合作及发展部从多年以前开始资助发展中国家建立和拓展职业培训。德国在此期间一直是这个领域的世界上最重要的承担者之一。对此，经济合作及发展部在合作中引入德国职业培训的各种元素，并使其与文化、经济和政治相适应，融入东道国。终身学习就是这种发展策略的典范。

为了密切联系在发展中国家开展职业培训的众多德国机构，经济合作及发展部和教育及研究部在共同的“Initiative edvance”下建立了一个平台，无论国家资助或私人资助机构还是纯私营机构可以在这个平台上相互咨询和合作协调。

4. 德语

推广德语语言是对外文化和教育政策的重点和核心任务。语言推广是一项历史使命，必须根据伙伴国的要求和发展情况进行调整。为了加强德国经济、科学、学习和文化地位，在国外赢得认可我们价值观和利益的支持者，推广德语是一项重要的手段。说德语的人会对我们的国家感兴趣，比普通人更了解德国，更理解德国的立场。

在欧洲的一些国家，德语学习者的数量由于出生率下降而减少。在其他国家，特别是经济增长的地区，学习德语的人却在增加。就结果而言，德语强调了它在世界上的地位。普遍认为：德语在那些多语言教育政策受到重视的国家里前途一片光明。2011 年开展的“第一次欧洲外语能力调查”便证实了这一点。英语是欧洲最重要的第一语言，德语作为第二语言是欧洲传播最广的语言，领先于法语和西班牙语。

许多国外的学校对全球“学校：塑造未来的伙伴”(www. pasch-net. de)项目的持续需求和兴趣是德语作为外语推广的一大成就。特别是在欧洲以外的地区，合作伙伴计划增加了人们对德语的兴趣，而导致在亚洲和南美德语学习者的数量上升。德语在我们的周边也展现了作为第二外语的非凡魅力。土耳其90%的学习第二外语的学生决定选择德语。2011年起在德国联邦议员给“德语教育攻势”项目提供资助，促进了这一趋势发展。

由于德国人口结构变化，到2025年，德国与2011年比将减少600万劳动力。只有赢得国外专业人才才能填补这一空缺。他们不仅必须受到良好的专业教育，也必须会说德语。只有这样，他们才有能力担任相应职位。越来越多的来自南欧的或者在南欧的工作者已经以在德国工作为目标而学习德语。歌德学院在国内外提供一些课程，根据特定专业群体、青年专业人才和管理人才的需求，为他们进入劳动力市场作准备。

◎崛起中的德语

世界人口的三分之一人口是中国人或印度人。直至前不久，在亚洲学习德语的人相对较少。但这一现象不仅在印度，在中国也开始变化。

目前，大约22 800名中国人在德国学习。其中大部分人在不但在校园中，在校园外也会学习德语。在此期间，越来越多的中学开设德语这门课程。由于国外学生对德语产生巨大兴趣，歌德学院在7所学校设置了所谓的“歌德教室”。它们将作为示范帮助中国政府在其他学校按计划引入德语教学。可以预见的是，德语学习者在中国会越来越多。

目前，在北非、海湾国家和近东地区的人们对德语学习的兴趣越来越大：在埃及、沙特阿拉伯和海湾国家，德语特别受专业人员的青睐。德语作为外语在黎巴嫩和阿曼被引入公立学校，利比亚正在筹备引入。

只有20%的美国学生学习一门外语。因为美国是德国最重要的伙伴之一，德国在2011年与美国伙伴共同制定发展规划，一项在美国推广德语发展的特别计划在此规划的基础上诞生。计划的核心是提供广泛的资助，更多的中学、学院和大学应当开设德语课，更多的学生包括少数民族群体也应当有学习德语的机会。

◎新的德语推广方式

在全球化的时代里，为我们的语言做宣传要求寻找新的途径，赢得新的目标群体和运用新工具。自2000年起，教师们在“德语大篷车”里穿越法国行驶超过一百万公里。他们访问了大约9000所学校，向约600万名学生介绍德语和德国。他们向学生们展现了一个可靠的、现实的、多面的和多彩的德国画卷，并唤起了他们的好奇心。“德法之屋”项目受由罗伯特博世基金会和法国梅赛德斯奔驰的大力支持，成为国际热点。在此期间，“德语大篷车”之旅也顺利去往波兰、乌克兰、意大利、希腊、土耳其，甚至穿越加拿大和新西兰。

互联网和社会媒体对宣传德语越来越重要。学习类游戏“德语学习冒险——星象盘的秘密”是许多例证中的一个，年少的德语学习者可以利用它们通过这种启发和游戏并存的方式学习德语。直至2012年夏天，该游戏被下载约32 000次，每天有约120次下载。该教育类游戏有9种语言版本，还有6个正在制作中。

◎充满希望：德国和奥地利合作

“我们在一起很强。”这句话也适用于德语宣传。在捷克共和国，德国和奥地利首次开展了一项名为“Šprechtime”的共同的宣传运动(www. sprechtime. cz)。(“Sprech-ti-me”在捷克语中的意思是“我们用德语交流”)

5. 文化项目

文化项目展示了一个充满高质量和多种多样的艺术创作的德国图景，它促进了艺术家之间的联系并在国外营造一个创新和现代的德国形象。其重点在于在国外宣传德国的，特别是当代的艺术和文化。文化的交流应通过直接对话和当面展示来进行。

文化项目的参与机构

文化项目是对外文化教育政策中的文化机构承担的主要任务，它们的资金大部分来自外交部。它们是歌德学院和其世界范围里庞大的文化机构联系网，对外关系研究所(缩写IFA)和DAAD及其柏林的艺术家项目。此外，德国书市交易所展销会有限公司也是对外文化教育政策的一个重要伙伴。

外交部管理的资金，特别用于资助那些符合对外文化教育政策区域实施重点的项目和项目发起人。文化项目还资助联邦总统、总理及外交部长的访问行程。此外，外交部怀着“文化双行道”的想法也支持其他国家在德国的文化计划，特别是发展中国家的计划。

造型艺术和展览

歌德学院和IFA的促进计划将重点放在国外，介绍和宣传当代优秀的艺术。IFA策划和组织了艺术作品原件的世界巡游展览，并推动了国外德国艺术家项目的开展。歌德学院举办了文化历史的文献展览，并且承办由德国博物馆和艺术馆策划的海外展出活动。此外，歌德学院还资助德国艺术或其他主题的个展和群展，促成德国艺术家和海外策展人的会面。

在文化机构的协调下，外交部集中精力筹办艺术和历史的大型展览以及德国参加国际艺术博览会的事宜。颇受瞩目的北京“启蒙的艺术”展览就属于其中一项，该展览由柏林国家博物馆、德雷斯顿国家美术馆、慕尼黑巴伐利亚国家绘画博物馆和中国国家博物馆举办，至 2012 年 3 月结束，接待了超过 450 000 名参观者。

外交部挑选了对德国有贡献的策展人参加威尼斯国际艺术双年展。为此由著名德国博物馆馆长、艺术专家、艺术和展会委员组成小组负责提名推荐。为了 2013 年第 55 届威尼斯国际艺术博览会，外交部长基多·威斯特威勒重新任命了一个策展人：法兰克福现代美术博物馆馆长苏珊·盖恩海姆。她获得了 2011 年金狮奖最佳国家展馆奖。外交部提供了一笔可观的基金资助，此外还有很多赞助资金。

音乐、戏剧和舞蹈

音乐在海外对德国的认知中扮演着重要角色。德国音乐家的音乐会与地方艺术家合作，特别适合在国外宣传德国音乐文化以及跨越语言障碍获得合作和互相理解。歌德学院专业性的对外音乐工作包含了策划和举办个人音乐会、巡演、大师班、研习会及学术交流会。歌德学院资助业余者和新生力量的音乐交流项目，该项目实现了不同国家的人员在共同进行的艺术工作中相遇。

德国戏剧由于其多样性和高质量在国外也颇有名气。歌德学院宣传和资助德国戏剧及舞蹈团在国外进行客场演出，也是国际合作的伙伴。它通过其海外机构提供许多小型项目，为戏剧交流做贡献，比如客座导演、研习会、舞台朗诵会。

德国的驻外外交部门在文化项目的实施中扮演了一个核心角色。在本报告的区域部分(第三章)可以找到不同项目领域的详细阐述。

6. 印刷和视听媒体

书籍和文学资助

对文学和翻译作品的资助有助于传递德国最新最全的形象，并促使外国文化工作者对德国产生共情，文学能带来新体验，实现文化交流，提倡言论自由以及促进文化多样性。

外交部自 1950 年起与法兰克福书展(缩写 FBM)合作，并以嘉宾身份参加国际书展。除此以外，在与 FBM 的合作下还资助图书信息中心的项目，更确切地说是位于莫斯科、北京、纽约和新德里的德国图书办公室(缩写 GBO)。它们应当拉近人们与德国图书的距离并促进出版商的交流。论坛形式的“世界招待会”和法兰克福书展的邀请计划是其他方式的合作，25 个来自世界各地的出版商受邀参加。莱比锡书展的活动“欧洲咖啡店”是文学和文化交流的基础平台。此外，外交部还提供慕尼黑国际青年图书馆的奖学金，该奖学金被给予从事儿童和青年文学研究的青年科研工作者。

在扶持文学翻译方面有许多不同的项目受到支持。将亚洲、非洲和拉丁美洲纯文学作品翻译成德语的计划在 LITPROM 的帮助下获得资助。

一个重要的项目是 2008 年通过外交部实施的欧洲书籍和文学网络 TRADUKI，该项目在与歌德学院、奥地利联邦欧洲和国际事务局、奥地利文化联系协会、瑞士文化基金会 Pro Helvetia、费希尔基金会、斯洛文尼亚书籍管理处和克罗地亚文化部的合作下通过公私合作关系得以实现。外交部通过 TRADUKI 利用文学项目促进欧洲东南部地区的文化交流，以此促进纯文学、儿童文学、通俗专业书籍在德语和欧洲东南地方语言及地方语言自身之间的翻译工作。TRADUKI 在此期间受到出版商、翻译者和作家的追捧，以至于黑山和列支敦士登也打算加入 TRADUKI 计划。

“人文科学国际化”是外交部和弗里茨·蒂森基金会、文字著作权协会及德国书市交易所的一项合作项目，它自 2008 年起通过给予翻译费用奖励德国优秀的人文科学著作，特别是翻译成英语作品。

除了翻译，同时提倡翻译者培训措施。负责该措施的是由联邦文化基金会提供的翻译者基金，它向德国翻译者提供奖学金、奖项以及学习交流并组织翻译者工作室。在与柏林文学座谈会的合作下向翻译者颁发交流奖学金并进行国际翻译者交流活动。

翻译需要高质量、有吸引力的内容。为了提高翻译质量以及对翻译者优秀的表现给予奖励，外交部和歌德学院共同颁发国际翻译奖。2010 年 5 月开始实行德国—土耳其或者说土耳其—德国塔拉比亚翻译奖，该奖项每年颁发。这一计划在与罗伯特·博世基金会和费希尔基金会的合作下实现。其他重要奖项还有联合联邦政府文化传媒专员颁发的德意或者意德翻译奖，在与 GI 合作下颁发的芝加哥海伦和库尔特·沃尔夫翻译奖以及伦敦施莱格尔-蒂克奖。

电影

电影为外国年轻观众了解现代的德国、了解它多样的文化和社会发展情况提供了广泛的机会，并以此推动跨文化对话。

通过歌德学院和驻外外交部门的宣传，每天在国外都有 70 部德国电影上映。在每年的约 150 个国际电影节都有德国电影的加入。除了如支持电影放映和出租的基本电影工作，德国故事片和纪录片也应通过增加在国外的播放量来赢得新的观众群体。此外，歌德学院在德国影视经纪的帮助下在国外组织了众多的德国本土的和欧洲的电影节。每年电影节都能吸引 200 万观众。旧时的 16mm 胶片的储存在此期间数字化，并能与新添加的电影部分数字化共存。由联邦政府文化传媒专员资助的营销机构“德国电影”借助当地联络处资助德国电影的国际商业推广。

通过在国外介绍德国电影，能够激发人们对国际享有盛誉的德国电影艺术的兴趣，同时也为德国的电影地位做宣传。德国电影和德国电视节目在世界某些经济发展状况还不允许其商业化发展的国家也发挥了重要作用。歌德学院在许多这种国家里是主管此事的传播机构，和德国电影制作组举办活动并帮助组织国际电影节。此外，外交部还支持国外的优秀电影制作者参加德国重要的电影节，比如柏林电影节、奥伯豪森国际短片电影节、中欧和东欧电影节以及莱比锡纪录片电影节。由外交部资助的柏林电影节人才峰会每年都在柏林电影节期间进行，作为一个为国际电影新生力量服务的创造性的新式讨论会，它展示了如何帮世界各地的年轻电影制作者建立联系网。这些网络在德国对外文化教育政策中理应作为优先发展领域。

德国之声

德国之声(缩写 DW)为向世界介绍了一个现代的德国图景做出很大贡献。这家国际广播公司通过电视台、互联网和广播提供的服务不仅针对国外的德国人，而且还针对其各自所在国家的决策者、新生力量和信息传播者。德国之声提供30种语言的新闻播报，每周约有8 600万听众收听。超过5 000名世界各地的伙伴接收德国之声的讯息或提供电子版的德国之声的内容。

德国之声是独立于联邦法律的广播机构。在联邦政府中负责对其进行管辖是文化传媒专员（BKM）。目前，德国之声拥有来自BKM预算的27 100万欧元机构性的赞助资金。同时也接受来自外交部和经济合作及发展部的项目经费等。

德国之声的任务来自于2005年德国之声法。因此，德国之声应明确德国是欧洲发展中的文化国及言论自由的民主法治国家的形象。它应以促进文化交流、激发人群对德国的兴趣、推广德语为目的，提供德国或其他视角下有关政治、文化和经济的讨论。因此，德国之声在公共外交方面有利于德国进行定位。

在2010年至2013年的工作计划的基础上，德国之声在2012年初进行大规模的项目改革。电台彻底修订了他们的信息产品：2012年2月起，6条电网24小时向北美、非洲、亚洲和澳大利亚输送德语、英语、西班牙语和阿拉伯语的播报。为了在未来也能胜任推广德语的任务，德国之声增加了电视和网络上的德语节目。此外还开展互助的德语培训班，在非洲和亚洲部分地区提供30种语言的信息产品及广播项目。项目改革的一部分是加强ARD、ZDF、德国广播和德语之声之间的合作，以此支持政府。

外交部在计划和经济上支持德国之声在非洲、南亚和拉丁美洲的不同项目。代表性的就是伊朗的法里斯网络平台，在非洲和南亚的不同地区进行的“用耳学习”项目，阿拉伯地区和拉丁美洲的电视脱口秀及音乐会巡演和语言培训班。与伊斯兰地区的对话通过门户网站www. qantara. de和阿拉伯之窗（德国之声阿拉伯板块）实现。

外交部和经济合作及发展部支持每年举行的德国之声全球媒体大会，该活动被誉为世界级的著名国际媒体会议。2012年的大会以“文化，教育，媒体，塑造不朽未来”为主题，吸引了来自114个国家的约2 000名与会者。

德国之声教育板块是媒体宣传最重要的活动板块，每年在多边和双边合作下开展250多个媒体战略项目。德国之声教育在发展中国家和转型国家中制订了长期的和全面的媒体发展计划，其目的在于支持当地发展自由、独立和多元的媒体。这些措施在不同的层面上相互联系，范围从培训和建议到具有结构改变效果的综合媒体发展方法。总体目标是加强和推动在发展中国家建立独立、高效的媒体行业。

德国之声教育从经济合作及发展部获取大部分项目资源，外交部也扶助了该项目。自3年前开始，德国之声教育与伯恩大学和莱茵-锡格应用技术大学合作提供2年制的双语硕士课程“国际传媒学”。

7. 青年和体育

青年

青年向来是对外文化和教育的重要目标群体。青年工作的目的是通过讨论青年相关话题促进不同国家的青少年相互理解，增加包容性和信任度。国际青年工作通过促进对话和会面为互相理解、跨文化学习和合作做贡献。通过这种方式抵制排外、种族主义和强权。为青年创造的学习和交流机会对他们的个人教育和职业生涯产生重要影响。该措施是一个重要的校外教育项目，因为通过这一计划可以获得个人职业生涯及跨文化对话中相当重要的语言能力、跨文化交流能力及社会能力。

除了促进与 100 个国家之间的青年人的交流，联邦政府也加强了在欧洲领域和国际领域里的专业交流。在长期设立的多边项目的框架下解决了青年政策的核心问题，并将其在儿童和青年福利方面获得的国际经验分享给欧盟委员会及其他成员国。

青年交流活动的重点地区：

德法合作的未来与下一代人是否理解两国深入关系的必要性并对此抱有热忱息息相关。每年有约 200 000名 3 岁到 30 岁的参与者从德法青年事业机构(缩写 DFJW)的资助中获益。2010 年至 2012 年，DFJW 工作的试点主题是职业培训和企业联系，一体化和机会平等，早教和外语推广，新媒体和文化教育。此外，DFJW 希望能更深入地加入德法对话。除了准备 2013 年将举办的与爱丽舍合约签署 50 周年相关的众多会议以外，还计划实施德法志愿者服务一体化和机会平等项目(“克利希丛林遇上新克尔恩”)。

德国和波兰的青年机构利用欧洲杯加强与乌克兰的合作。在“三国联盟—欧洲的帽子戏法”的口号下举办了街道足球赛。74 支队伍，超过 600 人参加了该比赛。在 2011 年开始的德波日的框架下，青年机构借助“dzien. de/der-tag. pl”运动资助了波兰和德国大量的学校和校外机构。青年工作的重点领域“可持续发展教育”开展了第一次德波培训，在资助比赛“相遇在后天”的决赛中，有 20 个青年项目带着它们关于持续发展的创意争抢德波青年奖杯。颁奖仪式在 2013 年 2 月举行。

2012 年庆祝了德国和捷克的青年交流活动中心“Tandem”诞生 15 周年。“Tandem”的团队利用它们的交换计划和项目资助帮助来自德国和捷克的超过 850 000 名年轻人之间建立友谊。“Tandem”因此为促进年轻人的交流做出了巨大贡献。

德国和以色列的青年交流活动在本报告期间在两国积极发展，有约 300 个交换计划和 7 000 名参加者。这一数据在过去 9 年内翻了一倍。德以青年交流活动“ConAct”合作中心成立 10 周年构成了 2011 年工作的重中之重，它在双方总统参加双边专业会议“共同记忆-共同承诺-多彩生活”的时候举办了一个庆祝活动。志愿者计划“Kom-Mit-Nadev”是一项新计划。在该计划中，以色列的年轻人第一次被邀请去德国进行为期 1 年的民间组织项目的志愿服务。在 2000 年发起的约翰内斯·劳奖学金计划的帮助下，每年有 20 名以色列年轻人去德国生活几周。2012 年该项目扩展，第一次德国人也能去以色列停留一段时间。

2011 年，德俄青年交流基金会庆祝了它的 5 周年诞辰。2006 至 2011 年在基金会的资助下实施了 2 800 个语言和区域研究的交流措施和项目，参加者超过 80 000 人。该奖学金的来源为联邦家庭事务、老年、妇女和青年部，罗伯特·博世基金会，德国经济东欧委员会以及汉堡汉萨自由市。联邦政府每年为基金会的工作提供 200 万欧元。

阿拉伯地区的变革由年轻人发起并向前推进。作为民主转型伙伴关系内容的一部分，2012 年联邦政府在阿拉伯的变革地区资助了青年交流项目、青年会面及国际青年工作领域专业人士访问，共计 928 840欧元。

2011年，与中国之间的青年交流活动以“中欧青年年”的开展为标志。各类会谈安排是整体计划的一部分。2012年3月为了继续深化国际青年工作机构之间的合作，在德国开展了第二次合作交流。在这里继续发展积极的合作。

联邦家庭事务、老年、妇女和青年部强调了国际青年工作对德国青少年福利的重要意义。连同在德法和德波的青年机构，2011年用于国际青年工作的资金共计约3 300万欧元。约400 000名来自德国和伙伴国青少年和专业人士参与该项措施。专业人士通过这种方式得到跨境交换经验的机会。这些国际经历和推动力也为继续发展国际青年政策做贡献。联邦政府还有一项特别关注的问题，就是促进有移民背景的青年能更好地融入校外交流活动。

2011年，外交部为促进国际青年交流预备了80多万欧元。该资源被用于双边项目及优秀的和创新的独立项目。在本报告期间，奥斯威辛国际青年中心的一系列青年人交流和研讨会得到资助，并从全球的角度深入研究了人权主题。在德国任波罗的海理事会主席的期间，2012年4月设立了一个由波罗的海邻国国家成员组成的青年议院，外交部资助了约65 000欧元。为了加强德国和土耳其的青年交流活动，外交部支持Mercator基金会参与建设一个民间组织发起的德土青年桥梁项目。在与埃及和突尼斯的转型伙伴关系下，外交部在2011年和2012年也另外预留了款项用于与“阿拉伯之春”成员国进行国际青年工作领域的青年交流活动和专业人士访问。

体育

50多年以来，外交部对国际体育运动的扶持是对外文化和教育政策的固定组成部分。作为外交政策的工具，体育为摒除偏见、融合少数派、创造价值做出了贡献。体育可以唤起人们对德国的好感和兴趣。

外交部与德国奥林匹克体育联合会(缩写DOSB)一起继续实施，更确切地说，是新开展了很多国际体育援助项目。在8个运行时间为2年或更久的长期项目中，体育专家们被送往洪都拉斯(足球)、莫桑比克(足球)、纳米比亚(篮球和足球)、巴拉圭(田径)、津巴布韦(足球)、南非(足球)、乌干达(田径)。在老挝(足球)、马里(足球)、坦桑尼亚(田径)和越南(田径)的4个长期项目圆满完成。此外还实施了大约40个足球、女子足球、曲棍球、田径、篮球、手球、轮椅篮球以及其他重要体育项目的短期项目(约6周)。在深造和培训发展中国家运动员的框架下，124位来自莱比锡大学的体育训练员和教练(来自残疾人运动、足球、女子足球、曲棍球、田径、篮球、手球、乒乓球、排球和艺术体操领域)在亨内夫体育学院受到德国足协(缩写DFB)的训练或在美因茨外国训练学校受到德国田径协会的训练。他们在祖国有传播信息的作用。除了这些措施之外，还开展了大量的物资捐赠(球衣、运动器材、残疾人运动用品)，这些物资帮助条件不佳的体育俱乐部和其他团体得以运营。

在与德国轮椅体育协会(缩写DRS)的合作中，在乌干达举行了为期一周的研讨会，确立了一项发展国家轮椅篮球项目的计划。东非国家由于长达20年的国内战争，对轮椅运动有巨大需求。这一措施不仅创造了建立轮椅篮球协会的条件，也帮助招募运动员、教导训练家和裁判员以及组建体育俱乐部。

“踢球代替战斗—为宽容而战”项目是外交部在与柏林自由大学和其他伙伴的合作下实现的。在该项目中考虑到特殊的社会心理因素，16名巴勒斯坦的青少年足球教练在柏林深造。其目的在于为长期因暴力而感到压力的青少年提供密切关怀。他们通过足球训练学习用非武力方式解决挫折困境以及用公平竞争的理念与人交流。

2009 年派送了一名德国专家之后，纳米比亚在全国普及了篮球运动。该项目是运行至 2013 年的长期项目，目的是在纳米比亚持续发展该项运动，帮助其用现代的独立的体育系统建立更长久的群众性体育运动结构，并且资助体育活动家建立持久的联系网络。为了达到这个目的，项目包括向纳米比亚篮球协会提供指导，帮助教练、管理人员和老师进行深造，构建一个青年训练基地(迷你篮球)以及向“篮球艺术学校”的篮球艺术家计划提供资助。青少年在这个学校里通过生动有趣的方式了解篮球运动。

“国外体育专家”课程在德国奥林匹克运动联合会和科隆体育大学的合作下得以实施，约 20 个年轻的专业体育人士顺利参与该模型。课程的任务是挑选合适的青年专家以及以参加国际体育竞赛为目标而对其进行培训。

8. “文化无国界”——外交部志愿者服务

“文化无国界”是外交部与联合国教科文组织委员会(缩写 DUK)合作的志愿者服务。该服务 2009 年开始实行，并为 18 岁到 26 岁的年轻人提供为期 6 到 12 个月的国外文化和教育工作的机会。青年志愿者服务法(缩写 JFDG)构建它的法律框架。“文化无国界”为“社会志愿年”(缩写 FSJ)而设计，但也适合进行教育工作。

德国联合国教科文组织委员会把志愿者介绍到“文化无国界”伙伴机构，这些机构将他们安置于对外文化教育政策中文化机构的国际关系网络中。DAAD、德国考古研究所(DAI)、德国联合国教科文组织委员会(DUK)、德国之声(DW)、歌德学院(GI)、教育交流中心(缩写 PAD)和国外学校教育司(ZfA)都属于此类机构。

2009 年起，“文化无国界”的需求出现令人欣喜的持续增长。本报告期间，共有 3 863 名年轻人在两个申请时段申请约 400 个位置，这些位置可能获得当前每年 370 万欧元的预算资金。2012 年，共有 394 名志愿者踏上去国外服务的旅程。目前在超过 50 个国家中安置了志愿者。重点地区为中欧、东欧、南欧、独联体国家以及拉丁美洲。

2011 年 8 月在质量安全审核和评估程序之后，外交部世界志愿者服务质量办事处授予派遣机构德国联合国教科文组织委员会质量勋章“Quifd”。

在从“文化无国界”志愿者服务中回来的年轻人越来越多的同时，2011 年校友计划大放异彩。2011 年 8 月，过往的志愿者第一次在柏林附近的维尔贝林湖的欧洲青年会所举办了一次大型校友见面会。2011 年 7 月起，那些对教育工作感兴趣的校友们有机会参加 DUK 在教育和讨论工作领域的一个多年级的教育模型。

“文化无国界”在极短的时间里成为一个有吸引力和高档次的国际青年志愿者服务领域项目。“文化无国界”增强年轻人的跨文化能力和国际化程度并增强公民的责任心。除了国外经历，志愿者也能获得对外文化和教育政策的宝贵认识，该项目展现了一幅当前的现代的德国形象。“文化无国界”在对外文化和教育政策中独具特色，和其他海外项目一起丰富了多样化的国外志愿服务，包括社会志愿年(FSJ)和志愿生态年(缩写 FSÖ)以及政治性的青年志愿者服务——“走向世界”。

9. 跨文化对话

德国通过外交部积极与国际共同努力实行跨文化对话，并特意任命了一位跨文化对话专员。此外，德国在伊斯兰地区还向双方展现了顺利进行计划工作的能力。怀着除旧迎新的目标，该工作尤其专注于巩固民间组织结构。固定项目比如德国和印度尼西亚跨文化和跨宗教的对话，它于 2011 年 10 月在柏林举行并于 2013 年 4 月在印度尼西亚继续举办。

在本报告期间投入约 100 万欧元作为伊斯兰对话措施的计划物资。还有许多国外代表机构利用自己的措施和地方伙伴参加该项目的实施工作。该项目旨在培养发展导向能力或者沟通能力：学校和非学校的教育、进修和跨文化教育资助，以及实行跨文化实习等。这个实习计划由外交关系研究院组织，在非政府机构、科学研究所、政治基金会和发展机构中进行。

在跨文化对话中，伊斯兰对话在许多伊斯兰国家的社会变革中处于核心地位。伊斯兰对话服务于传统文化政策工具，其重要目的是进行有关法治国家对话、扶持辩论文化、妇女权力、言论自由以及宗教自由等不限于狭义文化的社会性讨论。一个成功的例子是已经顺利实行了几年的跨文化实习(如上)或者小型项目，比如 Hafis 协会与伊朗合作的"艺术建造桥梁"项目。抑制极端化趋势以及消除全球潜在冲突仍然重要。因此，伊斯兰对话也是欧盟、地中海联盟(缩写 EUROMED)、欧洲安全与合作组织(缩写 OSZE)以及联合国的重要多边论题。

为了向国外展示德国穆斯林多姿多彩的生活，外交部在德国之声的帮助下开设了一档名为"德国的穆斯林生活——多样的，文化的，宗教的"的电视广播节目。该电视广播节目提供许多播放语言(除了英语、法语，还有阿拉伯语、现代伊朗语、土耳其语、乌尔都语)。

2005 年，文明联盟 AoC 是西班牙和土耳其在联合国框架下设计出来的网络，其目的是消除西方国家和伊斯兰世界之间日益增长的不理解和陈腐的氛围。从此以后，该动议在高级议员若尔热·桑帕约的领导下发展活跃。2007 年开始，德国抱着极大的责任心成为"伙伴团体"的成员。AoC 每年举办政治级别极高的论坛，并邀请超过 1 500 名客人和民间组织领导人参加。德国联邦总理默克尔参加 2011 年 12 月在多哈举办的第四届 AoC 论坛。AoC 工作的一个重要部分是年轻人会面。在其"友谊计划"的框架下，AoC 每年组织两次欧洲和美国年轻人拜访北非、其邻国和中东的活动，以及让这些国家的年轻人拜访欧洲和美国。德国 2012 年资助"友谊计划"300 000 欧元。2012 年 5 月，第一个 AoC 青年团来到柏林。他们受到政府发言人的接待并在外交部、联邦总理办公厅和柏林州政府进行对话。

10. 扶持中欧、东欧和 GUS 国家的少数民族

对联邦政府而言，保存和照顾中欧、东欧和独联体国家少数民族的语言和文化至关重要。这片区域的传统文化塑造了我们作为文化大国的自我认知。联邦政府的资助为保留少数民族的百年文化遗产做出了贡献。同时也应加强少数民族作为德国与其本民族之间桥梁建筑者这一角色的作用。

外交部资助在中欧、东欧和独联体不同国家的德国少数民族的行动。2011 年外交部提供 410 万欧

元用于促进文化、语言和教育政策计划的实施。这些措施中的大部分通过外交关系研究院、歌德学院、DAAD 和 ZfA 等文化机构实现。另外，德国国外代理机构还扶持德国少数民族的协会和研究所项目。

一件特别的事情是 2012 年庆祝卡塞琳娜圣谕 250 周年，该圣谕为德国人移居俄罗斯奠定了基础。周年纪念会在德国和俄罗斯两边举办文化和科学活动。为此，8 月底在国务卿克里斯托弗·贝格纳和他的俄罗斯同事，俄联邦地区发展部副部长马克西姆·特拉温尼科夫的领导下，在圣彼得堡举办了一次隆重的有关俄德事务的德俄政府代表座谈会。

德国联邦内政部在 2011 年提供 17 638 万欧元用于扶助德国少数民族。促进团结的、强化统一性和纽带关系的措施以及与社会和经济相关的措施受到资助。2010 年起，特别重要的是保持和强化少数民族独有的特性。中欧、东欧和独联体国家的德国少数民族核心事务是保持和强化与母语德语的联系。

罗马尼亚、俄罗斯、哈萨克斯坦和乌兹别克斯坦多国政府委员会共同承担资助任务。波兰的德国少数民族的扶助问题已在德波友谊和邻里演讲时与波兰政府领导人和相关协会进行了深入探讨。

11. 文化保护

1981 年产生的外交部文化保护计划服务于保护除了历史移民区以外的发展中国家文化遗产以及国外德国文化遗产。其目的是强化本民族的身份意识以及促进文化伙伴关系的对话。如果可能，这些项目将提供教育培训，如此一来，当地的专家也可以完成未来的维护任务。1981 至 2011 年，144 个国家超过 2 430 个项目受到约 5 230 万欧元的资助。2011 年批准给 73 个单项措施 216 万欧元资助。2012 年用于文化保护的资金为 350 万欧元。

文化保护可行项目的丰富多样表现在对现世或者宗教建筑进行修复以及将音乐和文学领域从手稿和音频到口头流传下来的东西电子化。当前的事例有(老挝)琅勃拉邦不同寺庙里壁画的照片文件，修复(埃及)布拉克德国新教教堂的古老的瓦尔克管风琴，秘鲁纳斯卡文化墓穴保存工作，对几内亚比绍国家电影档案进行持久性电子化以及修复(马耳他)瓦莱塔联合教堂中的德国教堂。

该项目发展成为对外文化和教育政策中极为有效的一项工具，并提高了德国的声望。其责任感同时巩固了德国在负责世界文化遗产的联合国教科文组织中的地位。2010 年至 2011 年出版的画册“文化世界”用文字和图像展示了外交部文化保护计划在各大洲资助的 12 个杰出项目。

◎修复“Kuti-e Baghtscha”

“Kuti-e Baghtscha”位于喀布尔，是 1883 年落成的早期国王和现任总统宫殿中的核心建筑。它位于它的缔造者阿布杜尔·拉赫曼汗君王和新兴阿富汗的缔造者们的政府所在地。在它历史的进程里，“君王之阁”中还藏有阿富汗国家博物馆的一部分藏品和收集的历史手稿。

利用文化保留计划的资源以及在与盖尔达·亨克尔基金会的合作下，2007 年开始了对建筑本身和具有极高历史文化意义的墙壁、天花板绘画艺术以及历史悠久的园林景观的修复和整修工作。

完工之后，“Kuti-e Baghtscha”再次被用于代表用途，特别是用于阿富汗政府接见正式客人。

与修缮工作同时进行的阿富汗专业人才教育和进修工作也是计划中另一个重点。

◎修复摩洛哥的非斯 Al Fassiyin 犹太教会堂

17世纪建造的 Al Fassiyin 犹太教会堂是非斯犹太旧城区中最大的教会堂，是联合国教科文组织世界文化遗产之一。教会堂是犹太与摩洛哥的共同文化遗产以及犹太人和摩洛哥人和平共同生活的重要证明。

1972年起，该建筑由于犹太居民的迁移而无人居住，一度成为地毯纺织厂和拳击俱乐部，最后在这些莫名的用途中逐渐崩坏。

为了保护对后世极具意义的文化古迹，2010年和2011年，犹太和阿富汗文化基金会(FPCJM)和非斯的犹太社区通过外交部文化保护计划在共计160 000欧元的资助下进行修复工作。未来，它将主要用于举办文化活动。教会堂吸引游客的效果值得期待。

12. 国际文物保护和文物归还

国际文物保护

在联邦德国，1970年11月14日联合国教科文组织有关禁止和预防不经许可输入、输出和转让文化措施的协定于2008年2月29日生效。通过2007年5月18日的文物归还法在国内开始实施。文物归还法规定欧盟国家和联合国教科文组织协定的合约国在特定的前提下可以向联邦德国要求归还非法转移的文物。归还的实施及保障措施的执行权根据法律属于各国。在进行与非欧盟国家的合约国之间的归还活动时，外交部联合政府文化传媒专员承担通过外交途径与相关国家沟通的任务。不断增加的案件数量使主管的国家行政机关和法院应接不暇。以文物归还法为依据实施的归还至今仍未实现。

从伊拉克非法得到的文物的归还按照所谓的伊拉克规定处理，该规定禁止文物的输入、输出和交易(2003年7月7日颁布的欧共体2003年第1210号规定关于限制与伊拉克的经济和财政关系以及撤销欧共体1966年第2465号规定)。在本报告期间，许多的滚筒印章、青铜战斧、黏土板、钱币及苏美尔人的黄金器具返还给了伊拉克。

归还纳粹掠夺文物

联邦和州在1999年签署的“针对确认和归还纳粹掠夺艺术品(特别是来自犹太地区的艺术品)的联邦、州和地区领导协会之间的共同声明”中确定了1998年《关于纳粹没收艺术品的华盛顿原则》。同时，他们更加坚决地致力于将纳粹掠夺的文物以及归于特定受害物品的文物在单独检验后归还给它们之前的合法所有者。2009年，联邦政府和其他45个国家的领导者在泰雷津声明中向华盛顿原则强调了他们的忏悔，以此结束了关于大屠杀时期资产的布拉格会议。

2009年，一幅出自中央收集处残余部分的被纳粹掠夺来的绘画作品在外交部的职权下转移，第一次进行鉴定并交还给其原来所有者的继承人。外交部自2005年起在华盛顿原则的引导下审查这些库存的来历。

战争移置文物的回归

联邦政府努力使由于战乱从德国移置或被窃的文物得以回归。其难点在于相关国家之间双边关系中富有政治意义的部分。这些文物在二战期间和战后由于违背国际法的私自取用、掠夺或政府没收行为而被移往外国。此外还有为了躲避二战期间的爆炸运往奥德河—尼斯河线对面的文物。联邦政府希望在归还谈判中，能与俄罗斯、乌克兰、亚美尼亚、阿塞拜疆、格鲁吉亚和波兰找到和睦地解决问题的办法。谈判可以让人感受到这个敏感问题所具有的历史负担，它同时还承担着将德国文物重新归入其文化历史和地理的联系之中的任务，以及将其归入国际法可以顾及得到的地方和国际文物保护领域的任务。

联邦政府在努力促使文物回归的同时与作为相关文物的所有者的各联邦州以及博物馆、图书馆、档案馆和私人收藏馆保持紧密地协调一致。联邦政府欢迎对方国家针对回归主题与德国进行政府层面的探讨，并资助德国有关机构与其他拥有德国战争移置文物的国家的伙伴机构建立联系。另外，政府还资助个人努力追回那些可能已经遗失、出现在艺术品贸易中的或者战争时驻扎在德国的某士兵的所有物或遗物中的德国战争移置文物。

在本报告期间，也有数量可观的二战相关文物回到德国。其中包括收藏于波茨坦无忧宫画廊的鲁本斯油画复制品，它由于战乱先到苏联，然后被移往美国。2012年夏季，该作品被美国大使菲利普·墨菲小心翼翼送还。格鲁吉亚的第比利斯大学图书馆60 000本图书回归项目由柏林国家图书馆负责并继续跟进。

13. 多边文化和教育合作

欧盟

欧盟教育政策

欧洲教育政策的核心是构建共同的欧洲教育区域，在这个区域里加强人员流动，全面建立透明和统一的教育体系和学位制度。“欧洲普通教育和职业培训合作战略框架”确定了直至2020年欧洲教育合作计划的目标。设定了4个具有重要意义的战略目标：实现终生学习和人员可流动性，改善普通教育和职业培训的质量和效果，培育正义感、社会凝聚力和积极的公民意识，以及促进普通教育和职业培训各个层次的改革和创新。

2010年12月7日，欧盟成员国及克罗地亚、前南斯拉夫的北马其顿共和国(Mazedonien)、冰岛

(Island)、列支敦士登、挪威(Norwegen)和土耳其的教育部长们通过了布鲁日公报(Brügge-Kommuniqué)。公报总结了欧洲职业培训合作项目“哥本哈根进程(Kopenhagen-Prozess)”的最新情况，并展望了下一个十年合作的共同愿景。为此通过了2011年至2014年行动计划，该计划包含有国家层面和欧盟层面的具体措施。

以智慧、可持续和全面发展为目标的“2020欧洲战略”赋予了教育和培训重要的地位。战略的部分核心目标，比如到2020年之前将辍学儿童的比例降低至10%之下，将拥有大学或同等学历的年轻人的比例提升至40%，关注的都是教育领域。“2020欧洲战略”包含的7项旗舰行动计划中有两项与教育息息相关：“流动的青年”项目旨在通过促进加强年轻人的流动性，完善欧洲教育体系，使欧洲高等教育更具吸引力。2010年9月，欧盟委员会宣布启动旗舰计划。欧洲议会还通过了与“流动的青年”计划相关的议会倡议(2011年5月)，促进年轻人以学习为目的的跨国流动；并且通过了确定跨国学习流动性标准的议会决议(2011年11月)。因此，至2020年将实现20%的高等教育毕业生和6%的职业教育毕业生有国外学习经历。2010年11月，欧盟委员会提出了另一个教育方面的旗舰行动计划：“新技能和就业行动，促进欧洲充分就业”，希望通过发展新技能，全面提高就业水平，促进就业市场现代化。教育委员会于2011年2月通过决议，强调了教育和培训在实现欧洲2020战略目标中的重要作用。

2007年，不同的欧盟教育计划被整合成一项名为终身学习的计划(Programm für Lebenslanges Lernen，缩写PLL)。这项教育整合计划包含许多分支计划：中小学教育“夸美纽斯”计划(Comenius)，高校教育“伊拉斯谟”计划(Erasmus)，职业培训“莱昂纳多·达·芬奇”计划(Leonardo da Vinci)和成人教育“管风琴”计划(Grundtvig)。这些计划现阶段执行期间为2007年至2013年，项目预算约200万欧元。除了欧盟成员国以外，参加该项计划的还有欧洲自由贸易联盟国家冰岛、列支登士敦、挪威和土耳其。自2011年起，瑞士和克罗地亚也成为项目参与国。为了实施PLL项目框架下的不同措施，成员国分别为执行不同分支项目设立了国家执行机构。

“夸美纽斯”计划为了开展中小学学生和教师交流活动而设置。该项计划旨在通过个人交流经历，使学生可以在课堂上直观地感受到欧洲。首要任务是提高学生和教师的跨国流动性，加强校际合作关系，还有发展外语技能。该计划2011年耗资约14 600万欧元，其中德国部分耗资约1 700万欧元。在7年多的时间里，该项计划向至少300万名欧洲中小学生提供了跨文化交流的机会。

“伊拉斯谟”计划资助高校领域学术合作和教育流动。欧洲超过3 000所高校，其中300多所来自德国，参加这项欧洲的计划。2010至2011学年，一项新的伊拉斯谟项目纪录在德国诞生。国家机构DAAD(德意志学术交流中心)向欧洲委员会德国高校计划资金提供共计5 000万欧元，这些资金足够为30 000名德国大学生和超过3 000高校工作人员的海外交流提供资助。因此，该举措使德国在欧洲范围里成为领先的交流输出国。作为输入国，德国也拥有同样的地位。同一时期约有29 000名伊拉斯谟学者从海外来到德国高校开展学术交流。在2010至2011学年约有63 000人在德国受到伊拉斯谟的资助，该数据让人印象深刻。2012年，40万名从该项欧洲高等教育计划中受益的德国学生将共庆“1伊拉斯谟”计划实施25周年。

“莱昂纳多·达·芬奇”计划资助在职业教育与培训领域的跨国交流项目，以及为完善职业教育体系而开展的合作和多边项目。在“莱昂纳多·达·芬奇”计划下的职业培训国外交流活动需求量在2011年明显上升。根据这一高需求量，联邦教育及研究部在2009年至2011年期间提供了国家额外项目资助，在双重资助体系的保障下，共计资助约720万欧元。这个额外资助项目称为“LEO+”项目，2009

年至 2011 年期间资助超过 7 000 名受教育者在国外完成培训。2011 年总共资助了超过 16 000 人。不仅仅是参加者的数量不断上升，还有在国外学习的时间也不断增加。如今，受教育者平均海外培训时长为 6 周。此外“莱昂纳多·达·芬奇”计划还资助在职业培训内容上开展国际合作的项目。2011 年，193 家合作机构的 31 个职业培训创新及其转化项目获得了资助。

“管风琴”计划的目标在于促进成人教育的发展，对开展成人教育的机构、组织以及个人予以资助。这项计划中的成人教育包含了针对成人的各种形式的正式、非正式的非专业学习。其中一个战略性目标是在欧洲范围内提高成人教育跨国交流的质量和参与度，以及改善欧洲各成人教育机构之间的合作。2011 年，德国的国内机构联邦职业教育培训中心(BIBB)资助了 142 家与欧洲其他国家开展职业教育合作的机构。有 11 项双边计划向年龄较大的成年人(50 岁以上)提供志愿服务。此外，超过 240 名成人教育工作者获得资助进行职业进修或者在国外学习访问，超过 900 名来自欧洲各地的学习者参与了德国教育机构组织的“管风琴”计划研讨会。

高等教育业的国际合作，与非欧盟国家的合作和提高欧洲高等教育的吸引力在不断全球化的知识型社会里占有举足轻重的地位。“伊拉斯谟 莫杜思”(Erasmus Mundus)欧盟计划 2009 年进入第二阶段(2009 年至 2013 年)，预算约为 93 600 万欧元，“坦帕斯”(Tempus)计划目前处于第四阶段(2007 年至 2013 年)，另有欧盟与其他第三方国家开展的促进高等院校国际合作的项目。德国高校参加了将近一半正在进行的“伊拉斯谟 莫杜思”课程，参与欧盟“坦帕斯”(Tempus)计划的程度与其他欧洲国家相比处于也领先地位。

欧盟文化政策

联邦政府、各州以及其他欧洲伙伴国长期以来都在共同遵循明确的欧洲文化政策。根据《欧盟运行条约》第 167 条，欧盟在文化政策方面发挥支持和协助作用。因此，欧盟层面上的文化措施的计划和实施必须遵循辅助性原则。

2007 年通过的欧洲文化议程对此建立了一个战略性框架，根据该议程，成员国第一次确定了针对文化合作的共同目标并在此基础上决定了 2011 年至 2014 年的文化工作计划。该计划以欧洲文化议程的优先发展目标为基础：促进文化多样性和跨文化对话，促进文化对创造性的催化剂作用(促进文化/创意产业发展)以及促进文化成为欧盟国际关系中的重要组成部分。工作计划的实施方式包括根据公开协调方法(OMC)设立的工作小组、专家报告、教程、互联网平台和工作和手册。

欧洲文化合作中最具优先地位的目标是保护和推广欧洲共同文化遗产，特别是对年轻一代。2011 年 11 月，欧洲议会和欧盟理事会通过 2011 年第 1194 号决议制定了欧洲文化遗产标识。德国参加了本次实质性讨论。欧洲文化遗产标识应当在共同价值观、欧洲历史和文化遗产等要素，以及国家和地区的多样性的基础上加强人民对欧盟的归属感，特别是年轻人的归属感，并促进跨文化对话。因此，文化遗产标识作为具有象征意义的历史文化遗址，在欧洲历史和文化中或者在构建欧盟时有重要意义，在欧洲广为人知。

德国在讨论中提出应当确保作为标识的文化遗址具有较高品质，真正体现欧洲文化附加值，并且与其他现有荣誉相区别。还应当允许位于不同国家、拥有相关共同主题的不同遗址获得欧洲文化遗产联合标识。通过这种方式能够建立起跨国的合作网络。这些建议在讨论中得到热烈响应。德国将于 2014 年第一次提出遗产标识的申请。

在本报告期间，对当前欧盟文化领域的资助计划“文化 2007—2013”项目的后续计划正在展开讨论。对此，欧盟委员会在 2011 年 11 月提出一项名为“创造性欧洲”的新计划提议，该计划将囊括至今所有欧盟文化和传媒领域的资助计划。“创造性欧洲”计划的概况将在下一节欧盟传媒政策中介绍。

2012 年 7 月，欧盟委员会批准了一项由欧洲议会和理事会通过的决议，在 2020—2033 年间启动“欧洲文化中心城市”项目的新计划，该决议是当前执行的欧共体 2006 年第 1622 号决议的延续，当前的 1622 决议在 2007—2019 年期间有效。该行动从开始就大获成功，致力于强调欧洲文化的多元性以及共性，增强欧洲人民之间的相互理解和交流。德国联邦政府目前正在审议欧盟委员会的提案。2012 年 5 月，圣塞巴斯蒂安(Donostia-San Sebastián)和弗罗茨瓦夫(Wroclaw)(也称布雷斯劳)由欧盟部长会议确定为 2016 年欧洲文化中心城市。

欧盟传媒政策

在波兰理事会主席的领导下，欧盟理事会通过了一项决议，批准签署关于访问控制和访问控制服务法律保护的欧洲公约。该公约对应的规则为 1998 年在欧盟层面颁布的访问控制指令(98/84/EC)，该指令在共同体内部市场上为付费电视创造了必要的前提条件。该指令禁止了通过规避访问控制服务而实施的商业侵权行为(盗版行为)并规定成员国应当采取措施对付费服务予以保护。在不断变化的共同体内部市场中，采取措施防止规避访问控制的行为对付费电视的发展仍然至关重要。该项措施是开发数字内容产品(视频点播、在线销售或者移动电视)销售途径的重要前提。欧盟理事会的平行协定则特别针对欧盟地区以外的盗版行为。

此外，本报告期间还通过了关于数字世界中儿童权利保护的理事会决议。该决议参考了 1998 年和 2006 年欧盟委员会对保护未成年人和人格尊严的建议。这些包括对欧盟、欧盟委员会、各成员国和各行业的行动建议。该决议的目在于一方面推广互联网的应用并发挥其积极作用，另一方面在网络世界保护儿童，希望在两者之间寻求平衡。另外，提高儿童和成人对网络危险的认识，提高他们使用网络的能力，开发适合未成年人的高质量和适当的内容(在德国实施了如“给儿童的网络”倡议)，决议还建议引入一系列技术手段防范非法内容。德国在讨论中尤其倡议对文本中的非法内容采取渐进措施(先删除，后封锁)。

丹麦轮值主席国的媒体政策重点是就“创意欧洲”计划进行协商，该计划是 2014 年至 2020 年度财务框架下针对文化、创造和媒体领域的新框架计划。这项新计划旨在将目前的“文化”“媒体”和“世界媒体”(MEDIA Mundus)项目整合在一项共同的框架之下，并提供一种新资助工具，改善文化、创意和媒体行业企业的融资渠道。

联邦政府通过一个综合性框架计划，帮助提高对文化和媒体领域的关注度。特别重视扶持跨境合作以及创意工作者、机构、平台以及网络之间的合作，确保该计划对欧盟所具有特殊的价值得以实现。对于联邦政府尤为重要的是确保各项支柱产业，特别是“文化”和“媒体”领域的各项活动有充足的预算。但是计划的资源设置无论如何必须符合欧盟长期财政总体框架，联邦政府认为上限不应超过国民收入的 1%。尽管还有些细节需要讨论，联邦政府依然对提议的资助措施持积极态度。在商讨“创意欧洲”计划时，德国提出了以下主张：强调文化的创意价值；强调向新的、之前未受重视的目标群体提供文化教育；提高成员国在计划中的参与度；以及保持成员国组织协商的灵活性。

理事会在 2012 年 5 月以合格的多数票通过丹麦轮值主席提出的制定共同规则的建议草案。但是德国、英国、奥地利和欧盟委员会表示不同意，因为尽管提出了许多还算令人满意的折衷方案，其他德国的要求仍然存在（文化行动领域应当仅扶持非利益项目；提供对项目进行监督和评价的有效指标；确定对每一个项目支柱产业的最低资助额度）。这些问题预计将成为2012年下半年的欧洲议会的"创意欧洲"计划继续讨论的内容。关于计划中的资助措施，理事会仍在讨论之中。

在丹麦轮值主席的主持下还通过了理事会关于文化材料的数字化和在线获取以及其保存的决议。德国可以提前满足其要求。决议确定了继续实施虚拟图书馆"Europana"项目，以及为了实现其价值而应当采取的进一步措施。重要的是确保"Europana"项目能够长期持续发展，当然这也涉及对它的管理和资助。理事会的决议还提出了各成员国、欧盟委员会和"Europana"项目所应当采取措施的具体路线图。

欧盟青年政策

欧盟于2010年11月第一次在欧洲青年政策（2010年至2018年欧盟青年战略）合作的框架下对青年工作的定义达成共识。根据这一定义，青年工作是指在学校之外开展的，以非官方和非正式形式进行的学习和志愿活动。这些活动或独立开展，或由青年人在教师指导下实行。青年工作对年轻人的个人发展十分重要，鼓励年轻人承担责任。青年工作的目的在于创造一个有效的、安全的、活跃的和舒适的环境，在这种氛围中儿童和青少年可以独立或者共同发展，相互学习、交流、玩耍、研究和体验。青年工作为培养不同形式的个人技能、职业技能以及核心竞争力提供了机会，而且对发展年轻人的自主性和事业心十分重要。青年工作在终生学习、社会包容以及就业等领域政策的制定方面发挥重要作用，还能够刺激经济活动，促进基础设施建设并带来经济收益。

作为一项青年政策的原则，提高了年轻人在民主生活中的参与度（2009年里斯本条约），社会参与度除了对加强青年凝聚力和促进个人学习的成功之外，对保障未来社会的和谐和民主有重要的潜在意义。在此背景下，在2011/2012年度将组织一次青年与政治家之间的对话，名为"青年参与欧洲民主生活"。得益于成员国之间广泛的协商机制以及3次欧洲会议，欧盟范围的青年参与活动在公开、可持续的条件下继续开展。当前正在进行的欧盟青年计划"2007年至2013年行动中的青年"旨在推动欧洲的青年和专业人士之间的交流活动，并促进欧洲志愿者工作。这项活动针对的是13岁到30岁的青少年和青年成人。目的是促进年轻人的流动性，为发展核心竞争力和激励个人的主动性和创造性而提供非官方的学习机会。每年参加该项目的德国年轻人有20 000人。整个执行期间的青年计划的资助为88 600万欧元。其中，2007年至2013年期间提供给德国青少年约8 500万欧元的资助。

欧盟体育政策

随着里斯本条约的生效，欧盟在《欧盟运行条约》的第165条中第一次获得在体育领域的管辖权。此外，欧盟还担负着壮大欧洲体育规模的重任，同时考虑其自身的特殊性，欧盟在体育领域主要在自愿的基础上发挥社会和教育功能。由此看来，欧盟并无权协调各成员国的有关体育的法律规定和行政规定。欧盟的权限更局限于支持措施。

2011年1月，欧盟委员会在此背景下颁布了对"发展欧洲体育规模"的报告，该报告以2007年欧盟白皮书为出发点。在此基础上，欧盟体育部长委员会于2011年5月20日通过一份为期3年的体育领域欧盟工作计划书（运行时间：2011年下半年至2014年上半年末）。这项工作计划，未来将在轮值主席国和欧盟委员会开展的各项行动之外成为欧盟体育政策的另一项重要内容。在该计划中，发展

“正直体育道德”“体育社会价值”和“体育的经济价值”这几个方面占具优先地位。六个专家团队将就相关的措施的实施开展研究，其中不乏德国专家的身影。

联合国教科文组织(UNESCO)

2009 年起，保加利亚人伊琳娜·博科娃(Irina Bokova)担任位于巴黎的联合国教科文组织书记处总干事。教科文组织是唯一在文化领域拥有明确职能的联合国机构。自从 2001 年秋季美国中止缴纳会费后，教科文组织开始深入加强改革。德国以缴纳会费占比 8.3%成为第三大会员国，除去美国之后将成为仅次于日本的第二大会员国。德国深入参与了教科文组织的各项工作，涉及各种政府间委员会、各种项目计划和其他论坛。德国的教科文组织委员会(DUK)位于波恩，其职能是就德国在联合国教科文组织的利益与外交部进行紧密合作。2011 年 6 月 23 日，为了庆祝德国加入教科文组织 60 周年，德国总统与外交部举办了招待会和庆祝活动，外交部长科妮莉亚·皮佩尔和联合国教科文组织总干事伊琳娜·博科娃参加了庆祝活动。德国于 1951 年 7 月 11 日加入联合国教科文组织是其二战后第一次加入国际组织。

联合国教科文组织的文化工作

联合国教科文组织的旗舰文化项目是世界遗产计划。时隔 14 年，德国于 2011 年再次入选文化遗产委员会成员。在“保护世界文化和自然遗产公约”成员国全体大会的第一次投票时以绝对多数票当选。

2012 年 6 月至 7 月的一次圣彼得堡的世界遗产委员会会议上，26 处遗址被新添入世界遗产名录，拜罗伊特(Bayreuth)的侯爵歌剧院(Markgräfliche Opernhaus)在其中被列为第 37 号德国世界遗产。目前在联合国教科文组织的世界遗产名录上共有世界各地 962 处地点：745 处文化遗产和 188 处自然遗产，29 处既是文化遗产又是自然遗产。190 个世界遗产公约成员国中有 157 个国家进入世界遗产名录。

2007 年生效的“保护和促进文化表现形式多样性公约”为维护各成员国独立制定文化政策的权利提供了有约束力的国际法基础。2012 年春季，德国提交第一份关于在此公约框架下的措施总结报告。

联合国教科文组织文化工作特别重视促进南地中海地区的转型进程。因此，DUK 在外交部的委托下于 2012 年 9 月在突尼斯哈马马特(Hammamet)举办了一次研讨会，以此作为艺术和文化领域的民间自治组织交流的平台，以及地区和国际交流的平台。

德国在本报告期间积极准备加入保护非物质遗产公约。经过可行性研究，考察了瑞士和奥地利的经验和结构，联邦和各州政府制定了实施该公约的框架。2012 年 12 月 12 日，联邦内阁批准德意志共和国加入联合国教科文组织公约。在联邦政府文化和媒体专员的资助下，在德国联合国教科文组织委员会设立了一个办事处，它的任务是协助公约的实施和公共关系工作，向感兴趣的当事方和申请人提供技术支持，协调提名和筛选程序。筛选程序以文化部长会议的建议名单为基础进行。

联合国教科文组织世界记忆名录是由经过挑选的优秀档案组成的全球数字化网络。目前有 98 个国家的 245 个文件。在重要的藏书、手稿、乐谱、孤本、图像文件、声音文件和影视文件中，德国有 13 个。2011 年，1886 年的奔驰营业执照、柏林墙的建造和倒塌文件以及“2+4”协定被写入名录。2012 年 10 月，柏林墙的建造和倒塌文件入选与联合国教科文组织计划 20 周年庆在外交部同时举行，时代见证人前联邦部长汉斯-迪特里希·根舍(Hans-Dietrich Genscher)、前总统洛塔尔·德迈齐尔(Lothar de

Maiziere)、前国务秘书迪特尔·卡斯特鲁普(Dieter Kastrup)参加了庆祝活动。

联合国教科文组织的教育工作

教育是联合国教科文组织最主要的工作领域。作为 1990 年乔木提恩(Jomtien)大型世界教育会议和 2000 年达喀尔(Dakar)会议的成果，164 个与会国通过了"全民教育"(Education for All，缩写 EFA)的行动倡议。在达喀尔会议上，与会国一致同意至 2015 年实现 6 个核心教育目标，确保对所有儿童的基础教育，尤其是对女孩和妇女的教育。联合国教科文组织受到委托设立"全民教育"秘书处。教科文组织的任务是通过相互协调的行动，比如全球监控报告，确保 6 个全民教育目标能够得以实现。为了支持"全民教育"行动，2002 年在 G8 国家和世界银行的共同努力下，启动了"快速通道"倡议。2011 年 9 月改名为"全球教育伙伴关系"(Global Partnership for Education，缩写 GPE)。该计划的重点在非洲。德国在该计划的框架之下致力于整体教育发展，除了基础教育问题之外，对第二产业、第三产业以及职业培训同样给予重视。德国 2011 年为此出资 525 万欧元，2012 年出资 600 万欧元。

两所重要联合国教科文组织机构移居德国：位于汉堡的终生学习学院(Institut für Lebenslanges Lernen，缩写 UIL)以及波恩的国际职业培训中心(Internationale Zentrum für Berufsbildung，缩写 UNEVOC)。UIL 在 2012 年 5 月在联合国教科文组织总干事伊琳娜·博科娃的见证下庆祝了其 60 周年。

在与德国工程师协会紧密的商讨下，德国在 2011 年 11 月举行的联合国教科文组织大会上顺利提出了一项决议，该决议可以促进其与私有经济和科技大学在全球工程师教育网络中合作。

在联合国教科文组织的框架下，对德国而言的一个优先的教育主题是联合国世界的十年"可持续发展教育"(Education for Sustainable Development，缩写 ESD)，它在 2005 年至 2014 年之间聚焦于教育和学习进程，发挥其作为推动变革和发展推动力的作用，作为可持续发展的基础的作用。现在讨论的是考虑到该项目的重要性，在十年之后它应当如何延续，可以设想制定一个阶段性项目框架，以及相应的具体行动计划。

联合国教科文组织的科学工作

生物圈保护区世界网络("人类和生物圈"，缩写 MAB)是由 580 个具有国际代表性的示范区组成的全球性网络，它展示的是如何实现可持续性发展和保护自然生存空间。在德国有 15 个生物圈保护区。2011 年 6 月底，在德雷斯顿的拉德博伊尔(Radebeul)以 MAB 计划实施 40 周年的名义举行了国际研讨会"为了生活，为了未来：生物圈保护区和气候变化"。德国成功地将一项议案纳入 2011 年联合国教科文组织大会决议，提出该主题的重要价值应当得到进一步保障。

同样的，自 2011 年 11 月的联合国教科文组织大会以来，德国成为了国际水文计划的决策机构成员。在该计划中，德国专家库尔曼博士(Dr. Cullmann)(科布伦茨 Koblenz 联邦水文学机构)于 2012 年 5 月当选为主席，任期 4 年。国际水文计划将各国水资源管理和研究的方法与成果通过国际项目联系起来。位于科布伦茨的联邦水文研究中心设有国际水文计划、水文和水资源计划的秘书处，秘书处负责管理国家委员会的日常事务。德国在大会上还被选入联合国教科文组织的国际海洋学委员会，因此在水务领域拥有重要的国际地位。

UNITWIN/联合国教科文组织教席计划自 1992 年始实施。超过 130 个国家的 700 多名联合国教科文组织教授通过该项在世界范围内合作。联合国教科文组织讲席教授在联合国教科文组织的主题下从事研究和教学，加速教科文组织工作和目标的实现。国际科学合作和跨文化对话也属于他们的工作范围。目前在德国有九名与计划实施相关的讲席教授。亚琛工业大学(RWTH Aachen)于 2012 年 9 月收到了来自联合国教科文组织总干事伊琳娜·博科娃的批准信，从而成为第九个德国教授席位(世界文化和城市景观)的拥有者。

此外还有 69 个 UNITWIN 网络。UNITWIN 主要促进高校领域的国际合作。大学之间的合作网络和伙伴关系应当得到拓展，因为这有助于知识和专有技术在世界范围内的协调和利用。另一个目标是促进学生、教师和研究人员流动。

欧洲理事会

自从 2009 年秋季秘书长托尔比约恩·亚格兰(Thorbjorn Jagland)(挪威)上任以来，欧洲理事会开始了深入改革的进程。目的是强化欧洲理事会作为最重要的覆盖全欧洲的人权、法治和民主组织的作用。它的工作应当对欧洲人民更加有效率，透明度更高。这一目标需要通过专注执行欧洲理事会的核心任务以及使它的工作方式与时俱进、简化其结构来达到。

欧洲理事会的文化工作

通过切实参与欧洲文化的多样性，特别是在文化政策的信息交换和质量保证以及文化和自然遗产保护方面，欧洲理事会的文化政策活动强化了民主的文化。

德国文化专家克莉丝汀·默克尔(Christine M. Merkel)在 2011 年 5 月再次成功入选为文化指导委员会(CD-CULT)的主席。2012 年 1 月 1 日，在欧洲理事会的整体改革下合并了当时的文化指导委员会和文化遗产和景区指导委员会(CD-PATEP)成为一个新的指导委员会(CDGPP)。这次调整的目标是提高政府专家小组这一工具的效率。此外，各国政府的出资还应与欧洲委员会的工作更加紧密地结合起来。

部长委员会在 2012 年 7 月决定在 2013 年 4 月在莫斯科举行一次名为“文化管理，促进文化进步”的欧洲理事会文化部长会议。德国继续参与协调会议的筹备工作，表示赞同提高欧洲理事会的核心竞争力。

从 2012 年 10 月至 2013 年 2 月，在柏林德国历史博物馆举办了以“诱惑自由：1945 年后的欧洲艺术”为名的第 30 届欧洲理事会的展览会。

1987 年开始的“文化之旅计划”概括了所有在历史、艺术和社会方面受到整个欧洲关注的路线。2011 年通过扩大部分协议为该计划提供了一个新的法律和财务基础。现在它依靠成员国的捐款获得资助。德国在 2012 年参加计划时还是观察员，计划在 2013 年成为正式成员。此外，联邦政府正在考虑加入欧洲“保护音像遗产公约”和有关电视产品的相关议定书。

在试点项目“跨文化城市”中，最开始只有 11 个已经对跨文化战略表现出关注意图的欧洲城市共同致力于努力促进文化多样性和跨文化一体化。作为德国的伙伴，柏林新克尔恩(Neukölln)区参加该计划。地方行政部门工具“跨文化城市索引”在此框架下得到发展。欧盟和欧洲委员会共同承担该项目。它在扩大合作的情况下在里斯本协议的基础上继续实行。现在参与该项目的城市增加为 21 个。

欧洲理事会的教育工作

欧洲理事会与项目有关的教育工作的重点依旧在于强化人权和民主教育，发展高质量教育作为民主参与的前提条件，强化多语言学习对促进社会一体化和跨文化教育的作用。2011 年至 2012 年的工作重点是跟进 2010 年欧洲理事会对民主和人权教育(欧洲理事会民主公民教育和人权教育宪章，Charta EDC/HRE)的建议，准备对“教育质量权”的建议和继续发展欧洲高等教育(博洛尼亚进程)。此外还着手进行将在 2013 年 4 月在芬兰举行的“教育管理和质量”为主题的第 24 届欧洲教育部长会议的工作。

通过欧洲理事会的改革，2012 年初两个重要的指导委员会高校教育指导委员会及教育和研究指导委员会合并。新成立的教育政策和实践指导委员会负责欧洲委员会整个与教育政策相关的事宜。任期暂为 2012 年 1 月 1 日至 2013 年 12 月 31 日。2012 年 3 月举行机构会议，德国的塔狄安娜·尤雷克(Tatjana Jurek)(州文化部常设委员会)入选执行委员会。

欧洲理事会的媒体工作

本报告期间，民主和人权方面在欧洲委员会的媒体政策工作中再度受到普遍重视，比如言论和信息自由权。部长委员会在期间通过若干由媒体和新通讯服务指导委员会(CDMC)制定的文件。其中包括关于保护私人运营网络平台和在线服务商的言论和集会自由的声明、网络治理原则声明、关于保护网络域名和名称字符串的言论和集会自由声明、关于重新定义媒体的建议，以及关于保护和促进互联网的普遍性、完整性和开放性的建议。联邦政府通过联邦文化和媒体专员积极参与指导委员会的工作。

采纳对媒体的新定义之前，CDMC 与民间团体开展了激烈的讨论，包括在内罗华的网络治理讨论会上介绍这一概念。CDMC 在本报告期间向成员国部长委员会提交了关于通过搜索引擎关注人权的建议，关于关注社交网络中人权的建议，每一项建议都针对特定具体问题。另外还向部长委员会提交了有关诽谤诉讼的国际标准的声明草案。言论和媒体自由是 2011 年 12 月 15 日部长委员会举行的主题辩论的主题，CDMC 主席参加了辩论。委员会也积极参与了 2012 至 2015 年欧洲理事会网络治理战略的制定。作为欧洲理事会改革的一部分，CDMC 在 2012 年 1 月被新的媒体和信息社会指导委员会(CDMSI)代替，除之前的主题外，该委员会将更加关注欧洲理事会的 2012—2015 年互联网治理战略。

经济合作与发展组织(OECD)

经济合作与发展组织支持其成员国实现全民高质量的教与学，这将有助于促进个人发展，可持续的经济增长和社会凝聚力。这个工作重心是分析经济合作与发展组织成员国的教育体系及调查劳动力市场、经济和社会的衔接。教育指导委员会对主要教育政策项目的工作进行协调。教育研究和改革中心(CERI)根据其自身的工作计划开展教育研究项目，这些项目既包括社会方面也包括经济方面。

德国承担了相关委员会的工作，参与设计和编撰旗舰出版物“教育概览”。教育及研究部(BMBF)还用德语发布了其重要的研究结果。德国还参加了大型国际在校表现调查 PISA，它测试了 15 岁人在数学、阅读理解和自然科学方面的能力。在 PISA 讨论过程中，经济合作与发展组织在教育领域的工作在德国受到了很多关注，并对德国教育产生了重大影响。德国此外还参加了经济合作与发展组织的劳动力技能评估新项目(PIAAC)准备工作，明年它将第一次展示出成果。

经济合作与发展组织在德国的倡议下，在过去几年里对职业培训这一重要领域给予了关注。当前正在进行中的项目“学校之外的技能”重点关注的是基础的职业教育完成后继续进行深造的可能性和效果。联邦和各州都参与了这项为期两年的研究。

Ⅲ 地　区

联邦政府通过各种项目在世界范围内普及它的对外文化教育政策。对此，文化机构利用其广泛的网络发挥了重要作用。歌德学院在 92 个国家中设有分支机构。德国学术交流中心 DAAD 在 14 个国家设置了在外办事处以及 51 个信息中心。此外，122 个国家的学校加入了 PASCH 网络。

资金的地区分配反映了新重心的产生和全球战略的转移。向西欧投放的资金在大幅减少，而与此同时在亚洲开展的活动不断增加。

单独的项目和地区行动倡议将在下面举例介绍。

1. 欧洲和土耳其

在联邦总理默克尔和当时的法国总统尼古拉·萨科齐(Nicolas Sarkozy)共同签署的 2020 年议事日程中，德国和法国表示将继续强化德法文化空间和发展语言伙伴关系。两国将传统的"魏玛铁三角"扩大至文化领域，以及共同在第三国开展文化项目(也就是爱丽舍基金)，双方都强调双边框架基础上的合作关系。还有德法青年协会(DFJW)致力于通过拓展和中欧、东欧以及南欧国家的交流项目，输出德法模型的成功经验和知识。

德法文化合作代表是萨尔(Saar)州总理安内格雷特·克兰普-卡伦鲍尔(Annegret Kramp-Karrenbauer)，她与法国的对话伙伴们共同致力于推动伙伴语言的发展，拓展职业培训领域的交流活动以及提高青少年的流动性。

2011 年在英国继续开展"Think German"活动，德国驻伦敦大使馆和中间机构(DAAD、歌德学院、英德联盟、德国学校、德英商会)运用该活动产生的动力，在所有层面上继续积极推广德国文化和德语。主要内容包括创新和交互的网页项目 www. thinkgerman. org. uk、"德国夏日语言节"，以及生动展示培训和工作场合德语知识运用的"Think German"职业博览会。青年交换活动由英德联盟特别赞助。英国的历史老师被邀往德国，向他们展示当代德国图景。伦敦文化领域的发展尤其是视觉艺术领域的发展表现惊人。如果谁能够成为当代伦敦艺术家，比如作品出现在泰特现代美术馆，将在国际媒体的关注中视为世界最高水平。伦敦的发展也使其他地区受益，在博客平台的影响下向世界推广。2011 年德国大使馆、伦敦歌德学院与英国伙伴学院合作在伦敦举办了丰富多彩的活动，如展览会、音乐会、演讲和电视台专家论坛，展现了当代德国文化。因此，德国得以继续维持其作为国际文化中心的地位成为可能。

2011 年是德国和波兰关系的特别纪念年，这一年举行了波兰德语周和许多双边文化活动。该周年庆作为“门对门：德波艺术和历史的1000年”展览的一部分，也使得该展览成为伙伴关系活动的高潮。由联邦政府文化和媒体专员和波兰文化部长共同资助的展览会在华沙的皇家宫殿和柏林的马丁-格罗皮乌斯馆(Martin Gropius Bau)举行。受到关注的还有2011年秋季的魏玛铁三角德法波合作20周年纪念。此外，联邦政府也非常重视推动文化和民间团体的合作，通过各种三边形式得以实现，例如根斯哈根基金、魏玛“朝圣”艺术节、科特布斯电影节和魏玛三国青年议会等。

“德波历史教科书”项目是德波相互理解的基石。文化部长会议(KMK)在2012年3月决定通过联邦州资助德国项目部分的资金为165.6万欧元。同月，德波执行委员会开始编写该书。至今，联邦政府为项目小组的工作提供资金达738 000欧元，为德国海外学校购买了价值250 000欧元的书籍。预计2014年至2015年完成四卷书中的第一卷。

推广德语和扩大对德语的兴趣在东欧和中东欧一直呈现超出平均水平的特点，尽管德语学习者的数量由于其他外语的竞争略有下降。推广德语因此一直都是对外文化教育政策的关注焦点。

2012年在波兰和乌克兰的欧洲杯作为重大体育事件提供了多方面的文化附属活动如音乐会、展览会、朗诵会和艺术表演的机会。华沙德国大使馆的“白鹰和黑鹰”展览和波兰的“与历史相遇的房子”合作吸引了不少关注，其中强调了许多德波之间重要的关于足球的历史事件。

在和意大利政府的对话中，人们表现出了对学习德语和与德国进行教育交流活动的浓厚兴趣，尤其在职业教育领域。关于新的德意学校协议的谈判即将结束。德国和意大利还在研究根据德法的模式引入高中统一毕业会考制度(Abitur)的可能性。

语言宣传活动“德语大篷车”(Deutschwagen)在意大利的学校中继续进行，并在中学和大学中深入推广德语和在德国学习的机会。此外，歌德学院启动了“学校和职业”项目，使意大利当地的德语学生能在德国企业的帮助下为就业做好准备。

当前最大的联邦政府海外民用的建设项目正在西班牙进行。马德里德国学校始建于1896年，是世界上最古老的德国海外学校之一，它计划的新建筑预计耗资5080万欧元。在本报告期间已取得建设批准。完全投入使用的合约在2012年7月签署。2013年3月奠定基石，新建筑将于2015年春季交予作为使用者的学校联盟。

在希腊的文化和媒体依旧受到经济和财政危机的威胁，德国和欧洲对外文化和教育政策希望维持紧密的德希文化关系。许多由外交部和文化中间机构资助的项目远离政治争端而获得积极的德希文化工作成果，比如在雅典(Athen)犹太博物馆协助下，建立作为在二战期间战争罪行发生地的“牺牲者社区”；与雅典国家管弦乐队开展“贝多芬巡演”；与柏林电子音乐乐团在雅典开展“俱乐部之夜”；进行德国和希腊艺术家的联合展览，或者给希腊学校配备德语课程的教学资料这样更为实际的措施。另有针对记者的项目促进了对话，促进双方作出客观报道。比如说有以媒体对话(2011年7月)和欧债危机(2012年2月)为主题的主题之旅。雅典歌德学院在2012年10月庆祝其成立60周年。雅典歌德学院是全世界拥有最多语言学习者的歌德学院。以“地区，城市，国民”为目的的德国和希腊会议在德希对话中起到重要作用。德国和希腊建立了35个城市伙伴关系。双方经常互访和在希腊举办会议促进了地方层面的知识交流与合作，而这些会议关注的重点有旅游、水资源保护和能源保护。

和德国的中东欧邻国继续实行深入的合作依旧是对外文化和教育政策在2011年至2012年的重要组成部分。邻里合同签订20周年是中东欧几个国家开展联合活动的特殊机会。在匈牙利、罗马尼亚和捷克的德国大使馆在庆祝的同时也举办了文化活动、专题讨论会和高层的双边会面。巩固德国和中东欧及南欧国家的跨国合作是对外文化和教育政策在地方的工作重点。在外交部的邀请下，专家、决策者和信息传播者通过旅行来到德国了解公民参与、媒体权和教育政策的新内容。在“学校，塑造未来的伙伴”行动倡议下，来自 10 个多瑙河附近国家的 PASCH 学校以“多瑙让我们联系在一起”为口号，建立联系网络并深化它们的跨境合作。至 2013 年 7 月，在两年的时间里举办了各种以移民、生态、文化历史和语言为主题的项目、比赛和暑期教学。

教育工作在罗马尼亚也是对外文化教育政策的工作重心。在 2011 至 2012 学年继续推进建设布加勒斯特德国学校。学校经外交部确认为德国海外学校，联邦教育和文化部长会议上确定该学校根据布登符腾堡州的教学计划进行授课，该学校得到了罗马尼亚教育体系的认证。大使馆的语言运动“德语；有思想的语言”继续出现在罗马尼亚的各个地区。该活动在当地的开展得到了德国少数民族机构、德国经济机构、文化传播机构（DAAD、歌德学院和 ZfA）、文化中心、领事馆和大使馆的极好配合。在 2011 年欧洲语言日时，大使馆出版了一本关于该语言活动的出版物。

继 2008 年和 2009 年双方评价良好的合作公告之后，在 2012 年教育及研究部和摩尔多瓦共和国（Republik Moldau）科学研究院之间发布了另一份进一步针对科学和技术合作的双边公告。

2011 年 9 月在捷克开始开展“我们用德语交流”运动。该语言运动是布拉格的德国和奥地利大使馆以及 ZfA、两个国家的文化研究院和经济协会之间颇为成功的合作，它将目光放在那些必须为孩子选一门外语的年轻父母身上。核心思想“德语值得学习”和情感方面“德语令人开心”相结合。运动由许多宣传措施、一个网站、各种不同的活动组成，比如歌德学院在 6 个城市举行的充满吸引力的舞台演出活动。

联邦外交部部长基多·威斯特威勒和斯洛伐克总统 Mikuláš Dzurinda 在 2011 年 9 月 2 日宣布布拉迪斯拉发（Bratislava）德国学校（DSB）开学。在学生、家长、教室和众多受邀嘉宾的见证下，两个外交部长强调了 DSB 的突出意义是其不仅是学习的地方，也是文化交流的地方。在 2011 至 2012 学年的开始，DSB 成为了一所根据斯洛伐克法律建立的学校。自 2005 年建立以来的 6 年里，随着斯洛伐克学校网络的运行，所有德国方面的担忧都消除了：学校作为德国和斯洛伐克的联合学校根据德国教学计划进行授课，所有学生在上学的同时也完成其在斯洛伐克的义务教育，他们的成绩将得到承认，学校通过斯洛伐克政府获得经济资助。

2011 年 10 月在阿尔巴尼亚（Albanien）举办了第五次成功的德国周（德国十月节）。活动以“气候变化和能源”为主题，对未来社会的核心问题进行了关注。

在波斯尼亚和黑塞哥维那（Bosnien und Herzegowina）的文化工作重点是学校和青年项目，比如“格林兄弟童话故事 200 周年”。因此，德语自 90 年代以来在波斯尼亚和黑塞哥维那学校体制中的强大地位得以确立。在 2012 年国际德语奥林匹克中，来自中心波斯尼亚的泽尼察的 18 岁少年击退来自 50 个国家的众多选手获得第一名。

塞尔维亚的文化活动重点是针对年轻人的特别活动（比如学生乐团活动、圣诞童话活动）。塑造一个“熊弟兄”的想法受到强烈的赞许。去年成功举办的展览“多瑙河——德国制造之乡”穿越塞尔维亚继续它的旅程。它展示了一个著名的塞尔维亚摄影师在德国多瑙河的照片。德国歌舞表演艺术家创作的歌舞剧系列在发起者的资助下继续上演。

在黑山，2011 年 12 月波德戈里察的“slobodan skerovic”中学获得 PASCH 学校资格。2012 年 2 月初，由对外关系研究院和歌德学院共同组织的展览“整个城市”被邀前往波德戈里察展出。

每年举办的科索沃(Kosovo)德国电影节展示了不同拍摄地点的当代德国电影，至今已举办 7 次并属于当时的传统文化活动之一。此外，还举办了三次“德国语言日”活动，德国、瑞士和奥地利大使馆的联合项目。在媒体合作方面，德国之声以交流经验和建立联系网为目的，举办了一个针对塞尔维亚和科索沃记者的讲座。

对体育的扶持在前南斯拉夫共和国马其顿受到重视。2012 年 7 月举办第一届环奥赫里德湖(Ohridsee)自行车大赛，在比赛中来自各国(包括德国)的职业选手和业余选手环绕临近马其顿和阿尔巴尼亚的奥赫里德湖在开放边界骑行。在全国性的第 7 届德国当代电影节上，2010 年和 2011 年的电影作品展示了当前德国电影制作的多样性。

2011 至 2012 学年，德国大使馆在克罗地亚成功举行了“德国语言年”，该活动是一项为巩固外语德语的运动，由德国、瑞士和奥地利大使馆与德国学院、奥地利文化机构、DAAD、国外教育事业重要机构和萨格勒布(Zagreb)德国国际学校合作开展。2011 年 11 月，德国和法国大使馆在与萨格勒布大学哲学院的合作下与来自德国和法国以及当地的历史学家举行一场为期 2 天的学术讨论会。2012 年 4 月至 5 月，大使馆和前几年一样资助了萨格勒布犹太电影节。在歌德学院的合作下同时将大屠杀题材的展览会第一次带入萨格勒布。

在斯洛文尼亚，德国带着许多文化项目(如展览会和音乐会)参加 2012 年马里博尔(Maribor)的“欧洲文化之都”项目。

德国和土耳其保持着尤为紧密的联系。因为在德国境内有众多的土耳其人，以及土耳其作为热门旅游目的地受到喜爱，产生多种多样的个人和社会交往。“艾昂斯特 · 罗伊特行动倡议”(Ernst-Reuter-Initiative ，缩写 ERI)提供了针对为民间对话和跨文化对话服务项目的整体框架。它于 2006 年由两国的外交部长提出，用于资助在艺术、文化、媒体、青年和职业发展，以及科学和移民方面的项目。ERI 向拥有巨大发展潜力的成功德土文化对话项目提供质量保证。在 ERI 的框架下，歌德学院也得到针对在土耳其所开展的项目的资助。伊斯坦布尔的土耳其-德国大学于 2010 年奠基，将在 2013 年开始教学工作，并将拓展为双边文化合作的旗舰项目。在伊斯坦布尔的塔拉比亚区，外交部在历史悠久的夏宫里设置一个文化协会并为此整修了具有纪念价值的建筑。“塔拉比亚文化协会”是由联邦议会提出的项目，年轻的文化工作者通过奖学金，获得在德国和土耳其跨文化交流背景下生活和工作的机会。塔拉比亚文化协会在 2011 年 10 月 13 日在双方外交部长和德国议会成员的见证下热烈开张。2011 年 11 月颁布了第二次德语-土耳其语/土耳其语-德语的翻译大奖。除了由外交部和土耳其文化部资助的主要奖项以外，费希尔基金会和罗伯特博世基金会还颁发了奖品和奖学金。

2. 俄罗斯、乌克兰、白俄罗斯、南高加索地区和中亚

俄罗斯文化政策侧重于强调历史中的积极传统而忽略某些关键要素。二战对于民族认同感仍具有重要性。尽管如此，德国还是许多俄罗斯文化领域参与者的首选合作伙伴。

在联邦教育和科研部与俄罗斯教育和科学部的 2011/2012 年度德俄教育、科学和改革年中，开展了 200 多场活动，公开展示了高水平的科学合作和新的推动力。科学年于 2012 年 5 月以德国柏林举行的最后一场活动宣告结束。

2012/2013年度德国年在俄罗斯举办，它于2012年7月在“德国和俄罗斯，共创未来”的口号下开始，并集中地(文化、政治、经济、教育/科学)展示了一个现代的多彩的德国形象。与此同时，俄罗斯也在德国开展了相应的活动年。其中一个活动是联合展览“俄罗斯人和德国人，1000年的艺术、历史和文化”，该展览于2012年夏季在莫斯科举办并于2012年10月4日在柏林新博物馆展出。

德俄电影共同制作协议经过30年协商之后于2011年签署。根据协议将在两国建立国家委员会，选择合适的作品联合出资制作。还有关于文化机构的双边协定的长期磋商也于2011年2月4日结束，但是科学领域的文化机构(特别是DAAD)的地位问题依然尚未解决。尚未解决的文物归还问题也属于难点问题，政府之间就个别案件成立的4个工作小组的协调工作也停滞不前。因为新颁布的俄罗斯法律，使得归还文物变得更加困难。但它并不妨碍个别情况下的归还行为。联邦传媒文化专员于2012年10月受邀参加“档案”工作小组的新一轮协商。

尽管出现整体的下滑趋势(尤其在普通教育学校中)，德福(DaF)在俄罗斯的中学和大学有200万名德语学习者，仅次于英语位列稳固的第二名。歌德学院的运动“学习德语”(2010—2012)年已经实现相应目标，但当前很难有机会接触决策者们，尤其是俄罗斯教育体系中的政策制定者(政府部门、大学和中小学管理者)，并通过他们提高德福在俄罗斯的认可度。最近的俄罗斯的教育改革(从2013年开始)对德福的影响有待观察。保守估计，计划在义务教育中引入中级和高级第二外语教育对德语作为外语有积极作用。2003年关于俄罗斯联邦学习德语和在德国学习俄语的协议于2011年11月23日生效。

与波兰的德语大篷车活动类似，乌克兰的德语大篷车之行有年轻的语言教师同行并在德国学校内传授德语。在2012年欧洲足球协会联盟(UEFA)欧冠赛的背景下，乌克兰第一次与歌德学院和DAAD合作实行了“移动德国”计划。德语和德国文化将在17个乌克兰城市通过动画片和多彩的文化项目进行生动的展示。

在与乌克兰继续实行长期的科学和技术合作工作(WTZ)中，2011年至2012年有30个建立和深化双边研究合作的项目(主要是对人员流动的资助)受到教育及研究部和乌克兰国家科学、改革和信息化委员会的资助。海洋研究的合作也是一个特别的合作重点。2012年夏季在双边WTZ的框架下又启动了新的联合资助项目，开始接受项目申请。

尽管白俄罗斯(Belarus)的政治现状给国家及非国家的文化合作带来了困难，但在该领域和乌克兰的合作仍然是可能的。除了歌德学院的计划工作之外，教育、科学和德语也是工作重点。德国在文化和教育领域是白俄罗斯的理想伙伴，拥有很高的声望。德国文化工作的传统重点在白俄罗斯是每年的“德语周”，有许多文化机构和白俄罗斯的合作伙伴参加该活动。2012年将在这个框架下在明斯克(Minsk)展示一本由格尔利茨(Görlitz)的上劳齐茨科学图书馆(Oberlausitzischen Bibliothek)珍藏的斯科尼娜圣经(Skorina-Bibel)。在艰难的政治条件下，德国在2012年依旧在明斯特书籍博览会上大获成功，获得媒体良好的反响。2012年7月初，白俄罗斯为其唯一一座新教的路德派教堂庆祝其100周年。教堂建筑的翻新项目计划通过德国外交部的文化保护计划获得资金资助。

为了加强德语课程，于2012年2月在亚美尼亚签署了关于学校合作的谅解备忘录。这是为了应对在校学习德语的学生数量急剧下降而采取的举措。2012年4月，外交部国务秘书科妮莉亚·皮佩尔和亚美尼亚教育部长Armen Ashotyan开放了埃里温(Eriwan)语言学习中心。作为歌德学院的独立机构，它不仅是一个语言机构，也起到文化中心的作用。2012年4月底以来，埃里温是世界书籍之乡。歌德学院和大使馆的文化行动特别针对文学和语言而开展。在教育及研究部和亚美尼亚共和国国家科学委员会之间的谅解备忘录基础之上，在 2012 年发布了一份针对科学和技术合作的双边资助公告。

阿塞拜疆是德国考古研究院的重要伙伴。对国家北部墓冢的开发十分重要。此外值得注意的是阿塞拜疆凭借自己的力量承担起整修沙姆基尔(Shämkir)区内和附近的老施瓦本定居点的任务。在本报告期间，巴库(Baku)通过举办欧洲电视歌唱大赛受到多家媒体关注。2012 年 9 月至 10 月举办的女子足球世界杯(U17)继续保持了这种关注度。由于德国球员茜茜·拉茨(Sissy Raith)担任了阿塞拜疆国家队的教练，因此德国被阿塞拜疆视为伙伴而受到特别关注。

在与格鲁吉亚建立外交关系 20 周年之际，驻第比利斯的德国大使馆在 2012 年 5 月 14 日至 20 日举办了“德语周”，政治、经济、文化、教育和发展合作领域的第比利斯德国机构和研究院参与该活动。活动的高潮是启动了名为“德国人和格鲁吉亚人：从中世纪到现在”的联合展览，该展览由格鲁吉亚国家博物馆、普鲁士文化财产基金会和德国大使馆共同举办。

在本报告期间，对外文化教育政策的措施在中亚主要用于推广德语，和民间机构合作以及对德裔少数民族提供资助，特别是在拥有大量德裔少数民族的哈萨克斯坦。教育及研究部在欧盟委员会的委托下参与对哈萨克斯坦的改革计划的评估，政府准备利用该计划进行大学和科研方面的基础结构改革以及加大对实用研究的投资。2012 年正值与乌兹别克斯坦建交 20 周年，塔什干(Taschkent)德国大使馆宣布举办一场纪念外交关系的比赛，其目的是吸引更多的乌兹别克斯坦人民成为德国文化大使。从众多有创意的项目建议中选出并展示了电影、摄影和绘画方面的作品。2012 年春季在塔什干举办了一场政治级别很高的报告活动“德国科学日”，参加者约有 250 人。在塔吉克斯坦，2012 年 7 月和歌德学院一起开放了位于新国家博物馆的德语咨询中心。2 000 多本书籍，DVD 和 4 台可联网的电脑随时提供给德对国感兴趣的群众。

3. 非洲

2008 年开始实施的倡议“非洲行动”在本报告期间扩展了奖学金计划，深化了语言工作、学生交换活动和体育促进活动，文化和媒体专业人士的资历得到提升，通过对非洲的大学专业机构的资助加深了大学和学术领域的合作。该行动框架下的文化交流和教育合作活动为德国和非洲之间平等对话做出了贡献。

通过新的高校合作计划“欢迎来非洲”，德意志学术交流中心 DAAD 向德国大学提供了与非洲大学建立联系和拓展已有联系及科学交流活动的机会。重点是将德国的在读学生、毕业生或者青年研究人员送往非洲的大学。这项以非洲为重点的发展计划需要以研究导向的项目来巩固和非洲伙伴们之间的合作关系。项目由教育及研究部资助，向在读学生、毕业生、博士研究生、博士后和科学家们提供灵活的奖学金名额。

在戏剧、舞蹈、音乐、艺术、设计、时尚、文学和电影领域的文化交流活动传递了不同文化的知识。“非洲行动”不仅希望借此拉近非洲国家和德国文化及教育的距离，另一个重要的目的是使德国越来越关注非洲这个丰富而又生动的文化舞台。项目今年也在经济上资助了德国的非洲电影周、音乐节和文学讨论会。

在非洲实行的文化项目包含许多丰富多彩的内容，从莫桑比克和多哥(Togo)的戏剧联合演出节目，到在乍得刚开不久并且是唯一的电影院里的电影周，最后到佛得角的舞蹈剧院。德国导演延斯·诺伊曼(Jens Neumann)将迪伦马特(Dürrenmatt)的剧本“老妇还乡”(Der Besuch der alten Dame)的改编搬上马普托(Maputo)的阿维尼达剧院，并借此深入讨论了腐败这个在当地不仅是热点而且还富有争议的话题。

在多哥，从多年前就在与非洲艺术家合作的康斯坦茨(Konstanz)剧院在拉美西斯·阿尔法(Ramses Alfa)导演的指导下将“贝托尔特·布莱希特在非洲：多哥的儿童十字军和暴力侵害儿童事件”(Bertolt Brecht in Afrika – Der Kinderkreuzzug und Gewalt gegen Kinder in Togo)的剧本搬上舞台。该剧本通过多哥儿童和一所德国学校的儿童之间的交流活动而创作，来自两个国家的孩子讨论了关于暴力对待儿童以及贩卖儿童的话题。

由于纪录片《金沙萨交响乐》(Kinshasa Symphony)而闻名的金班古伊斯特交响乐团(Orchestre Symphonique Kimbanguiste)拥有一些有天赋的自学成才的音乐家，他们有机会和西德广播电台(WDR)的音乐家们通过研讨会来提高自己的音乐实力。2012 年开展的另一个研讨会巩固了这两个交响乐团的伙伴关系。

对外关系研究院(ifa)的组织的名为“分享”的展览在非洲停留 7 站后回到德国，并在柏林和斯图加特向德国公众进行展示。该展览归起源于一次在达喀尔举办的由 ifa 组织的跨学科艺术研讨会，来自非洲和德国的艺术家们在研讨会上自由地探讨了时尚、设计、摄影和公共艺术。

著名的尼日尼亚作家哈比拉以驻地艺术家的身份在德国停留了数周，并向德国民众展示了诗歌朗诵。

在“非洲行动”的帮助下，几乎没有电影基础设施的苏丹拍摄了纪录片“苏丹：一个国家的变化”。在和德国电影制片人的合作下，4 个苏丹的导演分别跟随一名来自身边的普通人，并根据他自身的生活故事讲述了苏丹和南苏丹的政治事件。

这些只是一些单项项目的例子，这些项目促进了和非洲之间的文化交流。

4. 马格里布、近东和中东

阿拉伯世界的动荡是具有历史意义的事件，将对北非和中东产生持久影响。因此联邦政府在 2012 年和 2013 年提供了 1 亿欧元用于在所谓的转型伙伴关系的框架下资助阿拉伯的转型国家。其中每年拨出 2 000 万欧元用于文化、教育和媒体相关的项目，3 000 万欧元用于民主化和经济发展措施。

从 2012 年起德意志学术交流中心 DAAD 在外交部的资助下，通过“与转型国家埃及和突尼斯的合作”计划框架对一系列埃及和突尼斯大学实施援助。核心目标是一方面帮助大学为促进民主公民结构和转型进程而进行研究和指导做出贡献，另一方面增强这个国家科学技术实力。

埃及传统上是德国对外文化和教育政策的重点国家。它在开罗有一所歌德地方学院，在亚历山大有一所歌德学院，它还有许多伙伴学校。开罗德国大学和许多大学合作，艺术家和信息传播者也有着密切的交流活动。埃及作为阿拉伯地区变革的关键国家越来越受到关注。开罗解放广场是埃及变革的开始之地，2012 年春季，在柏林德国议院前举办的露天展览“埃及重新登场”使德国民众了解到在开罗的解放广场上发生过的事件。两名年轻埃及人因此被邀请前往德国与学生、德国议会成员和非政府机构会面。从2012年4月17日至5月5日，在埃及举办了2012年“德国周”并向上千名参观者提供50多场艺术、文化、科学、语言、社会和经济相关的活动。

2008年组建的利比亚歌德学院语言学习中心在2011年9月的黎波里政权交换之后就又开始了教学工作，并从此以后不断扩大其规模。这也是新组建的黎波里歌德学院的基础。联邦政府和利比亚方面希望大力拓展双边文化关系。媒体是在阿拉伯转型国家中构建民主结构时的一个重要角色。德国之声协会在2011年底资助了利比亚的班加西青年广播利比亚青年党频道的“在职培训”节目。2012年继续执行针对利比亚记者和媒体工作者的培训和进修计划。在“欧盟媒体评审团”的框架下，一位德国专家在外交部资助下在2012年2月7日至4月15日期间被派遣去往利比亚。

在阿尔及利亚(Algerien)，2011年外交部的文化保护计划实现了对安纳巴大教堂的灯楼上的8个花型窗户和其外框的修缮工作。2011年10月16日，阿尔及利亚作家布阿莱姆·桑萨尔(Boualem Sansal)获得2011年德国书商和平奖。几天后，在柏林国家剧院举办了一场关于布阿莱姆·桑萨尔的小说《一个德国人的村庄》的情景朗诵会，该朗诵会由外交部长基多·威斯特威勒致开场贺词。2012年2月，布阿莱姆·桑萨尔又一次作为柏林电影节评审委员会成员以及作为客人被邀请参加外交部的系列活动“对话文化”。

从1982年至2011年，外交部文化保护计划向摩洛哥提供约100万欧元用于保护其文化遗产。其中2010至2011年度实施的非斯阿尔法斯因犹太教会堂的修缮工作也属于其中的重要项目。

外交部通过许多新的项目向来自阿拉伯世界的青年记者和博主提供帮助。比如一个来自毛里塔尼亚(Mauretanien)的记者在德国之声进行了两周的实习。

2012年4月，摩洛哥、突尼斯、阿尔及利亚和毛里塔尼亚的妇女在外交部的邀请下来到柏林进行一次为期一周的主题访问“马格里布(Maghreb)的民主和妇女地位”。作为“对话文化”系列活动的一部分，参加者在外交部和一名民族学家和一名政治学家讨论了她们国家的情况。

和以色列的文化关系是德国文化工作的又一重点。双边文化关系受政治、经济、科学、文化和人际交往关系的影响。作为以色列民族认同和德国历史的不可缺少的组成部分，大屠杀对两国关系仍然产生影响。2011年以色列文化生活的亮点是开放特拉维夫(Tel Aviv)艺术博物馆的新馆。因此，德国画家基弗尔的作品被第一次在如此有代表性的展览上进行展示。这个由外交部所资助的展览在群众中获得了巨大的成功。为了将大屠杀的时代见证的记忆保存下来，外交部资助了德国-以色列联合会提议的展览项目“幸好我记得”。

德国和巴勒斯坦地区的文化关系与德国对构建一个巴勒斯坦国家的支持政策密切相关。文化政策帮助扶持民主政体和民间团体。在巴勒斯坦地区的文化和教育工作对改善当地的生活条件做出重要贡献。在外交部的资助下，“杰宁电影院”得以继续运营。电影院以通过在受歧视的地区(如杰宁)重新建立地方性影院文化来防止人们失去信心，并为文化的相互理解做贡献。拉姆安拉戏剧学院、德国柏林戏院和柏林巴尔豪斯剧院在外交部的资助下继续开展文化交流活动。

在2011年底第一次举行了德国和沙特的青年会谈。在此框架下，沙特阿拉伯和德国的学生在汉堡和柏林见面并相互交换关于“可再生能源”主题的看法和关于德国的体验。两国青年的交流走出了成功的第一步，并且将会继续下去。

和过去几年一样，外交部支持国际记者计划中的中东计划。年轻的德国、以色列和阿拉伯地区的记者在其中另外一个国家的编辑部里旁听两个月，并积累作为通讯记者的国外经验。匡特基金会的中东计划是德国和阿拉伯以及巴勒斯坦的三方会话机制，受外交部的资助。

和伊拉克的文化关系在过去几年里受到教育合作深化的影响。DAAD 和伊拉克教育和科研部之间确定了一项战略性教育伙伴关系，它扩展了 DAAD 的传统工作范围。从 2011 年起，DAAD 安排和协助库尔德地区政府奖学金获得者前往德国大学学习(费用 100%由库尔德政府提供)。2012 年 DAAD 在埃尔比勒的一所大学里开放了一个信息中心以及设立了德语文学系。德国和伊拉克的大学在 DAAD 的资助下与 6 所大学进行合作。

在外交部的经济支持下，2011 年波恩贝多芬节上展示了伊拉克和德国之间直接的文化交流。伊拉克国家青年乐团借由一场音乐会向德国民众证明了他们的能力，令人印象深刻。此外对来自伊拉克记者的培训项目也获得了资助。巴格达电影节也从外交部获得了经济援助。

◎促进民主变革的转型伙伴关系

转型伙伴关系的建立以平等合作的原则为基础，遵循实际的需求。它以和伙伴国家持续的进行交换活动为前提。在这一意义上来说，联邦外交部长基多·威斯特威勒和埃及外长穆罕默德·卡迈勒在 2011 年 8 月就以合作为目的的“柏林声明”达成一致。2012 年 1 月和突尼斯签订了关于 2012 年和 2013 年转型合作的“共同意向书”。

2012 年上半年，外交部邀请了许多转型国家的活动家，为了和他们一起明确转型国家在文化和教育领域的需求。还有一些已经在转型国家中承担文化和教育工作的文化机构也受到邀请，就一些以需求为导向的措施提供建议。

对于伙伴国家而言，解决青年的失业问题、改善教育体系质量和提高媒体专业化水平十分重要。因此，外交部为了文化保护和青年交流活动资助了关于许多高校合作、资助青年学者、媒体合作、面向文化工作者和媒体工作者的培训和进修等项目。通过这些和当地参与者一起实施的举措，建立了机构间合作关系，有助于实现民主变革的可持续性。考虑到新媒体及其管理者(博主)在“阿拉伯之春”期间对舆论产生的影响，2011 年在埃及首都开罗举办了年轻媒体峰会。该活动为阿拉伯地区的年轻博主而设，由德国之声学院举办。

这些专项资金主要用于埃及和突尼斯的措施，这些国家的转型进程最为迅速。

5. 北美

美国一如既往是最重要的转型伙伴。对此，德美关系不仅仅包含许多政治和经济联系，主要还是受文化交流活动影响。这些活动包括有许多的中学生、大学生和大学教师的交换计划，教育合作计划，还有体育、艺术和音乐等方面的联系。

美国和德国之间横渡大西洋的关系是紧密而又可靠的。学习外语经常会遇到不平衡的现象，尽管德语是继西班牙语和法语之后，在美国学习人数排第三位的外语。为了大大提高德国学习者在美国的数量，德国国外代表机构、在美国从事德语教学的中间机构、以及美国的合作伙伴共同组成了“语言的爱好者网络”。

至 2011 年 12 月，德国周在“说德语”的口号下在全美举办，这个和歌德学院一起举办的活动的目标是唤起对德国和德语的兴趣。超过 10 000 名年轻人欢聚在“Madsen 乐团”3 个月的美国之旅上。在纽约举行的一场语言会议，促进了来自德国的美国代表、德国海外代表机构和中间组织之间的联系。《纽约时报》发表了一篇备受推崇的文章宣传德语。2011 年秋季举行的校园周活动由 44 所高校参与，这是“说德语”活动的一部分，吸引了数千名学生。

一个特别成功的德语推广措施是 2011 年开始组织的为期两周的足球训练营，在这里有资质的德国的青年教练用德语上训练课程。2012 年夏季他们继续在“语言爱好者”框架下在加利福尼亚州、俄勒冈州、堪萨斯州、明尼苏达州、威斯康辛州、伊利诺伊州和纽约州开展这些课程。除了德语知识外，该活动还展示了一个现代的德国图景。

德国在美国举办的文化活动中，特别值得关注的是德国的青年艺术家举办的音乐会。德国最好的校园摇滚乐队“Artig”第一次在高中举办了一系列音乐会。“Artig”成功地激发了学生的兴趣，并成为德国青年文化的代言人。此外通过参与地方性电影节，为德国电影产业争取资金也具有重要意义。

在工业化国家之中，美国一如既往是德国科学和技术合作的最重要的伙伴。2010 年成立的纽约“德国科学创新之家”(DWIH)大大提高了北美对德国研究的认识，并促进了科学和经济领域横跨大西洋的合作。2011 年在德国、美国和加拿大举行了 26 场大型的特别活动和 21 场会议。这些活动主要专注于气候和能源、健康和食品、运输行业、安全和联络领域。

美国的歌德学院通过 200 多个不同形式的活动促进国际文化合作，展现了德国的当代形象。诺贝尔奖获得者赫塔·米勒来访时的活动给人们留下特别印象。情景朗诵、新近的德国戏剧在纽约、华盛顿和波士顿受到热烈欢迎(比如作为“时代精神”活动的一部分)。该计划 2011 至 2012 年度期间的活动主要集中在纽约和洛杉矶等大都市，重点关注喜爱文化和艺术的年轻人。“超越柏林”电影节(旧金山)和“电影!”电影节(纽约)是德国电影产业在北美最重要的展示。由于美国文化形式的差异，交流以视觉艺术、表演艺术、电影和社会问题等领域跨学科形式以及政治、社会、经济主题为基础。

在加拿大访问期间，德国总理默克尔在 2012 年 8 月于哈利法克斯的戴尔豪斯大学参与签署哈利法克斯海洋研究院(HMRI)和德国亥姆霍兹国家研究中心联合会之间关于深化海洋科学研究的谅解备忘录。除了戴尔豪斯大学之外，研究院与其他大学、政府研究院和私人企业也开展合作。德国总理在之前也咨询过德国和加拿大之间关于海洋研究的项目并在小范围内与德国和加拿大的专家进行谈话。以此来刻意强调和加强德国和加拿大的科学合作。500 多个合作项目涉及多个领域，特别是能源研究、基础物理研究、卫生、海洋研究和环境研究领域。科学技术合作项目(WTZ)由联邦州和加拿大各省共同实施，例如巴登-符腾堡州和安大略省之间建立了长期合作关系。拜仁州和魁北克省的合作重点在航空和健康领域。近期发展迅速的是 2009 年底在埃德蒙顿省组建的德国和加拿大创新和研究中心，它致力于科学领域的合作和展现经济的创新型发展。令人欣喜的是，参与共同行动的不仅仅是独立机构，德国的科研组织作为整体参与了进来，他们一般合作开展基础性研究项目(普朗克协会和英国哥伦比亚大学)或者应用性研究(弗劳恩霍夫研究所和西安大略大学)。

6. 拉丁美洲

德国和拉丁美洲之间有着传统的紧密关系，文化政策研究机构之间的联系也在不断发展，这些为德国对外文化教育政策扩展到拉丁美洲创造了机会。同时，长期存在的教育合作继续稳固拉美作为科学、研究和创新重要地区的地位。德国在该地区的大部分国家设立了联合资助奖学金计划。

在巴西，德国的地位通过各种政治活动得到巩固和增化，比如 2010 至 2011 年度“德国巴西科技创新年”和 2012 年春季在圣保罗设立的“德国科学创新之家”。第一笔资助是 2012 年上半年通过“科学无国界”项目提供的，该项目由巴西政府发起，目标是到 2014 年向世界顶尖大学输送 100 000 名学生和研究人员，其中约 10 000 名大学生直接输送到的德国。就申请者的数量而言，德国继美国和英国之后在所有目的国中排名第三。另一个使德国受到大众关注的措施是计划在 2013 至 2014 年度举办的巴西“德国年”，它涵盖了文化、教育和科学等领域。

◎彼得罗波利斯的斯蒂芬·茨威格之家

2012 年 7 月 28 日在彼得罗波利斯(Petrópolis)，在斯蒂芬·茨威格(Stefan Zweig)的侄女勒特·奥伯曼的见证下为斯蒂芬·茨威格之家作为纪念馆和会所举行开幕仪式。作家斯蒂芬·茨威格和他的夫人在此居住了 5 个月，直至他们在 1942 年 2 月双双自尽，这是他们面对世界局势做出的选择。斯蒂芬·茨威格在这所房子里写下了著名的《象棋的故事》和《关于蒙泰涅的文章》。

这所房子由“斯蒂芬·茨威格之家”协会所有，被建筑师米格尔·平托重新装修并被改为了博物馆。在 2011 年和 2012 年分别对房子进行了整修，外交部的文化保护计划对此提供了 62 000 欧元的资金。

这里作为和斯蒂芬·茨威格一样的在民族主义时期逃往巴西并为当地文化生活做出贡献的欧洲艺术家、知识分子和科学家的纪念馆。同时他也是艺术家和作家的文化中心以及交流场所，以后也可能在那开办展览、文学研讨会和德语课。

阿根廷总统克里斯蒂娜·德基什内尔(Cristina Kirchner)2011 年 10 月在布宜诺斯艾利斯开设了马克斯·普朗克研究所(Max-Planck-Gesellschaft)的合作研究所。它在全球是第三家，但在拉美是第一家。2012 年 4 月位于布宜诺斯艾利斯的生物医学合作研究机构“新科学中心”(Polo Científico Tecnológico)在“生物科学的前沿”研讨会上宣布开幕。德国为了表达对阿根廷独立 200 周年庆的纪念，在 2010 年设立了德国-阿根廷高校中心(DAHZ)，由双方政府平摊费用，还得到阿根廷的德国企业科学联合会的资助。DAGZ 的目标是在两个国家之间建立学位课程的高校合作关系(大多数是硕士和博士项目)。从 2012 年 7 月起，德国联邦教育及研究部作为德国方合作机构参与该项目，就 2013 年度及之后的资助费用做出了承诺。在本报告期间，德国文化多次受到大众的关注：通过和歌德学院的合作，2011 年 9 月在布宜诺斯艾利斯的 8 次国际戏剧节上在进行了德国现代戏剧演出，其中最突出的是柏林戏剧院的托马斯·沃斯特迈尔饰演的哈姆莱特。在布宜诺斯艾利斯的德国大使馆的帮助下，柏林画廊第一次参加2011年第20届艺术博览会“arteBA”。

在本报告期间，在职业教育领域开始和智利发展深入合作关系。联邦职业教育研究所(BIBB)和智利教育部于2011年11月在柏林签署了一份相关的合作协议。2012年6月在智利的圣地亚哥，双方机构共同举办了一场关于双重培训问题的研讨会。文化交流方面也受到关注。德国电影《我心中的歌》(导演：弗洛里安·柯森)在2011年8月举行的最重大的智利电影节“SANFIC”上获得了最佳外国电影奖。托马斯·沃斯特迈尔指导的《哈姆莱特》(2011年10月在圣地亚哥)作为2011年最佳外国舞台剧获得智利戏剧奖。德国的《泰坦尼克》也受到很大的关注，它在2012年1月的“Santiago a Mil”戏剧节上在总统府前进行露天表演。斯图加特国际巴赫音乐协会在瑞林的指挥下在弗鲁蒂亚尔和圣地亚哥演奏巴赫B小调弥撒曲，这是智利2012年音乐会年的一个高潮。

在过去两年里，秘鲁对和德国的学术合作表现出越来越浓的兴趣。与此相应的，在2012年德意志学术交流中心、洪堡基金会、教育及研究部与秘鲁合作方签署了5份协议和共同声明，其中一份协议约定每年提供100份共同资助的奖学金。当时还在就一份政府奖学金的协议进行协商。教育及研究部正在制定与秘鲁进行未来科学合作的战略。德国考古研究所负责教育及研究部资助的大型项目“Andentranssekt”，在该项目致力于研究气候对秘鲁文明的影响。鉴于前哥伦布时期的文化对秘鲁文化的重要性，这是一项很有意义的研究。

在哥伦比亚，德国和哥伦比亚在2012年6月进行了有关科学和技术领域的协商，决定采取措施继续拓展高校和职业教育合作。2012年10月，联邦教科部部长安娜特·莎万在此到访哥伦比亚，进一步明确了双方深化国家之间学术关系的浓厚兴趣。

在墨西哥，本报告期间发展的重点是和墨西哥合作方之间加强语言网络和教育合作关系。在此背景下，经过长时间的协商后确定了一项语言助理的交换项目。此外还在墨西哥举办了拉美的日耳曼学者代表大会ALEG。在外交部的文化保护计划的资助下，实施了两项修复项目(整修水塔和修补14幅耶稣受难油画之一的《耶稣受难之路》油画)。已经开始的第三项项目是对墨西哥北部的门诺教派的语言进行整理记录。文化活动方面的亮点是德国出席了在瓜达拉哈拉举行的最大的西班牙语国际书展，并且提供了广泛的资助项目，涉及文学、文化和科学等领域。

外交部继续实施和扩大2011至2012年度与德国之声在西班牙语项目上的成功合作。各种项目，如“回乡之路”，受到经济上的资助。扩展在拉美地区的业务范围是德国之声项目改革的一部分。德国之声在该地区已将其西班牙电视节目从每天2小时扩展到了20小时。来自德国的西班牙语新闻节目，报道和纪录片向拉美观众描绘了德国的整体风貌。除了西班牙语频道之外还有一个德语频道，每天播出20小时，ARD和ZDF几家公司也参与了广播。至今在当地有约850家合作伙伴采用了德国之声的电视节目。德国之声协会在拉美地区还开展培训、咨询、组织关于媒体发展和记者进修的专题研讨会。

7. 南亚、东亚和东南亚

和印度的文化关系以“德国年”活动为主导，核心口号是“德国和印度2011—2012：无限的可能性”。适逢德印建交60周年，核心的政治目标是积极建设共同的未来。在整个印度举行的多彩纷呈的活动主要针对年轻的、受教育的有理想的印度精英们，以此来激发他们对德国的兴趣。

2011 年 5 月德国总理默克尔正式宣布“德国年”开幕后，同时在 7 个印度的大都市里举行了面向社会大众的开幕庆典。德国和印度的文化传统总能碰撞出灿烂的火花。在新德里，著名的印度打击乐手 Sivamani 和他的德国伙伴克里斯托夫·华伯乐在尼赫鲁公园表演即兴演出。巴贝尔斯堡电影乐团举行的音乐会是一场特别的听觉盛宴，音乐会上演奏了多首 A·R·拉曼的音乐，他凭借《贫民窟的百万富翁》获得奥斯卡音乐奖。

“德国年”的标志性活动是“印度-德国城市节”，德国艺术家马库斯·海因多尔夫特别为此而设计了一系列凉亭组合作为活动场馆，活动将在 5 个大城市分别举办 10 天。这一活动是“2011—2012 德国印度年”的形象代表，每次都吸引了约 100 000 参观者。政治、经济、科学和研究领域的众多德国伙伴们集中在场馆里，以“超大城市的城市发展”为主题，就基础设施、居住、交通、水资源、能源和环境保护等内容全面交换了信息。“科学大满贯”和“青年大学”项目将会强化德国作为重要学习和研究场所的地位，并全面展现丰富多彩的当代德国文化，包括重金属乐队、涂鸦艺术和民间文学。“印度-德国城市节”已经在孟买、班加罗尔和金奈开展，之后还会去新德里(2012 年 10 月)和浦那(2013 年 1 月)。

作为德国年活动的一部分，在全国范围内举办了 60 多场与高等教育和科学相关的活动。使德国和印度科学合作达到前所未有的知名度。其中的重点活动有：2011 年 9 月 22 日，马克斯·普朗克研究所在班加罗尔的国家生物科学中心(NCBS)开设了印度第二所马克斯·普朗克中心。在那里，德国和印度的科学家们共同探讨基因和遗传问题。以“在德国学习和研究”为口号，DGF 和 DAAD 于 2012 年 2 月 8 日至 26 日之间在新德里、海德拉巴、金奈和浦那进行了联合路演，深入且成功地为德国的研究和教育地位进行了宣传。2012 年 3 月 5 日和 6 日，劳恩霍夫公司在新德里附近的古尔冈弗，通过劳恩霍夫移动和物流创新和技术平台上向 150 多名参观者成功地展示了其产品，充分显示自己作为创新领域引领者，以及印度研究机构与企业强大合作伙伴的地位。2012 年 3 月 29 日和 30 日在洪堡基金会的主持下举办了网络会议，第一次将所有在印度的德国科研组织的校友聚集起来。这里的 60 位著名的印度科学家将成为德国和印度科研合作的信息传播者。

在职业培训方面，与印度的合作也得到了加强。去年教育及研究部提出的“iMOVE”计划和印度官方组织“国家技能开发公司”(NSDC)之间签订了合作备忘录，在新德里设立“iMOVE”常设办公室，当地的印度合作伙伴可以在此了解德国双重职业培训制度的优势等信息。

◎整修莫卧儿王朝墓穴 Chausath Khambha，印度新德里

在尼扎穆丁窄小的巷子里有一座 16 世纪建造的 Chausath Khambha 建筑群，这片开放的土地被大树环绕着，有米尔扎·阿齐兹的墓穴。他是 16 世纪一位著名的宫廷大臣的儿子，就像 19 世纪最著名的乌尔都诗人米尔扎·迦利布一样。这个场所是当地开展文化和社会活动的重要地点之一。

在印度年“城市空间”的重要主题下，外交部和阿迦汗托拉斯合作，推进覆盖住这两个墓穴的大理石柱状建筑群的修缮工作。外交部在 2011 年和 2012 年出资 150 000 欧元用于清理雨水和自然环境对建筑造成的损坏。

越南的教育结构改革在国际参与的基础上继续实行。胡志明市的越南德国大学(VGU)是第一所有外国投资的国立大学。共同的目标是建造一个研究型大学作为越南高等教育体系的榜样和模型。VGU于2008年开放，是四个计划中的示范大学中的一个，其最终的校园由世界银行和越南政府联合出资，其建设将于2017年完工。130名学生在2012至2013年度冬季学期入学，学校总人数为500人。大学课程结构以专业群为基础构建，这些专业群将根据市场发展状况进行中期或长期的调整。目前，该校第一所交通规划研究中心有8名博士研究生。VGU与当地的德国企业合作密切。

◎保存和整修凤凰楼“Ta Vu”，Hue

越南中部的老皇城中有一栋独特的稀有建筑，它属于联合国教科文组织的文化遗产。它拥有丰富的装饰图案和壁画，但因历史久远和历经战争而受损。在1975年的局部修缮后，受天气情况和环境的影响，外围和壁画还是受到了严重损害。

保存和整修项目中特别受到越南人民重视的环节是对修复者进行实践的和理论的培训，这类人才是越南当前急需的。只有这样，越南才有可能在突发事件面前保护他们众多值得保护的历史建筑。参与保存和整修工作的经历可以让人获得保护历史建筑遗址的知识。关于修缮有关的工作内容被制作成高水平的展览对外展示。项目将在2014年的“Hue节”之前完成，该节日是越南最重要的文化节日，每两年举行一次。

外交部资助的展览“启蒙艺术”(2011年4月2日至2012年3月31日)在新开的北京中国国家博物馆开展，是德国在中国进行的最大的展览。展览取得了积极效果，展览和相关的沙龙和讨论会成为了年轻中国人的生动的讨论平台。这里不仅阐述了思想的启蒙运动，还有它对于现代社会的意义。每个讨论会中有800多名中国学生参与，内容涉及中国的历史、艺术家和知识分子在当代中国的作用以及当前的社会问题，比如现代中国的个人利益和公共利益之间的关系。因此，该展览对450 000名参观者中的大部分人而言重新定义了博物馆的功能：学习、比较、思考和交换想法的地方。德国与中国的合作伙伴已经就博物馆和美术馆的功能开展模块化的培训合作并形成了机制。这将成为未来进一步合作的基础。

与“德国和中国：共同进步”(2007年至2010年)这一活动相呼应，2012年中国在德国也举办了中国文化年，外交部资助了部分活动，其中包括石勒苏益格-荷尔斯泰因音乐节中的中国部分。将中国作为重点关注的国家，在德国受到热烈的回应，德国的城市和文化组织组织了众多的活动。贝塔斯曼基金会、罗伯特·博世基金会和柯尔柏基金会举行了关于全球挑战问题的系列对话“中国磁铁效应”，该对话在2012年1月在前联邦总理赫尔穆特·施密特(Helmut Schmidt)参加下召开，受到大众的关注。

德国和中国在教育和科学方面的合作协议的数量逐年增长，目前有约780个高校合作项目。2011年3月，在同济大学建立中德学院(Chinesisch-Deutsche Hochschule，缩写CDH)，这是德国和中国合作的一项重点。它为现有的研究院，特别是中德学院(Chinesisch-Deutschen Hochschulkolleg，缩写CDHK)和中德工程学院(Chinesisch-Deutsche Hochschule für angewandte Wissenschaften，缩写CDHAW)提供了“共同的框架”。同时还启动了“德国校园”项目，它将所有和德国有关的行动和研究所与同济大学捆绑在一起。在德国和欧洲研究中心促进项目的框架下，北京大学的德国研究中心也得到了资助。

◎新媒体在文化领域的应用/网络 2.0 时代的中国

目前，中国有超过 5 亿网络使用者。信息交换和意见形成都在网络，还有社交媒体中实现。新的社交媒体特别适合开展公关关系工作，以及接触新的、至今德国未能接触的目标群体。使用新兴媒体的一个极好的例子是在德国大使馆中德电影作品(爱封了)的首映。通过大使馆和德国中心的微博广泛告知记者和电影爱好者。通过微博销售门票提高了参与程度，扩大了活动影响力。电影首映通过推特现场直播，使所有感兴趣的人都有机会参与，不再受到原本的活动场所和上限 300 人的人数限制，明显扩大活动范围。

在中国台湾的德国研究院从“可持续发展”为主题，2011 年 11 月举办了“低碳城市论坛”活动，该活动由 ifa、德国气候联合组织(DKK)、中国台湾非政府组织 TAISE 和台湾环境保护相关部门联合组织。论坛上以汉堡以及欧盟创新计划“Climate-KIC”为例，讨论了与城市气候和能源政策有关的城市规划和孵化概念。该活动地点在 6 个台湾最大城市中选择了 4 个。除了 500 名专家和台湾环境保护相关部门主管人员的参加以外，还得到媒体的普遍关注。还借此机会确定了一系列未来的合作项目。

作为台湾地区至今的第一个爱丽舍项目，2012 年 9 月 14 日成功举办“多语言论坛”，参加者约 200 名。论坛的目标是提高台湾地区对第二外语在年轻人职业发展中重要性的认识。台湾要求所有的高中向它们的学生推荐一部针对这项论坛拍摄的电影，且该电影主要宣传学习第二外语。

阿富汗一直是对外文化和教育政策的重点国家。2012 年 5 月，在德国和阿富汗之间签订的伙伴关系协定中强调了文化交流的重要性。在文化、文化保护和教育领域实施的众多项目超越了传统的对外文化教育政策，并为民间重建工作做出了不小贡献。

阿富汗在文化保护计划中处于重要地位。2000 年至 2012 年资助了 78 个单项措施，耗费 670 万欧元。其项目从小型捐赠物和整修措施到需要耗费多年的项目都有。至 2012 年底在赫拉特国家博物馆和位于总统宫殿的具有历史性的凉亭 Kuti-e-Bagthscha 的修复工作已经完成。同时，对 15 世纪的 Khwaja parsa 神社的稳固和修整开始了一项新的为期两年的文化保护项目。这座神社是巴尔赫旧城里现存着的最重要的大型古迹之一。除了保护神社，对当地工匠的培训也是该项目的一个重要方面。

外交部在对外文化和教育工作的框架下还资助喀布尔的歌德学院的工作，该学院通过各种项目为重建文化景观做出了贡献。从外交部获得的额外资金用于资助戏剧和电影领域的项目，这些项目有助于提高专业化水平，改善文化工作者的沟通交流，从而促进该领域的独立重建。在本报告期间，开展的项目包含了对喀布尔大学美术学院以及喀布尔国家剧院的资助。在喀布尔大学的音乐学院，歌德学院通过将其中一间大教室划分为隔音的小型练习室，提供了更多练习的机会。

以“毁灭和重建”为主题的 DOCUMENTA13 文献展致力于阿富汗的当代艺术和文化：阿富汗艺术家的作品成为在卡塞尔举办的 DOCUMENTA13 文献展的一部分。与之相应的，国际艺术家和阿富汗艺术家的作品在期一个月的 DOCUMENTA 展览中展出。该计划包含阿富汗的许多讲座和专题讨论会。计划的目标是促进交流活动和建立联系，以及阐明艺术在重建一个被破坏的社会过程中的作用。

自2008年起，一些阿富汗的音乐家们试图复兴在塔利班统治期间被打压的传统音乐。他们通过向年轻的阿富汗国家音乐学院(ANIM)的音乐学生传授他们的知识，在“阿迦汗文化基金会”(AKTC)的资助下为保护阿富汗音乐文化遗产作出重要的贡献。2010正式开放的ANIM是喀布尔唯一一所音乐学校。德国是参加学校重建的第二大资金提供者。

◎Safar在达里语里的意思是“旅行”

阿富汗音乐大师们前往德国并与德国音乐家一起游历德国，他们进行的既是音乐之旅，又是两种不同文化的体验之旅。该项目不仅为保护文化遗产做出了贡献，而且在人们眼中进行了文化对话，双方可以互相学习并与听众分享。在和阿富汗国家音乐学院(ANIM)和欧洲音乐委员会(EMC)的合作下，5名阿富汗音乐大师和2名青年音乐人受到位于魏玛的李斯特音乐学院的邀请在2012年6月22日至7月13日与3位德国的爵士和流行音乐人合作。该合作的成果将在全国范围内在4场音乐会上表演。同时，对大师表演的传统音乐进行了专业的录制，对他们的教学工作也进行了记录。

在过去10年里已经努力扩大教育的范围。2012年共有约100所小学和中学接受了外交部的稳定资助。这些资助不仅用于学校建设，还包括保护在校学生，比如建立高大的围墙或者促使教师和警察更重视儿童权利。

自2002年以来DAAD和德国大学一起为阿富汗的教育建设提供支持。其核心是在可重点学科中根据需求导向进行协调，这种协调可以促使持续改善教学质量和逐步接近国际标准。在种情况下，至今已成立了4所计算中心，建设了2所学院以及建造了30个实验室和电脑教室、16个专业图书馆和1个学术接待中心。2002起，已经有约3 000名学者在阿富汗和德国受到DAAD的资助，还有3 000名高校工作人员在已成立的数据中心接受了培训。2009年至2011年有496名国际和国内专家，总计140 000人次使用过这些设施。在各自数据中心，专业范围内65 000册资料供教学使用。这些措施能间接地触及到的学者占阿富汗学者的15%。地方性建设的重点是喀布尔大学和赫拉特、马扎里沙里夫和贾拉拉巴德的高校，还有许多其他的学校也参与了整体措施。除了计算机科学和经济学以外，重点专业领域还有比如2008年以来为了培养阿富汗管理人员而开设的硕士课程(公共政策/国家治理：PPGG)。建立经济学课程的目的是促进阿富汗未来的经济发展。因此，在本报告期间还启动了面向女性的本科课程，旨在改善阿富汗地区女性学者不足的情况。2011年开始设立管理学本科课程，该课程的目的是改善公共管理的质量和提高人民对政府的满意度。另外，面向公务人员还提供了广泛的培训计划。

在媒体方面提供了一系列针对阿富汗记者的进修措施。这些措施旨在促进评论性的新闻业发展，从而帮助民间社会实现对政府行为的监管。在阿富汗同时还推进各种不同的为教育做贡献的项目：德国之声系列杂志从2007年起报道了不少积极的发展情况，特别是与重建相关的情况。传播这些信息的目的是使建设过程变得可见，并提高相关地区对阿富汗发展进程的认识。22个地方电台每天为阿富汗各省转播德国之声的节目。

德国之声的“耳边学习”计划以教育、民主和建设进程为重点创建了广播剧，并进行了广播。此外还继续实行德国之声协会的进修项目，该计划有目的性地对阿富汗和巴基斯坦的不同广播公司的记者们进行培训，帮助他们通过儿童节目传播教育信息。

因此，“阿富汗媒体中心”也受到德国资助。它和柏林的组织合作实施“合作和转型中的媒体”项目，对记者进行培训，比如如何报道富有争议的主题，此外还在喀布尔、霍斯特和昆都士经营媒体之家，向记者和媒体提供可以进行圆桌谈话的场所。媒体中心还建有一个在线平台，阿富汗记者在这个平台上对阿富汗的时事进行报道。

◎“知识之塔”：阿富汗国家认同和历史的展览

通过教育达到精神开放是和原教旨主义抗争的基本手段。由于过去几个世纪的动乱和逃亡，许多关于阿富汗历史和发展的知识都丢失了。“知识之塔”展览运用了创造性方法，在阿富汗巡展，进行了72场，在纽约的联合国也展示过。知识之塔由5个木制塔楼组成，这些塔楼在户外或者在学校大棚内竖立起来，没有固定的墙壁。这些板子描绘了1748年至1973年这段时间以及在过去几年开展的重建工作。这些由英语和本国语言写成，必要时也会借助精心挑选的图画来展示。

除了讲述事实以外，这还有助于建立积极的民族认同，特别是针对对自己的国家一无所知的年轻一代。展览希望通过此阻止原教旨主义的思想，填补民族认同的空白。

“知识之塔”也得到瑞士和列支登士敦的合作伙伴的资助。它是德语国家长年以来友好关系的象征。

在巴基斯坦，文化和科学部门在促进相互交流方面发挥着关键作用。伊斯兰堡的德国大使馆利用众多受欢迎的音乐会、电影之夜、朗诵会、讨论活动和展览会推进这层对话。2011年秋季在伊斯兰堡/拉瓦尔品第举行了“德国的清真寺”展览，展示了比如“伊斯兰教在德国”和“文化对话”等主题的作品。2011年10月，在拉合尔和优秀的德国和巴基斯坦记者举办了一次成功的媒体对话。

科学研究方面的合作是德国在巴基斯坦的对外文化和教育政策的重点。在德国大学里的巴基斯坦大学生和博士生数量超过过去几年并不断增长。2011年，共有约500名巴基斯坦大学生和博士生以及讲师受DAAD援助。2009年以来，在伊斯兰堡设立了一个德国学习和研究信息中心，它向有兴趣前往德国学习的人和科学工作者提供咨询，并支持德国大学在巴基斯坦的活动。DAAD和巴基斯坦高等教育委员会共同资助的政府奖学金计划经实践证实是目前有效的教育领域合作措施，奖学金大部分由巴基斯坦政府承担。2011年有228名巴基斯坦人受到该项目资助前往德国学习。2011年9月，40名在德国顺利完成博士学业的巴基斯坦毕业生在柏林举办了一场研讨会。2011年开始实行DAAD年计划“德国和巴基斯坦研究合作”。在本报告所述期间，12个德国和巴基斯坦大学之间关于自然、工程和社会学等不同领域的项目受到了资助。2011年10月，DAAD为15名巴基斯坦的人文和社会科学的学生组织了一次学习之旅，到访了许多不同地区的德国大学。2011年11月，伊斯兰堡的奎德艾阿扎姆大学设立了DAAD政治学常设讲师职位。

PASCH计划在巴基斯坦继续积极发展。学校建设施工阶段已结束，2011年学生数量继续攀升，当前约有 2 000 名学生在卡拉奇、拉合尔。伊斯兰堡/拉瓦尔品第和白沙瓦的 PASCH 学校学习德语。PASCH 计划由拉合尔的安妮玛丽-西默尔之家和卡拉奇的歌德学院负责实施和管理。

◎“明天的广播”和“耳边学习”项目

德国之声协会在巴基斯坦继续实施其项目，以促进媒体专业化和提高新闻水平(明天的广播)。项目资助的重点是在广播电台中占有市场主导地位的巴基斯坦国家广播电台(PBC)。电台处于改革阶段，项目对此提供了资助。因此，在项目的帮助下，电台发展了新的管理理念，改善了编辑中的工作流程，提高了档案管理的现代化水平。此外，电台的记者还接受了在灾难和危机中报道的专门培训。2011 年和 2012 年秋季，在埃及和阿富汗成功实施的德国之声的“耳边学习”项目，在外交部的小规模资助下也在巴基斯坦启动。

尽管政治局势紧张，在伊朗的对外文化和教育政策的基本目标是保持对话。在执行对外文化和教育政策的项目和目标时，需要保持高度的敏感性。2012 年 5 月的第 25 届德黑兰书展取得了巨大成功，吸引了 620 万参观者。德国也有一个由法兰克福书展策划、由外交部资助以及由德黑兰大使馆管理的联合展台。由于伊朗对书籍进口的限制，该展台的存在具有特别重要的意义，因为这将激发伊朗读者对德国文学的巨大兴趣。

在巴姆对被地震毁坏的西斯塔尼之屋进行的修整工作在 2007 年至 2009 年文化保护计划的框架下开展，修缮项目的最后环节在 2012 年也得到了外交部的资助。德国之声的交互式在线平台在伊朗继续运作。2010 年以来，尽管仍然存在监管的情况，伊朗的网络使用者可以借助外交部资助的平台，获取未经过滤的、符合专业新闻标准的信息。

德国在泰国被视为技术和创新之国以及文化之国，这种认识在双边关系建立之初就已形成。德国工程师和科学家为 20 世纪初泰国的现代化做出过贡献。2012 年 6 月，为了评估在双重教育领域的合作可能性，当时的泰国教育部长 Thadathamrongwet Suchat 曾到访德国。9 月联邦经济和技术部长菲利普·罗斯勒到访泰国时再次提到了这一主题。

德国和泰国的双边关系良好，2012 年两国庆祝了建交 150 周年。周年纪念活动是深化各领域合作的契机。在双方国家都开展了丰富多彩的活动，促进两国人民互相了解对方国家的历史和现代生活。

外交部的国务部长科妮莉亚·皮佩尔参加了泰国外交部在 2012 年 2 月 15 日举行的庆祝活动，是一系列前所未有的深度政治访问的开端。联邦外交部长基多·威斯特威勒在 2012 年 4 月底访问泰国，以庆祝和泰国建交 150 周年，以及纪念德泰商会成立 50 周年。此外，他还拜访了前皇城和现在联合国教科文组织世界文化遗产大府城，这里通过外交部文化保护项目成功应对了洪流侵害。周年纪念的政治互访活动的高潮是 2012 年 7 月泰国第一任总理英拉·西那瓦和联邦总理默克尔在柏林会面。

在周年纪念年期间，歌德学院里通过德国音乐家在泰国爱乐乐团的系列客座演出，表现出双方在古典音乐方面紧密的合作。2012 年 9 月的一场为期两天的 150 周年会议上，曼谷的朱拉隆功大学的德语系将 2012 年 5 月在汉堡大学泰国日开展的会议和讨论继续进行下去，此后还伴随着其他会议和德国日活动。活动内容除了电影周、校友见面、展览、文化节和关于佛教和基督教对话讨论会，还有足球赛、厨艺大赛以及品酒会。周年纪念对文化交流起到了极大的推动作用，其影响将持续到下一个10年。活动关注的重点主题是教育，这将对国家的文化、经济和社会发展发挥关键作用，还涉及对2015年计划成立的东南亚国家联盟经济共同体的影响。泰国希望引入德国模式作为幼儿教育和双轨教育的基础，这为进一步广泛合作创造了条件。2012年10月举行的双轨教育双边会议意义重大，参加会议的有200名来自政府部门、教育机构和工业界的决策者。周年纪念的文化亮点是2012年10月2日到3日在外交部资助下，由柏林国家芭蕾舞团在曼谷演出的《天鹅湖》。

◎修复大城府庙宇建筑中的拉嘉布拉那佛塔，泰国

大城府的历史上的内城是曾经的暹罗王国的首都，属于泰国最受欢迎的旅游景点。由于2011年秋季的强烈降雨导致严重的洪水泛滥，对大城府的庙宇造成损害。庙宇建筑几乎都淹没在水下，深处可达2米。受损特别严重的是拉嘉布拉那塔，它是庙宇的中央祭坛，1991年起就列入联合国教科文组织的文化遗产名录。它在靠近地面的地方有极其宝贵的大鹏鸟浮雕，这些地方受到洪水的直接侵害。

在文化保护计划的框架下，外交部在2011年和2012年对修复和保护大城府中的庙宇提供援助。2011年为了对损害进行分析启动了资助。在此基础上，拉嘉布拉那塔被选为试点项目。2012年7月举办了专题讨论会和研讨会，以促进德国和泰国参与的专家之间的思想交流，制订了可靠的整修方案，方案同时也可以用于其他庙宇的修复。外交部部长基多·威斯特威勒在他2012年4月29日在大城府的访问中向泰国文化部长Sukomol Kunplome表示，和2012年一样，外交部在明年也将提供100 000欧元用于修复项目。

由于缅甸(Myanmars)的政治开放，扩大德国和缅甸的文化关系成为德国文化工作的一项重点。在访问缅甸期间，外交部的国务部长科妮莉亚·皮佩尔在2012年9月28日在首都乃比多和前任缅甸文化部长Daw Sanda Khin签署了一项关于文化合作的联合声明并重新开放仰光的歌德学院。在缅甸政治开放以前，由外交部和歌德学院实施的文化项目在人道主义领域做出了贡献，而且在很长时间里还是缅甸境内唯一可见的德国标志。

大使馆文化工作的重点之一是爵士乐项目，2011年11月举办了为期几天的第二届国际爵士节“爵士的福音”。大使馆为此组织了共计5场露天音乐会，音乐会由来自法国、以色列及德国的国际乐队参与演出。这次活动通过研讨会和音乐会，促进了另类音乐和传统音乐的交流。受此次活动启发，在杜伊斯堡再次组织了交流活动“梦想时分音乐节”，其口号是“缅甸遇见欧洲”。缅甸传统音乐家在2011年7月第一次受邀前往北威州访问，2012年6月再次受到邀请。通过歌德学院资助的项目，2012年4月另有一批德国爵士音乐家受邀前往缅甸。一次专题讨论会结束后，在沙滩酒店的宴会厅里举办了“城市爵士”活动，将欧洲爵士节奏与缅甸传统音乐相结合，受到当地人和外国人的欢迎。

一次穿越东南亚的歌德学院组织的巡回演出中，图林根室内乐团的登场在国际的和当地的民众中取得巨大成功。2011年11月举办第20届欧洲电影节。展示的德国电影《这就是节奏!》和《Lila Lila》受到热烈关注。在“大屠杀纪念日”(2012年1月27日)和以色列大使馆第一次在仰光大学的教室内举办

一次活动。嘉宾丹·米西曼是大屠杀纪念馆的研究中心负责人，是帮助仰光大学上百名师生理解这个主题的最佳人选。此外和法国文化研究院合作启动了两项戏剧项目。2011年11月由爱丽舍基金资助的合作项目“木偶无国界”是一个特别成功的地方性木偶表演者聚会，它充分地表现了地区传统文化的多样性。此外，歌德学院还为仰光电影学校和当地的表演艺术家培训提供了资助。除了促进音乐、电影和戏剧领域的文化关系外，科学合作也得到了深化。DAAD资助了2011年9月的DAAD校友见面会以及一个为期10天的“东南亚城市发展论坛”研讨会。该论坛每年与校友见面会一起在当地举办，首次会议就在缅甸举办。本次会谈由科隆大学组织。从2012年10月开始，科隆大学的克拉阿斯教授将在仰光大学担任18个月的客座讲师。作为城市发展的专家，她将与缅甸有关部门合作。为此科隆大学也和负责城市发展的政府部门签署了一份谅解备忘录。与德国高校在文化保护之外其他领域的合作协议，也在制定过程中。

在斯里兰卡(Sri Lanka)，文化领域的行动的目标是促进德国中间机构和活动参与者之间建立更好的联系：德国大使馆针对PASCH学生和电影节，以“德国岁月”为主题发起了一项摄影、征文大赛。DAAD和德国大使馆、德国国际合作机构GIZ、歌德学院及PASCH学校合作为德语学生组织了一场为期一天的职业教育展。为表现德国政府与个人参与斯里兰卡合作项目设立了网站“德国伸出援助之手”(“GerMANY helping hands”)，其中包含了约500个项目(www. germanyhelpinghands. lk)。为此专门设计的用于宣传的LOGO被安置在两辆长途车的车身上，在全国广为传播。

2011年至2012年，在孟加拉国(Bangladesch)的文化活动主要由歌德学院组织，歌德学院在当地设立已有50年的历史。正值周年纪念，一个德国摇滚乐队和一个孟加拉摇滚乐队在达卡和吉大港举办联合音乐会(“延斯·福里博和”乐队和“黑色”乐队)，卡夫卡的《变形记》被搬上舞台，还组织了展览会“德国的一天”。此外，在2011年11月还举办了维护变性人和同性恋人权的文化节(“彩虹之下”)以及由孟加拉、印度和巴基斯坦等国参与的漫画专题研讨会。2012年5月在受到热烈欢迎的“诺托四重奏”的古典音乐会之后，紧接着的是作为歌德学院和法语联盟的联合项目在2012年7月举行的Hip-Pop舞蹈大赛。德国舞蹈艺术家在比赛之前向孟加拉的青少年舞者介绍了一种新的舞蹈表现形式。歌德学院还四处推广当代文化，因而为联合国教科文组织国际母语日组织了一个说唱项目。

2012年7月，系列展览“德国和印度尼西亚”以长期在德国生活的爪哇画家拉登·萨利赫的展览作为结尾。“小德国年”在9个月内在超过20个印度尼西亚城市中举办了约120场次的活动，参观者超过130 000人。150万印尼人可以通过互联网获得活动的信息。GIZ设想了一个巡回展览会，内容针对德国和印度尼西亚在气候保护、私营部门发展和“善治”方面的合作。展览及其附属活动在6个月内在印尼的11个城市举行，大多数参观者为年轻人。具有代表性的展览“印度尼西亚巴提克印花：鲜活的遗产”，它建起了德国巴提克和印度尼西亚巴提克艺术之间的桥梁，印度尼西亚巴提克印花自从被纳入联合国世界文化遗产就受到了广泛的关注。

在柬埔寨，在联邦外交部“德国-阿普萨拉保护”项目资助下，科隆应用科技大学的恢复与保护研究所多年来一直在国际上为保护吴哥著名的寺庙建筑群做出重要的国际贡献。自2008年以来，在柬埔寨文化部和Memot中心的合作下，德国领导的挖掘工作已在Prey Veng省Prohear村进行。

对外文化教育政策在菲律宾(Philippinen)的重点项目是以文化保存为内容的项目，将钱德勒作品翻译为帕劳英语。项目由外交部在2010年至2012年间予以资助，且即将完成。

2012年在外交部的文化保护计划的框架下，在马来西亚港口城市槟城里开始建造一条为了纪念德国和马来西亚百年历史的德国文化遗产小路。这条小路阐述了德国航海者和手工业者的历史角色，以及他们为马来西亚(Malaysias)经济发展所做的贡献。新组建的积极活跃的校友会使校友工作获得了新的推动力。

“德国节，在日本这边”德日友好年壮观的高潮活动在2011年10月23日在有栖川公园和东京德国大使馆举行。吸引了超过20 000名参观者，得到媒体积极回应，德国节大获成功而获得了极高的赞誉。除了大型的文化活动外，德国企业、德国美食、国家协会和日德团体都成功地得到了展示。特别针对儿童和青少年还提供了丰富的节目。在活动中，德国表达了在2011南3月11日地震、海啸和福岛核泄漏的三重灾难后对日本的声援：为了援助日本，部分食品和饮料收益以及将抽奖活动的总收入捐赠给了日本东北部受灾的东北地区。联邦总统和日本王储德仁的会谈是庆祝活动的重点，双方都是“德日交往150年”纪念活动的倡导者。随后，双方共同在有栖川公园的节日场地中的绿地上种植了一棵椴树。23个日德团体组织了这项项目，在此背景下，将168棵椴树作为德日友谊的象征种植在全日本。

众多德国文化工作者也表现出对日本的声援，他们在本报告期间在相关地区举办了一系列慈善音乐会。在“友谊之绊”的口号下，莱比锡弦乐四重奏乐队在2012年5月第二次来到日本进行跨东北的巡回演奏会。他们在学校、寺庙和大厅免费为相关人士进行四重奏表演。阿拉贝拉·斯泰因巴赫的以其巡回音乐会之旅为内容，拍摄了一部纪录片，名为《音乐的力量》。作为一个日本歌手和德国钢琴家的女儿，阿拉贝拉是新生代中最著名的德国小提琴手之一，旅途使她离开了音乐会大厅，来到海啸临时避难所为受灾者们演奏。

从2011年底开始，在京都的歌德学院设置了艺术家住所“鸭川别墅”。它是为德国和日本的奖学金获得者见面而创设的聚会场所，可以为4名奖学金获得者在京都的工作和生活提供了场地。艺术家公寓既是住所又是工作室，此外在别墅的日式花园里还有玻璃工作室以及音像室。在京都停留的目的除了给获奖者提供奖学金之外，还希望他们能获得灵感和艺术指导。他们可以在当地和文化工作者进行直接的交流，实施计划好的项目，发展新的理念，建立和深化与日本文化机构和文化工作者的持续的工作联系。通过这种方式可以展开跨文化对话，丰富双方国家文化体验。凭借奖学金，德国杰出文化工作者在日本受到关注。

2011年12和10月13日，联邦总理默克尔在蒙古(Mongolei)的首次访问在双边科学合作方面创造了丰硕的成果。访问期间，盖尔达·亨克尔基金会和蒙古科学院签署了进一步在蒙古促进考古研究项目的协议，资助费用超过30万欧元。蒙古帝国的古都喀喇昆仑和老维吾尔首都卡拉巴嘎孙是蒙古族历史的主要文化遗址。在这两个地方有德国和蒙古合作的传统。自2000年5月以来，两国一直在喀喇昆仑进行考古研究。2012年9月，德国与蒙古生物学家合作50周年(1962年至1962年)，由位于格尔里茨的森肯伯格自然历史博物馆与蒙古国立大学在乌兰巴托合作举办了特别展览作为庆祝。关于两国合作的历史、当前的研究主题及其对未来的意义，也将在2013年的德国森肯贝格博物馆组织的展览中展出。蒙德桥(MDB)在《时代历史的榜样》中用单独一卷对第一批来蒙古的20名德国校友表达了敬意。在这本书中，毕业生从他们个人的角度介绍了他们在德国的高等教育经历。因此，他们成为在德国大学学习的新一代蒙古学生的榜样，并传递了他们的经验。该项目由国际移民与发展中心(CIM)和德国大使馆提供财政资助。

在朝鲜(Nordkorea)，2011年10月27日德国驻平壤大使馆与德韩友好协会合作在朝鲜举行了第二个德国文化日。该计划除了包含有德国和朝鲜的文化工作者的讲座，还有电影放映，金元筠音乐学院的表演和闭幕式。唯一的不足是电影《走出寂静》的放映受到了阻碍，它是近期朝鲜审查制度下的牺牲品。约 80 名韩国的和 15 名德国的嘉宾使本次活动的规模与上一年相当。特别值得一提的是金日成综合大学的日耳曼专业的学生的参与，他们目前在从事为 2012 年 4 月 15 日纪念金日成诞辰 100 周年进行的为期一年的建筑工作，但他们却因为这一天的活动而获得放假的特批。德国日是与在其他情况下与世隔绝的朝鲜年轻人直接会面的非常难得的机会之一。由于政治局势的原因，2012 上半年很难进行文化合作。领导人金正日 2011 年 12 月 17 日逝世后的三个月哀悼期里，市民的文化生活索然无味。几个为第二季度计划的活动也因此在短期内被朝鲜取消，其中包括前 DAAD 奖学金获得者的校友大会和两场音乐会。2012 年上半年成功开展的活动是派遣了两个朝鲜电台记者到柏林，他们可以在柏林勃兰登堡频道实习的一个月间了解德国记者的工作情况。

德国和韩国之间的密切的文化关系也在 2012 年丽水世博会上得到了反映。德国馆的文化项目包括德国和韩国摇滚乐、不拘一格的爵士乐、巴伐利亚的斯卡亚巴尔干打击乐、汉堡水手歌，还有卡巴莱小品剧，获奖钢琴家卡罗琳·费希尔的古典乐表演和大受好评的流行乐队“七月”的演出。前卫艺术画廊在首尔和柏林轮流开展文化活动，像“七月”乐队一样在韩国引发狂热的追捧。由奥地利大使馆、瑞士大使馆以及“德语网络”的各类中间机构共同举办的“德语日”活动 2011 年秋季第一次在首尔举行。各种系列活动包括，作家朗诵会、首尔国际德国学校 35 周年活动、德语作为第二外语的专题研讨会、戏剧节和朗诵比赛以及 PASCH 文化节。2011 年 12 月 13 日在大使馆官邸举办的庆祝活动中，展示了法兰克福画廊 DIE GALERIE 向艺术家狄特里希·克林格租借的两件雕塑作品，并向韩国民众介绍了它们。

8. 澳大利亚、新西兰和大洋洲

德国和澳大利亚之间的文化关系有着悠久的传统。德国人是最早在澳大利亚定居的欧洲人之一，并为发现和开发第五大陆做出了显著的贡献。在德国移民特别集中的地区(例如：南澳大利亚巴罗莎谷)，人们如今再次坚持这样的传统。德国在澳大利亚的文化影响力在近期由于一些大型展会活动而有所提高。大型展会项目，如 2011 年在悉尼和墨尔本举办的“1910 年至 1937 年德国现代主义”，2011 年在堪培拉举办的柏林国家图书馆的“手写体：十个世纪的手稿珍宝”等项目都大获成功。

在新西兰，近年来生动的、多样的和享誉国际的文化生活仍在蓬勃发展。双边活动的亮点是新西兰成为 2012 年法兰克福书展的东道国。为此，与惠灵顿歌德学院共同在新西兰组织了作家和诗人的作品朗诵会。2012 年 6 月 6 日，新西兰和德国作家从金星过境获得灵感，并撰写诗歌和文章，在法兰克福书展的研讨会和朗诵会上进行了展示。2012 年 4 月，作为爵士音乐节的一部分，克劳斯·多丁格与他的“护照”乐队在新西兰的巡回演出获得成功，并在陶朗加、惠灵顿和基督城等地举办了音乐会。

在报告所述期间内，在帕劳(Palau)、巴布亚新几内亚(Papua-Neuguinea)、新西兰(那里生活很多的萨摩亚少数民族)和萨摩亚举办了许多从殖民时期直到今天，关于双边关系的展览。照片、历史文件的摹本和短文展现了德国在社会、经济和文化方面的影响力。此外，由德国联邦外交部资助的展览展示了最新的科学和文化合作项目，从而建起了一座通向现代德国的桥梁。为各家电台定制的德国-太平洋地区音乐节目为开幕仪式画上了句号，受到了所有东道国的高度关注。

Ⅳ 文化传播机构和实施对外文化教育政策的其他机构

1. 歌德学院(GI)

歌德学院在 2011 年庆祝其成立 60 周年。它是最大的文化传播机构，替联邦政府从事推广德语的工作和一般文化领域的工作。这种合作建立在与外交部签订的框架协议的基础之上，协议在 2004 年经过修订。根据协议，歌德学院的主要任务就是在国外推广德语知识，全面地介绍和宣传当代的德国形象，以及促进国际间的文化合作。机构的改革进程始于 2007 年，完成了对慕尼黑管理中心的改革，将职责分配到海外 13 个地区。歌德学院在 2012 年从外交部获得的资助总额约 2. 28 亿欧元。资金自 2008 年开始就来源于财政预算。资金的管理依照歌德学院和外交部之间的目标协议进行。在 2011—2014 年期间生效的目标协议在 2012 年 7 月进行了更新。整体而言，歌德学院在 2012 年拥有公共资金和自有资金约 3. 65 亿欧元。

歌德学院的网络包括 136 所海外机构、13 所德国国内机构和 10 个联络处。该网络现扩充了 160 所德国和海外文化协会(其中包括 34 所歌德中心)，87 个阅览室、对话点、学习和信息中心、合作图书馆，以及 185 个教学资源中心，56 个语言学习中心和 334 家考试合作组织。歌德学院因而在 126 个国家拥有超过 981 个联络点。

歌德学院的德语培训班在 2012 年在海外约有 197 000 名学习者，在本国约有 37 500 名学习者(共计 234 500 名)。世界各地约 3 000 名工作人员承担歌德学院的工作。歌德学院正与对外关系研究院(ifa)密切合作，并承担由 ifa 策划的展览会。歌德学院和它的东道国的合作伙伴共同实施了许多计划。此外，它还与其他欧洲国家的文化机构，如英国文化协会、法语联盟或塞万提斯学院一起开展合作。在一些地方有两个或更多的欧洲文化机构被安置在同一建筑物内并使用共同的空间。歌德学院是欧洲国家文化机构联盟“欧洲国家文化机构网络”(EUNIC)的成员。

2. 德意志学术交流中心(DAAD)

德意志学术交流中心是世界最大的促进学生和学术国际交流的组织。自 1950 年成立以来，德意志学术交流中心资助了超过 160 万国内外学者。资助对象是德国高校和学生组织；资金主要来源于公共资金(2012 拥有资金 4.15 亿欧元，其中 1.8 亿欧元来自联邦外交部)。2011 年 68 972 人受到资助，其中有约 26 500 名德国人和 42 500 名国外的大学生和学者。德意志学术交流中心在 2012 年有 870 名员工，分配在波恩总部、16 个外地办事处(包括柏林外地办事处)和 53 所信息中心。

除了为外国和德国学生提供奖学金，德意志学术交流中心还承担执行对外文化教育政策的任务。德意志学术交流中心为在国外推广德语语言和文学支出 4 800 万欧元，其中包括促进 19 场全球范围内的区域日耳曼学会年度会议，以及一项涉及范围广泛的讲师计划。约 500 名讲师在 106 个国家讲授德国语言、文学和区域研究，还教授与德国相关的非语言学学科。

2011 至 2012 年，德意志学术交流中心的一个重要推广事项是促进德国高校的国际化。其主要内容是推广包含一年国外学习经历的为期四年的本科学位课程(“bachler plus”)，以及以国际化为目标而设立的结构化博士学位课程“德国国际博士学位”计划(IPID)。德意志学术交流中心希望凭借新的、由教育及研究部资助的“战略伙伴关系和主题网络”，积极资助德国高校与特定海外高校有针对性地建立战略伙伴关系和主题网络，从而提高其国际知名度 。

德意志学术交流中心有 7 800 万欧元资金用于与发展中国家合作，表明和发展中国家的教育合作占有重要地位。除个别资助外，还有地方奖学金和第三国奖学金资助，这些奖学金的获得者留在母国并完成选定的硕士和博士课程(2011 年约 1 150 名奖学金获得者)。这些方案旨在阻止本国高素质人才外流。

3. 亚历山大 · 洪堡基金会(AvH)

亚历山大 · 冯 · 洪堡基金会致力于高水平科学家之间的国际交流，从而为提高德国在高等教育和科学领域中的国际竞争力做贡献。它在 2011 年度预算利用联邦外交部资助的 2 970 万欧元项目资金，740 万欧元用于器械、人员和投资支出。2011 年，教育及研究部提供资金 5 160 万欧元，联邦经济合作及发展部提供了 530 万欧元，联邦环境、自然保育及核能安全部(Bundesministerium für Umwelt, Naturschutz und Reaktorsicherheit，缩写 BMU)提供了 130 万欧元。2011 年亚历山大 · 冯 · 洪堡基金会的总预算为大约 10 100 万欧元。

2011 年，洪堡基金会向 492 名外国科学家提供洪堡研究奖学金，向 100 名德国青年科学家提供费奥吕南研究奖学金以及向 65 名来自发展中国家和新兴国家的外国科学家提供格奥尔格 · 福斯特研究奖学金。此外还为来自欧洲以外的新兴国家和发展中国家的青年管理人员颁发了 14 份由 BMU 资助的国际气候保护奖学金。

2011 年，共有 1 589 名奖学金获得者是初次受到资助来访德国，348 名再次得到资助，317 份奖学金用于短期访问。这些数字中包括了来自美国、俄罗斯联邦和中国的 30 名联邦总理奖学金获得者，这也由联邦外交部资助。

2011 年，7 个人文科学家被授予有 25 万欧元奖金的安内丽泽 · 迈尔研究奖。这项新的由教育及研究部资助的国际合作奖用于支持德国的人文和社会科学的国际化，每年授予人文和社会科学领域中的优秀国外研究人员。作为亚历山大 · 冯 · 洪堡教授计划一部分，2011 年首先有 7 名科学家接受了德国大学提供的职位。项目共计向 88 人授予了研究奖项。

4. 对外关系研究院(ifa)

对外关系研究院设在斯图加特，致力于在世界范围内有效执行德国的对外文化和教育政策，在其负责的领域里承担着作为艺术推广机构、对话和项目组织者、及信息提供者的角色。它作为1917年成立的德国外交学院的继任机构，成立于1949年，是德国最早的对外文化教育政策传播机构。

ifa促进了艺术交流。它支持德国的艺术家参与国际展览，设计和呈现了(也和歌德学院合作)当代德国的艺术、摄影、建筑和设计的世界巡回展览，在柏林和斯图加特ifa画廊里为转型国家和发展中国家的艺术家提供了展示的平台。在组织巡展和画廊展览的同时，ifa还策划文化交流和教育活动。ifa促进社会之间的对话。它为提高公民的社会参与度创造了跨文化的学习机会，例如，向来自伊斯兰地区的青年人提供“跨文化实习”机会(2011年为31名青年专业人员安排了实习)，并在“Zivik”项目框架下支持非政府组织的和平活动(2011年资助了72个项目)。通过访客和讲座，ifa对外展示了当代德国的形象，并促进对外文化教育政策国内外专家以及传播者之间的对话与合作。ifa宣传对外文化政策的信息。作为对外文化教育政策的研究与实践相结合的机构，它和斯图加特大学的专门图书馆，“文化交流”杂志以及ifa互联网门户共同提供对外文化教育政策的信息。启动于2010年的研究项目“文化与外交政策”通过奖学金的方式促进了对外文化教育政策领域的实证研究和国际学术交流。2011年外交部通过机构资助、项目资助以及经济激励措施为ifa总预算提供了1 680万欧元(约80%)的资金。此外ifa从巴登-符腾堡州得到70万欧元资助金额，从斯图加特市获得30万欧元资助。

◎《Nafas》，不止是一本艺术杂志

凭借《Nafas》艺术杂志，ifa在与伊斯兰世界的对话中成为非常特殊的、有吸引力的对外文化和教育政策工具。由于每年约有30万访客，它成为从马格里布到中东，从中亚到东南亚最有名的当代艺术网络出版物。自2003年3月份开始，《Nafas》(呼气，呼气；来源于NAFS = 自我、灵魂)为艺术家、作家、艺术机构、研究机构、教育机构、画廊、游客等的直接接触创建了一个巨大的联系网络。直接反馈所表现出来的效果超越了其在艺术领域发挥的作用。由于《Nafas》以阿拉伯语(除了德语和英语)完整地出版，还提供很多其他任何地方都很少看到的插图(现已超过7 000张)，它经常被人作为教材使用。出版者特别关注在《Nafas》所聚焦的地区，当地艺术家如何批判性地反映社会关系和日常生活；以及他们如何利用具体的艺术手段或通过教育和其他活动，表现他们对社会的理想和要求。通过公开展示和剖析这些作品，《Nafas》鼓励和强化了其他地区类似的想法和主张。

5. 德国联邦管理局-海外学校教育司(ZfA)

ZfA 自 1968 年以来一直负责德国海外学校的工作，为执行对外文化教育政策做出重要贡献。它接受外交部教育专业监督和联邦内政部普通行政监督。在本报告期间，ZfA 在海外学校系统内派出了大约 2 000 名海外教师、项目工作者和专业顾问。对于国外学校工作预计将在 2012 年提供 2.2 亿欧元资金。ZfA 的所有资金都用于海外学校和教师，包括培训、进修措施以及组织考试。目前，ZfA 有 93 名工作人员(74 名是全职的)及约 60 名专家顾问或协调员负责德国国外学校的工作。ZfA 向遍布 90 个国家的 140 所私立德国海外学校，以及全世界范围内 870 所德语语言证书学校提供人员、资金和教学方法上的协助。

6. 教育交流中心(PAD)

PAD 是总部设在波恩的德国各州文化部长常务会议秘书处中设置的部门。它在中小学教育领域采取措施，促进学生、教师、准教师和学校的国际联系。为此，2012 年从外交部方面获得资金共计 630 万欧元。这些资金将用于推行以下措施：鼓励外国学生学习德语的奖励计划(每年约 800 名来自 90 个国家学生参加该项目)，发展和美国(“德美伙伴”计划)、以色列、中欧和东欧国家及波罗的海国家的伙伴学校关系，以及世界范围内 PASCH 计划的实施，尤其是增长较快的地区如印度和中国。德美伙伴计划是外交部的最大的独立项目，每年资助约 10 000 名德国和美国的学生相互到对方国家进行交流。与其他国家的学校伙伴计划每年帮助了约 7 000 外国学生，而在德国方面也有同样多的学生得到了相应的资助。此外 PAD 对来自世界各地的外籍德语教师(每年约 400 年的参与者)提供进修课程和实习，同时还促进了外语助教的交流。每年在德国海外学校任职的 950 名外语助教中有 40 名得到外交部的资助。

PAD 是外交部实施的几项计划的合作伙伴，包括“学校，塑造未来的伙伴”(PASCH)和“非洲行动”以及志愿者服务“文化无国界”。在“文化无国界”的框架内，它负责将德国志愿者送往国外的德国学校或德国语言文凭学校(每年有约 180 名 PAD 派遣出去的志愿者)。PAD 同时也是在学校层面实施欧盟计划的国家机构，在德国负责核心计划“夸美纽斯”，以及在欧盟的“终身学习“计划框架内负责组织教育和职业培训专家的考察访问。2012 年欧盟为德国的学校建设提供了约 2 000 万欧元资助。

7. 联合国教科文组织德国委员会(DUK)

教科文组织作为联合国的一个针对教育、科学和文化的专门机构，是唯一一个要求成员国建立国家委员会的联合国机构。这样保证了民间社会的专家可以参与政府间国际组织的工作。

DUK 是一个为促进教育、科学、文化和传播领域的多边合作而制定对外文化教育政策的传播机构。它就德国作为联合国教科文组织成员所产生的相关问题向联邦政府和议会提供建议。同时，它负责维护德国在教科文组织中的成员地位，并为国际合作做贡献。DUK 有 114 名成员，其中包括政治、文化、商业、科学和媒体领域的机构和组织。2011 年庆祝 DUK 在外交部在联合国教科文组织总干事伊琳娜·博科娃的见证下庆祝了德国加入教科文组织 60 周年。2011 年，外交部以机构拨款和项目资助的形式向 DUK 提供共计约 550 万欧元资金。

DUK 的工作既包括国内也包括国际工作。国内工作的重点是联合国十年“可持续发展教育”和联合国教科文组织世界遗产，2011 年 DUK 在国际合作方面和去年一样关注的是经历了战争或内战的非洲国家。在利比里亚，和吕讷堡大学的专家一起引进了一项针对学生创业的培训计划(“学生创业培训/STEP”)。在与非洲的伙伴(利比里亚联合国教科文组织委员会和利比里亚大学)的密切合作下，163 名学生成功地在 2011 年夏初完成了为期 12 周的培训。此外，DUK 与联合国教科文组织合作组织了一场为加强人权和促进和平进程的竞选比赛。在布隆迪(Burundi)、利比里亚(Liberia)、乍得(Tschad)和卢旺达(Ruanda)的 4 个项目从 19 个联合国教科文组织委员会提案中被选中并得到成功实施。另外将继续实行对于东非教科文组织委员会的培训计划。

8. 德国考古研究所(DAI)

在 2011 年的联邦预算中拨给德国考古研究所(DAI)的有 2 590 万欧元，另有建设维护专项资金 450.1 万欧元。

作为研究机构，DAI 在对外文化和教育政策中受到重视已经有很长时间，可以追溯到 19 世纪早期的传统。研究所在柏林、罗马、雅典、开罗、伊斯坦布尔和马德里的设有总部和分部，在波恩、法兰克福和慕尼黑设有委员会，在德黑兰、巴格达、萨那、大马士革和北京的设有外地办事处，以及在里斯本和在乌兰巴托有研究中心，它与五大洲的东道国的科学家们共同致力于文化历史研究，并在可持续的对外文化与教育政策框架下开展各种研究项目。2011 至 2012 年度，DAI 特别将重点放在转型伙伴关系的国家和中东和北非地区(MENA)，并将相关活动整合为体系化的计划。对此，在平等合作中深化对青年研究者的培训将发挥核心作用，这可以通过系统地拓展 DAI 与德意志学术交流中心之间的合作来实现。为了更好地实现国际合作，研究所继续参与欧盟和 DFG 推进的项目，努力促进考古学领域的信息基础建设，为国际科学界提供知识和基础设施。

在教育政策领域，DAI 促进国内和国际的科学界的联系，通过海外项目例如在蒙古、北非和伊拉克，对青年德国科学家进行培训。在考古发掘和基于考古发掘的现场管理概念的实施中，DAI 还为促进经济发展和改善单个国家的生活条件做出了贡献。除了开展研究工作外，DAI 还通过开发展品、联合开展修复和文化遗产保护，以及考古挖掘遗址的旅游开发等工作，为提升对外文化教育政策，改善区域经济结构和价值增值做出了根本性贡献。这包括了对东道国的科学家、修复人员、测量人员和挖掘工人的教育和培训活动，例如在中国、埃及、突尼斯及中东国家和阿拉伯半岛南部的国家，尤其是伊拉克和沙特阿拉伯已经实施了相关措施。

9. 联邦职业教育研究所(BIBB)

联邦职业教育研究所是德国研究和发展职业教育和进修的卓越机构。它确定了职业教育未来的任务，推动国内和国际的职业教育创新，为发展职业教育和培训提供新型、实用的解决方案。作为科学研究院，BIBB 广泛参与了各种国内和国际网络，从而为德国的职业教育地位和国际竞争力做出重要贡献。通过联邦教育与研究部的协调，BIBB 对联邦各州的职业教育体系的现代化提出意见。这些系统化建议以国家职业教育政策构架为基础，针对未来的教育政策目标和战略而制定。研究所目前和 24 家国内以及 11 家国际科学研究机构签订了合作协议，其中包括科学家的互访和交流。2010 年和 2011 年，BIBB 收到了近 3 000 万欧元联邦财政拨款。BIBB 管理的国际和国内项目资金近几年持续增长，2011 年达到大约 1.93 亿欧元。

联邦职业教育研究院以欧洲教育的国家机构身份参与欧盟的“终身学习”计划，在计划框架内受托实施针对职业培训核心项目“莱昂纳多·达·芬奇”计划和针对成人教育的“管风琴”计划。通过在相关参与者之间共享项目研究成果，研究所促进了欧洲范围内的共同合作，并且在德国积极组织关于教育政策的讨论。

2011 年，研究院用于欧洲职业教育合作与交流的资金达 3 240 万欧元，用于促进普通成人教育的资金为 489 万欧元。另外，联邦政府在 2011 年还提供了 140 万欧元用于“莱昂纳多·达·芬奇”项目中的人员流动。

“iMOVE”(职业教育的国际推广)是教育及研究部促进德国教育和培训服务出口的一项行动倡议。“iMOVE”向德国教育和培训的服务商提供关于目标国家的国际市场潜力以及与潜在伙伴或客户建立联系的机会。“iMOVE”活动重点关注的是经济增长较快并富有发展活力的国家。凭借广泛的服务项目，“iMOVE”帮助德国打开国际市场，并在国外打造“培训：德国制造”的品牌，宣传德国职业教育和培训的国际竞争力。

10. 马克斯·韦伯基金会：德国人文科学国外研究院(MWS)

马克斯·韦伯基金会是德国人文科学国外机构，2012 年年度预算约 38 亿欧元，属于联邦教育和研究部的下属机构。作为德国最大的人文科学研究所和十大公共基金会之一，MWS 的日常工作主要在海外开展。它主要推动目标国家在历史、文化、经济和社会科学领域等领域的科研发展，当前拥有 10 家海外研究机构。这些机构包括位于伦敦、莫斯科、巴黎、罗马、华沙和华盛顿的 6 家德国历史研究所，位于东京的日本研究所，贝鲁特东方研究所及其在开罗的办事处，以及伊斯坦布尔的东方研究所，和巴黎的德国艺术史论坛。研究院的联合办事处设在波恩。组织结构以科学自治为原则，允许各家机构基于它们自身的利益联合成共同体。该基金会为德国和各东道国之间相互了解做出显著贡献。此外，基金会还推动关于人文科学领域的学术问题、研究方法和研究结果的国际交流，并在国际背景下强化人文学科在德国的地位。该机构还培养青年研究人员，同时凭借他们的图书馆和组织各种学术活动成为东道国和德国科学团体的交流平台。

在其成立十周年之际，德国人文科学研究院基金会(Stiftung Deutsche Geisteswissenschaftliche Institute im Ausland，缩写 DGIA)在 2012 年 7 月改名为马克斯·韦伯基金会-德国人文科国外研究院(MWS)。基金会以世界著名经济学家、律师、社会学家和历史学家马克斯·韦伯(1864—1920)命名，因为他具有跨学科和跨国界的科学定位。他广泛的研究成果在国内外有很高的声誉，并为人文科学、社会科学以及文化经济研究构建了一个普遍的参考框架。

此外，MWS 在 2011 至 2012 年度启动了两项新的资助形式：通过在新的地区建立跨国研究小组，扩大海外研究机构的研究机会。从 2013 年开始，一个位于新德里的研究小组将对 19 世纪以来印度社会和教育政策展开研究。基金会方面，由位于伦敦的德国历史研究所负责协调；项目合作伙伴包括伦敦大学国王学院的印度研究所、哥廷根大学的现代印度研究中心(CEMIS)，以及印度方面的历史研究中心、尼赫鲁大学教育研究中心和大学以外的社会发展研究中心。此外马克斯·韦伯基金会在慕尼黑历史学院新设立的国际研究促进奖每年向国际化的人文科学研究项目奖励 40 000 欧元。

2012 年以来，MWS 充分利用互联网的潜力，特别是 Web 2.0 的潜力。在联邦教育与研究部的资助下，通过社交媒体建立了虚拟的平台，在机构的研究者之间建立更紧密的联系，也为德国国内与国际的研究者建立起全新的、前沿的论坛来展示他们的研究成果。

11. 联邦文化基金会(KSB)

德国联邦文化基金会(Kulturstiftung des Bundes，缩写 KBS)于 2002 年作为一个民间性质的非盈利基金会成立，其总部设在萨勒河畔的哈勒(Halle)。作为协助联邦政府促进文化和艺术发展的机构，它的工作重点是在国际化背景下推广促进创新的方案和项目。交流项目和跨国合作项目是其中的重要内容。KSB 是歌德学院的重要合作伙伴，经常为其项目提供大量资助。为执行该职能，基金会每年从联邦政府文化和媒体部获得大约 3 500 万欧元拨款。KSB 资助的国际项目例如由其发起的“旅行的乐趣：国际戏剧伙伴关系”基金，一直实施至 2012 年底。在 2011 年至 2012 年秋冬季，文化基金会同外交部共同资助了曼海姆的展览“远方的同伴：德日关系 150 年”。通过和歌德学院合作的国际博物馆奖学金计划(2011—2016 年)，基金会推动了博物馆工作的国际化，允许高素质的年轻科学家和策展人以项目为基础在德国国家或地方博物馆、陈列馆或展览室进行相关的工作和研究。从 2012 年秋季开始，该基金会将以非洲作为新的重点主题，并通过“TURN 德非合作基金”推进德国和非洲的研究和艺术联合项目。

12. 世界文化宫(HKW)

世界文化宫(Haus der Kulturen der Welt，缩写 HKW)是柏林联邦文化有限公司(KBB)的一个分支部门，该公司举办的文化活动包括国际柏林电影节和柏林音乐节，马丁-格罗皮乌斯博物馆。由联邦政府文化和传媒专员作为代表的德意志联邦共和国，是 KBB 的唯一股东。HKW1989 年设立于柏林前国会大厅，自建立以来便确立了自己的地位，成为杰出的非欧洲现代艺术中心，同时也是跨文化对话的场所。通过开展多种跨国界跨学科的项目，它为当前的发展和讨论提供了重要论坛。HKW 展示了视觉艺术、舞蹈、戏剧、音乐、文学、电影和媒体领域的来自非欧洲文化的作品，并将它们与欧洲文化生活相关联。每年大约有 400 项活动和 12 万参观者。HKW 由联邦政府文化传媒体专员提供资金资助，来自外交部的常规拨款约有 1 百万欧元，再加上其他来源的资金，每年共有约 25 万欧元。

13. 德国海外文化协会

在世界上许多国家，当地组织机构为其国家和德国之间的文化交流做出重要贡献。在工作内容和法律性质上它们都是独立的非营利性文化机构，并主动承担了推广德国的语言、介绍德国现状，或参与有关德国的文化项目。他们的参与为世界范围内歌德学院的工作提供了补充，并作为有价值的合作伙伴在德国对外文化教育政策网络中执行文化和教育政策。德国海外文化协会的工作项目每年得到联邦外交部的资助约 380 万欧元。为了使歌德学院和海外文化协会联系更紧密、并在工作内容上更加协调，资助的重点渐渐转移到歌德学院。2009 年以来，大约 170 个文化协会在外交部的委托下得到歌德学院的照管以及项目上的资助；从 2010 年开始资金计入歌德学院的财政预算。约 30 家特别优秀的这类文化协会与歌德学院签订了合作协议，对外称之为“歌德中心”。在德国，联邦外交部支持非盈利协会的项目工作，这些协会通过文化和信息活动促进与其他国家的双边文化交流。对此，2011 年投入约 5. 4 万欧元。此外，5 家德美机构的项目获得了 239 500 欧元资助。

14. 德美“福布莱特”委员会

德美“福布莱特”委员会是由德国和美国双方共同出资的双边机构，其名誉主席是德国外交部长及美国驻德大使。2011 至 2012 学术年度德国共计出资 434. 7 万欧元。资金来自外交部和教育及研究部的预算。“福布莱特”委员会的宗旨是通过高素质的学生、教师和科学家之间的教育和文化交流促进美国和德国之间的相互理解。在 2011 至 2012 项目年度共授出 761 份奖学金，自委员会 1952 年成立以来共颁发超过 42 000 份奖学金。福布莱特计划资助内容包括向德国和美国本科生以及研究生进行学习和研究提供年度奖学金与旅行费用，以及德国和美国的学校聘用外语助理的费用。委员会还提供针对中学教师、学者、大学讲师以及美国新闻记者的项目。此外，委员会还面向德国和美国的大学管理者和领导者举办关于教育政策及科学和高校管理领域前沿问题的研讨会。作为“多样化倡议”行动的一部分，委员会还资助有移民背景的学生参加在美国和德国举办的“暑期学校”。

15. 奥罗拉别墅

位于洛杉矶的奥罗拉别墅(Villa Aurora)是 1958 年逝世的德国犹太作家利翁 · 福伊希特万格(Lion

Feuchtwanger)和他的夫人玛尔塔的住所，一直对游客开放。在过去的很多年里，这所位于太平洋帕里赛德地区一个山丘上的别墅，是逃离纳粹的追捕的德国艺术家和知识分子的聚会场所。它属于在美国的德国犹太流亡文化遗产。自 1995 年以来，位于柏林的奥罗拉别墅之友和资助者协会拥有这所房子，并将它用作艺术家的居所、文化交流的场所和犹太流亡历史纪念地。该机构每年向 12 至 14 名来自德国的有才华的年轻艺术家颁发奖学金，促进德美文化交流，他们在别墅为期 3 个月的停留时间里致力于视觉艺术、音乐、电影或文学领域的项目，并可以利用各种机会和洛杉矶甚至整个北美的艺术家、文化机构和德国中介组织进行沟通交流。另一个“福伊希特万格”奖学金每年向来自第三国的受迫害的作家提供为期 9 个月的奖学金。奥罗拉别墅之友和资助者协会在柏林还组织了奥罗拉别墅论坛。每年向公众展示前一年的奖学金获得者的成果并介绍新的奖学金获得者。奥罗拉别墅从其设立以来已经成为公认的在联邦对外文化教育政策方面维护跨大西洋关系的机构。外交部 2011 年向该机构提供 35. 1 万欧元资助来推动协会的活动。联邦政府文化与媒体专员在 2011 年向在别墅提供用于媒体艺术奖学金和柏林办事处的活动资金共计 20. 3 万欧元。

16. 维格尼别墅

1986 年由意大利和德国政府成立“维格尼别墅”(Villa Vigoni)协会，其宗旨是在欧洲的理念下促进在科学、教育和文化领域的德意合作，同时也加强他们在经济、社会和政治方面的联系。其主要形式是在位于梅纳焦镇科莫湖边的维格尼别墅进行的学术访问、座谈会、讨论会、夏季研修班和艺术活动。“维格尼别墅”项目实施的背景是德国和意大利有着共同的历史和密切的政治、经济和文化的联系。该项目特别关注促进科学和政治领域的决策者们会晤及扶持青年科学家。该项目对维护德国和意大利的关系做出了贡献，并且成为实施联邦政府对外文化教育政策的途径之一。“维格尼别墅”协会的工作经费来源于意大利政府、德国政府(教育及研究部)以及协会会费和第三方资助。

17. 教会

德国天主教会(Deutsche Bischofskonferenz，缩写 DBK)和德国新教教会(Evangelische Kirche Deutschlands，缩写 EKD)以及他们的传教组织在国外几十年以来的活动为在其驻在国宣传德国文化做出了重要贡献，是公认的跨文化和跨宗教的对话伙伴。这两个教会有全球性的、影响深远的组织网络，通过传播以价值观为导向的对外文化和教育政策，及促进人员与文化之间的相互理解，有力地为外交部的工作提供了协助。为此，外交部在 2012 年资助 DBK 和 EKD 以及相关的传教组织共计 190 万欧元，用于在海外社区实施文化项目以及数量众多的交流及沟通项目。

◎路德十年

2017 年是马丁·路德(Martin Luther)提出他的主张的 500 周年。为纪念宗教改革，自 2008 年就开始了“宗教改革十年”活动。纪念活动具有重要的国内和国际意义，因此除教会、联邦州、城镇和民间机构之外，联邦政府也积极参与周年庆典的准备。外交部开发了不同的项目，例如 2011 年 12 月针对外国大使的萨克森-安哈尔特和图林根路德纪念馆的观光之旅。在 2012 年“改革和音乐”主题下，伯尔尼和都柏林大使馆还举办了研讨会和音乐会的系列活动。外交部国务部长科妮莉亚·皮佩尔于 2012 年 6 月 12 日在北欧使馆内向丹麦、芬兰、冰岛、挪威和瑞典大使移交路德雕像。

自 2010 年秋季以来，国务部长科妮莉亚·皮佩尔代表联邦外交部，成为继联邦政府文化与传媒专员以及联邦内政部长之后第三个参与路德十年项目管理委员会的联邦政府官员。

2012年联邦政府文化/创意产业倡议
——现状及行动领域

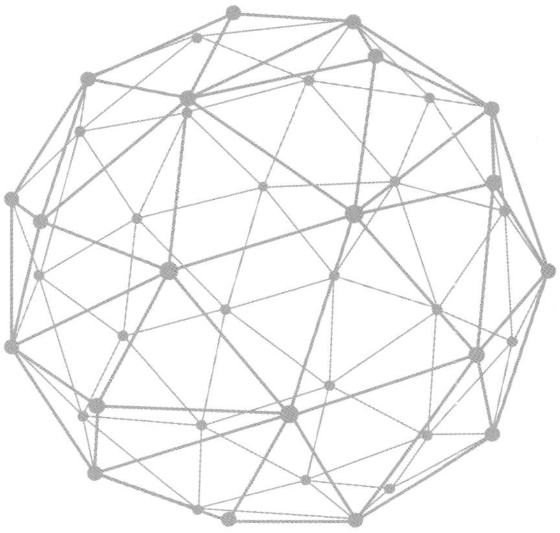

* 本文件由德国联邦经济与技术部、德国联邦政府文化和媒体专门委员会发布于2012年。

目　　录

1. 起始状况

作为新兴产业，国内外关于文化/创意产业的文化和经济潜能的讨论越来越多，并且这一产业也逐渐得到认可。尤其是德国议会调查委员会的工作报告《德国文化》，对德国有关方面的讨论有很大影响。报告指出，“文化/创意产业：通过明确多样化子领域所具有的共性和特征性定义要素，确定国民经济视角下对产业的认识”，联邦政府采纳了调查委员会对统一文化/创意产业定义所提出的建设。政界、商界、科学界和管理界的代表早就对专家提出的建议进行了广泛的探讨。2009 年 12 月 14 日和 15 日，联邦州经济事务部长会议决定接受这一建议。从此，文化/创意产业及它的 11 个子市场有了统一的定义（广告业、广播业、游戏业、设计业、表演业、建筑业、图书业、电影业、出版业、艺术业和音乐业）。这些子市场中的文化/创意服务机构过去是作为独立行业看待的，现在基于它们的共性特征，整体上归入新的文化/创意产业。

文化/创意产业的文化意义

文化产业是文化政策倾斜的重点，因为它是文化生活中的重要领域之一，如文学、造型艺术、流行音乐、电影、游戏、露天剧场和文化基础设施，它们对文化生活非常重要。与政府资助的文化机构相比，商业性机构准入门槛比较低，但其产品覆盖的人口比例更高，远远超过了传统文化产业机构。此外，政府资助的文化机构为文化产业的发展提供了广泛的基础，它的作用是不容小觑的。这点可从联邦文化传媒专员（缩写 BKM）的研究得出的结论中得到证明。文化政策首先要满足公众要求，为艺术发展创造良好的政策支持和必要的自由空间，要重视文化生活的多样性和质量，同时要考虑到文化的传播及公众参与文化生活的途径。文化政策的制定应该不局限于目前受到资助的文化领域。

文化政策支持什么及如何支持，对自由职业者和小型文化企业一直有着间接作用。它们常常会成为受资助机构的受托人。文化政策也应该给艺术从业者艺术创作的自由空间，因为他们需要空间去完成他们的作品及艺术。这有助于他们日后经济基础的累积。就这点来说，加强艺术品的传播和销售正是文化政策的任务。但是这并不意味着要把所有的艺术品都商业化，而是要帮助那些希望或是必须通过艺术品谋生的人，这项任务直到如今还未受重视。文化的内在价值与它的经济开发利用无关，因此文化的内在价值不应受到质疑。总的来说，有关文化产品经济问题的探讨是对文化政策主要任务（即政府资助文化及文化教育工作）的重要补充。

文化/创意产业的经济意义

该行业对我国国民经济有着基础性重大意义：创造力是经济发展的核心竞争力和创新的出发点。因此创新常常带来社会和经济的发展。值得一提的是，人们越来越意识到创新是进步的驱动力。文化/创意产业对于其他行业来说是一个重要的交叉产业，它对德国的意义十分重大。文化/创意产业新创造的产值可以和大的工业部门如汽车、机械工程和信息通信技术所创造的产值相媲美。2010年10月，文化/创意产业的营业额在大约为13 400亿欧元。将近24万个公司从事文化/创意产业，这吸纳了960 000人就业。除此之外，文化/创意产业的特色还在于有很多独立和具有创造性的企业家。独立从业者的比率在这一行业高达25%。

其他经济部门的创新动力

文化/创意产业为创意的开发和形成做出了重要贡献。这不仅有利于本行业，而且还有利于其他经济部门。作为创意者、服务业从业者或是合作伙伴，应该或是能够加强中小型企业的创新性。

2. 联邦政府文化/创意产业倡议对于所有相关从业者来说是一个重要的平台

2008 年启动的联邦政府文化/创意产业倡议是针对一些具体的领域开展的。它对于文化公司、创意、政治和其他机构从业者来说是一个重要的平台。为此，倡议的主要目标是：

进一步推动文化/创意产业的发展；

进一步加强企业的竞争力；

增加可持续发展的文化企业的数量；

加强本行业企业的集群化，同时也要加强和其他行业企业的集群化；

充分利用文化/创意产业的创新力，推动德国经济复兴；

扩大文化/创意产业潜能在国外的知名度，提高文化和创意服务出口量。

总的来说，会有一系列的措施在倡议框架下展开。特别值得一提的是，2009 年秋季创建的联邦政府文化/创意产业管理中心，2010 创设的 8 个区域文化/创意产业咨询办公室，2010 年 4 月创办的文化/创意产业网(www. kultur-kreativ-wirtschaft. de)，自 2010 年举办的 3 次“德国文化/创意”竞赛(www. kulturkreativpiloten. de)及在外贸促进领域实行的措施，如参与中国香港的“商业设计周”。

加强从业者间的对话，专注于小企业

文化/创意产业是一个充满活力而又快速变化的行业，其特点是不断开创新的商业模式和价值链及开展合作。文化/创意产业完全不同于其他经济部门，没有知名的大型企业，这与该行业企业的小规模和多样性有关。因此，联邦政府从一开始就重视、动员所有重要的从业者参与此项者倡议的实施。重点是文化/创意工作者自身。以活动、研讨会和行业对话形式开展的深入对话取得了非常大的成功，这种深入对话在未来将继续展开。

此项倡议不仅在欧洲层面开展，还会在联邦州、乡镇和地区展开。联邦政府的此项倡议的目的在于解决跨区域间的文化/创意产业问题，加强地区文化企业的竞争力。倡议关注的并不是从业者创新成果的质量，而是从业者是否懂得如何加强他们的经营管理能力。因此在有限的过渡期内和区域内的从业者们建立联系及给出指导是必要的。这种“桥梁作用”要持续到该行业“自治组织”和“自救”能力得到巩固，同时当地的经济促进机构也能像在传统产业中一样在文化/创意产业中发挥作用，扶持文化/创意企业。微型和小型企业是该倡议的特殊重点，因为他们是该行业的经济动力的关键驱动力。在文化/创意产业领域小企业有很大的机遇和增长潜力 。为此它们也常常需要大企业在融资、国际化、出口、科研、开发和创新方面的支持。

联邦政府与各州的密切合作

联邦政府和各州在文化/创意产业领域保持着持续且密切的合作过程。联邦政府应定期通知和阐明各州在倡议框架下开展的项目和研究。这就需要联邦州不断参与由经济部长会议设立的文化工作小组会议以及文化部长会议于2012年新设立的文化/创意产业工作小组会议。联邦各州通过加入联邦文化/创意产业能力发展中心顾问委员会来参与相关工作。除此之外，文化/创意产业管理中心的8名区域联络人与各州市该产业的负责机构有着密切和持续的交流。

3. 行动领域和措施

依据在创新性文化/创意产业框架下进行的研究、分析和行业对话结果，将确定出 4 个重要的行动领域，并且这些领域将得到重视。这 4 个领域分别是“企业设立和发展”“联络沟通”“创新”和“出口”。作为补充，此外还有 4 项比较重要的措施(信息和咨询、研究和分析、资助计划和示范项目、法律框架)。

行动领域

企业设立/发展	联络沟通	创新	出口
信息与咨询			
研究与分析			
资助计划与示范项目			
法律框架			

联邦文化/创意产业能力发展中心及其区域办事处

为了在当前扩大倡议的实施，特别值得一提的一项措施是：2009 年的秋天创立了文化/创意产业能力发展中心。管理中心位于埃施波恩，附属于德国经济规划和创新中心(缩写 RKW)。能力发展中心的创立使得文化/创意产业第一次在联邦层面有了自己的信息、咨询和交流平台。让德国经济规划和创新中心参与是因为该中心在中型企业方面有丰富的技术和经验。这对于文化/创意产业是十分有益的。文化/创意产业能力发展中心的任务总共包括5个领域：确使文化/创意产业成为独立的经济产业，改善获得资助的途径，推进该行业专业化和培训的发展，为文化/创意产品创造良好的市场机遇及打开国际市场。作为对能力中心的补充，在和各联邦州达成一致后，2010年设立了8个区域办事处。它们的主要任务是为文化/创意产业中的企业、自雇型企业和自由职业者提供帮助。其工作的重点领域有：为新企业确定发展理念并引导它们进一步发展，宣传目前的扶持政策(特别是经济资助政策)，加强与其他行业的经验交流和联系。

企业的创立和发展

该行业有很多充满创意的人，他们心智聪慧，总是敢于尝试新的东西。最近几年，许多自由职业者和微型企业对文化/创意产业的发展做出了很大贡献。复兴信贷银行(缩写KfW)2011年通过调查研究得出，越来越多的人在文化/创意产业中开办公司。倡议开始三年后，市场中近80%的新办公司为创意产业公司，在其他经济领域这一数字为66%。

随着2010年年初“创业在德国”这一举措的推出，联邦政府加强了创业文化的影响力。创意行业网站(即www.kultur-kreativ-wirtschaft.de)自2010年4月的开发以来，为该行业的创业者提供了实质性的帮助。联邦政府文化/创意产业能力发展中心和它的8个区域办事处在全国78个地方定期开展咨询活动和举办磋商日。不论在小城市还是大城市，能力发展中心的活动在全国范围内受到了欢迎。地区合作伙伴从2010年4月1日到2012年7月31日共进行了6 654次指导工作。2010年首次举办了德国文化/创意挑战大赛(www. kulturkreativpiloten. de)。此次活动旨在运用创意竞赛这一新形式促进创业和激活行业增长潜力。这一活动显著地带动了创业的发展，刺激了文化/创意产业的增长潜力。专家团评选出的32名赢家将在一年的时间内与业内专家一起参加专题研讨会并接受有针对性的培训。除此之外，他们还能有机会在行业内进行交流。今年是第三次举办这类竞赛。2012年12月13日在柏林举行颁奖仪式。

进一步措施：

开展题为“2010德国时尚电影大奖”的示范项目。

发放实践指导资料，如发放题为“万事俱备，只缺经营者”的小册子。

开展活动和研讨会，如2012年举办的题为“未来工作室及技能——具体举措和需求”活动，及在2010年开展的题为“融资：文化/创意产业的核心工具和资助实践”研讨会。

举行“信息通信领域创意大赛”(www. gruenderwettbewerb. de)。

利用EXIST基础奖学金项目为新创立企业提供科研支持(www. exist. de)。

联络沟通

鉴于文化/创意产业的复杂性和该行业大多数企业是小规模企业的特点，进一步促进该行业从业者间的联系是必要的。这不仅仅意味着加强同一部门从业者间的联系，还意味着加强与其他部门从业者之间的联系。为此将会推出行业“自助”项目，这将有助于创新和新的商业模式的形成。同时还会开展促进行业联络沟通的活动，通过这些活动，文化/创意产业从业者将会和其他产业部门的从业者联系起来。此项措施也能为文化和创意产品带来新的商机，同时也能更好地开发文化/创意产业的经济潜能。从 2010 年 4 月 1 日到 2012 年 7 月 31 日，能力发展中心和它的地区合作伙伴共开展了 285 次旨在促进行业间联系的活动。其工作的首要目的还是推进“自助” 项目。为此它们开展了主题为“创业”“融资”“出口”“艺术家社会保险”和“产权保护”的经验交流会。此外，还有一些由文化/创意产业企业和来自其他经济部门的企业共同参加的活动。开展这些活动的目的是：建立新的商业联系，拓展新的销售市场，开发新产品和新服务及发展新的商业模式。因此不仅仅文化/创意企业可以从中受益，其他行业的公司也能受益。

进一步措施：

由联邦层面开展一系列活动，如“创意产业对话”系列及“文化/创意产业焦点”的系列活动。

表彰优秀的组织联络项目(2011 年活动报告)。

提供有关文化/创意产业的现成新组建联络网状况的信息。

创新

如今，在文化/创意产业部门已实现运用面向未来的工作和商业模式来办公，如混合型工作模式。几乎所有的文化/创意公司都会使用现代化技术，特别是先进的信息和通信技术。这些公司并不是使用技术的被动用户，相反它们给技术制造商和开发商提供了技术发展的动力。新技术的使用对文化/创意产业产品的生产和服务的提供起着重要作用。产品的研发和服务理念的形成都需要利用信息通讯技术。同样在文化/创意产品销售时，网络通讯技术也起着很大作用。创意对于其他行业的公司来说是瓶颈，而这却是文化/创意公司的强项。因为它们拥有宽广的思维方式、无边的遐想空间、无限的创意。所以，无论是作为企业外部的创意来源、服务业提供者或是合作伙伴，创意人才能够也应当更多地参与中小企业的创新过程。

旨在加强创新地位的经济政策，必须把焦点放在文化/创意产业的跨行业发展。创新是经济发展的核心竞争力。如果没有创意，就没有创新，没有创新也就没有经济发展。

措施：

开展示范项目，如 2011 年欧洲创意市场创新示范点。

联邦层面主办的活动，如 2011 年“聚焦：变革中的创新——文化/创意产业典范”，2012 年“11 种未来的推动力——把创意作为经济可持续和成功发展的动力”和 2012 年“表演艺术的创意和创新营销 ”。

研究报告，如《宏观经济价值链中的文化/创意产业——影响、创新和潜能》(2012 年底结束) 。

启动竞赛，如联邦德国设计大赛(www. bundesdesignpreis. de)及联邦德国电脑游戏大赛(www. deutscher-computerspielpreis. de)。

出口

从国际视野来看，我们的文化/创意产业也取得了卓越的成效。总体而言，文化/创意产业在国际市场中的营业额仍有上升的空间。这也正是文化/创意产业成为2010年外贸经济攻略重点领域的原因。在联邦外贸展外项目的助力下，通过参加展会促进出口是一项重要手段。因此2011年德国以“崭新的德国”为口号在香港参与了“商业创意周”会展。展现了创新型设计和有吸引力的品牌形象。对于德国的设计公司来说，“商业创意周”是一个在亚洲地区展示它们产品和设计成果绝佳的机会，亚洲是德国重要的出口经济增长市场。

措施：

商业代表团出国考察时为文化/创意产业的企业提供更多机会。

实施示范项目，如在德克萨斯州奥斯汀西南的德国展示项目和“为跨境工作的建筑师和工程师扩充及更新国家信息”的项目(该项目于2014年初结束)。

完善法律框架

充分发挥文化/创意产业的潜能还依赖于法律框架。因此，自该倡议启动以来，对于法律条文存在的缺陷及优化的可能，人们一直在进行探讨。有的法律问题非常复杂，如艺术家社会保险、税法、著作权。尤其是艺术家社会保险，它为艺术家的创作提供了基础经济保障。这项保险制度是欧洲社会及其文化政策的独创成就，它为艺术家和传媒工作者提供了医疗、护理及养老方面的保障。互联网新技术的快速发展加快了传媒行业的数字化进程。新的信息通讯技术的使用，不仅促进了传统媒体行业(出版业、广播业、图书业)在线服务的发展而且也影响了文化/创意产业的其他部门，例如音乐、电子游戏、设计和电影业。在这样的背景下，如何保护电子数据的知识产权，这一问题显得尤为重要。通过由德国联邦经济技术部发起的“打击网络侵权盗版经济对话”，权利人和服务商讨论了打击侵犯版权行为的具体办法，如开展全民宣传。阐明版权对于创意工作者的生存以及社会整体的多样性、创新性和创造力提升的基础性作用。

文化/创意产业年度会议

在年度大会上将展示倡议取得的成果、重要的举措和示范项目。年会的意义也在于证明文化/创意产业是经济和社会发展的推动力。除此之外，年会也是进行行业当今趋势和未来发展讨论的重要论坛。同时它也为业内人士与其他行业、政界和科学界人士进行交流和联系提供了平台。2012年第四届年会将在柏林举行。

4. 展望

促进和支持文化/创意产业的发展和增加它在国民经济中的比重是接下来几年中德国经济和改革工作的重点。为此，联邦德国文化/创意产业倡议提供了一个合适而又卓有成效的平台。通过这个平台，政界、商界、文化界人士一同找出文化/创意产业面临的挑战，在有关负责单位的参与下找出了解决挑战的方案。因此在接下来的几年，继续加大对该行业参数值的监控显得极为重要。另一项重要任务是，继续提供联邦文化/创意产业能力发展中心信息和咨询服务及扩展现有的网络服务。目前的行动领域(即“企业的创立和发展”“联络沟通”“创新”“出口”)也会成为未来倡议的重点。文化/创意产业是复杂多变的，将来也需要密切关注其他主题。从今天的角度来看，重要的领域可能是“数字化”“资格认证”“社会保险”和“调整法律框架”。为了应对文化/创意产业未来面临的挑战，给予文化/创意产业政策倾斜和支持是必要的。同时也应鼓励创业者开始自己的行动，扩展“创意德国”版图。地区经济和文化产业都能从中受益。

文化/创意产业倡议——现状和前景

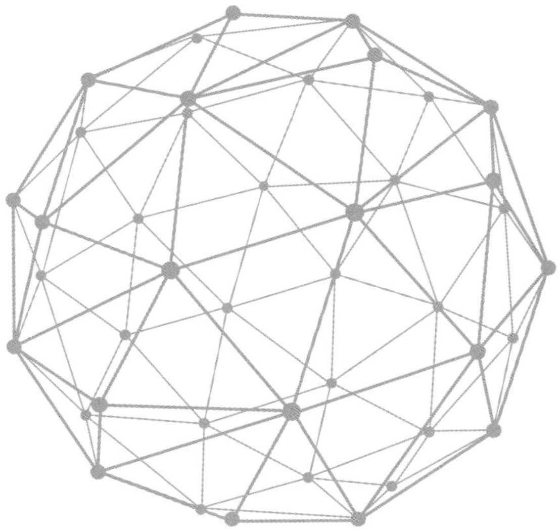

* 本文件由德国联邦经济与技术部发布于2012年。

目　　录

1. 经济意义

对联邦政府而言，文化/创意产业是重要的经济增长行业。2010 年，该行业的营业额达到了 13 400 亿欧元，增幅达(2. 2%)。24 万家企业(+0. 4%)，共 92. 4 万名在社会保险机构登记的从业者(-0. 4%)从事文化/创意产业 。该行业新创造的毛附加价值达 6 400 亿欧元。

2. 现状及倡议现行目标

联邦政府文化/创意产业倡议的目标是：加强文化/创意产业的竞争力，充分挖掘该产业的就业潜能。除此之外还应给创新型小企业和自由艺术家提供更多的机遇。实施和扩大倡议的举措有：

确保文化/创意产业作为一个独立的经济增长部门；

继续推进对国民经济的监测，每年都要掌控文化/创意产业的发展状况；

继续针对各子市场的结构、挑战、发展路线和需求开展对话；

改善文化/创意产业行业内经济联系；

为文化/创意产业企业建立联系网，提供关于融资机会的信息，尤其对于初始认证阶段的创业者们来说；

审查经济和技术项目的可行性，以更好地资助文化/创意企业的发展；

促使自由职业者和文化/创意小企业获得贷款的途径更加便捷；

完善准入外贸资助项目渠道，以使本土文化/创意产业的潜能能够更好地在国外显现；

继续实行艺术家社会保险并确保其稳定；

完善数字版权法律框架，维护创作者和使用者之间利益的平衡。

以上提到的大部分举措在倡议期内都能取得进展。为进展做出贡献的还有倡议期内取得的成果，包括 15 个试点项目、专家调研意见、分析报告和一系列的活动及研讨会。值得指出的有：

文化/创意产业能力发展中心和它的 8 个区域办事处的成立为文化/创意产业提供了信息、咨询、联络平台。德国 80 个地方合作伙伴也定期提供咨询服务。截至 2012 年 6 月底，能力发展中心已经提供了 6 400 场咨询，举办了 270 次联络活动；

开通了互联网站(www.kultur-wirtschaft.de)，平均每月的访问量达 70 000 人次；

今年举办的第三次文化/创意大赛，旨在激励创业，提高文化/创意产业的发展潜力；

设立和推进同步监测机制。

3. 展望和行动领域

基于目前的工作情况，还需开展一系列主题工作。这些主题工作对联邦政府未来行动领域和措施的敲定也产生了影响：

行动领域：信息和通信

主题 1：

“虽然文化/创意产业已经取得了一定的进展，但是人们还不能充分认识到文化/创意产业的经济和社会意义，并且人们对它的认可度也不够。”

因此，行业代表、联邦政府和联邦州继续宣传文化/创意产业的意义显得尤为重要。为此，联邦政府能力发展中心的工作在 2012 年以后将继续开展，或者举办一些活动，如文化/创意产业年会。

主题 2：

“和以往一样，仍有许多文化和创意产品没有充分利用资助渠道。”

行业协会、联邦政府和各联邦州应该完善信息渠道。这可以通过创意网络平台（www. kultur-kreativ-wirtschaft. de）实现，并且还要扩充这一网络平台。

行动领域：分析和研究

主题 3：

“文化/创意产业是持续和快速变化发展的经济部门。在文化/创意产业中，新的商业模式，新的价值链和企业间的合作方式总是层出不穷的。”

因此，对该产业继续进行分析和研究是必要的。深入了解现有的发展趋势、机遇与挑战对于文化/创意产业的进一步发展是必不可少的。为此，可以通过监测机制实现，未来也要扩展监测机制。

行动领域：企业的创设和发展

主题 4：

“近几年来，自由职业者和微型企业为文化/创意产业的良好发展做出了杰出贡献。他们为新的产品、服务和商业模式的诞生提供了基础。文化/创意企业和其他产业的企业相比，根基更为牢固。”

增加可持续发展的文化/创意企业数量是一个很重要的目标。通过文化/创意产业能力发展中心的指导服务才能够很好地实现这一目标。对处于成长阶段的企业进行辅助也显得尤为重要。此外，动员天使投资人和吸引额外的风险资本也具有重要意义。

主题 5：

“对于文化/创意产业工作者，特别是创业者来说，参加竞赛是绝好的契机。通过竞赛，能提高知名度，赢得新的客户和合作伙伴。”

因此，联邦政府继续开展诸如“信息通讯技术创新”之类的竞赛显得尤为重要。这一竞赛未来也要开展下去。除此之外，基于文化/创意产业风云变幻的趋势，人们还应思考发展新的竞赛形式和策略。

行动领域：实现行业的联通

主题 6：

“基于文化/创意产业的多样性和小规模结构，实现行业的联通一直是企业的需求。这既包括实现单一市场内部的联通，也包括十一个子市场的相互连通。”

因此继续加强文化/创意企业之间的联通和与其他产业企业的联通是一个重要的目标。从这点出发，实行“自助”项目是十分必要的。行业内“自助”项目为实现推进创新和发展新的商业模式提供动力。联邦政府文化/创意产业能力发展中心举办的旨在加强联通性的活动为此做出了很大贡献。

行动领域：创新

主题 7：

“文化/创意产业中的创新并不主要表现在技术方面。”

考虑到现有研究的结论(将于 2012 年底提供)，应当考察对现有创新概念作进一步扩展，以便将非技术性元素包含进来。

主题8：

“开放性的思维方式，开阔的发展空间，‘设计思维’或开放创新方法的应用，这些只是如何促进创新发展的几个例子。无论作为企业外部创意来源、服务提供者还是合作伙伴，创意工作者能够而且应当更多地参与到中小企业的创新过程中去。”

充分利用文化/创意产业的创新能力是非常重要的，它能为德国带来新的经济发展。试点项目，例如文化/创意挑战赛，可以进一步加强其他产业部门对文化/创意工作者开放程度。

行动领域：出口

主题9：

“国外仍然鲜有人知，我们的文化/创意产业在国民经济领域取得了显著成果。”

因此，开发文化/创意产业在国外的潜能，加强在海外的知名度尤为重要。

主题10：

“文化/创意产业商品和服务对外贸易营业额仍有上升的潜能。”

因此促进创意产品和服务营业额的增长是我们的目标。为此，商务代表团出国考察时应当增加文化/创意企业的机会，在联邦政府外国会展项目框架下更多地参与贸易展会，实施示范项目。

行动领域：社会保险

主题11：

“文化和创意服务常常得不到相应的经济回报。”

因此文化/创意行业、联邦政府、联邦州要加大宣传创意对经济和社会的重要意义。有可能的话，也可建立一个“公平的薪酬”联盟。

主题12：

“许多文化和创意从业人士都没有得到足够的社会保险。”

因此将艺术和传媒工作者社会保险作为一项基本社会保险予以维护和发展是十分重要的。此外还要研究继续提高艺术创意工作者的社会地位。

行动领域：版权保护和新商业模式

主题 13：

“数字化的发展为文化/创意产业一方面带来了大的挑战，另一方面又带来了很多机遇。”

重要的是调整现行法律框架以适应新的发展趋势。这一点既适用于版权法的进一步发展，也适用于其他法律领域，如对新型融资形式进行监管的法律框架，例如众筹和投资。版权所有者、网络服务提供商和消费者保护团体一同参加了打击网络盗版共同合作经济对话。在这一对话框架下，人们提出了很多措施。人们将坚定不渝地实施这些措施，以便能够可持续性地保护知识产权。

主题 14：

“互联网用户经常不能分辨使用的网络资源是否合法。”

因此加强对互联网用户的教育很重要。在这方面，文化/创意产业负有首要义务。其应该通过简单吸引人的事例使互联网用户明白什么是合法的资源。在上面谈到的经济对话框架下，文化/创意产业和联邦政府应共同开展系列宣传活动。

行动领域：培训和认证

主题 15：

新的行业和职业观念、培训和认证之类的主题对于德国文化/创意产业的发展有着重大的意义。

因此未来加强创文化/创意产业的培训和资格认证显得尤为重要。

歌德学院 2012/2013 年年鉴

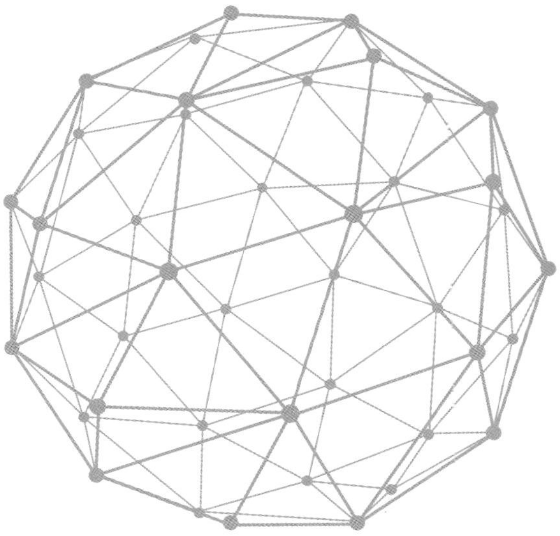

* 本文件由歌德学院发布于 2013 年。

前　　言

如今，歌德学院的工作已变得更为政治化。在德国的年轻的阿拉伯电影工作者或文化管理人员完善他们的作品，将他们的故事清晰地展示在全世界观众面前；莫斯科市民重新认识约瑟夫·博伊斯(德国艺术家，译者注)的作品；新鲜出炉的科学电影丰富着东南亚儿童电视市场，抑或是歌德学院主任应邀赴里约热内卢参与策划威尼斯双年展中南美馆的建设，这些并不仅仅是成功的文化项目，更是重要的文化政治信号。

在国际认知中，比起以往任何时候，文化和教育在合作与共存中起着决定性作用——或者更简单地说：为了生存。内部与外部已不再是单独的天地，它们是相互依存的。当青少年在安卡拉或曼谷的歌德学院学习德语以便跟随他们的伙伴共赴德国时，当年轻的西班牙人为了在施韦比施哈尔(德国城市)的新工作，在巴塞罗那或马德里的歌德学院参加语言班时，这种本身是非政治化作用的"语言工作"也成为了政治的有力工具。语言不仅仅是工具，更是一种文化的载体，使深入了解其他文化成为可能，并为就业和教育的流动性创造了先决条件。世界正运动着，在欧洲，亦在全球。

流动性是欧盟的支柱和重要的政治承诺。在 93 个国家的 150 所歌德学院是德国的宝贵财富。我们的家门口正经历着这些：在银行业与欧元区发生震荡以来的第四个年头，欧洲内部国家对周边国家的认知发生了改变。陈旧观念又悄然走进新的生活，并通过对周边国家在欧洲金融危机局势下的角色的有限感知进行补充。在许多地方，德国的形象已经受损。我们的国家已经变成到类似一副迂腐的、奉行霸权财政政策的银行专员的形象。

歌德学院无法阻止这样的刻板印象，但它展示了一个可实际感知并与印象中十分不同的德国。德国作为欧洲的中心国家，为欧洲共同的文化空间担负着特殊的责任。一个称职并热心的德语教师，一位出色的单簧管演奏家，一个知识渊博的演讲者或具有自嘲意味的电影都能够取代那些简单讽刺德国的醒目标题。作为最古老的外国机构之一，歌德学院的价值可被人们充分认可：在雅典举办的歌德学院 60 周年庆典上，人们在会上对最新的社会政治问题进行了自由而积极的讨论，其中没有挑衅，没有警察保护，支撑这种共同学习形式的是由信任累积起的重要财富，也来自于 60 年来歌德学院为之所做出的积极努力。正因为世界上有这么多的差异、不平等和残缺，正因为社会要求人们拥有极高的适应能力与应变能力，只靠市场经济的思维是完全不够的。世界政治的风云变幻赋予了歌德学院新的任务：巩固民间社会，加强合作伙伴关系，民族团结及提供早期教育。

因此我们也更加习惯，歌德学院的工作越来越政治化。但是，我们也必须避免将艺术和文化工具化。艺术的目的自由性赋予了自身力量，理应得到尊重，正如我们也应给予全球伙伴们自由一样。许多人决定在德国奉献于他们的兴趣、职业或投入他们的时间。他们与歌德学院一起在这个波澜变幻的全球化世界中成为德国形象的大使。

名誉博士，教授 克劳斯-迪特·莱曼(Prof. Dr. h. c. Klaus-Dieter Lehmann)
歌德学院院长

今年年初，歌德学院董事会就“未来的对话”主题与国内外专家及学院员工进行了讨论。全球化趋势下的文化、社会、政治、经济该何去何从？这对国外的文化与教育工作有何影响？像歌德学院这样的文化传播机构在其中又发挥怎样的作用？作为有着 60 年历史并受德意志联邦共和国委托的歌德学院，如何使外国与德国建立信任关系？

关于“未来的对话”的思考将产生新的战略，其中一些重点已经渐渐浮出水面——譬如利用数字媒体，它们提供了多种可能性用来扩大我们工作辐射的范围，建立与德国文化、语言、社会的沟通渠道。一个成功的例子则是“映射民主”的一系列活动。在其中，歌德学院在慕尼黑室内剧中通过视频邀请来自北京、开罗、华盛顿和布达佩斯的知识分子和文化工作者就民主的现状与未来为题展开讨论。同时也通过大厅内观众的提问与推特构建的虚拟聊天室进行互动。并且，数字媒体在德语的教育问题上也取得了重大突破：互动语言教学游戏，远程辅导节目或是“德语教学学习”——一种德国的新教师培训网络模块。这些形式在将来会更加重要。我们也将于今年秋季推出本年鉴的多平台应用程序，用多媒体呈现我们的工作。

虽然互联网的重要性与日俱增，但它并不能取代人们面对面时的文化交流。“阿拉伯之春”表明，社交网络是通信和动员的重要工具。但是真正决定活动发生与否的还是在物理空间。会面或学习场所，知识分子的自由空间，不受监控的活动平台：歌德学院及其合作伙伴组织覆盖的网络拥有超过 900 个关于德国文化、语言与信息的中心，并将在未来成为典范。我们的任务是使这个网络适应最新的文化政治挑战。在不久的将来，歌德学院还将在缅甸开幕。当然，这个网络持续稳定发展的前提是在未来能够利用足够多的资源。

似乎在不久以前，欧洲都显得一直在正确的道路上前进，直到欧债危机才显现出新的发展的紧迫性。它面临的挑战是多方面的：歌德学院的活动范围从以需求为导向，提供有助于劳动力流动的语言课程，到专注于建立欧洲共同文化身份理念，再到欧盟机构关于欧洲外交政策的专业建议。欧洲邻国在经济危机时带着时而钦佩，时而疑惑的眼光审视着德国。公共学家阿尔弗雷德·格罗瑟最近指出，公民社会紧密团结对欧洲内的相互关系十分重要。我们可以做出这样的估计：只要人们学习我们的语言，体验我们的文化，当我们共同对欧洲未来进行开放的讨论时，即使存在争论，也能唤起多方的重视与互相理解。

各地许多的歌德学院都在去年庆祝了周年庆典：雅典歌德学院的 60 周年纪念，巴黎歌德学院的 50 周年纪念，里斯本歌德学院的 50 周年纪念和克拉科夫歌德学院的 20 周年纪念。它们是当地文化和教育景观的一部分，并用它们的努力与德国富有成效地建立了联系与信任。它们与世界其他的歌德学院共同建立了坚实的基础，这也是德国在全球化的世界中发展可持续的对外文化和教育政策的立身之本。

我们希望您能带着乐趣和新的发现阅读本年鉴。

约翰内斯·艾伯特(Johannes Ebert)　布鲁诺·格罗斯博士(Dr. Bruno Gross)
秘书长　商务总监

目　　录

流 动 性

歌德学院凭借其语言、文化和教育项目支持和鼓励全世界的移民。桑巴学校在 2013 年里约热内卢的狂欢节上展示出“达蒂茹卡国家”，这也是巴西“德国年”开幕的激烈前奏。

转　　型

政局动荡，危机和变化会影响到歌德学院的工作：转型合作伙伴关系框架下的项目将支持民间社会组织在北非和中东地区的发展。由此，歌德学院为年轻人提供了新的视角。

对　话

几乎没有比萨夏·瓦兹(德国舞蹈家，笔者注)的舞蹈“对话”能够更清晰地体现歌德学院的运作方式了：项目是在现场与当地合作伙伴共同完成。歌德学院目前正在通过对话的方式就重要的未来发展问题与来自世界各地的艺术家和知识分子进行探讨。

教　育

游学教育为教育创造了新的可能性：印度小学生在与德国总理默克尔和印度总理辛格聊天时也体会到了这一点。印度的 1 000 所小学与歌德学院有着合作关系，提供德语入门课程。歌德学院的教学计划使两国人民紧密团结在一起，为印度学生认识家乡与德国提供了新的视角。

欧　　洲

“何去何从，欧洲?”凭借面面俱到的各种项目计划，歌德学院鼓励欧洲内部的对话。1 800 名热情听众聆听柏林爱乐乐团的 12 位大提琴手的演奏——俄罗斯“德国年”的文化亮点之一——无疑印证了文化能够有力地传达欧洲文化身份。

聚　焦

□地中海地区
□欧洲
□教育

地中海地区

概　　况①

歌德学院的工作变得更为政治化，没有地方比地中海地区更加明显了：北部经受着欧洲金融和经济危机震荡，在南部——马格里布(Maghreb)和中东——则遭遇着政治风波。当地的歌德学院都面临着新的挑战，以下是地区概况。

意大利

“欧洲的发动机”或北欧的严谨性：意大利人如何看待德国？德国人又如何看待意大利？双边互有的感知与固有印象是意大利歌德学院工作的重点。

西班牙

西班牙的青年失业率处于历史最高水平，同时德国面临着劳动力短缺的问题。歌德学院将为此付诸行动，提供方案。

突尼斯

使国家民主化的意愿在突尼斯显得比以往更加强烈，但也存在障碍。歌德学院正在加强文化工作。

北非和中东

“文化创新者网络”的年轻参与者受到“阿拉伯之春”的思想启发。歌德学院创办的系列活动加强了公民的社会参与感。

① 此标题为译者加。

希腊

成立 60 周年的雅典歌德学院将重点放在该国的危机上，并关注基于对话的文化。

黎巴嫩

黎巴嫩人民不企图改变，只希望政局稳定。歌德学院鼓励以艺术与政治为内容的讨论。

塞浦路斯

在尼科西亚，歌德学院开设了语言课程，打造了文化项目，这不仅为通向德国开辟了道路，也打开了通向周边国家的大门。

以色列

“第三代”以色列人的对话也是浩劫与冲突的对话——且邻国的动荡也影响到歌德学院的工作。

形　　势①

意大利

与从前一样，德意双边的固有印象在双边关系中占主导地位。尽管如此，每年有超过 900 万的德国人造访“柠檬树开花的土地”——从来没有一个欧洲同盟像意大利这样，给德国人数不清的谜。反之，意大利人对于德国的心理状态则在对“欧洲火车头”的钦佩和“有着北欧人一般的严谨”的挑剔中左右摇摆。

对于双方感受的分析则是意大利歌德学院活动的重点：“歌德之旅之 13 号路线”基于意大利旅行者对这个“美丽的国度”的向往，为约翰·沃夫冈·歌德安排了一次全新的意大利之旅。旅途中能真切感受到正在发生的金融危机，尤其是遭受重创的意大利。越来越多的年轻学者及专业人士参加德语培训班以扩展他们的职业前景。通过与中小学和企业建立联系，意大利歌德学院在全欧洲范围内倡议的“用德语工作”的大框架下加强人才的流动性。

① 此标题为译者加。

西班牙

德国总理默克尔在2011年2月访问马德里时提到德国技术工人短缺的问题。这直接导致西班牙歌德学院语言班报名人数激增。2012年课程需求逐步增加，通过增加教师人数与每日教学班次来满足——在马德里，上课时间约为早上7：30至晚上9：30。由于越来越多的人因为工作需要学习德语，歌德学院在提倡"用德语工作"的框架下开设和提供面向职场的语言课程及教材。

柏林发起改革期间，德国形象在西班牙媒体中逐渐恶化。对此，马德里歌德学院与西班牙合作伙伴联合用社会政治活动对此进行回应，以加强双方共同认知。其中，关于艺术的讨论也引起了极大反响。2012年，歌德学院与塞万提斯学院的艺术家们共同发起了在德西两国名为"公民参与"的计划。他们与社会学家、政治学家和艺术史家进行探讨，讨论了公民和艺术家如何对两国施加政治影响。

希腊

2012年末由于欧债危机，希腊正处于严峻的政治与社会危机中，且这场危机几乎涉及到所有的公共和私人领域。希腊媒体把这一责任推到德国强硬的紧缩政策上。反之，德国媒体正为希腊的"甜蜜生活"努力。2012年，希腊公民幸福指数下滑到历史最低点，而同时这也是德国在境外的最古老的文化机构——雅典歌德学院成立60周年之时。

希腊的两个歌德学院都非常关注这场危机：因此，周年纪念的闭幕活动也以"危机时期的对话文化"为主题，并且提出了具体对策。对于许多年轻人而言，学习德语是走出危机的方法之一。对于课程的大量要求使得语言机构面临着新的挑战。希腊的医生短缺是加快职业培训对话的契机；例如通过举办一场国际会议或是支持"双教育体系"的实施。"双教育体系"是一个由欧盟、德国商会和希腊企业家资助的试点项目的核心理念。倡导这些教育政策对学院在希腊开展工作的可信度有着重要的意义。

塞浦路斯

塞浦路斯南部希腊半岛的破产危机在前一段时间是最重要的问题。国家分裂以及重新统一无疑也决定了接下来歌德学院的日常工作——当然，也因为它位于希腊和土耳其控制区之间的边界地带。在这里，德语课程不仅铺平了通向德国的道路，同时也为去往自己国家的邻国打开了大门。国家分裂也带来了"失踪人口"的问题。这是指冒着生命危险参加1963年至1974年内战的人们，而他们的遗体至今仍未找到。歌德学院与两国的非政府组织"一起，我们能行!"在2012年3月开办的展览"真理的颜色"即以此为题，参观人数众多。塞浦路斯也有着特殊的地理位置，这个岛屿上的共和国与叙利亚海岸之间直线距离刚刚超过100公里。尼科西亚歌德学院也提醒，注意战火纷飞的邻国的情况。他们的军事计划表明，国界在一个全球化的世界里也许不再具有任何意义。

突尼斯

使国家民主化的意愿在突尼斯显得比以往更加强烈，但也存在障碍，特别是视觉艺术家更加热衷于此。得到来自联邦外交部(德-突转型合作伙伴)的额外项目资金资助也可以增加歌德学院在 2013 年的活动投入。其工作重点包括文化工作的合作伙伴关系及其去中心化发展。面向舞台设计师与工程师的交流项目“明天的舞台”，以及在当地开设的强化语言课程“职场德语”，为进入当地德国企业提供了可能，为就业打开了新市场。

为了加强妇女在公民社会中的地位，歌德学院已经与国家广播电台进行合作，由女性打造节目并服务于女性。预计将会以一周一到两次的频率以突尼斯语进行广播，以提高公民对文化问题的认识。

黎巴嫩

黎巴嫩人常年亲身感受着战争，他们对武装冲突及本国和邻国之间的暴力争执有着深刻认识。这是他们日常生活的一部分。这样的经历使得他们成为细心而敏感的观察家。黎巴嫩人民不企图改变，只希望政局稳定。

这便是黎巴嫩的日常——叙利亚与巴勒斯坦的难民潮给他们带来了无尽的苦难，涌入城市的武装斗争以及发生在叙利亚边界的冲突困扰着他们。另一方面，人们也极力争取正常的文化生活，开展种类丰富的国际盛会和艺术项目。歌德学院“黎巴嫩剧场”计划鼓励黎巴嫩人民用艺术应对各种政治因素对彼此生活产生的影响。

北非和中东

100 个年轻人在距离伊斯坦布尔一小时车程的海边宾馆里呆上一周能干些什么？度假、阳光、沙滩？远非如此。这是 2012 年 12 月，寒冷的雨季。年轻人在这里进行讨论，提出项目构想，以申请歌德学院的资助。他们来自歌德学院亚历山大建立的成员网，成员国籍遍布北非、中东、西欧，中欧直到东欧。这个由外交部赞助的转型合作伙伴关系叫做“文化创新网络”(CIN)，其成员受“阿拉伯之春”向往自由和社会正义的思想启发。他们想参与决策、改变思想，并用艺术的方式把社会从内战，从僵化的、国家掌控的文化官僚机构，从独裁的教育和沟通方式中解放出来。在自主决策过程中，成员们发起设立了以在文化政策领域建成公民社会为目标的沟通网络。

以色列

2011 年年底，《国土报》的一位年轻记者对以色列歌德学院的新院长说：“请不要将我们简化为‘浩劫’与‘冲突’这两个核心主题，我们也有其他的兴趣和故事。”

2012 年 11 月，浩劫幸存者在飞往特拉维夫的过程中受火箭弹袭击，歌德学院承诺，学院的访客可将这作为避难所，并且该承诺会持续有效，尽管听起来有些空洞。在以色列，这两个问题将继续存在，在与年轻的“第三代”以色列人对话中也是如此。2013 年 2 月，智能手机应用程序“德国的痕迹”指出了许多德国犹太移民定居的地方。这些德国犹太移民的智慧和创造力在以色列蓬勃发展。2012 至 2013 年之交的冬季实施的项目“信仰问题”试图探索宗教理念和领土主张的界限。当然，也会遇到媒体宣传与实际情况有着差别的情况。根据当代历史经验，周边国家的动荡相对于该区域的孤立无援、边界和体制的不确定等因素而言，产生的影响更大，它更多地传递着威胁，而不是增强信心。

"在某时平民也会成为英雄，这便是革命的时刻。"

开罗歌德学院离解放广场不远。在"阿拉伯之春"时，学院开办了"解放沙龙"给埃及年轻人提供了讨论民主与公民社会的平台。埃及改革情况如何？作家阿拉·阿-阿斯瓦尼在与歌德学院秘书长约翰内斯·艾伯特的访谈中谈到，革命是"独特的人文体验"和现在埃及正经历的"变革"。

约翰内斯·艾伯特(以下简称"约")：在您的一部小说中，伊萨姆·阿布达拉蒂起到了关键的作用。在欧洲传统经典中，他是陀思妥耶夫斯基或是卡斯特纳笔下的英雄，当一个有道德感的人面对现代社会时，总有他无法应对的情况。这也是青年作家们面对的情况吗？

阿拉·阿-阿斯瓦尼(以下简称"阿")：是又不是。说是，是因为生活在专政下的人们总经历着一定程度的冲击。我说的是在一般情况下，并不单单我自己。通常情况下，你从大学毕业，怀揣梦想，希望改变世界。你喜欢你学习的东西，然后突然就震惊了——外面的世界跟你在大学里或在家里所梦想的是如此不同。

你看，周围充满腐败。最危险的是，游戏的规则是不公平的。这是埃及的悲剧。一般来说，在一个正常运转的社会，努力且工作效率高的人会取得成功。而在埃及却并非如此。人之所以成功，不依赖于工作，而是自身背景。即使你十分努力工作，但你没有关系，你永远也不会出人头地。所以你在毕业后会感受到这样的震撼。我尝试在我的小说里描述这一现象。我当然也遭遇过这些。但是我觉得我的情况还没有那么糟糕，因为我来自中产阶级上层。所以我没有像其他年轻人一样遭遇得这么多，但作为一个作家，我已经吃了不少苦头。十年来，我一直在试图出版我的书，而政府也拒绝了我十年。

约：2000年新的文化中心成立后，我们也经历了这些。当我们现在回头看，那时已有迹象表明，艺术家们更活跃了吗？

阿：在20世纪80年代和90年代期间，开罗市中心大多数书店已经关闭了，其中大多数被鞋店收购。人们都很绝望，他们没有书读了。但是到了90年代后期，迪万书店开张了。人们评论书店的拥有者一定是疯了，竟然做投资，用来吸引读者。但迪万取得了巨大成功。自2000年以来，整个国家都复苏了。这也影响到社会的各个领域。反腐败势力都非常注重文化。电影院和剧院也取得了很好的发展，非政府组织也一样，全社会……

约：革命时您也在解放广场。解放广场对您来说意味着什么？

阿：我一直感到自己很幸运，自己能够亲历那些，这真是令人难以置信。说实话，在那18天中我甚至怀疑过三四次，我到底是不是活在现实中。有时候我会觉得自己在做梦一样。革命一方面是人类的成就，这能够带来政治性的结果。之所以说是人类的成就，是因为有些人已经准备为自由与正义捐躯。这通常不会是一个人的态度。一般世界各地的人们在日常生活中都不是英雄。当有人说："如果你再不停止批评总统的话，我就会折磨你，把你关在监狱里十年。”那么 90%的人会停止攻击总统。我不怪他们，因为我们也是普通人。但在某些时候，平民也会成为英雄。这就是革命的时刻。

其次，我感到我第一次真正理解“公民”这个词的含义。我在革命之前写过无数次“公民”这个词。公民的意思是，两百万人一起睡在解放广场上，并像一家人一样生活。这才是真正意义上的，对每个人都适用“公民”的含义。广场上有基督徒，有穆斯林，有牧师，有中产阶级，有穷人，也有富人，有南边来的人，也有从亚历山大来的人。我想，这是我第一次在这里遇到我提到的、写到的和想象到的埃及公民。所以当你成为一个参加过革命的埃及人，你就会脱胎换骨。革命是一个独特的人类体验。

约：这听起来有点理想主义。您生活在一个目前正面临真正的挑战的社会。这些挑战又究竟是什么？

阿：首先，我们绝不能忘记，革命不是周末野餐，也不是 90 分钟就会结束的足球比赛。它是一个持续改变的过程。革命开始于人民，止于政治、社会话题以及包围我们的一切事物。你看，现在埃及一切都正在改变。人们正经历着翻新的过程。它就像显微镜一样，埃及人民观察着镜片下自己国家的种种变化。首先是从对足球的兴趣开始，到人们对于电影的品位、埃及女人的态度，到对不戴头纱的女人的宽容，一切都在持续变化着。我们必须为下一代记录革命的景象，才能最终实现目标。

采访节选自《位置(第七期)：阿拉伯世界当代艺术家》(施泰德出版社，筹备中)，由约翰内斯·艾伯特、君特·哈根坎普、约翰内斯·欧登塔尔、莎拉·丽芙基以及施特凡·温克勒编辑；《位置》是受歌德学院以及柏林艺术学者之托所出版的全球艺术场景系列作品。

欧洲名录

披头士还是贝多芬？比萨饼还是烤肉串？拿破仑还是默克尔？歌德学院通过 24 种语言的在线调查“欧洲名录”问欧洲人，什么是欧洲文化。该投票吸引大约 30 个国家 22 200 余人参加。知名人士和网络社区对该结果进行了评论。

欧　　洲

我们已经习惯于在各大报纸的财经头条看到欧洲的报道：仿佛无休止的危机会议，大范围的紧急财政救助，同盟货币大幅下跌占据着这些天的报纸头条。所以我们更要记住，欧洲首先是一个文化项目。这给每一代人新的历史任务，即巩固这样的欧洲。诸多因素使欧洲的流动性成为可能，如廉价的旅行线路或是大型的欧盟“伊拉斯谟”奖学金计划。2013 年，欧洲的文化机构还将肩负起新的责任。2006 年起，歌德学院与有着相同愿望的欧盟国家文化机构合作组织一起，在布鲁塞尔设立办事处。

欧洲对于歌德学院来说，即是故乡，也是直接的“存在的理由”。歌德学院所提供的文化和语言课程自 60 年前起就已将年轻的德意志联邦展示在邻国面前。在这几十年相互了解认识的过程中，一个独特的欧洲公民社会已悄然诞生，这特别在现阶段经济危机时期具有重大意义。随着“铁幕”的开启，歌德学院开启了一个新的时代。在短时间内，学院网络即延伸到东部，在那里我们遇到了人们好奇的目光以及生动的教学文化。

这些天，在东部的许多歌德学院庆祝他们 20 周年之时，来自中、东欧的年轻民主国家已经成为共同体大家庭中的自信伙伴，这也将进一步加强和振兴欧洲文化对话。大型而多样的多边合作项目使欧洲成为有形的文化家园，并且为开拓视野、思想，促进人员的流动做出巨大贡献。

“欧洲合众国”

爱尔兰的欧咖啡先生比起塞浦路斯的型欧女士更欧洲化些吗？他们又觉得自己有多欧洲化呢？巡回展“欧洲合众国”展出 10 个欧洲国家，并邀请观众参与关于欧洲个性的讨论。巴黎歌德学院与 9 个伙伴机构共同承办这项展出。

“欧洲的 n 次方”

欧洲是求同存异、兼容并包的典范，这也是参与该跨地区艺术项目的艺术家与策展者的共识。在 11 个城市展出的展览反映了欧洲作为驱动力激发了人们对共同体与社会可能性的思考。

“保存的记忆”

来自欧洲东南部 11 个国家的摄影师和艺术家用照片和系列图片记录邻国间的冲突。博物馆展览的布伦瑞克的照片展示了工作成果。

“用德语工作”

年轻人可以在南欧的歌德学院进行德语课程的学习，为他们的工作做准备。该倡议由外交部资助，受资助对象包括医生、护士、律师以及在旅游行业工作的专业人士。项目为德国的工作和生活提供课程和训练。

“一平米住房”

房价通常决定了一个城市的居民和设计者。在许多大城市，价格投机者和中上阶级与其他居民分布呈两极化。“一平米住房”研习营的概念是由柏林建筑师凡伯乐-门泽尔在都柏林发起的：学生们在滑轮上设计小房子，用来展示如果每个人都可以设计自己的一平米空间，那么大家想要的生活方式是怎样的。

“何去何从？——神话，国家认同”

来自中欧和东欧的年轻作曲家们将神话融入音乐，展现了国家的传统文化与自我认知。该曲目由极负盛名的德国现代室内乐团进行首演，彼得·厄特福斯担任指挥。

“欧洲，如何前行？”

布拉格歌德学院邀请政治家与科学家相聚一堂，就欧洲面临的机遇与挑战进行一系列对话。来宾包括前斯洛伐克总理伊韦塔·拉蒂科瓦、慕尼黑大学神学与伦理学教授弗雷德里希·威廉·格拉夫以及德国基督教社会联盟议员彼得·高伟乐。

慕尼黑话剧在阿姆斯特丹

在“布兰德哈登”艺术节上，慕尼黑话剧团在一个星期的时间里，由荷兰导演约翰·西蒙斯带领，在阿姆斯特丹市立城市剧院上演了七部最新作品。将瓦西里·格罗斯曼的斯大林格勒史诗“生活与命运”搬上荧幕，掀起了节日的高潮。

记者交流项目“特写”

在欧洲，什么将我们联系起来？什么又使我们与众不同？来自德国和欧洲其他国家的记者在二至四周内，交换彼此工作与居住的地点。他们了解所在国的日常生活，进行观察与研究，并为家乡媒体和所在国媒体写出他们对当地的印象。

“爱丽舍条约”周年庆

对于法国歌德学院来说，2013 年是一个特殊的年份：这一年是《爱丽舍条约》签署 50 周年。德法两国机构通过展览、音乐会及许多其他活动，让大家了解这两个邻国之间多样化的关系，以庆祝两国友谊。

“欧洲既不是一个大熔炉，也不是一个沙拉碗，而是马赛克碎片——是不同颜色与部分的组合。由或多或少共通的基础与民主基本秩序、宪政国家的框架，通过和平共处相结合在一起。”

“我们与欧洲”——作家讨论

在关于欧洲的辩论越来越情绪化的背景下，布达佩斯歌德学院邀请作家们共同交流思想。“我们与欧洲”博客，写下他们对欧洲意义的理解以及他们个人的体验。邀请来自德国、匈牙利、波黑和塞尔维亚的作家们共同书写。

现在，作家诺拉·博松，布克哈德·施皮南以及阿克斯·多玛也加入阵容中。

多语言大使

杰姆·厄兹德米尔、安娜·玛利亚·考夫曼和伊利亚·特罗亚诺夫有什么共同点？答案是：他们都参与了由歌德学院以及网站 Poliglotti4. eu 所举办的“多语言大使”大赛。在短片中，他们谈到了外语对自己生活的影响。与此同时，欧洲的视频竞赛“多语言与我”也拉开了帷幕。

奥斯纳布吕克交响乐团在伏尔加格勒

自第二次世界大战以来，奥斯纳布吕克交响乐团首次与来自德国的交响乐团在伏尔加格勒进行共同演出。2013 年 2 月 2 日，时值斯大林格勒战役结束 70 周年。为了纪念战争遇难者，德国音乐家们与伏尔加格勒爱乐乐团共同进行了演奏。

欧盟对外关系中的文化

歌德学院发起倡议“更广阔的欧洲”，以鼓励进行关于文化在欧盟对外关系中的意义的讨论。欧洲议会和欧盟委员会已经批准了这个议题，并宣布组建“欧盟对外关系中的文化”联盟。歌德学院也得到授权，领导联盟中的文化机构。

教 育

推动儿童与青年文化发展

如何使儿童和青少年得到艺术和文化启蒙？如何激励他们发挥创意？在“推动捷克与德国教育”会议上，来自两国文化机构的代表就这些问题进行了讨论并建立了示范项目。会议由布拉格歌德学院组织，是促进文化教育的重大计划“推动儿童与青年文化发展”中的一个部分。

歌德学院参加迪达科塔教育展

歌德学院参加欧洲最大的面向教师的展会，以便了解最新的继续教育与培训信息。其中的讲座和研习营展示了适用于各年龄段学习者的最新德语学习和教学的材料与方法。一个亮点是介绍了新的在线游戏“到柏林的车票”：这个冒险游戏秀分为 19 段影片，陪伴着来自不同国家的 6 名年轻的德语学生进行他们的德国之旅。

南欧青年学者资助

歌德学院与梅茨勒基金会一同资助来自于希腊、葡萄牙和西班牙的 16 名未被聘用的青年学者。该语言奖学金“d. eu. tsch”包含在法兰克福歌德学院的 4 个月的密集语言课程。联邦就业局为年轻医生、计算机科学家、自然科学家和工程师介绍工作并且取得成功：一部分受资助者已得到固定的工作职位。

“现代学校”

“现代学校”计划将 12 名负责在埃及进行教师培训的埃及籍历史系教学主任带到德国。他们参观了历史胜地，如海德堡或施佩耶尔，受到德国历史的启发并感受其自我批评的方式。如宗教改革、第三帝国的衰败和德法关系问题的主题都包含在项目之中。项目中所取得的经验也将被融入对埃及历史老师的培训之中。

语　　言

全球共 246 600 名学习语言课程的学生，201 300 项考试。

100 万人参与德语教学合作，1 300 场会议/文化项目和 1 200 场教师研讨会，广告和公关辐射 1 400 万人。

德语在全球

重点在美国

目前，德语推广的工作重点放在美国。北美地区歌德学院自2008年以来，报名语言课程的学生数目稳步增长。未来“德美伙伴”计划也将继续实施。系列会议“德国经济优势2013”是美国教师们了解德国与欧洲经济主题的切入点，同时也将在美国与德国进行语言课程的密集宣传活动。

“用德语工作”

德国是欧洲南部的年轻专业人士移民最热门的目的地之一。在西班牙歌德学院，学员人数在2010年到2012年间增长了57%，在葡萄牙，这一数字为41%，意大利与希腊则分别是34%和24%。实施“用德语工作”的计划可应对不断增长的需求：在葡萄牙、西班牙、法国、意大利和希腊的学院，年轻人为日常工作学习德语。除此之外，还将开设面向医生、护士、律师和旅游业等专业语言课程。

面向高级官员的欧盟课程

奖学金项目“德语欧洲网络”面向已对德国有一定认识并欲用德语进行专业会谈的欧洲国家的欧盟高级官员和政府部门官员。除了语言课程之外，该项目还旨在建立专业对话的桥梁。歌德学院组织与政府部门相关机构与各部门成员之间的会议，从而推动关系网络的建立。

巴西的德语教学学习

巴西有着德语教师培训的悠久传统。为了使其适应当前的标准，歌德学院日前将新的教育和培训计划“德语教学学习”（DLL）进行了调整。圣保罗和萨尔瓦多的歌德学院单独参与该试点项目并获得成功：他们将课程模块数字化，可在如巴西这样的国家得到快速推广。2014年之前，该计划将推广至全球。因此，歌德学院能够继续满足不断增加的对德语教师的需求。

德语在撒哈拉以南的非洲

全球语言课程学生数量再创新高——过去的两年内，这一数字在撒哈拉以南的非洲的歌德学院增长近 20%。该地区学院进一步扩大语言课程的范围，并有计划地推进学院机构以外的德语教学。该地区教师的资质认证并没有制度化，因此德语教师的继续教育也将成为工作重心。

“学德语！”在俄罗斯

随着全国范围内的广告和宣传活动“学德语！”的大获成功，俄罗斯范围内学习德语的兴趣再次高涨：歌德学院的德语课程需求正不断增加。该活动最主要的目的是让中小学引进至少两门必修外语，使德语成为紧随英语之后俄罗斯学习人数最多的外语。早在 2012 年 5 月，歌德学院已逐渐接近这个目标：俄罗斯总统在公文内已明确建议国民教育学校教授两门外语。

印度的 1 000 所学校

这是歌德学院的最成功的案例之一：到 2017 年，德语将作为外语被引进到印度公立连锁学校肯德里亚·韦德亚拉亚(KV)里的 1 000 所学校，这将使一百万儿童受惠。300 所该体系中的学校已开始教授德语。歌德学院和外交部共同发起该项目。还计划在两国的合作伙伴和企业之间建立合作网络。

德语部分报刊关于国外德语学习的报道[①]

《歌德——最后的希望》
(《法兰克福汇报》)
《德语跳板 》
(《法兰克福评论报》)
《人们再次讲德语》
德语在海外已趋于衰退。但随后而来的经济危机使得许多南欧人又期盼在德国工作。
(《德国金融时报》)
《性感的德国》
越来越多的欧盟公民想学习德语。为什么会这样?
(《总汇报》)
《歌德的语言成为希望的灯塔》
越来越多的西班牙人参加德语补习班，为了有更好的职业前景。
(《新苏黎世报》)
《欧洲将希望寄托于德国》
(《柏林晨邮报》)
《涌向歌德学院》
许多欧洲国家经济危机使德语地位上升。
(《汉诺威总汇报》)
《希腊人和西班牙人排队学习歌德的语言》
(《金融时报》)
《人们讲德语》
我们的母语是全球化的赢家之一。
(《商报》)
《歌德对莎士比亚的报复:“德国人更容易找到工作”》
(《共和报》)
《歌德，戴姆勒和博世》
西班牙人满怀动力学习德语，以便找到一份工作——这也明确展示了一体化的愿望。
(《法兰克福汇报》)
《希望在德国》
鉴于本地的高失业率，越来越多的南欧人来到德国寻找他们的好运气。
(《法兰克福评论报》)
《经济危机时期世界的德语学习热潮》
全球范围内在歌德学院学习德语的学生数量增加。
(《世界报》)

① 此标题为译者加。

生活的语法

在西班牙，人们学习德语并不仅仅因为德语享有的声誉。

从四面八方赶来的年轻人手持亮绿色笔记本涌入苏尔瓦兰大街 31 号建起脚手架的大型楼房——这里是歌德学院所在地。早上七点半第一批，晚上九点最后一批。甚至周六这里也有语言课程，一周则有 150 个学时。玛格丽特·豪斯希尔德是这里的主管，对于她和其他 90 名同事来说，一年中最艰苦的时刻即将过去。“我们现在可以说是世界上最大的歌德学院。”原因就在于其激增的学生人数：2012 年有 7 000 名马德里学生报名，而 7 年前这个数字仅为 3 000。虽然已在互联网上进行了预约时间的分流，但在新学期的报名咨询日，感兴趣的学生还是在马路上排起了长龙。

语言部门主管曼弗雷德·艾维将 37%的增长率上报给慕尼黑总部。在过去的一年中，“默克尔效应”使学生总数增加了近四分之一：2011 年 12 月德国总理默克尔曾访问马德里，并称德国经济在未来几年内亟须“近十万名工程师”以及一大批技术人才。“这句话就像发令枪一样。”艾维说。在新增的语言学生里，工程师和技术人员约占三分之一，其中相当一部分人是因为经济危机而丢掉了饭碗。

尽管如此，默克尔强压给其他欧洲国家紧缩的财政政策令西班牙媒体发出负面言论。左自由派日报《国家报》近日用一整版对柏林的财政政策进行了批判性解读，配上德国牧羊犬撕咬西班牙国旗的图片。保守的《世界报》也配上了凶猛的德国牧羊犬向可怜的西班牙小狗要着骨头的图片，说：“我们是不是该谈谈?”当然挑起这些事端的只是少数马德里媒体。许多相关政客忍住了指责柏林的念头。保守派首相马里亚诺·拉霍伊(Mariano Rajoy)清醒地分析着危机的原因，称：“多年来，我们花掉的钱比挣到的多。”

两个现在正学习德语的计算机科学专业的女生说：“我们想了解为什么是我们国家出了问题，而德国却没有危机。”基于这一问题，歌德学院与西班牙塞万提斯学院共同推出联合艺术项目。根据“participar. de”网站的想法，两国艺术家应展示个体公民是如何受政治决策的影响的。这两个女孩也可以想象在德国工作几年的景象。但是道路也是漫长的：德国公司通常要求歌德学院的 B2 级证书。这意味着：他们得在强化班至少恶补两年。

在西班牙的公立教育系统，德语只占据很小比例——学习德语的学生数从来没有超过 0. 5%。然而，随着经济危机的到来，学生的兴趣突然苏醒。应学生的家长的要求，越来越多的私立学校开设德语课程。

在面向成人的语言学校里，德语已经上升到第二位。而英语以近 90%的占有率成为孤独的领跑者。“我非常感谢默克尔总理为我们提供的这一机会。”私立语言学校所有者曼弗雷德·艾维说，现在对歌德学院课程感兴趣的学生已超过其可容纳量。

在经济危机来临之前，除了旅游业外，德语在西班牙经济中并没有发挥多大作用。尽管如此，德语在一部分受过教育的中产阶级中受到长期的欢迎。每逢节日，约翰·塞巴斯蒂安·巴赫《圣诞清唱剧》原声碟总是销售一空，西班牙百货和法雅客百货公司的古典音乐部门总会提供从舒伯特到理查·施特劳斯的大量歌曲。近日，男中音歌唱家马特亚斯·戈勒带来了名为“古斯塔夫·马勒之夜”的表演，皇家剧院内座无虚席。除此之外，歌德学院的文化节目也有着大批固定观众。

但上文所提到门庭若市的景象在过去却几乎没有出现过。马德里媒体的评论员也对原因进行了猜测，《国家报》称不能排除这种可能性：德语就像解决年轻一代就业恐慌的一根救命稻草。在16至29岁的年轻人群中，每两个人中就有一个人失业。四分之三的大学毕业生已经幸运地找到了工作，但是待遇不好。“在他们的证书中，‘会说德语优先并且算是重要的附加条件之一’。”艾维在他的语言班上这样对他的学生们说道。因为具备良好的英语能力是“不言而喻”的。

涌入歌德学院的人潮反映了文化的剧变：外语原先在西班牙地位极低。一直持续到1975年的佛朗哥时期，领导者一直希望西班牙与世隔绝。随后，布鲁塞尔的数十亿美元的援助带来了经济繁荣的开始，直到2008年房地产泡沫的破灭才结束。这给西班牙的社会学家和整整一代人一个错觉：人们可以毫不费力地快速赚进许多钱。而学习外语在人们看来是“费力”的。“人们把我们这一代人称作‘迷惘的一代’，”其中的一个计算机专业的学生说道，“但我们不想迷惘，所以我们来这里学习。”但专家们一致认为：德语学习热潮并不太可能导致大的德国移民潮。虽然现在整个国家有数千名专业人员正额外地学习着一门对西班人来说有较高难度的外语，但是其中只有极小一部分人真正打算迁徙到寒冷的北方。在默克尔“马德里讲话”的两年内，只有不到15 000名西班牙人在德国居留局进行登记。

托马斯·厄本，《南德意志报》驻西班牙通讯员，生活在马德里，文章发表于2012年12月21日。

赫尔林德·科布尔——“你在梦想什么”

摄影师赫尔林德·科布尔为来自世界各地的歌德学院德语学习者进行侧写。带着极大的同理心和一双公正的眼睛，她对来自 22 个国家的歌德学院的德语学生进行了采访和拍照，这里面既有年轻人，也有成年人。赫尔林德·科布尔的工作展示了他们与德语学习相关的梦想，在德国所牵挂或特别喜爱的事物。

更多的照片和关于德国语言的文章请见歌德学院的最新杂志《德语!》。

丹尼尔·卡帕(Daniele Scarpa)，来自米兰，28 岁，在一家旅行社工作：

“威尼斯是我的故乡。我在那呆了很长时间，我的祖父母都出生在那里。所以对我来说，托马斯·曼的小说《魂断威尼斯》十分重要。当我听到泻湖岛上城市的方言时，我感觉像回家了一样。我是第一次来到德国，为了认识更多人以及练习德语参加了文化活动。我觉得德语很难学，但它对我的工作很有帮助。如果能在德国生活工作一年就太好了!

卡约娜·穆库(Kajona muukua)，来自纳米比亚的温得和克，20 岁，学生：

“我的梦想是在职场取得成功，站在金字塔顶尖并赚许多钱。我也许会学习法律，或者自己当大厨开一家餐馆。我很喜欢烹饪，喜欢传统菜肴，譬如说好吃的肉和玉米粥。我不太喜欢德国的食物，但是我很欣赏这里人们的生活方式，还有这里漂亮的楼房和豪华的车辆。”

克里斯·莫森(chris mawson)，来自曼彻斯特，18 岁，刚从高中毕业：

“我的梦想是成为一名优秀和著名的电影演员。我从七岁开始就参与青少年戏剧的演出。现在我有一年时间，去寻找我真正想要的是什么。11 岁时，我在学校选修了德语并在 15 岁那年参加了交换计划，去往斯图加特。所以对我来说，现在的学习会稍微轻松一些。我在这里认识了许多对我有帮助的友好的人。但是他们讲方言时，我就听不懂了。我刚参观了劳夫的教区集市，有点奇怪，但是很有趣。德国啤酒与我们那里相比既美味又便宜。香肠至少有 20 种多不同类型，太令人难以置信了。”

卢尔德斯·盖斯帕特(Lourdes Gaspart)，来自巴塞罗那，29 岁，建筑师：

“我的父亲会说五种语言，妈妈和我都会说四种语言。我是个语言天才，德语难不倒我。有梦想是一件好事，例如住在一个密斯凡德罗设计的极简主义的海边小屋或是悬崖边上。对我来说他就是设计师之父。我曾在伦敦学习可持续发展建筑专业，现在在苏黎世工作，因为在德语国家有着最好的工作机会。我想以后把这些理念带到巴塞罗那去。我喜欢这里的城市生活，人们认真而有序地工作。虽然我并不主张这样，不过却很欣赏。西班牙在这一点上恰恰相反。

萨米尔·埃尔·拉贾布(Samir el rajab)，来自的黎波里(tripolis)，41 岁，汉堡伊斯兰中心著名宗教学者：

“九年前我来到汉堡。从那时开始我就成为了一名翻译。我喜欢宾客来访，并和他们直接对话。我的梦想是所有的人都能和平共处。有些人担心清真寺会发起恐怖袭击，但在我们的宗教里并不是像媒体所渲染的那样。我们清真寺有一个开放日，邀请人们喝咖啡，进行交谈。我与牧师也有接触并互相交换想法，这也是极好的。就个人而言，我从来没有受到攻击。所有的人都是平等的，但是当我看到年轻的女孩喝酒和吸毒时，我还是感到很心痛。”

童话王国：2012 格林年

从前有两兄弟专门收集故事：从狼和金驴，到孤儿和邪恶的女巫的故事——这两兄弟就是格林兄弟。他们收集的故事在 1812 年以《德国儿童与家庭童话集》为名出版，之后风靡全球。他们的故事里有白雪公主、小矮人以及许多不太知名的人物，大拇哥的故事现已被翻译成 160 多种语言。为庆祝他们 200 周年诞辰，歌德学院在全球举办“格林年”的活动，并呼唤大家重新演绎格林童话。通过展览、演出和比赛，来自世界各地的人换装上演自己的童话故事，或者将熟悉的故事转化为现代的版本，积极参与其中。

“格林年”的核心活动是多媒体展“童话世界”，以大森林为布景，带着观众穿越德语童话中的风景。在四个章节中，观众将穿越欧洲、美洲、亚洲和非洲。该展览广受好评。

歌德学院向全球范围发出比赛和展览的邀请：在中东欧和加拿大举办 Facebook 照片大赛，在希腊则是翻译大赛；巴塞罗那的“格林日”活动，匈牙利则让艺术家兄弟姐妹们扮演童话里的对应角色。在加纳，十所学校开展演出，上演来自本地及德国的传统童话故事。

在新西兰，人们书写着自己的现代童话，它们大多来源于当地或者国际的民间故事。惠灵顿歌德学院已收集 300 多个这样的童话故事。

所有的童话故事都发表在博客上，新西兰销量领先的杂志是这次竞赛的合作伙伴并会刊出优胜者的文章。

“童话背包”云游在中东欧歌德学院之中：背包里装满了纸质书、有声书、电影和德语课的练习册。

一只小布青蛙作为童话大使来到在 8 个地中海国家的 26 所学校并把格林童话带给从西班牙到希腊的学生。作为回报，它收集了东道国的童话故事，除此之外也促进文化间的交流。

意大利歌德学院创办的网站“格林王国 · 童话世界”汇集了大量不同的项目。德国和意大利的艺术家与作家在这里刊出他们创作的动画电影或短篇故事——将古老的童话改编成现代版本，譬如小红帽把狼吃掉了。来自两国的名人们接受了简短采访，为什么维姆 · 文德斯希望成为“好运的汉斯”？什么样的车会在沃尔夫冈 · 保时捷的童话里扮演主角？这只是许多由老童话进行改编的新故事之中的两个。

德语教学联盟(BKD)

德语教学联盟(缩写 BKD)在全球范围内为本地的教育机构提供支持，并传播德国的最新形象。广告活动、文化活动、教师的继续教育课程、新教材与教育机构和高校的合作有助于语言的流存和传播。歌德学院与德语教学联盟一起，促进教育领域的网络化，并致力于欧洲多语言环境的建设。

1 000 名德语教师奔赴土耳其

土耳其歌德学院与土耳其教育厅共同组织了面向年轻德语教师的课程和相应的研讨会。2009 年以来，德语在土耳其中学中的第二必修外语的地位慢慢稳固，近 90%的学生选择学习德语。350 名新德语教师已经在去年到位——为了满足日益增长的德语教师需求，这个数目必须达到 1 000。由于很多教师培训的毕业生感觉准备做得不够充分，歌德学院在他们的职业生涯的开始紧密相伴，并提供在土耳其和德国的继续教育课程。

德语教学学习

针对海内外的德语教师，歌德学院于 2013 年出台进修和继续教育项目“德语教育学习”(DLL)。该项目符合科学以及教育领域的最新情况，大部分可在互联网上进行使用并允许实践培训。项目编纂者是对外德语专业领域的资深专家。感谢耶拿大学的合作，使该计划的参与者可以得到一个学术培训证书，该项目协议还有更多外国大学的加盟。

德语早教

海外最初由歌德学院或私人机构提出构想：孩子们学习德语，在无拘束的、休闲的环境中他们能够熟悉一种新的语言与文化。德语早教是一个新的全球性趋势，歌德学院也出版教材以及设立课程，对其提供支持。面向早教教师的杂志《德语早教》在这里起着重要的媒介作用。

学校：塑造未来的伙伴(PASCH)

项目“学校：塑造未来的伙伴”连接着德国和全球 1500 多所伙伴学校、50 多万的年轻人。歌德学院为全球 100 多个国家、500 多个 PASCH 学校、165 000 名德语学生提供照顾。PASCH 倡议由外交部发起，与德国国外学校教育司(缩写 ZfA)、歌德学院、德意志学术交流中心(缩写 DAAD)和教育交流中心共同合作。

会议：“创造可能”

“打开机会—创造可能”，在这个口号的领导下，来自 12 个国家 130 名参与 PASCH 计划的学校领导在第二届南亚以及东南亚校长会议上进行会面。两天的时间里，他们就学生们的未来进行了讨论，联邦经济部则介绍了联邦政府的专业人士和门户网站“Make it in Germany”(成功在德国)。在曼谷的德国企业也派代表参加，畅谈企业对雇员的要求。新德里和曼谷歌德学院承办了此会议。

为学生报纸撰文

2012 年夏天，第一届 PASCH 国际青少年课程开课，讨论重点为网络学生报纸。来自不同国家的学生将被邀请到德国学习新闻工作方法，认识和处理国际问题。他们与 PASCH 计划的学生们一起，在网络学生报纸《PASCH 全球》上在发表文章，报道他们的生活以及他们眼中的德国文化与社会影响力。详情见网址：www. pasch-net. de/global。

“为未来学习”

全球 PASCH 学校的学生代表在柏林召开的“PASCH——未来研讨会”上畅谈他们的未来愿景。2012 年 10 月，应歌德学院的邀请，20 名青少年代表相聚一堂。他们已经学习德语数年并参与了与未来相关的主题项目。在口号“为未来学习”的指引下，他们用德语交换了他们的经历并且与校友会成员分享了自己的目标。来自 100 多个国家的青少年构成 PASCH 关系网络。

文　化

5 800 项活动，覆盖 2 500 万受众，活动包括：

850 场展览，520 场音乐会，750 场电影放映活动，550 场讲座及作者演讲，450 场舞蹈和戏剧演出，1 500场文化从业者的继续教育活动，1 100 场会议。

美　术

博伊斯作品展在俄罗斯

关于约瑟夫·博伊斯的综合性作品展览首次在俄罗斯举办。本次展览“呼唤另一种选择”将博伊斯这个不太为人所知的艺术家展现在莫斯科人面前，并展出约 500 件作品：雕塑、素描、复制品和录像，代表作品如《20 世纪的终结》和《电车站》都包括在其中。展览的策展人是柏林汉堡火车站博物馆馆长，博伊斯专家，欧根·布卢姆。该展会是“德国年”在俄罗斯的一个重点项目。主办方是歌德学院和莫斯科国立现代艺术馆与柏林国家美术馆、国家博物馆。

“内罗毕——一种心态”

考虑到本国的殖民历史，肯定亚的青年艺术家、音乐家和作家对自己的身份有了不同的理解。他们以各种不同方式呈现国家的过去和现在。本次展览“内罗毕——一种心态”，在布雷根茨美术馆（KUB）的舞台上通过作品、讲座、影片和研讨，展现内罗毕的艺术和文化现状。这个想法是布雷根茨美术馆馆长两次访问内罗毕之后与内罗毕的歌德学院共同提出的。

布拉格的新房间

五位艺术家新设计了布拉格歌德学院的房间。“内与外”是该作品的名称，也是与城市、社会以及位于捷克市中心歌德学院相呼应的艺术作品的概念。朱莉娅·施密德，安特耶·希弗，海克·韦伯，迈克尔·雅阁和萨沙·韦德纳共同设计了学院的公共空间。在波恩艺术博物馆馆长斯蒂芬伯格的领导下，这栋建筑自身已成为德国当代艺术的展示橱窗。

“基律纳托邦——在未来的阴影下”

富含铁矿的瑞典小镇基律纳的 20 000 名居民被迫忍受迁徙的命运：全球对钢铁的需求驱使采矿进度加快，从而导致地表被破坏。市中心面临着崩塌的危险，居民不得不搬迁。受瑞典歌德学院的委托，11 名艺术家以城市的迁徙为题进行创作并将作品展出。

戏 剧

德国—印度青年剧院

两个难民儿童从印度去伦敦——这是在青年剧院上演的一个感人的故事，名叫“男孩与一个手提箱”。演出由曼海姆儿童和青年戏剧剧院施纳瓦尔与印度班加罗尔的郎加·山卡拉剧院联合制作，合作是由歌德学院发起的，由德国联邦文化基金会资助的，两剧院之间三年合作计划的成果。儿童与青年戏剧节“看呀！”评审团将从已演出的十部德、印戏剧中选出最优秀的一部赴柏林演出。

布宜诺斯艾利斯国际戏剧学院

“超越表达”——在这个口号的驱动下，西门子基金会在布宜诺斯艾利斯国际戏剧学院举办了“全景南方”项目——一个面向青年艺术家和作家这些明日之星们的为期四周的强化训练课程。歌德学院提供的奖学金使得来自八个拉丁美洲国家的八位年轻作家有机会参与进来。学院的宗旨是通过讲座以及国际客座演出加强拉美国家的艺术家之间的对话以及使学员与来自欧洲、美国和南美的领先的戏剧艺术家与编舞家建立紧密的联系网络。

莫斯科“遥远的毗邻”

对于俄罗斯社会来说，残疾人是一个棘手的问题。俄罗斯和德国合作的《遥远的毗邻》的合作团队包括残疾人与正常人，并成功被列入著名的莫斯科剧院的推荐剧目《编剧与导演中心》。德国导演戈尔德·哈特曼和他的俄罗斯同事安德烈·阿佛宁已经达到最重要的目的——被视作一个普通商业剧院的平等艺术作品。该戏剧作品将患有精神或身体疾病的当代俄罗斯作家的诗歌、小说和自传，完整呈现在舞台上。

舞　蹈

《保护我》在雅典

雅典歌德学院邀请由福尔克·里希特和阿努克·范戴克领衔的舞蹈《保护我》来到雅典。该剧作由柏林剧团演出，德国和荷兰共同制作，主题是经济危机已经成为常态，并在很大程度上影响着人们的生活。接到邀请后，该剧来到金融危机风暴的正中心及发源地。“政治冲突时代的戏剧”系列活动则与该剧的上演一道，起到重要的推动作用，并促进对话的实现。

威廉·弗西斯《人诠》

目前在德国工作的编舞家威廉·弗西斯的人权的作品，在斯德哥尔摩的丹森斯·胡斯剧院访问演出。他和他的舞蹈公司弗西斯公司一起，共同参与了“编织政治”的研讨会。舞蹈《人诠》的编排反映了弗西斯关于人类基本权益的问题的思考及其如何实现、如何记录。编排在柏林美国学会的法学教授肯德尔·托马斯的共同协作下完成。

舞蹈遇上博物馆

“回顾”是一个表演性的展览，同时也是编舞家哈维尔·勒·罗伊的作品回顾展。在巴塞罗那冯达西奥·安东尼·塔佩斯博物馆，罗伊通过舞蹈动作展示了他对于时间的感知，从而对传统展览概念提出质疑。该项目通过在博物馆空间内引入直观的舞蹈及表演，体现了当前时尚趋势。

东京：运动的意识反应器(RAM)

弗西斯公司的舞者安藤洋子发明了数码“舞蹈工具包”，使编舞结构以及动作具有可视性。该项目是关于体感方向最新文化与科学交流的一部分，可以把动作数据进行数字化的编译，写成程序语言。东京歌德学院支持该计划的发展，并与山口艺术与媒体中心进行深入交流。自从两年前，学院就已对安藤洋子的项目进行了资助。它来自于项目“弗西斯基金”，这在 2011 年和 2012 年的 10 所歌德学院中启动。

电　　影

东南亚：儿童科教电视节目

在儿童科教电视节目领域，德国处于领先地位：像“蒲公英”或是“和老鼠一起玩”这样的电视节目是寓教于乐的典范。在东南亚地区，该领域仍是一片空白。随着儿童杂志《我知道了》的出版，曼谷歌德学院将少儿观众逐渐丧失的科学兴趣重新拉回来。来自 9 个东南亚国家的 9 个电视台与德国经验丰富的儿童电视制作商合作。到目前为止，24 集节目已被制作成 8 种语言，吸引近 600 万观众。

布宜诺斯艾利斯的人才校园

“布宜诺斯艾利斯人才校园”项目给来自拉丁美洲年轻的电影制作人提供了第 7 次与来自世界各地知名导演、编剧和制片人互动的机会。应歌德学院之邀，德国导演安德里亚斯・德雷森亲自前往布宜诺斯艾利斯，导演和制片人亚历山大・克鲁格则是通过视频会议参与。在研习营、讲座和研讨会上，青年才俊们也可以与其他制片人进行深入接触。

德语电影在立陶宛

一个月时间里，7 个立陶宛城市内竖起了德语电影的条幅：来自德国、奥地利和瑞士的电影场景中的新电影作品得到展示，嘉宾如演员汤姆・希林和导演阿克塞尔・哈尼士也将亲赴现场。立陶宛歌德学院与奥地利维尔纽斯大使馆以及瑞士驻拉脱维亚、立陶宛和爱沙尼亚大使馆共同举办该次电影节。

纪录片导演培训

15 名来自中东和北非的新生代电影导演参加了中东北非纪录片训练营，目的是在国际纪录片市场立足。该培训计划由在开罗、突尼斯和莱比锡的三个研讨会组成，并将从构思到制作完成全程给予专业指导。主题如讲故事，预算和国际合作法规都包括在计划内。该项目由校园纪录片协会和开罗歌德学院共同策划，并将持续到 2013 年。

音　乐

俱乐部文化在非洲和欧洲

当内罗毕，基辅或布里斯托尔舞池满是人时，地板的声音听起来会是什么样子？歌德学院“十城”计划把来自非洲和欧洲的各五个城市的音乐家，DJ 和音乐制作人带到一起，邀请他们共同制作和举办音乐会，并对这些城市的俱乐部文化——大多是不成文的历史——进行科学讨论。这个计划集结成一场会议和一本书，探讨俱乐部文化和城市化。

布宜诺斯艾利斯：两个人的乐团

由布宜诺斯艾利歌德学院斯发起，2008 年已故的作曲家毛利西奥・卡格尔的作品“两个人的乐团”重新焕发生机。这件作品首演于 1973 年，是现代音乐最有价值和最具原创性的作品。卡格尔设计了一个由 200 个破旧的，一部分甚至已经损坏的乐器所组成的巨大的音响。2011 年巴塞尔的版本由音乐家威廉・布鲁克和马提亚斯・伍尔士在阿根廷访问演出。相关的研讨会和讲座点亮了卡格尔的乐器剧场。

慕尼黑室内乐团在平壤

尽管政治仍有着封闭性，朝鲜观察员仍肯定了近年来朝鲜文化具有一定的开放性。位于首尔的韩国歌德学院继续努力与其建立联系。2012 年 11 月，慕尼黑室内乐团在指挥亚历山大・李布莱希的带领下奔赴平壤，与金元筠音乐学院的学生一起，共同演奏了横跨三个世纪的音乐剧目。两国音乐家用联合音乐会的方式展示着自己的国家。

“声音交流”

实验音乐在中东欧有着悠久的传统，只是它渐渐被人遗忘。“声音交流”项目汇集了由克拉科夫、布拉迪斯拉发、维尔纽斯、里加、塔林、布拉格和布达佩斯的当地的节日音乐中的场景，其目的是重新发现并诠释早期的实验音乐作品。在开姆尼茨的声音交流节中，成果也得以展现；其中包括纪念匈牙利作曲家厄尔诺·基拉力的活动、立陶宛 DIISSC 乐团音乐会以及东德乐队“装饰与罪恶”15 年来首次的登台演出。

文　　学

莫斯科“非虚构作品”书展

在莫斯科“非虚构作品”书展上，德国是座上宾：在歌德学院、德国大使馆、莫斯科图书信息中心以及法兰克福书展的联合展台前陈列着 22 个出版社的 450 多部德语和俄语新书，总占地面积达 180 平方米。该项目还包括读书会、翻译研讨会、讨论及展览，约 30 000 人参观了展览。该活动由莫斯科歌德学院连同学院展示德国当代文学的门户网站 litrix. de 联手举办。

金星凌日

2012 年 6 月的金星凌日启发了国际诗歌项目的灵感，并把德国及新西兰的诗人汇集于此。他们将旅行所得凝聚成富有诗意的作品写进诗集，并按照“韵律融合”的原则把它们进行翻译。德方诗人有乌韦·科尔布，碧娅·欧勒辛斯基和乌尔里克·阿姆特·桑德西，新西兰方面则有辛勒毛纳·贝克，格伦·科尔克霍恩和克里斯·普莱斯。在法兰克福书展上，他们也将谈论自己的经历。该项目由歌德学院与德国和新西兰的合作伙伴共同举办。

德国—以色列文学日在柏林

2012 年 4 月，10 位作家在柏林参加了题为“各行其是”的德国—以色列文学日活动。阅读以及讲话的重点围绕着德、以两国的家庭情况以及关系模式展开。活动还包括电影之夜和关于团结、社会凝聚力和社会正义等议题所进行的讨论。文学日活动由歌德学院和海因里希·伯尔基金会共同举办。

赫塔·米勒：“文字的恶性循环”

利用赫塔·米勒所拥有的照片、文件，以及电影举办了罗马尼亚籍德国诺贝尔文学奖获得者的多媒体展览。本次展览共在欧洲 25 个城市展出，这是专为慕尼黑文学馆制作的展览的改良版，策划者为卢茨·迪特里希和欧内斯特·卫希那，以及一些熟识赫塔·米勒的朋友。2012 年，赫塔·米勒也应布达佩斯、布拉格、巴塞罗那、里斯本、芝加哥和纽约的歌德学院之邀出席读书活动。

文化与发展

校友思维工厂

德国校友会与专家一起，在 12 个州探讨关于文化、教育以及发展的交叉的问题。他们确定了教育和发展合作的主题以及相关问题，并提出可能的项目。2012 年 12 月，所有工作组代表来到柏林的研讨会，回顾过去，展望未来。讨论的结果将以项目建议书的形式交给歌德学院及其合作伙伴支持的文化、教育项目。

《火！火！火！》

三年多来，歌德学院将三个著名编舞家以及从东南亚挑选出来的精英舞者带到一起。在研习班，苏菲·夏皮罗（柬埔寨），克朗淳（泰国）和艾克·苏普利亚拓（印度尼西亚），定期深入交流各自国家的传统舞蹈。在研习班最后展出的成果《火！火！火！》舞蹈三部曲，以印度民族史诗《罗摩衍那》中公主悉多的烈火考验为主题。它在金边、曼谷、雅加达上座率最高的剧院演出，并在爪哇 Solo 剧院进行首演。该项目是歌德学院的计划“舞蹈联结”的一部分，该计划提供亚太地区当代舞蹈的有关信息，并为与欧洲的交流提供资助。

文化管理会议

全球各地是如何定义文化管理的？艺术家和策展人之间的文化管理者如何定位？对于不愿为文化交进场费的观众，你会怎么处理？2009 年以来，世界各地歌德学院为文化管理人提供了进修计划。2012 年 11 月，在柏林所召开的会议反映了迄今所做的工作：来自 35 个国家约 220 人参与会议，探讨工作领域的问题、任务及目标。两天里，他们互相交换经验并且进行了项目构想，这些构想会在会后付诸实践。其中第一个成果便是一系列网络研讨会——德国校友门户网站将参与，并将于 2013 年的秋天开展关于文化政策的专业活动。

科学与时事

中德对话论坛

1989 年之前，中国和西方世界是几乎对彼此封闭的两极。由于闭关锁国政策的取消，两国便面临着与对方交流的任务。相反的价值观总会导致冲突，产生误解。在新哈登贝格的城堡举办的中德论坛以“为什么我们不明白对方”为题，邀请来自中国和欧洲的艺术家、哲学家、文化学家共同参与。他们表达了如人的尊严和自由概念的意义并交换了意见，尝试克服文化代沟。主办方为歌德学院(中国)、中国社会科学院和新哈登贝格城堡基金会。

“迎接世界—映射民主”

三个国家，三个屏幕，一个主题：“映射民主”通过视频的方式，将慕尼黑以及另外两个国外城市的专家汇集到一起，讨论民主的界限和机会。当它能够当作政治共同参与的保证时，其他方面容易遭遇危机。在世界范围内，抗议运动的功能性受到质疑。“映射民主”邀请了艺术家、科学家和政治家来深入讨论政治参与的新方法和政治未来的可行方案。在四个活动中，跟慕尼黑连线的城市是开罗、马德里、北京、伦敦、华盛顿、雅典、莫斯科和布达佩斯。这一系列讨论是歌德学院、德国慕尼黑剧场和内姆切克基金会共同合作开展的。

学习人权

人权是可以学习的吗？革命在阿拉伯国家开启了怎样的契机？西方的社会权利难道不应当和个人权利同等重要？歌德学院带着这些问题，来到在波恩举行的“德国之声”全球媒体论坛。阿拉伯社会科学家、哲学家、政治家和制片人谈论了公民意识的重要性，以及欧洲传统的规范是否可以并应该移植到其他国家。在“阿拉伯之春”的大背景下，他们讨论民主、人权和妇女权利及其与伊斯兰教的兼容性。

一个梦想，一座桥梁

伊斯坦布尔吸引着艺术家，邀请大家来交流。在这里，人们可以触摸历史与未来。在塔拉比亚一探位于博斯普鲁斯海峡边新成立的德国文化学院。

水边的白房子隐藏着渴望，唤醒了回忆。不必说，即使在冬天，这里的天空也多是让人眩晕的蓝色。诗人格哈德·法尔克纳站在窗边观察着船只，这些巨大的运货怪兽无休止地运来运去。这个视角！这个角度！正是法尔克纳追求的。为了写一首长诗，几周以来他都把自己锁在屋里。后来不知什么时候，他打破了这种与之隔绝的生活，步行考察了他临时住所周边的环境。很快，五小时之后他就到了博斯普鲁斯海峡注入黑海的地方，六小时后到伊斯坦布尔，到加拉塔桥。塔拉比亚德国文化学院就在这之间。2012 年 9 月，首批奖学金获得者到达这里。

一个作家可能做错两件事，他在写字台前抬头，或者不抬头。有一位著名的作家说过，天堂不是棕榈树下的吊床和无所事事。3 到 10 个月不受打扰的工作机会才是更诱人的。这位即将离开塔拉比亚的柏林诗人将会留下些东西，也将带走些东西。在塔拉比亚完成的作品，他的柏林哀歌《Gegensprechstadt-ground zero》和之后一年出版的《佩加蒙诗歌》的续作，讲述了船只的故事，充满垂钓人的声音，这些声音围绕着新的和旧的伊斯坦布尔。五月，法尔克纳将与土耳其音乐人在伊斯坦布尔的地下水宫遗迹一同演出。

为获奖者准备的五处住宅

“这是对的时间和地点”，法尔克纳说。伊斯坦布尔就像八十年代的纽约一样吸引着艺术家。艺术家们在这 1800 万人口的城市扩展了欧洲中心视角，改变了对自己国家文化的看法，这些文化根植于此，未来也是。土耳其属于欧盟吗？还是布鲁塞尔和柏林的犹豫错过了新的地缘政治的好机会？

塔拉比亚学院的艰难故事刚好反映了这种不确定性，甚至是孤立状态。当前任外交部长的弗兰克-瓦尔特·斯坦迈尔对这个想法感兴趣的同时，在自由民主党控制下的外交部却长期对艺术交流不感兴趣。直到 2012 年 6 月联邦议会才解除了约束，铺平了去往塔拉比亚的路。目前有 5 处住宅可供获奖者使用。更多的建筑正在扩建之中，包括一个活动中心和土德会议中心。

桥梁之城

这个宝藏之地由伊斯坦布尔歌德学院负责运营。已经在土耳其度过了 8 年的主管克劳迪娅·哈恩-

拉贝极具奉献精神，尽管在柏林还有着政治争斗和嫉妒，她还是做了许多建设性的贡献。这片艺术家的土地带着新颖、前卫的氛围，独具魅力。候选人的挑选方式也极为特殊，不同于罗马的马西莫别墅，艺术家不能自行申请塔拉比亚奖金，而是由一个评奖委员会来提名人选。委员包括演员西伯尔·柯吉利，歌剧指导谢尔明·朗霍夫，作曲家沃尔夫冈·利姆，管理人大卫·艾略特和主席，作家、前柏林庆典总导演约阿希姆·撒托留斯。

伊斯坦布尔是“桥梁之城”，他们跨越不同的城区和大洲。塔拉比亚也有同样的任务。“文化间的交流是通过文化工作者与当地文化界的联系得以促进的”外交部与歌德学院的联合声明中如此说道。

三周前，吉姆·拉凯特抵达这里。他曾用相机塑造了德国摇滚乐的面貌，曾是新“德国之声”的经理和制作人，从妮娜·哈根到内娜。如今这位摄影师梦想着建造一座摄影和绘画作品博物馆，正如伦敦的国家肖像画廊一样。他不想透露太多关于他在博斯普鲁斯这段时间的项目信息，他要写作，但不是他的自传。

是孤傲隔绝，还是积极合作，塔拉比亚是人们通过自己的行为定义的。对艺术家或是政治来说都是如此。塔拉比亚有一个好的开始，这一点获奖者们意见一致。像伊斯坦布尔，在离她并不远的地方，人们可以感受到她的脉搏。用一个词来形容现在的情况，那就是理想。

鲁迪格·沙佩尔(Rüdiger Schaper)是《明镜日报》文艺部的主管。

未删减版的文章登于该刊 2013 年 7 月 4 日刊上。

约翰内斯堡："杰克鸡"对艺术评价不高

封闭式小区、乡镇和市中心：社会分化影响着约翰内斯堡的生活。表演节"Spines"有很多材料。

其实关卡本来没什么用，只是放在那象征着边界的存在，理论上每个人都从友好的安保人员身边通过。但是隔离带和摄像头有些吓人。乌拉尼亚庄园是一块约翰内斯堡中的白人领地，周围大部分都是简陋的郊区。只有几栋楼里住着人，对他们来说，封闭小区内的生活是遥不可及的。

大多数黑皮肤的邻居在乌拉尼亚的道路上是不受欢迎的，因为肤色，在约翰内斯堡生活还是很复杂的一件事。玛莎·马蕾卡从白色的面包车上下来，看看整洁的街道，她不是住在附近的人，但是她也很熟悉这里，安保齐全的房屋，高高的围墙。

"这里就是这样。"她简洁地说，"以前也没什么不一样的。"就算是 50 年前她最多也就来这里做做客。当时她的婶婶在这个街区为一户白人家庭工作，她偶尔接她的侄女过来，晚上再把她带回去。

这位 62 岁的老人今天是和她的儿子汉弗雷一起过来的。同行的还有编舞塞罗·佩萨和舞者布莱恩·马特姆布，这位来自索韦托的演员向我们介绍了他的艺术项目"在屋里"。在歌德学院"Spines"表演节的框架下，他将在约翰内斯堡的特殊地点演出三天，并和当地的居民互动。

在天文台附近的一个区内有一栋老式别墅，别墅前有一座半空的游泳池，里面蹲着一个留着一头长辫子、穿着条纹牛仔裤的男人。拉斐尔·克里斯蒂安·埃通加还把自己涂成蓝色，拿着棍子，装出在豪华舞台上表演的那种狂野气质。这部喀麦隆艺术家的作品本来是有关他的家乡雅温得中的混乱的。但这真的有用吗？"你要是问我的话，并没有。"主创人之一的塞罗·佩萨说。

"我是希望，观众们能得出自己的结论。他们可以就此同陌生人进行讨论，然后也许也能够打破界限。"

一直以来，节目的观众相当稳定：白种老人，深肤色的文化经理。但当总共承载着 35 名参与者的四辆迷你出租车驶过一个临时搭建的垃圾场时，他们立即留下了一系列无形的隔阂。小石头房子与瓦楞铁皮小屋紧紧挨在一起，未被粘牢的铺沙路面以及露天理发沙龙——我们在亚历山大港小镇。

在一些当地朋友的带领下，我们的小组穿过数条窄巷列队行进，经过众多敞开的屋门。四周环绕着友好的问候，但同时也有审视的目光。汉弗雷·马蕾卡在节日活动中才首次真正发觉了这个陌生的小镇。他说："要是没有在亚历山大港生活的布莱恩·马特姆布的话，那我可真会不知所措了。在我看来，这里的人几乎对彼此漠不关心，因为这里有太多的移民，而且他们只是暂时停留。"

然而，霎时间半个城区汇聚了来参加节日活动的人们。因为在人行道正中站着一个人，在他身旁有一个画有绿色十字的白色急救箱，还有一些鸡蛋分散着围绕在四周。男人的脸被一个肉色面具遮盖——一个超现实、噩梦般的场景。众人表现出了不知所措。"也许他经历了一场事故？"一名警察开车从旁经过，车窗开着，随后，他才给出了正确的猜测："艺术。"他笑着喊道，摇着头从史丹·瓦内特身边驶过。

在此期间，一些年轻的女孩鼓起勇气朝这位荷兰表演家走去。她们害羞地问这是否就是艺术，玛莎·马蕾卡也持有怀疑态度。参加节日活动的观众们不厌其烦地试图解释眼下情景蕴含的诗意，并与附近居民对此进行了简短交谈。

拉斐尔·克里斯蒂安·埃通加第二天坐在这条街的中国区里，轻抚着一只老弱母鸡的头，并轻声对其说话。过来一会儿，他宣告道："'杰克鸡'对表演艺术没有太多想法。"然后他出其不意地将鸡头放进了自己的嘴里，使之沉默。当它停止扑扑振翅之时，现场陷入了尴尬的寂静。但片刻之后，艾同亚张开了嘴，释放了这只鸡。虽然人们可以就这个节日活动是否太过于频繁地使他们置于这种震惊中的效果进行讨论——一位穿着高原油漆靴、戴着夸张假睫毛的德国芭蕾舞演员也使索韦托的居民感到不舒服。当然也还是有安静的时刻的：亚历山大的诗意布置抑或是埃通加的游泳裤讽刺作品。

一方面这确实是设法达到城市与郊区群众的交流。另一方面这也是在后种族隔离背景下为了促成表演艺术的本土化。除了促进接触，这次节日活动也许无法做出更多的成绩。不可能在这样一个社会阶层和种族群体间的隔阂如此深刻的城市里实现群众交流。虽然其间像汉弗雷和玛莎·马蕾卡这样的人们偶尔跨界生活。但到目前为止，他们仍旧只是特殊情况。

记者伊丽莎白·威乐豪斯，现居柏林，此外为《新苏黎世报》及《法兰克福汇报》撰稿。

本篇未删减版发表于 2012 年 12 月 10 日的《日报》。

德　国　年

资讯与图书馆

763 000 次借阅，686 000 名访客，440 000 条资讯信息

WWW. GOETHE. DE 网站有 2 330 万次浏览量

俄罗斯与印度的“德国年”：参与人次达到 1 040 万

印度“德国年”

“德国与印度 2011—2012 无尽的可能”：正是在这句格言的引导下展开了印度“德国年”，其通过涵盖所有双边合作领域——文化、政治、经济、教育及科研的千余场活动以别样的方式为促进加深印德两国更加友好的关系做出了贡献。

通过重点话题“城市空间”，“德国年”关注快速城市化进程所产生的影响——世界范围内最大的挑战之一，并且证明了德国是进行可持续发展的重要伙伴。中心项目为“印德城市梅拉”——十六个在孟买、班加罗尔、钦奈、新德里和普纳巡回展出的最新型多功能展厅的总和。展厅为来自经济、科学、文化领域以及参与活动的各联邦部门的德国伙伴提供了互动表演场地。

该项目伴随着多场音乐会、研讨会及大型会议，来访者共计逾五十万人。自 2011 年 9 月至 2013 年一月间举国持续着一场极其丰富的文化与科技盛宴：电影乐团 Babelsberg 带着奥斯卡得主 A. R. 拉赫曼的音乐在印度巡回演出；来自班加罗尔的青少年考察其城市的环境状况；将城市环境保护及可持续发展作为主题的露天行为艺术；萨莎·华尔兹在加尔各答的一座历史宫殿里纵情舞蹈。

“德国年”的承办方为外交部、德国经济部亚太委员会、德国联邦教育与研究部以及作为项目负责部门的新德里歌德学院。

就像契科夫一样，只不过是印度式的

德国和印度的舞者，加尔各答的杂乱无章，马勒室内乐团的音乐家们——这所有的一切都融为一体。柏林芭蕾舞舞蹈动作设计者萨莎·华尔兹与其印度同行帕德米尼·谢图尔一同创作出了一部集合艺术作品。

Pathuriaghata 是加尔各答北部的一个城市区域。这里的场景就如同从印度图画册里走出来的一样，它是一个被人群、汽车、喧嚣、气味、色彩填得满满的地域。在简朴的楼房之间高耸着古老、斑驳的宫殿——其中一个名为"Jorasanko Rajbatiti"的宫殿被芭蕾舞舞蹈动作设计者萨莎·华尔兹为其作品《对话 2013-加尔各答》挑选了出来。

这座拥有近 250 年历史的古老建筑由两部分组成：在建筑的里屋至今还生活着其所有者的家人，而在由此下来的外屋里，也是曾经的办公处，长久以来满是灰尘且荒凉。宽广内院里的阶梯向上通往曾经印度教神灵栖息的神圣之地，而内院里的柱子、圆拱、褪去光泽的小花饰、环绕的回廊以及向天空的仰视都无不让人联想到意大利文艺复兴的别墅。这座房子存在着一种魔力，它就好比不是从这个世界来的一样，如同睡美人城堡。然后现在它则在一定程度上被德国"印度年"重新吻醒。

对于"德国+印度 2011—2012 无尽的可能"及中心主办方——歌德学院而言，瓦尔茨的演出是略微迟来的高潮。此外，在印度，歌德不得不让位于 19 世纪的多位德国的印度学家，他们在这里知名度更高。对于萨莎·华尔兹来说，此次是她在印度继孟买 2001 以及班加罗尔 2007 之后的第三次也是最大一次对话项目。这次对话将不同国家、不同学科的艺术家们聚拢在一起，而同样在柏林的犹太博物馆(1999)、新博物馆(2009)以及罗马的 MAXXI(2009)的表演也属于这个系列。

这次作为舞者的是萨莎·华尔兹与来自金奈的芭蕾舞者帕德米尼·谢图尔，以及马勒室内乐团的四名独奏者和视频艺术家塔皮奥·施耐尔曼——共同精心策划，全员皆各行业的大师。仅在短暂的彩排后，他们的演出就成功地上演，它使消散的声响与气氛、美、痛苦和欲求融洽贯通，只为发觉埋藏在遗忘灰烬下些许未亡之物。一首巴赫的大提琴组曲、一曲施尼特凯的弦乐三重奏与轻盈的手势、老电影图片以及由舞者灵巧双腿、交叠其间的身体及甩开的手臂所组成的著名华尔兹式舞蹈相结合。

两个办公室工作人员陷入来自身体和语言的日常斗争的困境中，而这场斗争无人能胜出，因为它毫无意义。一个父亲想哄他的孩子上床睡觉，但是他们争吵了起来，之后又和解，最后彼此都发生了改变。一个年长者梦想回到青年时代。一个年轻的姑娘执念于一段幻想出来的、超越她承受能力的孤恋。这些以及此后的情景被编码式地讲述出来，好似梦的碎片，完全可以被别样地理解。一切如蜘蛛网一样若隐若现、支离破碎，仿佛透过锁孔的一瞥。

这正是这些画面的魅力之处。神秘与惊异的氛围会如同夜雾一般在空间里散播开来，而其间外界现实也通过拥堵的车辆笛鸣、商贩的叫卖和有轨电车的叮铃声由外涌进。这种混杂具有一种幻象的效果，就好像时间与空间在一个巨大的迷宫中彼此相望。同时这种混杂也是一种释放与解脱，因为时空看起来又是彼此含笑相视。

表演接下来完全被人潮淹没。想到对话终结于此，让人沮丧。谁又知道呢？倾塌的宫殿无处不在，但今晚，就像是契科夫的一样，只不过是印度式的，它也一定可能在别处存在。

俄罗斯“德国年”

在逾 50 座城市开展约千场活动——这就是 2012/2013 在俄罗斯举办的“德国年”。本次题为“德国与俄罗斯：共同塑造未来”盛大项目的目标是强化已有的伙伴关系，推动新的合作项目，为思考全球性挑战创造空间。伴随来自阿尔布雷希特·丢勒的油画《穿毛皮大衣的自画像》的大型拼图板和名为“俄罗斯人与德国人，1 000 年历史、艺术与文化”的展览，“德国年”于 2012 年 6 月 20 日在莫斯科中心红场上拉开了序幕。数场展览、戏剧演出、音乐会、街头庆祝活动及众多其他活动在国家的各个地方接踵而来。这也是第一次能在俄罗斯看到约瑟夫·博伊斯大型作品展，在莫斯科和西伯利亚有 15 000 多人参观“触摸数学”的展览，奥斯纳布吕克交响乐团也是二战后首次在伏尔加格勒演出的德国乐团。此次“德国年”项目的承办方为外交部、歌德学院和德国东欧经济关系委员会。

穿着毛皮大衣的莫斯科

纽伦堡市与歌德学院共同在俄罗斯首都铺设了一块 300m^2 的丢勒自画像的巨型拼图。

弗拉迪米尔·津科维奇并不知道这个长着一头长卷发，穿着一件小毛皮大衣的家伙是谁。但他依然觉得这个活动棒极了。阿尔布雷希特·丢勒，不，他完全没听说过此人。即便如此，这个 22 岁的小伙子实际上对艺术和德国都还是很感兴趣的。他说，什么时候也想去趟德国，或是瑞士。“这幅画十分与众不同。”小伙认为。

在位于莫斯科中心这块 300m^2 的拼图正是丢勒的《穿毛皮大衣的自画像》。为了“德国年”开幕式，它被分为 1 023 块运往俄罗斯，在马内兹广场上拼装起来。在骑马雕像上的朱可夫元帅照看着参与者们，同时，历史博物馆的红色外墙为活动提供了醒目的背景，再往后是克里姆林宫和红场。来自慕尼黑的快车铜管乐队奏着乐，俄罗斯民众拼着图。丢勒的故乡纽伦堡与歌德学院共同组织了本次活动。在莫斯科之后，这幅巨型拼图还将设立在另外的 5 个俄罗斯城市。

在这里，第一次听说丢勒的津科维奇显然是个例外。莫斯科歌德学院院长吕迪格·博尔茨说道：“如果人们联系到德国艺术的话，那一定就会想到丢勒。”

他谈到了德国人良好的声誉以及俄罗斯人民对德国的兴趣。博尔茨先生说，有 240 万俄罗斯人在学德语，只有波兰的德语学生人数超过这里。此外他还提到：“德国在所有领域上都享有极高的声望。”

纽伦堡文化部负责人尤莉亚·勒内相当满意。她表示：“路人很乐意参与到活动中来。”许多人早已有意了解纽伦堡，并表现出了极大兴趣。其间，更有俄罗斯主持人通过扬声器发问，是否有人知道什么是德国煎香肠、姜饼。以及人们都还知道哪些纽伦堡的东西。知道答案的人就可以得到一些真正来自纽伦堡的姜饼。儿童、小伙子们、老妇人甚至还有一些军人都在拼拼图。尼克莱·杰格若夫也参与了进来，因为他相信这个活动与自己有些许联系。他说，更多的相互谅解是很重要的，而这也是他亲身经历过的。老人今年已 86 岁的高龄，他是从战争中认识德国的。还是年轻小伙儿的时候他曾在那里。老人用德语告诉大家，他爱德国，他说：“因为那里有着动人的书籍。”

一位女士径直躺到了丢勒的卷发上，摆好姿势拍照。筹备者们到最后还是对这些女士们略感不安。因为在莫斯科，女人们显然都是更加青睐有着高而尖后跟的高跟鞋。而这对于由硬泡沫制作的拼图是十分危险的。但是阿尔布雷希特·丢勒依旧经受住了考验。

此为 Katja Auer 所撰写的文章节选，发表于 2012 年 6 月 21 日《南德意志报》

巴西“德国年”

“德国+巴西 2013-2014”开幕了：在“灵感在此碰撞”的主题之下，两国通过一个环游巴西 17 座城市的可移动文化机构、一场摄影与包豪斯电影展、一次媒体艺术节等方式进行了大量的文化、经济与科学的交流。德国总统约阿希姆·高克来到圣保罗和里约热内卢出席了开幕式；德国总理安格拉·默克尔在汉诺威举办的 2012 年信息及通信技术博览会上会见了巴西总统迪尔玛·罗塞夫。

探索手机应用："德国印记"

在巴西、以色列和斯洛伐克的发现之旅：歌德学院的互动苹果手机软件用文字、声音及图片将人们带到德国文化的真实场景中。

手机应用"德国印记"为感兴趣的人们提供了一个能够更充分体验"德国情境"的机会——这些印记在巴西、以色列和斯洛伐克都可以找到。通过菜单，使用者可以在世界范围内选项中搜寻资讯，一个"增强版实景"画面实现了身临其境地探索德国文化。例如在以色列，女摄影师诺阿·本·莎隆姆和《时代》周刊作者吉塞拉·达克斯以音频及文字形式记录了德国文化的情境，比如在特拉维夫的柏林仿古酒吧沙龙或是在阿拉瓦沙漠上借助德国技术修建的太阳能设备。在一百多项的巴西入选的条目中，其焦点不仅放在德国移民者所留下的遗迹，而且展现当前与德国的联系。于是使用者们能够获悉纺织业制造商赫灵伟大的成就，或是能够到世界最大的当代艺术露天博物馆进行一次影像参观：以多媒体方式，且是用德语和葡萄牙语进行讲解。

正处于开发过程中的斯洛伐克歌德学院的"德国文化印记"苹果软件将在布拉迪斯拉发挖掘德国文化的积淀，从而揭示该城的文化多元性。此外，这同样也为斯洛伐克的国家文化及其国家与欧洲身份的探讨做出了贡献。

在初次使用后，此苹果程序还可以离线使用，并且能从苹果网上商城免费下载。

互联网

“我通往德国的道路”

移民者在祖国完成得到签证所需的语言考试之后，至在德国接受融入课程这段时间，互联网门户网站旨在为他们提供相应支持。平均来说，这段时间持续 11 个月，应当为此制订计划。歌德学院通过“我通往德国的道路”设置了一套创新性的语言练习，且提供有关在德国生活的便于理解的信息。该互联网门户网站提供了与日常生活主题相关的指示，又被称为移民咨询处，帮助移民巩固习得的语言知识。一系列影片向大家展示，外来移民者应该如何战胜日常挑战。该项目由欧洲一体化基金会出资赞助。可参见 www.goethe.de/mein-weg-nach-deutschland。

欧洲的-阿拉伯的漫画传递

一位来自黎巴嫩的女漫画家是如何看待柏林的？而黎巴嫩又有什么吸引着一位来自德国的漫画艺术家呢？欧洲西南部的歌德学院将来自比利时、法国、意大利、黎巴嫩、葡萄牙、西班牙以及德国的漫画家们送上了旅程。这些艺术家们利用对拜访城市的新鲜视角在博客“漫画传递”上以文字和图画的形式记录下了他们对城市的印象。例如法国人尼古拉斯・维尔德从贝鲁特张贴出其对城市日常的抓拍，而来自黎巴嫩的漫画家彩奈・阿比拉舍德在柏林重新找到了她童年时代的瓷砖和板凳。该博客支持德语、西班牙语、意大利语、法语、葡萄语及荷兰语。可参见 blog.goethe.de/comic-transfer。

瓦格纳(Wagner)博客

2013 年是瓦格纳年。博客“我的瓦格纳”使大家能清晰感受到这位既受尊敬又饱受争议的作曲家的重要意义。超过 20 所歌德学院都参与到这个活动中来，其中包括布鲁塞尔、哈瓦那、香港、克拉科夫、北京、里加、首尔、特拉维夫及惠灵顿。世界范围内的博主们为此撰写了文章——主观的、国际化的、多媒体的。他们以视频访谈、电影、论文、音频和漫画的方式表达了对瓦格纳的个人观点。博客的访客也同样受邀参与此活动。专栏如“同瓦格纳学德语”，通过报刊评估和活动提示为此活动作了进一步宣传。可参见 blog.goethe.de/wagner。

图 书 馆

"图书馆的尽头—图书馆的未来"

我们的信息格局正处于数字化变革之中：谁在生产信息？这些信息可以或是应该被标上价格吗？这些自由档案的内容归属于何人？美国和德国的艺术家们正在通过一系列设施建设、朗诵会、表演及研讨会应对以上这些问题。纽约歌德学院图书馆为他们提供了长达 8 个月的实验平台。此外还有：纽约艺术家大卫·霍尔维茨、卡塞尔艺术学院校长克里斯蒂安·菲利普·穆勒及出版商合作社服务性图书馆。研究结果在德国及美国的国际图书馆峰会上汇报。

在线借阅：移动图书馆

在线借阅实现了数字化媒体的免费借阅，它不受时间与空间的束缚。在德国，已有超过 300 家图书馆提供网络服务。自 2012 年秋季起，欧洲、撒哈拉以南非洲地区、东亚、加拿大与美国的歌德学院用户只需轻松点击鼠标，就能借阅电子书、音乐专辑和电影。这些数据可以直接下载到电脑、电子书阅览器、MP3 播放器或是智能手机上，并提前设置了使用截止日期。这样一来，传统意义上借阅所需的归还步骤就取消了。在线借阅应该针对新的目标群体，尤其应当面向居所与图书馆有相当距离的人群。

"艺术至上！"——东南欧的媒体艺术

网络端"ArtUp！"是保加利亚、希腊和土耳其有关媒体艺术的多语种论坛。论坛提供了电子艺术作品以及媒体艺术的信息，并且概述了当下趋势，介绍了来自以上 3 个国家的艺术家，同时也给予其相互认识、彼此联系的机会。此外，还策划了可以在网上长期观看的展览。题为"邻里关系 X. O"的首场数码展览探索了 21 世纪邻里关系的含义——非法过境与在好莱坞影片中保加利亚龙套演员的命运都是重要的话题。2013 年将继续有两场数码展览。可参见 www. goethe. de/artup。

学院之外

全世界有 3 000 名工作人员
近 3 亿 6 600 万欧元的预算
其中 2 亿 2 100 万由外交部资助

献给在路上的歌德

文献及翻译：尤塔·鲍尔、安尔纳·贝尔斯托夫、巴斯·波特西、吉斯特·柏伊娜、托马斯·布鲁斯尼西、娜迪亚·布德、F. C. 德里尤斯、汉斯·马格努斯·恩泽思贝格、燕妮·艾尔鹏贝克、尤莉亚·弗利瑟、诺娜·果穆林格、尤莉亚·弗兰克、阿尔诺·盖格、杜尔斯·格律拜、尤迪特·赫尔曼、费力西塔斯·霍普、瓦拉迪米尔·卡米娜、莱哈特·克莱斯特、伍威·科尔波、米歇尔·克鲁格、米歇尔·科姆福米勒、卡特亚·郎恩-米勒、席碧乐·雷维特沙霍夫、马维尔、顾德伦·梅博思、赫尔塔·米勒、因卡·帕莱、提尔曼·拉姆施太德、欧根·鲁格、乌里希·阿尔穆特·桑迪、尤迪特·沙拉斯卡、希尔克·硕尔曼、因戈·舒尔茨、丹尼埃拉·赛尔、伍威·特尔卡姆普、史蒂芬·托姆、伊利亚·特洛亚瑙、彦·瓦格纳、马丁·瓦尔森、沃尔夫·翁达切克、芭芭拉·耶林

信息及图书馆：严讷特·阿亨贝格、马尔库斯·布朗德博士、克里斯蒂安·布鲁纳、欧拉夫·艾根布罗德、阿西姆·恩格勒特、约纳斯·范萨博士、沃尔夫冈 J. 费施、克劳斯 H. 格拉博斯基、弗里德里克·格罗斯、维纳·赫尔左格、萨沙·霍幕、乌里希·霍威曼、尤莉亚·卡埃尔格、可斯丁·凯勒-罗伊博教授、克劳斯·凯姆弗、彦·科尔姆斯、乌里希·科尔维茨、托马斯 W. 克劳蓬、瓦拉迪米尔·库茨、诺尔贝特·洛萨、安可·迈尔克-布吕曼、阿斯特里德·魅可、约尔格·迈尔博士、安德列斯·米特罗网、拉法艾拉·米勒、比尔特·米勒、克里斯托弗·米勒博士、马修·奥登巴赫、乌特·帕尔马-霍恩、帝特马·皮裴、哈拉尔德·皮尔兹、汉斯·普雷辛斯基、蕾娜·珀雷施、弗兰克·郝魅儿、加必西艾拉·略施、卡琳·略斯勒、安特耶·施弗斯、苏珊娜·施奈霍尔斯特、莫妮卡·施耐德莱特-加斯特、莫妮克·施维特、塔里克·赛登、安吉拉·塔姆博士、海纳罗尔·福哥特、乌里克·安尼克·威波、安德烈·维格纳博士、贝恩哈德·魏德曼

电影及媒体：马里奥·阿多夫、法汀·阿金、艾桑·巴登索易、马尔科·保德、迪特里希·布吕格曼、裴帕·丹阔特、安德列斯·德雷森、海因茨·埃米希霍茨、哈伦·法罗基、多而特·弗兰肯、多米尼克·格拉芙、亨德里克·汉德罗根特、雷安德·豪斯曼、托马斯·海森、本杰明·海森伯格、克里斯托弗·霍赫豪斯勒、克里斯托弗·惠伯乐、弗雷德·凯勒曼、布尔格哈特·克劳斯那、乌里希·科勒、安丽娜·蕾雯辛、皮亚·马莱斯、彼特·奈斯特勒、乌里希克·欧汀格、克里斯蒂安·裴佐德、洛萨·凡·普劳恩海姆、福柯·萨特、福尔克·施罗多尔夫、克里斯蒂安·施喔丘、汉娜·施古拉、海纳·西蒙、安德烈·维埃尔、汉斯·威尔加特纳、维姆·文德斯

戏剧及舞蹈：萨米尔·阿基卡、安东尼娅·巴埃尔、安德烈·玛利亚·厄尔、威廉·福斯特、赫尔贝特·弗利齐、莫妮卡·金特斯多夫、克努特·克拉森、戈布·司阔德、安德烈·格罗恩迈尔、维兰德·贾格德金斯基、施蒂凡·卡艾吉、克里斯·空德克、克里斯蒂安娜·库尔、安娜·孔耶斯基、菲利普·略勒、福柯·略施、康斯坦茨·马克拉斯、法布里斯·马茨利亚、马马查、艾娃·迈尔-凯

勒、彼得·米勒、托马斯·奥斯特迈尔、阿尔敏·彼特拉斯、蕾娜·博雷施、约亨·霍勒、夏维尔·雷·罗伊、艾斯茨特·萨拉曼、玛丽安娜·萨尔茨曼、伊莎贝拉·沙德、罗兰德·施梅福尼西、施·施·珀卜、理查德·吉佳、弗兰克·索爱乐、尼可拉斯·施德曼、梅根·斯图瓦特、达玛艮德·古兹、约阿西姆·托尔般、特里斯坦·佛哥特、萨沙·瓦尔茨、克里斯托弗·温克乐、VA·维尔福

音乐：阿达、巴赫学院斯图加特、巴塔萨-诺依曼-剧团、德里安-演出小组、迪特·伊格·特里奥、因特格拉斯剧团、埃尔德莫卜、约翰纳斯·费施、弗兰西斯·德拉科、杰特曼、克里斯蒂安·吉尔哈尔、海涅·葛博思、乌里克·哈格、豪施卡、吕鹏阿蒂维·基德、克劳斯·多尔玎格氏·帕斯波特、约翰奈斯·克莱德勒、克拉夫俱乐部、莫诺拉克、姆普妈妈、慕尼黑室内乐团、菲亚特音乐、内卡、欧娃、芭芭拉·普莱辛格、阿里波·莱曼、克里斯缇娜·谢弗、克里斯托夫·施拉格、亚历山大·凡·施力博巴赫、斯蒂凡·肖恩 & 克劳迪奥·普汀、希格诺演出小组、卡洛琳·魏德曼

科学及时事：戈茨·艾丽、阿莱达·奥斯曼、弗兰兹西卡·奥古斯台、乌特·梅塔·鲍尔、贝妮施建筑师、汉斯·贝尔玎、沃尔夫·毕尔曼、马提亚斯·博特格、亨里克 M. 波罗德、米歇尔·凡·布吕克、斯蒂凡·歌赛帕特、莫妮卡·葛丽凡、波利斯·戈洛斯、阿克瑟·克劳斯迈尔、亚历山德·克鲁格、赛尔敏·朗霍夫、克劳斯·赖格伟、安德列斯·莱匹克、尤塔·力姆巴赫、托马斯·德·麦茨埃赫、托马斯·麦金格、麦哈尔德· 米格、君特·欧汀亘、金姆·里尼茨、约恩·吕森、约阿西姆·萨托里斯、佩尔·斯戴恩布吕克、克劳斯·托普弗、洛尔弗-吕迪格·提勒、安德列斯·约翰·维斯安德、索菲·沃尔夫鲁姆

语言：“DUO 支援”，安娜米勒和安德列斯·格博、赫尔曼·凡客、诺拉·戈姆林格及文字艺术团、说书者“格林姐妹”(卡特琳娜·里特、加比利亚·阿滕巴赫)、玛尔赫·辛德赫、保拉“佩尔”格尔布克、亚历山大·里德米勒、玩偶与人剧院、安德烈·韦斯特帕、约瑟夫·温克乐

造型艺术：斯蒂凡·贝尔格、欧亘·布鲁门、卡洛琳·克里斯托弗-巴加基伍、米沙·库巴尔、尤里安·略德、格雷格·施耐德、克劳斯·斯德克、彦斯·乌里希、克莱门斯·凡·韦德迈尔

应邀嘉宾

我们对这些宾客的到访感到由衷的高兴：

林德·豪斯曼、约翰纳斯·艾尔伯特与哈哈尔德·莱伯雷西特、朱瑞·查斯卡瓦奇与克劳斯·斯德克、丹尼尔·里博金

彦·欧勒·格尔斯特、莫妮卡·格律特斯和吉哈尔德·法尔科纳、彦·蒂雷、沃尔夫冈·格罗斯

柯内莉亚·皮派和康斯坦蒂诺斯·斯密提斯、贝恩·纽曼、霍米·K·巴巴、德国联邦总理安吉拉·默克尔和柯内莉亚·皮派

吉格弗里德·茨林斯基、克劳斯-迪特·雷曼与耐克·瓦格纳、纳维德·科尔玛尼

哈芒德·阿尔-哈尔提和诺尔贝特·拉美特、马丁·莫泽巴赫、哈伦·法罗基、莱那·西蒙

A. P. J. 阿布都·卡拉马、法丁·阿金、乌尔里希·贝克、亚历山大·克鲁格

克劳斯·迪克与布鲁诺·格罗斯、海蒂·丹柯娜、乌苏拉·埃勒和谭克雷德·多尔斯特

外交部长古伊多·韦斯特威乐、彼得·纳达斯、萨沙·瓦尔茨、安诺·索尔、安德列斯·霍茨

马里奥·阿多尔夫、克里斯蒂娜·杰克里与凯·弗莱梅、丹尼尔·阔恩-本蒂特、马克·霍泽曼、马腾·佩尔西

芭芭拉·苏阔瓦、亚历山大·里博莱西、马丁·维茨、塞姆·奥茨德米尔和莫妮卡·格律特斯

歌德奖章 2012

歌德奖章由歌德学院董事会于 1954 年创办，1975 年被德意志联邦共和国正式纳为官方勋章。1992 至 2008 年间为纪念歌德逝世，每年在魏玛颁发该奖章。自 2009 年起，授予仪式每年于歌德诞辰日——8 月 28 日举行。从 1955 年初次授予仪式至今一共表彰了 329 位来自 61 个不同国家的人士。其中包括阿多尼斯、丹尼尔·巴伦博伊姆、皮尔·博迪、大卫·康威尔别名约翰勒卡里、昂斯特·格姆博瑞秋爵士、阿格那斯·海勒、吉奥尔吉·里格缇、阿丽安娜·姆诺契金、乔治·塞姆浦路、比利·怀尔德以及海伦·沃尔夫。

歌德学院主席克劳斯-迪特尔·莱曼于 8 月 28 日在魏玛向三位杰出的欧洲人授予了歌德奖章：他们分别是立陶宛文学戏剧学家伊蕾娜·维赛特、哈萨克斯坦戏剧导演波拉特·阿塔巴耶夫和波斯尼亚作家德泽瓦德·卡拉哈撒。歌德学院将德意志联邦共和国官方勋章授予了这些对德语传播与国际文化交流做出巨大贡献的外籍人士。

请阅读以下获奖者演说的节选。

波拉特·阿塔巴耶夫的致谢词

“生命易逝，时间易逝。”一个男人在墓碑前这样说道。一个哲学家这样答道：“并非如此，亲爱的，逝去的是我们。生命是永恒的，时间亦是永恒的。”三天前我曾在安娜安玛利亚城堡，在那儿我携伞席草地而坐，我的思绪飘至歌德、安娜安玛利亚、席勒、赫尔德和维兰德。我向他们的灵魂发出请求：帮帮我，帮帮我的国家度过难关。

……

我在铁米尔套的德国剧院里学到了反抗的文化。我从席勒、歌德(狂飙突进时期)、布莱希特那里习得了这种反抗精神。于我而言，反抗意味着使时代的真理同我自己的真理相互关联，并表现出维护公民文化的勇气。我要向德国文学致以最真挚的感谢！在阿拉木图，我拥有的是最一流的讲师：拉尔夫·菲弗、扎马·库安尼斯班耶娃、阿布拉哈姆·梅塞勒、赛力克·伊萨贝寇、赫琳娜·瑞特以及其他向我注入对德语之爱的人。寻觅正确的书籍并有机会拜读是极为重要的。对此，我十分感谢我亲爱的恩师们！

今天，对于我而言是意义非凡的一天。今天早上我接到一通来自哈萨克斯坦的电话。人权卫士瓦蒂姆·库拉姆辛被释放了。我在床上鼓起掌来。而我在莫斯科、伦敦和柏林的同事及朋友则为了我的释放做着斗争。今天，德国议员约西姆森博士也出席在场，她与她的同事们一同给哈萨克斯坦的权利施压。弗克·施罗多夫、罗伯特·休力、弗克·施密特以及其他的许多艺术家们都为我付诸了行动。现在，我站在了这里，但是另外的一些人仍在监狱里：我的朋友阿塔贝克、克茨罗威、萨帕加里、阿米拿、图勒塔耶娃和十二名以和平的方式为社会平等抗争的石油工人，同我一样被逮捕。德国议员维尔林·凡·克拉蒙在今日向阿斯塔纳政府提交了抗议信，要求政府释放他们。

……

我是在移民区长大的，在那里，哈萨克斯坦人、德国人还有俄罗斯人共同生活。还是孩子的我们就必须待在"Modr Emma"（艾玛奶奶）那里，因为我们的父母成天工作。我听德国民歌，吃德国点心、薄面卷配土豆、肉和酸菜。午睡时，艾玛奶奶会给我们唱"嗡，嗡，嗡，小蜜蜂来回地嗡嗡"。那是如此的安静，以至于我们真能听见小蜜蜂的嗡嗡声。我们还秘密地庆祝圣诞节。后来我才发现，德国化的东西是一种禁忌。我感谢现在正在天国的艾玛奶奶！请你安心，你"可爱的孩子"会将你永记心中。

……

生命如同巨浪长河。人们每分每秒都泳于其中。但长期的游弋使人疲弱，就好比奶奶说过，人们需要一个能够让他们真正得到休息的安全港湾。这枚歌德勋章就是我的守护天使。非常感谢！

伊蕾娜·维赛特的致谢词

……

我的父母并非教徒，他们的信仰是人道主义和广博的宽容。他们在德国上的大学。……我的童年是幸福、无忧无虑的。然而幸福随着苏联占领立陶宛开始崩塌了，并在纳粹德国攻占了我的祖国时达到悲剧的顶峰。我的母亲、我的祖父母、我的舅舅及阿姨在纳粹对犹太人的大屠杀中并未存活下来。每日我都是满目尸骨。奇迹般的，我活了下来，更准确来说，是因为我遇到了一群善良而又无私的人们。带有人道主义精神的西方文化，以及我从父母与恩师之处继承而来的德国文化使我在这个阴暗时代警惕产生仇恨和复仇这样的危险情绪。

……

1943 年 11 月，我父母的立陶宛友人将我从犹太人区救了出来，不久之后，我在斯蒂芬妮·拉蒂吉娜身上找到了归属感，这个立陶宛寡妇自己也有六个孩子，她宛如我的第二个母亲。……由于我的原因，斯蒂芬妮·拉蒂吉娜不得不拿自己全家人的性命作孤注一掷。我也由此体会到了真正的人性与博爱。这对我世界观构建的意义是我事后才领悟到的。我渐渐明白，我体验过的这种爱与自我牺牲不仅在肉体还是精神上都保留在了我的生命中。大屠杀教会我，要用同情和理解向他人让步，并且不对别人施加我所遭受的苦难；大屠杀使我明白，为了活下去，人们必须学会爱，学会宽恕。

……

可能只是我自认为，但是我愿意相信，21 世纪的人们会承受住后现代世界的虚无主义的考验，会回归到莱辛、歌德和席勒的基本价值观。同样，德国以其人文主义遗产作为基石，满怀希望，并且为 21 世纪人如何对待及克服 20 世纪悲剧的遗留问题树立了榜样。

德泽瓦德·卡拉哈撒的致谢词

违背其时代的意愿

歌德让我十分钦佩的一点是其能够成为不合时代潮流之存在的能力。这一点从很多层面上都有所体现，可能最为直接的是其世界文学的概念。当整个欧洲充满各种民族文学，每一种都展现了其国家特性，歌德就提出了世界文学的概念。世界文学之网使所有的作品及作家在同一时代友好共存，且并不认为他们之间的区别会成为问题。于是歌德在他的西东诗集中收纳了同 14 世纪(根据格里高利年历)波斯诗人哈菲茨·施拉西的一次对话，在此次对话中，他清楚地认识到这位谈话对象要比大多数同时代人更接近自己。

如果人们可以根据这本记录二人谈话的书来下判断的话，歌德理应是在这位谈话对象身上看清了自己。在这本书里并没有歌德同时代欧洲人认为东方的“不现实的异国风情”的痕迹，也没有作为知识来出售的旅游信息，没有这些……我不敢做这样的冒险，不尝试去解释在这本诗集中歌德传达了伊斯兰教东方怎样的一幅画面，这样的一次尝试足以让人们撰写一部新书了。

我仅很乐意强调，这个场景与同时代欧洲文学所创造出来的场景是完全不一样的。他没有附和同时代的声音，认为人们必须把不幸和无信仰的东方解救出来，从这种角度上来说，歌德就是一位独唱者，同时在“不幸与无信仰”中寻觅对话伙伴和朋友。

……

我希望，这些例子足以清晰说明，为何歌德这种成为不合时代潮流之存在的能力值得重视，尤其是在整个文化行业都如同被遗忘的产业一样运转的今日。现在，歌德在各种角度下都是具有时代性和有价值的，可能最主要的价值还是他清楚地知道自己是时代的产物，于是也就能够在作品之中出色地将昨天、今天与明天相融，并以最简单的方式实现自己的观念和不合时宜的行为，即拒绝被禁锢于他所处的当下之中。

2012年克劳斯·冯·俾斯麦奖

克劳斯·冯·俾斯麦奖是授予全世界范围内歌德学院的工作者的奖项，它奖励给通过长年取得杰出的工作成绩促进歌德学院发展或是处在特殊情况下仍立下功绩的员工。该奖项自1991年起每年颁发。

喀麦隆歌德学院　让-保尔·昂多博(JEAN-PAUL ONDOBO)

37年无间断辛勤工作的让-保尔·昂多博是至2012年已成立50周年的喀麦隆歌德学院的支柱。他被大家视作“院父”：让-保尔·昂多博23岁时被雇佣作为邮差，自那时起，他以不懈的工作热情及持续的投入脱颖而出。他懂得如何调解矛盾以及在困难的情况下进行平衡地居间调停。

显然，他巧妙而又谨慎地解决了一系列难以解决的问题(为学院管理及语言课程运营提供了支持)：鉴于喀麦隆复杂的官僚主义关系，他的工作对学院至关重要。昂多博先生还时刻都乐意完成一些日常的任务，将其看成是理所应当的日程安排来承担：例如当电话线路断了或是停电了，他及时解决，再或者是帮忙解决同使馆外交谈判的阻碍。大家早已数不清有多少获得语言课奖学金的学生因为他的帮助在出发的最后一刻收到签证。即使在入学注册期间，办公室门口挤着数以百计等待着的候选人，昂多博也能心平气和且心情愉悦地处理。

昂多博先生多年来以其乐于助人的理念和工作为大家作出了榜样，他的坚持几十年以来都深深地影响着歌德学院团队里的合作与精神。另外，由于他的沟通能力和非凡的忠诚使得他多次当选“值得信赖的员工”称号。

爱沙尼亚歌德学院　安娜·林德(Anne Lind)

因安娜·林德在过去20年中的持久努力，让歌德学院在爱沙尼亚教育系统中掌有一个强大的语言政治地位。20年以来，安娜·林德领导着塔林德国文化学院(DKI)，该学院最开始从一定程度上是被作为歌德学院的替代品被安排的。林德女士参与了创建德国文化学院，并通过其经验与巨大的责任心深刻地影响了它。自国家独立以来，她便以负责人的身份与爱沙尼亚歌德学院和德国大使馆合作开展爱沙尼亚的德国语言文化工作。其中，她在将德语作为重要组成部分保留于爱沙尼亚教育系统一事中做出了卓越贡献。于1999年在塔林创办的歌德学院正式接管爱沙尼亚的咨询以及项目工作。安娜·林德无条件地支持这一发展。自2003年起，她便作为专员从事爱沙尼亚歌德学院的德语教育合作工作，并以她的知识与人脉为学院服务，同时因为林德女士在社会各界受到的认可使得歌德学院在所有工作领域中受益匪浅。

截至今日，在爱沙尼亚，德语已同安娜·林德紧紧相连了 20 个年头。教育部长多次委任她参与委员会工作，对于德语教师联合会而言，她是一位不可或缺的合作伙伴。2004 年，为表彰安娜·林德对德国与爱沙尼亚文化合作做出的杰出贡献，授予她德意志联邦共和国勋章(十字功勋章带)。

文化活动[①]

吉隆坡

来自亚洲和欧洲的 14 名芭蕾舞舞蹈动作设计者与制片人探讨有关妇女、个人身份、舞蹈以及身体的话题。

阿克拉

生态跳蚤市场，文学中心和植物园：加纳歌德学院大放异彩。

布加勒斯特

多所理科学校有机会开设双语授课的物理课程。

华沙

40 名来自华沙的德语教师在 BVB 体育场踢球——足球教练罗伯特·雷瓦多伍斯基在 Youtube 上阐述德语学习的重要性。

布鲁塞尔

前德意志联邦共和国总理赫尔穆特·施密特与当时就任的委员会主席雅各布·德罗斯在布鲁塞尔的欧洲峰会上展开讨论。

科伦坡

歌德学院作为推动者及斯里兰卡舞蹈界的对话伙伴出席第二届“科伦坡舞蹈平台”活动。

阿拉木图/塔什干

配备多媒体音乐设备的国际大型项目“冰川音乐”在塔什干开幕。

旧金山

一万名来访者在灿烂阳光下涌进了具有传奇色彩的卡斯特罗剧院及歌德学院参加美国最盛大的德语电影节。

内罗毕

欧特电影节将同性恋、双性恋以及易性癖作为题材——在这样一个同性恋行为会被追究刑事责任的国家。

东京

德国统一日日本电台“J 波段”播放了数小时来自于歌德学院的节目。

蒙得维的亚

网络平台“El ojo colectivo”(集体视角)为艺术家及艺术团体提供了一个互相交流与表现的机会。

弗莱堡

德国需要医生：来自全世界各个国家的医生将在歌德学院接受为期 2 个月的德国诊所专业医学教育。

特拉维夫

在一次歌德学院举办的活动开始前响起了导弹警报。200 多人在 90 秒后被送往防空洞进行保护。

① 此标题为译者加。

维尔纽斯

一支在立陶宛波罗的海的白俄罗斯舰队及一列在加里宁格勒重获新生的有轨列车：名为“走向公众”的活动在公共场所进行。

萨拉热窝

为“格林年”敞开的童话宫殿大门：魔术师与巫师迎接游客去参观“童话世界”的展览。

南锡

歌德学院在歌剧院里带来了特意为沃尔夫冈·里姆谱曲的生日颂《雕塑协奏交响曲》。

都柏林

爱尔兰歌德学院因对移民主题多方位视角荣获都柏林多元文化奖。

马德里

用混凝土浇固的汽车、弹奏的火柴——西班牙这样庆祝“激浪派”诞生 50 周年和沃尔夫·福斯特尔 80 年诞辰。

喀布尔

艺术展 dOCUMENTA(13)在巴布尔花园里展出了 27 位艺术家的作品，同时是为了纪念第二次世界大战末将近半毁的城市卡塞尔。

阿比让

为保护观众，1 名歌德学院工作人员在 18 位科特迪瓦的舞者登台演出之际将院子里树上的椰子都摘了下来。

哥本哈根

为爱丽舍周年纪念庆祝会所举办的欧洲爵士之夜：德国、法国和丹麦的音乐家在蒙马特爵士音乐厅连续演奏了 5 晚。

米兰

君特·吕克与恩里克·卡斯特拉尼在威尼斯充满历史感的佩塞罗宫中举办了展览。

悉尼

时装 T 台上的朋克：奥维德《变形记》里的塞墨勒身穿薇薇恩·韦斯特伍德品牌服饰狂热登台走秀。

网　　络

93 个国家和地区的 158 所学院*，其中 13 所在德国
500 个网络伙伴，315 个考试合作伙伴，世界范围内有 1 000 家咨询机构

注：*还包括 12 个联络办公室。

区域划分

截至2013年3月1日

西北欧

阿姆斯特丹、都柏林、格拉斯哥、赫尔辛基、哥本哈根、伦敦(R)、奥斯陆、鹿特丹、斯德哥尔摩

德国

柏林、波恩、不来梅、德雷斯顿、杜塞尔多夫、法兰克福、弗莱堡、哥廷根、汉堡、曼海姆/海德堡、慕尼黑、施韦比施哈尔、魏玛

西南欧

巴塞罗那、波尔多、布鲁塞尔(R)、热那亚、格拉纳达、里尔、里斯本、卢森堡、里昂、马德里、米兰、南锡、尼泊尔、巴勒莫、巴黎、波尔图、罗马、圣塞瓦斯蒂安、斯特拉斯堡、图卢兹、的里雅斯特、都灵

中欧

布拉迪斯拉发、布达佩斯、克拉科夫、卢布尔雅那、布拉格、里加、塔林、维尔纽斯、华沙

东南欧

安卡拉、希腊(R)、贝尔格莱德、布加勒斯特、伊斯坦布尔、伊兹密尔、尼科西亚、萨拉热窝、斯科普里(V)、索菲亚、塞萨洛尼基、萨格勒布

东欧/中亚

阿拉木图、基辅、明斯克、莫斯科(R)、新西伯利亚、圣彼得堡、塔什干、第比利斯

南亚

班加罗尔、钦奈、科伦坡、达卡市、喀布尔、卡拉奇、加尔各答、孟买、新德里(R)、浦那、德黑兰(V)

东南亚/澳大利亚、新西兰

万隆、曼谷、河内、胡志明市(V)、雅加达(R)、吉隆坡、马尼拉、墨尔本、新加坡、悉尼、惠灵顿

东亚

香港、京都、大阪、北京、首尔(R)、上海(V)、台北、东京、乌兰巴托

北非/中东

阿布扎比、亚历山大港、阿尔及尔(V)、安曼、贝鲁特、卡萨布兰卡、大马士革、迪拜(V)、埃尔比勒(V)、耶路撒冷、开罗(R)、喀土穆、拉巴特、拉姆安拉、特拉维夫、突尼斯

撒哈拉以南非洲

阿比让、阿克拉、亚的斯亚贝巴、达喀尔、达累斯萨拉姆、约翰内斯堡(R)、卡诺(V)、基加利(V)、拉各斯、洛美、罗安达、内罗毕、瓦加杜古(V)、雅温得

北美

波士顿、芝加哥、哈瓦那、洛杉矶、墨西哥城、蒙特利尔、纽约(R)、渥太华、旧金山、多伦多、华盛顿

南美

波哥大、布宜诺斯艾利斯、卡拉卡斯、科尔多瓦、库里奇巴、拉巴斯、利马、蒙得维的亚、阿雷格里港、里约热内卢、萨尔瓦多、圣地亚哥、圣保罗(R)

(R)：区域学院

(V)：联络办公室

歌德学院驻地以及全球范围内的合作伙伴

截至 2012 年 12 月 31 日

歌德学院最重要的标志性特征以及尽善尽美地完成任务的保障乃是它全世界范围的网络。

歌德学院目前经管 158 所分学院及 12 所联络办公室，其中 13 所学院位于德国。总的来说，该网络划分成了 13 个区域，对于这些区域，各区域学院都具有广泛的控制能力。

此外还要加上全球范围内 830 个外国合作伙伴，歌德学院对于它们也准备提供经济上的支持或是咨询与质量保障的措施。因此，歌德学院在 127 个国家里有超过 1 000 个咨询点。

歌德学院

驻地在德国境外的歌德学院根据当地需求提供有指向性的语言、文化及信息项目。联络办公室的任务及提供项目则因特殊的地域性框架条件较为受限。驻德国歌德学院主要是推行德语课程，同时，位于慕尼黑的歌德学院总部负责整体管理以及咨询职能。

歌德学院合作伙伴

为了扩大服务的范围，并及时响应所在地之外的需求，歌德学院长期与合适的伙伴进行合作。

与之关系尤为紧密的合作伙伴为 35 所歌德中心，其作为德国海外文化机构，根据歌德学院的原则和标准开展语言文化活动。

此外，121 所德国海外文化机构主要还以不同的方式提供语言课程及文化活动项目。

63 所自主语言学习中心按照歌德学院的模型提供有方向性的德语课程，且同时组织歌德学院的语言考试。除此之外，歌德学院通过捐赠教材和设备，以及为教师和管理层提供培训和咨询，来为它们的发展提供支持。超过半数的语言学习中心成功通过认证，作为语言课程合作伙伴被认为是高质量保证，且被当作语言课程重要的宣传因素投入使用的“歌德印章”。另外，9 所歌德中心与另外 2 所德国海外文化机构均为印章获得者。

同样地，有 315 个考试合作伙伴也被授权独立承担歌德学院的语言考试。他们通常根据歌德学院的建议开设预备语言课程。

歌德学院还在全球范围内维持 198 所教材中心，这里随时为德语教师准备好了学习资料和信息。

此外，歌德学院还促进了东道国公共图书馆以及同类设施的发展。全世界范围内有同 100 所德语阅览室、伙伴图书馆、对话角及信息和学习中心建立的合作项目。它们均由歌德学院配备教学辅助工具，并根据所在地的需求介绍德国语言、文化及德国形象。

德　国

13 所学院，287 名工作人员

接触德国——这既是学习语言的动力，也是激励。也尤其适用于儿童及青少年。实现的方式有很多：只要愿意，就可以通过“学校：塑造未来的伙伴”(PASCH)的项目参加假期课程，或是与同班同学一起游览、感受德国。儿童及青少年对语言课程的需求于 2012 年上升了 19 个百分点，这也充分说明了市场对此类项目的强烈需求。

德国歌德学院于是相应地在此范围广泛开设活动。意识到对年幼群体所承担的责任，学院将工作重点放在建设全新的质量管理流程上。实施过程中，歌德学院加强了与青少年教育伙伴、基金会及企业的紧密合作，如果没有其支持，这些发起的活动将几乎不可能实行。

项目活动以会见和交流为重点。以下为一些实例：为了在时事话题的项目中拉近距离，来自全世界各个国家的青少年在柏林会面来自柏林内尔松曼德拉学校的学生。在魏玛的青年课程中融入了一系列具有话题针对性的研讨会，该会议的焦点在于民主和文明社会的发展。哥廷根歌德学院与布拉格歌德学院合作为来自中欧及东欧五国的竞赛“智慧的德语”中优胜者提供了一次语言交流。对数学、信息技术、自然学科及科技感兴趣的年轻人有机会在哥廷根访问马克思普朗学院、莱布尼茨灵长目动物研究学院以及德国航空宇航中心的过程中获得对科研与德国科学家日常生活和研究的深入认识。

由歌德学院及国际德语教师协会在法兰克福联合举办的 2012 年国际德语奥林匹克决赛是一切活动的高潮部分。98 名来自 49 个国家的参赛选手分成 3 个等级相互角逐。

他们制作壁报，合作准备课堂演讲或是参与德语问答游戏。但同时最重要的是很尽兴。各个等级最出色的，也就是最优秀的三个参赛者在闭幕式活动上获得奖赏与奖牌。另外，44 名教师带领青少年参加法兰克福的区域研究讨论会。

安吉拉·卡亚，区域负责人

德国歌德学院一览①

柏林

院长：艾德特劳德·凯霍尔茨-吕乐
成立年份：1960

德语课程与考试

课时 513 247，注册人数 8 507，考试人数 2 294

波恩

院长：安娜-卡特莱恩·韦伯
成立年份：1984

德语课程与考试

课时 145 410，注册人数 1 942，考试人数 764

不来梅

院长：克劳迪娅·米勒-赛普
成立年份：1981

德语课程与考试

课时 72 095，注册人数 2 319，考试人数 402

德雷斯顿

院长：克里斯蒂娜·帕乌罗威克
成立年份：1996

德语课程与考试

课时 119 456，注册人数 2 831，考试人数 1 086

① 此标题为译者加。

杜塞尔多夫

院长：史蒂芬 · 布鲁纳
成立年份：1984

德语课程与考试

课时 178 353，注册人数 2 472，考试人数 1 073

法兰克福

院长：君特 · 施魏因-祖尔
成立年份：1983

德语课程与考试

课时 210 469，注册人数 3 748，考试人数 1 009

弗莱堡

院长：安吉里卡 · 里德
成立年份：1971

德语课程与考试

课时 217 594，注册人数 2 784，考试人数 842

哥廷根

院长：史蒂凡 · 霍夫曼
成立年份：1973

德语课程与考试

课时 179 569，注册人数 2 235，考试人数 555

汉堡

院长：卡罗特 · 赫尔梅林克
成立年份：2002

德语课程与考试

课时 202 299，注册人数 3 848，考试人数 948

曼海姆/海德堡

院长：君特・施魏因-祖尔
成立年份：1980

德语课程与考试

课时 220 928，注册人数 3 261，考试人数 397

慕尼黑

院长：路多尔夫・德・巴恩
成立年份：1980

德语课程与考试

课时 365 506，注册人数 6 031，考试人数 1 866

施韦比施哈尔

院长：芭芭拉・马寇-台埃彼
成立年份：1965

德语课程与考试

课时 127 096，注册人数 1 891，考试人数 722

魏玛

院长：克里斯蒂娜・帕乌罗威克
成立年份：1996

德语课程与考试

统计数据见德雷斯顿

西 南 欧

22 所学院，285 名工作人员，其中 22 名为派遣员工

在部分欧洲西南部国家爆发的经济危机改变了人们对德国的看法。西班牙、葡萄牙以及意大利的年轻人和受过良好教育的人群开始学习德语，他们为当地学院带来了一次真正的语言课程的兴旺景象。“用德语工作”就是一个声势浩大、跨区域的项目，该项目结合了歌德学院相关经验与课程，并长远地提高人们的竞争力。这并非为了招徕劳动力，而是为了加强欧洲新生代的流动性以及帮助所有人获得相应的资格认证，无论是来参加短期还是长期课程的。

欧洲问题与相关倡议一如既往地影响着该地区。欧盟推动的艺术及展览项目“欧洲的 n 次方”及“欧洲合众国”穿越欧洲内外多国。在布鲁塞尔举行的“越来越小”活动与美国嘉宾杰瑞米·瑞弗金探讨了一个失去了规模与国际地位的欧洲所承担的新角色。另外，在“更欧洲”项目倡议下，歌德学院参与了关于欧盟未来外交政策文化维度的辩论。

2012 年布鲁塞尔的欧盟办公室受理了 39 项资助申请——近 50%的成功率。在全球歌德学院的参与下，欧盟白文化、语言和教育项目投入了超过 350 万欧元资助。

我们加强了在互联网领域的工作。意大利歌德学院联合项目“格林全国”成为了格林童话两百周年纪念的多媒体平台，此外，该项目还附带一个创意无限的推特沟通公众账号“@ fratelligrimm”。在法国、里斯本和马德里，项目“歌德 2.0：开启文化之门”试验了公众参与到我方活动项目设计的可能性。这项“自我尝试型参与”的活动并非目的本身，它是在以新的互联网方式建构我们的生活环境、文化、经济和政治的全球讨论背景下进行的。同时，马德里的 participar. de 也为该项目做出了贡献。这里为各区域的未来呈现了一个重要的话题与行动空间。

自 2012 年秋起，那不勒斯歌德学院就有了新教室——它们在新翻修的一个极具历史性的房子里，这座房子曾在 18 世纪作为英国大使海米顿勋爵及其夫人的官邸而闻名。另外，这对大使夫妇还曾在住所接待过约翰·沃尔夫冈·冯·歌德，这位在其《意大利之旅》(1787) 中倾心于意大利房屋及风光的作家曾说道：“相同的东西想必很难在欧洲存在第二次了，至少不会是在一个如此大而又人潮涌动的城市中心里。”

贝托尔德·弗兰克博士，区域负责人

西南欧地区歌德学院一览①

比利时

www. goethe. de/belgien；访问量：151 382 次

布鲁塞尔(区域学院)

院长：贝托尔德·弗兰克博士，自 2014 年 1 月 1 日起为苏珊娜·霍恩
地区商务主管：瓦尔特劳德·塞巴斯蒂安
成立年份：1959
www. goethe. de/bruessel

德语教育合作

(22 193 人参与)
11 次会议、竞赛、文化项目，7 场培训研讨

文化、信息工作

(50 583 人参与)
72 场展览、音乐会、节日活动等，9 场多样性活动

宣传/公关工作/媒体

(影响范围：99 500 人)

德语课程与考试

课时：53 033，注册人数 924，课程 86 节，考试人数 500

法国

www. goethe. de/frankreich；访问量：495 437

① 此标题为译者加。

波尔多

院长：格尔特鲁德·德·布雷
成立年份：1972
www. goethe. de/bordeaux

德语教育合作

(9 585 人参与)
22 次会议、竞赛、文化项目，11 场培训研讨

文化、信息工作

(12 930 人参与)
34 场展览、音乐会、节日活动等，5 场多样性活动

宣传/公关工作/媒体

(影响范围：7 100 人)

里尔

院长：多洛特·乌里希
成立年份：1957
www. goethe. de/lille

德语教育合作

(3 063 人参与)
11 次会议、竞赛、文化项目，3 场培训研讨

文化、信息工作

(34 070 人参与)
14 场展览、音乐会、节日活动等，3 场多样性活动

里昂

院长：博恩德·芬得
成立年份：1965
www. goethe. de/lyon

德语教育合作

(3 531 人参与)
9 次会议、竞赛、文化项目，37 场培训研讨

文化、信息工作

(44 876 人参与)
45 场展览、音乐会、节日活动等，4 场多样性活动

宣传/公关工作/媒体

(影响范围：63 700 人)

信息和图书馆

媒体存量 13 462 件，借阅量 6 565，访客 6 570，借阅者 507 人，每月信息咨询量 350 次

德语课程与考试

课时 18 678，注册人数 694，课程 81 节，考试人数 251

南锡

院长：伊丽莎白·史劳特
成立年份：1963
www. goethe. de/nancy

德语教育合作

(17 648 人参与)
15 次会议、竞赛、文化项目，8 场培训研讨

文化、信息工作

(36 893 人参与)
52 场展览、音乐会、节日活动等，2 场多样性活动

宣传/公关工作/媒体

(影响范围：27 100 人)

信息和图书馆

媒体存量 12 683 件，借阅量 5 142，访客 7 187，借阅者 388 人，每月信息咨询量 468 次

德语课程与考试

课时 12 575，注册人数：488，课程 56 节，考试人数 55

巴黎

院长：约阿西姆·乌姆劳夫博士
成立年份：1961
www. goethe. de/paris

德语教育合作

（60 819 人参与）
20 次会议、竞赛、文化项目，14 场培训研讨

文化、信息工作

（207 580 人参与）
111 场展览、音乐会、节日活动等，21 场多样性活动

宣传/公关工作/媒体

（影响范围：1 016 200 人）*

信息和图书馆

媒体存量 18 505 件，借阅量 11 914，访客 12 000，借阅者 740 人，每月信息咨询量 604 次

德语课程与考试

课时 100 860，注册人数 3 082，课程 386 节，考试人数 813

注：* 通过庆祝爱丽舍合约签缔 50 周年的各类活动而增加的影响范围。

斯特拉斯堡

院长：艾丽卡·德门内特博士
成立年份：1986
www. goethe. de/strasbourg

德语教育合作

（3 115 人参与）

6 次会议、竞赛、文化项目，2 场培训研讨

文化、信息工作

（8 907 人参与）
19 场展览、音乐会、节日活动等，1 场多样性活动

图卢兹

院长：斯蒂凡妮·诺伊贝特博士
成立年份：1962
www. goethe. de/toulouse

德语教育合作

（2 464 人参与）
10 次会议、竞赛、文化项目，4 场培训研讨

文化、信息工作

（23 497 人参与）
46 场展览、音乐会、节日活动等，3 场多样性活动

宣传/公关工作/媒体

（影响范围：26 500 人）

德语课程与考试

课时 12 778，注册人数 396，课程 41 节，考试人数 70

意大利

www. goethe. de/italien；访问量：616 932 次

热那亚

院长：罗伯塔·卡奴博士
成立年份：1961
www. goethe. de/genua

德语教育合作

(1 246 人参与)
1 次会议、竞赛、文化项目，4 场培训研讨

文化、信息工作

(34 190 人参与)
2 场展览、音乐会、节日活动等

米兰

院长：乌里希·布勒斯
成立年份：1958
www. goethe. de/mailand

德语教育合作

(1 931 人参与)
6 次会议、竞赛、文化项目，5 场培训研讨

文化、信息工作

(406 858 人参与)
40 场展览、音乐会、节日活动等，4 场多样性活动

宣传/公关工作/媒体

(影响范围：98 500 人)

信息和图书馆

媒体存量 5 018 件，借阅量 2 786，访客 3 520，借阅者 366 人，每月信息咨询量 318 次

德语课程与考试

见罗马-语言课程运营部门 意大利

那不勒斯

院长：玛利亚·C. 莫乐泽博士
成立年份：1961
www. goethe. de/neapel

德语教育合作

(9 605 人参与)
5 次会议、竞赛、文化项目，1 场培训研讨

文化、信息工作

(22 630 人参与)
15 场展览、音乐会、节日活动等，4 场多样性活动

宣传/公关工作/媒体

(影响范围：29 900 人)

德语课程与考试

见罗马-语言课程运营部门 意大利

巴勒莫

院长：多特·萨·海蒂·西亚施塔诺
成立年份：1962
www. goethe. de/palermo

文化、信息工作

(7 950 人参与)
23 场展览、音乐会、节日活动等，6 场多样性活动

罗马

院长：苏珊娜·霍恩，自 2014 年 1 月 1 日起为加比埃勒·克罗特-林茨
成立年份：1961
www. goethe. de/rom

德语教育合作

(107 352 人参与)
90 次会议、竞赛、文化项目，6 场培训研讨

文化、信息工作

(50 820 人参与)

35 场展览、音乐会、节日活动等，9 场多样性活动

宣传/公关工作/媒体

(影响范围：49 100 人)

意大利范围内的德语课程与考试

(米兰，那不勒斯，都灵和罗马)
课时 213 673，注册人数 5 065，课程 704 节，考试人数 15 774

的里雅斯特

院长：亚历山德拉·哈格曼
成立年份：1958
www. goethe. de/triest

德语教育合作

(420 人参与)
会议、竞赛、文化项目，1 场培训研讨

文化、信息工作

(11 890 人参与)
9 场展览、音乐会、节日活动等

宣传/公关工作/媒体

(影响范围：5 600 人)

都灵

院长：杰西卡·克拉茨·马格里博士
成立年份：1954
www. goethe. de/turin

德语教育合作

(达到 4 855 人次)
7 次会议、竞赛、文化项目，2 场培训研讨

文化、信息工作

(82 249 人参与)

27 场展览、音乐会、节日活动等，8 场多样性活动

宣传/公关工作/媒体

（影响范围：18 800 人）

信息和图书馆

媒体存量 7 289 件，借阅量 2 069，访客 2 783，借阅者 353 人，每月信息咨询量 110 次

德语课程与考试

见罗马-语言课程运营部门 意大利

卢森堡

www. goethe. de/luxemburg

卢森堡

项目负责人：见布鲁塞尔
成立年份：1975
自 2003 年起歌德学院成为欧洲皮埃尔·维尔纳学院的合作伙伴

葡萄牙

www. goethe. de/portugal；访问量：168 404 人次

里斯本

院长：约阿西姆·贝尔瑙德博士
成立年份：1962
www. goethe. de/lissabon

德语教育合作

（16 614 人参与）
13 次会议、竞赛、文化项目，9 场培训研讨

文化、信息工作

(31 665 人参与)
45 场展览、音乐会、节日活动等，9 场多样性活动

宣传/公关工作/媒体

(影响范围：47 400 人)

信息和图书馆

媒体存量 9 494 件，借阅量 8 158，访客 11 000，借阅者 545 人，每月信息咨询量 225 次

德语课程与考试

课时：155 766，注册人数 2 480，课程 183 节，考试人数 291

波尔图

院长：伊丽莎白·弗尔裴
成立年份：1957
www. goethe. de/porto
统计数据见里斯本

德语课程与考试

课时：65 348，注册人数 1 092，课程 111 节，考试人数 76

西班牙

www. goethe. de/spanien；访问量：558 221 次

巴塞罗那

院长：玛丽昂·哈瑟
成立年份：1955
www. goethe. de/barcelona

德语教育合作

(1 745 人参与)

4 次会议、竞赛、文化项目，4 场培训研讨

文化、信息工作

（49 451 人参与）
42 场展览、音乐会、节日活动等，10 场多样性活动

宣传/公关工作/媒体

（影响范围：21 800 人）

信息和图书馆

媒体存量 11 844 件，借阅量 13 427，访客 6 130，借阅者 901 人，每月信息咨询量 411 次

德语课程与考试

课时 206 461，注册人数 2 947，课程 207 节，考试人数 759

格拉纳达

院长：伊蕾娜・富恩特斯
成立年份：1986
www. goethe. de/granada
统计数据见马德里

马德里

院长：马格雷塔・豪施尔德
成立年份：1957
www. goethe. de/madrid

德语教育合作

（196 人参与）
9 次会议、竞赛、文化项目，6 场培训研讨

文化、信息工作

（275 754 人参与）
43 场展览、音乐会、节日活动等，8 场多样性活动

宣传/公关工作/媒体

（影响范围：18 500 人）

信息和图书馆

媒体存量 16 208 件，借阅量 15 787，访客 13 400，借阅者 1 120 人，每月信息咨询量 112 次

德语课程与考试

课时 335 924，注册人数 7 389，课程 603 节，考试人数 1 580

圣塞瓦斯蒂安

院长：弗兰克·舒尔茨-乌特莫尔
成立年份：1963
www.goethe.de/sansebastina
统计数据见马德里

西 北 欧

9 所学院，132 名工作人员，其中 19 名为派遣员工

2012 年，歌德学院利用伦敦图书馆的新概念走上了通往新时代的道路。借助可移动设备元素，图书馆转变成了能够快速适应不同要求的信息区。不管是作为读书俱乐部沙龙、漫画展、现场漫画派对及研讨会，还是作者见面会，图书馆成为了一个聚会场所，它通过不断变换的创意主题展示吸引着众多来访者。

在所有教室中配备平板电脑，这种多媒体课程为学生接触德语提供了新方式。外语早已被视为进一步获得专业资格的手段。为使这种趋势同样能够融入东道国的教育政策，所有学院都在采用创新的语言推广方法，积极参与专题讨论，游说和公共关系工作。伦敦与都柏林的歌德学院为参与决策的学校校长们录制了一部新广告片，介绍了学习德语的优势，特别是对职业发展的优势。瑞典的宣传活动“我爱德语”也抱有同样的目标。全新和独特的网络资源反映了青少年的生活世界，为激发他们学习德语、了解德国的兴趣产生了积极作用。

为了保证文化对话的可持续性，学院通过多样化的项目为艺术家提供访问和长期工作机会，由此还能进一步加深和当地文化界的联络。一个突出的成果是在瑞典举办的名为“基吕纳托邦”的展览。该展览展示了城市及其经济、气候和城市建设变化的艺术性分析。提诺·赛格尔应邀将其受歌德学院资助的展览“这些联结”在泰特现代美术馆展出，并且 2013 年继续与都柏林歌德学院的合作。此外，德国电影的观众持续增长——从实验性纪录片到经典默剧以及歌德学院系列电影、通过电影节合作或联合项目的方式在首都以外得到了专门的资助。最后，当代严肃音乐和流行音乐合作参与了荷兰的“十一月音乐节”、丹麦的“留声机音乐节”，以及对芬兰爵士乐的改造。

萨比娜·亨茨施，区域负责人

西北欧地区歌德学院一览[①]

丹麦

www. goethe. de/daenemark；访问量：54 982 次

哥本哈根

院长：安娜苏珊娜·法克勒
成立年份：1961
www. goethe. de/kopenhagen

德语教育合作

（达到 5 566 人次）
15 次会议、竞赛、文化项目，8 场培训研讨

文化、信息工作

（87 977 人参与）
44 场展览、音乐会、节日活动等，4 场多样性活动

宣传/公关工作/媒体

（影响范围：12 100 人）

信息和图书馆

媒体存量 7 792 件，借阅量 2 964，访客 1 758，借阅者 266 人，每月信息咨询量 50 次

考试

考试人数：90

① 此标题为译者加。

芬兰

www. goethe. de/finnland；访问量：51 357 次

赫尔辛基

www. goethe. de/helsinki
院长：米克 · 弗里茨
成立年份：1963

德语教育合作

（2 221 人参与）
9 次会议、竞赛、文化项目，7 场培训研讨

文化、信息工作

（27 143 人参与）
37 场展览、音乐会、节日活动等，13 场多样性活动

信息和图书馆

媒体存量 5 409 件，借阅量 2 361，访客 2 700，借阅者 461 人，每月信息咨询量 273 次

德语课程与考试

课时 7 417，注册人数 287，课程 64 节，考试人数 79

英国

www. goethe. de/grossbritannien；访问量：449 957 次

格拉斯哥

院长：芭芭拉 · 考尔巴赫博士
成立年份：1973

德语教育合作

（5 234 人参与）

14 次会议、竞赛、文化项目，3 场培训研讨

文化、信息工作

(20 325 人参与)
41 场展览、音乐会、节日活动等，7 场多样性活动

宣传/公关工作/媒体

(影响范围：5 700 人)

信息和图书馆

媒体存量 8 974 件，借阅量 3 046，访客 940，借阅者 124 人，每月信息咨询量 178 次

德语课程与考试

课时 18 625，注册人数 647，课程 61 节，考试人数 28

伦敦(区域学院)

院长：萨比娜·亨茨施，自 2013 年 1 月 1 日起为安吉拉·卡亚
成立年份：1962
www. goethe. de/london

德语教育合作

(6 637 人参与)
16 次会议、竞赛、文化项目，13 场培训研讨

文化、信息工作

(278 359 人参与)
65 场展览、音乐会、节日活动等，20 场多样性活动

宣传/公关工作/媒体

(影响范围：181 200 人)

信息和图书馆

媒体存量 19 493 件，借阅量 7 720，访客 4 000，借阅者 651 人，每月信息咨询量 159 次

德语课程与考试

课时 87 381，注册人数 2 257，课程 232 节，考试人数 192

爱尔兰

www. goethe. de/irland；访问量：114 140 次

都柏林

院长：梅茨狄尔德 · 马努斯
成立年份：1961
www. goethe. de/dublin

德语教育合作

（14 681 人参与）
23 次会议、竞赛、文化项目，10 场培训研讨

文化、信息工作

（29 283 人参与）
75 场展览、音乐会、节日活动等，9 场多样性活动

宣传/公关工作/媒体

（影响范围：21 200 人）

信息和图书馆

媒体存量 11 840 件，借阅量 5 012，访客 2 160，借阅者 413 人，每月信息咨询量 250 次

德语课程与考试

课时 50 386，注册人数 905，课程 80 节，考试人数 357

荷兰

www. goethe. de/niederlande；访问量：118 357 次

阿姆斯特丹

院长：芭芭拉 · 霍哈特博士

成立年份：1968
www. goethe. de/amsterdam

德语教育合作

（7 875 人参与）
11 次会议、竞赛、文化项目，9 场培训研讨

文化、信息工作

（270 924 人参与）
88 场展览、音乐会、节日活动等，10 场多样性活动

宣传/公关工作/媒体

（影响范围：29 300 人）

信息和图书馆

媒体存量 9 302 件，借阅量 6 277，访客 1 427，借阅者 978 人，每月信息咨询量 203 次

德语课程与考试

课时 80 397，注册人数 2 371，课程 219 节，考试人数 1 624

鹿特丹

院长：芭芭拉·霍哈特博士
成立年份：1973 年
www. goethe. de/rotterdam
联合学院-德育课程及考试的统计数据和报告见阿姆斯特丹

信息和图书馆

媒体存量 10 367 件，借阅量 4 671，访客 2 450，借阅者 313 人，每月信息咨询量 187 次

挪威

www. goethe. de/norwegen；访问量：39 646 次

奥斯陆

院长：克里斯蒂娜·扎伯博士，自 2013 年 4 月 1 日起为卡特亚·黑塞尔

成立年份：1962
www. goethe. de/oslo

德语教育合作

（1 219 人参与）
11 次会议、竞赛、文化项目

文化、信息工作

（14 329 人参与）
29 场展览、音乐会、节日活动等，3 场多样性活动

宣传/公关工作/媒体

（影响范围：2 500 人）

信息和图书馆

媒体存量 7 428 件，借阅量 4 756，访客 2 599，借阅者 281 人，每月信息咨询量 186 次

德语课程与考试

课时 4 547，注册人数 126，课程 23 节，考试人数 56

瑞典

www. goethe. de/schweden；访问量：112 022 次

斯德哥尔摩

院长：海克·福利塞及海纳·豪斯维尔特
成立年份：1963
www. goethe. de/stockholm

德语教育合作

（3 059 人参与）
11 次会议、竞赛、文化项目，2 场培训研讨

文化、信息工作

（50 600 人参与）

38 场展览、音乐会、节日活动等，4 场多样性活动

宣传/公关工作/媒体

（影响范围：3 500 人）

信息和图书馆

媒体存量 8 596 件，借阅量 3 663，访客 1 618，借阅者 237 人，每月信息咨询量 80 次

考试

考试人数：62

中 东 欧

9 所学院，164 名工作人员，其中 26 名为派遣员工

相对于居民数量在世界范围内进行比较，中东欧拥有众多德语学习者：如在波兰就有“德语车巡游”的广告宣传，在捷克的多个城市里的公共广场上开展“谈话时间”的活动日，在脸书上举行的如“钟声迪斯高，黑手党蛋糕和跳蚤出租车——2012 年青少年用语”竞赛或是在波兰为欧洲足球锦标赛展开的 “运球能手”比赛——所有这些活动都服务于推广德语。

中东欧 27%的中小学生都将德语作为第二外语进行学习，当然，德语必须要抵御来自俄语和西班牙语日益激烈的竞争。同时，因为格林周年纪念而策划的围绕童话主题展开的活动也提高了人们学习德语的积极性与兴趣。

围绕当前文化或是社会主题的丰富、双语的网络资源主要引起了年轻群体的兴趣。作为 2012 年革新新闻网络项目的德捷在线网络平台“jádu”被授予了保险公司埃尔戈狄雷科的在线媒体奖。

当代美学讨论与革新实践是最受关注的话题，在“马里博尔——2012 年欧洲文化首都”活动中，语言和声音的形式作为和语言的发展及未来相关的问题受到关注。多年项目“声音的交流”的目标在于实现实验性音乐文化在各国家间的交流，并伴随一场节日活动的闭幕在开姆尼茨结束。在“神话—民族—身份”活动中，新生代作曲家们深入研究了当前的社会及政治身份问题。在此过程中创作的乐曲在慕尼黑“非凡美乐”乐团内首演，继而在法兰克福、华沙、里加和布达佩斯出演。布拉格项目“欧洲”当前所面临的挑战吸引了众多卓越的演讲者参与其中，包括尤塔·力姆巴赫、彼特·高外勒、弗拉迪米尔·斯皮德拉以及伊薇塔·拉蒂卡瓦。

在匈牙利，媒体的压力日益增大。在这种背景下，与匈牙利“独立媒体中心”和“主编论坛”合作开展的系列研讨课“新闻学及伦理标准”将当前媒体政策问题列为主题。

海因里希·布略莫克博士，区域负责人

中东欧地区歌德学院一览①

爱沙尼亚

www. goethe. de/estland；访问量：30 425 次

塔林

www. goethe. de/tallinn
院长：哈尔福·埃彭奈德博士，自 2013 年 11 月 15 日起为艾娃·马库阿德
成立年份：1999

德语教育合作

（2 009 人参与）
6 次会议、竞赛、文化项目，4 场培训研讨

文化、信息工作

（5 259 人参与）
6 场展览、音乐会、节日活动等，2 场多样性活动

拉脱维亚

www. goethe. de/lettland；访问量：77 901 次

里加

院长：乌里希·埃文丁
成立年份：1993
www. goethe. de/riga

① 此标题为译者加。

德语教育合作

(3 851 人参与)
6 次会议、竞赛、文化项目，14 场培训研讨

文化、信息工作

(51 720 人参与)
33 场展览、音乐会、节日活动等，10 场多样性活动

宣传/公关工作/媒体

(影响范围：1 500 人)

信息和图书馆

媒体存量 9 616 件，借阅量 10 132，访客 6 423，借阅者 568 人，每月信息咨询量 47 次

德语课程与考试

课时 104 136，注册人数 1 532，课程 116 节，考试人数 252

立陶宛

www. goethe. de/litauen，访问量：59 250 次

维尔纽斯

院长：约翰娜 M · 凯勒
成立年份：1998
www. goethe. de/vilnius

德语教育合作

(6 737 人参与)
13 次会议、竞赛、文化项目，17 场培训研讨

文化、信息工作

(21 429 人参与)
21 场展览、音乐会、节日活动等，10 场多样性活动

宣传/公关工作/媒体

(影响范围：6 900 人)

波兰

www. goethe. de/polen；访问量：513 197 次

克拉科夫

院长：丹尼尔·格普弗特
成立年份：1992
www. goethe. de/krakau

德语教育合作

(21 205 人参与)
15 次会议、竞赛、文化项目，14 场培训研讨

文化、信息工作

(49 987 人参与)
34 场展览、音乐会、节日活动等，7 场多样性活动

宣传/公关工作/媒体

(影响范围：8 600 人)

信息和图书馆

媒体存量 13 170 件，借阅量 19 096，访客 15 000，借阅者 942 人，每月信息咨询量 300 次

德语课程与考试

课时 40 205，注册人数 922，课程 104 节，考试人数 209

华沙

院长：格奥尔格·布罗赫曼博士
成立年份：1990
www. goethe. de/warschau

德语教育合作

（22 701 人参与）
30 次会议、竞赛、文化项目，14 场培训研讨

文化、信息工作

（42 532 人参与）
28 场展览、音乐会、节日活动等，15 场多样性活动

宣传/公关工作/媒体

（影响范围：88 100 人）

信息和图书馆

媒体存量 15 785 件，借阅量 22 941，访客 11 810，借阅者 1 308 人，每月信息咨询量 705 次

德语课程与考试

课时 105 102，注册人数 1 935，课程 212 节，考试人数 262

斯洛伐克

www. goethe. de/slowakei；访问量：82 405 次

布拉迪斯拉发

院长：沃尔夫冈・弗兰茨，自 2013 年 4 月 1 日起为尤娜・宾得
成立年份：1993
www. goethe. de/bratislava

德语教育合作

（6 591 人参与）
9 次会议、竞赛、文化项目，13 场培训研讨

文化、信息工作

（18 797 人参与）
24 场展览、音乐会、节日活动等，5 场多样性活动

宣传/公关工作/媒体

（影响范围：5 700 人）

信息和图书馆

媒体存量 13 968 件，借阅量 12 425，访客 8 719，借阅者 815 人，每月信息咨询量 83 次

德语课程与考试

课时 68 714，注册人数 1 262，课程 107 节，考试人数 275

斯洛文尼亚

www. goethe. de/slowenien；访问量：52 477 次

卢布尔雅那

院长：亨德里克·克罗宁根
成立年份：2004
www. goethe. de/ljubljana

德语教育合作

（1 876 人参与）
5 次会议、竞赛、文化项目，7 场培训研讨

文化、信息工作

（58 385 人参与）
16 场展览、音乐会、节日活动等，12 场多样性活动

宣传/公关工作/媒体

（影响范围：3 000 人）

考试

考试人数：196

捷克

www. goethe. de/tschechien；访问量：329 488 次

布拉格（区域学院）

院长：海因里希·布略莫克博士，自 2014 年 4 月 1 日起为贝尔托德·弗兰肯
成立年份：1990
www. goethe. de/prag

德语教育合作

（26 243 人参与）
23 次会议、竞赛、文化项目，27 场培训研讨

文化、信息工作

（44 862 人参与）
63 场展览、音乐会、节日活动等，21 场多样性活动

宣传/公关工作/媒体

（影响范围：11 300 人）

信息和图书馆

媒体存量 15 298 件，借阅量 17 383，访客 12 150，借阅者 1 111 人，每月信息咨询量 89 次

德语课程与考试

课时 125 535，注册人数 2 652，课程 247 节，考试人数 684

匈牙利

www. goethe. de/ungarn；访问量：237 296 次

布达佩斯

院长：尤塔·格里希

成立年份：1988

www. goethe. de/budapest

德语教育合作

(10 529 人参与)

16 次会议、竞赛、文化项目，12 场培训研讨

文化、信息工作

(68 183 人参与)

48 场展览、音乐会、节日活动等，10 场多样性活动

宣传/公关工作/媒体

(影响范围：37 600 人)

信息和图书馆

媒体存量 12 680 件，借阅量 13 095，访客 7 755，借阅者 1 025 人，每月信息咨询量 75 次

德语课程与考试

课时 110 689，注册人数 2 323，课程 228 节，考试人数 814

东 南 欧

11 所学院，1 个联络办公室，252 名工作人员，其中 34 名为派遣员工

雅典歌德学院是最早的驻外歌德学院，它迎来了 60 周年诞辰，在伊斯坦布尔的大门前被寄予厚望的艺术者之家“塔拉比亚”为首批的 6 位助学金获得者打开了门：这是来自该地区的两个好消息。欧洲公众的认识中却是另一种景象：南方被危机动摇。东南欧歌德学院也关注了这一问题——以其自己的方式。

欧洲对经济问题的关注是片面的。并非所有的不稳定都是经济发展不平衡带来的后果。尽管如此，欧洲一体化的进程还是相当顺利的，克罗地亚于 2013 年夏天加入欧盟。也因此歌德学院加强了在此区域里的伙伴网络：在 2012 年，地拉那的语言学习中心获得了资格认证，而在普里什蒂纳建立语言中心已做好充分的准备，将于 2013 年春季对外开放。

在实际工作中的情况如下：我们语言学习的课程从未这么受欢迎过。这一点从参与者的数量上就能看出来，同时，这点我们还可以从不断增长的合作需求中认识到。对德语劳动力市场专业人员需求的关注是必要的。学校教育的联系也在变得愈发紧密，与希腊教育部签订的协议也证明了这一趋势，取得同样佳绩的还有在土耳其开展的德语巴士巡游——“德语在路上”活动。

在图书馆及信息工作中，我们尤其对在希腊、土耳其和保加利亚进行的电子资源项目“在线借阅”的成功引进感到欢欣鼓舞。因为当地供应商并未提供相应服务，我们正在接触一个年轻且精通技术的意向团队，巩固我们作为现代化服务提供者的形象，并赢得赞誉。门户网站“艺术至上”以建立 3 个国家媒体艺术的数码图书馆为目标，且获得较高访问量，同时得到来自专业人员的积极反响：卡尔斯鲁厄艺术与媒体技术中心以及柏林跨媒体中心。

另外还有 2 个值得被提及的项目：“巴尔干单簧管峰会”使众音乐家齐聚一堂，并在舒恩·普金·多欧的引领下创作了出色的集传统与当代元素于一身的作品；“铭刻记忆”则是对早先的文学作品“记忆的风险”的视觉延续。本地区摄影家们在此次参观中提出了关于不同回忆和共同历史的构建问题。

马提亚斯·马科夫斯基博士，区域负责人

东南欧地区歌德学院一览①

波斯尼亚黑塞哥维那

www. goethe. de/bosnienherzegowina；访问量：111 400 次

萨拉热窝

院长：克里斯蒂安娜·君特博士
成立年份：2000
www. goethe. de/sarajevo

德语教育合作

(11 019 人参与)
16 次会议、竞赛、文化项目，4 场培训研讨

文化、信息工作

(3 621 人参与)
19 场展览、音乐会、节日活动等，10 场多样性活动

宣传/公关工作/媒体

(影响范围：6 300 人)

信息和图书馆

媒体存量 618 件，访客 350，每月信息咨询量 130 次

德语课程与考试

课时 99 828，注册人数 1 606，课程 113 节，考试人数 1404

① 此标题为译者加。

保加利亚

www. goethe. de/bulgarien；访问量：146 696 次

索菲亚

院长：鲁多夫·巴尔特施博士
成立年份：1989
www. goethe. de/sofia

德语教育合作

（5 894 人参与）
16 次会议、竞赛、文化项目，20 场培训研讨

文化、信息工作

（31 373 人参与）
49 场展览、音乐会、节日活动等，16 场多样性活动

宣传/公关工作/媒体

（影响范围：1 600 人）

信息和图书馆

媒体存量 12 868 件，借阅量 12 236，访客 8 000，借阅者 965 人，每月信息咨询量 530 次

德语课程与考试

课时 147 027，注册人数 1 599，课程 158 节，考试人数 1 177

希腊

www. goethe. de/griechenland；访问量：535 127 次

雅典（区域学院）

院长：马提亚斯·马科夫斯基博士

成立年份：1952
www. goethe. de/athen

德语教育合作

(7 621 人参与)
9 次会议、竞赛、文化项目，21 场培训研讨

文化、信息工作

(136 205 人参与)
54 场展览、音乐会、节日活动等，17 场多样性活动

宣传/公关工作/媒体

(影响范围：2 800 人)

信息和图书馆

媒体存量 17 003 件，借阅量 16 795，访客 17 964，借阅者 869 人，每月信息咨询量 1 156 次

德语课程与考试

课时 107 000，注册人数 1 169，课程 113 节，考试人数 16 044

塞萨洛尼基

院长：皮特·帕奈斯
成立年份：1955
www. goethe. de/thessaloniki

德语教育合作

(2 091 人参与)
6 次会议、竞赛、文化项目，10 场培训研讨

文化、信息工作

(47 972 人参与)
46 场展览、音乐会、节日活动等，7 场多样性活动

宣传/公关工作/媒体

(影响范围：22 400 人)

信息和图书馆

媒体存量 13 001 件，借阅量 11 156，访客 7 265，借阅者 531 人，每月信息咨询量 683 次

德语课程与考试

课时 72 975，注册人数 864，课程 106 节，考试人数 12 397

克罗地亚

www. goethe. de/kroatien；访问量：74 204 次

萨格勒布

院长：卡特琳·欧斯特瓦德-里希特
成立年份：1973
www. goethe. de/zagreb

德语教育合作

（3 904 人参与）
6 次会议、竞赛、文化项目，11 场培训研讨

文化、信息工作

（16 930 人参与）
22 场展览、音乐会、节日活动等，7 场多样性活动

宣传/公关工作/媒体

（影响范围：2 500 人）

信息和图书馆

媒体存量 8 905 件，借阅量 10 157，访客 10 500，借阅者 768 人，每月信息咨询量 318 次

考试

考试人数：782

北马其顿共和国

www. goethe. de/mazedonien；访问量：11 966 次

斯科普里

院长：托马斯·蒂克豪斯
成立年份：1973
www. goethe. de/skopje
歌德学院联络办公室

德语教育合作

（5 801 人参与）
5 次会议、竞赛、文化项目，4 场培训研讨

文化、信息工作

（7 921 人参与）
14 场展览、音乐会、节日活动等，8 场多样性活动

宣传/公关工作/媒体

（影响范围：3 400 人）

罗马尼亚

www. goethe. de/rumaenien；访问量：154 439 次

布加勒斯特

院长：贝阿塔·科勒
成立年份：1979
www. goethe. de/bukarest

德语教育合作

（2 344 人参与）

14 次会议、竞赛、文化项目，18 场培训研讨

文化、信息工作

（28 692 人参与）
32 场展览、音乐会、节日活动等，17 场多样性活动

宣传/公关工作/媒体

（影响范围：11 100 人）

信息和图书馆

媒体存量 14 553 件，借阅量 9 130，访客 8 130，借阅者 604 人，每月信息咨询量 821 次

德语课程与考试

课时 123 698，注册人数 1 994，课程 170 节，考试人数 1 282

塞尔维亚

www. goethe. de/serbien；访问量：200 631 次

贝尔格莱德

院长：马提亚斯・米勒-威弗里希
成立年份：1970
www. goethe. de/belgrad

德语教育合作

（1 051 人参与）
12 次会议、竞赛、文化项目，35 场培训研讨

文化、信息工作

（79 464 人参与）
51 场展览、音乐会、节日活动等，10 场多样性活动

宣传/公关工作/媒体

（影响范围：2 600 人）

信息和图书馆

媒体存量 12 411 件，借阅量 9 761，访客 14 360，借阅者 1 193 人，每月信息咨询量 815 次

德语课程与考试

课时 27 090，注册人数 503，课程 49 节，考试人数 1 320

土耳其

www. goethe. de/tuerkei；访问量：456 118 次

安卡拉

院长：托马斯·里尔博士
成立年份：1957
www. goethe. de/ankara

德语教育合作

（6 662 人参与）
25 次会议、竞赛、文化项目，15 场培训研讨

文化、信息工作

（43 475 人参与）
33 场展览、音乐会、节日活动等，6 场多样性活动

宣传/公关工作/媒体

（影响范围：2 600 人）

信息和图书馆

媒体存量 14 454 件，借阅量 25 734，访客 18 534，借阅者 1 699 人，每月信息咨询量 1 116 次

德语课程与考试

课时 154 724，注册人数 1 898，课程 154 节，考试人数 6 782

伊斯坦布尔

院长：克劳蒂亚·哈恩-拉伯，自 2014 年 1 月 1 日起为克里斯蒂安·吕弗博士

成立年份：1959
www. goethe. de/istanbul

德语教育合作

（9 772 人参与）
15 次会议、竞赛、文化项目，9 场培训研讨

文化、信息工作

（80 669 人参与）
44 场展览、音乐会、节日活动等，7 场多样性活动

宣传/公关工作/媒体

（影响范围：41 300 人）

信息和图书馆

媒体存量 15 638 件，借阅量 17 698，访客 13 608，借阅者 1 165 人，每月信息咨询量 872 次

德语课程与考试

课时 259 994，注册人数 3 849，课程 279 节，考试人数 3776

伊兹密尔

院长：罗兰德·施密特
成立年份：1954
www. goethe. de/izmir

德语教育合作

（1 840 人参与）
8 次会议、竞赛、文化项目，7 场培训研讨

文化、信息工作

（8 517 人参与）
17 场展览、音乐会、节日活动等，4 场多样性活动

宣传/公关工作/媒体

（影响范围：1 300 人）

信息和图书馆

媒体存量 8 079 件，借阅量 5 541，访客 5 962，借阅者 529 人，每月信息咨询量 124 次

德语课程与考试

课时 168 867，注册人数 2 514，课程 264 节，考试人数 2 289

赛普勒斯

www. goethe. de/zypern；访问量：16 722 次

尼科西亚

院长：博约尔恩·路雷
成立年份：2011

德语教育合作

（560 人参与）
2 次会议、竞赛、文化项目，2 场培训研讨

文化、信息工作

（9 740 人参与）
18 场展览、音乐会、节日活动等，5 场多样性活动

德语课程与考试

课时 48 510，注册人数 395，课程 42 节，考试人数 410

东欧/中亚

8 所学院，318 名工作人员，其中 39 名为派遣员工

该地区的国家被独裁统治，诚然，这在管理结构与经济发展水平上呈现着清晰的区别。“俄罗斯 2012/2013 德国年”项目强化了德国同俄罗斯之间的联系——在 50 个城市里举行了超过 1 000 场活动。作为“德国年”项目责任方的歌德学院相当重视俄罗斯地区高密度的出席人数。具有代表性的展览如“俄罗斯人与德国人：一千年艺术、历史和文化”以及“现当代之画——德国绘画：六十年的高光时刻”同属于本项目的活动。同样还包括著名艺术家及乐团的客座演出，例如有来自慕尼黑的室内乐团、柏林剧院和斯图加特国家芭蕾舞团的表演。公众艺术活动如作为巨型拼图的丢勒的《穿着毛皮大衣的自画像》、露天娱乐表演或者说是街头艺术节、DJ 派对等，激发了群众的积极性，都得到了广泛的关注。歌德学院通过组织首次全俄德语教师节吸引 1 600 名参与者，并且为 7 名杰出教员颁发奖章，由此开启了一个崭新的领域。

同媒体一样，俄罗斯群众对“德国年”也都做出了积极反响。如在俄罗斯举办的、在“呼唤另一种选择”主题下约瑟夫·博伊斯首场大型展览或是奥斯纳布吕克与伏尔加格勒交响乐演奏家共同演绎纪念“斯大林格勒战役”结束 70 周年的音乐会等项目获得极高赞誉。

影响深远的转型过程，同时还有重建工作与身份塑造在本区域的国家里如火如荼地开展起来。这就包括在第比利斯召开的关于 21 世纪博物馆未来的高含金量国际峰会，它促进了该地区能力发展中心的建立，同时还有地区项目“空间换空间”在明斯克城市公园里的公开展示，以及在乌克兰盛大演出的当代德语戏剧。

在此需要着重强调有创新性的活动如由来自俄德残疾与非残疾演员及舞者合演的“遥远的毗邻”，同样还有在线教育咨询框架下的多样性区域活动，以及“校友智囊团”和在哈萨克斯坦与乌兹别克斯坦上演的大型项目“冰川音乐”：不尽相同的项目形式将艺术的、科学的以及政治的方法结合在一起，帮助人们认识因气候变化导致中亚冰川产生威胁的问题，并呼吁有关部门采取应对措施。在举办这些活动的同时，人们对德语的兴趣依旧高涨。成立 20 年之际，莫斯科、圣彼得堡以及基辅歌德学院的注册人数被载入史册，此外，歌德学院在埃里温(亚美尼亚)开设的语言学习中心也正是其在该区开设的第 42 个授课点。

吕迪格·波尔茨博士，区域负责人

东欧/中亚地区歌德学院一览①

白俄罗斯

www. goethe. de/belarus；访问量：101 588 次

明斯克

院长：弗兰克·鲍曼
成立年份：1993
www. goethe. de/minsk

德语教育合作

(16 983 人参与)
22 次会议、竞赛、文化项目，14 场培训研讨

文化、信息工作

(43 284 人参与)
28 场展览、音乐会、节日活动等，25 场多样性活动

宣传/公关工作/媒体

(影响范围：10 200 人)

信息和图书馆

媒体存量 15 186 件，借阅量 14 913，访客 12 320，借阅者 1 124 人，每月信息咨询量 200 次

德语课程与考试

课时 178 652，注册人数 2 011，课程 129 节，考试人数 788

① 此标题为译者加。

格鲁吉亚

www. goethe. de/georgien；访问量：97 413 次

第比利斯

院长：斯蒂凡尼·瓦克维茨博士
成立年份：1994
www. goethe. de/tiflis

德语教育合作

（3 110 人参与）
20 次会议、竞赛、文化项目，35 场培训研讨

文化、信息工作

（19 027 人参与）
41 场展览、音乐会、节日活动等，17 场多样性活动

宣传/公关工作/媒体

（影响范围：11 700 人）

信息和图书馆

媒体存量 4 305 件，借阅量 2 244，访客 1 204，借阅者 274 人，每月信息咨询量 103 次

德语课程与考试

课时 120 211，注册人数 1 652，课程 163 节，考试人数 2 470

哈萨克斯坦

www. goethe. de/kasachstan；访问量：52 321 次

阿拉木图

院长：芭芭拉·弗莱弗劳·凡·木希豪森

成立年份：1994
www. goethe. de/almaty

德语教育合作

(13 788 人参与)
13 次会议、竞赛、文化项目，28 场培训研讨

文化、信息工作

(13 721 人参与)
17 场展览、音乐会、节日活动等，16 场多样性活动

宣传/公关工作/媒体

(影响范围：7 300 人)

信息和图书馆

媒体存量 9 455 件，借阅量 3 240，访客加借阅者 1 050 人，每月信息咨询量 120 次

德语课程与考试

课时 60 874，注册人数 1 238，课程 134 节，考试人数 429

俄罗斯

www. goethe. de/russland；访问量：1 055 043 次

莫斯科(区域学院)

院长：吕迪格·波尔茨博士
成立年份：1992
www. goethe. de/moskau

德语教育合作

(21 375 人参与)
30 次会议、竞赛、文化项目，63 场培训研讨

文化、信息工作

(355 485 人参与)

161 场展览、音乐会、节日活动等，88 场多样性活动

宣传/公关工作/媒体

（影响范围：18 050 000 人）*

信息和图书馆

媒体存量 14 685 件，借阅量 10 911，访客 980，借阅者 846 人，每月信息咨询量 229 次

德语课程与考试

课时 423 291，注册人数 5 578，课程 368 节，考试人数 2 344

注：* 通过在地铁站进行的广告宣传以及“德国年”期间的广告措施而增加的影响范围。

新西伯利亚

院长：尤莉亚・汉斯克，自 2013 年 9 月 1 日起为史蒂凡尼・皮特
成立年份：2009
www. goethe. de/nowosibirsk

德语教育合作

（13 307 人参与）
12 次会议、竞赛、文化项目，10 场培训研讨

文化、信息工作

（28 361 人参与）
26 场展览、音乐会、节日活动等，12 场多样性活动

宣传/公关工作/媒体

（影响范围：12 500 人）

圣彼得堡

院长：弗里德里希・达尔豪斯博士
成立年份：1993
www. goethe. de/petersburg

德语教育合作

（10 999 人参与）

13 次会议、竞赛、文化项目，6 场培训研讨

文化、信息工作

（208 491 人参与）
75 场展览、音乐会、节日活动等，21 场多样性活动

宣传/公关工作/媒体

（影响范围：14 600 人）

信息和图书馆

媒体存量 5 331 件，借阅量 5 210，访客 3 261，借阅者 1 743 人，每月信息咨询量 72 次

德语课程与考试

课时 125 265，注册人数 2 095，课程 241 节，考试人数 1 054

乌克兰

www. goethe. de/ukraine；访问量：257 844 次

基辅

院长：范娜・巴哥莲茨
成立年份：1994
www. goethe. de/kiew

德语教育合作

（30 918 人参与）
27 次会议、竞赛、文化项目，29 场培训研讨

文化、信息工作

（153 897 人参与）
37 场展览、音乐会、节日活动等，23 场多样性活动

宣传/公关工作/媒体

（影响范围：36 100 人）

信息和图书馆

媒体存量 22 128 件，借阅量 43 071，访客 12 673，借阅者 1 386 人，每月信息咨询量 229 次

德语课程与考试

课时 284 958，注册人数 4 164，课程 355 节，考试人数 3 065

乌兹别克斯坦

www. goethe. de/usbekistan；访问量：42 389 次

塔什干

院长：约翰纳斯·达尔博士，自 2013 年 9 月 1 日起为尤莉亚·汉斯克
成立年份：1998
www. goethe. de/taschkent

德语教育合作

（1 533 人参与）
9 次会议、竞赛、文化项目，17 场培训研讨

文化、信息工作

（8 863 人参与）
24 场展览、音乐会、节日活动等，18 场多样性活动

宣传/公关工作/媒体

（影响范围：2 400 人）

信息和图书馆

媒体存量 1 334 件，访客 264，阅览图书馆，每月信息咨询量 264 次

德语课程与考试

课时 285 030，注册人数 3 730，课程 231 节，考试人数 339

南　　亚

10 所学院，1 个联络办公室，158 名工作人员，其中 23 名为派遣员工

在南亚地区过去的 12 个月里，我们将工作焦点集中在印度的“德国年”上。

“德国与印度 2011—2012——无尽的可能”由外交部、德国经济部亚太委员会、德国联邦教育与研究部以及作为项目负责部门的歌德学院共同承办。该大型跨学科项目首次使来自政治、文化、经济、教育和科学领域的德国重要机构齐聚一堂。在同印度伙伴紧密的合作下，举行了主题关于“城市空间”、可持续城市发展、居民流动、能源消耗、建筑以及公共空间艺术的千余场活动。

作为德国年之“形象展示”的是，在德国艺术家马尔库斯·海斯多夫起草设计的多功能展馆中所开展的一系列以“印德城市梅拉”之名的活动，这一展馆活动巡游于印度 5 个大都市。梅拉——对应的德语是“Fest（节日）”或是“Marktplatz（市场）”——提供了数个为经济、科技和艺术伙伴以及部分德国联邦部门准备的互动场景展示。本次活动吸引了 50 多万的游客。

将阿富汗作为 2012 年 6 至 7 月“文献展（13）”的室外场地是独具特色的——这也是该展览的艺术指导与歌德学院紧密合作关系的结果。27 名国际艺术家在喀布尔巴布尔花园的皇后宫殿展出其有关毁灭、精神创伤及重建的作品，此外还为当地感兴趣者举办了研讨会。伊朗最杰出的年度艺术活动是君特·于科“伤害—联系”的展览，他是数几十年来首位被邀请至德黑兰当代艺术博物馆展出的西方艺术家。

该地区所有国家对德语的兴趣依旧浓烈。项目“1 000 所学校的德语”取得了突出成就——同时也是一个相当大的挑战——借助本次项目，歌德学院要满足印度最大公立连锁学校肯德里亚·维迪亚拉亚的愿望，在近期数年内将德语全面引入印度。

在巴基斯坦，增长的不仅仅是人们对德语课程的需求，还有对德国艺术和文化的兴趣——鉴于日益加剧的社会两极化，这完全是一个积极的现象。该地区绝大多数人群对国家的无效率、特权和腐败感到厌烦。这点在印度城市中产阶级对腐败和性侵激烈的抗议运动中得到体现。歌德学院关注这种良性发展，并系统地将其纳入工作内容中。

海科·西文思，区域负责人

南亚地区歌德学院一览①

阿富汗

www. goethe. de/afghanistan；访问量：16 409 次

喀布尔

院长：托尔斯特·欧厄而特
成立年份：1965
www. goethe. de/kabul

德语教育合作

(达到 72 人次)
1 次会议、竞赛、文化项目，3 场培训研讨

文化、信息工作

(4 885 人参与)
13 场展览、音乐会、节日活动等，11 场多样性活动

德语课程与考试

课时 195 002，注册人数 1 595，课程 93 节，考试人数 771

孟加拉国

www. goethe. de/bangladesh；访问量：41 782 次

达卡市

院长：优迪特·米尔诗贝格

① 此标题为译者加。

成立年份：1961
www. goethe. de/ dhaka

德语教育合作

(2 207 人参与)
7 次会议、竞赛、文化项目，5 场培训研讨

文化、信息工作

(8 442 人参与)
17 场展览、音乐会、节日活动等，8 场多样性活动

信息和图书馆

媒体存量 5 387 件，借阅量 1 263，访客 3 982，借阅者 101，每月信息咨询量 48 次

德语课程与考试

课时 145 663，注册人数 1 021，课程 60 节，考试人数 551

印度

www. goethe. de/indien；访问量：629 987 次

班加罗尔

院长：克里斯托弗·贝尔特拉姆斯
成立年份：1960
www. goethe. de/bangalore

德语教育合作

(31 660 人参与)
16 次会议、竞赛、文化项目，9 场培训研讨

文化、信息工作

(605 356 人参与)
63 场展览、音乐会、节日活动等，21 场多样性活动

宣传/公关工作/媒体

(影响范围：201 000 人)*

信息和图书馆

媒体存量 3 588 件，借阅量 8 232，访客 6 680，借阅者 351 人，每月信息咨询量 187 次

德语课程与考试

课时 324 568，注册人数 2 402，课程 113 节，考试人数 2 119

钦奈(马德拉斯)

院长：卡尔·裴沙查克
成立年份：1960
www. goethe. de/chennai

德语教育合作

(6 591 人参与)
11 次会议、竞赛、文化项目，5 场培训研讨

文化、信息工作

(49 515 人参与)
29 场展览、音乐会、节日活动等，10 场多样性活动

宣传/公关工作/媒体

(影响范围：12 133 000 人)*

信息和图书馆

媒体存量 3 995 件，借阅量 3 917，访客 5 360，借阅者 150 人，每月信息咨询量 54 次

德语课程与考试

课时 381 920，注册人数 2 387，课程 104 节，考试人数 1 501

加尔各答

院长：马丁·维尔德博士
成立年份：1957
www. goethe. de/ kolkata

德语教育合作

(1 509 人参与)

8次会议、竞赛、文化项目，5场培训研讨

文化、信息工作

（9 588人参与）
24场展览、音乐会、节日活动等，11场多样性活动

信息和图书馆

媒体存量5 352件，借阅量4 900，访客4 580，借阅者289人，每月信息咨询量74次

德语课程与考试

课时96 543，注册人数630，课程37节，考试人数561

孟买

院长：马尔拉·施杜肯伯格博士，自2013年11月1日起为马丁·维尔德博士
成立年份：1969
www. goethe. de/mumbai

德语教育合作

（8 552人参与）
15次会议、竞赛、文化项目

文化、信息工作

（520 137人参与）
36场展览、音乐会、节日活动等，15场多样性活动

宣传/公关工作/媒体

（影响范围：453 500人）*

信息和图书馆

媒体存量5 048件，借阅量11 340，访客5 642，借阅者367人，每月信息咨询量110次

德语课程与考试

课时388 089，注册人数2 204，课程101节，考试人数2 414

新德里（区域学院）

院长：海克·席维斯

成立年份：1959
www. goethe. de/newdelhi

德语教育合作

(21 666 人参与)
15 次会议、竞赛、文化项目，33 场培训研讨

文化、信息工作

(588 398 人参与)
70 场展览、音乐会、节日活动等，28 场多样性活动

宣传/公关工作/媒体

(影响范围：244 500 人)*

信息和图书馆

媒体存量 14 946 件，借阅量 16 290，访客 15 342，借阅者 629 人，每月信息咨询量 53 次

德语课程与考试

课时 490 601，注册人数 2 825，课程 131 节，考试人数 6 297

浦那

院长：福柯贝尔特·内特尔博士，自 2013 年 4 月 1 日起为沃尔夫冈·弗兰茨
成立年份：1962
www. goethe. de/pune

德语教育合作

(1 565 人参与)
8 次会议、竞赛、文化项目，2 场培训研讨

文化、信息工作

(816 109 人参与)
11 场展览、音乐会、节日活动等，3 场多样性活动

宣传/公关工作/媒体

(影响范围：3 500 人)

信息和图书馆

媒体存量1 949件，借阅量2 820，访客加借阅者436人，每月信息咨询量135次

德语课程与考试

课时422 365，注册人数2 718，课程139节，考试人数3 987

注：* 通过印度“德国年”在广告、公共工作上的宣传而增加的影响范围。

伊朗

www. goethe. de/iran

德黑兰

院长：丽塔·萨克森-托圣特
成立年份：1958
闭院年份：1987
重建准备中
歌德学院联络办公室

德语教育合作

(40人参与)
2次会议、竞赛、文化项目，2场培训研讨

文化、信息工作

(12 358人参与)
6场展览、音乐会、节日活动等，7场多样性活动

巴基斯坦

www. goethe. de/pakistan；访问量：46 979次

卡拉奇

院长：马努艾尔·耐格威尔博士

成立年份：1957
www. goethe. de/karachi

德语教育合作

（2 580 人参与）
6 次会议、竞赛、文化项目，3 场培训研讨

文化、信息工作

（6 480 人参与）
13 场展览、音乐会、节日活动等，5 场多样性活动

宣传/公关工作/媒体

（影响范围：800 人）

信息和图书馆

媒体存量 4 936 件，借阅量 1 409，访客 7 489，借阅者 418 人，每月信息咨询量 290 次

德语课程与考试

课时 97 369，注册人数 679，课程 40 节，考试人数 1 659

斯里兰卡

www. goethe. de/srilanka；访问量：19 587 次

科伦坡

院长：柏友恩 · 凯特斯
成立年份：1957
www. goethe. de/colombo

德语教育合作

（1 305 人参与）
11 次会议、竞赛、文化项目，7 场培训研讨

文化、信息工作

（18 348 人参与）

20 场展览、音乐会、节日活动等，9 场多样性活动

宣传/公关工作/媒体

（影响范围：22 700 人）

信息和图书馆

媒体存量 9 999 件，借阅量 6 638，访客 6 790，借阅者 225 人，每月信息咨询量 46 次

德语课程与考试

课时 65 170，注册人数 931，课程 71 节，考试人数 332

东南亚、澳大利亚、新西兰

10 所学院，1 个联络办公室，148 名工作人员，其中 22 名为派遣员工

歌德学院所在的其他任何地区几乎都不可能拥有如此巨大的文化和语言多样性，并且同时具有东南亚国家这样的极端特征。对资源分配、法律保障、教育机会和政治领导能力的关注使人们明白，其间存在着一个几乎无法跨越的差异。在这样的矛盾中，“学校：塑造未来的伙伴”（PASCH）项目成为了至关重要的环节，该项目涵盖 70 所中小学校，分配在该区域的各个国家。本项目的优势在于将有针对性及跨国家的交流网络带入中小学生与老师之间。

德语作为外语的需求持续增长，至少在东南亚国家的情况如此。而其根本动机在于学生日益增长的去往德国接受教育的兴趣。另外还有重点针对医学与护理类高水平人才移民德国的项目。对此，在越南、菲律宾和印度尼西亚呈现出了一个新的发展领域。

第二个重点是在包括柬埔寨和缅甸等转型国家中实施的“文化和发展”项目，在那里，2013 年也将开设歌德学院。对音乐方面的促进包括从爵士和当代西方古典音乐到当地传统音乐的呈现。借助欧盟的大力支持，数年以来通过多样化教育促进该地域年轻纪录片导演的沟通联络。

此外，为青少年准备的大型创新型科普项目——区域科学电影节和电视科学儿童杂志，该活动吸引了来自本地区几乎所有国家数十万的小观众。

长期开设的项目有欧洲与该地区国家间有关漫画界的创新交流，以及“文化遗产的数字化”这一新的方向，该主题将与欧洲伙伴共同完成。

最后，表演艺术是区域平台“舞蹈联结”的关注重点，它很好地将受古老传统影响的东南亚文化和欧洲、澳大利亚及新西兰当代舞蹈之间进行了融合，并丰富了区域内关于“亚洲现代性”的讨论，使区域内的作品得到更多的国际关注。

弗兰茨·夏维尔·奥古斯丁，区域负责人

东南亚、澳大利亚、新西兰歌德学院一览①

澳大利亚

www. goethe. de/australien；访问量：211 586 次

墨尔本

院长：阿尔帕德·索尔特博士
成立年份：1972
www. goethe. de /melbourne

文化、信息工作

联合学院-统计数据见悉尼

德语课程与考试

课时 27 930，注册人数 1 297，课程 231 节，考试人数 77

悉尼

院长：阿尔帕德·索尔特博士
成立年份：1974
www. goethe. de/sydney

德语教育合作

(29 077 人参与)
34 次会议、竞赛、文化项目，11 场培训研讨

文化、信息工作

(813 453 人参与)
47 场展览、音乐会、节日活动等，5 场多样性活动

① 此标题为译者加。

宣传/公关工作/媒体

(影响范围：42 000 人)

德语课程与考试

课时 20 040，注册人数 892，课程 210 节，考试人数 117

印度尼西亚

www. goethe. de/indonesien；访问量：242 554 次

万隆

院长：弗兰茨·夏维尔·奥古斯丁，自 2014 年 1 月 1 日起为海因里希·布吕穆克博士
成立年份：1971
www. goethe. de /bandung
统计数据见雅加达

信息和图书馆

媒体存量 6 788 件，借阅量 10 140，访客 4 115，借阅者 533 人，每月信息咨询量 127 次

德语课程与考试

课时 103 296，注册人数 1 202，课程 95 节，考试人数 425

雅加达(区域学院)

院长：弗兰茨·夏维尔·奥古斯丁，自 2014 年 1 月 1 日起为海因里希·布吕穆克博士
成立年份：1962
www. goethe. de/jakarta

德语教育合作

(41 367 人参与)
10 次会议、竞赛、文化项目，29 场培训研讨

文化、信息工作

(167 304 人参与)

78 场展览、音乐会、节日活动等，47 场多样性活动

宣传/公关工作/媒体

(影响范围：39 500 人)

信息和图书馆

媒体存量 9 170 件，借阅量 17 035，访客 53 345，借阅者 879 人，每月信息咨询量 1 308 次

德语课程与考试

课时 361 497，注册人数 4 369，课程 263 节，考试人数 1 893

马来西亚

www. goethe. de/malaysia；访问量：31 079 次

吉隆坡

院长：洛尔福 · 施戴勒
成立年份：1962
www. goethe. de /kualalumpur

德语教育合作

(3 955 人参与)
3 次会议、竞赛、文化项目，3 场培训课程

文化、信息工作

(41 556 人参与)
16 场展览、音乐会、节日活动等，2 场多样性活动

宣传/公关工作/媒体

(影响范围：2 800 人)

德语课程与考试

课时 45 449，注册人数 631，课程 73 节，考试人数 413

新西兰

www. goethe. de/neuseeland；访问量：34 794 次

惠灵顿

院长：贝提娜・森弗
成立年份：1980
www. goethe. de /wellington

德语教育合作

（6 402 人参与）
10 次会议、竞赛、文化项目，4 场培训研讨

文化、信息工作

（199 369 人参与）
34 场展览、音乐会、节日活动等，11 场多样性活动

宣传/公关工作/媒体

（影响范围：639 700 人）

德语课程与考试

课时 6 129，注册人数 397，课程 80 节，考试人数 184

菲律宾

www. goethe. de/philippinen；访问量：69 049 次

马尼拉

院长：佩特拉・雷满德博士
成立年份：1961
www. goethe. de /manila

德语教育合作

（9 999 人参与）
8 次会议、竞赛、文化项目，5 场培训研讨

文化、信息工作

（139 199 人参与）
21 场展览、音乐会、节日活动等，11 场多样性活动

宣传/公关工作/媒体

（影响范围：82 300 人）

信息和图书馆

媒体存量 3 996 件，借阅量 4 010，访客 14 959，借阅者 510 人，每月信息咨询量 280 次

德语课程与考试

课时 147 047，注册人数 2 905，课程 173 节，考试人数 1 177

新加坡

www. goethe. de/singapur；访问量：109 972 次

新加坡城

院长：安德列斯・施寇弗
成立年份：1978
www. goethe. de /singapur

德语教育合作

（233 人参与）
2 场培训研讨

文化、信息工作

（61 306 人参与）
22 场展览、音乐会、节日活动等，3 场多样性活动

德语课程与考试

课时 95 703，注册人数 2 968，课程 245 节，考试人数 377

泰国

www. goethe. de/thailand；访问量：181 058 次

曼谷

院长：诺贝特·施比茨博士，自 2013 年 11 月 1 日起为马尔拉·施杜肯伯格博士
成立年份：1960
www. goethe. de /bangkok

德语教育合作

（766 人参与）
6 次会议、竞赛、文化项目，8 场培训研讨

文化、信息工作

（168 836 人参与）
23 场展览、音乐会、节日活动等，11 场多样性活动

宣传/公关工作/媒体

（影响范围：1 817 000 人）*

信息和图书馆

媒体存量 7 738 件，借阅量 11 880，访客 12 389，借阅者 926 人，每月信息咨询量 80 次

德语课程与考试

课时 422 500，注册人数 7 003，课程 477 节，考试人数 3 141

注：* 通过电视科学杂志“我知道了”而增加的影响范围。

越南

www. goethe. de/vietnam；访问量：193 505 次

河内

院长：阿尔穆特·迈尔-左里其博士
成立年份：1997
www. goethe. de /hanoi

德语教育合作

（12 774 人参与）
9 次会议、竞赛、文化项目，5 场培训研讨

文化、信息工作

（110 360 人参与）
56 场展览、音乐会、节日活动等，17 场多样性活动

宣传/公关工作/媒体

（影响范围：14 300 人）

信息和图书馆

媒体存量 5 223 件，借阅量 6 592，访客 15 825，借阅者 1 982 人，每月信息咨询量 9 562 次

德语课程与考试

课时 381 663，注册人数 4 012，课程 230 节，考试人数 1 120

胡志明市

院长：保尔·外尼西博士
成立年份：德国中心 2004
2009 年设立歌德学院联络办公室
www. goethe. de /vietnam

德语课程与考试

课时 196 479，注册人数 1 705，课程 97 节，考试人数 674

东　　亚

7 所学院，2 个联络办公室，157 名工作人员，其中 25 名为派遣员工

本区域的经济活力一直保持着未被削弱的状态——尽管去年不断爆发冲突局势。教育是有着极高地位的，也主要是在这样的背景下，人们对德语的需求增加，这一现象让人欢欣鼓舞。该趋势加强了我们在中国及韩国扩建我们网络的决心，在中国东北地区的沈阳与韩国的大邱广域市我们将设立新的语言中心，分别都与当地大学建立了友好伙伴关系。

颇为成功的学校合作项目"学校：塑造未来的伙伴"(PASCH)揭开了合作的新篇章。首先，在中国，预计 PASCH 学校与"歌德教室"的数量会有显著的提升。针对特定目标群体的访问者项目使地区工作人员有机会了解德国的教育培训机构。

"文化与发展"工作领域中的项目在中国针对年轻文化经理和策展人，在蒙古则对准艺术品文物修复者及保管官员。在朝鲜，平壤音乐大学慕尼黑室内乐团的学院计划是一个音乐教学项目，具有不同寻常的开放度。

移动终端的使用及传播大概没有哪个地区会再像东亚一样发展得如此生机勃勃，而这正是革新项目的良好条件。包括为上述项目去年开发的独立的智能手机应用(首尔、香港、北京、台北)，同样还有如"网上借阅"，也就是我们图书馆电子借阅网络的开发。

除了有关生态与能源的问题之外，还有宜居城市的设计，以及文化在城市中的作用这些有挑战性的主题值得关注。跨国界、提供五种语言的漫画平台"明日之城"随着一次区域巡演展览成功谢幕，主题"福岛与后果"在日本以各种不同形式得到呈现，在韩国，人们对非官方城市空间进行了调查。

促进个人发展一直以来都是我们工作的重中之重：位于京都的艺术者之家"鸭川别墅"基金项目顺利地发展成为德日文化交流场所，同时也促进了一些邻国艺术家访问的后续项目的产生。

史蒂芬·德莱尔博士，地区院长

东亚地区歌德学院一览①

中国

www. goethe. de/china；访问量：649 796 次

香港

院长：加布里勒·高勒博士
成立年份：1962
www. goethe. de/hongkong

德语教育合作

（1 575 人参与）
4 次会议、比赛、文化项目，6 场培训研讨

文化、信息工作

（36 052 人参与）
19 场展会、音乐会、节日活动等，11 场多样性活动

宣传/公关工作/媒体

（影响范围：2 600 人）

信息和图书馆

多媒体资料储存量 7 575，借阅次数 8 547，来访者 14 000，借阅人数 562，每月信息咨询量 30 次

德语课程与考试

课时 147 204，登记注册人数 4 089，课程 235 节，参与考试人数 839

① 此标题为译者加。

北京

院长：彼得·安德斯
成立年份：1988
www. goethe. de/peking

德语教育合作

（3 198 人参与）
14 次会议、比赛、文化项目，10 场培训研讨

文化及信息工作

（88 592 人参与）
31 场展会、音乐会、节日活动等，14 场多样性活动

宣传/公关活动/媒体

（影响范围：26 100 人）

信息和图书馆

多媒体资料存储量 9 201，借阅次数 5 790，来访人数 6 172，借阅人数 293，每月信息咨询量 407 次

德语课程与考试

课时 374 346，登记注册人数 2 387，课程 133 节，参与考试人数 1 406

上海

领事：克劳斯·海墨思教授
成立年份：2003
www. goethe. de/shanghai

歌德学院联络处

德国驻上海总领事馆文化教育处

德语教育合作

（4 423 人参与）
13 次会议、比赛、文化项目，11 场培训研讨

文化、信息工作

（29 580 人参与）
20 场展会、音乐会、节日活动等，5 场多样性活动

台北

院长：马库斯・维恩哈德
成立年份：1963
www. goethe. de/taipei

德语教育合作

（1 368 人参与）
6 次会议、比赛、文化项目，7 场培训研讨

文化、信息工作

（355 622 人参与）
36 场展会、音乐会、节日活动等，3 场多样性活动

宣传/公关活动/媒体

（影响范围：5 400 人）

信息和图书馆

多媒体资料存储量 5 074，借阅次数 6 858，来访人数，借阅人数 1 293，每月信息咨询量 139 次

德语课程与考试

课时 190 759，登记注册人数 4 234，课程 315 节，参与考试人数 776

日本

www. goethe. de/japan；访问量：434 505 次

京都

鸭川别墅

院长：马库斯・赫尔尼西教授

成立年份：1963
www. goethe. de/kyoto

文化、信息工作

（9 682 人参与）
16 场展会、音乐会、访问项目等，15 场多样性活动

信息和图书馆

多媒体资料存储量 3 503，来访人数 3 511，阅览图书室，每月信息咨询量 70 次

大阪

院长：莱纳·曼克
成立年份：1964
www. goethe. de/osaka

德语教育合作

（133 人参与）
2 次会议、比赛、文化项目，3 场培训研讨

文化、信息工作

（87 093 人参与）
13 场展会、音乐会、节日活动等，4 场多样性活动

德语课程与考试

课时 65 241，登记注册人数 1 241，课程 122 节，参与考试人数 125

东京

院长：莱蒙德·乌尔德曼
成立年份：1962
www. goethe. de/tokyo

德语教育合作

（3 686 人参与）
7 次会议、比赛、文化项目，7 场培训研讨

文化、信息工作

（19 292 人参与）
51 场展会、音乐会、节日活动等，16 场多样性活动

宣传/公关活动/媒体

（影响范围：1 600 人）

信息和图书馆

多媒体资料存储量 11 237，借阅次数 6 013，来访人数 14 760，借阅人数 1 959，每月信息咨询量 359 次

德语课程与考试

课时 157 544，登记注册人数 3 429，课程 306 节，参与考试人数 1 222

韩国

www. goethe. de/korea；访问量：215 852 次

首尔（地区分院）

院长：史蒂芬·德莱尔博士
成立年份：1968
www. goethe. de/seoul

德语教育合作

（4 774 人参与）
22 次会议、比赛、文化项目，7 场培训研讨

文化、信息工作

（30 759 人参与）
26 场展会、音乐会、节日活动等，12 场多样性活动

宣传/公关活动/媒体

（影响范围：6 800 人）

信息和图书馆

多媒体资料存储量 5 495，借阅次数 4 467，来访人数 10 018，借阅人数 869，每月信息咨询量 71 次

德语课程与考试

课时 257 315，登记注册人数 3 876，课程 256 节，参与考试人数 3 093

蒙古

www. goethe. de/mongolei；访问量：14 523 次

乌兰巴托

院长：海克尔·米歇尔(自 2013 年 1 月 1 日起为塞巴斯蒂安·沃伊士)
成立年份：2009
www. goethe. de/ulanbator
歌德学院联络处

德语教育合作

(795 人参与)
4 次会议，比赛，文化项目，4 场培训研讨

文化、信息工作

(2 404 人参与)
5 场展会，音乐会，节日活动等，4 场多样性活动

宣传/公关活动/媒体

(影响范围：9 500 人)

德语课程与考试

课时 34 065，登记注册人数 164，课程 14 节，参与考试人数 299

北非/近东地区

13 所分院，3 个联络处，220 名工作人员，其中派遣人员 30 名

阿拉伯世界动乱过去两年后展现出两个趋势：一方面穆斯林教徒在各地不断发展，另一方面阿拉伯社会分裂加剧。特别是对于埃及和突尼斯这两个动荡中的重要国家而言，它们的未来发展存在巨大的不确定性。在这里奋斗着一批知识分子、艺术家和积极分子，与新的伊斯兰阵线作斗争。位于叙利亚大马士革的歌德学院由于内战不得不在 2011 年 1 月中止了工作。

尽管存在种种棘手的问题，歌德学院还是在德国与埃及和突尼斯的转型伙伴关系的框架下非常成功地进行了一系列新项目。其中包括文化界传播知识的活动：出版商、翻译家以及刚刚加入的书籍零售商，共同为各自领域的专业优化制定出各种策略。“前进中的 MENA(中东北非)”这一活动使得许多艺术家有机会参与国际化艺术活动，同时促进区域联合。“文化创新者网络”项目为地中海周边国家年轻的积极公民提供了机会，这些参与者通过“学习中的旅途”活动前往意大利、德国和埃及，收集各自项目的建议，借助这些项目来运用艺术的力量支持各自国家的民主运动。

同样在转型伙伴关系的框架下，“现代化学校”项目第一次成功获得允许，参与者有机会接触埃及历史领域中的一些重要官员。在拜访之旅中，人们还能从历史课堂上探究德国和埃及的政治变革。除了德国的分裂和统一之外，一战以来德法两国的关系变化也是其中的话题。

由歌德学院开罗分院支持开办的展会“开罗，开放之城，持续改革的新面貌”自 2013 年开始在埃森的福尔克旺博物馆展出。展会的主题是埃及变革前后的历史，以及它们如何通过艺术家、摄影师和社会活动家得以阐释，以及数码照片和视频图片在如今阿拉伯世界所扮演的角色。

一项具有重要意义的项目是由罗伯特博世基金赞助的“阿拉伯地区文化经理”活动。在埃及，三位年轻的文化经理为农村地区的文化交流做出了贡献，而在吉达/沙特阿拉伯，文化经理的努力使人们很大程度上加深了对文化工作的理解。

加布里勒·贝克尔，地区分院院长

北非/近东地区歌德学院一览[①]

埃及

www. goethe. de/aegypten；访问量：351 686 次

亚历山大

院长：丹尼尔·史得福桑特(自 2013 年 4 月 1 日起为克里斯蒂安娜·萨泼尔博士)
成立年份：1959
www. goethe. de/alexandria

德语教育合作

(4 102 人参与)
5 次会议、比赛、文化项目，4 场培训研讨

文化、信息工作

(21 202 人参与)
22 场展会、音乐会、节日活动等，9 场多样性活动

宣传/公关活动/媒体

(影响范围：9 300 人)

信息和图书馆

多媒体资料存储量 22 292，借阅次数 13 873，来访人数 12 550，借阅人数 1 055，每月信息咨询量 840 次

德语课程与考试

课时 142 458，登记注册人数 2 407，课程 157 节，参与考试人数 573

① 此标题为译者加。

开罗(地区分院)

院长：加布里勒·贝克尔
成立年份：1958
www. goethe. de/kairo

德语教育合作

(6 273 人参与)
24 次会议、比赛、文化项目，38 场培训研讨

文化、信息工作

(24 478 人参与)
39 场展会、音乐会、节日活动等，29 场多样性活动

宣传/公关活动/媒体

(影响范围：38 000 人)

德语课程与考试

课时 354 154，登记注册人数 5 359，课程 373 节，参与考试人数 1 936

阿尔及利亚

www. goethe. de/algerien；访问量：38 122 次

阿尔及尔

院长：安德烈亚斯·苏恩
成立年份：1963
www. goethe. de/algier
歌德学院联络处

考试

参与考试人数 515

伊拉克

www. goethe. de/irak；访问量：18 215 次

埃尔比勒

院长：海因里希·左波塔克
成立年份：2010
www. goethe. de/erbil
歌德学院联络处

文化、信息工作

（3 742 人参与）
10 次展会、音乐会、节日活动等，2 场多样性活动

宣传/公关活动/媒体

（影响范围：1 000 人）

考试

参与考试人数 342

以色列

www. goethe. de/israel；访问量：83 201 次

耶路撒冷

院长：克劳斯·克里少克
成立年份：1987
www. goethe. de/jerusalem

德语教育合作

（302 人参与）
3 次会议、比赛、文化项目

文化、信息工作

（3 037 人参与）
23 场展会、音乐会、节日活动等，3 场多样性活动

德语课程与考试

课时 15 217，登记注册人数 275，课程 33 节

特拉维夫-雅法

院长：克劳斯・克里少克
成立年份：1979
www. goethe. de/telaviv

德语教育合作

（1 823 人参与）
5 次会议、比赛、文化项目，3 场培训研讨

文化、信息工作

（40 345 人参与）
52 场展会、音乐会、节日活动等，18 场多样性活动

信息和图书馆

多媒体资料存储量 12 868，借阅次数 15 563，来访人数 7 598，借阅人数 693，每月信息咨询量 328 次

德语课程与考试

课时 64 206，登记注册人数 1 479，课程 170 节，参与考试人数 90

约旦

www. goethe. de/jordanien；访问量：54 726 次

安曼

院长：克里斯蒂安娜・克莱莫尔-胡斯-胡斯博士

成立年份：1961
www. goethe. de/amman

德语教育合作

(624 人参与)
4 次会议、比赛、文化项目，7 场培训研讨

文化、信息工作

(4 000 人参与)
14 场展会、音乐会、节日活动等，10 场多样性活动

宣传/公关活动/媒体

(影响范围：2 200 人)

德语课程与考试

课时 136 799，登记注册人数 2 053，课程 161 节，参与考试人数 719

黎巴嫩

www. goethe. de/libanon；访问量：64 831 次

贝鲁特

院长：乌尔里希·诺瓦克博士
成立年份：1955
www. goethe. de/beirut

德语教育合作

(711 人参与)
4 次会议、比赛、文化项目，10 场培训研讨

文化、信息工作

(7 987 人参与)
17 场展会、音乐会、节日活动等，4 场多样性活动

宣传/公关活动/媒体

(影响范围：1 700 人)

考试

参与考试人数 2 446

摩洛哥

www. goethe. de/marokko；访问量：100 848 次

卡萨布兰卡

院长：沃尔夫冈 · 迈斯讷(自 2013 年 10 月 1 日起为弗里德里希 · 达尔豪斯博士)
成立年份：1960
www. goethe. de/casablanca
联合学院，统计数据参见拉巴特

信息和图书馆

多媒体资料存储量 8 538，借阅次数 7 171，来访人数 17 946，借阅人数 697，每月信息咨询量 651 次

拉巴特

院长：沃尔夫冈 · 迈斯讷(自 2013 年 10 月 1 日起为弗里德里希 · 达尔豪斯博士)
成立年份：1960
www. goethe. de/rabat

德语教育合作

(2 482 人参与)
9 次会议、比赛、文化项目，9 场培训研讨

文化、信息工作

(36 469 人参与)
25 场展会、音乐会、节日活动等，14 场多样性活动

宣传/公关活动/媒体

(影响范围：5 800 人)

德语课程与考试

课时 348 947，登记注册人数 5 100，课程 380 节，参与考试人数 1 949

巴勒斯坦地区

www. goethe. de/palaestinensischegebiete；访问量：42 692 次

拉马拉

院长：尤尔克·舒马赫博士
成立年份：1998
www. goethe. de/ramallah

德语教育合作

(403 人参与)
数次会议、比赛、文化项目，2 场培训研讨

文化、信息工作

(13 576 人参与)
28 场展会、音乐会、节日活动等，23 场多样性活动

信息和图书馆

多媒体资料存储量 12 414，借阅次数 7 191，来访人数 8 365，借阅人数 1 698，每月信息咨询量 305 次

德语课程与考试

课时 67 941，登记注册人数 1 033，课程 87 节，参与考试人数 466

苏丹

www. goethe. de/sudan；访问量：10 948 次

喀土穆

联系人：丽丽·考布勒

成立年份：1964
关闭于 1997 年；重建于 2008 年

文化、信息工作

（15 161 人参与）
12 场展会、音乐会、节日活动等，13 场多样性活动

德语课程与考试

课时 65 659，登记注册人数 883，课程 53 节，参与考试人数 232

叙利亚

www. goethe. de/syrien；访问量：20 195 次

大马革士和阿勒颇分院

院长：乌尔里希·诺瓦克博士
成立年份：1955
关闭于 1967 年；重建于 1979 年
www. goethe. de/damaskus
学院大部分部门中止运行

考试

参加考试人数：71

突尼斯

www. goethe. de/tunesien；访问量：60 716 次

突尼斯

院长：克里斯蒂安娜·包勒
成立年份：1958
www. goethe. de/tunis

德语教育合作

(108 人参与)
1 个文化项目，8 场培训研讨

文化、信息工作

(27 458 人参与)
23 场展会、音乐会、节日活动等，14 场多样性活动

德语课程与考试

课时 86 925，登记注册人数 1 260，课程 86 节，参与考试人数 1 572

阿拉伯联合酋长国

www. goethe. de/golfregion；访问量：66 719 次

阿布扎比

院长：苏珊娜 · 史包勒
成立年份：2006
www. goethe. de/abudhabi

德语教育合作

(1 103 人参与)
10 次会议、比赛、文化项目，7 场培训研讨

文化、信息工作

(3 421 人参与)
11 场展会、音乐会、节日活动等，10 场多样性活动

宣传/公关活动/媒体

(影响范围：1 200 人)

德语课程与考试

课时 26 620，登记注册人数 605，课程 80 节，参与考试人数 201

迪拜

院长：苏珊娜·史包勒
成立年份：2007
www. goethe. de/dubai
歌德学院联络处

文化、信息工作

（393 人参与）
3 场展会、音乐会、节日活动等，6 场多样性活动

德语课程与考试

课时 35 322，登记注册人数 779，课程 133 节，参与考试人数 106

撒哈拉沙漠以南非洲

11 所学院，3 个联络处，149 名工作人员，其中 27 名为派遣人员

这片大陆生机勃勃，很多刚刚还处于学步阶段的城市已经快速成长起来：就公共空间的问题发生争议也并非偶然。在这种情况下，“十城”是一个探索性项目，它将俱乐部理解为公共场所，关注欧洲和非洲的俱乐部文化。在拉各斯市的 50 周年庆典上，歌德学院主办了一场音乐盛典“拉各斯现场”。在约翰内斯堡则举办了“新想象”和其他三场演出，目的在于借助艺术手段对现有的空间概念提出质疑，并提出新的方案。

在非洲，人们对德国和欧洲也产生了前所未有的浓厚兴趣，与此同时不断提升的还有南半球发展中国家的自信心，这里——正如阿奇勒·穆贝博所言——“是全球变化运动的震中，需要与不同文化以新的形式进行艺术交流”。此外，区域间的交流和构建不同主题的平台也是重要的目标，通过网络门户或是诸如“移动非洲”这样的项目我们可以成功地实现这样的目标。例如，在西门子基金支持下发展起来的“非洲之乐”已经即将启动，而旨在鼓励支持非洲女性艺术家的系列项目“艺术品”也得到了进一步发展。“大篷车上的故事”以区域口语为主题，伴随着 36 位讲述者，从一个国家穿越到另一个国家。

除了这些相互联系的活动之外还有一项同德国进行深入交流的项目。两位长期以来一直受到歌德学院资助的来自非洲南部的艺术家受邀参加 dOCUMENTA 活动：一位是社会活动家、摄影师采内勒·穆奥丽，她为女同性恋者做出的努力受到了国际关注。另一位是库扎奈·基乌尔艾，他在作品中抨击了贪污腐化的政治家。在法兰克福书展上，《克服伤痛——乱世的艺术》得到了展出，同时德语作为外语的宣传攻势也开始借助各种媒体、以不同形式在非洲南部成功展开。

加强联盟方面，“欧盟文化中心合作组织(EUNIC)”尤其支持创新经济和文化教育的发展。因此，欧盟的资金可用于这些方面，资助与这类主题相关的文化节活动。同时，同国际合作协会(GIZ)的合作也不断深入。

卡塔里娜·冯·胡科特谢尔-卡特博士，地区分院院长

撒哈拉以南非洲地区歌德学院一览①

安哥拉

www. goethe. de/angola；访问量：4 920 次

罗安达

院长：克里斯蒂安娜·舒尔特
www. goethe. de/luanda

文化、信息工作

（3 939 人参与）
9 场展会、音乐会、节日活动等，3 场多样性活动
宣传/公关活动/媒体
（影响范围：1 000 人）

埃塞俄比亚

www. goethe. de/aethiopien；访问量：17 593 次

亚的斯亚贝巴

院长：伊尔姆特劳特·胡巴驰
成立年份：1962
www. goethe. de/addisabeba

德语教育合作

（1 445 人参与）
8 次会议、比赛、文化项目，1 场培训研讨

① 此标题为译者加。

文化、信息工作

（13 849 人参与）
17 场展会、音乐会、节日活动等，10 场多样性活动

宣传/公关活动/媒体

（影响范围：9 200 人）

信息和图书馆

多媒体资料存储量 4 207，借阅次数 1 066，来访人数 3 960，借阅人数 264，每月信息咨询量 25 次

德语课程与考试

课时 101 394，登记注册人数 1 088，课程 55 节，参与考试人数 284

布基纳法索

www. goethe. de/burkinafaso；访问量：135 次

瓦加杜古

院长：彼得·史蒂凡博士
www. goethe. de/ouagadougou
歌德学院联络处

德语教育合作

（11 205 人参与）
9 次会议、比赛、文化项目，5 场培训研讨

象牙海岸（科特迪瓦）

www. goethe. de/cotedivoire；访问量：29 926 次

阿比让

院长：佛里左·麦克

成立年份：1971
www. goethe. de/abidjan

德语教育合作

(2 770 人参与)
15 次会议、比赛、文化项目，18 场培训研讨

文化、信息工作

(15 928 人参与)
20 场展会、音乐会、节日活动等，7 场多样性活动

宣传/公关活动/媒体

(影响范围：6 200 人)

信息和图书馆

多媒体资料存储量 7 802，借阅次数 3 121，来访人数 2 506，借阅人数 1 041，每月信息咨询量 110 次

德语课程与考试

课时 49 842，登记注册人数 639，课程 48 节，参与考试人数 410

加纳

www. goethe. de/ghana；访问量：26 940 次

阿克拉

院长：罗伯特·左波塔
成立年份：1961
www. goethe. de/accra

德语教育合作

(300 人参与)
1 个文化项目，3 场培训研讨

文化、信息工作

(13 425 人参与)

14 场展会、音乐会、节日活动等，16 场多样性活动

信息和图书馆

多媒体资料存储量 4 250，借阅次数 1 740，来访人数 1 912，借阅人数 273，每月信息咨询量 176 次

德语课程与考试

课时 166 583，登记注册人数 1 059，课程 43 节，参与考试人数 893

喀麦隆

www. goethe. de/kamerun；访问量：32 672 次

雅温得

院长：伊蕾妮·巴克博士
成立年份：1961
www. goethe. de/yaounde

德语教育合作

（1 330 人参与）
5 次会议、比赛、文化项目，9 场培训研讨

文化、信息工作

（12 688 人参与）
32 场展会、音乐会、节日活动等，28 场多样性活动

信息和图书馆

多媒体资料存储量 6 437，借阅次数 2 500，来访人数 17 300，借阅人数 215，每月信息咨询量 249 次

德语课程与考试

课时 363 868，登记注册人数 2 528，课程 108 节，参与考试人数 2 266

肯尼亚

www. goethe. de/kenia；访问量：39 282 次

内罗毕

院长：约翰纳斯·豪斯菲尔德
自 2014 年 1 月 1 日起为妮娜·维希曼博士
成立年份：1963
www. goethe. de/nairobi

德语教育合作

(2 348 人参与)
10 次会议、比赛、文化项目，9 场培训研讨

文化、信息工作

(14 270 人参与)
27 场展会、音乐会、节日活动等，9 场多样性活动

宣传/公关活动/媒体

(影响范围：8 600 人)

信息和图书馆

多媒体资料存储量 7 207，借阅次数 3 183，来访人数 4 257，借阅人数 500，每月信息咨询量 285 次

德语课程与考试

课时 247 700，登记注册人数 2 050，课程 117 节，参与考试人数 1 806

尼日利亚

www. goethe. de/nigeria；访问量：40 586 次

拉各斯

院长：马克-安德烈·施马赫特尔
成立年份：1962
www. goethe. de/lagos

信息和图书馆

多媒体资料存储量 3 411，借阅次数 375，借阅人数 180，每月信息咨询量 121 次

德语课程与考试

课时 125 424，登记注册人数 804，课程 35 节，参与考试人数 790

卡诺

联系人：弗兰克·罗吉尔
歌德学院联络处
由于安全原因学院工作无法继续

卢旺达

基加利

联系人：卡琳·卡特霍夫尔
exku@ kigali. goethe. org
歌德学院联络处

文化、信息工作

（11 145 人参与）
8 场展会、音乐会、节日活动等，5 场多样性活动

塞内加尔

www. goethe. de/senegal；访问量：29 168 次

达喀尔

院长：米夏埃尔·挪斯曼教授
成立年份：1978
www. goethe. de/dakar

文化、信息工作

(4 963 人参与)
13 场展会、音乐会、节日活动等，3 场多样性活动

信息和图书馆

多媒体资料存储量 2 606，借阅次数 1 528，来访人数 3 945，借阅人数 774，每月信息咨询量 100

德语课程与考试

课时 32 295，登记注册人数 256，课程 26 节，参与考试人数 104

南非

www. goethe. de/suedafrika；访问量：82 994 次

约翰内斯堡(地区分院)

院长：卡塔里娜・冯・胡科特谢尔-卡特博士
自 2013 年 11 月 1 日为诺伯特・史皮茨博士
成立年份：1995
www. goethe. de/johannesburg

德语教育合作

(2 378 人参与)
15 次会议、比赛、文化项目，24 场培训研讨

文化、信息工作

(198 978 人参与)
77 场展会、音乐会、节日活动等，60 场多样性活动

宣传/公关活动/媒体

(影响范围：2 202 700 人)

信息和图书馆

多媒体资料存储量 9 194，借阅次数 3 181，来访人数 3 165，借阅人数 221，每月信息咨询量 110 次

德语课程与考试

课时 31 205，登记注册人数 375，课程 33 节，参与考试人数 182
*通过公共事务专员的强化媒体工作

坦桑尼亚

www. goethe. de/tansania；访问量：50 389 次

达累斯萨拉姆

院长：艾雷奥诺勒·祖拉
成立年份：1962
关闭于 1998 年；重建于 2008 年
www. goethe. de/daressalam

德语教育合作

(74 人参与)
6 场培训研讨

文化、信息工作

(8 841 人参与)
9 场展会、音乐会、节日活动等，6 场多样性活动

宣传/公关活动/媒体

(影响范围：2 100 人)

德语课程与考试

课时 31 545，登记注册人数 233，课程 26 节，参与考试人数 201

多哥

www. goethe. de/togo；访问量：10 378 次

洛美

院长：艾德姆·阿提奥贝
成立年份：1961
www. goethe. de/lome

德语教育合作

（2 769 人参与）
8 次会议、比赛、文化项目，6 场培训研讨

文化、信息工作

（16 620 人参与）
3 场展会、音乐会、节日活动等

宣传/公关活动/媒体

（影响范围：3 700 人）

信息和图书馆

多媒体资料存储量 4 443，借阅次数 3 390，来访人数 14 500，借阅人数 302，每月信息咨询量 160 次

德语课程与考试

课时 139 444，登记注册人数 1 473，课程 75 节，参与考试人数 632

北美地区

10 所学院，1 个联络处，119 名工作人员，其中 20 名派遣人员

10 所歌德学院，和一间位于德国驻古巴大使馆的办事处，这个数字对于美洲中部的文化事业来说尤为可观，中美洲既涵盖了许多北半球高度发达的国家，也包括像南半球那样的发展中国家。与之相应，学院开展了差异化的工作：在美国和加拿大，我们的重点是宣传介绍德国文化界的发展趋势以及德国文化机构。我们在墨西哥，以及其他中美洲地区，重点在于提高文化企业的参与程度和专业化程度。而且我们的项目也越来越呈现出跨区域趋势，例如地区性项目"管理和控制，半球出发的角度"。

艺术和政治，生态和数码文化是重点话题，尤其对个别艺术分支领域给予了特别关注，例如电影（如在圣弗朗西斯科举办的"柏林和超越"电影节），文学（如在纽约庆祝的多个艺术节），以及美术（如纽约罗德勒街 38 号的艺术家空间）。

这一地区中起灯塔般率领作用的语言和教育工作是位于纽约的德美伙伴项目（GAPP）和位于华盛顿的大西洋外展项目（TOP），这两个项目长久以来促进德美双方对话的进行。除此之外值得一提的是，美国采取众多措施，在基础教育层面的中学和高校中设立德语课程。德语作为一门学科的设立，以及德语作为一门外语在美国的推广，都是由纽约歌德学院主办的大型语言会议的新主题。德语教育的合作由歌德学院自己开设的广受欢迎的课程提供支持，这些课程在大多数地区，甚至是所有地区全面开设。歌德学院纽约分院的图书馆工作亮点之一是一项名为"图书馆的终点"的项目，项目中视觉艺术家表达了他们对于图书馆、建筑、文献资料的兴趣，并为那里的图书馆带来了更多关注。

最后，实体空间的重要性不应当被忽略：蒙特利尔歌德学院在成立 50 周年之际迁往宜人的新地址。除此之外，墨西哥分院在全面的修葺工作结束后也搬回了原来的地方。

克里斯多夫・巴特曼博士，地区分院院长

北美地区歌德学院一览[①]

加拿大

www. goethe. de/kanada；访问量：246 593 次

蒙特利尔

院长：曼弗雷德·史道夫
成立年份：1962
www. goethe. de/montreal

德语教育合作

(973 人参与)
8 次会议、比赛、文化项目，4 场培训研讨

文化、信息工作

(22 768 人参与)
24 场展会、音乐会、节日活动等，11 场多样性活动

宣传/公关活动/媒体

(影响范围：2 100 人)

信息和图书馆

多媒体资料存储量 7 896，借阅次数 6 121，来访人数 2 720，借阅人数 461，每月信息咨询量 166 次

德语课程与考试

课时 25 432，登记注册人数 722，课程 80 节，参与考试人数 37

渥太华

院长：曼弗雷德·史道夫

① 此标题为译者加。

成立年份：1962
www. goethe. de/ottawa
统计数据-参见蒙特利尔

德语课程与考试

课时 11 319，登记注册人数 263，课程 26 节，参与考试人数 11

多伦多

院长：索尼娅·格力高谢夫斯基
自 2013 年 10 月 1 日起为乌韦·豪尔
成立年份：1962
www. goethe. de/toronto

德语教育合作

（11 943 人参与）
13 次会议、比赛、文化项目

文化、信息工作

（1 040 763 人参与）
28 场展会、音乐会、节日活动等，11 场多样性活动

宣传/公关活动/媒体

（影响范围：610 700 人）

信息和图书馆

多媒体资料存储量 4 991，借阅次数 3 716，来访人数 1 068，借阅人数 303，每月信息咨询量 42 次

德语课程与考试

课时 24 719，登记注册人数 520，课程 56 节，参与考试人数 25

古巴

哈瓦那

院长：尤迪特·麦乌尔姆

筹备当中
歌德学院联络处

德语教育合作

(295 人参与)
1 个文化项目，7 场培训研讨

文化、信息工作

(17 990 人参与)
17 场展会、音乐会、节日活动等，2 场多样性活动

墨西哥

www. goethe. de/mexiko；访问量：170 536 次

墨西哥城

院长：赖因哈德·麦乌尔姆
成立年份：1966
www. goethe. de/mexicostadt

德语教育合作

(1 421 人参与)
8 次会议、比赛、文化项目，17 场培训研讨

文化、信息工作

(219 829 人参与)
62 场展会、音乐会、节日活动等，37 场多样性活动

宣传/公关活动/媒体

(影响范围：1 000 人)

信息和图书馆

多媒体资料存储量 7 704，借阅次数 13 106，来访人数 4 350，借阅人数 564，每月信息咨询量 40 次

德语课程与考试

课时 218 614，登记注册人数 4 126，课程 324 节，参与考试人数 588

美国

www. goethe. de/usa；访问量：830 633 次

波士顿

院长：迪特勒夫·格瑞克-肖恩哈根
成立年份：1967
www. goethe. de/boston

德语教育合作

（1 422 人参与）
8 次会议、比赛、文化项目，9 场培训研讨

文化、信息工作

（38 270 人参与）
47 场展会、音乐会、节日活动等，10 场多样性活动

宣传/公关活动/媒体

（影响范围：1 300 人）

德语课程与考试

课时 15 579，登记注册人数 646，课程 112 节，参与考试人数 48

芝加哥

院长：维尔纳·奥特
成立年份：1978
www. goethe. de/chicago

德语教育合作

（7 189 人参与）

11 次会议、比赛、文化项目，11 场培训研讨

文化、信息工作

(67 532 人参与)
41 场展会、音乐会、节日活动等，3 场多样性活动

宣传/公关活动/媒体

(影响范围：35 100 人)

德语课程与考试

课时 14 400，登记注册人数 746，课程 145 节，参与考试人数 89

洛杉矶

院长：法里德・C. 马亚里
成立年份：1982
www. goethe. de/losangeles

文化、信息工作

(18 431 人参与)
19 场展会、音乐会、节日活动等，1 场多样性活动

信息和图书馆

多媒体资料存储量 5 451，借阅次数 3 876，来访人数 684，借阅人数 178，每月信息咨询量 112 次

纽约(地区分院)

院长：克里斯多夫・巴特曼博士
成立年份：1969
www. goethe. de/newyork

德语教育合作

(9 824 人参与)
3 次会议、比赛、文化项目，9 场培训研讨

文化、信息工作

(18 151 人参与)

36 场展会、音乐会、节日活动等，8 场多样性活动

宣传/公关活动/媒体

（影响范围：28 700 人）

信息和图书馆

多媒体资料存储量 8 914，借阅次数 4 836，来访人数 1 877，借阅人数 336，每月信息咨询量 150 次

德语课程与考试

参与考试人数 30

旧金山

院长：萨宾娜·埃尔伦魏恩
成立年份：1969
www. goethe. de/sanfrancisco

德语教育合作

（1 072 人参与）
5 次会议、比赛、文化项目，5 场培训研讨

文化、信息工作

（28 940 人参与）
16 场展会、音乐会、节日活动等，4 场多样性活动

德语课程与考试

课时 23 390，登记注册人数 863，课程 155 节，参与考试人数 77

华盛顿

院长：威尔弗里德·埃克斯坦因
成立年份：1990
www. goethe. de/washington

德语教育合作

（7 186 人参与）

1 个文化项目，7 场培训研讨

文化、信息工作

（32 735 人参与）
66 场展会、音乐会、节日活动等，4 场多样性活动

宣传/公关活动/媒体

（影响范围：11 200 人）

德语课程与考试

课时 33 359，登记注册人数 681，课程 69 节，参与考试人数 145

南美地区

13 所分院，268 名工作人员，其中 23 名派遣人员

南美的歌德学院以具有德国特色的价值观和立场，参与文化自我发现过程中的启发性讨论，并且在促进青年民间社会组织发展、深入德国与南美国家对话方面做出了多种多样的贡献。

南美洲的文化图景是充满生命力的，歌德学院在艺术界十分受欢迎。2012 年一项与西门子基金为期三年的合作项目开始运行，目的是借助表演艺术的平台和网络，促进德国与南美之间的交流，推动南美各国之间的交流。布宜诺斯艾利斯的“全景南美”活动拉开了活动的序幕，此活动召集整个南美的戏剧导演、舞蹈家和芭蕾舞编导于 2013 年在智利的圣地亚哥举办盛会。

“文化与发展”是 2011 年诸多活动宣传的重点主题，2013 年第一批活动项目如“社会弱势群体的教育和信息权利”“博物馆教育”和“开发优秀青少儿电视节目”圆满结束。

人们的注意力主要集中在巴西的“德国年”的准备工作上，今年的主题是“德国和巴西——灵感在此碰撞”，从 2013 年 5 月至 2014 年 5 月，德国的各个方面都将在这里得到全面展示。尤其是文学项目(巴西作为法兰克福书展的嘉宾国，德国作为里约 2013 年书展的嘉宾国)和足球项目(巴西 2014 年世界杯)也进入了紧张的准备工作中。

近年来南美洲地区国家对德语兴趣日渐浓厚，参加语言学习班和语言考试的人数也大幅上升。为了能使歌德学院一贯的高品质服务满足大众的需求，语言学习班的课程在 2012 年进行了专业和技术方面的现代化革新。在德语教育合作领域的工作重点是德语教师的培训和深造，以及扩大德语宣传范围，在这一策略下开发了一款为智能手机设计的应用程序。PASCH 项目也展现出了创新的形式和广泛的影响，由此也推动了区域和国际间 FIT 学校(德语学校)的联系。

在南美洲，图书馆工作也遇到了传统方面以及数字化方面的信息需求：一方面我们将传统的书籍阅读与促进阅读和翻译的活动结合起来；另一方面为了适应电子书市场在南美洲的迅速发展，我们在自己的图书馆中增添了“在线借阅”服务。另外，我们也支持歌德学院所在国家的图书馆数字化项目。在学校图书馆方面，我们支持的重点是媒体和信息的传播能力建设。

沃尔夫冈·巴德尔博士，地区分院院长

南美地区歌德学院一览[①]

阿根廷

www. goethe. de/argentinien；访问量：161 069 次

布宜诺斯艾利斯

院长：史蒂凡·胡斯根
成立年份：1966
www. goethe. de/buenosaires

德语教育合作

(9 120 人参与)
8 次会议、比赛、文化项目，11 场培训研讨

文化、信息工作

(24 506 人参与)
22 场展会、音乐会、节日活动等，13 场多样性活动

宣传/公关活动/媒体

(影响范围：6 100 人)

信息和图书馆

多媒体资料存储量 14 440，借阅次数 19 940，来访人数 18 824，借阅人数 723，每月信息咨询量 1 273 次

德语课程与考试

课时 136 829，登记注册人数 2 259，课程 218 节，参与考试人数 1 036

① 此标题为译者加。

科多巴

院长：阿尔穆特·施密特
成立年份：1967
www. goethe. de/cordoba

德语教育合作

（541 人参与）
1 个文化项目，2 场培训研讨

文化、信息工作

（9 895 人参与）
26 场展会、音乐会、节日活动等，12 场多样性活动

宣传/公关活动/媒体

（影响范围：5 600 人）

信息和图书馆

多媒体资料存储量 8 821，借阅次数 8 168，来访人数 9 910，借阅人数 241，每月信息咨询量 112 次

德语课程与考试

课时 55 459，登记注册人数 935，课程 143 节，参与考试人数 30

玻利维亚

www. goethe. de/bolivien；访问量：24 712 次

拉巴斯

院长：米夏埃尔·弗里德里希
成立年份：1965
www. goethe. de/lapaz

德语教育合作

（1 061 人参与）

4 次会议、比赛、文化项目，2 场培训研讨

文化、信息工作

(14 263 人参与)
20 场展会人、音乐会、节日活动等，15 场多样性活动

宣传/公关活动/媒体

(影响范围：2 000 人)

信息和图书馆

多媒体资料存储量 6 378，借阅次数 3 832，来访人数 1 227，借阅人数 350，每月信息咨询量 25 次

德语课程与考试

课时 94 212，登记注册人数 1 470，课程 10 节，参与考试人数 145

巴西

www. goethe. de/brasilien；访问量：446809 次

库里提巴

院长：克劳迪娅·洛默尔特·雅耐尔博士
成立年份：1972
www. goethe. de/curitiba

德语教育合作

(1 312 人参与)
4 次会议、比赛、文化项目，6 场培训研讨

文化、信息工作

(17 134 人参与)
23 场展会、音乐会、节日活动等，6 场多样性活动

宣传/公关活动/媒体

(影响范围：6 300 人)

信息和图书馆

多媒体资料存储量 9 432，借阅次数 8 520，来访人数 5 296，借阅人数 606，每月信息咨询量 180 次

德语课程与考试

课时 90 258，登记注册人数 1 474，课程 133 节，参与考试人数 146

阿雷格里港

院长：赖因哈德·绍尔
自 2013 年 5 月 1 日起为玛丽娜·路德曼
成立年份：1956
www. goethe. de/portoalegre

德语教育合作

(3 464 人参与)
11 次会议、比赛、文化项目，7 场培训研讨

文化、信息工作

(59 567 人参与)
37 场展会、音乐会、节日活动等，10 场多样性活动

宣传/公关活动/媒体

(影响范围：54 700 人)

信息和图书馆

多媒体资料存储量 12 268，借阅次数 16 381，来访人数 160 00，借阅人数 662，每月信息咨询量 208 次

德语课程与考试

课时 89 694，登记注册人数 1 518，课程 149 节，参与考试人数 329

里约热内卢

院长：阿尔方斯·胡克
成立年份：1956

www. goethe. de/riodejaneiro

德语教育合作

(2 067 人参与)
6 次会议、比赛、文化项目，3 场培训研讨

文化、信息工作

(31 549 人参与)
13 场展会、音乐会、节日活动等，5 场多样性活动

宣传/公关活动/媒体

(影响范围：5 000 人)

信息和图书馆

多媒体资料存储量 12 518，借阅次数 13 563，来访人数不详，借阅人数 740，每月信息咨询量 900 次

德语课程与考试

课时 107 190，登记注册人数 1 889，课程 184 节，参与考试人数 161

萨尔瓦多

院长：乌尔里希·格明德博士
成立年份：1962
www. goethe. de/salvadorbahia

德语教育合作

(2 140 人参与)
6 次会议、比赛、文化项目，5 场培训研讨

文化、信息工作

(19 802 人参与)
25 场展会、音乐会、节日活动等，7 场多样性活动

宣传/公关活动/媒体

(影响范围：12 000 人)

信息和图书馆

多媒体资料存储量 8 682，借阅次数 2 647，来访人数 4 400，借阅人数 175，每月信息咨询量 317 次

德语课程与考试

课时 40 225，登记注册人数 488，课程 42 节，参与考试人数 120

圣保罗(地区分院)

院长：沃尔夫冈・巴德尔博士
自 2013 年 11 月 1 日起为 K. 冯・胡科特舍尔-卡特博士
成立年份：1963
www. goethe. de/saopaulo

德语教育合作

(19 183 人参与)
11 次会议、比赛、文化项目，26 场培训研讨

文化、信息工作

(645 962 人参与)
47 场展会、音乐会、节日活动等，32 场多样性活动

宣传/公关活动/媒体

(影响范围：255 900 人)

信息和图书馆

多媒体资料存储量 17 142，借阅次数 17 647，来访人数 26 873，借阅人数 1 115，每月信息咨询量 1 370 次

德语课程与考试

课时 228 416，登记注册人数 3 569，课程 286 节，参与考试人数 375

智利

www. goethe. de/chile；访问量：90 705 次

智利圣地亚哥

院长：福尔克尔·里德尔
成立年份：1961
www. goethe. de/santiagodechile

德语教育合作

（281 人参与）
1 个文化项目，2 场培训研讨

文化、信息工作

（91 342 人参与）
34 场展会、音乐会、节日活动等，23 场多样性活动

宣传/公关活动/媒体

（影响范围：66 800 人）

信息和图书馆

多媒体资料存储量 8 461，借阅次数 13 461，来访人数 350，借阅人数 1 275，每月信息咨询量 250 次

德语课程与考试

课时 70 100，登记注册人数 1 263，课程 205 节，参与考试人数 298

哥伦比亚

www. goethe. de/kolumbien；访问量：143 587 次

波哥大

院长：卡佳·凯辛
成立年份：1957
www. goethe. de/bogota

德语教育合作

（500 人参与）

1 个文化项目，1 场培训研讨

文化、信息工作

（58 719 人参与）
34 场展会、音乐会、节日活动等，10 场多样性活动

宣传/公关活动/媒体

（影响范围：26 000 人）

德语课程与考试

课时 143 073，登记注册人数 2 029，课程 175 节，参与考试人数 826

秘鲁

www. goethe. de/peru；访问量：95 222 次

利马

院长：彼得拉·贝尔克-卡珀斯·塞尔纳
成立年份：1966
www. goethe. de/lima

德语教育合作

（21 335 人参与）
9 次会议、比赛、文化项目，15 场培训研讨

文化、信息工作

（33 331 人参与）
20 场展会、音乐会、节日活动等，9 场多样性活动

宣传/公关活动/媒体

（影响范围：18 300 人）

信息和图书馆

多媒体资料存储量 9 537，借阅次数 20 859，来访人数 5 324，借阅人数 474，每月信息咨询量 4 540 次

德语课程与考试

课时 261 962，登记注册人数 4 973，课程 328 节，参与考试人数 1 117

乌拉圭

www. goethe. de/uruguay；访问量：29 913 次

蒙得维的亚

院长：伊丽莎白·拉塔罗博士
成立年份：1964
www. goethe. de/montevideo

德语教育合作

(317 人参与)
主办 1 个文化项目，4 场培训研讨

文化、信息工作

(19 137 人参与)
举办 9 场展会、音乐会、节日活动等，10 场多样性活动

宣传/公关活动/媒体

(影响范围：1 500 人)

信息和图书馆

多媒体资料存储量 9 713，借阅次数 3 448，来访人数 2 216，借阅人数 697，每月信息咨询量 25 次

德语课程与考试

课时 26 169，登记注册人数 962，课程 184 节，参与考试人数 43

委内瑞拉

www. goethe. de/venezuela；访问量：26 812 次

加拉加斯

院长：尼古莱·彼得森
成立年份：2003
www. goethe. de/caracas

德语教育合作

（3 120 人参与）
2 次会议、比赛、文化项目，6 场培训研讨

文化、信息工作

（31 147 人参与）
13 场展会、音乐会、节日活动等，4 场多样性活动

宣传/公关活动/媒体

（影响范围：2 100 人）

信息和图书馆

多媒体资料存储量 6 201，借阅次数 1 554，来访人数 2 288，借阅人数 320，每月信息咨询量 21 次

德语课程与考试

课时 69 060，登记注册人数 1 151，课程 94 节，参与考试人数 138

热 烈 庆 祝

歌德学院多伦多分院成立 50 周年
歌德学院美因河畔的法兰克福分院成立 30 周年
歌德学院伦敦分院成立 50 周年
歌德学院南希分院成立 50 周年
歌德学院北京分院成立 25 周年
歌德学院里加分院成立 20 周年
歌德学院斯德哥尔摩分院成立 50 周年
歌德学院香港分院成立 50 周年
歌德学院布拉迪斯拉发分院成立 20 周年
歌德学院圣塞巴斯蒂安分院成立 50 周年
歌德学院布达佩斯分院成立 25 周年
歌德学院库里提巴分院成立 40 周年
歌德学院圣保罗分院成立 50 周年
歌德学院里斯本分院成立 50 周年
歌德学院哥廷根分院成立 40 周年
歌德学院阿尔及尔分院成立 50 周年
歌德学院汉堡分院成立 10 周年
歌德学院赫尔辛基分院成立 50 周年
歌德学院内罗毕分院成立 50 周年
歌德学院巴黎分院成立 50 周年
歌德学院鹿特丹分院成立 40 周年
歌德学院耶路撒冷分院成立 25 周年
歌德学院雅典分院成立 60 周年
歌德学院蒙特利尔分院成立 50 周年
歌德学院加拉加斯分院成立 10 周年
歌德学院台北分院成立 50 周年
歌德学院格拉斯哥分院成立 40 周年
歌德学院巴勒莫分院成立 50 周年
歌德学院圣彼得堡分院成立 20 周年
歌德学院萨勒格布分院成立 40 周年

保持在中国的前进步伐

中国的经济增长速度处于全球领先地位，然而在文化工作方面的状况是怎样的呢?

成功的关键在于选择正确的道路：德国在 25 年前成功地成为第一个在中国设立文化机构代表的西方国家，然而这之后接踵而来的问题是，如何拓展首都以外地区的工作。中国只允许设立一个文化机构的政策，限制了歌德学院在这个国家的其他大都市展开工作。通过分散化本土发展政策，与中国合作机构建立稳固的联系，学院分布地区的数量有了显著增长，在至少 12 个 800 万人口以上的城市开设了网点。

但是这也带来了障碍，因为双边的机构拥有不同的名称。谁能立刻明白，什么是歌德学院的“联络处”，或者什么是“信息学习中心”呢? “语言学习中心”就简明得多了，在这里大家可以预定课程、学习德语、认识德国。中国国内的语言学校学生数量成倍增加，这也印证了德语学习需求快速增长的事实。但只有在拥有足够的优秀师资力量的情况下，我们的发展才能不受限制，才能朝着我们希望的方向发展。人们总结说“德国需要护士、中国需要教师”。

在文化工作上“跟上步伐”还与中国的交往方式有关，中国拥有如此悠久的历史，如此勤劳、有抱负的人民。学习，以及在国际化背景下的学习，对中国人来说很受欢迎，我们必须传递正确的信号，告诉他们我们在这方面是可靠的、值得信赖的伙伴，我们不会仅夸夸其谈，只认可真实成绩。例如，在重庆和南京联络处为艺术家和作家所发起的访问项目就传递了这样的信号。

“跟上步伐”对居民来说有时意味着“对抗,”——对抗偏见，对抗自有价值观。无法容忍的对自由的限制大概需要宣传和空间，来使大家始终熟悉它的存在。“干涉”和“参与”通常只有一线之隔。中国政府对于特洛伊木马这一历史典故的恐惧，致使中国至今为止仍实行“一国一机构”的政策。因此我们机构网络的存在也就相当于一种变革行为，目前尚被容忍，但是像很多其他事物一样，有可能明天就从这个国家消失了。然而，必定还有新事物的产生，而且中国人的实用主义也不允许把时间浪费在怀古上。因此，歌德学院在中国存在 25 年(更多详情浏览机构网站)是一个新的开始，同时也伴随着这样一个问题：25 年后的世界将是何种面貌?

彼得·安德斯，歌德学院中国分院的院长地区负责人

缅甸的新歌德学院

舞台已经搭好了，备忘录也已经签署，两国之间的文化协定也正在深入磋商当中：预计 2013 年底之前，一所歌德学院就会在这里建成。关于建校地址选在仰光市中心的协商也正在进行当中。

缅甸歌德学院的筹备活动运作正常——即便一些变化和负面影响也开始显现，至今暂时被压抑的矛盾也突然被曝光。尤其是，针对穆斯林少数民族的暴力行为使得原本光鲜的“缅甸奇迹”形象褪色不少。游客的蜂拥而至更使得已使用数十年的、摇摇欲毁的公共设施负担加重。几个月来涌入无数国际组织，它们的需求略微抬高了缅甸的物业价格和盈利预期。巨大的收入差距突然显现，并出乎意料地引发了新的动力。歌德学院的建立正是发生在缅甸从几十年的孤立状态中破冰而出的时刻。

人们对专业技能的需求，尤其是文化领域的专业需求是不可忽视的：特别是青少年对教育和艺术同国际水平接轨的需求。因此 2012 年底，歌德学院东南亚分院首次在缅甸举办了科学文化节，文化节吸引了 5 000 多名来自仰光和曼德勒的年轻人。同样受人关注的还有已经开展了几年的各个领域的活动，如音乐、纪录片、儿童电影年轻导演培训等。这些活动为即将建成的歌德学院的下一步工作指明了方向。

可以预见，人们对于到德国接受教育具有极大兴趣，同样的还有对于语言学习班的需求。我们的目标是建成一个文化碰撞和创意交流的知名机构。

弗兰茨·克萨维尔是南亚、澳大利亚和新西兰的地区学院院长，
今年年末起也将领导歌德学院缅甸分院的工作

未来

“文化是一场运动”

全球化和数字化进程使文化和教育机构面临着新的挑战：关于这种发展下的机遇，来自喀麦隆的后殖民主义政治学家和理论家阿希尔·博穆博，以及撒哈拉以南非洲地区的歌德学院院长卡塔里娜·冯·胡科特谢尔-卡特，都发表了自己的看法。

卡塔里娜·冯·胡科特谢尔-卡特(以下简称“卡”)：诸如歌德学院一类的文化机构的未来，相当重要的一点，是取决于自身能否适应全球化过程中出现的各种状况。您怎么看待这种发展？同时，德国或欧洲的文化机构又该怎样应对？

阿希尔·博穆博(以下简称“阿”)：我们生活在一个西方世界为主导者的时代中。这种霸权即使没有开始走下坡路，起码由于经济危机的原因受到了威胁。这是因为目前出现了新的经济体，它们普遍对西方的主导地位提出了质疑。这种霸权在文化方面的危害更加严重。世界范围的变革中心在南半球发展国家和东部国家中。在我的印象中，这种变化会要求对外来价值和外来文化采取新的接受方式。此外，它还要求文化机构对自身传统角色进行反思，以便更好地考虑富有创造力的新生力量，尤其是在发展中国家。歌德学院所关心的这一方向转变已经发生了一段时间。仅仅凭借歌德学院的分院网络，它就已经证明了自己作为对话平台的作用，供不同文化机构的联系网相互交流。如果歌德学院能够更系统地发挥这一作用，那么这个机构就会更强大，也就是说，歌德学院必须要仔细倾听和观察，不断发现新的东西。

卡：我们的很多工作还是以传统的形式展开，如电影、舞蹈、绘画艺术——在您看来这些还有用吗？

阿：在某些国家，这些传统形式当然总是很有必要的，不过只有在举办一个相对孤立的小范围文化活动时是这样。在其他国家，诸如南非、尼日利亚、塞内加尔等，我首先注意到的是当地演员的快速变化以及他们同更大的单位和团队进行合作的愿望。我们必须不断发现更多的文化工作形式，不满足于现状，而是帮助文化工作者参与到跨学科的对话中来。电影与音乐的对话，音乐与文学的对话，而文学又通过舞蹈和批评理论被赋予新的意义。这种跨学科的流派和形式指明了一条通往未来的道路，然而也要求大量的人才投入。大家必须根据现有的发展提出问题，并且找出，什么是新的，什么是适合这一大洲的，什么又是世界范围的。

卡：您的约翰内斯堡理论批判研讨会的主题是“形式的生命”：您所探讨的既有已经存在的形式，也有新形式。数字化真的会彻底改变我们对待文化的方式吗？

阿：数字化时代并没有使人们面对面的直接交流变得多余。人与人之间的，物理上的联系是独一无二的，永远不可能被高科技取代。然而在数字化时代，速度会变成一种特殊的资源。数字化为我们开启了全新的时代，在这个时代中，想法与设计，事物和活动的发展都变得灵活许多。另外，可塑性与之前相比也增强许多。数字化在文化创作和艺术创作方面产生了巨大的影响。

卡：在这种发展下类似歌德学院的文化机构还会继续存在吗？人们还会继续有德语学习的需求吗？

阿：绝对的。如果有更多的人学习德语那就太好了。如果我学过德语的话，就可以阅读黑格尔和海德格尔的原著，也不用通过翻译来进入他们的哲学世界了。德语是德国人送给人类的一份礼物。因此歌德学院应该继续开办德语课程。一门语言的消失是人类遗产的巨大损失。我们应该朝着一个不需要翻译的多语世界努力，因为我们都非常希望拥有掌握多种语言的能力。

卡：您提到了将理论与实践相结合的跨学科平台。这种平台应该是怎样的呢？

阿：它应该是艺术家、知识分子和作家之间跨学科对话的结果，并研究与所有学科都相关的话题。这一结果应当是通过各种话题的讨论得出的。金山大学与约翰内斯堡理论批判研讨会合作进行的实验也向我们展示了这一点。歌德学院当然不是大学，但致力于批判性思考以及实践一直以来都是它的责任，它将各种不同类型的重要机构都为己所用，例如目前现有的各大学、博物馆、舞蹈学校，所有与文化和创新有关的实验性机构等。

卡：我们的工作应该把我们观察和经历的一切，我们国家的文化精髓，都汇总起来，是这样吗？

阿：你们已经在这么做了。例如歌德学院组织了一个名为“新想象”的工作室：把城市设计者、哲学家，从事艺术领域的工作者和音乐家，以及数字技术人员都汇聚到一起。这形成了一个紧张急迫的氛围，使得思想结晶在一两天之内就可以产生，参与者提出各自的见解，例如他们对于城市未来发展的看法。如果我们不仅想要促进文化的发展，而是像我说的那样也想要推动不同领域的结合，那么这类的活动绝对是必需的。这在你们出版的书中也有类似的表达。我最近刚刚读了《非洲城》(哈卡纳出版社，2012)和《鞋店》(哈卡纳出版社，2012)，所有的这些都指明了我们必须走下去的方向。

卡：即使在未来也需要歌德学院来为这些领域做准备，并促进这些方面的合作吗？

阿：我们需要像歌德学院这样的机构。你们的职责不只在于使不可能有交集的人们走到一起来。你们还应该足够灵活，去接受意料之外的新事物，它们或许是刚刚开始发展的无名之辈，但却蕴含着巨大的潜力。这样的机构可以促进这种潜力的开发，使其发挥自己的影响。我们需要这种机构，因为它们的主要任务是开拓空间供各种潜能发展。

这里我指的是，例如扬长避短的能力，智力或者经济方面的能力。因此这样的机构不是多余的，也不是不合时宜的，只要能适应种种变化，并能为我们指出未来的发展方向。

卡：歌德学院应该是一种观测未来的仪器。作为来自欧洲的机构，它在后殖民环境下运作，这里的文化因为来自北方的入侵者受到了严重的创伤。

阿：这是一项棘手的工作。大家肯定不希望再重复这样一种粗暴野蛮的文化碰撞，这是历史早期的标志。移情能力是很重要的。人们相遇的时候，在众人之中识别出特定面孔的能力起着重要的作用。如果文化机构的工作想要在发展中国家达到一定的目标，那就一定要结合特定的政治、道德环境进行考虑。最好的办法是，以一种自由的方式来建立这种联系，否则过去的创伤就会继续伤害未来。任务就在于，向所有人展示一种不同的未来，这里也包括向发达国家展示。通过这种文化活动，我们对发达国家及其形成，以及造成我们当今世界变动的原因重新进行评价。像歌德学院一样的机构是进行对话的场所，并使这种记忆过程有可能转变为关于未来的构想。如果大家想要跨越南北国家之间的横沟，这种面向未来的定位绝对是必要的。

卡：您是个铁杆球迷；2010年南非举办了世界杯比赛，这个充满魅力的舞台不仅只是为了运动和球迷开放，更是全世界跨文化交流的平台。您怎样看待全球范围的活动在文化方面的作用？

阿：目前为止，我们在诸如此类的大型活动当中尚未考虑到文化服务。不久前在南非举办了非洲杯的比赛。这是整个大陆的一项盛事，不仅在非洲，在世界范围内也引起了关注。然而这依然只是一项体育活动，缺失了文化要素。我们应该找到机会，在这种规模的事件中组织一个文化项目。2014年世界杯即将在巴西举行，或许巴西的歌德学院可以组织一些活动，填补这样的空缺。在我看来运动和文化本属一家。

卡：还有没有其他的一些领域，使文化干预可以在其中发挥作用，或者开辟新的领域？

阿：城市的未来作为一种理念，以及城市作为人类生存的形式，是我们必然要关注的两个方面。非洲将上演诸多剧变，例如，在这片陆地上生存的人口很快就会超过 10 亿。人口问题在有关文化未来的思索中扮演着至关重要的角色，这也是数字的绝对力量。我们有数目如此庞大的人口需要住处、食物，需要被人照顾，所有的一切在我看来都是人们必须去解决的迫在眉睫的问题。另一个现象与现实国情有关，即这个大陆正在经历一个新的跨国化的历史阶段。大家移出移入，迁进迁出。这不只牵扯到移民的问题，更是展现了一种循环。因此我们说，整个大陆都在运动当中。

卡：非盟尝试着达到共同的认知，其他区域也为团结协作而努力着。如果一个区域，例如欧洲，越来越紧密地共同成长，那么国家，或者国家机构的概念会不会消失？

阿：不会，国家不会消失，但是会有很大压力。国家基础工作并不多余，但也并不代表着未来发展方向，因为未来是跨区域化的趋势。彼时，海峡和河流不只决定空间结构，更是决定了整个大陆的公共空间。数量庞大的居民不能被集中在一个地方，因为他们会四处迁移。他们创造新生事物，带来新的群居模式和解决矛盾的方法。

卡：所以文化机构应当提供灵活的项目活动……

阿：文化机构要能感知未来的发展。面向未来发展的灵活的机构，能够应对一直不断运动变化的事物，既能符合当下的发展，又能适应不断推陈出新的事物。然而同时也伴随着许多风险。这对于有着既定运行模式，问责体制和层级分明的管理部门来说十分不易。它们不仅是为了新世代，也是为数字世代而产生的。我们需要的是能够适应这种迂回发展的机构。因此当人们谈起非洲人民的时候就可以说，他们的生活始终都在运动变化之中。

卡：您是说，我们应该利用这种运动……

阿：是的，文化就是一种运动。文化是与僵化停滞对立的灵活多变。

卡：您觉得德国的这些活动主旨是什么？

阿：这种文化工作的模式所作的贡献就是，加深了德国人与非洲人之间的理解。相互之间的理解可以为很多方面服务，例如，不同的人群、文化和过去怎样在一个充满了矛盾的时代中相处。但这些都是纯理论推测，很可能与以国家利益为重的逻辑相去甚远，众所周知，国家利益是聚焦现实的。不过我想，这个问题还是得德国人来回答。

卡：您对此有什么期望呢？

阿：我们希望，除了经济和物质的利益之外还有一个更高层次的思想在后面，帮助我们重新建立人类共同体的设想。这不仅关乎物质方面，更是关乎完全不同的其他方面。或许这就是中国和德国的区别：中国人来到这里，我们给了他们全部的原材料，而德国人来了之后给了我们一些东西，但我们却未付出任何回报，至少不是直接的回报。这是一种完全不同的关系。

卡：我们彼此是相互交流的关系。我们共同发现新思想。

阿：我们希望，这种思想也能跟中国人在这里开采的资源一样无比珍贵。

这是 2013 年 2 月 13 日于约翰内斯堡的一次谈话，详细记录参看 www. goethe. de/johannesburg

翻译：海克尔·施拉特尔

时光机器博物馆

关于东欧、中亚博物馆未来的思索

1990 年从苏联解体出来的国家和社会在寻找着自我。他们对过去、未来以及自我定位仍然存在许多困惑。社会的历史记忆——包括对身份的认知和未来的构想——无论是在莫斯科和第比利斯，在新西伯利亚、塔什干还是在阿拉木图，都有现实的归属之地。这个地点就是博物馆。在博物馆中，未来社会的形象(尤其是变革中的社会)以建筑的、行政的、美学的形象，用感官可以感知的方式清楚地呈现出来。这种方式对歌德学院的项目工作来说也有可操作性。

在过去几年中，关于博物馆的未来引起了世界范围内的讨论。过去十年中最引起轰动的、讨论最频繁的建筑工程莫过于博物馆建设。如纽约古根海姆博物馆的特许经营模式，在国际博物馆界引起轰动。国际会议、专业杂志，以及各大报刊的文化板块都在讨论博物馆的未来问题。

同时，在东欧和中亚歌德学院的参与下，这些关于后苏联时代东道国的讨论富有成效。尤其当他们在社会变革的背景下应对博物馆问题时——它们不得不面对关于社会过去和未来的重大问题。这种问题一直存在，即便看起来仅仅是关于具体的，或是日常实际的问题，例如展会设计，博物馆教育或是公共工作。我们很少意识到这一点，因此在 2011 年格鲁吉亚第比利斯国家博物馆召开了题为“为什么现在讨论博物馆?”的国际会议。

这个共有全国 10 所博物馆加入的博物馆联盟在原苏联国家中是独一无二的杰出典范。我们都为彼此感到十分骄傲，因为我们能够把来自俄罗斯、乌克兰、白俄罗斯、哈萨克斯坦和乌兹别克斯坦的同事们聚集到第比利斯来，他们中间不只有来自南高加索地区的“专家同行”，更有国际上的博物馆方面权威，如来自纽约大都会博物馆的菲利普·德·蒙特贝罗，还有柏林博物馆的馆长米夏埃尔·艾森豪尔，另有来自法兰克福汇报、南德报的德国记者，以及一流的博物馆建筑师如亚历山大·施瓦茨，以及来自奇普菲尔德建筑所的艺术总监。

这次讨论希望尽可能有从具体问题入手，但还是不可避免地将大家直接吸引到了社会心理状态这一中心议题上。

这一地区的机构将它们博物馆工作的重要合作伙伴都派遣至第比利斯，并决定在南高加索地区建立合作联系，同事之谊或许还有朋友之谊，帮助前苏联地区的博物馆实现未来发展。“时光机器博物馆”——这个 2013 年、2014 年度在东欧和中亚举办的区域项目，是一系列当地、中央或是地方项目的混合：包括大型会议，与普鲁士文化遗产基金会共同合作开展的“博物馆能力中心”的工作考察，以及带有记录和反思性质的最终出版物。

区域项目的活动和形式多种多样，包括德国、格鲁吉亚、亚美尼亚和阿塞拜疆的当代艺术展——展会的主题是博物馆机构(格鲁吉亚国家博物馆的展品也包含在其中)；还涉及哈萨克斯坦和吉尔吉斯斯坦当代艺术馆的筹备工作，工作包括利用数据库为分散的藏品建立档案。这一事例表明，我们的区域项目不仅讨论博物馆的未来，更是为之付出了具体行动。

历史纪念博物馆也包括在其中，和艺术博物馆一样，地区博物馆和国家博物馆都参与了进来，不论是传统的国家机构，还是由富有的寡头出资的私人基金都涉身其中。

最后我们想使前面提到的关于苏联国家博物馆未来的讨论更为人熟知。出于这一目的，为东欧博物馆工作者所举办的座谈会在柏林召开。座谈会能够在欧洲的博物馆大都会召开，这一点很重要，而且还是在联邦共和国的历史上意义重大的纪念地，也就是《水星》的编辑部。《水星》是最古老、最重要的德国文化杂志，其主编艺术史学家和艺术批评家克里斯蒂安·戴蒙得，在这次研讨活动中，同普鲁士文化遗产基金会的总裁海尔曼·帕辛格一起思考了博物馆的未来。此外，还有世界顶尖艺术哲学家之一鲍里斯·格罗伊斯，柏林艺术大学情景艺术学院院长米夏埃尔·菲尔，格鲁吉亚国家博物馆馆长亚历山大·施瓦茨，大卫·罗德基帕尼茨，以及来自该地区的各种不同机构都参与了“时间机器博物馆”项目。

“时间机器博物馆”以一所具体机构为出发点，尝试着对前苏联国家的生存提出问题，思索这些社会要何去何从。这或许能为一个老问题提供新答案，即在东西方共同拥有的当下，如何保存历史、展望未来。

史蒂凡·瓦克维茨博士，格鲁吉亚歌德学院院长

服务

语言学习

语言班全部参与人数	246 566
语言班国外参与人数	207 113
语言班德国参与人数	39 453
国外开设语言班	17 161
德国开设语言班	5 999
全部参与考试人数	201 345
国外参与考试人数	182 255
德国参与考试人数	19 090

德语教育合作

总涉及人数	960 000
德语作为外语宣传涉及人数	1 400 万
会议、文化项目	1 275
教师培训课程	1 171

文化

总涉及人数	1 250 万
展会、音乐会、演出	4 268
宣传活动	1 541
公众工作和媒体影响范围(不包括网络)	1 300 万

信息资料

借阅人数(图书馆)	59 064
借阅次数(图书馆)	762 886
借阅次数(试点地区在线借阅)	24 145
国外一年咨询量	438 526
国外媒体存储量	848 593
资助书籍翻译(共 39 种语言)	267 册

网络

www. goethe. de 运行网站	800 000
www. goethe. de 访问量	2 330 万

工作人员

全球员工总数	3 040
国外工作人数	2 306
德国工作人数	734
女员工	65%
男员工	35%

机构网络

学院(包括联络处)	158
其中德国境内	13
所驻国家(总数)	93
德国与国外合作文化机构	156
其中歌德中心	35
德语阅览室、会话室、学习与资料中心、合作图书馆	100
教学用具中心	198
语言学习中心	63
考试合作机构	315

2012/2013 年度预算

总计	约 3.66 亿欧元
其中国内收入	约 5 900 万欧元
国外收入	约 7 600 万欧元
外交部资助	约 2.21 亿欧元
其他收入	约 1 000 万欧元

组织结构

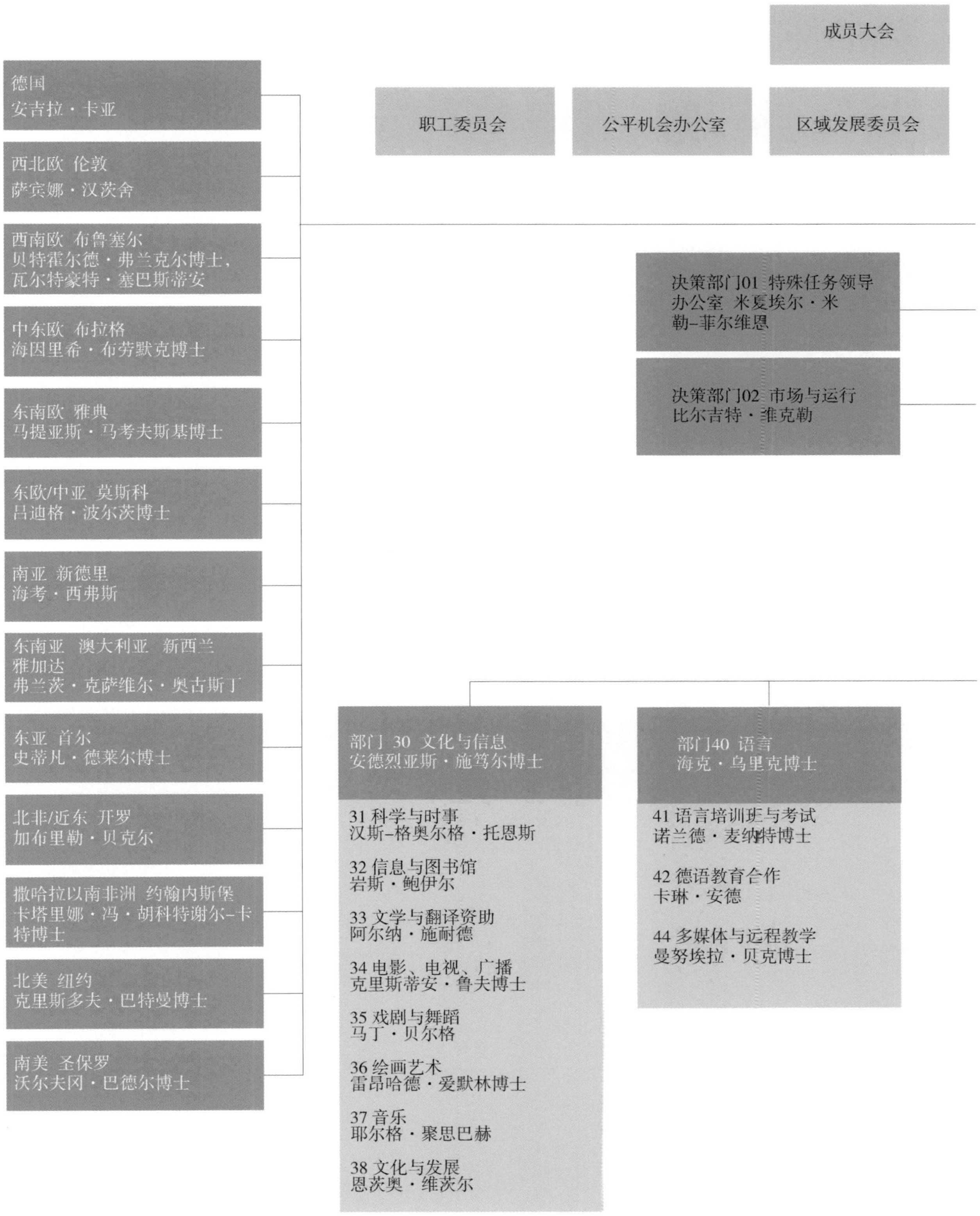
成员大会
职工委员会
公平机会办公室
区域发展委员会
德国
安吉拉·卡亚
西北欧 伦敦
萨宾娜·汉茨舍
西南欧 布鲁塞尔
贝特霍尔德·弗兰克尔博士，
瓦尔特豪特·塞巴斯蒂安
中东欧 布拉格
海因里希·布劳默克博士
东南欧 雅典
马提亚斯·马考夫斯基博士
东欧/中亚 莫斯科
吕迪格·波尔茨博士
南亚 新德里
海考·西弗斯
东南亚 澳大利亚 新西兰
雅加达
弗兰茨·克萨维尔·奥古斯丁
东亚 首尔
史蒂凡·德莱尔博士
北非/近东 开罗
加布里勒·贝克尔
撒哈拉以南非洲 约翰内斯堡
卡塔里娜·冯·胡科特谢尔-卡特博士
北美 纽约
克里斯多夫·巴特曼博士
南美 圣保罗
沃尔夫冈·巴德尔博士
决策部门01 特殊任务领导办公室 米夏埃尔·米勒-菲尔维恩
决策部门02 市场与运行
比尔吉特·维克勒
部门 30 文化与信息
安德烈亚斯·施笃尔博士
31 科学与时事
汉斯-格奥尔格·托恩斯
32 信息与图书馆
岩斯·鲍伊尔
33 文学与翻译资助
阿尔纳·施耐德
34 电影、电视、广播
克里斯蒂安·鲁夫博士
35 戏剧与舞蹈
马丁·贝尔格
36 绘画艺术
雷昂哈德·爱默林博士
37 音乐
耶尔格·聚思巴赫
38 文化与发展
恩茨奥·维茨尔
部门40 语言
海克·乌里克博士
41 语言培训班与考试
诺兰德·麦纳特博士
42 德语教育合作
卡琳·安德
44 多媒体与远程教学
曼努埃拉·贝克博士

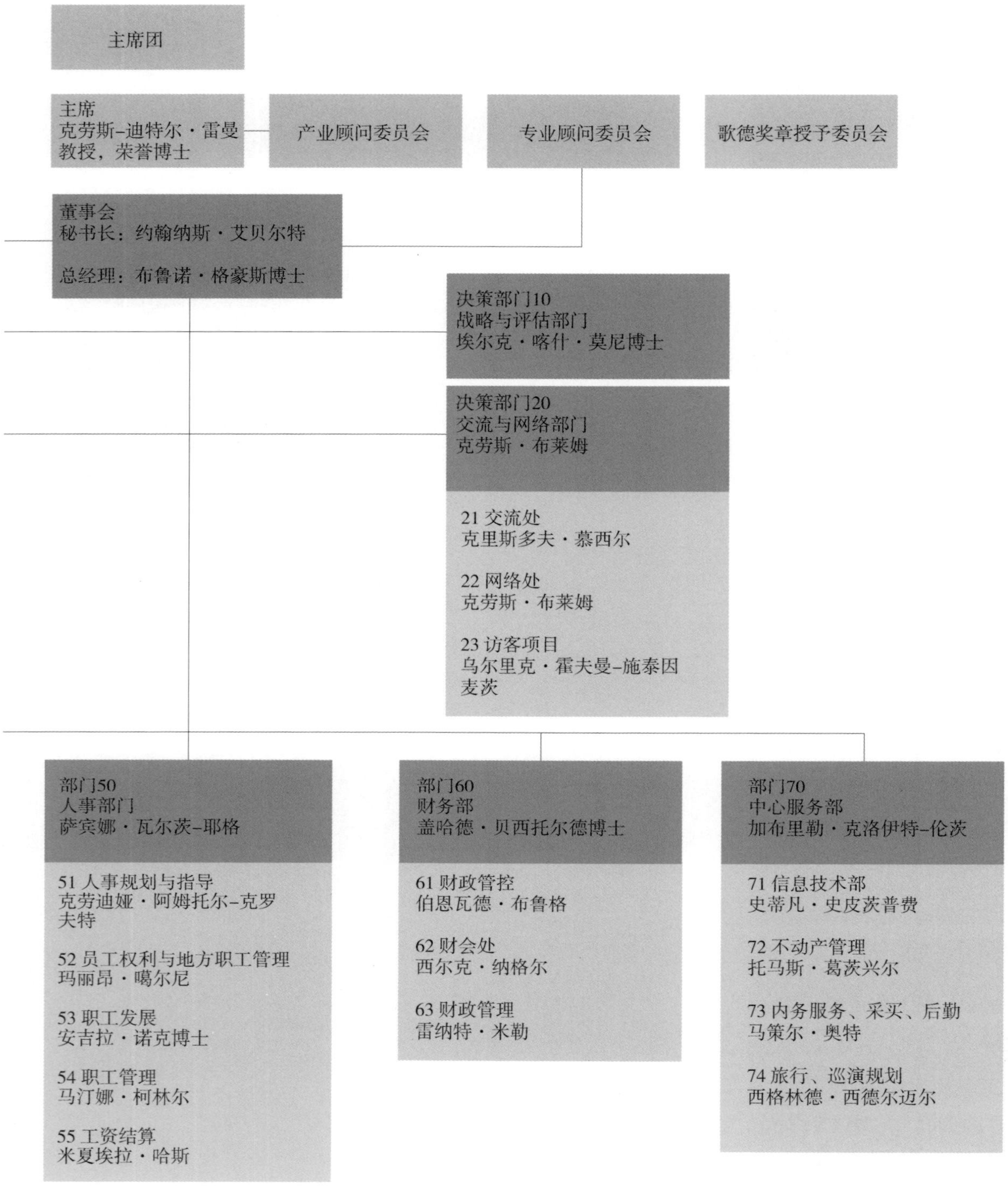
主席团
主席
克劳斯–迪特尔·雷曼
教授，荣誉博士
产业顾问委员会
专业顾问委员会
歌德奖章授予委员会
董事会
秘书长：约翰纳斯·艾贝尔特
总经理：布鲁诺·格豪斯博士
决策部门10
战略与评估部门
埃尔克·喀什·莫尼博士
决策部门20
交流与网络部门
克劳斯·布莱姆
21 交流处
克里斯多夫·慕西尔
22 网络处
克劳斯·布莱姆
23 访客项目
乌尔里克·霍夫曼–施泰因
麦茨
部门50
人事部门
萨宾娜·瓦尔茨–耶格
51 人事规划与指导
克劳迪娅·阿姆托尔–克罗
夫特
52 员工权利与地方职工管理
玛丽昂·噶尔尼
53 职工发展
安吉拉·诺克博士
54 职工管理
马汀娜·柯林尔
55 工资结算
米夏埃拉·哈斯
部门60
财务部
盖哈德·贝西托尔德博士
61 财政管控
伯恩瓦德·布鲁格
62 财会处
西尔克·纳格尔
63 财政管理
雷纳特·米勒
部门70
中心服务部
加布里勒·克洛伊特–伦茨
71 信息技术部
史蒂凡·史皮茨普费
72 不动产管理
托马斯·葛茨兴尔
73 内务服务、采买、后勤
马策尔·奥特
74 旅行、巡演规划
西格林德·西德尔迈尔

机构/成员

歌德学院成员

日期：2013 年 3 月 1 日

玛丽昂·阿克尔曼 博士

艺术总监
北莱茵威斯特法伦州艺术品陈列馆
杜塞尔多夫

克里斯蒂安娜·冯·布朗恩 博士，教授

歌德学院第二副主席
文化学家、作家、电影编剧
柏林洪堡大学
柏林

海因里希·迪特林 博士，教授

格奥尔格-奥古斯特大学
德语语文学研讨会
哥廷根

汉斯-乌尔里希·赛特 博士及荣誉博士，联邦德国外交部代表

文化与交流部门主管
柏林

弗里德里希·迪克曼 荣誉博士

作家
柏林
福尔克·多珀尔菲尔德

歌德学院第一副主席
慕尼黑

英格丽德·哈姆 博士

罗伯特·博世基金会有限责任公司负责人
斯图加特

希尔德加德·哈姆-布鲁希尔 博士，荣誉博士

国家部级官员(已卸任)
慕尼黑

泰森·冯·海德布雷克 博士

德国银行基金会，德意志银行股份公司
柏林

安吉里卡·雅尔-诗蒂尔肯

古纳雅尔有限公司监事会成员
汉堡

亨丽埃特·乔普

杰特乔普有限责任公司负责人
柏林

麦莉·基亚克

作家、自由记者、电视作家
柏林
(至 2013 年 2 月为歌德学院会员)

卡尔-路德维希·克雷 博士

默克两合股份公司行政总裁
达姆施塔特市

米夏埃尔·克吕格尔

卡尔汉瑟出版社有限两合公司
慕尼黑

诺贝尔特·拉莫尔特 博士，教授，联邦议院议员

德国联邦议会主席

柏林

克劳斯-迪特尔·莱曼 教授，荣誉博士

歌德学院主席
普鲁士文化遗产基金会前主席
慕尼黑

尼古拉·莱彬根-卡姆米勒 哲学博士

通快有限责任两合公司董事会主席，执行合伙人
迪琴根

亚历山大·利普莱西

慕尼黑室内乐团首席指挥兼艺术总监
慕尼黑

安可·马蒂尼 博士

记者，参议员(已卸任)
柏林

西格弗里德·玛图斯 教授

莱茵伯格宫歌剧院艺术总监、作曲家
施道尔岑哈根/万德利茨

苏珊·奈曼 博士、教授

爱因斯坦论坛总监
波茨坦

乌尔里希·拉夫 博士，教授

德国文学档案馆馆长
马尔巴赫

海尔曼·鲁道夫 博士

《每日镜报》主编
柏林

克劳斯·G. 绍尔 教授，荣誉博士

名誉参议员，瓦尔特·德·格律特尔出版社、K. G. 绍尔出版社、马克斯·尼迈耶出版社前董事

会主席
慕尼黑

奥利文・谢依特 博士，教授

文化专家谢依特博士有限责任公司
埃森

英戈・舒尔茨

作家
柏林
(至 2013 年 2 月为歌德学院成员)

阿丽拉・西格尔特

舞蹈家、编舞、歌剧导演
柏林

卡尔・恩斯特・蒂勒比尔-朗根沙伊特

出版商
慕尼黑

尼克・瓦格纳 博士

魏玛艺术节有限公司艺术总监
魏玛

萨沙・瓦尔茨

萨沙・瓦尔茨・盖斯特有限责任公司
柏林

克里斯蒂安娜・魏斯 博士，教授

联邦政府文化与媒体专员(已卸任)
柏林

成员大会代表

君特・哈森福斯 博士

歌德学院施韦比施哈尔分院

加布里埃莱·西格尔

歌德学院总部

汉斯·西蒙-派兰达 博士

歌德学院总部

特别会员

彼得·高维勒 博士，联邦议院议员

由德国联邦议院基民盟/基社盟议会党团任命
柏林

乌拉·施密特　联邦议院议员

由德国联邦议院社民盟议会党团任命
柏林

葛齐纳·洛茨舍　联邦议院议员

由德国联邦议院左派议会党团任命
柏林

克劳迪娅·罗特　联邦议院议员

由德国联邦议院联盟 90/绿党议会党团任命
柏林

哈拉尔德·莱普莱西特　联邦议院议员

由德国联邦议院自民党议会党团任命
柏林

国务委员 米夏埃尔·福格斯博士

由德意志联邦共和国各州文化部常设会议任命，州政府及学校和职业教育机构代表
汉堡

司长 彼得·米勒博士

由德意志联邦共和国各州文化部常设会议任命，州政府及巴伐利亚文化与课程部门代表
慕尼黑

客座嘉宾

外交部

公使馆参赞 贝尔恩德・冯・明希欧-波尔博士

606 部门负责人
柏林

联邦财政部

处长 托马斯・盖尔哈特博士

第二分部/C 财政负责人
柏林

机构/主席团

主席团

时间：2013 年 3 月 1 日

克里斯蒂安娜・冯・布朗恩 博士，教授

歌德学院第二副主席
文化学家、作家、电影编剧
柏林洪堡大学
柏林

福尔克・多珀尔菲尔德

歌德学院第一副主席
慕尼黑

英格丽德・哈姆 博士

罗伯特・博世基金会有限责任公司负责人
斯图加特

克劳斯-迪特尔・莱曼 教授，荣誉博士

歌德学院主席
普鲁士文化遗产基金会前主席
慕尼黑

西格弗里德・玛图斯 教授

莱茵伯格宫歌剧院艺术总监、作曲家
施道尔岑哈根/万德利茨

乌尔里希·拉夫 博士，教授

德国文学档案馆馆长
马尔巴赫

克劳斯·G. 绍尔 教授，荣誉博士

名誉参议员，瓦尔特·德·格律特尔出版社，K. G. 绍尔出版社、马克斯·尼迈耶出版社前董事会主席
慕尼黑

外交部司长

汉斯-乌尔里希·赛特 博士，荣誉博士

文化关系和教育政策部门负责人
柏林

联邦财政部处长

托马斯·盖尔哈特 博士

第二分部/C 财政负责人
柏林

主席团代表

君特·哈森福斯 博士

歌德学院施韦比施哈尔分院

加布里埃莱·西格尔

歌德学院总部

汉斯·西蒙-派兰达 博士

歌德学院总部

嘉宾

外交部

贝尔恩德·冯·明希欧-波尔 博士，公使馆参赞

606 部门负责人
柏林

玛格丽特·温特曼特尔 自然科学博士，教授

德国学术交流中心主席
波恩

机构/顾问委员会

绘画艺术顾问委员会

史蒂凡·贝尔格 博士，教授

艺术博物馆馆长
波恩

因卡·格拉芙·因戈尔曼 博士

摄影与新媒体珍藏馆、现代艺术陈列馆馆长
慕尼黑

埃尔克·奥斯·德姆·默勒

对外关系研究所艺术部主任
斯图加特

安吉丽卡·诺勒特 博士

新博物馆经理
纽伦堡

彼得·卡肖拉·施玛尔

德国建筑博物馆馆长
法兰克福

苏珊娜·蒂茨

阿不泰贝格城市博物馆
门兴格拉德巴赫

安德烈亚斯·白汀 博士

当代艺术博物馆，卡尔斯鲁尔艺术与媒体技术中心领导

卡尔斯鲁尔

托马斯·D. 特鲁默尔

美因茨美术馆馆长
美因茨

卡塔丽娜·格豪斯 教授

杜塞尔多夫艺术学院艺术家
柏林

主席团代表

克劳斯-迪特尔·莱曼 教授，荣誉博士

歌德学院主席
慕尼黑

嘉宾

因卡·舒博尔

史普格尔博物馆
汉诺威

电影、电视、广播顾问委员会

英格·克拉森

3sat 电台/德国第二电台影片编辑部主任
美因茨

史蒂凡·德罗斯勒

电影博物馆馆长
慕尼黑

本雅明·海森博格

导演，编剧
柏林

艾贝尔哈德·容克斯多夫

联邦电影局 FFA 主席，发行人
慕尼黑

迪特尔·考斯力克

国际电影节领导
柏林

马蒂亚斯·克雷明

西德广播电台、文化科学电视、节目总监
科隆

卡特琳·施洛斯

科隆传媒艺术学院电影发行人、教授
柏林

克里斯蒂安娜·派茨

《每日镜报》领导
柏林

安德雷斯·樊尔

导演，编辑
柏林

乌尔里希·维根纳斯特

国际动画电影艺术节艺术总监
斯图加特

外交部代表

外交部

603 部门，公使馆参赞
乌韦·海尔
603 部门
卡塔丽娜·克拉莫尔-哈德基狄默思
柏林

主席团代表

克里斯蒂安娜·冯·布朗恩 博士，教授

歌德学院第二副主席、文化学家、作家、电影编剧
柏林洪堡大学
柏林

嘉宾

玛丽埃塔·雷森贝克

德国电影服务与市场有限公司
慕尼黑

信息与图书馆顾问委员会

加布里埃莱·伯格 博士，教授

国家图书馆、卡尔·冯·奥西茨基大学图书馆馆长
汉堡

乌祖拉·格奥尔基 博士，教授

科隆应用科技大学
信息科学研究所
科隆

罗尔夫·格里贝尔 博士

巴伐利亚州国家图书馆总经理
慕尼黑

芭芭拉·里森

不来梅公共图书馆馆长
不来梅

凡雷娜·麦茨尔-曼戈尔德 博士

德国教科文组织全国委员会副主席

法兰克福

罗曼・拉贝

德雷斯顿公共图书馆图书馆员专业经理
德雷斯顿

芭芭拉・施耐德-肯普夫

柏林普鲁士文化遗产国家图书馆馆长
柏林

凯尔斯汀・舒斯特

S. 菲舍尔出版社执照经理
法兰克福

汉内洛蕾・沃格特 博士

信息与图书馆顾问委员会主席
科隆公共图书馆主任
科隆

托比亚斯・沃斯

展览展会协会执行委员
法兰克福书展国际部负责人
法兰克福

外交部代表

外交部

603 部门，公使馆参赞
乌韦・海尔
柏林

主席团代表

克劳斯・G. 绍尔 教授，荣誉博士

名誉参议员，瓦尔特・德・格律特尔出版社、K. G. 绍尔出版社、马克斯・尼迈耶出版社前董事会主席
柏林

加布里埃莱·西格尔

歌德学院总部主席团职工代表

文学与翻译顾问委员会

延斯·比斯基 博士

《南德日报》报刊编辑
柏林

贝尔恩德·布什 博士

德国语言诗歌学院秘书长
达姆施塔特

乌尔丽克·德累斯纳 博士

作家
柏林

尹娜·哈特维希 博士

文学批评家
法兰克福

奥利弗·雅豪斯 博士，教授

路德维希·马克西米连大学新德国文学与媒体系主任
慕尼黑

罗兰德·科纳普

科雷特-考塔出版社特许权谈判部门经理
斯图加特

安吉拉·克劳斯

自由作家、萨克森州艺术学会成员、美因茨科学文学学会成员
莱比锡

彼得·瑞普肯

国际城市避难网 ICORN 总裁
法兰克福避难处高级顾问

法兰克福

赖因哈德・G. 维特曼 博士

慕尼黑文学馆负责人
慕尼黑

奥利弗・齐勒

莱比锡书展负责人
莱比锡

外交部代表

芭芭拉・普莱西尔-豪赫施塔斯

603 部门
外交部
柏林

主席团代表

克劳斯-迪特尔・莱曼 教授，荣誉博士

歌德学院主席

音乐顾问委员会

巴伐利亚电台古典音乐节目主编

巴伐利亚电台
慕尼黑

艾雷奥诺勒・布宁 博士

音乐编剧
法兰克福汇报
柏林

海可・霍夫曼

《格鲁夫》杂志总编

柏林

阿尔明・科勒

西南电台新音乐节目主编
多瑙辛根音乐节艺术总监
巴登-巴登

汉斯-尤尔根・林克

音乐记者、作家
吉森

迪特尔・马克 教授

作曲家、吕贝克音乐学院作曲教授
吕贝克

安德烈娅・派兰特 博士

无忧宫音乐节以及波茨坦尼古莱萨尔音乐厅负责人兼艺术总监
波茨坦

伊莲娜・翁格豪伊尔 博士，教授

维尔茨堡大学音乐研究所现代音乐教授
维尔茨堡

克劳斯・瓦尔特

音乐记者、电台 DJ、作家及主持人
法兰克福

约克・韦德曼 教授

作曲家、单簧管演奏家、弗莱堡音乐学院作曲教授
弗莱堡

外交部代表

外交部

佩特拉・考亨多夫尔

603 部门
柏林

嘉宾

马丁·玛利亚·克鲁格 教授

德国音乐理事会(DMR)
波恩

音乐顾问委员会“业余和青少年音乐促进”小组

马丁·玛利亚·克鲁格 教授

DMR 主席
DMR 负责人
慕尼黑

汉斯-维利·海福考伊斯

德国乐团协会工作组(ADC)主席团成员
沃尔芬比特尔

埃里克·豪恩博格

德国乐团协会联邦联合会主席团成员
特罗辛根

本尼迪克特·豪特贝尔恩德 博士

DMR 艺术总监
波恩

乌尔丽克·利德克 博士

州音乐理事会会议主席
不来梅

主席团代表

加布里埃莱·西格尔

歌德学院总部主席团职工代表

德国家庭部代表

安雅·赛姆博尔

504 部门——欧洲及国际青年政治部
柏林

外交部代表

外交部

公使馆参赞 乌韦·沃尔夫冈·海尔

603 部门负责人
柏林

歌德学院代表

安德烈亚斯·施笃尔博士

部门负责人
部门 30——文化与信息部
慕尼黑

德国地区顾问委员会

约克·德雷格尔 博士

贝塔斯曼基金会董事
居特斯洛

马拉·哈维 博士

瑞士联合银行(UBS)德国负责人
法兰克福

米夏埃拉·胡贝尔

马克斯·胡贝尔出版社发行人
伊斯曼宁

史蒂芬妮·罗莉

文化，青年，体育部
巴登-符腾堡州
斯图加特

海尔曼-约瑟夫·普尔格里姆

施韦比施哈尔市市长
施韦比施哈尔

克劳斯·布莱斯勒

移民与融合专员
曼海姆

吉泽拉·施耐德 博士

德意志学术交流中心
波恩

联邦政府代表

外交部

公使馆参赞　贝尔恩德·冯·明希欧-波尔 博士

606 部门负责人
外交部
柏林

主席团代表

克里斯蒂安娜·冯·布朗恩 博士，教授

文化学家、作家、电影编剧

柏林洪堡大学

语言顾问委员会

汉斯-约阿希姆·阿尔特豪斯 博士

学术检测发展协会(g. a. s. t.)负责人
德福考试院

雅尼斯·安德豪特斯保罗斯 博士，教授

汉堡大学人文学院日耳曼语言文学Ⅰ系

克里斯蒂安·范德雷西 博士，教授

莱比锡大学赫德尔研究所

英格丽德·高高林 博士，教授

汉堡大学

温弗里德·科耐普

墨卡托有限公司基金会

乌多·奥姆 博士，教授

比勒费尔德大学

格奥格斯·律迪 哲学博士，教授

巴塞尔大学法语语言文学学院

布里吉特·奥尔特纳 硕士，博士，教授

维也纳大学日耳曼语言文学学院

克劳迪娅·瑞莱尔 博士，教授

比勒菲尔德大学研究与教学副校长

歌德学院代表

汉斯·西蒙-派兰达 博士

歌德学院总部

外交部代表

维尔特鲁德·科恩

606-9部门
外交部
柏林

嘉宾

吉泽拉·施耐德 博士

德意志学术交流中心
33小组组长
国外日耳曼语言文学和德语语言组

路德维希·M. 埃兴根 博士，荣誉博士，教授

德语语言研究所所长

托马斯·迈耶

巴伐利亚州课程与文化部

海可·托雷多

海外教育事业中心
联邦政府办公室
科隆

戏剧/舞蹈顾问委员会

尤尔根·贝尔格

自由戏剧文学批评家
(《南德日报》、《今日戏剧》，以及其他报刊)
海德堡

汉斯-尤尔根·德累舍尔 教授

巴登-符腾堡州绘画艺术学会艺术总监兼负责人

路德维希堡

亨尼希·凡高夫

联邦德国儿童与青少年戏剧院中心代理负责人
法兰克福

约阿希姆·盖尔斯特迈尔

西门子基金会绘画艺术领域项目经理和管理人
慕尼黑

马蒂亚斯·冯·哈慈

涉外节日负责人(柏林电影节)
柏林

瑞塔·提勒

科隆剧院首席剧作家、代理经理
科隆

安内米·瓦纳科勒

柏林岸边的黑贝尔剧院(HAU)经理
柏林

玛丽昂·维克多 博士

作家出版社负责人
德国剧场与媒体出版社协会代理主席
法兰克福

哈斯可·韦伯

斯图加特剧院经理
斯图加特

多利昂·维克曼 博士

记者、作家(《时代杂志》《南德日报》)
柏林

联邦政府代表

公使馆参赞 乌韦·海尔

外交部

603 部门领导
柏林

主席团代表

西格弗里德·玛图斯 教授

莱茵伯格宫歌剧院艺术总监，作曲家
施道尔岑哈根/万德利茨

科学与时事顾问委员会

索尼娅·海伽希 博士

现代东方研究中心
柏林

安吉里卡·珀菲尔 博士，教授

富尔达应用科学大学
社会与文化科学领域
富尔达

安德烈亚斯·雷克维茨 博士，教授

比较文化社会学教授
欧洲大学
法兰克福(奥得河畔)

马丁·萨布朗 博士，教授

当代史研究中心
波茨坦

埃贝尔哈德·桑德施耐德 博士，教授

德国外交关系理事会
柏林

米夏埃尔·舍内胡特

民族学
特里尔大学

法比安・施万-布兰特

费舍尔阿派特顾问有限公司企业顾问
汉堡

安娜・施瓦茨 博士，教授

比较政治社会学教授
欧洲大学
法兰克福(奥得河畔)

约瑟夫・福格 博士，教授

柏林洪堡大学德国文学学院
柏林

索菲・伍尔夫鲁姆 教授

城市建设与地区规划教席
慕尼黑科技大学
慕尼黑

联邦政府代表

公使馆参赞乌韦・海尔
外交部
603 部门
柏林

主席团代表

外交部

司长 汉斯-乌尔里希・赛特 博士，荣誉博士

文化与交流司司长
柏林

克劳斯・G. 绍尔 教授，荣誉博士

名誉参议员，瓦尔特・德・格律特尔出版社、K. G. 绍尔出版社、马克斯・尼迈耶出版社前董事会主席
柏林

产业顾问委员会

2013 年 3 月

产业顾问委员会由德国产业界代表和外交部代表构成。通过与产业委员会代表定期的思想交流，歌德学院力图拓展其业务，找到对外文化教育政策与对外贸易拥有共同目标的领域。这种对话能够成为达到这一目标的合适途径。

约瑟夫·阿克尔曼 博士

苏黎世保险集团有限公司
董事会主席

罗兰德·贝尔格 荣誉博士，教授

诺兰德·贝尔格战略咨询有限公司
监理会荣誉主席

维尔纳·布兰特 博士

财务总监
董事会成员
SAP

埃尔马·德根哈特 博士

大陆集团
董事长

美因哈德·冯·格尔肯 荣誉博士，教授

格尔肯建筑事务所
创始合伙人

阿克塞尔·克劳斯·海特曼 博士

朗盛集团
董事长

约亨姆·海慈曼 博士，名誉博士，教授

大众集团

集团执行委员会成员

史蒂凡·冯·豪尔茨布林克 博士

格奥尔格·冯·豪尔茨布林克出版社集团
董事会主席

乔·凯瑟尔

西门子集团
董事会成员

卡尔-路德维希·克雷 博士

默克集团
董事会主席

罗伯特·J·科勒

西格里碳素集团
董事长

彼得·莱宾根 名誉工学博士

通快股份两合有限公司代理董事会主席
激光/电子技术董事长
通快集团

卡特琳·孟格思

汉高股份两合有限公司
董事会成员

莱纳·奥贝尔曼

德国电信公司
总裁

妮娜·赛玛·奥格尔

假日计划旅游公司
负责人

玛丽娜-伊丽莎白·舍弗勒

INA 控股费舍勒集团

负责人

维尔纳·威宁

拜耳集团
前任董事长

贝蒂娜·伍尔特

伍尔特集团
顾问委员会主席

外交部代表

外交部

汉斯-乌尔里希·赛特 博士，荣誉博士

文化与交流司司长
柏林

主席团代表

福尔克·多珀尔菲尔德

歌德学院第一副主席
宝马集团

机构/委员会

歌德奖章授予委员会

阿雷达·阿斯曼 博士，教授

康斯坦茨大学
文学与英国语言文学专业
康斯坦茨

弗兰齐斯卡·奥格施泰因 博士

记者，散文家
慕尼黑

克里斯蒂安娜·冯·布朗恩 博士，教授(主席)

文化学家、作家、电影编剧
柏林洪堡大学
柏林

海因里希·迪特灵 博士，教授

格奥尔格-奥古斯特大学
德语文学研讨班
哥廷根

纳为德·凯尔曼尼

作家、东方学家
科隆

卡雅·朗格-米勒

作家

柏林

乌尔里希・拉夫 博士，教授

席勒国家博物馆
德国文学档案馆
马尔巴赫(内卡河畔)

尼克・瓦格纳 博士

魏玛艺术节
魏玛

外交部代表

汉斯-乌尔里希・赛特 博士，荣誉博士

文化与交流司司长
柏林

主席团代表

福尔克・多珀尔菲尔德

歌德学院第一副主席

歌德学院代表

克劳斯-迪特尔・莱曼 教授，荣誉博士

歌德学院主席

约翰纳斯・艾贝尔特

歌德学院秘书长

我们衷心感谢下列赞助集团

阿洛伊斯·F. 多恩布哈特股份两合公司/纽约阿尔斯通 & 博得公司/艾瑞尔银行集团/ARRI 集团/奥可酒店/奥迪集团/格林兄弟贸易公司/巴登-符腾堡国际/巴西银行集团/拜耳集团/柏林伙伴公司/加纳蓝钻海滩温泉度假酒店/宝马集团/葡萄牙勃林格殷格翰/波恩拉德啤酒公司/布尔萨文化有限公司/百脑汇有限公司/喜清新汽油文化中心/中华救助总会/商业银行/CPWF-挑战粮食和水项目/德美商会/德国银行/德国驻西班牙商会/德国汉莎集团/德国电信/德国国家旅游局/德国青年旅馆协会/德国印尼工商会/捷克-德国基金未来/阿伦特·奥特克博士有限公司/邓肯·格雷翰与合作伙伴公司/杜尔公司/E. ON 鲁尔燃气公司/EADS 德国/Ems 化学控股公司/巴登符腾堡能源有限公司/恩斯特·柯莱特语言有限公司/福莱尔阿拉木有限公司/费森尤斯医疗澳大利亚私人有限公司/纽约歌德之友公司/歌德之友南加州/德国电影服务与市场有限公司/德国环球杂志/胡贝尔出版有限公司/工业推动协会/IUCN-世界环保组织/复兴信贷银行/可耐福·吉普斯公司/斯洛文尼亚外国商会“文化经济”文化圈/艺术与遗产协会/兰根斯彻公司/朗盛集团/柏林文学座谈会/琉森巴兰多夫/珀斯卢娜宫/马克酒店管理公司/玛威集团/媒体与电影协会巴登-符腾堡州/奔驰法国公司/默克集团/麦德龙公司/都市地区莱茵-内卡公司/MIC-挪威音乐咨询中心/澳大利亚国家影片和声音档案馆/泰国国家科学博物馆/北约合作网络防御中心/耐驰仪器北美/新西兰联邦电影协会/古德语啤酒屋曼谷/艺术宫/电影宫/莱茵金属公司/罗伯特·博世有限公司/罗德与施瓦茨有限公司/施华蔻 & 汉高，汉高澳大利亚私人有限公司事业部/瑞士眼镜蛇公司/塞西圣保罗/西门子集团/兴业银行/施德楼有限公司泰国/瑞士科学中心波士顿/泰国严勇有限公司/教学科技推广研究所-IPST/国际博物馆理事会-ICOM/托内有限公司/土耳其-德国文化协会布尔萨市/阿联酋董事会青少年书籍/城市对话/UVEX 安全系统澳大利亚私人有限公司/法兰克福歌德学院之友协会/C. H. 贝克出版社/兰登书屋出版集团有限公司/大众集团/大众银行/莱茵-内卡银行/酒 & 杯柏林公司/温特斯股份有限公司/伍尔特集团/雅拉电车/萨菲罗旅游公司

我们衷心感谢下列基金会

阿尔伯特和芭芭拉·冯·梅茨勒基金会/安联文化基金会/卡斯帕·路德维希·奥普兰德基金会/德发基金会/DVA基金会/古尔本基安冯达桑·克劳斯特基金会/海尔蒂公益基金会/捷德基金会/海因里希-伯尔-基金会/德国-土耳其经济文化基金会/德雷斯顿文化基金会/北莱茵威斯特法伦州艺术基金会/劳拉和洛伦茨·莱布林家族基金会/海尔维第-瑞士文化基金会/罗伯特·博世基金会/西门子基金会/“记忆，责任和未来”基金会/德国-波兰合作基金会/墨卡托基金会/法兰克福理工学会基金会/泰国-德国文化基金会/瑞银基金会德国